어?

國漢文 聖經이
국 한 문 성 경

읽어지네!

(국한문 성경 읽기 사전)

編 : 柳賢授

도서출판 保惠

서 문

우리는 많은 성경공부 교재를 접하면서 다양한 변화의 성경을 공부하여 보았습니다. 말씀을 오래 기억하는 방법으로 성경정독보다 좋은 것이 없습니다. 이 책은 국한문 성경을 정독하는 일에 모르는 한자를 쉽게 찾아서 읽을 수 있도록 하였습니다. 성경정독을 하다가 한문 단어가 나오면 안 읽어져서 포기하시는 분들이 많습니다. 많은 분들이 국한문 성경을 소장하고 계신 줄 압니다. 이 책은 개역한글 국한문 한자를 위주로 독음을 하면서 해설은 생략 하고, 장절을 앞에 표기하였으며 한문이 없는 구절은 장절을 뺐습니다.
정독의 방법을 조금만 바꾸면 『어? 국한문 성경이 읽어지네!』는 주일학교에서부터 장년부에 이르기까지 구역공과의 역할을 하는 좋은 교재가 될 것이라 사료됩니다. 국한문 성경 정독을 하시면 한글 성경보다 오래 기억되고 이해가 깊어지며 자신도 모르게 많은 한문을 습득을 하실 수 있습니다. 한문은 해설이 잘된 책으로 스마트폰에서도 볼 수가 있습니다. 이 책 『어? 국한문 성경이 읽어지네! 』의 필사용 교제가 따로 있습니다. 필사용은 공과의 자료로 활용 할수 있습니다. 책꽂이에 그대로 방치가 되어서 꽂혀있는 성경을 다시 정독하는 일에, 그리고 처음 국한문 성경을 접하신 분들에게 교회에 새로운 공과로 쓰이며 주의 은혜를 많이 받으시길 바라는 마음으로 출간을 하게 되었으나 미흡한 점이 너무나 많습니다. 많은 양해를 구하면서 주안에서 국한문 성경을 정독을 원하시는 분들에게 새로운 공과로 쓰이는 교회에 이 책을 드립니다.

柳賢授 拜上

舊約 聖經 目錄

01)창세기創世記 (五十章)
02)출애굽기出埃及記 (四十章)
03)레위기利未記 (二十七章)
04)민수기民數記 (三十六章)
05)신명기申命記 (三十四章)
06)여호수아約書亞記 (二十四章)
07)사사기士師記 (二十一章)
08)룻기 路得記 (四章)
09)사무엘상撒母耳記上(三十一章)
10)사무엘하撒母耳記下(二十四章)
11)열왕기상列王紀上 (二十二章)
12)열왕기하列王紀下 (二十五章)
13)역대상歷代志上 (二十九章)
14)역대하歷代志下 (三十六章)
15)에스라以斯拉記 (十章)
16)느헤미야尼希米記 (十三章)
17)에스더以斯帖記 (十章)
18)욥기約伯記 (四十二章)
19)시편詩篇 (百五十篇)
20)잠언箴言 (三十一章)
21)전도서傳道書 (十二章)
22)아가雅歌 (八章)
23)이사야以賽亞書 (六十六章)
24)예레미야耶利米書 (五十二章)
25)예레미야애가耶利米哀歌 (五章)
26)에스겔以西結書 (四十八章)
27)다니엘但以理書 (十二章)
28)호세아何西阿書 (十四章)
29)요엘 約珥書 (三章)
30)아모스阿摩司書 (九章)
31)오바댜俄巴底亞書 (一章)
32)요나 約拿書 (四章)
33)미가 彌迦書 (七章)
34)나훔 那鴻書 (三章)
35)하바국哈巴谷書 (三章)
36)스바냐西番雅書 (三章)
37)학개 哈該書 (二章)
38)스가랴撒迦利亞書 (十四章)
39)말라기瑪拉基書 (四章)

改易 國漢文
개역 국한문

創世記-(창세기)-第一章
창세기 제일장

창1:1,(太初)(天地)(創造)
태초 천지 창조

창1:2,(混沌)(空虛)(黑暗)(神)(水面)(運行)
혼돈 공허 흑암 신 수면 운행

창1:5,(稱)(稱)
칭 칭

창1:6,(穹蒼)
궁창

창1:7,(穹蒼)(穹蒼)(穹蒼)
궁창 궁창 궁창

창1:8,(穹蒼)(稱)
궁창 칭

창1:9,(天下)
천하

창1:10,(稱)(稱)
칭 칭

창1:11,(菜蔬)(各其)(種類)(果木)
채소 각기 종류 과목

창1:12,(各其)(種類)(菜蔬)(各其)(種類)
각기 종류 채소 각기 종류

창1:14,(穹蒼)(光明)(晝夜)(光明)(徵兆)
궁창 광명 주야 광명 징조
(四時)(日字)(年限)
사시 일자 연한

창1:15,(光明)(穹蒼)
광명 궁창

창1:16,(光明)(光明)(主管)(光明)(主管)
광명 광명 주관 광명 주관

창1:17,(穹蒼)
궁창

창1:18,(晝夜)(主管)
주야 주관

창1:20,(生物)(蕃盛)(穹蒼)
생물 번성 궁창

창1:21,(蕃盛)(生物)(種類)(種類)(創造)
번성 생물 종류 종류 창조

창1:22,(福)(生育)(蕃盛)(充滿)(蕃盛)
복 생육 번성 충만 번성

창1:24,(生物)(種類)(六畜)(種類)
생물 종류 육축 종류

창1:25,(種類)(六畜)(種類)(種類
종류 육축 종류 종류

창1:26,(形像)(貌樣)(空中)(六畜)
형상 모양 공중 육축

창1:27,(自己)(形像)(形像)(創造)(男子)
자기 형상 형상 창조 남자
(女子)(創造)
녀자 창조

창1:28,(福)(生育)(蕃盛)(充滿)(征服)
복 생육 번성 충만 정복
(空中)(生物)
공중 생물

창1:29,(地面)(菜蔬)(食物)
지면 채소 식물

창1:30,(空中)(生命)(食物)
공중 생명 식물

창1:31,(甚)
심

創世記-(창세기)-第二章
창세기 제이장

창2:1,(天地)(萬物)
천지 만물

창2:2,(安息)
안식

창2:3,(福)(創造)(安息)
복 창조 안식

창2:4,(天地)(創造)(天地)(創造)(大略)
천지 창조 천지 창조 대략

창2:5,(耕作)(草木)(菜蔬)
경작 초목 채소

창2:6,(地面)
지면

창2:7,(生氣)(生靈)
생기 생령

창2:8,(東方)(創設)
동방 창설

창2:9,(生命)(善惡)
생명 선악

창2:10,(江)(發源)(根源)
강 발원 근원

창2:11,(金)
금

창2:12,(金)(精金)(縞瑪瑙)
금 정금 호마노

창2:13,(江)
강

창2:14,(江)(東便)(江)
강 동편 강

창2:16,(命)(各種)(實果)(任意)
명 각종 실과 임의

창2:17,(善惡)(實果(丁寧)
선악 실과 정녕

창2:18,(獨處)(爲)(配匹)
독처 위 배필

창2:19,(各種)(空中)(各種)(各)(生物)
각종 공중 각종 각 생물

창2:20,(六畜)(空中)(配匹)
육축 공중 배필

창2:21,(取)(代身)
취 대신

창2:22,(取)(女子)
취 녀자

창2:23,(中)(中)(男子)(取)(女子)(稱)
중 중 남자 취 녀자 칭

창2:24,(男子)(父母)(聯合)
남자 부모 연합

創世記-(창세기)-第三章
창세기 제삼장

창3:1,(中)(奸巧)(女子)(實果)
중 간교 녀자 실과

창3:2,(女子)(實果)
녀자 실과

창3:3,(中央)(實果)
중앙 실과

창3:4,(女子)(決)
녀자 결

창3:5,(善惡)
선악

창3:6,(女子)(智慧)(貪)(女子)(實果)
녀자 지혜 탐 녀자 실과
(自己)(男便)
자기 남편

창3:7,(自己)(無花果)
자기 무화과

창3:8,(音聲)(避)
음성 피

창3:11,(告)(命)(實果)
고 명 실과

창3:12,(女子)(實果)
녀자 실과

창3:13,(女子)(女子)
녀자 녀자

창3:14,(六畜)(詛呪)(終身)
육축 저주 종신

창3:15,(女子)(怨讐)(後孫)(女子)(後孫)
녀자 원수 후손 녀자 후손
(怨讐)(女子)(後孫)(傷)(傷)
원수 녀자 후손 상 상

창3:16,(女子)(孕胎)(苦痛)(受苦)(子息)
녀자 잉태 고통 수고 자식
(男便)(思慕)(男便)
남편 사모 남편

창3:17,(實果)(因)(詛呪)(終身)(受苦)(所產)
실과 인 저주 종신 수고 소산

창3:18,(菜蔬)
채소

창3:19,(食物)(畢竟)(取)
식물 필경 취

창3:20,(者)
자

창3:21,(爲)
위

창3:22,(善惡)(中)(生命)(實果)(永生)
선악 중 생명 실과 영생

창3:23,(根本)(土地)
근본 토지

창3:24,(東便)(火焰劍)(生命)
동편 화염검 생명

創世記-(창세기)-第四章
창세기 제사장

창4:1,(同寢)(孕胎)(得男)
동침 잉태 득남

창4:2,(羊)(者)(農事)(者)
양 자 농사 자

창4:3,(歲月)(後)(所產)(祭物)
세월 후 소산 제물

창4:4,(自己)(羊)(祭物)(悅納)
자기 양 제물 열납

창4:5,(祭物)(悅納)(甚)(忿)(顏色)(變)
제물 열납 심 분 안색 변

창4:6,(忿)(顏色)(變)
분 안색 변

창4:7,(善)(行)(善)(行)(罪)(門)(罪)(所願)(罪)
선 행 선 행 죄 문 죄 소원 죄

창4:8,(告)(後)
고 후

창4:9,(者)
자

창4:10,(呼訴)
호소

창4:11,(詛呪)
저주

창4:12,(效力)(避)(流離)(者)
효력 피 유리 자

창4:13,(告)(罪罰)(重)
고 죄벌 중

창4:14,(主)(地面)(主)(避)(流離)(者)(者)
주 지면 주 피 유리 자 자

창4:15,(者)(罰)(七倍)(標)(免)
자 벌 칠배 표 면

창4:16,(東便)(居)
동편 거

창4:17,(同寢)(孕胎)(城)(城)
동침 잉태 성 성

창4:19,(娶)
취

창4:20,(帳幕)(居)(六畜)(者)(祖上)
장막 거 육축 자 조상

창4:21,(豎琴)(洞簫)(者)(祖上)
수금 동소 자 조상

창4:22,(銅鐵)(各樣)(機械)(者)
동철 각양 기계 자

창4:23,(創傷)(因)(傷)(因)(少年)
창상 인 상 인 소년

창4:24,(爲)(罰)(七倍)(爲)(罰)(七十七倍)
위 벌 칠배 위 벌 칠십칠배

창4:25,(同寢)(代身)
동침 대신

創世記-(창세기)-第五章
창세기 제오장

창5:1,(子孫)(系譜)(創造)(形像)
자손 계보 창조 형상

창5:2,(男子)(女子)(創造)(創造)(福)
남자 녀자 창조 창조 복

창5:3,(一百)(三十歲)(自己)(貌樣)
일백 삼십세 자기 모양

(自己)(形像)
자기 형상

창5:4,(後)(八百年)(子女)
후 팔백년 자녀

창5:5,(九百)(三十歲)(享壽)
구백 삼십세 향수

창5:6,(一百)(五歲)
일백 오세

창5:7,(後)(八百)(七年)(子女)
후 팔백 칠년 자녀

창5:8,(九百)(十二歲)(享壽)
구백 십이세 향수

창5:9,(九十歲)
구십세

창5:10,(後)(八百)(十五年)(子女)
후 팔백 십오년 자녀

창5:11,(九百)(五歲)(享壽)
구백 오세 향수

창5:12,(七十歲)
칠십세

창5:13,(後)(八百)(四十年)(子女)
후 팔백 사십년 자녀

창5:14,(九百)(十歲)(享壽)
구백 십세 향수

창5:15,(六十五歲)
육십오세

창5:16,(後)(八百)(三十年)(子女)
후 팔백 삼십년 자녀

창5:17,(八百)(九十五歲)(享壽)
팔백 구십오세 향수

창5:18,(一百)(六十二歲)
일백 육십이세

창5:19,(後)(八百年)(子女)
후 팔백년 자녀

창5:20,(九百)(六十二歲)(享壽)
구백 육십이세 향수

창5:21,(六十五歲)
육십오세

창5:22,(後)(三百年)(同行)(子女)
후 삼백년 동행 자녀

창5:23,(三百)(六十)(五歲)(享壽)
삼백 육십 오세 향수

창5:24,(同行)(世上)
동행 세상

창5:25,(一百)(八十七歲)
일백 팔십칠세

창5:26,(後)(七百)(八十二年)(子女)
후 칠백 팔십이년 자녀

창5:27,(九百)(六十九歲)(享壽)
구백 육십구세 향수

창5:28,(一百)(八十二歲)
일백 팔십이세

창5:29,(詛呪)(受苦)(安慰)
저주 수고 안위

창5:30,(後)(五百)(九十五年)(子女)
후 오백 구십오년 자녀

창5:31,(七百)(七十七歲)(享壽)
칠백 칠십칠세 향수

창5:32,(五百歲)(後)
오백세 후

創世記-(창세기)-第六章
창세기 제륙장

창6:1,(蕃盛)(始作)
번성 시작

창6:2,(自己)(者)
자기 자

창6:3,(神)(永遠)(肉體)(一百)(二十年)
신 영원 육체 일백 이십년

창6:4,(當時)(後)(娶)(子息)(勇士)
당시 후 취 자식 용사

(古代)(有名)
고대 유명

창6:5,(罪惡)(世上)(貫盈)(計劃)(恒常)(惡)
죄악 세상 관영 계획 항상 악

창6:6,(恨嘆)
한탄

창6:7,(創造)(地面)(六畜)(空中)(恨嘆)
창조 지면 육축 공중 한탄

창6:8,(恩惠)
은혜

창6:9,(事蹟)(義人)(當世)(完全)(者)(同行)
사적 의인 당세 완전 자 동행

창6:11,(悖壞)(强暴)(充滿)
패괴 강포 충만

창6:12,(悖壞)(血肉)(者)行爲)(悖壞)
패괴 혈육 자 행위 패괴

창6:13,(血肉)(者)(强暴)(滅)
혈육 자 강포 멸

창6:14,(爲)(方舟)(間)(瀝靑)(漆)
위 방주 간 력청 칠

창6:15,(方舟)(制度)(長)(三百)(廣)
방주 제도 장 삼백 광

(五十)(高)(三十)
오십 고 삼십

창6:16,(窓)(門)(上)(中)(下)(三層)
창 문 상 중 하 삼층

창6:17,(洪水)(生命)(氣息)(肉體)
홍수 생명 기식 육체

(天下)(滅絶)(者)
천하 멸절 자

창6:18,(言約)(子婦)(方舟)
언약 자부 방주

창6:19,(血肉)(生物)(各其)(雙)(方舟)
혈육 생물 각기 쌍 방주

(生命)(保存)
생명 보존

창6:20,(種類)(六畜)(種類)(種類)
종류 육축 종류 종류

(各其)(生命)(保存)
각기 생명 보존

창6:21,(食物)(貯蓄)(食物)
식물 저축 식물

창6:22,(自己)(命)(遵行)
자기 명 준행

創世記-(창세기)-第七章
창세기 제칠장

창7:1,(方舟)(世代)(義)
방주 세대 의

창7:2,(淨潔)(不淨)(取)
정결 부정 취

창7:3,(空中)(取)(地面)(遺傳)
공중 취 지면 유전

창7:4,(只今)(七日)(四十)(晝夜)(生物)(地面)
지금 칠일 사십 주야 생물 지면

창7:5,(自己)(命)(遵行)
자기 명 준행

창7:6,(洪水)(六百歲)
홍수 육백세

창7:7,(子婦)(洪水)(避)(方舟)
자부 홍수 피 방주

창7:8,(淨潔)(不淨)
정결 부정

창7:9,(命)(方舟)
명 방주

창7:10,(七日)(後)(洪水)
칠일 후 홍수

창7:11,(六百)(歲)(二月)(十七日)(窓)
육백 세 이월 십칠일 창

창7:12,(四十)(晝夜)
사십 주야

창7:13,(妻)(子婦)(方舟)
처 자부 방주

창7:14,(種類)(六畜)(種類)(種類)
종류 육축 종류 종류
(各樣)(種類)
각양 종류

창7:15,(氣息)(肉體)(方舟)
기식 육체 방주

창7:16,(命)
명

창7:17,(洪水)(四十日)(方舟)
홍수 사십일 방주

창7:18,(漲溢)(方舟)
창일 방주

창7:19,(漲溢)(天下)(山)
창일 천하 산

창7:20,(十五)(山)
십오 산

창7:21,(生物)(六畜)
생물 육축

창7:22,(陸地)(生物)(氣息)(呼吸)
륙지 생물 기식 호흡

창7:23,(地面)(生物)(空中)(當)(方舟)(者)
지면 생물 공중 당 방주 자

창7:24,(一百)(五十日)(漲溢)
일백 오십일 창일

創世記-(창세기)-第八章
창세기 제팔장

창8:1,(方舟)(六畜)(眷念)(減)
방주 육축 권념 감

창8:2,(窓)
창

창8:3,(漸漸)(一百)(五十日)(後)(減)
점점 일백 오십일 후 감

창8:4,(七月)(十七日)(方舟)(山)
칠월 십칠일 방주 산

창8:5,(漸漸)(減)(十月)(一日)(山)
점점 감 십월 일일 산

창8:6,(四十日)(方舟)(窓)
사십일 방주 창

창8:7,(往來)
왕래

창8:8,(地面)(減)(與否)
지면 감 여부

창8:9,(地面)(接足)(方舟)(方舟)(自己)
지면 접족 방주 방주 자기

창8:10,(七日)(方舟)
칠일 방주

창8:11,(橄欖)(減)
감람 감

창8:12,(七日)
칠일

창8:13,(六百)(一年)(正月)(一日)(地面)
육백 일년 정월 일일 지면
(方舟)(地面)
방주 지면

창8:14,(二月)(二十七日)
이월 이십칠일

창8:16,(子婦)(方舟)
자부 방주

창8:17,(血肉)(生物)(六畜)(生育)(蕃盛)
혈육 생물 육축 생육 번성

창8:18,(子婦)
자부

창8:19,(動物)(種類)(方舟)
동물 종류 방주

창8:20,(爲)(壇)(淨潔)(中)(淨潔)(中)
위 단 정결 중 정결 중
(取)(燔祭)(壇)
취 번제 단

창8:21,(香氣)(歆饗)(中心)(因)(詛呪)(計劃)
향기 흠향 중심 인 저주 계획
(惡)(前)(行)(生物)(滅)
악 전 행 생물 멸

創世記-(창세기) 第九章
창세기 제구장

창9:1,(福)(生育)(蕃盛)(充滿)
복 생육 번성 충만

창9:2,(空中)
공중

창9:3,(動物)(食物)(菜蔬)
동물 식물 채소

창9:4,(生命)
생명

창9:5,(生命)(兄弟)(生命)
생명 형제 생명

창9:6,(自己)(形像)
자기 형상

창9:7,(生育)(蕃盛)(遍滿)(中)(蕃盛)
생육 번성 편만 중 번성

창9:9,(言約)(後孫)
언약 후손

창9:10,(生物)(六畜)(生物)(方舟)
생물 육축 생물 방주

창9:11,(言約)(生物)(洪水)(滅)(沈沒)(洪水)
언약 생물 홍수 멸 침몰 홍수

창9:12,(生物)(永世)(言約)(證據)
생물 영세 언약 증거

창9:13,(世上)(言約)(證據)
세상 언약 증거

창9:15,(血氣)(生物)(言約)(記憶)(血氣)
혈기 생물 언약 기억 혈기
(者)(滅)(洪水)
자 멸 홍수

창9:16,(血氣)(生物)(永遠)(言約)(記憶)
혈기 생물 영원 언약 기억

창9:17,(生物)(言約)(證據)
생물 언약 증거

창9:18,(方舟)
방주

창9:19,(百姓)
백성

창9:20,(農業)(始作)(葡萄)
농업 시작 포도

창9:21,(葡萄酒)(醉)(帳幕)
포도주 취 장막

창9:22,(下體)(兄弟)(告)
하체 형제 고

창9:23,(取)(自己)(下體)(下體)
취 자기 하체 하체

창9:24,(自己)(行)
자기 행

창9:25,(詛呪)(兄弟)(願)
저주 형제 원

창9:26,(讚頌)
찬송

창9:27,(昌大)(帳幕)(居)(願)
창대 장막 거 원

창9:28,(洪水)(後)(三百)(五十年)
홍수 후 삼백 오십년

창9:29,(享年)(九百)(五十歲)
향년 구백 오십세

創世記-(창세기)-第十章
창세기 제십장

창10:1,(後裔)(洪水)(後)
후예 홍수 후

창10:5,(百姓)(各其)(方言)(宗族)
백성 각기 방언 종족

창10:8,(世上)(英傑)
세상 영걸

창10:9,(特異)(軍)(俗談)(特異)(軍)
특이 군 속담 특이 군

창10:10,(始作)
시작

창10:12,(城)(建築)
성 건축

창10:15,(長子)
장자

창10:16,(族屬)(族屬)(族屬)
족속 족속 족속

창10:17,(族屬)(族屬)(族屬)
족속 족속 족속

창10:18,(族屬)(族屬)(族屬)(祖上)(後)
족속 족속 족속 조상 후
(子孫)(族屬)(處)
자손 족속 처

창10:19,(地境)
지경

창10:20,(子孫)(各其)(族屬)(方言)(地方)
자손 각기 족속 방언 지방

창10:21,(子孫)(祖上)(兄)(子女)(出生)
자손 조상 형 자녀 출생

창10:25,(世上)
세상

창10:30,(居)(東便)(山)
거 동편 산

창10:31,(子孫)(族屬)(方言)(地方)
자손 족속 방언 지방

창10:32,(子孫)(族屬)(世系)(洪水)(後)
자손 족속 세계 홍수 후
(列國)(百姓)
열국 백성

創世記-(창세기)-第十一章
창세기 제십일장

창11:1,(口音)(言語)
구음 언어

창11:2,(東方)(平地)(居)
동방 평지 거

창11:3,(堅固)(代身)(瀝青)(代身)
견고 대신 력청 대신

창11:4,(城)(臺)(臺)(地面)(免)
성 대 대 지면 면

창11:5,(人生)(城)(臺)(降臨)
인생 성 대 강림

창11:6,(族屬)(言語)(始作)(以後)
족속 언어 시작 이후
(經營)(禁止)
경영 금지

창11:7,(言語)(混雜)
언어 혼잡

창11:8,(地面)(故)(城)
지면 고 성

창11:9,(言語)(混雜)(地面)
언어 혼잡 지면

창11:10,(後裔)(一百歲)(洪水)(後)(二年)
후예 일백세 홍수 후 이년

창11:11,(後)(五百年)(子女)
후 오백년 자녀

창11:12,(三十)(五歲)
삼십 오세

창11:13,(後)(四百)(三年)(子女)
후 사백 삼년 자녀

창11:14,(三十歲)
삼십세

창11:15,(後)(四百)(三年)(子女)
후 사백 삼년 자녀

창11:16,(三十)(四歲)
삼십 사세

창11:17,(後)(四百)(三十年)(子女)
후 사백 삼십년 자녀

창11:18,(三十歲)
삼십세

창11:19,(後)(二百)(九年)(子女)
후 이백 구년 자녀

창11:20,(三十二歲)
삼십이세

창11:21,(後)(二百)(七年)(子女)
후 이백 칠년 자녀

창11:22,(三十歲)
삼십세

창11:23,(後)(二百年)(子女)
후 이백년 자녀

창11:24,(二十九歲)
이십구세

창11:25,(後)(一百)(十九年)(子女)
후 일백 십구년 자녀

창11:26,(七十歲)
칠십세

창11:27,(後裔)
후예

창11:28,(本土)
본토

창11:30,(孕胎)(子息)
잉태 자식

창11:31,(孫子)(子婦)(居)
손자 자부 거

창11:32,(二百)(五歲)(享壽)
이백 오세 향수

創世記-(창세기)-第十二章
창세기 제십이장

창12:1,(本土)(親戚)(指示)
본토 친척 지시

창12:2,(民族)(福)(昌大)(福)(根源)
민족 복 창대 복 근원

창12:3,(祝福)(者)(福)(詛呪)(者)
축복 자 복 저주 자

(詛呪)(族屬)(因)(福)
저주 족속 인 복

창12:4,(七十五歲)
칠십오세

창12:5,(所有)
소유

창12:6,(通過)(居)
통과 거

창12:7,(子孫)(自己)(爲)(壇)
자손 자기 위 단

창12:8,(東便)(山)(帳幕)(西)(東)(爲)(壇)
동편 산 장막 서 동 위 단

창12:9,(漸漸)(南方)
점점 남방

창12:10,(饑饉)(寓居)(饑饉)(甚)
기근 우거 기근 심

창12:11,(女人)
녀인

창12:13,(願)(因)(安全)(因)(保存)
원 인 안전 인 보존

창12:14,(女人)(甚)
녀인 심

창12:15,(大臣)(稱讚)(女人)(宮)(取)
대신 칭찬 녀인 궁 취

창12:16,(因)(厚待)(羊)(奴婢)
인 후대 양 노비

창12:17,(緣故)(災殃)
연고 재앙

창12:18,(待接)(告)
대접 고

창12:19,(取)
취

창12:20,(命)(所有)
명 소유

創世記-(창세기)-第十三章
창세기 제십삼장

창13:1,(所有)(南方)
소유 남방

창13:2,(六畜)(銀金)(豐富)
육축 은금 풍부

창13:3,(南方)(發行)(前)(帳幕)
남방 발행 전 장막

창13:4,(壇)
단

창13:5,(一行)(羊)(帳幕)
일행 양 장막

창13:6,(同居)(容納)(所有)(同居)
동거 용납 소유 동거

창13:7,(家畜)(牧者)(家畜)(牧者)(居)
가축 목자 가축 목자 거

창13:8,(骨肉)(牧者)(牧者)
골육 목자 목자

창13:9,(左)(右)(右)(左)
좌 우 우 좌

창13:10,(滅)(前)(故)
멸 전 고

창13:11,(擇)(東)(西)
택 동 서

창13:12,(居)(平地)(城邑)(帳幕)
거 평지 성읍 장막

창13:13,(惡)(罪人)
악 죄인

창13:14,(後)(東西南北)
후 동서남북

창13:15,(子孫)(永遠)
자손 영원

창13:16,(子孫)(能)(子孫)
자손 능 자손

창13:17,(縱)(橫)(行)
종 횡 행

창13:18,(帳幕)(居)(爲)(壇)
장막 거 위 단

創世記-(창세기)-第十四章
창세기 제십사장

창14:1,(當時)(王)(王)(王)(王)
당시 왕 왕 왕 왕

창14:2,(王)(王)(王)(王)(王)
왕 왕 왕 왕 왕

창14:3,(只今)(鹽海)
지금 염해

창14:4,(十二年)(第)(十三年)(背叛)
십이년 제 십삼년 배반

창14:5,(第)(十四年)(同盟)(王)(族屬)
제 십사년 동맹 왕 족속
(族屬)(族屬)
족속 족속

창14:6,(族屬)(山)(曠野)(近方)
족속 산 광야 근방

창14:7,(族屬)(族屬)
족속 족속

창14:8,(王)(王)(王)(王)(王)(接戰)
왕 왕 왕 왕 왕 접전

창14:9,(王)(王)(王)(王)(王)(王)(交戰)
왕 왕 왕 왕 왕 왕 교전

창14:10,(瀝靑)(王)(王)(軍士)(山)(逃亡)
력청 왕 왕 군사 산 도망

창14:11,(王)(財物)(糧食)
왕 재물 량식

창14:12,(居)(財物)(擄掠)
거 재물 노약

창14:13,(逃亡)(者)(告)(族屬)(近處)(居)
도망 자 고 족속 근처 거
(兄弟)(兄弟)(同盟)(者)
형제 형제 동맹 자

창14:14,(練習)(者)(三百)(十八人)
련습 자 삼백 십팔인

창14:15,(家臣)(破)(左便)
가신 파 좌편

창14:16,(財物)(自己)(財物)(婦女)(人民)
재물 자기 재물 부녀 인민

창14:17,(王)(破)(王)(王谷)(迎接)
왕 파 왕 왕곡 영접

창14:18,(王)(葡萄酒)(至極)(祭司長)
왕 포도주 지극 제사장

창14:19,(祝福)(天地)(主宰)(至極)(福)
축복 천지 주재 지극 복

창14:20,(對敵)(至極)(讚頌)(十分)(一)
대적 지극 찬송 십분 일

창14:21,(王)(物品)(取)
왕 물품 취

창14:22,(王)(天地)(主宰)(至極)(盟誓)
왕 천지 주재 지극 맹서

창14:23,(致富)(屬)(無論)(取)
치부 속 무론 취

창14:24,(少年)(同行)(分)(除)(分)(取)
소년 동행 분 제 분 취

創世記-(창세기)-第十五章
창세기 제십오장

창15:1,(後)(異常中)(臨)(防牌)(至極)(賞給)
후 이상중 임 방패 지극 상급

창15:2,(主)(無子)(相續者)
주 무자 상속자

창15:3,(主)(者)(後嗣)
주 자 후사

창15:4,(臨)(後嗣)(者)(後嗣)
임 후사 자 후사

창15:5,(子孫)
자손

창15:6,(義)
의

창15:7,(業)
업

창15:8,(主)(業)
주 업

창15:9,(爲)(三年)(三年)(羊)(山)(取)
위 삼년 삼년 양 산 취

창15:10,(取)(中間)(對)
취 중간 대

창15:11,(死體)
사체

창15:12,(中)(臨)(甚)
중 임 심

창15:13,(丁寧)(子孫)(異邦)(客)
정녕 자손 이방 객
(四百年)(子孫)
사백년 자손

창15:14,(懲治)(後)(子孫)(財物)
징치 후 자손 재물

창15:15,(長壽)(平安)(祖上)(葬事)
장수 평안 조상 장사

창15:16,(子孫)(四代)(族屬)(罪惡)(貫盈)
자손 사대 족속 죄악 관영

창15:17,(煙氣)
연기

창15:18,(言約)(江)(江)(子孫)
언약 강 강 자손

창15:19,(族屬)(族屬)(族屬)
족속 족속 족속

창15:20,(族屬)(族屬)(族屬)
족속 족속 족속

창15:21,(族屬)(族屬)(族屬)(族屬)
족속 족속 족속 족속

創世記-(창세기)-第十六章
창세기 제십륙장

창16:1,(生産)(女)
생산 여

창16:2,(生産)(許諾)(願)(女)(同寢)(或)(子女)
생산 허락 원 여 동침 혹 자녀
창16:3,(女)(男便)(妾)(居)(十年)(後)
여 남편 첩 거 십년 후
창16:4,(同寢)(孕胎)(自己)(孕胎)
동침 잉태 자기 잉태
(女主人)(蔑視)
여주인 멸시
창16:5,(辱)(當身)(女)(當身)(自己)(孕胎)
욕 당신 여 당신 자기 잉태
(蔑視)(當身)(判斷)(願)
멸시 당신 판단 원
창16:6,(女)(手中)(行)(虐待)(逃亡)
여 수중 행 학대 도망
창16:7,(使者)(曠野)
사자 광야
창16:8,(女)(女主人)(避)(逃亡)
여 여주인 피 도망
창16:9,(使者)(女主人)(手下)(服從)
사자 여주인 수하 복종
창16:10,(使者)(子孫)(蕃盛)(數)
사자 자손 번성 수
창16:11,(使者)(孕胎)(苦痛)
사자 잉태 고통
창16:12,(中)(兄弟)(東方)
중 형제 동방
창16:13,(自己)(鑑察)(鑑察)
자기 감찰 감찰
창16:16,(八十)(六歲)
팔십 육세

創世記-(창세기)-第十七章
창세기 제십칠장

창17:1,(九十)(九歲)(全能)(行)(完全)
구십 구세 전능 행 완전
창17:2,(言約)(甚)(蕃盛)
언약 심 번성
창17:4,(言約)(列國)
언약 열국
창17:5,(後)(列國)
후 열국
창17:6,(甚)(蕃盛)(列王)
심 번성 열왕
창17:7,(言約)(代代)(後孫)(永遠)
언약 대대 후손 영원
(言約)(後孫)
언약 후손
창17:8,(後孫)(寓居)(一境)(永遠)(基業)
후손 우거 일경 영원 기업
창17:9,(言約)(後孫)(代代)
언약 후손 대대
창17:10,(中)(男子)(割禮)(後孫)(言約)
중 남자 할례 후손 언약
창17:11,(陽皮)(言約)(表徵)
양피 언약 표징
창17:12,(代代)(男子)(者)(或)(子孫)
대대 남자 자 혹 자손
(異邦)(者)(無論)(八日)(割禮)
이방 자 무론 팔일 할례
창17:13,(者)(者)(割禮)(言約)(永遠)(言約)
자 자 할례 언약 영원 언약
창17:14,(割禮)(男子)(陽皮)(者)(百姓)
할례 남자 양피 자 백성
(中)(言約)(背叛)
중 언약 배반
창17:16,(福)(福)(列國)(民族)(列王)
복 복 열국 민족 열왕
창17:17,(心中)(百歲)(子息)(九十歲)(生産)
심중 백세 자식 구십세 생산
창17:18,(告)(願)
고 원
창17:19,(丁寧)(言約)(後孫)(永遠)(言約)
정녕 언약 후손 영원 언약
창17:20(福)(生育)(衆多)(蕃盛)(方伯)
복 생육 중다 번성 방백
창17:21,(言約)(明年)(期限)
언약 명년 기한
창17:23,(自己)(生長)(者)(者)(中)
자기 생장 자 자 중
(男子)(陽皮)
남자 양피
창17:24,(陽皮)(九十)(九歲)
양피 구십 구세
창17:25,(陽皮)(十三歲)
양피 십삼세
창17:26,(當日)(割禮)
당일 할례
창17:27,(男子)(生長)(者)(異邦)(者)(割禮)
남자 생장 자 이방 자 할례

創世記-(창세기)-第十八章
창세기 제십팔장

창18:1,(近處)(午正)(帳幕門)
근처 오정 장막문
창18:2,(便)(帳幕門)(迎接)
편 장막문 영접
창18:3,(主)(主)(恩惠)(願)
주 주 은혜 원
창18:4,(當身)
당신
창18:5,(當身)(快活)(後)(當身)
당신 쾌활 후 당신
창18:6,(急)(帳幕)(速)
급 장막 속
창18:7,(取)(下人)(急)(料理)
취 하인 급 료리
창18:8,(牛乳)(下人)(料理)(陳設)
우유 하인 료리 진설
창18:9,(對答)(帳幕)
대답 장막
창18:10,(期限)(丁寧)(帳幕)(門)
기한 정녕 장막 문
창18:11,(經水)
경수

창18:12,(老衰)(主人)(樂)
노쇠 주인 낙

창18:14,(能)(期限)
능 기한

창18:15,(承認)
승인

창18:16,(向)(餞送)
향 전송

창18:18,(强大)(天下萬民)(因)(福)
강대 천하만민 인 복

창18:19,(子息)(眷屬)(命)(道)(義)
자식 권속 명 도 의
(公道)(行)(擇)(對)
공도 행 택 대

창18:20,(對)(罪惡)(甚)(重)
대 죄악 심 중

창18:21,(行)(果然)
행 과연

창18:22,(向)
향

창18:23,(主)(義人)(惡人)(滅)
주 의인 악인 멸

창18:24,(城中)(義人)(五十)(主)(滅)
성중 의인 오십 주 멸
(五十)(義人)(爲)(容恕)
오십 의인 위 용서

창18:25,(主)(義人)(惡人)(不可)(義人)(惡人)
주 의인 악인 불가 의인 악인
(均等)(不可)(世上)(審判)(公義)(行)
균등 불가 세상 심판 공의 행

창18:26,(萬一)(城中)(義人)(五十)(爲)
만일 성중 의인 오십 위
(地境)(容恕)
지경 용서

창18:27,(敢)(主)(告)
감 주 고

창18:28,(五十)(義人)(中)(五人)(不足)(五人)
오십 의인 중 오인 부족 오인
(不足)(因)(城)(滅)(四十五人)(滅)
부족 인 성 멸 사십오인 멸

창18:29,(告)(四十人)(四十人)(因)(滅)
고 사십인 사십인 인 멸

창18:30,(主)(怒)(三十人)(三十人)(滅)
주 노 삼십인 삼십인 멸

창18:31,(敢)(主)(告)(二十人)(二十人)
감 주 고 이십인 이십인
(因)(滅)
인 멸

창18:32,(主)(怒)(番)(十人)(十人)(因)(滅)
주 노 번 십인 십인 인 멸

창18:33,(卽時)(自己)
즉시 자기

創世記-(창세기)-第十九章
창세기 제십구장

창19:1,(天使)(城門)(迎接)
천사 성문 영접

창19:2,(主)(經夜)
주 경야

창19:3,(懇請)(爲)(食卓)(無酵餠)
간청 위 식탁 무효병

창19:4,(前)(城)(百姓)(無論老少)(四方)
전 성 백성 무론로소 사방

창19:5,(相關)
상관

창19:6,(門)(門)
문 문

창19:7,(請)(兄弟)(惡)(行)
청 형제 악 행

창19:8,(男子)(請)(行)
남자 청 행

창19:9,(寓居)(法官)(害)(門
우거 법관 해 문

창19:10,(門)
문

창19:11,(門)無論大小)(門)(困憊)
문 무론대소 문 곤비

창19:12,(外)(屬)(者)(子女)(城中)(屬)(者)(城)
외 속 자 자녀 성중 속 자 성

창19:13,(對)(滅)(滅)
대 멸 멸

창19:14,(定婚)(告)(城)(滅)(弄談)
정혼 고 성 멸 롱담

창19:15,(東)(天使)(城)(罪惡)(中)(滅亡)
동 천사 성 죄악 중 멸망

창19:16,(遲滯)(引導)(城)(仁慈)
지체 인도 성 인자

창19:17,(後)(逃亡)(生命)(保存)(山)
후 도망 생명 보존 산
(逃亡)(滅亡)(免)
도망 멸망 면

창19:18,(主)
주

창19:19,(主)(恩惠)(主)(仁慈)(生命)
주 은혜 주 인자 생명
(救援)(逃亡)(山)(災殃)
구원 도망 산 재앙

창19:20,(城)(逃亡)(逃亡)(城)(生命)(保存)
성 도망 도망 성 생명 보존

창19:21,(所願)(城)(滅)
소원 성 멸

창19:22,(速)(逃亡)(行)(城)
속 도망 행 성

창19:24,(硫黃)
류황

창19:25,(城)(城)(居)(百姓)(滅)
성 성 거 백성 멸

창19:26,(故)
고

창19:28,(向)(煙氣)(甕器店)(煙氣)
향 연기 옹기점 연기

창19:29,(城)(滅)(居)(城)(中)
성 멸 거 성 중

창19:30,(居)(山)(居)(窟)(居)
거 산 거 굴 거

창19:31,(世上)(道理)(配匹)
세상 도리 배필
창19:32,(同寢)(人種)(傳)
동침 인종 전
창19:33,(同寢)
동침
창19:34,(同寢)(同寢)(人種)(傳)
동침 동침 인종 전
창19:35,(同寢)
동침
창19:36,(孕胎)
잉태
창19:37,(族屬)(祖上)
족속 조상
창19:38,(族屬)(祖上)
족속 조상

創世記-(창세기)-第二十章
창세기 제이십장

창20:1,(南方)(移徙)(寓居)
남방 이사 우거
창20:2,(自己)(王)(取)
자기 왕 취
창20:3,(現夢)(取)(女人)(因)
현몽 취 녀인 인
창20:4,(女人)(故)對答)(主)(主)(義)(百姓)(滅)
녀인 고 대답 주 주 의 백성 멸
창20:5,(女人)(穩全)
녀인 온전
창20:6,(穩全)(犯罪)(女人)
온전 범죄 녀인
창20:7,(先知者)(爲)(祈禱)(屬)(者)(丁寧)
선지자 위 기도 속 자 정녕
창20:8,(臣僕)(甚)
신복 심
창20:9,(罪)(犯)(罪)(合當)(行)
죄 범 죄 합당 행
창20:10,(意見)
의견
창20:11,(因)
인
창20:12,(實)(異腹)(妻)
실 이복 처
창20:13,(以後)(恩惠)
이후 은혜
창20:14,(羊)(奴婢)(取)
양 노비 취
창20:15,(居)
거
창20:16,(銀)(千個)(羞恥)(善)(解決)
은 천개 수치 선 해결
창20:17,(祈禱)(女)(治療)(生産
기도 여 치료 생산
창20:18,(已往)(緣故)(胎)
이왕 연고 태

創世記-(창세기)-第二十一章
창세기 제이십일장

창21:1,(眷顧)(行)
권고 행
창21:2,(孕胎)(期限)
잉태 기한
창21:3,(自己)
자기
창21:4,(八日)(命)(割禮)(行)
팔일 명 할례 행
창21:5,(百歲)
백세
창21:6,(者)
자
창21:7,(子息)(老境
자식 노경
창21:8,(大宴)(排設)
대연 배설
창21:9,(女人)(所生)(戲弄)
녀인 소생 희롱
창21:10,(女)(基業)
여 기업
창21:11,(爲)
위
창21:12,(女)(爲)(稱)
여 위 칭
창21:13,(女)(民族)
여 민족
창21:14,(負袋)(取)(子息(彷徨)
부대 취 자식 방황
창21:15,(負袋)(子息)
부대 자식
창21:16,(子息)(放聲大哭)
자식 방성대곡
창21:17,(使者)
사자
창21:18,(民族)
민족
창21:19,(負袋)
부대
창21:20,(長成)(曠野)(居)(者)
장성 광야 거 자
창21:21,(曠野)(居)(爲)(女人)(娶)
광야 거 위 녀인 취
창21:22,(軍隊長官)
군대장관
창21:23,(孫子)(行)(盟誓)(厚待)(行)
손자 행 맹서 후대 행
창21:24,(盟誓)
맹서
창21:25,(勒奪)(對)(責望)
늑탈 대 책망
창21:26,(告)
고
창21:27,(羊)(取)(言約)
양 취 언약
창21:28,(羊)
양
창21:29,(羊)
양

창21:30,(羊)(證據)
양 증거
창21:31,(盟誓)
맹서
창21:32,(言約)(軍隊長官)(族屬)
언약 군대장관 족속
창21:33,(永生)
영생
창21:34,(族屬)
족속

創世記-(창세기)-第二十二章
창세기 제이십이장

창22:1,(後)(試驗)
후 시험
창22:2,(獨子)(指示)(山)(燔祭)
독자 지시 산 번제
창22:3,(鞍裝)(使喚)(燔祭)(自己)(指示)
안장 사환 번제 자기 지시
창22:4,(第)(三日)
제 삼일
창22:5,(使喚)(敬拜)
사환 경배
창22:6,(燔祭)(取)(自己)(同行)
번제 취 자기 동행
창22:7,(燔祭)(羊)
번제 양
창22:8,(燔祭)(羊)(自己)(爲)(親)(準備)
번제 양 자기 위 친 준비
창22:9,(指示)(壇)(結縛)(壇)
지시 단 결박 단
창22:11,(使者)
사자
창22:12,(使者)(獨子)(敬畏)
사자 독자 경외
창22:13,(羊)(羊)(代身)(燔祭)
양 양 대신 번제
창22:14,(山)(準備)
산 준비
창22:15,(使者)(番)
사자 번
창22:16,(盟誓)(行)(獨子)
맹서 행 독자
창22:17,(福)(盛)(對敵)(門)
복 성 대적 문
창22:18,(天下萬民)(福)(遵行)
천하만민 복 준행
창22:19,(使喚)(居)
사환 거
창22:20,(後)(或)(告)(同生)(子女)
후 혹 고 동생 자녀
창22:21,(同生)
동생
창22:23,(同生)(妻)(所生)
동생 처 소생
창22:24,(妾)(者)
첩 자

創世記-(창세기)-第二十三章
창세기 제이십삼장

창23:1,(一百)(二十)(七歲)(享年)
일백 이십 칠세 향년
창23:2,(爲)(哀痛)
위 애통
창23:3,(屍體)(族屬)
시체 족속
창23:4,(當身)(中)(寓居)(者)(請)(當身)
당신 중 우거 자 청 당신
(中)(埋葬地)(所有)(者)(葬事)
중 매장지 소유 자 장사
창23:5,(族屬)(對答)
족속 대답
창23:6,(主)(當身)(中)(方伯)(墓室)(中)(擇)
주 당신 중 방백 묘실 중 택
(當身)(者)(葬事)(中)(自己)(墓室)
당신 자 장사 중 자기 묘실
(當身)(者)(葬事)(禁)(者)
당신 자 장사 금 자
창23:7,(居民)(族屬)(向)
거민 족속 향
창23:8,(者)(葬事)(當身)(爲)(求)
자 장사 당신 위 구
창23:9,(窟)(準價)(窟)(當身)(中)(所有)
굴 준가 굴 당신 중 소유
(埋葬地)(願)
매장지 원
창23:10,(族屬)(中)(族屬)(城門)(者)(對答)
족속 중 족속 성문 자 대답
창23:11,(主)(當身)(窟)(當身)(同族)
주 당신 굴 당신 동족
(當身)(當身)(者)(葬事)
당신 당신 자 장사
창23:12,(百姓)(對)
백성 대
창23:13,(百姓)(當身)(合當)(請)(當身)
백성 당신 합당 청 당신
(當身)(者)(葬事)
당신 자 장사
창23:14,(對答)
대답
창23:15,(主)(銀)(四百)(當身)(較計)
주 은 사백 당신 교계
(當身)(者)(葬事)
당신 자 장사
창23:16,(族屬)(商賈)(通用)(銀)(四百)
족속 상고 통용 은 사백
창23:17,(窟)(四方)(樹木)
굴 사방 수목
창23:18,(城門)(族屬)(所有)(定)
성문 족속 소유 정
창23:19,(後)(窟)(葬事)
후 굴 장사
창23:20,(窟)(族屬)(所有)(埋葬地)(定)
굴 족속 소유 매장지 정

創世記-(창세기)-第二十四章
창세기 제이십사장

창24:1,(凡事)(福)
범사 복

창24:2,(自己)(所有)(請)
자기 소유 청

창24:3,(盟誓)(居)(地方)(族屬)(中)(爲)(擇)
맹서 거 지방 족속 중 위 택

창24:4,(故鄕)(族屬)(爲)(擇)
고향 족속 위 택

창24:5,(女子)(主人)(主人)(引導)
녀자 주인 주인 인도

창24:7,(本土)(盟誓)(使者)(爲)(擇)
본토 맹서 사자 위 택

창24:8,(萬一)(女子)(盟誓)(相關)
만일 녀자 맹서 상관

창24:9,(主人)(對)(盟誓)
주인 대 맹서

창24:10,(主人)(中)(匹)(取)(主人)(城)
주인 중 필 취 주인 성

창24:11,(城)(女人)
성 녀인

창24:12,(主人)(願)(順適)(主人)(恩惠)
주인 원 순적 주인 은혜

창24:13,(中)
중

창24:14,(少女)(請)(對答)(當身)(主)(主)(爲)
소녀 청 대답 당신 주 주 위

(定)(者)(因)(主)(主人)(恩惠)
정 자 인 주 주인 은혜

창24:15,(同生)(所生)
동생 소생

창24:16,(少女)(甚)땁(至今)(男子)(處女)
소녀 심 지금 남자 처녀

창24:17,(請)
청

창24:18,(主)(急)
주 급

창24:19,(當身)(爲)
당신 위

창24:20,(急)(爲)
급 위

창24:21,(默默)(注目)(果然)(平坦)(與否)
묵묵 주목 과연 평탄 여부

창24:22,(半)(重)(金)(個)(重)(金)(雙)
빈 중 금 개 중 금 쌍

창24:23,(請)(告)(父親)(留宿)
청 고 부친 유숙

창24:24,(女子)
녀자

창24:25,(足)(留宿)
족 유숙

창24:26,(敬拜)
경배

창24:27,(主人)(讚頌)(主人)(主)(仁慈)
주인 찬송 주인 주 인자

(誠實)(引導)(主人)(同生)
성실 인도 주인 동생

창24:28,(少女)(告)
소녀 고

창24:30,(自己)
자기

창24:31,(福)(者)(房)(處所)(豫備)
복 자 방 처소 예비

창24:32,(從者)
종자

창24:33,(食物)(陳述)(前)
식물 진술 전

창24:35,(主人)(福)(昌盛)(牛羊)(銀金)(奴婢)
주인 복 창성 우양 은금 노비

창24:36,(主人)(夫人)(老年)(主人)
주인 부인 로년 주인

(主人)(所有)
주인 소유

창24:37,(主人)(盟誓)(爲)(族屬)(中)(擇)
주인 맹서 위 족속 중 택

창24:38,(族屬)(爲)(擇
족속 위 택

창24:39,(主人)(或)(女子)
주인 혹 녀자

창24:40,(主人)(使者)(平坦)(族屬)(中)
주인 사자 평탄 족속 중

(爲)(擇)
위 택

창24:41,(族屬)(盟誓)(相關)(設或)(盟誓)
족속 맹서 상관 설혹 맹서

(相關)
상관

창24:42,(主人)(萬一)(行)(亨通)
주인 만일 행 형통

창24:43,(青年)(女子)(請)
청년 녀자 청

창24:44,(對答)(當身)(當身)(爲)(女子)
대답 당신 당신 위 녀자

(主人)(爲)(定)(者)
주인 위 정 자

창24:45,(默禱)(請)
묵도 청

창24:46,(急)(當身)
급 당신

창24:48,(主人)(引導)(主人)(同生)(爲)
주인 인도 주인 동생 위

(擇)(敬拜)(讚頌)
백 경배 찬송

창24:49,(當身)(仁慈)(眞實)(主人)(待接)
당신 인자 진실 주인 대접

(告)(告)(左右間)(行)
고 고 좌우간 행

창24:50,(對答)(可否)
대답 가부

창24:51,(命)(主人)
명 주인

창24:53,(銀金)(佩物)(衣服)(寶物)
은금 패물 의복 보물

창24:54,(從者)(留宿)(主人)
종자 유숙 주인

창24:55,(少女)(後)
소녀 후

창24:56,(挽留)(亨通)(主人)
만류 형통 주인

창24:57,(少女)
소녀

창24:58,(對答)
대답

창24:59,(乳母)(從者)
유모 종자

창24:60,(祝福)(千萬人)(怨讐)(城門)
축복 천만인 원수 성문

창24:61,(婢子)
비자

창24:62,(南方)(居)
남방 거

창24:63,(默想)
묵상

창24:65,(徘徊)(者)(主人)(取)
배회 자 주인 취

창24:66,(行)(告)
행 고

창24:67,(引導)(母親)(帳幕)(娶)(母親)
인도 모친 장막 취 모친
(喪事)(後)(慰勞)
상사 후 위로

創世記-(창세기)-第二十五章
창세기 제이십오장

창25:1,(後妻)(娶)
후처 취

창25:3,(子孫)(族屬(族屬)(族屬)
자손 족속 족속 족속

창25:4,(子孫)
자손

창25:5,(自己)(所有)
자기 소유

창25:6,(自己)(庶子)(財物)(自己)(生前)
자기 서자 재물 자기 생전
(自己)(東方)(東國)
자기 동방 동국

창25:7,(享年)(一百)(七十五歲)
향년 일백 칠십오세

창25:8,(壽)(氣運)(盡)(自己)(列祖)
수 기운 진 자기 열조

창25:9,(族屬)(窟)(葬事)
족속 굴 장사

창25:10,(族屬)(葬事)
족속 장사

창25:11,(後)(福)(近處)(居)
후 복 근처 거

창25:12,(女)(人)(後裔)
여 인 후예

창25:13,(世代)(長子)
세대 장자

창25:16,(村)(部落)(族屬)(十二)(方伯)
촌 부락 족속 십이 방백

창25:17,(享年)(一百)(三十)(七歲)(氣運)
향년 일백 삼십 칠세 기운
(盡)(自己)(列祖)
진 자기 열조

창25:18,(子孫)(通)(兄弟)(便)(居)
자손 통 형제 편 거

창25:19,(後裔
후예

창25:20,(四十歲)(娶)(族屬)(中)(族屬)
사십세 취 족속 중 족속

창25:21,(孕胎)(爲)(懇求)(懇求)(孕胎)
잉태 위 간구 간구 잉태

창25:22,(胎)
태

창25:23,(國民)(胎中)(民族)(腹中)(族屬)
국민 태중 민족 복중 족속
(族屬)(强)(者)(者)
족속 강 자 자

창25:24,(解産)(期限)(胎)(雙童)
해산 기한 태 쌍동

창25:25,(者)(全身)
자 전신

창25:26,(後)(六十歲)
후 육십세

창25:27,(長成)(故)(從容)(故)(帳幕)(居)
장성 고 종용 고 장막 거

창25:29,(粥)(甚)(困憊)
죽 심 곤비

창25:30,(困憊)(別名)
곤비 별명

창25:31,(兄)(長子)(名分)
형 장자 명분

창25:32,(長子)(名分)(有益)
장자 명분 유익

창25:33,(盟誓)(盟誓)(長子)(名分)
맹서 맹서 장자 명분

창25:34,(粥)(長子)(名分)(輕忽)
죽 장자 명분 경홀

創世記-(창세기)-第二十六章
창세기 제이십육장

창26:1,(凶年)(凶年(王)
흉년 흉년 왕

창26:2,(指示)(居)
지시 거

창26:3,(留)(福)(子孫)(盟誓)
유 복 자손 맹서

창26:4,(子孫)(蕃盛(子孫)(子孫)(因)
자손 번성 자손 자손 인
(天下萬民)(福)
천하만민 복

창26:5,(順從)(命令)(誡命)(律例)(法度)
순종 명령 계명 율례 법도

창26:6,(居)
거

창26:7,(百姓)(因)(自己)
백성 인 자기

창26:8,(居)(王)(窓)
거 왕 창

창26:9,(丁寧)(對答)(因)
정녕 대답 인

창26:10,(行)(百姓)(同寢)(罪)
행 백성 동침 죄

창26:11,(百姓)(命)(犯)(者)
백성 명 범 자

창26:12,(農事)(百倍)(福)
농사 백배 복

창26:13,(昌大)(旺盛)(巨富)
창대 왕성 거부

창26:14,(羊)(奴僕)(甚)(猜忌)
양 노복 심 시기

창26:16,(强盛)
강성

창26:17,(帳幕)(寓居)
장막 우거

창26:18,(後)
후

창26:19,(根源)
근원

창26:20,(牧者)(牧者)(因)
목자 목자 인

창26:21,(故)
고

창26:22,(場所)(蕃盛)
장소 번성

창26:24,(爲)(福)(子孫)(蕃盛)
위 복 자손 번성

창26:25,(壇)(帳幕)
단 장막

창26:26,(親舊)(軍隊長官)
친구 군대장관

창26:28,(分明)(盟誓)(契約)
분명 맹서 계약

창26:29,(害)(犯)(善)(行)(平安)(福)(者)
해 범 선 행 평안 복 자

창26:30,(爲)
위

창26:31,(盟誓)(後)(平安)
맹서 후 평안

창26:32,(自己)(對)(告)
자기 대 고

창26:33,(城邑)
성읍

창26:34,(四十歲)(族屬)(族屬)(娶)
사십세 족속 족속 취

創世記-(창세기)-第二十七章
창세기 제이십칠장

창27:3,(器具)(箭筒)(爲)
기구 전통 위

창27:4,(別味)(前)(祝福)
별미 전 축복

창27:6,(父親)(兄)
부친 형

창27:7,(爲)(別味)(前)(祝福)
위 별미 전 축복

창27:8,(命)
명

창27:9,(父親)(爲)(別味)
부친 위 별미

창27:10,(父親)(前)(祝福)(爲)
부친 전 축복 위

창27:11,(母親)(兄)
모친 형

창27:12,(者)(福)(姑捨)(詛呪)
자 복 고사 저주

창27:13,(詛呪)
저주

창27:14,(取)(別味)
취 별미

창27:15,(自己)(處所)(衣服)(取)
자기 처소 의복 취

창27:17,(別味)(自己)
별미 자기

창27:19,(對答)(命)(請)(祝福)
대답 명 청 축복

창27:20,(速)(順適)
속 순적

창27:21,(果然)
과연

창27:22,(音聲)(音聲)
음성 음성

창27:23,(兄)(能)(分別)(祝福)
형 능 분별 축복

창27:24,(對答)
대답

창27:25,(祝福)(葡萄酒)
축복 포도주

창27:27,(香臭)(祝福)(香臭)(福)(香臭)
향취 축복 향취 복 향취

창27:28,(豊盛)(穀食)(葡萄酒)(願)
풍성 곡식 포도주 원

창27:29,(萬民)(列國)(屈服)(兄弟)(主)(屈服)
만민 열국 굴복 형제 주 굴복
(詛呪)(者)(詛呪)(祝福)(者)(福)(願)
저주 자 저주 축복 자 복 원

창27:30,(祝福)(兄)
축복 형

창27:31,(別味)(祝福)
별미 축복

창27:32,(對答)
대답

창27:33,(甚)(者)(前)(爲)(祝福)(丁寧)(福)
심 자 전 위 축복 정녕 복

창27:34,(放聲大哭)(祝福)
방성대곡 축복

창27:35,(奸巧)(福)
간교 복

창27:36,(合當)(番)(前)(長子)(名分)(福)
합당 번 전 장자 명분 복
(爲)(福)
위 복

창27:37,(對答)(兄弟)(穀食)(葡萄酒)(供給)
대답 형제 곡식 포도주 공급
창27:38,(福)(祝福)
복 축복
창27:39,(對答)(住所)
대답 주소
창27:40,(生活)
생활
창27:41,(祝福)(祝福)(因)(心中)(哭)
축복 축복 인 심중 곡
창27:42,(兄)(恨)
형 한
창27:43,(避)
피
창27:44,(兄)(怒)(居)
형 노 거
창27:45,(兄)(憤怒)(自己)(行)
형 분노 자기 행
창27:46,(因)(生命)(萬一)(中)(娶)(生命)
인 생명 만일 중 취 생명

創世記-(창세기)-第二十八章
창세기 제이십팔장

창28:1,(祝福)(付託)(中)(娶)
축복 부탁 중 취
창28:2,(外祖父)(外三寸)(中)(娶)
외조부 외삼촌 중 취
창28:3,(全能)(福)(生育)(蕃盛)(族屬)
전능 복 생육 번성 족속
창28:4,(許諾)(福)(子孫)(寓居)(遺業)(願)
허락 복 자손 우거 유업 원
창28:6,(祝福)(娶)(祝福)(命)(中)(娶)
축복 취 축복 명 중 취
창28:7,(父母)(命)
부모 명
창28:9,(本妻)(外)(娶)
본처 외 취
창28:10,(向)
향
창28:11,(留宿)(取)
유숙 취
창28:12,(使者)
사자
창28:13,(祖父)(子孫)
조부 자손
창28:14,(子孫)(東西南北)(遍滿)(族屬)
자손 동서남북 편만 족속
(子孫)(因)(福)
자손 인 복
창28:15,(許諾)
허락
창28:16,(果然)
과연
창28:17,(殿)(門)
전 문
창28:19,(城)(本)
성 본
창28:20,(誓願)(糧食)
서원 량식
창28:21,(平安)
평안
창28:22,(殿)(十分)(一)
전 십분 일

創世記-(창세기)-第二十九章
창세기 제이십구장

창29:1,(發行)(東方)
발행 동방
창29:2,(羊)(牧者)(羊)
양 목자 양
창29:3,(羊)(如前)
양 여전
창29:4,(兄弟)
형제
창29:5,(孫子)
손자
창29:6,(平安)(平安)(只今)(羊)
평안 평안 지금 양
창29:7,(羊)
양
창29:8,(牧者)(羊)
목자 양
창29:9,(中)(羊)(羊)
중 양 양
창29:10,(外三寸)(外三寸)(羊)(外三寸)(羊)
외삼촌 외삼촌 양 외삼촌 양
창29:12,(自己)(甥姪)(告)(告)
자기 생질 고 고
창29:13,(甥姪)(消息)(迎接)(自己)(引導)
생질 소식 영접 자기 인도
(自己)(告)
자기 고
창29:14,(骨肉)(居)
골육 거
창29:15,(甥姪)(空)(報酬)(告)
생질 공 보수 고
창29:16,(兄)
형
창29:17,(眼力)(不足)
안력 부족
창29:18,(戀愛)(對答)(外三寸)(爲)
연애 대답 외삼촌 위
(外三寸)(七年)(奉事)
외삼촌 칠년 봉사
창29:19,(他人)
타인
창29:20,(爲)(七年)(奉事)(戀愛)(七年)(數日)
위 칠년 봉사 연애 칠년 수일
창29:21,(期限)
기한
창29:24,(女)(侍女)
여 시녀
창29:25,(外三寸)(行)(爲)(外三寸)(奉事)
외삼촌 행 위 외삼촌 봉사

(外三寸)
외삼촌

창29:26,(兄)(地方)
형 지방

창29:27,(爲)(七日)(爲)(七年)(奉事)
위 칠일 위 칠년 봉사

창29:28,(七日)
칠일

창29:29,(女)(侍女)
여 시녀

창29:30,(七年)(奉事)
칠년 봉사

창29:31,(寵)(胎)(無子)
총 태 무자

창29:32,(孕胎)(眷顧)(男便)
잉태 권고 남편

창29:33,(孕胎)(寵)
잉태 총

창29:34,(孕胎)(男便)(只今)(聯合)
잉태 남편 지금 연합

창29:35,(孕胎)(讚頌)(因)(生産)
잉태 찬송 인 생산

創世記-(창세기)-第三十章
창세기 제삼십장

창30:1,(自己)(兄)(妬忌)(子息)
자기 형 투기 자식

창30:2,(怒)(發)(成胎)(代身)
노 발 성태 대신

창30:3,(女)(因)(子息)
여 인 자식

창30:4,(侍女)(男便)(妾)
시녀 남편 첩

창30:5,(孕胎)
잉태

창30:6,(抑鬱)(因)
억울 인

창30:7,(侍女)(孕胎)
시녀 잉태

창30:8,(兄)(競爭)
형 경쟁

창30:9,(自己)(生産)(侍女)(娶)(妾)
자기 생산 시녀 취 첩

창30:10,(侍女)
시녀

창30:11,(福)
복

창30:12,(侍女)
시녀

창30:13,(者)
자

창30:14,(麥秋)(合歡菜)(兄)(合歡菜)(請求)
맥추 합환채 형 합환채 청구

창30:15,(男便)(合歡菜)(兄)(合歡菜)
남편 합환채 형 합환채
(代身)(男便)(兄)(同寢)
대신 남편 형 동침

창30:16,(迎接)(合歡菜)(當身)(同寢)
영접 합환채 당신 동침

창30:17,(孕胎)
잉태

창30:18,(侍女)(男便)
시녀 남편

창30:19,(孕胎)
잉태

창30:20,(厚)(膳物)(男便)(居)
후 선물 남편 거

창30:21,(後)
후

창30:22,(胎)(故)
태 고

창30:23,(孕胎)
잉태

창30:24,(願)
원

창30:25,(故鄕)(本土)
고향 본토

창30:26,(外三寸)(妻子)(外三寸)(外三寸)
외삼촌 처자 외삼촌 외삼촌

창30:27,(因)(福)(留)
인 복 유

창30:28,(定)
정

창30:29,(外三寸)(外三寸)(外三寸)
외삼촌 외삼촌 외삼촌

창30:30,(前)(外三寸)(所有)(蕃盛)(功力)
전 외삼촌 소유 번성 공력
(外三寸)(福)
외삼촌 복

창30:31,(外三寸)(爲)(行)(外三寸)(羊)
외삼촌 위 행 외삼촌 양

창30:32,(外三寸)(羊)(羊)(中)(者)(點)(者)
외삼촌 양 양 중 자 점 자
(者)(中)(點)(者)(者)
자 중 점 자 자

창30:33,(後日)(外三寸)(調査)(義)(表徵)
후일 외삼촌 조사 의 표징
(或時)(中)(者)(點)(者)(羊)(中)(者)
혹시 중 자 점 자 양 중 자
(盜賊)(認定)
도적 인정

창30:35,(中)(者)(點)(者)(者)(點)(者)(羊)
중 자 점 자 자 점 자 양
(中)(者)(自己)
중 자 자기

창30:36,(自己)(羊)
자기 양

창30:37,(取)
취

창30:38,(羊)(開川)(羊)(向)
양 개천 양 향

창30:39,(點)
점

창30:40,(羊)(區分)(羊)(對)(自己)(羊)(羊)
양 구분 양 대 자기 양 양

창30:41,(實)(羊)(開川)(羊)(羊)
실 양 개천 양 양

창30:42,(弱)(羊)(弱)(者)(實)(者)
약 양 약 자 실 자

창30:43,(甚)(豊富)(羊)(奴婢)
심 풍부 양 노비

創世記-(창세기)-第三十一章
창세기 제삼십일장

창31:1,(所有)(所有)(因)(巨富)
소유 소유 인 거부

창31:2,(顔色)(自己)(對)(前)
안색 자기 대 전

창31:3,(祖上)(族屬)
조상 족속

창31:4,(自己)(羊)
자기 양

창31:5,(顔色)(對)(前)
안색 대 전

창31:7,(番)(變易)(禁)(害)
번 변역 금 해

창31:8,(點)(羊)(點)(羊)
점 양 점 양

창31:10,(羊)(羊)(羊)(點)
양 양 양 점

창31:11,(使者)(對答)
사자 대답

창31:12,(羊)(羊)(點)(行)
양 양 점 행

창31:13,(誓願)(只今)(出生地)
서원 지금 출생지

창31:14,(對答)(分)(遺業)
대답 분 유업

창31:15,(外人)
외인

창31:16,(取)(財物)(子息)(當身)(遵行)
취 재물 자식 당신 준행

창31:17,(子息)
자식

창31:18,(所有物)
소유물

창31:19,(羊)(盜賊)
양 도적

창31:20,(去就)(告)
거취 고

창31:21,(所有)(江)(山)(向)(逃亡)
소유 강 산 향 도망

창31:22,(三日)(逃亡)
삼일 도망

창31:23,(兄弟)(七日)(山)
형제 칠일 산

창31:24,(現夢)(善惡間)
현몽 선악간

창31:25,(山)(帳幕)(兄弟)(山)(帳幕)
산 장막 형제 산 장막

창31:27,(竪琴)(逃亡)(告)
수금 도망 고

창31:28,(孫子)(所爲)(實)
손자 소위 실

창31:29,(害)(能力)(善惡間)
해 능력 선악간

창31:30,(思慕)(可)(神)(盜賊)
사모 가 신 도적

창31:31,(對答)(外三寸)(外三寸)(臆志)
대답 외삼촌 외삼촌 억지

창31:32,(外三寸)(神)(兄弟)(外三寸)(發見)
외삼촌 신 형제 외삼촌 발견
(外三寸)(取)(盜賊)
외삼촌 취 도적

창31:33,(帳幕)(帳幕)(女)(帳幕)(帳幕)(帳幕)
장막 장막 여 장막 장막 장막

창31:34,(鞍裝)(帳幕
안장 장막

창31:35,(經水)(迎接)(主)(怒
경수 영접 주 노

창31:36,(怒)(責望)(對斥)(罪)(外三寸)(急)
노 책망 대척 죄 외삼촌 급

창31:37,(外三寸)(物件)(外三寸)(家藏什物)
외삼촌 물건 외삼촌 가장집물
(中)(兄弟)(外三寸)(兄弟)(判斷)
중 형제 외삼촌 형제 판단

창31:38,(二十年)(外三寸)(外三寸)(羊)
이십년 외삼촌 외삼촌 양
(落胎)(外三寸)(羊)(羊)
락태 외삼촌 양 양

창31:39,(外三寸)(補充)(盜賊)(盜賊)(外三寸)
외삼촌 보충 도적 도적 외삼촌

창31:40,(當)
당

창31:41,(外三寸)(居)(二十年)(外三寸)(爲)
외삼촌 거 이십년 외삼촌 위
(十四年)(外三寸)(羊)(爲)(六年)
십사년 외삼촌 양 위 육년
(外三寸)(奉事)(外三寸)(番)(變易)
외삼촌 봉사 외삼촌 번 변역

창31:42,(敬畏)(外三寸)(空手)(苦難)(受苦)
경외 외삼촌 공수 고난 수고
(鑑察)(外三寸)(責望)
감찰 외삼촌 책망

창31:43,(對答)(子息)(子息)(羊)(子息)
대답 자식 자식 양 자식

창31:44,(言約)(證據)
언약 증거

창31:46,(兄弟)(取)
형제 취

창31:47,(稱)(稱)
칭 칭

창31:48,(證據)(稱)
증거 칭

창31:49,(彼此)(鑑察)
피차 감찰

창31:50,(薄待)(外)(娶)(者)(證據)
박대 외 취 자 증거

창31:52,(證據)(證據)(害)(害)
증거 증거 해 해

창31:53,(祖上)(判斷)(敬畏)(盟誓)
조상 판단 경외 맹서
창31:54,(山)(祭祀)(兄弟)(山)(經夜)
산 제사 형제 산 경야
창31:55,(孫子)(祝福)(故鄕)
손자 축복 고향

創世記-(창세기)-第三十二章
창세기 제삼십이장

창32:1,(進行)(使者)
진행 사자
창32:2,(軍隊)
군대
창32:3,(兄)(使者)(自己)
형 사자 자기
창32:4,(付託)(主)(告)(主)(至今)
부탁 주 고 주 지금
창32:5,(羊)(奴婢)(主)(告)(主)(恩惠)(願)
양 노비 주 고 주 은혜 원
창32:6,(使者)(主人)(兄)(四百人)(主人)
사자 주인 형 사백인 주인
창32:7,(甚)(沓沓)(自己)(從者)(羊)
심 답답 자기 종자 양
창32:8,(避)
피
창32:9,(祖父)(主)(前)(命)(故鄕)(族屬)(恩惠)
조부 주 전 명 고향 족속 은혜
창32:10,(主)(主)(恩寵)(眞理)(堪當)(只今)
주 주 은총 진리 감당 지금
창32:11,(主)(懇求)(兄)(妻子)(怯)
주 간구 형 처자 겁
창32:12,(主)(丁寧)(恩惠)
주 정녕 은혜
창32:13,(經夜)(所有)(中)(兄)(爲)(禮物)(擇)
경야 소유 중 형 위 예물 택
창32:14,(二百)(二十)(羊)(二百)(羊)(二十)
이백 이십 양 이백 양 이십
창32:15,(三十)(四十)(二十)
삼십 사십 이십
창32:16,(各各)(各)(相距
각각 각 상거
창32:17,(者)(付託)(兄)
자 부탁 형
창32:18,(對答)(主)(自己)(主)(禮物)
대답 주 자기 주 예물
창32:19,(各)(者)(付託)(告)
각 자 부탁 고
창32:20,(主(禮物)(兄)(感情)(後)對面)
주 예물 형 감정 후 대면
(兄)(或時)
형 혹시
창32:21,(禮物)(行)(經夜)
예물 행 경야
창32:22,(女)(引導)
여 인도
창32:23,(引導)(所有)
인도 소유
창32:25,(自己)(違骨)
자기 위골
창32:26,(當身)(祝福
당신 축복
창32:29,(請)(當身)(告)(祝福)
청 당신 고 축복
창32:30對面)(生命)(保全)
대면 생명 보전
창32:31,(因)
인
창32:32,(故)(至今)
고 지금

創世記-(창세기)-第三十三章
창세기 제삼십삼장

창33:1,(四百人)(子息)(女)
사백인 자식 여
창33:2,(女)(子息)(子息)
여 자식 자식
창33:3,(自己)(番)(兄)
자기 번 형
창33:4,(彼此)
피차
창33:5,(女人)(子息)(主)(恩惠)(子息)
녀인 자식 주 은혜 자식
창33:6,(女)(子息)
여 자식
창33:7,(子息)(後)
자식 후
창33:8,(主)(恩惠)
주 은혜
창33:9,(同生)(足)(所有)
동생 족 소유
창33:10,(兄)(恩惠)(請)(禮物)(兄)(兄)
형 은혜 청 예물 형 형
창33:11,(恩惠)(所有)(足)(請)(兄)(禮物)(强勸)
은혜 소유 족 청 형 예물 강권
창33:13,(主)(子息)(幼弱)(羊)(過)
주 자식 유약 양 과
창33:14,(請)(主)(子息)(行步)(引導)(主)
청 주 자식 행보 인도 주
창33:15,(從者)(數人)(主)(恩惠
종자 수인 주 은혜
창33:16,(回程)
회정
창33:17,(自己)(爲)(爲)(故)
자기 위 위 고
창33:18,(平安)(城)(城)(帳幕)
평안 성 성 장막
창33:19,(帳幕)(銀)(一百個)
장막 은 일백개
창33:20,(壇)
단

創世記-(창세기)-第三十四章
창세기 제삼십사장

창34:1,(女子)
녀자

창34:2,(族屬)(中)(酋長)(强姦)(辱)
족속 중 추장 강간 욕

창34:3,(戀戀)(少女)(慰勞)
연연 소녀 위로

창34:4,(請)(少女)
청 소녀

창34:5,(自己)(牧畜)(潛潛)
자기 목축 잠잠

창34:7,(甚)(怒)(强姦)(行)(行)
심 노 강간 행 행

창34:8,(戀戀)(願)
연연 원

창34:9,(通婚)(取)
통혼 취

창34:10,(居)(賣買)(基業)
거 매매 기업

창34:11,(男兄)(恩惠)(請求)(酬應)
남형 은혜 청구 수응

창34:12,(少女)(聘物)(禮物)(請求)(酬應)
소녀 빙물 예물 청구 수응

창34:13,(對答)
대답

창34:14,(割禮)(羞辱)
할례 수욕

창34:15,(許諾)(萬一)(中)(男子)(割禮)
허락 만일 중 남자 할례

창34:16,(取)(居)(民族)
취 거 민족

창34:17,(萬一)(割禮)
만일 할례

창34:19,(少年)(行)(遲滯)(尊貴)
소년 행 지체 존귀

창34:20,(城門)
성문

창34:21,(親睦)(容納)(居住)(賣買)(娶)
친목 용납 거주 매매 취

창34:22,(中)(男子)(割禮)(割禮)(居)
중 남자 할례 할례 거
(民族)(許諾)
민족 허락

창34:23,(牲畜)(財産)(所有)(居)
생축 재산 소유 거

창34:24,(城門)(出入)(者)(城門)(出入)
성문 출입 자 성문 출입
(男子)(割禮)
남자 할례

창34:25,(第)(三日)(苦痛)(各其)(不知中)
제 삼일 고통 각기 부지중
(城)(掩襲)(男子)
성 엄습 남자

창34:27,(屍體)(城)(擄掠)(緣故)
시체 성 노략 연고

창34:28,(羊)(城)
양 성

창34:29,(財物)(子女)(物件)(擄掠)
재물 자녀 물건 노략

창34:30,(禍)(族屬)(族屬)(數)(滅亡)
화 족속 족속 수 멸망

창34:31,(娼女)(待遇)(可)
창녀 대우 가

創世記-(창세기)-第三十五章
창세기 제삼십오장

창35:1,(居)(兄)(避)(逃亡)(壇)
거 형 피 도망 단

창35:2,(自己)(自己)(者)(中)(異邦)
자기 자기 자 중 이방
(神像)(自身)(淨潔)(衣服)
신상 자신 정결 의복

창35:3,(患難)(應答)(壇)
환난 응답 단

창35:4,(自己)(異邦)(神像)(自己)(近處)
자기 이방 신상 자기 근처

창35:5,(發行)(四面)(故)(追擊)(者)
발행 사면 고 추격 자

창35:7,(壇)(兄)(避)
단 형 피

창35:8,(乳母)(葬事)
유모 장사

창35:9,(福)
복

창35:11,(全能)(生育)(蕃盛)(國民)(國民)(王)
전능 생육 번성 국민 국민 왕

창35:12,(後孫)
후손

창35:14,(自己)(奠祭物)
자기 전제물

창35:15,(自己)
자기

창35:16,(發行)(隔)(臨産)(甚)(辛苦)
발행 격 임산 심 신고

창35:17,(難産)(産婆)(只今)(得男)
난산 산파 지금 득남

창35:18,(臨)(魂)
임 혼

창35:20,(墓)(碑)(至今)(墓碑)
묘 비 지금 묘비

창35:21,(發行)(望臺)(帳幕)
발행 망대 장막

창35:22,(留)(庶母)(通姦)
유 서모 통간

창35:23,(所生)(長子)
소생 장자

창35:24,(所生)
소생

창35:25,(女)(所生)
여 소생

창35:26,(女)(所生)(者)
여 소생 자

창35:27,(寓居)
우거

창35:28,(一百)(八十歲)
일백 팔십세

창35:29,(氣運)(盡)(自己)(列祖)(葬事)
기운 진 자기 열조 장사

創世記-(창세기)-第三十六章
창세기 제삼십륙장

창36:1,(大略)
대략

창36:2,(女人)(中)(族屬)(中)(族屬)(中)
녀인 중 족속 중 족속 중
(所生)(自己)(娶)
소생 자기 취

창36:3,(娶)
취

창36:5,(者)
자

창36:6,(自己)(自己)(子女)(自己)(自己)
자기 자기 자녀 자기 자기
(家畜)(自己)(自己)(財物)(同生)(他處)
가축 자기 자기 재물 동생 타처

창36:7,(所有)(豊富)(居)(寓居)(家畜)
소유 풍부 거 우거 가축
(因)(容納)
인 용납

창36:8,(山)(居)
산 거

창36:9,(山)(居)(族屬)(祖上)(大略)
산 거 족속 조상 대략

창36:10,(子孫)
자손

창36:12,(妾)(子孫)
첩 자손

창36:13,(子孫)
자손

창36:14,(孫女)
손녀

창36:15,(子孫)(中)(族長)(長子)(子孫)
자손 중 족장 장자 자손
(族長)(族長)(族長)(族長)
족장 족장 족장 족장

창36:16,(族長)(族長)(族長)(族長)(子孫)
족장 족장 족장 족장 자손

창36:17,(子孫)(族長)(族長)(族長)(族長)
자손 족장 족장 족장 족장
(族長)(子孫)
족장 자손

창36:18,(族長)(族長)(族長)(族長)
족장 족장 족장 족장

창36:19,(子孫)(族長)(者)
자손 족장 자

창36:20,(原居人)(族屬)(子孫)
원거인 족속 자손

창36:21,(子孫)(族屬)(族長)
자손 족속 족장

창36:22,(子女)
자녀

창36:23,(子女)
자녀

창36:24,(子女)(曠野)(溫泉)(發見)
자녀 광야 온천 발견

창36:25,(子女)
자녀

창36:26,(子女)
자녀

창36:27,(子女)
자녀

창36:28,(子女)
자녀

창36:29,(族屬)(族長)(族長)(族長)
족속 족장 족장 족장
(族長)(族長)
족장 족장

창36:30,(族長)(族長)(族長)(區域)(族屬)(族長)
족장 족장 족장 구역 족속 족장

창36:31,(子孫)(王)(前)(王)
자손 왕 전 왕

창36:32,(王)(都城)
왕 도성

창36:33,(代身)(王)
대신 왕

창36:34,(族屬)(代身)(王)
족속 대신 왕

창36:35,(族屬)(代身)(王)(都城)
족속 대신 왕 도성

창36:36,(代身)(王)
대신 왕

창36:37,(河水)(代身)(王)
하수 대신 왕

창36:38,(代身)(王)
대신 왕

창36:39,(代身)(王)(都城)(妻)(孫女)
대신 왕 도성 처 손녀

창36:40,(族長)(宗族)(居處)(族長)
족장 종족 거처 족장
(族長)(族長)
족장 족장

창36:41,(族長)(族長)(族長)
족장 족장 족장

창36:42,(族長)(族長)밉(族長)
족장 족장 족장

창36:43,(族長)(族長)(區域)(居處)
족장 족장 구역 거처
(族長)(族屬)(祖上)
족장 족속 조상

創世記-(창세기)-第三十七章
창세기 제삼십칠장

창37:1,(寓居)(居)
우거 거

창37:2,(略傳)(十七歲)(少年)(兄弟)
약전 십칠세 소년 형제
(羊)(妾)(過失)(告)
양 첩 과실 고

창37:3,(老年)(爲)(彩色)
로년 위 채색

창37:4,(兄)(兄弟)(言辭)(不平)
형 형제 언사 불평

창37:5,(自己)(兄)(告)
자기 형 고

창37:6,(請)
청

창37:7,(穀食)(當身)
곡식 당신

창37:8,(兄)(王)(因)
형 왕 인

창37:9,(兄)(告)
형 고

창37:10,(父兄)(告)(母)(兄弟)
부형 고 모 형제

창37:11,(兄(猜忌)
형 시기

창37:12,(兄(羊)
형 양

창37:13,(兄)(羊)(對答)
형 양 대답

창37:14,(兄)(羊)(與否)(告)
형 양 여부 고

창37:15,(彷徨)
방황

창37:16,(兄)(請)(羊)
형 청 양

창37:17,(兄)
형

창37:18,(前)
전

창37:19,(者)
자

창37:20,(惡)
악

창37:21,(救援)(生命)(傷)
구원 생명 상

창37:22,(曠野)(救援)
광야 구원

창37:23,(兄)(兄)(彩色)
형 형 채색

창37:25,(飮食)(族屬)(香品)(乳香)(沒藥)
음식 족속 향품 유향 몰약

창37:26,(自己)(兄弟)(同生)(隱匿)(有益)
자기 형제 동생 은익 유익

창37:27,(同生)(骨肉)(兄弟)(聽從)
동생 골육 형제 청종

창37:28,(商賈)(銀)(二十個)(商賈)
상고 은 이십개 상고

창37:31,(取)
취

창37:32,(彩色)
채색

창37:33,(惡)(丁寧)
악 정녕

창37:34,(自己)(爲)(哀痛)
자기 위 애통

창37:35,(子女)(慰勞)(慰勞(陰府)(爲)
자녀 위로 위로 음부 위

창37:36,(臣下)侍衛隊長)
신하 시위대장

創世記-(창세기)-第三十八章
창세기 제삼십팔장

창38:1,(後)(自己)(兄弟)
후 자기 형제

창38:2,(者)(娶)(同寢)
자 취 동침

창38:3,(孕胎)(
잉태

창38:4,(孕胎)
잉태

창38:6,(長子)(爲)(娶)
장자 위 취

창38:7,(長子)(目前)(惡)
장자 목전 악

창38:8,(兄嫂)(男便)(本分)(行)(兄)(爲)
형수 남편 본분 행 형 위

창38:9,(自己)(兄嫂)(兄)(泄精)
자기 형수 형 설정

창38:10,(目前)(惡)
목전 악

창38:11,(守節)(長成)(兄)(念慮)
수절 장성 형 염려

창38:12,(後(慰勞)(後)(親舊)(自己)(羊)(者)
후 위로 후 친구 자기 양 자

창38:13,(或)(告(媤父)(自己)(羊)
혹 고 시부 자기 양

창38:14,(寡婦)(衣服)(門)(長成)(自己)(因)
과부 의복 문 장성 자기 인

창38:15,(娼女)
창녀

창38:16,(請)(子婦)(當身)
청 자부 당신

창38:17,(當身)(約條物)
당신 약조물

창38:18,(約條物)(當身)(圖章)(當身)(孕胎)
약조물 당신 도장 당신 잉태

창38:19,(寡婦)(衣服)
과부 의복

창38:20,(親舊)(付託)(女人)(約條物)(女人)
친구 부탁 녀인 약조물 녀인

창38:21,(娼女)(娼女)
창녀 창녀

창38:22,(娼女)
창녀

창38:23,(當
당

창38:24,(後)(或)(告)行淫)行淫)(因)(孕胎)
후 혹 고 행음 행음 인 잉태

창38:25,(女人)(媤父)(物件)(孕胎)(請)(圖章)
녀인 시부 물건 잉태 청 도장

창38:27,(臨産)(雙胎)
임산 쌍태

창38:28,(解産)(産婆)(者)(紅絲)
해산 산파 자 홍사

창38:29,(兄弟)(産婆)(故)
형제 산파 고

창38:30,(兄弟)(紅絲)(者)
형제 홍사 자

創世記-(창세기)-第三十九章
창세기 제삼십구장

창39:1,(臣下)侍衛隊長)
신하 시위대장

창39:2,(亨通)(者)(主人)
형통 자 주인

창39:3,(主人)(凡事)(亨通
주인 범사 형통

창39:4,(主人)(恩惠)(家庭總務)(自己)
주인 은혜 가정총무 자기

(所有)(委任)
소유 위임

창39:5,(自己)(所有物)(主管)(爲)(福)
자기 소유물 주관 위 복

(福)(所有)
복 소유

창39:6,(主人)(所有)(委任)(自己)(食料)
주인 소유 위임 자기 식료

(外)(干涉)(容貌)(俊秀)(雅淡)
외 간섭 용모 준수 아담

창39:7,(後)(主人)(妻)(同寢)(請)
후 주인 처 동침 청

창39:8,(拒絶)(自己)(主人)(妻)(主人)(家中)
거절 자기 주인 처 주인 가중

(諸般)(所有)(干涉)(委任)
제반 소유 간섭 위임

창39:9,(主人)(禁)(禁)(當身)(當身)(自己)
주인 금 금 당신 당신 자기

(惡)(行)(得罪)
악 행 득죄

창39:10,(女人)(請)(同寢)
녀인 청 동침

창39:11,(視務)
시무

창39:12,(女人)(同寢)(自己)(逃亡)
녀인 동침 자기 도망

창39:13,(自己)(逃亡)
자기 도망

창39:14,(主人)(戱弄)(劫姦)
주인 희롱 겁간

창39:15,(逃亡)
도망

창39:16,(自己)(主人)
자기 주인

창39:17,(告)(當身)(戱弄)
고 당신 희롱

창39:18,(逃亡)
도망

창39:19,(主人)(自己)(告)(當身)(行)(甚)(怒)
주인 자기 고 당신 행 심 노

창39:20,(主人)(獄)(獄)(王)(罪囚)(獄)
주인 옥 옥 왕 죄수 옥

창39:21,(仁慈)(典獄)(恩惠)
인자 전옥 은혜

창39:22,(典獄)(獄中)(罪囚)(諸般)(事務)
전옥 옥중 죄수 제반 사무

(處理)
처리

창39:23,(典獄)(凡事)(亨通
전옥 범사 형통

創世記-(창세기)-第四十章
창세기 제사십장

창40:1,(後)(王)(者)(者)(主)(王)(犯罪)
후 왕 자 자 주 왕 범죄

창40:2,(官員長)(官員長)(官員長)(怒)
관원장 관원장 관원장 노

창40:3侍衛隊長)(獄)
시위대장 옥

창40:4侍衛隊長)(隨從)(數日)
시위대장 수종 수일

창40:5,(獄)(王)(者)(者)(各其)(夢兆)
옥 왕 자 자 각기 몽조

창40:7,(主人)(自己)(官員長)(當身)
주인 자기 관원장 당신

창40:8,(解釋)(者)(解釋)(請)(告)
해석 자 해석 청 고

창40:9,(官員長(葡萄)
관원장 포도

창40:10,(葡萄)
포도

창40:11,(盞)(葡萄)(汁)(盞)(盞)
잔 포도 즙 잔 잔

창40:12,(解釋
해석

창40:13,(只今)(當身)(當身)(前職)(回復)
지금 당신 당신 전직 회복

(當身)(已往)(者)(盞)
당신 이왕 자 잔

창40:14,(當身)(得意)(恩惠)(事情)(告)
당신 득의 은혜 사정 고

창40:15,(者)(獄)(行)
자 옥 행

창40:16,(官員長)(解釋)(吉)
관원장 해석 길

창40:17,(爲)(各種)(食物)
위 각종 식물

창40:18,(對答)(解釋
대답 해석

창40:19,(只今)(當身)(當身)(當身)
지금 당신 당신 당신

창40:20,(第)(三日)(誕日)(臣下)(爲)(官員長)
제 삼일 탄일 신하 위 관원장

(官員長)(臣下)(中)
관원장 신하 중

창40:21,(官員長)(前職)(回復)(盞)
관원장 전직 회복 잔

창40:22,(官員長)(解釋)
관원장 해석

창40:23,(官員長)(記憶)
관원장 기억

創世記-(창세기)-第四十一章
창세기 제사십일장

창41:1,(滿)(二年)(後)(自己)(河水)
만 이년 후 자기 하수

창41:2,(河水)
하수

창41:3,(凶惡)(河水)(河水)
흉악 하수 하수

창41:4,(凶惡)
흉악

창41:5,(茂盛)(充實)
무성 충실

창41:6,(後)(細弱)(東風)
후 세약 동풍

창41:7,(細弱)(茂盛)(充實)
세약 무성 충실

창41:8,(煩悶)(術客)(博士)(告)(解釋)(者)
번민 술객 박사 고 해석 자

창41:9,(官員長)(告)(追憶)
관원장 고 추억

창41:10,(怒)(官員長)侍衛隊長)
노 관원장 시위대장

창41:11,(各其)(徵兆)
각기 징조

창41:12侍衛隊長)(少年)(告)(各人)(解釋)
시위대장 소년 고 각인 해석

창41:13,(解釋)(復職)
해석 복직

창41:14,(急)(獄)(鬚髥)
급 옥 수염

창41:15,(解釋)(者)(能)
해석 자 능

창41:16,(對答)(平安)(對答)
대답 평안 대답

창41:17,(河水)
하수

창41:18,(河水)
하수

창41:19,(弱)(甚)(凶惡)(凶惡)
약 심 흉악 흉악

창41:20,(凶惡)
흉악

창41:21,(如前)(凶惡)
여전 흉악

창41:22,(茂盛)(充實)
무성 충실

창41:23,(後)(細弱)(東風)
후 세약 동풍

창41:24,(細弱)(術客)(者)
세약 술객 자

창41:25,(告)
고

창41:27,(後)(凶惡)(七年)(東風)凶年)
후 흉악 칠년 동풍 흉년

창41:28,(告)
고

창41:29,(豊年)
풍년

창41:30,(後)(凶年)(豊年)(饑饉)(滅亡)
후 흉년 풍년 기근 멸망

창41:31,(後)(凶年)(甚)(以前)(豊年)(記憶)
후 흉년 심 이전 풍년 기억

창41:32,(番)(定)(速)(行)
번 정 속 행

창41:33,(明哲)(智慧)(擇)(治理)
명철 지혜 택 치리

창41:34,(行)(國中)(官吏)(豊年)(五分)(一)
행 국중 관리 풍년 오분 일

창41:35,(官吏)(將次)(豊年)(穀物)(穀物)
관리 장차 풍년 곡물 곡물
(糧食)(爲)(各)(城)(積置)
량식 위 각 성 적치

창41:36,(穀物)(貯藏)(臨)(凶年)(豫備)
곡물 저장 임 흉년 예비
(凶年)(因)(滅亡)
흉년 인 멸망

창41:37,(臣下)
신하

창41:38,(臣下)(神)(感動)
신하 신 감동

창41:39,(明哲)(智慧)(者)
명철 지혜 자

창41:40,(治理)(百姓)(命)(服從)(寶座)
치리 백성 명 복종 보좌

창41:41,(總理)
총리

창41:42,(自己)(印章斑指)(細麻布)(金
자기 인장반지 세마포 금

창41:43,(自己)(全國)(總理)
자기 전국 총리

창41:44,(許諾)(手足)(者)
허락 수족 자

창41:45,(祭司長)(巡察)
제사장 순찰

창41:46,(王)(三十歲)(巡察)
왕 삼십세 순찰

창41:47,(豊年)(土地)(所出)(甚)
풍년 토지 소출 심

창41:48,(七年)(穀物)(各城)(貯蓄)(各城)
칠년 곡물 각성 저축 각성
(周圍)(穀物)(城中)(貯藏)
주위 곡물 성중 저장

창41:49,(貯藏)(穀食)(甚)(數)(限)
저장 곡식 심 수 한

창41:50,(凶年)(前)(祭司長)
흉년 전 제사장

창41:51,(長子)(苦難)
장자 고난

창41:52,(次子)(受苦)(昌盛)
차자 수고 창성

창41:53,(豊年)
풍년

창41:54,(凶年(始作)(各國)(饑饉)(食物)
흉년 시작 각국 기근 식물

창41:55,(百姓)(糧食)(求)(百姓)
백성 량식 구 백성

창41:56,(地面)(饑饉)(倉庫)(百姓)(饑饉)(甚)
지면 기근 창고 백성 기근 심

창41:57,(各國)(百姓)(糧食)(饑饉)(世上)(甚)
각국 백성 량식 기근 세상 심

創世記-(창세기)-第四十二章
창세기 제사십이장

창42:1,(穀食)(觀望)
곡식 관망

창42:2,(穀食)(爲)
곡식 위

창42:3,(兄)(十人)(穀食)
형 십인 곡식

창42:4,(兄)(災難)
형 재난

창42:5,(糧食)(者)(中)(饑饉)
량식 자 중 기근

창42:6,(總理)(百姓)(兄)
총리 백성 형

창42:7,(兄)(嚴)(穀物)
형 엄 곡물

창42:8,(兄)
형

창42:9,(對)(偵探)
대 정탐

창42:10,(主)(穀物)
주 곡물

창42:11,(篤實)(者)(偵探)
독실 자 정탐

창42:13,(主)(十二)(兄弟)(末)
주 십이 형제 말

창42:14,(偵探)
정탐

창42:15,(眞實)(證明)(生命)(盟誓)(末)
진실 증명 생명 맹서 말

창42:16,(中)(試驗)(中)(眞實)(生命)(盟誓)
중 시험 중 진실 생명 맹서
(果然)(偵探)
과연 정탐

창42:17,(三日)
삼일

창42:18,(三日)(敬畏)(生命)(保全)
삼일 경외 생명 보전

창42:19,(篤實)(者)(兄弟)(中)(獄)(穀食)(救)
독실 자 형제 중 옥 곡식 구

창42:20,(末)(眞實)
말 진실

창42:21,(因)(犯罪)(哀乞)(臨)
인 범죄 애걸 임

창42:22,(對答)(得罪)
대답 득죄

창42:23,(彼此間)(通辯)
피차간 통변

창42:24,(中)(取)(目前)(結縛)
중 취 목전 결박

창42:25,(命)(穀物)(各人)(糧食)(行)
명 곡물 각인 량식 행

창42:26,(穀食)
곡식

창42:27,(客店)
객점

창42:28,(兄弟)(告)(魂)(行)
형제 고 혼 행

창42:29,(仔細)(告)
자세 고

창42:30,(主)(嚴)(偵探者)
주 엄 정탐자

창42:31,(篤實)(者)(偵探)
독실 자 정탐

창42:32,(十二)(兄弟)(末)
십이 형제 말

창42:33,(主)(篤實)(者)(兄弟)(中)(糧食)(求)
주 독실 자 형제 중 량식 구

창42:34,(末)(偵探)(篤實)(者)(兄弟)(貿易)
말 정탐 독실 자 형제 무역

창42:35,(各其)(各人)
각기 각인

창42:36,(子息)(害)
자식 해

창42:37,(告)
고

창42:38,(兄)(萬一)(行)(災難)(陰府)
형 만일 행 재난 음부

創世記-(창세기)-第四十三章
창세기 제사십삼장

창43:1,(饑饉)(甚)
기근 심

창43:2,(穀食)(爲)(糧食)
곡식 위 량식

창43:3,(嚴)(警戒)
엄 경계

창43:4,(爲)(糧食)
위 량식

창43:5,(萬一)
만일

창43:6,(告)(害)
고 해

창43:7,(親族)(對)(仔細)(詰問)(條條)(對答)
친족 대 자세 힐문 조조 대답

창43:9,(擔保)(萬一)(永遠)(罪)
담보 만일 영원 죄

창43:10,(遲滯)(番).
지체 번

창43:11,(所産)(禮物)(乳香)(香品)(沒藥)
소산 예물 유향 향품 몰약
(榧子)(巴旦杏)
비자 파단행

창43:12,(倍)(或)(差錯)
배 혹 차착

창43:14,(全能)(恩惠)(兄弟)(願)(子息)
전능 은혜 형제 원 자식

창43:15,(禮物)(取)(自己)
예물 취 자기

창43:16,(廳直)(引導)(準備)(午正)
청직 인도 준비 오정

창43:17,(命)(引導)
명 인도

창43:18,(引導)(前日)(抑留)(奴隷)
인도 전일 억류 노예

창43:19,(廳直)(門)(告)
청직 문 고

창43:20,(主)(前日)(糧食)
주 전일 량식

창43:21,(客店)(各人)(本數)
객점 각인 본수

창43:22,(糧食(者)
량식 자

창43:23,(安心)(財物)
안심 재물

창43:24,(引導)
인도

창43:25,(故)(禮物)(整頓)(午正)
고 예물 정돈 오정

창43:26,(禮物)
예물

창43:27,(安否)(老人)(安寧)(至今)(生存)
안부 로인 안녕 지금 생존

창43:28,(對答)(主)(平安)(至今)(生存
대답 주 평안 지금 생존

창43:29,(自己)(自己)(同生)(同生)(小子)
자기 자기 동생 동생 소자
(恩惠)(願)
은혜 원

창43:30,(因)(急)(房)
인 급 방

창43:31,(情)(抑制)(飮食)
정 억제 음식

창43:32,(兄弟)(陪食)(不淨)
형제 배식 부정

창43:33,(長幼)(次序)(異常)
장유 차서 이상

창43:34,(自己)(食物)(五倍)
자기 식물 오배

創世記-(창세기)-第四十四章
창세기 제사십사장

창44:1,(廳直)(命)(糧食)(各人)(各人)
청직 명 량식 각인 각인

창44:2,(盞)(銀盞)(少年)(糧食)(命令)
잔 은잔 소년 량식 명령

창44:3,(開東時)
개동시

창44:4,(城)(前)(廳直)(惡)(善)
성 전 청직 악 선

창44:5,(主人)(占)(惡)
주인 점 악

창44:6,(廳直)
청직

창44:7,(對答)(主)(決斷)
대답 주 결단

창44:8,(當身)(當身)(主人)(銀金)(盜賊
당신 당신 주인 은금 도적

창44:9,(中)(發見)(主)
중 발견 주

창44:10,(發見)(責望)
발견 책망

창44:11,(各各)(急)(各其)
각각 급 각기

창44:12,(者(始作)(者)(搜探)(盞)(發見)
자 시작 자 수탐 잔 발견

창44:13,(各其)
각기

창44:14,(兄弟)
형제

창44:15,(行)(占)
행 점

창44:16,(主)(說明(正直)(罪惡)(摘發)
주 설명 정직 죄악 적발
(盞)(發見)(者)(主)
잔 발견 자 주

창44:17,(決)(盞)(發見)(者)(平安)
결 잔 발견 자 평안

창44:18,(主)(請)(主)(告)(主)(怒)(主)
주 청 주 고 주 노 주

창44:19,(以前)(主)
이전 주

창44:20,(主)(告)(老人)(老年(少年)(兄)
주 고 로인 로년 소년 형

창44:21,(主)(目覩)
주 목도

창44:22,(主)
주

창44:23,(主)(主)(末)
주 주 말

창44:24,(主)(主)(告)
주 주 고

창44:25,(後)(穀物)
후 곡물

창44:26(末)(末)
말 말

창44:27,(主)
주

창44:28,(故)(丁寧)(至今)
고 정녕 지금

창44:29,(取)(萬一)(災害)(陰府)
취 만일 재해 음부

창44:30,(生命)(生命)(結託)(主)
생명 생명 결탁 주

창44:31,(主)(陰府)
주 음부

창44:32,(主)(擔保)(永永)(罪)
주 담보 영영 죄

창44:33,(請)(主)(代身)(主)(兄弟)
청 주 대신 주 형제

창44:34,(災害)
재해

創世記-(창세기)-第四十五章
창세기 제사십오장

창45:1,(侍從)(者)(情)(抑制)(自己)
시종 자 정 억제 자기
(兄弟)(自己)(者)
형제 자기 자

창45:2,(放聲大哭)(宮中)
방성대곡 궁중

창45:3,(兄)(兄)(能對答)
형 형 능대답

창45:4,(兄)(當身)(當身)(者)
형 당신 당신 자

창45:5,(當身)(恨嘆)(生命)(救援)(當身)
당신 한탄 생명 구원 당신

창45:6,(二年)(凶年)(五年)(起耕)(秋收)
이년 흉년 오년 기경 추수

창45:7,(救援)(當身)(生命)(保存)(當身)
구원 당신 생명 보존 당신
(後孫)(世上)(當身)
후손 세상 당신

창45:8,(者)(當身)(主)(治理者)
자 당신 주 치리자

창45:9,(當身)(速)(告)(全國)(主)(遲滯)
당신 속 고 전국 주 지체

창45:10,(孫子)(羊)(所有)
손자 양 소유

창45:11,(凶年)(奉養)(家屬)(所屬)(缺乏)
흉년 봉양 가속 소속 결핍

창45:12,(當身)(當身)
당신 당신

창45:13,(當身)(榮華)(當身)(告)(速)
당신 영화 당신 고 속

창45:14,(自己)
자기

창45:15,(兄)(兄)
형 형

창45:16,(兄)(所聞)(宮)(臣僕)
형 소문 궁 신복

창45:17,(兄)(命)(糧食)
형 명 량식

창45:18,(家屬)
가속

창45:19,(命)(子女)
명 자녀

창45:20,(器具)
기구

창45:21,(命)(糧食)
명 량식

창45:22,(各其)(銀)(三百)
각기 은 삼백

창45:23,(匹(物品)(匹)(供饋)(穀食)(糧食)
필 물품 필 공궤 곡식 량식

창45:24,(兄)(當身)(路中)
형 당신 로중

창45:26,(告)(至今)(總理)氣塞)
고 지금 총리 기색

창45:27,(自己)(付託)(告)(自己)(氣運)(蘇生)
자기 부탁 고 자기 기운 소생

창45:28,(足)(至今)(前)
족 지금 전

創世記-(창세기)-第四十六章
창세기 제사십륙장

창46:1,(所有)(發行)(犧牲)
소유 발행 희생

창46:2,(異像中)
이상중

창46:3,(民族)
민족

창46:4,(丁寧)(引導)
정녕 인도

창46:5,(發行)(自己)(自己)(妻子)
발행 자기 자기 처자

창46:6,(牲畜)(財物)(子孫)
생축 재물 자손

창46:7,(孫子)(孫女)(子孫)
손자 손녀 자손

창46:8,(家族)
가족

창46:10,(女人)(所生)
녀인 소생

창46:15,(子孫)(合)(男子)(女子)(三十三名)
자손 합 남자 녀자 삼십삼명

창46:18,(子孫)(合)(十六名)
자손 합 십육명

창46:20,(祭司長)
제사장

창46:22,(子孫)(合)(十四名)
자손 합 십사명

창46:25,(子孫)(合)(七名)
자손 합 칠명

창46:26,(者)(子婦)(外)(六十六名)(者)
자 자부 외 육십육명 자

창46:27,(名)(者)(都合)(七十名)
명 자 도합 칠십명

창46:28,(自己)(引導)
자기 인도

창46:30,(至今)(只今)(可)
지금 지금 가

창46:31,(兄)(眷屬)(告)(兄)(眷屬)
형 권속 고 형 권속

창46:32,(牧者)(牧畜)(業)(羊)(所有)
목자 목축 업 양 소유

창46:33,(當身)(業)
당신 업

창46:34,(當身)(告)(主)(至今)(牧畜)(者)
당신 고 주 지금 목축 자
(先祖)(牧畜)(可憎)(當身)(居)
선조 목축 가증 당신 거

創世記-(창세기)-第四十七章
창세기 제사십칠장

창47:1,(告)(兄)(羊)(所有)
고 형 양 소유

창47:2,(兄)(中)(五人)(擇)
형 중 오인 택

창47:3,(兄)(生業)(對答)(牧者)(先祖)
형 생업 대답 목자 선조

창47:4,(告)(饑饉)(甚)(寓居)(請)(居)
고 기근 심 우거 청 거

창47:5,(兄)
형

창47:6,(兄)(居)(居)(中)(能)(者)(主管)
형 거 거 중 능 자 주관

창47:7,(自己)(引導)(祝福)
자기 인도 축복

창47:8,(年歲)
년세

창47:9,(告)(歲月)(一百)(三十年)(年歲)
고 세월 일백 삼십년 년세
(祖上)(歲月)(險惡)(歲月)
조상 세월 험악 세월

창47:10,(祝福)
축복

창47:11,(命)(兄)(居)(基業)
명 형 거 기업

창47:12,(兄)(食口)(食物)(供饋)
형 식구 식물 공궤

창47:13,(饑饉)(甚)(四方)(食物)(饑饉)(衰弱)
기근 심 사방 식물 기근 쇠약

창47:14,(穀食)(沒數)(宮)
곡식 몰수 궁

창47:15,(盡)(百姓)(盡)(食物)(主)
진 백성 진 식물 주

창47:16,(盡)
진

창47:17,(羊)(食物)(食物)
양 식물 식물

창47:18,(告)(主)(主)(主)(田地)
고 주 주 주 전지

창47:19,(田地)(主)(目前)(土地)(食物)
전지 주 목전 토지 식물
(土地)(種子)(田地)(荒廢)
토지 종자 전지 황폐

창47:20,(田地)(饑饉)(各其)(田地)(所有)
전지 기근 각기 전지 소유

창47:21,(百姓)(城邑)
백성 성읍

창47:22,(祭司長)(田地)(祭司長)(祿)
제사장 전지 제사장 녹
(祿)(田地)
녹 전지

창47:23,(百姓)(爲)(田地)(種子)
백성 위 전지 종자

창47:24,(秋收)(五分)(一)(上納)(四分)(取)
추수 오분 일 상납 사분 취
(田地)(種子)(糧食)(糧食)
전지 종자 량식 량식

창47:25,(主)(主)(恩惠)
주 주 은혜

창47:26,(土地法)(五分)(一)(上納)(祭司長)
토지법 오분 일 상납 제사장
(土地)(所有)
토지 소유

창47:27,(族屬)(居)(産業)(生育)(蕃盛)
족속 거 산업 생육 번성

창47:28,(十七年)(居)(壽)(一百)(四十)(七歲)
십칠년 거 수 일백 사십 칠세

창47:29,(期限)(恩惠)(請)(仁愛)(誠心)
기한 은혜 청 인애 성심
(待接)(葬事)(盟誓)
대접 장사 맹서

창47:30,(祖上)(先塋)(葬事)(行)
조상 선영 장사 행

창47:31,(盟誓)(盟誓)(寢床)(敬拜)
맹서 맹서 침상 경배

創世記-(창세기)-第四十八章
창세기 제사십팔장

창48:1,(後)(或)(告)(父親)(病)
후 혹 고 부친 병

창48:2,(或)(告)(寢床)
혹 고 침상

창48:3,(以前)(全能)(福)(許諾)
이전 전능 복 허락

창48:4,(生育)(蕃盛)(百姓)(後孫)(永遠)(基業)
생육 번성 백성 후손 영원 기업

창48:5,(前)
전

창48:6,(後)(所生)(産業)(兄)(名義下)
후 소생 산업 형 명의하

창48:7,(關)(以前)(路中)(隔)(葬事
관 이전 로중 격 장사

창48:9,(告)(祝福)
고 축복

창48:10,(因)
인

창48:11,(所生)
소생

창48:13,(右手)(左手)(向)(左手)(右手)(向)
우수 좌수 향 좌수 우수 향

창48:14,(右手)(次子)(左手)(長子)
우수 차자 좌수 장자

창48:15,(爲)(祝福)(祖父)(至今)
위 축복 조부 지금

창48:16,(患難)(使者)(福)(祖父)(稱)
환난 사자 복 조부 칭
(世上)(蕃殖)(願)
세상 번식 원

창48:17,(右手)
우수

창48:18,(長子)(右手)
장자 우수

창48:19,(許諾)(族屬)(者)(子孫)(民族)
허락 족속 자 자손 민족

창48:20,(祝福)(族屬)(祝福)
축복 족속 축복

창48:21,(引導)(祖上)
인도 조상

창48:22,(兄弟)(一部分)(族屬)
형제 일부분 족속

創世記-(창세기)-第四十九章
창세기 제사십구장

창49:1,(後日)(當)
후일 당

창49:3,(長子)(能力)(氣力)(始作)(威光)
장자 능력 기력 시작 위광

(超等)(權能)(卓越)
초등 권능 탁월

창49:4,(卓越)(寢床)(寢床)
탁월 침상 침상

창49:5,(兄弟)(殘害)(機械)
형제 잔해 기계

창49:6,(魂)(謀議)(相關)(榮光)(集會)
혼 모의 상관 영광 집회

(參與)(忿怒)(血氣)
참여 분노 혈기

창49:7,(怒焰)(酷毒)(詛呪)(忿氣)(猛烈)
노염 혹독 저주 분기 맹렬

(詛呪)(中)(中)
저주 중 중

창49:8,(兄弟)(讚頌)(怨讐)
형제 찬송 원수

창49:9,(獅子)(獅子)(獅子)(犯)
사자 사자 사자 범

창49:10,(笏)(治理者)(百姓)(服從)
홀 치리자 백성 복종

창49:11,(葡萄)(葡萄)(葡萄酒)(服裝)(葡萄汁)
포도 포도 포도주 복장 포도즙

창49:12,(葡萄酒)(因)(牛乳)(因)
포도주 인 우유 인

창49:13,(海邊)(居)(海邊)(地境)
해변 거 해변 지경

창49:14,(羊)(健壯)
양 건장

창49:15,(土地)(壓制)
토지 압제

창49:16,(支派)(百姓)(審判)
지파 백성 심판

창49:17,(捷徑)(毒蛇)(者)
첩경 독사 자

창49:18,(主)(救援)
주 구원

창49:19,(軍隊)(迫擊)(追擊)
군대 박격 추격

창49:20,(食物)(王)(珍羞)(供饋)
식물 왕 진수 공궤

창49:21,(發)
발

창49:22,(茂盛)(茂盛)
무성 무성

창49:23,(者)(虐待)(窘迫)
자 학대 군박

창49:24,(堅剛)(全能者)(磐石)(牧者)
견강 전능자 반석 목자

창49:25,(全能者)(福)(福)(源泉)(福)(福)
전능자 복 복 원천 복 복

(胎)(福)
태 복

창49:26,(祝福)(父與祖)(祝福)(永遠)(山)
축복 부여조 축복 영원 산

(限)(祝福)(兄弟)(中)(者)(頂)
한 축복 형제 중 자 정

창49:28,(十二)(支派)(祝福)(各人)
십이 지파 축복 각인

(分量)(祝福)
분량 축복

창49:29,(命)(列祖)(窟)(父與祖)(葬事)
명 열조 굴 부여조 장사

창49:30,(窟)(所有)(埋葬地)
굴 소유 매장지

창49:31,(葬事)(葬事)(葬事)
장사 장사 장사

창49:32,(窟)
굴

창49:33,(命)(寢床)(氣運)(盡)(列祖)
명 침상 기운 진 열조

創世記-(창세기)-第五十章
창세기 제오십장

창50:2,(隨從)(醫師)(命)(香)(材料)(醫師)
수종 의사 명 향 재료 의사

창50:3,(四十日)(香)(材料)(數)(七十日)
사십일 향 재료 수 칠십일

(爲)(哭)
위 곡

창50:4,(哭)(期限)(宮)(恩惠)(請)(告)
곡 기한 궁 은혜 청 고

창50:5,(盟誓)(墓室)(葬事)(葬事)
맹서 묘실 장사 장사

창50:6,(盟誓)(葬事)
맹서 장사

창50:7,(自己)(葬事)(臣下)(宮)(長老)(長老)
자기 장사 신하 궁 장로 장로

창50:8,(兄弟)
형제

창50:9,(兵車)(騎兵)(甚)
병거 기병 심

창50:10,(江)(便)(打作)(呼哭)(哀痛)
강 편 타작 호곡 애통

(爲)(七日)(哀哭)
위 칠일 애곡

창50:11,(居民)(百姓)(哀痛)(哀痛)(江)(便)
거민 백성 애통 애통 강 편

창50:12,(父命)(行)
부명 행

창50:13,(窟)(葬事)(族屬)(所有)(埋葬地)
굴 장사 족속 소유 매장지

창50:14,(葬事)(後)(自己)(兄弟)(護喪軍)
장사 후 자기 형제 호상군

창50:15,(兄弟)(或時)(行)(惡)
형제 혹시 행 악

창50:16,(傳)(當身)(前)(命)
전 당신 전 명

창50:17,(兄)(惡)(行)(罪)(容恕)(當身)
형 악 행 죄 용서 당신

(罪)(容恕)
죄 용서

창50:18,(兄)(親)(當身)
형 친 당신

창50:19,(代身)
대신

창50:20,(當身)(害)(善)(萬民)(生命)(救援)
당신 해 선 만민 생명 구원

창50:21,(當身)(當身)(當身)(子女)
당신 당신 당신 자녀
(懇曲)(慰勞)
간곡 위로

창50:22,(家族)(居)(一百)(十歲
가족 거 일백 십세

창50:23,(子孫)(三代)(膝下)(養育)
자손 삼대 슬하 양육

창50:24,(兄弟)(眷顧)(引導)(盟誓)
형제 권고 인도 맹서

창50:25,(子孫)(盟誓(丁寧)(眷顧)(骸骨)
자손 맹서 정녕 권고 해골

창50:26,(一百)(十歲)(香)(材料)(入棺)
일백 십세 향 재료 입관

出埃及記-(출애굽기)-第一章
출 애 급 기 제일 장

출1:1,(各其)(眷屬)(
각기 권속

출1:5,(血屬)(七十人)
혈속 칠십인

출1:6,(兄弟(時代)
형제 시대

출1:7,(子孫)(生育)(衆多)(蕃殖)(昌盛)
자손 생육 중다 번식 창성
(甚)(强大)
심 강대

출1:8,(王)
왕

출1:9,(臣民)(百姓)(子孫)(强)
신민 백성 자손 강

출1:10,(對)(智慧)(戰爭)(對敵)(合
대 지혜 전쟁 대적 합

출1:11,(監督)(爲)(國庫城)(建築)
감독 위 국고성 건축

출1:12,(虐待)(蕃殖)(昌盛)(子孫)(因)
학대 번식 창성 자손 인

출1:13,(子孫)(役事)(嚴)
자손 역사 엄

출1:14,(苦役)(生活)(農事)(役事)(嚴)
고역 생활 농사 역사 엄

출1:15,(王)(産婆(者)(者)
왕 산파 자 자

출1:16,(女人)(爲)(助産(男子)(女子)
녀인 위 조산 남자 녀자

출1:17,(産婆)(王)(命)(男子)
산파 왕 명 남자

출1:18,(王)(産婆)(男子
왕 산파 남자

출1:19,(産婆)(對答)(女人)(女人)(健壯)
산파 대답 녀인 녀인 건장
(産婆)(前)(解産)
산파 전 해산

출1:20,(産婆)(恩惠)(百姓)(生育)(蕃盛)
산파 은혜 백성 생육 번성
(甚)(强大)
심 강대

출1:21,(産婆)(敬畏)(旺盛)
산파 경외 왕성

출1:22,(臣民)(命)(男子)(河水)(女子
신민 명 남자 하수 여자

出埃及記-(출애굽기)-第二章
출 애 급 기 제이 장

출2:1,(族屬)(中)(女子)
족속 중 여자

출2:2,(女子)(孕胎)(俊秀)
여자 잉태 준수

출2:3,(爲)(箱子)(瀝靑)(津)(漆)(河水)
위 상자 력청 진 칠 하수

출2:5,(沐浴)(河水)(侍女)(河水)
목욕 하수 시녀 하수
(箱子)(侍女)
상자 시녀

출2:7,(女人)(中)(乳母)(當身)(爲)
녀인 중 유모 당신 위

출2:8,(少女)
소녀

출2:9,(爲)(女人)
위 녀인

출2:11,(長成)(後)(番)(自己)(兄弟)
장성 후 번 자기 형제
(苦役)(自己)(兄弟)
고역 자기 형제

출2:12,(左右)
좌우

출2:13,(者)(同胞)
자 동포

출2:14,(主宰)(法官)(綻露)
주재 법관 탄로

출2:15,(避)
피

출2:16,(祭司長)(羊)
제사장 양

출2:17,(牧者)(羊)
목자 양

출2:18,(速)
속

출2:19,(牧者)(爲)(羊)
목자 위 양

출2:20,(請)(飮食)(待接
청 음식 대접

출2:21,(同居)
동거

출2:22,(他國)(客)
타국 객

출2:23,(後)(王)(子孫)(苦役)(因)(嘆息)
후 왕 자손 고역 인 탄식
(苦役)(因)(上達)
고역 인 상달

출2:24,(苦痛)(言約)(記憶)
고통 언약 기억

출2:25,(子孫)(眷念)
자손 권념

出埃及記-(출애굽기)-第三章
출 애 급 기 제삼 장

출3:1,(丈人)(祭司長)(羊)(曠野)(西便)
장인 제사장 양 광야 서편
(引導)(山)(
인도 산

출3:2,(使者)
사자

출3:3,(光景)(同時)
광경 동시

출3:6,(祖上)
조상

출3:7,(百姓)(苦痛)(丁寧)(看役者)(因)(憂苦)
백성 고통 정녕 간역자 인 우고

출3:8,(人)(引導)(廣大)(族屬)(族屬)(族屬)
인 인도 광대 족속 족속 족속
(族屬)(族屬)(族屬)(地方)
족속 족속 족속 지방

출3:9,(子孫)(達)(虐待)
자손 달 학대

출3:10,(百姓)(子孫)(引導)
백성 자손 인도

출3:11,(告)(子孫)(引導)
고 자손 인도

출3:12,(丁寧)(百姓)(引導)(後)(山)(證據)
정녕 백성 인도 후 산 증거

출3:13,(告)(子孫)(祖上)
고 자손 조상

출3:14,(者)(子孫)(者)
자 자손 자

출3:15,(子孫)(祖上)(永遠)(代代)(記憶)
자손 조상 영원 대대 기억
(表號)
표호

출3:16,(長老)(祖上)(實)(眷顧)(當)
장로 조상 실 권고 당

출3:17,(苦難)(中)(引導)(族屬)(族屬)
고난 중 인도 족속 족속
(族屬)(族屬)(族屬)(族屬)
족속 족속 족속 족속

출3:18,(長老)(王)(臨)(犧牲)(曠野)(許諾)
장로 왕 임 희생 광야 허락

출3:19,(强)(前)(王)(許諾)
강 전 왕 허락

출3:20,(中)(異蹟)(後)
중 이적 후

출3:21,(百姓)(恩惠)
백성 은혜

출3:22,(女人)(自己)(寓居)(者)(銀)(佩物)(金)
녀인 자기 우거 자 은 패물 금
(佩物)(衣服)(求)(子女)(物品)(取)
패물 의복 구 자녀 물품 취

出埃及記-(출애굽기)-第四章
출 애 급 기 제사 장

출4:1,(對答)
대답

출4:3,(避)
피

출4:5,(祖上)
조상

출4:6,(病)(發)
병 발

출4:7,(如常)
여상

출4:8,(異蹟)(表徵)(異蹟)(表徵)
이적 표징 이적 표징

출4:9,(異蹟)河水)(取)(陸地)(取)(河水)(陸地)
이적 하수 취 륙지 취 하수 륙지

출4:10,(告)(主)(本來(能)(者)(主)(主)(命)
고 주 본래 능 자 주 주 명
(後)(鈍)(者)
후 둔 자

출4:11,(者)
자

출4:13,(主)(者)
주 자

출4:14,(向)(怒)(發)(兄)
향 노 발 형

출4:15,(行)
행

출4:16,(代身)(百姓)(代身)
대신 백성 대신

출4:17,(異蹟)(行)
이적 행

출4:18,(丈人)(兄弟)(生存)(平安)
장인 형제 생존 평안

출4:19,(生命)(者)
생명 자

출4:21,(異蹟)(行)(剛愎)(百姓)
이적 행 강퍅 백성

출4:22,(長子)
장자

출4:23,(拒絶)(長子)
거절 장자

출4:24,(宿所)
숙소

출4:25,(取)(陽皮)(當身)(男便)
취 양피 당신 남편

출4:26,(男便)(割禮)(因)
남편 할례 인

출4:27,(曠野)(山)
광야 산

출4:28,(自己)(付託)(自己)(命)(異蹟)(告)
자기 부탁 자기 명 이적 고

출4:29,(子孫)(長老)
자 손 장 로

출4:30,(命)(傳)(百姓)(異蹟)(行)
명 전 백 성 이 적 행

출4:31,(百姓)子孫)(苦難)(鑑察)(敬拜)
백 성 자 손 고 난 감 찰 경 배

出埃及記-(출애굽기)-第五章
출 애 급 기 제오 장

출5:1,(後)(百姓)(曠野)(節期)
후 백 성 광 야 절 기

출5:3,(人)(曠野)(犧牲)(許諾)(瘟疫)
인 광 야 희 생 허 락 온 역

출5:4,(王)(百姓)(役事)(役事)
왕 백 성 역 사 역 사

출5:5,(百姓)(役事)
백 성 역 사

출5:6,(當日)(百姓)(看役者)(牌長)(命)
당 일 백 성 간 역 자 패 장 명

출5:7,(百姓(所用)(前)
백 성 소 용 전

출5:8,(前)(數爻)(減)(犧牲)
전 수 효 감 희 생

출5:9,(苦役)(受苦)
고 역 수 고

출5:10,(看役者)(牌長)(百姓)
간 역 자 패 장 백 성

출5:11,(減)
감

출5:12,(百姓)(穀草)(代身)
백 성 곡 초 대 신

출5:13,(看役者)(督促)(當日)(當日)
간 역 자 독 촉 당 일 당 일

출5:14,(看役者)(自己)(子孫)(牌長)數爻)(前)
간 역 자 자 기 자 손 패 장 수 효 전

출5:15,(子孫)(牌長)(呼訴)(王)
자 손 패 장 호 소 왕

출5:16,(王)(百姓)
왕 백 성

출5:17,(犧牲)
희 생

출5:18,(如數)
여 수

출5:19,(子孫)(牌長)(每日)(減)(禍)
자 손 패 장 매 일 감 화

출5:21,(臣下)(物件)(鑑察)(判斷)(願)
신 하 물 건 감 찰 판 단 원

출5:22,(告)(主)(百姓)(虐待)(當)
고 주 백 성 학 대 당

출5:23,(主)(百姓)(虐待)(主)(主)(百姓)(救援)
주 백 성 학 대 주 주 백 성 구 원

出埃及記-(출애굽기)-第六章
출 애 급 기 제륙 장

출6:1,(强)(强)
강 강

출6:3,(全能)(
전 능

출6:4,(寓居)(言約)
우 거 언 약

출6:5,(子孫)(呻吟)(言約)(記憶)
자 손 신 음 언 약 기 억

출6:6,(子孫)(苦役)(災殃)(救贖)
자 손 고 역 재 앙 구 속

출6:7,(百姓)
백 성

출6:8,(盟誓)(引導)(基業)
맹 서 인 도 기 업

출6:9,(子孫)(傳)(傷)(役事)(酷毒)(因)
자 손 전 상 역 사 혹 독 인

출6:11,(王)(子孫)
왕 자 손

출6:12,(告)(子孫)(鈍)(者)
고 자 손 둔 자

출6:13,(子孫)(王)(命)(傳)(子孫)(引導)
자 손 왕 명 전 자 손 인 도

출6:14,(祖上)(長子)(族長)
조 상 장 자 족 장

출6:15,(女人)(所生)(族長)
녀 인 소 생 족 장

출6:16,(年齒)(壽)(一百)(三十七歲)
연 치 수 일 백 삼 십 칠 세

출6:17,(家族)
가 족

출6:18,(壽)(一百)(三十三歲)
수 일 백 삼 십 삼 세

출6:19,(年齒)(族長)
연 치 족 장

출6:20,(娶)(壽)(一百)(三十)(七歲)
취 수 일 백 삼 십 칠 세

출6:23,(娶)
취

출6:24,(族長)
족 장

출6:25,(中)(娶)(祖上)(家族)
중 취 조 상 가 족

출6:26,(子孫)(軍隊)(引導(命)(者)
자 손 군 대 인 도 명 자

출6:27,(王)(子孫)(者)
왕 자 손 자

출6:29,(王)(告)
왕 고

출6:30,(告)(鈍)(者)
고 둔 자

出埃及記-(출애굽기)-第七章
출 애 급 기 제칠 장

출7:1,(神)(兄)(代言者)
신 형 대 언 자

출7:2,(命)(兄)(子孫)
명 형 자 손

출7:3,(剛愎)(表徵)(異蹟)(行)
강 퍅 표 징 이 적 행

출7:4,(災殃)(軍隊)(百姓)(子孫)(引導)
재 앙 군 대 백 성 자 손 인 도

출7:5,(子孫)(引導)
자손 인도

출7:6,(自己)(命)(行)
자기 명 행

출7:7,(八十歲)(八十三歲)
팔십세 팔십삼세

출7:9,(異蹟)(命)
이적 명

출7:10,(命)(行)(臣下)
명 행 신하

출7:11,(博士)(術客)(術法)(行)
박사 술객 술법 행

출7:12,(各)
각

출7:13,(剛愎)
강퍅

출7:14,(頑强)(百姓)(拒絶)
완강 백성 거절

출7:15,(河水)
하수

출7:16,(王)(百姓)(曠野)
왕 백성 광야

출7:17,(因)(河水)(變)
인 하수 변

출7:18,(河水)(惡臭)
하수 악취

출7:19,(命)(河水)(運河)(湖水
명 하수 운하 호수

출7:20,(命)(行)(臣下)(目前)(河水)(變)
명 행 신하 목전 하수 변

출7:21,(河水)(惡臭)(河水)
하수 악취 하수

출7:22,(術客)(自己)(術法)(行)(剛愎)
술객 자기 술법 행 강퍅

출7:23,(宮)(關念)
궁 관념

출7:24,(河水)(河水)(求)
하수 하수 구

출7:25,(河水)(後)(七日)
하수 후 칠일

出埃及記-(출애굽기)-第八章
출 애 급 기 제팔 장

출8:1,(百姓)
백성

출8:2,(萬一)(拒絶)(地境)
만일 거절 지경

출8:3,(河水)(無數)(宮)(寢室)(寢床)
하수 무수 궁 침실 침상
(臣下)(百姓)
신하 백성

출8:4,(百姓)(臣下)
백성 신하

출8:5,(命)(江)(運河)
명 강 운하

출8:7,(術客)(自己)(術法)
술객 자기 술법

출8:8,(求)(百姓)(百姓)(犧牲)
구 백성 백성 희생

출8:9,(王)(王)(臣下)(王)(百姓)(爲)(求)
왕 왕 신하 왕 백성 위 구
(王)(王宮)(河水)
왕 왕궁 하수

출8:10,(來日)(王)(王)
래일 왕 왕

출8:11,(王)(王宮)(王)(臣下)(王)(百姓)(河水)
왕 왕궁 왕 신하 왕 백성 하수

출8:12,(對)(懇求)
대 간구

출8:14,(惡臭)
악취

출8:15,(通)(頑强)
통 완강

출8:16,(命)
명

출8:17,(行)(牲畜)
행 생축

출8:18,(術客)(自己)(術法)(行)(牲畜)
술객 자기 술법 행 생축

출8:19,(術客)(告)(權能)(剛愎)
술객 고 권능 강퍅

출8:20,(百姓)
백성

출8:21,(萬一)(百姓)(臣下)(百姓)(居)
만일 백성 신하 백성 거

출8:22,(百姓)(居)(區別)(世上)(中)
백성 거 구별 세상 중

출8:23,(百姓)(百姓)(區別)(來日)(表徵)
백성 백성 구별 래일 표징

출8:24,(無數)(宮)(臣下)(全國)(因)(害)
무수 궁 신하 전국 인 해

출8:25,(犧牲)
희생

출8:26,(不可)(犧牲)(萬一)(目前)(犧牲)
불가 희생 만일 목전 희생

출8:27,(曠野)(犧牲)(命)
광야 희생 명

출8:28,(曠野)(犧牲)(爲)(祈禱)
광야 희생 위 기도

출8:29,(王)(祈禱)(來日)(臣下)(百姓)
왕 기도 래일 신하 백성
(百姓)(犧牲)(行)
백성 희생 행

출8:30,(祈禱)
기도

출8:31,(臣下)(百姓)(沒數)
신하 백성 몰수

출8:32,(頑强)(百姓)
완강 백성

出埃及記-(출애굽기)-第九章
출 애 급 기 제구 장

출9:1,(百姓)
백성

출9:2,(萬一)(拒絶)(臆志)
만 일 거 절 억 지

출9:3,(牲畜)(牛羊)(甚)(惡疾)
생 축 우 양 심 악 질

출9:4,(牲畜)(牲畜)(區別)(子孫)(屬)
생 축 생 축 구 별 자 손 속

출9:5,(期限)(定)(來日)(行)
기 한 정 래 일 행

출9:6,(行)(牲畜)(子孫)(牲畜)
행 생 축 자 손 생 축

출9:7,(牲畜)(頑强)(百姓)
생 축 완 강 백 성

출9:8,(目前)(向)
목 전 향

출9:9,(毒腫)(發)
독 종 발

출9:10,(向)(毒腫)(發)
향 독 종 발

출9:11,(術客)(毒腫)(因)(毒腫)(術客)(發)
술 객 독 종 인 독 종 술 객 발

출9:12,(剛愎)
강 퍅

출9:13,(百姓)
백 성

출9:14,(番)(災殃)(臣下)(百姓)(天下)(者)
번 재 앙 신 하 백 성 천 하 자

출9:15,(瘟疫)(百姓)(世上)
온 역 백 성 세 상

출9:16,(能力)(天下)(傳播)
능 력 천 하 전 파

출9:17,(如前)(百姓)(自高)
여 전 백 성 자 고

출9:18,(來日)(重)(雨雹)(開國)(以來)
래 일 중 우 박 개 국 이 래

출9:19,(牲畜)(者)(雨雹)
생 축 자 우 박

출9:20,(臣下)(中)(者)(牲畜)(避)
신 하 중 자 생 축 피

출9:21,(者)(牲畜)
자 생 축

출9:22,(向)(全國)(雨雹)(菜蔬)
향 전 국 우 박 채 소

출9:23,(向)(雷聲)(雨雹)(雨雹)
향 뇌 성 우 박 우 박

출9:24,(雨雹)(雨雹)(甚)(猛烈)(全國)
우 박 우 박 심 맹 렬 전 국
(開國)(以來)
개 국 이 래

출9:25,(雨雹)(無論)(雨雹)(菜蔬)
우 박 무 론 우 박 채 소

출9:26,(子孫)(居)(雨雹)
자 손 거 우 박

출9:27,(番)(犯罪)(義)(百姓)(惡)
번 범 죄 의 백 성 악

출9:28,(求)(雷聲)(雨雹)
구 뇌 성 우 박

출9:29,(城)(向)(雷聲)(雨雹)(世上)(屬)(王)
성 향 뇌 성 우 박 세 상 속 왕

출9:30,(王)(王)(臣下)
왕 왕 신 하

출9:31,(傷)
상

출9:32,(裸麥)(故)(傷)
라 맥 고 상

출9:33,(城)(向)(雷聲)(雨雹)
성 향 뇌 성 우 박

출9:34,(雨雹)(雷聲)(犯罪)(頑强(臣下)(一般)
우 박 뇌 성 범 죄 완 강 신 하 일 반

출9:35,(剛愎)(子孫)
강 퍅 자 손

出埃及記-(출애굽기)-第十章
출 애 급 기 제 십 장

출10:1,(臣下)(頑强)(表徵)(中)(爲)
신 하 완 강 표 징 중 위

출10:2,(行)(行)(表徵)(子孫)(傳)
행 행 표 징 자 손 전

출10:3,(謙卑)(百姓)
겸 비 백 성

출10:4,(萬一)(百姓)(拒絶)(來日)(境內)
만 일 백 성 거 절 래 일 경 내

출10:5,(地面)(雨雹)(免)(爲)
지 면 우 박 면 위

출10:6,(臣下)(祖上)(世上)
신 하 조 상 세 상

출10:7,(臣下)(告)(陷穽)(王)(亡)
신 하 고 함 정 왕 망

출10:8,(者)
자

출10:9,(節期)(男女老少)(牛羊)
절 기 남 녀 로 소 우 양

출10:10,(一般)(經營)(惡)
일 반 경 영 악

출10:11,(不可)(男丁)(求)
불 가 남 정 구

출10:12,(雨雹)(傷)(菜蔬)
우 박 상 채 소

출10:13,(東風)(東風)
동 풍 동 풍

출10:14,(四方)(害)(甚)(前)(後)
사 방 해 심 전 후

출10:15,(地面)(雨雹)(傷)(菜蔬)(全境)(菜蔬)
지 면 우 박 상 채 소 전 경 채 소

출10:16,(急)(得罪)
급 득 죄

출10:17,(請)(罪)(番)(容恕)(求)
청 죄 번 용 서 구

출10:18,(求)
구

출10:19,(强烈)(西風)(紅海)(地境)
강 렬 서 풍 홍 해 지 경

출10:20,(剛愎)(子孫)
강 퍅 자 손

출10:21,(向)(黑暗)(黑暗)
향 흑 암 흑 암

출10:22,(向)(黑暗)(三日)
향 흑암 삼일

출10:23,(自己)(處所)(者)(子孫)(居)(光明)
자기 처소 자 자손 거 광명

출10:24,(羊)
양

출10:25,(王)(犧牲)(燔祭物)
왕 희생 번제물

출10:26,(牲畜)(中)(取)
생축 중 취

출10:27,(剛愎)
강퍅

출10:29,(王)(王)
왕 왕

出埃及記-(출애굽기)-第十一章
출애급기 제십일장

출11:1,(災殃)(後)(丁寧)
재앙 후 정녕

출11:2,(百姓)(男女)(各其)(銀金)(佩物)(求)
백성 남녀 각기 은금 패물 구

출11:3,(百姓)(恩惠)(國)(臣下)(百姓)(甚)
백성 은혜 국 신하 백성 심

출11:4,(中)
중

출11:5,(位)(長子)(女)(長子)(牲畜)
위 장자 여 장자 생축

출11:6,(全國)(前無後無)(哭聲)
전국 전무후무 곡성

출11:7,(子孫)(區別)
자손 구별

출11:8,(王)(臣(百姓)(後)(甚)(怒)
왕 신 백성 후 심 노

출11:9,(奇事)
기사

출11:10,(奇事)(行)(剛愎)(子孫)
기사 행 강퍅 자손

出埃及記-(출애굽기)-第十二章
출애급기 제십이장

출12:2,(始作)
시작

출12:3,(會衆)(告)(每人)(羊)(取)(各)
회중 고 매인 양 취 각
(家族)(食口)(爲)(羊)(取)
가족 식구 위 양 취

출12:4,(羊)(對)(食口)(人數)(取)(各)
양 대 식구 인수 취 각
(食量)(羊)(計算)
식량 양 계산

출12:5,(羊)(欠)(一年)(羊)(中)(取)
양 흠 일년 양 중 취

출12:6,(十四日)(看直)(會衆)(羊)
십사일 간직 회중 양

출12:7,(羊)(門)(左右)(楔柱)(引枋)
양 문 좌우 설주 인방

출12:8,(無酵餠)
무효병

출12:9,(內臟)
내장

출12:10,(燒火)
소화

출12:11,(急)(逾越節)
급 유월절

출12:12,(無論)(神)(罰)
무론 신 벌

출12:13,(居)(爲)(表蹟)(災殃)(滅)
거 위 표적 재앙 멸

출12:14,(記念)(節期)(永遠)(規例)(代代)
기념 절기 영원 규례 대대

출12:15,(七日)(無酵餠)(除)(七日)
칠일 무효병 제 칠일
(有酵餠)(者)
유효병 자

출12:16,(聖會)(第)(七日)(聖會)(各人)(食物)
성회 제 칠일 성회 각인 식물

출12:17,(無酵節)(軍隊)(引導)(永遠)
무효절 군대 인도 영원
(規例)(代代)
규례 대대

출12:18,(正月)(十四日)(二十一日)(無酵餠)
정월 십사일 이십일일 무효병

출12:19,(七日)(有酵物)(者)(他國人)(本國)
칠일 유효물 자 타국인 본국
(者)(無論)(會衆)
자 무론 회중

출12:20,(有酵物)(留)(無酵餠)
유효물 유 무효병

출12:21,(長老)(家族)(羊)(擇)(逾越節)(羊)
장로 가족 양 택 유월절 양

출12:22,(牛膝草)(取)(門)(引枋)(左右)
우슬초 취 문 인방 좌우
(楔柱)(自己)(門)
설주 자기 문

출12:23,(門)(引枋)(左右)(楔柱)(門)(滅)(者)
문 인방 좌우 설주 문 멸 자

출12:24,(規例)(子孫)(永遠)
규례 자손 영원

출12:25,(許諾(禮式)
허락 예식

출12:26,(後)(子女)(禮式)
후 자녀 예식

출12:27,(逾越節)(祭祀)(子孫)(救援)
유월절 제사 자손 구원
(百姓)(敬拜)
백성 경배

출12:28,(子孫)(行)(命)(行)
자손 행 명 행

출12:29,(中)(長子)(獄)(長子)(牲畜)
중 장자 옥 장자 생축

출12:30,(臣下)(呼哭)(死亡)
신하 호곡 사망

출12:31,(子孫)(百姓)
자손 백성

출12:32,(羊)(爲)(祝福)
양 위 축복

출12:33,(者)(百姓)(地境)(速)
자 백성 지경 속

출12:34,(百姓)(發酵)
백성 발효

출12:35,(子孫)(銀金)(佩物)(衣服)(求)
자손 은금 패물 의복 구

출12:36,(百姓)(恩惠)(求)(物品)(取)
백성 은혜 구 물품 취

출12:37,(子孫)(發行)(幼兒)(外)(步行)
자손 발행 유아 외 보행
(壯丁)(六十萬)(假量)
장정 육십만 가량

출12:38,(衆多)(雜族)(羊)(甚)(牲畜)
중다 잡족 양 심 생축

출12:39,(發酵)(無酵餠)(遲滯)(糧食)(準備)
발효 무효병 지체 량식 준비

출12:40,(子孫)(居住)(四百)(三十年)
자손 거주 사백 삼십년

출12:41,(四百)(三十年)(軍隊)
사백 삼십년 군대

출12:42,(引導)(因)(子孫)(代代)
인도 인 자손 대대

출12:43,(逾越節)(規例)(異邦)
유월절 규례 이방

출12:44,(各)(割禮)(後)
각 할례 후

출12:45,(居留人)(他國)(軍)
거류인 타국 군

출12:47,(會衆)
회중

출12:48,(居)(他國人)(逾越節)(男子)
거 타국인 유월절 남자
(割禮)(後)(本土人)(割禮)(者)
할례 후 본토인 할례 자

출12:49,(本土人)(中)(寓居)(異邦人)
본토인 중 우거 이방인
(法)(同一)
법 동일

출12:50,(子孫)(行)(命)(行)
자손 행 명 행

출12:51,(子孫)(軍隊)(引導)
자손 군대 인도

出埃及記-(출애굽기)-第十三章
출애급기 제십삼장

출13:2,(子孫)(中)(無論)(初胎生)(區別)
자손 중 무론 초태생 구별

출13:3,(百姓)(記念)(有酵餠)(權能)(引導)
백성 기념 유효병 권능 인도

출13:4,(月)
월

출13:5,(引導)祖上)(盟誓)(禮式)
인도 조상 맹서 예식

출13:6,(七日)(無酵餠)(第)(七日)(節期)
칠일 무효병 제 칠일 절기

출13:7,(七日)(無酵餠)(有酵餠)(地境)
칠일 무효병 유효병 지경

출13:8,(禮式)(爲)(行)(因)
례식 위 행 인

출13:9,(記號)(眉間)(標)(律法)(能)(引導)
기호 미간 표 률법 능 인도

출13:10,(年年)(期限)(規例)
연년 기한 규례

출13:11,(祖上)(盟誓)(引導)
조상 맹서 인도

출13:12,(初胎生)(牲畜)(初胎生)(區別)
초태생 생축 초태생 구별

출13:13,(羊)代贖)(中)(長子)(者)代贖)
양 대속 중 장자 자 대속

출13:14,(將來)(權能)(引導)
장래 권능 인도

출13:15,(剛愎)(長子)(牲畜)(故)(初胎生)
강퍅 장자 생축 고 초태생
(犧牲)(長子)代贖)
희생 장자 대속

출13:16,(記號)(眉間)(標)(權能)(引導)
기호 미간 표 권능 인도

출13:17,(百姓)(後)(引導)(百姓)(戰爭)
백성 후 인도 백성 전쟁

출13:18,(紅海)(曠野)(百姓)(引導)(子孫)
홍해 광야 백성 인도 자손
(行伍)
항오

출13:19,(骸骨)(取)(子孫)(盟誓)(必然)
해골 취 자손 맹서 필연
(眷顧)(骸骨)
권고 해골

출13:20,(發行)(曠野)(帳幕)
발행 광야 장막

출13:21,(行)(引導)(晝夜)(進行)
행 인도 주야 진행

출13:22,(百姓)
백성

出埃及記-(출애굽기)-第十四章
출애급기 제십사장

출14:2,(子孫)(命)(便)(帳幕)
자손 명 편 장막

출14:3,(子孫)(對)(曠野)
자손 대 광야

출14:4,(剛愎)(軍隊)(因)(榮光)(行)
강퍅 군대 인 영광 행

출14:5,(或)(百姓)(逃亡)(王)(告)(臣下)
혹 백성 도망 왕 고 신하
(百姓)(對)(變)
백성 대 변

출14:6,(兵車)(百姓)
병거 백성

출14:7,(特別)(兵車)(六百乘)(兵車)(發)(長官)
특별 병거 육백승 병거 발 장관

출14:8,(王)(剛愎)(子孫)(子孫)(膽大)
왕 강퍅 자손 자손 담대

출14:9,(兵車)(馬兵)(軍隊)(便)(海邊)(帳幕)
병거 마병 군대 편 해변 장막

출14:10,(子孫)(自己)(子孫)(甚)
자손 자기 자손 심

출14:11,(埋葬地)(當身)(曠野)(當身)
매장지 당신 광야 당신

출14:12,(當身)(告)(曠野)
당신 고 광야

출14:13,(百姓)(爲)(行)(救援)(永遠)
백성 위 행 구원 영원

출14:14,(爲)
위

출14:15,(子孫)(命)
자손 명

출14:16,(子孫)(陸地)(行)
자손 륙지 행

출14:17,(剛愎)(軍隊)(兵車)(馬兵)(因)(榮光)
강퍅 군대 병거 마병 인 영광

출14:18,(兵車)(馬兵)(因)(榮光)
병거 마병 인 영광

출14:19,(陣)(行)(使者)(行)
진 행 사자 행

출14:20,(陣)(陣)(便)(黑暗)(便)(光明)(便)(便)
진 진 편 흑암 편 광명 편 편

출14:21,(東風)
동풍

출14:22,(子孫)(陸地)(行)(左右)(壁)
자손 육지 행 좌우 벽

출14:23,(兵車)(馬兵)
병거 마병

출14:24,(軍隊)(軍隊)
군대 군대

출14:25,(兵車)(極難)(逃亡)(爲)
병거 극난 도망 위

출14:26,(兵車)(馬兵)
병거 마병

출14:27,(勢力)(回復)(逃亡)
세력 회복 도망

출14:28,(兵車)(騎兵)(軍隊)
병거 기병 군대

출14:29,(子孫)(陸地)(行)(左右)(壁)
자손 육지 행 좌우 벽

출14:30,(救援)(屍體)
구원 시체

출14:31,(百姓)(敬畏)
백성 경외

出埃及記-(출애굽기)-第十五章
출 애 급 기 제십오장

출15:1,(子孫)(讚頌)(榮華)者)
자손 찬송 영화 자

출15:2,(救援)(讚頌)
구원 찬송

출15:3,(勇士)
용사

출15:4,(兵車)(軍隊(擇)(長官)(紅海)
병거 군대 택 장관 홍해

출15:6,(主)(權能)(榮光)(主)(怨讐)
주 권능 영광 주 원수

출15:7,(主)(主)(威嚴)(主)(者)(主)(震怒)
주 주 위엄 주 자 주 진노
(發)(震怒)(草芥)
발 진노 초개

출15:8,(主)(波濤)
주 파도

출15:9,(對敵)(奪取物)(因)(滅)
대적 탈취물 인 멸

출15:10,(主)(主)(洶湧)
주 주 흉용

출15:11,(神)(中)(主)(者)(主)(榮光)(讚頌)
신 중 주 자 주 영광 찬송
(威嚴)(奇異)(行)(者)
위엄 기이 행 자

출15:12,(主)
주

출15:13,(主)(救贖)(百姓)(恩惠)(引導)
주 구속 백성 은혜 인도
(主)(主)(聖潔)(處所)
주 주 성결 처소

출15:14,(列邦)(居民
열방 거민

출15:15,(方伯)(英雄)(居民)(落膽)
방백 영웅 거민 락담

출15:16,(主)(因)(主)(百姓)(通過)(主)
주 인 주 백성 통과 주
(百姓)(通過)
백성 통과

출15:17,(主)(百姓)(引導)(主)(基業)(山)
주 백성 인도 주 기업 산
(主)(處所(豫備)(主)(主)(聖所)
주 처소 예비 주 주 성소

출15:18,(永遠無窮)
영원무궁

출15:19,(兵車)(馬兵)(子孫)(陸地)(行)
병거 마병 자손 육지 행

출15:20,(先知者)(小鼓)(女人)(小鼓)
선지자 소고 녀인 소고

출15:21,(和答)(讚頌)(榮華)(者)
화답 찬송 영화 자

출15:22,(紅海)(引導)(曠野)(行)
홍해 인도 광야 행

출15:24,(百姓)(對)(怨望)
백성 대 원망

출15:25,(指示)(爲)(法度)(律例)(定)(試驗)
지시 위 법도 율례 정 시험

출15:26,(聽從)(義)(行)(誡命)(規例)
청종 의 행 계명 규례
(疾病)(治療)
질병 치료

출15:27,(棕櫚)(七十株)(帳幕)
종려 칠십주 장막

出埃及記-(출애굽기)-第十六章
출 애 급 기 제십륙장

출16:1,(子孫)(會衆)(山)(曠野)(後)(第)
자손 회중 산 광야 후 제

(二月)(十五日)
이 월 십 오 일
출16:2,(會衆)(曠野)(怨望)
회 중 광 야 원 망
출16:3,(曠野)(引導)(會衆)
광 야 인 도 회 중
출16:4,(爲)(糧食)(百姓)(日用)(律法)
위 량 식 백 성 일 용 률 법
(遵行)(試驗)
준 행 시 험
출16:5,(第)(六日)(豫備)
제 육 일 예 비
출16:6,(子孫)(引導)
자 손 인 도
출16:7,(榮光)(自己)(向)(怨望)(對)(怨望)
영 광 자 기 향 원 망 대 원 망
출16:8,(自己)(向)(怨望)(怨望)(向)(向)
자 기 향 원 망 원 망 향 향
출16:9,(子孫)(會衆)(命)(怨望)
자 손 회 중 명 원 망
출16:10,(子孫)(會衆)(曠野)(榮光)
자 손 회 중 광 야 영 광
출16:12,(子孫)(怨望)(告)
자 손 원 망 고
출16:13,(陣)(陣)(四面)
진 진 사 면
출16:14,(後)(曠野)(地面)(細微)
후 광 야 지 면 세 미
출16:15,(子孫)(糧食)
자 손 량 식
출16:16,(命)(各)(食量)(人數)(每名)
명 각 식 량 인 수 매 명
(取)(各)(帳幕)(者)(爲)(取)
취 각 장 막 자 위 취
출16:17,(子孫)
자 손
출16:18,(者)(者)(不足)(各其)(食量)
자 자 부 족 각 기 식 량
출16:20,(聽從)(怒)
청 종 노
출16:21,(各其)(食量)
각 기 식 량
출16:22,(第)(六日)(各)(食物)(會衆)(頭目)(告)
제 육 일 각 식 물 회 중 두 목 고
출16:23,(來日)휴(休息)(安息日)(爲)(看守)
래 일 휴 식 안 식 일 위 간 수
출16:24,(命)(看守)
명 간 수
출16:25,(安息日)
안 식 일
출16:26,(六日)(第)(七日)(安息日)
육 일 제 칠 일 안 식 일
출16:27,(第)(七日)(百姓)(中)
제 칠 일 백 성 중
출16:28)誡命)(律法)
계 명 률 법
출16:29,(安息日)(第)(六日)(糧食)(各其)
안 식 일 제 육 일 량 식 각 기
(處所)(第)(七日)(處所)
처 소 제 칠 일 처 소
출16:30,(百姓)(第)(七日)(安息)
백 성 제 칠 일 안 식
출16:31,(族屬)깟(菓子)
족 속 과 자
출16:32,(命)(代代)(後孫)(爲)(看守)(引導)
명 대 대 후 손 위 간 수 인 도
(曠野)(糧食)(爲)
광 야 량 식 위
출16:33,(代代)(看守)
대 대 간 수
출16:34,(命)(證據板)(看守)
명 증 거 판 간 수
출16:35,(子孫)(四十年)(地境)
자 손 사 십 년 지 경
출16:36,(十分)(一)
십 분 일

出埃及記-(출애굽기)-第十七章
출 애 급 기 제 십 칠 장

출17:1,(子孫)(會衆)(命令)(曠野)(路程)
자 손 회 중 명 령 광 야 노 정
(行)(帳幕)(百姓)
행 장 막 백 성
출17:2,(百姓)(試驗)
백 성 시 험
출17:3,(百姓)(渴)(對)(怨望)(當身)
백 성 갈 대 원 망 당 신
(引導)(子女)(牲畜)
인 도 자 녀 생 축
출17:4,(百姓)
백 성
출17:5,(百姓)(長老)(河水)
백 성 장 로 하 수
출17:6,(山)(磐石)(對)(磐石)(百姓)
산 반 석 대 반 석 백 성
(長老)(目前)(行)
장 로 목 전 행
출17:7,(子孫)(試驗)(中)
자 손 시 험 중
출17:9,(爲)(擇)(來日)(山)
위 택 래 일 산
출17:10,(行)(山)
행 산
출17:12,(疲困)(便)(便)
피 곤 편 편
출17:13,(百姓)(破)
백 성 파
출17:14,(冊)(記錄)(記念)(塗抹)(天下)(記憶)
책 기 록 기 념 도 말 천 하 기 억
출17:15,(壇)
단
출17:16,(盟誓)(代代)
맹 서 대 대

出埃及記-(출애굽기)-第十八章
출 애 급 기 제 십 팔 장

출18:1,(丈人)(祭司長)(自己)(百姓)(引導)
장인 제사장 자기 백성 인도

출18:2,(丈人)
장인

출18:3,(異邦)(客)
이방 객

출18:4,(救援)
구원

출18:5,(丈人)(曠野)(山)(陣)
장인 광야 산 진

출18:6,(傳言)(丈人)
전언 장인

출18:7,(丈人)(問安)(帳幕)
장인 문안 장막

출18:8,(爲)(行)(當)(苦難)(救援)(丈人)(告)
위 행 당 고난 구원 장인 고

출18:9,(恩惠)(救援)
은혜 구원

출18:10,(讚頌)(百姓)
찬송 백성

출18:11,(神)(驕慢)(行)
신 교만 행

출18:12,(丈人)(燔祭物)(犧牲)(長老)(丈人)
장인 번제물 희생 장로 장인

출18:13,(百姓)(裁判)(百姓)
백성 재판 백성

출18:14,(丈人)(百姓)(行)(百姓)(行)(百姓)
장인 백성 행 백성 행 백성

출18:15,(丈人)(對答)(百姓)
장인 대답 백성

출18:16,(兩便)(判斷)(律例)(法度)
량편 판단 율례 법도

출18:17,(丈人)(善)
장인 선

출18:18,(百姓)(必然)(氣力)(衰)(重)
백성 필연 기력 쇠 중

출18:19,(方針)(百姓)(爲)(訴訟)
방침 백성 위 소송

출18:20,(律例)(法度)
율례 법도

출18:21,(百姓)(才德)(兼全)(者)(眞實無妄)
백성 재덕 겸전 자 진실무망
(不義)(利)(者)(百姓)(千夫長)
불의 이 자 백성 천부장
(百夫長)(五十夫長)(十夫長)
백부장 오십부장 십부장

출18:22,(百姓)(裁判)(裁判)(擔當)
백성 재판 재판 담당

출18:23,(萬一)(認可)(堪當)(百姓)
만일 인가 감당 백성
(自己)(平安)
자기 평안

출18:24,(自己)(丈人)
자기 장인

출18:25,(中)(才德)(兼全)(者)(百姓)(頭目)
중 재덕 겸전 자 백성 두목
(千夫長)(百夫長)(五十夫長)
천부장 백부장 오십부장
(十夫長)
십부장

출18:26,(百姓)(裁判)(自斷)
백성 재판 자단

출18:27,(丈人)(自己)(故鄕)
장인 자기 고향

出埃及記-(출애굽기)-第十九章
출 애 급 기 제십구장

출19:1,(子孫)(第)(三月)(曠野)
자손 제 삼월 광야

출19:2,(曠野)(曠野)(帳幕)(山)(帳幕)
광야 광야 장막 산 장막

출19:3,(山)(族屬)(子孫)(告)
산 족속 자손 고

출19:4,(行)(引導)
행 인도

출19:5,(世界)(屬)(言約)(列國)(中)(所有)
세계 속 언약 열국 중 소유

출19:6,(對)(祭司長)(百姓)(子孫)
대 제사장 백성 자손

출19:7,(百姓)(長老)(自己)(命)(陳述)
백성 장로 자기 명 진술

출19:8,(百姓)(一齊)(應答)(命)(行)
백성 일제 응답 명 행
(百姓)(回報)
백성 회보

출19:9,(臨)(百姓)(永遠)百姓)(告)
임 백성 영원 백성 고

출19:10,(百姓)(來日)(聖潔
백성 래일 성결

출19:11,(豫備)(第)(三日)(第)(三日)
예비 제 삼일 제 삼일
(百姓)(目前)(山)(降臨)
백성 목전 산 강림

출19:12,(百姓)(爲)(四面)(地境)(定)(山)
백성 위 사면 지경 정 산
(地境)(犯)(山)(犯)(者)(丁寧)(當)
지경 범 산 범 자 정녕 당

출19:13,(者)(當)(當)(無論)(山)
자 당 당 무론 산

출19:14,(山)(百姓)(百姓)(聖潔)(自己)
산 백성 백성 성결 자기

출19:15,(百姓)(豫備)(第)(三日)(女人)
백성 예비 제 삼일 녀인

출19:16,(第)(三日)(雨雷)(山)(甚)(陣中)(百姓)
제 삼일 우뢰 산 심 진중 백성

출19:17,(百姓)(陣)(山)
백성 진 산

출19:18,(山)(煙氣)(降臨)(煙氣)(甕器店)
산 연기 강림 연기 옹기점
(煙氣)(山)(震動)
연기 산 진동

출19:19,(漸漸)(音聲)(對答)
점점 음성 대답

출19:20,(山)(山)(降臨)
산 산 강림

출19:21,(百姓)칙(申飭)(百姓)(突破)
백성 신칙 백성 돌파

출19:22,(祭司長)(聖潔)(突擊
제사장 성결 돌격

출19:23,(告)(主)(命)(山)(四面)(地境)
고 주 명 산 사면 지경
(山)(百姓)(山)
산 백성 산

출19:24,(祭司長)(百姓)(突破(突擊)
제사장 백성 돌파 돌격

출19:25,(百姓)(告)
백성 고

出埃及記-(출애굽기)-第二十章
출 애 급 기 제이십장

출20:2,(引導)
인도

출20:3,(外)(神)
외 신

출20:4,(爲)(偶像)(形像)
위 우상 형상

출20:5,(嫉妬)(者)(罪)(三)(四代)
질투 자 죄 삼 사대

출20:6,(誡命)(者)(千代)(恩惠)
계명 자 천대 은혜

출20:7,(妄靈)(妄靈)(者)(罪)
망령 망령 자 죄

출20:8,(安息日)(記憶)
안식일 기억

출20:9,(行)
행

출20:10,(第)(七日)(安息日)(男)(女)
제 칠일 안식일 남 여
(六畜)(問安)(留)(客)
육축 문안 유 객

출20:11,(第)(七日)(安息日)(福)
제 칠일 안식일 복

출20:12,(父母)(恭敬)(生命)
부모 공경 생명

출20:13,(殺人)
살인

출20:14,(姦淫)
간음

출20:15,(盜賊)
도적

출20:16,(對)(證據)
대 증거

출20:17,(貪)(男)(女)(所有)(貪)
탐 남 여 소유 탐

출20:18,(百姓)(雨雷)(山)(煙氣)
백성 우뢰 산 연기

출20:19,(當身)
당신

출20:20,(百姓)(降臨)(試驗)(敬畏)(犯罪)
백성 강림 시험 경외 범죄

출20:21,(百姓)(暗黑)
백성 암흑

출20:22,(子孫)(親)
자손 친

출20:23,(銀)(神像)(金)(神像)(爲)
은 신상 금 신상 위

출20:24,(土壇)(羊)(燔祭)(和睦祭)(記念)
토단 양 번제 화목제 기념
(降臨)(福)
강림 복

출20:25,(壇)(釘)(不淨)
단 정 부정

출20:26,(層階)(壇)(下體)
층계 단 하체

出埃及記-(출애굽기)-第二十一章
출 애 급 기 제이십일장

출21:1,(百姓)(律例)
백성 율례

출21:2,(四面)(六年)(第)(七年)(自由)
사면 육년 제 칠년 자유

출21:3,(單身)(單身)
단신 단신

출21:4,(上典)(男女間)(子息)(上典)
상전 남녀간 자식 상전
(屬)(單身)
속 단신

출21:5,(眞情)(上典)(妻子)(自由)
진정 상전 처자 자유

출21:6,(上典)(裁判長)(門)(門楔柱)
상전 재판장 문 문설주
(永永)(上典)
영영 상전

출21:7,(女)(男)
여 남

출21:8,(萬一)(上典)(相關)(贖身)
만일 상전 상관 속신
(女子)(他國人)
여자 타국인

출21:9,(萬一)(自己)(待接)
만일 자기 대접

출21:10,(萬一)(上典)(衣服)(飮食)(同寢)
만일 상전 의복 음식 동침

출21:11,(施行)(贖錢)
시행 속전

출21:12,(者)
자

출21:13,(萬一)(計劃)(爲)(定)(逃亡)
만일 계획 위 정 도망

출21:14,(謀殺)(壇)
모살 단

출21:15,(自己)(者)
자기 자

출21:16,(者)(自己)(手下)
자 자기 수하

출21:17,(詛呪)(者)
저주 자

출21:18,(敵手)(
적수

출21:19,(起動)(者)(刑罰)(免)(期間)
기 동 자 형 벌 면 기 간
(損害)(賠償)(全治)
손 해 배 상 전 치

출21:20,(男)(女)(當場)(刑罰)
남 여 당 장 형 벌

출21:21,(一日)(二日)(延命)(刑罰)(免)
일 일 이 일 연 명 형 벌 면
(上典)(金錢)
상 전 금 전

출21:22,(女人)(落胎(害)(男便)(請求)
녀 인 락 태 해 남 편 청 구
(罰金)(裁判長)(判決)
벌 금 재 판 장 판 결

출21:23,(害)(生命)(生命)
해 생 명 생 명

출21:25,(傷)(傷)
상 상

출21:26,(男)(女)(傷)(代身)
남 여 상 대 신

출21:27,(男)(女)(代身)
남 여 대 신

출21:28,(男子)(女子)(刑罰)(免)
남 자 여 자 형 벌 면

출21:29,(本來)(因)(警告)(團束)(男女間)
본 래 인 경 고 단 속 남 녀 간

출21:30,(萬一)(贖罪金)(命)(命)(生命)(贖)
만 일 속 죄 금 명 명 생 명 속

출21:31,(律例)(行)
율 례 행

출21:32,(萬一)(男)(女)(銀)(三十)(上典)
만 일 남 여 은 삼 십 상 전

출21:34,(主人)(措處)
주 인 조 처

출21:35,(半分)(半分)
반 분 반 분

출21:36,(本來)(團束)
본 래 단 속

出埃及記-(출애굽기)-第二十二章
출 애 급 기 제이 십 이 장

출22:1,(羊)(盜賊)羊)(羊)
양 도 적 양 양

출22:2,(盜賊)(罪)
도 적 죄

출22:3,(後)(罪)(盜賊)(賠償)(賠償)
후 죄 도 적 배 상 배 상
(盜賊)(賠償)
도 적 배 상

출22:4,(盜賊)(羊)(無論)(賠償)
도 적 양 무 론 배 상

출22:5,(葡萄園)(自己)(第一)(自己)
포 도 원 자 기 제 일 자 기
(葡萄園)(第一)(賠償)
포 도 원 제 일 배 상

출22:6,(穀食)(田園)(者)(賠償)
곡 식 전 원 자 배 상

출22:7,(物品)(逢賊)(盜賊)(賠償)
물 품 봉 적 도 적 배 상

출22:8,(盜賊)(主人)(裁判長)(自己)
도 적 주 인 재 판 장 자 기
(物品)(與否)(調査)
물 품 여 부 조 사

출22:9,(過失)(羊)(衣服)(物件)(對)(或)(便)
과 실 양 의 복 물 건 대 혹 편
(裁判長)(裁判長)(罪)(者)(相對便)
재 판 장 재 판 장 죄 자 상 대 편
(賠償)
배 상

출22:10,(羊)(傷)
양 상

출22:11,(者)(盟誓)賠償)
자 맹 서 배 상

출22:12,(萬一)(自己)(逢賊)(賠償)
만 일 자 기 봉 적 배 상

출22:13,(萬一)(證據)(對)(賠償)
만 일 증 거 대 배 상

출22:14,(萬一)(傷)(賠償)
만 일 상 배 상

출22:15,(賠償)(貰)(貰)(爲)(賠償)
배 상 세 세 위 배 상

출22:16,(定婚)(處女)(同寢)(聘幣)
정 혼 처 녀 동 침 빙 폐

출22:17,(萬一)(拒絶)(處女)(聘幣)(一例)
만 일 거 절 처 녀 빙 폐 일 례

출22:18,(巫堂)
무 당

출22:19行淫)(者)
행 음 자

출22:20,(外)(神)(犧牲)(者)(滅)
외 신 희 생 자 멸

출22:21,(異邦)(壓制)(虐待)
이 방 압 제 학 대

출22:22,(寡婦)(孤兒)(害)
과 부 고 아 해

출22:23,(萬一)(害)
만 일 해

출22:24,(怒)(猛烈)(寡婦)(子女)(孤兒)
노 맹 렬 과 부 자 녀 고 아

출22:25,(萬一)(百姓)(中)(者)(債主)(邊利)
만 일 백 성 중 자 채 주 변 리

출22:26,(萬一)(典當)(前)
만 일 전 당 전

출22:27,(慈悲)(者)
자 비 자

출22:28,(裁判長)(辱)(百姓)(有司)(詛呪)
재 판 장 욕 백 성 유 사 저 주

출22:29,(秋收)(汁)
추 수 즙

출22:30,(羊)(一例(七日)(八日)
양 일 례 칠 일 팔 일

出埃及記-(출애굽기)-第二十三章
출 애 급 기 제이 십 삼 장

출23:1,(虛妄)(風說)(傳播)(惡人)(聯合)
허망 풍설 전파 악인 연합
(誣陷)(證人)
무함 증인
출23:2,(多數)(惡)(行)(訟事)(多數)
다수 악 행 송사 다수
(不正當)(證據(
부정당 증거
출23:3,(者)(訟事)(偏僻)(斗護)
자 송사 편벽 두호
출23:4,(萬一)(怨讐)
만일 원수
출23:5,(萬一)(者)
만일 자
출23:6,(者)(訟事)(公平)
자 송사 공평
출23:7,(無罪)(者)(義)(者)(惡人)(義
무죄 자 의 자 악인 의
출23:8,(賂物)(賂物)(者)(義)(者)
뇌물 뇌물 자 의 자
출23:9,(異邦)(壓制)(情境)
이방 압제 정경
출23:10,(六年)(播種)(所産)
육년 파종 소산
출23:11,(第)(七年)(百姓)(者)(葡萄園)
제 칠년 백성 자 포도원
(橄欖園)
감람원
출23:12,(六日)(第)(七日)(子息)
육일 제 칠일 자식
출23:13,(神)
신
출23:14,(每年)(三次)(節期)
매년 삼차 절기
출23:15,(無酵餠)(節期)(命)(月)(定)
무효병 절기 명 월 정
(七日)(無酵餠)
칠일 무효병
출23:16,(麥秋節)(受苦)(收藏節)(受苦)
맥추절 수고 수장절 수고
(年終)(貯藏)
연종 저장
출23:17,(男子)(每年)(番)(主)
남자 매년 번 주
출23:18,(犧牲)(有酵餠)(節期)(犧牲)
희생 유효병 절기 희생
출23:19,(土地)(殿)
토지 전
출23:20,(使者)(保護)(豫備)
사자 보호 예비
출23:21,(聽從)(怒)(赦)
청종 노 사
출23:22,(聽從)(行)(怨讐)(怨讐)(對敵)(對敵)
청종 행 원수 원수 대적 대적
출23:23,(使者)(引導)
사자 인도
출23:24,(神)(崇拜)(所爲)(本)(毁破)
신 숭배 소위 본 훼파
(柱像)(打破)
주상 타파
출23:25,(糧食)(福)(中)(病)(除)
량식 복 중 병 제
출23:26,(落胎)(者)(孕胎)(者)(數)
락태 자 잉태 자 수
출23:27,(威嚴)(百姓)(破)(怨讐)
위엄 백성 파 원수
출23:28,(王(族屬)(族屬)(族屬)
왕 족속 족속 족속
출23:29,(荒蕪)(蕃盛)(害)(一年)
황무 번성 해 일년
출23:30,(蕃盛)(基業)
번성 기업
출23:31,(地境)(紅海)(曠野)(河水)(定)(居民)
지경 홍해 광야 하수 정 거민
출23:32,(神)(言約)
신 언약
출23:33,(犯罪)(神)
범죄 신

出埃及記-(출애굽기)-第二十四章
출 애 급 기 제이십사장

출24:1,(長老)(七十人)(敬拜)
장로 칠십인 경배
출24:2,(百姓)
백성
출24:3,(律例)(百姓)(告)(應答)(命)(遵行)
율례 백성 고 응답 명 준행
출24:4,(記錄)(山)(壇)(十二)(支派)
기록 산 단 십이 지파
출24:5,(子孫)(靑年)(燔祭)(和睦祭)
자손 청년 번제 화목제
출24:6,(取)(半)(半)(壇)
취 반 반 단
출24:7,(言約書)(百姓)(朗讀)(遵行)
언약서 백성 랑독 준행
출24:8,(取)(百姓)(對)(言約)
취 백성 대 언약
출24:9,(長老)(七十人)
장로 칠십인
출24:10,(靑玉)(淸明)
청옥 청명
출24:11,(尊貴)(者)
존귀 자
출24:12,(山)(律法)(誡命)(親)(記錄)(板)
산 률법 계명 친 기록 판
출24:13,(從者)(山)
종자 산
출24:14,(長老)(者)
장로 자
출24:15,(山)(山)
산 산
출24:16,(榮光)(山)(六日)(山)(第)(七日)
영광 산 육일 산 제 칠일
출24:17,(山)(榮光)(子孫)(猛烈)
산 영광 자손 맹렬

출24:18,(山)(四十日)(四十夜)(山)
산 사십일 사십야 산

出埃及記-(출애굽기)-第二十五章
출 애 급 기 제이십오장

출25:2,(子孫)(命)(禮物)(者)
자손 명 예물 자

출25:3,(禮物)(金)(銀)
예물 금 은

출25:4,(靑色)(紫色)(紅色)
청색 자색 홍색

출25:5,(羊)(海獺)
양 해달

출25:6,(燈油)(灌油)(香品)(焚香)(香)(香品)
등유 관유 향품 분향 향 향품

출25:7,(縞瑪瑙)(胸牌)(寶石)
호마노 흉패 보석

출25:8,(中)(居)(聖所)(爲)
중 거 성소 위

출25:9,(帳幕)(式樣)(器具)(式樣)
장막 식양 기구 식양

출25:10,(櫃)(長)(二)(半)(廣)(一)(半)
궤 장 이 반 광 일 반
(高)(一)(半)
고 일 반

출25:11,(精金)(金)
정금 금

출25:12,(金)(便)(便)
금 편 편

출25:13,(金)
금

출25:14,(櫃)(兩便)(櫃)
궤 량편 궤

출25:15,(櫃)
궤

출25:16,(證據板)(櫃)
증거판 궤

출25:17,(精金)(贖罪所)(長)(二)(半)
정금 속죄소 장 이 반
(廣)(一)(半)
광 일 반

출25:18,(金)(贖罪所)
금 속죄소

출25:19,(贖罪所)(贖罪所)(連)
속죄소 속죄소 연

출25:20,(贖罪所)(對)(贖罪所)(向)
속죄소 대 속죄소 향

출25:21,(贖罪所)(櫃)(證據板)(櫃)
속죄소 궤 증거판 궤

출25:22,(贖罪所)(證據櫃)(子孫)(爲)(命)
속죄소 증거궤 자손 위 명

출25:23,(床)(長)(二)(廣)(一)(高)(一)(半)
상 장 이 광 일 고 일 반

출25:24,(精金)(周圍)(金)
정금 주위 금

출25:25,(四面)(周圍)(金)
사면 주위 금

출25:26,(爲)(金)
위 금

출25:27,(床)
상

출25:28,(金)(床)
금 상

출25:29,(甁)(盞)(精金)
병 잔 정금

출25:30,(床)(陳設餠)(恒常)
상 진설병 항상

출25:31,(精金)(燈臺)(板)(盞)(連)
정금 등대 판 잔 연

출25:32,(燈臺)(便)(便)
등대 편 편

출25:33,(便)(形狀)(盞)(便)(形狀)(盞)(燈臺)
편 형상 잔 편 형상 잔 등대

출25:34,(燈臺)(形狀)(盞)
등대 형상 잔

출25:35,(燈臺)(爲)(連)(連)(連)
등대 위 연 연 연

출25:36,(連)(全部)(精金)
연 전부 정금

출25:37,(燈盞)
등잔

출25:38,(精金)
정금

출25:39,(燈臺)(器具)(精金)
등대 기구 정금

출25:40,(山)(式樣)
산 식양

出埃及記-(출애굽기)-第二十六章
출 애 급 기 제이십륙장

출26:1,(聖幕)(仰帳)(幅)(靑色)(紫色)
성막 앙장 폭 청색 자색
(紅色)(工巧)(繡)
홍색 공교 수

출26:2,(每幅)(長)(二十八)(廣)(四)(各)
매폭 장 이십팔 광 사 각
(幅)(長短)
폭 장단

출26:3,(仰帳)(幅)(連)(幅)(連)
앙장 폭 연 폭 연

출26:4,(仰帳)(聯絡)(末幅)(靑色)
앙장 련락 말폭 청색
(聯絡)(末幅)
련락 말폭

출26:5,(仰帳)(末幅)(五十)(仰帳)(末幅)
앙장 말폭 오십 앙장 말폭
(五十)(對)
오십 대

출26:6,(金)(五十)(仰帳)(聯合)(聖幕)
금 오십 앙장 연합 성막

출26:7,(聖幕)(幕)(仰帳)(幅)
성막 막 앙장 폭

출26:8,(各)(幅)(長)(三十)(廣)(四)(幅)(長短)
각 폭 장 삼십 광 사 폭 장단

출26:9,(仰帳)(幅)(連)(幅)(連)(幅)(折半)
앙장 폭 연 폭 연 폭 절반
(聖幕)(前面)
성막 전면

출26:10,(仰帳)(聯絡)(末幅)(五十)(聯絡)
앙장 련락 말폭 오십 련락
(末幅)(五十)
말폭 오십

출26:11,(五十)(聯合)(幕)
오십 연합 막

출26:12,(幕)(仰帳)(半)(幅)(聖幕)
막 앙장 반 폭 성막

출26:13,(仰帳)(便)(便)(聖幕)(左右)(兩便)
앙장 편 편 성막 좌우 량편

출26:14,(羊)(幕)(海獺)
양 막 해달

출26:15,(聖幕)(爲)(板)
성막 위 판

출26:16,(各)(板)(長)(十)(廣)(一)(半)
각 판 장 십 광 일 반

출26:17,(各)(板)(連)(聖幕)(板)
각 판 연 성막 판

출26:18,(聖幕)(爲)(板)(南便)(爲)(板)
성막 위 판 남편 위 판

출26:19,(板)(銀)(板)(爲)(板)(爲)
판 은 판 위 판 위

출26:20,(聖幕)(便)(北便)(爲)(板)
성막 편 북편 위 판

출26:21,(銀)(板)(板)
은 판 판

출26:22,(聖幕)(西便)(爲)(板)
성막 서편 위 판

출26:23,(聖幕)(便)(爲)(板)
성막 편 위 판

출26:24,(各其)(便)
각기 편

출26:25,(板)(銀)(板)(板)
판 은 판 판

출26:26,(聖幕)(便)(板)(爲)
성막 편 판 위

출26:27,(聖幕)(便)(板)(爲)(聖幕)(西便)
성막 편 판 위 성막 서편
(板)(爲)
판 위

출26:28,(板)(中間)
판 중간

출26:29,(板)(金)(板)(金)(金)
판 금 판 금 금

출26:30,(山)(式樣)(聖幕)
산 식양 성막

출26:31,(青色)(紫色)(紅色)(帳)(工巧)(繡)
청색 자색 홍색 장 공교 수

출26:32,(金)(金)(銀)
금 금 은

출26:33,(帳)(後)(證據櫃)(帳)(帳)(爲)
장 후 증거궤 장 장 위
(聖所)(至聖所)(區別)
성소 지성소 구별

출26:34,(至聖所)(證據櫃)(贖罪所)
지성소 증거궤 속죄소

출26:35,(帳)(北便)(床)(南便)(燈臺)(床)(對)
장 북편 상 남편 등대 상 대

출26:36,(青色)(紫色)(紅色)(繡)(聖幕門)
청색 자색 홍색 수 성막문
(爲)(帳)
위 장

출26:37,(門帳)(爲)(金)(金)(爲)
문장 위 금 금 위

出埃及記-(출애굽기)-第二十七章
출 애 급 기 제이십칠장

출27:1,(長)(五)(廣)(五)(壇)(高)(三)
장 오 광 오 단 고 삼

출27:2,(連)(壇)
연 단

출27:3,(桶)(壇)
통 단

출27:4,(壇)(爲)
단 위

출27:5,(壇)(四面)(壇)(折半)
단 사면 단 절반

출27:6,(壇)(爲)
단 위

출27:7,(壇)(兩便)(壇)
단 량편 단

출27:8,(壇)(板)(山)
단 판 산

출27:9,(聖幕)(南)(向)(南便)(廣)(百)
성막 남 향 남편 광 백
(細麻布帳)(便)(當)
세마포장 편 당

출27:10,(銀)
은

출27:11,(北便)(廣)(百)(布帳)(銀)
북편 광 백 포장 은

출27:12,(西便)(廣)(五十)(布帳)
서편 광 오십 포장

출27:13,(東)(向)(東便)(廣)(五十)
동 향 동편 광 오십

출27:14,(門)(便)(爲)(布帳)(十五)
문 편 위 포장 십오

출27:15,(門)(便)(爲)(布帳)(十五)
문 편 위 포장 십오

출27:16,(門)(爲)(青色)(紫色)(紅色)
문 위 청색 자색 홍색
(繡)(二十)(帳)
수 이십 장

출27:17,(四面)(銀)
사면 은

출27:18,(長)(百)(廣)(五十)(細麻布帳)(高)(五)
장 백 광 오십 세마포장 고 오

출27:19,(聖幕)(器具)(布帳)
성막 기구 포장

출27:20,(子孫)(命)(橄欖)(純潔)(燈)(爲)(燈)
자손 명 감람 순결 등 위 등

출27:21,(會幕)(證據櫃)(揮帳)(恒常)(燈)
회 막 증거궤 휘장 항상 등
(看檢)(子孫)(代代)(永遠)(規例)
간검 자손 대대 영원 규례

出埃及記-(출애굽기)-第二十八章
출 애 급 기 제이십팔장

출28:1,(子孫)(中)(兄)(祭司長)(職分)(行)
자손 중 형 제사장 직분 행
출28:2,(兄)(爲)(榮華)
형 위 영화
출28:3,(智慧)(智慧)(靈)(者(祭司長)
지혜 지혜 영 자 제사장
(職分)(行)
직분 행
출28:4,(胸牌)(斑布)(冠)(兄)(爲)
흉패 반포 관 형 위
(祭司長)(職分)(行)
제사장 직분 행
출28:5,(金)(青色)(紫色)(紅色)
금 청색 자색 홍색
출28:6,(金)(青色)(紫色)(紅色)(工巧)
금 청색 자색 홍색 공교
출28:7,(肩帶)(連)
견대 연
출28:8,(法)(金)(青色)(紫色)(紅色)(工巧)
법 금 청색 자색 홍색 공교
출28:9,(縞瑪瑙)(個)(取)
호마노 개 취
출28:10,(年齒)(寶石)(寶石)
연치 보석 보석
출28:11,(寶石)(者)(印)(寶石)(金)
보석 자 인 보석 금
출28:12,(寶石)(肩帶)(記念)(寶石)(記念)
보석 견대 기념 보석 기념
출28:13,(金)
금
출28:14,(精金)
정금
출28:15,(判決)(胸牌)(法)(金)(青色)
판결 흉패 법 금 청색
(紫色)(紅色)(工巧)
자색 홍색 공교
출28:16,(長廣)
장광
출28:17,(寶石)(紅寶石)(黃玉)(綠珠玉)
보석 홍보석 황옥 녹주옥
출28:18,(石榴石)(藍寶石)(紅瑪瑙)
석류석 남보석 홍마노
출28:19,(琥珀)(白瑪瑙)(紫水晶)
호박 백마노 자수정
출28:20,(綠寶石)(縞瑪瑙)(碧玉)(金)
녹보석 호마노 벽옥 금
출28:21,(寶石)(每)(寶石)(支派)(印)(法)
보석 매 보석 지파 인 법
출28:22,(精金)(胸牌)
정금 흉패
출28:23,(金)(胸牌)(胸牌)
금 흉패 흉패
출28:24,(金)(胸牌)
금 흉패
출28:25,(肩帶)(金)
견대 금
출28:26,(金)(胸牌)(兩便)
금 흉패 량편
출28:27,(金)(肩帶)(便)(工巧)(便)
금 견대 편 공교 편
출28:28,(青色)(胸牌)(胸牌)(工巧)
청색 흉패 흉패 공교
출28:29,(聖所)(記錄)(判決)(永遠)(記念)
성소 기록 판결 영원 기념
출28:30,(判決)(胸牌)(子孫)(判決)(恒常)
판결 흉패 자손 판결 항상
출28:31,(全部)(青色)
전부 청색
출28:32,(周圍)(甲)
주위 갑
출28:33,(青色)(紫色)(紅色)(石榴)(繡)
청색 자색 홍색 석류 수
(金)(間隔)
금 간격
출28:34,(金)(石榴)(金)(石榴)
금 석류 금 석류
출28:35,(聖所)(聖所)
성소 성소
출28:36,(精金)(牌)(印)(法)(聖潔)
정금 패 인 법 성결
출28:37,(牌)(青色)(冠)(前面)
패 청색 관 전면
출28:38,(牌)(子孫)(聖物)(罪愆)(擔當)
패 자손 성물 죄건 담당
(牌)(聖物)
패 성물
출28:39,(斑布)(冠)(繡)
반포 관 수
출28:40,(爲)(爲)(爲)(冠)(榮華)
위 위 위 관 영화
출28:41,(兄)委任(祭司長)(職分)(行)
형 위임 제사장 직분 행
출28:42,(爲)(袴衣)(下體)
위 고의 하체
출28:43,(會幕)(祭壇)(罪)(後孫)(永遠)(規例)
회막 제단 죄 후손 영원 규례

出埃及記-(출애굽기)-第二十九章
출 애 급 기 제이십구장

출29:1,(祭司長)(職分)(委任)(欠)(羊)(取)
제사장 직분 위임 흠 양 취
출29:2,(無酵餅)(無酵)(菓子)(無酵煎餅)
무효병 무효 과자 무효전병
출29:3,(羊)
양
출29:4,(會幕門)
회막문

출29:5,(衣服)胸牌)(工巧)
의 복 흉 패 공 교

출29:6,(冠)(聖牌)
관 성 패

출29:7,(灌油)
관 유

출29:9,(冠)(祭司長)(職分)(永遠)
관 제 사 장 직 분 영 원
(規例)(委任)
규 례 위 임

출29:10,(會幕)(按手)
회 막 안 수

출29:11,(會幕門)
회 막 문

출29:12,(壇)(全部)(壇)
단 전 부 단

출29:13,(內臟)(肝)(取)(壇)
내 장 간 취 단

출29:14,(陣)(贖罪祭)
진 속 죄 제

출29:15,(羊)(取)(羊)(按手)
양 취 양 안 수

출29:16,(羊)(取)(壇)(周圍)
양 취 단 주 위

출29:17,(羊)(脚)(臟腑(脚)
양 각 장 부 각

출29:18,(羊)(全部)(壇)(燔祭)(香氣)(火祭)
양 전 부 단 번 제 향 기 화 제

출29:19,(羊)(取)(羊)(按手)
양 취 양 안 수

출29:20,(羊)(取)(壇)(周圍)
양 취 단 주 위

출29:21,(壇)(灌油)(取)
단 관 유 취

출29:22,(羊)(內臟)(肝)(右便)(取)(委任式)(羊)
양 내 장 간 우 편 취 위 임 식 양

출29:23,(無酵餠)(菓子)(煎餠)(取)
무 효 병 과 자 전 병 취

출29:24,(全部)(搖祭)
전 부 요 제

출29:25,(取)(壇)(燔祭物)(香氣)(火祭)
취 단 번 제 물 향 기 화 제

출29:26,(委任式)(羊)(取)(搖祭)(分)
위 임 식 양 취 요 제 분

출29:27,(搖祭物)(委任式)(羊)
요 제 물 위 임 식 양

출29:28,(子孫)(子孫)(永遠)(分)(擧祭物)
자 손 자 손 영 원 분 거 제 물
(子孫)(和睦祭)(犧牲)(中)(取)
자 손 화 목 제 희 생 중 취
(擧祭物)(擧祭物)
거 제 물 거 제 물

출29:29,(聖衣)(後)(委任)
성 의 후 위 임

출29:30,(祭司長)(會幕)(聖所)(七日)
제 사 장 회 막 성 소 칠 일

출29:31,(委任式)(羊)(取)
위 임 식 양 취

출29:32,(會幕門)(羊)
회 막 문 양

출29:33,(贖罪物)(委任(他人)(聖物)
속 죄 물 위 임 타 인 성 물

출29:34,(委任式)
위 임 식

출29:35,(命)(七日)(委任式)(行)
명 칠 일 위 임 식 행

출29:36,(每日(贖罪)(爲)(贖罪祭)(壇)
매 일 속 죄 위 속 죄 제 단
(爲)(贖罪)
위 속 죄

출29:37,(七日)(壇)(爲)(贖罪(至極)(壇)
칠 일 단 위 속 죄 지 극 단
(壇)(接觸)
단 접 촉

출29:38,(壇)(每日)(一年)
단 매 일 일 년

출29:39,(羊)(羊)
양 양

출29:40,(羊)(十分)(一)(四分)(一)(奠祭)
양 십 분 일 사 분 일 전 제
(葡萄酒)(四分)(一)
포 도 주 사 분 일

출29:41,(羊)(一般)(素祭)(奠祭)(香氣)(火祭)
양 일 반 소 제 전 제 향 기 화 제

출29:42,(代代)(會幕門)(燔祭)
대 대 회 막 문 번 제

출29:43,(子孫)(榮光)(因)(會幕)
자 손 영 광 인 회 막

출29:44,(會幕)(壇(祭司長)(職分)(行)
회 막 단 제 사 장 직 분 행

출29:45,(子孫)(中)(居)
자 손 중 거

출29:46,(中)(居)(引導)
중 거 인 도

出埃及記-(출애굽기)-第三十章
출 애 급 기 제 삼 십 장

출30:1,(焚香)(壇)
분 향 단

출30:2,(長)(一)(廣)(一)(高)(二)(連)
장 일 광 일 고 이 연

출30:3,(壇)(上面)(前後)(左右面)(精金)
단 상 면 전 후 좌 우 면 정 금
(周圍)(金)
주 위 금

출30:4,(金)(兩便)(金)(兩便)(壇)
금 량 편 금 량 편 단

출30:5,(金)
금

출30:6,(壇)(證據櫃)(贖罪所)(便)(證據櫃)
단 증 거 궤 속 죄 소 편 증 거 궤
(帳)(贖罪所)
장 속 죄 소

출30:7,(香氣)(香)(燈)(整理)
향 기 향 등 정 리

출30:8,(燈)(香)(代代)
등 향 대대

출30:9,(香)(燔祭)(素祭)(奠祭)
향 번제 소제 전제

출30:10,(一年)(一次)(香壇)(爲)(贖罪)
일년 일차 향단 위 속죄

(贖罪祭)(一年)(一次)(代代)(贖罪)
속죄제 일년 일차 대대 속죄

(壇)(至極
단 지극

출30:12,(子孫)(數爻)(調査)(調査)(各)
자손 수효 조사 조사 각

(生命)(贖錢)(計數)(中)(瘟疫)
생명 속전 계수 중 온역

출30:13,(計數)(中)(者)(聖所)(半)(二十)(半)
계수 중 자 성소 반 이십 반

출30:14,(計數)(中)(者)(二十歲)(以上)(者)
계수 중 자 이십세 이상 자

출30:15,(生命)(贖)(爲)(富者)(半)(者)
생명 속 위 부자 반 자

출30:16,(子孫)(贖錢)(取)(會幕)(奉事)
자손 속전 취 회막 봉사

(子孫)(記念)(生命)(贖)
자손 기념 생명 속

출30:18,(會幕)(壇)
회막 단

출30:19,(手足)
수족

출30:20,(會幕(免)(壇)(職分)(行)(火祭)
회막 면 단 직분 행 화제

출30:21,(手足(免)(子孫)(代代)(永遠)(規例)
수족 면 자손 대대 영원 규례

출30:23,(上等)(香品)(取)(流質)(沒藥)
상등 향품 취 류질 몰약

(五百)(半數)(香氣)(肉桂)(二百)
오백 반수 향기 육계 이백

(五十)(香氣)(菖蒲)(二百)(五十)
오십 향기 창포 이백 오십

출30:24,(桂皮)(五百)(聖所)(橄欖)(取)
계피 오백 성소 감람 취

출30:25,(灌油)(香)(製造)(法)(香氣)(灌油)
관유 향 제조 법 향기 관유

출30:26,(會幕)(證據櫃)
회막 증거궤

출30:27,(床)(器具)(燈臺)(器具)(焚香壇)
상 기구 등대 기구 분향단

출30:28,(燔祭壇)(器具)
번제단 기구

출30:29,(至聖物)(區別)(接觸)
지성물 구별 접촉

출30:30,(祭司長)(職分)(行)
제사장 직분 행

출30:31,(子孫)(告)(代代)(灌油)
자손 고 대대 관유

출30:32,(方法)
방법

출30:33,(者)(他人)(者)(百姓)(中
자 타인 자 백성 중

출30:34,(蘇合香)(楓子香)(香品)(取)(香品)
소합향 풍자향 향품 취 향품

(乳香)(各其)(同一)(重數)
유향 각기 동일 중수

출30:35,(香)(香)(法)(聖潔)
향 향 법 성결

출30:36,(香)(會幕)(證據櫃)(香)(至極)
향 회막 증거궤 향 지극

출30:37,(香)(爲)(方法)(爲)
향 위 방법 위

출30:38,(者)(百姓)(中)
자 백성 중

出埃及記-(출애굽기)-第三十一章
출애급기 제삼십일장

출31:2,(支派)(孫子)(指名)
지파 손자 지명

출31:3,(神)(充滿)(智慧)(聰明)(知識)(才操)
신 충만 지혜 총명 지식 재조

출31:4,(工巧)(研究)(金)(銀)
공교 연구 금 은

출31:5,(寶石)
보석

출31:6,(支派)(智慧)(者)(智慧)(命)
지파 지혜 자 지혜 명

출31:7,(會幕)(證據櫃)(贖罪所)(會幕)(器具)
회막 증거궤 속죄소 회막 기구

출31:8,(床)(器具)(精金)(燈臺)(器具)
상 기구 정금 등대 기구

(焚香壇)
분향단

출31:9,(燔祭壇)(器具)
번제단 기구

출31:10,(祭司職)(行)(工巧)(衣服)
제사직 행 공교 의복

(祭司長)(聖衣)
제사장 성의

출31:11,(灌油)(聖所)(香氣)(香)(命)
관유 성소 향기 향 명

출31:13,(子孫)(告)(安息日)(代代)(表徵)
자손 고 안식일 대대 표징

출31:14,(安息日)(聖日)(者)(者)(百姓)
안식일 성일 자 자 백성

(中)(生命)
중 생명

출31:15,(第)(七日)(安息日)(安息日)(者)
제 칠일 안식일 안식일 자

출31:16,(子孫)(安息日)(代代)(永遠)(言約)
자손 안식일 대대 영원 언약

출31:17,(子孫)(永遠)(表徵)(天地)(創造)
자손 영원 표징 천지 창조

(第)(七日)(平安)
제 칠일 평안

출31:18,(山)(證據板)(板)(親)
산 증거판 판 친

出埃及記-(출애굽기)-第三十二章
출애급기 제삼십이장

출32:1,(百姓)(山)(引導)(神)(爲)(引導)
백 성 산 인 도 신 위 인 도

출32:2,(子女)(金)
자 녀 금

출32:3,(百姓)(金)
백 성 금

출32:4,(刻刀)(形像)(引導)(神)
각 도 형 상 인 도 신

출32:5,(壇)(公布)(來日)(節日)
단 공 포 래 일 절 일

출32:6,(燔祭)(和睦祭)
번 제 화 목 제

출32:7,(引導)(百姓)(腐敗)
인 도 백 성 부 패

출32:8,(命)(速)(自己)(爲)(崇拜)(犧牲)
명 속 자 기 위 숭 배 희 생
(引導)(神)
인 도 신

출32:9,(百姓)(百姓)
백 성 백 성

출32:10,(震怒)(殄滅)
진 노 진 멸

출32:11,(求)(權能)(强)(引導)(主)(百姓)(震怒)
구 권 능 강 인 도 주 백 성 진 노

출32:12,(禍)(百姓)(山)(地面)(殄滅)(引導)
화 백 성 산 지 면 진 멸 인 도
(主)(猛烈)(怒)(主)(百姓)(禍)
주 맹 렬 노 주 백 성 화

출32:13,(主)(記憶)(主)(盟誓)(子孫)(許諾)
주 기 억 주 맹 서 자 손 허 락
(子孫)(永永)(基業)
자 손 영 영 기 업

출32:14,(禍)(百姓)
화 백 성

출32:15,(山)(證據)(板)(板)(兩面)(便)(便)(字)
산 증 거 판 판 량 면 편 편 자

출32:16,(板)(字)(板)
판 자 판

출32:17,(百姓)(陣中)
백 성 진 중

출32:18,(勝戰歌)(敗)
승 전 가 패

출32:19,(陣)(大怒)(板)(山)
진 대 노 판 산

출32:20,(子孫)
자 손

출32:21,(百姓)(重罪)
백 성 중 죄

출32:22,(主)(怒)(百姓)(惡)(當身)
주 노 백 성 악 당 신

출32:23,(爲)(引導)(神)(引導)
위 인 도 신 인 도

출32:24,(金)(者)
금 자

출32:25,(百姓)(放恣)(放恣)(怨讐)(嘲弄)
백 성 방 자 방 자 원 수 조 롱

출32:26,(陣門)(便)(者)(子孫)
진 문 편 자 자 손

출32:27,(各各)(陣)(門)(門)(往來)(各)
각 각 진 문 문 왕 래 각
(兄弟)(各)(親舊)(各)(屠戮)
형 제 각 친 구 각 도 륙

출32:28,(子孫)(行)(百姓)(中)(三千名)(假量)
자 손 행 백 성 중 삼 천 명 가 량

출32:29,(各)(兄弟)(獻身)(福)
각 형 제 헌 신 복

출32:30,(百姓)(罪)(犯)(或)(罪)(贖)
백 성 죄 범 혹 죄 속

출32:31,(百姓)(自己)(爲)(金神)(罪)(犯)
백 성 자 기 위 금 신 죄 범

출32:32,(合意)(罪)(赦)(願)(主)(記錄)(冊)
합 의 죄 사 원 주 기 록 책

출32:33,(犯罪)(冊)
범 죄 책

출32:34,(百姓)(引導)(使者)(報應)(罪)(報應)
백 성 인 도 사 자 보 응 죄 보 응

출32:35,(百姓)
백 성

出埃及記-(출애굽기)-第三十三章
출 애 급 기 제 삼 십 삼 장

출33:1,(引導)(百姓)(盟誓)(子孫)
인 도 백 성 맹 서 자 손

출33:2,(使者)
사 자

출33:3,(百姓)(中路)(殄滅)(念慮)
백 성 중 로 진 멸 염 려

출33:4,(百姓)(惶悚)(丹粧)
백 성 황 송 단 장

출33:5,(子孫)(百姓)(瞬息間)(中)(行)
자 손 백 성 순 식 간 중 행
(殄滅)(丹粧品)(除)
진 멸 단 장 품 제

출33:6,(子孫)(山)(丹粧品)(除)
자 손 산 단 장 품 제

출33:7,(恒常)(帳幕)(取)(陣)(陣)(會幕)
항 상 장 막 취 진 진 회 막
(仰慕)(者)(陣)(會幕)
앙 모 자 진 회 막

출33:8,(會幕)(百姓)(自己)(帳幕門)(會幕)
회 막 백 성 자 기 장 막 문 회 막

출33:9,(會幕)(會幕門)
회 막 회 막 문

출33:10,(百姓)(會幕門)(各其)(帳幕門)(敬拜)
백 성 회 막 문 각 기 장 막 문 경 배

출33:11,(親舊)(對面)(陣)(隨從者)
친 구 대 면 진 수 종 자
(靑年)(會幕)
청 년 회 막

출33:12,(告)(主)(百姓)(引導)(者)(指示)
고 주 백 성 인 도 자 지 시
(主)(前)(恩寵)
주 전 은 총

출33:13,(主)(目前)(恩惠)(願)(主)(主)(目前)
주 목 전 은 혜 원 주 주 목 전

(恩寵)(族屬)(主)(百姓)
은총 족속 주 백성
출33:14,(親)
친
출33:15,(告)(主)(親)
고 주 친
출33:16,(主)(百姓)(主)(目前)(恩寵)(主)(行)
주 백성 주 목전 은총 주 행
(主)(百姓)(天下萬民)(中)(區別)
주 백성 천하만민 중 구별
출33:17,(目前)(恩寵)
목전 은총
출33:18,(願)(主)(榮光)
원 주 영광
출33:19,(善)(形像)(頒布)(恩惠)(者)(恩惠)
선 형상 반포 은혜 자 은혜
(矜恤)(者)(矜恤)
긍휼 자 긍휼
출33:20,(者)
자
출33:21,(磐石)
반석
출33:22,(榮光)(磐石)
영광 반석

出埃及記-(출애굽기)-第三十四章
출 애 급 기 제삼십사장

출34:1,(板)(板)(板)
판 판 판
출34:2,(前)(豫備)(山)(山)
전 예비 산 산
출34:3,(山)(人跡)(禁)(羊)(山
산 인적 금 양 산
출34:4,(板)(板)(命)(山)
판 판 명 산
출34:5,(降臨)(頒布)
강림 반포
출34:6,(頒布)(慈悲)(恩惠)(怒)(仁慈)(眞實)
반포 자비 은혜 노 인자 진실
출34:7,(仁慈)(千代)(惡)(過失)(罪)(容恕)
인자 천대 악 과실 죄 용서
(刑罰)(者)(決斷)(免罪)(惡)(子與孫)
형벌 자 결단 면죄 악 자여손
(三四代)(報應)
삼사대 보응
출34:8,(急)(敬拜)
급 경배
출34:9,(主)(主)(恩寵)(願)(主)(中)(行)
주 주 은총 원 주 중 행
(百姓)(惡)(罪)(赦)(主)(基業)
백성 악 죄 사 주 기업
출34:10,(言約)(國民)(行)(異蹟)(全體)
언약 국민 행 이적 전체
(百姓)(行)(百姓)(所爲)(爲)(行)
백성 행 백성 소위 위 행
출34:11,(命)
명
출34:12,(居民)(言約)(中
거민 언약 중
출34:13,(壇)(柱像)(像)
단 주상 상
출34:14,(神(嫉妬)(嫉妬)
신 질투 질투
출34:15,(居民)(言約)(神)(淫亂)(神)(犧牲)
거민 언약 신 음란 신 희생
(請)(犧牲)
청 희생
출34:16,(神)(淫亂)(神)(淫亂)
신 음란 신 음란
출34:17,(神像)
신상
출34:18,(無酵節)(命)(月)(期限)(七日)
무효절 명 월 기한 칠일
(無酵餠)(月)
무효병 월
출34:19,(初胎生)(家畜)(牛羊)
초태생 가축 우양
출34:20나 代贖)(中)(長子)代贖)
대속 중 장자 대속
출34:21,(第)(七日)
제 칠일
출34:22,(七七節)(麥秋)(初實節)(收藏節)
칠칠절 맥추 초실절 수장절
출34:23,(男子)(每年)(番)(主)
남자 매년 번 주
출34:24,(列邦)(地境)(每年)(番)(貪)
열방 지경 매년 번 탐
출34:25,(犧牲)(有酵餠)(逾越節)(犧牲)
희생 유효병 유월절 희생
출34:26,(土地)(所産)(殿)
토지 소산 전
출34:27,(記錄)(言約)
기록 언약
출34:28,(四十日)(四十夜)(言約)(十誡)(板)
사십일 사십야 언약 십계 판
(記錄)
기록
출34:29,(證據)(板)(自己)(山)(山)(自己)
증거 판 자기 산 산 자기
(因)(光彩)
인 광채
출34:30,(子孫)(光彩)
자손 광채
출34:31,(會衆)
회중
출34:32,(後)(子孫)(山)(自己)(命)
후 자손 산 자기 명
출34:33,(手巾)(自己)
수건 자기
출34:34,(手巾)(命)(子孫)(告)
수건 명 자손 고
출34:35,(子孫)(光彩)(故)(手巾)(自己)
자손 광채 고 수건 자기

出埃及記-(출애굽기)-第三十五章
출 애 급 기 제삼십오장

출35:1,(會衆)(命)(行)
회중 명 행
출35:2,(第)(七日)(聖日)(特別)(安息日)(者)
제 칠일 성일 특별 안식일 자
출35:3,(安息日)(處所)
안식일 처소
출35:4,(子孫)(會衆)(告)(命)
자손 회중 고 명
출35:5,(所有)(中)(取)(願)(者)(金)(銀)
소유 중 취 원 자 금 은
출35:6,(靑色)(紫色)(紅色)
청색 자색 홍색
출35:7,(羊)(海獺)
양 해달
출35:8,(燈油)(灌油)(香品)(焚香)(香)(香品)
등유 관유 향품 분향 향 향품
출35:9,(縞瑪瑙)(胸牌)(寶石)
호마노 흉패 보석
출35:10,(中)(智慧)(者)(命)
중 지혜 자 명
출35:11,(聖幕)(幕)(板)
성막 막 판
출35:12,(證據櫃)(贖罪所)(帳)
증거궤 속죄소 장
출35:13,(床)(器具)(陳設餠)
상 기구 진설병
출35:14,(燈臺)(器具)(燈盞)(燈油)
등대 기구 등잔 등유
출35:15,(焚香壇)(灌油)(焚香)(香品)
분향단 관유 분향 향품
(聖幕門)(帳)
성막문 장
출35:16,(燔祭壇)(器具)
번제단 기구
출35:17,(布帳)(門)(帳)
포장 문 장
출35:18,(帳幕)(布帳)
장막 포장
출35:19,(聖所)(爲)(工巧)(祭司)(職分)
성소 위 공교 제사 직분
(行)(祭司長)
행 제사장
출35:20,(子孫)(會衆)
자손 회중
출35:21,(感動)(者)(自願)(者)(聖幕)(爲)
감동 자 자원 자 성막 위
(爲)(爲)(禮物)
위 위 예물
출35:22,(願)(男女)(金品)(金)(禮物)
원 남녀 금품 금 예물
출35:23,(靑色)(紫色)(紅色)(羊)(海獺)(者)
청색 자색 홍색 양 해달 자
출35:24,(銀)(禮物)(者)(所用)(者)
은 예물 자 소용 자
출35:25,(女人)(靑色)(紫色)(紅色)
녀인 청색 자색 홍색
출35:26,(感動)(女人)
감동 녀인
출35:27,(族長)(縞瑪瑙)(胸牌)(寶石)
족장 호마노 흉패 보석
출35:28,(燈)(灌油)(焚香)(所用)(香品)
등 관유 분향 소용 향품
출35:29,(願)(子孫)(男女)(憑藉)(命)(爲)(物品)
원 자손 남녀 빙자 명 위 물품
출35:30,(子孫)(支派)(孫子)(指名)
자손 지파 손자 지명
출35:31,(神)(充滿)(智慧)(聰明)(知識)
신 충만 지혜 총명 지식
출35:32,(工巧)(硏究)(金)(銀)
공교 연구 금 은
출35:33,(寶石)(工巧)
보석 공교
출35:34,(支派)(感動)
지파 감동
출35:35,(智慧)(充滿)(彫刻)(工巧)(靑色)
지혜 충만 조각 공교 청색
(紫色)(紅色)(繡)(外)(工巧)(硏究)
자색 홍색 수 외 공교 연구

出埃及記-(출애굽기)-第三十六章
출 애 급 기 제삼십륙장

출36:1,(智慧)(智慧)(聰明)(聖所)(者)(命)
지혜 지혜 총명 성소 자 명
출36:2,(智慧)(智慧)(願)(者)
지혜 지혜 원 자
출36:3,(子孫)(聖所)(爲)(禮物)(百姓)
자손 성소 위 예물 백성
(自願)(禮物)(連)(故)
자원 예물 연 고
출36:4,(聖所)(智慧)(者)(各其)(停止)
성소 지혜 자 각기 정지
출36:5,(告)(百姓)(命)
고 백성 명
출36:6,(命)(陣中)(公布)(無論)(男女)
명 진중 공포 무론 남녀
(聖所)(禮物)(百姓)(停止)
성소 예물 백성 정지
출36:7,(材料)
재료
출36:8,(中)(智慧)(幅)(仰帳)(聖幕)
중 지혜 폭 앙장 성막
(靑色)(紫色)(紅色)
청색 자색 홍색
출36:9,(每幅)(長)(二十八)(廣)(四)(各)
매폭 장 이십팔 광 사 각
(幅)(長短)
폭 장단
출36:10,(幅)(連)(幅)(連)
폭 연 폭 연
출36:11,(聯絡)(末幅)(靑色)(聯絡)(末幅)
련락 말폭 청색 련락 말폭
출36:12,(聯絡)(幅)(五十)(聯絡)(幅)(五十)(對)
련락 폭 오십 련락 폭 오십 대

출36:13,(金)(五十)(仰帳)(連)(幕)
금 오십 앙장 연 막

출36:14,(聖幕)(幕)(仰帳)(十一)(幅)
성막 막 앙장 십일 폭

출36:15,(各)(幅)(長)(三十)(廣)(四)
각 폭 장 삼십 광 사
(十一)(幅)(長短)
십일 폭 장단

출36:16,(仰帳)(幅)(連)(幅)(連)
앙장 폭 연 폭 연

출36:17,(仰帳)(聯絡)(末幅)(五十)(聯絡)
앙장 련락 말폭 오십 련락
(末幅)(五十)
말폭 오십

출36:18,(五十)(仰帳)(聯合)(幕)
오십 앙장 연합 막

출36:19,(羊)(幕)(海獺)
양 막 해달

출36:20,(聖幕)(板)
성막 판

출36:21,(各)(板)(長)(十)(廣)(一)(半)
각 판 장 십 광 일 반

출36:22,(各)(板)(連)(聖幕)(板)
각 판 연 성막 판

출36:23,(聖幕)(爲)(板)(南)(南便)(板)(二十)
성막 위 판 남 남편 판 이십

출36:24,(二十)(板)(銀)(四十)(板)(板)
이십 판 은 사십 판 판

출36:25,(聖幕)(便)(北便)(爲)(板)(二十)
성막 편 북편 위 판 이십

출36:26,(銀)(四十)(板)(板)
은 사십 판 판

출36:27,(帳幕)(西便)(爲)(板)
장막 서편 위 판

출36:28,(帳幕)(便)(爲)(板)
장막 편 위 판

출36:29,(各其)(便)
각기 편

출36:30,(板)(銀)(各)(板)
판 은 각 판

출36:31,(聖幕)(便)(板)(爲)
성막 편 판 위

출36:32,(聖幕)(便)(板)(爲)(聖幕)(西便)
성막 편 판 위 성막 서편
(板)(爲)
판 위

출36:33,(中間)(板)(中間)
중간 판 중간

출36:34,(板)(金)(板)(金)(金)
판 금 판 금 금

출36:35,(靑色)(紫色)(紅色)(帳)(工巧)(繡)
청색 자색 홍색 장 공교 수

출36:36,(金)(金)(銀)
금 금 은

출36:37,(靑色)(紫色)(紅色)(繡)(帳幕門)
청색 자색 홍색 수 장막문
(爲)(帳)
위 장

출36:38,(門)(金)
문 금

出埃及記-(출애굽기)-第三十七章
출 애 급 기 제삼십칠장

출37:1,(櫃)(長)(二)(半)(廣)(一)(半)(高)
궤 장 이 반 광 일 반 고
(一)(半)
일 반

출37:2,(精金)(金)
정금 금

출37:3,(金)(便)(便)
금 편 편

출37:4,(金)
금

출37:5,(櫃)(兩便)(櫃)
궤 량편 궤

출37:6,(精金)(贖罪所)(長)(二)(半)(廣)
정금 속죄소 장 이 반 광
(一)(半)
일 반

출37:7,(金)(贖罪所)(兩便)
금 속죄소 량편

출37:8,(便)(便)(贖罪所)(兩便)
편 편 속죄소 량편

출37:9,(贖罪所)(對)(贖罪所)(向)
속죄소 대 속죄소 향

출37:10,(床)(長)(二)(廣)(一)(高)(一)(半)
상 장 이 광 일 고 일 반

출37:11,(精金)(金)
정금 금

출37:12,(四面)(周圍)(金)
사면 주위 금

출37:13,(床)(爲)(金)
상 위 금

출37:14,(床)
상

출37:15,(床)(金)
상 금

출37:16,(床)(器具)(盞)(甁)(精金)
상 기구 잔 병 정금

출37:17,(精金)(燈臺)(板)(盞)
정금 등대 판 잔

출37:18,(燈臺)(便)(燈臺)(便)
등대 편 등대 편

출37:19,(便)(形狀)(盞)(便)(形狀)(盞)(燈臺)
편 형상 잔 편 형상 잔 등대

출37:20,(燈臺)(形狀)(盞)
등대 형상 잔

출37:21,(燈臺)(爲)(連)(連)
등대 위 연 연

출37:22,(連)(全部)(精金)
연 전부 정금

출37:23,(燈盞)(精金)
등잔 정금

출37:24,(燈臺)(器具)(精金)
등대 기구 정금

출37:25,(焚香)(壇)(長)(一)(廣)(一)(高)
분향 단 장 일 광 일 고
(二)(壇)(連)
이 단 연
출37:26,(壇)(上面)(前後)(左右面)
단 상면 전후 좌우면
(精金)(周圍)(金)
정금 주위 금
출37:27,(兩便)(金)(兩便)(壇)
량편 금 량편 단
출37:28,(金)
금
출37:29,(灌油)(香品)(淨潔)(香)(香)(法)
관유 향품 정결 향 향 법

出埃及記-(출애굽기)-第三十八章
출애급기 제삼십팔장

출38:1,(燔祭壇)(長)(五)(廣)(五)(高)(三)
번제단 장 오 광 오 고 삼
출38:2,(壇)(連)(壇)
단 연 단
출38:3,(壇)(器具)(桶)
단 기구 통
출38:4,(壇)(爲)(壇)(四面)(壇)(折半)
단 위 단 사면 단 절반
출38:7,(壇)(兩便)(壇)(板)
단 량편 단 판
출38:8,(會幕門)(隨從)(女人)
회막문 수종 녀인
출38:9,(南)(南便)(細麻布)(布帳)(百)
남 남편 세마포 포장 백
출38:10,(銀)
은
출38:11,(北便)(百)(銀)
북편 백 은
출38:12,(西便)(布帳)(五十)(銀)
서편 포장 오십 은
출38:13,(東)(東便)(五十)
동 동편 오십
출38:14,(門)(便)(布帳)(十五)
문 편 포장 십오
출38:15,(門)(便)(門)(便)(便)(布帳)(十五)
문 편 문 편 편 포장 십오
출38:16,(四面)(布帳)(細麻布)
사면 포장 세마포
출38:17,(銀)(銀)(銀)
은 은 은
출38:18,(門帳)(青色)(紫色)(紅色)(繡)
문장 청색 자색 홍색 수
(長)(二十)(廣)(高)(布帳)(五)
장 이십 광 고 포장 오
출38:19,(銀)(銀)
은 은
출38:20,(聖幕)(四面)(布帳)
성막 사면 포장
출38:21,(聖幕)(證據)(爲)(材料)(物目)
성막 증거 위 재료 물목
(祭司長)(命)(計算)
제사장 명 계산
출38:22,(支派)(孫子)(命)
지파 손자 명
출38:23,(支派)(才能)(彫刻)(青色)(紫色)
지파 재능 조각 청색 자색
(紅色)(繡)(者)
홍색 수 자
출38:24,(聖所)(建築)(費用)(金)(聖所)
성소 건축 비용 금 성소
(二十九)(七百)(三十)
이십구 칠백 삼십
출38:25,(調査)(會衆)(銀)(聖所)(一百)
조사 회중 은 성소 일백
(一千)(七百)(七十五)
일천 칠백 칠십오
출38:26,(調査)(者)(二十歲)(以上)(六十萬)
조사 자 이십세 이상 육십만
(三千)(五百)(五十名)(聖所)(每人)
삼천 오백 오십명 성소 매인
(銀)(半)
은 반
출38:27,(銀)(一百)(聖所)(板墻)(門帳)(合)
은 일백 성소 판장 문장 합
(一百)(每)(合)(一百)
일백 매 합 일백
출38:28,(一千)(七百)(七十五)
일천 칠백 칠십오
출38:29,(七十)(二千)(四百)
칠십 이천 사백
출38:30,(會幕門)(壇)(壇)(器具)
회막문 단 단 기구
출38:31,(四面)(門帳)(聖幕)(四面)
사면 문장 성막 사면

出埃及記-(출애굽기)-第三十九章
출애급기 제삼십구장

출39:1,(命)(青色)(紫色)(紅色)(聖所)
명 청색 자색 홍색 성소
(爲)(精巧)(爲)
위 정교 위
출39:2,(金)(青色)(紫色)(紅色)
금 청색 자색 홍색
출39:3,(金)(青色)(紫色)(紅色)(工巧)
금 청색 자색 홍색 공교
출39:4,(爲)(肩帶)(連)
위 견대 연
출39:5,(貌樣)(金)(青色)(紫色)(紅色)(命)
모양 금 청색 자색 홍색 명
출39:6,(縞瑪瑙)(金)(印)
호마노 금 인
출39:7,(肩帶)(子孫)(記念)(寶石)(命)
견대 자손 기념 보석 명
출39:8,(胸牌)(工巧)(貌樣)(金)(青色)
흉패 공교 모양 금 청색
(紫色)(紅色)
자색 홍색

출39:9,(長)(廣)
장 광
출39:10,(寶石)(紅寶石)(黃玉)(綠珠玉)
보석 홍보석 황옥 녹주옥
출39:11,(石榴石)(藍寶石)(紅瑪瑙)
석류석 남보석 홍마노
출39:12,(琥珀)(白瑪瑙)(紫水晶)
호박 백마노 자수정
출39:13,(綠寶石)(縞瑪瑙)(碧玉)(金)
녹보석 호마노 벽옥 금
출39:14,(寶石)(印)(支派)(各)
보석 인 지파 각
출39:15,(精金)(胸牌)
정금 흉패
출39:16,(金)(金)(胸牌)
금 금 흉패
출39:17,(金)(胸牌)
금 흉패
출39:18,(肩帶)(金)
견대 금
출39:19,(金)(胸牌)(對)
금 흉패 대
출39:20,(金)(肩帶)(便)(工巧)(便)
금 견대 편 공교 편
출39:21,(青色)(胸牌)(胸牌)(工巧)(命)
청색 흉패 흉패 공교 명
출39:22,(全部)(青色)
전부 청색
출39:23,(甲)(周圍)
갑 주위
출39:24,(青色)(紫色)(紅色)(石榴)(繡)
청색 자색 홍색 석류 수
출39:25,(精金)(石榴)
정금 석류
출39:26,(石榴)(間隔)(供職)(命)
석류 간격 공직 명
출39:27,(織造)(爲)
직조 위
출39:28,(細麻布)(頭巾)(細麻布)(冠)
세마포 두건 세마포 관
(細麻布)(袴衣)
세마포 고의
출39:29,(青色)(紫色)(紅色)(繡)(命)
청색 자색 홍색 수 명
출39:30,(精金)(牌)(印)(聖潔)
정금 패 인 성결
출39:31,(牌)(青色)(冠)(前面)(命)
패 청색 관 전면 명
출39:32,(子孫)(聖幕)(會幕)(役事)
자손 성막 회막 역사
(竣工)(命)(行)
준공 명 행
출39:33,(聖幕)(幕)(器具)(板)
성막 막 기구 판
출39:34,(羊)(海獺)(帳)
양 해달 장
출39:35,(證據櫃)(贖罪所)
증거궤 속죄소
출39:36,(床)(器具)(陳設餠)
상 기구 진설병
출39:37,(精金)(燈臺)(盞)(燈盞)(器具)(燈油)
정금 등대 잔 등잔 기구 등유
출39:38,(金壇)(灌油)(香氣)(香)(帳幕)(門帳)
금단 관유 향기 향 장막 문장
출39:39,(壇)(器具)
단 기구
출39:40,(布帳)(門)(帳)(會幕)(所用)
포장 문 장 회막 소용
(聖幕)(器具)
성막 기구
출39:41,(聖所)(爲)(精巧)(祭司)(職分)
성소 위 정교 제사 직분
(行)(祭司長)
행 제사장
출39:42,(命)(子孫)(役事)(畢)
명 자손 역사 필
출39:43,(畢)(命)(祝福)
필 명 축복

出埃及記-(출애굽기)-第四十章
출 애 급 기 제사십장

출40:2,(正月)(初一日)(聖幕)(會幕)
정월 초일일 성막 회막
출40:3,(證據櫃)(帳)(櫃)
증거궤 장 궤
출40:4,(床)(物品)(陳設)(燈臺)
상 물품 진설 등대
출40:5,(金)(香壇)(證據櫃)(聖幕門)(帳)
금 향단 증거궤 성막문 장
출40:6,(燔祭壇)(會幕)(聖幕門)
번제단 회막 성막문
출40:7,(會幕)(壇)
회막 단
출40:8,(周圍)(布帳)(門)(帳)
주위 포장 문 장
출40:9,(灌油)(取)(聖幕)(器具)
관유 취 성막 기구
출40:10,(燔祭壇)(器具)(壇)(至極)
번제단 기구 단 지극
출40:12,(會幕門)
회막문
출40:13,(祭司長)(職分)(行)
제사장 직분 행
출40:15,(祭司長)(職分)(行)(代代)
제사장 직분 행 대대
(永永)(祭司長)
영영 제사장
출40:16,(行)(自己)(命)(行)
행 자기 명 행
출40:17,(第)(二年)(正月)(初一日)(聖幕)
제 이년 정월 초일일 성막
출40:18,(聖幕)(板)
성막 판
출40:19,(聖幕)(幕)(命)
성막 막 명

출40:20,(證據板)(櫃)(櫃)(贖罪所)(櫃)
증거판 궤 궤 속죄소 궤

출40:21,(櫃)(聖幕)(帳)(證據櫃)(命)
궤 성막 장 증거궤 명

출40:22,(會幕)(聖幕)(北便)(帳)(床)
회막 성막 북편 장 상

출40:23,(床)(陳設)(命)
상 진설 명

출40:24,(會幕)(聖幕)(南便)(燈臺)(床)(對)
회막 성막 남편 등대 상 대

출40:25,(燈盞)(命)
등잔 명

출40:26,(金)(香壇)(會幕)(帳)
금 향단 회막 장

출40:27,(香氣)(香)(命)
향기 향 명

출40:28,(聖幕門)(帳)
성막문 장

출40:29,(會幕)(聖幕門)(燔祭壇)(燔祭)
회막 성막문 번제단 번제
(素祭)(命)
소제 명

출40:35,(會幕)(會幕)(榮光)(聖幕)(充滿)
회막 회막 영광 성막 충만

출40:36,(聖幕)(子孫)(行)(發行)
성막 자손 행 발행

출40:37,(發行)
발행

출40:38,(聖幕)(族屬)(行)(親)
성막 족속 행 친

출40:30,(會幕)(壇)
회막 단

출40:31,(自己)(手足)
자기 수족

출40:32,(會幕)(壇(命)
회막 단 명

출40:33,(聖幕)(壇)(四面)(布帳)(門)
성막 단 사면 포장 문
(帳)(役事)(畢)
장 역사 필

출40:34,(後)(會幕)(榮光)(聖幕)(充滿)
후 회막 영광 성막 충만

利未記-(레위기)-第一章
리 미 기 제일 장

레1:1,(會幕)
회 막

레1:2,(子孫)(告)(中)(禮物)(牲畜)
자 손 고 중 예 물 생 축
(中)(羊)(禮物)
중 양 예 물

레1:3,(禮物)(燔祭)(欠)(會幕門)(悅納)
예 물 번 제 흠 회 막 문 열 납

레1:4,(燔祭物)(按手)(悅納)(爲)(贖罪)
번 제 물 안 수 열 납 위 속 죄

레1:5,(子孫)(祭司長)(會幕門)(壇)(四面)
자 손 제 사 장 회 막 문 단 사 면

레1:6,(燔祭)(犧牲)(脚)
번 제 희 생 각

레1:7,(祭司長)(子孫)(壇)
제 사 장 자 손 단

레1:8,(子孫)(祭司長)(脚)(壇)
자 손 제 사 장 각 단

레1:9,(內臟)(祭司長)(全部)(壇)(燔祭)
내 장 제 사 장 전 부 단 번 제
(火祭)(香氣)
화 제 향 기

레1:10,(萬一)(禮物)(羊)(燔祭)(欠)
만 일 예 물 양 번 제 흠

레1:11,(壇)(北便)(子孫)(祭司長)(壇)(四面)
단 북 편 자 손 제 사 장 단 사 면

레1:12,(脚)(祭司長)(壇)
각 제 사 장 단

레1:13,(內臟)(祭司長)(全部)(壇)(燔祭)
내 장 제 사 장 전 부 단 번 제
(火祭)(香氣)
화 제 향 기

레1:14,(萬一)(禮物)(燔祭)(山)(禮物)
만 일 예 물 번 제 산 예 물

레1:15,(祭司長)(壇)(壇)(壇)
제 사 장 단 단 단

레1:16,(除)(壇)(東便)
제 단 동 편

레1:17,(祭司長)(壇)(燔祭)(火祭)(香氣)
제 사 장 단 번 제 화 제 향 기

利未記-(레위기)-第二章
리 미 기 제이 장

레2:1,(素祭)(禮物)(禮物)(乳香)
소 제 예 물 예 물 유 향

레2:2,(子孫)(祭司長)(祭司長)(乳香)
자 손 제 사 장 제 사 장 유 향
(取)(記念物)(壇)(火祭)(香氣)
취 기 념 물 단 화 제 향 기

레2:3,(素祭物)(子孫)(火祭)(中)(至極)
소 제 물 자 손 화 제 중 지 극

레2:4,(素祭)(禮物)(無酵餠)(無酵煎餠)
소 제 예 물 무 효 병 무 효 전 병

레2:5,(燔鐵)(父親)(素祭)(禮物)
번 철 부 친 소 제 예 물

레2:6,(素祭)
소 제

레2:7,(素祭)
소 제

레2:8,(素祭物)(祭司長)(祭司長)(壇)
소 제 물 제 사 장 제 사 장 단

레2:9,(素祭物)(中)(記念)(取)(壇)
소 제 물 중 기 념 취 단
(火祭)(香氣)
화 제 향 기

레2:10,(素祭物)(子孫)(火祭)(中)(至極)
소 제 물 자 손 화 제 중 지 극

레2:11,(素祭物)(火祭)
소 제 물 화 제

레2:12,(香氣)(爲)(壇)
향 기 위 단

레2:13,(素祭物)(言約)(素祭)(禮物)
소 제 물 언 약 소 제 예 물

레2:14,(素祭)(素祭)
소 제 소 제

레2:15,(乳香)(素祭)
유 향 소 제

레2:16,(祭司長)(穀食)(乳香)(記念物)(火祭)
제 사 장 곡 식 유 향 기 념 물 화 제

利未記-(레위기)-第三章
리 미 기 제삼 장

레3:1,(萬一)(和睦祭)(犧牲)(禮物)(欠)
만 일 화 목 제 희 생 예 물 흠

레3:2,(禮物)(按手)(會幕門)(子孫)
예 물 안 수 회 막 문 자 손
(祭司長)(祭壇)(四面)
제 사 장 제 단 사 면

레3:3,(和睦祭)(犧牲)(中)(火祭)(內臟)(內臟)
화 목 제 희 생 중 화 제 내 장 내 장

레3:4,(近傍)(肝)(取)
근 방 간 취

레3:5,(子孫)(壇)(燔祭物)(火祭)(香氣)
자 손 단 번 제 물 화 제 향 기

레3:6,(萬一)(禮物)(和睦祭)(犧牲)(羊)(欠)
만 일 예 물 화 목 제 희 생 양 흠

레3:7,(萬一)(禮物)(羊)
만 일 예 물 양

레3:8,(禮物)(按手)(會幕)(子孫)(壇)(四面)
예 물 안 수 회 막 자 손 단 사 면

레3:9,(和睦祭)(犧牲)(中)(火祭)(尾閭骨)
화 목 제 희 생 중 화 제 미 려 골
(內臟)(內臟)
내 장 내 장

레3:10,(近傍)(肝)(取)
근 방 간 취

레3:11,(祭司長)(壇)(火祭)(食物)
제 사 장 단 화 제 식 물

레3:12,(萬一)(禮物)
만 일 예 물

레3:13,(按手)(會幕)(子孫)(壇)(四面)
안 수 회 막 자 손 단 사 면

레3:14,(中)(禮物)(取)(火祭)(內臟)(內臟)
중 예 물 취 화 제 내 장 내 장

레3:15,(近傍)(肝)(取)
근 방 간 취

레3:16,(祭司長)(壇)(火祭)(食物)(香氣)
제 사 장 단 화 제 식 물 향 기

레3:17,(處所)(代代)(永遠)(規例)
처 소 대 대 영 원 규 례

利未記-(레위기)-第四章
리 미 기 제 사 장

레4:2,(子孫)(告)(禁令中)(犯)
자 손 고 금 령 중 범

레4:3,(萬一)(祭司長)(犯罪)(百姓)(罪孼)
만 일 제 사 장 범 죄 백 성 죄 얼
(犯)(罪)(因)(欠)(贖罪祭物)
범 죄 인 흠 속 죄 제 물

레4:4,(會幕門)(按手)
회 막 문 안 수

레4:5,(祭司長(會幕)
제 사 장 회 막

레4:6,(祭司長)(聖所)(帳)(番)
제 사 장 성 소 장 번

레4:7,(祭司長)(會幕)(香壇)(全部)
제 사 장 회 막 향 단 전 부
(會幕門)(燔祭壇)
회 막 문 번 제 단

레4:8,(贖罪祭物(取)(內臟)(內臟)
속 죄 제 물 취 내 장 내 장

레4:9,(近傍)(肝)(取)
근 방 간 취

레4:10,(和睦祭)(犧牲)(取)(祭司長)(燔祭壇)
화 목 제 희 생 취 제 사 장 번 제 단

레4:11,(內臟)
내 장

레4:12,(全體)(陣)(淨潔)
전 체 진 정 결

레4:13,(萬一)(會衆)(禁令中)(犯)
만 일 회 중 금 령 중 범

레4:14,(犯)(罪)(會衆(贖罪祭)(會幕)
범 죄 회 중 속 죄 제 회 막

레4:15,(會衆)(長老)(按手)
회 중 장 로 안 수

레4:16,(祭司長(會幕)
제 사 장 회 막

레4:17,(祭司長)(帳)(番)
제 사 장 장 번

레4:18,(會幕)(壇)(全部)(會幕門)(燔祭壇)
회 막 단 전 부 회 막 문 번 제 단

레4:19,(取)(壇)
취 단

레4:20,(贖罪祭(祭司長)(會衆)(爲)(贖罪)(赦)
속 죄 제 제 사 장 회 중 위 속 죄 사

레4:21,(陣)(番(會衆)(贖罪祭)
진 번 회 중 속 죄 제

레4:22,(萬一)(族長)(禁令中)(不知中)(犯)
만 일 족 장 금 령 중 부 지 중 범

레4:23,(犯)(罪)(欠)(禮物)
범 죄 흠 예 물

레4:24,(按手)(燔祭)(犧牲)(贖罪祭)
안 수 번 제 희 생 속 죄 제

레4:25,(祭司長)(贖罪)(犧牲)(燔祭壇)
제 사 장 속 죄 희 생 번 제 단
(燔祭壇)
번 제 단

레4:26,(和睦祭)(犧牲)(壇)(祭司長)
화 목 제 희 생 단 제 사 장
(犯)(罪)(對)(爲)(贖罪)(赦)
범 죄 대 위 속 죄 사

레4:27,(萬一)(平民)(禁令中)(不知中)(犯)
만 일 평 민 금 령 중 부 지 중 범

레4:28,(犯)(罪)(欠)(犯)(罪)(因)(禮物)
범 죄 흠 범 죄 인 예 물

레4:29,(贖罪祭)(犧牲)(按手)(犧牲)(燔祭所)
속 죄 제 희 생 안 수 희 생 번 제 소

레4:30,(祭司長)(燔祭壇)(全部)(壇)
제 사 장 번 제 단 전 부 단

레4:31,(和睦祭)(犧牲)(取)(取)(壇)(香氣)
화 목 제 희 생 취 취 단 향 기
(祭司長)(爲)(贖罪)(赦)
제 사 장 위 속 죄 사

레4:32,(萬一)(羊)(贖罪祭物)(欠)
만 일 양 속 죄 제 물 흠

레4:33,(贖罪祭)(犧牲)(按手)(燔祭)
속 죄 제 희 생 안 수 번 제
(犧牲)(贖罪祭)
희 생 속 죄 제

레4:34,(祭司長)(贖罪祭)(犧牲)(燔祭壇)
제 사 장 속 죄 제 희 생 번 제 단
(全部)(壇)
전 부 단

레4:35,(和睦祭)(羊)(取)(取)(壇)(火祭物)
화 목 제 양 취 취 단 화 제 물
(祭司長)(犯)(罪)(對)(爲)(贖罪)(赦)
제 사 장 범 죄 대 위 속 죄 사

利未記-(레위기)-第五章
리 미 기 제 오 장

레5:1,(證人)(盟誓)(陳述)(罪)
증 인 맹 서 진 술 죄

레5:2,(不淨)(死體)(不淨)(家畜)(死體)(不淨)
부 정 사 체 부 정 가 축 사 체 부 정
(昆蟲)(死體)(不淨)(不知中)
곤 충 사 체 부 정 부 지 중

레5:3,(或時)(不知中)(不淨)(不淨)(不淨)
혹 시 부 지 중 부 정 부 정 부 정

레5:4,(或)(無心中)(盟誓)(發)(惡)(善)
혹 무 심 중 맹 서 발 악 선
(無心中)(盟誓)(發)(中)
무 심 중 맹 서 발 중

레5:5,(中)(犯過)(自服)
중 범 과 자 복

레5:6,(犯過)(因)(贖愆祭)(羊)(羊)(贖罪祭)
범과 인 속건제 양 양 속죄제
(祭司長)(爲)(贖罪)
제사장 위 속죄

레5:7,(萬一)(羊(犯過)(贖)(爲)(山)
만일 양 범과 속 위 산
(贖罪祭物)(燔祭物)
속죄제물 번제물

레5:8,(祭司長)(祭司長)(贖罪祭物)
제사장 제사장 속죄제물

레5:9,(贖罪祭物)(壇)(壇)(贖罪祭)
속죄제물 단 단 속죄제

레5:10,(規例)(燔祭)(祭司長)(犯過)(爲)
규례 번제 제사장 범과 위
(贖)(赦)
속 사

레5:11,(萬一)(山(犯過)(因)(十分)(一)(禮物)
만일 산 범과 인 십분 일 예물
(贖罪祭物)(贖罪祭)(乳香)
속죄제물 속죄제 유향

레5:12,(祭司長)(祭司長)(記念物)(取)(壇)
제사장 제사장 기념물 취 단
(火祭物)(贖罪祭)
화제물 속죄제

레5:13,(祭司長)(中)(犯)(爲)(贖)(赦)
제사장 중 범 위 속 사
(素祭物)(祭司長)
소제물 제사장

레5:15,(聖物)(對)(犯過)(贖愆祭)(指定)
성물 대 범과 속건제 지정
(價値)(聖所)(銀)(相當)(欠)(羊)
가치 성소 은 상당 흠 양
(中)(贖愆祭)
중 속건제

레5:16,(聖物)(對)(犯過)(五分)(一)(祭司長)
성물 대 범과 오분 일 제사장
(祭司長)(贖愆祭)(羊)(爲)(贖)(赦)
제사장 속건제 양 위 속 사

레5:17,(萬一)(禁令中)(不知中)(犯)(罰)(當)
만일 금령중 부지중 범 벌 당

레5:18,(指定)(價値)(中)(欠)(羊)(贖愆祭物)
지정 가치 중 흠 양 속건제물
(祭司長)(祭司長)(不知中)(犯)(爲)
제사장 제사장 부지중 범 위
(贖)(赦)
속 사

레5:19,(贖愆祭)(實)(犯過)
속건제 실 범과

利未記-(레위기)-第六章
리 미 기 제륙장

레6:2,(信實)(犯罪)(物件)(典當)(强盜)
신실 범죄 물건 전당 강도
(勒捧)(事實)(否認)
늑봉 사실 부인

레6:3,(物件)(事實)(否認)(盟誓)(等)
물건 사실 부인 맹서 등
(中)(行)(犯罪)
중 행 범죄

레6:4,(罪)(犯)(罪)(者)(勒捧)(遺失物)
죄 범 죄 자 늑봉 유실물

레6:5,(盟誓)(物件)(本物)(五分)(一)(罪)
맹서 물건 본물 오분 일 죄

레6:6,(贖愆祭)(指定)(價値)(中)(欠)(羊)
속건제 지정 가치 중 흠 양
(贖愆祭物)(爲)(祭司長)
속건제물 위 제사장

레6:7,(祭司長)(爲)(贖罪)(赦)
제사장 위 속죄 사

레6:9,(子孫)(命)(燔祭)(規例)(燔祭物)
자손 명 번제 규례 번제물
(壇)(壇)
단 단

레6:10,(祭司長)(細麻布)(細麻布)(袴衣)
제사장 세마포 세마포 고의
(下體)(壇)(燔祭)(壇)
하체 단 번제 단

레6:11,(陣)(淨潔)
진 정결

레6:12,(壇)(恒常)(祭司長)(燔祭物)(和睦祭)
단 항상 제사장 번제물 화목제

레6:13,(壇)
단

레6:14,(素祭)(規例(子孫)(壇)
소제 규례 자손 단

레6:15,(素祭)(素祭)(乳香)(取)
소제 소제 유향 취
(記念物)(壇(香氣)
기념물 단 향기

레6:16,(子孫)(會幕)
자손 회막

레6:17,(火祭)(中)(所得)(贖罪祭)
화제 중 소득 속죄제
(贖愆祭)(至極)
속건제 지극

레6:18,(子孫)(男子)(火祭)(中)(代代)
자손 남자 화제 중 대대
(永遠)(所得)(者)
영원 소득 자

레6:20,(子孫)(禮物(十分)(一)(恒常)
자손 예물 십분 일 항상
(素祭物)(折半)(折半)
소제물 절반 절반

레6:21,(燔鐵)(素祭)(香氣)
번철 소제 향기

레6:22,(素祭)(子孫)(中)(祭司長)(者)
소제 자손 중 제사장 자
(永遠)(規例)(穩全)
영원 규례 온전

레6:23,(祭司長)(素祭物)(穩全)
제사장 소제물 온전

레6:25,(告)(贖罪祭)(規例)(贖罪祭)(犧牲)
고 속죄제 규례 속죄제 희생
(至極(燔祭)(犧牲)(贖罪祭)(犧牲)
지극 번제 희생 속죄제 희생

레6:26,(罪)(爲)(祭祀)(祭司長)(會幕)
죄 위 제사 제사장 회막

레6:27,(接觸)(者)
접촉 자

레6:28,(土器)(鍮器)
토기 유기

레6:29,(至極(祭司長)(男子)
지극 제사장 남자

레6:30,(會幕)(聖所)(贖)(贖罪祭)(犧牲)
회막 성소 속 속죄제 희생

利未記-(레위기)-第七章
리미기 제칠장

레7:1,(贖愆祭)(規例)(至極
속건제 규례 지극

레7:2,(燔祭)(犧牲)(贖愆祭)(犧牲)
번제 희생 속건제 희생
(祭司長)(壇)(四面)
제사장 단 사면

레7:3,(內臟)
내장

레7:4,(近傍)(肝)(取)
근방 간 취

레7:5,(祭司長)(壇(火祭)(贖愆祭)
제사장 단 화제 속건제

레7:6,(至極(祭司長)(男子)
지극 제사장 남자

레7:7,(贖愆祭)(贖罪祭)(一例)(祭肉)(贖)
속건제 속죄제 일례 제육 속
(祭司長)
제사장

레7:8,(燔祭)(祭司長)(祭司長)
번제 제사장 제사장
(燔祭物)(自己)
번제물 자기

레7:9,(素祭物)(燔鐵)(素祭物)(祭司長)
소제물 번철 소제물 제사장

레7:10,(素祭物)(子孫)(平均)(分配)
소제물 자손 평균 분배

레7:11,(和睦祭)(犧牲)(規例)
화목제 희생 규례

레7:12,(萬一)(感謝)(無酵餠)(無酵煎餠)
만일 감사 무효병 무효전병
(菓子)(感謝)(犧牲)
과자 감사 희생

레7:13,(有酵餠)(和睦祭)(感謝)(犧牲)(禮物)
유효병 화목제 감사 희생 예물

레7:14,(全體)(禮物)(中)(擧祭)(和睦祭)
전체 예물 중 거제 화목제
(祭司長)
제사장

레7:15,(感謝)(和睦祭)(犧牲)
감사 화목제 희생

레7:16,(犧牲)(禮物)(誓願)(自願)
희생 예물 서원 자원
(禮物)(犧牲)
예물 희생

레7:17,(犧牲)(第)(三日)
희생 제 삼일

레7:18,(萬一)(和睦祭)(犧牲)(第)
만일 화목제 희생 제
(三日)(祭祀)
삼일 제사
(悅納)(者)(禮物)(可憎)(者)(罪)(當)
열납 자 예물 가증 자 죄 당

레7:19,(不淨)(物件)(接觸)(者)
부정 물건 접촉 자

레7:20,(萬一)(不淨)(者)(贖)(和睦祭)
만일 부정 자 속 화목제
(犧牲)(自己)(百姓)(中)
희생 자기 백성 중

레7:21,(萬一)(不淨)(不淨)(不淨)(不淨)
만일 부정 부정 부정 부정
(可憎)(物件)(贖)(和睦祭)(犧牲)
가증 물건 속 화목제 희생
(自己)(百姓)(中)
자기 백성 중

레7:23,(子孫)(告)(羊)
자손 고 양

레7:24,(決斷)
결단

레7:25,(火祭)(犧牲)(者)(自己)(百姓)(中)
화제 희생 자 자기 백성 중

레7:27,(自己)(百姓)(中)
자기 백성 중

레7:29,(子孫)(告)(和睦祭)(犧牲)(者)
자손 고 화목제 희생 자
(和睦祭)(犧牲)(中)(禮物)(取)
화목제 희생 중 예물 취

레7:30,(火祭)(自己)(祭物)(祭司長)(搖祭)
화제 자기 제물 제사장 요제

레7:31,(壇)(子孫)
단 자손

레7:32,(和睦祭)(犧牲)(右便)(祭司長)(擧祭)
화목제 희생 우편 제사장 거제

레7:33,(子孫)(中)(和睦祭)(犧牲)(者)
자손 중 화목제 희생 자
(右便)(自己)(所得)
우편 자기 소득

레7:34,(子孫)(和睦祭)(中)뒷(取)(祭司長)
자손 화목제 중 취 제사장
(子孫)(子孫)(永遠)(所得)
자손 자손 영원 소득

레7:35,(火祭)(中)(子孫)(祭司長)(職分)(行)
화제 중 자손 제사장 직분 행

레7:36,(命)(子孫)(中)(代代)(永遠)(所得)
명 자손 중 대대 영원 소득

레7:37,(燔祭)(素祭)(贖罪祭)(贖愆祭)
번제 소제 속죄제 속건제
(委任祭)(和睦祭)(規例)
위임제 화목제 규례

레7:38,(曠野)(子孫)(禮物)(命)(山)(命)
광야 자손 예물 명 산 명

利未記-(레위기)-第八章
리 미 기　제팔 장

레8:2,(衣服)(灌油)(贖罪祭(羊)(無酵餠)
의복 관유 속죄제 양 무효병

레8:3,(會衆)(會幕門)
회중 회막문

레8:4,(自己)(命)(會衆)(會幕門)
자기 명 회중 회막문

레8:5,(會衆)(行)(命)
회중 행 명

레8:7,(奇妙)
기묘

레8:8,(胸牌)(胸牌)
흉패 흉패

레8:9,(冠)(冠)(前面)(金牌)(冠)(命)
관 관 전면 금패 관 명

레8:10,(灌油)(取)(帳幕
관유 취 장막

레8:11,(壇)(番)(壇)(器具)
단 번 단 기구

레8:12,(灌油)
관유

레8:13,(冠)(命)
관 명

레8:14,(贖罪祭(贖罪祭(按手)
속죄제 속죄제 안수

레8:15,(取)(壇)(壇)(壇)(壇)(贖
취 단 단 단 단 속

레8:16,(內臟)(肝)(取)(壇)
내장 간 취 단

레8:17,(陣)(命)
진 명

레8:18,(燔祭)(羊)(羊)(按手)
번제 양 양 안수

레8:19,(壇)(周圍)
단 주위

레8:20,(羊)(脚)(脚)
양 각 각

레8:21,(內臟)(羊)(全部)(壇)(香氣)(爲)
내장 양 전부 단 향기 위
(燔祭)(火祭)(命)
번제 화제 명

레8:22,(羊)(委任式)(羊)(羊)(按手)
양 위임식 양 양 안수

레8:23,(取)
취

레8:24,(壇)(周圍)
단 주위

레8:25,(內臟)(肝)(右便)(取)
내장 간 우편 취

레8:26,(無酵餠)(無酵餠)(個)(個)(煎餠)
무효병 무효병 개 개 전병
(個)(取)(右便)
개 취 우편

레8:27,(全部)(搖祭)
전부 요제

레8:28,(取)(壇)(燔祭物)(香氣)(爲)
취 단 번제물 향기 위
(委任式)(祭祀)(火祭)
위임식 제사 화제

레8:29,(取)(搖祭)(委任式)(羊)(應食)(命)
취 요제 위임식 양 응식 명

레8:30,(灌油)(壇)(取)
관유 단 취

레8:31,(命)(會幕門)(委任式)
명 회막문 위임식

레8:33,(委任式)(七日)(行)(委任式)
위임식 칠일 행 위임식
(七日)(會幕門)
칠일 회막문

레8:34,(行)(爲)(贖)(命)
행 위 속 명

레8:35,(七)(晝夜)(會幕門)(居)(付託)
칠 주야 회막문 거 부탁
(死亡)(免)(命令)
사망 면 명령

레8:36,(命)(遵行)
명 준행

利未記-(레위기)-第九章
리 미 기　제구 장

레9:1,(第)(八日)(長老)
제 팔일 장로

레9:2,(欠)(贖罪祭)(爲)(取)(欠)(羊)(燔祭)
흠 속죄제 위 취 흠 양 번제
(爲)(取)
위 취

레9:3,(子孫)(告)(贖罪祭)(爲)(取)(羊)
자손 고 속죄제 위 취 양
(一年)(欠)(燔祭)(爲)(取)
일년 흠 번제 위 취

레9:4,(和睦祭)(爲)(羊)(取)(素祭物)
화목제 위 양 취 소제물

레9:5,(命)(會幕)(會衆)
명 회막 회중

레9:6,(命)(榮光)
명 영광

레9:7,(壇)(贖罪祭)(燔祭)(爲)(百姓)(爲)
단 속죄제 번제 위 백성 위
(贖)(百姓)(禮物)(爲)(贖)(命)
속 백성 예물 위 속 명

레9:8,(壇)(自己)(爲)(贖罪祭
단 자기 위 속죄제

레9:9,(壇)(壇)
단 단

레9:10,(贖罪祭)(犧牲)(肝)(壇)(命)
속죄제 희생 간 단 명

레9:11,(陣)
진

레9:12,(燔祭)(犧牲)(壇)(周圍)
번제 희생 단 주위

레9:13,(燔祭)(犧牲)(脚)(壇)
번제 희생 각 단

레9:14,(內臟)(壇)(燔祭物)
내장 단 번제물

레9:15,(百姓)(禮物)(百姓)(爲)(贖罪祭)
백성 예물 백성 위 속죄제
(取)(前)(罪)(爲)
취 전 죄 위

레9:16,(燔祭)(犧牲)(規例)
번제 희생 규례

레9:17,(素祭)(中)(取)(燔祭物)(壇)
소제 중 취 번제물 단

레9:18,(百姓)(爲)(和睦祭)(犧牲)(羊)
백성 위 화목제 희생 양
(壇)(周圍)
단 주위

레9:19,(羊)(內臟)(肝)
양 내장 간

레9:20,(壇)
단

레9:21,(右便)(搖祭)(命)
우편 요제 명

레9:22,(百姓)(向)(祝福)(贖罪祭)(燔祭)
백성 향 축복 속죄제 번제
(和睦祭)(畢)
화목제 필

레9:23,(會幕)(百姓)(祝福)(榮光)(百姓)
회막 백성 축복 영광 백성

레9:24,(壇)(燔祭物)(百姓)
단 번제물 백성

利未記-(레위기)-第十章
리 미 기 제십 장

레10:1,(各其)(香爐)(命)(焚香)
각기 향로 명 분향

레10:3,(者)(中(百姓)(榮光)(潛潛)
자 중 백성 영광 잠잠

레10:4,(兄弟)(聖所)(陣
형제 성소 진

레10:5,(命)(陣)
명 진

레10:6,(免)(震怒)(會衆)(免(兄弟)(族屬)(因)
면 진노 회중 면 형제 족속 인

레10:7,(灌油)(會幕門)(免)(命)
관유 회막문 면 명

레10:9,(子孫)(會幕)(葡萄酒)(毒酒)(死亡)
자손 회막 포도주 독주 사망
(免)(代代)(永永)(規例)
면 대대 영영 규례

레10:10,(俗)(分別)(不淨)(淨)(分別)
속 분별 부정 정 분별

레10:11,(命)(規例)(子孫)
명 규례 자손

레10:12,(火祭)(中)(素祭)(至極(取)(壇)
화제 중 소제 지극 취 단

레10:13,(火祭)(中)(應食)(應食)(命令)
화제 중 응식 응식 명령

레10:14,(子女)(淨潔)(子孫)(和睦祭)(犧牲)
자녀 정결 자손 화목제 희생
(中)(應食)(子孫)(應食)
중 응식 자손 응식

레10:15,(火祭)(搖祭)(命令)(子孫)
화제 요제 명령 자손
(永遠)(應食)
영원 응식

레10:16,(贖罪祭)(怒)
속죄제 노

레10:17,(贖罪祭)(犧牲)(至極(會衆)
속죄제 희생 지극 회중
(罪)(擔當)(爲)(贖)
죄 담당 위 속

레10:18,(聖所)(祭肉)(命)
성소 제육 명

레10:19,(贖罪祭)(燔祭)(臨)(贖罪)(祭肉)(善)
속죄제 번제 임 속죄 제육 선

利未記-(레위기)-第十一章
리 미 기 제십 일 장

레11:1,(告)
고

레11:2,(子孫)(告)(陸地)(中)(生物)
자손 고 육지 중 생물

레11:3,(中)
중

레11:4,(中)(不淨)
중 부정

레11:5,(不淨)
부정

레11:6,(不淨)
부정

레11:7,(不淨)
부정

레11:8,(不淨)
부정

레11:9,(中)(江)(中)
중 강 중

레11:10,(動)(江)(可憎)
동 강 가증

레11:11,(可憎)(可憎)
가증 가증

레11:12,(水中)(生物)(可憎)
수중 생물 가증

레11:13,(中)(可憎)(可憎)(魚鷹)
중 가증 가증 어응

레11:14,(種類)
종류

레11:15,(種類)
종류

레11:16,(駝鳥)(種類)
타조 종류

레11:18,(塘鵝)(兀鷹)
당아 올응

레11:19,(鶴)(種類)戴勝)
학 종류 대승

레11:20,(昆蟲)(可憎)
곤충 가증

레11:21,(昆蟲)(中)
곤충 중

레11:22,(中)(種類)(種類(種類)(種類)
중 종류 종류 종류 종류

레11:23,(昆蟲)(可憎)
곤충 가증

레11:24,(類)(不淨)(不淨)
유 부정 부정

레11:25,(者)(不淨)
자 부정

레11:26,(中)(不淨)(者)(不淨)
중 부정 자 부정

레11:27,(中)(不淨)(者)(不淨)
중 부정 자 부정

레11:28,(者)(不淨)(不淨)
자 부정 부정

레11:29,(中)(不淨)쥐(種類)
중 부정 종류

레11:30,(陸地)(鰐魚)(守宮(沙漠)
육지 악어 수궁 사막

레11:31,(中)(不淨)(者)(不淨)
중 부정 자 부정

레11:32,(中)(木器)(衣服)(負袋)(無論)
중 목기 의복 부대 무론
(不淨)(不淨)(淨)
부정 부정 정

레11:33,(中)不淨)
중 부정

레11:34,(食物)(不淨)(不淨)
식물 부정 부정

레11:35,(物件)(不淨)(湯罐)(不淨)(不淨)
물건 부정 탕관 부정 부정

레11:36,(防築)(不淨)(不淨)
방축 부정 부정

레11:37,(種子)(淨)
종자 정

레11:38,(種子)(不淨)
종자 부정

레11:39,(死體)(者)(不淨)
사체 자 부정

레11:40,(者)(不淨)(者)(不淨)
자 부정 자 부정

레11:41,(可憎)
가증

레11:42,(中)(可憎)
중 가증

레11:43,(因)(自己)(可憎)(因)(不淨)
인 자기 가증 인 부정

레11:44,(區別)(因)(
구별 인

레11:45,(引導)
인도

레11:46,(生物)(對)(規例)
생물 대 규례

레11:47,(不淨)(淨)(生物)(生物)(分別)
부정 정 생물 생물 분별

利未記-(레위기)-第十二章
리 미 기 제십 이 장

레12:2,(子孫)(告)(女人)(孕胎)(男子)
자손 고 녀인 잉태 남자
(七日)(不淨)(經度)(不淨)
칠일 부정 경도 부정

레12:3,(第)(八日)(陽皮)
제 팔일 양피

레12:4,(女人)(三十)(三日)(産血)(淨潔)
녀인 삼십 삼일 산혈 정결
(期限)(前)(聖物)(聖所)
기한 전 성물 성소

레12:5,(女子)(七日)(不淨)(經度)(産血)
녀자 칠일 부정 경도 산혈
(六十六日)
육십육일

레12:6,(子女間)(淨潔)(期限)(女人)(燔祭)
자녀간 정결 기한 녀인 번제
(爲)(一年)(羊)(取)(贖罪祭)(爲)(山)
위 일년 양 취 속죄제 위 산
(取)(會幕門)(祭司長)
취 회막문 제사장

레12:7,(祭司長)(女人)(爲)(贖罪)(産血)
제사장 녀인 위 속죄 산혈
(子女間)(生産)(女人)(對)(規例)
자녀간 생산 녀인 대 규례

레12:8,(女人)(羊(山)(燔祭物)(贖罪祭物)
녀인 양 산 번제물 속죄제물
(祭司長)(爲)(贖)(淨潔)
제사장 위 속 정결

利未記-(레위기)-第十三章
리 미 기 제십 삼 장

레13:2,(皮膚)딱(色點)(皮膚)(病)(祭司長)
피부 색점 피부 병 제사장
(子孫)(中)(祭司長)
자손 중 제사장

레13:3,(祭司長)(皮膚)(病)(診察)(患處)
제사장 피부 병 진찰 환처
(患處)(皮膚)(病)(患處)(祭司長)
환처 피부 병 환처 제사장
(診斷)(不淨)
진단 부정

레13:4,(皮膚)(色點)(祭司長)(患者)(七日)
피부 색점 제사장 환자 칠일
(禁錮)
금고

레13:5,(七日)(祭司長)(診察)(患處)(變)
칠일 제사장 진찰 환처 변
(病色)(皮膚)(祭司長)(七日)(禁錮)
병색 피부 제사장 칠일 금고

레13:6,(七日)(祭司長)(診察)(患處)(病色)
칠일 제사장 진찰 환처 병색
(皮膚)(皮膚病)(祭司長)(淨(淨)
피부 피부병 제사장 정 정

레13:7,(淨潔)(與否)(爲)(祭司長)(後)(病)
정결 여부 위 제사장 후 병
(皮膚)(祭司長)
피부 제사장

레13:8,(祭司長)(診察)(病)(皮膚)(不淨)
제사장 진찰 병 피부 부정
(診斷)(病)
진단 병

레13:9,(病)(祭司長)
병 제사장

레13:10,(祭司長)(診察)(皮膚)(點)(爛肉)
제사장 진찰 피부 점 난육

레13:11,(皮膚)(病)(祭司長)(不淨)
피부 병 제사장 부정
(診斷)(不淨)(禁錮)
진단 부정 금고

레13:12,(祭司長)(病)(皮膚)(發)(患者)
제사장 병 피부 발 환자

레13:13,(診察)(病)(果然)(全身)(患者)
진찰 병 과연 전신 환자
(淨)(者)(淨)
정 자 정

레13:14,(爛肉)(發生)(不淨)
난육 발생 부정

레13:15,(祭司長)(爛肉)(不淨)(診斷)
제사장 난육 부정 진단
(爛肉)(不淨)(病)
난육 부정 병

레13:16,(爛肉)(變)(祭司長)
난육 변 제사장

레13:17,(祭司長)(診察)(患處)(患者)(淨)(淨)
제사장 진찰 환처 환자 정 정

레13:18,(皮膚)(腫氣)
피부 종기

레13:19,(腫處)(點)(色點)(祭司長)
종처 점 색점 제사장

레13:20,(診察)(皮膚)(不淨)(診斷)(腫氣)
진찰 피부 부정 진단 종기
(病)(患處)
병 환처

레13:21,(祭司長)(皮膚)(祭司長)(七日)(禁錮)
제사장 피부 제사장 칠일 금고

레13:22,(病)(皮膚)(祭司長)(不淨)(診斷)
병 피부 제사장 부정 진단
(患處)
환처

레13:23,(色點)(如前)(腫氣)(痕跡)
색점 여전 종기 흔적
(祭司長)(淨)(診斷)
제사장 정 진단

레13:24,(皮膚)(純全)(色點)
피부 순전 색점

레13:25,(祭司長)(診察)(色點)(皮膚)(火傷)
제사장 진찰 색점 피부 화상
(發)(病)(祭司長)(不淨)(病)(患處)
발 병 제사장 부정 병 환처

레13:26,(祭司長)(色點)(皮膚)(七日)(禁錮)
제사장 색점 피부 칠일 금고

레13:27,(七日)(祭司長)(診察)(萬一)(病)
칠일 제사장 진찰 만일 병
(皮膚)(不淨)(診斷)(病)(患處)
피부 부정 진단 병 환처

레13:28,(萬一)(色點)(如前)(皮膚)
만일 색점 여전 피부
(火傷)(祭司長)(淨)(火傷)(痕跡)
화상 제사장 정 화상 흔적

레13:29,(男子)(女子)(鬚髥)(患處)
남자 녀자 수염 환처

레13:30,(祭司長)(診察)(患處)(皮膚)
제사장 진찰 환처 피부
(不淨)(鬚髥)(發)(病)
부정 수염 발 병

레13:31,(萬一)(祭司長)(患處)(皮膚)
만일 제사장 환처 피부
(祭司長)(患者)(七日)(禁錮)
제사장 환자 칠일 금고

레13:32,(七日)(祭司長)(患處)(診察)(皮膚)
칠일 제사장 환처 진찰 피부

레13:33,(毛髮)(患處)(祭司長)(患者)
모발 환처 제사장 환자
(七日)(禁錮)
칠일 금고

레13:34,(七日)(祭司長)(診察)(皮膚)
칠일 제사장 진찰 피부
(皮膚)(淨)(診斷)(淨)
피부 정 진단 정

레13:35,(後)(皮膚)
후 피부

레13:36,(祭司長)(診察)(果然)(皮膚)(不淨)
제사장 진찰 과연 피부 부정

레13:37,(祭司長)(如前)(淨)(祭司長)
제사장 여전 정 제사장
(淨)(診斷)
정 진단

레13:38,(男子)(女子)(皮膚)(色點)(色點)
남자 녀자 피부 색점 색점

레13:39,(祭司長)(診察)(皮膚)(色點)
제사장 진찰 피부 색점
(皮膚)(發)(淨)
피부 발 정

레13:40,(淨)
정

레13:41,(淨)
정

레13:42,(色點)(病)(發)
색점 병 발

레13:43,(祭司長)(診察)(色點)(皮膚)(發)(病)
제사장 진찰 색점 피부 발 병

레13:44,(患者)(不淨)(祭司長)(不淨)
환자 부정 제사장 부정
(確實)(診斷)(患處)
확실 진단 환처

레13:45,(患者)(不淨)(不淨)
환자 부정 부정

레13:46,(病)(不淨)(不淨)(陣)
병 부정 부정 진

레13:47,(萬一)(衣服)(病)(色點)(發)
만일 의복 병 색점 발

레13:48,(或)
혹

레13:49,(衣服)(病色)(病)(色點)(祭司長)
의복 병색 병 색점 제사장

레13:50,(祭司長)(色點(七日)(看直)
제사장 색점 칠일 간직

레13:51,(七日)(色點(色點)(衣服)(惡性)
칠일 색점 색점 의복 악성
(病)(不淨)
병 부정

레13:52,(色點)(衣服)(惡性)(病)
색점 의복 악성 병

레13:53,(祭司長)(色點)(衣服)
제사장 색점 의복

레13:54,(祭司長)(命)(色點)(七日)(看直)
제사장 명 색점 칠일 간직

레13:55,(色點)(變)(色點)(不淨)(惡性)(病)
색점 변 색점 부정 악성 병

레13:56,(後)(祭司長)(色點)(衣服)(色點)
후 제사장 색점 의복 색점

레13:57,(衣服)(色點)(如前)(復發)(色點)
의복 색점 여전 복발 색점

레13:58,(衣服)(色點)(淨)
의복 색점 정

레13:59,(發)(病)(色點)(淨)(不淨)(斷定)(規例)
발 병 색점 정 부정 단정 규례

利未記-(레위기)-第十四章
리 미 기 제십사장

레14:2,(患者)(淨潔)(規例)(祭司長)
환자 정결 규례 제사장

레14:3,(祭司長)(陣)(診察)(患者)(病)(患處)
제사장 진 진찰 환자 병 환처

레14:4,(祭司長)(爲)(命)(淨)(山)
제사장 위 명 정 산
(柏香木)(紅色)(牛膝草)
백향목 홍색 우슬초

레14:5,(祭司長)(命)
제사장 명

레14:6,(山)(取)(柏香木)(紅色)(牛膝草)
산 취 백향목 홍색 우슬초

레14:7,(病)(淨潔)(者)(番)(淨)(山)
병 정결 자 번 정 산

레14:8,(淨潔)(者(淨)(後)(陣)(自己)
정결 자 정 후 진 자기
(帳幕)(七日)(居)
장막 칠일 거

레14:9,(七日)(鬚髥)[illegible](淨)
칠일 수염 정

레14:10,(第)(八日)(欠)(羊)(一年)(欠)
제 팔일 흠 양 일년 흠
(羊)(十分三)(素祭物)(取)
양 십분삼 소제물 취

레14:11,(淨潔(祭司長)(淨潔)(者)(物件)
정결 제사장 정결 자 물건
(會幕門)
회막문

레14:12,(羊)(取)(贖愆祭)(搖祭)
양 취 속건제 요제

레14:13,(羊)(場所)(贖罪祭)(燔祭)(犧牲)
양 장소 속죄제 번제 희생
(贖愆祭物)(贖罪祭物)(一例)
속건제물 속죄제물 일례
(祭司長)(至極)
제사장 지극

레14:14,(祭司長)(贖愆祭)(犧牲)(取)
제사장 속건제 희생 취
(淨潔)(者)(右便)(右便)(右便)
정결 자 우편 우편 우편

레14:15,(祭司長)(取)(自己)(左便)
제사장 취 자기 좌편

레14:16,(右便)(左便)(番)
우편 좌편 번

레14:17,(祭司長)(淨潔)(者)(右便)
제사장 정결 자 우편
(右便)(右便)(贖愆祭)(犧牲)
우편 우편 속건제 희생

레14:18,(祭司長)(淨潔)(者)(祭司長)
제사장 정결 자 제사장
(爲)(贖罪)
위 속죄

레14:19,(祭司長)(贖罪祭)(不淨)(因)(淨潔)
제사장 속죄제 부정 인 정결
(者)(爲)(贖罪)(後)(燔祭)(犧牲)
자 위 속죄 후 번제 희생

레14:20,(祭司長)(燔祭)(素祭)(壇)(爲)
제사장 번제 소제 단 위
(贖罪)(淨潔)
속죄 정결

레14:21,(自己)(贖)(贖愆祭)(爲)(羊)
자기 속 속건제 위 양
(素祭)(爲)(十分)(一)(取)
소제 위 십분 일 취

레14:22,(山)(取)(贖罪祭物)(燔祭物)
산 취 속죄제물 번제물

레14:23,(第)(八日)(潔禮)(爲)(會幕門)
제 팔일 결례 위 회막문
(祭司長)
제사장

레14:24,(祭司長)(贖愆祭)(羊)(取)(搖祭)
제사장 속건제 양 취 요제

레14:25,(贖愆祭)(羊)(祭司長)(贖愆祭)
속건제 양 제사장 속건제
(犧牲)(取)(淨潔)(者)(右便)
희생 취 성결 자 우편
(右便)(右便)
우편 우편

레14:26,(祭司長)(自己)(左便)
제사장 자기 좌편

레14:27,(右便)(左便)(番)
우편 좌편 번

레14:28,(祭司長)(淨潔)(者)(右便)(右便)
제사장 정결 자 우편 우편
(右便)(贖愆祭)(犧牲)
우편 속건제 희생

레14:29,(祭司長)(淨潔)(者)(爲)(贖罪)
제사장 정결 자 위 속죄

레14:30,(山)
산
레14:31,(贖罪祭)(素祭)(燔祭)(祭司長)
속 죄 제 소 제 번 제 제 사 장
(淨潔)(者)(爲)(贖罪)
정 결 자 위 속 죄
레14:32,(病)(患者)(潔禮)(不足)(者)(規例)
병 환 자 결 례 부 족 자 규 례
레14:34,(基業)(基業)(病)(色點)(發)
기 업 기 업 병 색 점 발
레14:35,(主人)(祭司長)(告)(色點)
주 인 제 사 장 고 색 점
레14:36,(祭司長)(色點)(前)(家藏什物)
제 사 장 색 점 전 가 장 집 물
(不淨)(免(爲)(命)(後)
부 정 면 위 명 후
레14:37,(色點)(壁)(色點)(壁)
색 점 벽 색 점 벽
레14:38,(祭司長)(門)(七日)(閉鎖)
제 사 장 문 칠 일 폐 쇄
레14:39,(七日)(色點)(壁)
칠 일 색 점 벽
레14:40,(命)(色點)(城)(不淨
명 색 점 성 부 정
레14:41,(四面)긁긁(城)(不淨)
사 면 성 부 정
레14:42,(代身)
대 신
레14:43긁(後)(色點)(復發)
후 색 점 복 발
레14:44,(祭司長)(色點)(萬一)(惡性)
제 사 장 색 점 만 일 악 성
(病)(不淨)
병 부 정
레14:45,(材木)(城)(不淨)
재 목 성 부 정
레14:46,(閉鎖)(者)(不淨)
폐 쇄 자 부 정
레14:47,(者)(者)(者)
자 자 자
레14:48,(後)(祭司長(色點)(色點)
후 제 사 장 색 점 색 점
(祭司長)(淨)
제 사 장 정
레14:49,(淨潔(爲)(柏香木)(紅色)
정 결 위 백 향 목 홍 색
(牛膝草)(取)
우 슬 초 취
레14:51,(柏香木)(牛膝草)(紅色)(山)(番)
백 향 목 우 슬 초 홍 색 산 번
레14:52,(山)(柏香木)(牛膝草)(紅色)(淨潔)
산 백 향 목 우 슬 초 홍 색 정 결
레14:53,(山)(城)(爲)(贖)(淨潔)
산 성 위 속 정 결
레14:54,(各種)(病)(患處)(對)(規例)
각 종 병 환 처 대 규 례
레14:55,(衣服)(家屋)(病)
의 복 가 옥 병
레14:56,(皮膚病)(色點)
피 부 병 색 점
레14:57,(不淨)(淨)(病)(規例)
부 정 정 병 규 례

利未記-(레위기)-第十五章
리 미 기 제 십 오 장

레15:2,(子孫)(告(流出病)(流出病)(因)
자 손 고 유 출 병 유 출 병 인
(不淨)(者)
부 정 자
레15:3,(流出病)(不淨)(不淨)
유 출 병 부 정 부 정
레15:4,(流出病)(者)(床)(不淨)(不淨)
유 출 병 자 상 부 정 부 정
레15:5,(寢床)(接觸)(者(不淨)
침 상 접 촉 자 부 정
레15:6,(流出病)(者)(者)(不淨)
유 출 병 자 자 부 정
레15:7,(流出病)(者)(接觸)(者)(不淨)
유 출 병 자 접 촉 자 부 정
레15:8,(流出病)(者)(淨)(者)(淨)(者(不淨)
유 출 병 자 정 자 정 자 부 정
레15:9,(流出病)(者)(鞍裝)(不淨)
유 출 병 자 안 장 부 정
레15:10,(接觸)(者)(不淨)(者(不淨)
접 촉 자 부 정 자 부 정
레15:11,(流出病)(者(者(不淨)
유 출 병 자 자 부 정
레15:12,(流出病)(者)(木器)
유 출 병 자 목 기
레15:13,(流出病)(者)(流出)(淨潔)(爲)
유 출 병 자 류 출 정 결 위
(七日)(計算(淨)
칠 일 계 산 정
레15:14,(第)(八日)(山)(自己)(爲)(取)
제 팔 일 산 자 기 위 취
(會幕門)(祭司長)
회 막 문 제 사 장
레15:15,(祭司長)(贖罪祭)(燔祭)(流出病)
제 사 장 속 죄 제 번 제 유 출 병
(因)(贖罪)
인 속 죄
레15:16,(泄精)(者)(全身(不淨)
설 정 자 전 신 부 정
레15:17,(精水)(不淨)
정 수 부 정
레15:18,(男女)(同寢)(泄精)(不淨)
남 녀 동 침 설 정 부 정
레15:19,(女人)(流出)(流出)(七日)(不潔)
녀 인 류 출 류 출 칠 일 불 결
(者)(不淨)
자 부 정
레15:20,(不潔)(不淨)(不淨)
불 결 부 정 부 정
레15:21,(寢床)(者)(不淨)
침 상 자 부 정

레15:22,(座席)(者)(不淨)
좌석 자 부정
레15:23,(寢床)(座席)(者)(不淨)
침상 좌석 자 부정
레15:24,(女人)(同寢)(不潔)(傳染)(七日)
녀인 동침 불결 전염 칠일
(不淨)(床)(不淨)
부정 상 부정
레15:25,(女人)(流出)(不潔期)(外)(流出)
녀인 류출 불결기 외 류출
(不潔期)(不淨)(流出)(不潔)(不淨)
불결기 부정 류출 불결 부정
레15:26,(流出)(寢床)(不潔)(寢床)(不淨)
류출 침상 불결 침상 부정
(不潔)(不淨)
불결 부정
레15:27,(者)(不淨(不淨)
자 부정 부정
레15:28,(流出)(七日)(後)(淨)
류출 칠일 후 정
레15:29,(第)(八日)(山)(自己)(爲)(取)
제 팔일 산 자기 위 취
(會幕門)(祭司長)
회막문 제사장
레15:30,(祭司長)(贖罪祭)(燔祭)(流出)
제사장 속죄제 번제 류출
(不淨)(女人)(爲)(贖)
부정 녀인 위 속
레15:31,(子孫)(不淨)(帳幕)(不淨)(中)(免)
자손 부정 장막 부정 중 면
레15:32,(規例)(流出病)(者)(泄精)(不淨)(者)
규례 유출병 자 설정 부정 자
레15:33,(不潔)(女人)(流出病)(男女)
불결 녀인 유출병 남녀
(不潔)(女人)(同寢)(者)(關)
불결 녀인 동침 자 관

利未記-(레위기)-第十六章
리미기 제십륙장

레16:1,(後)
후
레16:2,(兄)(聖所)(帳)(法櫃)(贖罪所)
형 성소 장 법궤 속죄소
(無時)(死亡)(免)(贖罪所)
무시 사망 면 속죄소
레16:3,(聖所)(贖罪祭物)(羊)(燔祭物)
성소 속죄제물 양 번제물
레16:4,(細麻布)(細麻布)(袴衣)(細麻布)
세마포 세마포 고의 세마포
(細麻布)(冠)
세마포 관
레16:5,(子孫)(會衆)(贖罪祭物)(爲)
자손 회중 속죄제물 위
(燔祭物)(爲)(羊)(取)
번제물 위 양 취
레16:6,(自己)(爲)(贖罪祭(自己)(眷屬)
자기 위 속죄제 자기 권속
(爲)(贖罪)
위 속죄
레16:7,(取)(會幕門)
취 회막문
레16:8,(爲)(爲)(爲)
위 위 위
레16:9,(爲)(贖罪祭)
위 속죄제
레16:10,(爲)(贖罪)(爲)(曠野)
위 속죄 위 광야
레16:11,(自己)(爲)(贖罪祭(自己)(眷屬)
자기 위 속죄제 자기 권속
(爲)(贖罪)(自己)(爲)(贖罪祭)
위 속죄 자기 위 속죄제
레16:12,(香爐)(取)(壇)(香氣)(香)(帳)
향로 취 단 향기 향 장
레16:13,(焚香)(香煙)(證據櫃)(贖罪所)(免)
분향 향연 증거궤 속죄소 면
레16:14,(取)(贖罪所)(東便)(贖罪所)(番)
취 속죄소 동편 속죄소 번
레16:15,(百姓)(爲)(贖罪祭)(帳)(行)(行)
백성 위 속죄제 장 행 행
(贖罪所)(贖罪所)
속죄소 속죄소
레16:16,(子孫)(不淨)(犯)(罪)(因)(至聖所)
자손 부정 범 죄 인 지성소
(爲)(贖罪)(不淨)(中)(會幕)(爲)
위 속죄 부정 중 회막 위
레16:17,(至聖所)(贖罪)(自己)(眷屬)(會衆)
지성소 속죄 자기 권속 회중
(爲)(贖罪)(會幕)
위 속죄 회막
레16:18,(壇)(爲)(贖罪)(取)(壇)
단 위 속죄 취 단
레16:19,(番)(子孫)(不淨)(壇)(聖潔)
번 자손 부정 단 성결
레16:20,(至聖所)(會幕)(壇)(爲)(贖罪)(後)
지성소 회막 단 위 속죄 후
레16:21,(按手)(子孫)(不義)(犯)(罪)(告)
안수 자손 불의 범 죄 고
(罪)(定)(曠野)
죄 정 광야
레16:22,(不義)(無人之境)(曠野)
불의 무인지경 광야
레16:23,(會幕)(至聖所)(細麻布)
회막 시성소 세마포
레16:24,(自己)(自己)(燔祭)(百姓)(燔祭)
자기 자기 번제 백성 번제
(自己)(百姓)(爲)(贖罪)
자기 백성 위 속죄
레16:25,(贖罪祭)(犧牲)(壇)
속죄제 희생 단
레16:26,(者)(後)(陣)
자 후 진
레16:27,(贖罪祭(贖罪祭)(聖所)(贖罪)
속죄제 속죄제 성소 속죄
레16:28,(者)(後)(陣)
자 후 진

레16:29,(永遠)(規例)(七月)(十日)
영원 규례 칠월 십일
(本土人)(中)(寓居)(客)
본토인 중 우거 객

레16:30,(爲)(贖罪)(淨潔)(罪)(淨潔)
위 속죄 정결 죄 정결

레16:31,(安息日)(永遠)(規例)
안식일 영원 규례

레16:32,(委任)(代身)(祭司長)(職分)(行)
위임 대신 제사장 직분 행
(祭司長)(贖罪)(細麻布)(聖衣)
제사장 속죄 세마포 성의

레16:33,(至聖所)(爲)(贖罪)(會幕)(壇)(爲)
지성소 위 속죄 회막 단 위
(贖罪)(祭司長)(百姓)(會衆)(爲)
속죄 제사장 백성 회중 위
(贖罪)
속죄

레16:34,(永遠)(規例)(子孫)(罪)(爲)
영원 규례 자손 죄 위
(一年)(一次)(贖罪)(命)(行)
일년 일차 속죄 명 행

利未記-(레위기)-第十七章
리미기 제십칠장

레17:2,(子孫)(告)(命令)
자손 고 명령

레17:3,(羊)(陣)(陣)
양 진 진

레17:4,(會幕門)(帳幕)(禮物)(者)(者)
회막문 장막 예물 자 자
(自己)(百姓)(中)
자기 백성 중

레17:5,(子孫)(犧牲)(會幕門)(祭司長)
자손 희생 회막문 제사장
(和睦祭)
화목제

레17:6,(祭司長)(會幕門)(壇)(香氣)
제사장 회막문 단 향기

레17:7,(前)(淫亂)(祭祀)(代代)(永遠)(規例)
전 음란 제사 대대 영원 규례

레17:8,(或時)(中)(寓居)(他國人)(燔祭)
혹시 중 우거 타국인 번제
(犧牲)
희생

레17:9,(會幕門)(百姓)(中)
회막문 백성 중

레17:10,(中)(寓居)(他國人)(中)(者)(震怒)
중 우거 타국인 중 자 진노
(百姓)(中)
백성 중

레17:11,(肉體)(生命)(壇)(生命)(爲)(贖)
육체 생명 단 생명 위 속
(生命)(罪)(贖)
생명 죄 속

레17:12,(子孫)(中)(中)(寓居)(他國人)
자손 중 중 우거 타국인

레17:13,(子孫)(中)(寓居)(他國人)
자손 중 우거 타국인

레17:14,(生物)(生命)(一體)(子孫)
생물 생명 일체 자손
(肉體)(肉體)(生命)(者)
육체 육체 생명 자

레17:15,(者)(本土人)(他國人)(勿論)
자 본토인 타국인 물론
(不淨)(後)(淨)
부정 후 정

레17:16,(罪)(當)
죄 당

利未記-(레위기)-第十八章
리미기 제십팔장

레18:2,(子孫)(告)
자손 고

레18:3,(居)(風俗)(引導)(風俗)(規例)(行)
거 풍속 인도 풍속 규례 행

레18:4,(法度)(規例)(行)
법도 규례 행

레18:5,(規例)(法度)(行)(因)
규례 법도 행 인

레18:6,(骨肉之親)(下體)(犯)
골육지친 하체 범

레18:7,(下體)(下體)(犯)(下體)(犯)
하체 하체 범 하체 범

레18:8,(繼母)(下體)(犯)(下體)
계모 하체 범 하체

레18:9,(姉妹)(他處)(出生)(勿論)(下體)(犯)
자매 타처 출생 물론 하체 범

레18:10,(孫女)(外孫女)(下體)(犯)(下體)
손녀 외손녀 하체 범 하체

레18:11,(繼母)(下體)(犯)
계모 하체 범

레18:12,(姑母)(下體)(犯)(骨肉之親)
고모 하체 범 골육지친

레18:13,(姨母)(下體)(犯)(骨肉之親)
이모 하체 범 골육지친

레18:14,(兄弟)(下體)(犯)(伯叔母)
형제 하체 범 백숙모

레18:15,(子婦)(下體)(犯)(下體)(犯)
자부 하체 범 하체 범

레18:16,(兄弟)(下體)(犯)(兄弟)(下體)
형제 하체 범 형제 하체

레18:17,(女人)(女人)(下體)(犯)(女人)
녀인 녀인 하체 범 녀인
(孫女)(外孫女)(娶)(下體)(犯)
손녀 외손녀 취 하체 범
(骨肉之親)(惡行)
골육지친 악행

레18:18,(生存)(兄弟)(娶)(下體)(犯)(妬忌)
생존 형제 취 하체 범 투기

레18:19,(女人)(經度)(不潔)(下體)(犯)
녀인 경도 불결 하체 범

레18:20,(他人)(通姦)(自己)(
타인 통간 자기

레18:21,(決斷)(子女(通過)(辱)
결단 자녀 통과 욕

레18:22,(女子)(交合)(男子)(交合)(可憎)
녀자 교합 남자 교합 가증

레18:23,(交合)(自己)(女子)(者)(交接)(紊亂)
교합 자기 녀자 자 교접 문란

레18:24,(族屬)(因)
족속 인

레18:25,(惡)(因)(罰)(居民)(吐)
악 인 벌 거민 토

레18:26,(同族)(或時)(中)(寓居)(他國人)
동족 혹시 중 우거 타국인
(規例)(法度)(可憎)(行)
규례 법도 가증 행

레18:27,(前)(居民)(可憎)(行)
전 거민 가증 행

레18:28,(前)(居民)(吐)(吐
전 거민 토 토

레18:29,(可憎)(行)(者)(百姓)(中)
가증 행 자 백성 중

레18:30,(命令)(前)(行)(可憎)(風俗)
명령 전 행 가증 풍속

利未記-(레위기)-第十九章
리 미 기 제십구장

레19:2,(子孫)(會衆)(告
자손 회중 고

레19:3,(各)(父母)(敬畏)(安息日)
각 부모 경외 안식일

레19:4,(爲)(爲)(神像)
위 위 신상

레19:5,(和睦祭)(犧牲)(悅納)
화목제 희생 열납

레19:6,(祭物)(第)(三日)
제물 제 삼일

레19:7,(第)(三日)(可憎)(悅納)
제 삼일 가증 열납

레19:8,(者)(聖物)(因)(罪)(當)(百姓)(中)
자 성물 인 죄 당 백성 중

레19:9,(穀物)
곡물

레19:10,(葡萄園)(葡萄園)(他國人)(爲)
포도원 포도원 타국인 위

레19:11,(盜賊)
도적

레19:12,(盟誓)(辱)
맹서 욕

레19:13,(壓制)(勒奪)(軍)(
압제 늑탈 군

레19:14,(者)(詛呪)(障碍物)(敬畏)
자 저주 장애물 경외

레19:15,(裁判)(不義)(行)(者)(便)(勢力)
재판 불의 행 자 편 세력
(者)(斗護)(公義)(裁判)
자 두호 공의 재판

레19:16,(百姓)(中)(論斷)(對敵)(地境)
백성 중 논단 대적 지경

레19:17,(兄弟)(因)(罪)(當)(責善)
형제 인 죄 당 책선

레19:18,(怨讐)(同胞)(怨望)
원수 동포 원망

레19:19,(規例)(六畜)(種類)(交合)(種子)
규례 육축 종류 교합 종자
(材料)(織造)
재료 직조

레19:20,(贖良)(解放)(定婚)(行淫)(刑罰)
속량 해방 정혼 행음 형벌
(當)(女人)(解放)
당 녀인 해방

레19:21,(男子)(贖愆祭物)(贖愆祭)(羊)
남자 속건제물 속건제 양
(會幕門)
회막문

레19:22,(祭司長)(犯)(罪)(爲)(贖愆祭)
제사장 범 죄 위 속건제
(羊)(贖罪)(犯)(罪)(赦)
양 속죄 범 죄 사

레19:23,(各種)(果木)(割禮)(三年)(割禮)
각종 과목 할례 삼년 할례

레19:24,(第)(四年)(果實)(讚頌)
제 사년 과실 찬송

레19:25,(第)(五年)(所産)(豊盛)
제 오년 소산 풍성

레19:26,(卜術)(術數)(行)
복술 술수 행

레19:27,(鬚髥)(損傷)
수염 손상

레19:28,(者)(爲)(늬나
자 위

레19:29,(妓生)(淫風)(全國)(罪惡)
기생 음풍 전국 죄악

레19:30,(安息日)(聖所)(恭敬)
안식일 성소 공경

레19:31,(神接)(者)追從)
신접 자 추종

레19:32,(老人)(恭敬)(敬畏)
로인 공경 경외

레19:33,(他國人)(寓居)(虐待)
타국인 우거 학대

레19:34,(他國人)(中)(者)(自己)(客)
타국인 중 자 자기 객

레19:35,(裁判)(度量衡)(不義)(行)
재판 도량형 불의 행

레19:36,(公平)(公平)(錘)(公平)(公平)
공평 공평 추 공평 공평
(使用)(引導)
사용 인도

레19:37,(規例)(法度)(行)
규례 법도 행

利未記-(레위기)-第二十章
리 미 기 제이십장

레20:2,(子孫)(子孫)(寓居)(他國人)
자손 자손 우거 타국인

(子息)(地方)
자식 지방

레20:3,(震怒)(百姓)(中)(子息)(聖所)
진노 백성 중 자식 성소

(聖號)(辱)
성호 욕

레20:4,(子息)(地方)
자식 지방

레20:5,(眷屬)(震怒)(淫亂)(百姓)(中)
권속 진노 음란 백성 중

레20:6,(淫亂)(神接)(者)(追從)(者)
음란 신접 자 추종 자

(震怒)(百姓)(中)
진노 백성 중

레20:8,(規例)(行
규례 행

레20:9,(詛呪)(者)(詛呪)(自己)
저주 자 저주 자기

레20:10,(姦淫)(者)(姦淫)(者)(姦夫)(淫婦)
간음 자 간음 자 간부 음부

레20:11,(繼母)(同寢)(者)(下體)(犯)(自己)
계모 동침 자 하체 범 자기

레20:12,(子婦)(同寢)(可憎)(行)(自己)
자부 동침 가증 행 자기

레20:13,(女人)(交合)듯(男子)(交合)
녀인 교합 남자 교합

(可憎)(行)(自己)
가증 행 자기

레20:14,(丈母)(娶)(惡行)(中)(惡行)
장모 취 악행 중 악행

레20:15,(男子)(交合)
남자 교합

레20:16,(女子)(交合)(女子)(自己)
녀자 교합 녀자 자기

레20:17,(姉妹)(娶)(女子)(下體)(女子)
자매 취 녀자 하체 녀자

(男子)(下體)(民族)(姉妹)(下體)
남자 하체 민족 자매 하체

(犯)(罪)(當)
범 죄 당

레20:18,(經度)(女人)(同寢)(下體)(犯)
경도 녀인 동침 하체 범

(男子)(女人)(根源)(女人)(自己)
남자 녀인 근원 녀인 자기

(根源)(百姓)(中)
근원 백성 중

레20:19,(姨母)(姑母)(下體)(犯)(骨肉之親)
이모 고모 하체 범 골육지친

(下體)(罪)(當)
하체 죄 당

레20:20,(伯叔母)(同寢)(伯叔父)(下體)
백숙모 동침 백숙부 하체

(犯)(罪)(當)(無子)
범 죄 당 무자

레20:21,(兄弟)(娶)(兄弟)(下體)(犯)(無子)
형제 취 형제 하체 범 무자

레20:22,(規例)(法度)(行)(引導)(居)(吐)
규례 법도 행 인도 거 토

레20:23,(族屬)(風俗)(行)(可憎)
족속 풍속 행 가증

레20:24,(前)(基業)(遺業)(萬民)(中)(區別)
전 기업 유업 만민 중 구별

레20:25,(淨)(不淨)(淨)(不淨)(區別)(爲)
정 부정 정 부정 구별 위

(不淨)(區別)(昆蟲)(因)(
부정 구별 곤충 인

레20:26,(所有)(萬民)(中)(區別)
소유 만민 중 구별

레20:27,(男子)(女子)(神接)(自己)
남자 녀자 신접 자기

利未記-(레위기)-第二十一章
리미기 제이십일장

레21:1,(子孫)(祭司長)(告)(百姓)(中)(者)(因)
자손 제사장 고 백성 중 자 인

레21:2,(骨肉之親)(父母)(子女)(兄弟)
골육지친 부모 자녀 형제

레21:3,(出嫁)(處女)(親)(姉妹)(因)
출가 처녀 친 자매 인

레21:4,(祭司長)(百姓)(辱)
제사장 백성 욕

레21:5,(祭司長)(鬚髥)(兩便)
제사장 수염 량편

레21:6,(對)(辱)(火祭)(食物)(者)
대 욕 화제 식물 자

레21:7,(妓生)(不淨)(女人)(娶)(離婚)
기생 부정 녀인 취 이혼

(當)(女人)(娶)
당 녀인 취

레21:8,(食物)(者)
식물 자

레21:9,(祭司長)(行淫)(辱)
제사장 행음 욕

레21:10,(自己)(兄弟)(中)(灌油)(委任)
자기 형제 중 관유 위임

(禮服)(大祭司長)(
례복 대제사장

레21:11,(屍體)(父母)(因)
시체 부모 인

레21:12,(聖所)(聖所)(委任)(灌油)
성소 성소 위임 관유

레21:13,(處女)(娶)
처녀 취

레21:14,(寡婦)(離婚)(女人)(女人)(妓生)
과부 이혼 녀인 녀인 기생

(娶)(自己)(百姓)(中)(處女)(娶)
취 자기 백성 중 처녀 취

레21:15,(子孫)(百姓)(中)(하)
자손 백성 중

레21:17,(告)(代代)(子孫)(中)(肉體)
고 대대 자손 중 육체

(欠)(者)(食物)
흠 자 식물

레21:18,(欠)(者)(不完全)(者)(肢體)(者)
흠 자 불완전 자 지체 자

레21:19,(者)(者)
자 자

레21:20,(白膜)(者)(壞血病)(者)(傷)(者)
백막 자 괴혈병 자 상 자

레21:21,(祭司長)(子孫)(中)(欠)(者)
제사장 자손 중 흠 자
(火祭)(欠)(食物)
화제 흠 식물

레21:22,(食物)(至聖物)(聖物)
식물 지성물 성물

레21:23,(帳)(壇)(欠)(聖所)
장 단 흠 성소

레21:24,(子孫)(告)
자손 고

利未記-(레위기)-第二十二章
리미기 제이십이장

레22:2,(告)(子孫)(聖物)(對)(區別)(聖號)(辱)
고 자손 성물 대 구별 성호 욕

레22:3,(代代)(子孫)(中)(不淨)(子孫)
대대 자손 중 부정 자손
(區別)(聖物)(者)
구별 성물 자

레22:4,(子孫)(中)(患者)(流出病)(者)(淨)(前)
자손 중 환자 유출병 자 정 전
(聖物)(屍體)(不淨)(者)(泄精)(者)
성물 시체 부정 자 설정 자

레22:5,(不淨)(接觸)(者)(不淨)(者)(接觸)(者)
부정 접촉 자 부정 자 접촉 자

레22:6,(接觸)(者)(不淨)(聖物)
접촉 자 부정 성물

레22:7,(淨)(後)(聖物)(自己)(應食)
정 후 성물 자기 응식

레22:8,(自己)
자기

레22:9,(命)(辱)(因)(罪)
명 욕 인 죄

레22:10,(外國人)(聖物)(祭司長)(客)
외국인 성물 제사장 객
(軍)(聖物)
군 성물

레22:11,(祭司長)(者)(出生)(者)
제사장 자 출생 자
(祭司長)(食物)
제사장 식물

레22:12,(祭司長)(外國人)(出嫁)(擧祭)(聖物)
제사장 외국인 출가 거제 성물

레22:13,(寡婦)(離婚)(當)(子息)(親庭)
과부 이혼 당 자식 친정
(應食)(外國人)
응식 외국인

레22:14,(不知中)(聖物)(聖物)(五分)
부지중 성물 성물 오분
(一)(祭司長)
일 제사장

레22:15,(子孫)(聖物)(
자손 성물

레22:16,(聖物)(罪)(因)(刑罰)
성물 죄 인 형벌

레22:18,(族屬)(告)(子孫)(中)(寓居)(者)
족속 고 자손 중 우거 자
(誓願祭)(樂獻祭)(燔祭)(禮物)
서원제 낙헌제 번제 예물

레22:19,(悅納)(羊)(欠)
열납 양 흠

레22:20,(欠)(悅納)
흠 열납

레22:21,(誓願)(自意)(禮物)(羊)(和睦祭)
서원 자의 예물 양 화목제
(犧牲)(者)(悅納)(欠)(穩全)
희생 자 열납 흠 온전

레22:22,(傷)(肢體)(當)(腫氣)(壞血病)
상 지체 당 종기 괴혈병
(壇)(火祭)
단 화제

레22:23,(牛羊)(肢體)(樂獻禮物)(誓願)(悅納)
우양 지체 낙헌예물 서원 열납

레22:24,(傷)(當)(行)
상 당 행

레22:25,(外邦人)(食物)(缺點)(欠)(爲)(悅納)
외방인 식물 결점 흠 위 열납

레22:27,(羊)(七日)(第)(八日)(以後)
양 칠일 제 팔일 이후
(火祭)(禮物)(悅納)
화제 예물 열납

레22:28,(羊)(無論)(同日)
양 무론 동일

레22:29,(感謝)(犧牲)(悅納)
감사 희생 열납

레22:30,(祭物)(當日)
제물 당일

레22:31,(誡命)(行)
계명 행

레22:32,(聖號)(辱)(子孫)(中)
성호 욕 자손 중

레22:33,(引導)(者)
인도 자

利未記-(레위기)-第二十三章
리미기 제이십삼장

레23:2,(子孫)(告)(公布)(聖會)(節期)
자손 고 공포 성회 절기

레23:3,(安息日)(聖會)(居)(各處)(安息日)
안식일 성회 거 각처 안식일

레23:4,(期限)(公布)(聖會)(節期)
기한 공포 성회 절기

레23:5,(正月)(十四日)(逾越節)
정월 십사일 유월절

레23:6,(十五日)(無酵節)(七日)(無酵餠)
십오일 무효절 칠일 무효병

레23:7,(聖會)(勞動)
성회 로동

레23:8,(七日)(火祭)(第)(七日)(聖會)(勞動)
칠일 화제 제 칠일 성회 로동

레23:10,(子孫)(告)(穀物)(爲先)(穀物)(壇)
자손 고 곡물 위선 곡물 단
(祭司長)
제사장

레23:11,(祭司長)(爲)(壇)(悅納)(安息日)
제사장 위 단 열납 안식일

레23:12,(壇)(一年)(欠)(羊)(燔祭)
단 일년 흠 양 번제

레23:13,(素祭)(十分)(二)(火祭)(香氣)
소제 십분 이 화제 향기
(奠祭)(葡萄酒)(四分)(一)
전제 포도주 사분 일

레23:14,(禮物)(穀食)(生)(居)(各處)
예물 곡식 생 거 각처
(代代)(永遠)(規例)
대대 영원 규례

레23:15,(安息日)(搖祭)(壇)(七)
안식일 요제 단 칠
(安息日)(數爻)
안식일 수효

레23:16,(第)(七)(安息日)(合)(五十日)
제 칠 안식일 합 오십일
(計數)(素祭)
계수 소제

레23:17,(處所)(十分)(二)(個)(搖祭)
처소 십분 이 개 요제

레23:18,(一年)(欠)(羊)(羊)(素祭)(奠祭)
일년 흠 양 양 소제 전제
(燔祭)(火祭)(香氣)
번제 화제 향기

레23:19,(贖罪祭)(一年)(羊)(和睦祭)(犧牲)
속죄제 일년 양 화목제 희생

레23:20,(祭司長)(羊)(搖祭)(聖物)(祭司長)
제사장 양 요제 성물 제사장

레23:21,(中)(聖會)(公布)(勞動)(居)(各處)
중 성회 공포 로동 거 각처
(代代)(永遠)(規例)
대대 영원 규례

레23:22,(穀物)(者)(客)(爲)
곡물 자 객 위

레23:24,(子孫)(告)(七月)(一日)(安息日)
자손 고 칠월 일일 안식일
(記念)(聖會)
기념 성회

레23:25,(勞動)(火祭)
로동 화제

레23:27,(七月)(十日)(贖罪日)(聖會)(火祭)
칠월 십일 속죄일 성회 화제

레23:28,(爲)(贖罪)(贖罪日)
위 속죄 속죄일

레23:29,(者)(百姓)(中)
자 백성 중

레23:30,(者)(百姓)(中)(滅絶)
자 백성 중 멸절

레23:31,(居)(各處)(代代)(永遠)(規例)
거 각처 대대 영원 규례

레23:32,(安息日)(九日)(安息)
안식일 구일 안식

레23:34,(子孫)(告)(七月)(十五日)
자손 고 칠월 십오일
(草幕節)(爲)(七日)
초막절 위 칠일

레23:35,(聖會)(勞動)
성회 로동

레23:36,(七日)(火祭)(第)(八日)(聖會)
칠일 화제 제 팔일 성회
(火祭)大會)(勞動)
화제 대회 로동

레23:37,(節期)(公布)(聖會)(燔祭)(素祭)
절기 공포 성회 번제 소제
(犧牲)(奠祭)(各各)(火祭)
희생 전제 각각 화제

레23:38,(安息日)(外)(獻物)(外)(誓願禮物)
안식일 외 헌물 외 서원예물
(外)(樂獻禮物)(外)
외 낙헌예물 외

레23:39,(土地)(所産)(七月)(十)(五日)(七日)
토지 소산 칠월 십 오일 칠일
(節期)(安息)(第)(八日)(安息)
절기 안식 제 팔일 안식

레23:40,(實果)(棕櫚)(茂盛)(取)(七日)
실과 종려 무성 취 칠일

레23:41,(每年)(七日)(節期)(代代)(永遠)
매년 칠일 절기 대대 영원
(規例)(七月)
규례 칠월

레23:42,(七日)(草幕)(居)(者)(草幕)(居)
칠일 초막 거 자 초막 거

레23:43,(子孫)(引導)(草幕)(居)(代代)
자손 인도 초막 거 대대

레23:44,(節期)(子孫)(公布)
절기 자손 공포

利未記-(레위기)-第二十四章
리 미 기 제이십사장

레24:2,(子孫)(命)(橄欖)(純潔)(爲)(燈盞)
자손 명 감람 순결 위 등잔

레24:3,(會幕)(證據櫃)(帳)(恒常)(燈盞)
회막 증거궤 장 항상 등잔
(整理)(代代)(永遠)(規例)
정리 대대 영원 규례

레24:4,(純潔)(燈臺)(燈盞)(整理)
순결 등대 등잔 정리

레24:5,(取)(每)(十分)(二)
취 매 십분 이

레24:6,(純潔)(床)(陳設)
순결 상 진설

레24:7,(淨潔)(乳香)(每)(記念物)(火祭)
정결 유향 매 기념물 화제

레24:8,(恒常)(每)(安息日)(陳設)(子孫)
항상 매 안식일 진설 자손
(爲)(永遠)(言約)
위 영원 언약

레24:9,(子孫)(火祭)(中)(至極)(永遠)(規例)
자손 화제 중 지극 영원 규례

레24:10,(女人)(者)(子孫)(中)(陣中)
녀 인 자 자손 중 진중

레24:11,(女人)(毁謗)(詛呪)(支派)
녀 인 훼 방 저 주 지 파

레24:12,(命令)
명 령

레24:14,(詛呪)(陣)(者)(按手)(會衆)
저 주 진 자 안 수 회 중

레24:15,(子孫)(告)(自己)(詛呪)(罪)(當)
자 손 고 자 기 저 주 죄 당

레24:16,(毁謗)(會衆)(外國人)(本土人)(毁謗)
훼 방 회 중 외 국 인 본 토 인 훼 방

레24:17,(者)
자

레24:18,(者)
자

레24:19,(萬一)(傷)(行)(行)
만 일 상 행 행

레24:20,(破傷)(破傷)(損傷)
파 상 파 상 손 상

레24:21,(者)(者)
자 자

레24:22,(外國人)(本土人)(法)(同一)
외 국 인 본 토 인 법 동 일

레24:23,(子孫)(告)(詛呪)(者)(陣)(子孫)
자 손 고 저 주 자 진 자 손
(命)(行)
명 행

利未記-(레위기)-第二十五章
리 미 기 제 이 십 오 장

레25:1,(山)
산

레25:2,(子孫)(告)(後)(安息)
자 손 고 후 안 식

레25:3,(六年)(播種)(六年)(葡萄園)
육 년 파 종 육 년 포 도 원

레25:4,(第)(七年)(安息)(對)(安息)
제 칠 년 안 식 대 안 식
(播種)(葡萄園)
파 종 포 도 원

레25:5,(穀物)(葡萄)(安息年)
곡 물 포 도 안 식 년

레25:6,(安息年)(所出)(男)(女)(軍)(居)(客)
안 식 년 소 출 남 여 군 거 객

레25:7,(六畜)(所産)(食物)
육 축 소 산 식 물

레25:8,(安息年)(計數)(七年)(番)(安息年)
안 식 년 계 수 칠 년 번 안 식 년
(番)(四十)(九年)
번 사 십 구 년

레25:9,(七月)(十日)(贖罪日)(全國)
칠 월 십 일 속 죄 일 전 국

레25:10,(第)(五十年)(全國)(居民)(自由)
제 오 십 년 전 국 거 민 자 유
(公布)(禧年)(各各)(基業)
공 포 희 년 각 각 기 업
(各各)(家族)
각 각 가 족

레25:11,(五十年)(禧年)(播種)(葡萄)
오 십 년 희 년 파 종 포 도

레25:12,(禧年)(所産)
희 년 소 산

레25:13,(禧年)(各其)(基業)
희 년 각 기 기 업

레25:15,(禧年)(後)(年數)(年數)
희 년 후 년 수 년 수

레25:16,(年數)(年數)(多少)
년 수 년 수 다 소

레25:17,(敬畏)
경 외

레25:18,(法度)(行)(規例)(行)(安全)(居)
법 도 행 규 례 행 안 전 거

레25:19,(産物)(安全)(居)
산 물 안 전 거

레25:20,(或)(萬一)(第)(七年)(産物)
혹 만 일 제 칠 년 산 물

레25:21,(命)(第)(六年)(福)(所出)(三年)(足)
명 제 육 년 복 소 출 삼 년 족

레25:22,(第)(八年)(播種)(穀食)(第)(九年)
제 팔 년 파 종 곡 식 제 구 년
(秋收)(穀食)
추 수 곡 식

레25:23,(土地)(永永)(土地)(寓居)(者)
토 지 영 영 토 지 우 거 자

레25:24,(基業)(土地)(許諾)
기 업 토 지 허 락

레25:25,(萬一)(兄弟)(基業)(近族)(同族)
만 일 형 제 기 업 근 족 동 족

레25:26,(萬一)(自己)(富饒)
만 일 자 기 부 요

레25:27,(計數)(者)(基業)
계 수 자 기 업

레25:28,(自己)(禧年)(者)(禧年)(基業)
자 기 희 년 자 희 년 기 업

레25:29,(城壁)(城內)(家屋)(滿)(一年)(期限)
성 벽 성 내 가 옥 만 일 년 기 한

레25:30,(週年)(內)(城內)(家屋)(者)(所有)
주 년 내 성 내 가 옥 자 소 유
(確定)(代代)(永永)(贖)(禧年)
확 정 대 대 영 영 속 희 년

레25:31,(城壁)(村落)(家屋)(田土)
성 벽 촌 락 가 옥 전 토
(一例)(禧年)
일 례 희 년

레25:32,(族屬)(城邑)(基業)(城邑)(家屋)
족 속 성 읍 기 업 성 읍 가 옥

레25:33,(萬一)(基業)(城邑)(家屋)(禧年)
만 일 기 업 성 읍 가 옥 희 년
(大抵)(城邑)(家屋)(子孫)(中)(基業)
대 저 성 읍 가 옥 자 손 중 기 업

레25:34,(城邑)(四面)(永遠)(基業)
성 읍 사 면 영 원 기 업

레25:35,(同族)(貧寒)(客)(寓居)(者)(生活)
동 족 빈 한 객 우 거 자 생 활

레25:36,(利息)(取)(敬畏)(兄弟)(生活)
이식 취 경외 형제 생활

레25:37,(利息)(爲)(利益)(爲)(食物)(
이식 위 리익 위 식물

레25:38,(引導)
인도

레25:39,(同族)(貧寒)
동족 빈한

레25:40,(軍)(寓居)(者)(禧年)
군 우거 자 희년

레25:41,(子女)(本族)(祖上)(基業)(回復)
자녀 본족 조상 기업 회복

레25:42,(引導)
인도

레25:43,(嚴)(敬畏)
엄 경외

레25:44,(男女)(無論)(四面)(異邦人)(中)
남녀 무론 사면 이방인 중

(取)(男女)(者)(中)
취 남녀 자 중

레25:45,(中)(寓居)(異邦人)(子女)(中)(中)
중 우거 이방인 자녀 중 중

(家庭)(中)(所有)
가정 중 소유

레25:46,(後孫)(基業)(所有)(異邦人)(中)
후손 기업 소유 이방인 중

(永遠)(同族)(子孫)(彼此)(嚴)
영원 동족 자손 피차 엄

레25:47,(中)(寓居)(異邦人)(富饒)(同族)
중 우거 이방인 부요 동족

(貧寒)(中)(寓居)(異邦人)(族屬)
빈한 중 우거 이방인 족속

레25:48,(後)(贖良)(兄弟)(中)(贖)
후 속량 형제 중 속

레25:49,(三寸)(四寸)(贖)(近族)(中)(贖)
삼촌 사촌 속 근족 중 속

(富饒)(贖)
부요 속

레25:50,(自己)(禧年)(者)(計算)(年數)
자기 희년 자 계산 년수

(定)(雇傭)
정 고용

레25:51,(萬一)(年數)(贖)
만일 년수 속

레25:52,(萬一)(禧年)(計算)(年數)(贖)
만일 희년 계산 년수 속

레25:53,(主人)(每年)(目前)(嚴)
주인 매년 목전 엄

레25:54,(贖)(禧年)(子女)(自由)
속 희년 자녀 자유

레25:55,(子孫)(軍)(引導)
자손 군 인도

利未記-(레위기)-第二十六章
리미기 제이십륙장

레26:1,(自己)(爲)(偶像)(木像)(柱像)
자기 위 우상 목상 주상

(彫刻)(石像)(敬拜)
조각 석상 경배

레26:2,(安息日)(聖所)(恭敬)
안식일 성소 공경

레26:3,(規例)(誡命)(遵行)
규례 계명 준행

레26:4,(時候)(産物)(樹木)
시후 산물 수목

레26:5,(打作)(葡萄)(葡萄)(播種)(飮食)
타작 포도 포도 파종 음식

(安全)(居)
안전 거

레26:6,(平和)(者)(除)(行)
평화 자 제 행

레26:7,(對敵)
대적

레26:8,(百)(百)(萬)(對敵)
백 백 만 대적

레26:9,(眷顧)(言約)(履行)(繁盛)(昌大)
권고 언약 이행 번성 창대

레26:10,(穀食)(穀食)(因)(穀食)
곡식 곡식 인 곡식

레26:11,(帳幕)(中)
장막 중

레26:12,(中)(行)(百姓)
중 행 백성

레26:13,(引導)(免)(木)
인도 면 목

레26:14,(聽從)(命令)(遵行)
청종 명령 준행

레26:15,(規例)(蔑視)(法度)(誡命)
규례 멸시 법도 계명

(遵行)(言約)(背叛)
준행 언약 배반

레26:16,(行(災殃)(肺病)(熱病)(生命)
행 재앙 폐병 열병 생명

(衰弱)(播種)(對敵)
쇠약 파종 대적

레26:17,(對敵)(敗)(者)(者)(逃亡)
대적 패 자 자 도망

레26:18,(聽從)(罪)(因)(七倍)(懲治)
청종 죄 인 칠배 징치

레26:19,(勢力)(因)(驕慢)(鐵)
세력 인 교만 철

레26:20,(受苦)(産物)
수고 산물

레26:21,(聽從)(罪)(七倍)(災殃)
청종 죄 칠배 재앙

레26:22,(中)(子女)(六畜)(滅)(數爻)(減少)
중 자녀 육축 멸 수효 감소

(道路)(荒廢)
도로 황폐

레26:23,(當)(對抗)
당 대항

레26:24나對抗)(罪)(因)(七倍)
대항 죄 인 칠배

레26:25,(背約)(怨讐)(城邑)(中)(染病)(對敵)
배약 원수 성읍 중 염병 대적

레26:26,(依賴)(糧食)(女人)
의뢰 량식 녀인

레26:27,(聽從)(對抗)
청종 대항

레26:28,(震怒)(對抗)(罪)(因)(七倍)(懲責)
진노 대항 죄 인 칠배 징책

레26:30,(山堂)(太陽)(柱像)(屍體)(破傷)
산당 태양 주상 시체 파상

(偶像)
우상

레26:31,(城邑)(荒廢)(聖所)(荒凉)(香氣)
성읍 황폐 성소 황량 향기

(香)(歆饗)
향 흠향

레26:32,(荒蕪)(居)(對敵)(因)
황무 거 대적 인

레26:33,(列邦)(中)(荒蕪)(城邑)(荒廢)
열방 중 황무 성읍 황폐

레26:34,(對敵)(居)(本土)(荒蕪)(安息)(安息)
대적 거 본토 황무 안식 안식

레26:35,(居)(安息時)쉼(荒蕪)
거 안식시 황무

레26:36,(者)(對敵)(弱)(逃亡)(避)(逃亡)(者)
자 대적 약 도망 피 도망 자

레26:37,(者)(踐踏)(對敵)(當)
자 천답 대적 당

레26:38,(列邦)(中)(亡)(對敵)
열방 중 망 대적

레26:39,(者)(對敵)(自己)(罪)(因)(衰殘)
자 대적 자기 죄 인 쇠잔

(列祖)(罪)(因)(列祖)(衰殘)
열조 죄 인 열조 쇠잔

레26:40,(自己)(罪)(列祖)(罪)(自服)
자기 죄 열조 죄 자복

(自己)(對抗)
자기 대항

레26:41,(對抗)(對敵)(割禮)(罪惡)(刑罰)(順)
대항 대적 할례 죄악 형벌 순

레26:42,(言約)(言約)(言約)(眷顧)
언약 언약 언약 권고

레26:43,(法度)(規例)(蔑視)(荒廢)(安息)
법도 규례 멸시 황폐 안식

(自己)(罪惡)(刑罰)(順)
자기 죄악 형벌 순

레26:44,(對敵)(居)(滅)(言約)(廢)
대적 거 멸 언약 폐

레26:45,(爲)(列邦)(目前)(引導)(列祖)
위 열방 목전 인도 열조

(言約)(爲)(記憶)
언약 위 기억

레26:46,(以上)(山)(自己)(子孫)(規例)
이상 산 자기 자손 규례

(法度)(律法)
법도 률법

利未記-(레위기)-第二十七章
리미기 제이십칠장

레27:2,(子孫)(告)(誓願)(定)
자손 고 서원 정

레27:3,(定)(二十勢)(六十勢)(男子)(聖所)
정 이십세 육십세 남자 성소

(銀)(五十)
은 오십

레27:4,(女子)(三十)
녀자 삼십

레27:5,(五歲)(二十歲)(男子)(二十)
오세 이십세 남자 이십

(女子)(十)
녀자 십

레27:6,(一箇 月)(五歲)(男子)(銀)(五)
일개월 오세 남자 은 오

(女子)(銀)(三)
녀자 은 삼

레27:7,(六十歲)(以上)(男子)(十五)
육십세 이상 남자 십오

(女子)(十)
녀자 십

레27:8,(誓願者)(定價)(堪當)(祭司長)
서원자 정가 감당 제사장

(祭司長)(定)(誓願者)(形勢)(定)
제사장 정 서원자 형세 정

레27:9,(禮物)(牲畜)(誓願物)
예물 생축 서원물

레27:10,(變改)(優劣間)(或)(牲畜)(牲畜)(
변개 우렬간 혹 생축 생축

레27:11,(不淨)(禮物)(牲畜)(牲畜)(祭司長)
부정 예물 생축 생축 제사장

레27:12,(祭司長)(優劣間)(定價)(祭司長)(定)
제사장 우렬간 정가 제사장 정

레27:13,(定價)(五分)(一)
정가 오분 일

레27:14,(自己)(區別)(祭司長)(優劣間)
자기 구별 제사장 우렬간

(定價)(祭司長)(定)
정가 제사장 정

레27:15,(自己)(定價)(五分)(一)(自己)(所有)
자기 정가 오분 일 자기 소유

레27:16,(自己)(基業)(區別)(斗落數)
자기 기업 구별 두락수

(定價)(銀)(五十)(計算)
정가 은 오십 계산

레27:17,(禧年)(區別)(定)
희년 구별 정

레27:18,(禧年)(後)(區別)(祭司長)(禧年)
희년 후 구별 제사장 희년

(年數)(計算)(定價)(相當)(減)
년수 계산 정가 상당 감

레27:19,(區別)(者)(定價)(五分)(一)(自己)
구별 자 정가 오분 일 자기

(所有)
소유

레27:20,(他人)
타인

레27:21,(禧年)(聖物)(永永)(祭司長)(基業)
희년 성물 영영 제사장 기업

레27:22,(自己)(基業)(區別)
자기 기업 구별

레27:23,(定價)(祭司長)(爲)(禧年)(計算)
정가 제사장 위 희년 계산
(定價)(聖物)
정가 성물

레27:24,(禧年)(基業)(本主)
희년 기업 본주

레27:25,(定價)(聖所)(二十)
정가 성소 이십

레27:26,(牲畜)(牛)(羊)(勿論)(區別)
생축 우 양 물론 구별

레27:27,(不淨)(定價)(五分)(一)(贖)(萬一)
부정 정가 오분 일 속 만일
(贖)(定價)
속 정가

레27:28,(物件)(牲畜)(基業)(贖)(至極)
물건 생축 기업 속 지극

레27:29,(贖)
속

레27:30,(十分)(一)(穀食)(果實)(十分)(一)
십분 일 곡식 과실 십분 일
(聖物)
성물

레27:31,(十分)(一)(贖)(五分)(一)
십분 일 속 오분 일

레27:32,(羊)(十分)(一)(通過)
양 십분 일 통과

레27:33,(優劣)(較計)(贖)
우렬 교계 속

레27:34,(以上)(山)(子孫)(爲)(命)(誡命)
이상 산 자손 위 명 계명

民數記-(민수기)-第一章
민수기 제일장

민1:1,(子孫)(後)(第)(二年)(二月)(一日)
자손 후 제 이년 이월 일일
(曠野)(會幕)
광야 회막

민1:2,(子孫)(會衆)(各)(男子)(數)(家族)
자손 회중 각 남자 수 가족
(宗族)(名數)(計數)
종족 명수 계수

민1:3,(中)(二十歲)(以上)(者)(軍隊)(計數)
중 이십세 이상 자 군대 계수

민1:4,(每)(支派)(各其)(宗族)(頭領)
매 지파 각기 종족 두령

민1:10,(子孫)
자손

민1:16,(會衆)(者)(祖上)(支派)(族長)
회중 자 조상 지파 족장
(千萬人)(頭領)
천만인 두령

민1:17,(指名)
지명

민1:18,(二月)(一日)(會衆)(各其)(家族)
이월 일일 회중 각기 가족
(宗族)(二十歲)(以上)(名數)(依支)
종족 이십세 이상 명수 의지
(自己)(系統)
자기 계통

민1:19,(命)(曠野)(計數)
명 광야 계수

민1:20,(長子)(者)(家族)(宗族)(二十歲)
장자 자 가족 종족 이십세
(以上)(各)(男子)(名數)(計數)
이상 각 남자 명수 계수

민1:21,(支派)(計數)(者)(四萬)(六千)
지파 계수 자 사만 육천
(五百名)
오백명

민1:22,(者)(家族)(宗族)(二十歲)(以上)
자 가족 종족 이십세 이상
(各)(男子)(名數)(計數)
각 남자 명수 계수

민1:23,(支派)(計數)(者)(五萬)(九千)
지파 계수 자 오만 구천
(三百名)
삼백명

민1:24,(者)(家族)(宗族)(二十歲)(以上)
자 가족 종족 이십세 이상
(者)(名數)(計數)
자 명수 계수

민1:25,(支派)(計數)(者)(四萬)(五千)
지파 계수 자 사만 오천
(六百)(五十名)
육백 오십명

민1:26,(者)(家族)(宗族)(二十歲)(以上)
자 가족 종족 이십세 이상
(者)(名數)(計數)
자 명수 계수

민1:27,(支派)(計數)(者)(七萬)(四千)
지파 계수 자 칠만 사천
(六百名)
육백명

민1:28,(者)(家族)(宗族)(二十歲)(以上)
자 가족 종족 이십세 이상
(者)(名數)(計數)
자 명수 계수

민1:29,(支派)(計數)(者)(五萬)(四千)
지파 계수 자 오만 사천
(四百名)
사백명

민1:30,(者)(家族)(宗族)(二十歲)(以上)
자 가족 종족 이십세 이상
(者)(名數)(計數)
자 명수 계수

민1:31,(支派)(計數)(者)(五萬)(七千)
지파 계수 자 오만 칠천
(四百名)
사백명

민1:32,(者)(家族)(宗族)(二十歲)(以上)
자 가족 종족 이십세 이상
(者)(名數)
자 명수

민1:33,(支派)(計數)(者)(四萬)(五百名)
지파 계수 자 사만 오백명

민1:34,(者)(家族)(宗族)(二十歲)(以上)
자 가족 종족 이십세 이상
(者)(名數)(計數)
자 명수 계수

민1:35,(支派)(計數)(者)(三萬)(二千)
지파 계수 자 삼만 이천
(二百名)
이백명

민1:36,(者)(家族)(宗族)(二十歲)(以上)
자 가족 종족 이십세 이상
(者)(名數)(計數)
자 명수 계수

민1:37,(支派)(計數)(者)(三萬)(五千)
지파 계수 자 삼만 오천
(四百名)
사백명

민1:38,(者)(家族)(宗族)(二十歲)(以上)
자 가족 종족 이십세 이상
(者)(名數)(計數)
자 명수 계수

민1:39,(支派)(計數)(者)(六萬)(二千)
지파 계수 자 육만 이천
(七百名)
칠백명

민1:40,(者)(家族)(宗族)(二十歲)(以上)
자 가족 종족 이십세 이상
(者)(名數)(計數)
자 명수 계수

민1:41,(支派)(計數)(者)(四萬)(一千)
지파 계수 자 사만 일천

(五百名)
오백명
민1:42,(者)(家族)(宗族)(二十歲)(以上)
자 가족 종족 이십세 이상
(者)(名數)(計數)
자 명수 계수
민1:43,(支派)(計數)(者)(五萬)(三千)
지파 계수 자 오만 삼천
(四百名)
사백명
민1:44,(計數)(者)(各其)(宗族)代表)(族長)
계수 자 각기 종족 대표 족장
(十二人)(計數)(者)
십이인 계수 자
민1:45,(子孫)(宗族)(二十歲)(以上)(者)
자손 종족 이십세 이상 자
(中)(計數)
중 계수
민1:46,(計數)(者)(總計)(六十萬)(三千)
계수 자 총계 육십만 삼천
(五百)(五十名)
오백 오십명
민1:47,(人)(祖上)(支派)(計數)
인 조상 지파 계수
민1:49,(支派)(計數)(子孫)(計數)(中)
지파 계수 자손 계수 중
민1:50,(證據幕)(器具)(附屬品)(管理)(帳幕)
증거막 기구 부속품 관리 장막
(器具)(運搬)(奉事)(帳幕)(四面)(陣)
기구 운반 봉사 장막 사면 진
민1:51,(帳幕)(運搬)(人)(帳幕)(人)(外人)
장막 운반 인 장막 인 외인
민1:52,(子孫)(幕)(軍隊)(各各)(陣)(旗)
자손 막 군대 각각 진 기
민1:53,(人)(證據幕)(四面)(陣)(子孫)(會衆)
인 증거막 사면 진 자손 회중
(震怒)(臨)(人)(證據幕)(對)(責任)
진노 임 인 증거막 대 책임
민1:54,(子孫)(行)(命)(行)
자손 행 명 행

民數記-(민수기)-第二章
민수기 제이장

민2:2,(子孫)(各各)(旗)(宗族)(旗號)(陣)
자손 각각 기 종족 기호 진
(會幕)(四面)(對)
회막 사면 대
민2:3,(東方)(便)(陣)(者)(軍隊)(陣旗)(贖)
동방 편 진 자 군대 진기 속
(者)(子孫)(族長)(
자 자손 족장
민2:4,(軍隊)(計數)(者)(七萬)(四千)
군대 계수 자 칠만 사천
(六百)(名)
육백 명
민2:5,(陣)(者)(支派)(子孫)(族長)
진 자 지파 자손 족장
민2:6,(軍隊)(計數)(者)(五萬)(四千)
군대 계수 자 오만 사천
(四百)(名)
사백 명
민2:7,(支派)(子孫)(族長)
지파 자손 족장
민2:8,(軍隊)(計數)(者)(五萬)(七千)(四百)
군대 계수 자 오만 칠천 사백
(名)
명
민2:9,(陣)(贖)(軍隊)(計數)(軍隊)(總計)
진 속 군대 계수 군대 총계
(十八萬)(六千)(四百)(第)(一隊)(進行)
십팔만 육천 사백 제 일대 진행
민2:10,(南便)(軍隊)(陣)(旗)(子孫)(族長)
남편 군대 진 기 자손 족장
민2:11,(軍隊)(計數)(者)(四萬)(六千)
군대 계수 자 사만 육천
(五百名)
오백명
민2:12,(陣)(者(支派)(子孫)(族長)
진 자 지파 자손 족장
민2:13,(軍隊)(計數)(者)(五萬)(九千)
군대 계수 자 오만 구천
(三百名)
삼백명
민2:14,(支派)(子孫)(族長)
지파 자손 족장
민2:15,(軍隊)(計數)(者)(四萬)(五千)
군대 계수 자 사만 오천
(六百)(五十名)
육백 오십명
민2:16,(陣)(贖)(計數)(軍隊)(總計)(十五萬)
진 속 계수 군대 총계 십오만
(一千)(四百)(五十名)(第)(二隊)(進行)
일천 사백 오십명 제 이대 진행
민2:17,(會幕)(人)(陣)(陣)(中央)(進行)(陣)
회막 인 진 진 중앙 진행 진
(順序)(各)(位置)(旗)(行)
순서 각 위치 기 행
민2:18,(西便)(軍隊)(陣)(旗)(子孫)(族長)
서편 군대 진 기 자손 족장
민2:19,(軍隊)(計數)(者)(四萬)(五百名)
군대 계수 자 사만 오백명
민2:20,(支派)(子孫)(族長)
지파 자손 족장
민2:21,(軍隊)(計數)(者)(三萬)(二千)
군대 계수 자 삼만 이천
(二百名)
이백명
민2:22,(支派)(子孫)(族長)
지파 자손 족장
민2:23,(軍隊)(計數)(者)(三萬)(五千)
군대 계수 자 삼만 오천
(四百名)
사백명
민2:24,(陣)(贖)(計數)(軍隊)(總計)(十萬)
진 속 계수 군대 총계 십만

(八千)(一百名)(第)(三隊)(進行)
팔천 일백명 제 삼대 진행
민2:25,(北便)(軍隊)(陣)(旗)(子孫)(族長)
북편 군대 진 기 자손 족장
민2:26,(軍隊)(計數)(者)(六萬)(二千)
군대 계수 자 육만 이천
(七百名)
칠백명
민2:27,(陣)(者)(支派)(子孫)(族長)
진 자 지파 자손 족장
민2:28,(軍隊)(計數)(者)(四萬)(一千)
군대 계수 자 사만 일천
(五百名)
오백명
민2:29,(支派)(子孫)(族長)
지파 자손 족장
민2:30,(軍隊)(計數)(者)(五萬)(三千)
군대 계수 자 오만 삼천
(四百名)
사백명
민2:31,(陣)(贖)(計數)(軍隊)(總計)(十五萬)
진 속 계수 군대 총계 십오만
(七千)(六百名)(旗)(後隊)(進行)
칠천 육백명 기 후대 진행
민2:32,(以上)(子孫)(宗族)(計數)(者)(陣)
이상 자손 종족 계수 자 진
(軍隊)(計數)(者)(總計)(六十萬)
군대 계수 자 총계 육십만
(三千)(五百)(五十)名)
삼천 오백 오십 명
민2:33,(人)(子孫)(計數)(命)
인 자손 계수 명
민2:34,(子孫)(命)(遵行)(各其)(家族)
자손 명 준행 각기 가족
(宗族)(旗)(陣)(進行)
종족 기 진 진행

民數記-(민수기)-第三章
민수기 제삼장

민3:1,(山)(者)
산 자
민3:2,(長子)
장자
민3:3,(區別)(祭司長)(職分)(委任)(祭司長)
구별 제사장 직분 위임 제사장
민3:4,(曠野)(無子)(祭司長)(職分)(行)
광야 무자 제사장 직분 행
민3:6,(支派)(祭司長)(侍從)
지파 제사장 시종
민3:7,(會幕(職務)(會衆)(職務)(爲)(會幕)
회막 직무 회중 직무 위 회막
(視務)
시무
민3:8,(會幕)(器具)(守直)(子孫)(職務)
회막 기구 수직 자손 직무
(爲)(帳幕)(視務)
위 장막 시무

민3:9,(人)(子孫)(中)(穩全)(者)
인 자손 중 온전 자
민3:10,(祭司長)(職分)(行)(外人)(當)
제사장 직분 행 외인 당
민3:12,(子孫)(中)(人)(擇)(子孫)(中)(胎)
자손 중 인 택 자손 중 태
(者)(代身)(人)
자 대신 인
민3:13,(者)(者)(者)(區別)
자 자 자 구별
민3:14,(曠野)
광야
민3:15,(子孫)(種族)(家族)(計數)(一個月)
자손 종족 가족 계수 일개월
(以上)(男子)(計數)
이상 남자 계수
민3:16,(命)(計數)
명 계수
민3:18,(家族)
가족
민3:19,(家族)
가족
민3:20,(家族)(宗族)(人)(家族)
가족 종족 인 가족
민3:21,(家族)(家族)(家族)
가족 가족 가족
민3:22,(計數)(者)(數爻)(一個月)(以上)
계수 자 수효 일개월 이상
(男子)(數爻)(合計)(七千)(五百名)
남자 수효 합계 칠천 오백명
민3:23,(家族)(帳幕)(西便)(陣)
가족 장막 서편 진
민3:24,(宗族)(族長)
종족 족장
민3:25,(子孫)(會幕)(對)(聖幕)(帳幕)
자손 회막 대 성막 장막
(會幕)(門帳)
회막 문장
민3:26,(揮帳)(聖幕)(壇)(四面)(門帳)
휘장 성막 단 사면 문장
민3:27,(家族)(家族)(家族)(家族)(家族)
가족 가족 가족 가족 가족
민3:28,(計數)(一個月)(以上)(男子)(數爻)
계수 일개월 이상 남자 수효
(八千)(六百名)(聖所)(
팔천 육백명 성소
민3:29,(子孫)(家族)(聖幕)(南便)(陣)
자손 가족 성막 남편 진
민3:30,(家族)(宗族)(族長)
가족 종족 족장
민3:31,(證據櫃)(床)(燈臺)(壇)(聖所)(奉事)
증거궤 상 등대 단 성소 봉사
(器具)(揮帳)
기구 휘장
민3:32,(祭司長)(人)(族長)(聖所)(者)(統轄)
제사장 인 족장 성소 자 통할
민3:33,(家族)(家族)(家族)
가족 가족 가족

민3:34,(計數)(者)(一個月)(以上)(男子)
계수 자 일개월 이상 남자
(數爻)(總計)(六千)(二百名)
수효 총계 육천 이백명

민3:35,(家族)(宗族)(族長)(家族)(帳幕)
가족 종족 족장 가족 장막
(北便)(陣)
북편 진

민3:36,(子孫)(聖幕)(板)(器具)
자손 성막 판 기구

민3:37,(四面)(
사면

민3:38,(帳幕)(東便)(會幕)(便)(陣)(子孫)
장막 동편 회막 편 진 자손
(職務)(代身)(聖所)(職務)(外人)
직무 대신 성소 직무 외인

민3:39,(命)(人)(各)(家族)(計數)(一個月)
명 인 각 가족 계수 일개월
(以上)(男子)(數爻)(二萬)(二千名)
이상 남자 수효 이만 이천명

민3:40,(子孫)(男子)(一個月)(以上)(計數)
자손 남자 일개월 이상 계수
(名數)(記錄)
명수 기록

민3:41,(子孫)(中)(者)(代身)(人)(子孫)
자손 중 자 대신 인 자손
(家畜)(中)(代身)(人)(家畜)
가축 중 대신 인 가축

민3:42,(自己)(命)(子孫)(中)(者)(計數)
자기 명 자손 중 자 계수

민3:43,(一個月)(以上)(計數)(男子)(名數)
일개월 이상 계수 남자 명수
(總計)(二萬)(二千)(二百)(七十)(三名)
총계 이만 이천 이백 칠십 삼명

민3:45,(子孫)(中)(者)(代身)(人)(取)(家畜)
자손 중 자 대신 인 취 가축
(代身)(人)(家畜)(取)(人)
대신 인 가축 취 인

민3:46,(子孫)(者)(人)(二百)(七十三人)
자손 자 인 이백 칠십삼인
(贖)(爲)
속 위

민3:47,(每名)(五)(取)(聖所)(取)(二十)
매명 오 취 성소 취 이십

민3:48,(者)(贖錢)
자 속전

민3:49,(人)代贖)(贖錢)
인 대속 속전

민3:50,(子孫)(者)(聖所)(一千)(三百)
자손 자 성소 일천 삼백
(六十)(五)
육십 오

민3:51,(贖錢)(命)
속전 명

民數記-(민수기)-第四章
민수기 제사장

민4:2,(子孫)(中)(子孫)(家族)(宗族)(總計)
자손 중 자손 가족 종족 총계

민4:3,(三十歲)(以上)(五十歲)(會幕)(爲)
삼십세 이상 오십세 회막 위
(役事)(參加)(者)(計數)
역사 참가 자 계수

민4:4,(子孫)(會幕)(至聖物)(對)
자손 회막 지성물 대

민4:5行陳)(間)(帳)(證據櫃)
행진 간 장 증거궤

민4:6,(海獺)(純靑色)(褓)(後)
해달 순청색 보 후

민4:7,(陳設餠)(床)(靑色)(褓)(周鉢)(盞)
진설병 상 청색 보 주발 잔
(恒常)(陳設)
항상 진설

민4:8,(紅色)(褓)(海獺)(後)
홍색 보 해달 후

민4:9,(靑色)(褓)(取)(燈臺)(燈盞)
청색 보 취 등대 등잔

민4:10,(燈臺)(器具)(海獺)
등대 기구 해달

민4:11,(金壇)(靑色)(褓)(海獺)
금단 청색 보 해달

민4:12,(聖所)(奉事)(器皿)(取)(靑色)(褓)
성소 봉사 기명 취 청색 보
(海獺)
해달

민4:13,(壇)(壇)(紫色)(褓)
단 단 자색 보

민4:14,(奉事)(器具)(壇)(器具)(海獺)
봉사 기구 단 기구 해달

민4:15,(行陳)(聖所)(聖所)(器具)(畢)(子孫)
행진 성소 성소 기구 필 자손
(聖物)
성물

민4:16,(會幕)(物件)(中)(子孫)
회막 물건 중 자손

민4:17,(祭司長)(燈油)(焚香)(香品)(恒常)
제사장 등유 분향 향품 항상
(素祭物)(灌油)(帳幕)(全體)(中)
소제물 관유 장막 전체 중
(聖所)(器具)
성소 기구

민4:18,(族屬)(支派)(人)(中)
족속 지파 인 중

민4:19,(至聖物)(接近)(生命)(保存)(爲)
지성물 접근 생명 보존 위
(各)(指揮)
각 지휘

민4:20,(暫時)(聖所)
잠시 성소

민4:22,(子孫)(宗族)(家族)(總計)
자손 종족 가족 총계

민4:23,(三十歲)(以上)(五十歲)(會幕)
삼십세 이상 오십세 회막
(奉事)(入參)(者)(計數)
봉사 입참 자 계수

민4:24,(家族)
가 족

민4:25,(聖幕)(仰帳)(會幕)(海獺)(會幕)
성막 앙장 회막 해달 회막
(門帳)
문장

민4:26,(揮帳)(聖幕)(壇)(四面)(門帳)
휘장 성막 단 사면 문장
(使用)(器具)(處理)
사용 기구 처리

민4:27,(子孫)(處理)(命)
자손 처리 명

민4:28,(子孫)(家族)(會幕)(職務)(祭司長)
자손 가족 회막 직무 제사장
(監督)
감독

민4:29,(子孫)(家族)(宗族)(計數)
자손 가족 종족 계수

민4:30,(三十歲)(以上)(五十歲)(會幕)
삼십세 이상 오십세 회막
(奉事)(入參)(者)(計數)
봉사 입참 자 계수

민4:31,(職務)(會幕)(帳幕)(板)
직무 회막 장막 판

민4:32,(四面)(器具)(器具)(名目)(指定)
사면 기구 기구 명목 지정

민4:33,(祭司長)(手下)(子孫)(家族)(事務)
제사장 수하 자손 가족 사무
(會幕)(行)
회막 행

민4:34,(會衆)(族長)(子孫)(家族)(宗族)
회중 족장 자손 가족 종족
(計數)
계수

민4:35,(三十歲)(以上)(五十歲)(會幕)
삼십세 이상 오십세 회막
(奉事)(入參)(者)
봉사 입참 자

민4:36,(家族)(計數)(者)(二千)(七百)(五十)
가족 계수 자 이천 칠백 오십

민4:37,(命)(會幕)(從事)(人)(家族)(中)
명 회막 종사 인 가족 중
(計數)(者)
계수 자

민4:38,(子孫)(家族)(宗族)(計數)(者)
자손 가족 종족 계수 자

민4:39,(三十歲)(以上)(五十歲)(會幕)
삼십세 이상 오십세 회막
(奉事)(入參)(者)
봉사 입참 자

민4:40,(家族)(宗族)(計數)(者)(二千)
가족 종족 계수 자 이천
(六百)(三十名)
육백 삼십명

민4:41,(命)(會幕)(從事)(子孫)(家族)(中)
명 회막 종사 자손 가족 중
(計數)(者)
계수 자

민4:42,(子孫)(家族)(中)(家族)(宗族)
자손 가족 중 가족 종족
(計數)(者)
계수 자

민4:43,(三十歲)(以上)(五十歲)(會幕)
삼십세 이상 오십세 회막
(奉事)(入參)(者)
봉사 입참 자

민4:44,(家族)(計數)(者)(三千)(二百名)
가족 계수 자 삼천 이백명

민4:45,(命)(子孫)(家族)(中)(計數)(者)
명 자손 가족 중 계수 자

민4:46,(族長)(人)(家族)(宗族)(計數)
족장 인 가족 종족 계수

민4:47,(三十歲)(以上)(五十歲)(會幕)
삼십세 이상 오십세 회막
(奉事)(入參)(者)
봉사 입참 자

민4:48,(計數)(者)(八千)(五百)(八十名)
계수 자 팔천 오백 팔십명

민4:49,(計數)(命)(計數)
계수 명 계수

民數記-(민수기)-第五章
민수기 제오장

민5:2,(子孫)(命)(病)(患者)(流出病)(者)
자손 명 병 환자 유출병 자
(不淨)(者)(陣)
부정 자 진

민5:3,(無論)(男女)(陣)(陣)(陣)(居)
무론 남녀 진 진 진 거

민5:4,(子孫)(行)(陣)(子孫)(行)
자손 행 진 자손 행

민5:6,(子孫)(男子)(女子)(犯)(罪)(犯)
자손 남자 녀자 범 죄 범
(悖逆)(罪)
패역 죄

민5:7,(罪)(自服)(罪)(穩全)(五分之)(一)
죄 자복 죄 온전 오분지 일
(罪)(本主)
죄 본주

민5:8,(萬一)(罪)(親族)(罪)(祭司長)(爲)
만일 죄 친족 죄 제사장 위
(贖罪)(贖罪)(羊)(外)
속죄 속죄 양 외

민5:9,(子孫)(擧祭)(祭司長)(聖物)
자손 거제 제사장 성물

민5:10,(各)(區別)(物件)(祭司長)
각 구별 물건 제사장

민5:12,(子孫)(告)(萬一)(失行)(男便)(犯罪)
자손 고 만일 실행 남편 범죄

민5:13,(他人)(情交)(男便)(女子)(證人)
타인 정교 남편 녀자 증인

민5:14,(因)(男便)(疑心)(疑心)(男便)
인 남편 의심 의심 남편
(疑心)(疑心)
의심 의심

민5:15,(祭司長)(爲)(十分之)(一)(禮物)
제사장 위 십분지 일 예물
(乳香)(疑心)(素祭)素祭)(罪惡)
유향 의심 소제 소제 죄악

민5:16,(祭司長)(女人)
제사장 녀인

민5:17,(土器)(聖幕)(取)
토기 성막 취

민5:18,(女人)(素祭物)(疑心)(素祭物)
녀인 소제물 의심 소제물
(祭司長)(詛呪)(自己)
제사장 저주 자기

민5:19,(女人)(盟誓(男便)(失行)(同寢)
녀인 맹서 남편 실행 동침
(詛呪)(害毒)(免)
저주 해독 면

민5:20,(男便)(失行)(男便)(同寢)
남편 실행 남편 동침

민5:21,(祭司長)(女人)(詛呪)(盟誓(女人)
제사장 녀인 저주 맹서 녀인
(百姓)(中)夊(詛呪)(盟誓)
백성 중 저주 맹서

민5:22,(詛呪)(女人)
저주 녀인

민5:23,(祭司長)(詛呪)(字)
제사장 저주 자

민5:24,(女人)(詛呪)(詛呪)
녀인 저주 저주

민5:25,(祭司長)(女人)(疑心)(素祭物)(取)
제사장 녀인 의심 소제물 취
(素祭物)(壇)
소제물 단

민5:26,(素祭物)(中)(記念)(取)(壇)(燒火)
소제물 중 기념 취 단 소화
(後)(女人)
후 녀인

민5:27,(後)(萬一)(女人)(男便)(犯罪)(詛呪)
후 만일 녀인 남편 범죄 저주
(女人)(百姓)(中)夊(詛呪)
녀인 백성 중 저주

민5:28,(女人)(淨潔)(害)(孕胎)
녀인 정결 해 잉태

민5:29,(疑心)(法)(男便)(失行)
의심 법 남편 실행

민5:30,(男便)(疑心)(疑心)(女人)(祭司長)
남편 의심 의심 녀인 제사장
(法)(行)
법 행

민5:31,(男便)(無罪)(女人)(罪)(當)
남편 무죄 녀인 죄 당

民數記-(민수기)-第六章
민수기 제륙장

민6:2,(子孫)(告)(男子)(女子)(特別)(誓願)
자손 고 남자 녀자 특별 서원
(人)(誓願)(自己)(區別)
인 서원 자기 구별

민6:3,(葡萄酒)(毒酒)(葡萄酒)(醋)(毒酒)
포도주 독주 포도주 초 독주
(醋)(葡萄汁)(生葡萄)(乾葡萄)
초 포도즙 생포도 건포도

민6:4,(自己)(區別)(葡萄)(所産)
자기 구별 포도 소산

민6:5,(誓願)(區別)(削刀)(自己)(區別)
서원 구별 삭도 자기 구별

민6:6,(自己)(區別)(屍體)
자기 구별 시체

민6:7,(父母)(兄弟)(姉妹)(因)(自己)
부모 형제 자매 인 자기
(區別)(標)
구별 표

민6:8,(自己)(區別)(者)
자기 구별 자

민6:9,(忽然)(區別)(者)(淨潔(第)(七日)
홀연 구별 자 정결 제 칠일

민6:10,(第)(八日)(山)(會幕門)(祭司長)
제 팔일 산 회막문 제사장

민6:11,(祭司長)(贖罪祭物)(燔祭物)(屍體)
제사장 속죄제물 번제물 시체
(因)(罪)(贖)(當日)(聖潔)
인 죄 속 당일 성결

민6:12,(自己)(區別)(定)(一年)(羊)(贖愆祭)
자기 구별 정 일년 양 속건제
(自己)(區別)(無效)
자기 구별 무효

민6:13,(人)(法(自己)(區別)(會幕門)
인 법 자기 구별 회막문

민6:14,(禮物)(燔祭物)(一年)(欠)(羊)
예물 번제물 일년 흠 양
(贖罪祭物)(一年)(欠)(羊)
속죄제물 일년 흠 양
(和睦祭物)(欠)(羊)
화목제물 흠 양

민6:15,(無酵餠)(菓子)(無酵煎餠)
무효병 과자 무효전병
(素祭物)(奠祭)
소제물 전제

민6:16,(祭司長)(贖罪祭)(燔祭)
제사장 속죄제 번제

민6:17,(和睦祭物)(羊)(無酵餠)(素祭)(奠祭)
화목제물 양 무효병 소제 전제

민6:18,(自己)(區別)(人)(會幕門)(和睦祭物)
자기 구별 인 회막문 화목제물

민6:19,(自己)(區別)(人)(後)(祭司長)(羊)
자기 구별 인 후 제사장 양
(無酵餠)(無酵煎餠)(取)(人)
무효병 무효전병 취 인

민6:20,(搖祭)(聖物)(祭司長)(後)(人)
요제 성물 제사장 후 인
(葡萄酒)
포도주

민6:21,(誓願)(人)(自己)(區別)(因)(禮物)
서원 인 자기 구별 인 예물
(行)(法)(外)
행 법 외

민6:22,(誓願)(自己)(區別)(法)
서원 자기 구별 법

민6:23,(告)(子孫)(爲)(祝福)
고 자손 위 축복

민6:24,(福)(願)
복 원

민6:25,(恩惠)(願)
은혜 원

민6:26,(向)(平康)(願)
향 평강 원

민6:27,(子孫)(祝福(福)
자손 축복 복

民數記-(민수기)-第七章
민수기 제칠장

민7:1,(帳幕)(畢)(區別)(器具)(壇)(器具)
장막 필 구별 기구 단 기구
(區別)
구별

민7:2,(族長)(宗族)(頭領)(支派)(族長)
족장 종족 두령 지파 족장
(計數)(者)(監督)(者)(禮物)
계수 자 감독 자 예물

민7:3,(禮物)(族長)(帳幕)
예물 족장 장막

민7:5,(人)(各其)(職任)(會幕)(奉事)
인 각기 직임 회막 봉사

민7:6,(人)
인

민7:7,(子孫)(職任)
자손 직임

민7:8,(子孫)(職任)(祭司長)(監督
자손 직임 제사장 감독

민7:9,(子孫)(聖所)(職任)
자손 성소 직임

민7:10,(壇)(族長)(壇)(奉獻)(爲)(禮物)
단 족장 단 봉헌 위 예물
(禮物)(壇)
예물 단

민7:11,(族長)(壇)(奉獻禮物)
족장 단 봉헌예물

민7:12,(第)(一日)(禮物)(者)(支派)
제 일일 예물 자 지파

민7:13,(禮物)(聖所)(一百)(三十)(重)
예물 성소 일백 삼십 중
(銀盤)(七十)(重)(銀)(素祭物)
은반 칠십 중 은 소제물

민7:14,(十)(重)(金)(香)
십 중 금 향

민7:15,(燔祭物(羊)(一年)(羊)
번제물 양 일년 양

민7:16,(贖罪祭物)
속죄제물

민7:17,(和睦祭物)(羊)(一年)(羊)(禮物)
화목제물 양 일년 양 예물

민7:18,(第)(二日)(族長)
제 이일 족장

민7:19,(禮物)(聖所)(一百)(三十)(重)
예물 성소 일백 삼십 중
(銀盤)(七十)(重)(銀)(素祭物)
은반 칠십 중 은 소제물

민7:20,(十)(重)(金)(香)
십 중 금 향

민7:21,(燔祭物(羊)(一年)(羊)
번제물 양 일년 양

민7:22,(贖罪祭物)
속죄제물

민7:23,(和睦祭物)(羊)(一年)(羊)(禮物)
화목제물 양 일년 양 예물

민7:24,(第)(三日)(子孫)(族長)
제 삼일 자손 족장

민7:25,(禮物)(聖所)(一百)(三十)(重)
예물 성소 일백 삼십 중
(銀盤)(七十)(重)(銀)(素祭物)
은반 칠십 중 은 소제물

민7:26,(十)(重)(金)(香)
십 중 금 향

민7:27,(燔祭物(羊)(一年)(羊)
번제물 양 일년 양

민7:28,(贖罪祭物)
속죄제물

민7:29,(和睦祭物)(羊)(一年)(羊)(禮物)
화목제물 양 일년 양 예물

민7:30,(第)(四日)(子孫)(族長)
제 사일 자손 족장

민7:31,(禮物)(聖所)(一百)(三十)(重)
예물 성소 일백 삼십 중
(銀盤)(七十)(重)(銀)(素祭物)
은반 칠십 중 은 소제물

민7:32,(十)(重)(金)(香)
십 중 금 향

민7:33,(燔祭物(羊)(一年)(羊)
번제물 양 일년 양

민7:34,(贖罪祭物)
속죄제물

민7:35,(和睦祭物)(羊)(一年)(羊)(禮物)
화목제물 양 일년 양 예물

민7:36,(第)(五日)(子孫)(族長)(
제 오일 자손 족장

민7:37,(禮物)(聖所)(一百)(三十)(重)
예물 성소 일백 삼십 중
(銀盤)(七十)(重)(銀)(素祭物)
은반 칠십 중 은 소제물

민7:38,(十)(重)(金)(香)
십 중 금 향

민7:39,(燔祭物(羊)(一年)(羊)
번제물 양 일년 양

민7:40,(贖罪祭物)
속죄제물

민7:41,(和睦祭物)(羊)(一年)(羊)(禮物)
화목제물 양 일년 양 예물

민7:42,(第)(六日)(子孫)(族長)
제 육일 자손 족장

민7:43,(禮物)(聖所)(一百)(三十)(重)
예물 성소 일백 삼십 중

(銀盤)(七十)(重)(銀)(素祭物)
은반 칠십 중 은 소제물

민7:44,(十)(重)(金)(香)
십 중 금 향

민7:45,(燔祭物)(羊)(一年)(羊)
번제물 양 일년 양

민7:46,(贖罪祭物)
속죄제물

민7:47,(和睦祭物)(羊)(一年)(羊)(禮物)
화목제물 양 일년 양 예물

민7:48,(第)(七日)(子孫)(族長)
제 칠일 자손 족장

민7:49,(禮物)(聖所)(一百)(三十)(重)
예물 성소 일백 삼십 중

(銀盤)(七十)(重)(銀)(素祭物)
은반 칠십 중 은 소제물

민7:50,(十)(重)(金)(香)
십 중 금 향

민7:51,(燔祭物)(羊)(一年)(羊)
번제물 양 일년 양

민7:52,(贖罪祭物)
속죄제물

민7:53,(和睦祭物)(羊)(一年)(羊)(禮物)
화목제물 양 일년 양 예물

민7:54,(第)(八日)(子孫)(族長)
제 팔일 자손 족장

민7:55,(禮物)(聖所)(一百)(三十)(重)
예물 성소 일백 삼십 중

(銀盤)(七十)(重)(銀)(素祭物)
은반 칠십 중 은 소제물

민7:56,(十)(重)(金)(香)
십 중 금 향

민7:57,(燔祭物)(羊)(一年)(羊)
번제물 양 일년 양

민7:58,(贖罪祭物)
속죄제물

민7:59,(和睦祭物)(羊)(一年)(羊)(禮物)
화목제물 양 일년 양 예물

민7:60,(第)(九日)(子孫)(族長)
제 구일 자손 족장

민7:61,(禮物)(聖所)(一百)(三十)(重)
예물 성소 일백 삼십 중

(銀盤)(七十)(重)(銀)(素祭物)
은반 칠십 중 은 소제물

민7:62,(十)(重)(金)(香)
십 중 금 향

민7:63,(燔祭物)(羊)(一年)(羊)
번제물 양 일년 양

민7:64,(贖罪祭物)
속죄제물

민7:65,(和睦祭物)(羊)(一年)(羊)(禮物)
화목제물 양 일년 양 예물

민7:66,(第)(十日)(子孫)(族長)
제 십일 자손 족장

민7:67,(禮物)(聖所)(一百)(三十)(重)
예물 성소 일백 삼십 중

(銀盤)(七十)(重)(銀)(素祭物)
은반 칠십 중 은 소제물

민7:68,(十)(重)(金)(香)
십 중 금 향

민7:69,(燔祭物)(羊)(一年)(羊)
번제물 양 일년 양

민7:70,(贖罪祭物)
속죄제물

민7:71,(和睦祭物)(羊)(一年)(羊)(禮物)
화목제물 양 일년 양 예물

민7:72,(第)(十)(一日)(子孫)(族長)
제 십 일일 자손 족장

민7:73,(禮物)(聖所)(一百)(三十)(重)
예물 성소 일백 삼십 중

(銀盤)(七十)(重)(銀)(素祭物)
은반 칠십 중 은 소제물

민7:74,(十)(重)(金)(香)
십 중 금 향

민7:75,(燔祭物)(羊)(一年)(羊)
번제물 양 일년 양

민7:76,(贖罪祭物)
속죄제물

민7:77,(和睦祭物)(羊)(一年)(羊)(禮物)
화목제물 양 일년 양 예물

민7:78,(第)(十)(二日)(子孫)(族長)
제 십 이일 자손 족장

민7:79,(禮物)(聖所)(一百)(三十)(重)
예물 성소 일백 삼십 중

(銀盤)(七十)(重)(銀)(素祭物)
은반 칠십 중 은 소제물

민7:80,(十)(重)(金)(香)
십 중 금 향

민7:81,(燔祭物)(羊)(一年)(羊)
번제물 양 일년 양

민7:82,(贖罪祭物)
속죄제물

민7:83,(和睦祭物)(羊)(一年)(羊)(禮物)
화목제물 양 일년 양 예물

민7:84,(壇)(族長)(壇)(奉獻禮物)(銀盤)
단 족장 단 봉헌예물 은반

(銀)(金)
은 금

민7:85,(銀盤)(各各)(一百)(三十)(重)(銀)
은반 각각 일백 삼십 중 은

(各各)(七十)(重)(聖所)(器皿)(銀)
각각 칠십 중 성소 기명 은

(都合)(二千)(四百)
도합 이천 사백

민7:86,(香)(金)(聖所)(各各)(十)(重)(金)
향 금 성소 각각 십 중 금

(都合)(一百)(二十)
도합 일백 이십

민7:87,(燔祭物)(羊)(一年)(羊)(素祭物)
번제물 양 일년 양 소제물

(贖罪祭物)
속죄제물

민7:88,(和睦祭物)(二十四)(羊)(六十)(六十)
화목제물 이십사 양 육십 육십

(一年)(羊)(六十)(壇)(後)(壇)
일년 양 육십 단 후 단

(奉獻禮物)
봉헌예물

민7:89,(會幕)(證據櫃)(贖罪所)(自己)
회막 증거궤 속죄소 자기

民數記-(민수기)-第八章
민수기 제팔장

민8:2,(告)(燈)(燈盞)(燈臺)
고 등 등잔 등대

민8:3,(燈)(燈臺)(命)
등 등대 명

민8:4,(燈臺)(制度)(金)(板)(自己)
등대 제도 금 판 자기

(式樣)(燈臺)
식양 등대

민8:6,(子孫)(中)(人)(取)(淨潔
자손 중 인 취 정결

민8:7,(淨潔(贖罪)(全身)(削刀)(衣服)(淨潔)
정결 속죄 전신 삭도 의복 정결

민8:8,(燔祭物)(素祭物)(取)(外)
번제물 소제물 취 외

(贖罪祭物)(取)
속죄제물 취

민8:9,(人)(會幕)(子孫)(會衆)
인 회막 자손 회중

민8:10,(人)(子孫)(按手)(後)
인 자손 안수 후

민8:11,(子孫)(爲)(人)(搖祭)(奉事(爲)
자손 위 인 요제 봉사 위

민8:12,(人(按手)(贖罪祭物)(燔祭物)
인 안수 속죄제물 번제물

(人)(贖罪)
인 속죄

민8:13,(人)(搖祭)
인 요제

민8:14,(子孫)(中)(人)(區別)(屬)
자손 중 인 구별 속

민8:15,(淨潔)(搖祭)(後)(會幕)(奉事)
정결 요제 후 회막 봉사

민8:16,(子孫)(中)(穩全)(者)(子孫)(中)
자손 중 온전 자 자손 중

(一切)(初胎生)(者)(代身)(取)
일절 초태생 자 대신 취

민8:17,(子孫)(中)(贖)(者)(區別)
자손 중 속 자 구별

민8:18,(了孫)(中)(者)(代身)(人)(取)
자손 중 자 대신 인 취

민8:19,(子孫)(中)(人)(取)(膳物)(會幕)
자손 중 인 취 선물 회막

(子孫)(代身)(奉事)(子孫)(爲)
자손 대신 봉사 자손 위

(贖罪)(子孫)(聖所)(中)(災殃)
속죄 자손 성소 중 재앙

민8:20,(子孫)(會衆)(人)(對)(命)(人)
자손 회중 인 대 명 인

(行)(子孫)(行)
행 자손 행

민8:21,(人)(罪)(搖祭)(爲)(贖罪)(淨潔)
인 죄 요제 위 속죄 정결

민8:22,(後)(人)(會幕)(奉事)(人)(對)(命)(行)
후 인 회막 봉사 인 대 명 행

민8:24,(人)(二十五歲)(以上)(會幕)(奉事)
인 이십오세 이상 회막 봉사

민8:25,(五十)(奉事)
오십 봉사

민8:26,(兄弟)(會幕)(職務)(人)(職務)(對)
형제 회막 직무 인 직무 대

民數記-(민수기)-第九章
민수기 제구장

민9:1,(正月)(曠野)
정월 광야

민9:2,(子孫)(逾越節)(定期)
자손 유월절 정기

민9:3,(定期)(十四日)(律例)(規例)
정기 십사일 율례 규례

민9:4,(子孫)(命)(逾越節)
자손 명 유월절

민9:5,(正月)(十四日)(曠野)(逾越節)
정월 십사일 광야 유월절

(子孫)(命)(行)
자손 명 행

민9:6,(屍體)(因)(不淨)(逾越節)(當日)
시체 인 부정 유월절 당일

민9:7,(屍體)(因)(不淨)(禁止)(子孫)
시체 인 부정 금지 자손

(定期)(禮物)
정기 예물

민9:8,(對)(命)
대 명

민9:10,(子孫)(告)(後孫)(中)(屍體)(因)
자손 고 후손 중 시체 인

(不淨)(旅行)(中)(逾越節)
부정 여행 중 유월절

민9:11,(二月)(十四日)(羊)(無酵餠)
이월 십사일 양 무효병

민9:12,(逾越節)(律例)
유월절 율례

민9:13,(淨潔)(旅行)(中)(逾越節)(者)
정결 여행 중 유월절 자

(百姓)(中)(定期)(禮物)(罪)(當)
백성 중 정기 예물 죄 당

민9:14,(萬一)(他國人)(中)(寓居)(逾越節)
만일 타국인 중 우거 유월절

(逾越節)(律例)(規例)(行)(寓居)
유월절 율례 규례 행 우거

(者)(本土人)(律例)(同一)
자 본토인 율례 동일

민9:15,(聖幕)(聖幕)(證據幕)(聖幕)(貌樣)
성막 성막 증거막 성막 모양

민9:16,(恒常)(貌樣)
항상 모양

민9:17,(聖幕)(子孫)(進行)(子孫)(陣)
성막 자손 진행 자손 진

민9:18,(子孫)(命)(進行)(命)(陣)(聖幕)(留陣)
자손 명 진행 명 진 성막 유진

민9:19,(帳幕)(子孫)(命)(進行)
장막 자손 명 진행

민9:20,(或時)(帳幕)(命)(留陣)(命)(進行)
혹시 장막 명 유진 명 진행

민9:21,(或時)(進行)(進行)
혹시 진행 진행

민9:22,(一年)(聖幕)(子孫)(留陣)(進行)
일년 성막 자손 유진 진행
(進行)
진행

민9:23,(命)(陣)(命)(進行)(傳)(命)(職任)
명 진 명 진행 전 명 직임

民數記-(민수기)-第十章
민수기 제십장

민10:2,(銀)(會衆)(召集)(陣)(進行)
은 회중 소집 진 진행

민10:3,(會衆)(會幕門)
회중 회막문

민10:4,(千夫長)(族長)
천부장 족장

민10:5,(東便)(陣)(進行)
동편 진 진행

민10:6,(第)(二次)(南便)(陣)(進行)(進行)
제 이차 남편 진 진행 진행

민10:7,(會衆)
회중

민10:8,(子孫)(祭司長)(代代)(永遠)(律例)
자손 제사장 대대 영원 율례

민10:9,(自己)(壓迫)(對敵)(記憶)(對敵)
자기 압박 대적 기억 대적
(救援)
구원

민10:10,(喜樂)(定)(節期)(月朔)(燔祭物)
희락 정 절기 월삭 번제물
(和睦祭物)(記憶)
화목제물 기억

민10:11,(第)(二年)(二月)(二十日)(證據幕)
제 이년 이월 이십일 증거막

민10:12,(子孫)(曠野)(出發)(自己)(行)(曠野)
자손 광야 출발 자기 행 광야

민10:13,(命)(進行)(始作)
명 진행 시작

민10:14,(首頭)(子孫)(陣旗)(贖)(者)(軍隊)
수두 자손 진기 속 자 군대
(進行)(軍隊)(領率)
진행 군대 영솔

민10:15,(子孫)(支派)(軍隊)(領率)
자손 지파 군대 영솔

민10:16,(子孫)(支派)(軍隊)(領率)
자손 지파 군대 영솔

민10:17,(聖幕)(子孫)(子孫)(聖幕)(發行)
성막 자손 자손 성막 발행

민10:18,(陣)(旗)(贖)(者)(軍隊)(發行)
진 기 속 자 군대 발행
(軍隊)(領率)
군대 영솔

민10:19,(子孫)(支派)(軍隊)(領率)
자손 지파 군대 영솔

민10:20,(子孫)(支派)(軍隊)(領率)
자손 지파 군대 영솔

민10:21,(人)(聖物)(進行)(前)(聖幕)
인 성물 진행 전 성막

민10:22,(子孫)(陣)(旗)(贖)(者)(軍隊)
자손 진 기 속 자 군대
(進行)(軍隊)(領率)
진행 군대 영솔

민10:23,(子孫)(支派)(軍隊)(領率)
자손 지파 군대 영솔

민10:24,(子孫)(支派)(軍隊)(領率)
자손 지파 군대 영솔

민10:25,(子孫)(陣)(旗)(贖)(者)(軍隊)(進行)
자손 진 기 속 자 군대 진행
(軍隊)(陣)(後陳)(軍隊)(領率)
군대 진 후진 군대 영솔

민10:26,(子孫)(支派)(軍隊)(領率)
자손 지파 군대 영솔

민10:27,(子孫)(支派)(軍隊)(領率)
자손 지파 군대 영솔

민10:28,(子孫)(進行)(軍隊)
자손 진행 군대

민10:29,(丈人)(進行)(同行)(善待)(福)
장인 진행 동행 선대 복

민10:30,(故鄕)(親族)
고향 친족

민10:31,(請)(當身)(曠野)(陣)
청 당신 광야 진

민10:32,(同行)(福)(當身)(行)
동행 복 당신 행

민10:33,(山)(三日)(行)(言約櫃)(三日)(行)
산 삼일 행 언약궤 삼일 행

민10:34,(行陳)
행진

민10:35,(櫃)(主)(對敵)(主)(者)(主)(逃亡)
궤 주 대적 주 자 주 도망

민10:36,(櫃)(千萬人)
궤 천만인

民數記-(민수기)-第十一章
민수기 제십일장

민11:1,(百姓)(惡)(怨望)(震怒)(中)(陣)
백성 악 원망 진노 중 진

민11:2,(百姓)(祈禱)
백성 기도

민11:3,(稱)(中)(緣故)
칭 중 연고

민11:4,(中)(貪慾)(子孫)
중 탐욕 자손

민11:5,(生鮮)
생선

민11:6,(精力)(衰弱)(外)
정력 쇠약 외

민11:7,(貌樣)(眞珠)
모양 진주
민11:8,(百姓)(菓子)(菓子)
백성 과자 과자
민11:9,(陣)
진
민11:10,(百姓)(家族)(各其)(帳幕門)
백성 가족 각기 장막문
(震怒)(甚)
진노 심
민11:11,(主)(主)(目前)(恩惠(百姓)
주 주 목전 은혜 백성
민11:12,(百姓)(孕胎)(生産)(主)(養育)
백성 잉태 생산 주 양육
(主)(列祖)(盟誓)
주 열조 맹서
민11:13,(百姓)(向)
백성 향
민11:14,(責任)(甚)(重)(百姓)
책임 심 중 백성
민11:15,(主)(行)(求)(恩惠)(卽時)(困苦)
주 행 구 은혜 즉시 곤고
민11:16,(老人)(中)(百姓)(長老)(有司)
로인 중 백성 장로 유사
(者)(七十人)(會幕)
자 칠십인 회막
민11:17,(降臨)(臨)(神)(臨)(百姓)(擔當)
강림 임 신 임 백성 담당
민11:18,(百姓)(來日)
백성 래일
민11:19,(二十日)
이십일
민11:20,(一個月間)(中)(居)(蔑視)
일개월간 중 거 멸시
민11:21,(百姓)步行者)(六十)(萬名)(主)
백성 보행자 육십 만명 주
(一箇月間)
일개월간
민11:22,(爲)(羊)(足)(足)
위 양 족 족
민11:23,(應)(與否)
응 여부
민11:24,(百姓)(告)(百姓)(長老)(七十人)
백성 고 백성 장로 칠십인
(帳幕)
장막
민11:25,(降臨臨)(神)(七十)(長老)(臨)
강림임 신 칠십 장노 임
(神)(臨)(豫言
신 임 예언
민11:26,(錄名)(者)(中)(者)(者)(陣)
녹명 자 중 자 자 진
(會幕(神)(臨)(陣)(豫言)
회막 신 임 진 예언
민11:27,(少年)(告)(陣中)(豫言)
소년 고 진중 예언
민11:28,(擇)(者)(中)(主)(禁)
택 자 중 주 금
민11:29,(爲)(猜忌)(神)(百姓)(先知者)(願)
위 시기 신 백성 선지자 원
민11:30,(長老)(陣中)
장노 진중
민11:31,(陣)(便)(便)(陣)(四方)(各其)(地面)
진 편 편 진 사방 각기 지면
민11:32,(百姓)(終日終夜)(終日)(者)
백성 종일종야 종일 자
(十)(自己)(爲)(陣)(四面)
십 자기 위 진 사면
민11:33,(前)(百姓)(對)(震怒)(甚)(災殃)
전 백성 대 진노 심 재앙
민11:34,(稱)(貪慾)(百姓)(葬事)
칭 탐욕 백성 장사
민11:35,(百姓)(進行)(居)
백성 진행 거

民數記-(민수기)-第十二章
민수기 제십이장

민12:1,(女子)(娶)(女子)(娶)(誹謗)
녀자 취 녀자 취 비방
민12:3,(溫柔)(地面)(勝)
온유 지면 승
민12:4,(三人)(會幕)(三人)
삼인 회막 삼인
민12:5,(降臨)(帳幕門)
강림 장막문
민12:6,(中)(先知者)(異像)
중 선지자 이상
민12:7,(忠誠)
충성
민12:8,(對面)(明白)(隱密)(形像)(誹謗)
대면 명백 은밀 형상 비방
민12:9,(向)(震怒)
향 진노
민12:10,(帳幕)(病)(病)
장막 병 병
민12:11,(主)(愚昧)(罪)(請)
주 우매 죄 청
민12:12,(半)(母胎)(者)
반 모태 자
민12:13,(願)
원
민12:14,(七日間)(陣)(七日)(後)
칠일간 진 칠일 후
민12:15,(陣)(七日)(百姓(進行)
진 칠일 백성 진행
민12:16,(後)(百姓(進行)(曠野)(陣)
후 백성 진행 광야 진

民數記-(민수기)-第十三章
민수기 제십삼장

민13:2,(子孫)(探知)(宗族)(各)(支派)
자손 탐지 종족 각 지파
(中)(族長)(者)
중 족장 자
민13:3,(命)(曠野)(子孫)(頭領)
명 광야 자손 두령

민13:4,(支派)
지파

민13:5,(支派)(
지파

민13:6,(支派)
지파

민13:7,(支派)
지파

민13:8,(支派)
지파

민13:9,(支派)
지파

민13:10,(支派)
지파

민13:11,(支派)(支派)
지파 지파

민13:12,(支派)
지파

민13:13,(支派)
지파

민13:14,(支派)
지파

민13:15,(支派)
지파

민13:16,(探知)(者)(稱)
탐지 자 칭

민13:17,(探知)(南方)(行)(山地)
탐지 남방 행 산지

민13:18,(探知)(居民)(强弱)(多少)
탐지 거민 강약 다소

민13:19,(居)(好不好)(居)(城邑)(鎭營)(山城)
거 호불호 거 성읍 진영 산성

민13:20,(土地)(厚薄)(樹木)(有無)(膽大)
토지 후박 수목 유무 담대
(實果)(葡萄)
실과 포도

민13:21,(探知)(曠野)
탐지 광야

민13:22,(南方)(七年)(前)(子孫)
남방 칠년 전 자손

민13:23,(葡萄)(石榴)(無花果)(取)
포도 석류 무화과 취

민13:24,(子孫)(葡萄)(故)(稱)
자손 포도 고 칭

민13:25,(四十日)(探知)
사십일 탐지

민13:26,(曠野)(子孫)(會衆)(回報)(實果)
광야 자손 회중 회보 실과

민13:27,(報告)(當身)(果然)(實果)
보고 당신 과연 실과

민13:28,(居民)(强)(城邑)(堅固)(甚)(子孫)
거민 강 성읍 견고 심 자손

민13:29,(人)(南方)(居)(人)(人)(人)(山地)
인 남방 거 인 인 인 산지
(居)(人)(海邊)(居)
거 인 해변 거

민13:30,(百姓)(安頓)(取)(能)
백성 안돈 취 능

민13:31,(能)(百姓)(强)
능 백성 강

민13:32,(子孫)(探知)(惡評)(探知)(居民)
자손 탐지 악평 탐지 거민
(百姓)(身長)(長大)(者)
백성 신장 장대 자

민13:33,(後孫)(子孫)(大丈夫)
후손 자손 대장부

民數記-(민수기)-第十四章
민수기 제십사장

민14:1,(會衆)(百姓)(哭)
회중 백성 곡

민14:2,(子孫)(怨望)(會衆)(曠野)
자손 원망 회중 광야

민14:3,(引導)(亡)(妻子)
인도 망 처자

민14:4,(長官)
장관

민14:5,(子孫)(會衆)
자손 회중

민14:6,(探知)(者)(中)
탐지 자 중

민14:7,(子孫)(會衆)(探知)(甚)
자손 회중 탐지 심

민14:8,(引導)(果然)
인도 과연

민14:9,(拒逆)(百姓)(保護者)(
거역 백성 보호자

민14:10,(會衆)(同時)(榮光)(會幕)(子孫)
회중 동시 영광 회막 자손

민14:11,(百姓)(蔑視)(中)(異蹟)(行)
백성 멸시 중 이적 행

민14:12,(傳染病)(滅)(强)
전염병 멸 강

민14:13,(人)(中)(主)(能力)(百姓)(引導)
인 중 주 능력 백성 인도

민14:14,(居民)(告)(主)(百姓)(中)(主)
거민 고 주 백성 중 주
(對面)(主)(主)(行)
대면 주 주 행

민14:15,(主)(百姓)(主)(名聲)(列國)
주 백성 주 명성 열국

민14:16,(百姓)(盟誓)(引導)(能)(故)(曠野)
백성 맹서 인도 능 고 광야

민14:17,(求)(主)(權能)
구 주 권능

민14:18,(怒)(仁慈)(罪惡)(過失)(赦)(刑罰)
노 인자 죄악 과실 사 형벌
(者)(決斷)(赦)(罪惡)(子息)(三)(四代)
자 결단 사 죄악 자식 삼 사대

민14:19,(求)(主)(仁慈)(廣大)(百姓)(罪惡)
구 주 인자 광대 백성 죄악
(赦)(至今)(百姓)(赦)(赦)
사 지금 백성 사 사

민14:20,(赦)
사

민14:21,(眞實)(榮光)(世界)(充滿)(盟誓)
진실 영광 세계 충만 맹서

민14:22,(榮光)(曠野)(行)(異蹟)(番)
영광 광야 행 이적 번
(試驗)(聽從)
시험 청종

민14:23,(祖上)(盟誓)(決斷)(蔑視)
조상 맹서 결단 멸시

민14:24,(穩全)(引導)(子孫)
온전 인도 자손

민14:25,(人)(人)(居)(來日)(紅海)(曠野)
인 인 거 래일 홍해 광야

민14:27,(怨望)(惡)(會衆)(子孫)(向)
원망 악 회중 자손 향
(怨望)(怨望)
원망 원망

민14:28,(盟誓)(行)
맹서 행

민14:29,(屍體)(曠野)(二十歲)(以上)
시체 광야 이십세 이상
(計數)(者)(怨望)(者)(全部)
계수 자 원망 자 전부

민14:30,(外)(盟誓)(居)(決斷)
외 맹서 거 결단

민14:31,(幼兒)(引導)
유아 인도

민14:32,(屍體)(曠野)
시체 광야

민14:33,(子女)(悖逆)(罪(屍體)(曠野)
자녀 패역 죄 시체 광야
(消滅)(四十年)(曠野)(流離)(者)
소멸 사십년 광야 유리 자

민14:34,(探知)(數)(四十日(一年)(換算)
탐지 수 사십일 일년 환산
(四十年間)(罪惡)
사십년간 죄악

민14:35,(拒逆)(惡)(會衆)(斷定)(行)
거역 악 회중 단정 행
(曠野)(消滅)
광야 소멸

민14:36,(探知)(惡評)(會衆)(怨望)
탐지 악평 회중 원망

민14:37,(對)(惡評)(者)(災殃)
대 악평 자 재앙

민14:38,(探知)(中)(生存)
담지 중 생존

민14:39,(子孫)(告)(百姓)
자손 고 백성

민14:40,(山)(許諾)(犯罪)
산 허락 범죄

민14:41,(命令)(犯)(亨通)
명령 범 형통

민14:42,(中)(對敵)(敗
중 대적 패

민14:43,(人)(人)(亡)(背叛
인 인 망 배반

민14:44,(山)(言約櫃)(陣)
산 언약궤 진

민14:45,(人)(山地)(居)(人)(破)
인 산지 거 인 파

民數記-(민수기)-第十五章
민수기 제십오장

민15:2,(子孫)(告)(居)
자손 고 거

민15:3,(火祭)(燔祭)(誓願)(祭)(樂獻祭)
화제 번제 서원 제 낙헌제
(定)(節期祭)(羊)(香氣)
정 절기제 양 향기

민15:4,(禮物)(者)(十分之)(一)(四分之)
예물 자 십분지 일 사분지
(一)(素祭)
일 소제

민15:5,(燔祭)(祭祀)(祭物)(羊)(奠祭)
번제 제사 제물 양 전제
(葡萄酒)(四分)(一)(豫備)
포도주 사분 일 예비

민15:6,(羊)(素祭)(十分之)(二)(三分之)
양 소제 십분지 이 삼분지
(一)(豫備)
일 예비

민15:7,(奠祭)(葡萄酒)(三分之)(一)(香氣)
전제 포도주 삼분지 일 향기

민15:8,(燔祭)(誓願)(祭)(和睦祭(豫備)
번제 서원 제 화목제 예비

민15:9,(素祭)(十分之)(三)(半)
소제 십분지 삼 반

민15:10,(奠祭)(葡萄酒)(半)(香氣)(火祭)
전제 포도주 반 향기 화제

민15:11,(羊)(羊)(數)(行)
양 양 수 행

민15:12,(豫備)(數爻)(各其)(數爻
예비 수효 각기 수효

민15:13,(本土)(所生)(香氣)(火祭)(法)
본토 소생 향기 화제 법

민15:14,(中)(寓居)(他國人)(中)(代代)
중 우거 타국인 중 대대
(者)(香氣)(火祭)
자 향기 화제

민15:15,(會衆)(寓居)(他國人)(律例)
회중 우거 타국인 율례
(代代)(永遠)(律例)(他國人)
대대 영원 율례 타국인

민15:16,(中)(寓居)(他國人)(法度)(規例)
중 우거 타국인 법도 규례

민15:18,(子孫)(告)(引導)
자손 고 인도

민15:19,(糧食)(擧祭)
량식 거제

민15:20,(穀食)(擧祭)(打作)(擧祭)
곡식 거제 타작 거제

민15:21,(穀食)(代代)(擧祭)
곡식 대대 거제

민15:22,(犯罪)(命令)
범죄 명령

민15:23,(命)(命)(以後)(代代)
명 명 이후 대대

민15:24,(會衆)(不知中)(犯罪)(會衆)(香氣)
회중 부지중 범죄 회중 향기
(火祭)(規例)(素祭)(奠祭)(贖罪祭)
화제 규례 소제 전제 속죄제

민15:25,(祭司長)(子孫)(會衆)(爲)(贖罪)
제사장 자손 회중 위 속죄
(赦)(犯罪)(犯罪)(因)(禮物)(火祭)
사 범죄 범죄 인 예물 화제
(贖罪祭)
속죄제

민15:26,(子孫)(會衆)(中)(寓居)(他國人)
자손 회중 중 우거 타국인
(赦)(百姓)(犯罪)
사 백성 범죄

민15:27,(萬一)(犯罪)(一年)(贖罪祭)
만일 범죄 일년 속죄제

민15:28,(祭司長)(犯罪)(罪)(爲)(贖罪)
제사장 범죄 죄 위 속죄
(罪)(贖)(赦)
죄 속 사

민15:29,(子孫)(中)(本土)(所生)(中)(寓居)
자손 중 본토 소생 중 우거
(他國人)(犯罪)(者)(對)(法)(同一)
타국인 범죄 자 대 법 동일

민15:30,(本土)(所生)(他國人)(行)(毁謗)
본토 소생 타국인 행 훼방
(者)(百姓)(中)
자 백성 중

민15:31,(蔑視)(命令)(破壞)(罪惡)(自己)
멸시 명령 파괴 죄악 자기
(穩全)
온전

민15:32,(子孫)(曠野)(居)(安息日)(發見)
자손 광야 거 안식일 발견

민15:33,(者)(發見)(者)(會衆)
자 발견 자 회중

민15:34,(處置)(指示)(故)
처치 지시 고

민15:35,(會衆)(陣)
회중 진

민15:36,(會衆)(陣)(命)
회중 진 명

민15:38,(子孫)(命)(代代)(靑色)
자손 명 대대 청색

민15:39,(誡命)(記憶)(遵行)(放縱)(自己)
계명 기억 준행 방종 자기
(慾心)(爲)
욕심 위

민15:40,(誡命)(記憶)(遵行)
계명 기억 준행

민15:41,(引導)
인도

民數記-(민수기)-第十六章
민수기 제십륙장

민16:1,(曾孫)(孫子)(子孫)(黨)
증손 손자 자손 당

민16:2,(子孫)(總會)(擇)(者)(會衆)(有名)
자손 총회 택 자 회중 유명
(族長)(二百)(五十人)
족장 이백 오십인

민16:3,(分數)(會衆)(各各)(中)(總會)
분수 회중 각각 중 총회

민16:5,(自己)(屬)(者)(者)(者)(自己)(擇)
자기 속 자 자 자 자기 택
(者)(自己)
자 자기

민16:6,(香爐)(取)
향로 취

민16:7,(來日)(香爐)(香)(擇)(者)(子孫)(分數)
래일 향로 향 택 자 자손 분수

민16:8,(子孫)
자손

민16:9,(會衆)(區別)(自己)(聖幕)(奉事)
회중 구별 자기 성막 봉사
(會衆)(代身)
회중 대신

민16:10,(兄弟)(子孫)(祭司長)(職分)(求)
형제 자손 제사장 직분 구

민16:11,(爲)(怨望)
위 원망

민16:13,(曠野)(王)
광야 왕

민16:14,(引導)(葡萄園)(基業)
인도 포도원 기업

민16:15,(甚)(怒)(主)(禮物)(取)(害)
심 노 주 예물 취 해

민16:16,(來日)
래일

민16:17,(各其)(香爐)(香)(各)(香爐)(香爐)
각기 향로 향 각 향로 향로
(二百)(五十)(各各)(香爐)
이백 오십 각각 향로

민16:18,(各其)(香爐)(取)(香)(會幕門)
각기 향로 취 향 회막문

민16:19,(會衆)(會幕門)(對敵)(榮光)(會衆)
회중 회막문 대적 영광 회중

민16:21,(會衆)(瞬息間)(滅)
회중 순식간 멸

민16:22,(肉體)(生命)(犯罪)(會衆)(震怒)
육체 생명 범죄 회중 진노

민16:24,(會衆)(命)(帳幕)(四面)
회중 명 장막 사면

민16:25,(長老)
장노

민16:26,(會衆)(惡人)(帳幕)(物件)(罪中)
회중 악인 장막 물건 죄중
(滅亡)
멸망

민16:27,(帳幕)(四面)(妻子)(幼兒)(自己)
장막 사면 처자 유아 자기
(帳幕門)
장막문

민16:28,(行(任意)(因)
행 임의 인

민16:29,(一般)(當)(罰)(當)(罰)(一般)
일반 당 벌 당 벌 일반

민16:30,(萬一)(行)(所屬)(陰府)(果然)(蔑視)
만일 행 소속 음부 과연 멸시

민16:31,(同時)
동시

민16:32,(家族)(贖)(物件)
가족 속 물건

민16:33,(所屬)(陰府)(合)(總會)(中)(亡)
소속 음부 합 총회 중 망

민16:34,(周圍)(逃亡)
주위 도망

민16:35,(焚香)(二百)(五十人)(燒滅)
분향 이백 오십인 소멸

민16:37,(祭司長)(命)(香爐)(取)(他處)(香爐)
제사장 명 향로 취 타처 향로

민16:38,(犯罪)(生命)(害)(香爐)(香爐(香爐)
범죄 생명 해 향로 향로 향로

(祭壇)(片鐵)(子孫)(標)
제단 편철 자손 표

민16:39,(祭司長(者)(香爐)(取)(祭壇)
제사장 자 향로 취 제단

민16:40,(子孫)(記念物)(子孫)(外人)
자손 기념물 자손 외인

(焚香)(爲)(命)
분향 위 명

민16:41,(子孫)(會衆)(怨望)(百姓)
자손 회중 원망 백성

민16:42,(會衆)(會幕)(會幕)(榮光)
회중 회막 회막 영광

민16:43,(會幕)
회막

민16:45,(會衆)(瞬息間)(滅)
회중 순식간 멸

민16:46,(香爐)(取)(壇)(香)(急)(會衆)(爲)
향로 취 단 향 급 회중 위

(贖罪)(震怒)(染病)(始作)
속죄 진노 염병 시작

민16:47,(命)(香爐)(會衆)(百姓)(中)(染病)
명 향로 회중 백성 중 염병

(始作)(百姓)(爲)(贖罪)
시작 백성 위 속죄

민16:48,(者)(者)(染病)
자 자 염병

민16:49,(者)(外)(染病)(者)(一萬)(四千)
자 외 염병 자 일만 사천

(七百名)
칠백명

민16:50,(染病)(會幕門)
염병 회막문

民數記-(민수기)-第十七章
민수기 제십칠장

민17:2,(子孫)(告)(中)(各)(宗族)(取)(宗族)
자손 고 중 각 종족 취 종족

(族長)(取)(各各)
족장 취 각각

민17:3,(宗族)(各)(頭領)
종족 각 두령

민17:4,(會幕)(證據櫃)
회막 증거궤

민17:5,(擇)(者)(子孫)(對)(怨望)
택 자 자손 대 원망

민17:6,(子孫)(告)(族長)(各其)(宗族)(合)(中)
자손 고 족장 각기 종족 합 중

민17:7,(證據)(帳幕)
증거 장막

민17:8,(證據)(帳幕)(爲)
증거 장막 위

민17:9,(全部)(子孫)(取)(各各)(自己)(取)
전부 자손 취 각각 자기 취

민17:10,(證據櫃)(看直)(悖逆)(者)(對)
증거궤 간직 패역 자 대

(表徵)(對)(怨望)
표징 대 원망

민17:11,(自己)(命)
자기 명

민17:12,(子孫)(亡)(亡)
자손 망 망

민17:13,(者)(聖幕)(者)(亡)
자 성막 자 망

民數記-(민수기)-第十八章
민수기 제십팔장

민18:1,(宗族)(聖所(對)(罪)(擔當)(祭司長)
종족 성소 대 죄 담당 제사장

(職分)(對)(罪)(擔當)
직분 대 죄 담당

민18:2,(兄弟)(支派)(祖上)(支派)
형제 지파 조상 지파

(合同)(證據)(帳幕)
합동 증거 장막

민18:3,(人)(職務)(帳幕)(職務)(聖所)
인 직무 장막 직무 성소

(器具)(壇)
기구 단

민18:4,(人)(合同)(帳幕)(會幕)(職務)(外人)
인 합동 장막 회막 직무 외인

민18:5,(聖所)(職務)(壇)(職務)(震怒(子孫)
성소 직무 단 직무 진노 자손

민18:6,(子孫)(中)(兄弟)(人)(取)膳物)(會幕)
자손 중 형제 인 취 선물 회막

민18:7,(壇)(帳)(對)(祭司長)(職分)
단 장 대 제사장 직분

(祭司長)(職分)(膳物)(外人)
제사장 직분 선물 외인

민18:8,(擧祭物)(子孫)(禮物)(主管)
거제물 자손 예물 주관

(因)(永永)(應食)
인 영영 응식

민18:9,(至聖物)(中)(禮物)(素祭)(贖罪祭)
지성물 중 예물 소제 속죄제

(贖愆祭物)(至極)
속건제물 지극
민18:10,(至極(聖物)(男子)
지극 성물 남자
민18:11,(子孫)(擧祭物)(搖祭物)(子孫)
자손 거제물 요제물 자손
(永永)(應食)(淨潔)(者)
영영 응식 정결 자
민18:12,(所産)(第一)(第一)(葡萄酒)(穀食)
소산 제일 제일 포도주 곡식
민18:13,(淨潔)(者)
정결 자
민18:14,(中)(特別)
중 특별
민18:15,(生物)(代贖)(不淨)代贖)
생물 대속 부정 대속
민18:16,(贖)(一個月)(以後)(定)(聖所)
속 일개월 이후 정 성소
(銀)(贖)(二十)
은 속 이십
민18:17,(羊)(贖)(壇)(香氣)(火祭)
양 속 단 향기 화제
민18:18,(右便)
우편
민18:19,(子孫)(擧祭)(聖物)(永永)(應食)
자손 거제 성물 영영 응식
(子孫)(後孫)(變)(言約)
자손 후손 변 언약
민18:20,(子孫)(基業)(中)(分)(子孫)(中)
자손 기업 중 분 자손 중
(分)(基業)
분 기업
민18:21,(十一條)(子孫)(基業)(會幕)
십일조 자손 기업 회막
민18:22,(後)(子孫)(會幕)(罪)(當
후 자손 회막 죄 당
민18:23,(人)(會幕)(奉事)(自己)(罪)(擔當)
인 회막 봉사 자기 죄 담당
(子孫)(中)(基業)(代代)(永遠)(律例)
자손 중 기업 대대 영원 율례
민18:24,(子孫)(擧祭)(十一條)(人)(基業)
자손 거제 십일조 인 기업
(故)(對)(子孫)(中)(基業)
고 대 자손 중 기업
민18:26,(人)(告)(子孫)(取)(基業)(十一條)
인 고 자손 취 기업 십일조
(取)(十一條)(十一條)(擧祭)
취 십일조 십일조 거제
민18:27,(擧祭物)(打作)(穀物)(葡萄汁)(汁)
거제물 타작 곡물 포도즙 즙
민18:28,(子孫)(十一條)(中)(擧祭)
자손 십일조 중 거제
(擧祭物)(祭司長)
거제물 제사장
민18:29,(禮物)(中)(部分)(取)(擧祭)
예물 중 부분 취 거제
민18:30,(中)(取)(人)(打作)(所出)(葡萄汁)
중 취 인 타작 소출 포도즙

(所出)
소출
민18:31,(眷屬)(會幕)(報酬)
권속 회막 보수
민18:32,(中)(因)(罪)(子孫)(聖物)
중 인 죄 자손 성물

民數記-(민수기)-第十九章
민수기 제십구장

민19:2,(命)(法)(律例)(子孫)(穩全)(欠)
명 법 율례 자손 온전 흠
민19:3,(祭司長(陣)(自己)(目前)
제사장 진 자기 목전
민19:4,(祭司長)(會幕)(向)(番)
제사장 회막 향 번
민19:5,(自己)(目前)
자기 목전
민19:6,(同時)(祭司長)(柏香木)(牛膝草)
동시 제사장 백향목 우슬초
(紅色)(取)(
홍색 취
민19:7,(祭司長(後)(陣)(不淨)
제사장 후 진 부정
민19:8,(者(不淨)
자 부정
민19:9,(淨)(者)(陣)(淨)(子孫)(會衆)(爲)
정 자 진 정 자손 회중 위
(看直)(不淨)(贖罪祭)
간직 부정 속죄제
민19:10,(者)(不淨)(子孫)(中)(寓居)(外人)
자 부정 자손 중 우거 외인
(永遠)(律例)
영원 율례
민19:11,(屍體)(者)(七日)(不淨)
시체 자 칠일 부정
민19:12,(第)(三日)(第)(七日)(淨潔)(淨)
제 삼일 제 칠일 정결 정
(第)(三日)(第)(七日)(淨潔)(不淨)
제 삼일 제 칠일 정결 부정
민19:13,(屍體)(淨潔)(者)(聖幕)(淨潔(不淨)
시체 정결 자 성막 정결 부정
민19:14,(帳幕)(法(帳幕)(者)(帳幕)(者)
장막 법 장막 자 장막 자
(七日)(不淨)
칠일 부정
민19:15,(不淨)
부정
민19:16,(者)(屍體)(七日)(不淨)
자 시체 칠일 부정
민19:17,(不淨)(者)(爲)(罪)(取)
부정 자 위 죄 취
민19:18,(淨)(者)(牛膝草)(取)(帳幕)(器具)
정 자 우슬초 취 장막 기구
(當)(者)(屍體)(者)
당 자 시체 자
민19:19,(淨)(者)(第)(三日)(第)(七日)(不淨)
정 자 제 삼일 제 칠일 부정

(者)(第)(七日)(淨潔)(自己)(淨)
자 제 칠일 정결 자기 정
민19:20,(不淨)(淨潔)(聖所)(總會)(中)
부정 정결 성소 총회 중
(淨潔)(不淨)
정결 부정
민19:21,(永永)(律例)(淨潔)(者)(淨潔)
영영 율례 정결 자 정결
(者)(不淨)
자 부정
민19:22,(不淨)(者)(不淨)(者)(不淨)
부정 자 부정 자 부정

民數記-(민수기)-第二十章
민수기 제이십장

민20:1,(正月)(子孫)(會衆)(曠野)(百姓)
정월 자손 회중 광야 백성
(居)(葬事)
거 장사
민20:2,(會衆)(攻駁)
회중 공박
민20:3,(百姓)(兄弟)
백성 형제
민20:4,(總會)(曠野)(引導)
총회 광야 인도
민20:5,(惡)(引導)(播種)(無花果)(葡萄)
악 인도 파종 무화과 포도
(石榴)
석류
민20:6,(總會)(會幕門)(榮光)
총회 회막문 영광
민20:8,(兄)(會衆)(目前)(磐石)(命)(磐石)
형 회중 목전 반석 명 반석
(會衆)
회중
민20:9,(命)(取)
명 취
민20:10,(總會)(磐石)(悖逆)(爲)(磐石)
총회 반석 패역 위 반석
민20:11,(磐石)(番)(會衆)
반석 번 회중
민20:12,(子孫)(目前)(故)(總會)(引導)
자손 목전 고 총회 인도
민20:13,(子孫)(中)
자손 중
민20:14,(王)(使者)(當身)(兄弟)(當)(苦難)
왕 사자 당신 형제 당 고난
(當身)
당신
민20:15,(列祖)(居)(人)(列祖)(虐待)
열조 거 인 열조 학대
민20:16,(天使)(引導)(當身)(邊方)(城邑)
천사 인도 당신 변방 성읍
민20:17,(請)(當身)(通過)(葡萄園)(通過)
청 당신 통과 포도원 통과
(空)(王)(大路)(通過)(當身)(地境)
공 왕 대로 통과 당신 지경
(左便)(右便)
좌편 우편
민20:18,(王)(對答)(通過)(念慮)
왕 대답 통과 염려
민20:19,(子孫)(大路)(通過)(當身)
자손 대로 통과 당신
(徒步)(通過)
도보 통과
민20:20,(王)(百姓)(强)
왕 백성 강
민20:21,(王)(境內)(通過)(容納)
왕 경내 통과 용납
민20:22,(子孫)(會衆)(進行)(山)
자손 회중 진행 산
민20:23,(邊境)(山)
변경 산
민20:24,(列祖)(子孫)(拒逆)(緣故)
열조 자손 거역 연고
민20:25,(山)
산
민20:26,(列祖)
열조
민20:27,(命)(會衆)(目前)(山)
명 회중 목전 산
민20:28,(山)(山)
산 산
민20:29,(會衆)(族屬)(爲)(三十日)(哀哭)
회중 족속 위 삼십일 애곡

民數記-(민수기)-第二十一章
민수기 제이십일장

민21:1,(南方)(居)(王)(中)
남방 거 왕 중
민21:2,(誓願)(主)(萬一)(百姓)(城邑)(滅)
서원 주 만일 백성 성읍 멸
민21:3,(城邑)(滅)
성읍 멸
민21:4,(百姓)(山)(進行)(紅海)(行)(因)
백성 산 진행 홍해 행 인
(百姓)(傷)
백성 상
민21:5,(百姓)(向)(怨望)(引導)(曠野)
백성 향 원망 인도 광야
(食物)(薄)(食物)
식물 박 식물
민21:6,(百姓)(中)(白姓)(白姓)(中)(者)
백성 중 백성 백성 중 자
민21:7,(百姓)(當身)(向)(怨望)(犯罪)
백성 당신 향 원망 범죄
(祈禱)(百姓)(爲)(祈禱)
기도 백성 위 기도
민21:8,(者)
자
민21:9,(者)
자
민21:10,(子孫)(進行)(陣)
자손 진행 진

민21:11,(進行)(便)(曠野)(陣)
진행 편 광야 진

민21:12,(進行)(陣)
진행 진

민21:13,(進行)(人)(地境)(曠野)(便)(陣)(境界)
진행 인 지경 광야 편 진 경계

민21:14,(政爭記)
정쟁기

민21:15,(向)(境界)
향 경계

민21:16,(命)(百姓)
명 백성

민21:18,(族長)(百姓)(貴人)(笏)(曠野)
족장 백성 귀인 홀 광야

민21:20,(曠野)(山)
광야 산

민21:21,(王)(使者)
왕 사자

민21:22,(當身)(通過)(葡萄園)(空)(當身)
당신 통과 포도원 공 당신
(地境)(王)(大路)(通行)
지경 왕 대로 통행

민21:23,(自己)(地境)(通過)(容納)
자기 지경 통과 용납
(百姓)(曠野)
백성 광야

민21:24,(破)(占領)(子孫)(子孫)(境界)(堅固)
파 점령 자손 자손 경계 견고

민21:25,(城邑)(取)(人)(城邑)(村落)(居)
성읍 취 인 성읍 촌락 거

민21:26,(人)(王)(都城)(前王)(奪取)
인 왕 도성 전왕 탈취

민21:27,(詩人)(城)(堅固)
시인 성 견고

민21:28,(城)(火焰)(主人)(滅)
성 화염 주인 멸

민21:29,(禍)(當)(百姓)(滅亡)(逃亡)(人)
화 당 백성 멸망 도망 인
(王)(捕虜)
왕 포로

민21:30,(滅)(荒廢)
멸 황폐

민21:31,(人)(居)
인 거

민21:32,(偵探)(村落)(取)(人
정탐 촌락 취 인

민21:33,(王)(百姓)
왕 백성

민21:34,(百姓)(居)(人)(王)(行)(行)
백성 거 인 왕 행 행

민21:35,(百姓)(占領)
백성 점령

民數記-(민수기)-第二十二章
민수기 제이십이장

민22:1,(子孫)(進行)(平地)(陣)(便)(便)
자손 진행 평지 진 편 편

민22:2,(人)(行)
인 행

민22:3,(甚)(百姓)(因)(子孫)(緣故)(煩悶)
심 백성 인 자손 연고 번민

민22:4,(長老)(四面)(王)
장노 사면 왕

민22:5,(使者)(本鄕)(江邊)(民族)(地面)
사자 본향 강변 민족 지면
(便)(居)
편 거

민22:6,(强)(請)(爲)(百姓)(詛呪)(或)(福)
강 청 위 백성 저주 혹 복
(者)(福)(詛呪)(者)(詛呪)
자 복 저주 자 저주

민22:7,(長老)(長老)(卜術)(禮物)(告)
장노 장노 복술 예물 고

민22:8,(留宿)(對答)(貴族)(留)
유숙 대답 귀족 유

민22:9,(臨)
임

민22:10,(告)(王(者)
고 왕 자

민22:11,(民族)(地面)(爲)(詛呪)(或)
민족 지면 위 저주 혹

민22:12,(百姓)(詛呪)(福)(者)
백성 저주 복 자

민22:13,(貴族)(許諾)
귀족 허락

민22:14,(貴族)(告)(拒絶)
귀족 고 거절

민22:15,(貴族)
귀족

민22:16,(請)
청

민22:17,(尊貴)(施行)(請)(爲)(百姓)(詛呪)
존귀 시행 청 위 백성 저주

민22:18,(臣下 對答)(銀)(金)(能)
신하 대답 은 금 능

민22:19,(留)
유

민22:20,(臨)(遵行)
임 준행

민22:21,(自己)(鞍裝)(貴族)(行)
자기 안장 귀족 행

민22:22,(行)(因)(震怒)(使者)(自己)
행 인 진노 사자 자기

민22:23,(使者)
사자

민22:24,(使者)(葡萄園)(左右)
사자 포도원 좌우

민22:25,(使者)(傷)
사자 상

민22:26,(使者)(左右)(避)
사자 좌우 피

민22:27,(使者)(怒)(自己)
사자 노 자기

민22:28,(番)
번

민22:29,(拒逆)(緣故)
거 역 연 고
민22:30,(一生)(行習)
일 생 행 습
민22:31,(使者)
사 자
민22:32,(使者)(番)(悖逆)
사 자 번 패 역
민22:33,(番)(避)(萬一)(避)
번 피 만 일 피
민22:34,(使者)(犯罪)(當身)(當身)
사 자 범 죄 당 신 당 신
민22:35,(使者)(貴族)
사 자 귀 족
민22:36,(邊境)(城邑)(迎接)
변 경 성 읍 영 접
민22:37,(特別)(尊貴
특 별 존 귀
민22:38,(任意)
임 의
민22:39,(同行)
동 행
민22:40,(牛羊)(貴族)(待接)
우 양 귀 족 대 접
민22:41,(引導)(山堂)(百姓)(陣)
인 도 산 당 백 성 진

民數記-(민수기)-第二十三章
민 수 기 제이 십 삼 장

민23:1,(爲)(壇)(羊)(準備)
위 단 양 준 비
민23:2,(準備)(後)(每)(壇)(羊)
준 비 후 매 단 양
민23:3,(當身)(燔祭物)(或時)(指示)
당 신 번 제 물 혹 시 지 시
(當身)(告)(沙汰)(山)
당 신 고 사 태 산
민23:4,(臨)(告)(壇)(每)(壇)(羊)
임 고 단 매 단 양
민23:6,(貴族)(燔祭物)
귀 족 번 제 물
민23:7,(王)(東便)(山)(爲)(詛呪)
왕 동 편 산 위 저 주
민23:8,(詛呪)(者)(詛呪)(者)
저 주 자 저 주 자
민23:9,(山)(百姓)(處)(列邦)(中)
산 백 성 처 열 방 중
민23:10,(能)(計算)(四分之)(一)(能)(計數)
능 계 산 사 분 지 일 능 계 수
(義人)(願)(終末)
의 인 원 종 말
민23:11,(行)(怨讐)(詛呪)(穩全)(祝福)
행 원 수 저 주 온 전 축 복
민23:12,(對答)
대 답
민23:13,(爲)(詛呪)
위 저 주
민23:14,(引導)(壇)(每)(壇)(羊)
인 도 단 매 단 양
민23:15,(當身)(燔祭物
당 신 번 제 물
민23:16,(臨)
임
민23:17,(燔祭物)(貴族)
번 제 물 귀 족
민23:18,(仔細)
자 세
민23:19,(人生)(食言)(人子)(後悔)(行)(實行)
인 생 식 언 인 자 후 회 행 실 행
민23:20,(祝福)(命)(祝福)
축 복 명 축 복
민23:21,(悖逆)(王)(中)
패 역 왕 중
민23:22,(引導)
인 도
민23:23,(害)(邪術)(害)(卜術)(對)(論)(行)
해 사 술 해 복 술 대 논 행
민23:24,(百姓)(獅子)(獅子)(前)
백 성 사 자 사 자 전
민23:25,(詛呪)(祝福)
저 주 축 복
민23:26,(對答)(當身)(告)
대 답 당 신 고
민23:27,(引導)(爲)(詛呪)(或時)
인 도 위 저 주 혹 시
민23:28,(引導)(曠野)(山)
인 도 광 야 산
민23:29,(爲)(壇)(羊)(準備)
위 단 양 준 비
민23:30,(行)(每)(壇)(羊)
행 매 단 양

民數記-(민수기)-第二十四章
민 수 기 제이 십 사 장

민24:1,(自己)(祝福)(善)(前)(邪術)(曠野)(向)
자 기 축 복 선 전 사 술 광 야 향
민24:2,(支派)(居)(同時)(神)(臨)
지 파 거 동 시 신 임
민24:3,(者)
자
민24:4,(者)(全能者)(異像)(者)(者)
자 전 능 자 이 상 자 자
민24:5,(帳幕)(居處)
장 막 거 처
민24:6,(江)(沈香木)(柏香木)
강 침 향 목 백 향 목
민24:7,(桶)(種子)(王)(振興)
통 종 자 왕 진 흥
민24:8,(引導)(敵國)
인 도 적 국
민24:9,(獅子)(獅子)(者)(祝福)(者)(福)
사 자 사 자 자 축 복 자 복
(詛呪)(者)(詛呪)
저 주 자 저 주

민24:10,(怒)(怨讐)(詛呪)(番)(祝福)
노 원수 저주 번 축복

민24:11,(甚)(尊貴)(尊貴)
심 존귀 존귀

민24:12,(當身)(使者)(告)
당신 사자 고

민24:13,(假令)(銀金)(善惡間)(任意)(行)
가령 은금 선악간 임의 행

민24:14,(百姓)(百姓)(後日)(當身)(百姓)
백성 백성 후일 당신 백성
(當身)(告)
당신 고

민24:15,(者)
자

민24:16,(者)(至極)(者)(知識)(者)(全能者)
자 지극 자 지식 자 전능자
(異像)(者)(者)(笏)(便)(便)(破)(騷動)
이상 자 자 홀 편 편 파 소동
(子息)(滅)
자식 멸

민24:18,(怨讐)(産業)(怨讐)(産業)
원수 산업 원수 산업
(同時)(勇敢)(行動)
동시 용감 행동

민24:19,(主權者)(者)(城邑)(滅絕)
주권자 자 성읍 멸절

민24:20,(列國)(中)(終末)(滅亡)
열국 중 종말 멸망

민24:21,(族屬)(居處)(堅固)
족속 거처 견고

민24:22,(衰微)(中)(捕虜)
쇠미 중 포로

민24:23,(行)(者)
행 자

민24:24,(海邊)(虐待)(滅亡)
해변 학대 멸망

민24:25,(自己)(自己)
자기 자기

民數記-(민수기)-第二十五章
민수기 제이십오장

민25:1,(百姓)(女子)(淫行)(始作)
백성 녀자 음행 시작

민25:2,(女子)(神)(祭祀)(百姓)(請)(百姓)(神)
녀자 신 제사 백성 청 백성 신

민25:3,(附屬)(震怒)
부속 진노

민25:4,(百姓)(頭領)(太陽)(向)(震怒)
백성 두령 태양 향 진노

민25:5,(士師)(各其)(管轄)(者)(中)(附屬)
사사 각기 관할 자 중 부속

민25:6,(子孫)(會衆)(會幕門)(子孫)(會衆)
자손 회중 회막문 자손 회중
(目前)(女人)(兄弟)
목전 녀인 형제

민25:7,(祭司長)(孫子)(會衆)(槍)
제사장 손자 회중 창

민25:8,(男子)(幕)(男子)(女人)(染病)(子孫)
남자 막 남자 녀인 염병 자손

민25:9,(染病)(者)(二萬)(四千名)
염병 자 이만 사천명

민25:11,(祭司長)(孫子)(嫉妬心)(嫉妬)
제사장 손자 질투심 질투
(子孫)(中)(怒)(嫉妬心)(殄滅)
자손 중 노 질투심 진멸

민25:12,(平和)(言約)
평화 언약

민25:13,(後孫)(永遠)(祭司長)(職分)
후손 영원 제사장 직분
(言約)(爲)(嫉妬)(子孫)(贖罪)
언약 위 질투 자손 속죄

민25:14,(當)(男子)(女人)(當)(者)(人)
당 남자 녀인 당 자 인
(宗族)(中)(族長)
종족 중 족장

민25:15,(當)(女人)(百姓)(宗族)(頭領)
당 녀인 백성 종족 두령

민25:17,(人)(迫害)
인 박해

민25:18,(詭計)(迫害)(族長)(染病)(當)
궤계 박해 족장 염병 당
(姉妹)(事件)(誘惑)
자매 사건 유혹

民數記-(민수기)-第二十六章
민수기 제이십육장

민26:1,(染病)(後)(祭司長)
염병 후 제사장

민26:2,(子孫)(會衆)(總數)(祖上)(調査)
자손 회중 총수 조상 조사
(中)(二十歲)(以上)(能)(者)(計數)
중 이십세 이상 능 자 계수

민26:3,(祭司長)(便)(平地)(告)
제사장 편 평지 고

민26:4,(子孫)(命)(二十歲)(以上)(者)(計數)
자손 명 이십세 이상 자 계수

민26:5,(長子)(子孫)(家族)(家族)
장자 자손 가족 가족

민26:6,(家族)(家族)
가족 가족

민26:7,(家族)(計數)(者)(四萬)(三千)
가족 계수 자 사만 삼천
(七百)(三十名)
칠백 삼십명

민26:9,(會衆)(者)(悖逆)
회중 자 패역

민26:10,(當時)(二百)(五十名)(懲戒)
당시 이백 오십명 징계

민26:12,(子孫)(宗族)(家族)(家族)(家族)
자손 종족 가족 가족 가족

민26:13,(家族)(家族)
가족 가족

민26:14,(宗族)(計數)(者)(二萬)
종족 계수 자 이만

(二千)(二百名)
이천 이백명

민26:15,(子孫)(宗族)(家族)(家族)(家族)
자손 종족 가족 가족 가족

민26:16,(家族)(家族)
가족 가족

민26:17,(家族)(家族)
가족 가족

민26:18,(子孫)(宗族)(計數)(者)
자손 종족 계수 자
(四萬)(五百名)
사만 오백명

민26:20,(子孫)(宗族)(家族)(家族)(家族)
자손 종족 가족 가족 가족

민26:21,(子孫)(家族)(家族)
자손 가족 가족

민26:22,(宗族)(計數)(者)(七萬)
종족 계수 자 칠만
(六千)(五百名)
육천 오백명

민26:23,(子孫)(宗族)(家族)(家族)
자손 종족 가족 가족

민26:24,(家族)(家族)
가족 가족

민26:25,(宗族)(計數)(者)(六萬)
종족 계수 자 육만
(四千)(三百名)
사천 삼백명

민26:26,(子孫)(宗族)(家族)(家族)(家族)
자손 종족 가족 가족 가족

민26:27,(宗族)(計數)(者)(六萬)(五百名)
종족 계수 자 육만 오백명

민26:28,(宗族)
종족

민26:29,(子孫)(中)(家族)(家族)
자손 중 가족 가족

민26:30,(子孫)(家族)(家族)
자손 가족 가족

민26:31,(家族)(家族)
가족 가족

민26:32,(家族)(家族)
가족 가족

민26:34,(宗族)(計數)(者)(五萬)
종족 계수 자 오만
(二千)(七百名)
이천 칠백명

민26:35,(子孫)(宗族)(家族)(家族)(家族)
자손 종족 가족 가족 가족

민26:36,(子孫)(家族)
자손 가족

민26:37,(子孫)(宗族)(計數)(者)(三萬)(二千)
자손 종족 계수 자 삼만 이천
(五百名)(以上)(宗族)(子孫)
오백명 이상 종족 자손

민26:38,(子孫)(宗族)(家族)(家族)(家族)
자손 종족 가족 가족 가족

민26:39,(家族)(家族)
가족 가족

민26:40,(家族)(家族)
가족 가족

민26:41,(宗族)(子孫)(計數)(者)(四萬)
종족 자손 계수 자 사만
(五千)(六百名)
오천 육백명

민26:42,(子孫)(宗族)(家族)(宗族)(家族)
자손 종족 가족 종족 가족

민26:43,(家族)(計數)(者)(六萬)
가족 계수 자 육만
(四千)(四百名)
사천 사백명

민26:44,(子孫)(宗族)(家族)(家族)(家族)
자손 종족 가족 가족 가족

민26:45,(子孫)(中)(家族)(家族)
자손 중 가족 가족

민26:47,(子孫)(宗族)(計數)(者)(五萬)
자손 종족 계수 자 오만
(三千)(四百名)
삼천 사백명

민26:48,(子孫)(宗族)(家族)(家族)
자손 종족 가족 가족

민26:49,(家族)(家族)
가족 가족

민26:50,(宗族)(家族)(計數)(者)(四萬)
종족 가족 계수 자 사만
(五千)(四百名)
오천 사백명

민26:51,(子孫)(計數)(者)(六十)(一千)
자손 계수 자 육십 일천
(七百)(三十名)
칠백 삼십명

민26:53,(計數)(基業)
계수 기업

민26:54,(數)(者)(基業)(數)(者)(基業)
수 자 기업 수 자 기업
(計數)(數)(各其)(基業)
계수 수 각기 기업

민26:55,(祖上)(支派)
조상 지파

민26:56,(多少)(勿論)(基業)
다소 물론 기업

민26:57,(人)(計數)(者)(宗族)(家族)
인 계수 자 종족 가족
(家族)(家族)
가족 가족

민26:58,(宗族)(家族)(家族)(家族)
종족 가족 가족 가족
(家族)(家族)
가족 가족

민26:59,(妻)(者)
처 자

민26:62,(人)(一個月)(以上)(計數)(男子)
인 일개월 이상 계수 남자
(二萬)(三千名)(子孫)(中)(計數)
이만 삼천명 자손 중 계수
(子孫)(中)(基業)
자손 중 기업

민26:63,(祭司長)(計數)(者)(便)(平地)
제사장 계수 자 편 평지
(子孫)(計數)(中)
자손 계수 중

민26:64,(祭司長)(曠野)(計數)(子孫)
제사장 광야 계수 자손

민26:65,(對)(曠野)(外)
대 광야 외

民數記-(민수기)-第二十七章
민수기 제이십칠장

민27:1,(家族)(玄孫)(曾孫)(孫子)
가족 현손 증손 손자

민27:2,(會幕門)(祭司長)(族長)(會衆)
회막문 제사장 족장 회중

민27:3,(曠野)(自己)(罪)
광야 자기 죄

민27:4,(家族)(中)(削除)(兄弟)(中)(基業)
가족 중 삭제 형제 중 기업

민27:5,(事緣)(稟)
사연 품

민27:7,(兄弟)(中)(基業)(基業)
형제 중 기업 기업

민27:8,(子孫)(告)(基業)
자손 고 기업

민27:9,(基業)(兄弟)
기업 형제

민27:10,(兄弟)(基業)(兄弟)
형제 기업 형제

민27:11,(兄弟)(基業)(親族)(命)(子孫)
형제 기업 친족 명 자손
(判決)(律例)
판결 율례

민27:12,(山)(子孫)
산 자손

민27:13,(後)(兄)(祖上)
후 형 조상

민27:14,(曠野)(會衆)(紛爭)(命)(拒逆)
광야 회중 분쟁 명 거역
(目前)(曠野)
목전 광야

민27:16,(肉體)(生命)(願)(會衆)
육체 생명 원 회중

민27:17,(出入)(引導)(出入)(會衆)(牧者)(羊)
출입 인도 출입 회중 목자 양

민27:18,(神)(感動)(者)(按手)
신 감동 자 안수

민27:19,(祭司長)(會衆)(目前)(委托)
제사장 회중 목전 위탁

민27:20,(尊貴)(子孫)(會衆)(服從)
존귀 자손 회중 복종

민27:21,(祭司長)(爲)(判決法)(子孫)(會衆)
제사장 위 판결법 자손 회중

민27:22,(自己)(命)(祭司長)(會衆)
자기 명 제사장 회중

민27:23,(按手)(委托)(自己)(命)
안수 위탁 자기 명

民數記-(민수기)-第二十八章
민수기 제이십팔장

민28:2,(子孫)(命)(禮物)(食物)(火祭)
자손 명 예물 식물 화제
(香氣)(定)(時期)
향기 정 시기

민28:3,(火祭)(一年)(欠)(羊)(每日)(常燔祭)
화제 일년 흠 양 매일 상번제

민28:4,(羊)(羊)
양 양

민28:5,(十分之)(一)(四分之)(一)(素祭)
십분지 일 사분지 일 소제

민28:6,(山)(定)(常燔祭)(香氣)(火祭)
산 정 상번제 향기 화제

민28:7,(奠祭)(羊)(四分之)(一)(毒酒)(奠祭)
전제 양 사분지 일 독주 전제

민28:8,(羊)(素祭)(奠祭)(香氣)(火祭)
양 소제 전제 향기 화제

민28:9,(安息日)(一年)(欠)(羊)(十分之)
안식일 일년 흠 양 십분지
(二)(素祭)(奠祭)
이 소제 전제

민28:10,(每)(安息日)(燔祭)(常燔祭)
매 안식일 번제 상번제
(奠祭)(外)
전제 외

민28:11,(月朔)(羊)(一年)(欠)(羊)(燔祭)
월삭 양 일년 흠 양 번제

민28:12,(每)(十分之)(三)(素祭)(羊)
매 십분지 삼 소제 양
(十分之)(二)(素祭)
십분지 이 소제

민28:13,(每)(羊)(十分之)(一)(素祭)
매 양 십분지 일 소제
(香氣)(燔祭)(火祭)
향기 번제 화제

민28:14,(奠祭)(葡萄酒)(半)(羊)(三分之)
전제 포도주 반 양 삼분지
(一)(羊)(四分之)(一)(一年)(中)
일 양 사분지 일 일년 중
(每)(月朔)(燔祭)
매 월삭 번제

민28:15,(常燔祭)(奠祭)(外)(贖罪祭)
상번제 전제 외 속죄제

민28:16,(正月)(十四日)(逾越節)
정월 십사일 유월절

민28:17,(十)(五日)(節日)(七日)(無酵餠)
십 오일 절일 칠일 무효병

민28:18,(聖會)(勞動)
성회 로동

민28:19,(羊)(一年)(羊)(欠)(火祭)(燔祭)
양 일년 양 흠 화제 번제

민28:20,(素祭)(十分之)(三)(羊)(十分之)(二)
소제 십분지 삼 양 십분지 이

민28:21,(羊)(每)(羊)(十分之)(一)
양 매 양 십분지 일

민28:22,(贖)(爲)(贖罪祭)
속 위 속죄제

민28:23,(燔祭)(常燔祭)(外)
번제 상번제 외
민28:24,(順序)(七日)(每日)(香氣)(火祭)
순서 칠일 매일 향기 화제
(食物)(常燔祭)(奠祭)(外)
식물 상번제 전제 외
민28:25,(第)(七日)(聖會)(勞動)
제 칠일 성회 로동
민28:26,(七七節)(素祭)(聖會)(勞動)
칠칠절 소제 성회 로동
민28:27,(羊)(一年)(羊)(香氣)(燔祭)
양 일년 양 향기 번제
민28:28,(素祭)(每(十分之)(三)(羊)
소제 매 십분지 삼 양
(十分之)(二)
십분지 이
민28:29,(羊)(每)(羊)(十分之)(一)
양 매 양 십분지 일
민28:30,(贖)(爲)
속 위
민28:31,(欠)(常燔祭)(素祭)(奠祭)(外)
흠 상번제 소제 전제 외

民數記-(민수기)-第二十九章
민수기 제이십구장

민29:1,(七月)(初一日)(聖會)(勞動)
칠월 초일일 성회 로동
민29:2,(羊)(一年)(欠)(羊)(香氣)(燔祭)
양 일년 흠 양 향기 번제
민29:3,(素祭)(十分之)(三)(羊)(十分之)(二)
소제 십분지 삼 양 십분지 이
민29:4,(羊)(每)(羊)(十分之)(一)
양 매 양 십분지 일
민29:5,(贖)(爲)(贖罪祭)
속 위 속죄제
민29:6,(月朔)(燔祭)(素祭)(常燔祭)(素祭)
월삭 번제 소제 상번제 소제
(奠祭)(外)(規例)(香氣)(火祭)
전제 외 규례 향기 화제
민29:7,(七月)(十日)(聖會)(勞動)
칠월 십일 성회 로동
민29:8,(羊)(一年)(羊)(欠)(香氣)(燔祭)
양 일년 양 흠 향기 번제
민29:9,(素祭)(十分之)(三)(羊)(十分之)(二)
소제 십분지 삼 양 십분지 이
민29:10,(羊)(每)(羊)(十分之)(一)
양 매 양 십분지 일
민29:11,(贖罪祭)(贖罪祭)(常燔祭)
속죄제 속죄제 상번제
(素祭)(奠祭)(外)
소제 전제 외
민29:12,(七月)(十五日)(聖會)(勞動)
칠월 십오일 성회 로동
(七日)(節期)
칠일 절기
민29:13,(燔祭)(香氣)(火祭)(羊)(一年)(羊)(欠)
번제 향기 화제 양 일년 양 흠
민29:14,(素祭)(各其)(十分之)(三)(羊)
소제 각기 십분지 삼 양
(各其)(十分之)(二)
각기 십분지 이
민29:15,(羊)(各其)(十分之)(一)
양 각기 십분지 일
민29:16,(贖罪祭)(常燔祭)(素祭)(奠祭)(外)
속죄제 상번제 소제 전제 외
민29:17,(羊)(一年)(欠)(羊)(
양 일년 흠 양
민29:18,(素祭)(奠祭(羊)(羊)(數爻)(規例)
소제 전제 양 양 수효 규례
민29:19,(贖罪祭)(常燔祭)(素祭)(奠祭)(外)
속죄제 상번제 소제 전제 외
민29:20,(羊)(一年)(欠)(羊)(
양 일년 흠 양
민29:21,(素祭)(奠祭(羊)(羊)(數爻)(規例)
소제 전제 양 양 수효 규례
민29:22,(贖罪祭)(常燔祭)(素祭)(奠祭)(外)
속죄제 상번제 소제 전제 외
민29:23,(羊)(一年)(欠)(羊)
양 일년 흠 양
민29:24,(素祭)(奠祭(羊)(羊)(數爻)(規例)
소제 전제 양 양 수효 규례
민29:25,(贖罪祭)(常燔祭)(素祭)(奠祭)(外)
속죄제 상번제 소제 전제 외
민29:26,(羊)(一年)(欠)(羊)
양 일년 흠 양
민29:27,(素祭)(奠祭(羊)(羊)(數爻)(規例)
소제 전제 양 양 수효 규례
민29:28,(贖罪祭)(常燔祭)(素祭)(奠祭)(外)
속죄제 상번제 소제 전제 외
민29:29,(羊)(一年)(欠)(羊)
양 일년 흠 양
민29:30,(素祭)(奠祭(羊)(羊)(數爻)(規例)
소제 전제 양 양 수효 규례
민29:31,(贖罪祭)(常燔祭)(素祭)(奠祭)(外)
속죄제 상번제 소제 전제 외
민29:32,(羊)(一年)(欠)(羊)(
양 일년 흠 양
민29:33,(素祭)(奠祭(羊)(羊)(數爻)(規例)
소제 전제 양 양 수효 규례
민29:34,(贖罪祭)(常燔祭)(素祭)(奠祭)(外)
속죄제 상번제 소제 전제 외
민29:35,(大會)(勞動)
대회 로동
민29:36,(素祭)(奠祭(羊)(羊)(數爻)(規例)
소제 전제 양 양 수효 규례
민29:37,(贖罪祭)(常燔祭)(素祭)(奠祭)(外)
속죄제 상번제 소제 전제 외
민29:38,(燔祭)(香氣)(火祭)(羊)(一年)(欠)(羊)
번제 향기 화제 양 일년 흠 양
민29:39,(節期)(當)(誓願祭)(樂獻祭)(外)
절기 당 서원제 낙헌제 외
(燔祭)(素祭)(奠祭)(和睦祭)
번제 소제 전제 화목제
민29:40,(自己)(命)(子孫)(告)
자기 명 자손 고

民數記-(민수기)-第三十章
민 수 기 제삼십장

민30:1,(子孫)(支派)(頭領)(命令)
자손 지파 두령 명령

민30:2,(誓願)(制馭)(誓約)(破約)(行)
서원 제어 서약 파약 행

민30:3,(女子)(萬一)(誓願)(制馭)
녀자 만일 서원 제어

민30:4,(誓願)(制馭)(誓約)(誓願)(行)
서원 제어 서약 서원 행
(制馭)(誓約)
제어 서약

민30:5,(許諾)(誓願)(制馭)(誓約)(許諾)(赦)
허락 서원 제어 서약 허락 사

민30:6,(或時)(男便)(誓願)(制馭)(誓約)
혹시 남편 서원 제어 서약
(輕率)(發)
경솔 발

민30:7,(男便)(誓願)(行)(制馭)(誓約)
남편 서원 행 제어 서약

민30:8,(男便)(許諾)(誓願)(制馭)(輕率)
남편 허락 서원 제어 경솔
(發)(誓約)(無效)(女子)(赦)
발 서약 무효 녀자 사

민30:9,(寡婦)(離婚)(當)(女子)(誓願)
과부 이혼 당 녀자 서원
(制馭)(誓約)
제어 서약

민30:10,(婦女)(或時)(男便)(誓願)(制馭)
부녀 혹시 남편 서원 제어
(誓約)
서약

민30:11,(男便)(禁)(誓願)(行)(制馭)(誓約)
남편 금 서원 행 제어 서약

민30:12,(男便)(無效)(誓願)(制馭)(對)
남편 무효 서원 제어 대
(男便)(無效)(婦女)(赦)
남편 무효 부녀 사

민30:13,(誓願)(誓約)(男便)(無效)
서원 서약 남편 무효

민30:14,(男便)(一向)(誓願)(制馭)
남편 일향 서원 제어

민30:15,(男便)(後)(無效)(罪)(擔當)
남편 후 무효 죄 담당

민30:16,(命)(律例)(男便)(自己)(幼年)
명 율례 남편 자기 유년
(女子)(對)
녀자 대

民數記-(민수기)-第三十一章
민 수 기 제삼십일장

민31:2,(子孫)(怨讐)(後)(祖上)
자손 원수 후 조상

민31:3,(百姓)(中)(擇)(準備)(怨讐)
백성 중 택 준비 원수

민31:4,(支派)(對)(各)(支派)(一千人)
지파 대 각 지파 일천인

민31:5,(每)(支派)(一千人)(千萬人)(中)
매 지파 일천인 천만인 중
(一萬)(二千人)(擇)(武裝)
일만 이천인 택 무장

민31:6,(每)(支派)(一千人)(祭司長)(聖所)
매 지파 일천인 제사장 성소
(器具)(信號)
기구 신호

민31:7,(命)(男子)
명 남자

민31:8,(者)(外)(王)(王)
자 외 왕 왕

민31:9,(子孫)(婦女)(家畜)(羊)(財物)(奪取)
자손 부녀 가축 양 재물 탈취

민31:10,(居處)(城邑)(村落)
거처 성읍 촌락

민31:11,(奪取)(擄掠)(取)
탈취 노약 취

민31:12,(者)(擄掠)(奪取)(便)(平地)(陣)
자 노약 탈취 편 평지 진
(祭司長)(子孫)(會衆)
제사장 자손 회중

민31:13,(祭司長)(會衆)(族長)(陣)(迎接)
제사장 회중 족장 진 영접

민31:14,(軍隊)(長官)(千夫長)(百夫長)(怒)
군대 장관 천부장 백부장 노

민31:15,(女子)
녀자

민31:16,(子孫)(事件)(犯罪)(會衆)(染病)
자손 사건 범죄 회중 염병

민31:17,(中)(男子)(男子)(同寢)(女子)
중 남자 남자 동침 녀자

민31:18,(男子)(同寢)(女子)(爲)
남자 동침 녀자 위

민31:19,(七日)(陣)(駐屯)(殺人者)(當)(屍體)
칠일 진 주둔 살인자 당 시체
(者)(第)(三日)(第)(七日)(捕虜)
자 제 삼일 제 칠일 포로

민31:20,(衣服)
의복

민31:21,(祭司長)(軍人)(命)(法律)
제사장 군인 명 법률

민31:22,(金)(銀)(銅)(鐵)
금 은 동 철

민31:23,(物件)(淨潔)
물건 정결

민31:24,(第)(七日)(後)(陣)
제 칠일 후 진

민31:26,(祭司長)(會衆)(族長)(奪取)(計數)
제사장 회중 족장 탈취 계수

민31:27,(物件)(半分)(折半)(軍人)(折半)
물건 반분 절반 군인 절반
(會衆)
회중

민31:28,(軍人)(羊)(五百分之)(一)
군인 양 오백분지 일

민31:29,(折半)(取)(擧祭)(祭司長)
절반 취 거제 제사장

민31:30,(子孫)(折半)(羊)(各種)(五十分之)
자손 절반 양 각종 오십분지
(一)(取)(聖幕)(人)
일 취 성막 인

민31:31,(祭司長)(命)
제사장 명

민31:32,(奪取)(軍人)(奪取)(外)(羊)(六十)
탈취 군인 탈취 외 양 육십
(七萬)(五千)
칠만 오천

민31:33,(七萬)(二千)
칠만 이천

민31:34,(六萬)(一千)
육만 일천

민31:35,(男子)(同寢)(女子)(都合)(三萬)
남자 동침 녀자 도합 삼만
(二千)
이천

민31:36,(折半)(者)(所有)(羊)(三十)(三萬)
절반 자 소유 양 삼십 삼만
(七千)(五百)
칠천 오백

민31:37,(稅)(羊)(六百)(七十)(五)
세 양 육백 칠십 오

민31:38,(三萬)(六千)(中)(稅)(七十)(二頭)
삼만 육천 중 세 칠십 이두

민31:39,(三萬)(五百)(中)(稅)(六十)(一)
삼만 오백 중 세 육십 일

민31:40,(一萬)(六千)(中)(稅)(者)(三十)(二名)
일만 육천 중 세 자 삼십 이명

민31:41,(擧祭)(稅)(祭司長)(命)
거제 세 제사장 명

민31:42,(者)(取)(子孫)(折半)
자 취 자손 절반

민31:43,(會衆)(折半)(羊)(三十)(三萬)(七千)
회중 절반 양 삼십 삼만 칠천
(五百)
오백

민31:44,(三萬)(六千)
삼만 육천

민31:45,(三萬)(五百)
삼만 오백

민31:46,(一萬)(六千)
일만 육천

민31:47,(子孫)(折半)(五十分之)(一)(取)
자손 절반 오십분지 일 취
(帳幕)(人)(命)
장막 인 명

민31:48,(軍隊)(長官)(千夫長)(百夫長)
군대 장관 천부장 백부장

민31:49,(告)(當身)(領率)(軍人)(計數)(中)(縮)
고 당신 영솔 군인 계수 중 축

민31:50,(各)(金)(佩物)(印章斑指)(禮物)
각 금 패물 인장반지 예물
(生命)(爲)(贖罪)
생명 위 속죄

민31:51,(祭司長)(金)(佩物)(取)
제사장 금 패물 취

민31:52,(千夫長)(百夫長)(擧祭)(金)(都合)
천부장 백부장 거제 금 도합
(一萬)(六千)(七百)(五十)
일만 육천 칠백 오십

민31:53,(軍人)(各其)(自己)(爲)(奪取)
군인 각기 자기 위 탈취

민31:54,(祭司長)(千夫長)(百夫長)(金)(取)
제사장 천부장 백부장 금 취
(會幕)(子孫)(記念)
회막 자손 기념

民數記-(민수기)-第三十二章
민수기 제삼십이장

민32:1,(子孫)(子孫)(甚)(家畜)(家畜)(適當)
자손 자손 심 가축 가축 적당

민32:2,(子孫)(子孫)(祭司長)(會衆)(族長)
자손 자손 제사장 회중 족장

민32:4,(會衆)(滅)(家畜)(適當)(當身)(家畜)
회중 멸 가축 적당 당신 가축

민32:5,(萬一)(當身)(恩惠)(當身)(産業)
만일 당신 은혜 당신 산업

민32:6,(子孫)(子孫)(兄弟)
자손 자손 형제

민32:7,(子孫)(落心)
자손 락심

민32:8,(列祖)
열조

민32:9,(子孫)(落心)
자손 락심

민32:10,(震怒)(盟誓)
진노 맹서

민32:11,(者)(二十歲)(以上)(盟誓)(丁寧)
자 이십세 이상 맹서 정녕
(穩全)(順從)
온전 순종

민32:12,(穩全)(順從)
온전 순종

민32:13,(震怒)(四十年)(曠野)(流離)(故)
진노 사십년 광야 유리 고
(目前)(惡)(行)(世代)(畢竟)(消滅)
목전 악 행 세대 필경 소멸

민32:14,(列祖)(繼代)(罪人)(種類)(向)(怒)(甚)
열조 계대 죄인 종류 향 노 심

민32:15,(萬一)(百姓)(曠野)(百姓)(滅亡)
만일 백성 광야 백성 멸망

민32:16,(家畜)(爲)(幼兒)(爲)(城邑)(建築)
가축 위 유아 위 성읍 건축

민32:17,(居民)(緣故)(幼兒)(堅固)(城邑)
거민 연고 유아 견고 성읍
(居)(後)(武裝)(子孫)(引導)(行)
거 후 무장 자손 인도 행

민32:18,(子孫)(各其)(基業)
자손 각기 기업

민32:19,(便)(東便)(産業)(便)(基業)
편 동편 산업 편 기업

민32:20,(萬一)(行)(武裝)
만일 행 무장

민32:21,(武裝)(怨讐)(自己)
무 장 원 수 자 기
민32:22,(服從)(無罪)(産業)
복 종 무 죄 산 업
민32:23,(萬一)(犯罪)(罪)(丁寧)
만 일 범 죄 죄 정 녕
민32:24,(幼兒)(爲)(城邑)(建築)(羊)(爲)(行)
유 아 위 성 읍 건 축 양 위 행
민32:25,(子孫)(子孫)(對答)(主)(命)(行)
자 손 자 손 대 답 주 명 행
민32:26,(者)(羊)(家畜)(城邑)
자 양 가 축 성 읍
민32:27,(主)(武裝)
주 무 장
민32:28,(對)(祭司長)(子孫)(支派)(頭領)(命)
대 제 사 장 자 손 지 파 두 령 명
민32:29,(子孫)(子孫)(萬一)(各其)(武裝)
자 손 자 손 만 일 각 기 무 장
(降服)(産業)
항 복 산 업
민32:30,(萬一)(武裝)(中)(産業)
만 일 무 장 중 산 업
민32:31,(子孫)(子孫)對答)(當身)(命)(行)
자 손 자 손 대 답 당 신 명 행
민32:32,(武裝)(便)(産業)
무 장 편 산 업
민32:33,(子孫)(子孫)(半)(支派)(人)(王)
자 손 자 손 반 지 파 인 왕
(國土)(王)(國土)(境內)(城邑)
국 토 왕 국 토 경 내 성 읍
(城邑)(四面)
성 읍 사 면
민32:34,(子孫)
자 손
민32:36,(堅固)(城邑)(建築)(羊)(爲)
견 고 성 읍 건 축 양 위
민32:37,(子孫)
자 손
민32:38,(建築)(建築)(建築)(城邑)
건 축 건 축 건 축 성 읍
민32:39,(子孫)(取)(人)
자 손 취 인
민32:40,(居)
거
민32:41,(村落)(取)(稱)
촌 락 취 칭
민32:42,(鄕村)(取)(自己)(稱)
향 촌 취 자 기 칭

民數記-(민수기)-第三十三章
민 수 기 제 삼 십 삼 장

민33:1,(子孫)(管轄下)(行伍)(路程
자 손 관 할 하 항 오 노 정
민33:2,(命)(路程)(進行)(記錄)(進行)(路程)
명 노 정 진 행 기 록 진 행 노 정
민33:3,(正月)(十五日)(發行)(逾越節)
정 월 십 오 일 발 행 유 월 절
(子孫)(目前)(權能)
자 손 목 전 권 능
민33:4,(人)(中)(長子)(葬事)(神)(罰)
인 중 장 자 장 사 신 벌
민33:5,(子孫)(發行)(陣)
자 손 발 행 진
민33:6,(發行)(曠野)(陣)
발 행 광 야 진
민33:7,(發行)(陣)
발 행 진
민33:8,(發行)(曠野)(曠野)(三日)(陣)
발 행 광 야 광 야 삼 일 진
민33:9,(發行)(棕櫚)(七十株)(陣)
발 행 종 려 칠 십 주 진
민33:10,(發行)(紅海)(陣)
발 행 홍 해 진
민33:11,(紅海)(發行)(曠野)(陣)
홍 해 발 행 광 야 진
민33:12,(曠野)(發行)
광 야 발 행
민33:13,(陣)(發行)(陣)
진 발 행 진
민33:14,(發行)(陣)(百姓)
발 행 진 백 성
민33:15,(發行)(曠野)(陣)
발 행 광 야 진
민33:16,(曠野)(發行)(陣)
광 야 발 행 진
민33:17,(發行)(陣)
발 행 진
민33:18,(發行)(陣)
발 행 진
민33:19,(發行)(陣)
발 행 진
민33:20,(發行)(陣)
발 행 진
민33:21,(發行)(陣)
발 행 진
민33:22,(發行)(陣)
발 행 진
민33:23,(發行)(山)(陣)
발 행 산 진
민33:24,(山)(發行)(陣)
산 발 행 진
민33:25,(發行)(陣)
발 행 진
민33:26,(發行)(陣)
발 행 진
민33:27,(發行)(陣)
발 행 진
민33:28,(發行)(陣)
발 행 진
민33:29,(發行)(陣)
발 행 진
민33:30,(發行)(陣)
발 행 진
민33:31,(發行)(陣)
발 행 진

민33:32,(發行(陣)
발행 진
민33:33,(發行)(陣)
발행 진
민33:34,(發行)(陣)
발행 진
민33:35,(發行)(陣)
발행 진
민33:36,(發行)(曠野)(陣)
발행 광야 진
민33:37,(發行)(國境)(山)(陣)
발행 국경 산 진
민33:38,(子孫)(四十年)(五月)(一日)
자손 사십년 오월 일일
(祭司長)(命)(山)
제사장 명 산
민33:39,(山)(一百)(二十三歲)
산 일백 이십삼세
민33:40,(南方)(居)(王)
남방 거 왕
민33:41,(山)(發行(陣)
산 발행 진
민33:42,(發行)(陣)
발행 진
민33:43,(發行)(陣)
발행 진
민33:44,(發行)(邊境)(陣)
발행 변경 진
민33:45,(發行)(陣)
발행 진
민33:46,(發行)(陣)
발행 진
민33:47,(發行)(山)(陣)
발행 산 진
민33:48,(山)(發行)(便)(平地)(陣)
산 발행 편 평지 진
민33:49,(平地)(陣)
평지 진
민33:50,(便)(平地)
편 평지
민33:51,(子孫)
자손
민33:52,(居民)(石像)(偶像)(破滅)
거민 석상 우상 파멸
(山堂)(毁破)
산당 훼파
민33:53,(取)(居)(産業)
취 거 산업
민33:54,(家族)(數)(基業)(基業)(各其)
가족 수 기업 기업 각기
(所有)(列祖)(支派)(基業)
소유 열조 지파 기업
민33:55,(萬一)(居民)(者)(居)
만일 거민 자 거
민33:56,(行)(行)
행 행

民數記-(민수기)-第三十四章
민수기 제삼십사장

민34:2,(子孫)(命)(基業)(四方)(地境)
자손 명 기업 사방 지경
민34:3,(南方)(接近)(曠野)(男便)(境界)(東便)(鹽
남방 접근 광야 남편 경계 동편 염
海)(始作)
해 시작
민34:4,(南便)(南方)
남편 남방
민34:6,(西便)(境界)大海)(境界)(西便)(境界)
서편 경계 대해 경계 서편 경계
민34:7,(北便)(境界)大海)(山)곳고
북편 경계 대해 산
민34:8,(山)
산
민34:9,(境界)(北便)(境界)
경계 북편 경계
민34:10,(東便)(境界)
동편 경계
민34:11,(境界)(東便)(東便)(海邊)
경계 동편 동편 해변
민34:12,(境界)(鹽海)(四方)(境界)
경계 염해 사방 경계
민34:13,(子孫)(命)(支派)(半)(支派)(命)
자손 명 지파 반 지파 명
민34:14,(子孫)(支派)(子孫)(支派)(宗族)
자손 지파 자손 지파 종족
(基業)(半)(支派)(基業)
기업 반 지파 기업
민34:15,(支派)(半)(支派)(便)(便)(便)(基業)
지파 반 지파 편 편 편 기업
민34:17,(基業)(者)(祭司長)
기업 자 제사장
민34:18,(基業)(爲)(每)(支派)(族長)(擇)
기업 위 매 지파 족장 택
민34:19,(支派)
지파
민34:20,(支派)
지파
민34:21,(支派)
지파
민34:22,(子孫)(支派)(族長)
자손 지파 족장
민34:23,(子孫)(中)(子孫)(支派)(族長)
자손 중 자손 지파 족장
민34:24,(子孫)(支派)(族長)(
자손 지파 족장
민34:25,(子孫)(支派)(族長)
자손 지파 족장
민34:26,(子孫)(支派)(族長)
자손 지파 족장
민34:27,(子孫)(支派)(族長)
자손 지파 족장
민34:28,(子孫)(支派)(族長)
자손 지파 족장
민34:29,(命)(子孫)(基業)(者)
명 자손 기업 자

民數記-(민수기)-第三十五章
민수기 제삼십오장

민35:1,(便)(平地)
편 평지

민35:2,(子孫)(命)(基業)(人)(居)(城邑)
자손 명 기업 인 거 성읍
(城邑)(四面)(人)
성읍 사면 인

민35:3,(城邑)(居處)(家畜)(物産)
성읍 거처 가축 물산

민35:4,(人)(城邑)(城壁)(四面)(二千)
인 성읍 성벽 사면 이천

민35:5,(城)(中央)(城)(東便)(二千)(南便)
성 중앙 성 동편 이천 남편
(二千)(西便)(二千)(北便)(二千)
이천 서편 이천 북편 이천
(測量)(城邑)
측량 성읍

민35:6,(人)(城邑)(殺人者)(避)(逃避城)
인 성읍 살인자 피 도피성
(城邑)(外)(四十)(二)(城邑)
성읍 외 사십 이 성읍

민35:7,(人)(四十)(八)(城邑)
인 사십 팔 성읍

민35:8,(子孫)(産業)(人)(城邑)(者)(取)(者)
자손 산업 인 성읍 자 취 자
(取)(各其)(産業)(城邑)(人)
취 각기 산업 성읍 인

민35:10,(子孫)
자손

민35:11,(爲)(城邑)(逃避城)(定)(殺人)(者)(避)
위 성읍 도피성 정 살인 자 피

민35:12,(報讐)(者)(逃避)(城)(殺人者)
보수 자 도피 성 살인자
(會衆)(判決)(爲)
회중 판결 위

민35:13,(城邑)(中)(逃避城)
성읍 중 도피성

민35:14,(城邑)(便)(城邑)(逃避城)
성읍 편 성읍 도피성

민35:15,(城邑)(子孫)(他國人)(中)(寓居)
성읍 자손 타국인 중 우거
(者)(逃避城)(殺人)(者)(逃避)
자 도피성 살인 자 도피

민35:16,(萬一)(鐵)(故殺)(者)(故殺者)
만일 철 고살 자 고살자

민35:17,(萬一)(故殺)(者)(故殺者)
만일 고살 자 고살자

민35:18,(萬一)(故殺)(者)(故殺者)
만일 고살 자 고살자

민35:19,(報讐)(者)(故殺者)(親)
보수 자 고살자 친

민35:20,(萬一)(機會)
만일 기회

민35:21,(怨恨)(因)(者)(故殺)(報讐)(者)
원한 인 자 고살 보수 자
(故殺者)
고살자

민35:22,(怨恨)(偶然)(機會)
원한 우연 기회

민35:23,(怨恨)(害)
원한 해

민35:24,(會衆)(者)(報讐)(者)(間)(規例)(判決)
회중 자 보수 자 간 규례 판결

민35:25,(報讐)(者)(殺人者)(避)(逃避城)
보수 자 살인자 피 도피성
(大祭司長)(居)
대제사장 거

민35:26,(殺人者)(避)(逃避城)(地境)
살인자 피 도피성 지경

민35:27,(報讐)(者)(逃避城)(地境)
보수 자 도피성 지경
(殺人者)(爲)(罪)
살인자 위 죄

민35:28,(殺人者)(大祭司長)(逃避城)(留)
살인자 대제사장 도피성 유
(大祭司長)(後)(殺人者)(自己)(産業)
대제사장 후 살인자 자기 산업

민35:29,(代代)(居)(判斷)(律例)
대대 거 판단 율례

민35:30,(者)(故殺者)(證人)(證人)(證據)
자 고살자 증인 증인 증거

민35:31,(殺人罪)(犯)(故殺者)(生命)(贖錢)
살인죄 범 고살자 생명 속전

민35:32,(逃避城)(者)(大祭司長)(前)
도피성 자 대제사장 전
(贖錢)(居)
속전 거

민35:33,(居)(者)(贖)
거 자 속

민35:34,(居)(居)(子孫)(中)(居)
거 거 자손 중 거

民數記-(민수기)-第三十六章
민수기 제삼십륙장

민36:1,(子孫)(家族)(中)(孫子)(子孫)(家族)
자손 가족 중 손자 자손 가족
(頭領)(子孫)(頭領)(族長)
두령 자손 두령 족장

민36:2,(主)(命)(子孫)(基業)(主)(命)(兄弟)
주 명 자손 기업 주 명 형제
(基業)
기업

민36:3,(萬一)(子孫)(支派)(男子)(基業)
만일 자손 지파 남자 기업
(祖上)(基業)(減削)(屬)(支派)
조상 기업 감삭 속 지파
(基業)(添加)(基業)(減削)
기업 첨가 기업 감삭

민36:4,(子孫)(禧年)(當)(基業)(贖)(支派)
자손 희년 당 기업 속 지파
(添加)(基業)(祖上)(支派)(基業)
첨가 기업 조상 지파 기업

(減削)
감삭

민36:5,(命)(子孫)(支派)
명 자손 지파

민36:6,(對)(命(祖上)(支派)(家族)
대 명 조상 지파 가족

민36:7,(子孫)(基業)(支派)(支派)(子孫)
자손 기업 지파 지파 자손
(各其)(祖上)(支派)(基業)
각기 조상 지파 기업

민36:8,(子孫)(支派)(中)(基業)(自己)(祖上)
자손 지파 중 기업 자기 조상
(支派)(家族)(子孫)(各其)(祖上)
지파 가족 자손 각기 조상
(基業)(保存)
기업 보존

민36:9,(基業)(支派)(支派)(子孫)(支派)
기업 지파 지파 자손 지파
(各各)(自己)(基業)
각각 자기 기업

민36:10,(命)(行)
명 행

민36:11,(兄弟)
형제

민36:12,(子孫)(家族)(故)(基業)(家族)
자손 가족 고 기업 가족
(支派)(如前)
지파 여전

민36:13,(便)(平地)(子孫)(命)(命令)(規例)
편 평지 자손 명 명령 규례

申命記-(신명기)-第一章
신명기 제일장

신1:1,(便)(便)(曠野)(宣布)
편 편 광야 선포

신1:2,(山)(山)
산 산

신1:3,(第)(四十年)(十一月)(初一日)(子孫)
제 사십년 십일월 초일일 자손
(爲)(自己)(命令)(告)
위 자기 명령 고

신1:4,(居)(王)(居)(王)(後)
거 왕 거 왕 후

신1:5,(便)(律法)(說明)(始作)
편 률법 설명 시작

신1:6,(山)(山)(居)
산 산 거

신1:7,(方向)(進行)(族屬)(山地)(近地)(山地)
방향 진행 족속 산지 근지 산지
(平地)(南方)(海邊)(族屬)(江)
평지 남방 해변 족속 강

신1:8,(列祖)(盟誓)(後孫)
열조 맹서 후손

신1:10,(蕃盛)
번성

신1:11,(列祖)(現在)(千倍)(許諾)(福)(願)
열조 현재 천배 허락 복 원

신1:12,(能)(擔當)
능 담당

신1:13,(各)(支派)(智慧)(知識)(有名)(者)
각 지파 지혜 지식 유명 자
(擇)(頭領)
택 두령

신1:14,(對答)(當身)
대답 당신

신1:15,(支派)(頭領)(智慧)(有名)(者)(取)
지파 두령 지혜 유명 자 취
(各)(支派)(千夫長)(百夫長)
각 지파 천부장 백부장
(五十夫長)(十夫長)(牌長)
오십부장 십부장 패장

신1:16,(裁判長)(命)(兄弟)(中)(訟事)
재판장 명 형제 중 송사
(兩方間)(公正)(判決)(中)(他國人)
양방간 공정 판결 중 타국인

신1:17,(裁判)(贖)(裁判)(外貌)(貴賤)
재판 속 재판 외모 귀천
(一般)(決斷
일반 결단

신1:18,(行)(命)
행 명

신1:19,(命)(山)(發行)(曠野)(族屬)(山地)
명 산 발행 광야 족속 산지

신1:20,(族屬)(山地)
족속 산지

신1:21,(列祖)(躊躇)
열조 주저

신1:22,(爲)(偵探)(城邑)(回報)
위 정탐 성읍 회보

신1:23,(善)(中)(每)(支派)(擇)
선 중 매 지파 택

신1:24,(山地)(偵探)
산지 정탐

신1:25,(果實)(回報)
과실 회보

신1:26,(命)(拒逆)
명 거역

신1:27,(帳幕)(中)(怨望)(故)(族屬)(滅)(引導)
장막 중 원망 고 족속 멸 인도

신1:28,(兄弟)(落心)(百姓)(長大)(城邑)
형제 락심 백성 장대 성읍
(城廓)(子孫)
성곽 자손

신1:30,(行)(爲)(目前)(行)(爲)
행 위 목전 행 위

신1:31,(曠野)(當)(自己)(行路)(中)
광야 당 자기 행로 중

신1:33,(行)(帳幕)(行)(指示)(者)
행 장막 행 지시 자

신1:34,(怒)(盟誓)
노 맹서

신1:35,(惡)(世代)(中)(列祖)(盟誓)(者)
악 세대 중 열조 맹서 자

신1:36,(穩全)(順從)(子孫)
온전 순종 자손

신1:37,(緣故)(震怒)
연고 진노

신1:38,(從者)(膽大)(基業)
종자 담대 기업

신1:39,(當日)(善惡)(分辨)(子女)(産業)
당일 선악 분변 자녀 산업

신1:40,(回程)(紅海)(曠野)
회정 홍해 광야

신1:41,(對答)(犯罪)(命)(各各)(兵器)
대답 범죄 명 각각 병기
(輕率)(山地)(中)(對敵)(敗)
경솔 산지 중 대적 패

신1:43,(告)(命)(拒逆)(擅恣)(山地)
고 명 거역 천자 산지

신1:44,(山地)(居)(族屬)(山)
산지 거 족속 산

신1:45,(痛哭)
통곡

신1:46,(居)(居)(數)
거 거 수

申命記-(신명기)-第二章
신명기 제이장

신2:1,(回程)(命)(紅海)(曠野)(山)(行)
회정 명 홍해 광야 산 행

신2:2,(告)
고

신2:3,(山)(行)(北)
산 행 북

신2:4,(百姓)(命)(居)(同族)(子孫)(地境)
백성 명 거 동족 자손 지경
신2:5,(山)(基業)
산 기업
신2:6,(糧食)
량식
신2:7,(福)(曠野)(行)(四十年)(不足)
복 광야 행 사십년 부족
신2:8,(山)(居)(同族)(子孫)(行)(曠野)(進行)
산 거 동족 자손 행 광야 진행
신2:9,(基業)(子孫)(基業)
기업 자손 기업
신2:10,(居)(强)(族屬)
거 강 족속
신2:11,(族屬)(稱)(稱)
족속 칭 칭
신2:12,(居)(子孫)(滅)(代身)(居)(基業)(行)
거 자손 멸 대신 거 기업 행
(一般)
일반
신2:14,(三十)(八年)(時代)(軍人)(盟誓)
삼십 팔년 시대 군인 맹서
(陣中)(滅絶)
진중 멸절
신2:15,(陣中)(滅)(故)(畢竟)(滅絶)
진중 멸 고 필경 멸절
신2:16,(軍人)(死亡)(百姓)(中)(殄滅)(後)
군인 사망 백성 중 진멸 후
신2:18,(邊境)
변경
신2:19,(族屬)(族屬)(基業)(子孫)(基業)
족속 족속 기업 자손 기업
신2:20,(前)(居)(族屬)
전 거 족속
신2:21,(百姓)(强)(族屬)(族屬)(滅)(族屬)
백성 강 족속 족속 멸 족속
(代身)(居)
대신 거
신2:22,(居)(子孫)(滅)(一般)(代身)(居)
거 자손 멸 일반 대신 거
신2:23,(各村)(居)(滅)(代身)(居)
각촌 거 멸 대신 거
신2:24,(進行)(王)
진행 왕
신2:25,(天下萬民)(名聲)(因)
천하만민 명성 인
신2:26,(曠野)(王)(使者)(平和)
광야 왕 사자 평화
신2:27,(通過)(大路)(行)(左)(右)
통과 대로 행 좌 우
신2:28,(糧食)(徒步)
량식 도보
신2:29,(居)(子孫)(居)(行)
거 자손 거 행
신2:30,(王)(通過)(許諾)(性禀)(頑强)(剛愎)
왕 통과 허락 성품 완강 강퍅
신2:31,(基業)
기업
신2:32,(百姓)(對敵)
백성 대적
신2:33,(百姓)
백성
신2:34,(城邑)(取)(各)(城邑)(男女)
성읍 취 각 성읍 남녀
(幼兒)(殄滅)
유아 진멸
신2:35,(六畜)(城邑)(奪取)(所有)
육축 성읍 탈취 소유
신2:36,(城邑)(城邑)(取)
성읍 성읍 취
신2:37,(族屬)(江)(山地)(城邑)(禁)
족속 강 산지 성읍 금

申命記-(신명기)-第三章
신명기 제삼장

신3:1,(王)(百姓)(對敵)
왕 백성 대적
신3:2,(百姓)(居)(族屬)(王)(行)(行)
백성 거 족속 왕 행 행
신3:3,(王)(百姓)
왕 백성
신3:4,(城邑)(城邑)(六十)(地方)
성읍 성읍 육십 지방
신3:5,(城邑)(城壁)(門)(堅固)(外)(城壁)(甚)
성읍 성벽 문 견고 외 성벽 심
신3:6,(王)(行)(城邑)(殄滅)(各)(城邑)
왕 행 성읍 진멸 각 성읍
(男女)(幼兒)(殄滅)
남녀 유아 진멸
신3:7,(六畜)(城邑)(奪取)(所有)
육축 성읍 탈취 소유
신3:8,(江)(便)(山)(族屬)(頭領)(取)
강 편 산 족속 두령 취
신3:9,(山)(稱)(族屬)(稱)
산 칭 족속 칭
신3:10,(取)(平原)(城邑)(城邑)
취 평원 성읍 성읍
신3:11,(族屬)(者)(王)(寢床)(鐵)(寢床)(只今)
족속 자 왕 침상 철 침상 지금
(族屬)(普通)(長)(廣)
족속 보통 장 광
신3:12,(山地)(折半)(城邑)(子孫)(子孫)
산지 절반 성읍 자손 자손
신3:13,(地方)(半)(支派)(稱)
지방 반 지파 칭
신3:14,(族屬)(族屬)(境界)(地方)(取)(自己)
족속 족속 경계 지방 취 자기
(稱)
칭
신3:16,(子孫)(子孫)(中央)(地境)(定)(子孫)
자손 자손 중앙 지경 정 자손
(地境)(江)
지경 강
신3:17,(鹽海)(山麓)(東便)(地境)
염해 산록 동편 지경

신3:18,(命)(基業)(軍人)(武裝)(兄弟)(子孫)
명 기업 군인 무장 형제 자손
(先鋒)
선봉

신3:19,(六畜)(妻子)(六畜)(城邑)
육축 처자 육축 성읍

신3:20,(兄弟)(安息)(便)(基業)(各其)(基業)
형제 안식 편 기업 각기 기업

신3:21,(命)(王)(行)(目覩)(行)
명 왕 행 목도 행

신3:22,(爲)
위

신3:23,(懇求)
간구

신3:24,(主)(主)(主)(主)(權能)(主)(始作)
주 주 주 주 권능 주 시작
(天地間)(神)(能)(主)(行)(主)(能力)
천지간 신 능 주 행 주 능력
(行)(行)
행 행

신3:25,(求)(便)(山)
구 편 산

신3:26,(緣故)(震怒)(足)
연고 진노 족

신3:27,(山)(東西南北)
산 동서남북

신3:28,(命)(膽大)(强硬)(百姓)(基業)
명 담대 강경 백성 기업

신3:29,(便)(居)
편 거

申命記-(신명기)-第四章
신명기 제사장

신4:1,(規例)(法度)(遵行)(列祖)
규례 법도 준행 열조

신4:2,(命)(加減)(命)(命令)
명 가감 명 명령

신4:3,(因)(行)(目覩)(中)(殄滅)
인 행 목도 중 진멸

신4:4,(生存)
생존

신4:5,(命)(規例)(法度)(基業)(行)
명 규례 법도 기업 행

신4:6,(行)(列國)(智慧)(知識)(規例)(果然)
행 열국 지혜 지식 규례 과연
(智慧)(知識)(百姓)
지혜 지식 백성

신4:7,(祈禱)(神)
기도 신

신4:8,(宣布)(律法)(規例)(法度)(公義)
선포 률법 규례 법도 공의

신4:9,(目覩)(生存)(孫子)
목도 생존 손자

신4:10,(山)(爲)(百姓)(世上)(敬畏)(子女)
산 위 백성 세상 경외 자녀

신4:11,(山)(山)(火焰)(衝天)(幽闇)(黑暗)
산 산 화염 충천 유암 흑암

신4:12,(火焰)(中)(音聲)(形像)
화염 중 음성 형상

신4:13,(言約)(頒布)(命)(十誡命)(板)(親)
언약 반포 명 십계명 판 친

신4:14,(命)(規例)(法度)(教訓)(行)
명 규례 법도 교훈 행

신4:15,(山)(火焰)(中)(形像)
산 화염 중 형상

신4:16,(腐敗)(自己)(爲)(形像)(偶像)(男子)
부패 자기 위 형상 우상 남자
(形像)(女子)(形像)
형상 녀자 형상

신4:17,(形像)(形像)
형상 형상

신4:18,(昆蟲)(形像)(魚族)(形像
곤충 형상 어족 형상

신4:19,(向)(日月星辰)(群衆)(天下萬民)(爲)
향 일월성신 군중 천하만민 위
(分定)(迷惑)(敬拜
분정 미혹 경배

신4:20,(擇)(引導)(自己)(基業)(百姓)
택 인도 자기 기업 백성

신4:21,(因)(震怒)(基業)(盟誓)
인 진노 기업 맹서

신4:23,(言約)(禁)(形像)(偶像)(彫刻)
언약 금 형상 우상 조각

신4:24,(燒滅)(嫉妬
소멸 질투

신4:25,(孫子)(萬一)(腐敗)(形像)(偶像)
손자 만일 부패 형상 우상
(彫刻)(惡)(行)(怒)(激發)
조각 악 행 노 격발

신4:26,(天地)(證據)(速)(亡)(全滅)
천지 증거 속 망 전멸

신4:27,(列國)(中)(列國)(中)(數)
열국 중 열국 중 수

신4:28,(木石)(神)
목석 신

신4:29,(求)(萬一)(性稟)(求)
구 만일 성품 구

신4:30,(臨)(患難)(當)(聽從)
임 환난 당 청종

신4:31,(慈悲)(滅)(列祖)(盟誓)(言約
자비 멸 열조 맹서 언약

신4:32,(前)(世上)(創造)(至今)(詳考)
전 세상 창조 지금 상고

신4:33,(國民)(音聲)(生存)
국민 음성 생존

신4:34,(神)(試驗)(異蹟)(奇事)(戰爭)(强)
신 시험 이적 기사 전쟁 강
(民族)(民族)(引導)(爲)(目前)(行)
민족 민족 인도 위 목전 행

신4:35,(外)(神)
외 신

신4:36,(教訓)(音聲)
교훈 음성

신4:37,(列祖)(故)(後孫)(擇)(權能)(親)(引導)
열조 고 후손 택 권능 친 인도

신4:38,(强大)(列國)(引導)(基業)
강대 열국 인도 기업

신4:39,(上天下地)(神)(銘心)
상천하지 신 명심

신4:40,(命)(規例)(命令)(後孫)(福)(限)
명 규례 명령 후손 복 한

신4:41,(便)(便)(城邑)(區別)
편 편 성읍 구별

신4:42,(過去)혐(怨嫌)(不知中)(誤殺)(者)
과거 원혐 부지중 오살 자
(逃避)(爲)(城邑)(逃避)(者)(生命)
도피 위 성읍 도피 자 생명
(保存)(爲)
보존 위

신4:43,(曠野)(平原)(支派)(爲)(支派)(爲)
광야 평원 지파 위 지파 위
(支派)(爲)
지파 위

신4:44,(子孫)(宣布)(律法)
자손 선포 률법

신4:45,(子孫)(後)(證據)(規例)(法度)(宣布)
자손 후 증거 규례 법도 선포

신4:46,(東便)(便)(居)(族屬)(王)(屬)(子孫)
동편 편 거 족속 왕 속 자손
(後)(滅)
후 멸

신4:47,(基業)(王)(族屬)(王)(便)(便)(居)
기업 왕 족속 왕 편 편 거

신4:48,(山)(山)
산 산

신4:49,(便)(東便)(山麓)
편 동편 산록

申命記-(신명기)-第五章
신명기 제오장

신5:1,(規例)(法度)(行)
규례 법도 행

신5:2,(山)(言約)
산 언약

신5:3,(言約)(列祖)
언약 열조

신5:4,(山)(對面)
산 대면

신5:5,(山)(中間)(傳)
산 중간 전

신5:6,(引導)
인도

신5:7,(外)(爲)(神)
외 위 신

신5:8,(自己)(爲)(偶像)(形像)
자기 위 우상 형상

신5:9,(嫉妬)(者)(罪)(三)(四代)
질투 자 죄 삼 사대

신5:10,(誡命)(者)(千代)(恩惠)
계명 자 천대 은혜

신5:11,(妄靈)(妄靈)(者)(罪)(認定)
망령 망령 자 죄 인정

신5:12,(命)(安息日
명 안식일

신5:13,(行)
행

신5:14,(第)(七日)(安息)(男)(女)(六畜)(門)
제 칠일 안식 남 여 육축 문
(留)(客)(男)(女)(安息)
유 객 남 여 안식

신5:15,(記憶)(强)(引導)(命)(安息日)
기억 강 인도 명 안식일

신5:16,(命)(父母)(恭敬)(生命)(福)
명 부모 공경 생명 복

신5:17,(殺人)
살인

신5:18,(姦淫)
간음

신5:19,(盜賊
도적

신5:20,(對)(證據)
대 증거

신5:21,(貪)(男)(女)(所有)(貪)
탐 남 여 소유 탐

신5:22,(山)(黑暗)(音聲)(總會)(後)(板)
산 흑암 음성 총회 후 판

신5:23,(山)(支派)(頭領)(長老)
산 지파 두령 장로

신5:24,(榮光)(威嚴)(音聲)(生存)
영광 위엄 음성 생존

신5:25,(音聲)
음성

신5:26,(肉身)(者)(音聲)(發)(生存)(者)
육신 자 음성 발 생존 자

신5:27,(當身)(當身)(傳)(行)
당신 당신 전 행

신5:28,(百姓)
백성

신5:29,(恒常)(敬畏)(命令)(子孫)(永遠)
항상 경외 명령 자손 영원
(福)(願)
복 원

신5:30,(各其)(帳幕)
각기 장막

신5:31,(命令)(規例)(法度)(基業)(行)
명령 규례 법도 기업 행

신5:32,(命令)(行)(左)(右)
명령 행 좌 우

신5:33,(命)(道)(行)(福)(長久)
명 도 행 복 장구

申命記-(신명기)-第六章
신명기 제륙장

신6:1,(命)(命令)(規例)(法度)(行)
명 명령 규례 법도 행

신6:2,(孫子)(平生)(敬畏)(命)(規例)(命令)
손자 평생 경외 명 규례 명령
(爲)(長久)(爲)
위 장구 위

신6:3,(行)(福)(列祖)(許諾)(數爻)(甚)(蕃盛)
행 복 열조 허락 수효 심 번성

신6:5,(性稟)
성품

신6:6,(命)
명

신6:7,(子女)(行)(講論)
자녀 행 강론

신6:8,(記號)(眉間)(標)
기호 미간 표

신6:9,(門楔柱)(門)(記錄)
문설주 문 기록

신6:10,(列祖)(向)(盟誓)(建築)(城邑)
열조 향 맹서 건축 성읍

신6:11,(物件)(葡萄園)(橄欖)
물건 포도원 감람

신6:12,(操心)(引導)
조심 인도

신6:13,(敬畏)(盟誓)
경외 맹서

신6:14,(神)(四面)(百姓)(神)
신 사면 백성 신

신6:15,(中)(嫉妬)(震怒)(地面)(滅絶)
중 질투 진노 지면 멸절

신6:16,(試驗)(試驗)
시험 시험

신6:17,(命)(命令)(證據)(規例)
명 명령 증거 규례

신6:18,(正直)(善良)(行)(福)(列祖)(盟誓)
정직 선량 행 복 열조 맹서
(對敵)(沒數)
대적 몰수

신6:20,(後日)(命)(證據)(規例)(法度)
후일 명 증거 규례 법도

신6:21,(權能)(引導)
권능 인도

신6:22,(目前)(異蹟)(奇事)
목전 이적 기사

신6:23,(列祖)(盟誓)(引導)
열조 맹서 인도

신6:24,(規例)(命)(敬畏)(恒常)(福)(爲)(生活)
규례 명 경외 항상 복 위 생활

신6:25,(命)(命令)(義)
명 명령 의

申命記-(신명기)-第七章
신명기 제칠장

신7:1,(引導)(民族)(族屬)(族屬)(族屬)
인도 민족 족속 족속 족속
(族屬)(族屬)(族屬)(族屬)(族屬)
족속 족속 족속 족속 족속

신7:2,(殄滅)(言約)
진멸 언약

신7:3,(婚姻)
혼인

신7:4,(誘惑)(神)(震怒)(滅)
유혹 신 진노 멸

신7:5,(行)(壇)(柱像)(木像)(彫刻)(偶像)
행 단 주상 목상 조각 우상

신7:6,(聖民)(地上)(萬民)(中)(自己)(基業)
성민 지상 만민 중 자기 기업
(百姓)(擇)
백성 택

신7:7,(擇)(民族)(數爻)(緣故)(民族)(中)
택 민족 수효 연고 민족 중

신7:8,(因)(列祖)(盟誓)(因)(自己)(權能)
인 열조 맹서 인 자기 권능
(引導)(王)(贖良)
인도 왕 속량

신7:9,(信實)(誡命)(者)(千代)(言約)(履行)
신실 계명 자 천대 언약 이행
(仁愛)
인애

신7:10,(者)(當場)(報應)(滅)(自己)(者)
자 당장 보응 멸 자기 자
(遲滯)(當場)(報應)
지체 당장 보응

신7:11,(命)(命令)(規例)(法度)(行)
명 명령 규례 법도 행

신7:12,(法度)(行)(列祖)(盟誓)(言約)(仁愛)
법도 행 열조 맹서 언약 인애

신7:13,(福)(蕃盛)(列祖)(盟誓)(所生)(恩惠)
복 번성 열조 맹서 소생 은혜
(土地)(所産)(穀食)(葡萄酒)(豊盛)
토지 소산 곡식 포도주 풍성
(羊)(蕃殖)
양 번식

신7:14,(福)(萬民)(優勝)(中)(男女)(生育)
복 만민 우승 중 남녀 생육

신7:15,(疾病)(惡疾)(臨)(者)(臨)
질병 악질 임 자 임

신7:16,(民族)(矜恤)(殄滅)(神)
민족 긍휼 진멸 신

신7:17,(或時)(心中)(民族)
혹시 심중 민족

신7:18,(行)(記憶)
행 기억

신7:19,(引導)(目覩)(試驗)(異蹟)(奇事)
인도 목도 시험 이적 기사
(强)(記憶)(民族)(行)
강 기억 민족 행

신7:20,(王)(中)(者)(避)(者)(滅)
왕 중 자 피 자 멸

신7:21,(中)
중

신7:22,(民族)(漸漸)(急)(滅)(蕃盛)(害)
민족 점점 급 멸 번성 해

신7:23,(擾亂)(畢竟)(殄滅)
요란 필경 진멸

신7:24,(王)(天下)(除)(當)(者)(畢竟)(殄滅)
왕 천하 제 당 자 필경 진멸

신7:25,(彫刻)(神像)(銀)(金)(貪)(取)(因)(可憎)
조각 신상 은 금 탐 취 인 가증

신7:26,(可憎)(殄滅)(當)(極)(甚)(殄滅)(當)
가증 진멸 당 극 심 진멸 당

申命記-(신명기)-第八章
신명기 제팔장

신8:1,(命)(命令)(行)(蕃盛)(列祖)(盟誓)
명 명령 행 번성 열조 맹서

신8:2,(四十年)(曠野)(記憶)(試驗)(命令)
사십년 광야 기억 시험 명령

신8:3,(列祖)
열조

신8:4,(四十年)(衣服)믄
사십년 의복

신8:5,(懲戒)(懲戒)
징계 징계

신8:6,(命令)(道)(行)(敬畏)
명령 도 행 경외

신8:7,(山地)(噴泉)
산지 분천

신8:8,(所産地)(葡萄)(無花果)(石榴)
소산지 포도 무화과 석류
(橄欖)(所産地)
감람 소산지

신8:9,(食物)(缺乏)(不足)(鐵)(山)(銅)캘
식물 결핍 부족 철 산 동

신8:10,(沃土)(因)(讚頌)
옥토 인 찬송

신8:11,(命)(命令)(法度)(規例)
명 명령 법도 규례

신8:12,(居)
거

신8:13,(牛羊)(蕃盛)(銀金)(增殖)(所有)
우양 번성 은금 증식 소유
(豊富)
풍부

신8:14,(驕慢
교만

신8:15,(引導)(廣大)(危險)(曠野)(全蝎)
인도 광대 위험 광야 전갈
(乾燥)(爲)(磐石)
건조 위 반석

신8:16,(列祖)(曠野)(試驗)(福)
열조 광야 시험 복

신8:17,(能)(財物)
능 재물

신8:18,(記憶)(財物)(能)(列祖)(盟誓)(言約)
기억 재물 능 열조 맹서 언약

신8:19,(萬一)(神)(證據)(丁寧)(滅亡)
만일 신 증거 정녕 멸망

신8:20,(滅亡)(民族)(滅亡)(聽從)
멸망 민족 멸망 청종

申命記-(신명기)-第九章
신명기 제구장

신9:1,(强大)(城邑)(城壁)
강대 성읍 성벽

신9:2,(百姓)(長大)(子孫)(對)(子孫)(能)(當)
백성 장대 자손 대 자손 능 당

신9:3,(猛烈)(破)速)(滅)
맹렬 파 속 멸

신9:4,(後)(心中)(義)(因)(引導)(實狀)
후 심중 의 인 인도 실상
(民族)(惡)(因)
민족 악 인

신9:5,(義)(因(正直)(因(民族)(惡)(因)
의 인 정직 인 민족 악 인
(列祖)盟誓)
열조 맹서

신9:6,(基業)(義)(因)(百姓)
기업 의 인 백성

신9:7,(曠野)(激怒)(記憶)(拒逆)
광야 격노 기억 거역

신9:8,(山)(激怒(震怒)(滅)
산 격노 진노 멸

신9:9,(板)(言約)(板)(山)(四十)(晝夜)(山)(居)
판 언약 판 산 사십 주야 산 거

신9:10,(板)(板)(親手)(記錄)(總會)(山上)
판 판 친수 기록 총회 산상

신9:11,(四十)(晝夜)(後)(板)(言約)(板)
사십 주야 후 판 언약 판

신9:12,(速)(引導)(百姓)(腐敗)(命)(道)(速)
속 인도 백성 부패 명 도 속
(自己)(爲)(偶像)
자기 위 우상

신9:13,(百姓)(百姓)
백성 백성

신9:14,(滅)(天下)(塗抹)(强大)
멸 천하 도말 강대

신9:15,(山)(山)(言約)(板)
산 산 언약 판

신9:16,(犯罪)(自己)(爲)(急速)(命)(道)
범죄 자기 위 급속 명 도

신9:17,(板)(目前)
판 목전

신9:18,(前)(四十)(晝夜)(目前)(惡)(行)
전 사십 주야 목전 악 행
(激怒)(罪)
격노 죄

신9:19,(甚)(忿怒)(滅(
심 분노 멸

신9:20,(震怒)(滅)(爲)(祈禱)
진노 멸 위 기도

신9:21,(罪)(取)(山)
죄 취 산

신9:22,激怒
격노

신9:23,(命令)(拒逆)
명령 거역

신9:24,(恒常)(拒逆)
항상 거역

신9:25,(滅)(如前)(四十)(晝夜)
멸 여전 사십 주야

신9:26,(懇求)(主)(主)(威嚴)(贖)(强)(引導)
간구 주 주 위엄 속 강 인도
(主)(百姓)(主)(基業)(滅)
주 백성 주 기업 멸

신9:27,(主)(百姓)(剛愎)(惡)(罪)
주 백성 강퍅 악 죄

신9:28,(主)(引導)(百姓)(許諾)(引導)
주 인도 백성 허락 인도
(能力)(曠野)(引導)
능력 광야 인도
신9:29,(主)(能力)(引導)(主)(百姓)(主)(基業)
주 능력 인도 주 백성 주 기업

申命記-(신명기)-第十章
신명기 제십장

신10:1,(板)(山)(櫃)
판 산 궤
신10:2,(板)(板)(櫃)
판 판 궤
신10:3,(櫃)(板)(山)
궤 판 산
신10:4,(總會)(山)(十誡命)(板)
총회 산 십계명 판
신10:5,(山)(命)(板)(櫃)(至今)
산 명 판 궤 지금
신10:6,(子孫)(發行)(葬事)(祭司長)
자손 발행 장사 제사장
(職任)(行)
직임 행
신10:7,(發行)(發行)
발행 발행
신10:8,(支派)(區別)(言約櫃)(祝福)
지파 구별 언약궤 축복
신10:9,(兄弟)(中)(分)(基業)(基業)
형제 중 분 기업 기업
신10:10,(四十)(晝夜)(山)(留)(滅)
사십 주야 산 유 멸
신10:11,(百姓)(進行)(列祖)(盟誓)
백성 진행 열조 맹서
신10:12,(要求)(敬畏)(道)(行)(性稟)
요구 경외 도 행 성품
신10:13幸福)(爲)(命)(命令)(規例)
행복 위 명 명령 규례
신10:14,(萬物)(本來)(贖)
만물 본래 속
신10:15,(列祖)(後孫)(萬民)(中)(擇)
열조 후손 만민 중 택
신10:16,(割禮)(行)
할례 행
신10:17,(神)(神)(主)(主)(能)(外貌)(賂物
신 신 주 주 능 외모 뇌물
신10:18,(孤兒)(寡婦)(爲)(伸寃)(食物)(衣服)
고아 과부 위 신원 식물 의복
신10:19,(前)
전
신10:20,(敬畏)(親近)(盟誓)
경외 친근 맹서
신10:21,(讚頌)(目覩)(爲)(行)
찬송 목도 위 행
신10:22,(列祖)(七十人)
열조 칠십인

申命記-(신명기)-第十一章
신명기 제십일장

신11:1,(職任)(法度)(規例)(命令)(恒常)
직임 법도 규례 명령 항상
신11:2,(子女)(記憶)(懲戒)(威嚴)(强)
자녀 기억 징계 위엄 강
신11:3,(王)(全國)(行)(異蹟)(奇事)
왕 전국 행 이적 기사
신11:4,(軍隊)(兵車)(行)(紅海)(滅)
군대 병거 행 홍해 멸
신11:5,(曠野)(行)
광야 행
신11:6,(子孫)(家族)(帳幕)
자손 가족 장막
신11:7,(行)(目覩)
행 목도
신11:8,(命)(命令)(强盛)
명 명령 강성
신11:9,(列祖)(盟誓)(後孫)(長久)
열조 맹서 후손 장구
신11:10,(播種)(後)(菜蔬)댐
파종 후 채소
신11:11,(山)(吸收)
산 흡수
신11:12,(眷顧)(歲初)(歲末)(恒常)
권고 세초 세말 항상
신11:13,(命)(命令)(萬一)(聽從)(性稟)
명 명령 만일 청종 성품
신11:14,(適當)(穀食)(葡萄酒)
적당 곡식 포도주
신11:15,(六畜)(爲)
육축 위
신11:16,(迷惑)(神)
미혹 신
신11:17,(震怒)(所産)(速)(滅亡)
진노 소산 속 멸망
신11:18,(記號)(眉間)(標)
기호 미간 표
신11:19,(子女)(行)(講論)
자녀 행 강론
신11:20,(門楔柱)(門)(記錄)
문설주 문 기록
신11:21,(列祖)(盟誓)(子女)(長久)
열조 맹서 자녀 장구
신11:22,(萬一)(命)(命令)(行)(道)(行)(附從)
만일 명 명령 행 도 행 부종
신11:23,(百姓)(强大)
백성 강대
신11:24,(所有)(境界)(曠野)(河水)(河水)
소유 경계 광야 하수 하수
(西海)
서해
신11:25,能(當)
능 당
신11:26,(福)(詛呪)
복 저주
신11:27,(萬一)(命)(命令)(福)
만일 명 명령 복
신11:28,(萬一)(命)(道)(命令)(本來)(神)(詛呪)
만일 명 도 명령 본래 신 저주

신11:29,(引導)(山)(祝福)(宣布)(山)
인도 산 축복 선포 산
(詛呪)(宣布)
저주 선포
신11:30,(山)(江)(便)(便)(便)(居)(族屬)
산 강 편 편 편 거 족속
신11:31,(居)
거
신11:32,(規例)(法度)(行)
규례 법도 행

申命記-(신명기)-第十二章
신명기 제십이장

신12:1,(列祖)(平生)(行)(規例)(法度)
열조 평생 행 규례 법도
신12:2,(民族)(神)(山)(山)(無論)(破滅)
민족 신 산 산 무론 파멸
신12:3,(壇)(柱像)(像)(彫刻)(神像)(滅)
단 주상 상 조각 신상 멸
신12:4,(行)
행
신12:5,(自己(支派)(中)(擇)(居)
자기 지파 중 택 거
신12:6,(燔祭)(犧牲)(十一條)(擧祭)(誓願祭)
번제 희생 십일조 거제 서원제
(樂獻禮物)(牛羊)(受苦)(福)(因)
낙헌예물 우양 수고 복 인
(家族)
가족
신12:8,(各其)(所見(
각기 소견
신12:9,(安息)(基業)
안식 기업
신12:10,(基業(居)(四方)(對敵)(安息)
기업 거 사방 대적 안식
(平安)(居)
평안 거
신12:11,(自己(擇)(命)(燔祭)(犧牲)(十一條)
자기 택 명 번제 희생 십일조
(擧祭)(誓願)(誓願物)
거제 서원 서원물
신12:12,(子女)(奴婢)(城中)(居)(人)(人)
자녀 노비 성중 거 인 인
(中)(分)(基業)
중 분 기업
신12:13,(燔祭)
번제
신12:14,(支派)(中)(擇)(燔祭)(命)(行)
지파 중 택 번제 명 행
신12:15,(福)(各)(城)(牲畜)(淨)(者)(不淨)
복 각 성 생축 정 자 부정
(者)(無論)
자 무론
신12:17,(穀食)(葡萄酒)(十一條)(牛羊)
곡식 포도주 십일조 우양
(誓願)(禮物)(樂獻禮物)(擧祭物)
서원 예물 낙헌예물 거제물
(各)(城)
각 성
신12:18,(擇)(子女)(奴婢)(城中)(居)(人)
택 자녀 노비 성중 거 인
(受苦)(因)
수고 인
신12:19,(居)(人)
거 인
신12:20,(許諾)(地境)(後)
허락 지경 후
신12:21,(萬一)(自己)(擇)(命)(牛羊)(各)(城)
만일 자기 택 명 우양 각 성
신12:22,(淨)(者)(不淨)(者)(無論)
정 자 부정 자 무론
신12:23,(生命)(生命)
생명 생명
신12:25,(義)(行)(後孫)(福)
의 행 후손 복
신12:26,(聖物)(誓願物)(擇)
성물 서원물 택
신12:27,(燔祭)(壇)(祭)(犧牲)(壇)
번제 단 제 희생 단
신12:28,(命)(目前)(善)(義)(行)(後孫)
명 목전 선 의 행 후손
(永遠)(福)
영원 복
신12:29,(民族)(滅絶)(居)
민족 멸절 거
신12:30,(滅亡)(神)(探求)(民族)(爲)
멸망 신 탐구 민족 위
신12:31,(行)(可憎)(神)(行)(甚至於)(子女)(神)
행 가증 신 행 심지어 자녀 신
신12:32,(命)(行)(加減)
명 행 가감

申命記-(신명기)-第十三章
신명기 제십삼장

신13:1,(中)(先知者)(者)(異蹟)(奇事)
중 선지자 자 이적 기사
신13:2,(本來)(神)(異蹟)(奇事)
본래 신 이적 기사
신13:3,(先知者)(者)(聽從)(性稟)(與否)
선지자 자 청종 성품 여부
(試驗)
시험
신13:4,(順從)(敬畏)(命令)(聽從)(附從)
순종 경외 명령 청종 부종
신13:5,(先知者)(者)(引導)(贖良)(取)
선지자 자 인도 속량 취
(背叛)(行)(命)(道)(中)(惡)(除)
배반 행 명 도 중 악 제
신13:6,(同腹)(兄弟)(子女)(生命)(親舊)
동복 형제 자녀 생명 친구
(列祖)(神)
열조 신
신13:7,(四方)(民族)(或)(民族)(神)
사방 민족 혹 민족 신

신13:8,(矜恤)(哀惜)
긍휼 애석

신13:9,(容恕)(後)(百姓)
용서 후 백성

신13:10,(引導)(者)
인도 자

신13:11,(惡)(中)(行)
악 중 행

신13:12,(居)(城邑)(對)(所聞)
거 성읍 대 소문

신13:13,(中)(雜類)(城邑)(居民)(誘惑)(神)
중 잡류 성읍 거민 유혹 신

신13:14,(仔細)(可憎)(事實)(中)
자세 가증 사실 중

신13:15,(城邑)(居民)(城邑)(中)(居)
성읍 거민 성읍 중 거
(牲畜)(殄滅)
생축 진멸

신13:16,(物件)(城邑)(奪取物)(全部)
물건 성읍 탈취물 전부
(城邑)(永永)(建築)
성읍 영영 건축

신13:17,(殄滅)(物件)(震怒)(矜恤)(慈悲)
진멸 물건 진노 긍휼 자비
(列祖)(盟誓)(數爻)(蕃盛)
열조 맹서 수효 번성

신13:18,(萬一)(命)(命令)(目前)(正直)(行)
만일 명 명령 목전 정직 행

申命記-(신명기)-第十四章
신명기 제십사장

신14:1,(子女)(者)(爲)(自己)
자녀 자 위 자기

신14:2,(聖民)(地上)(萬民)(中)(擇)
성민 지상 만민 중 택
(自己)(基業)(百姓)
자기 기업 백성

신14:3,(可憎)(物件)
가증 물건

신14:4,(羊)
양

신14:5,(山)(山羊)
산 산양

신14:6,(中)
중

신14:7,(中)(不淨)
중 부정

신14:8,(不淨)(死體)
부정 사체

신14:9,(魚族)(中)
어족 중

신14:10,(不淨)
부정

신14:11,(淨)
정

신14:12,(魚鷹)
어응

신14:13,(種類)
종류

신14:14,(種類)
종류

신14:15,(駝鳥)(種類)
타조 종류

신14:17,(塘鵝)(兀鷹)
당아 올응

신14:18,(鶴)(種類)(戴勝)
학 종류 대승

신14:19,(不淨)
부정

신14:20,(淨)
정

신14:21,(聖民)(城)(中)(寓居)(客)
성민 성 중 우거 객
(異邦人)(可)
이방인 가

신14:22,(每年)(土地)(所産)(十一條)
매년 토지 소산 십일조

신14:23,(擇)(穀食)(葡萄酒)(十一條)
택 곡식 포도주 십일조
(牛羊)(敬畏)(恒常)
우양 경외 항상

신14:24,(擇)(行路)(豊富)
택 행로 풍부

신14:25,(擇)
택

신14:26,(牛羊)(葡萄酒)(毒酒)(願)(求)(眷屬)
우양 포도주 독주 원 구 권속

신14:27,(城邑)(居)(人)(中)(分)(基業)(者)
성읍 거 인 중 분 기업 자

신14:28,(每)(三年)(所産)(十分)(一)(城邑)
매 삼년 소산 십분 일 성읍
(貯蓄)
저축

신14:29,(中)(分)(基業)(人)(城中)(寓居)
중 분 기업 인 성중 우거
(客)(孤兒)(寡婦)(凡事)(福)
객 고아 과부 범사 복

申命記-(신명기)-第十五章
신명기 제십오장

신15:1,(每)(七年)(免除)
매 칠년 면제

신15:2,(免除)(規例)(債主)(免除)(兄弟)
면제 규례 채주 면제 형제
(督促)(免除年)(稱)
독촉 면제년 칭

신15:3,(異邦人)(督促)(兄弟)(免除)
이방인 독촉 형제 면제

신15:4,(萬一)(命)(命令)(行)(遺業)(丁寧)
만일 명 명령 행 유업 정녕
(福)(中)(者)
복 중 자

신15:5,(萬一)(命)(命令)(行)(遺業)(丁寧)
만일 명 명령 행 유업 정녕

(福)(中)(者)
복 중 자

신15:6,(許諾)(福)(治理)(治理)
허락 복 치리 치리

신15:7,(城邑)(兄弟)(居)(兄弟)(剛愎)
성읍 형제 거 형제 강퍅

신15:8,(要求)
요구

신15:9,(惡念)(第)(七年)(免除年)(窮乏)
악념 제 칠년 면제년 궁핍
(兄弟)(惡)(呼訴)(罪)
형제 악 호소 죄

신15:10,(救濟)(救濟)(因)(凡事)(福)
구제 구제 인 범사 복

신15:11,(者)(故)(命)(境內)(兄弟)(困難)
자 고 명 경내 형제 곤난
(者)(窮乏)(者)
자 궁핍 자

신15:12,(同族)(男子)(女子)(萬一)(六年)
동족 남자 녀자 만일 육년
(第)(七年)(自由)
제 칠년 자유

신15:13,(自由)(空手)
자유 공수

신15:14,(羊)(中)(打作)(葡萄酒)(厚)(福)
양 중 타작 포도주 후 복

신15:15,(贖)(記憶)(因)(命)
속 기억 인 명

신15:16,(萬一)(同居)(向)(主人)
만일 동거 향 주인

신15:17,(取)(門)(永永)(女)(一例)
취 문 영영 여 일례

신15:18,(六年)(軍)(倍)(自由)(凡事)(福)
육년 군 배 자유 범사 복

신15:19,(牛羊)(區別)(羊)
우양 구별 양

신15:20,(家族)(每年)(擇)
가족 매년 택

신15:21,(欠)(欠)
흠 흠

신15:22,(城)(中)(不淨)(者)(淨)(者)
성 중 부정 자 정 자

申命記-(신명기)-第十六章
신명기 제십륙장

신16:1,(月)(逾越節)(禮式)(行)(月)(引導)
월 유월절 예식 행 월 인도

신16:2,(擇)(牛羊)(逾越節)(祭祀)
택 우양 유월절 제사

신16:3,(有酵餠)(七日)(無酵餠)(苦難)
유효병 칠일 무효병 고난
(急速)(行)(平生)(恒常)(記憶)
급속 행 평생 항상 기억

신16:4,(七日)(四境內)(祭祀)
칠일 사경내 제사

신16:5,(逾越節)(祭祀)(各)(城)
유월절 제사 각 성

신16:6,(擇)(時刻)(初)
택 시각 초

신16:7,(擇)(帳幕)
택 장막

신16:8,(六日)(無酵餠)(第)(七日)(聖會)
육일 무효병 제 칠일 성회
(勞動)
로동

신16:9,(七週)(計數)(穀食)(七週)(計數)
칠주 계수 곡식 칠주 계수

신16:10,(七七節)(福)(自願)(禮物)
칠칠절 복 자원 예물

신16:11,(子女)(奴婢)(城中)(居)(人)(中)
자녀 노비 성중 거 인 중
(客)(孤兒)(寡婦)(擇)
객 고아 과부 택

신16:12,(記憶)(規例)(行)
기억 규례 행

신16:13,(打作)(葡萄酒)(所出)(收藏)(後)
타작 포도주 소출 수장 후
(七日)(草幕節)
칠일 초막절

신16:14,(節期)(子女)(奴婢)(城中)(居)(人)
절기 자녀 노비 성중 거 인
(客)(孤兒)(寡婦)(宴樂)
객 고아 과부 연락

신16:15,(擇)(七日)(節期)(物産)(福)(因)(穩全)
택 칠일 절기 물산 복 인 온전

신16:16,(中)(男子)(一年)(三次)(無酵節)
중 남자 일년 삼차 무효절
(七七節)(草幕節)(擇)(空手)
칠칠절 초막절 택 공수

신16:17,(各)(福)(物件)
각 복 물건

신16:18,(各)(城)(支派)(裁判長)(有司)
각 성 지파 재판장 유사
(公義)(百姓)(裁判)
공의 백성 재판

신16:19,(判斷)(外貌)(賂物)(賂物)
판단 외모 뇌물 뇌물
(智慧者)(義人)
지혜자 의인

신16:20,(公義
공의

신16:21,(爲)(壇)(像)
위 단 상

신16:22,(自己)(爲)(柱像)
자기 위 주상

申命記-(신명기)-第十七章
신명기 제십칠장

신17:1,(欠)(惡疾)(牛羊)(可憎)
흠 악질 우양 가증

신17:2,(城中)(或時)(男子)(女子)(目前)
성중 혹시 남자 녀자 목전
(惡)(行)(言約)
악 행 언약

신17:3,(神)(命)(日月星辰)
신 명 일월성신

신17:4,(或)(告)(仔細)(査實)(萬一)(確實)
혹 고 자세 사실 만일 확실
(中)(可憎)(行)
중 가증 행

신17:5,(惡)(行)(男子)(女子)(城門)
악 행 남자 녀자 성문
(男子)(女子)
남자 녀자

신17:6,(者)(證據)(證據)
자 증거 증거

신17:7,(者)(證人)(後(百姓)(中)(惡)(除)
자 증인 후 백성 중 악 제

신17:8,(城中)(訟事)(毆打)(判決)(擇)
성중 송사 구타 판결 택

신17:9,(祭司長(當時)(裁判長)(判決)
제사장 당시 재판장 판결

신17:10,(擇)(判決)(行)(行)
택 판결 행 행

신17:11,(法律)(告)(判決)(行)(判決)(左)(右)
법률 고 판결 행 판결 좌 우

신17:12,(萬一)(擅恣)(祭司長)(裁判長)
만일 천자 제사장 재판장
(中)(惡)(除)
중 악 제

신17:13,(百姓)(擅恣)(行)
백성 천자 행

신17:14,(居)(萬一)(周圍)(列國)(王)
거 만일 주위 열국 왕

신17:15,(擇)(者)(王)(王)(兄弟)(中)(兄弟)
택 자 왕 왕 형제 중 형제
(他國人)
타국인

신17:16,(王)(者)(百姓)(以後)
왕 자 백성 이후

신17:17,(迷惑)(銀金)(自己)(爲)
미혹 은금 자기 위

신17:18,(王位)(祭司長)(保管)(律法書)(謄寫)
왕위 제사장 보관 률법서 등사

신17:19,(平生)(自己)(敬畏)(律法)(規例)(行)
평생 자기 경외 률법 규례 행

신17:20,(兄弟)(驕慢)(命令)(左)(右)(中)
형제 교만 명령 좌 우 중
(子孫)(王位)(長久)
자손 왕위 장구

申命記-(신명기)-第十八章
신명기 제십팔장

신18:1,(祭司長)(支派)(中)(分)(基業)
제사장 지파 중 분 기업
(火祭物)(基業)
화제물 기업

신18:2,(兄弟)(中)(基業)(對)(基業)
형제 중 기업 대 기업

신18:3,(祭司長)(百姓)(應食)(祭物)(牛羊)
제사장 백성 응식 제물 우양
(勿論)(胃)(祭司長)
물론 위 제사장

신18:4,(穀食)(葡萄酒)(羊)
곡식 포도주 양

신18:5,(支派)(中)(擇)(子孫)(永永)
지파 중 택 자손 영영

신18:6,(城邑)(居)(人)(懇切)(所願)(居)(擇)
성읍 거 인 간절 소원 거 택

신18:7,(兄弟)(人)(一般)
형제 인 일반

신18:8,(應食)(相續)(産業)(外)(屬)
응식 상속 산업 외 속

신18:9,(民族)(可憎)(行爲)
민족 가증 행위

신18:10,(者)(卜術者)(吉凶)(者)(妖術)
자 복술자 길흉 자 요술
(者)(巫堂)
자 무당

신18:11,(嗔言者)(神接者)(招魂者)(中)(容納)
진언자 신접자 초혼자 중 용납

신18:12,(行)(者)(可憎)(可憎)(因)
행 자 가증 가증 인

신18:13,(完全)
완전

신18:14,(民族)(吉凶)(者)(卜術者)(容納)
민족 길흉 자 복술자 용납

신18:15,(中)(兄弟)(中)(先知者)(爲)
중 형제 중 선지자 위

신18:16,(總會)(山)(求)(音聲)
총회 산 구 음성

신18:18,(兄弟)(中)(先知者)(爲)(命)(告)
형제 중 선지자 위 명 고

신18:19,(告)(者)(罰)
고 자 벌

신18:20,(告)(命)(先知者)(萬一)(放恣)(告)
고 명 선지자 만일 방자 고
(神)(先知者)(當)
신 선지자 당

신18:21,(或時)(心中)
혹시 심중

신18:22,(萬一)(先知者)(證驗)(成就)
만일 선지자 증험 성취
(先知者)(放恣)
선지자 방자

申命記-(신명기)-第十九章
신명기 제십구장

신19:1,(列國)(滅絶)(畢竟)(各)(城邑)
열국 멸절 필경 각 성읍
(各)(家屋)(居)
각 가옥 거

신19:2,(基業)(城邑)(爲)(區別)
기업 성읍 위 구별

신19:3,(遺業(全體)(三區)(分)(道路)(殺人者)
유업 전체 삼구 분 도로 살인자
(城邑)(逃避
성읍 도피

신19:4,(殺人者)(逃避(經緯)(本來)(嫌怨)
살인자 도피 경위 본래 혐원
(不知中),
부지중

신19:5,(假令)(伐木)(森林)(伐木)(城邑)
가령 벌목 삼림 벌목 성읍
(中)(逃避)(生命)(保存)
중 도피 생명 보존

신19:6,(本來)혐(嫌怨)(合當)(報讐者)
본래 혐원 합당 보수자
(殺人者)
살인자

신19:7,(命)(城邑)(爲)(區別)
명 성읍 위 구별

신19:8,(列祖)(盟誓)(地境)(列祖)
열조 맹서 지경 열조

신19:9,(命)(命令)(行)(恒常)(行)(外)(城邑)
명 명령 행 항상 행 외 성읍

신19:10,(基業(無罪)
기업 무죄

신19:11,(萬一)(生命)(傷)(城邑)(逃避
만일 생명 상 성읍 도피

신19:12,(本)(城邑)(長老)(報讐者)
본 성읍 장로 보수자

신19:13,(矜恤)(無罪)(罪)(除)(福)
긍휼 무죄 죄 제 복

신19:14,(基業)(所有)(先人)(定)(境界標)
기업 소유 선인 정 경계표
(移動)
이동

신19:15,(惡)(犯)(罪)(證人)(定)(證人)(證人)
악 범 죄 증인 정 증인 증인
(事件)(確定)
사건 확정

신19:16,(萬一)(僞證)(者)(惡)(行)
만일 위증 자 악 행

신19:17,(論爭)(兩方)(當時)(祭司長)(裁判長)
론쟁 양방 당시 제사장 재판장

신19:18,(裁判長)(仔細)(查實)(證人)
재판장 자세 사실 증인
(僞證人)(兄弟)(誣陷)(判明)
위증인 형제 무함 판명

신19:19,(兄弟)(行)(行)(中)(惡)(除)
형제 행 행 중 악 제

신19:20,(者)(以後)(惡)(中)(行)
자 이후 악 중 행

신19:21,(矜恤)(生命)(生命)
긍휼 생명 생명

申命記-(신명기)-第二十章
신명기 제이십장

신20:1,(對敵)(兵車)(民衆)(引導)
대적 병거 민중 인도

신20:2,(祭司長)(百姓)(告)
제사장 백성 고

신20:3,(對敵)(怯)(因)
대적 겁 인

신20:4,(行)(爲)(對敵)(救援)(者)
행 위 대적 구원 자

신20:5(有司)(百姓)(告)(建築)(落成式)(行)
유사 백성 고 건축 락성식 행
(者)(戰死)(他人)(落成式)(行
자 전사 타인 락성식 행

신20:6,(葡萄園)(果實)(者)(戰死)(他人)
포도원 과실 자 전사 타인
(果實)
과실

신20:7,(女子)(約婚)(娶)(者)(戰死)(他人)(娶)
녀자 약혼 취 자 전사 타인 취

신20:8(有司)(百姓)(告)(怯)(者)(兄弟)
유사 백성 고 겁 자 형제

신20:9,(百姓)(畢)(後)(軍隊)(長官)
백성 필 후 군대 장관

신20:10,(城邑)(城)(平和)(宣言)
성읍 성 평화 선언

신20:11,(城邑)(萬一)(平和)(回答)(向)(城門)
성읍 만일 평화 회답 향 성문
(居民)(貢)
거민 공

신20:12,(萬一)(平和)(對敵)(城邑)
만일 평화 대적 성읍

신20:13,(城邑)(男子)
성읍 남자

신20:14,(女子)(幼兒)(六畜)(城中)(奪取)(取)
녀자 유아 육축 성중 탈취 취
(對敵)(奪取)
대적 탈취

신20:15,(城邑)(民族)(屬)(城邑)(行)
성읍 민족 속 성읍 행

신20:16,(基業(民族)(城邑)(呼吸)(者
기업 민족 성읍 호흡 자

신20:17,(族屬)(族屬)(族屬)(族屬)(族屬)
족속 족속 족속 족속 족속
(殄滅)(命)
진멸 명

신20:18,(神)(行)(可憎)(本)(犯罪)
신 행 가증 본 범죄

신20:19,(城邑)(取)(斫伐)(樹木)
성읍 취 작벌 수목

신20:20,(果木)(樹木)(斫伐)(城邑)(器具)
과목 수목 작벌 성읍 기구
(城邑)(陷落)
성읍 함락

申命記-(신명기)-第二十一章
신명기 제이십일장

신21:1,(或時)(被殺)(屍體)(發見)(者)
혹시 피살 시체 발견 자

신21:2,(長老)(裁判長)(被殺)(四面)(各)
장로 재판장 피살 사면 각
(城邑)(遠近)
성읍 원근

신21:3,(被殺)(第一)(城邑)(城邑)(長老)(取)
피살 제일 성읍 성읍 장로 취

신21:4,(城邑)(長老)(恒常)
성읍 장로 항상

신21:5,(子孫)(祭司長)(擇)(自己)(祝福)
자손 제사장 택 자기 축복
(者)(訴訟)(鬪爭)(判決)
자 소송 투쟁 판결

신21:6,(被殺)(第一)(城邑)(長老)
피살 제일 성읍 장로

신21:8,(主)(贖良)(主)(百姓)(赦)(無罪)(主)
주 속량 주 백성 사 무죄 주
(百姓)(中)(罪)(赦)
백성 중 죄 사

신21:9,(正直)(行)(無罪者)(罪)(中)(除)
정직 행 무죄자 죄 중 제

신21:10,(對敵)(當)(後)
대적 당 후

신21:11,(萬一)(捕虜)(中)(女子)(戀戀)
만일 포로 중 녀자 연연

신21:13,(捕虜)(衣服)(居)(父母)(爲)(一個月)
포로 의복 거 부모 위 일개월
(哀哭)(後)(男便)
애곡 후 남편

신21:14,(後)(決)(辱)(者)(者)(者)(所生)(長子)
후 결 욕 자 자 자 소생 장자

신21:16,(自己)(所有)(基業)(者)(長子)(長子)
자기 소유 기업 자 장자 장자
(者)
자

신21:17,(者)(長子)(認定)(自己)(所有)(自己)
자 장자 인정 자기 소유 자기
(氣力)(始作)(長子)(權利)
기력 시작 장자 권리

신21:18,(頑惡)(悖逆)(順從)(父母)(懲責)
완악 패역 순종 부모 징책

신21:19,(父母)(城門)(城邑)(長老)
부모 성문 성읍 장로

신21:20,(城邑)(長老)(子息)(頑惡)(悖逆)
성읍 장로 자식 완악 패역
(順從)(放蕩)(者)
순종 방탕 자

신21:21,(城邑)(中)(惡)(除)
성읍 중 악 제

신21:22,(萬一)(罪)(犯)
만일 죄 범

신21:23,(屍體)(當日)(葬事)(基業者)(詛呪)
시체 당일 장사 기업자 저주

申命記-(신명기)-第二十二章
신명기 제이십이장

신22:1,(兄弟)(牛羊)(兄弟)
형제 우양 형제

신22:2,(兄弟)(或)(兄弟)
형제 혹 형제

신22:3,(衣服)(兄弟)(
의복 형제

신22:4,(兄弟)(兄弟)
형제 형제

신22:5,(女子)(男子)(衣服)(男子)(女子)
녀자 남자 의복 남자 녀자
(衣服)(者)(可憎)(者)
의복 자 가증 자

신22:6,(路中)(取)
로중 취

신22:7,(取)(可)(福)(長壽)
취 가 복 장수

신22:8,(建築)(欄干)(罪)
건축 란간 죄

신22:9,(葡萄園)(種子)(葡萄園)(所産)
포도원 종자 포도원 소산

신22:11,(羊)
양

신22:13,(娶)(同寢)(後)
취 동침 후

신22:14,(誹謗)(陋名)(女子)(娶)(同寢)(處女)
비방 루명 녀자 취 동침 처녀
(表蹟)
표적

신22:15,(處女)(父母)(處女)(處女)(表)
처녀 부모 처녀 처녀 표
(城邑門)(長老)
성읍문 장로

신22:16,(處女)(長老)
처녀 장로

신22:17,(誹謗)(處女)(表蹟)(處女)(表蹟)
비방 처녀 표적 처녀 표적
(父母)(城邑)(長老)
부모 성읍 장로

신22:18,(城邑)(長老)
성읍 장로

신22:19,(處女)(陋名)(因)(銀)(一百)(罰金)
처녀 루명 인 은 일백 벌금
(女子)(女子)(男子)(平生)
녀자 녀자 남자 평생

신22:20,(處女)(處女)(表蹟)
처녀 처녀 표적

신22:21,(處女)(門)(城邑)(娼妓)(行動)(中)(惡)
처녀 문 성읍 창기 행동 중 악
(行)(中)(惡)(除)
행 중 악 제

신22:22,(男子)(有夫女)(通姦)(通姦)(男子)
남자 유부녀 통간 통간 남자
(女子)(中)(惡)(除)
녀자 중 악 제

신22:23,(處女)(女子)(男子)(約婚)(後)(男子)
처녀 녀자 남자 약혼 후 남자
(城邑)(中)(通姦)
성읍 중 통간

신22:24,(城邑)(門)(處女)(城邑)(中)(男子)
성읍 문 처녀 성읍 중 남자
(辱)(中)(惡)
욕 중 악

신22:25,(萬一)(男子)(約婚)(處女)(强姦)
만일 남자 약혼 처녀 강간
(强姦)(男子)
강간 남자

신22:26,(處女)(行)(處女)(罪)(一般)
처녀 행 처녀 죄 일반

신22:27,(男子)(處女)(約婚)(處女)(救援)(者)
남자 처녀 약혼 처녀 구원 자

신22:28,(萬一)(男子)(約婚)(處女)(通姦)(中)
만일 남자 약혼 처녀 통간 중
(發見)
발견

신22:29,(通姦)(男子)(處女)(銀)(五十)(處女)
통간 남자 처녀 은 오십 처녀
(處女)(辱)(平生)
처녀 욕 평생

신22:30,(後室)(娶)(下體)
후실 취 하체

申命記-(신명기)-第二十三章
신명기 제이십삼장

신23:1,(腎囊)(傷)(者)(腎)(者)(總會)
신낭 상 자 신 자 총회

신23:2,(私生子)(總會)(十代)(總會)
사생자 총회 십대 총회

신23:3,(總會)(贖)(者)(十代)(永遠)(總會)
총회 속 자 십대 영원 총회

신23:4,(迎接)(賂物)(詛呪)
영접 뇌물 저주

신23:5,(詛呪)(變)(福)
저주 변 복

신23:6,(平生)(平安)(亨通)(永永)(求)
평생 평안 형통 영영 구

신23:7,(兄弟)(客)
형제 객

신23:8,(三代)(後)(子孫)(總會)
삼대 후 자손 총회

신23:9,(對敵)(出陣)(惡)
대적 출진 악

신23:10,(中)(夢泄)(不淨)(陣)(陣)
중 몽설 부정 진 진

신23:11,(沐浴)(後)(陣)
목욕 후 진

신23:12,(陣)(便所)
진 변소

신23:13,(器具)(大便)(通)(排泄物)
기구 대변 통 배설물

신23:14,(救援)(敵軍)(陣中)(行)(陣)(不合)
구원 적군 진중 행 진 불합

신23:15,(主人)(避)(逃亡)(主人)
주인 피 도망 주인

신23:16,(城邑)(中)(擇)(居)(壓制)
성읍 중 택 거 압제

신23:17,(女子)(中)(娼妓)(男子)(中)(美童)
녀자 중 창기 남자 중 미동

신23:18,(娼妓)(者)(所得)(誓願)(殿)(可憎)
창기 자 소득 서원 전 가증

신23:19,(兄弟)(利息)(取)(利息)(食物)
형제 이식 취 이식 식물
(利息)(利息)(利息)(取)
이식 이식 이식 취

신23:20,(他國人)(利息)(取)(可)(兄弟)
타국인 이식 취 가 형제
(利息)(取)(凡事)(福)
이식 취 범사 복

신23:21,(誓願)(要求)(罪)
서원 요구 죄

신23:22,(誓願)(無罪)
서원 무죄

신23:23,(實行)(注意)(自願)(禮物)(誓願)
실행 주의 자원 예물 서원
(言約)(行)
언약 행

신23:24,(葡萄園)(葡萄)(可)
포도원 포도 가

신23:25,(穀食)(可)(穀食)
곡식 가 곡식

申命記-(신명기)-第二十四章
신명기 제이십사장

신24:1,(娶)(後)(羞恥)(發見)(離婚證書)
취 후 수치 발견 이혼증서
(自己)
자기

신24:2,(女子)
녀자

신24:3,(後夫)(離婚證書)(自己)(或時)(娶)
후부 이혼증서 자기 혹시 취
(後夫)
후부

신24:4,(女子)(前夫)(娶)(可憎)(基業)(犯罪)
녀자 전부 취 가증 기업 범죄

신24:5,(娶)(軍隊)(職務)(一年)(閒暇)(居)(娶)
취 군대 직무 일년 한가 거 취

신24:6,(全部)(典執)(生命)(典執)
전부 전집 생명 전집

신24:7,(自己)(兄弟)(子孫)(中)(發見)(者)
자기 형제 자손 중 발견 자
(中)(惡)(除)
중 악 제

신24:8,(病)(對)(祭司長)(行)(命)(注意)(行)
병 대 제사장 행 명 주의 행

신24:9,(行)(記憶)
행 기억

신24:10,(典執物)(取)
전집물 취

신24:11,(者)(典執物)
자 전집물

신24:12,(者)(典執物)
자 전집물

신24:13,(典執物)(爲)(祝福)(義)
전집물 위 축복 의

신24:14,(困窮)(貧寒)(軍)(兄弟)(城門)
곤궁 빈한 군 형제 성문
(寓居)(客)(虐待)
우거 객 학대

신24:15,(當日)(後)(貧窮)(思慕)(呼訴)(罪)
당일 후 빈궁 사모 호소 죄

신24:16,(子息)(因)(當)(子息)(因)(當)(各)
자식 인 당 자식 인 당 각
(自己)(罪)(當)
자기 죄 당
신24:17,(客)(孤兒)(訟事)(抑鬱)(寡婦)(典執)
객 고아 송사 억울 과부 전집
신24:18,(贖良)(記憶)(行)(命)
속량 기억 행 명
신24:19,(穀食)(取)(客)(孤兒)(寡婦)(爲)
곡식 취 객 고아 과부 위
(凡事)(福)
범사 복
신24:20,(橄欖)(後)(客)(孤兒)(寡婦)(爲)
감람 후 객 고아 과부 위
신24:21,(葡萄園)(葡萄)(後)(客)(孤兒)
포도원 포도 후 객 고아
(寡婦)(爲)
과부 위
신24:22,(記憶)(行)(命)
기억 행 명

申命記-(신명기)-第二十五章
신명기 제이십오장

신25:1,(是非)(裁判)(請)(裁判長)(裁判)
시비 재판 청 재판장 재판
(義人)(義)(惡人)(定罪)
의인 의 악인 정죄
신25:2,(惡人)(笞刑)(合當)(裁判長)(罪)
악인 태형 합당 재판장 죄
(輕重)(如數)(自己)
경중 여수 자기
신25:3,(四十)(萬一)(過多)(兄弟)(賤
사십 만일 과다 형제 천
신25:4,(穀食)(網)
곡식 망
신25:5,(兄弟)(同居)(中)(者)(他人)(男便)
형제 동거 중 자 타인 남편
(兄弟)(娶)(男便)(兄弟)(義務)(行)
형제 취 남편 형제 의무 행
신25:6,(女人)(兄弟)(後嗣)(中)
녀인 형제 후사 중
신25:7,(萬一)(兄弟)(娶)(兄弟)(城門)(長老)
만일 형제 취 형제 성문 장로
(男便)(兄弟)(兄弟)(中)(男便)(兄弟)
남편 형제 형제 중 남편 형제
(義務)(行)
의무 행
신25:8,(城邑)(長老)(定)(女子)(娶)
성읍 장로 정 녀자 취
신25:9,(兄弟)(長老)(兄弟)(者)
형제 장로 형제 자
신25:10,(中)(者)(稱)
중 자 칭
신25:11,(男便)(者)(求)(陰囊)
남편 자 구 음낭
신25:12,(女人)
녀인
신25:15,(十分)(公正)(十分)(公正)(長久)
십분 공정 십분 공정 장구
신25:16,(者)(不正當)(行)(者)(可憎)
자 부정당 행 자 가증
신25:17,(行)(記憶)
행 기억
신25:18,(疲困)(弱)(者)
피곤 약 자
신25:19,(基業)(四面)(對敵)(安息)(天下)
기업 사면 대적 안식 천하
(塗抹)
도말

申命記-(신명기)-第二十六章
신명기 제이십육장

신26:1,(基業)(居)
기업 거
신26:2,(土地)(所産)(後)(取)(擇)
토지 소산 후 취 택
신26:3,(當時)(祭司長)(當身)(告)(列祖)
당시 제사장 당신 고 열조
(盟誓)
맹서
신26:4,(祭司長)(取)(壇)
제사장 취 단
신26:5,(祖上)(流離)(少數)(寓居)(畢竟)(强)
조상 유리 소수 우거 필경 강
(蕃盛)(民族)
번성 민족
신26:6,(虐待(重役)
학대 중역
신26:7,(祖上)(音聲)(苦痛)(辛苦)(壓制(下鑑)
조상 음성 고통 신고 압제 하감
신26:8,(强)(威嚴)(異蹟)(奇事)(引導)
강 위엄 이적 기사 인도
신26:9,(引導)
인도
신26:10,(主)(土地)(所産)(敬拜)
주 토지 소산 경배
신26:11,(福)(因)(人)(中)(寓居)(客)
복 인 인 중 우거 객
신26:12,(第)(三年)(十一條)(所産)(十一條)
제 삼년 십일조 소산 십일조
(後)(人)(客)(孤兒)(寡婦)(城門)
후 인 객 고아 과부 성문
신26:13,(告)(聖物)(人)(客)(孤兒)(寡婦)(主)
고 성물 인 객 고아 과부 주
(命)(命令)(注意)(命令)(犯)
명 명령 주의 명령 범
신26:14,(哀哭)(聖物(不淨)(者)(爲)(聽從)
애곡 성물 부정 자 위 청종
(主)(命令)(行)
주 명령 행
신26:15,(願)(主)(處所)(下鑑)(主)(百姓)(福)
원 주 처소 하감 주 백성 복
(列祖)(盟誓)(福)
열조 맹서 복

신26:16,(規例)(法度)(行)(命)(性稟)(行)
규례 법도 행 명 성품 행
신26:17,(認定)(道)(行)(規例)(命令)(法度)
인정 도 행 규례 명령 법도
(確言)
확언
신26:18,(自己)(百姓)(認定)(命令)(確言)
자기 백성 인정 명령 확언
신26:19,(稱讚)(名譽)(榮光)(民族)(聖民)
칭찬 명예 영광 민족 성민

申命記-(신명기)-第二十七章
신명기 제이십칠장

신27:1,(長老)(百姓)(命)(命)(命令)
장로 백성 명 명 명령
신27:2,(石灰)
석회
신27:3,(後)(律法)(記錄)(列祖)
후 률법 기록 열조
신27:4,(命)(山)(石灰)
명 산 석회
신27:5,(爲)(壇)(壇)(鐵器)
위 단 단 철기
신27:6,(壇)(燔祭)
단 번제
신27:7,(和睦祭
화목제
신27:8,(律法)(明白)(記錄)
률법 명백 기록
신27:9,(祭司長)(告)(潛潛)(百姓)
제사장 고 잠잠 백성
신27:10,(服從)(命)(命令)(規例)(行)
복종 명 명령 규례 행
신27:11,(當日)(百姓)(命)
당일 백성 명
신27:12,(後)(百姓)(祝福)(爲)(山)
후 백성 축복 위 산
신27:13,(詛呪)(爲)(山)
저주 위 산
신27:15,(匠色)(彫刻)(偶像)(可憎)(隱密)
장색 조각 우상 가증 은밀
(者)(詛呪)(百姓)(應答)
자 저주 백성 응답
신27:16,(父母)(輕忽)(者)(詛呪)(百姓)
부모 경홀 자 저주 백성
신27:17,(地界標)(者)(詛呪)(百姓)
지계표 자 저수 백성
신27:18,(者)(詛呪)(百姓)
자 저주 백성
신27:19,(客)(孤兒)(寡婦)(訟事)(抑鬱)(者)
객 고아 과부 송사 억울 자
(詛呪)(百姓)
저주 백성
신27:20,(繼母)(苟合)(者)(下體)(詛呪)(百姓)
계모 구합 자 하체 저주 백성
신27:21,(交合)(者)(詛呪)(百姓)
교합 자 저주 백성
신27:22,(姉妹)(苟合)(者)(詛呪)(百姓)
자매 구합 자 저주 백성
신27:23,(丈母)(苟合)(者)(詛呪)(百姓)
장모 구합 자 저주 백성
신27:24,(暗殺)(者)(詛呪)(百姓)
암살 자 저주 백성
신27:25,(無罪者)(賂物)(者)(詛呪)(百姓)
무죄자 뇌물 자 저주 백성
신27:26,(律法)(實行)(者)(詛呪)(百姓)
률법 실행 자 저주 백성

申命記-(신명기)-第二十八章
신명기 제이십팔장

신28:1,(命)(命令)(行)(世界)(民族)
명 명령 행 세계 민족
신28:2,(順從)(福)(臨)
순종 복 임
신28:3,(城邑)(福)(福)
성읍 복 복
신28:4,(所生)(土地)(所産)(牛羊)(福)
소생 토지 소산 우양 복
신28:5,(福)
복
신28:6,(福)(福)
복 복
신28:7,(對敵)(敗)(逃亡)
대적 패 도망
신28:8,(命)(倉庫)(福)(福)
명 창고 복 복
신28:9,(命令)(行)(盟誓)(自己)(聖民)
명령 행 맹서 자기 성민
신28:10,(世界)(萬民)
세계 만민
신28:11,(列祖)(盟誓)(福)(所生)(六畜)
열조 맹서 복 소생 육축
(土地)(所産)
토지 소산
신28:12,(爲)(寶庫)(福)(民族)
위 보고 복 민족
신28:13,(命)(命令)(行)
명 명령 행
신28:14,(命)(左)(右)(神)
명 좌 우 신
신28:15,(萬一)(順從)(命)(命令)(規例)
만일 순종 명 명령 규례
(行)(詛呪)(臨)
행 저주 임
신28:16,(城邑)(詛呪)(詛呪)
성읍 저주 저주
신28:17,(詛呪)
저주
신28:18,(所生)(土地)(所産)(牛羊)(詛呪)
소생 토지 소산 우양 저주
신28:19,(詛呪)(詛呪)
저주 저주
신28:20,(惡)(行)(詛呪)(恐懼)(譴責)(亡)
악 행 저주 공구 견책 망

(速)(破滅)
속 파멸

신28:21,(染病)(畢竟)(滅)
염병 필경 멸

신28:22,(肺病)(熱病)(傷寒)(虐疾)(旱災)
폐병 열병 상한 학질 한재
(風災)(災殃)(災殃)(殄滅)
풍재 재앙 재앙 진멸

신28:23,(鐵)
철

신28:24,(代身)(畢竟)(滅)
대신 필경 멸

신28:25,(對敵)(敗)(逃亡)(世界)(萬國)(中)(當)
대적 패 도망 세계 만국 중 당

신28:26,(屍體)(空中)(者)
시체 공중 자

신28:27,(腫氣)(痔疾)(壞血病)(疥瘡)(治療)
종기 치질 괴혈병 개창 치료

신28:28,(驚心症)
경심증

신28:29,(白晝)(亨通)(恒常)(壓制)(擄掠)
백주 형통 항상 압제 노약
(當)(救援)(者)
당 구원 자

신28:30,(女子)(約婚)(建築)(居)(葡萄園)
녀자 약혼 건축 거 포도원
(果實)
과실

신28:31,(目前)(目前)(當)(羊)(對敵)(者)
목전 목전 당 양 대적 자

신28:32,(子女)(民族)(終日)(衰)(能)
자녀 민족 종일 쇠 능

신28:33,(土地)(所産)(受苦(民族)(恒常)
토지 소산 수고 민족 항상
(壓制)(虐待)
압제 학대

신28:34,(因)
인

신28:35,(甚)(腫氣)(發)(頂)
심 종기 발 정

신28:36,(列祖)(木石)(神)
열조 목석 신

신28:37,(民族)(中)(俗談)(誹謗)
민족 중 속담 비방

신28:38,(種子)
종자

신28:39,(葡萄園)(葡萄)(葡萄酒)
포도원 포도 포도주

신28:40,(境內)(橄欖)
경내 감람

신28:41,(子女)(捕虜)
자녀 포로

신28:42,(土地)(所産)
토지 소산

신28:43,(中)(寓居)(異邦人)(漸漸)(漸漸)
중 우거 이방인 점점 점점

신28:45,(順從)(命)(命令)(規例)(詛呪)
순종 명 명령 규례 저주

(臨)(畢竟)(滅)
임 필경 멸

신28:46,(詛呪)(子孫)(永遠)(表蹟)(鑑戒)
저주 자손 영원 표적 감계

신28:47,(豊足)(因)
풍족 인

신28:48,(乏絶)(中)(對敵)(鐵)(畢竟)(滅)
핍절 중 대적 철 필경 멸

신28:49,(遠方)(民族)(言語)(民族)
원방 민족 언어 민족

신28:50,(容貌)(凶惡)(民族)(老人)
용모 흉악 민족 로인
(幼稚)(矜恤)
유치 긍휼

신28:51,(六畜)(土地)(所産)(畢竟)(滅亡)
육축 토지 소산 필경 멸망
(穀食)(葡萄酒)(羊)(爲)(畢竟)(滅絶)
곡식 포도주 양 위 필경 멸절

신28:52,(全國)(城邑)(依賴)(堅固)(城壁)
전국 성읍 의뢰 견고 성벽
(城邑)
성읍

신28:53,(對敵)(猛烈)(困難)(當)(子女)(所生)
대적 맹렬 곤난 당 자녀 소생

신28:54,(中(柔順)(軟弱)(男子)(兄弟)
중 유순 연약 남자 형제
(子女)(嫉視)
자녀 질시

신28:55,(自己)(子女)(中)(對敵)(城邑)
자기 자녀 중 대적 성읍
(猛烈)(困難)(緣故)
맹렬 곤난 연고

신28:56,(中(柔順)(軟弱)(婦女(柔順)
중 유순 연약 부녀 유순
(軟弱)(者)(男便)(子女)(嫉視)
연약 자 남편 자녀 질시

신28:57,(胎)(自己)(子息)(對敵)(生命)
태 자기 자식 대적 생명
(猛烈)(困難)
맹렬 곤난

신28:58,(萬一)(冊)(記錄)(律法)(行)
만일 책 기록 률법 행
(榮華)(敬畏)
영화 경외

신28:59,(災殃)(子孫)(災殃)(劇烈)
재앙 자손 재앙 극렬
(災殃)(疾病)(重)
재앙 질병 중

신28:60,(疾病)
질병

신28:61,(律法冊)(記錄)(疾病)(災殃)(滅亡)
률법책 기록 질병 재앙 멸망

신28:62,(順從)(者)
순종 자

신28:63,(已往)(善)(行)(蕃盛)(亡)(滅)
이왕 선 행 번성 망 멸

신28:64,(萬民)(中)(列祖)(木石)(偶像)
만민 중 열조 목석 우상

신28:65,(列國)(中)(平安)(衰)(精神)(散亂)
열국 중 평안 쇠 정신 산란
신28:66,(生命)(疑心)(晝夜)(生命)(確信)
생명 의심 주야 생명 확신
신28:67,(因)
인
신28:68,(前)(告)(對敵)(奴婢)(者)
전 고 대적 노비 자

申命記-(신명기)-第二十九章
신명기 제이십구장

신29:1,(子孫)(言約)(外)(命)(言約)
자손 언약 외 명 언약
신29:2,(召集)(目前)(臣下)(行)
소집 목전 신하 행
신29:3,(試驗)(異蹟)(奇事)(目覩)
시험 이적 기사 목도
신29:5,(主)(四十年)(引導)(曠野)(通行)
주 사십년 인도 광야 통행
신29:6,(葡萄酒)(毒酒)(主
포도주 독주 주
신29:7,(王)(王)
왕 왕
신29:8,(取)(半)(支派)(基業)
취 반 지파 기업
신29:9,(言約)(行)(亨通)
언약 행 형통
신29:10,(頭領)(支派)(長老)(有司)(男子)
두령 지파 장로 유사 남자
신29:11,(幼兒)(陣中)(客)(爲)(者)(者)
유아 진중 객 위 자 자
신29:12,(言約)(參與)(向)(盟誓)(參與)
언약 참여 향 맹서 참여
신29:13,(已往)(列祖)(盟誓)(自己)
이왕 열조 맹서 자기
(百姓)(自己)(親)
백성 자기 친
신29:14,(言約)(盟誓)
언약 맹서
신29:15,(者)(者)
자 자
신29:16,(居)(通過)
거 통과
신29:17,(中)(可憎)(木石)(銀金)(偶像)
중 가증 목석 은금 우상
신29:18,(中)(男子)(女子)(家族)(支派)
중 남자 녀자 가족 지파
(民族)(神)(念慮)(毒草)(中)
민족 신 염려 독초 중
신29:19,(詛呪)(心中)(慰勞)(剛愎)(滅)
저주 심중 위로 강퍅 멸
(平安)(念慮)
평안 염려
신29:20,(者)(赦)(忿怒)(嫉妬)(冊)(記錄)
자 사 분노 질투 책 기록
(詛呪)(畢竟)(天下)(塗抹)
저주 필경 천하 도말
신29:21,(支派)(中)(區別)(律法冊)(記錄)
지파 중 구별 률법책 기록
(言約)(詛呪)(禍)
언약 저주 화
신29:22,(子孫)(遠方)(客)(災殃)(流行)(疾病)
자손 원방 객 재앙 류행 질병
신29:23,(硫黃)(結實)(震怒)(憤恨)(毁滅)
류황 결실 진노 분한 훼멸
신29:24,(列邦)(行)(熱烈)(怒)
열방 행 열렬 노
신29:25,(對答)(自己)(祖上)(祖上)(引導)
대답 자기 조상 조상 인도
(言約)
언약
신29:26,(自己)(神)
자기 신
신29:27,(向)(震怒)(冊)(記錄)(詛呪)(災殃)
향 진노 책 기록 저주 재앙
신29:28,(震怒)(憤恨)(痛恨)
진노 분한 통한
신29:29,(奧妙)(屬)(永久)(子孫)(屬)(律法)(行)
오묘 속 영구 자손 속 률법 행

申命記-(신명기)-第三十章
신명기 제삼십장

신30:1,(陳述)(福)(詛呪)(臨)(記憶)
진술 복 저주 임 기억
신30:2,(子孫)(命)(穩全)(性稟)(順從)
자손 명 온전 성품 순종
신30:3,(矜恤)(捕虜)(百姓)(中)
긍휼 포로 백성 중
신30:4,(者
자
신30:5,(列祖)(善)(行)(列祖)(蕃盛)
열조 선 행 열조 번성
신30:6,(子孫)(割禮)(性稟)(生命)
자손 할례 성품 생명
신30:7,(對敵)(逼迫)(者)(詛呪)(臨)
대적 핍박 자 저주 임
신30:8,(順從)(命)(命令)(行)
순종 명 명령 행
신30:9,(順從)(律法冊)(記錄)(命令)(規例)
순종 률법책 기록 명령 규례
(性稟)(所生)(六畜)(土地)(所産)
성품 소생 육축 토지 소산
(福)(列祖)(福)
복 열조 복
신30:11,(命)(命令)
명 명령
신30:12,(爲)(命令)(行)
위 명령 행
신30:13,(爲)(命令)(行)
위 명령 행
신30:14,(甚)(行)
심 행
신30:15,(生命)(福)(死亡)(禍)
생명 복 사망 화

신30:16,(命)(行)(命令)(規例)(法度)
명 행 명령 규례 법도
(生存)(蕃盛)(福)
생존 번성 복
신30:17,(萬一)(誘惑)
만일 유혹
신30:18,(宣言)(亡)(長久)
선언 망 장구
신30:19,(天地)(證據)(生命)(死亡)(福)
천지 증거 생명 사망 복
(詛呪)(子孫)(爲)(生命)(擇)
저주 자손 위 생명 택
신30:20,(順從)(附從)(生命)(長壽)
순종 부종 생명 장수
(列祖)(盟誓)(居)
열조 맹서 거

申命記-(신명기)-第三十一章
신명기 제삼십일장

신31:2,(一百)(二十歲)(出入)(能)
일백 이십세 출입 능
신31:3,(民族)(滅)
민족 멸
신31:4,(滅)(王)(行)(行)
멸 왕 행 행
신31:5,(命)(命令)(行)
명 명령 행
신31:6,(强)(膽大)(行)
강 담대 행
신31:7,(目前)(强)(膽大)(百姓)(列祖)(盟誓)
목전 강 담대 백성 열조 맹서
신31:8,(行)
행
신31:9,(律法)(言約櫃)(子孫)(祭司長)(長老)
률법 언약궤 자손 제사장 장로
신31:10,(命)(每)(七年)(定期)(免除年)
명 매 칠년 정기 면제년
(草幕節)
초막절
신31:11,(擇)(律法)(朗讀)
택 률법 랑독
신31:12,(百姓)(男女)(幼稚)(城)(寓居)
백성 남녀 유치 성 우거
(他國人)(敬畏)(律法)(行)
타국인 경외 률법 행
신31:13,(居)(子女)(敬畏)
거 자녀 경외
신31:14,(期限)(會幕)(命)(會幕)
기한 회막 명 회막
신31:15,(帳幕)(帳幕門)
장막 장막문
신31:16,(列祖)(百姓)(居)(異邦神)
열조 백성 거 이방신
(淫亂)(言約)
음란 언약
신31:17,(震怒)(當)(許多)(災殃)(患難)
진노 당 허다 재앙 환난
(臨)(災殃)(臨)(中)
임 재앙 임 중
신31:18,(神)(惡行)(因)
신 악행 인
신31:19,(子孫)(爲)(子孫)(證據)
자손 위 자손 증거
신31:20,(列祖)(盟誓)(引導)(後)(蔑視)(言約)
열조 맹서 인도 후 멸시 언약
신31:21,(災殃)(患難)(當)(子孫)(證人)
재앙 환난 당 자손 증인
(盟誓)(引導)(前)(想像)
맹서 인도 전 상상
신31:22,(當日)(子孫)
당일 자손
신31:23,(命)(子孫)(引導)(盟誓)(强)(膽大)
명 자손 인도 맹서 강 담대
신31:24,(律法)(冊)(後)
률법 책 후
신31:25,(言約櫃)(命)
언약궤 명
신31:26,(律法冊)(言約櫃)(證據)
률법책 언약궤 증거
신31:27,(悖逆)(生存)(拒逆)(後)
패역 생존 거역 후
신31:28,(支派)(長老)(有司)(天地)(證據)
지파 장로 유사 천지 증거
신31:29,(後)(腐敗)(命)(目前)(惡)(行)
후 부패 명 목전 악 행
(激怒)(末世)(災殃)(當)
격노 말세 재앙 당
신31:30,(總會)
총회

申命記-(신명기)-第三十二章
신명기 제삼십이장

신32:2,(教訓)(軟)(菜蔬)
교훈 연 채소
신32:3,(傳播)(威嚴)
전파 위엄
신32:4,(磐石)(功德)(完全)(公平)
반석 공덕 완전 공평
(眞實無妄)(公義)(正直)
진실무망 공의 정직
신32:5,(向)(惡)(行)(子女)(欠)(邪曲)(種類)
향 악 행 자녀 흠 사곡 종류
신32:6,(愚昧無知)(百姓)(報答)
우매무지 백성 보답
신32:7,(記憶)(歷代)(年代)(說明)
기억 력대 년대 설명
신32:8,(至極)(者)(列國)(基業)(人種)
지극 자 열국 기업 인종
(分定)(子孫)(數爻)(民族)(境界)(定)
분정 자손 수효 민족 경계 정
신32:9,(分)(自己)(百姓)(擇)(基業)
분 자기 백성 택 기업
신32:10,(荒蕪地)(曠野)(護衛)(保護)
황무지 광야 호위 보호

(自己)(瞳子)
자기 동자

신32:12,(引導)(神)
인도 신

신32:13,(所産)(磐石)(磐石)
소산 반석 반석

신32:14,(羊)(羊)(所産)(羊)(至極)(葡萄汁)
양 양 소산 양 지극 포도즙

신32:15,(富大)(潤澤)(自己)(自己)(救援)
부대 윤택 자기 자기 구원

(磐石)(輕忽)
반석 경홀

신32:16,(神)(嫉妬)(可憎)(震怒)(激發)
신 질투 가증 진노 격발

신32:17,(祭祀)(魔鬼)(神)(近來)(神)(列祖)
제사 마귀 신 근래 신 열조

신32:18,(磐石)(相關)
반석 상관

신32:19,(子女)(激怒)(緣故)
자녀 격노 연고

신32:20,(終末)(甚)(悖逆)(種類)(無信)(子女)
종말 심 패역 종류 무신 자녀

신32:21,(者)(嫉妬)(虛無)(震怒)(激發)(百姓)
자 질투 허무 진노 격발 백성

(者)(猜忌)(愚蠢)(民族)(忿怒)(激發)
자 시기 우준 민족 분노 격발

신32:22,(忿怒)(陰府)(所産)(山)
분노 음부 소산 산

신32:23,(災殃)
재앙

신32:24,(毒)(破滅)(毒)
독 파멸 독

신32:25,(滅亡)(靑年)(男子)(處女)(白髮)
멸망 청년 남자 처녀 백발

(老人)
로인

신32:26,(人間)(記憶)
인간 기억

신32:27,(對敵)(激動)(念慮)(怨讐)
대적 격동 염려 원수

(誤解)(手段)(行)(念慮)
오해 수단 행 염려

신32:28,(謀略)(國民)(中)(知識)
모략 국민 중 지식

신32:29,(智慧)(自己)(終末)
지혜 자기 종말

신32:30,(磐石)(千)(萬)(逃亡)
반석 천 만 도망

신32:31,(對敵)(磐石)(磐石)(對敵)(判斷)
대적 반석 반석 대적 판단

신32:32,(葡萄)(葡萄)(所産)(葡萄)(葡萄)
포도 포도 소산 포도 포도

신32:33,(葡萄酒)(毒)(毒蛇)(惡毒)
포도주 독 독사 악독

신32:34,(庫間)(封)
고간 봉

신32:35,(報讐)(失足)(患難)(當)(速)(臨)
보수 실족 환난 당 속 임

신32:36,(自己)(百姓)(判斷)(因)(後悔)
자기 백성 판단 인 후회

(無力)(者)(者)
무력 자 자

신32:37,(神)(避)(磐石)
신 피 반석

신32:38,(犧牲)(奠祭)(保障)
희생 전제 보장

신32:39,(神)(傷)(能)(者)
신 상 능 자

신32:40,(向)(永遠)(盟誓)
향 영원 맹서

신32:41,(審判)(對敵)(報讐)(者)(報應)
심판 대적 보수 자 보응

신32:42,(取)(被殺者)(捕虜)(者)(對敵)(長官)
취 피살자 포로 자 대적 장관

신32:43,(列邦)(主)(百姓)(主)(對敵)(報讐)
열방 주 백성 주 대적 보수

(自己)(百姓)(爲)(贖罪)
자기 백성 위 속죄

신32:44,(百姓)
백성

신32:46,(證據)(子女)(命)(律法)(行)
증거 자녀 명 률법 행

신32:47,(虛事)(生命)(因)(長久)
허사 생명 인 장구

신32:48,(當日)
당일

신32:49,(便)(山)(山)(子孫)(基業)
편 산 산 자손 기업

신32:50,(兄)(山)(祖上)(山)(祖上)
형 산 조상 산 조상

신32:51,(曠野)(子孫)(中)(犯罪)(子孫)(中)
광야 자손 중 범죄 자손 중

(緣故)
연고

신32:52,(子孫)
자손

申命記-(신명기)-第三十三章
신명기 제삼십삼장

신33:1,(前)(子孫)(爲)(祝福)
전 자손 위 축복

신33:2,(山)(山)(一萬)(聖徒)(降臨)(律法)
산 산 일만 성도 강림 률법

신33:3,(百姓)(聖徒)(手中)(主)(主)
백성 성도 수중 주 주

신33:4,(律法)(命)(總會)(基業)
률법 명 총회 기업

신33:5,(王)(百姓)(頭領)(支派)
왕 백성 두령 지파

신33:6,(人數)(願)
인수 원

신33:7,(對)(祝福)(音聲)(百姓)(引導)(自己)
대 축복 음성 백성 인도 자기

(爲)(主)(對敵)(願)
위 주 대적 원

신33:8,(對)(主)(主)(敬虔)(者)(主)(試驗)
대 주 주 경건 자 주 시험

신33:9,(父母)(對)(兄弟)(認定)(子女)(主)
부모 대 형제 인정 자녀 주
(遵行)(主)(言約)(因)
준행 주 언약 인

신33:10,(主)(法度)(主)(律法)(主)(焚香)
주 법도 주 률법 주 분향
(穩全)(燔祭)(主)(壇)
온전 번제 주 단

신33:11,(財産)(豊足)(對敵)(者)(者)
재산 풍족 대적 자 자

신33:12,(對)(者)(安全)(居)(保護)(自己)(處)
대 자 안전 거 보호 자기 처

신33:13,(對)(願)(福(寶物)(貯藏)
대 원 복 보물 저장

신33:14,(太陽)(結實(寶物)(太陰)(寶物)
태양 결실 보물 태음 보물

신33:15,(山(上品物)(永遠)(山)(寶物)
산 상품물 영원 산 보물

신33:16,(寶物)(充滿)(居)(者)(恩惠)(因)
보물 충만 거 자 은혜 인
(福)(兄弟)(中)(區別)(者)(頂)(臨)
복 형제 중 구별 자 정 임

신33:17,(威嚴)(列邦(萬萬)(千千)
위엄 열방 만만 천천

신33:18,(對)(帳幕)
대 장막

신33:19,(列國)(百姓)(山)(義)(祭祀)
열국 백성 산 의 제사
(豊富)(吸收)
풍부 흡수

신33:20,(對)(廣大)(者)(讚頌)(獅子)(頂)
대 광대 자 찬송 사자 정

신33:21,(自己)(爲)(基業)(擇)(法)(者)(分)
자기 위 기업 택 법 자 분
(豫備)(百姓)(頭領)(公義)(法度)(行)
예비 백성 두령 공의 법도 행

신33:22,(對)(獅子)
대 사자

신33:23,(對)(恩惠)(足)(福)(西方)(南方)
대 은혜 족 복 서방 남방

신33:24,(對)(多子)(福)(兄弟)
대 다자 복 형제

신33:25,(門)(鐵)(能力)
문 철 능력

신33:26,(者)(穹蒼)(威嚴)
자 궁창 위엄

신33:27,(永遠)(處所(永遠)(對敵)(滅)
영원 처소 영원 대적 멸

신33:28,(安全)(居)(穀食)(葡萄酒)
안전 거 곡식 포도주

신33:29,(幸福者)(救援)(百姓)(防牌)
행복자 구원 백성 방패
(榮光)(對敵)(服從)
영광 대적 복종

申命記-(신명기)-第三十四章
신명기 제삼십사장

신34:1,(平地)(山)(便)(山)
평지 산 편 산

신34:2,(西海)
서해

신34:3,(南方)(棕櫚)(城邑)(平地)
남방 종려 성읍 평지

신34:4,(盟誓)(後孫)
맹서 후손

신34:6,(便)(葬事)(墓)(者)
편 장사 묘 자

신34:7,(一百)(二十歲)(氣力)(衰)
일백 이십세 기력 쇠

신34:8,(子孫)(平地)(哀哭)(期限)(爲)
자손 평지 애곡 기한 위
(三十日)(哀哭)
삼십일 애곡

신34:9,(按手)(智慧)(神)(充滿)(子孫)(命)
안수 지혜 신 충만 자손 명
(順從)
순종

신34:10,(後)(先知者)對面)(者)
후 선지자 대면 자

신34:11,(臣下)(異蹟)(奇事)
신하 이적 기사

신34:12,(權能)(威嚴)(行)(目前)(行)(者)
권능 위엄 행 목전 행 자

約書亞記-(여호수아)-第一章
약 서 아 기 제일 장

수1:1,(後)(侍從)
후 시 종

수1:2,(百姓)(子孫)
백성 자손

수1:4,(曠野)(河水)(族屬)(便)大海)(地境)
광야 하수 족속 편 대해 지경

수1:5,(平生)(能)(當)(者)
평생 능 당 자

수1:6,(强)(膽大)(百姓)(祖上)(盟誓)
강 담대 백성 조상 맹서

수1:7,(强)(膽大)(命)(律法)(行)(左)(右)(亨通)
강 담대 명 률법 행 좌 우 형통

수1:8,(律法冊)(晝夜(默想)(記錄)(行)(平坦)
률법책 주야 묵상 기록 행 평탄
(亨通)
형통

수1:9,(命)(强)(膽大)
명 강 담대

수1:10,(百姓)(有司)(命)
백성 유사 명

수1:11,(陣中)(百姓)(命)(糧食)(豫備)
진중 백성 명 량식 예비
(三日)(爲)
삼일 위

수1:12,(支派)(支派)
지파 지파

수1:13,(半)(支派)(命)(安息)(記憶)
반 지파 명 안식 기억

수1:14,(妻子)(家畜)(便)(勇士)(武裝)(兄弟)
처자 가축 편 용사 무장 형제

수1:15,(安息)(兄弟)(安息)(所有地)(便)(便)
안식 형제 안식 소유지 편 편

수1:16,(對答)(當身)(命)(行)(當身)
대답 당신 명 행 당신

수1:17,(凡事)(聽從)(當身)(聽從)(當身)
범사 청종 당신 청종 당신
(當身)(願)
당신 원

수1:18,(當身)(命令)(拒逆)(當身)(聽從)
당신 명령 거역 당신 청종
(者)(當)(當身)(强)(膽大)
자 당 당신 강 담대

約書亞記-(여호수아)-第二章
약 서 아 기 제이 장

수2:1,(偵探)(妓生)(留宿)
정탐 기생 유숙

수2:2,(或)(王)(告)(子孫)(探知)
혹 왕 고 자손 탐지

수2:3,(王)(寄別)(探知)
왕 기별 탐지

수2:4,(女人)(果然)
녀인 과연

수2:5,(城門)(急)
성문 급

수2:6,(實狀)
실상

수2:7,(者)(城門)
자 성문

수2:8,(前)
전

수2:9,(甚)(百姓)(肝膽)
심 백성 간담

수2:10,(紅海)(便)(王)(行)(全滅)
홍해 편 왕 행 전멸

수2:11,(緣故)(精神)(上天下地)
연고 정신 상천하지

수2:12,(請)(善待)(善待)(父母)(男女)(兄弟)
청 선대 선대 부모 남녀 형제
(者)(生命)(盟誓)(眞實)(標)
자 생명 맹서 진실 표

수2:14,(漏洩)(生命)(代身)(仁慈)(眞實)待遇)
누설 생명 대신 인자 진실 대우

수2:15,(窓)(城壁)(城壁)(居)
창 성벽 성벽 거

수2:16,(山)(者)(後)
산 자 후

수2:17,(誓約)(盟誓)(對)
서약 맹서 대

수2:18,(窓)(父母)(兄弟)(家族)
창 부모 형제 가족

수2:19,(門)(者)
문 자

수2:20,(漏洩)(誓約)(盟誓(對)
누설 서약 맹서 대

수2:21,(窓門)
창문

수2:22,(山)(者)(留)(者)
산 자 유 자

수2:23,(山)(江)(當)(告)
산 강 당 고

수2:24,(眞實)(居民)(肝膽)
진실 거민 간담

約書亞記-(여호수아)-第三章
약 서 아 기 제삼 장

수3:1,(留宿)
유숙

수3:2,(三日)(後)(有司)(陣中)
삼일 후 유사 진중

수3:3,(百姓)(命)(祭司長)(言約櫃)
백성 명 제사장 언약궤

수3:4,(相距)(二千)(行)(以前)
상거 이천 행 이전

수3:5,(百姓)(聖潔)(來日)(奇事)(行)
백성 성결 래일 기사 행

수3:6,(祭司長)(言約櫃)(百姓)(言約櫃)
제사장 언약궤 백성 언약궤
(百姓)
백성

수3:7,(始作)(目前)
시작 목전

수3:8,(言約櫃)(祭司長)(命)
언약궤 제사장 명

수3:9,(子孫)
자손

수3:10,(族屬)(族屬)(族屬)(族屬)(族屬)
족속 족속 족속 족속 족속
(族屬)(族屬)(丁寧)
족속 족속 정녕

수3:11,(主)(言約櫃)
주 언약궤

수3:12,(支派)(中)(每)(支派)(十二名)(擇)
지파 중 매 지파 십이명 택

수3:13,(主)(櫃)(祭司長)
주 궤 제사장

수3:14,(百姓)(自己)(帳幕)(祭司長)
백성 자기 장막 제사장
(言約櫃)(百姓)(行)
언약궤 백성 행

수3:15요(牟麥)(時期)(恒常)(櫃)(者)(櫃)
모맥 시기 항상 궤 자 궤
(祭司長)
제사장

수3:16,(甚)(邑)(邊方)(鹽海)(向)(穩全)(百姓)
심 읍 변방 염해 향 온전 백성

수3:17,(言約櫃)(祭司長)(百姓)(行)
언약궤 제사장 백성 행

約書亞記-(여호수아)-第四章
약서아기 제사 장

수4:1,(百姓)
백성

수4:2,(百姓)(每)(支派)(擇)
백성 매 지파 택

수4:3,(命)(祭司長)(取)(留宿)
명 제사장 취 유숙

수4:4,(子孫)(中)(每)(支派)(豫備)
자손 중 매 지파 예비

수4:5,(櫃)(子孫)(支派)(數)(各其)(個)(取)
궤 자손 지파 수 각기 개 취

수4:6,(中)(表徵)(後日)(子孫)
중 표징 후일 자손

수4:7,(言約櫃)(言約櫃)(子孫)(永永)(記念)
언약궤 언약궤 자손 영영 기념

수4:8,(子孫)(命)(行)(子孫)(支派)(數)(取)
자손 명 행 자손 지파 수 취
(自己)(留宿)
자기 유숙

수4:9,(言約櫃)(祭司長)
언약궤 제사장

수4:10,(櫃)(祭司長)(命)(百姓)(命)(百姓)(速)
궤 제사장 명 백성 명 백성 속

수4:11,(百姓)(後)(櫃)(祭司長)(百姓)(目前)
백성 후 궤 제사장 백성 목전

수4:12,(子孫)(子孫)(半)(支派)(武裝)(子孫)
자손 자손 반 지파 무장 자손

수4:13,(四萬名)(假量)(武裝)(平地)
사만명 가량 무장 평지

수4:14,(目前)(生存)(百姓)
목전 생존 백성

수4:16,(證據櫃)(祭司長)(命)
증거궤 제사장 명

수4:17,(祭司長)(命)
제사장 명

수4:18,(言約櫃)(祭司長)(陸地)(同時)
언약궤 제사장 륙지 동시
(本)(如前)
본 여전

수4:19,(正月)(十日)(百姓)(東便)(地境)(陣)
정월 십일 백성 동편 지경 진

수4:21,(子孫)(後日)(子孫)
자손 후일 자손

수4:22,(子孫)
자손

수4:23,(紅海)
홍해

수4:24,(百姓)(能)(永遠)(敬畏)
백성 능 영원 경외

約書亞記-(여호수아)-第五章
약서아기 제오장

수5:1,(西便)(王)(海邊)(王)(子孫)(子孫)
서편 왕 해변 왕 자손 자손
(緣故)(精神)
연고 정신

수5:2,(子孫)(割禮)(行)
자손 할례 행

수5:3,(割禮山)(子孫)(割禮)(行)
할례산 자손 할례 행

수5:4,(割禮)(施行)(百姓)(中)(男子)(軍士)
할례 시행 백성 중 남자 군사
(後)(曠野)(路中)
후 광야 노중

수5:5,(百姓)(割禮)(後)(曠野)(路中)(者)
백성 할례 후 광야 노중 자
(割禮)
할례

수5:6,(子孫)(聽從)(對)(盟誓)(列祖)(盟誓)
자손 청종 대 맹서 열조 맹서
(族屬)(軍士)(滅絶)(四十年)(曠野)(行)
족속 군사 멸절 사십년 광야 행

수5:7,(代)(子孫)(割禮)(行)(割禮)(行)
대 자손 할례 행 할례 행
(割禮)(者)
할례 자

수5:8,(百姓)(割禮)(行)(畢)(百姓)(陣中)
백성 할례 행 필 백성 진중
(各)(處所)(處)
각 처소 처

수5:9,(羞恥)
수치

수5:10,(子孫)(陣)(十四日)(平地)(逾越節)
자손 진 십사일 평지 유월절

수5:11,(逾越節)(所産)(無酵餠)(穀食)
유월절 소산 무효병 곡식

수5:12,(所産)(爲)(對敵)(爲)
소산 위 대적 위

수5:14,(軍隊長官)(主)
군대장관 주

수5:15,(軍隊長官)(行)
군대장관 행

約書亞記-(여호수아)-第六章
약서아기 제륙장

수6:1,(子孫)(因)(出入)(者)
자손 인 출입 자

수6:2,(王)(勇士)
왕 용사

수6:3,(軍士)(城)(城)(周圍)(每日)(番)
군사 성 성 주위 매일 번

수6:4,(祭司長)(羊角)(言約櫃)(行)(第)
제사장 양각 언약궤 행 제
(七日)(城)(番)(祭司長)
칠일 성 번 제사장

수6:5,(祭司長)(羊角)(百姓)(城壁)(百姓)
제사장 양각 백성 성벽 백성
(各其)
각기

수6:6,(祭司長)(言約櫃)(祭司長)(羊角)
제사장 언약궤 제사장 양각
(櫃)(行)
궤 행

수6:7,(百姓)(城)(武裝)(者)(櫃)(行)
백성 성 무장 자 궤 행

수6:8,(百姓)(祭司長)(羊角)(進行)(言約櫃)
백성 제사장 양각 진행 언약궤

수6:9,(武裝)(者)(祭司長)(進行)(後軍)(櫃)
무장 자 제사장 진행 후군 궤
(行)(祭司長)(行)
행 제사장 행

수6:10,(百姓)(命)(音聲)(命)
백성 명 음성 명

수6:11,(櫃)(城)(番)(陣)(陣)(者)
궤 성 번 진 진 자

수6:12,(祭司長)(櫃)
제사장 궤

수6:13,(祭司長)(羊角)(櫃)(繼續)(進行)
제사장 양각 궤 계속 진행
(武裝)(者)(行)(後軍)(櫃)(行)
무장 자 행 후군 궤 행
(祭司長)(行)
제사장 행

수6:14,(第)(二日)(城)(番)(陣)(行)
제 이일 성 번 진 행

수6:15,(第)(七日)(如前)(方式)(城)(番)
제 칠일 여전 방식 성 번
(城)(番)
성 번

수6:16,(番)(祭司長)(百姓)(城)
번 제사장 백성 성

수6:17,(城)(物件)(妓生)(同居)(者)(使者)
성 물건 기생 동거 자 사자

수6:18,(物件)(後)(取)(陣)(禍)(當)
물건 후 취 진 화 당

수6:19,(銀金)(銅鐵)(器具)(區別)(庫間)
은금 동철 기구 구별 고간

수6:20,(百姓)(祭司長)(百姓)(同時)
백성 제사장 백성 동시
(城壁)(百姓)(各其)(城)(城)(取)
성벽 백성 각기 성 성 취

수6:21,(城)(中)(滅)(男女)(老幼)(牛羊)(滅)
성 중 멸 남녀 노유 우양 멸

수6:22,(偵探)(妓生)(女人)(盟誓)(贖)
정탐 기생 녀인 맹서 속

수6:23,(偵探)(少年)(父母)(兄弟)(贖)
정탐 소년 부모 형제 속
(親族)(陣)
친족 진

수6:24,(城邑)(銀金)(銅鐵)(器具)(庫間)
성읍 은금 동철 기구 고간

수6:25,(妓生)(家族)(贖)(中)(居)(探知)(使者)
기생 가족 속 중 거 탐지 사자

수6:26,(盟誓)(警戒)(城)(建築)(者)(詛呪)
맹서 경계 성 건축 자 저주
(基礎)(長子)(門)(季子)
기초 장자 문 계자

수6:27,(名聲)
명성

約書亞記-(여호수아)-第七章
약서아기 제칠장

수7:1,(子孫)(物件)(因)(犯罪)(支派)(曾孫)
자손 물건 인 범죄 지파 증손
(孫子)(物件)(取)(子孫)(震怒)
손자 물건 취 자손 진노

수7:2,(東便)(偵探)(偵探)
동편 정탐 정탐

수7:3,(百姓)(二三千名)(少數)(百姓)(受苦)
백성 이삼천명 소수 백성 수고

수7:4,(百姓)(中)(三千)(名)(逃亡)
백성 중 삼천 명 도망

수7:5,(三十)(六人)(城門)(百姓)
삼십 육인 성문 백성

수7:6,(長老)(櫃)
장로 궤

수7:7,(主)(百姓)(引導)(滅亡)(便)(足)(居)
수 백성 인도 멸망 편 족 거

수7:8,(主)(對敵)
주 대적

수7:9,(居民)(世上)(主)(爲)
거민 세상 주 위

수7:11,(犯罪)(命)(言約)(物件)(取)(盜賊)
범죄 명 언약 물건 취 도적
(詐欺)(自己)(器具)
사기 자기 기구

수7:12,(子孫)(自己)(對敵)(能)(當)(自己)
자손 자기 대적 능 당 자기

(中)(滅)
중 멸
수7:13,(百姓)(聖潔)(聖潔)(來日)(中)(物件)
백성 성결 성결 래일 중 물건
(物件)(中)(除)(前)(對敵)(當)
물건 중 제 전 대적 당
수7:14,(支派)支派(族屬)族屬(家族)
지파 지파 족속 족속 가족
(家族)(各)(男子)
가족 각 남자
수7:15,(物件)(者)(者)(所有)(言約)(妄靈)(行)
물건 자 자 소유 언약 망령 행
수7:16,(支派)(支派)
지파 지파
수7:17,(族屬)(族屬)(族屬)(各)(男子)
족속 족속 족속 각 남자
수7:18,(家族)(各)(男子)(支派)(曾孫)(孫子)
가족 각 남자 지파 증손 손자
수7:19,(請)(榮光)(自服)(行)(告)
청 영광 자복 행 고
수7:20,(對答)(犯罪)(如此如此)(行)
대답 범죄 여차여차 행
수7:21,(擄掠)(物件)(中)(産)(外套)(銀)
노약 물건 중 산 외투 은
(二百)(五十)(重)(金)(貪)(取)(物件)
이백 오십 중 금 탐 취 물건
(帳幕)(銀)
장막 은
수7:22,(使者)(帳幕)(物件)(帳幕)(銀)
사자 장막 물건 장막 은
수7:23,(帳幕)(取)(子孫)
장막 취 자손
수7:24,(銀)(外套)(金)(羊)(帳幕)(贖)
은 외투 금 양 장막 속
수7:26,(劇烈)(忿怒)
극렬 분노

約書亞記-(여호수아)-第八章
약서아기 제팔장

수8:1,(軍士)(王)(百姓)(城邑)
군사 왕 백성 성읍
수8:2,(王)(行)(王)(行)(奪取)(物件)
왕 행 왕 행 탈취 물건
(家畜)(取)(城)(伏兵)
가축 취 성 복병
수8:3,(軍士)(勇士)(三萬名)
군사 용사 삼만명
수8:4,(命)(城邑)(城邑)(向)(埋伏)
명 성읍 성읍 향 매복
(城邑)(豫備)
성읍 예비
수8:5,(百姓)(城邑)(逃亡)
백성 성읍 도망
수8:6,(逃亡)(誘引(城邑)(逃亡)
도망 유인 성읍 도망
수8:7,(埋伏)(城邑)(占領)
매복 성읍 점령

수8:8,(城邑)(取(行)(命)
성읍 취 행 명
수8:9,(伏兵)(西便)(埋伏)(百姓)
복병 서편 매복 백성
수8:10,(百姓)(點考)(長老)(百姓)
백성 점고 장로 백성
수8:11,(軍士)(城邑)(北便)(陣)
군사 성읍 북편 진
수8:12,(五千名)(假量)(擇)(城邑)(西便)
오천명 가량 택 성읍 서편
(埋伏)
매복
수8:13,(城邑)(北便)(軍隊)(城邑)(西便)
성읍 북편 군대 성읍 서편
(伏兵)
복병
수8:14,(王)(城邑)(百姓)(急)(定)(城邑)(伏兵)
왕 성읍 백성 급 정 성읍 복병
수8:15,(敗)(曠野)(逃亡)
패 광야 도망
수8:16,(城)(百姓)(誘引)(城)
성 백성 유인 성
수8:17,(者)(城門)
자 성문
수8:18,(短槍)(城邑)(短槍)(城邑)
단창 성읍 단창 성읍
수8:19,(瞬間)(伏兵)(處所)(急)(城邑)
순간 복병 처소 급 성읍
(占領)(城邑)
점령 성읍
수8:20,(城邑)(煙氣)(逃亡)(曠野)
성읍 연기 도망 광야
(逃亡)(百姓)(者)
도망 백성 자
수8:21,(伏兵)(城邑)(占領)(城邑)(煙氣)
복병 성읍 점령 성읍 연기
수8:22,(伏兵)(城邑)(中間)(或)(便)(或)
복병 성읍 중간 혹 편 혹
(便)(逃亡)
편 도망
수8:23,(王)
왕
수8:24,(自己)(曠野)(居民)(殄滅)
자기 광야 거민 진멸
수8:25,(全部)(男女)(一萬)(二千)
전부 남녀 일만 이천
수8:26,(居民)(殄滅)(短槍)
거민 진멸 단창
수8:27,(城邑)(家畜)(擄掠)(命)(奪取)
성읍 가축 노약 명 탈취
수8:28,(永遠)(荒廢)
영원 황폐
수8:29,(王)(命(屍體)(城門)
왕 명 시체 성문
수8:30,(爲)(山)(壇)
위 산 단
수8:31,(子孫)(命)(律法冊)(記錄)(鐵)
자손 명 률법책 기록 철

(壇)(燔祭)(和睦祭)
단 번제 화목제

수8:32,(記錄)(律法)(子孫)(目前)(記錄)
기록 률법 자손 목전 기록

수8:33,(長老)(有司)(裁判長)(本土人)
장로 유사 재판장 본토인
(異邦人)(言約櫃)(祭司長)(櫃)(左右)
이방인 언약궤 제사장 궤 좌우
(折半)(山)(折半)(山)(已往)(百姓)
절반 산 절반 산 이왕 백성
(祝福)(命)
축복 명

수8:34,(後)(律法冊)(記錄)(祝福)(詛呪)
후 률법책 기록 축복 저주
(律法)(朗讀)
률법 랑독

수8:35,(命)(會衆)(女人)(中)(同居)(客)(朗讀)
명 회중 녀인 중 동거 객 랑독

約書亞記-(여호수아)-第九章
약서아기 제구장

수9:1,(西便)(山地)(平地)(大海邊)(王)
서편 산지 평지 대해변 왕

수9:2,(一心)
일심

수9:3,(居民)(行)
거민 행

수9:4,(使臣)(貌樣)(纏袋)(葡萄酒)(負袋)
사신 모양 전대 포도주 부대

수9:5,(豫備)
예비

수9:6,(陣)(遠方)(約條)
진 원방 약조

수9:7,(中)(居)(約條)
중 거 약조

수9:8,(當身)
당신

수9:9,(對答)(當身)(因)(甚)(地方)(名聲)(行)
대답 당신 인 심 지방 명성 행

수9:10,(東便)(王)(王)(王)(行)
동편 왕 왕 왕 행

수9:11,(長老)(居民)(旅行)(糧食)(當身)
장로 거민 여행 량식 당신
(請)(約條)
청 약조

수9:12,(當身)(糧食)(取)
당신 량식 취

수9:13,(葡萄酒)(負袋)(旅行)(甚)(因)
포도주 부대 여행 심 인

수9:14,(糧食)(取)
량식 취

수9:15,(和親)(言約)(會衆)(族長)(盟誓)
화친 언약 회중 족장 맹서

수9:16,(言約)(後)(三日)(近隣)(自己)(中)
언약 후 삼일 근린 자기 중
(居住)(者)
거주 자

수9:17,(子孫)(進行)(第)(三日)(城邑)(城邑)
자손 진행 제 삼일 성읍 성읍

수9:18,(會衆)(族長)(盟誓)(故)(子孫)(會衆)
회중 족장 맹서 고 자손 회중
(族長)(怨望)
족장 원망

수9:19,(族長)(會衆)(盟誓)
족장 회중 맹서

수9:20,(盟誓)(盟約)(因)(震怒)(臨)(行)
맹서 맹약 인 진노 임 행

수9:21,(族長)(會衆)(爲)(者)
족장 회중 위 자

수9:22,(居住)(甚)
거주 심

수9:23,(詛呪)(永永)(爲)(者)
저주 영영 위 자

수9:24,(對答)(當身)(命)(當身)(居民)(當身)
대답 당신 명 당신 거민 당신
(滅)(當身)(分明)(當身)(因)(生命)(甚)
멸 당신 분명 당신 인 생명 심

수9:25,(當身)(當身)(意向)(行)
당신 당신 의향 행

수9:26,(行)(子孫)
행 자손

수9:27,(擇)(會衆)(爲)(壇)(爲)(者)
택 회중 위 단 위 자

約書亞記-(여호수아)-第十章
약서아기 제십장

수10:1,(取)(殄滅)(王)(行)(王)(行)(居民)
취 진멸 왕 행 왕 행 거민
(和親)(中)(王)
화친 중 왕

수10:2,(王都)(城)(强)
왕도 성 강

수10:3,(王)(王)(王)(王)(王)
왕 왕 왕 왕 왕

수10:4,(子孫)(和親)
자손 화친

수10:5,(王)(王)(王)(王)(王)(王)(自己)
왕 왕 왕 왕 왕 왕 자기
(軍隊)(對陣)
군대 대진

수10:6,(陣)(傳言)(當身)(速)(救助)(山地)
진 전언 당신 속 구조 산지
(居)(王)
거 왕

수10:7,(軍士)(勇士)
군사 용사

수10:8,(當)(者)
당 자

수10:10,(敗)(屠戮)(追擊)
패 도륙 추격

수10:11,(逃亡)(雨雹)(子孫)(者)(雨雹)(者)
도망 우박 자손 자 우박 자

수10:12,(子孫)(告)(目前)(太陽)(
자손 고 목전 태양

수10:13,(太陽)(百姓)(對敵)(怨讐)(冊)
태양 백성 대적 원수 책
(記錄)(太陽)(中天)(終日)(速)
기록 태양 중천 종일 속

수10:14,(前)(後)(爲)
전 후 위

수10:15,(陣)
진

수10:16,(王)(逃亡)(窟)
왕 도망 굴

수10:17,(或)(告)(窟)(王)(發見)
혹 고 굴 왕 발견

수10:18,(窟)
굴

수10:19,(遲滯)(對敵)(後軍)(自己)(城邑)
지체 대적 후군 자기 성읍

수10:20,(子孫)(屠戮)(殄滅)(堅固)(城)
자손 도륙 진멸 견고 성

수10:21,(百姓)(平安)(陣)(子孫)(對敵)(者)
백성 평안 진 자손 대적 자

수10:22,(窟)(窟)(王)
굴 굴 왕

수10:23,(王)(王)(王)(王)(王)(王)(窟)
왕 왕 왕 왕 왕 왕 굴

수10:24,(王)(自己)(軍長)(王)
왕 자기 군장 왕

수10:25,(軍長)(强)(膽大)(對敵)
군장 강 담대 대적

수10:26,(後)(王)(夕陽)
후 왕 석양

수10:27,(命)(屍體)(窟)(窟)
명 시체 굴 굴

수10:28,(取)(城邑)(王)(城邑)(中)(殄滅)
취 성읍 왕 성읍 중 진멸
(王)(行)(王)(行)(一般)
왕 행 왕 행 일반

수10:30,(城邑)(王)(城邑)(中)(滅)(王)(行)
성읍 왕 성읍 중 멸 왕 행
(王)(行)(一般)
왕 행 일반

수10:31,(對陣)
대진

수10:32,(城邑)(取)(中)(滅)(行)(一般)
성읍 취 중 멸 행 일반

수10:33,(王)(百姓)
왕 백성

수10:34,(對陣)
대진

수10:35,(城邑)(取)(中)(當日)(殄滅)(行)(一般)
성읍 취 중 당일 진멸 행 일반

수10:37,(城邑)(取)(王)(贖)(城邑)(中)
성읍 취 왕 속 성읍 중
(城邑)(中)(殄滅)(行)(一般)
성읍 중 진멸 행 일반

수10:39,(城邑)(王)(贖)(城邑)(取)(城邑)
성읍 왕 속 성읍 취 성읍
(中)(殄滅)(王)(行)(行)(一般)(王)
중 진멸 왕 행 행 일반 왕
(行)(一般)
행 일반

수10:40,(山地)(南方)(平地)(傾斜地)(王)
산지 남방 평지 경사지 왕
(呼吸)(者)(殄滅)(命)
호흡 자 진멸 명

수10:42,(爲)(故)(王)(單番)(取)
위 고 왕 단번 취

수10:43,(陣)
진

約書亞記-(여호수아)-第十一章
약서아기 제십일장

수11:1,(王)(消息)(王)(王)(王)
왕 소식 왕 왕 왕

수11:2,(北方)(山地)(男便)(平地)(西方)(王)
북방 산지 남편 평지 서방 왕

수11:3,(東西便)(山地)(山)
동서편 산지 산

수11:4,(軍隊)(民衆)(海邊)(數多)(兵車)(甚)
군대 민중 해변 수다 병거 심

수11:5,(王)(陣)
왕 진

수11:6,(因)(來日)(沒殺)(兵車)
인 래일 몰살 병거

수11:7,(軍士)(猝地)(襲擊)
군사 졸지 습격

수11:8,(故)(擊破)(東便)
고 격파 동편

수11:9,(自己)(命)(行)(兵車
자기 명 행 병거

수11:10,(本來)(取)(王)
본래 취 왕

수11:11,(殄滅)(呼吸)(者)
진멸 호흡 자

수11:12,(王)(城邑)(王)(取)(殄滅)(命)
왕 성읍 왕 취 진멸 명

수11:13,(山)(建築)(城邑)
산 건축 성읍

수11:14,(城邑)(財物)(家畜)(子孫)(奪取)
성읍 재물 가축 자손 탈취
(殄滅)(呼吸)(者)
진멸 호흡 자

수11:15,(命)(命)(行)(命)(行)
명 명 행 명 행

수11:16,(山地)(南方)(平地)(山地)(平地)(取)
산지 남방 평지 산지 평지 취

수11:17,(山)(山)(王)
산 산 왕

수11:18,(王)
왕

수11:19,(居民)(外)(子孫)(和親)(城邑)
거민 외 자손 화친 성읍
(子孫)(取)
자손 취

수11:20,(剛愎)(對敵)(詛呪)(者)(恩惠)(命)
강퍅 대적 저주 자 은혜 명

(殄滅)
진멸

수11:21,(山地)(山地)(山地)(滅絶)(城邑)
산지 산지 산지 멸절 성읍
(殄滅)
진멸

수11:22,(子孫(若干)
자손 약간

수11:23,(取)(支派)(區別)(基業)(戰爭)
취 지파 구별 기업 전쟁

約書亞記-(여호수아)-第十二章
약서아기 제십이장

수12:1,(子孫)(便)(便)(山)(東方)(占領)(王)
자손 편 편 산 동방 점령 왕

수12:2,(居)(王)(城邑)(折半)(子孫)(地境)(江)
거 왕 성읍 절반 자손 지경 강

수12:3,(東方)(東方)(鹽海)(通)(男便)(山麓)
동방 동방 염해 통 남편 산록

수12:4,(族屬)(居)(王)
족속 거 왕

수12:5,(治理)(山(地境)(折半)(王)(地境)(接)
치리 산 지경 절반 왕 지경 접

수12:6,(子孫)(半)(支派)(基業)
자손 반 지파 기업

수12:7,(子孫)(便)(西便)(山)(滅)(王)(區別)
자손 편 서편 산 멸 왕 구별
(支派)(基業)
지파 기업

수12:8,(山地)(平地)(傾斜地)(曠野)(南方)
산지 평지 경사지 광야 남방

수12:9,(王)(王)
왕 왕

수12:10,(王)(王(王)
왕 왕 왕

수12:11,(王)
왕

수12:12,(王)(王)
왕 왕

수12:13,(王)(王)
왕 왕

수12:14,(王)(王)
왕 왕

수12:15,(王)(王)
왕 왕

수12:16,(王)(王)
왕 왕

수12:17,(王)(王)
왕 왕

수12:18,(王)(王)
왕 왕

수12:19,(王)(王)
왕 왕

수12:20,(王)(王)
왕 왕

수12:21,(王)(王)
왕 왕

수12:22,(王)(王)
왕 왕

수12:23,(王)(王)
왕 왕

수12:24,(王)(都合)(三十)(一)(王)
왕 도합 삼십 일 왕

約書亞記-(여호수아)-第十三章
약서아기 제십삼장

수13:2,(地方)(全境)
지방 전경

수13:3,(贖)(北方)(地境)(方伯)(南方)
속 북방 지경 방백 남방

수13:4,(贖)(地境)
속 지경

수13:5,(東便)(山)
동편 산

수13:6,(山地)(居民)(子孫)(命)(分配)(基業)
산지 거민 자손 명 분배 기업

수13:7,(支派)(半)(支派)(基業)
지파 반 지파 기업

수13:8,(半)(支派)(東便)(基業)
반 지파 동편 기업

수13:9,(城邑)(平地)
성읍 평지

수13:10,(都邑)(王)(城邑)(子孫)(地境)
도읍 왕 성읍 자손 지경

수13:11,(地境)(山
지경 산

수13:12,(族屬)(都邑)(王)
족속 도읍 왕

수13:13,(子孫)(居)
자손 거

수13:14,(支派)(基業)(火祭物)(基業)
지파 기업 화제물 기업

수13:15,(子孫)(支派)(家族)
자손 지파 가족

수13:16,(地境)(城邑)(平地)
지경 성읍 평지

수13:17,(平地)(城邑)
평지 성읍

수13:19,(山)
산

수13:20,(山麓)
산록

수13:21,(平地)(城邑)(都邑)(居)(方伯)(貴族)
평지 성읍 도읍 거 방백 귀족

수13:22,(子孫)(屠戮)(中)(術士)
자손 도륙 중 술사

수13:23,(子孫)(西便)(境界)(江)(以上)(子孫)
자손 서편 경계 강 이상 자손
(基業)(家族)(城邑)(村落)
기업 가족 성읍 촌락

수13:24,(支派)(子孫)(家族)
지파 자손 가족

수13:25,(地境)(城邑)(子孫)(折半)
지경 성읍 자손 절반

수13:26,(地境)
지경
수13:27,(王)(江)(東便)
왕 강 동편
수13:28,(子孫)(基業)(家族)(城邑)(村落)
자손 기업 가족 성읍 촌락
수13:29,(半)(支派)(子孫)(半)(支派)(家族)
반 지파 자손 반 지파 가족
수13:30,(地境)(王)(全國)(境內)(六十)(城邑)
지경 왕 전국 경내 육십 성읍
수13:31,(折半)(王)(城邑)(子孫)(子孫)(折半)
절반 왕 성읍 자손 자손 절반
(家族)
가족
수13:32,(東便)(便)(平地)(分配)(基業)
동편 편 평지 분배 기업
수13:33,(支派)(基業)(基業)
지파 기업 기업

約書亞記-(여호수아)-第十四章
약서아기 제십사장

수14:1,(子孫)(取)(基業)(祭司長)(子孫)
자손 취 기업 제사장 자손
(支派)(族長)(分配)
지파 족장 분배
수14:2,(命)(基業)(支派)(半)(支派)
명 기업 지파 반 지파
수14:3,(支派)(半)(支派)(基業)(便)
지파 반 지파 기업 편
(子孫)(基業)
자손 기업
수14:4,(子孫)(支派)(分)(居)(城邑)
자손 지파 분 거 성읍
(家畜)(財物)
가축 재물
수14:5,(子孫)(命)(行)
자손 명 행
수14:6,(子孫)(當身)(對)(當身)
자손 당신 대 당신
수14:7,(四十)(偵探)(誠實)(告)
사십 정탐 성실 고
수14:8,(兄弟)(百姓)(肝膽)(穩全)
형제 백성 간담 온전
수14:9,(盟誓)(穩全)(永永)(子孫)(基業)
맹서 온전 영영 자손 기업
수14:10,(曠野)(行)(四十)(五年)(生存)
광야 행 사십 오년 생존
(八十)(五歲)
팔십 오세
수14:11,(强健)(一般)(出入)(堪當)
강건 일반 출입 감당
수14:12,(山地)(當身)(城邑)(堅固)(或時)
산지 당신 성읍 견고 혹시
(畢竟)
필경
수14:13,(爲)(祝福)(基業)
위 축복 기업
수14:14,(基業)(穩全)
기업 온전
수14:15,(戰爭)
전쟁

約書亞記-(여호수아)-第十五章
약서아기 제십오장

수15:1,(子孫)(支派)(家族)(極南端)(地境)
자손 지파 가족 극남단 지경
(南)(曠野)
남 광야
수15:2,(男便)(境界)(鹽海)(極端)(南向)
남편 경계 염해 극단 남향
(海灣)
해만
수15:3,(南便)(南便)
남편 남편
수15:4,(境界)(南便)(境界)
경계 남편 경계
수15:5,(東便)(境界)(鹽海)(北便)(境界)
동편 경계 염해 북편 경계
(當)(海灣)
당 해만
수15:6,(北便)(子孫)
북편 자손
수15:7,(北)(江)(南便)(便)(向)
북 강 남편 편 향
수15:8,(南便)(西便)(山)(北便)
남편 서편 산 북편
수15:9,(山)(山)(城邑)
산 산 성읍
수15:10,(西便)(山)(山)(北便)
서편 산 산 북편
수15:11,(北便)(山)
북편 산
수15:12,(西便)(境界)大海)(海邊)(子孫)
서편 경계 대해 해변 자손
(家族)(四面)(境界)
가족 사면 경계
수15:13,(命)(城)(子孫)(中)(分)
명 성 자손 중 분
수15:14,(所生)
소생
수15:15,(居民)(本)
거민 본
수15:16,(取)(者)
취 자
수15:17,(取)
취
수15:18,(出嫁)(請)(自己)(求)(願)
출가 청 자기 구 원
수15:19,(福)(南方)(
복 남방
수15:20,(子孫)(支派)(家族)(基業
자손 지파 가족 기업
수15:21,(子孫)(支派)(南)(境界)(接近)(城邑)
자손 지파 남 경계 접근 성읍

수15:32,(二十)(九)(城邑)(村落)
이십 구 성읍 촌락

수15:33,(平地)
평지

수15:36,(十四)(城邑)(村落)
십사 성읍 촌락

수15:41,(十六)(城邑)(村落)
십륙 성읍 촌락

수15:44,(城邑)(村落)
성읍 촌락

수15:45,(鄕里)(村落)
향리 촌락

수15:46,(城邑)(村落)
성읍 촌락

수15:47,(鄕里)(村落)(鄕里)(村落)(大海)
향리 촌락 향리 촌락 대해

수15:48,(山地)
산지

수15:51,(十一)(城邑)(村落)
십일 성읍 촌락

수15:54,(城邑)(村落)
성읍 촌락

수15:57,(城邑)(村落)
성읍 촌락

수15:59,(城邑)(村落)
성읍 촌락

수15:60,(城邑)(村落)
성읍 촌락

수15:61,(曠野)
광야

수15:62,(鹽城)(城邑)(村落)
염성 성읍 촌락

수15:63,(居民)(子孫)(子孫)(居)
거민 자손 자손 거

約書亞記-(여호수아)-第十六章
약서아기 제십륙장

수16:1,(子孫)(東便)(曠野)(山地)
자손 동편 광야 산지

수16:2,(境界)(
경계

수16:3,(西便)(境界)
서편 경계

수16:4,(子孫)(基業)
자손 기업

수16:5,(子孫)(家族)(境界)(基業)(境界)(東)
지손 기족 경계 기업 경계 동

수16:6,(西便)(北便)(東便)(東便)
서편 북편 동편 동편

수16:8,(西便)(子孫)(支派)(家族)(基業
서편 자손 지파 가족 기업

수16:9,(外)(子孫)(基業)(中)(子孫)(爲)
외 자손 기업 중 자손 위
(區別)(城邑)(村落)
구별 성읍 촌락

수16:10,(居)(居)(使役)
거 거 사역

約書亞記-(여호수아)-第十七章
약서아기 제십칠장

수17:1,(支派)(爲)(長子)(長子)(武士)
지파 위 장자 장자 무사

수17:2,(子孫)(爲)(家族)(子孫)(子孫)(子孫)
자손 위 가족 자손 자손 자손
(子孫)(子孫)(子孫)(家族)(男)(子孫)
자손 자손 자손 가족 남 자손

수17:3,(孫子)(曾孫)(玄孫)
손자 증손 현손

수17:4,(祭司長(方伯)(命)(兄弟)(中)(基業)
제사장 방백 명 형제 중 기업
(命令)(基業)(兄弟)(中)
명령 기업 형제 중

수17:5,(東便)(外)(分)
동편 외 분

수17:6,(女孫)(男)(子孫)(中)(基業)(子孫)(屬)
여손 남 자손 중 기업 자손 속

수17:7,(境界)(右便)(居民)
경계 우편 거민

수17:8,(屬)(境界)(邑)(子孫)(屬)
속 경계 읍 자손 속

수17:9,(境界)(南便)(城邑)(中)(城邑)(屬)
경계 남편 성읍 중 성읍 속
(境界)(北便)
경계 북편

수17:10,(南便)(屬)(北便)(屬)(境界)(北)(東)
남편 속 북편 속 경계 북 동

수17:11,(所有)(鄕里)(鄕里)(居民)(鄕里)
소유 향리 향리 거민 향리
(居民)(鄕里)(居民)(鄕里)(居民)(鄕里)
거민 향리 거민 향리 거민 향리

수17:12,(子孫)(城邑)(居民)(決心)(居)
자손 성읍 거민 결심 거

수17:13,(子孫)(强盛)(後)(使役)
자손 강성 후 사역

수17:14,(子孫)(至今)(福)(民族)(當身)(基業)
자손 지금 복 민족 당신 기업
(爲)(分)
위 분

수17:15,(民族)(山地)(森林)(開拓)
민족 산지 삼림 개척

수17:16,(子孫)(山地)(居)(鄕里)(居)(者)
자손 산지 거 향리 거 자
(居)(者)(鐵兵車)
거 자 철병거

수17:17,(族屬)(民族)(權能)(分)
족속 민족 권능 분

수17:18,(山地)(森林)(開拓)(鐵兵車)(强)(能)
산지 삼림 개척 철병거 강 능

約書亞記-(여호수아)-第十八章
약서아기 제십팔장

수18:1,(子孫)(會衆)(會幕)(服從)
자손 회중 회막 복종

수18:2,(子孫)(中)(基業)(分配)(者)(支派)
자손 중 기업 분배 자 지파

수18:3,(子孫)(列祖)(取)(遲滯)
자 손 열 조 취 지 체

수18:4,(每)(支派)(三人)(選定)(基業)(相當)
매 지 파 삼 인 선 정 기 업 상 당

수18:5,(部分)(南便)(自己)(境內)(居)
부 분 남 편 자 기 경 내 거
(族屬)(北便)(自己)(境內)(居)
족 속 북 편 자 기 경 내 거

수18:6,(部分)(爲)
부 분 위

수18:7,(中)(分)(祭司長)(職分)(基業)
중 분 제 사 장 직 분 기 업
(半)(支派)(便)(東便)(基業)
반 지 파 편 동 편 기 업

수18:8,(命)(爲)
명 위

수18:9,(城邑)(部分)(冊)(陣)
성 읍 부 분 책 진

수18:10,(爲)(子孫)(分派)(分配)
위 자 손 분 파 분 배

수18:11,(子孫)(支派)(爲)(家族)(境界)
자 손 지 파 위 가 족 경 계
(子孫)(子孫)(中間)
자 손 자 손 중 간

수18:12,(北方)(境界)(北便)(西便)(山地)
북 방 경 계 북 편 서 편 산 지
(荒蕪地)
황 무 지

수18:13,(境界)(南便)(境界)(南便)(山)
경 계 남 편 경 계 남 편 산

수18:14,(南便)(山)(西方)(南便)(向)(子孫)
남 편 산 서 방 남 편 향 자 손
(城邑)(西方)(境界)
성 읍 서 방 경 계

수18:15,(南方)(境界)(西便)(根源)
남 방 경 계 서 편 근 원

수18:16,(北便)(山)(南便)
북 편 산 남 편

수18:17,(北向)(便)(子孫)
북 향 편 자 손

수18:18,(北)(便)
북 편

수18:19,(北)(南端)(當)(鹽海)(北便)(海灣)
북 남 단 당 염 해 북 편 해 만
(境界)(南便)(境界)
경 계 남 편 경 계

수18:20,(東方)(境界)(子孫)(家族)(基業)
동 방 경 계 자 손 가 족 기 업
(四面)(境界)
사 면 경 계

수18:21,(子孫)(支派)(家族)(城邑)
자 손 지 파 가 족 성 읍

수18:24,(十)(城邑)(村落)
십 성 읍 촌 락

수18:28,(十四)(城邑)(村落)(子孫)
십 사 성 읍 촌 락 자 손
(家族)(基業)
가 족 기 업

約書亞記-(여호수아)-第十九章
약 서 아 기 제 십 구 장

수19:1,(子孫)(支派)(爲)(家族)(基業)
자 손 지 파 위 가 족 기 업
(子孫)(基業)(中)
자 손 기 업 중

수19:2,(基業)
기 업

수19:6,(十三)(城邑)(村落)
십 삼 성 읍 촌 락

수19:7,(城邑)(村落)
성 읍 촌 락

수19:8,(南方)(城)(村落)(子孫)(支派)
남 방 성 촌 락 자 손 지 파
(家族)(基業)
가 족 기 업

수19:9,(子孫)(基業)(子孫)(基業)(中)(取)
자 손 기 업 자 손 기 업 중 취
(子孫)(分)(自己)(子孫)(自己)(基業)
자 손 분 자 기 자 손 자 기 기 업
(基業)(中)
기 업 중

수19:10,(子孫)(爲)(家族)(基業)(境界)
자 손 위 가 족 기 업 경 계

수19:11,(西便)
서 편

수19:12,(東便)(便)(向)(境界)
동 편 편 향 경 계

수19:13,(東便)(連)
동 편 연

수19:14,(北)
북

수19:15,(十)(城邑)(村落)
십 성 읍 촌 락

수19:16,(子孫)(家族)(基業)(城邑)(村落)
자 손 가 족 기 업 성 읍 촌 락

수19:17,(子孫)(爲)(家族)
자 손 위 가 족

수19:18,(地境)
지 경

수19:22,(境界)(十六)(城邑)(村落)
경 계 십 육 성 읍 촌 락

수19:23,(子孫)(支派)(家族)(基業)(城邑)
자 손 지 파 가 족 기 업 성 읍
(村落)
촌 락

수19:24,(子孫)(支派)(爲)(家族)
자 손 지 파 위 가 족

수19:25,(地境)
지 경

수19:26境界)(西便)
경 계 서 편

수19:27,(便)(向)(達)(北便)(左便)
편 향 달 북 편 좌 편

수19:29,(堅固)(城邑)(地方)
견 고 성 읍 지 방

수19:30,(二十二)(城邑)(村落)
이십이 성읍 촌락

수19:31,(子孫)(支派)(家族)(基業)(城邑)
자손 지파 가족 기업 성읍
(村落)
촌락

수19:32,(子孫)(爲)(子孫)(家族)
자손 위 자손 가족

수19:33,(境界)
경계

수19:34,(西便)(接)(西)(接)(便)
서편 접 서 접 편

수19:35,(堅固)(城邑)
견고 성읍

수19:38,(十九)(城邑)(村落)
십구 성읍 촌락

수19:39,(子孫)(支派)(家族)(基業)(城邑)
자손 지파 가족 기업 성읍
(村落)
촌락

수19:40,(子孫)(支派)(爲)(家族)
자손 지파 위 가족

수19:41,(基業)(地境)
기업 지경

수19:46,(便)(境界)
편 경계

수19:47,(子孫)(地境)(擴張)(子孫)(取)
자손 지경 확장 자손 취
(居)(祖上)
거 조상

수19:48,(子孫)(支派)(家族)(基業)(城邑)
자손 지파 가족 기업 성읍
(村落)
촌락

수19:49,(子孫)(境界)(基業)(自己)(中)(基業)
자손 경계 기업 자기 중 기업

수19:50,(命令)(求)(城邑)(山地)(城邑)
명령 구 성읍 산지 성읍
(重建)(居)
중건 거

수19:51,(祭司長)(子孫)(支派)(族長)
제사장 자손 지파 족장
(會幕門)(基業)
회막문 기업

約書亞記-(여호수아)-第二十章
약서아기 제이십장

수20:2,(子孫)(告)(逃避城)(擇定)
자손 고 도피성 택정

수20:3,(不知中)(誤殺)(者)(逃亡)(中)
부지중 오살 자 도망 중
(報讐者)(避)
보수자 피

수20:4,(城邑)(逃避)(者)(城邑)(門)(城邑)
성읍 도피 자 성읍 문 성읍
(長老)(自己)(事故)(告)(城邑)
장로 자기 사고 고 성읍
(自己)(中)(居)
자기 중 거

수20:5,(報讐者)(殺人者)(本來)(不知中)
보수자 살인자 본래 부지중

수20:6,(殺人者)(會衆)(裁判)(當時)
살인자 회중 재판 당시
(大祭司長)(城邑)(居)(後)(殺人者)
대제사장 성읍 거 후 살인자
(本)(城邑)(自己)(逃亡)(城邑)(自己)
본 성읍 자기 도망 성읍 자기

수20:7,(山地)(山地)(山地)(區別)
산지 산지 산지 구별

수20:8,(便)(支派)(中)(平地)(曠野)(支派)
편 지파 중 평지 광야 지파
(中)(支派)(中)(擇)
중 지파 중 택

수20:9,(子孫)(中)(寓居)(客)(爲)(選定)
자손 중 우거 객 위 선정
(城邑)(不知中)(殺人)(者)(逃亡)
성읍 부지중 살인 자 도망
(報讐者)(爲)(會衆)
보수자 위 회중

約書亞記-(여호수아)-第二十一章
약서아기 제이십일장

수21:1,(族長)(祭司長)(子孫)(支派)(族長)
족장 제사장 자손 지파 족장

수21:2,(命)(居)(城邑)(家畜)
명 거 성읍 가축

수21:3,(子孫)(命)(自己)(基業)(城邑)
자손 명 자기 기업 성읍

수21:4,(家族)(爲)(中)(祭司長)(子孫)(支派)
가족 위 중 제사장 자손 지파
(支派)(支派)(中)(十三)(城邑)
지파 지파 중 십삼 성읍

수21:5,(子孫)(支派)(家族)(支派)(半)
자손 지파 가족 지파 반
(支派)(中)(城邑)
지파 중 성읍

수21:6,(子孫)(支派)(家族)(支派)(支派)
자손 지파 가족 지파 지파
(半)(支派)(中)(十三)(城邑)
반 지파 중 십삼 성읍

수21:7,(子孫)(家族)(支派)(支派)(支派)
자손 가족 지파 지파 지파
(中)(十二)(城邑)
중 십이 성읍

수21:8,(命)(子孫)(城邑)
명 자손 성읍

수21:9,(子孫)(支派)(子孫)(支派)(中)
자손 지파 자손 지파 중
(記名)(城邑)
기명 성읍

수21:10,(子孫)(中)(家族)(贖)(子孫)
자손 중 가족 속 자손

수21:11,(城邑)(山地)(四面)
성읍 산지 사면

수21:12,(城邑)(村落(所有)
성읍 촌락소유
수21:13,(祭司長)(子孫)(殺人者)(逃避城)
제사장 자손 살인자 도피성
수21:16,(支派)(城邑)
지파 성읍
수21:17,(支派)(中)
지파 중
수21:18,(城邑)
성읍
수21:19,(祭司長)(子孫)(城邑)(十三)(城邑)
제사장 자손 성읍 십삼 성읍
수21:20,(子孫)(家族)(子孫)(支派)(中)(城邑)
자손 가족 자손 지파 중 성읍
수21:21,(殺人者)(逃避城)(山地)
살인자 도피성 산지
수21:22,(城邑)
성읍
수21:23,(支派)(中)
지파 중
수21:24,(城邑)
성읍
수21:25,(半)(支派)(中)(城邑)
반 지파 중 성읍
수21:26,(子孫)(家族)(城邑)
자손 가족 성읍
수21:27,(家族)(子孫)(半)(支派)(中)
가족 자손 반 지파 중
(殺人者)(逃避城)(城邑)
살인자 도피성 성읍
수21:28,(支派)(中)
지파 중
수21:29,(城邑)
성읍
수21:30,(支派)(中)
지파 중
수21:31,(城邑)
성읍
수21:32,(支派)(中)(殺人者)(逃避城)(城邑)
지파 중 살인자 도피성 성읍
수21:33,(家族)(城邑)(城邑)
가족 성읍 성읍
수21:34,(子孫)(家族)(支派)(中)
자손 가족 지파 중
수21:35,(城邑)
성읍
수21:36,(支派)(中)
지파 중
수21:37,(城邑)
성읍
수21:38,(支派)(中)(殺人者)(逃避城)
지파 중 살인자 도피성
수21:39,(城邑)
성읍
수21:40,(家族)(者)(子孫)(家族)(城邑)
가족 자 자손 가족 성읍
(城邑)(十二)(城邑)
성읍 십이 성읍
수21:41,(子孫)(基業)(中)(城邑)
자손 기업 중 성읍
(四十八)(城邑)
사십팔 성읍
수21:42,(各)(城邑)(四面)(城邑)
각 성읍 사면 성읍
수21:43,(列祖)(盟誓)(居)
열조 맹서 거
수21:44,(四方)(安息)(列祖)(盟誓)(對敵)
사방 안식 열조 맹서 대적
(當)(者)(對敵)
당 자 대적
수21:45,(族屬)(善)(應)
족속 선 응

約書亞記-(여호수아)-第二十二章
약서아기 제이십이장

수22:1,(半)(支派)
반 지파
수22:2,(命)(命)(聽從)
명 명 청종
수22:3,(兄弟)(命)(責任)
형제 명 책임
수22:4,(兄弟)(安息)(便)(所有地)(帳幕)
형제 안식 편 소유지 장막
수22:5,(命)(命令)(律法)(行)(行)(誡命)
명 명령 률법 행 행 계명
(親近(性稟)
친근 성품
수22:6,(祝福)(自己)(帳幕)
축복 자기 장막
수22:7,(半)(支派)(基業)(其他)(半)(支派)(便)
반 지파 기업 기타 반 지파 편
(西便)(兄弟)(中)(基業)(帳幕)(祝福)
서편 형제 중 기업 장막 축복
수22:8,(財産)(甚)(家畜)(銀)(金)(銅)(鐵)(甚)
재산 심 가축 은 금 동 철 심
(衣服)(帳幕)(對敵)(奪取)(兄弟)
의복 장막 대적 탈취 형제
수22:9,(子孫)(子孫)(半)(支派)(子孫)(命)
자손 자손 반 지파 자손 명
(所有地)
소유지
수22:10,(子孫)(半)(支派)(壇)(壇)
자손 반 지파 단 단
수22:11,(子孫)(子孫)(子孫)(半)(支派)
자손 자손 자손 반 지파
(子孫)(贖)(便)(壇)
자손 속 편 단
수22:12,(子孫)(子孫)(會衆)
자손 자손 회중
수22:13,(子孫)(祭司長)(子孫)(子孫)(半)
자손 제사장 자손 자손 반
(支派)
지파
수22:14,(各)(支派)(方伯)(方伯)(各其)
각 지파 방백 방백 각기

(千萬人)(中)(族屬)(頭領)
천 만 인 중 족속 두령

수22:15,(子孫)(子孫)(半)(支派
자손 자손 반 지파

수22:16,(會衆)(犯罪)(自己)(爲)(壇)(拒逆)
회중 범죄 자기 위 단 거역

수22:17,(罪惡)(因)(會衆)(災殃)(罪)(淨潔)
죄악 인 회중 재앙 죄 정결

(罪惡)(不足)
죄악 부족

수22:18,(背逆)(來日)(會衆)(震怒)
배역 래일 회중 진노

수22:19,(所有地)(萬一)(聖幕)(所有地)(中)
소유지 만일 성막 소유지 중

(所有)(取)(壇)(外)(壇)(悖逆)(悖逆)
소유 취 단 외 단 패역 패역

수22:20,(物件)(對)(犯罪)(會衆)(震怒)(臨)
물건 대 범죄 회중 진노 임

(罪惡)(亡)(者)
죄악 망 자

수22:21,(子孫)(子孫)(半)(支派)(千萬人)
자손 자손 반 지파 천만인

(頭領)(對答)
두령 대답

수22:22,(全能)(者)(全能)(者)(將次)(萬一)
전능 자 전능 자 장차 만일

(悖逆)(犯罪)(主)(救援)
패역 범죄 주 구원

수22:23,(壇)(或時)(燔祭)(或時)
단 혹시 번제 혹시

(和睦祭物)(親)(罰)
화목제물 친 벌

수22:24,(目的)(注意)(後日)(子孫)
목적 주의 후일 자손

(子孫)(相關)
자손 상관

수22:25,(子孫)(子孫)(境界)(分誼)
자손 자손 경계 분의

(子孫)(子孫)(敬畏)
자손 자손 경외

수22:26,(壇)(豫備)(燔祭)(爲)(祭祀)(爲
단 예비 번제 위 제사 위

수22:27,(燔祭)(祭祀)(和睦祭)(後代)
번제 제사 화목제 후대

(證據)(子孫)(後日)(子孫)(分誼)
증거 자손 후일 자손 분의

수22:28,(萬一)(後日)(後代)(列祖)(壇)(模形)
만일 후일 후대 열조 단 모형

(燔祭)(爲)(祭祀)(爲)(證據)
번제 위 제사 위 증거

수22:29,(燔祭)(素祭)(祭祀)(爲)(聖幕)(壇)
번제 소제 제사 위 성막 단

(外)(壇)(悖逆)(決斷)
외 단 패역 결단

수22:30,(祭司長)(會衆)(方伯)(千萬人)
제사장 회중 방백 천만인

(頭領)(子孫)(子孫)(子孫)
두령 자손 자손 자손

수22:31,(祭司長)(子孫)(子孫)(子孫)(中)
제사장 자손 자손 자손 중

(罪)(犯)(子孫)
죄 범 자손

수22:32,(祭司長(方伯)(子孫)(子孫)
제사장 방백 자손 자손

(子孫)(回報)
자손 회보

수22:33,(子孫)(子孫)(讚頌)(子孫)(子孫)
자손 자손 찬송 자손 자손

(居)(滅)
거 멸

수22:34,(子孫)(子孫)(壇)(稱)(壇)(證據)
자손 자손 단 칭 단 증거

約書亞記-(여호수아)-第二十三章
약서아기 제이십삼장

수23:1,(四方)(對敵)(滅)(安息)(後)
사방 대적 멸 안식 후

수23:2,(長老)(頭領)(裁判長)(有司)
장로 두령 재판장 유사

수23:3,(爲)(行)(爲)(者)
위 행 위 자

수23:4,(便)大海(滅)(爲)(支派)(基業)
편 대해 멸 위 지파 기업

수23:5,(目前)
목전

수23:6,(律法冊)(記錄)(行)(左)(右)
률법책 기록 행 좌 우

수23:7,(中)(中)(神)(盟誓
중 중 신 맹서

수23:8,(親近)(行)
친근 행

수23:9,(大抵)(强大)(當)(者)
대저 강대 당 자

수23:10,(中)(千名)(爲)
중 천명 위

수23:11,(操心)
조심

수23:12,(萬一)(退步)(中)(民族)(親近)
만일 퇴보 중 민족 친근

(婚姻)(彼此)(往來)
혼인 피차 왕래

수23:13,(丁寧)(民族)(目前)(畢竟)(滅絶)
성녕 민족 목전 필경 멸절

수23:14,(世上)(對)(善)(應)(中)
세상 대 선 응 중

수23:15,(善)(不吉)(臨)(滅絶
선 불길 임 멸절

수23:16,(萬一)(命)(言約)(犯)(神)(震怒)
만일 명 언약 범 신 진노

(速)(亡)
속 망

約書亞記-(여호수아)-第二十四章
약서아기 제이십사장

수24:1,(支派)(長老)(頭領)(裁判長)(有司)
지파 장로 두령 재판장 유사

수24:2,(百姓)(祖上)(江)(便)(居)(神)
백성 조상 강 편 거 신

수24:3,(祖上)(江)(便)(引導)(行)(蕃盛)
조상 강 편 인도 행 번성

수24:4,(山)(所有)(子孫)
산 소유 자손

수24:5,(災殃)(行)(後)(引導)
재앙 행 후 인도

수24:6,(列祖)(引導)(兵車)(馬兵)(列祖)
열조 인도 병거 마병 열조
(紅海)
홍해

수24:7,(列祖)(黑暗)(行)(目覩)(曠野)(居)
열조 흑암 행 목도 광야 거

수24:8,(引導)(便)(居)(占領)(滅絶)
인도 편 거 점령 멸절

수24:9,(王)(對敵)(詛呪)
왕 대적 저주

수24:10,(願)(故)(祝福)
원 고 축복

수24:12,(王)(王)
왕 왕

수24:13,(受苦)(建築)(城邑)(居)(自己)
수고 건축 성읍 거 자기
(葡萄園)(橄欖園)(果實)
포도원 감람원 과실

수24:14,(敬畏)(誠實)(眞正)(列祖)(江)
경외 성실 진정 열조 강
(便)(神)(除)
편 신 제

수24:15,(萬一)(列祖)(江)(便)(神)(或)(居)
만일 열조 강 편 신 혹 거
(神)(者)(擇)
신 자 택

수24:16,(百姓)(對答)(神)(決斷)
백성 대답 신 결단

수24:17,(列祖)(引導)(目前)(異蹟)(行)
열조 인도 목전 이적 행
(行)(百姓)(中)(保護)
행 백성 중 보호

수24:18,(百姓)(居)
백성 거

수24:19,(百姓)(能)(神)(嫉妬)(罪)(赦)
백성 능 신 질투 죄 사

수24:20,(萬一)(異邦)(神)(福)(後)(禍)(滅)
만일 이방 신 복 후 화 멸

수24:21,(百姓)(丁寧)
백성 정녕

수24:22,(百姓)(擇)(證人)(證人)
백성 택 증인 증인

수24:23,(中)(異邦神)(除)(向)
중 이방신 제 향

수24:24,(百姓)(聽從)
백성 청종

수24:25,(百姓)(言約)(爲)(律例)(法度)
백성 언약 위 율례 법도

수24:26,(律法冊)(記錄)(取)(聖所)
율법책 기록 취 성소

수24:27,(百姓)(證據)(背叛)(證據)
백성 증거 배반 증거

수24:28,(百姓)(各其)(基業)
백성 각기 기업

수24:29,(後)(一百)(十歲)
후 일백 십세

수24:30,(基業)(境內)(葬事)(山地)(山)(北)
기업 경내 장사 산지 산 북

수24:31,(生存)(長老)(爲)(行)(者)
생존 장로 위 행 자

수24:32,(子孫)(葬事)(子孫)(金)(一百個)
자손 장사 자손 금 일백개
(山)(子孫)(基業)
산 자손 기업

수24:33,(山地)(山)(葬事)
산지 산 장사

士師記-(사사기)-第一章
사사기 제일장

삿1:1,(後)(子孫)(中)
후 자손 중

삿1:3,(兄弟)
형제

삿1:4,(一萬名)
일만명

삿1:6,(逃亡)(手足)
도망 수족

삿1:7,(七十)(王)(手足)(床)(行)
칠십 왕 수족 상 행

삿1:8,(子孫)(取)(城
자손 취 성

삿1:9,(後)(子孫)(山地)(南方)(平地)(居)
후 자손 산지 남방 평지 거

삿1:10,(居)(本)
거 본

삿1:11,(居民)(本)
거민 본

삿1:12,(取)(者)
취 자

삿1:13,(取)(故)
취 고

삿1:14,(出嫁)(請)(自己)(求)(願)
출가 청 자기 구 원

삿1:15,(福)(南方)
복 남방

삿1:16,(丈人)(子孫)(子孫)(棕櫚)(城邑)
장인 자손 자손 종려 성읍
(南方)(荒蕪地)(百姓)(中)(居)
남방 황무지 백성 중 거

삿1:17,(兄弟)(居)(殄滅)(城邑)
형제 거 진멸 성읍

삿1:18,(境內)(境內)(境內)(取)
경내 경내 경내 취

삿1:19,(故)(山地)(居民)(居民)(鐵兵車)
고 산지 거민 거민 철병거

삿1:20,(命)
명

삿1:21,(子孫)(居)(子孫)(居)
자손 거 자손 거

삿1:22,(族屬)
족속

삿1:23,(族屬)(偵探(城邑)(本)
족속 정탐 성읍 본

삿1:24,(探偵)(城邑)(請)(城邑)(入口)(善待)
탐정 성읍 청 성읍 입구 선대

삿1:25,(城邑)(入口)(城邑)(家族)
성읍 입구 성읍 가족

삿1:26,(城邑)(建築)
성읍 건축

삿1:27,(鄕里)(居民)(鄕里)(居民)(鄕里)
향리 거민 향리 거민 향리
(居民)(鄕里)(居民)(鄕里)(居民)
거민 향리 거민 향리 거민
(決心)(居)
결심 거

삿1:28,(强盛)(後)(使役)
강성 후 사역

삿1:29,(居)(中)(居)
거 중 거

삿1:30,(居民)를(居民)(中)(居)(使役
거민 거민 중 거 사역

삿1:31,(居民)(居民)(居民)
거민 거민 거민

삿1:32,(居民)(居)
거민 거

삿1:33,(居民)(居民)(居民)(居)(居民)(使役)
거민 거민 거민 거 거민 사역

삿1:34,(子孫)(山地)(容納)
자손 산지 용납

삿1:35,(決心)(山)(居)(族屬)(强盛)
결심 산 거 족속 강성
(畢竟)(使役)
필경 사역

삿1:36,(地界)
지계

士師記-(사사기)-第二章
사사기 제이장

삿2:1,(使者)(引導)(列祖)(盟誓)(言約)(永遠)
사자 인도 열조 맹서 언약 영원

삿2:2,(居民)(言約)(壇)(聽從)
거민 언약 단 청종

삿2:3,(神)
신

삿2:4,(使者)(子孫)(百姓)
사자 자손 백성

삿2:5,(祭祀)
제사

삿2:6,(前)(百姓)(子孫)(各其)(基業)
전 백성 자손 각기 기업

삿2:7,(百姓)(生存)(長老)(爲)(行)(者
백성 생존 장로 위 행 자

삿2:8,(一百)
일백

삿2:9,(基業)(境內)(山地)(山)(北)(葬事)
기업 경내 산지 산 북 장사

삿2:10,(世代)(列祖)(後)(世代)(爲)(行)
세대 열조 후 세대 위 행

삿2:11,(子孫)(目前)(惡)(行)
자손 목전 악 행

삿2:12,(引導)(列祖)(神)(四方)(百姓)
인도 열조 신 사방 백성
(神)(震怒)
신 진노

삿2:14,(震怒)(擄掠)(者)(擄掠)(當)
진노 노략 자 노략 당
(四方)(對敵)(對敵)(當)
사방 대적 대적 당

삿2:15,(災殃盟誓)(甚)
재앙맹서 심

삿2:16,(士師)(擄掠)(者)
사사 노약 자

삿2:17,(士師)(聽從)(神)(淫亂)(命令)
사사 청종 신 음란 명령
(順從)(列祖)(行)(速)(行)
순종 열조 행 속 행

삿2:18,(爲)(士師)(士師)(士師)(對敵)
위 사사 사사 사사 대적
(救援)(對敵)(壓迫)
구원 대적 압박

삿2:19,(士師)(後)(列祖)(悖乖)(神)(行爲)
사사 후 열조 패괴 신 행위
(悖逆)
패역

삿2:20,(震怒)(百姓)(列祖)(言約)(聽從)
진노 백성 열조 언약 청종

삿2:21,(列國)
열국

삿2:22,(列祖)(道)(行)(試驗)
열조 도 행 시험

삿2:23,(列國)(速)(因)
열국 속 인

士師記-(사사기)-第三章
사사기 제삼장

삿3:1,(戰爭)(試驗)
전쟁 시험

삿3:2,(子孫)(世代)(中)(戰爭)(者)(列國)
자손 세대 중 전쟁 자 열국

삿3:3,(方伯)(山)(山)(居)
방백 산 산 거

삿3:4,(列國)(試驗)(列祖)(命)(命令)(聽從)
열국 시험 열조 명 명령 청종

삿3:5,(子孫)(居)
자손 거

삿3:6,(娶)(自己)(神)
취 자기 신

삿3:7,(子孫)(目前)(惡)(行)(自己)
자손 목전 악 행 자기

삿3:8,(震怒)(王)(子孫)(八年)
진노 왕 자손 팔년

삿3:9,(子孫)(爲)(救援者)(救援)
자손 위 구원자 구원

삿3:10,(神)(臨)(士師)(王)
신 임 사사 왕

삿3:11,(泰平)(四十年)
태평 사십년

삿3:12,(子孫)(目前)(惡)(行)(子孫)(目前)
자손 목전 악 행 자손 목전
(惡)(行)(王)(强盛)(對敵)
악 행 왕 강성 대적

삿3:13,(子孫)(棕櫚)(城邑)(占領)
자손 종려 성읍 점령

삿3:14,(子孫)(王)(十八年)
자손 왕 십팔년

삿3:15,(子孫)(爲)(救援者)(子孫)(依托)
자손 위 구원자 자손 의탁
(王)(貢物)
왕 공물

삿3:16,(長)(左右)(右便)
장 좌우 우편

삿3:17,(貢物)(王)(甚)(者)
공물 왕 심 자

삿3:18,(貢物)(後)(貢物)(者)
공물 후 공물 자

삿3:19,(自己)(近處)(王)(隱密)(王)(告)
자기 근처 왕 은밀 왕 고
(王)(命)(從容)(者)
왕 명 종용 자

삿3:20,(王)(王)(房)(命)(王)(王)(坐席)
왕 왕 방 명 왕 왕 좌석

삿3:21,(右便)(王)
우편 왕

삿3:23,(玄關)(門)
현관 문

삿3:24,(後)(王)(臣下)(門)(王)(必然)(房)
후 왕 신하 문 왕 필연 방

삿3:25,(王)(門)(取)(自己)
왕 문 취 자기

삿3:26,(避)(逃亡)
피 도망

삿3:27,(山地)(子孫)(山地)
산지 자손 산지

삿3:28,(對敵)(便)(江)
대적 편 강

삿3:29,(一萬)(名)(假量)(力士)(勇士)(避)
일만 명 가량 역사 용사 피

삿3:30,(手下)(降服)(八十年)(泰平)
수하 항복 팔십년 태평

삿3:31,(後)(士師)(六百)(命)(救援)
후 사사 육백 명 구원

士師記-(사사기)-第四章
사사기 제사장

삿4:1,(後)(子孫)(目前)(惡)(行)
후 자손 목전 악 행

삿4:2,(都邑)(王)(軍隊長官)(異邦)(居)
도읍 왕 군대장관 이방 거

삿4:3,(王)(鐵兵車)(九百乘)(二十年)
왕 철병거 구백승 이십년
(子孫)(甚)(虐待)(故)(子孫)
자손 심 학대 고 자손

삿4:4,(女先知)(士師)
여선지 사사

삿4:5,(山地)(棕櫚)(居)(子孫)(裁判)
산지 종려 거 자손 재판

삿4:6,(命)(子孫)(子孫)(一萬名)(山)
명 자손 자손 일만명 산

삿4:7,(軍隊長官)(兵車)(江)
군대장관 병거 강

삿4:8,(當身)(當身)
당신 당신

삿4:9,(榮光)(女人)
영광 녀인

삿4:10,(一萬)(人)
일 만 인

삿4:11,(丈人)(子孫)(自己)(族屬)(帳幕)
장 인 자 손 자 기 족 속 장 막

삿4:12,(山)(或)(告)
산 혹 고

삿4:13,(兵車)(鐵兵車)(九百乘)(自己)
병 거 철 병 거 구 백 승 자 기
(軍士)(異邦(江)
군 사 이 방 강

삿4:14,(行)(一萬名)(山)
행 일 만 명 산

삿4:15,(兵車)(軍隊)(敗(兵車)(徒步)(逃亡)
병 거 군 대 패 병 거 도 보 도 망

삿4:16,(兵車)(軍隊)(追擊)(異邦)(軍隊)(者)
병 거 군 대 추 격 이 방 군 대 자

삿4:17,(徒步)(逃亡)(帳幕)(王)(和平)
도 보 도 망 장 막 왕 화 평

삿4:18,(迎接)(主)(帳幕)
영 접 주 장 막

삿4:19,(請)(負袋)
청 부 대

삿4:20,(帳幕門)(萬一)
장 막 문 만 일

삿4:21,(困憊)(帳幕)(取)(氣絶)
곤 비 장 막 취 기 절

삿4:23,(王)(子孫)(敗)
왕 자 손 패

삿4:24,(子孫)(王)(漸漸)(王)(殄滅)
자 손 왕 점 점 왕 진 멸

士師記-(사사기)-第五章
사 사 기 제 오 장

삿5:2,(頭領)(領率)(百姓)(獻身)(讚頌)
두 령 영 솔 백 성 헌 신 찬 송

삿5:3,(王)(方伯)(讚頌)
왕 방 백 찬 송

삿5:4,(主)(進行)(震動)
주 진 행 진 동

삿5:5,(山)(震動(山)(震動)
산 진 동 산 진 동

삿5:6,(大路)行人)(小路)
대 로 행 인 소 로

삿5:7,(官員)
관 원

삿5:8,(神)(擇)(戰爭)(城門)(四萬名)
신 백 선 쟁 성 문 사 만 명
(中)(防牌)(槍)
중 방 패 창

삿5:9,(方伯)(思慕)(百姓)(中)(獻身)(讚頌)
방 백 사 모 백 성 중 헌 신 찬 송

삿5:10,(者)(貴)(花紋席)(者)(行)(者)(宣播)
자 귀 화 문 석 자 행 자 선 파

삿5:11,(者)(義)(稱述)(義)(稱述)(百姓)(城門)
자 의 칭 술 의 칭 술 백 성 성 문

삿5:12,(者)
자

삿5:13,(貴人)(百姓)(爲)(勇士)(降臨)
귀 인 백 성 위 용 사 강 림

삿5:14,(者)(者)(百姓)(中)(者)(大將軍)(者)
자 자 백 성 중 자 대 장 군 자

삿5:15,(方伯)(心思)(決心)
방 백 심 사 결 심

삿5:16,(羊)(牧者)피)
양 목 자

삿5:17,(便)(居)(海濱)(自己)(居)
편 거 해 빈 자 기 거

삿5:18,(生命(百姓)
생 명 백 성

삿5:19,(列王)(列王)(奪取)
열 왕 열 왕 탈 취

삿5:21,(江)(漂流)(江)(江)(靈魂)(者)
강 표 류 강 강 영 혼 자

삿5:22,(軍馬)
군 마

삿5:23,(使者)(詛呪)(居民)(詛呪)(勇士)
사 자 저 주 거 민 저 주 용 사

삿5:24,(女人)(福)(帳幕)(居)(女人)(福)
녀 인 복 장 막 거 녀 인 복

삿5:25,(求)(牛乳)(貴)
구 우 유 귀

삿5:26,(帳幕)(匠人)
장 막 장 인

삿5:28,(窓門)(窓)(兵車)(兵車)(
창 문 창 병 거 병 거

삿5:29,(智慧)(侍女)對答)對答)
지 혜 시 녀 대 답 대 답

삿5:30,(擄掠物)(處女)(彩色)(擄掠)(繡)
노 약 물 처 녀 채 색 노 약 수
(彩色)(兩便)(繡)(彩色)(擄掠)(者)
채 색 량 편 수 채 색 노 약 자

삿5:31,(主)(對敵)(亡)(主)(者)(四十年)(泰平)
주 대 적 망 주 자 사 십 년 태 평

士師記-(사사기)-第六章
사 사 기 제 륙 장

삿6:1,(子孫)(目前)(惡)(行)(七年)
자 손 목 전 악 행 칠 년

삿6:2,(子孫)(因)(山)(窟)(山城)(自己)(爲)
자 손 인 산 굴 산 성 자 기 위

삿6:3,(播種)(東方)
파 종 동 방

삿6:4,(陣)(土地)(所産)(滅)(食物)(羊)
진 토 지 소 산 멸 식 물 양

삿6:5,(帳幕)(無數)(滅)
장 막 무 수 멸

삿6:6,(因)(微弱)(甚)(子孫)
인 미 약 심 자 손

삿6:7,(子孫)(因)(故)
자 손 인 고

삿6:8,(子孫)(先知者)(引導)
자 손 선 지 자 인 도

삿6:9,(虐待)(者)
학 대 자

삿6:10,(居)(神)(聽從)

거 신 청종

삿6:11,(使者)(贖)(葡萄酒)(打作)

사자 속 포도주 타작

삿6:12,(使者)(勇士)

사자 용사

삿6:13,(對答)(主)(列祖)(異蹟)

대답 주 열조 이적

삿6:14,(依支)(救援)

의지 구원

삿6:15,(對答)(主)(救援(中)(極)(弱)(第一)(者)

대답 주 구원 중 극 약 제일 자

삿6:17,(對答)(主)(恩惠)(主)(表徵)

대답 주 은혜 주 표징

삿6:18,(禮物)(主)(主)(願)

예물 주 주 원

삿6:19,(準備)(無酵煎餠)

준비 무효전병

삿6:20,(使者)(無酵煎餠)(磐石)

사자 무효전병 반석

삿6:21,(使者)(無酵煎餠)(磐石)

사자 무효전병 반석

(無酵煎餠(使者)

무효전병 사자

삿6:22,(使者)(主)(使者對面)

사자 주 사자대면

삿6:23,(安心)

안심

삿6:24,(爲)(壇)(贖)

위 단 속

삿6:25,(七年)(取)(壇)(壇)(像)

칠년 취 단 단 상

삿6:26,(堅固)(城)(爲)(規例)(壇)(取)(燔祭)

견고 성 위 규례 단 취 번제

삿6:27,(行)(家族)(城邑)(白晝)(行)(行)

행 가족 성읍 백주 행 행

삿6:28,(城邑)(壇)(毁破)(壇)(壇)

성읍 단 훼파 단 단

삿6:29,(所爲)(後)(行)

소위 후 행

삿6:30,(城邑)(當然)(壇)(毁破)(壇)

성읍 당연 단 훼파 단

삿6:31,(自己)(者)(爲)(爭論(救援(爲)(爭論)

자기 자 위 쟁론 구원 위 쟁론

(者)(當)(果然)(神)(壇)(毁破)(爭論)

자 당 과연 신 단 훼파 쟁론

삿6:32,(壇)(毁破)(爭論)

단 훼파 쟁론

삿6:33,(東方)(陣)

동방 진

삿6:34,(神)(降臨)(族屬)

신 강림 족속

삿6:35,(使者)(使者)(迎接)

사자 사자 영접

삿6:36,(主)(救援)

주 구원

삿6:37,(羊)(打作)(羊)(四面)(主)(救援)

양 타작 양 사면 주 구원

삿6:38,(羊)(取)

양 취

삿6:39,(主)(震怒)(番)(求)(番)(羊)(試驗)

주 진노 번 구 번 양 시험

(羊)(四面)

양 사면

삿6:40,(行)(羊)(四面)

행 양 사면

士師記-(사사기)-第七章

사사기 제칠장

삿7:1,(百姓)(陣)(陣)(北便)(山)

백성 진 진 북편 산

삿7:2,(百姓)(自矜)(救援)

백성 자긍 구원

삿7:3,(百姓)(告)(者)(山)(百姓)(二萬)

백성 고 자 산 백성 이만

(二千名)(者)(一萬名)

이천명 자 일만명

삿7:4,(百姓)(引導)(爲)(試驗)(

백성 인도 위 시험

삿7:5,(百姓)(引導)(者)(者)

백성 인도 자 자

삿7:6,(者)(數)(三百名)(百姓)

자 수 삼백명 백성

삿7:7,(三百)(救援)(百姓)(各各)(處所)

삼백 구원 백성 각각 처소

삿7:8,(百姓)(糧食)(各各)(帳幕)(三百名)(陣)

백성 량식 각각 장막 삼백명 진

삿7:9,(敵陣)

적진

삿7:10,(萬一)(部下)(陣)

만일 부하 진

삿7:11,(後)(强)(能)(陣)(部下)(軍隊)(陣)

후 강 능 진 부하 군대 진

삿7:12,(東方)(衆多)(無數)(海邊)(數多)

동방 중다 무수 해변 수다

삿7:13,(陣)(帳幕)

진 장막

삿7:14,(對答)(軍隊)

대답 군대

삿7:15,(解夢)(敬拜)(陣中)(軍隊)

해몽 경배 진중 군대

삿7:16,(三百名)(隊)(各)

삼백명 대 각

삿7:17,(陣)

진

삿7:18,(者)(陣)(四面)(爲)(爲

자 진 사면 위 위

삿7:19,(一百名)(二更)(初)(陣)(番兵)(替番)

일백명 이경 초 진 번병 체번

삿7:20,(隊)(左手)(右手)

대 좌수 우수

삿7:21,(各其)(當處)(陣)(四面)(敵軍)(逃亡)

각기 당처 진 사면 적군 도망

삿7:22,(三百名)(敵軍)(敵軍)(逃亡)(境界)

삼백명 적군 적군 도망 경계

삿7:24,(使者)(山地)(行)(取)(取)
사자 산지 행 취 취

삿7:25,(方伯)(葡萄酒)(追擊)(便)
방백 포도주 추격 편

士師記-(사사기)-第八章
사사기 제팔장

삿8:1,(待接)
대접

삿8:2,(行)(比較)(葡萄)(葡萄)
행 비교 포도 포도

삿8:3,(方伯)(能)(比較)(怒)
방백 능 비교 노

삿8:4,(者)(三百名)(疲困)
자 삼백명 피곤

삿8:5,(從者)(疲困)(請)(王)
종자 피곤 청 왕

삿8:6,(方伯)(只今)(軍隊)
방백 지금 군대

삿8:7,(後)
후

삿8:8,(求)(對答)(對答)
구 대답 대답

삿8:9,(平安)(望臺)
평안 망대

삿8:10,(東方)(軍隊)(中)(者)(十)(二萬名)
동방 군대 중 자 십 이만명

삿8:11,(敵軍)(晏然)(中)(東便)(帳幕)(居)
적군 안연 중 동편 장막 거
(者)(敵軍)
자 적군

삿8:12,(逃亡)(追擊)(王)(軍隊)(破)
도망 추격 왕 군대 파

삿8:13,(戰場)
전장

삿8:14,(中)(少年)(訊問)(方伯)(長老)
중 소년 신문 방백 장로
(七十七人)(爲)(記錄)
칠십칠인 위 기록

삿8:15,(前)(譏弄)(只今)(疲困)
전 기롱 지금 피곤

삿8:16,(城邑)(長老)(懲罰)
성읍 장로 징벌

삿8:17,(望臺)(城邑)
망대 성읍

삿8:18,(者)(者)(對答)(王子)
자 자 대답 왕자

삿8:19,(兄弟)(盟誓)(萬一)
형제 맹서 만일

삿8:20,(長子)(少年)
장자 소년

삿8:21,(大抵)(形狀)(粧飾)(取)
대저 형상 장식 취

삿8:22,(當身)(救援)(當身)(當身)(當身)
당신 구원 당신 당신 당신
(孫子)
손자

삿8:24,(請求)(各其)(奪取)(對敵)(金)
청구 각기 탈취 대적 금

삿8:25,(對答)(各其)(奪取)
대답 각기 탈취

삿8:26,(請)(金)(重數)(金)(一千)(七百)(外)
청 금 중수 금 일천 칠백 외
(形狀)(粧飾)(佩物)(王)(紫色)(福)
형상 장식 패물 왕 자색 복

삿8:27,(金)(自己)(城邑)(淫亂)(爲)
금 자기 성읍 음란 위

삿8:28,(子孫)(服從)(四十年)(泰平)
자손 복종 사십년 태평

삿8:29,(自己)(居)
자기 거

삿8:30,(七十人)
칠십인

삿8:31,(妾)
첩

삿8:32,(墓室)(葬事)
묘실 장사

삿8:33,(子孫)(淫亂)(爲)(自己)(神)
자손 음란 위 자기 신

삿8:34,(四面)(對敵)(自己)(自己)(記憶)
사면 대적 자기 자기 기억

삿8:35,(恩惠)(厚待)
은혜 후대

士師記-(사사기)-第九章
사사기 제구장

삿9:1,(兄弟)(外祖父)(家族)
형제 외조부 가족

삿9:2,(請)(七十人)(骨肉之親)
청 칠십인 골육지친

삿9:3,(兄弟)(爲)(告)(兄弟)
형제 위 고 형제

삿9:4,(廟)(銀)(七十個)(放蕩)(輕薄)
묘 은 칠십개 방탕 경박
(類)(自己)
유 자기

삿9:5,(自己)(兄弟)(七十人)(磐石)(末)
자기 형제 칠십인 반석 말

삿9:6,(族屬)(王)
족속 왕

삿9:7,(或)(告)(山)
혹 고 산

삿9:8,(王)(橄欖)(王)
왕 감람 왕

삿9:9,(橄欖)(榮華)(搖動)
감람 영화 요동

삿9:10,(無花果)(王)
무화과 왕

삿9:11,(無花果)(實果)(搖動)
무화과 실과 요동

삿9:12,(葡萄)(王)
포도 왕

삿9:13,(葡萄)(搖動)
포도 요동

삿9:14,(王
왕

삿9:15,(王)(避)(柏香木)
왕 피 백향목

삿9:16,(王)(行)(果然)(眞實)(義)(善待)
왕 행 과연 진실 의 선대

(行)(報答)
행 보답

삿9:17,(前)(爲)
전 위

삿9:18,(七十人)(磐石)(女(兄弟)(王)
칠십인 반석 여 형제 왕

삿9:19,(萬一)(待接)(眞實)(義)(因)(因)
만일 대접 진실 의 인 인

삿9:20,(族屬)(族屬)
족속 족속

삿9:21,(兄弟)(逃亡)(居)
형제 도망 거

삿9:22,(三年)
삼년

삿9:23,(惡)(神)(背叛)
악 신 배반

삿9:24,(七十人)(行)(暴虐)(兄弟)(罪(兄弟)
칠십인 행 포학 형제 죄 형제

삿9:25,(山)(埋伏)(者)(劫奪)(或)(告)
산 매복 자 겁탈 혹 고

삿9:26,(兄弟)(依賴)
형제 의뢰

삿9:27,(葡萄(宴會)(排設)(神堂)(詛呪)
포도 연회 배설 신당 저주

삿9:28(長官)(後孫)
장관 후손

삿9:29,(百姓)(手下)(除(軍隊)
백성 수하 제 군대

삿9:30,(城邑)(長官)(怒)
성읍 장관 노

삿9:31,(使者)兄弟(城邑)(衝動)(當身)(對敵)
사자 형제 성읍 충동 당신 대적

삿9:32,(當身)(當身)(百姓)(埋伏)
당신 당신 백성 매복

삿9:33,(當身)(城邑)(掩襲)(百姓)(當身)
당신 성읍 엄습 백성 당신

(對敵)(當身)(機會)(行)
대적 당신 기회 행

삿9:34,(百姓)(對)(埋伏)
백성 대 매복

삿9:35,(城邑門)(入口)(百姓)(埋伏)
성읍문 입구 백성 매복

삿9:36,(百姓)(百姓)(山)(對答)(山)
백성 백성 산 대답 산

삿9:37,(百姓)
백성

삿9:38,(前(누(百姓)(請)
전 백성 청

삿9:40,(逃亡)(傷)(者)(城門)(入口)
도망 상 자 성문 입구

삿9:41,(居)(兄弟(居)
거 형제 거

삿9:42,(百姓)(或)(告)
백성 혹 고

삿9:43,(自己)(百姓)(埋伏)(百姓)(城)
자기 백성 매복 백성 성

삿9:44,(城門)(入口)(者)
성문 입구 자

삿9:45,(終日)(城)(畢竟)(取)(百姓)(城)
종일 성 필경 취 백성 성

삿9:46,(望臺)(神堂)(保障)
망대 신당 보장

삿9:47,(望臺)
망대

삿9:48,(百姓(山)(自己)(百姓)(行)(行
백성 산 자기 백성 행 행

삿9:49,(百姓)(各各)(保障(望臺)(男女)
백성 각각 보장 망대 남녀

(大略)(一千名)
대략 일천명

삿9:50,(對)(陣)(取)
대 진 취

삿9:51,(城中)(堅固)(望臺)(城)(百姓)
성중 견고 망대 성 백성

(男女)(逃亡)(門)(望臺)
남녀 도망 문 망대

삿9:52,(望臺)(望臺)(門)
망대 망대 문

삿9:53,(女人)(頭骨)
녀인 두골

삿9:54,(自己)(兵器)(少年)(急)(女人)(少年)
자기 병기 소년 급 녀인 소년

삿9:55,(各各)(自己)(處所)
각각 자기 처소

삿9:56,(兄弟)(七十人)(自己)(行)(惡)
형제 칠십인 자기 행 악

삿9:57,(惡)(詛呪)(應)
악 저주 응

士師記-(사사기)-第十章
사사기 제십장

삿10:1,(後)(孫子)(救援)(山地)(居)
후 손자 구원 산지 거

삿10:2,(士師)(二十)(三年)(葬事)
사사 이십 삼년 장사

삿10:3,(後)(二十)(二年)(士師)
후 이십 이년 사사

삿10:4,(三十)(三十)(城邑)(三十)(城(稱)
삼십 삼십 성읍 삼십 성 칭

삿10:5,(葬事)
장사

삿10:6,(子孫)(目前)(惡)(行)(神(神)(神)
자손 목전 악 행 신 신 신

(子孫)(神)(神)
자손 신 신

삿10:7,(震怒)(子孫)
진노 자손

삿10:8,(子孫)(虐待)(便)(居)(子孫)(十)
자손 학대 편 거 자손 십

(八年)(虐待)(當)
팔년 학대 당
삿10:9,(子孫(族屬)(困苦)(甚)
자손 족속 곤고 심
삿10:10,(子孫)(主)(犯罪)
자손 주 범죄
삿10:11,(子孫)(子孫)(救援)
자손 자손 구원
삿10:12,(壓制)(救援)
압제 구원
삿10:13,(神)(救援)
신 구원
삿10:14,(擇)(神)(患難)(救援)
택 신 환난 구원
삿10:15,(子孫)(犯罪)(主)(行)(主)(求)
자손 범죄 주 행 주 구
삿10:16,(自己)(異邦)(神)(除)(困苦)(因)
자기 이방 신 제 곤고 인
삿10:17,(子孫)(陣)(子孫)(陣)
자손 진 자손 진
삿10:18,(百姓)(方伯)(子孫)(始作)(居民)
백성 방백 자손 시작 거민

士師記-(사사기)-第十一章
사사기 제십일장

삿11:1,(勇士)(妓生)
용사 기생
삿11:2,(女人)(子息)(基業)
녀인 자식 기업
삿11:3,(兄弟)(避)(居)(雜類)(出入)
형제 피 거 잡류 출입
삿11:4,(後)(子孫)
후 자손
삿11:5,(子孫)(長老)
자손 장로
삿11:6,(子孫)(當身)(長官)
자손 당신 장관
삿11:7,(長老)(前)(患難)(當)
장로 전 환난 당
삿11:8,(長老)(對答)(當身(子孫)(居民)
장로 대답 당신 자손 거민
삿11:9,(長老)(本鄕)(子孫)(萬一)(果然)
장로 본향 자손 만일 과연
삿11:10,(長老)(證人)(當身)(行)
장로 증인 당신 행
삿11:11,(長老)(百姓)(自己)(長官)(自己)(告)
장로 백성 자기 장관 자기 고
삿11:12,(子孫)(王)(使者)(相關)
자손 왕 사자 상관
삿11:13,(子孫)(王)(使者)(對答)(取)
자손 왕 사자 대답 취
(緣故)(和平)
연고 화평
삿11:14,(子孫)(王)(使者)
자손 왕 사자
삿11:15,(子孫)(取)
자손 취
삿11:16,(曠野)(行)(紅海)(
광야 행 홍해
삿11:17,(使者)(王)(請)(容納)(王)(王)
사자 왕 청 용납 왕 왕
(許諾)(留)
허락 유
삿11:18,(後)(曠野)(行)(東便)(便)(陣)
후 광야 행 동편 편 진
(境界)(境內)
경계 경내
삿11:19,(王)(王)(使者)(請)(容納)(當身)
왕 왕 사자 청 용납 당신
삿11:20,(地境)(百姓)(陣)
지경 백성 진
삿11:21,(百姓)(居民)(取)
백성 거민 취
삿11:22,(曠野)(地境)(取)
광야 지경 취
삿11:23,(自己)(百姓)(可)
자기 백성 가
삿11:24,(神)
신
삿11:25,(王)
왕
삿11:26,(鄕村)(鄕村)(沿岸)(城邑)
향촌 향촌 연안 성읍
(居)(三百年)
거 삼백년
삿11:27,(罪)(惡)(行)(願)(審判)(子孫)
죄 악 행 원 심판 자손
(子孫)(判決)
자손 판결
삿11:28,(子孫)(王)
자손 왕
삿11:29,(神)(臨)(子孫)
신 임 자손
삿11:30,(誓願)(主)(果然)(子孫)
서원 주 과연 자손
삿11:31,(子孫)(平安)(門)(迎接)(燔祭)
자손 평안 문 영접 번제
삿11:32,(子孫)
자손
삿11:33,(二十)(城邑)(屠戮)(子孫)
이십 성읍 도륙 자손
(子孫)(降服)
자손 항복
삿11:34,(自己)(小鼓)(迎接)(無男獨女)
자기 소고 영접 무남독녀
삿11:35,(自己)(慘澹)(者)(者)(中)(向)(能)
자기 참담 자 자 중 향 능
삿11:36,(向)(行)(爲)(對敵)(子孫)(怨讐)
향 행 위 대적 자손 원수
삿11:37,(一萬)(許諾)(容納)(山)(處女)
일만 허락 용납 산 처녀
(因)(哀哭)
인 애곡
삿11:38,(爲限)(山)(處女)(因)(哀哭)
위한 산 처녀 인 애곡

삿11:39,(誓願)(行)(男子)(規例)
서원 행 남자 규례

삿11:40,(女子)(爲)(哀哭)
녀자 위 애곡

士師記-(사사기)-第十二章
사사기 제십이장

삿12:1,(北)(子孫)
북 자손

삿12:2,(百姓)(子孫)(救援)
백성 자손 구원

삿12:3,(救援)(生命)(子孫)
구원 생명 자손

삿12:4,(破)(本來)(逃亡)(者)(中)
파 본래 도망 자 중

삿12:5,(逃亡)(者)(請)(萬一)
도망 자 청 만일

삿12:6,(能)(口音)(者)(四萬)(二千名)
능 구음 자 사만 이천명

삿12:7,(士師)(六年)(城邑)(葬事)
사사 육년 성읍 장사

삿12:8,(士師)
사사

삿12:9,(三十)(三十)(他國)(爲)(他國)
삼십 삼십 타국 위 타국
(女子)(三十)(士師)(七年)
녀자 삼십 사사 칠년

삿12:10,(葬事)
장사

삿12:11,(士師)(十年)
사사 십년

삿12:12,(葬事)
장사

삿12:13,(士師)
사사

삿12:14,(四十)(孫子)(三十)(七十)(匹)
사십 손자 삼십 칠십 필
(士師)(八年)
사사 팔년

삿12:15,(山地)(葬事)
산지 장사

士師記-(사사기)-第十三章
사사기 제십삼장

삿13:1,(子孫)(目前)(惡)(行)(四十年)
자손 목전 악 행 사십년

삿13:2,(家族)(中)(者)(孕胎)(生産)
가족 중 자 잉태 생산

삿13:3,(使者)(女人)(本來)(孕胎)(生産)
사자 녀인 본래 잉태 생산
(孕胎)
잉태

삿13:4,(葡萄酒)(毒酒)(不淨)
포도주 독주 부정

삿13:5,(孕胎)(削刀)(胎)(人)(救援)(始作)
잉태 삭도 태 인 구원 시작

삿13:6,(女人)(男便)(告)(臨)(容貌)(使者)(容貌)(
녀인 남편 고 임 용모 사자 용모
甚)(自己)
심 자기

삿13:7,(孕胎)(葡萄酒)(毒酒)(不淨)(胎)(人)
잉태 포도주 독주 부정 태 인

삿13:8,(祈禱)(主)(求)(主)(臨)(行)
기도 주 구 주 임 행

삿13:9,(女人)(使者)(臨)(男便)
녀인 사자 임 남편

삿13:10,(女人)(急)(男便)(告)(前日)(臨)
녀인 급 남편 고 전일 임

삿13:11,(當身)(女人)
당신 녀인

삿13:12,(當身)(願)(行)
당신 원 행

삿13:13,(使者)(女人)
사자 녀인

삿13:14,(葡萄)(所産)(葡萄酒)(毒酒)
포도 소산 포도주 독주
(不淨)(命)
부정 명

삿13:15,(使者)(求)(當身)(當身)(爲)(準備)
사자 구 당신 당신 위 준비

삿13:16,(使者)(食物)(燔祭)(準備)(使者)(因)
사자 식물 번제 준비 사자 인

삿13:17,(使者)(當身)(當身)(當身)(尊崇)
사자 당신 당신 당신 존숭

삿13:18,(使者)(奇妙)
사자 기묘

삿13:19,(素祭物)(取)(磐石)(使者)(異蹟)(行)
소제물 취 반석 사자 이적 행

삿13:20,(壇)(同時)(使者)(壇)
단 동시 사자 단

삿13:21,(使者)(使者)
사자 사자

삿13:23,(燔祭)(素祭)
번제 소제

삿13:24,(女人)(福)
녀인 복

삿13:25,(神)(感動)
신 감동

士師記-(사사기)-第十四章
사사기 제십사장

삿14:1,(中)(女子)
중 녀자

삿14:2,(自己)(父母)(中)(女子)(娶)
자기 부모 중 녀자 취

삿14:3,(父母)(兄弟)(中)(百姓)(中)
부모 형제 중 백성 중
(女子)(割禮)(娶)(女子)(爲)
녀자 할례 취 녀자 위

삿14:4,(管轄)(故)(父母)
관할 고 부모

삿14:5,(父母)(葡萄園)(獅子)
부모 포도원 사자

삿14:6,(神)(感動)(獅子)(行)(父母)(告)
신 감동 사자 행 부모 고

삿14:7,(女子)
녀자
삿14:8,(後)(女子)(娶)(獅子)(獅子)
후 녀자 취 사자 사자
삿14:9,(取)(行)(父母)(獅子)(取)(告)
취 행 부모 사자 취 고
삿14:10,(女子)(排設)(少年)(行)(風俗)
녀자 배설 소년 행 풍속
삿14:11,(三十名)
삼십명
삿14:12,(七日)(能)(告)(三十)(三十)
칠일 능 고 삼십 삼십
삿14:13,(能)(告)(三十)(三十)
능 고 삼십 삼십
삿14:14,(者)(强)(者)(三日)
자 강 자 삼일
삿14:15,(第)(七日)(男便)(所有)(取)(請)
제 칠일 남편 소유 취 청
삿14:16,(當身)(民族)(對答)(父母)(告)
당신 민족 대답 부모 고
삿14:17,(七日)(强迫)(因)(第)(七日)(民族)(告)
칠일 강박 인 제 칠일 민족 고
삿14:18,(第)(七日)(前)(城邑)(獅子)
제 칠일 전 성읍 사자
(强)(對答)(能)
강 대답 능
삿14:19,(神)(臨)(三十名)(擄掠)(者)(甚)(怒)
신 임 삼십명 노약 자 심 노
삿14:20,(親舊)
친구

士師記-(사사기)-第十五章
사사기 제십오장

삿15:1,(後)(寢室)(丈人)
후 침실 장인
삿15:2,(甚)(故)(同生)(請)(代身)(娶)
심 고 동생 청 대신 취
삿15:3,(番)(害)(對)
번 해 대
삿15:4,(三百)(取)
삼백 취
삿15:5,(穀食)(穀食)(穀食)(橄欖園)
곡식 곡식 곡식 감람원
삿15:6,(行)(或)(對答)(丈人)(娶)(者)
행 혹 대답 장인 취 자
(緣故)(女人)
연고 녀인
삿15:7,(行)(怨讐)(後)
행 원수 후
삿15:8,(屠戮)(居)
도륙 거
삿15:9,(陣)(遍滿)
진 편만
삿15:10,(對答)(結縛)(行)(行)
대답 결박 행 행
삿15:11,(三千名)(管轄)(行)(行)(行)
삼천명 관할 행 행 행
삿15:12,(結縛)(親)(盟誓)
결박 친 맹서
삿15:13,(結縛)(決斷)(結縛)
결박 결단 결박
삿15:14,(同時)(神)(權能)(臨)(結縛)
동시 신 권능 임 결박
삿15:15,(取)(一千名)
취 일천명
삿15:16,(一千名)
일천명
삿15:18,(甚)(主)(救援)(割禮)(者)
심 주 구원 할례 자
삿15:19,(精神)(回復)(蘇生)
정신 회복 소생
삿15:20,(士師)(二十年)
사사 이십년

士師記-(사사기)-第十六章
사사기 제십륙장

삿16:1,(妓生)
기생
삿16:2,(或)(告)(城門)(埋伏)(從容)
혹 고 성문 매복 종용
삿16:3,(中)(中)(城門)(楔柱)
중 중 성문 설주
삿16:4,(後)(女人)
후 녀인
삿16:5,(方伯)(女人)(結縛)(困苦)
방백 녀인 결박 곤고
(各各)(銀)(一千)(一百)
각각 은 일천 일백
삿16:6,(請)(當身)(能)(當身)(結縛)(困苦)
청 당신 능 당신 결박 곤고
삿16:7,(萬一)(結縛)(弱)
만일 결박 약
삿16:8,(方伯)(女人)(結縛)
방백 녀인 결박
삿16:9,(內室)(埋伏)(當身)(根本)(如前)
내실 매복 당신 근본 여전
삿16:10,(當身)(戱弄)(請)(當身)(結縛)
당신 희롱 청 당신 결박
삿16:11,(萬一)(結縛)(弱)
만일 결박 약
삿16:12,(取)(結縛)(當身)(內室)(埋伏)
취 결박 당신 내실 매복
삿16:13,(當身)(戱弄)(當身)(結縛)
당신 희롱 당신 결박
(萬一)(緯線)
만일 위선
삿16:14,(當身)(織造)(緯線)
당신 직조 위선
삿16:15,(當身)(當身)(當身)(番)(戱弄)(當身)
당신 당신 당신 번 희롱 당신
삿16:16,(煩惱)(地境)
번뇌 지경
삿16:17,(眞情)(吐)(削刀)(母胎)(人)(萬一)(弱)
진정 토 삭도 모태 인 만일 약

삿16:18,(眞情)(吐)(方伯)(眞情)(吐)(番)
진정 토 방백 진정 토 번
(方伯)(銀)(女人)
방백 은 녀인
삿16:19,(自己)
자기
삿16:20,(當身)(前)(自己)
당신 전 자기
삿16:21,(獄中)
옥중
삿16:22,(後)(始作)
후 시작
삿16:23,(方伯)(神)(怨讐)(神)(祭祀)
방백 신 원수 신 제사
삿16:24,(百姓)(土地)(怨讐)(神)(自己)
백성 토지 원수 신 자기
(神)(讚頌)
신 찬송
삿16:25,(爲)(才操)(獄)(爲)(才操)
위 재조 옥 위 재조
삿16:26,(自己)(少年)(依支)
자기 소년 의지
삿16:27,(男女)(方伯)(男女)(三千名)
남녀 방백 남녀 삼천명
(假量)(才操)
가량 재조
삿16:28,(主)(求)(求)(番)(强)(怨讐)(單番)
주 구 구 번 강 원수 단번
삿16:29,(依支)
의지
삿16:30,(願)(方伯)(百姓)(者)(者)
원 방백 백성 자 자
삿16:31,(兄弟)(屍體)(取)(葬地)(葬事)
형제 시체 취 장지 장사
(士師)(二十年)
사사 이십년

士師記-(사사기)-第十七章
사사기 제십칠장

삿17:1,(山地)
산지
삿17:2,(銀)(一千)(一百)(詛呪)(銀)(取)
은 일천 일백 저주 은 취
(福)(願)
복 원
삿17:3,(銀)(一千)(一百)(爲)(神像)
은 일천 일백 위 신상
(神像)(次)(銀)(銀)
신상 차 은 은
삿17:4,(銀)(銀)(二百)(取)(銀匠色)
은 은 이백 취 은장색
(神像)(神像)(神像)
신상 신상 신상
삿17:5,(神堂)(祭司長)
신당 제사장
삿17:6,(王)(自己)(所見)(行)
왕 자기 소견 행
삿17:7,(家族)(贖)(少年)(人)(寓居)
가족 속 소년 인 우거
삿17:8,(居)(城邑)(行)(山地)
거 성읍 행 산지
삿17:9,(人)(居)
인 거
삿17:10,(居)(爲)(祭司長)(銀)(衣服)(食物)(人)
거 위 제사장 은 의복 식물 인
삿17:11,(人)(居)(滿足)(少年)(中)
인 거 만족 소년 중
삿17:12,(人)(區別)(少年)(祭司長)(居)
인 구별 소년 제사장 거
삿17:13,(人)(祭司長)(福)
인 제사장 복

士師記-(사사기)-第十八章
사사기 제십팔장

삿18:1,(王)(支派)(居)(基業)(求)(支派)
왕 지파 거 기업 구 지파
(中)(基業)(分配)
중 기업 분배
삿18:2,(子孫)(自己)(家族)(中)(勇猛)
자손 자기 가족 중 용맹
(探知)(山地)(留宿)
탐지 산지 유숙
삿18:3,(少年)(音聲)(引導)
소년 음성 인도
삿18:4,(如此如此)(待接)(雇聘)(自己)
여차여차 대접 고빙 자기
(祭司長)
제사장
삿18:5,(請)(爲)(行)(亨通)
청 위 행 형통
삿18:6,(祭司長)(平安)(行)
제사장 평안 행
삿18:7,(百姓)(念慮)(居)(閒暇)(平安)
백성 염려 거 한가 평안
(權勢)(者)(相距)(相關)
권세 자 상거 상관
삿18:8,(兄弟)(兄弟)
형제 형제
삿18:10,(平安)(百姓)(世上)(不足)
평안 백성 세상 부족
삿18:11,(支派)(家族)(中)(六百名)
지파 가족 중 육백명
(兵器)(出發)
병기 출발
삿18:12,(陣)
진
삿18:13,(山地)
산지
삿18:14,(前)(探知)(兄弟)(神像)(神像)(行)
전 탐지 형제 신상 신상 행
삿18:15,(便)(向)(少年)(問安)
편 향 소년 문안
삿18:16,(子孫)(六百名)(兵器)(門)(入口)
자손 육백명 병기 문 입구

삿18:17,(探知)(神像)(神像)(取)(祭司長)
탐지 신상 신상 취 제사장
(兵器)(六百名)(門)(入口)
병기 육백명 문 입구

삿18:18,(神像)(神像)(取)(祭司長)
신상 신상 취 제사장

삿18:19,(潛潛)(祭司長)(祭司長)(支派)
잠잠 제사장 제사장 지파
(家族)(祭司長)
가족 제사장

삿18:20,(祭司長)(偶像)(取)(百姓)(中)
제사장 우상 취 백성 중

삿18:21,(家畜)(物品)(進行)
가축 물품 진행

삿18:22,(子孫)
자손

삿18:23,(子孫)
자손

삿18:24,(神)(祭司長)(取)
신 제사장 취

삿18:25,(子孫)(怒)(者)(生命)(家族)(生命)
자손 노 자 생명 가족 생명

삿18:26,(子孫)(自己)(行)(子孫)(自己)(强)
자손 자기 행 자손 자기 강

삿18:27,(子孫)(祭司長)(取)(閒暇)(平安)
자손 제사장 취 한가 평안
(百姓)(城邑)
백성 성읍

삿18:28,(救援)(者)(城邑)(相距)(相從)
구원 자 성읍 상거 상종
(子孫)(城邑)(重建)(居)
자손 성읍 중건 거

삿18:29,(所生)(祖上)(城邑)(城邑)(本)
소생 조상 성읍 성읍 본

삿18:30,(子孫)(自己)(爲)(神像)(孫子)
자손 자기 위 신상 손자
(子孫)(支派)(祭司長)(百姓)
자손 지파 제사장 백성

삿18:31,(神像)(子孫)
신상 자손

士師記-(사사기)-第十九章
사사기 제십구장

삿19:1,(王)(山地)(寓居)(妾)(娶)
왕 산지 우거 첩 취

삿19:2,(妾)(行淫)(男便)
첩 행음 남편

삿19:3,(男便)(女子)(多情)(下人)(匹)
남편 녀자 다정 하인 필
(女子)(引導)(女子)(歡迎)
녀자 인도 녀자 환영

삿19:4,(妾丈人)(女子)(三日)(居)(留宿)
첩장인 녀자 삼일 거 유숙

삿19:5,(女子)(氣力)(後)(行)
녀자 기력 후 행

삿19:6,(女子)(請)(留宿)
녀자 청 유숙

삿19:7,(妾丈人)(懇請)(留宿)
첩장인 간청 유숙

삿19:8,(女子)(請)(氣力)
녀자 청 기력

삿19:9,(妾)(下人)(妾丈人)(女子)(請)
첩 하인 첩장인 녀자 청
(留宿)(留宿)(來日)(行)
유숙 유숙 래일 행

삿19:10,(便)(鞍裝)(妾)
편 안장 첩

삿19:11,(主人)(請)(城邑)(留宿)
주인 청 성읍 유숙

삿19:12,(主人)(子孫)(屬)(外人)(城邑)
주인 자손 속 외인 성읍

삿19:13,(中)(留宿)
중 유숙

삿19:14,(行)(贖)
행 속

삿19:15,(留宿)(城邑)(迎接)(留宿)(者)
유숙 성읍 영접 유숙 자

삿19:16,(老人)(本來)(山地)(寓居)(者)
로인 본래 산지 우거 자

삿19:17,(老人)(城邑)(行客)(老人)
로인 성읍 행객 로인

삿19:18,(山地)(自己)(迎接)
산지 자기 영접

삿19:19,(當身)(女)(當身)(少年)(糧食)
당신 여 당신 소년 량식
(葡萄酒)(不足)
포도주 부족

삿19:20,(老人)(安心)(擔責)
로인 안심 담책

삿19:21,(自己)
자기

삿19:22,(城邑)(匪類)(門)(主人)(老人)(相關)
성읍 비류 문 주인 로인 상관

삿19:23,(主人)(兄弟)(請)(惡)(行)(妄靈)(行)
주인 형제 청 악 행 망령 행

삿19:24,(處女)(妾)(任意)(妄靈)(行)
처녀 첩 임의 망령 행

삿19:25,(自己)(妾)(行淫)(未明)
자기 첩 행음 미명

삿19:26,(東)(女人)(主人)(寓居)(門)
동 녀인 주인 우거 문

삿19:27,(主人)(門)(女人)(門)(門地枋)
주인 문 녀인 문 문지방

삿19:28,(對答)(屍體)(行)(自己)
대답 시체 행 자기

삿19:29,(取)(妾)(屍體)(四方)
취 첩 시체 사방

삿19:30,(者)(子孫)(行)(相議)(後)
자 자손 행 상의 후

士師記-(사사기)-第二十章
사사기 제이십장

삿20:1,(子孫)(會衆)(一齊)
자손 회중 일제

삿20:2,(百姓)(支派)(百姓)(總會)(步兵)
백성 지파 백성 총회 보병
(四十萬)
사십만

삿20:3,(子孫)(子孫)(子孫)(惡)(情形)(告)
자손 자손 자손 악 정형 고

삿20:4,(當)(女人)(男便對答)(妾)(贖)(留宿)
당 녀인 남편대답 첩 속 유숙

삿20:5,(寓居)(妾)
우거 첩

삿20:6,(妾)(屍體)(取)(基業)(中)(淫行)
첩 시체 취 기업 중 음행
(妄靈)(行)(因)
망령 행 인

삿20:7,(子孫)(意見)(方策)
자손 의견 방책

삿20:8,(百姓)(一齊)(自己)(帳幕)(自己)
백성 일제 자기 장막 자기

삿20:9,(行)
행

삿20:10,(支派)(中)(百)(千)(百)(萬)(千)(取)
지파 중 백 천 백 만 천 취
(百姓)(爲)(糧食)(豫備)(中)(妄靈)
백성 위 량식 예비 중 망령
(行)(懲戒)
행 징계

삿20:11,(合心)(城邑)
합심 성읍

삿20:12,(支派)(支派)(行)(中)(惡)
지파 지파 행 중 악

삿20:13,(匪類)(中)(惡)(除)(子孫)(兄弟)(子孫)
비류 중 악 제 자손 형제 자손

삿20:14,(各)(城邑)(子孫)
각 성읍 자손

삿20:15,(城邑)(子孫)(數)(者)(二萬)(六千)
성읍 자손 수 자 이만 육천
(外)(居民)(中)(擇)(者)(七百)
외 거민 중 택 자 칠백

삿20:16,(百姓)(中)(擇)(七百)(毫厘)(者)
백성 중 택 칠백 호리 자

삿20:17,(子孫)(外)(者)(數)(四十萬名)(戰士)
자손 외 자 수 사십만명 전사

삿20:18,(子孫)(中)(子孫)
자손 중 자손

삿20:19,(子孫)(對)(陣)
자손 대 진

삿20:20,(行伍)
항오

삿20:21,(子孫)(當日)(二萬)(二千)
자손 당일 이만 이천

삿20:22,(勇氣)(行伍)(行伍)
용기 항오 항오

삿20:23,(子孫)(兄弟)(子孫)
자손 형제 자손

삿20:24,(子孫)(子孫)
자손 자손

삿20:25,(子孫)(一萬)(八千)(者)
자손 일만 팔천 자

삿20:26,(子孫)(百姓)(禁食)(燔祭)(和睦祭)
자손 백성 금식 번제 화목제

삿20:27,(言約櫃)
언약궤

삿20:28,(孫子ㄴ하](子孫)(兄弟)(子孫)(來日)
손자 자손 형제 자손 래일

삿20:29,(四面)(軍士)(埋伏)
사면 군사 매복

삿20:30,(子孫)(第)(三日)(子孫)(前)(對)(行伍)
자손 제 삼일 자손 전 대 항오

삿20:31,(子孫)(百姓)(城邑)(便)(便)(百姓)
자손 백성 성읍 편 편 백성
(前)(三十)(名)(假量)(始作)
전 삼십 명 가량 시작

삿20:32,(敗)(子孫)(逃亡)(城邑)
패 자손 도망 성읍

삿20:33,(處所)(行伍)(伏兵)(處所)(草場)
처소 항오 복병 처소 초장

삿20:34,(中)(擇)(一萬)(甚)(猛烈)(禍)(自己)
중 택 일만 심 맹렬 화 자기

삿20:35,(破)(當日)(子孫)(二萬)(五千)
파 당일 자손 이만 오천
(一百)(者)
일백 자

삿20:36,(子孫)(自己)(敗)(埋伏)(軍士)
자손 자기 패 매복 군사
(暫間)(避)
잠간 피

삿20:37,(伏兵)(急)(突入)(城邑)
복병 급 돌입 성읍

삿20:38,(伏兵)(相約)(城邑)(煙氣)(軍號)
복병 상약 성읍 연기 군호

삿20:39,(三十名)(假量)(始作)(丁寧)(敗)
삼십명 가량 시작 정녕 패

삿20:40,(煙氣)(城邑)(城邑)(煙氣)
연기 성읍 성읍 연기

삿20:41,(禍)(自己)(甚)
화 자기 심

삿20:42,(曠野)(向)(軍士)(急)(追擊)(各)
광야 향 군사 급 추격 각
(城邑)(者)(殄滅)
성읍 자 진멸

삿20:43,(東便)
동편

삿20:44,(中)(者)(一萬)(八千)(勇士)
중 자 일만 팔천 용사

삿20:45,(曠野)(逃亡)(五千名)(急)(二千名)
광야 도망 오천명 급 이천명

삿20:46,(者)(二萬)(五千)(勇士)
자 이만 오천 용사

삿20:47,(六百名)(曠野)(逃亡)
육백명 광야 도망

삿20:48,(子孫)(城邑)(家畜)(者)(城邑)
자손 성읍 가축 자 성읍

士師記-(사사기)-第二十一章
사사기 제이십일장

삿21:1,(盟誓)(中)
맹서 중

삿21:2,(百姓)(大聲痛哭)
백성 대성통곡

삿21:3,(中)(支派)
중 지파

삿21:4,(百姓)(壇)(燔祭)(和睦祭)
백성 단 번제 화목제

삿21:5,(子孫)(支派)(中)(總會)(者)(盟誓)(者)
자손 지파 중 총회 자 맹서 자

삿21:6,(子孫)(兄弟)(爲)(中)(支派)
자손 형제 위 중 지파

삿21:7,(者)(前)(盟誓)
자 전 맹서

삿21:8,(支派)(中)(者)(陣)(總會)(參與)
지파 중 자 진 총회 참여

삿21:9,(百姓)(計數)(居民)
백성 계수 거민

삿21:10,(會衆)(勇士)(一萬)(二千)(命)
회중 용사 일만 이천 명
(居民)(婦女)
거민 부녀

삿21:11,(行)(男子)(男子)(女子)(殄滅)
행 남자 남자 녀자 진멸

삿21:12,(居民)(中)(處女)(四百人)(男子)
거민 중 처녀 사백인 남자
(男子)(者)(陣)
남자 자 진

삿21:13,(會衆)(子孫)(平和)(公布
회중 자손 평화 공포

삿21:14,(女人)(中)(女子)(不足)
녀인 중 녀자 부족

삿21:15,(百姓)(爲)(支派)(中)(支派)(闕)
백성 위 지파 중 지파 궐

삿21:16,(會衆)(長老)(女人)(滅絶)(者)
회중 장로 녀인 멸절 자

삿21:17,(逃亡)(者)(基業)(中)(支派)
도망 자 기업 중 지파

삿21:18,(子孫)(盟誓)(者)(詛呪)
자손 맹서 자 저주

삿21:19,(北便)(南便)(東便)(每年)(節期)
북편 남편 동편 매년 절기

삿21:20,(子孫)(命)(葡萄園)
자손 명 포도원

삿21:21,(女子)(舞蹈)(葡萄園)(中)(各各)
녀자 무도 포도원 중 각각

삿21:22,(萬一)(兄弟)(爭論)(請)(恩惠)
만일 형제 쟁론 청 은혜
(戰爭)(各)(爲)(自意)(罪)
전쟁 각 위 자의 죄

삿21:23,(子孫)(行)(女子)(中)(自己)(數爻)
자손 행 녀자 중 자기 수효
(自己)(基業)(城邑)(重建)(居)
자기 기업 성읍 중건 거

삿21:24,(子孫)(各各)(支派)(家族)(各各)
자손 각각 지파 가족 각각
(自己)(基業)
자기 기업

삿21:25,(王)(各各)(所見)(行)
왕 각각 소견 행

路得記-(룻기)-第一章
로 득 기 제일 장

룻1:1,(士師)(治理)(凶年)(地方)(寓居)
사사 치리 흉년 지방 우거

룻1:2,(地方)(留)
지방 유

룻1:3,(男便)
남편

룻1:4,(女子)(中)(娶)(居)(十年)
녀자 중 취 거 십년

룻1:5,(女人)(男便)
녀인 남편

룻1:6,(地方)(自己)(百姓)(眷顧)(糧食)
지방 자기 백성 권고 량식

(子婦)(地方)
자부 지방

룻1:7,(子婦)(行)
자부 행

룻1:8,(子婦)(各各)(者)(善待)(善待)(願)
자부 각각 자 선대 선대 원

룻1:9,(各各)(男便)(平安)(願)
각각 남편 평안 원

룻1:10,(百姓)
백성

룻1:11,(胎中)(男便
태중 남편

룻1:12,(男便)(假令)(所望)(男便)(生産)
남편 가령 소망 남편 생산

룻1:13,(因)(因)(男便)(因)(
인 인 남편 인

룻1:14,(媤母)
시모

룻1:15,(同壻)(百姓)(神)(同壻)
동서 백성 신 동서

룻1:16,(强勸)(留宿)(留宿)(百姓)(百姓)
강권 유숙 유숙 백성 백성

룻1:17,(葬事)(萬一)(外)(罰)(願)
장사 만일 외 벌 원

룻1:18,(自己)(決心)
자기 결심

룻1:19,(行)(城邑)(因
행 성읍 인

룻1:20,(稱)(稱)(全能者)(甚)
칭 칭 전능자 심

룻1:21,(豊足)(懲罰)(全能者)(稱)
풍족 징벌 전능자 칭

룻1:22,(地方)(子婦)(女人)(秋收)(始作)
지방 자부 녀인 추수 시작

路得記-(룻기)-第二章
로 득 기 제이 장

룻2:1,(男便)(親族)(中)(有力)(者)
남편 친족 중 유력 자

룻2:2,(女人)(恩惠)
녀인 은혜

룻2:3,(者)(偶然)(親族)(屬)
자 우연 친족 속

룻2:4,(者)(願)(對答)(當身)(福)(願)
자 원 대답 당신 복 원

룻2:5,(者)(使喚)(少女)
자 사환 소녀

룻2:6,(者)(使喚)(對答)(地方)(少女)
자 사환 대답 지방 소녀

룻2:7,(者)(壇)(暫時)(外)(至今)(繼續)
자 단 잠시 외 지금 계속

룻2:8,(少女)
소녀

룻2:9,(少年)(命)(少年)
소년 명 소년

룻2:10,(異邦)(女人)(當身)(恩惠)
이방 녀인 당신 은혜

룻2:11,(對答)(男便)(後(媤母)(行)(父母)
대답 남편 후 시모 행 부모

(故國)(前)(百姓)(分明)
고국 전 백성 분명

룻2:12,(行)(報應)(願)(保護)(穩全)(賞)(願)
행 보응 원 보호 온전 상 원

룻2:13,(主)(當身)(恩惠)(願)(當身)
주 당신 은혜 원 당신

(侍女)(當身)(侍女)(慰勞)
시녀 당신 시녀 위로

룻2:14,(食事)(醋)(穀食)(者)(穀食)
식사 초 곡식 자 곡식

룻2:15,(自己)(少年)(命)(穀食)(壇)(責望)
자기 소년 명 곡식 단 책망

룻2:16,(爲)
위

룻2:18,(城邑)(媤母)(媤母)
성읍 시모 시모

룻2:19,(媤母)(者)(福)(願)(媤母)
시모 자 복 원 시모

룻2:20,(子婦)(福)(願)(生存)(者)(死亡)
자부 복 원 생존 자 사망

(者)(恩惠)(近族)(基業)(者)(中)
자 은혜 근족 기업 자 중

룻2:21,(女人)(秋收)(少年)
녀인 추수 소년

룻2:22,(子婦)(少女)
자부 소녀

룻2:23,(少女)(秋收)(秋收)(媤母)(居)
소녀 추수 추수 시모 거

路得記-(룻기)-第三章
로 득 기 제삼 장

룻3:1,(媤母)(爲)(安息)(求)(福)
시모 위 안식 구 복

룻3:2,(侍女)(親族)(打作)
시녀 친족 타작

룻3:3,(沐浴)(衣服)(打作)
목욕 의복 타작

룻3:4,(告)
고

룻3:5,(媤母)(行)
시 모 행

룻3:6,(打作)(媤母)(命)
타 작 시 모 명

룻3:7,(露積)
노 적

룻3:8,(中)(女人)(自己)
중 녀 인 자 기

룻3:9,(對答)(當身)(侍女)(當身)(侍女)(當身)
대 답 당 신 시 녀 당 신 시 녀 당 신
(基業)(者)
기 업 자

룻3:10,(福)(願)(貧富)(勿論)(年少)(者)(仁愛)
복 원 빈 부 물 론 연 소 자 인 애

룻3:11,(行)(賢淑)(女子)(城邑)(百姓)
행 현 숙 녀 자 성 읍 백 성

룻3:12,(基業)(者)(者)(親族)
기 업 자 자 친 족

룻3:13,(基業)(者)(責任)(履行)(基業)(者)
기 업 자 책 임 이 행 기 업 자
(責任)(行)(萬一)(基業)(者)(責任)
책 임 행 만 일 기 업 자 책 임
(履行)(盟誓)(基業)(者)(責任)(行)
이 행 맹 서 기 업 자 책 임 행

룻3:14,(彼此)(女人)(打作)
피 차 녀 인 타 작

룻3:15,(番)(城)
번 성

룻3:16,(媤母)(自己)(行)(告)
시 모 자 기 행 고

룻3:17,(番)(媤母)
번 시 모

룻3:18,(媤母)(事件)(成就)(前)
시 모 사 건 성 취 전

路得記-(룻기)-第四章
로 득 기 제 사 장

룻4:1,(城門)(基業)(者)
성 문 기 업 자

룻4:2,(城邑)(長老)(十人)(請)(當身)
성 읍 장 로 십 인 청 당 신

룻4:3,(基業)(者)(地方)(兄弟)(所有地)(管轄)
기 업 자 지 방 형 제 소 유 지 관 할

룻4:4,(者)(百姓)(長老)(告)(告)(外)(者)
자 백 성 장 로 고 고 외 자

룻4:5,(者)(女人)(者)(基業)
자 녀 인 자 기 업

룻4:6,(基業)(者)(基業)(損害)(爲)(權利)(取)
기 업 자 기 업 손 해 위 권 리 취

룻4:7,(中)(交換)(確定)(爲)(證明)(前例)
중 교 환 확 정 위 증 명 전 례

룻4:8,(基業)(者)(爲)
기 업 자 위

룻4:9,(長老)(百姓)(證人)
장 로 백 성 증 인

룻4:10,(女人)(娶)(者)(基業)(兄弟)(中)
녀 인 취 자 기 업 형 제 중
(城門)(證人)
성 문 증 인

룻4:11,(城門)(百姓)(長老)(證人)(女人)
성 문 백 성 장 로 증 인 녀 인
(有力)(有名)(願)
유 력 유 명 원

룻4:12,(少年)(女子)(後嗣)(願)
소 년 녀 자 후 사 원

룻4:13,(娶)(同寢)(孕胎)
취 동 침 잉 태

룻4:14,(女人)(讚頌)(基業)(者)(中)(有名)(願)
녀 인 찬 송 기 업 자 중 유 명 원

룻4:15,(生命)(回復者)(老年)(奉養者)(貴)
생 명 회 복 자 로 년 봉 양 자 귀
(子婦)(者)
자 부 자

룻4:16,(取)(養育者)
취 양 육 자

룻4:17,(女人)
녀 인

룻4:18,(世系)
세 계

撒母耳記上-(사무엘상)-第一章
살 모 이 기 상 제일 장

삼상1:1,(山地)(者)(孫子)(曾孫)(玄孫)
산 지 자 손 자 증 손 현 손

삼상1:2,(子息)(無子)
자 식 무 자

삼상1:3,(每年)(自己)(城邑)(萬軍)(敬拜)
매 년 자 기 성 읍 만 군 경 배
(祭祀)(祭司長)
제 사 제 사 장

삼상1:4,(祭祀)(祭物)(分)(子女)
제 사 제 물 분 자 녀

삼상1:5,(成胎)
성 태

삼상1:6,(成胎)(對敵)(甚)(激動)(煩悶)
성 태 대 적 심 격 동 번 민

삼상1:7,(每年)(男便)(激動)
매 년 남 편 격 동

삼상1:8,(男便)
남 편

삼상1:9,(後)(祭司長)(殿)(門楔柱)(椅子)
후 제 사 장 전 문 설 주 의 자

삼상1:10,(祈禱)(痛哭)
기 도 통 곡

삼상1:11,(誓願)(萬軍)(萬一)(主)(女)
서 원 만 군 만 일 주 여
(苦痛)(主)(女)(平生)(削刀)
고 통 주 여 평 생 삭 도

삼상1:12,(祈禱)(注目)
기 도 주 목

삼상1:13,(動)(音聲)(醉)
동 음 성 취

삼상1:14,(取)(葡萄酒)
취 포 도 주

삼상1:15,(對答)(主)(女子)(葡萄酒)
대 답 주 녀 자 포 도 주
(毒酒)(心情)(通)
독 주 심 정 통

삼상1:16,(當身)(女)(惡)(女子)(至今)
당 신 여 악 녀 자 지 금
(冤痛)(激動)(因)
원 통 격 동 인

삼상1:17,(對答)(平安)(祈禱)(求)(許諾)(願)
대 답 평 안 기 도 구 허 락 원

삼상1:18,(當身)(女)(當身)(恩惠)(願)(愁色)
당 신 여 당 신 은 혜 원 수 색

삼상1:19,(敬拜)(自己)(同寢)
경 배 자 기 동 침

삼상1:20,(孕胎)(求)
잉 태 구

삼상1:21,(每年祭)(誓願祭)
매 년 제 서 원 제

삼상1:22,(男便)(永永)
남 편 영 영

삼상1:23,(男便)(所見)(善)(願)(女子)(養育)
남 편 소 견 선 원 녀 자 양 육

삼상1:24,(後)(葡萄酒)(負袋)
후 포 도 주 부 대

삼상1:26,(主)(當身)(盟誓)(主)(當身)
주 당 신 맹 서 주 당 신
(祈禱)(女子)
기 도 녀 자

삼상1:27,(爲)(祈禱)(求)(祈禱)(許諾)
위 기 도 구 기 도 허 락

삼상1:28,(平生)(敬拜)
평 생 경 배

撒母耳記上-(사무엘상)-第二章
살 모 이 기 상 제이 장

삼상2:1,(祈禱)(因)(因)(怨讐)(向)(主)
기 도 인 인 원 수 향 주
(救援)(因)
구 원 인

삼상2:2,(主)(磐石)
주 반 석

삼상2:3,(甚)(驕慢)(傲慢)(知識)(行動)
심 교 만 오 만 지 식 행 동

삼상2:4,(勇士)(者)
용 사 자

삼상2:5,(裕足)(者)(糧食)(爲)(者)(前)
유 족 자 량 식 위 자 전
(孕胎)(者)(子女)(者)(衰弱)
잉 태 자 자 녀 자 쇠 약

삼상2:6,(陰府)
음 부

삼상2:7,(富)
부

삼상2:8,(者)(塵土)(貧乏)(者)(貴族)
자 진 토 빈 핍 자 귀 족
(榮光)(位)(世界)
영 광 위 세 계

삼상2:9,(者)(惡人)(黑暗)(中)(潛潛)
자 악 인 흑 암 중 잠 잠

삼상2:10,(對敵)(者)(散散)(雨雷)(審判)
대 적 자 산 산 우 뢰 심 판
(自己)(王)(自己)(者)
자 기 왕 자 기 자

삼상2:11,(自己)(祭司長)
자 기 제 사 장

삼상2:12,(不良者)
불 량 자

삼상2:13,(祭司長)(百姓)(行)(習慣)(祭祀)
제 사 장 백 성 행 습 관 제 사
(祭司長)(使喚)
제 사 장 사 환

삼상2:14,(祭司長)(自己)(取)
제 사 장 자 기 취

삼상2:15,(前)(祭司長)(使喚)(祭祀)
전 제 사 장 사 환 제 사
(祭司長)(願)(願)
제 사 장 원 원

삼상2:16,(後)(願)(取)(只今)(臆志)
후 원 취 지 금 억 지

삼상2:17,(少年)(罪)(甚)(祭祀)(蔑視)
소년 죄 심 제사 멸시

삼상2:18,(細麻布)
세마포

삼상2:19,(每年祭)(男便)
매년제 남편

삼상2:20,(祝福)(女人)(後嗣)(懇求)(代身)(願)
축복 녀인 후사 간구 대신 원

삼상2:21,(眷顧)(孕胎)(者)
권고 잉태 자

삼상2:22,(行)(會幕門)(隨從)(女人)(同寢)
행 회막문 수종 녀인 동침

삼상2:23,(惡行)(百姓)
악행 백성

삼상2:24,(所聞)(百姓)(犯過
소문 백성 범과

삼상2:25,(犯罪)(判決)(犯罪)(爲)(懇求)
범죄 판결 범죄 위 간구

삼상2:26,(漸漸)(恩寵)
점점 은총

삼상2:27,(祖上)(屬)
조상 속

삼상2:28,(支派)(中)(擇)(祭司長)(壇)
지파 중 택 제사장 단
(焚香)(子孫)(火祭)(祖上)
분향 자손 화제 조상

삼상2:29,(處所)(命)(祭物)(禮物)(重)(百姓)
처소 명 제물 예물 중 백성

삼상2:30,(前)(祖上)(永永)(行)(決斷)(尊重)
전 조상 영영 행 결단 존중
(者)(尊重)(蔑視)(者)(輕蔑)
자 존중 멸시 자 경멸

삼상2:31,(祖上)(老人)
조상 로인

삼상2:32,(福)(中)(處所)(患難)(永永)(老人)
복 중 처소 환난 영영 로인

삼상2:33,(壇)(衰殘)(生産)(者)
단 쇠잔 생산 자

삼상2:34,(當)(表徵)
당 표징

삼상2:35,(爲)(忠實)(祭司長)(行)(爲)(堅固)
위 충실 제사장 행 위 견고
(者)(永久)(行)
자 영구 행

삼상2:36,(各其)(銀)(爲)(請)(祭司長)(職分)
각기 은 위 청 세사상 식분

撒母耳記上-(사무엘상)-第三章
살모이기상 제삼장

삼상3:1,(稀貴)(異像)
희귀 이상

삼상3:2,(漸漸)(自己)(處所)
점점 자기 처소

삼상3:3,(燈)(櫃)(殿)
등 궤 전

삼상3:4,(對答)
대답

삼상3:5,(當身)
당신

삼상3:6,(當身)(對答)(하
당신 대답

삼상3:8,(番)(當身)
번 당신

삼상3:9,(主)(自己)(處所)
주 자기 처소

삼상3:10,(臨)(前)(主)
임 전 주

삼상3:11,(中)(行)(者)
중 행 자

삼상3:12,(對)
대

삼상3:13,(永永)(審判)(罪惡)(因)(自己)
영영 심판 죄악 인 자기
(詛呪)(自請)(禁)
저주 자청 금

삼상3:14,(對)(盟誓)(罪惡)(祭物)(禮物)
대 맹서 죄악 제물 예물
(永永)(贖)
영영 속

삼상3:15,(門)(異像)
문 이상

삼상3:16,(對答)
대답

삼상3:17,(請)(罰)(願)
청 벌 원

삼상3:18,(細細)(善)(所見)
세세 선 소견

삼상3:20,(壇)(先知者)
단 선지자

삼상3:21,(自己)
자기

撒母耳記上-(사무엘상)-第四章
살모이기상 제사장

삼상4:1,(傳播)(陣)(陣)
전파 진 진

삼상4:2,(對)(行伍)(敗)(戰爭)(當)(軍士)
대 항오 패 전쟁 당 군사
(四千名)(假量)
사천명 가량

삼상4:3,(百姓)(陣)(長老)(敗)(言約櫃)(中)
백성 진 장로 패 언약궤 중
(怨讐)(救援)
원수 구원

삼상4:4,(百姓)(萬軍)(言約櫃)(言約櫃)
백성 만군 언약궤 언약궤

삼상4:5,(言約櫃)(陣)
언약궤 진

삼상4:6,(陣)(櫃)(陣)
진 궤 진

삼상4:7,(神)(陣)(禍)(前日)
신 진 화 전일

삼상4:8,(禍)(能)(神)(曠野)(災殃)(人)(神)
화 능 신 광야 재앙 인 신

삼상4:9,(强)(大丈夫)(大丈夫)
강 대장부 대장부

삼상4:10,(敗)(各其)(帳幕)(逃亡)(殺戮)
패 각기 장막 도망 살륙

(甚)(步兵)(者)(三萬)
심 보병 자 삼만

삼상4:11,(櫃)(當)
궤 당

삼상4:12,(當日)(陣)
당일 진

삼상4:13,(自己)(椅子)(櫃)(因)(城)(告)(城)
자기 의자 궤 인 성 고 성

삼상4:14,(喧譁)(告)
훤화 고

삼상4:15,(九十)(八)
구십 팔

삼상4:16,(告)(陣中)(者)(陣中)(逃亡)
고 진중 자 진중 도망

삼상4:17,(消息)(傳)(者)(對答)(逃亡)(百姓)
소식 전 자 대답 도망 백성

(中)(殺戮)(當身)(當)(櫃)
중 살륙 당신 당 궤

삼상4:18,(櫃)(自己)(椅子)(門)(緣故)(士師)
궤 자기 의자 문 연고 사사

(四十年)
사십년

삼상4:19,(孕胎)(産期)(櫃)(媤父)(男便)
잉태 산기 궤 시부 남편

(所聞)(解産)
소문 해산

삼상4:20,(女人)(對答)(關念)
녀인 대답 관념

삼상4:21,(榮光)(櫃)(媤父)(男便)(因)
영광 궤 시부 남편 인

삼상4:22,(櫃)(榮光)
궤 영광

撒母耳記上-(사무엘상)-第五章
살모이기상 제오장

삼상5:1,(櫃)
궤

삼상5:2,(櫃)(堂)
궤 당

삼상5:3,(櫃)
궤

삼상5:4,(櫃)(門地枋)
궤 문지방

삼상5:5,(祭司長)(堂)(者)(門地枋)
제사장 당 자 문지방

삼상5:6,(嚴重)(毒腫)(災殃)(地境)(亡)
엄중 독종 재앙 지경 망

삼상5:7,(神)(櫃)(神)
신 궤 신

삼상5:8,(方伯)(神)(櫃)(對答)(神)(櫃)(神)(櫃)
방백 신 궤 대답 신 궤 신 궤

삼상5:9,(後)(甚)(患難)(城)(城邑)(者)
후 심 환난 성 성읍 자

(者)(毒腫)
자 독종

삼상5:10,(櫃)(櫃)(神)(櫃)(百姓)
궤 궤 신 궤 백성

삼상5:11,(方伯)(神)(櫃)(本處)(百姓)
방백 신 궤 본처 백성

(免)(城)(死亡)(患難)(當)(嚴重)
면 성 사망 환난 당 엄중

삼상5:12,(毒腫)(城邑)
독종 성읍

撒母耳記上-(사무엘상)-第六章
살모이기상 제륙장

삼상6:1,(櫃)(地方)
궤 지방

삼상6:2,(祭司長)(卜術者)(櫃)(本處)
제사장 복술자 궤 본처

삼상6:3,(神)(櫃)(贖愆祭)(病)(緣故)
신 궤 속건제 병 연고

삼상6:4,(贖愆祭)(方伯)(數爻)(金毒腫)
속건제 방백 수효 금독종

(金)(方伯)(災殃)(一般)
금 방백 재앙 일반

삼상6:5,(毒腫)(形像)(害)(形像)(神)
독종 형상 해 형상 신

(榮華)(或)(神)(輕)
영화 혹 신 경

삼상6:6,(人)(剛愎)(剛愎)(中)(奇異)(行)
인 강퍅 강퍅 중 기이 행

(後)(百姓)(百姓)
후 백성 백성

삼상6:8,(櫃)(贖愆祭)(金)(寶物)(箱子)(櫃)
궤 속건제 금 보물 상자 궤

삼상6:9,(櫃)(本)(地境)(災殃)(偶然)
궤 본 지경 재앙 우연

삼상6:11,(櫃)(金)(毒腫)(形像)(箱子)
궤 금 독종 형상 상자

삼상6:12,(行)(大路)(左右)(方伯)(境界)
행 대로 좌우 방백 경계

삼상6:13,(櫃)
궤

삼상6:14,(燔祭)
번제

삼상6:15,(人)(櫃)(櫃)(金)(寶物)(箱子)
인 궤 궤 금 보물 상자

(燔祭)(祭)
번제 제

삼상6:16,(方伯)
방백

삼상6:17,(贖愆祭)(金毒腫)(爲)(爲)(爲)(爲)(爲)
속건제 금독종 위 위 위 위 위

삼상6:18,(金)(櫃)(堅固)(城邑)(洞里)(方伯)
금 궤 견고 성읍 동리 방백

(贖)(城邑)(數爻)
속 성읍 수효

삼상6:19,(櫃)(故)(五萬)(七十人)(百姓)
궤 고 오만 칠십인 백성

(殺戮)(百姓)(哀哭)
살륙 백성 애곡

삼상6:20,(能)
능

삼상6:21,(使者)(居民)(櫃)
사자 거민 궤

撒母耳記上-(사무엘상)-第七章
살모이기상 제칠장

삼상7:1,(櫃)(山)(區別)(櫃)
궤 산 구별 궤

삼상7:2,(櫃)(二十年)(族屬)(思慕)
궤 이십년 족속 사모

삼상7:3,(族屬)(全心)(異邦)(神)(中)(除)(向)
족속 전심 이방 신 중 제 향

삼상7:4,(子孫)(除)
자손 제

삼상7:5,(爲)(祈禱)
위 기도

삼상7:6,(禁食)(犯罪)(子孫)
금식 범죄 자손

삼상7:7,(子孫)(方伯)(子孫)
자손 방백 자손

삼상7:8,(當身)(爲)(救援)
당신 위 구원

삼상7:9,(羊)(取)(穩全)(燔祭)(爲)(應答)
양 취 온전 번제 위 응답

삼상7:10,(燔祭)(雨雷)(發)(敗)
번제 우뢰 발 패

삼상7:12,(取)
취

삼상7:13,(屈服)(境內)
굴복 경내

삼상7:14,(城邑)(回復)(四方)(地境)(平和)
성읍 회복 사방 지경 평화

삼상7:16,(巡廻)
순회

삼상7:17,(自己)(爲)(壇)
자기 위 단

撒母耳記上-(사무엘상)-第八章
살모이기상 제팔장

삼상8:1,(士師)
사사

삼상8:2,(長子)(次子)(士師)
장자 차자 사사

삼상8:3行爲)(利)(賂物)(取)(判決)
행위 이 뇌물 취 판결

삼상8:4,(長老)
장로

삼상8:5,(當身)(當身)(當身)(行爲)(列邦)(王)
당신 당신 당신 행위 열방 왕

삼상8:6,(王)(祈禱)
왕 기도

삼상8:7,(百姓)(自己)(王)
백성 자기 왕

삼상8:8,(引導)(行事)(神)
인도 행사 신

삼상8:9,(嚴)(警戒)(王)(制度)
엄 경계 왕 제도

삼상8:10,(王)(求)(百姓)
왕 구 백성

삼상8:11,(王)(制度)(取)(兵車)(馭拒(兵車)
왕 제도 취 병거 어거 병거

삼상8:12,(千夫長)(五十夫長)(自己)(自己)
천부장 오십부장 자기 자기
(秋收)(自己)(兵車)(兵車)(諸具)
추수 자기 병거 병거 제구

삼상8:13,(取)(香料)(者)(料理)(者)(者)
취 향료 자 료리 자 자

삼상8:14,(葡萄園)(橄欖園)(第一)(取)
포도원 감람원 제일 취
(自己)(臣下)
자기 신하

삼상8:15,(穀食)(葡萄園)(所産)(十一條)
곡식 포도원 소산 십일조
(取)(自己)(官吏)(臣下)
취 자기 관리 신하

삼상8:16,(奴婢)(少年)(取)(自己(
노비 소년 취 자기

삼상8:17,(羊)(十分)(一)(取)
양 십분 일 취

삼상8:18,(擇)(王)(因)(應答)
택 왕 인 응답

삼상8:19,(百姓)(拒絶)(王)
백성 거절 왕

삼상8:20,(列邦)(王)
열방 왕

삼상8:21,(百姓)(告)
백성 고

삼상8:22,(王)(各其)(城邑)
왕 각기 성읍

撒母耳記上-(사무엘상)-第九章
살모이기상 제구장

삼상9:1,(有力)(孫子)(曾孫(玄孫)
유력 손자 증손 현손

삼상9:2,(俊秀)(少年)(子孫)(中)(俊秀)
준수 소년 자손 중 준수
(者)(百姓)
자 백성

삼상9:3,(使喚)
사환

삼상9:4,(山地)
산지

삼상9:5,(使喚)(父親)姑捨)(爲)
사환 부친 고사 위

삼상9:6,(對答)(城)(尊重)(應)(或)
대답 성 존중 응 혹

삼상9:7,(使喚)(食物)(禮物)
사환 식물 예물

삼상9:8,(使喚)(對答)(銀)(四分)(一)
사환 대답 은 사분 일

삼상9:9,(先見者)(只今)(先知者(者)(先見者)
선견자 지금 선지자 자 선견자

삼상9:10,(使喚)(城)
사환 성

삼상9:11,(城)(向)(少女)(先見者)
성 향 소녀 선견자

삼상9:12,(對答)(當身)(百姓)(山堂)(祭祀)(城)
대답 당신 백성 산당 제사 성

삼상9:13,(當身)(城)(山堂)(前)(前)(百姓)
당신 성 산당 전 전 백성
(祭物)(祝謝)(後)(請)(者)(只今)
제물 축사 후 청 자 지금
(今時)
금시

삼상9:14,(城邑)(山堂)
성읍 산당

삼상9:15,(前)
전

삼상9:16,(來日)(百姓)(指導者)(百姓)
래일 백성 지도자 백성
(救援)(百姓)(上達)
구원 백성 상달

삼상9:17,(百姓)(統轄)
백성 통할

삼상9:18,(城門)(先見者)(請)
성문 선견자 청

삼상9:19,(對答)(先見者)(山堂)(
대답 선견자 산당

삼상9:20,(前)(念慮)(思慕)(者)
전 염려 사모 자

삼상9:21,(對答)(支派)(支派)(家族)(支派)
대답 지파 지파 가족 지파
(家族)(中)(微弱)(當身)
가족 중 미약 당신

삼상9:22,(使喚)(引導)(客室)(請)(者)(中)
사환 인도 객실 청 자 중
(首席)(客)(三十名)(假量)
수석 객 삼십명 가량

삼상9:23,(料理人)(部分)
료리인 부분

삼상9:24,(料理人)(百姓)(請)(爲)
료리인 백성 청 위

삼상9:25,(山堂)(城)(談話)
산당 성 담화

삼상9:26,(東)
동

삼상9:27,(城邑)(使喚)(使喚)(暫間)
성읍 사환 사환 잠간

撒母耳記上-(사무엘상)-第十章
살모이기상 제십장

삼상10:1,(甁)(取)(基業)(指導者)
병 취 기업 지도자

삼상10:2,(境界)(墓室)(念慮)(因)(爲)
경계 묘실 염려 인 위

삼상10:3,(葡萄酒)(負袋)(者)
포도주 부대 자

삼상10:4,(問安)
문안

삼상10:5,(後)(山)(營門)(城邑)(先知者)
후 산 영문 성읍 선지자
(山堂)(琵琶)(小鼓)(竪琴)(豫言)
산당 비파 소고 수금 예언

삼상10:6,(神)(臨)(豫言)(變)
신 임 예언 변

삼상10:7,(徵兆)(臨)(機會)(行)
징조 임 기회 행

삼상10:8,(燔祭)(和睦祭)(行)(七日)
번제 화목제 행 칠일

삼상10:9,(徵兆)(應)
징조 응

삼상10:10,(山)(先知者)(迎接)(神)(臨)
산 선지자 영접 신 임
(中)(豫言
중 예언

삼상10:11,(前)(先知者)(豫言)(當)
전 선지자 예언 당
(先知者)(中)
선지자 중

삼상10:12,(俗談)(先知者)(中)
속담 선지자 중

삼상10:13,(豫言)(山堂)
예언 산당

삼상10:14,(叔父)(使喚)
숙부 사환

삼상10:15,(叔父)(請)(告)
숙부 청 고

삼상10:16,(叔父)(分明)(告)
숙부 분명 고

삼상10:17,(百姓)
백성

삼상10:18,(子孫)(引導)(人)(壓制)
자손 인도 인 압제

삼상10:19,(災難)(苦痛)(中)(親)(救援)(王)
재난 고통 중 친 구원 왕
(支派)(千名)
지파 천명

삼상10:20,(支派)(支派)
지파 지파

삼상10:21,(支派)(家族)(家族)(中)
지파 가족 가족 중

삼상10:22,(對答)(行具)
대답 행구

삼상10:23,(百姓)(中)
백성 중

삼상10:24,(百姓)(擇)(者)(百姓)(中)(百姓)
백성 택 자 백성 중 백성
(王)(萬歲)
왕 만세

삼상10:25,(制度)(百姓)(冊)(記錄)(百姓)
제도 백성 책 기록 백성
(各其)
각기

삼상10:26,(自己)(感動)(有力)(者)
자기 감동 유력 자

삼상10:27,(匪類)(救援)(蔑視)(禮物)(潛潛)
비류 구원 멸시 예물 잠잠

撒母耳記上-(사무엘상)-第十一章
살 모 이 기 상 제십 일 장

삼상11:1,(對)(陣)(言約)
대 진 언약

삼상11:2,(侮辱)
모 욕

삼상11:3,(長老)(猶豫)(地境)(使者)(救援)(者)
장 로 유 예 지경 사자 구원 자

삼상11:4,(使者)(百姓)(告)(百姓)
사 자 백 성 고 백 성

삼상11:5,(百姓)(告)
백 성 고

삼상11:6,(神)(感動)(怒)
신 감 동 노

삼상11:7,(取)(脚)(使者)(地境)(百姓)(臨)
취 각 사자 지경 백성 임

삼상11:8,(計數)(子孫)(三十)(萬)(三)(萬)
계 수 자손 삼십 만 삼 만

삼상11:9,(使者)(來日)(救援)(使者)(告)
사 자 래일 구 원 사 자 고

삼상11:10,(來日)(所見)(行
래 일 소 견 행

삼상11:11,(百姓)(三隊)(敵陣)(中)(者)(者)
백 성 삼 대 적 진 중 자 자

삼상11:12,(百姓)(者)
백 성 자

삼상11:13,(中)(救援)
중 구 원

삼상11:14,(百姓)
백 성

삼상11:15,(百姓)(王)(和睦祭)
백 성 왕 화 목 제

撒母耳記上-(사무엘상)-第十二章
살 모 이 기 상 제십 이 장

삼상2:1,(王)
왕

삼상12:2,(王)(出入)(出入)
왕 출 입 출 입

삼상12:3,(者)(對)(證據)(取)(取)(壓制)
자 대 증거 취 취 압 제
(賂物)(取)
뇌 물 취

삼상12:4,(當身)(壓制)(取)
당 신 압 제 취

삼상12:5,(百姓)(對)(證據)(者)(證據)(證據)
백 성 대 증 거 자 증 거 증 거

삼상12:6,(百姓)(列祖)(引導)
백 성 열 조 인 도

삼상12:7,(列祖)(行)(義)(對)(談論)
열 조 행 의 대 담 론

삼상12:8,(後)(列祖)(列祖)(引導)(居)
후 열 조 열 조 인 도 거

삼상12:9,(軍長)(王)
군 장 왕

삼상12:10,(百姓)(犯罪)(怨讐)(主)
백 성 범 죄 원 수 주

삼상12:11,(四方)(怨讐)(安全)(居)
사 방 원 수 안 전 거

삼상12:12,(子孫)(王)(王)(王)
자 손 왕 왕 왕

삼상12:13,(求)(王)(擇)(王)(王)
구 왕 택 왕 왕

삼상12:14,(萬一)(敬畏)(命令)(拒逆)(王)
만 일 경 외 명 령 거 역 왕

삼상12:15,(萬一)(命令)(拒逆)(列祖)
만 일 명 령 거 역 열 조

삼상12:16,(目前)(行)
목 전 행

삼상12:17,(雨雷)(王)(求)(目前)(犯)(罪惡)
우 뢰 왕 구 목 전 범 죄 악

삼상12:18,(雨雷)(百姓)
우 뢰 백 성

삼상12:19,(百姓(當身)(爲)(當身)(祈禱)
백 성 당 신 위 당 신 기 도
(罪)(王)(求)(惡)
죄 왕 구 악

삼상12:20,(百姓)(果然)(惡)(行)
백 성 과 연 악 행

삼상12:21,(有益)(救援)
유 익 구 원

삼상12:22,(自己)(百姓)(故)(因)(自己)(百姓)
자 기 백 성 고 인 자 기 백 성

삼상12:23,(爲)(祈禱)(罪)(決斷)(犯)(善)
위 기 도 죄 결 단 범 선
(義)(道)
의 도

삼상12:24,(爲)(行)(敬畏)(眞實)
위 행 경 외 진 실

삼상12:25,(萬一)(如前)(惡)(行)(王)(滅亡)
만 일 여 전 악 행 왕 멸 망

撒母耳記上-(사무엘상)-第十三章
살 모 이 기 상 제십 삼 장

삼상13:1,(王)(四十歲)(二年)
왕 사 십 세 이 년

삼상13:2,(三千)(擇)(中)(二千)(自己)(山)
삼 천 택 중 이 천 자 기 산
(一千)(百姓)(各其)(帳幕)
일 천 백 성 각 기 장 막

삼상13:3,(守備隊)
수 비 대

삼상13:4,(守備隊)(可憎)
수 비 내 가 증

삼상13:5,(兵車)(三萬)(馬兵)(六千)
병 거 삼 만 마 병 육 천
(百姓)(海邊)(東便)(陣)
백 성 해 변 동 편 진

삼상13:6,(危急)(切迫)(窟)(隱密)
위 급 절 박 굴 은 밀

삼상13:7,(百姓)
백 성

삼상13:8,(定)(期限)(百姓)
정 기 한 백 성

삼상13:9,(燔祭)(和睦祭物)(燔祭)
번 제 화 목 제 물 번 제
삼상13:10,(燔祭)(畢)(問安)
번 제 필 문 안
삼상13:11,(王)(行)(百姓)(當身)(定)
왕 행 백 성 당 신 정
삼상13:12,(恩惠)(懇求)(不得已)(燔祭)
은 혜 간 구 부 득 이 번 제
삼상13:13,(王)(妄靈)(行)(王)(王)(王)(命)
왕 망 령 행 왕 왕 왕 명
(命令)(王)(永永)
명 령 왕 영 영
삼상13:14,(只今)(王)(王)(命)(王)(求)(百姓)
지 금 왕 왕 명 왕 구 백 성
(指導者)
지 도 자
삼상13:15,(自己)(百姓)(計數)(六百名)(假量)
자 기 백 성 계 수 육 백 명 가 량
삼상13:16,(百姓)(陣)
백 성 진
삼상13:17,(擄掠軍)(三隊)(陣)(隊)
노 약 군 삼 대 진 대
삼상13:18,(隊)(向)(隊)(曠野)(向)(地境)(向)
대 향 대 광 야 향 지 경 향
삼상13:19,(鐵工)(槍)
철 공 창
삼상13:20,(各其)
각 기
삼상13:22,(百姓)(槍)
백 성 창
삼상13:23,(部隊)
부 대

撒母耳記上-(사무엘상)-第十四章
살 모 이 기 상 제 십 사 장

삼상14:1,(自己)(兵器)(少年)(便)(部隊)(告)
자 기 병 기 소 년 편 부 대 고
삼상14:2,(邊境)(石榴)(百姓)(六百)(假量)
변 경 석 류 백 성 육 백 가 량
삼상14:3兄弟)(孫子)(祭司長)(曾孫)(百姓)
형 제 손 자 제 사 장 증 손 백 성
삼상14:4,(部隊)(便)(險)(便)(險)
부 대 편 험 편 험
삼상14:5,(北)
북
삼상14:6,(自己)(兵器)(少年)(割禮)(者)
자 기 병 기 소 년 할 례 자
(部隊)(爲(救援)
부 대 위 구 원
삼상14:7,(兵器)(者)(當身)(行)(當身)
병 기 자 당 신 행 당 신
삼상14:9,(萬一)
만 일
삼상14:10,(萬一)(表徵)
만 일 표 징
삼상14:11,(部隊)
부 대

삼상14:12,(部隊)(兵器)(者)(對)(自己)
부 대 병 기 자 대 자 기
(兵器)(者)
병 기 자
삼상14:13,(兵器)(者)(兵器)(者)
병 기 자 병 기 자
삼상14:14,(兵器)(者)(半日耕)(地段)(屠戮)
병 기 자 반 일 경 지 단 도 륙
(者)(二十人)(假量)
자 이 십 인 가 량
삼상14:15,(陣)(百姓)(中)(部隊)(擄掠軍)
진 백 성 중 부 대 노 약 군
(震動)
진 동
삼상14:16,(把守軍)(許多)
파 수 군 허 다
삼상14:17,(自己)(百姓)(點考)(點考)
자 기 백 성 점 고 점 고
(兵器)(者)
병 기 자
삼상14:18,(櫃)(櫃)(子孫)
궤 궤 자 손
삼상14:19,(祭司長)(陣)(騷動)(漸漸)(祭司長)
제 사 장 진 소 동 점 점 제 사 장
삼상14:20,(百姓)(戰場)(各各)(混亂)
백 성 전 장 각 각 혼 란
삼상14:21,(前(四方)(陣)(合)
전 사 방 진 합
삼상14:22,(山地)(逃亡)(追擊)
산 지 도 망 추 격
삼상14:23,(救援)(戰爭)
구 원 전 쟁
삼상14:24,(百姓)(疲困)(百姓)(盟誓(警戒)
백 성 피 곤 백 성 맹 서 경 계
(怨讐)(報讐)(食物)(詛呪)(百姓)
원 수 보 수 식 물 저 주 백 성
(食物)
식 물
삼상14:26,(百姓)(盟誓)者)
백 성 맹 서 자
삼상14:27,(盟誓)(百姓)(命)
맹 서 백 성 명
삼상14:28,(百姓)(中)(告)(當身)(父親)(盟誓)
백 성 중 고 당 신 부 친 맹 서
(百姓)(嚴)(命)(食物)(詛呪)(百姓)
백 성 엄 명 식 물 저 주 백 성
(疲困)
피 곤
삼상14:29,(父親)(困難(
부 친 곤 난
삼상14:30,(百姓)(對敵)(奪取)(任意)(殺戮)
백 성 대 적 탈 취 임 의 살 륙
삼상14:31,(百姓)(甚)(疲困)
백 성 심 피 곤
삼상14:32,(百姓)(奪取)(物件)(羊)(取)
백 성 탈 취 물 건 양 취
삼상14:33,(告)(百姓)(犯罪)(無信)(行)
고 백 성 범 죄 무 신 행

삼상14:34,(百姓)(中)(各其)(各其)(羊)
백 성 중 각 기 각 기 양
(犯罪)(百姓)(各各)(自己)
범 죄 백 성 각 각 자 기

삼상14:35,(爲)(壇)(爲)(壇)
위 단 위 단

삼상14:36,(東)(中)(奪取)王)(所見)(祭司長)
동 중 탈 취 왕 소 견 제 사 장

삼상14:37,(主)(對答)
주 대 답

삼상14:38,(百姓)(罪)
백 성 죄

삼상14:39,(救援)(盟誓)(百姓)(中)對答)
구 원 맹 서 백 성 중 대 답

삼상14:40,(便)(便)(百姓)(王)(所見)
편 편 백 성 왕 소 견

삼상14:41,(願)(實狀)(百姓)(免)
원 실 상 백 성 면

삼상14:43,(行)(告)(告)
행 고 고

삼상14:44,(罰)(願)
벌 원

삼상14:45,(百姓)(救援)(決斷)(盟誓)
백 성 구 원 결 단 맹 서
(同事)(救援)
동 사 구 원

삼상14:46,(自己)
자 기

삼상14:47,(王位)(後)(四方)(對敵)(子孫)
왕 위 후 사 방 대 적 자 손
(王)(向)
왕 향

삼상14:48,(勇猛(掠奪)(者)
용 맹 약 탈 자

삼상14:50,(軍長)(叔父)
군 장 숙 부

삼상14:52,(者)(勇猛)(者)
자 용 맹 자

撒母耳記上-(사무엘상)-第十五章
살 모 이 기 상 제 십 오 장

삼상15:1,(王)(百姓)(王)(王)
왕 백 성 왕 왕

삼상15:2,(萬軍)(行)(對敵)(追憶)
만 군 행 대 적 추 억

삼상15:3,(只今)(所有)(殄滅)(男女)
지 금 소 유 진 멸 남 녀
(小兒)(牛羊)
소 아 우 양

삼상15:4,(百姓)(召集)(計數)(步兵)
백 성 소 집 계 수 보 병
(二十萬(一萬)
이 십 만 일 만

삼상15:5,(城)(伏兵)
성 복 병

삼상15:6,(中)(滅(子孫)(善待)(中)
중 멸 자 손 선 대 중

삼상15:8,(王)(百姓)(殄滅)
왕 백 성 진 멸

삼상15:9,(百姓)(羊)(羊)(殄滅)(價値)(殄滅)
백 성 양 양 진 멸 가 치 진 멸

삼상15:10,(臨)
임

삼상15:11,(王)(後悔)(命令)
왕 후 회 명 령

삼상15:12,(或)(告)(自己)(爲)(記念碑)(行)
혹 고 자 기 위 기 념 비 행

삼상15:13,(願)(當身)(福)(命令)(行)
원 당 신 복 명 령 행

삼상15:14,(羊)
양

삼상15:15,(百姓)(當身)(祭祀)(羊)(殄滅)
백 성 당 신 제 사 양 진 멸

삼상15:16,(王)
왕

삼상15:17,(王)(支派)(王)(王)
왕 지 파 왕 왕

삼상15:18,(王)(罪人)(殄滅)
왕 죄 인 진 멸

삼상15:19,(王)(聽從)(奪取)(急)(惡(行)
왕 청 종 탈 취 급 악 행

삼상15:20,(實)(聽從)(王)(殄滅)
실 청 종 왕 진 멸

삼상15:21,(百姓)(滅)(中)(當身)(祭祀)(羊)(取)
백 성 멸 중 당 신 제 사 양 취

삼상15:22,(燔祭)(祭祀)(順從)(順從)
번 제 제 사 순 종 순 종
(祭祀)(羊)
제 사 양

삼상15:23,(拒逆)(邪術)(罪)(頑固)(邪神)
거 역 사 술 죄 완 고 사 신
(偶像(罪)(王)(王)(王)
우 상 죄 왕 왕 왕

삼상15:24,(犯罪)(命令)(當身)(百姓)(聽從)
범 죄 명 령 당 신 백 성 청 종

삼상15:25,(請)(只今)(罪)(赦)(敬拜)
청 지 금 죄 사 경 배

삼상15:26,(王)(王)(王)(王)
왕 왕 왕 왕

삼상15:28,(王)(王)(王)
왕 왕 왕

삼상15:29,(至尊者)(變改)(決)(變改)
지 존 자 변 개 결 변 개

삼상15:30,(犯罪)(請)(百姓)(長老)
범 죄 청 백 성 장 로
(當身)(敬拜)
당 신 경 배

삼상15:31,(敬拜)
경 배

삼상15:32,(王)(眞實)(死亡)
왕 진 실 사 망

삼상15:33,(女人)(無子)(女人)(中)(無子)
녀 인 무 자 녀 인 중 무 자

삼상15:34,(本)
본

삼상15:35,(爲)(王)(後悔)
위 왕 후회

撒母耳記上-(사무엘상)-第十六章
살 모 이 기 상 제십륙장

삼상16:1,(王)(爲)(中)(王)(豫選)
왕 위 중 왕 예선

삼상16:2,(祭祀)
제사

삼상16:3,(祭祀)(請)(行)(者)(爲)
제사 청 행 자 위

삼상16:4,(行)(城邑)(長老)(迎接)(平康)(爲)
행 성읍 장로 영접 평강 위

삼상16:5,(平康)(爲)(祭祀)(聖潔)(祭祀)
평강 위 제사 성결 제사
(聖潔)(祭祀)(請)
성결 제사 청

삼상16:6,(者)(果然)
자 과연

삼상16:7,(容貌)(身長)(外貌)(中心)
용모 신장 외모 중심

삼상16:8,(擇)
택

삼상16:9,(擇)
택

삼상16:10,(擇)
택

삼상16:11,(末)(羊)(食事)
말 양 식사

삼상16:13,(取)(兄弟)(中)(以後)(神)(感動)
취 형제 중 이후 신 감동

삼상16:14,(神)(惡神)(煩惱)
신 악신 번뇌

삼상16:15,(臣下)(惡神)(王)(煩惱
신하 악신 왕 번뇌

삼상16:16,(願)(主)(主)(臣下)(命)(竪琴)
원 주 주 신하 명 수금
(求)(惡神)(王)(王)
구 악신 왕 왕

삼상16:17,(臣下)(爲)(求)
신하 위 구

삼상16:18,(少年)(中)(對答)(豪氣)(武勇)
소년 중 대답 호기 무용
(口辯)(俊秀)(者)
구변 준수 자

삼상16:19,(使者)(羊)
사자 양

삼상16:20,(負袋)(葡萄酒)
부대 포도주

삼상16:21,(自己)(兵器)(者)
자기 병기 자

삼상16:22,(請)(恩寵)
청 은총

삼상16:23,(惡神)(竪琴)(取)(爽快)(惡神)
악신 수금 취 상쾌 악신

撒母耳記上-(사무엘상)-第十七章
살 모 이 기 상 제십칠장

삼상17:1,(軍隊)(贖)(陣)
군대 속 진

삼상17:2,(陣)(對)(行伍)
진 대 항오

삼상17:3,(便)(山)(便)(山)
편 산 편 산

삼상17:4,(陣)(者)(身長)
진 자 신장

삼상17:5,(魚鱗甲)(甲)(重數)(五千)
어린갑 갑 중수 오천

삼상17:6,(脛甲)(短槍)
경갑 단창

삼상17:7,(槍)(槍)(鐵)(六百)(防牌)(者)(行)
창 창 철 육백 방패 자 행

삼상17:8,(軍隊)(向)(行伍)(臣僕)(擇)
군대 향 항오 신복 택

삼상17:9,(能)(萬一)
능 만일

삼상17:10,(軍隊)(侮辱)
군대 모욕

삼상17:12,(者)(當時)(中)(者)
자 당시 중 자

삼상17:13,(長成)(長子)(第)(三)
장성 장자 제 삼

삼상17:14,(末)(長成)(三人)
말 장성 삼인

삼상17:15,(往來)(羊)
왕래 양

삼상17:16,(四十日)(朝夕)
사십일 조석

삼상17:17,(兄)(爲)(穀食)(陣)(速)(兄)
형 위 곡식 진 속 형

삼상17:18,(千夫長)(兄)(安否(證標)
천부장 형 안부 증표

삼상17:20,(羊)(羊)(者)(命)(陣營)(軍隊)
양 양 자 명 진영 군대
(戰場)(高喊)
전장 고함

삼상17:21,(行伍)(兩軍)(對)
항오 량군 대

삼상17:22,(者)(軍隊)(兄)(問安)
자 군대 형 문안

삼상17:23,(者)(行伍)(前)
자 항오 전

삼상17:24,(甚)(逃亡)
심 도망

삼상17:25,(侮辱)(王)(財物)(富)(中)(自由)
모욕 왕 재물 부 중 자유

삼상17:26,(恥辱)(除)待遇)(割禮)(軍隊)(侮辱)
치욕 제 대우 할례 군대 모욕

삼상17:27,(百姓)(前)(如此如此)
백성 전 여차여차

삼상17:28,(長兄)(怒)(發)(羊)(驕慢)(頑惡)
장형 노 발 양 교만 완악
(戰爭)(求景)
전쟁 구경

삼상17:29,(理由)
이유

삼상17:30,(向)(前)(百姓)(前)(對答)
향 전 백성 전 대답

삼상17:31,(或)(告)
혹 고

삼상17:32,(告)(因)(落膽)(主)
고 인 락담 주

삼상17:33,(能)(少年)(勇士)
능 소년 용사

삼상17:34,(告)(主)(羊)(獅子)(羊)
고 주 양 사자 양

삼상17:35,(害)(鬚髥)
해 수염

삼상17:36,(主)(獅子)(軍隊)(侮辱)(割禮)
주 사자 군대 모욕 할례

삼상17:37,(獅子)(願)
사자 원

삼상17:38,(自己)(軍服)(甲)
자기 군복 갑

삼상17:39,(軍服)(試驗的)(告)
군복 시험적 고

삼상17:40,(自己)(牧者)(諸具)
자기 목자 제구

삼상17:41,(漸漸)(行)(防牌)(者)
점점 행 방패 자

삼상17:42,(容貌)
용모

삼상17:43,(神)(詛呪)
신 저주

삼상17:44,(空中)
공중

삼상17:45,(槍)(短槍)(萬軍)(侮辱)(軍隊)
창 단창 만군 모욕 군대

삼상17:46,(軍隊)(屍體)(空中)
군대 시체 공중

삼상17:47,(救援)(槍)(戰爭)(贖)
구원 창 전쟁 속

삼상17:48,(行伍)(向)
항오 향

삼상17:49,(取)
취

삼상17:50,(自己)
자기

삼상17:51,(自己)(勇士)(逃亡)
자기 용사 도망

삼상17:52,(城門)(傷)(者)
싱문 싱 자

삼상17:53,(子孫)(陣)(擄掠)
자손 진 노약

삼상17:54,(甲冑)(自己)(帳幕)
갑주 자기 장막

삼상17:55,(向)(軍長)(少年)(王)(王)(盟誓)
향 군장 소년 왕 왕 맹서

삼상17:56,(王)(靑年)
왕 청년

삼상17:57,(引導)
인도

삼상17:58,(少年)(對答)(主)
소년 대답 주

撒母耳記上-(사무엘상)-第十八章
살 모 이 기 상 제십팔장

삼상18:1,(聯絡)(自己)(生命)
련락 자기 생명

삼상18:2,(許諾)
허락

삼상18:3,(自己)(生命)(言約)
자기 생명 언약

삼상18:4,(自己)(軍服)
자기 군복

삼상18:5,(智慧)(行)(軍隊)(長)(百姓)(合當)
지혜 행 군대 장 백성 합당
(臣下)(合當)
신하 합당

삼상18:6,(女人)(城)(小鼓)(王)(歡迎)
녀인 성 소고 왕 환영

삼상18:7,(女人)(唱和)(者)(千千)(萬萬)
녀인 창화 자 천천 만만

삼상18:8,(不快)(甚)(怒)(萬萬)(千千)
불쾌 심 노 만만 천천

삼상18:9,(後)(注目)
후 주목

삼상18:10,(惡神)(惹鬧)(故)(平日)(竪琴)(槍)
악신 야료 고 평일 수금 창

삼상18:11,(壁)(槍)(番)(避)
벽 창 번 피

삼상18:13,(自己)(千夫長)(百姓)(出入)
자기 천부장 백성 출입

삼상18:14,(智慧)(行)
지혜 행

삼상18:15,(智慧)(行)
지혜 행

삼상18:16,(自己)(出入)(因)
자기 출입 인

삼상18:17,(爲)(勇猛)
위 용맹

삼상18:18,(中)(親屬)(王)
중 친속 왕

삼상18:19,(時期)
시기

삼상18:20,(或)(告)
혹 고

삼상18:22,(臣下)(命)(秘密)(王)(臣下)(王)(可)
신하 명 비밀 왕 신하 왕 가

삼상18.23,(臣下)(告)(王)(賤)
신하 고 왕 천

삼상18:24,(臣下)(告)(如此如此)
신하 고 여차여차

삼상18:25,(王)(幣帛)(願)(王)(怨讐)(報復)
왕 폐백 원 왕 원수 보복
(陽皮)(一百)(願)
양피 일백 원

삼상18:26,(臣下)(告)(王)(滿期)
신하 고 왕 만기

삼상18:27,(從者)(二百名)(陽皮)(數)(王)(王)
종자 이백명 양피 수 왕 왕

삼상18:29,(平生)(對敵)
평생 대적

삼상18:30,(方伯)(臣下)(智慧)(行)(甚)(貴重)
방백 신하 지혜 행 심 귀중

撒母耳記上-(사무엘상)-第十九章
살 모 이 기 상 제십구장

삼상19:1,(臣下)(甚)
신하 심

삼상19:2,(告)(父親)(請)(操心)(隱密)
고 부친 청 조심 은밀

삼상19:3,(父親)(父親)
부친 부친

삼상19:4,(褒奬)(願)(王)(臣下)(犯罪)(王)
포 원 왕 신하 범죄 왕
(得罪)(王)(行)(甚)(善)
득죄 왕 행 심 선

삼상19:5,(自己)(生命)(爲)(救援)(王)(無故)
자기 생명 위 구원 왕 무고
(無罪)(犯罪)
무죄 범죄

삼상19:6,(盟誓)(當)
맹서 당

삼상19:7,(引導)(如前)
인도 여전

삼상19:8,(戰爭)(屠戮)(逃亡)
전쟁 도륙 도망

삼상19:9,(短槍)(惡神)(接)(竪琴)
단창 악신 접 수금

삼상19:10,(短槍)(壁)(避)(槍)(壁)(逃避)
단창 벽 피 창 벽 도피

삼상19:11,(使者)(當身)(當身)(生命)(求)
사자 당신 당신 생명 구
(來日)(當)
래일 당

삼상19:12,(窓)(逃亡)(避)
창 도망 피

삼상19:13,(偶像)(取)(寢床)(衣服)
우상 취 침상 의복

삼상19:14,(使者)(病)
사자 병

삼상19:15,(使者)(寢床)
사자 침상

삼상19:16,(使者)(寢床)(偶像)
사자 침상 우상

삼상19:17,(對敵)(避)(對答)
대적 피 대답

삼상19:18,(逃避)(自己)(行)(告)(居)
도피 자기 행 고 거

삼상19:19,(或)(告)
혹 고

삼상19:20,(使者)(先知者)(豫言)(首領)
사자 선지자 예언 수령
(神)(使者)(臨)(豫言)
신 사자 임 예언

삼상19:21,(或)(告)(使者)(豫言)(故)(番)
혹 고 사자 예언 고 번
(使者)(豫言)
사자 예언

삼상19:22,(或)
혹

삼상19:23,(神)(臨)(行)(豫言
신 임 행 예언

삼상19:24,(豫言)(終日終夜)(俗談)
예언 종일종야 속담
(先知者)(中)
선지자 중

撒母耳記上-(사무엘상)-第二十章
살 모 이 기 상 제이십장

삼상20:1,(逃亡)(罪惡)(父親)(罪)(生命)
도망 죄악 부친 죄 생명

삼상20:2,(決斷)(父親)(大小事)(行)(父親)
결단 부친 대소사 행 부친

삼상20:3,(盟誓)(恩惠)(父親)(眞實)
맹서 은혜 부친 진실
(生命)(盟誓)(死亡)
생명 맹서 사망

삼상20:4,(所願)(爲)
소원 위

삼상20:5,(來日)(月朔)(王)(食事)(第)(三日)
래일 월삭 왕 식사 제 삼일

삼상20:6,(父親)(萬一)(仔細)(自己)(城)
부친 만일 자세 자기 성
(急)(許)(懇請)(家族)(爲)(每年祭)
급 허 간청 가족 위 매년제

삼상20:7,(平安)(萬一)(怒)(害)(決心)
평안 만일 노 해 결심

삼상20:8,(願)(仁慈)(行)(盟約)(罪惡)(親)(父親)
원 인자 행 맹약 죄악 친 부친

삼상20:9,(決)(父親)(害)(決心)
결 부친 해 결심

삼상20:10,(父親)(或)(嚴)(對答)(告)
부친 혹 엄 대답 고

삼상20:12,(證據)(來日)(父親)(對)(意向)(善)
증거 래일 부친 대 의향 선

삼상20:13,(萬一)(父親)(害)(平安)(罰)
만일 부친 해 평안 벌
(願)(父親)(願)
원 부친 원

삼상20:14,(仁慈)
인자

삼상20:15,(對敵)(地面)(仁慈)(永永)
대적 지면 인자 영영

삼상20:16,(言約)(對敵)
언약 대적

삼상20:17,(盟誓)(自己)(生命)
맹서 자기 생명

삼상20:18,(來日)(月朔)(仔細)
래일 월삭 자세

삼상20:21,(便)(平安)(無事)
편 평안 무사

삼상20:22,(萬一)(便)
만일 편

삼상20:23,(對)(永永)
대 영영

삼상20:24,(月朔)(王)(飮食)
월삭 왕 음식

삼상20:25,(王)(平時)(壁)(自己)
왕 평시 벽 자기

삼상20:26,(事故)(不淨)(丁寧)(不淨)
사고 부정 정녕 부정

삼상20:27,(第)(二日)(食事)
제 이일 식사

삼상20:28,(對答)(懇請)
대답 간청

삼상20:29,(請)(家族)(城)(祭祀)(兄)(命)
청 가족 성 제사 형 명
(兄)(王)(食事)
형 왕 식사

삼상20:30,(怒)(發)(悖逆不道)(所生)(擇)
노 발 패역부도 소생 택
(羞恥)(羞恥)
수치 수치

삼상20:31,(者)
자

삼상20:32,(父親)(對答)(行)
부친 대답 행

삼상20:33,(短槍)(父親)(決心)
단창 부친 결심

삼상20:34,(甚)(怒)(食事)(第)(二日)
심 노 식사 제 이일
(父親)(辱)(爲)
부친 욕 위

삼상20:35,(定)(時間)
정 시간

삼상20:37,(便)
편

삼상20:38,(遲滯)(主人)
지체 주인

삼상20:40,(兵器)(城)
병기 성

삼상20:41,(南便)(番)(後)(彼此)(甚)
남편 번 후 피차 심

삼상20:42,(平安)(盟誓)(永遠)(子孫)
평안 맹서 영원 자손
(子孫)(城)
자손 성

撒母耳記上-(사무엘상)-第二十一章
살 모 이 기 상 제이십일장

삼상21:1,(祭司長)(迎接)(者)
제사장 영접 자

삼상21:2,(祭司長)(王)(命)(命)(少年)
제사장 왕 명 명 소년
(如此如此)(約定)
여차여차 약정

삼상21:3,(當身)(手中)
당신 수중

삼상21:4,(祭司長)(對答)(恒用)(手中)
제사장 대답 항용 수중
(少年)(婦女)
소년 부녀

삼상21:5,(祭司長)(對答)(三日)(婦女)
제사장 대답 삼일 부녀
(普通)(旅行)(少年)(聖潔)(聖潔)
보통 여행 소년 성결 성결

삼상21:6,(祭司長)(陳設餠)
제사장 진설병

삼상21:7,(臣下)(牧者長)
신하 목자장

삼상21:8,(當身)(手中)(槍)(王)(急)(兵器)
당신 수중 창 왕 급 병기

삼상21:9,(祭司長)(褓)
제사장 보

삼상21:10,(逃亡)(王)
도망 왕

삼상21:11,(臣下)(告)(王)(唱和)(者)
신하 고 왕 창화 자
(千千)(萬萬)
천천 만만

삼상21:12,(王)(甚)
왕 심

삼상21:13行動(變)大門(鬚髥)
행동 변 대문 수염

삼상21:14,(臣下)
신하

삼상21:15,(不足)(者)(者)
부족 자 자

撒母耳記上-(사무엘상)-第二十二章
살 모 이 기 상 제이십이장

삼상22:1,(窟)(逃亡)(兄弟)
굴 도망 형제

삼상22:2,(患難)(當)(者)(者)(寃痛)(者)
환난 당 자 자 원통 자
(長官)(者)(四百名)(假量)
장관 자 사백명 가량

삼상22:3,(王)(爲)(父母)(當身)(請)
왕 위 부모 당신 청

삼상22:4,(父母)(引導)(王)(要塞)(王)
부모 인도 왕 요새 왕

삼상22:5,(先知者)(要塞)
선지자 요새

삼상22:6,(短槍)(臣下)
단창 신하

삼상22:7,(臣下)(各其)(葡萄園)
신하 각기 포도원
(千夫長)(百夫長)
천부장 백부장

삼상22:8,(共謀)(對敵)(盟約)(告發)(者)
공모 대적 맹약 고발 자
(爲)(臣下)(煽動)(埋伏)(告發)(者)
위 신하 선동 매복 고발 자

삼상22:9,(臣下)(中)(對答)
신하 중 대답

삼상22:10,(爲)食物)
위 식물

삼상22:11,(王)(祭司長)(祭司長)(王)
왕 제사장 제사장 왕

삼상22:12,(對答)(主)
대답 주

삼상22:13,(共謀)(對敵)(爲)(埋伏)
공모 대적 위 매복

삼상22:14,(王)(對答)(王)(臣下)(中)(忠實)
왕 대답 왕 신하 중 충실
(者)(王)(王)(謀臣)(王室)(尊貴)(者)
자 왕 왕 모신 왕실 존귀 자

삼상22:15,(爲)(決斷)(願)(王)(王)(大小間)
위 결단 원 왕 왕 대소간

삼상22:16,(王)
왕

삼상22:17,(王)(左右)(侍衛者)(祭司長)(合力)
왕 좌우 시위자 제사장 합력
(逃亡)(告發)(王)(臣下)(祭司長)
도망 고발 왕 신하 제사장

삼상22:18,(王)(祭司長)(祭司長)(細麻布)
왕 제사장 제사장 세마포
(者)(八十五人)
자 팔십오인

삼상22:19,(祭司長)(城邑)(男女)(者)(羊)
제사장 성읍 남녀 자 양

삼상22:20,(中)(避)(逃亡)
중 피 도망

삼상22:21,(祭司長)(告)
제사장 고

삼상22:22,(緣故)
연고

삼상22:23,(生命)(者)(生命)(者)(保全)
생명 자 생명 자 보전

撒母耳記上-(사무엘상)-第二十三章
살 모 이 기 상 제이십삼장

삼상23:1,(或)(告)(打作)(奪取)
혹 고 타작 탈취

삼상23:2,(救援)
구원

삼상23:3,(軍隊)
군대

삼상23:4,(對答)
대답

삼상23:5,(屠戮)(家畜)(居民)(救援)
도륙 가축 거민 구원

삼상23:6,(逃亡)
도망

삼상23:7,(或)(告)(門)(門)(城)
혹 고 문 문 성

삼상23:8,(百姓)(軍士)
백성 군사

삼상23:9,(自己)(害)(計巧)(祭司長)
자기 해 계교 제사장

삼상23:10,(緣故)(城)(滅)(主)(分明)
연고 성 멸 주 분명

삼상23:11,(主)(願)(主)
주 원 주

삼상23:13,(六百)(假量)(或)(告)
육백 가량 혹 고

삼상23:14,(荒蕪地)(要塞)(荒蕪地)(山)
황무지 요새 황무지 산
(留)(每日)
유 매일

삼상23:15,(自己)(生命)(荒蕪地)
자기 생명 황무지

삼상23:16,(依支)
의지

삼상23:17,(父親)(王)(父親)
부친 왕 부친

삼상23:18,(言約)(居)(自己)
언약 거 자기

삼상23:19,(曠野)(南便)(山)(要塞)
광야 남편 산 요새

삼상23:20,(王)(願)(王)(義務)
왕 원 왕 의무

삼상23:21,(矜恤)(福)(願)
긍휼 복 원

삼상23:22,(或)(甚)(工巧)(行動)(仔細)(隱跡)
혹 심 공교 행동 자세 은적

삼상23:23,(探知)(實狀)(回報)(千千人)(中)
탐지 실상 회보 천천인 중

삼상23:24,(曠野)(南便)(荒蕪地)
광야 남편 황무지

삼상23:25,(或)(告)(荒蕪地)(荒蕪地)
혹 고 황무지 황무지

삼상23:26,(山)(便)(山)(便)(急)(避)
산 편 산 편 급 피

삼상23:27,(使者)(急)(侵擄)
사자 급 침노

삼상23:28,(稱)
칭

삼상23:29,(要塞)(居)
요새 거

撒母耳記上-(사무엘상)-第二十四章
살 모 이 기 상 제이십사장

삼상24:1,(或)(告)(荒蕪地)
혹 고 황무지

삼상24:2,(擇)(三千)
택 삼천

삼상24:3,(羊)(窟)(窟)
양 굴 굴

삼상24:4,(當身)(怨讐)(所見)(善)(行)
당신 원수 소견 선 행

삼상24:5,(後)(因)
후 인

삼상24:6,(自己)(主)(禁)(者)
자기 주 금 자

삼상24:7,(自己)(禁)(害)(窟)(自己)
자기 금 해 굴 자기

삼상24:8,(後)(窟)(主)(王)
후 굴 주 왕

삼상24:9,(王)(害)(王)
왕 해 왕

삼상24:10,(窟)(王)(王)(或)(勸)(王)(王)(主)
굴 왕 왕 혹 권 왕 왕 주
(害)(者)
해 자

삼상24:11,(王)(王)(惡)(罪過)(王)(生命)(害)
왕 왕 악 죄과 왕 생명 해
(王)(犯罪)
왕 범죄

삼상24:12,(王)(判斷)(爲)(王)(報復)(王)(害)
왕 판단 위 왕 보복 왕 해

삼상24:13,(俗談)(惡)(惡人)(王)(害)
속담 악 악인 왕 해

삼상24:14,(王)
왕

삼상24:15,(裁判長)(王)(判決)(事情)(伸寃)
재판장 왕 판결 사정 신원
(王)(願)
왕 원

삼상24:17,(虐待)(善待)(義)
학대 선대 의

삼상24:19,(怨讐)(平安)(行)(因)(善)(願)
원수 평안 행 인 선 원

삼상24:20,(王)(堅固)
왕 견고

삼상24:21,(後孫)(滅)(盟誓)
후손 멸 맹서

삼상24:22,(盟誓)(要塞)
맹서 요새

撒母耳記上-(사무엘상)-第二十五章
살모이기상 제이십오장

삼상25:1,(哀哭)(葬事)(曠野)
애곡 장사 광야

삼상25:2,(業)(甚)(富)(羊)(三千)(一千)(羊)
업 심 부 양 삼천 일천 양

삼상25:3,(女子)(聰明)(容貌)(男子)(頑固)
녀자 총명 용모 남자 완고
(行事)(惡)(族屬)
행사 악 족속

삼상25:4,(曠野)(自己)(羊)
광야 자기 양

삼상25:5,(少年)(少年)(問安)
소년 소년 문안

삼상25:6,(富)(者)(平康)(平康)(所有)(平康)
부 자 평강 평강 소유 평강

삼상25:7,(者)(牧者)
자 목사

삼상25:8,(少年)(告)(少年)(恩惠)(願)
소년 고 소년 은혜 원

삼상25:9,(少年)(告)
소년 고

삼상25:10,(使喚)(對答)(近日)(各其)
사환 대답 근일 각기
(主人)(臆志)
주인 억지

삼상25:11,(羊)(者)(爲)(者)
양 자 위 자

삼상25:12,(少年)(自己)(行)(告)
소년 자기 행 고

삼상25:13,(自己)(各其)(各其)(自己)(四百)
자기 각기 각기 자기 사백
(假量)(二百名)(所有物)
가량 이백명 소유물

삼상25:14,(少年)(中)(告)(主人)(問安)(曠野)
소년 중 고 주인 문안 광야
(使者)(主人)(羞辱)
사자 주인 수욕

삼상25:15,(相從)(善待)(傷)
상종 선대 상

삼상25:16,(羊)
양

삼상25:17,(當身)(主人)(主人)(害)(決定)
당신 주인 주인 해 결정
(主人)(不良)
주인 불량

삼상25:18,(急)(二百)(葡萄酒)(負袋)(準備)
급 이백 포도주 부대 준비
(羊)(穀食)(乾葡萄)(百)(無花果)
양 곡식 건포도 백 무화과
(二百)(取)
이백 취

삼상25:19,(少年)(男便)(告)
소년 남편 고

삼상25:20,(山)(幽僻)(自己)
산 유벽 자기

삼상25:21,(者)(所有物)(曠野)(損失)(眞實)
자 소유물 광야 손실 진실
(虛事)(惡)(善)
허사 악 선

삼상25:22,(贖)(中)(男子)(罰)(願)
속 중 남자 벌 원

삼상25:23,(急)
급

삼상25:24,(主)(請)(罪惡)(女)(主)(女)
주 청 죄악 여 주 여

삼상25:25,(願)(主)(不良)(介意)(適當)(者)
원 주 불량 개의 적당 자
(女)(主)(少年)
여 주 소년

삼상25:26,(主)(主)(主)(親)(報讐)(主)(怨讐)
주 주 주 친 보수 주 원수
(主)(害)(者)(願)
주 해 자 원

삼상25:27,(女)(主)(禮物)(主)(少年)
여 주 예물 주 소년

삼상25:28,(主)(女)(赦)(主)(爲)(主)(主)
주 여 사 주 위 주 주
(一生)(主)(惡)
일생 주 악

삼상25:29,(主)(主)(生命)(主)(生命)(主)(生命)
주 주 생명 주 생명 주 생명
(主)(怨讐)(生命)(
주 원수 생명

삼상25:30,(主)(對)(善)(主)(行)(主)(指導者)
주 대 선 주 행 주 지도자

삼상25:31,(主)(無罪)(主)(親)(報讐)(因)
주 무죄 주 친 보수 인
(主)(主)(厚待)(願)(主)(女)
주 주 후대 원 주 여

삼상25:32,(迎接(讚頌)
영접 찬송

삼상25:33,(智慧)(稱讚)(福)(親)(報讐)
지혜 칭찬 복 친 보수

삼상25:34,(害)(盟誓)(急)(迎接)(果然)(男子)
해 맹서 급 영접 과연 남자

삼상25:35,(平安)(請)(許諾)
평안 청 허락

삼상25:36,(王)(排設)大醉)(多少間)
왕 배설 대취 다소간

삼상25:37,(葡萄酒)(後(告)(落膽)
포도주 후 고 락담

삼상25:38,(後)
후

삼상25:39,(當)(辱)(伸雪)(惡)(讚頌)(惡行)
당 욕 신설 악 찬송 악행
(自己)
자기

삼상25:40,(使喚)(當身)(當身)
사환 당신 당신

삼상25:41,(主)(女)(主)(使喚)
주 여 주 사환

삼상25:42,(急)(處女)(使者)
급 처녀 사자

삼상25:43娶)(自己)
취 자기

撒母耳記上-(사무엘상)-第二十六章
살모이기상 제이십륙장

삼상26:1,(曠野)(山)
광야 산

삼상26:2,(荒蕪地)(擇)(三千)(荒蕪地)
황무지 택 삼천 황무지

삼상26:3,(曠野)(山)(陣)(荒蕪地)(自己)
광야 산 진 황무지 자기
(荒蕪地)
황무지

삼상26:4,(探偵)(果然)
탐정 과연

삼상26:5,(陣)(軍隊長官)(留)(陣)(百姓)(陣)
진 군대장관 유 진 백성 진

삼상26:6,(陣)
진

삼상26:7,(百姓)(陣(槍)(百姓)
백성 진 창 백성

삼상26:8,(當身)(怨讐)(當身)(請)(槍)
당신 원수 당신 청 창
(單番)(番)
단번 번

삼상26:9,(者)(罪)
자 죄

삼상26:10,(或)(或)(戰場)(亡)
혹 혹 전장 망

삼상26:11,(者)(禁)(槍)(瓶)
자 금 창 병

삼상26:12,(槍)(瓶)
창 병

삼상26:13,(便)(山)(相距)
편 산 상거

삼상26:14,(百姓)(對)(對答)對答)(王)
백성 대 대답 대답 왕

삼상26:15,(勇士)(中)(者)(主)(王)(保護)
용사 중 자 주 왕 보호
(百姓)(中)(主)(王)
백성 중 주 왕

삼상26:16,(行)(善)(主)(保護)(者)(王)(槍)
행 선 주 보호 자 왕 창
(王)(瓶)
왕 병

삼상26:17,(音聲)(音聲)(主)(王)(音聲)
음성 음성 주 왕 음성

삼상26:18,(主)(主)(惡)
주 주 악

삼상26:19,(請)(主)(王)(萬一)(王)(激動)(害)
청 주 왕 만일 왕 격동 해
(祭物)(願)(萬一)(人子)(詛呪)(神)
제물 원 만일 인자 저주 신
(基業)
기업

삼상26:20,(請)(山)(者)(王)벼(搜索)
청 산 자 왕 수색

삼상26:21,(犯罪)(生命)(貴重)(害(大端)
범죄 생명 귀중 해 대단

삼상26:22,(對答)(王)(槍)(少年)
대답 왕 창 소년

삼상26:23,(各)(義)(信實)(王)(者)(願)
각 의 신실 왕 자 원

삼상26:24,(王)(生命)(重)(生命)(重)(患難)(救)
왕 생명 중 생명 중 환난 구

삼상26:25,(福)(行)(勝利)(自己)(自己)
복 행 승리 자기 자기

撒母耳記上-(사무엘상)-第二十七章
살모이기상 제이십칠장

삼상27:1,(後日)(亡)(避)(上策)(境內)
후일 망 피 상책 경내
(搜索)(絶望)
수색 절망

삼상27:2,(六百人)(王)
육백인 왕

삼상27:3,(各其)(家族)(同居)(女子)(女子)
각기 가족 동거 녀자 녀자

삼상27:4,(逃亡)(或)(告)(搜索)
도망 혹 고 수색

삼상27:5,(當身)(恩惠)(地方)(城邑)(中)(居)
당신 은혜 지방 성읍 중 거
(當身)(當身)(王都)(居)
당신 당신 왕도 거

삼상27:6,(王)(屬)
왕 속

삼상27:7,(地方)(居)(數)(一年)
지방 거 수 일년

삼상27:8,(侵擄)(地方)(居民)
침노 지방 거민

삼상27:9,(男女(羊)(衣服)(取)
남녀 양 의복 취

삼상27:10,(侵擄(南方)(南方)(南方)
침노 남방 남방 남방

삼상27:11,(男女(對)(行)(地方)(居)(行)(習慣)
남녀 대 행 지방 거 행 습관

삼상27:12,(自己)(百姓)(甚)(永永)(使役者)
자기 백성 심 영영 사역자

撒母耳記上-(사무엘상)-第二十八章
살모이기상 제이십팔장

삼상28:1,(軍隊)(募集)(軍隊)(叄加)
군대 모집 군대 참가

삼상28:2,(當身)(行)(永永)(者)
당신 행 영영 자

삼상28:3,(哀哭)(本城)(葬事)(神接)(者)
애곡 본성 장사 신접 자

삼상28:4,(陣)(陣)
진 진

삼상28:5,(軍隊)(
군대

삼상28:6,(先知者)(對答)
선지자 대답

삼상28:7,(臣下)(爲)(神接)(女人)(臣下)
신하 위 신접 녀인 신하

(神接)(女人)
신접 녀인

삼상28:8,(變裝)(女人)(請)(爲)(神接)(術法)
변장 녀인 청 위 신접 술법

삼상28:9,(女人)(行)(神接)(者)(滅絶)(生命)
녀인 행 신접 자 멸절 생명

삼상28:10,(盟誓)(罰)(當)
맹서 벌 당

삼상28:11,(女人)
녀인

삼상28:12,(女人)(當身)(當身)
녀인 당신 당신

삼상28:13,(王)(女人)(神)
왕 녀인 신

삼상28:14,(貌樣)(老人)
모양 로인

삼상28:15,(紛擾)(對答)(甚)(窘急)(向)
분요 대답 심 군급 향

(軍隊)(先知者)(對答)(行)(當身)
군대 선지자 대답 행 당신

삼상28:16,(對敵)
대적

삼상28:17,(行)
행

삼상28:18,(順從)(震怒(行)
순종 진노 행

삼상28:19,(來日)(軍隊)
래일 군대

삼상28:20,(穩全)(因)(甚)(氣力)(盡)
온전 인 심 기력 진

(終日終夜)(食物)
종일종야 식물

삼상28:21,(女人)(甚)(苦痛)(女)(王)(生命)
녀인 심 고통 여 왕 생명

(王)(聽從)
왕 청종

삼상28:22,(請)(女)(王)(王)(氣力)
청 여 왕 왕 기력

삼상28:23,(拒絶)(臣下)(女人)(强勸)(寢床)
거절 신하 녀인 강권 침상

삼상28:24,(女人(急)(取)(無酵餠)
녀인 급 취 무효병

삼상28:25,(臣下)
신하

撒母耳記上-(사무엘상)-第二十九章
살모이기상 제이십구장

삼상29:1,(軍隊)(陣)
군대 진

삼상29:2,(長官)(數百)(數千)(領率)
장관 수백 수천 영솔

삼상29:3,(方伯)(方伯)(王)(臣下)(亡命)
방백 방백 왕 신하 망명

삼상29:4,(方伯)(怒)(方伯)(王)(定)(處所)
방백 노 방백 왕 정 처소

(戰場)(對敵)(和合)
전장 대적 화합

삼상29:5,(唱和)(者)(千千)(萬萬)
창화 자 천천 만만

삼상29:6,(正直)(惡)(軍中)(出入)(所見)(長官)
정직 악 군중 출입 소견 장관

삼상29:7,(平安)(長官)
평안 장관

삼상29:8,(當身)(當身)(主)(王)(怨讐)
당신 당신 주 왕 원수

삼상29:9,(對答)(目前)(使者)(善)(方伯)(戰場)
대답 목전 사자 선 방백 전장

삼상29:10,(主)(臣下)
주 신하

삼상29:11,(自己)
자기

撒母耳記上-(사무엘상)-第三十章
살모이기상 제삼십장

삼상30:1,(第)(三日)(南方)(侵擄)
제 삼일 남방 침노

삼상30:2,(大小)(女人)(自己)
대소 녀인 자기

삼상30:3,(城)(城)(自己)(子女)
성 성 자기 자녀

삼상30:4,(百姓)(氣力)
백성 기력

삼상30:5,(女人)
녀인

삼상30:6,(百姓)(各其)(子女)(爲)(窘急)(勇氣)
백성 각기 자녀 위 군급 용기

삼상30:7,(祭司長)(請)
제사장 청

삼상30:8,(軍隊)(對答)(丁寧)
군대 대답 정녕

삼상30:9,(六百名)(者)
육백명 자

삼상30:10,(疲困)(二百人)(四百人)
피곤 이백인 사백인

삼상30:12,(無花果)(乾葡萄)(精神)
무화과 건포도 정신

삼상30:13,(屬)(少年)(前)(病)(主人)
속 소년 전 병 주인

삼상30:14,(南方)(贖)(地方)(南方)(侵擄)
남방 속 지방 남방 침노

삼상30:15,(軍隊)(引導)(當身)(主人)(手中)
군대 인도 당신 주인 수중
(盟誓)(當身)(軍隊)(引導)
맹서 당신 군대 인도

삼상30:16,(引導)(遍滿)(奪取)(因)
인도 편만 탈취 인

삼상30:17,(逃亡)(少年)(四百名)(外)
도망 소년 사백명 외

삼상30:18,(取)(救援)
취 구원

삼상30:19,(奪取)(子女)(大小)(勿論)
탈취 자녀 대소 물론

삼상30:20,(羊)(奪取)(家畜)(奪取)
양 탈취 가축 탈취

삼상30:21,(已往)(疲困)(能)(自己)(二百人)
이왕 피곤 능 자기 이백인
(百姓)(迎接)(百姓)(問安)
백성 영접 백성 문안

삼상30:22,(者)(中)(惡)(者)(匪類)(物件)(各)
자 중 악 자 비류 물건 각
(妻子)
처자

삼상30:23,(兄弟)(保護)(軍隊)
형제 보호 군대

삼상30:24,(戰場)(者)(分)(所有物)(者)(分)
전장 자 분 소유물 자 분
(一般)(分配)
일반 분배

삼상30:25,(律例)(規例)
율례 규례

삼상30:26,(奪取)(親舊)(長老)(怨讐)(奪取)
탈취 친구 장로 원수 탈취
(膳賜)
선사

삼상30:27,(者)(南方)(者)(者)
자 남방 자 자

삼상30:28,(者)(者)(者)
자 자 자

삼상30:29,(者)(城邑)(者)(城邑)(者)
자 성읍 자 성읍 자

삼상30:30,(者)(山)(者)(者)(者)(往來)
자 산 자 자 자 왕래

撒母耳記上-(사무엘상)-第三十一章
살모이기상 제삼십일장

삼상31:1,(逃亡(山)
도망 산

삼상31:3,(敗戰)(者(者)(因)(重傷)
패전 자 자 인 중상

삼상31:4,(兵器)(者)(割禮)(者)(侮辱(兵器)
병기 자 할례 자 모욕 병기
(者)(甚)(行)(自己)(取)
자 심 행 자기 취

삼상31:5,(兵器)(者)(自己)(自己)
병기 자 자기 자기

삼상31:6,(兵器)(者)
병기 자

삼상31:7,(便)(便)(者)(逃亡)(城邑)(逃亡)(居)
편 편 자 도망 성읍 도망 거

삼상31:8,(者)(山)
자 산

삼상31:9,(甲)(自己)(神堂)(百姓)(傳播)(爲)
갑 자기 신당 백성 전파 위
(四方)
사방

삼상31:10,(甲(屍體)(城壁)
갑 시체 성벽

삼상31:11,(居民)(行)
거민 행

삼상31:12,(壯士)(屍體)(城壁)(取)
장사 시체 성벽 취

삼상31:13,(葬事)(七日)(禁食)
장사 칠일 금식

撒母耳記下-(사무엘하)-第一章
살모이기하 제일장

삼하1:1,(後)(屠戮)(留)
후 도륙 유

삼하1:2,(第)(三日)(陣)
제 삼일 진

삼하1:3,(對答)(陣)(逃亡)
대답 진 도망

삼하1:4,(告)(對答)(軍士)(戰爭)(中)(逃亡)
고 대답 군사 전쟁 중 도망

(中)(者)단
중 자

삼하1:5,(自己)(告)(少年)단아느
자기 고 소년

삼하1:6,(告)(少年)(偶然)(山)(自己)(槍)
고 소년 우연 산 자기 창

(依支)(兵車)(騎兵)(促急)
의지 병거 기병 촉급

삼하1:7,(對答)
대답

삼하1:8,(對答)
대답

삼하1:9,(完全)(苦痛)
완전 고통

삼하1:10,(後)(冕旒冠)(主)
후 면류관 주

삼하1:11,(自己)
자기

삼하1:12,(百姓)(族屬)(因)(禁食)
백성 족속 인 금식

삼하1:13,(告)(少年)(對答)(外國人)
고 소년 대답 외국인

삼하1:14,(者)
자

삼하1:15,(少年)(中)
소년 중

삼하1:16,(對)(證據)(者)
대 증거 자

삼하1:17,(祖上)
조상

삼하1:18,(命)(族屬)(冊)(記錄)
명 족속 책 기록

삼하1:19,(榮光)(山)(當)(嗚呼)(勇士)
영광 산 당 오호 용사

삼하1:20,(告)(傳播)(割禮)(者)(凱歌)(念慮)
고 전파 할례 자 개가 염려

삼하1:21,(山)(雨露)(祭物)(勇士)(防牌)(防牌)
산 우로 제물 용사 방패 방패

삼하1:22,(者)(勇士)
자 용사

삼하1:23,(生前)(者)(獅子)(强)
생전 자 사자 강

삼하1:24,(華麗)(金)
화려 금

삼하1:25,(嗚呼)(勇士)(戰爭)(中)(山)(當)
오호 용사 전쟁 중 산 당

삼하1:26,(兄)(哀痛)(甚)(奇異)(女人)(勝)
형 애통 심 기이 녀인 승

삼하1:27,(嗚呼)(勇士)(兵器)(亡)
오호 용사 병기 망

撒母耳記下-(사무엘하)-第二章
살모이기하 제이장

삼하2:1,(後)(城)
후 성

삼하2:2,(女人)
녀인

삼하2:3,(自己)(從者)(眷屬)(各)(城)(居)
자기 종자 권속 각 성 거

삼하2:4,(族屬)(王)(或)(告)(葬事)
족속 왕 혹 고 장사

삼하2:5,(使者)(主)(恩惠)(葬事)(福)
사자 주 은혜 장사 복

삼하2:6,(恩惠)(眞理)(願)(善)
은혜 진리 원 선

삼하2:7,(强)(膽大)(主)(族屬)(王)
강 담대 주 족속 왕

삼하2:8,(軍長)
군장

삼하2:9,(王)
왕

삼하2:10,(王)(四十歲)(族屬)
왕 사십세 족속

삼하2:11,(族屬)(王)(數)
족속 왕 수

삼하2:12,(臣僕)
신복

삼하2:13,(臣僕)(便)(便)
신복 편 편

삼하2:14,(請)(少年)
청 소년

삼하2:15,(數爻)(便)(臣僕)(中)
수효 편 신복 중

삼하2:16,(各其)(敵手)(敵手)(一齊)
각기 적수 적수 일제

삼하2:17,(甚)(猛烈)(臣僕)(敗)
심 맹렬 신복 패

삼하2:19,(左右)
좌우

삼하2:20,(對答)
대답

삼하2:21,(左便)(右便)(少年)(軍服)(願)
좌편 우편 소년 군복 원

삼하2:22,(兄)(對面)
형 대면

삼하2:23,(槍)(槍)(者)
창 창 자

삼하2:24,(便)(山)
편 산

삼하2:25,(族屬)(山)
족속 산

삼하2:26,(永永)(傷)(慘酷)(兄弟)(命)
영영 상 참혹 형제 명

삼하2:27,(兄弟)
형 제

삼하2:29,(從者)(行)
종 자 행

삼하2:30,(臣僕)(中)(十九人)(闕)
신 복 중 십 구 인 궐

삼하2:31,(臣僕)(贖)(者)(三百)(六十名)
신 복 속 자 삼 백 육 십 명

삼하2:32,(墓)(葬事)(從者)(行)
묘 장 사 종 자 행

撒母耳記下-(사무엘하)-第三章
살 모 이 기 하 제 삼 장

삼하3:1,(戰爭)(漸漸)(强)(漸漸)(弱)
전 쟁 점 점 강 점 점 약

삼하3:2,(女人)(所生)
녀 인 소 생

삼하3:3,(所生)(王)
소 생 왕

삼하3:5,(所生)(者)
소 생 자

삼하3:6,(戰爭)(漸漸)(權勢)
전 쟁 점 점 권 세

삼하3:7,(妾)(妾)(通姦)
첩 첩 통 간

삼하3:8,(忿)(當身)(兄弟)(親舊)(恩惠)
분 당 신 형 제 친 구 은 혜
(當身)(當身)(女人)(關)
당 신 당 신 녀 인 관

삼하3:9,(盟誓(罰)(罰)
맹 서 벌 벌

삼하3:10,(盟誓)(位)
맹 서 위

삼하3:11,(對答)
대 답

삼하3:12,(自己)(代身)(使者)(當身)(言約)
자 기 대 신 사 자 당 신 언 약
(當身)(當身
당 신 당 신

삼하3:13,(言約)(要求)(爲先)
언 약 요 구 위 선

삼하3:14,(使者)(妻)(前)(一百)(定婚)(者)
사 자 처 전 일 백 정 혼 자

삼하3:15,(男便)(取)
남 편 취

삼하3:16,(男便)
남 편

삼하3:17,(長老)(番)(求)
장 로 번 구

삼하3:18,(對)(百姓)(救援)對敵)
대 백 성 구 원 대 적

삼하3:19,(善)(告)
선 고

삼하3:20,(從者)(二十人)(爲)(排設)
종 자 이 십 인 위 배 설

삼하3:21,(告)(主)(王)(言約)(願)(平安)
고 주 왕 언 약 원 평 안

삼하3:22,(臣僕)(敵軍)(擄掠)(物件)(平安)
신 복 적 군 노 약 물 건 평 안

삼하3:23,(軍士)(或)(告)(王)(王)(平安)
군 사 혹 고 왕 왕 평 안

삼하3:24,(王)(王)(
왕 왕

삼하3:25,(王)(王)(王)(出入)
왕 왕 왕 출 입

삼하3:26,(使者)
사 자

삼하3:27,(從容)(城門)(自己)(同生)(因)
종 용 성 문 자 기 동 생 인

삼하3:28,(後)(對)(永遠)(無罪)
후 대 영 원 무 죄

삼하3:29,(罪)(白濁病者)(病者)(依支)(者)
죄 백 탁 병 자 병 자 의 지 자
(者)(糧食)(乏絶)(者)
자 량 식 핍 절 자

삼하3:30,(同生)(戰爭)(自己)(同生)(
동 생 전 쟁 자 기 동 생

삼하3:31,(自己)(百姓)(哀痛)(王)(喪輿)
자 기 백 성 애 통 왕 상 여

삼하3:32,(葬事)(百姓)
장 사 백 성

삼하3:33,(王)(爲)(哀歌)(者)
왕 위 애 가 자

삼하3:34,(結縛)(着錮)(不義)(子息)(百姓)
결 박 착 고 불 의 자 식 백 성

삼하3:35,(夕陽(百姓)(飮食)(勸)(盟誓)
석 양 백 성 음 식 권 맹 서
(前)(罰)(罰)
전 벌 벌

삼하3:36,(百姓)(王)
백 성 왕

삼하3:37,(百姓)(王)
백 성 왕

삼하3:38,(王)(臣僕)(方伯)大人)
왕 신 복 방 백 대 인

삼하3:39,(王)(弱)(制馭)(惡行)(者)(惡)
왕 약 제 어 악 행 자 악

撒母耳記下-(사무엘하)-第四章
살 모 이 기 하 제 사 장

삼하4:1,(脈)
맥

삼하4:2,(軍長)(族屬)(支派)(屬)
군 장 족 속 지 파 속

삼하4:3,(逃亡)(寓居)
도 망 우 거

삼하4:4,(前)(消息)(乳母)(逃亡)(急)(逃亡)
전 소 식 유 모 도 망 급 도 망

삼하4:5,(行)
행

삼하4:6,(兄弟)(逃亡)
형 제 도 망

삼하4:7,(寢室)(床(行)
침 실 상 행

삼하4:8,(王)(告)(王)(生命)(害)(怨讐)(主)
왕 고 왕 생명 해 원수 주
(王)(怨讐)(子孫)
왕 원수 자손
삼하4:9,(兄弟)(對答)(生命)(患難)(盟誓)
형제 대답 생명 환난 맹서
삼하4:10,(前)(告)(消息)(傳)(寄別)
전 고 소식 전 기별
삼하4:11,(惡人)(義人)(寢床)(罪)
악인 의인 침상 죄
삼하4:12,(少年)(命)(手足)(葬事)
소년 명 수족 장사

撒母耳記下-(사무엘하)-第五章
살모이기하 제오장

삼하5:1,(支派)(王)(骨肉)
지파 왕 골육
삼하5:2,(前日)(王)(出入)(者)(王)(王)
전일 왕 출입 자 왕 왕
(百姓)(牧者)(主權者)
백성 목자 주권자
삼하5:3,(長老)(王)(王)(言約)(王)
장로 왕 왕 언약 왕
삼하5:4,(三十歲)(四十年)
삼십세 사십년
삼하5:5,(七年)(六個月)(三十)(三年)
칠년 육개월 삼십 삼년
삼하5:6,(王)(從者)(居民)
왕 종자 거민
삼하5:7,(山城)(城)
산성 성
삼하5:8,(水口)(俗談)
수구 속담
삼하5:9,(山城)(居)(城)(城)
산성 거 성 성
삼하5:10,(萬軍)(漸漸)(强盛)
만군 점점 강성
삼하5:11,(王)(使者)(柏香木)(木手)(石手)(爲)
왕 사자 백향목 목수 석수 위
삼하5:12,(自己)(王)(百姓)(爲)
자기 왕 백성 위
삼하5:13,(後)(妻妾)(取)
후 처첩 취
삼하5:14,(者)
자
산하5:17,(王)(要害處)
왕 요해처
삼하5:18,(遍滿)
편만
삼하5:19,(斷定)
단정
삼하5:20,(對敵)(稱)
대적 칭
삼하5:21,(偶像)(從者)
우상 종자
삼하5:22,(遍滿)
편만
삼하5:23,(便)(掩襲)
편 엄습
삼하5:24,(動作)(軍隊)
동작 군대
삼하5:25,(命)(行)
명 행

撒母耳記下-(사무엘하)-第六章
살모이기하 제륙장

삼하6:1,(三萬)
삼만
삼하6:2,(櫃)(櫃)(座定)(萬軍)
궤 궤 좌정 만군
삼하6:3,(櫃)(山)
궤 산
삼하6:4,(山)(櫃)(櫃)(行)
산 궤 궤 행
삼하6:5,(族屬)(樂器)(竪琴)(琵琶)(小鼓)
족속 악기 수금 비파 소고
(洋琴)(提琴)(奏樂)
양금 제금 주악
삼하6:6,(打作)(櫃)
타작 궤
삼하6:7,(因)(震怒)(櫃)
인 진노 궤
삼하6:8,(衝突)(忿)(稱)
충돌 분 칭
삼하6:9,(櫃)
궤
삼하6:10,(櫃)(城)(自己)
궤 성 자기
삼하6:11,(櫃)(福)
궤 복
삼하6:12,(或)(王)(告)(櫃)(因)(所有)(福)
혹 왕 고 궤 인 소유 복
(櫃)(城)
궤 성
삼하6:13,(櫃)(行)(祭祀)
궤 행 제사
삼하6:15,(族屬)(櫃)
족속 궤
삼하6:16,(櫃)(城)(窓)(王)(心中)
궤 성 창 왕 심중
삼하6:17,(櫃)(爲)(帳幕)(豫備)(燔祭)(和睦祭)
궤 위 장막 예비 번제 화목제
심하6:18,(燔祭)(和睦祭)(萬軍)(百姓)(祝福)
번제 화목제 만군 백성 축복
삼하6:19,(百姓)(無論)(男女)(個)(乾葡萄)
백성 무론 남녀 개 건포도
(百姓)(各其)
백성 각기
삼하6:20,(自己)(家族)(祝福)(王)(榮華)
자기 가족 축복 왕 영화
(放蕩)(者)(廉恥)(自己)(臣僕)
방탕 자 렴치 자기 신복
삼하6:21,(擇)(百姓)(主權者)
택 백성 주권자

삼하6:22,(賤)
천

삼하6:23,(子息)
자식

撒母耳記下-(사무엘하)-第七章
살모이기하 제칠장

삼하7:1,(四方)(對敵)(破)(王)(宮)(平安)(居)
사방 대적 파 왕 궁 평안 거

삼하7:2,(王)(先知者)(柏香木宮)(居)(櫃)
왕 선지자 백향목궁 거 궤
(揮帳)
휘장

삼하7:3,(王)(告)(王)(行)
왕 고 왕 행

삼하7:4,(臨)
임

삼하7:5,(爲)(居)(建築)
위 거 건축

삼하7:6,(子孫)(引導)(居)(帳幕)(會幕)(居)(行)
자손 인도 거 장막 회막 거 행

삼하7:7,(子孫)(行)(百姓)(命)(支派)(爲)
자손 행 백성 명 지파 위
(柏香木)(建築)
백향목 건축

삼하7:8,(萬軍)(牧場)(羊)(取)(百姓)(主權者)
만군 목장 양 취 백성 주권자

삼하7:9,(對敵)(滅)(世上)(尊貴)(者)(尊貴)
대적 멸 세상 존귀 자 존귀

삼하7:10,(百姓)(爲)(定)(自己)(居)(惡)(類)
백성 위 정 자기 거 악 유
(前)(害)
전 해

삼하7:11,(前)(士師)(命)(百姓)(對敵)
전 사사 명 백성 대적
(平安)(爲)
평안 위

삼하7:12,(壽限)(祖上)(子息)(堅固)
수한 조상 자식 견고

삼하7:13,(爲)(建築)(位)(永遠)(堅固)
위 건축 위 영원 견고

삼하7:14,(萬一)(罪)(犯)(人生)(懲戒)
만일 죄 범 인생 징계

삼하7:15,(廢)(恩寵)
폐 은총

삼하7:16,(永遠)(保全)(永遠)(堅固)
영원 보전 영원 견고

삼하7:17,(默示)(告)
묵시 고

삼하7:18,(王)(主)
왕 주

삼하7:19,(主)(主)(永久)(主)(人間)(規例)
주 주 영구 주 인간 규례

삼하7:20,(主)(主)
주 주

삼하7:21,(主)(因)(主)(行)(主)
주 인 주 행 주

삼하7:22,(主)(廣大)(主)(主)(外)(神)
주 광대 주 주 외 신

삼하7:23,(主)(百姓)(救贖)(自己)(百姓)
주 백성 구속 자기 백성
(主)(名聲)(爲)(主)(爲)(列國)
주 명성 위 주 위 열국
(神)(救贖)(百姓)(行)
신 구속 백성 행

삼하7:24,(主)(主)(百姓)(永遠)(主)(百姓)(主)
주 주 백성 영원 주 백성 주

삼하7:25,(主)(對)(永遠)(確實行)
주 대 영원 확실행

삼하7:26,(永遠)(主)(萬軍)(主)(主)(堅固)
영원 주 만군 주 주 견고

삼하7:27,(萬軍)(主)(爲)(故)(主)(祈禱)(求)
만군 주 위 고 주 기도 구

삼하7:28,(主)(主)(主)(許諾)
주 주 주 허락

삼하7:29,(請)(福)(主)(永遠)(主)(主)
청 복 주 영원 주 주
(恩惠)(永遠)(福)
은혜 영원 복

撒母耳記下-(사무엘하)-第八章
살모이기하 제팔장

삼하8:1,(後)(降服)
후 항복

삼하8:2,(朝貢)
조공

삼하8:3,(王)(自己)(權勢)(恢復)(江)
왕 자기 권세 회복 강

삼하8:4,(馬兵)(一千)(七百)(步兵)(二萬)
마병 일천 칠백 보병 이만
(兵車)(一百乘)(兵車)
병거 일백승 병거

삼하8:5,(王)(二萬)(二千)
왕 이만 이천

삼하8:6,(守備隊)(朝貢)
수비대 조공

삼하8:7,(臣僕)(金防牌)
신복 금방패

삼하8:9,(王)(軍隊)(破)
왕 군대 파

삼하8:10,(王)(問安)(祝福)(戰爭)(銀)(金)
왕 문안 축복 전쟁 은 금

삼하8:11,(王)(征服)(銀金)
왕 정복 은금

삼하8:12,(子孫)(王)(擄掠)
자손 왕 노약

삼하8:13,(鹽谷)(一萬)(八千)(名譽)
염곡 일만 팔천 명예

삼하8:14,(守備隊)(守備隊)
수비대 수비대

삼하8:15,(百姓)(公)(義)(行)
백성 공 의 행

삼하8:16,(軍隊長官)(史官)
군대장관 사관

삼하8:17,(祭司長)(書記官)
제 사 장 서 기 관

삼하8:18,(管轄)(大臣)
관 할 대 신

撒母耳記下-(사무엘하)-第九章
살 모 이 기 하 제 구 장

삼하9:1,(因)(恩寵)
인 은 총

삼하9:2,(王)(
왕

삼하9:3,(王)恩寵)(王)(告)
왕 은 총 왕 고

삼하9:4,(王)(王)(告)
왕 왕 고

삼하9:5,(王)
왕

삼하9:6,(孫子)(對答)(主)
손 자 대 답 주

삼하9:7,(因)(恩寵)(祖父)(恒常)(床)
인 은 총 조 부 항 상 상

삼하9:8,(王)
왕

삼하9:9,(王)(使喚)(贖)(主人)
왕 사 환 속 주 인

삼하9:10,(爲)(主人)(供饋)(主人)(恒常)(床)
위 주 인 공 궤 주 인 항 상 상

삼하9:11,(王)(告)(主)(王)(命)(遵行)(王子)
왕 고 주 왕 명 준 행 왕 자
(中)(王)(床)
중 왕 상

삼하9:12,(居)(者)
거 자

삼하9:13,(恒常)(王)(床)(居)
항 상 왕 상 거

撒母耳記下-(사무엘하)-第十章
살 모 이 기 하 제 십 장

삼하10:1,(後)(子孫)(王)(代身)(王)
후 자 손 왕 대 신 왕

삼하10:2,(恩寵)(恩寵)(臣僕)(命)(弔喪)
은 총 은 총 신 복 명 조 상
(臣僕)(子孫)
신 복 자 손

삼하10:3,(子孫)(方伯)(主(告)(王)(弔客)(王)
자 손 방 백 주 고 왕 조 객 왕
(父親)(恭敬)(臣僕)(城)(探知)(陷落)
부 친 공 경 신 복 성 탐 지 함 락

삼하10:4,(臣僕)(鬚髥)(折半)(衣服)
신 복 수 염 절 반 의 복

삼하10:5,(或)(告)(王)(鬚髥)
혹 고 왕 수 염

삼하10:6,(子孫)(自己)(步兵)(二萬)(王)
자 손 자 기 보 병 이 만 왕
(一千)(一萬)(二千)(雇用)
일 천 일 만 이 천 고 용

삼하10:7,(勇士)
용 사

삼하10:8,(子孫)(城門)(陣)
자 손 성 문 진

삼하10:9,(敵陣)(者)(中)(對)(陣)
적 진 자 중 대 진

삼하10:10,(手下)(子孫)(對)(陣)
수 하 자 손 대 진

삼하10:11,(萬一)(强)(萬一)(子孫)(强)
만 일 강 만 일 자 손 강

삼하10:12,(膽大)(百姓)(城邑)(爲)(膽大)
담 대 백 성 성 읍 위 담 대
(善)(行)(願)
선 행 원

삼하10:13,(從者)(向)(逃亡)
종 자 향 도 망

삼하10:14,(子孫)(逃亡)(逃亡)(城)(子孫)
자 손 도 망 도 망 성 자 손

삼하10:15,(自己)(敗)
자 기 패

삼하10:16,(江)(便)(軍隊長官)
강 편 군 대 장 관

삼하10:17,(或)(告)(向)(陣)
혹 고 향 진

삼하10:18,(逃亡)(兵車)(七百乘)(馬兵)
도 망 병 거 칠 백 승 마 병
(四萬)(軍隊長官)
사 만 군 대 장 관

삼하10:19,(贖)(王)(自己)(敗)(和親)(子孫)
속 왕 자 기 패 화 친 자 손

撒母耳記下-(사무엘하)-第十一章
살 모 이 기 하 제 십 일 장

삼하11:1,(王)(出戰)(臣僕)(軍隊)(子孫)(滅)
왕 출 전 신 복 군 대 자 손 멸

삼하11:2,(寢床)(王宮)(女人)(沐浴(甚)
침 상 왕 궁 녀 인 목 욕 심

삼하11:3,(女人)(告)
녀 인 고

삼하11:4,(使者)(自己)(不淨)(同寢)(自己)
사 자 자 기 부 정 동 침 자 기

삼하11:5,(女人)(孕胎)(告)(孕胎)
녀 인 잉 태 고 잉 태

삼하11:6,(寄別)(
기 별

삼하11:7,(安否)(軍士)(安否)
안 부 군 사 안 부

삼하11:8,(王宮)(王)(食物)
왕 궁 왕 식 물

삼하11:9,(王宮)(門)(主)(臣僕)
왕 궁 문 주 신 복

삼하11:10,(或)(告)
혹 고

삼하11:11,(告)(言約櫃)(營寨)(留)(主)(王)
고 언 약 궤 영 채 유 주 왕
(臣僕)(留陣)(妻)(行)(王)(王)(魂)
신 복 유 진 처 행 왕 왕 혼
(盟誓)
맹 서

삼하11:12,(來日)(留)
래 일 유

삼하11:13,(取)(主)(臣僕)(寢床)
취 주 신복 침상

삼하11:14,(便紙)
편 지

삼하11:15,(便紙)(猛烈)
편 지 맹 렬

삼하11:16,(城(勇士)
성 용 사

삼하11:17,(城)(臣僕)(中)(
성 신 복 중

삼하11:18,(戰爭)
전 쟁

삼하11:19,(使者)(命)(戰爭)(王)(告)(後)
사 자 명 전 쟁 왕 고 후

삼하11:20,(或時)(王)(怒)(城)(城)쏼
혹 시 왕 노 성 성

삼하11:21,(者)(女人)(城)(城)(王)(
자 녀 인 성 성 왕

삼하11:22,(使者)(告)
사 자 고

삼하11:23,(勝)(向)(故)(城門)
승 향 고 성 문

삼하11:24,(者)(城)(王)(臣僕)(向)(王)(臣僕)
자 성 왕 신 복 향 왕 신 복
(中)(王)
중 왕

삼하11:25,(使者)(城)(向)(陷落)(膽大)
사 자 성 향 함 락 담 대

삼하11:26,(妻)(男便)(號哭)
처 남 편 호 곡

삼하11:27,(葬事)(宮)(妻)(所爲)(惡)
장 사 궁 처 소 위 악

撒母耳記下-(사무엘하)-第十二章
살 모 이 기 하 제 십 이 장

삼상12:1,(城)(富)
성 부

삼상12:2,(富)(者)(羊)(甚)
부 자 양 심

삼하12:3,(者)(自己)(羊)(羊)(子息)(盞)
자 자 기 양 양 자 식 잔

삼하12:4行人)(富者)(富者)(自己)(羊)
행 인 부 자 부 자 자 기 양
(自己)行人)(爲)(羊)(自己)(爲)
자 기 행 인 위 양 자 기 위

삼하12:5,(怒)(盟誓)(行)(者)
노 맹 서 행 자

삼하12:6,(行)(羊)(四倍)
행 양 사 배

삼하12:7,(當身)(王)(爲)(救援)
당 신 왕 위 구 원

삼하12:8,(主人)(主人)(妻)(族屬)(萬一)(不足)
주 인 주 인 처 족 속 만 일 부 족

삼하12:9,(惡)(行)(子孫)(妻)(妻)
악 행 자 손 처 처

삼하12:10,(妻)(妻)(永永)
처 처 영 영

삼하12:11,(災禍)(妻)(白晝)(同寢)
재 화 처 백 주 동 침

삼하12:12,(隱密)(行)(白晝)(行)
은 밀 행 백 주 행

삼하12:13,(罪)(犯)(對答)(當身)(罪)(赦)(當身)
죄 범 대 답 당 신 죄 사 당 신

삼하12:14,(因)(怨讐)(毁謗)(當身)(丁寧)
인 원 수 훼 방 당 신 정 녕

삼하12:15,(自己)(妻)(甚)
자 기 처 심

삼하12:16,(爲)(懇求)(禁食)
위 간 구 금 식

삼하12:17,(者)(王)
자 왕

삼하12:18,(臣僕)(王)(告)(王)(告)(王)(毁傷)
신 복 왕 고 왕 고 왕 훼 상

삼하12:19,(臣僕)(臣僕)(對答)
신 복 신 복 대 답

삼하12:20,(衣服)(殿)(敬拜)(宮)(命)(飮食)
의 복 전 경 배 궁 명 음 식

삼하12:21,(臣僕)(王)(爲)(禁食)(後)
신 복 왕 위 금 식 후

삼하12:22,(禁食)(或時)
금 식 혹 시

삼하12:23,(時方)(禁食)
시 방 금 식

삼하12:24,(妻)(慰勞)(同寢)
처 위 로 동 침

삼하12:25,(先知者)(因)
선 지 자 인

삼하12:26,(子孫)(王城)(取)
자 손 왕 성 취

삼하12:27,(使者)(城)(取)
사 자 성 취

삼하12:28,(王)(軍士)(陣)(城)(取)(城)(取)(城)
왕 군 사 진 성 취 성 취 성

삼하12:29,(軍士)(取)
군 사 취

삼하12:30,(王)(寶石)(冕旒冠)(取)(重量)
왕 보 석 면 류 관 취 중 량
(金)(城)(擄掠)(物件)(無數)
금 성 노 약 물 건 무 수

삼하12:31,(百姓)(子孫)(城)(百姓)
백 성 자 손 성 백 성

撒母耳記下-(사무엘하)-第十三章
살 모 이 기 하 제 십 삼 장

삼하13:1,(後)(戀愛)
후 연 애

삼하13:2,(處女)(因)(心火)(病)
처 녀 인 심 화 병

삼하13:3,(親舊)(兄)(甚)(奸巧)(者)
친 구 형 심 간 교 자

삼하13:4,(王子)(告)(戀愛)
왕 자 고 연 애

삼하13:5,(寢床)(病(父親)(請)(食物)(食物
침상 병 부친 청 식물 식물

삼하13:6,(病)(王)(王)(告)(請)(菓子)(個)
병 왕 왕 고 청 과자 개

삼하13:7,(爲)(飮食)
위 음식

삼하13:8,(菓子)(菓子)
과자 과자

삼하13:10,(食物)(寢室)(自己)(菓子)(寢室)
식물 침실 자기 과자 침실

삼하13:11,(同寢)
동침

삼하13:12,(對答)(辱)(行)(怪惡)(行)
대답 욕 행 괴악 행

삼하13:13,(羞恥)(怪惡)(者)(中)(請)(王)(拒絶)
수치 괴악 자 중 청 왕 거절

삼하13:14,(臆志)(同寢)
억지 동침

삼하13:15,(甚)(已往)(戀愛)(戀愛)
심 이왕 연애 연애

삼하13:16,(可)(惡)(行)(惡)
가 악 행 악

삼하13:17,(門)
문

삼하13:18,(下人)(門)(彩色)(出嫁)(公主)
하인 문 채색 출가 공주
(丹粧)(法)
단장 법

삼하13:19,(彩色)
채색

삼하13:20,(時方)(潛潛)(因)(凄凉)
시방 잠잠 인 처량

삼하13:21,(王)(甚)(怒)
왕 심 노

삼하13:22,(辱)(是非間)
욕 시비간

삼하13:23,(二週年)(後)(羊)(王)(請)
이주년 후 양 왕 청

삼하13:24,(王)(羊)(請)(王)(臣僕)
왕 양 청 왕 신복

삼하13:25,(王)(累)(懇請)(爲)(福)
왕 누 간청 위 복

삼하13:26,(請)(兄)(王)
청 형 왕

삼하13:27,(懇請)(王)(王)
간청 왕 왕

삼하13:28,(使喚)(吩咐)(仔細)(命)(膽大)
사환 분부 자세 명 담대
(勇猛)
용맹

삼하13:29,(使喚)(吩咐)(行)(王)(各其)(逃亡)
사환 분부 행 왕 각기 도망

삼하13:30,(王)(所聞)
왕 소문

삼하13:31,(王)(臣僕)
왕 신복

삼하13:32,(兄)(告)(主)(少年)(王子)(當)(辱)
형 고 주 소년 왕자 당 욕
(決心)
결심

삼하13:33,(主)(王)(王子)(掛念)
주 왕 왕자 괘념

삼하13:34,(逃亡)(把守)(少年)(山)
도망 파수 소년 산

삼하13:35,(王)(告)(王子)
왕 고 왕자

삼하13:36,(王子)(大聲痛哭)(王)(臣僕)
왕자 대성통곡 왕 신복
(甚)(痛哭)
심 통곡

삼하13:37,(逃亡)(王)(因)
도망 왕 인

삼하13:38,(逃亡)(居)(三年)
도망 거 삼년

삼하13:39,(王)(向)(懇切)(王)(慰勞)
왕 향 간절 왕 위로

撒母耳記下-(사무엘하)-第十四章
살 모 이 기 하 제십사장

삼하14:1,(王)(向)
왕 향

삼하14:2,(女人)(請)(喪主)(喪服)(爲)(女人)
녀인 청 상주 상복 위 녀인

삼하14:3,(王)(如此如此)
왕 여차여차

삼하14:4,(女人)(王)(王)
녀인 왕 왕

삼하14:5,(王)對答)(寡婦)(男便)
왕 대답 과부 남편

삼하14:7,(族屬)(王)(逼迫)(同生)(者)
족속 왕 핍박 동생 자
(同生)(罪)(嗣子(男便)(世上)
동생 죄 사자 남편 세상

삼하14:8,(王)(女人)(爲)(命令)
왕 녀인 위 명령

삼하14:9,(女人)(王)(告)(主)(王)(罪)(王)(王位)
녀인 왕 고 주 왕 죄 왕 왕위

삼하14:10,(王)(者)
왕 자

삼하14:11,(女人)(請)(王)(王)(怨讐)(者)
녀인 청 왕 왕 원수 자
(王)(盟誓)
왕 맹서

삼하14:12,(女人)(請)(容納)(主)(土)줍
녀인 청 용납 주 왕

삼하14:13,(女人)(王)(百姓)(對)(圖謀)(王)
녀인 왕 백성 대 도모 왕
(罪)(者)
죄 자

삼하14:14,(畢竟)(生命)(方策)(者)(者)
필경 생명 방책 자 자

삼하14:15,(主)(王)줍(百姓)(王)주(或時)
주 왕 백성 왕 혹시
(請)(施行)
청 시행

삼하14:16,(王)(產業)(者)(救援)
왕 산업 자 구원

삼하14:17,(主)(王)(慰勞)(願)(主)(王)(使者)
주 왕 위로 원 주 왕 사자
(善)(惡)(分揀)(願)(王)(王)
선 악 분간 원 왕 왕

삼하14:18,(王)(女人)(對答)(女人)(主)(王)
왕 녀인 대답 녀인 주 왕

삼하14:19,(王)(女人)(對答)(主)(王)(盟誓)
왕 녀인 대답 주 왕 맹서
(主)(王)(左右)(者)(王)(命)(王)
주 왕 좌우 자 왕 명 왕

삼하14:20,(王)(形便)(變)(主)(王)(智慧)
왕 형편 변 주 왕 지혜
(使者)(智慧)
사자 지혜

삼하14:21,(王)(許諾)(少年)
왕 허락 소년

삼하14:22,(王)(爲)(福)(主)(王)(求)(許諾)
왕 위 복 주 왕 구 허락
(王)(恩惠)
왕 은혜

삼하14:24,(王)(自己)(王)
왕 자기 왕

삼하14:25,(稱讚)(者)(頂)(欠)
칭찬 자 정 흠

삼하14:26,(年末)(王)(二百)
연말 왕 이백

삼하14:27,(女子)
녀자

삼하14:28,(王)
왕

삼하14:29,(王)
왕

삼하14:30,(近處)
근처

삼하14:32,(對答)(請)(王)(告)(王)(萬一)
대답 청 왕 고 왕 만일
(罪)(王)(可)
죄 왕 가

삼하14:33,(王)(告)(王)(王)(王)
왕 고 왕 왕 왕

撒母耳記下-(사무엘하)-第十五章
살 모 이 기 하 제 십 오 장

삼하15:1,(後)(自己)(爲)(兵車)(準備)
후 자기 위 병거 준비
(前陪)(五十名)
전배 오십명

삼하15:2,(城門)(訟事)(王)(裁判)(請)
성문 송사 왕 재판 청
(城)(對答)(支派)(屬)
성 대답 지파 속

삼하15:3,(訟事)(王)
송사 왕

삼하15:4,(裁判官)(訟事)(裁判)(者)
재판관 송사 재판 자
(公義)(願)
공의 원

삼하15:6,(中)(王)(裁判)(請)(者)(行)(盜賊)
중 왕 재판 청 자 행 도적

삼하15:7,(四年)(王)(告)(誓願)(請)(誓願)
사년 왕 고 서원 청 서원

삼하15:8,(誓願)(萬一)
서원 만일

삼하15:9,(王)(平安)
왕 평안

삼하15:10,(偵探)(支派)(王)
정탐 지파 왕

삼하15:11,(請)(二百名)(事機)
청 이백명 사기

삼하15:12,(祭祀)(謀士)(城邑)(請)(叛逆)
제사 모사 성읍 청 반역
(百姓)
백성

삼하15:13,(使者)(告)(人心)
사자 고 인심

삼하15:14,(臣僕)(逃亡)(避)(急)(害)(城
신복 도망 피 급 해 성

삼하15:15,(王)(臣僕)(王)(告)(主)(王)(行)
왕 신복 왕 고 주 왕 행

삼하15:16,(王)(眷屬)(後宮)(名)(宮)
왕 권속 후궁 명 궁

삼하15:17,(王)(百姓)(
왕 백성

삼하15:18,(臣僕)(王)(六百人)(王)(進行)
신복 왕 육백인 왕 진행

삼하15:19,(王)(王)
왕 왕

삼하15:20,(定處)(流離)(同胞)(恩惠)
정처 유리 동포 은혜
(眞理)(願)
진리 원

삼하15:21,(王)(對答)(主)(王)(盟誓)(眞實)
왕 대답 주 왕 맹서 진실
(主)(王)(無論)(死生)
주 왕 무론 사생

삼하15:22,(從者)
종자

삼하15:23,(大聲痛哭)(人民)(王)(百姓)
대성통곡 인민 왕 백성
(曠野)(向)
광야 향

삼하15:24,(言約櫃)(百姓)(城)
언약궤 백성 성

삼하15:25,(王)(櫃)(城)(萬一)(恩惠)(引導)(櫃)
왕 궤 성 만일 은혜 인도 궤

삼하15:26,(善)(行)
선 행

삼하15:27,(王)(祭司長)(先見者)(平安)(城)
왕 제사장 선견자 평안 성

삼하15:28,(告)(寄別)(曠野)
고 기별 광야

삼하15:29,(櫃)(留)
궤 유

삼하15:30,(橄欖山)(行)(百姓)(各各)
감람산 행 백성 각각

삼하15:31,(或)(告)(謀叛)(者)(願謀略)
혹 고 모반 자 원모략

삼하15:32,(敬拜)
경배

삼하15:33,(萬一)(累)
만일 누

삼하15:34,(萬一)(城)(王)(王)(已往)(王)
만일 성 왕 왕 이왕 왕
(父親)(王)(爲)(謀略)(敗)
부친 왕 위 모략 패

삼하15:35,(祭司長)(宮中)(祭司長)(告)
제사장 궁중 제사장 고

삼하15:36便)(寄別)
편 기별

삼하15:37,(親舊)(城)
친구 성

撒母耳記下-(사무엘하)-第十六章
살모이기하 제십륙장

삼하16:1,(使喚)(鞍裝)(二百)(乾葡萄)(一百)
사환 안장 이백 건포도 일백
(實果)(一百)(葡萄酒)(負袋)
실과 일백 포도주 부대

삼하16:2,(王)(王)(眷屬)(實果)(少年)(葡萄酒)
왕 왕 권속 실과 소년 포도주
(困憊)(者)
곤비 자

삼하16:3,(王)(主人)(王)(告)(族屬)
왕 주인 왕 고 족속

삼하16:4,(王)(主)(王)(王)(恩惠)
왕 주 왕 왕 은혜

삼하16:5,(王)(族屬)(連)(詛呪)
왕 족속 연 저주

삼하16:6,(王)(臣僕)(向)(百姓)(勇士)(王)
왕 신복 향 백성 용사 왕
(左右)
좌우

삼하16:7,(詛呪)(者)(鄙陋)(者)
저주 자 비루 자

삼하16:8,(族屬)(代身)(王)(者)(故)(禍)(自取)
족속 대신 왕 자 고 화 자취

삼하16:9,(王)(主)(王)(詛呪)(請)
왕 주 왕 저주 청

삼하16:10,(王)(相關)(詛呪)(詛呪)(者)
왕 상관 저주 저주 자

삼하16:11,(臣僕)(生命)(害)(命)(詛呪)
신복 생명 해 명 저주

삼하16:12,(或時)(寃痛)(鑑察)(詛呪)(善)
혹시 원통 감찰 저주 선

삼하16:13,(山)(詛呪)(向)
산 저주 향

삼하16:14,(王)(百姓)(困憊)
왕 백성 곤비

삼하16:15,(百姓)
백성

삼하16:16,(親舊)(王)(萬歲)(王)(萬歲
친구 왕 만세 왕 만세

삼하16:17,(親舊)(厚待)(親舊)
친구 후대 친구

삼하16:18,(百姓)(擇)(者)(屬)(居)
백성 택 자 속 거

삼하16:19,(前)(王)(王)
전 왕 왕

삼하16:20,(行)(謀略)
행 모략

삼하16:21,(王)(宮)(後宮)(同寢)(王)(王)
왕 궁 후궁 동침 왕 왕
(父親)(王)(强)
부친 왕 강

삼하16:22,(爲)(帳幕)(父親)(後宮)(同寢)
위 장막 부친 후궁 동침

삼하16:23,(謀略)(一般)(謀略)
모략 일반 모략

撒母耳記下-(사무엘하)-第十七章
살모이기하 제십칠장

삼하17:1,(一萬)(二千)(擇)
일만 이천 택

삼하17:2,(困)(掩襲)(百姓)(逃亡)(王)
곤 엄습 백성 도망 왕

삼하17:3,(百姓)(王)(王)(百姓)(平安)
백성 왕 왕 백성 평안

삼하17:4,(長老)
장로

삼하17:6,(如此如此)(行)
여차여차 행

삼하17:7,(謀略)(善)
모략 선

삼하17:8,(王)(王)(父親)(從者)(勇士)(激忿)
왕 왕 부친 종자 용사 격분
(王)(父親)(兵虹)(百姓)
왕 부친 병홍 백성

삼하17:9,(窟)(或)(中)(所聞)(者)(者)(敗)(當)
굴 혹 중 소문 자 자 패 당

삼하17:10,(勇敢)(獅子)(者)(沮喪)(王)(父親)
용감 사자 자 저상 왕 부친
(英雄)(從者)(勇士)
영웅 종자 용사

삼하17:11,(謀略)(王)(親)(戰場)
모략 왕 친 전장

삼하17:12,(掩襲)
엄습

삼하17:13,(萬一)(城)(城)(江)
만일 성 성 강

삼하17:14,(謀略)(謀略)(禍)(謀略)(破)(作定)
모략 모략 화 모략 파 작정

삼하17:15,(祭司長)(長老)(如此如此)(謀略)
제사장 장로 여차여차 모략
(如此如此)(謀略)
여차여차 모략

삼하17:16,(告)(曠野)(或時)(王)(者)(沒死
고 광야 혹시 왕 자 몰사

삼하17:17,(敢)(城)(告)(告)
감 성 고 고

삼하17:18,(少年)(告)
소 년 고

삼하17:19,(女人)(穀食)
녀 인 곡 식

삼하17:20,(女人)(女人)
녀 인 녀 인

삼하17:21,(後)(王)(告)(當身)(當身)(害)
후 왕 고 당 신 당 신 해
(如此如此)(謀略)
여 차 여 차 모 략

삼하17:22,(百姓)(者)
백 성 자

삼하17:23,(自己)(謀略)(施行)(鞍裝)(故鄕)
자 기 모 략 시 행 안 장 고 향
(自己)(整理)(墓)(葬事)
자 기 정 리 묘 장 사

삼하17:25,(代身)(軍長)(者)(同寢)(同生)
대 신 군 장 자 동 침 동 생

삼하17:26,(陣)
진

삼하17:27,(族屬)(贖)
족 속 속

삼하17:28,(寢床)(穀食)(綠豆)
침 상 곡 식 녹 두

삼하17:29,(羊)(百姓)(百姓)(嘶腸)(困)
양 백 성 백 성 시 장 곤

撒母耳記下-(사무엘하)-第十八章
살 모 이 기 하 제 십 팔 장

삼하18:1,(百姓)(計數)(千夫長)(百夫長)
백 성 계 수 천 부 장 백 부 장

삼하18:2,(百姓)(三分之)(一)(手下)(三分之)
백 성 삼 분 지 일 수 하 삼 분 지
(一)(同生)(手下)(三分之)(一)
일 동 생 수 하 삼 분 지 일
(手下)(百姓)
수 하 백 성

삼하18:3,(百姓)(王)(逃亡)(注意)(折半)
백 성 왕 도 망 주 의 절 반
(注意)(王)(萬名)(重)(王)(城)
주 의 왕 만 명 중 왕 성

삼하18:4,(王)(善)(行)(門)(百姓)(百名)
왕 선 행 문 백 성 백 명
(千名)(隊)
천 명 대

삼하18:5,(王)(命)(爲)(少年)(待接)(王)
왕 명 위 소 년 대 접 왕
(爲)(軍長)(命令)(百姓)
위 군 장 명 령 백 성

삼하18:6,(百姓)
백 성

삼하18:7,(臣僕)(敗)(殺戮)(二萬)
신 복 패 살 륙 이 만

삼하18:8,(四面)(者)(者)
사 면 자 자

삼하18:9,(臣僕)(蕃盛)(中)
신 복 번 성 중

삼하18:10,(告)
고

삼하18:11,(告)(當場)(銀)(個)
고 당 장 은 개

삼하18:12,(對答)(銀)(千箇)(王)(王)
대 답 은 천 개 왕 왕
(當身)(命)(少年)(害)
당 신 명 소 년 해

삼하18:13,(王)(萬一)(拒逆)(生命)(害)
왕 만 일 거 역 생 명 해
(當身)(對敵)
당 신 대 적

삼하18:14,(遲滯)(槍)(心臟)
지 체 창 심 장

삼하18:15,(兵器)(少年)(
병 기 소 년

삼하18:16,(百姓)
백 성

삼하18:17,(甚)(各其)(帳幕)(逃亡)
심 각 기 장 막 도 망

삼하18:18,(自己)(爲)(碑石)(自己)(傳)(恨嘆)
자 기 위 비 석 자 기 전 한 탄
(自己)(碑石)(碑石)(王)(記念碑)
자 기 비 석 비 석 왕 기 념 비

삼하18:19請(王)(王)(怨讐(消息)(傳)
청 왕 왕 원 수 소 식 전

삼하18:20,(消息)(傳)(者)(傳)(王)(消息)(傳)
소 식 전 자 전 왕 소 식 전

삼하18:21,(王)(告)
왕 고

삼하18:22,(請)(消息)(因)(賞)
청 소 식 인 상

삼하18:24,(門)(把守軍)(城門樓)
문 파 수 군 성 문 루

삼하18:25,(把守軍)(王)(告)(王)(萬一)
파 수 군 왕 고 왕 만 일
(消息)(次次)
소 식 차 차

삼하18:26,(把守軍(門直)(王)(消息)
파 수 군 문 직 왕 소 식

삼하18:27,(把守軍)(王)(消息)
파 수 군 왕 소 식

삼하18:28,(王)(平康)(王)(王)(讚揚)(主)
왕 평 강 왕 왕 찬 양 주
(王)(對敵)(者)
왕 대 적 자

삼하18:29,(王)(少年)(對答)(王)(騷動)
왕 소 년 대 답 왕 소 동

삼하18:30,(王)
왕

삼하18:31,(告)(主)(王)(報)(消息)(王)(對敵)
고 주 왕 보 소 식 왕 대 적
(怨讐)
원 수

삼하18:32,(王)(少年)(對答)(主)(王)(怨讐)
왕 소 년 대 답 주 왕 원 수

(王)(對敵)(者)(少年)(願)
왕 대적 자 소년 원
삼하18:33,(王)(甚)(門樓)(代身)
왕 심 문루 대신

撒母耳記下-(사무엘하)-第十九章
살모이기하 제십구장

삼하19:1,(或)(告)(王)(爲)
혹 고 왕 위
삼하19:2,(王)(爲)(百姓)(百姓)
왕 위 백성 백성
삼하19:3,(百姓)(逃亡)(城)
백성 도망 성
삼하19:4,(王)
왕
삼하19:5,(王)(王)(王)(生命)(王)(子女)(生命)
왕 왕 왕 생명 왕 자녀 생명
(妻妾)(生命)(救援)(臣僕)
처첩 생명 구원 신복
삼하19:6,(王)(者)(者)(長官)(臣僕)(蔑視)
왕 자 자 장관 신복 멸시
(萬一)(王)
만일 왕
삼하19:7,(王)(臣僕)(慰勞)(盟誓)(王)(萬一)
왕 신복 위로 맹서 왕 만일
(王)(禍)(王)(至今)(當)(禍)(甚)
왕 화 왕 지금 당 화 심
삼하19:8,(王)(城門)(或)(百姓)(告)(王)(門)
왕 성문 혹 백성 고 왕 문
(百姓)(王)(各其)(帳幕)(逃亡)
백성 왕 각기 장막 도망
삼하19:9,(支派)(百姓)(辯論)(王)(怨讐)
지파 백성 변론 왕 원수
(救援)(救援)(避)
구원 구원 피
삼하19:10,(王)(潛潛)
왕 잠잠
삼하19:11,(王)(祭司長)(寄別)(長老)(告)
왕 제사장 기별 장로 고
(王)(王)(宮)(王)(宮)
왕 왕 궁 왕 궁
삼하19:12,(兄弟)(骨肉)(王)
형제 골육 왕
삼하19:13,(骨肉)(代身)(恒常)(軍長)(罰)(罰)
골육 대신 항상 군장 벌 벌
산하19:14,(一齊)(王)(王)(臣僕)
일제 왕 왕 신복
삼하19:15,(王)(族屬)(王)
왕 족속 왕
삼하19:16,(急)(王)
급 왕
삼하19:17,(一千名)(使喚)(名)(江)(王)
일천명 사환 명 강 왕
삼하19:18,(王)(家族)(王)(善(王)(王)
왕 가족 왕 선 왕 왕
삼하19:19,(王)(告)(主)(願)(罪)(主)(王)
왕 고 주 원 죄 주 왕
(悖逆)(記憶)
패역 기억
삼하19:20,(王)(犯罪)(故)(族屬)(中)(主)
왕 범죄 고 족속 중 주
(王)(迎接)
왕 영접
삼하19:21,(對答)(者)(詛呪)(因)
대답 자 저주 인
삼하19:22,(相關)(對敵)(王)
상관 대적 왕
삼하19:23,(盟誓)
맹서
삼하19:24,(孫子)(王)(王)(平安)맵(鬚髥)
손자 왕 왕 평안 수염
삼하19:25,(王)(王)
왕 왕
삼하19:26,(對答)(主)(王)(王)(鞍裝)(王)
대답 주 왕 왕 안장 왕
삼하19:27,(主)(王)(讒訴)(主)(王)(使者)
주 왕 참소 주 왕 사자
(王)(處分)
왕 처분
삼하19:28,(主)(王)(王)(床)(飮食)(者)(王)
주 왕 왕 상 음식 자 왕
삼하19:29,(王)
왕
삼하19:30,(王)(告)(主)(王)(平安)(宮)(全部
왕 고 주 왕 평안 궁 전부
삼하19:31,(王)
왕
삼하19:32,(八十歲)(巨富)(故)(王)(留)
팔십세 거부 고 왕 유
(王)(供饋)
왕 공궤
삼하19:33,(王)(供饋)
왕 공궤
삼하19:34,(王)(告)(生命)(王)
왕 고 생명 왕
삼하19:35,(第)(八十歲)(凶)(分揀)(飮食)
제 팔십세 흉 분간 음식
(男子)(女人)(主)(王)(累)
남자 녀인 주 왕 누
삼하19:36,(王)(王)(賞)
왕 왕 상
삼하19:37,(請)(本城)(父母)(墓)(王)(請)
청 본성 부모 묘 왕 청
(主)(王(王)(處分)
주 왕왕 처분
삼하19:38,(王)對答)(求)(爲)(施行)
왕 대답 구 위 시행
삼하19:39,(百姓)(王)(爲)(福)(自己)
백성 왕 위 복 자기
삼하19:40,(王)(百姓)(百姓)(折半)(王)(扈行)
왕 백성 백성 절반 왕 호행
삼하19:41,(王)(告)(兄弟)(王)(盜賊)(王)(王)
왕 고 형제 왕 도적 왕 왕
(眷屬)(王)(引導)
권속 왕 인도

삼하19:42,(對答)(王)(至親)(二日)(對)(忿)
대 답 왕 지 친 이 일 대 분
(王)(物件)(王)(膳物)
왕 물 건 왕 선 물

삼하19:43,(對答)(王)(對)(十分)(對)(關係)
대 답 왕 대 십 분 대 관 계
(蔑視)(王)(議論)(强硬)
멸 시 왕 의 논 강 경

撒母耳記下-(사무엘하)-第二十章
살 모 이 기 하 제 이 십 장

삼하20:1,(亂類)(者)(分誼)(各各)(帳幕)
란 류 자 분 의 각 각 장 막

삼하20:2,(王)(合)
왕 합

삼하20:3,(本宮)(前)(宮)(後宮)(名)(別室)
본 궁 전 궁 후 궁 명 별 실
(同寢)(生寡婦)
동 침 생 과 부

삼하20:4,(王)(爲)(三日)(內)(召集)
왕 위 삼 일 내 소 집

삼하20:5,(召集)(王)(定)(期限)(遲滯)
소 집 왕 정 기 한 지 체

삼하20:6,(害)(王)(臣僕)(堅固)(城)(避)(念慮)
해 왕 신 복 견 고 성 피 염 려

삼하20:7,(者)(勇士)
자 용 사

삼하20:8,(軍服)(行)
군 복 행

삼하20:9,(兄)(平安)(鬚髥)
형 평 안 수 염

삼하20:10,(注意)(同生)
주 의 동 생

삼하20:11,(少年)(中)(者)(爲)(者)
소 년 중 자 위 자

삼하20:12,(少年)(百姓)(者)
소 년 백 성 자

삼하20:14,(支派)(行)
지 파 행

삼하20:15,(城邑)(向)(垓子)(土城)
성 읍 향 해 자 토 성
(百姓)(城壁)
백 성 성 벽

삼하20:16,(城)(智慧)(女人)(請)
성 지 혜 녀 인 청

삼하20:17,(女人)(女人)(當身)(對答)(女人)
녀 인 녀 인 당 신 대 답 녀 인
(女)(對答)
여 대 답

삼하20:18,(女人)
녀 인

삼하20:19,(和平)(忠誠)(者)(中)(當身)(城)
화 평 충 성 자 중 당 신 성
(滅)(當身)(基業)
멸 당 신 기 업

삼하20:20,(對答)(決斷)(決斷)(滅)
대 답 결 단 결 단 멸

삼하20:21,(山地)(者)(王)(對敵)(城邑)
산 지 자 왕 대 적 성 읍
(女人)(城邑)(當身)
녀 인 성 읍 당 신

삼하20:22,(女人)(智慧)(百姓)(城邑)
녀 인 지 혜 백 성 성 읍
(各其)(帳幕)(王)
각 기 장 막 왕

삼하20:23,(軍隊)(長官)(長官)
군 대 장 관 장 관

삼하20:24,(監役官)(史官)
감 역 관 사 관

삼하20:25,(書記官)(祭司長)
서 기 관 제 사 장

삼하20:26,(代身)
대 신

撒母耳記下-(사무엘하)-第二十一章
살 모 이 기 하 제 이 십 일 장

삼하21:1,(時代)(年復年)(三年)(饑饉)
시 대 년 부 년 삼 년 기 근
(懇求)(因)
간 구 인

삼하21:2,(族屬)(中)(者)(族屬)(前)(盟誓)
족 속 중 자 족 속 전 맹 서
(族屬)(爲)(熱心)(王)
족 속 위 열 심 왕

삼하21:3,(爲)(贖罪)(基業)(爲)(福)
위 속 죄 기 업 위 복

삼하21:4,(對答)(銀金)(王)(施行)
대 답 은 금 왕 시 행

삼하21:5,(王)(告)(虐殺)(滅)(境內)(謀害)
왕 고 학 살 멸 경 내 모 해

삼하21:6,(子孫)王)
자 손 왕

삼하21:7,(盟誓)(王)(孫子)
맹 서 왕 손 자

삼하21:8,(者)(者)
자 자

삼하21:9,(山)(穀食)(始作)
산 곡 식 시 작

삼하21:10,(自己)(爲)(磐石)(穀食)(始作)
자 기 위 반 석 곡 식 시 작
(屍體)(屍體)(空中)(犯)
시 체 시 체 공 중 범

삼하21:11,(妾)(行)
첩 행

삼하21:12,(取)(前)
취 전

삼하21:13,(者)
자

삼하21:14,(墓)(葬事)(王)(命)(行)(後)
묘 장 사 왕 명 행 후
(爲)(祈禱)
위 기 도

삼하21:15,(臣僕)(疲困)
신 복 피 곤

삼하21:16,(長大)(者)(中)(三百)(重)(槍)
장대 자 중 삼백 중 창

삼하21:17,(從者)(盟誓)(王)(戰場)(燈)
종자 맹서 왕 전장 등

삼하21:18,(後)(戰爭)(長大)(者)(中)
후 전쟁 장대 자 중

삼하21:19,(戰爭)(者)(槍)
전쟁 자 창

삼하21:20,(戰爭)(者)(每)(每)(長大)(者)(所生)
전쟁 자 매 매 장대 자 소생

삼하21:21,(凌辱)(兄)
능욕 형

삼하21:22,(長大)(者)(所生)(臣僕)
장대 자 소생 신복

撒母耳記下-(사무엘하)-第二十二章
살모이기하 제이십이장

삼하22:1,(對敵)(救援)
대적 구원

삼하22:2,(磐石)(要塞)(者)
반석 요새 자

삼하22:3,(避)(防牌)(救援)(望臺)(避難處)
피 방패 구원 망대 피난처
(救援者)(凶惡)(救援)
구원자 흉악 구원

삼하22:4,(讚頌)(怨讐)(救援)
찬송 원수 구원

삼하22:5,(死亡)(不義)(漲水)
사망 불의 창수

삼하22:6,(陰府)(死亡)
음부 사망

삼하22:7,(患難)(中)(殿)
환난 중 전

삼하22:8,(震動)(基礎)(搖動)(震怒)(因)
진동 기초 요동 진노 인

삼하22:9,(煙氣)
연기

삼하22:10,(降臨)
강림

삼하22:12,(黑暗)(空中)(帳幕)
흑암 공중 장막

삼하22:13,(光彩)(因)
광채 인

삼하22:14,(雷聲)(發)(至尊)(者)(音聲)
뇌성 발 지존 자 음성

삼하22:15,(破)
파

삼하22:16,(因)(基礎)
인 기초

삼하22:17,(取)
취

삼하22:18,(强)(怨讐)(者)(緣故)
강 원수 자 연고

삼하22:19,(災殃)(依支)
재앙 의지

삼하22:20,(引導)(救援)
인도 구원

삼하22:21,(義)(賞)하
의 상

삼하22:22,(道)(惡)(行)
도 악 행

삼하22:23,(規例)(律例)
규례 율례

삼하22:24,(完全)(罪惡)(避)
완전 죄악 피

삼하22:25,(義)(目前)
의 목전

삼하22:26,(慈悲)(者)(主)(慈悲)(完全)(者)
자비 자 주 자비 완전 자
(主)(完全)
주 완전

삼하22:27,(者)(主)(邪慝)(者)(主)
자 주 사특 자 주

삼하22:28,(主)(困苦)(百姓)(救援)(驕慢)(者)
주 곤고 백성 구원 교만 자

삼하22:29,(主)(燈)(黑暗)
주 등 흑암

삼하22:30,(主)(依賴)(敵軍)(依支)(城壁)
주 의뢰 적군 의지 성벽

삼하22:31,(道)(完全)(精微)(自己)(避)
도 완전 정미 자기 피
(者)(防牌)
자 방패

삼하22:32,(外)(外)
외 외

삼하22:33,(堅固)(要塞)(穩全)(引導)
견고 요새 온전 인도

삼하22:36,(主)(主)(救援)(防牌)(主)(溫柔)
주 주 구원 방패 주 온유

삼하22:37,(失足)
실족

삼하22:38,(怨讐)(滅)(前)
원수 멸 전

삼하22:39,(破)(能)
파 능

삼하22:40,(主)(戰爭)(能力)(者)(屈服)
주 전쟁 능력 자 굴복

삼하22:41,(主)(怨讐)(向)(者)
주 원수 향 자

삼하22:42,(救援)(者)(對答)
구원 자 대답

삼하22:44,(主)(百姓)(保存)(列邦)(百姓)
주 백성 보존 열방 백성

삼하22:45,(異邦人)(屈服)(風聲)(順服)
이방인 굴복 풍성 순복

삼하22:46,(異邦人)(衰微)(堅固)
이방인 쇠미 견고

삼하22:47,(生存)(讚頌)(救援)
생존 찬송 구원

삼하22:48,(爲)(報讐)(民族)(服從)
위 보수 민족 복종

삼하22:49,(怨讐)(對敵)(者)(强暴)(者)
원수 대적 자 강포 자

삼하22:50,(列邦)(中)(主)(感謝)(主)(讚揚)
열방 중 주 감사 주 찬양

삼하22:51,(王)(救援)(者)(仁慈)(永遠)(後孫)
왕 구원 자 인자 영원 후손

撒母耳記下-(사무엘하)-第二十三章
살모이기하 제이십삼장

삼하23:1,(者)(者)(者)
자 자 자

삼하23:2,(神)(憑藉)
신 빙자

삼하23:3,(公義)(者)(敬畏)(者)
공의 자 경외 자

삼하23:4,(光線)
광선

삼하23:5,(永遠)(言約)(萬事)(具備)
영원 언약 만사 구비
(堅固)(救援)(所願)
견고 구원 소원

삼하23:6,(邪惡)(者)
사악 자

삼하23:7,(者)(鐵)(槍)(當場)
자 철 창 당장

삼하23:8,(勇士)(者)(軍長)(頭目)(八百人)
용사 자 군장 두목 팔백인

삼하23:9아호(勇士)(中)(勇士)
용사 중 용사

삼하23:10,(疲困)(百姓)(擄掠)
피곤 백성 노략

삼하23:11,(綠豆)(百姓)(逃亡)
녹두 백성 도망

삼하23:12,(救援)
구원

삼하23:13,(三十)(頭目)(中)(穀食)(窟)(陣)
삼십 두목 중 곡식 굴 진

삼하23:14,(山城)(營寨)
산성 영채

삼하23:15,(思慕)(城門)
사모 성문

삼하23:16,(勇士)(軍隊)(衝突)(城門)
용사 군대 충돌 성문

삼하23:17,(決斷(生命)(勇士)(行)
결단 생명 용사 행

삼하23:18,(三人)(頭目)(槍)(三百人)
삼인 두목 창 삼백인
(三人)(中)
삼인 중

삼하23:19,(三人)(中)(尊貴)(者)(頭目)(三人)
삼인 중 존귀 자 두목 삼인

삼하23:20,(勇士)(孫子)(驍勇)(行)(者)
용사 손자 효용 행 자
(陷穽)(獅子)
함정 사자

삼하23:21,(長大)(槍)(槍)(槍)
장대 창 창 창

삼하23:22,(行)(勇士)(中)
행 용사 중

삼하23:23,(三十人)(尊貴)(三人)
삼십인 존귀 삼인
(侍衛隊)(長官)
시위대 장관

삼하23:24,(三十人)(中)
삼십인 중

삼하23:29,(子孫)(贖)
자손 속

삼하23:34,(孫子)
손자

삼하23:37,(兵器)(者)
병기 자

삼하23:39,(以上)(都合)(三十)(七人)
이상 도합 삼십 칠인

撒母耳記下-(사무엘하)-第二十四章
살모이기하 제이십사장

삼하24:1,(向)(震怒)(感動)(人口)(調査)
향 진노 감동 인구 조사

삼하24:2,(王)(軍隊長官)(支派)(人口)
왕 군대장관 지파 인구
(調査)(都數)
조사 도수

삼하24:3,(王)(告)(百姓)(王)(百倍)(主)
왕 고 백성 왕 백배 주
(王)(願)(主)(王)
왕 원 주 왕

삼하24:4,(王)(命令)(軍隊長官)(長官)
왕 명령 군대장관 장관
(人口)(調査)(王)
인구 조사 왕

삼하24:5,(城邑)(右便)(便)(帳幕)
성읍 우편 편 장막

삼하24:7,(堅固)(城)(城邑)(南便)
견고 성 성읍 남편

삼하24:8,(國中)
국중

삼하24:9,(人口)(都數)(王)(告)(膽大)(者)
인구 도수 왕 고 담대 자
(八十萬(五十萬)
팔십만 오십만

삼하24:10,(人口)(數)(調査)(後)(自責)(行)
인구 수 조사 후 자책 행
(罪)(犯)(懇求)(罪)(赦)(甚)(行)
죄 범 간구 죄 사 심 행

삼하24:11,(先見者)(先知者)(臨)
선견자 선지자 임

삼하24:12,(中)(擇)(行)
중 택 행

삼하24:13,(告)(王)(七年)(饑饉)(或時)(王)
고 왕 칠년 기근 혹시 왕
(王)(對敵)(逃亡)(或時)(王)(三日)
왕 대적 도망 혹시 왕 삼일
(瘟疫)(王)(對答)
온역 왕 대답

삼하24:14,(困境)(矜恤)(願)
곤경 긍휼 원

삼하24:15,(定)(瘟疫)(百姓)(者)(七萬人)
정 온역 백성 자 칠만인

삼하24:16,(天使)(向)(滅)(災殃)(百姓)
천사 향 멸 재앙 백성
(滅)(天使)(足)(使者)(打作)
멸 천사 족 사자 타작

삼하24:17,(百姓)(天使)(犯罪)(惡)(行)(羊)
백성 천사 범죄 악 행 양
(行)(請)(主)
행 청 주

삼하24:18,(告)(打作)(爲)(壇)
고 타작 위 단

삼하24:19,(命)
명

삼하24:20,(王)(臣僕)(自己)(向)(王)
왕 신복 자기 향 왕

삼하24:21,(主)(王)(臨)(打作)(壇)(百姓)(災殃)
주 왕 임 타작 단 백성 재앙

삼하24:22,(告)(願)(主)(王)(取)(燔祭)(對)
고 원 주 왕 취 번제 대
(對)(諸具)
대 제구

삼하24:23,(王)(王)(王)(告)(王)(王)(願)
왕 왕 왕 고 왕 왕 원

삼하24:24,(王)(燔祭)(銀)(五十)(打作)
왕 번제 은 오십 타작

삼하24:25,(爲)(壇)(燔祭)(和睦祭)(爲)
위 단 번제 화목제 위
(祈禱)(災殃)
기도 재앙

列王紀上-(열왕기상)-第一章
열왕기상 제일장

왕상1:1,(王)
왕

왕상1:2,(臣僕)(王)(告)(主)(王)(爲)(處女)
신복 왕 고 주 왕 위 처녀
(求)(王)(奉養)(王)(主)(王
구 왕 봉양 왕 주 왕

왕상1:3,(四方)(境內)(童女)(求)(女子)(王)
사방 경내 동녀 구 녀자 왕

왕상1:4,(童女)(甚)(者)(王)(奉養)(隨從)
동녀 심 자 왕 봉양 수종
(王)(同寢)
왕 동침

왕상1:5,(王)(自己)(爲)(兵車)(騎兵)(前陪)
왕 자기 위 병거 기병 전배
(五十人)(豫備)
오십인 예비

왕상1:6,(者)(體容)(甚)(俊秀)(者)(父親)(番)
자 체용 심 준수 자 부친 번

왕상1:7,(祭司長)(謀議)
제사장 모의

왕상1:8,(祭司長)(先知者)(贖)(勇士)
제사장 선지자 속 용사

왕상1:9,(近傍)(羊(王子)(自己)(同生)
근방 양 왕자 자기 동생
(王)(臣僕(請)
왕 신복 청

왕상1:10,(先知者)(勇士)(自己)(同生)(請)
선지자 용사 자기 동생 청

왕상1:11,(母親)(告)(王)(主)
모친 고 왕 주

왕상1:12,(當身)(生命)(當身)(生命)(救援)
당신 생명 당신 생명 구원
(計較)(許諾)
계교 허락

왕상1:13,(當身)(王)(告)(主)(王)(前)(王)
당신 왕 고 주 왕 전 왕
(盟誓)(丁寧)(王(緣故)(王)
맹서 정녕 왕 연고 왕

왕상1:14,(當身)(王)(當身)(證據)
당신 왕 당신 증거

왕상1:15,(寢室)(王)(王)(甚)(女子)(侍從
침실 왕 왕 심 녀자 시종

왕상1:16,(王(王)
왕 왕

왕상1:17,(王)對答)(主)(王)(前)(王)
왕 대답 주 왕 전 왕
(盟誓)(丁寧)(王)
맹서 정녕 왕

왕상1:18,(王)(主)(王)
왕 주 왕

왕상1:19,(羊)(王)(祭司長)(軍隊長官)
양 왕 제사장 군대장관
(請)(王)(請)
청 왕 청

왕상1:20,(主)(王)(王)(注目)(主)(王)(頒布)
주 왕 왕 주목 주 왕 반포

왕상1:21,(主)(王)(列祖)(罪人)
주 왕 열조 죄인

왕상1:22,(王)(先知者)
왕 선지자

왕상1:23,(或)(王)(告)(先知者)(王)(王)
혹 왕 고 선지자 왕 왕

왕상1:24,(主)(王)(王)
주 왕 왕

왕상1:25,(羊)(王)(軍隊長官)(祭司長)(請)
양 왕 군대장관 제사장 청
(王)(萬歲)
왕 만세

왕상1:26,(王)(祭司長)(王)(請)
왕 제사장 왕 청

왕상1:27,(主)(王(王)(主)(王)(者)
주 왕 왕 주 왕 자

왕상1:28,(王)(命)(王)
왕 명 왕

왕상1:29,(王)(生命)(患難)(救援)(盟誓)
왕 생명 환난 구원 맹서

왕상1:30,(以前)(盟誓)(丁寧)(王)(代身)(行)
이전 맹서 정녕 왕 대신 행

왕상1:31,(主)(王)(萬歲壽
주 왕 만세수

왕상1:32,(王)(祭司長)(先知者)(王)
왕 제사장 선지자 왕

왕상1:33,(王)(主)(臣僕)(引導)
왕 주 신복 인도

왕상1:34,(祭司長)(先知者)(王)(羊角)
제사장 선지자 왕 양각
(王)(萬歲)
왕 만세

왕상1:35,(代身)(王(主權者)(作定)
대신 왕 주권자 작정

왕상1:36,(王)對答)(主)(王)(願)
왕 대답 주 왕 원

왕상1:37,(主)(王)계)(位)(主)(王)(位)(願)
주 왕 위 주 왕 위 원

왕상1:38,(祭司長)(先知者)(王)(引導)
제사장 선지자 왕 인도

왕상1:39,(祭司長)(聖幕)(羊角)(百姓)
제사장 성막 양각 백성
(王)(萬歲)
왕 만세

왕상1:40,(百姓)(王)(因)
백성 왕 인

왕상1:41,(羊角)(城中)(擾亂)
양각 성중 요란

왕상1:42,(祭司長(勇士)(消息)
제사장 용사 소식

왕상1:43,(對答)(果然)(主)(王)(王)
대답 과연 주 왕 왕

왕상1:44,(王)(祭司長)(先知者)(王)
왕 제사장 선지자 왕

왕상1:45,(祭司長)(先知者)(王)(城中)
제사장 선지자 왕 성중

(震動)(當身)
진동 당신

왕상1:47,(王)(臣僕)(主)(王)(祝福)(王)(王)
왕 신복 주 왕 축복 왕 왕

(位)(王)(位)(願)(王)(寢床)
위 왕 위 원 왕 침상

왕상1:48,(讚頌)(者)(目覩)
찬송 자 목도

왕상1:49,(各其)
각기

왕상1:50,(祭壇)
제단

왕상1:51,(或)(告)(王)(只今)(祭壇)(王)
혹 고 왕 지금 제단 왕

(自己)(盟誓)(願)
자기 맹서 원

왕상1:52,(萬一)(善)(惡)
만일 선 악

왕상1:53,(祭壇)(王)
제단 왕

列王紀上-(열왕기상)-第二章
열왕기상 제이장

왕상2:1,(臨迫)(命)
임박 명

왕상2:2,(世上)(大丈夫)
세상 대장부

왕상2:3,(命)(行)(法律)(誡命)(律例)(證據)
명 행 법률 계명 율례 증거

(律法)(記錄)(亨通)
률법 기록 형통

왕상2:4,(對)(萬一)(子孫)(性品)(眞實)(行)
대 만일 자손 성품 진실 행

(王位)(確實)
왕위 확실

왕상2:5,(行)(軍隊)(長官)(行)(太平時代)
행 군대 장관 행 태평시대

(戰爭)(戰爭)(自己)
전쟁 전쟁 자기

왕상2:6,(智慧)(行)(白髮)(平安)(陰府)
지혜 행 백발 평안 음부

왕상2:7,(恩寵)(床)(者)(中)(參與)(兄)
은총 상 자 중 참여 형

(避)(逃亡)
피 도망

왕상2:8,(毒)(詛呪)(迎接)(盟誓)
독 저주 영접 맹서

왕상2:9,(無罪)(者)(智慧)(行)(白髮)(陰府)
무죄 자 지혜 행 백발 음부

왕상2:10,(列祖)(城)(葬事)
열조 성 장사

왕상2:11,(王)(四十年)(七年)(治理)
왕 사십년 칠년 치리

(三十)(三年)(治理)
삼십 삼년 치리

왕상2:12,(甚)(堅固
심 견고

왕상2:13,(母親)(和平)(目的)(對答)
모친 화평 목적 대답

(和平)(目的)
화평 목적

왕상2:15,(當身)(王位)(向)(王)(王位)
당신 왕위 향 왕 왕위

왕상2:16,(所願)(當身)(求)괄(恝視)
소원 당신 구 괄시

왕상2:17,(請)(王)(女子)(王)(當身)괄(恝視)
청 왕 녀자 왕 당신 괄시

왕상2:18,(爲)(王)
위 왕

왕상2:19,(爲)(王)(王)(迎接)(後)(母親)
위 왕 왕 영접 후 모친

(爲)(右便)
위 우편

왕상2:20,(王)(求)(恝視)(王)(對答)(求)(恝視)
왕 구 괄시 왕 대답 구 괄시

왕상2:21,(請)(女子)
청 녀자

왕상2:22,(王)(母親)(對答)(爲)(女子)(求)(兄)
왕 모친 대답 위 녀자 구 형

(爲)(王位)(求)(祭司長)(爲)(求)
위 왕위 구 제사장 위 구

왕상2:23,(盟誓)(生命)(罰)(罰)
맹서 생명 벌 벌

왕상2:24,(父親)(許諾)(爲)(盟誓)(當)
부친 허락 위 맹서 당

왕상2:26,(王)(祭司長)(故鄕)(者)(父親)(主)
왕 제사장 고향 자 부친 주

(櫃)(父親)(患難)(患難)
궤 부친 환난 환난

왕상2:27,(祭司長)(職分)(罷免)(對)(應)
제사장 직분 파면 대 응

왕상2:28,(所聞)(帳幕)(逃亡)(壇)
소문 장막 도망 단

왕상2:29,(或)(王)(告)(帳幕)(逃亡)(壇)
혹 왕 고 장막 도망 단

왕상2:30,(帳幕)(王)(對答)(王)(告)(對答)
장막 왕 대답 왕 고 대답

왕상2:31,(王)(父親)(除)
왕 부친 제

왕상2:32,(自己)(義)(善)(軍隊長官)
자기 의 선 군대장관

(軍隊長官)(父親)
군대장관 부친

왕상2:33,(永永)(子孫)(子孫)(平康)(永遠)
영영 자손 자손 평강 영원

왕상2:34,(自己)(埋葬)
자기 매장

왕상2:35,(王)(代身)(軍隊長官)(祭司長)
왕 대신 군대장관 제사장

(代身)
대신

왕상2:36,(王)(爲)(
왕 위

왕상2:37,(分明)(丁寧)(當)
분명 정녕 당

왕상2:38,(王)對答)(主)(王)
왕 대답 주 왕

왕상2:39,(三年)(後)(王)(逃亡)(或)(告)(當身)
삼년 후 왕 도망 혹 고 당신

왕상2:40,(鞍裝)
안장

왕상2:41,(或)(告)
혹 고

왕상2:42,(王)(盟誓)(警戒)(分明)(當)(
왕 맹서 경계 분명 당

왕상2:43,(盟誓)(命令)
맹서 명령

왕상2:44,(王)(惡)(父親)(行)(惡)
왕 악 부친 행 악

왕상2:45,(王)(福)(永遠)(堅固)
왕 복 영원 견고

왕상2:46,(命)(堅固)
명 견고

列王紀上-(열왕기상)-第三章
열왕기상 제삼장

왕상3:1,(王)(姻緣)(娶)(城)(自己)(宮)
왕 인연 취 성 자기 궁

(殿)(周圍)(城)(畢役)
전 주위 성 필역

왕상3:2,(爲)(殿)(建築)(百姓)(山堂)(祭祀)
위 전 건축 백성 산당 제사

왕상3:3,(父親)(法度)(行)(山堂)(祭祀)(焚香)
부친 법도 행 산당 제사 분향

왕상3:4,(王)(祭祀)(山堂)(壇)(一千)(燔祭)
왕 제사 산당 단 일천 번제

왕상3:5,(求)
구

왕상3:6,(主)(誠實)(公義)(正直)(主)(行)
주 성실 공의 정직 주 행

(主)(恩惠)(主)(爲)(恩惠)(豫備)
주 은혜 주 위 은혜 예비

왕상3:7,(主)(代身)(王)(出入)
주 대신 왕 출입

왕상3:8,(主)(百姓)(百姓)(數爻)記錄)
주 백성 백성 수효 기록

왕상3:9,(主)(百姓)(裁判)(智慧)(主)
주 백성 재판 지혜 주

(百姓)(裁判)(善惡)(分別)
백성 재판 선악 분별

왕상3:10,(求)(主)
구 주

왕상3:11,(求)(自己)(爲)(壽)(求)(富)(求)
구 자기 위 수 구 부 구

(自己)(怨讐)(生命)(滅)(求)(訟事)
자기 원수 생명 멸 구 송사

(分別)(智慧)(求)
분별 지혜 구

왕상3:12,(智慧)(聰明)(前)(者)(後)(者)
지혜 총명 전 자 후 자

왕상3:13,(求)(富)(榮光)(平生)(列王)(中)(者)
구 부 영광 평생 열왕 중 자

왕상3:14,(萬一)(行)(行)(法度)(命令)
만일 행 행 법도 명령

왕상3:15,(言約櫃)(燔祭)(酬恩祭)(臣僕)(爲)
언약궤 번제 수은제 신복 위

왕상3:16,(娼妓)(王)
창기 왕

왕상3:17,(主)
주

왕상3:18,(解産)(三日)(解産)(外)
해산 삼일 해산 외

왕상3:20,(中)(自己)(自己)
중 자기 자기

왕상3:21,(未明)(仔細
미명 자세

왕상3:22,(王)(爭論)
왕 쟁론

왕상3:23,(王)
왕

왕상3:24,(王)
왕

왕상3:25,(王)(半)(半)
왕 반 반

왕상3:26,(爲)(王)(請)(主)
위 왕 청 주

왕상3:27,(王)對答)(決)
왕 대답 결

왕상3:28,(王)(審理)(判決)(王)(智慧)(判決)
왕 심리 판결 왕 지혜 판결

列王紀上-(열왕기상)-第四章
열왕기상 제사장

왕상4:1,(王)(王)
왕 왕

왕상4:2,(臣下)(祭司長)
신하 제사장

왕상4:3,(書記官)(史官)
서기관 사관

왕상4:4,(軍隊長官)(祭司張)
군대장관 제사장

왕상4:5,(官吏長)(大臣)(王)
관리장 대신 왕

왕상4:6宮內大臣(監役官)
궁내대신 감역관

왕상4:7,(官長)(王)(王室)(爲)(食物)(豫備)
관장 왕 왕실 위 식물 예비

(各其)(一年)(食物)(豫備)
각기 일년 식물 예비

왕상4:8,(山地)
산지

왕상4:10,(主管)
주관

왕상4:11,(地方)
지방

왕상4:13,(村)(主管)(城壁)(城邑)(六十)(主管)
촌 주관 성벽 성읍 육십 주관

왕상4:19,(王)(王)(官長)
왕 왕 관장

왕상4:20,(人口)
인구

왕상4:21,(河水)(地境)(貢)
하수 지경 공

왕상4:22,(一日分)(食物)(三十)(石)(六十)(石)
일일분 식물 삼십 석 육십 석

왕상4:23,(草場)(羊)(一百)(外)
초장 양 일백 외

왕상4:24,(河水)(便)(河水)(便)(王)(管轄)
하수 편 하수 편 왕 관할
(四方)(民族)(平和)
사방 민족 평화

왕상4:25,(各其)(葡萄)(無花果)(晏然
각기 포도 무화과 안연

왕상4:26,(兵車)(四萬)(馬兵)(一萬)(二千)
병거 사만 마병 일만 이천

왕상4:27,(官長)(各各)(自己)(王)(王)(床)
관장 각각 자기 왕 왕 상
(參與)(者)(爲)(豫備)(不足)
참여 자 위 예비 부족

왕상4:28,(各其)(職務)(駿馬)(
각기 직무 준마

왕상4:29,(智慧)(聰明)(甚)
지혜 총명 심

왕상4:30,(智慧)(東洋)(智慧)(智慧)
지혜 동양 지혜 지혜

왕상4:31,(智慧)(四方)
지혜 사방

왕상4:32,(箴言)(三千)(一千)
잠언 삼천 일천

왕상4:33,(草木)(論)(柏香木(牛膝草)(論)
초목 논 백향목 우슬초 논

왕상4:34,(民族)(中)(智慧)(所聞)(天下)
민족 중 지혜 소문 천하
(王)(中)(智慧)
왕 중 지혜

列王紀上-(열왕기상)-第五章
열왕기상 제오장

왕상5:1,(父親)(王)(王)(臣僕)(平日)
부친 왕 왕 신복 평일

왕상5:2,(寄別)
기별

왕상5:3,(當身)(父親)(四方)(戰爭)(因)
당신 부친 사방 전쟁 인
(爲)(殿)(建築)(怨讐)(
위 전 건축 원수

왕상5:4,(四方)(泰平)(對敵)(災殃)
사방 태평 대적 재앙

왕상5:5,(父親)(爲)(殿)(建築)(爲)(殿)(建築)
부친 위 전 건축 위 전 건축

왕상5:6,(當身)(令)(爲)(柏香木)(當身)(當身)
당신 영 위 백향목 당신 당신
(當身)(當身)(當身)(中)(伐木)(者)
당신 당신 당신 중 벌목 자

왕상5:7,(讚揚)(智慧)(百姓)
찬양 지혜 백성

왕상5:8,(寄別)(當身)(寄別)(柏香木)
기별 당신 기별 백향목
(材木)(材木)(對)(當身)
재목 재목 대 당신

왕상5:9,(輸運)(當身)(指定)(當身)(願)
수운 당신 지정 당신 원
(宮庭)(爲)(食物)
궁정 위 식물

왕상5:10,(願)(柏香木)(材木)(材木)
원 백향목 재목 재목

왕상5:11,(宮庭)(食物)(二萬)(石)(二十)(石)
궁정 식물 이만 석 이십 석

왕상5:12,(智慧)(故)(親睦)(約條)
지혜 고 친목 약조

왕상5:13,(王)(役軍)(役軍)(數)(三萬)
왕 역군 역군 수 삼만

왕상5:14,(一萬)(人)(番)(監督)
일만 인 번 감독

왕상5:15,(擔軍)(七萬人)(山)(者)(八萬人)
담군 칠만인 산 자 팔만인

왕상5:16,(外)(役事)(董督)(官吏)(三千)
외 역사 동독 관리 삼천
(三百人)(百姓)
삼백인 백성

왕상5:17,(王)(令)(貴)(殿)(基礎石)
왕 영 귀 전 기초석

왕상5:18,(建築者)(建築者)(殿)(建築)
건축자 건축자 전 건축
(爲)(材木)
위 재목

列王紀上-(열왕기상)-第六章
열왕기상 제륙장

왕상6:1,(子孫)(四百)(八十年)(王)(四年)
자손 사백 팔십년 왕 사년
(月)(二月)(爲)(殿)(建築)(始作)
월 이월 위 전 건축 시작

왕상6:2,(王)(爲)(建築)(殿)(長)(六十)(廣)
왕 위 건축 전 장 육십 광
(二十)(高)(三十)
이십 고 삼십

왕상6:3,(殿)(聖所)(廊室)(長)(殿)(廣)
전 성소 낭실 장 전 광
(二十)(廣)(殿)(十)
이십 광 전 십

왕상6:4,(殿)(爲)(交窓)
전 위 교창

왕상6:5,(殿)(壁)(聖所)(至聖所)(壁)
전 벽 성소 지성소 벽
(連接)(建築)(房)
연접 건축 방

왕상6:6,(下層)(廣)(中層)(廣)(第)(三層)
하층 광 중층 광 제 삼층
(廣)(殿)(壁)(房)(殿)(壁)
광 전 벽 방 전 벽

왕상6:7,(殿)(建築)(治石)(建築)(建築)(殿)(鐵)
전 건축 치석 건축 건축 전 철

왕상6:8,(中層)(房)(門)(殿)(便)(螺絲貌樣)
중층 방 문 전 편 나사모양
(下層)(中層)(中層)(第)(三層)
하층 중층 중층 제 삼층

왕상6:9,(殿)(建築)(殿)(柏香木)(板)
전 건축 전 백향목 판

왕상6:10,(殿)(高)(房)(建築)(柏香木)
전 고 방 건축 백향목
(殿)(連接)
전 연접

왕상6:11,(臨)
임

왕상6:12,(殿)(建築)(萬一)(法度)(律例)
전 건축 만일 법도 율례
(行)(誡命)(行)(確實)
행 계명 행 확실

왕상6:13,(子孫)(居)(百姓)
자손 거 백성

왕상6:14,(殿)(建築)
전 건축

왕상6:15,(柏香木)(板)(殿)(壁)(殿)
백향목 판 전 벽 전
(天障)(壁)(板)(殿)
천장 벽 판 전

왕상6:16,(殿)(便)(二十)(天障)(柏香木)
전 편 이십 천장 백향목
(板)(殿)(內所)(至聖所)
판 전 내소 지성소

왕상6:17,(內所)(外所)(聖所)(長)(四十)
내소 외소 성소 장 사십

왕상6:18,(殿)(柏香木)(柏香木)
전 백향목 백향목

왕상6:19,(言約櫃)(爲)(殿)(內所)(豫備)
언약궤 위 전 내소 예비

왕상6:20,(內所)(長)(二十)(廣)(二十)(高)
내소 장 이십 광 이십 고
(二十)(精金)(柏香木)(壇)
이십 정금 백향목 단

왕상6:21,(精金)(外所)(內所)(金)(內所)(金)
정금 외소 내소 금 내소 금

왕상6:22,(殿)(金)(內所)(贖)(壇)(全部)(金)
전 금 내소 속 단 전부 금

왕상6:23,(內所)(橄欖木)(高)(各各)(十)
내소 감람목 고 각각 십

왕상6:24,(十)
십

왕상6:25,(十)(尺數)(貌樣)
십 척수 모양

왕상6:26,(高)(十)(一般)
고 십 일반

왕상6:27,(內所)(壁)(壁)(殿)(中央)
내소 벽 벽 전 중앙

왕상6:28,(金)
금

왕상6:29,(內外所)(四面)(壁)(棕櫚)(形狀)
내외소 사면 벽 종려 형상

왕상6:30,(外所)(殿)(金)
외소 전 금

왕상6:31,(內所)(橄欖木)(門)(門)(門楔柱)
내소 감람목 문 문 문설주
(壁)(五分之)(一)
벽 오분지 일

왕상6:32,(橄欖木)(門)(棕櫚)(金)(金)
감람목 문 종려 금 금

왕상6:33,(外所)(門)(爲)(橄欖木)(門楔柱)
외소 문 위 감람목 문설주
(壁)(四分之)(一)
벽 사분지 일

왕상6:34,(門)(門)(門)
문 문 문

왕상6:35,(門)(棕櫚)(金)
문 종려 금

왕상6:36,(柏香木)(板子)
백향목 판자

왕상6:37,(第)(四年)(月)(殿)(基礎)
제 사년 월 전 기초

왕상6:38,(第)(十一年)(月)(八月)(設計)
제 십일년 월 팔월 설계
(式樣)(殿)(畢役)(殿)(建築)(七年)
식양 전 필역 전 건축 칠년

列王紀上-(열왕기상)-第七章
열왕기상 제칠장

왕상7:1,(自己)(宮)(十三年)(建築)(全部)
자기 궁 십삼년 건축 전부
(竣工)
준공

왕상7:2,(宮)(長)(一百)(廣)(五十)(高)
궁 장 일백 광 오십 고
(三十)(柏香木)(柏香木)
삼십 백향목 백향목

왕상7:3,(四十)(五個)(柏香木)
사십 오개 백향목

왕상7:4,(窓)(窓)(窓)(層)(對)
창 창 창 층 대

왕상7:5,(門)(門楔柱)(窓)(窓)(層)(對)
문 문설주 창 창 층 대

왕상7:6,(廊室)(長)(五十)(廣)(三十)(廊室)
낭실 장 오십 광 삼십 낭실

왕상7:7,(審判)(爲)(寶座)(廊室)(裁判)
심판 위 보좌 낭실 재판
(廊室)(柏香木)
낭실 백향목

왕상7:8,(居處)(宮)(廊室)(工作)(一般)
거처 궁 낭실 공작 일반
(爲)(廊室)
위 낭실

왕상7:9,(貴)(尺數)(基礎石)(外面)
귀 척수 기초석 외면

왕상7:10,(基礎石)(貴)(十)
기초석 귀 십

왕상7:11,(尺數)(貴)(柏香木)
척수 귀 백향목

왕상7:12,(周圍)(柏香木)(板子)(殿)(廊室)
주위 백향목 판자 전 낭실

왕상7:13,(王)
왕

왕상7:14,(支派)(寡婦)(店匠)(智慧)(聰明)
지파 과부 점장 지혜 총명
(才能)(具備)(王)(工作
재능 구비 왕 공작

왕상7:15,(各各)(十八)(各各)(十二
각각 십팔 각각 십이

왕상7:17,(爲)(板)(貌樣)(貌樣)
위 판 모양 모양

왕상7:18,(石榴)
석류

왕상7:19,(廊室)(百合花)(貌樣)
낭실 백합화 모양

왕상7:20,(各其)(石榴)(二百)
각기 석류 이백

왕상7:21,(殿)(廊室)(右便)(左便)
전 낭실 우편 좌편

왕상7:22,(百合花)(形狀)(工役)
백합화 형상 공역

왕상7:23,(直徑)(十)(貌樣)(周圍)(三十)
직경 십 모양 주위 삼십

왕상7:24,(每)(個)(周圍)
매 개 주위

왕상7:25,(北)(向)(西)(向)(南)(向)(東)(向)
북 향 서 향 남 향 동 향

왕상7:26,(百合花)(式樣)(盞)(二千)
백합화 식양 잔 이천

왕상7:27,(每)(長)(廣)(高)
매 장 광 고

왕상7:28,(制度)(四面)(板)
제도 사면 판

왕상7:29,(板)(獅子)(獅子)(花環)(貌樣)
판 사자 사자 화환 모양

왕상7:30,(各各)(軸)(便)(花環)(各各)
각각 축 편 화환 각각

왕상7:31,(高)(面)(直徑)(半)(半圓形(面)(板)
고 면 직경 반 반원형 면 판

왕상7:32,(板)(軸)(連)(各各)(半)
판 축 연 각각 반

왕상7:33,(制度)(兵車)(制度)(軸)(筒)
제도 병거 제도 축 통

왕상7:34,(連)
연

왕상7:35,(高)(半)(板)(連)
고 반 판 연

왕상7:36,(板)(板)(各各)(獅子)(棕櫚)
판 판 각각 사자 종려
(四面)(花環)(貌樣)
사면 화환 모양

왕상7:37,(法)(尺數)(式樣)(同一)
법 척수 식양 동일

왕상7:38,(各各)(四十)(每)(直徑)(各各)
각각 사십 매 직경 각각

왕상7:39,(殿)(右便)(殿)(左便)(殿)
전 우편 전 좌편 전
(右便)(東南)
우편 동남

왕상7:40,(王)(爲)(殿)
왕 위 전

왕상7:42,(爲)(每)(四百)(石榴)
위 매 사백 석류

왕상7:45,(王)(爲)(殿)
왕 위 전

왕상7:46,(王)(平地)
왕 평지

왕상7:47,(器具)(甚)(重數)(能)(測量)
기구 심 중수 능 측량

왕상7:48,(殿)(器具)(金壇)(陳設餠)(金床)
전 기구 금단 진설병 금상

왕상7:49,(內所)(左右)(精金)(燈臺)(金)(燈盞)
내소 좌우 정금 등대 금 등잔

왕상7:50,(精金)(周鉢)(內所)(至聖所)(門)
정금 주발 내소 지성소 문
(金)(殿)(外所)(門)(金)
금 전 외소 문 금

왕상7:51,(王)(殿)(爲)(父親)(物件)(金)
왕 전 위 부친 물건 금
(器具)(殿)(庫間)
기구 전 고간

列王紀上-(열왕기상)-第八章
열왕기상 제팔장

왕상8:1,(言約櫃)(城(長老)(支派)(頭目)
언약궤 성 장로 지파 두목
(子孫)(族長)(自己)(召集)
자손 족장 자기 소집

왕상8:2,(月)(七月)(節期)(王)
월 칠월 절기 왕

왕상8:3,(長老)(祭司長)(櫃)
장로 제사장 궤

왕상8:4,(櫃)(會幕)(聖幕)(器具)(祭司長)
궤 회막 성막 기구 제사장

왕상8:5,(王)(會衆)(櫃)(羊)(祭祀)(數)(記錄)
왕 회중 궤 양 제사 수 기록

왕상8:6,(祭司長)(言約櫃)(處所)
제사장 언약궤 처소
(內殿)(至聖所)
내전 지성소

왕상8:7,(櫃)(處所)(櫃)
궤 처소 궤

왕상8:8,(故)(內殿)(聖所)
고 내전 성소

왕상8:9,(櫃)(板)(外)(子孫)(後)(言約)
궤 판 외 자손 후 언약

왕상8:10,(祭司長)(聖所)(殿
제사장 성소 전

왕상8:11,(祭司長)(因)(能)(榮光)(殿)
제사장 인 능 영광 전

왕상8:13,(主)(爲)(殿)(建築)(主)(永遠)
주 위 전 건축 주 영원
(居)(處所)
거 처소

왕상8:14,(會衆)(爲)(祝福)
회중 위 축복

왕상8:15,(王)(頌祝)(父親)
왕 송축 부친

왕상8:16,(百姓)(引導)(建築)(爲)(支派)
백성 인도 건축 위 지파

(城邑)(擇)(擇)(百姓)
성읍 택 택 백성

왕상8:17,(父親)(爲)(殿)(建築)
부친 위 전 건축

왕상8:18,(父親)(爲)(殿)(建築)
부친 위 전 건축

왕상8:19,(殿)(建築)(爲)(殿)(建築)
전 건축 위 전 건축

왕상8:20,(許)(父親)(代身)(爲)(殿)(建築)
허 부친 대신 위 전 건축

왕상8:21,(列祖)(引導)(言約)(櫃)(爲)(處所)
열조 인도 언약 궤 위 처소

(設置)
설치

왕상8:22,(壇)(會衆)(向)
단 회중 향

왕상8:23,(上天下地)(神)(主)(主)(行)
상천하지 신 주 주 행

(言約)(恩惠)
언약 은혜

왕상8:24,(主)(主)(許)(主)
주 주 허 주

왕상8:25,(主)(主)(子孫)(自己)(行)(行)(爲)(許)
주 주 자손 자기 행 행 위 허

왕상8:26,(願)(主)(主)(確實)
원 주 주 확실

왕상8:27,(居)(主)(容納)(建築)(殿)
거 주 용납 건축 전

왕상8:28,(祈禱)(懇求)(主)(祈禱
기도 간구 주 기도

왕상8:29,(主)(前)(殿)(向)(主)(晝夜)(向)(祈禱)
주 전 전 향 주 주야 향 기도

왕상8:30,(主)(百姓)(向)(祈禱)(主)(懇求)
주 백성 향 기도 주 간구

(主)(赦)
주 사

왕상8:31,(萬一)犯罪)(盟誓)(殿)(主)(壇)(盟誓)
만일 범죄 맹서 전 주 단 맹서

왕상8:32,(主)(行)(主)(鞫問)(惡)(者)(罪)
주 행 주 국문 악 자 죄

(定)行爲)(義)(者)(義)(義)
정 행위 의 자 의 의

왕상8:33,(萬一)(主)(百姓)(主)(犯罪)(敵國)
만일 주 백성 주 범죄 적국

(敗)(主)(主)(認定)(殿)(主)(懇求)
패 주 주 인정 전 주 간구

왕상8:34,(主)(主)(百姓)(罪)(赦)(列祖)
주 주 백성 죄 사 열조

왕상8:35,(萬一)(主)(犯罪)(因)(主)(罰)(向)
만일 주 범죄 인 주 벌 향

(主)(認定)(罪)
주 인정 죄

왕상8:36,(主)(主)(主)(百姓)(罪)(赦)(行)
주 주 주 백성 죄 사 행

(善)(主)(百姓)(基業)(主)
선 주 백성 기업 주

왕상8:37,(萬一)(饑饉)(瘟疫)(穀食)(蝗蟲)
만일 기근 온역 곡식 황충

(敵國)(城邑)(災殃)(疾病)(無論)
적국 성읍 재앙 질병 무론

왕상8:38,(或)(主)(百姓)(各各)(自己)
혹 주 백성 각각 자기

(災殃)(殿)(向)(祈禱)(懇求
재앙 전 향 기도 간구

왕상8:39,(主)(赦有)(各)(行爲)(行)(人生)
주 사유 각 행위 행 인생

왕상8:40,(主)(列祖)(恒常)(主)(敬畏)
주 열조 항상 주 경외

왕상8:41,(主)(百姓)(屬)(者)(主)(爲)
주 백성 속 자 주 위

(地方)(異邦人)
지방 이방인

왕상8:42,(主)(廣大)(主)(能)(主)(所聞)
주 광대 주 능 주 소문

(殿)(向)(祈禱)
전 향 기도

왕상8:43,(主)(異邦人)(主)(萬民)(主)(主)
주 이방인 주 만민 주 주

(百姓)(敬畏)(建築)(殿)(主)
백성 경외 건축 전 주

왕상8:44,(主)(百姓)(敵國)(主)(主)(城)(主)
주 백성 적국 주 주 성 주

(爲)(建築)(殿)(便)(向)(祈禱)
위 건축 전 편 향 기도

왕상8:45,(主)(祈禱)(懇求)
주 기도 간구

왕상8:46,(犯罪)(主)(犯罪)(主)(震怒)(敵國)
범죄 주 범죄 주 진노 적국

(敵國)(遠近)(勿論)(敵國)(後)
적국 원근 물론 적국 후

왕상8:47,(者)(主)(懇求)(犯罪)(悖逆)(行)(惡)
자 주 간구 범죄 패역 행 악

왕상8:48,(自己)(敵國)(主)(主)(列祖)(主)(城)
자기 적국 주 주 열조 주 성

(主)(爲)(建築)(殿)(便)(向)(主)(祈禱)
주 위 건축 전 편 향 주 기도

왕상8:49,(主)(祈禱)(懇求)
주 기도 간구

왕상8:50,(主)(犯罪)(百姓)(容恕)(主)(犯)
주 범죄 백성 용서 주 범

(赦)(者)
사 자

왕상8:51,(主)(鐵)(引導)(主)(百姓)(主)(産業)
주 철 인도 주 백성 주 산업

왕상8:52,(願)(主)(懇求)(主)(百姓)(懇求)(主)
원 주 간구 주 백성 간구 주

왕상8:53,(主)(主)(祖上)(引導)(主)(主)(世上)
주 주 조상 인도 주 주 세상

(萬民)(區別)(主)(産業)
만민 구별 주 산업

왕상8:54,(向)(祈禱)(懇求)(壇)
향 기도 간구 단

왕상8:55,(會衆)(爲)(祝福)
회중 위 축복

왕상8:56,(讚頌)(許)(百姓)(泰平)(憑藉)
찬송 허 백성 태평 빙자
(許)(善)
허 선

왕상8:57,(列祖)
열조

왕상8:58,(自己)(向)(行)(列祖)(命)(誡命)
자기 향 행 열조 명 계명
(法度)(律例)(願)
법도 율례 원

왕상8:59,(懇求)(晝夜)(主)(主)(百姓)(當)
간구 주야 주 주 백성 당

왕상8:60,(世上)(萬民)(外)(願)
세상 만민 외 원

왕상8:61,(和合)(完全)(法度)(行)(誡命)
화합 완전 법도 행 계명

왕상8:62,(王)(王)(犧牲)
왕 왕 희생

왕상8:63,(和睦祭)(犧牲)(二萬)(二千)(羊)
화목제 희생 이만 이천 양
(十二萬)(王)(子孫)(殿)(落成式)(行)
십이만 왕 자손 전 락성식 행

왕상8:64,(王)(殿)(區別)(燔祭)(素祭)(感謝祭)
왕 전 구별 번제 소제 감사제
(壇)(燔祭物)(素祭物)(和睦祭)
단 번제물 소제물 화목제
(容納)
용납

왕상8:65,(七日)(七日)(合)(十四日)
칠일 칠일 합 십사일
(節期)(河水)(會衆)
절기 하수 회중

왕상8:66,(第)(八日)(百姓)(百姓)(王)(爲)
제 팔일 백성 백성 왕 위
(祝福)(自己)(帳幕)(百姓)(恩惠)(因)
축복 자기 장막 백성 은혜 인

列王紀上-(열왕기상)-第九章
열왕기상 제구장

왕상9:1,(殿)(王宮)(建築)(自己)(願)
전 왕궁 건축 자기 원

왕상9:2,(前)
전

왕상9:3,(祈禱)(懇求)(建築)(殿)(區別)
기도 간구 건축 전 구별
(永永)(恒常)
영영 항상

왕상9:4,(萬一)(行)(穩全)(行)(命)(順從)
만일 행 온전 행 명 순종
(法度)(律例)
법도 율례

왕상9:5,(許)(王位)(永遠)(堅固)
허 왕위 영원 견고

왕상9:6,(萬一)(子孫)(誡命)(法度)(神)(崇拜)
만일 자손 계명 법도 신 숭배

왕상9:7,(爲)(區別)(殿)(民族)(俗談)
위 구별 전 민족 속담

왕상9:8,(殿)(者)(殿)(行)
전 자 전 행

왕상9:9,(對答)(自己)(列祖)(引導)(自己)
대답 자기 열조 인도 자기
(神)(附從)(崇拜)(災殃)
신 부종 숭배 재앙

왕상9:10,(殿)(王宮)(二十年)(建築)
전 왕궁 이십년 건축

왕상9:11,(城邑)(二十)(王)(所願)(柏香木)
성읍 이십 왕 소원 백향목
(金)(支供)
금 지공

왕상9:12,(自己)(城邑)
자기 성읍

왕상9:13,(兄)(城邑)
형 성읍

왕상9:14,(金)(一百)(二十)(王)
금 일백 이십 왕

왕상9:15,(王)(役軍)(殿)(自己)(宮)(城)(建築)
왕 역군 전 자기 궁 성 건축

왕상9:16,(前)(王)(奪取)(城)(城邑)(自己)
전 왕 탈취 성 성읍 자기
(禮物)
예물

왕상9:17,(建築)
건축

왕상9:19,(自己)(國庫城)(兵車城)(馬兵)
자기 국고성 병거성 마병
(城)(建築)(建築)(建築)
성 건축 건축 건축

왕상9:20,(子孫)(者)
자손 자

왕상9:21,(子孫)(滅)(子孫)(奴隷)(役軍)
자손 멸 자손 노예 역군

왕상9:22,(子孫)(奴隷)(軍士)(臣僕)(方伯)
자손 노예 군사 신복 방백
(大將)(兵車)(馬兵)(長官)
대장 병거 마병 장관

왕상9:23,(役事)(監督)(頭目)(五百)
역사 감독 두목 오백
(五十人)(役事)(百姓)
오십인 역사 백성

왕상9:24,(城)(爲)(建築)(宮)(建築)
성 위 건축 궁 건축

왕상9:25,(爲)(壇)(番)(燔祭)(感謝祭)(壇)
위 단 번 번제 감사제 단
(焚香)(殿)(役事)
분향 전 역사

왕상9:26,(王)(紅海)(近處)
왕 홍해 근처

왕상9:27,(自己)(沙工)
자기 사공

왕상9:28,(金)(四百)(二十)(王)
금 사백 이십 왕

列王紀上-(열왕기상)-第十章
열왕기상 제십장

왕상10:1,(女王)(名譽)(問題)(試驗)
녀왕 명예 문제 시험

왕상10:2,(隨員)(甚)(香品)(甚)(金)
수원 심 향품 심 금
(寶石)(自己)
보석 자기

왕상10:3,(對答)(王)(隱微)(對答)
대답 왕 은미 대답

왕상10:4,(女王)(智慧)(建築)(殿)
녀왕 지혜 건축 전

왕상10:5,(床)(食物)(臣僕)(座席)(臣下)(侍立)
상 식물 신복 좌석 신하 시립
(公服)(官員)(殿)(層階)(精神)(眩恍)
공복 관원 전 층계 정신 현황

왕상10:6,(王)(告)(當身)(行爲)(當身)(智慧)
왕 고 당신 행위 당신 지혜
(對)(所聞)(眞實)
대 소문 진실

왕상10:7,(目覩)(折半)(當身)(智慧)(福)(所聞)
목도 절반 당신 지혜 복 소문

왕상10:8,(福)(當身)(福)(當身)(臣僕)(恒常)
복 당신 복 당신 신복 항상
(當身)(當身)(智慧)
당신 당신 지혜

왕상10:9,(當身)(頌祝)(當身)(永永)(當身)
당신 송축 당신 영영 당신
(王)(公)(義)(行)
왕 공 의 행

왕상10:10,(金)(一百)(二十)(甚)(香品)
금 일백 이십 심 향품
(寶石)(王)(女王)(王)(香品)
보석 왕 녀왕 왕 향품

왕상10:11,(金)(白檀木)(寶石)(運搬)
금 백단목 보석 운반

왕상10:12,(王)(殿)(王宮)(欄干)(者)(爲)
왕 전 왕궁 란간 자 위
(竪琴)(琵琶)(前)
수금 비파 전

왕상10:13,(王)(王)(規例)(女王)(物件)
왕 왕 규례 녀왕 물건
(外)(所願)(求)(臣僕)(本國)
외 소원 구 신복 본국

왕상10:14,(歲入金)(重數)(六百)(六十)
세입금 중수 육백 육십
(六)(金)
육 금

왕상10:15,(外)(商賈)(貿易)(客商)(王)(方伯)
외 상고 무역 객상 왕 방백

왕상10:16,(王)(金)(防牌)(二百)(每)(防牌)
왕 금 방패 이백 매 방패
(金)(六百)
금 육백

왕상10:17,(金)(防牌)(三百)(每)(防牌)(金)
금 방패 삼백 매 방패 금
(三)(王)(宮)
삼 왕 궁

왕상10:18,(王)(寶座)(精金)
왕 보좌 정금

왕상10:19,(寶座)(層階)(寶座)(兩便)(獅子)
보좌 층계 보좌 량편 사자

왕상10:20,(獅子)(層階)(左右便)
사자 층계 좌우편

왕상10:21,(王)(金)(宮)(精金)(銀)(器物)
왕 금 궁 정금 은 기물
(時代)(銀)(貴)
시대 은 귀

왕상10:22,(王)(三年)(一次)(金)(銀)
왕 삼년 일차 금 은
(象牙)(孔雀)
상아 공작

왕상10:23,(王)(財産)(智慧)(天下)(列王)
왕 재산 지혜 천하 열왕

왕상10:24,(天下)(智慧)(願)
천하 지혜 원

왕상10:25,(各其)(禮物)(銀)(金)(衣服)
각기 예물 은 금 의복
(甲)(香品)(定)(數)
갑 향품 정 수

왕상10:26,(兵車)(馬兵)(兵車)(一千)(四百)
병거 마병 병거 일천 사백
(馬兵)(一萬)(二千)(兵車城)(王)
마병 일만 이천 병거성 왕

왕상10:27,(王)(銀)(柏香木)(平地)
왕 은 백향목 평지

왕상10:28,(王)(商賈)(定價)
왕 상고 정가

왕상10:29,(兵車)(銀)(六百)(一百)(五十)
병거 은 육백 일백 오십
(王)(王)(爲)
왕 왕 위

列王紀上-(열왕기상)-第十一章
열왕기상 제십일장

왕상11:1,(王)(外)(異邦)(女人)(女人)
왕 외 이방 녀인 녀인

왕상11:2,(國民)(對)(子孫)(通)(通)(丁寧)
국민 대 자손 통 통 정녕
(神)(戀愛)
신 연애

왕상11:3,(王)(后妃)(七百人)(三百人)
왕 후비 칠백인 삼백인
(王妃)(王)
왕비 왕

왕상11:4,(王妃)(神)(王)(父親)(穩全)
왕비 신 왕 부친 온전

왕상11:5,(女神)(可憎)
여신 가증

왕상11:6,(惡)(行)(父親)(穩全)
악 행 부친 온전

왕상11:7,(可憎)(爲)(山)(山堂)(子孫)
가증 위 산 산당 자손
(可憎)(爲)
가증 위

왕상11:8,(異族)(后妃)(爲)(自己)(神)
이족 후비 위 자기 신
(焚香)(祭祀)
분향 제사

왕상11:9,(震怒)(番)
진노 번

왕상11:10,(對)(命)(神)(命令)
대 명 신 명령

왕상11:11,(言約)(命)(法度)(決斷)(臣僕)
언약 명 법도 결단 신복

왕상11:12,(爲)(世代)(行)
위 세대 행

왕상11:13,(爲)(支派)
위 지파

왕상11:14,(對敵)(王)(子孫)(居)
대적 왕 자손 거

왕상11:15,(前)(軍隊長官)(當)(者)
전 군대장관 당 자
(葬事)(男子)
장사 남자

왕상11:16,(男子)(留)
남자 유

왕상11:17,(臣僕)(中)(逃亡)
신복 중 도망

왕상11:18,(發行)(王)(糧食)(定)(土地)
발행 왕 량식 정 토지

왕상11:19,(恩寵)(自己)(妻弟)(王妃)
은총 자기 처제 왕비

왕상11:20,(宮中)(宮)
궁중 궁

왕상11:21,(列祖)(軍隊長官)(告)(故國)
열조 군대장관 고 고국

왕상11:22,(不足)(故國)(求)(對答)
부족 고국 구 대답

왕상11:23,(對敵)(主人)(王)(逃亡)(者)
대적 주인 왕 도망 자

왕상11:24,(魁首)(雄據)(王)
괴수 웅거 왕

왕상11:25,(一平生)(患難)(外)(王)(對敵)
일평생 환난 외 왕 대적

왕상11:26,(臣僕)(王)(對敵)(族屬)(寡婦)
신복 왕 대적 족속 과부

왕상11:27,(王)(對敵)(建築)(父親)(城)(修築)
왕 대적 건축 부친 성 수축

왕상11:28,(勇士)(少年)(族屬)(役事)(監督)
용사 소년 족속 역사 감독

왕상11:29,(先知者)衣服)
선지자 의복

왕상11:31,(取)(支派)
취 지파

왕상11:32,(爲)(支派)(中)(城)(爲)(支派)
위 지파 중 성 위 지파

왕상11:33,(女神)(神)(子孫)(神)(崇拜)(行)
여신 신 자손 신 숭배 행
(行)(正直)(法度)(律例)(行)
행 정직 법도 율례 행

왕상11:34,(命令)(法度)(爲)(生前)(主管)
명령 법도 위 생전 주관

왕상11:35,(支派)
지파

왕상11:36,(支派)(擇)(城)(燈)(恒常)
지파 택 성 등 항상

왕상11:37,(取)(願)(王)
취 원 왕

왕상11:38,(萬一)(命)(順從)(行)(合當)
만일 명 순종 행 합당
(行)(律例)(命令)(爲)(爲)(堅固)
행 율례 명령 위 위 견고

왕상11:39,(因)(子孫)(永遠)
인 자손 영원

왕상11:40,(逃亡)(王)
도망 왕

왕상11:41,(事蹟)(行)(智慧)(行狀)(記錄)
사적 행 지혜 행장 기록

왕상11:42,(數)(四十年)
수 사십년

왕상11:43,(列祖)(姉妹)(父親)(城)(葬事)
열조 자매 부친 성 장사
(代身)(王)
대신 왕

列王紀上-(열왕기상)-第十二章
열왕기상 제십이장

왕상12:1,(王)
왕

왕상12:2,(前)(王)(避)(逃亡)(所聞)(中)
전 왕 피 도망 소문 중

왕상12:3,(會衆)(告)
회중 고

왕상12:4,(王)(父親)(王)(王)(父親)(苦役)(王)
왕 부친 왕 왕 부친 고역 왕

왕상12:5,(對答)(三日)(後)(百姓)
대답 삼일 후 백성

왕상12:6,(王)(父親)(生前)(老人)(議論)
왕 부친 생전 로인 의논
(教導)(百姓)(對答)
교도 백성 대답

왕상12:7,(對答)(王)(萬一)(百姓)(對答)
대답 왕 만일 백성 대답
(永永)(王)
영영 왕

왕상12:8,(王)(老人)(教導)(自己)(少年)(議論)
왕 로인 교도 자기 소년 의논

왕상12:9,(教導)(百姓)(對答)(百姓)(王)(父親)
교도 백성 대답 백성 왕 부친

왕상12:10,(少年)(王)(告)(百姓)(王)(告)(王)
소년 왕 고 백성 왕 고 왕
(父親)(王)(爲)(王)(對答)(父親)
부친 왕 위 왕 대답 부친

왕상12:11,(父親)(父親)(懲治)(全蝎)(懲治)
부친 부친 징치 전갈 징치

왕상12:12,(三日)(百姓)(王)(命)(三日)
삼일 백성 왕 명 삼일

왕상12:13,(王)(暴虐)(百姓)(對答)(老人)(教導)
왕 포학 백성 대답 로인 교도

왕상12:14,(少年)(告)(父親)(父親)(懲治)
소년 고 부친 부친 징치
(全蝎)(懲治)
전갈 징치

왕상12:15,(王)(百姓)(前)告)(應)
왕 백성 전 고 응

왕상12:16,(自己)(王)(王)(對答)(關係)
자기 왕 왕 대답 관계
(業)(帳幕)(帳幕)
업 장막 장막

왕상12:17,(城邑)(子孫)(王)
성읍 자손 왕

왕상12:18,(王)(役軍)(監督)(王)(急)(逃亡)
왕 역군 감독 왕 급 도망

왕상12:19,(背叛)
배반

왕상12:20,(公會)(請)(王)(支派)(外)(者)
공회 청 왕 지파 외 자

왕상12:21,(族屬)(支派)(擇)(勇士)(十八萬)
족속 지파 택 용사 십팔만
(族屬)(恢復)
족속 회복

왕상12:22,(臨)
임

왕상12:23,(王(族屬)(百姓)(告)
왕 족속 백성 고

왕상12:24,(兄弟)(子孫)(各其)
형제 자손 각기

왕상12:25,(山地)(建築)(建築)
산지 건축 건축

왕상12:27,(萬一)(百姓)(殿)(祭祀)(百姓)
만일 백성 전 제사 백성
(王)(主)(王)
왕 주 왕

왕상12:28,(計劃)(金(引導)(神)
계획 금 인도 신

왕상12:30,(罪)(百姓)(崇拜)
죄 백성 숭배

왕상12:31,(山堂)(子孫)(普通)(百姓)(祭司長)
산당 자손 보통 백성 제사장

왕상12:32,(八月)(十)(五日)(節期)(定)
팔월 십 오일 절기 정
(節期)(行)(祭祀)(山堂)(祭司長)
절기 행 제사 산당 제사장

왕상12:33,(自己)(定)(八月)(十五日)(子孫)
자기 정 팔월 십오일 자손
(爲)(節期)(定)(壇)(焚香)
위 절기 정 단 분향

列王紀上-(열왕기상)-第十三章
열왕기상 제십삼장

왕상13:1,(因)(壇)(焚香)
인 단 분향

왕상13:2,(壇)(向)(壇)(壇)(焚香)(山堂)
단 향 단 단 분향 산당
(祭司長)(祭祀)
제사장 제사

왕상13:3,(豫兆)(豫兆)(壇)
예조 예조 단

왕상13:4,(王)(壇)(向)(壇)(向)
왕 단 향 단 향

왕상13:5,(豫兆)(壇)(壇)
예조 단 단

왕상13:6,(王)(請)(爲)(恩惠)(求)(祈禱)
왕 청 위 은혜 구 기도
(恩惠)(求)(王)(前)
은혜 구 왕 전

왕상13:7,(王)(禮物)
왕 예물

왕상13:8,(王)對答)(王)(王)(折半)(王)
왕 대답 왕 왕 절반 왕

왕상13:9,(命)
명

왕상13:10,(自己)
자기

왕상13:11,(先知者(行)(告)(王)(告)(告)
선지자 행 고 왕 고 고

왕상13:13,(爲)(鞍裝)(鞍裝)
위 안장 안장

왕상13:14,(對答)
대답

왕상13:16,(對答)
대답

왕상13:18,(先知者)(天使)
선지자 천사

왕상13:20,(床)(先知者)(臨)
상 선지자 임

왕상13:21,(向)(命)(命令)
향 명 명령

왕상13:22,(屍體)(列祖)(墓室)
시체 열조 묘실

왕상13:23,(自己)(先知者)(後)(爲)(鞍裝)
자기 선지자 후 위 안장

왕상13:24,(獅子)(屍體)(獅子(屍體)
사자 시체 사자 시체

왕상13:25,(屍體(屍體)(使者)(先知者)(城邑)
시체 시체 사자 선지자 성읍

왕상13:26,(先知者)(獅子)(獅子)
선지자 사자 사자

왕상13:27,(爲)(鞍裝)(鞍裝)
위 안장 안장

왕상13:28,(屍體)(獅子(屍體)(獅子(屍體)
시체 사자 시체 사자 시체

왕상13:29,(先知者)(屍體)(自己)(城邑)(葬事)
선지자 시체 자기 성읍 장사

왕상13:30,(屍體)(自己)(墓室)(爲)(嗚呼)
시체 자기 묘실 위 오호
(兄弟)
형제

왕상13:31,(葬事)(後)(葬事)(墓室)(葬事)
장사 후 장사 묘실 장사

왕상13:32,(壇)(向)(城邑)(山堂)(向)
단 향 성읍 산당 향

왕상13:33,(後)(惡)(普通)(百姓)(山堂)
후 악 보통 백성 산당

(祭司長)(自願)(山堂)(祭司長)
제사장 자원 산당 제사장

왕상13:34,(罪)(地面)(滅亡)
죄 지면 멸망

列王紀上-(열왕기상)-第十四章
열왕기상 제십사장

왕상14:1,(病)
병

왕상14:2,(請)(變裝)(先知者)(以前)(百姓)
청 변장 선지자 이전 백성
(王)(告)
왕 고

왕상14:3,(菓子)(甁)
과자 병

왕상14:4,(因)
인

왕상14:5,(病)(因)對答)
병 인 대답

왕상14:6,(門)(命令(凶)(告)
문 명령 흉 고

왕상14:7,(告)(百姓)(中)(百姓)(主權者)
고 백성 중 백성 주권자

왕상14:8,(命令)(全心)(正直)(一萬)(行)
명령 전심 정직 일만 행

왕상14:9,(以前)(惡)(行)(爲)(神)(偶像)
이전 악 행 위 신 우상
(怒)(激發)
노 격발

왕상14:10,(災殃)(贖)(者)(者)
재앙 속 자 자

왕상14:11,(贖)(者)(城)(空中)
속 자 성 공중

왕상14:12,(城)
성

왕상14:13,(爲)(葬事)(贖)(者)(墓室)(向)(善)
위 장사 속 자 묘실 향 선

왕상14:14,(王)
왕

왕상14:15,(列祖)(河水)(木像)(震怒)(
열조 하수 목상 진노

왕상14:16,(罪)(因)(犯罪)(罪)(
죄 인 범죄 죄

왕상14:17,(妻)(門地枋)
처 문지방

왕상14:18,(葬事)(爲)(先知者)
장사 위 선시사

왕상14:19行蹟)(王)(歷代志略)(記錄)
행적 왕 력대지략 기록

왕상14:20,(王)(二十二年)(列祖)(姉妹)
왕 이십이년 열조 자매
(代身)(王)
대신 왕

왕상14:21,(王)(位)(四十一歲)(自己(支派)
왕 위 사십일세 자기 지파
(城)(十七年)(治理)(母親)
성 십칠년 치리 모친

왕상14:22,(惡)(行)(列祖)(行)(犯)(罪)(怒)
악 행 열조 행 범 죄 노
(激發)
격발

왕상14:23,(山)(山堂)(偶像)(木像)
산 산당 우상 목상

왕상14:24,(男色)(者)(子孫)(國民)(可憎)(行)
남색 자 자손 국민 가증 행

왕상14:25,(王)(第)(五年)(王)
왕 제 오년 왕

왕상14:26,(殿)(寶物)(王宮)(寶物)(沒數)
전 보물 왕궁 보물 몰수
(金防牌)
금방패

왕상14:27,(王)(代身)(防牌)(王宮)(門)
왕 대신 방패 왕궁 문
(侍衛隊)(長官)
시위대 장관

왕상14:28,(王)(殿)(侍衛)(者)(防牌)(侍衛所)
왕 전 시위 자 방패 시위소

왕상14:29,(事蹟)(行)(王)(歷代志略)(記錄)
사적 행 왕 력대지략 기록

왕상14:30,(恒常)(戰爭)
항상 전쟁

왕상14:31,(列祖)(列祖)(城)(葬事)
열조 열조 성 장사
(母親)(代身)(王)
모친 대신 왕

列王紀上-(열왕기상)-第十五章
열왕기상 제십오장

왕상15:1)王)(第)(十八年)(王)
왕 제 십팔년 왕

왕상15:2,(三年)(治理)(母親)
삼년 치리 모친

왕상15:3,(父親)(行)(罪)(行)(祖上)(穩全)
부친 행 죄 행 조상 온전

왕상15:4,(爲)(燈)(後嗣)(堅固
위 등 후사 견고

왕상15:5,(外)(平生)(正直)(行)(自己)(命)
외 평생 정직 행 자기 명

왕상15:6,(戰爭)
전쟁

왕상15:7,(戰爭)(事蹟)(行)(王)
전쟁 사적 행 왕
(歷代志略)(記錄)
력대지략 기록

왕상15:8,(列祖)(者)(城)(葬事)(代身)(王)
열조 자 성 장사 대신 왕

왕상15:9,(王)(第)(二十年)(王)
왕 제 이십년 왕

왕상15:10,(四十一年)(治理)(母親)
사십일년 치리 모친

왕상15:11,(祖上)(正直)(行)
조상 정직 행

왕상15:12,(男色)(者)(列祖)(偶像)
남색 자 열조 우상

왕상15:13,(母親)(可憎)(偶像)(太后)
모친 가증 우상 태후
(位)(廢)(偶像)나
위 폐 우상
왕상15:14,(山堂)(一平生)(穩全)
산당 일평생 온전
왕상15:15,(父親)(區別)(自己)(區別)
부친 구별 자기 구별
(殿)(金)(器皿)
전 금 기명
왕상15:16,(王)(一生)(戰爭)
왕 일생 전쟁
왕상15:17,(王(建築)(王(往來)
왕 건축 왕 왕래
왕상15:18,(殿)(庫間)(王宮)(庫間)(銀金)
전 고간 왕궁 고간 은금
(沒數)(取)(臣僕)(居)(王)(孫子)
몰수 취 신복 거 왕 손자
왕상15:19,(當身)(約條)(父親)(當身)(父親)
당신 약조 부친 당신 부친
(當身)(銀金)(禮物)(王)(約條)
당신 은금 예물 왕 약조
왕상15:20,(王)(軍隊長官)(城)(壇)
왕 군대장관 성 단
왕상15:21,(建築)(居)
건축 거
왕상15:22,(王)(令)(謀免)(建築)(材木)(建築)
왕 영 모면 건축 재목 건축
왕상15:23,(事蹟)(權勢)(行)(城邑)(建築)
사적 권세 행 성읍 건축
(王)(歷代志略)(記錄)(病)
왕 력대지략 기록 병
왕상15:24,(列祖)(姉妹)(列祖)(祖上)(城)
열조 자매 열조 조상 성
(葬事)(代身)(王)
장사 대신 왕
왕상15:25,(王)(第)(二年)(王)(二年)
왕 제 이년 왕 이년
왕상15:26,(惡)(行)(行)(犯)(罪中)(行)
악 행 행 범 죄중 행
왕상15:27,(族屬)(謀叛)(屬)
족속 모반 속
왕상15:28,(王)(第)(三年)(代身)(王)
왕 제 삼년 대신 왕
왕상15:29,(王)(生命)(者)(滅)
왕 생명 자 멸
왕상15:30,(犯罪)(犯)(罪)(怒)(激動)(因)
범죄 범 죄 노 격동 인
왕상15:31,(事蹟)(行)(王)(歷代志略)(記錄)
사적 행 왕 력대지략 기록
왕상15:32,(王)(一生)(戰爭)
왕 일생 전쟁
왕상15:33,(王)(第)(三年)(王)(二十四年)
왕 제 삼년 왕 이십사년
(治理)
치리
왕상15:34,(惡)(行)(行)(犯)(罪中)(行)
악 행 행 범 죄중 행

列王紀上-(열왕기상)-第十六章
열왕기상 제십륙장

왕상16:1,(臨)
임
왕상16:2,(塵土)(百姓)(主權者)(行)(百姓)
진토 백성 주권자 행 백성
(犯罪(罪)(怒)(激動)
범죄 죄 노 격동
왕상16:4,(贖)(者)(城邑)(空中)
속 자 성읍 공중
왕상16:5,(事蹟)(行)(權勢)(王)(歷代志略)
사적 행 권세 왕 력대지략
(記錄)
기록
왕상16:6,(列祖)(姉妹)(葬事)(代身)(王)
열조 자매 장사 대신 왕
왕상16:7,(先知者)(臨)(惡)(行)(所爲)(怒)
선지자 임 악 행 소위 노
(激動)
격동
왕상16:8,(王)(第)(二十六年)(王)(二年)(位)
왕 제 이십륙년 왕 이년 위
왕상16:9,(宮內大臣)(醉)(臣僕)(兵車)
궁내대신 취 신복 병거
(折半)(統率)(長官)(王)(謀叛)
절반 통솔 장관 왕 모반
왕상16:10,(代身)(王)(王)(第)(二十七年)
대신 왕 왕 제 이십칠년
왕상16:11,(王)(男子)(族屬)(親舊)
왕 남자 족속 친구
왕상16:12,(滅)(先知者)
멸 선지자
왕상16:13,(罪)(罪)(因)(犯罪)(犯罪)(怒)(激動)
죄 죄 인 범죄 범죄 노 격동
왕상16:14,(事蹟)(行)(王)(歷代志略)(記錄)
사적 행 왕 력대지략 기록
왕상16:15,(王)(第)(二十七年)(七日)(王)
왕 제 이십칠년 칠일 왕
(百姓)(贖)(向)(陣)
백성 속 향 진
왕상16:16,(陣中)(百姓)(謀叛)(王)(陣)
진중 백성 모반 왕 진
(軍隊長官)(王)
군대장관 왕
왕상16:18,(城)(陷落)(王宮)(衛所)(王宮)
성 함락 왕궁 위소 왕궁
왕상16:19,(惡)(行)(犯罪)(因)(行)(罪)(犯)
악 행 범죄 인 행 죄 범
(罪中)(行)
죄중 행
왕상16:20行爲)(謀叛)(王)(歷代志略)(記錄)
행위 모반 왕 력대지략 기록
왕상16:21,(百姓)(折半)(王)(折半)
백성 절반 왕 절반
왕상16:22,(百姓)(百姓)(王)
백성 백성 왕

왕상16:23,(王)(第)(三十一年)(王)(十二年)
왕 제 삼십일년 왕 십이년
(位)(六年)(治理)
위 육년 치리

왕상16:24,(銀)(山)(山)(城)(建築)(建築)
은 산 산 성 건축 건축
(城)(山)(主人)
성 산 주인

왕상16:25,(惡)(行)(前)(惡)(行)
악 행 전 악 행

왕상16:26)行)(罪)(犯)(罪中)(行)(怒)(激發
행 죄 범 죄중 행 노 격발

왕상16:27,(行)(事蹟)(權勢)(王)(歷代志略)
행 사적 권세 왕 력대지략
(記錄)
기록

왕상16:28,(列祖)(姉妹)(葬事)(代身)(王)
열조 자매 장사 대신 왕

왕상16:29,(王)(第)(三十八年)(王)(二十二年)
왕 제 삼십팔년 왕 이십이년

왕상16:30,(前)(惡)(行)
전 악 행

왕상16:31,(罪)(行)(王)(崇拜)
죄 행 왕 숭배

왕상16:32,(建築)(祠堂)(爲)(壇)
건축 사당 위 단

왕상16:33,(木像)(前)(王)(甚)(怒)(激發)
목상 전 왕 심 노 격발

왕상16:34,(時代)(建築)(門)(末)
시대 건축 문 말

列王紀上-(열왕기상)-第十七章
열왕기상 제십칠장

왕상17:1,(寓居)(者)(中)(告)(盟誓)(數年)
우거 자 중 고 맹서 수년
(雨露)
우로

왕상17:2,(臨)
임

왕상17:3,(東)
동

왕상17:4,(命)
명

왕상17:7,(後
후

왕상17:8,(臨)
임

왕상17:9,(屬)(留)(寡婦)(命)(供饋)
속 유 과부 명 공궤

왕상17:10,(城門)(寡婦)(請)
성문 과부 청

왕상17:11,(請)
청

왕상17:12,(當身)(盟誓)(爲)(飮食)(後)
당신 맹서 위 음식 후

왕상17:13,(爲)(後)(爲)
위 후 위

왕상17:14,(地面)
지면

왕상17:15,(食口)
식구

왕상17:17,(後)(主母)(女人)(病)(症勢)
후 주모 녀인 병 증세
(甚)(危重)
심 위중

왕상17:18,(女人)(當身)(相關)(罪)
녀인 당신 상관 죄

왕상17:19,(女人)(取)(自己)(居處)(自己)
녀인 취 자기 거처 자기
(寢床)
침상

왕상17:20,(主)(寓居)(寡婦)(災殃)
주 우거 과부 재앙

왕상17:21,(番)(願)(魂)
번 원 혼

왕상17:22,(魂)
혼

왕상17:23,(房)
방

왕상17:24,(女人)(當身)(當身)(眞實)
녀인 당신 당신 진실

列王紀上-(열왕기상)-第十八章
열왕기상 제십팔장

왕상18:1,(第)(三年)(臨)(地面)
제 삼년 임 지면

왕상18:2,(饑饉)(甚)
기근 심

왕상18:3,(宮內大臣)(敬畏)(者)
궁내대신 경외 자

왕상18:4,(先知者)(滅)(先知者)(一百人)
선지자 멸 선지자 일백인
(五十人)(窟)
오십인 굴

왕상18:5,(根源)(或時)
근원 혹시

왕상18:7,(主)(當身)
주 당신

왕상18:8,(對答)(主)(告
대답 주 고

왕상18:9,(罪)(犯)(當身)(當身)
죄 범 당신 당신

왕상18:10,(當身)(盟誓)(主)(當身)(族屬)
당신 맹서 주 당신 족속
(族屬)(當身)(盟誓)
족속 당신 맹서

왕상18:11,(當身)(主)(告)
당신 주 고

왕상18:12,(當身)(後)(神)(當身)(告)(當身)
당신 후 신 당신 고 당신
(當)(當身)(敬畏)(者)
당 당신 경외 자

왕상18:13,(先知者)(先知者)(中)(一百人)
선지자 선지자 중 일백인

(五十)(人)(窟)(主)
오십 인 굴 주

왕상18:14,(當身)(主)(告)
당신 주 고

왕상18:15,(萬軍)(盟誓)
만군 맹서

왕상18:16,(告)
고

왕상18:17,(者)
자

왕상18:18,(對答)(當身)(當身)(命令)(當身)
대답 당신 당신 명령 당신

왕상18:19,(床)(先知者)(四百)(五十人)
상 선지자 사백 오십인

(先知者)(四百人)(山)
선지자 사백인 산

왕상18:20,(子孫)(先知者)(山)
자손 선지자 산

왕상18:21,(百姓)(萬一)(萬一)(百姓)對答)
백성 만일 만일 백성 대답

왕상18:22,(百姓)(先知者)(先知者)(四百)
백성 선지자 선지자 사백

(五十人)
오십인

왕상18:23,(擇)(脚나
택 각

왕상18:24,(神)(應答)(神)(百姓)對答)
신 응답 신 백성 대답

왕상18:25,(先知者)(擇)
선지자 택

왕상18:26,(取)(應答)(應答)(者)(壇)(周圍)
취 응답 응답 자 단 주위

왕상18:27,(午正)(嘲弄)(神(默想)(或)(暫間)
오정 조롱 신 묵상 혹 잠간

(或)(行)(或)
혹 행 혹

왕상18:28,(規例)(槍)(傷)
규례 창 상

왕상18:29,(午正)(嗔言)(素祭)(應答)(者)(者)
오정 진언 소제 응답 자 자

왕상18:30,(百姓)(向)(百姓)(壇)(修築)
백성 향 백성 단 수축

왕상18:31,(支派)(數爻)(取)(臨)(者)
지파 수효 취 임 자

왕상18:32,(依支)(壇)(壇)(穀食)(種子(容納)
의지 단 단 곡식 종자 용납

왕상18:33,(脚)(燔祭物)
각 번제물

왕상18:34,(番(番)
번 번

왕상18:35,(壇)
단

왕상18:36,(素祭)(先知者)(主)(中)(主)(主)(行)
소제 선지자 주 중 주 주 행

왕상18:37,(應答)(應答)(百姓)(主)(主)
응답 응답 백성 주 주

왕상18:38,(燔祭物)
번제물

왕상18:39,(百姓)시로
백성

왕상18:40,(先知者)(逃亡)
선지자 도망

왕상18:42,(山)
산

왕상18:43,(使喚)(便)(告)(番)
사환 편 고 번

왕상18:44,(番)(告)(告)(馬車)
번 고 고 마차

왕상18:45,(後)(馬車)
후 마차

왕상18:46,(能力)(臨)
능력 임

列王紀上-(열왕기상)-第十九章
열왕기상 제십구장

왕상19:1,(行)(先知者)(告)
행 선지자 고

왕상19:2,(使者)(來日)(丁寧)(生命)(中)
사자 래일 정녕 생명 중

(生命)(神)(罰)(罰)
생명 신 벌 벌

왕상19:3,(形便)(生命)(爲)(逃亡)(屬)(自己)
형편 생명 위 도망 속 자기

(使喚)
사환

왕상19:4,(曠野)(行)뎀(求)(只今)(生命)
광야 행 구 지금 생명

(取)(列祖)(
취 열조

왕상19:5,(天使)
천사

왕상19:6,(瓶)
병

왕상19:7,(使者
사자

왕상19:8,(食物)(依支)(四十)(晝)(四十)
식물 의지 사십 주 사십

(夜)(行)(山)(
야 행 산

왕상19:9,(窟)(留)(臨)
굴 유 임

왕상19:10,(對答)(萬軍)(爲)(熱心)(特甚)
대답 만군 위 열심 특심

(子孫)(主)(言約)(主)(壇)(主)
자손 주 언약 주 단 주

(先知者)
선지자

왕상19:11,(生命(取)
생명 취

왕상19:12,(山)(强)(山)(後)(地震)(地震)
산 강 산 후 지진 지진

왕상19:13,(地震)(後)(後)(細微)
지진 후 후 세미

왕상19:14,(窟)(臨)
굴 임

왕상19:15,(曠野)(王)
광야 왕

왕상19:16,(王)(代身)(先知者)
왕 대신 선지자

왕상19:17,(避)(者)(避)(者)
피 자 피 자

왕상19:18,(七千人)(者)
칠천인 자

왕상19:19,(自己)
자기

왕상19:20,(請)(父母)(後)(當身)(行)
청 부모 후 당신 행

왕상19:21,(取)(器具)(百姓)(隨從)
취 기구 백성 수종

列王紀上-(열왕기상)-第二十章
열왕기상 제이십장

왕상20:1,(王)(軍隊)(王)(三十二人)(兵車)
왕 군대 왕 삼십이인 병거

왕상20:2,(使者)(城中)(王)
사자 성중 왕

왕상20:3,(銀金)(妻)(子女)(者)
은금 처 자녀 자

왕상20:4,(王)(對答)(主)(王)(王)(王)
왕 대답 주 왕 왕 왕

왕상20:5,(使者)(銀金)(子女)
사자 은금 자녀

왕상20:6,(來日)(臣僕)(臣僕)(搜探)
래일 신복 신복 수탐

왕상20:7,(王)(長老)(殘害)(求)(仔細)(妻)
왕 장로 잔해 구 자세 처
(子女)(銀金)(取)(拒絶)
자녀 은금 취 거절

왕상20:8,(長老)(百姓)(王)(告)(王)(許諾)
장로 백성 왕 고 왕 허락

왕상20:9,(王)(使者)(主)(王)(告)(王)(求)
왕 사자 주 왕 고 왕 구
(使者)(告)
사자 고

왕상20:10,(百姓)(足)(神)(罰)(罰)
백성 족 신 벌 벌

왕상20:11,(王)(對答)(甲)(者)(甲)(者
왕 대답 갑 자 갑 자

왕상20:12,(王)(帳幕)(臣僕)(陣)(城)(向)(陣)
왕 장막 신복 진 성 향 진

왕상20:13,(先知者)(王)
선지자 왕

왕상20:14,(對答)(各)(道)(方伯)(少年)
대답 각 도 방백 소년
(始作)(對答)(王)
시작 대답 왕

왕상20:15,(各)(道)(方伯)(少年)(計數)
각 도 방백 소년 계수
(二百)(三十二人)(外)(百姓)
이백 삼십이인 외 백성
(子孫)(七千人)
자손 칠천인

왕상20:16,(午正)(帳幕)(王)(三十二人)(醉)
오정 장막 왕 삼십이인 취

왕상20:17,(各)(道)(方伯)(少年)
각 도 방백 소년
(探知軍)(回報)
탐지군 회보

왕상20:18,(和親)
화친

왕상20:19,(各)(道)(方伯)(少年)(軍隊)(城)
각 도 방백 소년 군대 성

왕상20:20,(各各)(敵軍)(逃亡)(王)(馬兵)
각각 적군 도망 왕 마병
(逃亡)(免)
도망 면

왕상20:21,(王)(兵車)(屠戮)
왕 병거 도륙

왕상20:22,(先知者)(王)(王)(王)(行)
선지자 왕 왕 왕 행
(準備)(王)(王)
준비 왕 왕

왕상20:23,(王)(臣僕)(王)(告)(神)(山)(神)
왕 신복 왕 고 신 산 신
(强)(萬一)(平地)(丁寧)(强)
강 만일 평지 정녕 강

왕상20:24,(王)(行)(王)(除)(各各)(代身)(長官)
왕 행 왕 제 각각 대신 장관

왕상20:25,(王)(軍隊)(軍隊)(王)(爲)(充數)
왕 군대 군대 왕 위 충수
(兵車)(兵車)(充數)(平地)(丁寧)
병거 병거 충수 평지 정녕
(强)(王)
강 왕

왕상20:26,(點考)
점고

왕상20:27,(子孫)(點考)(軍糧)(陣)
자손 점고 군량 진

왕상20:28,(王)(告)(山)(神)(神)(軍隊)
왕 고 산 신 신 군대

왕상20:29,(陣)(對)(七日)(第)(七日)(接戰)
진 대 칠일 제 칠일 접전
(子孫)(步兵)(十萬)
자손 보병 십만

왕상20:30,(者)(逃亡)(城邑)(城)(者)(二萬)
자 도망 성읍 성 자 이만
(七千)(逃亡)(城邑)(房)
칠천 도망 성읍 방

왕상20:31,(臣僕)(告)(王)(仁慈)(王)(萬一)
신복 고 왕 인자 왕 만일
(王)(或時)(王)(生命)
왕 혹시 왕 생명

왕상20:32,(王)(王)(請)(生命)(兄弟)
왕 왕 청 생명 형제

왕상20:33,(徵兆)(對答)(王)(兄弟)(王)(引導)
징조 대답 왕 형제 왕 인도
(王)(王)(兵車)
왕 왕 병거

왕상20:34,(王)(告)(父親)(當身)(父親)(城邑)
왕 고 부친 당신 부친 성읍

(父親)(當身)(當身)(爲)(約條)
부친 당신 당신 위 약조
(當身)(約條)
당신 약조
왕상20:35,(先知者)(中)
선지자 중
왕상20:36,(獅子)(獅子)
사자 사자
왕상20:37,(傷)
상
왕상20:38,(先知者)(手巾)(變形)(王)
선지자 수건 변형 왕
왕상20:39,(王)(王)(戰場)(萬一)(生命)
왕 왕 전장 만일 생명
(生命)(代身)(銀)
생명 대신 은
왕상20:40,(王)(決定)(當)
왕 결정 당
왕상20:41,(急)(手巾)(王)(先知者)(中)
급 수건 왕 선지자 중
왕상20:42,(王)(告)(滅)(作定)(代身)(百姓)
왕 고 멸 작정 대신 백성
(百姓)(代身)
백성 대신
왕상20:43,(王)(沓沓)(宮)
왕 답답 궁

列王紀上-(열왕기상)-第二十一章
열왕기상 제이십일장

왕상21:1,(後)(葡萄園)(王)(宮)
후 포도원 왕 궁
왕상21:2,(葡萄園)(宮)(代身)(葡萄園)
포도원 궁 대신 포도원
(萬一)(合意)
만일 합의
왕상21:3,(列祖)(遺業)(王)(禁)
열조 유업 왕 금
왕상21:4,(對答)(祖上)(遺業)(王)(因)(沓沓)
대답 조상 유업 왕 인 답답
(宮)(寢床)(食事)
궁 침상 식사
왕상21:5,(王)(食事)
왕 식사
왕상21:6,(王)(葡萄園)(萬一)(代身)(葡萄園)
왕 포도원 만일 대신 포도원
(對答)(葡萄園)
대답 포도원
왕상21:7,(王)(食事)(葡萄園)(王)
왕 식사 포도원 왕
왕상21:8,(便紙)(印)(城)(長老)(貴人)
편지 인 성 장로 귀인
왕상21:9,(便紙)(事緣)(禁食)(宣布)(百姓)(後)
편지 사연 금식 선포 백성 후
왕상21:10,(匪類)(對)(證據)(王)(詛呪)
비류 대 증거 왕 저주
왕상21:11,(城)(城)(長老)(貴人)(吩咐)
성 성 장로 귀인 분부
(自己)(便紙)
자기 편지
왕상21:12,(禁食)(宣布)(百姓)
금식 선포 백성
왕상21:13,(匪類)(百姓)(對)(證據)(王)
비류 백성 대 증거 왕
(詛呪)(城)
저주 성
왕상21:14,(通報)
통보
왕상21:15,(葡萄園)(取)
포도원 취
왕상21:16,(葡萄園)(取)
포도원 취
왕상21:17,(臨)
임
왕상21:18,(居)(王)(葡萄園)(取)
거 왕 포도원 취
왕상21:20,(對敵)(對答)(惡)(行)
대적 대답 악 행
왕상21:21,(災殃)(贖)(男子)(者)(者)(滅)
재앙 속 남자 자 자 멸
왕상21:22,(怒)(激動)(犯罪)
노 격동 범죄
왕상21:23,(對)(城)
대 성
왕상21:24,(屬)(者)(城邑)(者)(者)(空中)
속 자 성읍 자 자 공중
왕상21:25,(惡)(行)(者)(衝動)
악 행 자 충동
왕상21:26,(子孫)(行)(偶像)(服從)(甚)
자손 행 우상 복종 심
(可憎)(行)
가증 행
왕상21:27,(禁食)(行步)
금식 행보
왕상21:28,(臨)
임
왕상21:29,(謙卑)(謙卑)(因)(災殃)(時代)
겸비 겸비 인 재앙 시대
(時代)(災殃)
시대 재앙

列王紀上-(열왕기상)-第二十二章
열왕기상 제이십이장

왕상2:1,(戰爭)(三年)
전쟁 삼년
왕상2:2,(第)(三年)(王)(王)
제 삼년 왕 왕
왕상2:3,(王)(臣僕)(本來)(王)(取)(潛潛)
왕 신복 본래 왕 취 잠잠
왕상2:4,(當身)(王)(當身)(一般)(百姓)
당신 왕 당신 일반 백성
(當身)(百姓)(一般)(當身)(一般)
당신 백성 일반 당신 일반
왕상2:5,(王)(請)
왕 청

왕상2:6,(王)(先知者)(四百)(主)(城)(王)
왕 선지자 사백 주 성 왕

왕상2:7,(外)(先知者)
외 선지자

왕상2:8,(王)(對)(吉)(豫言)(凶)(一萬)
왕 대 길 예언 흉 일만
(豫言)(王)
예언 왕

왕상2:9,(王(內侍)(速)
왕 내시 속

왕상2:10,(王)(王)(王服)(門)(廣場)(各其)
왕 왕 왕복 문 광장 각기
(寶座)(先知者)(豫言
보좌 선지자 예언

왕상2:11,(鐵)(王)(殄滅)
철 왕 진멸

왕상2:12,(先知者)(豫言)(勝利)(城)(王)
선지자 예언 승리 성 왕

왕상2:13,(使者)(先知者)출(如出一口)(王)
사자 선지자 여출일구 왕
(吉)(請)(當身)(中)
길 청 당신 중

왕상2:14,(盟誓)
맹서

왕상2:15,(王)(王)(王)(勝利)(城)(王)
왕 왕 왕 승리 성 왕

왕상2:16,(王)(番)(盟誓)(眞實)(告)
왕 번 맹서 진실 고

왕상2:17,(牧者)(羊)(山)(主人)(各各)(平安)
목자 양 산 주인 각각 평안

왕상2:18,(王(對)(吉)(豫言)(凶)(豫言)(當身)
왕 대 길 예언 흉 예언 당신

왕상2:19,(王)(寶座)(萬軍)(左右便)
왕 보좌 만군 좌우편

왕상2:21,(靈)
영

왕상2:22)靈)(先知者)
영 선지자

왕상2:23,(靈)(王)(先知者)(王)(對)(禍)
영 왕 선지자 왕 대 화

왕상2:24,(靈)
영

왕상2:25,(房)
방

왕상2:26,(王)(府尹)(王子)
왕 부윤 왕자

왕상2:27,(王)(獄)(平安)(苦生)(苦生)
왕 옥 평안 고생 고생

왕상2:28,(王)(平安)(百姓)
왕 평안 백성

왕상2:29,(王)(王)
왕 왕

왕상2:30,(王(變裝)(軍中)(當身)(王服)(王)
왕 변장 군중 당신 왕복 왕
(變裝)(軍中)
변장 군중

왕상2:31,(王)(兵車)(長官)(三十二人)(命)
왕 병거 장관 삼십이인 명
(者)(者)(王)
자 자 왕

왕상2:32,(兵車)(長官)(必然)(王)
병거 장관 필연 왕

왕상2:33,(兵車)(長官)(王)
병거 장관 왕

왕상2:34,(偶然)(王)(甲)쓴(王)(兵車)
우연 왕 갑 왕 병거
(者)(負傷)(軍中)
자 부상 군중

왕상2:35,(戰爭)(猛烈)(王)(兵車)(傷處)(兵車)
전쟁 맹렬 왕 병거 상처 병거

왕상2:36,(軍中)(各其)(城邑)(各其)(本鄕)
군중 각기 성읍 각기 본향

왕상2:37,(王)(屍體)(葬事)
왕 시체 장사

왕상2:38,(兵車)(娼妓)(沐浴)
병거 창기 목욕

왕상2:39行蹟)(行)(建築)(象牙宮)(建築)
행적 행 건축 상아궁 건축
(城)(王)(歷代志略)(記錄)
성 왕 력대지략 기록

왕상2:40,(列祖)(姉妹)(代身)(王)
열조 자매 대신 왕

왕상2:41,(王)(第)(四年)(王)
왕 제 사년 왕

왕상2:42,(王)(三十五歲)(二十五年)
왕 삼십오세 이십오년
(治理)(母親)
치리 모친

왕상2:43,(父親)(行)(正直)(行)(山堂)
부친 행 정직 행 산당
(廢)(百姓)(山堂)(祭祀)(焚香)
폐 백성 산당 제사 분향

왕상2:44,(王)(平和)
왕 평화

왕상2:45,(事蹟)(權勢)(戰爭)(王)(歷代志略)
사적 권세 전쟁 왕 력대지략
(記錄)
기록

왕상2:46,(父親)(時代)(男色)(者)
부친 시대 남색 자

왕상2:47,(王)(攝政王)
왕 섭정왕

왕상2:48,(船隻)(製造)(金)(取)(破船
선척 제조 금 취 파선

왕상2:49,(當身)(許諾)
당신 허락

왕상2:50,(列祖)(姉妹)(祖上)(城)(列祖)
열조 자매 조상 성 열조
(葬事)(代身)(王)
장사 대신 왕

왕상2:51,(王)(第)(十七年)(王)(二年)
왕 제 십칠년 왕 이년

왕상2:52,(惡)(行)(犯罪)(行)
악 행 범죄 행

왕상2:53,(崇拜)(怒)(激動)行爲)
숭배 노 격동 행위

列王紀下-(열왕기하)-第一章
열왕기하 제일장

왕하1:1,(後)(背叛)
후 배반

왕하1:2,(欄干)(病)(使者)(神)(病)
란간 병 사자 신 병

왕하1:3,(使者)(王)(使者)(神)
사자 왕 사자 신

왕하1:4,(寢床)
침상

왕하1:5,(使者)(王)(王)
사자 왕 왕

왕하1:6,(告)(王)(告)(神)(寢床)
고 왕 고 신 침상

왕하1:7,(王)(告)(貌樣)
왕 고 모양

왕하1:8,(對答)(王)
대답 왕

왕하1:9,(五十夫長)(五十人)(山)(王)
오십부장 오십인 산 왕

왕하1:10,(五十夫長)對答)(萬一)(五十人)
오십부장 대답 만일 오십인
(五十人)
오십인

왕하1:11,(王)(五十夫長)(五十人)(王)(速)
왕 오십부장 오십인 왕 속

왕하1:12,(對答)(萬一)(五十人)(五十人
대답 만일 오십인 오십인

왕하1:13,(王)(番)(五十夫長)(五十人)
왕 번 오십부장 오십인
(五十夫長)(懇求)(願)(生命)(當身)
오십부장 간구 원 생명 당신
(五十人)(生命)(當身)(貴)
오십인 생명 당신 귀

왕하1:14,(前番)(五十夫長)(五十人)
전번 오십부장 오십인
(生命)(當身)(貴)
생명 당신 귀

왕하1:15,(使者)(王)
사자 왕

왕하1:16,(告)(使者)(神)(寢床)
고 사자 신 침상

왕하1:17,(王)(傳)(代身)(王)(王)(第)(二年)
왕 전 대신 왕 왕 제 이년

왕하1:18,(事蹟)(王)(歷代志略)(記錄)
사적 왕 력대지략 기록

列王紀下-(열왕기하)-第二章
열왕기하 제이장

왕하2:2,(請)(當身)(魂)(盟誓)(當身)
청 당신 혼 맹서 당신

왕하2:3,(先知者)(生徒)(當身)(先生)
선지자 생도 당신 선생
(當身)(取)(潛潛)
당신 취 잠잠

왕하2:4,(請)(當身)(魂)(盟誓)(當身)
청 당신 혼 맹서 당신

왕하2:5,(先知者)(生徒)(當身)(先生)
선지자 생도 당신 선생
(當身)(取)(潛潛)
당신 취 잠잠

왕하2:6,(請)(當身)(魂)(盟誓)(當身)(行)
청 당신 혼 맹서 당신 행

왕하2:7,(先知者)(生徒)(五十人)
선지자 생도 오십인

왕하2:8,(取)(陸地)
취 륙지

왕하2:9,(取)(前)(求)(當身)(靈感)(求)
취 전 구 당신 령감 구

왕하2:10,(求)(取)
구 취

왕하2:11,(行)(忽然)(隔)(昇天)
행 홀연 격 승천

왕하2:12,(兵車)(馬兵)(自己)
병거 마병 자기

왕하2:15,(便)(先知者)(生徒)(靈感)(迎接)
편 선지자 생도 령감 영접

왕하2:16,(當身)(勇士)(五十人)(請)(當身)
당신 용사 오십인 청 당신
(主)(念慮)(神)(山)
주 염려 신 산

왕하2:17,(强請)(五十人)(發見)
강청 오십인 발견

왕하2:18,(中에)
중

왕하2:19,(城)(告)(主)(城邑)(土産)
성 고 주 성읍 토산

왕하2:21,(根源)(土産)
근원 토산

왕하2:23,(行)(城)(嘲弄)
행 성 조롱

왕하2:24,(詛呪)(中)(四十二名)
저주 중 사십이명

왕하2:25,(山)
산

列王紀下-(열왕기하)-第三章
열왕기하 제삼장

왕상3:1,(王)(十八年)(王)(十二年)(治理)
왕 십팔년 왕 십이년 치리

왕상3:2,(惡)(行)(父母)(柱像)(除)
악 행 부모 주상 제

왕상3:3)犯)(罪)(行)
범 죄 행

왕상3:4,(王)(羊)(者)(羊)(十萬)(羊)(十萬)(王)
왕 양 자 양 십만 양 십만 왕

왕상3:5,(後)(王)(王)(背叛)
후 왕 왕 배반

왕상3:6,(王)(點考)
왕 점고

왕상3:7,(王(王)(背叛)(當身)(當身)(一般)
왕 왕 배반 당신 당신 일반

(百姓)(當身)(百姓)(一般)(當身)
백성 당신 백성 일반 당신
(一般)
일반
왕상3:8,(對答)(曠野)
대답 광야
왕상3:9,(王)(王)(王)(行)(行)(七日)
왕 왕 왕 행 행 칠일
(軍士)(牲畜)
군사 생축
왕상3:10,(王)(王)
왕 왕
왕상3:11,(先知者)(王)(臣僕)(中)(對答)(前)
선지자 왕 신복 중 대답 전
왕상3:12,(王)(王)
왕 왕
왕상3:13,(王)(當身)(相關)(當身)(父親)
왕 당신 상관 당신 부친
(先知者)(當身)(母親)(先知者)
선지자 당신 모친 선지자
(王)(王)
왕 왕
왕상3:14,(萬軍)(盟誓)(萬一)(王)(當身)(向)
만군 맹서 만일 왕 당신 향
왕상3:15,(者)(者)(感動)
자 자 감동
왕상3:16,(開川)
개천
왕상3:17,(六畜)
육축
왕상3:18,(當身)
당신
왕상3:19,(當身)(堅固)(城)(城)
당신 견고 성 성
왕상3:20,(素祭)(便)
소제 편
왕상3:21,(王)(自己)(甲)(者)(以上)(境界)
왕 자기 갑 자 이상 경계
왕상3:22,(便)
편
왕상3:23,(必然)(王)(擄掠)
필연 왕 노약
왕상3:24,(陣)(逃亡)(地境)
진 도망 지경
왕상3:25,(城邑)(各其)(軍)
성읍 각기 군
왕상3:26,(王)(戰勢)(極烈)(當)(軍士)(七百)
왕 전세 극렬 당 군사 칠백
(衝突)(王)(能)
충돌 왕 능
왕상3:27,(自己)(位)(王)(取)(城)(燔祭)
자기 위 왕 취 성 번제
(痛憤)(臨)(各其)(故國)
통분 임 각기 고국

列王紀下-(열왕기하)-第四章
열왕기하 제사장

왕상4:1,(先知者)(生徒)(中)(女人)(當身)
선지자 생도 중 녀인 당신
(男便)(當身)(敬畏)(當身)(債主)(取)
남편 당신 경외 당신 채주 취
왕상4:2,(爲)(告)(甁)(外)
위 고 병 외
왕상4:4,(門)
문
왕상4:5,(女人)(門)(後)
녀인 문 후
왕상4:6,(女人)
녀인
왕상4:7,(女人)(告)(生活
녀인 고 생활
왕상4:8,(貴)(女人)(懇勸)(飮食)(故)(飮食)
귀 녀인 간권 음식 고 음식
왕상4:9,(女人)(男便)(恒常)
녀인 남편 항상
왕상4:10,(爲)(房)(寢床)(冊床)(椅子)(臺)
위 방 침상 책상 의자 대
(陳設)(留)
진설 유
왕상4:11,(房)
방
왕상4:12,(自己)(使喚)(女人)(女人)
자기 사환 녀인 녀인
왕상4:13,(自己)(使喚)(爲)(周密)(爲)(王)
자기 사환 위 주밀 위 왕
(軍隊長官)(求)(女人)(百姓)(中)(居)
군대장관 구 녀인 백성 중 거
왕상4:14,(爲)(對答)(女人)(男便)
위 대답 녀인 남편
왕상4:15,(女人)(門)
녀인 문
왕상4:16(女人)(主)(當身)
녀인 주 당신
왕상4:17,(女人)(果然)(孕胎)(辰)(
녀인 과연 잉태
왕상4:18,(穀食)(者)
곡식 자
왕상4:19,(使喚)(命
사환 명
왕상4:21,(寢床)(門)
침상 문
왕상4:22,(男便)(請)(使喚)
남편 청 사환
왕상4:23,(男便)(初)(安息日)(女人)(平安)
남편 초 안식일 녀인 평안
왕상4:24,(鞍裝)(自己)(使喚)(
안장 자기 사환
왕상4:25,(山)(自己)(使喚)(女人)
산 자기 사환 녀인
왕상4:26,(平安)(男便)(平安)(平安)(女人)
평안 남편 평안 평안 녀인
(對答)(平安)
대답 평안
왕상4:27,(山)(中心)
산 중심

왕상4:28,(女人)(主)(求)
녀인 주 구

왕상4:29,(人事)(人事)(對答)
인사 인사 대답

왕상4:30,(當身)(魂)(盟誓)(當身)(女人)
당신 혼 맹서 당신 녀인

왕상4:31,(貌樣)
모양

왕상4:32,(自己)(寢床)
자기 침상

왕상4:33,(門)(祈禱)
문 기도

왕상4:34,(自己)(自己)(自己)(次次
자기 자기 자기 차차

왕상4:35,(番)(番)
번 번

왕상4:36,(女人)(女人)(取)
녀인 녀인 취

왕상4:37,(女人)
녀인

왕상4:38,(凶年)(先知者)(生徒)(自己)
흉년 선지자 생도 자기
(使喚)(先知者)(生徒)(爲)
사환 선지자 생도 위

왕상4:39,(菜蔬)(野藤)(藤
채소 야등

왕상4:40,(死亡)(毒)(能)
사망 독 능

왕상4:41,(害毒)
해독

왕상4:42,(食物)(二十)(菜蔬)
식물 이십 채소

왕상4:43,(使喚)(一百名)
사환 일백명

列王紀下-(열왕기하)-第五章
열왕기하 제오장

왕상5:1,(王)(軍隊長官)(主人)(尊貴)(者)
왕 군대장관 주인 존귀 자
(前)(救援)(勇士)(病)
전 구원 용사 병

왕상5:2,(前)(隨從)
전 수종

왕상5:3,(主母)(主人)(先知者)(病)
주모 주인 선지자 병

왕상5:4,(主人)(告)
주인 고

왕상5:5,(王)(王)(銀)(十)(金)(六千箇)(衣服)
왕 왕 은 십 금 육천개 의복

왕상5:6,(王)(傳)(臣下)(當身)(當身)(當身)(病)
왕 전 신하 당신 당신 당신 병

왕상5:7,(王)(自己)(能)(病)(王)(是非)
왕 자기 능 병 왕 시비

왕상5:8,(王)(自己)(王)(王)(中)(先知者)
왕 자기 왕 왕 중 선지자

왕상5:9,(兵車)(門)
병거 문

왕상5:10,(使者)(江)(番)(如前)
사자 강 번 여전

왕상5:11,(怒)(當處)(病)
노 당처 병

왕상5:12,(江)(江)(憤)(貌樣)
강 강 분 모양

왕상5:13,(先知者)(當身)(命)(行)(行)(當身)하
선지자 당신 명 행 행 당신

왕상5:14,(江)(番)(如前)
강 번 여전

왕상5:15,(從者)(外)(天下)(神)(請)
종자 외 천하 신 청
(當身)(禮物)
당신 예물

왕상5:16,(盟誓)(强勸)(固辭)
맹서 강권 고사

왕상5:17,(請)(當身)(燔祭)(神)
청 당신 번제 신

왕상5:18,(當身)(赦宥)(願)(主人)(堂)(崇拜)
당신 사유 원 주인 당 숭배
(依支)(堂)(堂)(二日)(對)(當身)
의지 당 당 이일 대 당신
(赦宥)(願)
사유 원

왕상5:19,(平安)(進行)
평안 진행

왕상5:20,(使喚)(主人)(免)(盟誓)(取)
사환 주인 면 맹서 취

왕상5:21,(自己)(平安)
자기 평안

왕상5:22,(平安)(主人)(只今)(先知者)(生徒)
평안 주인 지금 선지자 생도
(中)(少年)(山地)(請)(當身)(銀)
중 소년 산지 청 당신 은

왕상5:23,(抑制)(銀)(纏帶)(使喚)
억제 은 전대 사환

왕상5:24,(物件)(使喚)(取)(後)
물건 사환 취 후

왕상5:25,(主人)(對答)
주인 대답

왕상5:26,(心靈)(感覺)(只今)(銀)(橄欖園)
심령 감각 지금 은 감람원
(葡萄園)(羊)(男)(女)
포도원 양 남 여

왕상5:27,(病)(子孫)(永遠)(病)(發)
병 자손 영원 병 발

列王紀下-(열왕기하)-第六章
열왕기하 제륙장

왕하6:1,(先知者)(生徒)(當身)(居)
선지자 생도 당신 거

왕하6:2,(各各)(材木)(取)(居)(處所)
각각 재목 취 거 처소

왕하6:3,(請)(當身)
청 당신

왕하6:5,(主)
주

왕하6:7,(取)(取)
취 취

왕하6:8,(王)(臣僕)(議論)(陣)
왕 신복 의논 진

왕하6:9,(王)(寄別)(王)
왕 기별 왕

왕하6:10,(王)(自己)(告)(警戒)(防備)(番)
왕 자기 고 경계 방비 번

왕하6:11,(王)(煩惱)(臣僕)(中)(王)(內應)(告)
왕 번뇌 신복 중 왕 내응 고

왕하6:12,(臣僕)(中)(主)(王)(先知者)(王)
신복 중 주 왕 선지자 왕
(寢室)(王)(告)
침실 왕 고

왕하6:13,(王)(或)(王)(告)
왕 혹 왕 고

왕하6:14,(王)(兵車)(軍士)(城)
왕 병거 군사 성

왕하6:15,(隨從)(者)(軍士)(兵車)(城)
수종 자 군사 병거 성
(使喚)(告)(主)
사환 고 주

왕하6:16,(對答)(者)(者)
대답 자 자

왕하6:17,(祈禱)(願)(使喚)(兵車)(山)
기도 원 사환 병거 산

왕하6:18,(祈禱)(願)
기도 원

왕하6:19,(聖徒)(引導)(引導)
성도 인도 인도

왕하6:20,(自己)
자기

왕하6:21,(王)
왕

왕하6:22,(對答)(主人)
대답 주인

왕하6:23,(王)(爲)(食物)(主人)(軍士)(部隊)
왕 위 식물 주인 군사 부대

왕하6:24,(以後)(王)(軍隊)
이후 왕 군대

왕하6:25,(城中)(銀)(八十)(四分)(一)(銀)
성중 은 팔십 사분 일 은

왕하6:26,(王)(城)(通過)(女人)(主)(王)
왕 성 통과 녀인 주 왕

왕하6:27,(王)(打作)(葡萄酒)
왕 타작 포도주

왕하6:28,(女人)(對答)(女人)(來日)
녀인 대답 녀인 래일

왕하6:29아

왕하6:30,(王)(女人)(自己)(城)(百姓)
왕 녀인 자기 성 백성

왕하6:31,(王)(罰)(罰)
왕 벌 벌

왕하6:32,(長老)(王)(自己)(處所)(使者)(前)
장로 왕 자기 처소 사자 전
(長老)(殺人)(者)(子息)(取)(使者)
장로 살인 자 자식 취 사자
(門)(問安)(主人)
문 문안 주인

왕하6:33,(使者)(王)(災殃)
사자 왕 재앙

列王紀下-(열왕기하)-第七章
열왕기하 제칠장

왕하7:1,(來日)(城門)
래일 성문

왕하7:2,(長官)(王)(依支)(者)(對答)(窓)
장관 왕 의지 자 대답 창

왕하7:3,(城門)
성문

왕하7:4,(城)(城中)(軍隊)(降服)
성 성중 군대 항복

왕하7:5,(陣)(黃昏)(陣)
진 황혼 진

왕하7:6,(主)(軍隊)(兵車)(軍隊)(王)(王)(王)
주 군대 병거 군대 왕 왕 왕

왕하7:7,(黃昏)(逃亡)(帳幕)(陣)(爲)(逃亡)
황혼 도망 장막 진 위 도망

왕하7:8,(陣)(帳幕)(銀)(金)(衣服)(帳幕)
진 장막 은 금 의복 장막

왕하7:9,(所爲)(善)(消息)(潛潛)(萬一)
소위 선 소식 잠잠 만일
(罰)(王宮)(告)
벌 왕궁 고

왕하7:10,(城)(門直)(告)(陣)(帳幕)
성 문직 고 진 장막

왕하7:11,(門直)(王宮)(者)(告)
문직 왕궁 자 고

왕하7:12,(王)(臣僕)(行)(故)(陣)(埋伏)(城)(城)
왕 신복 행 고 진 매복 성 성

왕하7:13,(臣僕)(對答)(請)(城中)(匹)(取)
신복 대답 청 성중 필 취
(偵探)(城中)(滅亡)
정탐 성중 멸망

왕하7:14,(兵車)(取)(王)(軍隊)(偵探
병거 취 왕 군대 정탐

왕하7:15,(急)(逃亡)(衣服)(軍物)(使者)
급 도망 의복 군물 사자
(王)(告)
왕 고

왕하7:16,(百姓)(陣)(擄掠)
백성 진 노략

왕하7:17,(王)(依支)(長官)(城門)(百姓)
왕 의지 장관 성문 백성
(城門)(王)
성문 왕

왕하7:18,(王)(告)(來日)(城門)
왕 고 래일 성문

왕하7:19,(長官)(對答)(窓)(對答)
장관 대답 창 대답

왕하7:20,(長官)(百姓)(城門)
장관 백성 성문

列王紀下-(열왕기하)-第八章
열왕기하 제팔장

왕하8:1,(以前(女人)(眷屬)(居)(居)(饑饉)
이전 녀인 권속 거 거 기근
(命)(七年)(臨)
명 칠년 임

왕하8:2,(女人)(行)(眷屬)(七年)(寓居)
녀인 행 권속 칠년 우거

왕하8:3,(七年)(女人)(自己)(田土)(爲)
칠년 녀인 자기 전토 위
(呼訴)(王)
호소 왕

왕하8:4,(王)(使喚)(行)(告
왕 사환 행 고

왕하8:5,(者(王)(自己)(田土)(爲)(王)(呼訴)
자 왕 자기 전토 위 왕 호소
(主)(王)(女人)(者)
주 왕 녀인 자

왕하8:6,(王)(女人)(女人)(告)(王)(爲)
왕 녀인 녀인 고 왕 위
(官吏)(任命)(女人)(贖)(所出)
관리 임명 녀인 속 소출

왕하8:7,(王)(病)(或)(王)(告)
왕 병 혹 왕 고

왕하8:8,(王(禮物)(病)
왕 예물 병

왕하8:9,(物品)(禮物)(四十)(當身)(王)
물품 예물 사십 당신 왕
(當身)(病)
당신 병

왕하8:10,(告)(王)(丁寧)(丁寧)
고 왕 정녕 정녕

왕하8:12,(主)對答)(子孫)(行)(惡)(城)
주 대답 자손 행 악 성
(壯丁)(婦女)
장정 부녀

왕하8:13,(當身)(行)(對答)(王)
당신 행 대답 왕

왕하8:14,(主人)(王)(對答)(王)(丁寧)
주인 왕 대답 왕 정녕

왕하8:15,(王)(王)(代身)(王)
왕 왕 대신 왕

왕하8:16,(王)(第)(五年)(王)(位)(王)
왕 제 오년 왕 위 왕

왕하8:17,(位)(三十二歲)(八年)(治理)
위 삼십이세 팔년 치리

왕하8:18,(王)(行)(惡)(行)
왕 행 악 행

왕하8:19,(爲)(滅(子孫)(恒常)(燈)(許)
위 멸 자손 항상 등 허

왕하8:20,(背叛)(手下)(自己)(王)(故)
배반 수하 자기 왕 고

왕하8:21,(兵車)(四日)(自己)(兵車)(長官)
병거 사일 자기 병거 장관
(百姓)(逃亡)(各各)(帳幕)
백성 도망 각각 장막

왕하8:22,(背叛)(手下)(背叛)
배반 수하 배반

왕하8:23,(事蹟)(行)(王)(歷代志略)(記錄)
사적 행 왕 력대지략 기록

왕하8:24,(列祖)(姉妹)(列祖)(城)(葬事)
열조 자매 열조 성 장사
(代身)(王)
대신 왕

왕하8:25,(王)(第)(十二年)(王)(王)
왕 제 십이년 왕 왕

왕하8:26,(位)(二十二歲)(一年)(治理)
위 이십이세 일년 치리
(母親)(王)(孫女)
모친 왕 손녀

왕하8:27,(行)(惡)(行)
행 악 행

왕하8:28,(王(傷)
왕 상

왕하8:29,(王)(王)(傷)(治療)(病)(王)(訪問)
왕 왕 상 치료 병 왕 방문

列王紀下-(열왕기하)-第九章
열왕기하 제구장

왕하9:1,(先知者)(先知者)(生徒)(中)(甁)
선지자 선지자 생도 중 병

왕하9:2,(孫子)(兄弟)(中)(房)
손자 형제 중 방

왕하9:3,(甁)(王)(門)(逃亡)(遲滯)
병 왕 문 도망 지체

왕하9:4,(少年)(少年)(先知者)
소년 소년 선지자

왕하9:5,(軍隊長官)(少年)(長官)(當身)(中)
군대장관 소년 장관 당신 중
(長官)(當身)
장관 당신

왕하9:6,(少年)(百姓)(王)
소년 백성 왕

왕하9:7,(主)(先知者)
주 선지자

왕하9:8,(滅亡)(中)(者)(者)(贖)(男子)(滅絶)
멸망 중 자 자 속 남자 멸절

왕하9:10,(地方)(葬事)(門)(逃亡)
지방 장사 문 도망

왕하9:11,(主)(臣僕)(平安)(者)(對答)
주 신복 평안 자 대답

왕하9:12,(當)(對答)(王)
당 대답 왕

왕하9:13,(各各)(自己)(急)(取)(王)
각각 자기 급 취 왕

왕하9:14,(孫子)(背叛)(王(因)
손자 배반 왕 인

왕하9:15,(王)(傷)(治療)(合當)(城)(逃亡)(傳
왕 상 치료 합당 성 도망 전

왕하9:16,(兵車)(王)
병거 왕

왕하9:17,(望臺)(把守軍)(平安
망대 파수군 평안

왕하9:18,(王)(平安(平安)(相關)(把守軍)
왕 평안 평안 상관 파수군
(告)(使者)
고 사자

왕하9:19,(王)(平安)(平安)(相關)
왕 평안 평안 상관
왕하9:20,(把守軍)(告)(兵車)(孫子)
파수군 고 병거 손자
왕하9:21,(兵車)(王)(王)(各各)(兵車)(土地)
병거 왕 왕 각각 병거 토지
왕하9:22,(平安)(對答)(淫行)(術數)(平安)
평안 대답 음행 술수 평안
왕하9:23,(逃亡)(叛逆)
도망 반역
왕하9:24,(兵車)
병거
왕하9:25,(長官)(屍體)(取)(記憶)(以前)(豫言)
장관 시체 취 기억 이전 예언
왕하9:26,(分明)(土地)(屍體)(取)
분명 토지 시체 취
왕하9:27,(王)(東山)(亭子)(逃亡)(兵車)(逃亡)
왕 동산 정자 도망 병거 도망
왕하9:28,(臣僕)(兵車)(城)(列祖)(墓室)(葬事)
신복 병거 성 열조 묘실 장사
왕하9:29,(十一年)(王)
십일년 왕
왕하9:30,(窓)
창
왕하9:31,(門)(主人)(平安)
문 주인 평안
왕하9:32,(窓)(向)(便)(者)(內侍)
창 향 편 자 내시
왕하9:33,(屍體)
시체
왕하9:34,(詛呪)(葬事)(王)
저주 장사 왕
왕하9:35,(葬事)(頭骨)(外)
장사 두골 외
왕하9:36,(告)(土地)
고 토지
왕하9:37,(屍體)(土地)(面)
시체 토지 면

列王紀下-(열왕기하)-第十章
열왕기하 제십장

왕하10:1,(七十人)(便紙)(方伯)(長老)
칠십인 편지 방백 장로
(敎育)(者)(傳)
교육 자 전
왕하10:2,(主)(兵車)(堅固)(城)(兵器)(便紙)
주 병거 견고 성 병기 편지
왕하10:3,(主)(中)(正直)(者)(擇)(位)(主)(爲)
주 중 정직 자 택 위 주 위
왕하10:4,(甚)(王)(當)(當)
심 왕 당 당
왕하10:5,(宮內大臣)(府尹)(長老)(王子)
궁내대신 부윤 장로 왕자
(敎育)(者)(傳)(當身)(命)(行)(王)
교육 자 전 당신 명 행 왕
(當身)(所見)(行)
당신 소견 행
왕하10:6,(便紙)(萬一)(便)(主)(取)(來日)
편지 만일 편 주 취 래일
(王子)(七十人)(城中)(敎育)
왕자 칠십인 성중 교육
(尊貴)(者)(中)
존귀 자 중
왕하10:7,(便紙)(王子)(七十人)(沒數)
편지 왕자 칠십인 몰수
왕하10:8,(使者)(告)(王子)(來日)(門)
사자 고 왕자 래일 문
왕하10:9,(百姓)(義)(主)(背叛)(者)
백성 의 주 배반 자
왕하10:10,(對)
대
왕하10:11,(屬)(者)(尊貴)(者)(親舊)
속 자 존귀 자 친구
(祭司長)(贖)(者)
제사장 속 자
왕하10:12후(路中)(牧者)(羊)
노중 목자 양
왕하10:13,(王)(兄弟)(對答)(兄弟)(王子)
왕 형제 대답 형제 왕자
(太后)(問安)
태후 문안
왕하10:14,(羊)(四十二人)
양 사십이인
왕하10:15,(安否)(向)(眞實)(眞實)(對答)
안부 향 진실 진실 대답
(兵車)
병거
왕하10:16,(爲)(熱心)(自己)(兵車)
위 열심 자기 병거
왕하10:17,(屬)(者)(殄滅)
속 자 진멸
왕하10:18,(百姓)(
백성
왕하10:19,(祭祀)(先知者)(者)(祭司長)
제사 선지자 자 제사장
(者)(者)(滅)(詭計)
자 자 멸 궤계
왕하10:20,(爲)(大會)(公布)
위 대회 공포
왕하10:21,(者)(堂)(便)(便)
자 당 편 편
왕하10:22,(禮服)(者)(禮服)(者)(禮服)
례복 자 례복 자 례복
왕하10:23,(堂)(者)(者)(中)
당 자 자 중
왕하10:24,(燔祭)(祭祀)(八十人)(逃亡)(者)
번제 제사 팔십인 도망 자
(自己)(生命)(生命)(代身)
자기 생명 생명 대신
왕하10:25,(燔祭)(護衛兵)(長官)(護衛兵)
번제 호위병 장관 호위병
(長官)(堂)(城)
장관 당 성
왕하10:26,(堂)(木像)
당 목상

왕하10:27,(木像)(堂)(毁破)(便所)
목상 당 훼파 변소

왕하10:28,(中)(滅)
중 멸

왕하10:29,(犯罪)(罪)(壇)(金)(罪)
범죄 죄 단 금 죄

왕하10:30,(正直)(行)(行)(行)(子孫)(王位)
정직 행 행 행 자손 왕위
(四代)
사대

왕하10:31,(全心)(律法)(行)(犯)(罪)
전심 률법 행 범 죄

왕하10:32,(四方)
사방

왕하10:33,(東便)
동편

왕하10:34,(事蹟)(行)(權勢)(王)(歷代志略)
사적 행 권세 왕 력대지략
(記錄)
기록

왕하10:35,(列祖)(姉妹)(葬事)(代身)(王)
열조 자매 장사 대신 왕

왕하10:36후(數)(二十八年)
수 이십팔년

列王紀下-(열왕기하)-第十一章
열왕기하 제십일장

왕하11:1,(母親)(王)(殄滅)
모친 왕 진멸

왕하11:2,(王누)(王子)(當)(中)(盜賊)(乳母)
왕 왕자 당 중 도적 유모
(寢室)(避)(當)
침실 피 당

왕하11:3,(殿)(六年)
전 육년

왕하11:4,(第)(七年)(百夫長)(護衛兵)
제 칠년 백부장 호위병
(百夫長)(殿)(言約)(殿)(盟誓)
백부장 전 언약 전 맹서
(後)(王子)
후 왕자

왕하11:5,(命)(行)(安息日)(入番)(中)(三分)
명 행 안식일 입번 중 삼분
(一)(王宮)(注意)
일 왕궁 주의

왕하11:6,(三分)(一)(門)(三分)(一)(護衛隊)
삼분 일 문 삼분 일 호위대
(門)(王宮)(注意)(防禦)
문 왕궁 주의 방어

왕하11:7,(安息日)(出番)(隊)(殿)(注意)(王)
안식일 출번 대 전 주의 왕
(護衛)
호위

왕하11:8,(各各)(兵器)(王)(護衛)(班列)
각각 병기 왕 호위 반열
(侵犯)(者)(王)(出入)(侍衛)
침범 자 왕 출입 시위

왕하11:9,(百夫長)(祭司長)(命)(行)(各其)
백부장 제사장 명 행 각기
(管轄)(安息日)(入番)(者)(出番)
관할 안식일 입번 자 출번
(者)(祭司長)
자 제사장

왕하11:10,(祭司長)(殿)(王)(槍)(防牌)
제사장 전 왕 창 방패
(百夫長)
백부장

왕하11:11,(護衛兵)(各各)(兵器)(王)(護衛)
호위병 각각 병기 왕 호위
(殿)(右便)(殿)(左便)(壇)(殿)
전 우편 전 좌편 단 전

왕하11:12,(王子)(引導)(冕旒冠)(律法冊)
왕자 인도 면류관 률법책
(王)(拍手)(王)(萬歲)
왕 박수 왕 만세

왕하11:13,(護衛兵)(百姓)(殿)(百姓)
호위병 백성 전 백성

왕하11:14,(王)(規例)(臺)(長官)(王)(國民)
왕 규례 대 장관 왕 국민
(叛逆)(叛逆)
반역 반역

왕하11:15,(祭司長)(軍隊)(百夫長)(命)(班列)
제사장 군대 백부장 명 반열
(者)(祭司長)(殿)
자 제사장 전

왕하11:16,(王宮)(通過)(當)
왕궁 통과 당

왕하11:17,(王)(百姓)(言約)(百姓)(王)
왕 백성 언약 백성 왕
(百姓)(言約)
백성 언약

왕하11:18,(國民)(堂)(堂)(毁破)(壇)(偶像)(壇)
국민 당 당 훼파 단 우상 단
(祭司長)(祭司長)(官吏)(殿)(守直)
제사장 제사장 관리 전 수직

왕하11:19,(百夫長)(護衛兵)(國民)(王)(引導)
백부장 호위병 국민 왕 인도
(殿)(護衛兵)(門)(王宮)(王)(寶座)
전 호위병 문 왕궁 왕 보좌

왕하11:20,(國民)(城中)(平穩)(王宮)
국민 성중 평온 왕궁

왕하11:21,(位)(七歲)
위 칠세

列王紀下-(열왕기하)-第十二章
열왕기하 제십이장

왕하12:1,(七年)(位)(四十年)(治理)(母親)(
칠년 위 사십년 치리 모친

왕하12:2,(祭司長)(敎訓)(正直)(行)
제사장 교훈 정직 행

왕하12:3,(山堂)(除)(百姓)(山堂)(祭祀)(焚香)
산당 제 백성 산당 제사 분향

왕하12:4,(祭司長)(殿)(銀)(通用)(銀)(各)(銀)
제사장 전 은 통용 은 각 은

(自願)(殿)(銀)
자원 전 은

왕하12:5,(祭司長)(各各)(者)(殿)(頹落)(修理)
제사장 각각 자 전 퇴락 수리

왕하12:6,(王)(二十三年)(祭司長)(殿)
왕 이십삼년 제사장 전
(頹落)(修理)
퇴락 수리

왕하12:7,(王)(大祭司長)(祭司長)(殿)(頹落)
왕 대제사장 제사장 전 퇴락
(修理)(銀)(殿)(頹落)(爲)
수리 은 전 퇴락 위

왕하12:8,(祭司長)(百姓)(銀)(殿)(頹落)
제사장 백성 은 전 퇴락
(修理)(應諾)
수리 응락

왕하12:9,(祭司長)(櫃)(取)(殿門)(右便)(壇)
제사장 궤 취 전문 우편 단
(殿)(銀)(門)(祭司長)(櫃)
전 은 문 제사장 궤

왕하12:10,(櫃)(銀)(王)(書記)(大祭司長)(殿)
궤 은 왕 서기 대제사장 전
(銀)(計數)(封)
은 계수 봉

왕하12:11,(銀)(者)(殿)(者)(殿)(修理)(木手)
은 자 전 자 전 수리 목수
(建築)(者)
건축 자

왕하12:12,(靡匠)(石手)(殿)(頹落)(修理)
미장 석수 전 퇴락 수리
(材木)(殿)(修理)(物件)(爲)
재목 전 수리 물건 위

왕하12:13,(殿)(銀)(殿)(銀)(周鉢)(金)(銀)
전 은 전 은 주발 금 은

왕하12:14,(銀)(者)(殿)(修理)
은 자 전 수리

왕하12:15,(銀)(會計)(誠實)
은 회계 성실

왕하12:16,(贖愆祭)(銀)(贖罪祭)(銀)(殿)
속건제 은 속죄제 은 전
(祭司長)
제사장

왕하12:17,(王)(取)(向)(故)
왕 취 향 고

왕하12:18,(王)(列祖)(王)(區別)(聖物)
왕 열조 왕 구별 성물
(自己)(區別)(聖物)(殿)(庫間)
자기 구별 성물 전 고간
(王宮)(金)(取)(王)
왕궁 금 취 왕

왕하12:19,(事蹟)(行)(王)(歷代志略)(記錄)
사적 행 왕 력대지략 기록

왕하12:20,(臣僕)(謀叛)(宮)
신복 모반 궁

왕하12:21,(臣僕)(城)(列祖)(葬事)(代身)(王)
신복 성 열조 장사 대신 왕

列王紀下-(열왕기하)-第十三章
열왕기하 제십삼장

왕하13:1,(王)(二十三年)(王)(十七年)(治理)
왕 이십삼년 왕 십칠년 치리

왕하13:2,(惡)(行)(犯罪)(罪)
악 행 범죄 죄

왕하13:3,(向)(怒)(發)(王)
향 노 발 왕

왕하13:4,(王)(虐待)(懇求)(虐待)
왕 학대 간구 학대

왕하13:5,(救援者)(子孫)(前)(自己)(帳幕)(居)
구원자 자손 전 자기 장막 거

왕하13:6,(犯罪)(罪)(行)(木像)
범죄 죄 행 목상

왕하13:7,(王)(百姓)(殄滅)(打作)(馬兵)(五十)
왕 백성 진멸 타작 마병 오십
(兵車)(十乘)(步兵)(一萬)(外)
병거 십승 보병 일만 외

왕하13:8,(事蹟)(行)(權力)(王)
사적 행 권력 왕
(歷代志略)(記錄)
력대지략 기록

왕하13:9,(列祖)(姉妹)(葬事)(代身)(王)
열조 자매 장사 대신 왕

왕하13:10,(王)(三十七年)(王)(十六年)(治理)
왕 삼십칠년 왕 십육년 치리

왕하13:11,(惡)(行)(犯罪)(罪)(行)
악 행 범죄 죄 행

왕하13:12,(事蹟)(行)(王)(權力)(王)
사적 행 왕 권력 왕
(歷代志略)(記錄)
력대지략 기록

왕하13:13,(列祖)(姉妹)(王)(葬事)(位)
열조 자매 왕 장사 위

왕하13:14,(病)(王)(兵車)(馬兵)
병 왕 병거 마병

왕하13:15,(取)(取)
취 취

왕하13:16,(王)(王)(自己)(王)(按察)
왕 왕 자기 왕 안찰

왕하13:17,(東便)(窓)(救援)(對)(救援)(王)
동편 창 구원 대 구원 왕
(殄滅)
진멸

왕하13:18,(取)(取)(王)(番)
취 취 왕 번

왕하13:19,(怒)(王)(五六番)(王)(殄滅)(王)(番)
노 왕 오륙번 왕 진멸 왕 번

왕하13:20,(葬事)끼(賊黨)(地境)(犯)
장사 적당 지경 범

왕하13:21,(葬事)(者)(賊黨)(屍體)(墓室)
장사 자 적당 시체 묘실
(屍體)(回生)
시체 회생

왕하13:22,(王)(時代)(王)(恒常)(虐待)
왕 시대 왕 항상 학대

왕하13:23,(言約)(因)(恩惠)(矜恤)(眷顧)
언약 인 은혜 긍휼 권고

(滅)(自己)
멸 자기
왕하13:24,(王)(代身)(王)
왕 대신 왕
왕하13:25,(城邑)(恢復)(城邑)(自己)(父親)
성읍 회복 성읍 자기 부친
(戰爭)(中)(番)(破)(城邑)(恢復)
전쟁 중 번 파 성읍 회복

列王紀下-(열왕기하)-第十四章
열왕기하 제십사장

왕하14:1,(王)(二年)(王)(王)
왕 이년 왕 왕
왕하14:2,(位)(二十五歲)(二十九年)
위 이십오세 이십구년
(治理)(母親)
치리 모친
왕하14:3,(正直)(行)(祖上)(父親)(行)(行)
정직 행 조상 부친 행 행
왕하14:4,(山堂)(除)(百姓)(山堂)(祭祀)(焚香)
산당 제 백성 산당 제사 분향
왕하14:5,(父王)(臣僕)
부왕 신복
왕하14:6,(王)(者)(子女)(律法冊)(記錄)(命)
왕 자 자녀 률법책 기록 명
(子女)(因)(因)(子女)(自己)(罪)(因)
자녀 인 인 자녀 자기 죄 인
왕하14:7,(鹽谷)(一萬)(取)
염곡 일만 취
왕하14:8,(孫子)(王)(使者)(對面)
손자 왕 사자 대면
왕하14:9,(王)(王)(柏香木)
왕 왕 백향목
왕하14:10,(破)(驕慢)(榮光)(宮)(居)(禍)
파 교만 영광 궁 거 화
(自取)(亡)
자취 망
왕하14:11,(王)(王)(對面)
왕 왕 대면
왕하14:12,(敗)(各其)(帳幕)(逃亡)
패 각기 장막 도망
왕하14:13,(王)(孫子)(王)(城壁)(門)(城)
왕 손자 왕 성벽 문 성
(門)(四百)
문 사백
왕하14:14,(殿)(王宮)(庫間)(金銀)(器皿)(取)
전 왕궁 고간 금은 기명 취
왕하14:15,(事蹟)(權力)(王)(王)(歷代志略)
사적 권력 왕 왕 력대지략
(記錄)
기록
왕하14:16,(列祖)(姉妹)(王)(葬事)(代身)(王)
열조 자매 왕 장사 대신 왕
왕하14:17,(王)(後)(王)(十五年)(生存)
왕 후 왕 십오년 생존
왕하14:18行蹟)(王)(歷代志略)(記錄)
행적 왕 력대지략 기록
왕하14:19,(謀叛)(故)(逃亡)(謀叛)
모반 고 도망 모반
왕하14:20,(屍體)(列祖)(城)(葬事)
시체 열조 성 장사
왕하14:21,(百姓)(父親)(代身)(王)(十六歲)
백성 부친 대신 왕 십육세
왕하14:22,(列祖)(後)(建築)
열조 후 건축
왕하14:23,(王)(十五年)(王)(王)(四十一年)
왕 십오년 왕 왕 사십일년
(位)
위
왕하14:24,(惡)(行)(犯罪)(罪)
악 행 범죄 죄
왕하14:25,(믯(先知者)(地境)(恢復)
선지자 지경 회복
왕하14:26,(苦難)(甚)(者)(者)(者)
고난 심 자 자 자
왕하14:27,(塗抹)(天下)(救援)
도말 천하 구원
왕하14:28,(事蹟)(行)(權力)(恢復)(以前)
사적 행 권력 회복 이전
(屬)(王)(歷代志略)(記錄)
속 왕 력대지략 기록
왕하14:29,(列祖)(王)(者)(代身)(王)
열조 왕 자 대신 왕

列王紀下-(열왕기하)-第十五章
열왕기하 제십오장

왕하15:1,(王)(二十七年)(王)(王)
왕 이십칠년 왕 왕
왕하15:2,(十六歲)(五十二年)(治理)(母親)(
십육세 오십이년 치리 모친
왕하15:3,(父親)行爲)(正直)(行)
부친 행위 정직 행
왕하15:4,(山堂)(除)(百姓)(山堂)(祭祀)(焚香)
산당 제 백성 산당 제사 분향
왕하15:5,(王)(別宮)(居)(王子)(宮中)(國民)
왕 별궁 거 왕자 궁중 국민
(治理)
치리
왕하15:6,(事蹟)(行)(王)(歷代志略)(記錄)
사적 행 왕 력대지략 기록
왕하15:7,(列祖)(姉妹)(城)(列祖)(葬事)
열조 자매 성 열조 장사
(代身)(王)
대신 왕
왕하15:8,(王)(三十八年)(王)(治理)
왕 삼십팔년 왕 치리
왕하15:9,(列祖)行爲)(惡)(行)(犯罪)(罪)
열조 행위 악 행 범죄 죄
왕하15:10,(謀叛)(百姓)(代身)(王)
모반 백성 대신 왕
왕하15:11,(事蹟)(王)(歷代志略)(記錄)
사적 왕 력대지략 기록
왕하15:12,(子孫)(位)(果然)
자손 위 과연

왕하15:13,(王)(三十九年)(王)(治理)
왕 삼십구년 왕 치리

왕하15:14,(代身)(王)
대신 왕

왕하15:15,(事蹟)(謀叛)(王)(歷代志略)(記錄)
사적 모반 왕 력대지략 기록

왕하15:16,(四方)(城門)(婦女)
사방 성문 부녀

왕하15:17,(王)(三十九年)(王)(十年)(治理)
왕 삼십구년 왕 십년 치리

왕하15:18,(惡)(行)(犯罪)(罪)(平生)
악 행 범죄 죄 평생

왕하15:19,(王)(銀)(一千)(自己)(自己)
왕 은 일천 자기 자기

왕하15:20,(銀)(富者)(討索)(各)(銀)(五十)
은 부자 토색 각 은 오십
(王)(王)
왕 왕

왕하15:21,(事蹟)(行)(王)(歷代志略)(記錄)
사적 행 왕 력대지략 기록

왕하15:22,(列祖)(代身)(王)
열조 대신 왕

왕하15:23,(王)(五十年)(王)(二年)(治理)
왕 오십년 왕 이년 치리

왕하15:24,(惡)(行)(犯罪)(罪)
악 행 범죄 죄

왕하15:25,(長官)(叛逆)(王宮)(護衛所)
장관 반역 왕궁 호위소
(王)(五十)(代身)(王)
왕 오십 대신 왕

왕하15:26,(事蹟)(行)(王)(歷代志略)(記錄)
사적 행 왕 력대지략 기록

왕하15:27,(王)(五十二年)(王)(二十年)(治理)
왕 오십이년 왕 이십년 치리

왕하15:28,(惡)(行)(犯罪)(罪)
악 행 범죄 죄

왕하15:29,(王)(王)(取)(百姓)
왕 왕 취 백성

왕하15:30,(二十年)(叛逆)(代身)(王)
이십년 반역 대신 왕

왕하15:31,(事蹟)(行)(王)(歷代志略)(記錄)
사적 행 왕 력대지략 기록

왕하15:32,(王)(二年)(王)(王)
왕 이년 왕 왕

왕하15:33,(二十五歲)(十六年)(治理)(母親)
이십오세 십육년 치리 모친

왕하15:34,(父親)(行爲)(正直)(行)
부친 행위 정직 행

왕하15:35,(山堂)(除)(百姓)(山堂)(祭祀)
산당 제 백성 산당 제사
(焚香)(殿)(門)(建築)
분향 전 문 건축

왕하15:36,(事蹟)(行)(王)(歷代志略)(記錄)
사적 행 왕 력대지략 기록

왕하15:37,(王)
왕

왕하15:38,(列祖)(姉妹)(祖上)(城)(列祖)
열조 자매 조상 성 열조
(葬事)(代身)(王)
장사 대신 왕

列王紀下-(열왕기하)-第十六章
열왕기하 제십륙장

왕하16:1,(十七年)(王)(王)
십칠년 왕 왕

왕하16:2,(位)(二十歲)(十)(六年)(治理)
위 이십세 십 육년 치리
(祖上)(正直)(行)
조상 정직 행

왕하16:3,(列王)(行)(子孫)(異邦)(可憎)(自己)
열왕 행 자손 이방 가증 자기

왕하16:4,(山堂)(山)(祭祀)(焚香)
산당 산 제사 분향

왕하16:5,(王)(王)(
왕 왕

왕하16:6,(當時)(王)(恢復)(居)
당시 왕 회복 거

왕하16:7,(王)(使者)(王)(臣僕)(王)(王)(王)
왕 사자 왕 신복 왕 왕 왕
(請)(救援)
청 구원

왕하16:8,(殿)(王宮)(庫間)(銀金)(取)(王)
전 왕궁 고간 은금 취 왕
(禮物)
예물

왕하16:9,(王)(請)(取)(百姓)
왕 청 취 백성

왕하16:10,(王)(王)(壇)(構造)(制度)
왕 왕 단 구조 제도
(式樣)(祭司長)
식양 제사장

왕하16:11,(王)(前)(祭司長)(王)(壇)
왕 전 제사장 왕 단

왕하16:12,(王)(壇)(壇)(祭祀)
왕 단 단 제사

왕하16:13,(自己)(燔祭)(奠祭)(酬恩祭)(壇)
자기 번제 전제 수은제 단

왕하16:14,(殿)(壇)(壇)(殿)(壇)(北便)
전 단 단 전 단 북편

왕하16:15,(王)(祭司長)(命)(燔祭)(素祭)(王)
왕 제사장 명 번제 소제 왕
(燔祭)(國民)(燔祭)(奠祭)(壇)
번제 국민 번제 전제 단
(燔祭物)(祭物)(壇)
번제물 제물 단

왕하16:16,(祭司長)(王)(命)(行)
제사장 왕 명 행

왕하16:17,(王)(板)(板)
왕 판 판

왕하16:18,(安息日)(爲)(聖殿)(建築)(廊室)
안식일 위 성전 건축 낭실
(王)(廊室)(王)(因)(殿)
왕 낭실 왕 인 전

왕하16:19,(事蹟)(王)(歷代志略)(記錄)
사적 왕 력대지략 기록

왕하16:20,(列祖)(姉妹)(城)(列祖)
열조 자매 성 열조

(葬事)(代身)(王)
장사 대신 왕

列王紀下-(열왕기하)-第十七章
열왕기하 제십칠장

왕하17:1,(王)(十二年)(王)(九年)(治理)
왕 십이년 왕 구년 치리

왕하17:2,(惡)(行)(前)(王)
악 행 전 왕

왕하17:3,(王)(故)(臣服)(朝貢)
왕 고 신복 조공

왕하17:4,(王)(使者)(王)(朝貢)(王)
왕 사자 왕 조공 왕

(背叛)(獄)(禁錮)
배반 옥 금고

왕하17:5,(三年)
삼년

왕하17:6,(九年)(王)(取)(河水)
구년 왕 취 하수

왕하17:7,(子孫)(自己)(引導)(王)(罪)
자손 자기 인도 왕 죄

(犯)(神)(敬畏)
범 신 경외

왕하17:8,(子孫)(異邦)(規例)(王)(律例)(行)
자손 이방 규례 왕 율례 행

왕하17:9,(子孫)(不義)(行)(背逆)(城邑)
자손 불의 행 배역 성읍

(望臺)(堅固)(城)(山堂)
망대 견고 성 산당

왕하17:10,(山)(木像)(像)
산 목상 상

왕하17:11,(異邦)(山堂)(焚香)(惡)(行)(激怒)
이방 산당 분향 악 행 격노

왕하17:12,(偶像)(行)(命)
우상 행 명

왕하17:13,(各)(先知者)(各)(先見者)(警戒)
각 선지자 각 선견자 경계

(惡)(命令)(律例)(列祖)(命)(先知者)
악 명령 율례 열조 명 선지자

(傳)(律法)(行)
전 률법 행

왕하17:14,(列祖)
열조

왕하17:15,(律例)(列祖)(言約)(警戒)(虛無)
율례 열조 언약 경계 허무

(虛妄)(命)(四面)(異邦)
허망 명 사면 이방

왕하17:16,(命令)(自己)(爲)(形像)(木像)
명령 자기 위 형상 목상

(日月星辰)(崇拜)
일월성신 숭배

왕하17:17,(自己)(子女)(卜術)(邪術)(行)
자기 자녀 복술 사술 행

(惡)(行)(怒)(激發)
악 행 노 격발

왕하17:18,(甚)(怒)(除)(支派)(外)(者)
심 노 제 지파 외 자

왕하17:19,(命令)(律例)(行)
명령 율례 행

왕하17:20,(族屬)(擄掠軍)(甚至於)
족속 노약군 심지어

왕하17:21,(王)(罪)(犯)
왕 죄 범

왕하17:22,(子孫)(行)(罪)(行)
자손 행 죄 행

왕하17:23,(先知者)(甚至於)(除)(故鄉)
선지자 심지어 제 고향

왕하17:24,(王)(子孫)(代身)(城邑)(城邑)(居)
왕 자손 대신 성읍 성읍 거

왕하17:25,(居)(敬畏)(故)(獅子)
거 경외 고 사자

왕하17:26,(或)(王)(告)(城邑)(居)(列邦)(神)
혹 왕 고 성읍 거 열방 신

(法)(神)(獅子)(神)(法)
법 신 사자 신 법

왕하17:27,(王)(命)(祭司長)(居)(神)(法)
왕 명 제사장 거 신 법

왕하17:28,(祭司長)(中)(居)(百姓)(敬畏)
제사장 중 거 백성 경외

왕하17:29,(各)(民族)(各其)(自己)(神像)
각 민족 각기 자기 신상

(山堂)(各)(民族)(自己)(居)(城邑)
산당 각 민족 자기 거 성읍

왕하17:31,(子女)(神)
자녀 신

왕하17:32,(敬畏)(自己)(中)(山堂)(祭司長)
경외 자기 중 산당 제사장

(擇)(山堂)(自己)(爲)(祭祀)
택 산당 자기 위 제사

왕하17:33,(敬畏)(民族)(風俗)(自己)(神)
경외 민족 풍속 자기 신

왕하17:34,(以前)(風俗)(行)(敬畏)(子孫)
이전 풍속 행 경외 자손

(命)(律例)(法度)(律法)(誡命)(遵行)
명 율례 법도 률법 계명 준행

왕하17:35,(子孫)(言約)(命)(神)(敬畏)
자손 언약 명 신 경외

(崇拜)(祭祀)
숭배 제사

왕하17:36,(能力)(引導)(敬畏)(崇拜)(祭祀)
능력 인도 경외 숭배 제사

왕하17:37,(爲)(記錄)(律例)(法度)(律法)
위 기록 율례 법도 률법

(誡命)(永遠)(行)(神)(敬畏)
계명 영원 행 신 경외

왕하17:38,(言約)(神)(敬畏)
언약 신 경외

왕하17:39,(敬畏)(怨讐)
경외 원수

왕하17:40,(以前)(風俗)(行)
이전 풍속 행

왕하17:41,(民族)(敬畏)(偶像)(子子孫孫)
민족 경외 우상 자자손손

(列祖)(行)
열 조 행

列王紀下-(열왕기하)-第十八章
열 왕 기 하 제십 팔 장

왕하18:1,(王)(三年)(王)(王)
왕 삼년 왕 왕

왕하18:2,(二十五歲)(二十九年)(治理)(母親)
이십오세 이십구년 치리 모친

왕하18:3,(祖上)(行爲)(正直)(行)
조상 행위 정직 행

왕하18:4,(山堂)(除)(柱像)(木像)(子孫)
산당 제 주상 목상 자손

(向)(焚香)
향 분향

왕하18:5,(依支)(前後)(王)(中)(者)
의지 전후 왕 중 자

왕하18:6,(聯合)(命)(誡命)
연합 명 계명

왕하18:7,(亨通)(王)(排斥)
형통 왕 배척

왕하18:8,(四方)(望臺)(堅固)(城)
사방 망대 견고 성

왕하18:9,(王)(四年)(王)(七年)(王
왕 사년 왕 칠년 왕

왕하18:10,(三年)(後)(城)(陷落)(六年)
삼년 후 성 함락 육년

(王)(九年)(陷落)
왕 구년 함락

왕하18:11,(王)(河水)(城邑)
왕 하수 성읍

왕하18:12,(遵行)(言約)(背叛)(命)(行)
준행 언약 배반 명 행

왕하18:13,(王)(十四年)(王)(堅固)(城邑)(取)
왕 십사년 왕 견고 성읍 취

왕하18:14,(王)(王)(犯罪)(王)(當)(王)(銀)
왕 왕 범죄 왕 당 왕 은

(三百)(金)(三十)(定)(王)
삼백 금 삼십 정 왕

왕하18:15,(殿)(王宮)(庫間)(銀)
전 왕궁 고간 은

왕하18:16,(王)(殿門)(金)(自己)(金)(王)
왕 전문 금 자기 금 왕

왕하18:17,(王)(大軍)(王)(水道)(洗濯者)
왕 대군 왕 수도 세탁자

왕하18:18,(王)(宮內人臣)(書記官)(史官)
왕 궁내내신 서기관 사관

왕하18:19,(告)(大王)(王)(依賴)(依賴)
고 대왕 왕 의뢰 의뢰

왕하18:20,(計巧)(勇力)(依賴)(叛逆)
계교 용력 의뢰 반역

왕하18:21,(傷)(依賴)(依支)(王)(依賴)(者)
상 의뢰 의지 왕 의뢰 자

왕하18:22,(或時)(依賴)(山堂)(祭壇)(除)
혹시 의뢰 산당 제단 제

(命)(壇)(崇拜)
명 단 숭배

왕하18:23,(主)(王)(萬一)(二千)(匹)
주 왕 만일 이천 필

왕하18:24,(主)(臣僕)(中)(至極)(長官)
주 신복 중 지극 장관

(依賴)(兵車)(騎兵)
의뢰 병거 기병

왕하18:25,(滅)(殿)(滅
멸 전 멸

왕하18:26,(請)(方言)(當身)(城)(百姓)(方言)
청 방언 당신 성 백성 방언

왕하18:27,(主)(城)(自己)(大便)(自己)(小便)
주 성 자기 대변 자기 소변

왕하18:28,(方言)(大王)(王)
방언 대왕 왕

왕하18:29,(王)
왕

왕하18:30,(依賴)(丁寧)(城)(王)(陷落)
의뢰 정녕 성 왕 함락

왕하18:31,(王)(降服)(各各)(葡萄)(無花果)
왕 항복 각각 포도 무화과

(各各)(自己)
각각 자기

왕하18:32,(將次)(地方)(本土)(地方)(穀食)
장차 지방 본토 지방 곡식

(葡萄酒)(地方)(葡萄園)(地方)
포도주 지방 포도원 지방

(橄欖)(地方)(勉勵)
감람 지방 면려

왕하18:33,(列國)(神)(中)(王)(者)
열국 신 중 왕 자

왕하18:34,(神)(神)
신 신

왕하18:35,(列國)(神)(中)(能)
열국 신 중 능

왕하18:36,(百姓)(潛潛)(對答)(王)(命)(對答)
백성 잠잠 대답 왕 명 대답

왕하18:37,(宮內大臣)(書記官)(史官)(告)
궁내대신 서기관 사관 고

列王紀下-(열왕기하)-第十九章
열 왕 기 하 제십 구 장

왕하19:1,(王)(殿)
왕 전

왕하19:2,(宮內大臣)(書記官)(祭司長)(中)
궁내대신 서기관 제사장 중

(長老)(先知者)
장로 선지자

왕하19:3,(困難)(責罰)(凌辱)(臨産)(解産)
곤난 책벌 능욕 임산 해산

왕하19:4,(主)(王)(毁謗)(當身)(或時)(當身)
주 왕 훼방 당신 혹시 당신

(因)(當身)(者)(爲)(祈禱)
인 당신 자 위 기도

왕하19:5,(王)(臣僕)
왕 신복

왕하19:6,(主)(告)(王)(臣僕)(凌辱)(因)
주 고 왕 신복 능욕 인

왕하19:7,(靈)(風聞)(本國)(本國)
영 풍문 본국 본국

왕하19:8,(王)(王)(王)
왕 왕 왕

왕하19:9,(王)(王)(使者)
왕 왕 사자

왕하19:10,(王)(依賴)(王)(
왕 의뢰 왕

왕하19:11,(列王)(列邦)(行)(殄滅)(救援)
열왕 열방 행 진멸 구원

왕하19:12,(列祖)(滅)(列邦)(族屬)(神)
열조 멸 열방 족속 신

왕하19:13,(王)(王)(城)(王)(王)
왕 왕 성 왕 왕

왕하19:14,(使者)(便紙)(殿)(便紙)
사자 편지 전 편지

왕하19:15,(祈禱)(主)(天下)(萬國)(主)
기도 주 천하 만국 주
(天地)(造成)
천지 조성

왕하19:16,(毁謗)
훼방

왕하19:17,(列王)(果然)(列邦)(荒廢
열왕 과연 열방 황폐

왕하19:18,(神)(神)(滅)
신 신 멸

왕하19:19,(願)(救援)(天下)(萬國)(主)
원 구원 천하 만국 주

왕하19:20,(寄別)(王)祈禱)
기별 왕 기도

왕하19:21,(王)(對)(處女)(蔑視)(向)
왕 대 처녀 멸시 향

왕하19:22,(毁謗)(向)(者)
훼방 향 자

왕하19:23,(使者)(主)(毁謗)(兵車)(山)
사자 주 훼방 병거 산
(柏香木)(地境)(茂盛)
백향목 지경 무성

왕하19:24,(異邦)(河水)
이방 하수

왕하19:25,(太初)(行)(上古)(定)(堅固)(城)(滅)
태초 행 상고 정 견고 성 멸

왕하19:26,(居)(百姓)(弱)(前)(穀草)
거 백성 약 전 곡초

왕하19:27,(居處)(出入)(向)(忿怒)
거처 출입 향 분노

왕하19:28,(向)(忿怒)(驕慢)
향 분노 교만

왕하19:29,(徵兆)(今年)(明年)(第)(三年)
징조 금년 명년 제 삼년
(葡萄園)
포도원

왕하19:30,(族屬)(避)(者
족속 피 자

왕하19:31,(者)(避)(者)(山)(熱心)
자 피 자 산 열심

왕하19:32,(王)(城)(防牌)(城)(向)(土城)
왕 성 방패 성 향 토성

왕하19:33,(城)
성

왕하19:34,(爲)(城)(保護)(救援)
위 성 보호 구원

왕하19:35,(使者)(陣)(軍士)(十八萬)(五千)
사자 진 군사 십팔만 오천

왕하19:36,(王)(居)
왕 거

왕하19:37,(神)(廟)(敬拜)(逃亡)(代身)(王)
신 묘 경배 도망 대신 왕

列王紀下-(열왕기하)-第二十章
열왕기하 제이십장

왕하20:1,(病)(先知者)(處置(
병 선지자 처치

왕하20:2,(壁)(向)(祈禱)
벽 향 기도

왕하20:3,(求)(眞實)(全心)(主)(行)(主)(善)
구 진실 전심 주 행 주 선
(行)(記憶)(甚)(痛哭)
행 기억 심 통곡

왕하20:4,(城邑)(前)(臨)
성읍 전 임

왕하20:5,(百姓)(主權者)(王)(祖上)(祈禱)
백성 주권자 왕 조상 기도
(三日)(殿)
삼일 전

왕하20:6,(十五年)(城)(王)(救援)(爲)(爲)
십오년 성 왕 구원 위 위
(城)(保護)
성 보호

왕하20:7,(無花果(腫處)
무화과 종처

왕하20:8,(三日)(殿)(徵兆)
삼일 전 징조

왕하20:9,(應)(對)(王)(徵兆)(臨)(十度)
응 대 왕 징조 임 십도
(或)(十度)
혹 십도

왕하20:10,(對答)(十度)(十度)
대답 십도 십도

왕하20:11,(先知者)(懇求)(日影表)(十度)
선지자 간구 일영표 십도

왕하20:12,(王)(病)(便紙)(禮物)
왕 병 편지 예물

왕하20:13,(使者)(自己)(寶物庫)(金銀)(香品)
사자 자기 보물고 금은 향품
(軍器庫)(內帑庫)(使者)(王宮)
군기고 내탕고 사자 왕궁

왕하20:14,(先知者)(王)(王)(地方)
선지자 왕 왕 지방

왕하20:15,(王宮)(對答)(宮)(內帑庫)
왕궁 대답 궁 내탕고

왕하20:17,(王宮)(王)(列祖)
왕궁 왕 열조

왕하20:18,(王)(中)(王宮)(宦官)
왕 중 왕궁 환관

왕하20:19,(當身)(傳)(善)(萬一)(太平)
당신 전 선 만일 태평
(眞實)(善)
진실 선

왕하20:20,(事蹟)(權力)(水道)(城中)(引導)
사적 권력 수도 성중 인도
(王)(歷代志略)(記錄)
왕 력대지략 기록

왕하20:21,(列祖)(代身)(王)
열조 대신 왕

列王紀下-(열왕기하)-第二十一章
열왕기하 제이십일장

왕하21:1,(位)(十二歲)(五十五年)(治理)
위 십이세 오십오년 치리
(母親)
모친

왕하21:2,(惡)(行)(子孫)(異邦)(可憎)
악 행 자손 이방 가증

왕하21:3,(父親)(山堂)(王)(所爲)(爲)(壇)
부친 산당 왕 소위 위 단
(木像)(日月星辰)(崇拜)
목상 일월성신 숭배

왕하21:4,(前)(殿)(壇)
전 전 단

왕하21:5,(殿)(日月星辰)(爲)(壇)
전 일월성신 위 단

왕하21:6,(占)(邪術)(行)(神接)(者)(信任)
점 사술 행 신접 자 신임
(惡)(行)(震怒)(激發)
악 행 진노 격발

왕하21:7,(自己)(木像)(殿)(殿)(對)(支派)
자기 목상 전 전 대 지파
(中)(擇)(殿)(永遠)
중 택 전 영원

왕하21:8,(萬一)(命令)(命)(律法)(行)
만일 명령 명 률법 행
(列祖)(流離)
열조 유리

왕하21:9,(百姓)(惡)(行)(子孫)(滅)(列邦)(甚)
백성 악 행 자손 멸 열방 심

왕하21:10,(先知者)
선지자

왕하21:11,(王)(可憎)(惡)(行)(前)(行爲)
왕 가증 악 행 전 행위
(甚)(偶像)(犯罪)
심 우상 범죄

왕하21:12,(災殃)(者)
재앙 자

왕하21:13,(錘)
추

왕하21:14,(者)(對敵)(對敵)(擄掠)(劫奪)
자 대적 대적 노략 겁탈

왕하21:15,(列祖)(惡)(行)(怒)(激發)
열조 악 행 노 격발

왕하21:16,(惡)(行)(犯)(罪)(外)(無罪)(者)(甚)
악 행 범 죄 외 무죄 자 심

왕하21:17,(事蹟)(行)(犯)(罪)(王)
사적 행 범 죄 왕
(歷代志略)(記錄)
력대지략 기록

왕하21:18,(列祖)(姉妹)(宮闕)(葬事)
열조 자매 궁궐 장사
(代身)(王)
대신 왕

왕하21:19,(位)(二十二歲)(二年)(治理)(母親)
위 이십이세 이년 치리 모친

왕하21:20,(父親)(行)(惡)(行)
부친 행 악 행

왕하21:21,(父親)(行)(行)(父親)(偶像)(敬拜)
부친 행 행 부친 우상 경배

왕하21:22,(列祖)(行)
열조 행

왕하21:23,(臣僕)(叛逆)(王)(宮中)
신복 반역 왕 궁중

왕하21:24,(國民)(王)(叛逆)(代身)(王)
국민 왕 반역 대신 왕

왕하21:25,(行)(事蹟)(王)(歷代志略)(記錄)
행 사적 왕 력대지략 기록

왕하21:26,(自己)(墓室)(葬事)(代身)(王)
자기 묘실 장사 대신 왕

列王紀下-(열왕기하)-第二十二章
열왕기하 제이십이장

왕하22:1,(位)(八歲)(三十一年)(治理)(母親)
위 팔세 삼십일년 치리 모친

왕하22:2,(正直)(行)(祖上)(行)(左右)
정직 행 조상 행 좌우

왕하22:3,(王)(十八年)(王)(孫子)(書記官)(殿)
왕 십팔년 왕 손자 서기관 전

왕하22:4,(大祭司長)(百姓)(殿)(銀)(門)
대제사장 백성 전 은 문
(者)(收納)(銀)(計數)
자 수납 은 계수

왕하22:5,(殿)(役事)(監督者)(殿)(工匠)
전 역사 감독자 전 공장
(殿)(頹落)(修理)
전 퇴락 수리

왕하22:6,(木手)(建築者)(靡匠)(材木)
목수 건축자 미장 재목
(殿)(修理)
전 수리

왕하22:7,(銀)(會計)(行)(眞實)
은 회계 행 진실

왕하22:8,(大祭司長)(書記官)(殿)(律法冊)
대제사장 서기관 전 률법책
(發見)(冊)
발견 책

왕하22:9,(書記官)(王)(復命)(王)(臣僕)
서기관 왕 복명 왕 신복
(前)(殿)(役事)(監督者)
전 전 역사 감독자

왕하22:10,(王)(告)(祭司長)(冊)(王)
왕 고 제사장 책 왕

왕하22:11,(王)(律法冊)
왕 률법책

왕하22:12,(王)(祭司長)書記官)(王)(侍臣)(命)
왕 제사장 서기관 왕 시신 명

왕하22:13,(百姓)(爲)(發見)(冊)(對)(列祖)
백성 위 발견 책 대 열조
(冊)(冊)(爲)(記錄)(遵行)(發)(震怒)
책 책 위 기록 준행 발 진노

왕하22:14,(祭司長)女先知)(孫子)(禮服)
제사장 여선지 손자 례복
(主管)(區域)(居)
주관 구역 거

왕하22:15,(告)
고

왕하22:16,(居民)(災殃)(王)(冊)
거민 재앙 왕 책

왕하22:17,(百姓)(神)(焚香)(所爲)(怒)
백성 신 분향 소위 노
(激發)(向)(發)(震怒)
격발 향 발 진노

왕하22:18,(王)(告)(議論)
왕 고 의논

왕하22:19,(居民)(對)(詛呪)(軟)(謙卑)(痛哭)
거민 대 저주 연 겸비 통곡

왕하22:20,(列祖)(平安)(墓室)(災殃)
열조 평안 묘실 재앙
(使者)(王)(復命)
사자 왕 복명

列王紀下-(열왕기하)-第二十三章
열왕기하 제이십삼장

왕하23:1,(王)(長老)(自己)
왕 장로 자기

왕하23:2,(殿)(居民)(祭司長)(先知者)
전 거민 제사장 선지자
(百姓)(無論老少)(王)(王)(殿)
백성 무론노소 왕 왕 전
(發見)(言約冊)
발견 언약책

왕하23:3,(王)(臺)(言約)(性品)(順從)(誡命)
왕 대 언약 성품 순종 계명
(法度)(律例)(冊)(記錄)(言約)
법도 율례 책 기록 언약
(百姓)(言約)
백성 언약

왕하23:4,(王(大祭司長)(祭司長)(門)(者)
왕 대제사장 제사장 문 자
(命)(日月星辰)(爲)(器皿)(殿)
명 일월성신 위 기명 전

왕하23:5,(王(四面)(山堂)(焚香)(偶像)
왕 사면 산당 분향 우상
(祭司長)(廢)(宮星)(焚香)(者)(廢)
제사장 폐 궁성 분향 자 폐

왕하23:6,(殿)(像)(平民)(墓地)
전 상 평민 묘지

왕하23:7,(殿)(美童)(女人)(爲)(揮帳)(處所)
전 미동 녀인 위 휘장 처소

왕하23:8,(各)(城邑)(祭司長)(祭司長)
각 성읍 제사장 제사장
(焚香)(山堂)(城門)(山堂)(山堂)
분향 산당 성문 산당 산당
(府尹)大門)(城門)(便)
부윤 대문 성문 편

왕하23:9,(山堂)(祭司長)(壇)(兄弟)(中)
산당 제사장 단 형제 중
(無酵餠)
무효병

왕하23:10,(王)(爲)(子女)
왕 위 자녀

왕하23:11,(列王)(太陽)(爲)(除)(殿)(近處)
열왕 태양 위 제 전 근처
(侍從)(太陽)
시종 태양

왕하23:12,(列王)(壇)(殿)(壇)(王)
열왕 단 전 단 왕

왕하23:13,(滅亡山)(右便)(山堂)(王)(可憎)
멸망산 우편 산당 왕 가증
(可憎)(子孫)(可憎)(爲)
가증 자손 가증 위

왕하23:14,(王)(石像)(木像)(骸骨)
왕 석상 목상 해골

왕하23:15,(犯罪)(壇)(山堂)(王)(山堂)(木像)
범죄 단 산당 왕 산당 목상

왕하23:16,(山)(墓室)(墓室)(骸骨)(取)
산 묘실 묘실 해골 취
(壇(壇)(傳)(傳)
단 단 전 전

왕하23:17,(碑石)(城邑)(告)(王)(壇)(向)(行)
비석 성읍 고 왕 단 향 행
(傳)(墓室)
전 묘실

왕하23:18,(先知者)
선지자

왕하23:19,(前)(列王)(各)(城邑)(怒)(山堂)
전 열왕 각 성읍 노 산당
(除)(行)(行)
제 행 행

왕하23:20,(山堂)(祭司長)(壇)(骸骨)(壇)
산당 제사장 단 해골 단

왕하23:21,(王(百姓)(命)(言約冊)(記錄)(爲)
왕 백성 명 언약책 기록 위
(逾越節)
유월절

왕하23:22,(士師)(時代)(列王)(時代)(列王)
사사 시대 열왕 시대 열왕
(時代)(逾越節)
시대 유월절

왕하23:23,(王)(十八年)(逾越節)
왕 십팔년 유월절

왕하23:24,(神接)(者)(偶像)(可憎)(除)
신접 자 우상 가증 제
(大祭司長)(殿)(發見)(冊)
대제사장 전 발견 책
(記錄)(律法)
기록 률법

왕하23:25,(性品)(向)(律法)(穩全)(遵行)
성품 향 률법 온전 준행
(前)(後)(者)
전 후 자

왕하23:26,(向)(震怒)(震怒)(激怒)(激怒)(因)
향 진노 진노 격노 격노 인

왕하23:27,(城)(殿)
성 전

왕하23:28,(事蹟)(行)(王)(歷代志略)(記錄)
사적 행 왕 력대지략 기록

왕하23:29,(當時)(王)(王)(河水)(王)(防備)
당시 왕 왕 하수 왕 방비
(王)(後)
왕 후

왕하23:30,(臣僕)(屍體)(兵車)(墓室)(葬事)
신복 시체 병거 묘실 장사
(國民)(父親)(代身)(王)
국민 부친 대신 왕

왕하23:31,(位)(二十三歲)(治理)(母親)
위 이십삼세 치리 모친

왕하23:32,(列祖)(行爲)(惡)(行)
열조 행위 악 행

왕하23:33,(王)(銀)(一百)(金)(罰金)
왕 은 일백 금 벌금

왕하23:34로(代身)(王)
대신 왕

왕하23:35,(銀)(金)(命令)(爲)(賦課)(國民)
은 금 명령 위 부과 국민
(各)(額數)(定)(銀金)(勒捧)
각 액수 정 은금 늑봉

왕하23:36,(王)(二十五歲)(十一年)(治理)
왕 이십오세 십일년 치리
(母親)
모친

왕하23:37,(列祖)(行)(惡)(行)
열조 행 악 행

列王紀下-(열왕기하)-第二十四章
열왕기하 제이십사장

왕하24:1,(時代)(王)(三年)(背叛)
시대 왕 삼년 배반

왕하24:2,(先知者)(部隊)(部隊)(部隊)
선지자 부대 부대 부대
(子孫)(部隊)(滅)
자손 부대 멸

왕히24:3,(臨)(命)(自己)(罪)
임 명 자기 죄

왕하24:4,(無罪)(者)(赦
무죄 자 사

왕하24:5,(事蹟)(行)(王)(歷代志略)(記錄)
사적 행 왕 력대지략 기록

왕하24:6,(列祖)(姉妹)(代身)(王)
열조 자매 대신 왕

왕하24:7,(王)(王)(河水)(河水)(王)(贖)(取)
왕 왕 하수 하수 왕 속 취

왕하24:8,(位)(十八歲)(治理)(母親)후
위 십팔세 치리 모친

왕하24:9,(父親)行爲(惡)(行)
부친 행위 악 행

왕하24:10,(王)(臣僕)(城)
왕 신복 성

왕하24:11,(臣僕)(王)(城)
신복 왕 성

왕하24:12,(王)(母親)(臣僕)(方伯)(內侍)
왕 모친 신복 방백 내시
(王)(王)(王)(八年)
왕 왕 왕 팔년

왕하24:13,(殿)(寶物)(王宮)(寶物)(王)
전 보물 왕궁 보물 왕
(殿)(金器皿)(毁破)
전 금기명 훼파

왕하24:14,(百姓)(方伯)(勇士)(合)(一萬)
백성 방백 용사 합 일만
(命)(工匠)(貧賤)(者)(外)(者)
명 공장 빈천 자 외 자

왕하24:15,(王)(母親)(王)(內侍)(權勢)(者)
왕 모친 왕 내시 권세 자

왕하24:16,(勇士)(七千)(工匠)(一千)(强壯)
용사 칠천 공장 일천 강장
(能)(者)
능 자

왕하24:17,(王)(代身)(王)
왕 대신 왕

왕하24:18,(位)(二十一歲)(十一年)(治理)
위 이십일세 십일년 치리
(母親)
모친

왕하24:19行爲(惡)(行)
행위 악 행

왕하24:20,(震怒)(王)(背叛)
진노 왕 배반

列王紀下-(열왕기하)-第二十五章
열왕기하 제이십오장

왕하25:1,(九年)(十月)(十日)(王)(軍隊)(陣)
구년 십월 십일 왕 군대 진
(四面)(土城)
사면 토성

왕하25:2,(城)(王)(十一年)
성 왕 십일년

왕하25:3,(四月)(九日)(城中)(饑饉)(甚)
사월 구일 성중 기근 심
(百姓)(糧食)(盡)
백성 량식 진

왕하25:4,(城邑)(城壁)(軍士)(中)(城壁)
성읍 성벽 군사 중 성벽
(王)(門)(逃亡)
왕 문 도망

왕하25:5,(軍士)(王)(平地)(王)(軍士)
군사 왕 평지 왕 군사

왕하25:6,(軍士)(王)(王)(訊問)
군사 왕 왕 신문

왕하25:7,(目前)(結縛)
목전 결박

왕하25:8,(王)(十九年)(五月)(七日)(王)
왕 십구년 오월 칠일 왕
(臣下)(侍衛隊)(長官)
신하 시위대 장관
왕하25:9,(殿)(王宮)(貴人)
전 왕궁 귀인
왕하25:10,(侍衛隊)(長官)(軍隊)(四面)(城壁)
시위대 장관 군대 사면 성벽
왕하25:11,(城中)(百姓)(王)(降服)(者)(者)
성중 백성 왕 항복 자 자
(侍衛隊)(長官)
시위대 장관
왕하25:12,(貧賤)(國民)(葡萄園)(者)(農夫)
빈천 국민 포도원 자 농부
왕하25:13,(殿)(殿)
전 전
왕하25:15,(侍衛隊)(長官)(周鉢)(金物)
시위대 장관 주발 금물
(金)(銀物)(銀)
금 은물 은
왕하25:16,(殿)(爲)(取)(器具)(重數)
전 위 취 기구 중수
왕하25:17,(高)(十八)(高)(石榴)(粧飾)
고 십팔 고 석류 장식
왕하25:18,(侍衛隊)(長官(大祭司長)
시위대 장관 대제사장
(副祭司長)(殿)(門直)
부제사장 전 문직

왕하25:19,(城中)(軍士)(內侍)(城中)(王)
성중 군사 내시 성중 왕
(侍從)(國民)(招募)(長官)
시종 국민 초모 장관
(書記官)(城中)(國民)(六十名)
서기관 성중 국민 육십명
왕하25:20,(侍衛隊)(長官)(王)
시위대 장관 왕
왕하25:21,(王(本土)
왕 본토
왕하25:22,(百姓)(王)(者)(王)(孫子)(管轄)
백성 왕 자 왕 손자 관할
왕하25:23,(軍隊長官)(者)(王)(方伯)
군대장관 자 왕 방백
왕하25:24,(者)(盟誓)(臣僕)(因)(居)(王)(平安)
자 맹서 신복 인 거 왕 평안
왕하25:25,(七月)(王)(孫子)(十人)
칠월 왕 손자 십인
왕하25:26大小)(百姓)(軍隊長官)
대소 백성 군대장관
왕하25:27,(王)(三十七年)(王)(卽位)(元年)
왕 삼십칠년 왕 즉위 원년
(十二月)(二十七日)(王)(獄)
십이월 이십칠일 왕 옥
왕하25:28,(善)(位)(王)(位)
선 위 왕 위
왕하25:29,(罪囚)(衣服)(一平生)(恒常)(王)
죄수 의복 일평생 항상 왕
왕하25:30,(王)(定數)(終身)
왕 정수 종신

曆代志上-(역대지상)-第一章
역대지상 제일장

대상1:10,(世上)(英傑)(者)
세상 영걸 자

대상1:12,(族屬)
족속

대상1:14,(族屬)(族屬)(族屬)
족속 족속 족속

대상1:15,(族屬)(族屬)(族屬)
족속 족속 족속

대상1:16,(族屬)(族屬)(族屬)
족속 족속 족속

대상1:29,(世系)
세계

대상1:32,(妾)
첩

대상1:43,(子孫)(治理)(王)(前)(王(都城)
자손 치리 왕 전 왕 도성

대상1:44,(代身)(王)
대신 왕

대상1:45,(族屬)(代身)(王)
족속 대신 왕

대상1:46,(代身)(王)(者)(都城)
대신 왕 자 도성

대상1:47,(代身)(王)
대신 왕

대상1:48,(河水)(代身)(王)
하수 대신 왕

대상1:49,(代身)(王)
대신 왕

대상1:50,(代身)(王)(都城)(孫女)
대신 왕 도성 손녀

대상1:51,(後)(族長(族長)(族長)(族長)
후 족장 족장 족장 족장

대상1:52,(族長)(族長)(族長)
족장 족장 족장

대상1:53,(族長)(族長)(族長)
족장 족장 족장

대상1:54,(族長)(族長)(族長
족장 족장 족장

曆代志上-(역대지상)-第二章
역대지상 제이장

대상2:3,(者)(惡)
자 악

대상2:7,(滅)(物件)(因)(者)
멸 물건 인 자

대상2:10,(子孫)(方伯)
자손 방백

대상2:16,(姉妹)(三兄弟)
자매 삼형제

대상2:19,(後)
후

대상2:21,(後)(六十歲)(同寢)
후 육십세 동침

대상2:22,(城邑)
성읍

대상2:23,(城邑)(城)(六十)(子孫)
성읍 성 육십 자손

대상2:24,(後)
후

대상2:33,(子孫)
자손

대상2:34,(故)
고

대상2:46,(妾)
첩

대상2:48,(妾)
첩

대상2:50,(子孫)
자손

대상2:52,(子孫)(折半)
자손 절반

대상2:53,(族屬)(族屬)(族屬)(族屬)
족속 족속 족속 족속
(族屬)(族屬)
족속 족속

대상2:54,(子孫)(族屬)(族屬)(折半)(族屬)
자손 족속 족속 절반 족속

삼상2:55,(居)(書記官)(族屬)(族屬)(族屬)
거 서기관 족속 족속 족속
(族屬)(祖上)(族屬)
족속 조상 족속

曆代志上-(역대지상)-第三章
역대지상 제삼장

대상3:1,(女人)(所生)(女人)(所生)
녀인 소생 녀인 소생

대상3:2,(王)
왕

대상3:3,(所生)(所生)
소생 소생

대상3:4,(者)(七年)(六個月)(治理)
자 칠년 육개월 치리
(三十三年)(治理)
삼십삼년 치리

대상3:5,(所生)
소생

대상3:9,(外)(妾)
외 첩

대상3:19,(妹弟)
매제

曆代志上-(역대지상)-第四章
역대지상 제사장

대상4:2,(族屬)
족속

대상4:3,(祖上)(子孫)(妹弟)
조상 자손 매제

대상4:4,(所生)
소생

대상4:6,(所生)
소생

대상4:8,(族屬)
족속

대상4:9,(兄弟)(尊貴)(者)(受苦)
형제 존귀 자 수고

대상4:10,(願)(主)(福)(福)(地境)(主)
원 주 복 복 지경 주

(患難)(求)(許諾)
환난 구 허락

대상4:11,(手下)(兄)
수하 형

대상4:14,(祖上)(工匠)
조상 공장

대상4:15,(子孫)(子孫)
자손 자손

대상4:17,(祖上)
조상

대상4:18,(娶)(祖上)(祖上)(祖上)
취 조상 조상 조상

대상4:21,(子孫)(細麻布)(者)(族屬)
자손 세마포 자 족속

대상4:22,(記錄)(依支)
기록 의지

대상4:23,(甕器匠)(居)(者)(王)(居)(王)
옹기장 거 자 왕 거 왕

대상4:27,(兄弟)(子女)(族屬)(子孫)(蕃盛)
형제 자녀 족속 자손 번성

대상4:28,(子孫)(居)
자손 거

대상4:31,(王)(城邑)(屬)
왕 성읍 속

대상4:32,(鄕村)(城邑)
향촌 성읍

대상4:33,(各)(城邑)(四面)(子孫)(各其)(譜系)
각 성읍 사면 자손 각기 보계

대상4:35,(曾孫)(孫子)
증손 손자

대상4:37五代孫)(玄孫)(曾孫)(孫子)
오대손 현손 증손 손자

대상4:38,(錄名)(者)(本族)(族長)(宗族)(蕃盛)
녹명 자 본족 족장 종족 번성

대상4:39,(羊)(爲)(牧場)(求)(東便)(地境)
양 위 목장 구 동편 지경

대상4:40,(牧場)(發見)(廣闊)(安靜)(居)(子孫)
목장 발견 광활 안정 거 자손

대상4:41,(錄名)(者)(王)(帳幕)(破)(殄滅)
녹명 자 왕 장막 파 진멸

(代身)(居)(羊)(牧場)
대신 거 양 목장

대상4:42,(子孫)(中)(五百名)(頭目)(山)
자손 중 오백명 두목 산

대상4:43,(避)(居)
피 거

曆代志上-(역대지상)-第五章
역대지상 제오장

대상5:1,(長子)(長子)(寢床)(長子)(名分)
장자 장자 침상 장자 명분

(子孫)(族譜)(長子)(名分)(記錄)
자손 족보 장자 명분 기록

대상5:2,(兄弟)(主權者)(長子)(名分)
형제 주권자 장자 명분

대상5:3,(長子)
장자

대상5:6,(子孫)(頭目)(王)(者)
자손 두목 왕 자

대상5:7,(兄弟)(宗族)(譜系)(族長)(者)
형제 종족 보계 족장 자

대상5:8,(孫子)(曾孫)(居)
손자 증손 거

대상5:9,(東)(居)(江)(曠野)(地境)(牲畜)(蕃殖)
동 거 강 광야 지경 생축 번식

대상5:10,(王)(東便)(帳幕)(居)
왕 동편 장막 거

대상5:11,(子孫)(對)(居)
자손 대 거

대상5:12,(族長)(居)
족장 거

대상5:13,(族屬)(兄弟)(名)
족속 형제 명

대상5:14,(孫子)(曾孫)(玄孫)(五代孫)
손자 증손 현손 오대손

(六代孫)(七代孫)
육대손 칠대손

대상5:15,(孫子)(族長)
손자 족장

대상5:16,(鄕村)(居)(四方)(邊境)
향촌 거 사방 변경

대상5:17,(以上)(王)(王)(族譜)(記錄)
이상 왕 왕 족보 기록

대상5:18,(子孫)(半)(支派)(勇士)(能)(防牌)
자손 반 지파 용사 능 방패

(者)(四萬)(四千七百)(六十人)
자 사만 사천칠백 육십인

대상5:19,(中)
중

대상5:20,(者)(敗)(依賴)
자 패 의뢰

대상5:21,(對敵)(五萬)(羊)(二十五萬)
대적 오만 양 이십오만

(二千)(十萬)
이천 십만

대상5:22,(當)(者)(居)
당 자 거

대상5:23,(半)(支派)(子孫)(居)(蕃盛)(山)
반 지파 자손 거 번성 산

대상5:24,(族長)(勇力)(有名)(族長)
족장 용력 유명 족장

대상5:25,(列祖)(犯罪)(滅)(百姓)(神)(姦淫)
열조 범죄 멸 백성 신 간음

대상5:26,(王)(王)(半)(支派)(河水)
왕 왕 반 지파 하수

曆代志上-(역대지상)-第六章
역대지상 제륙장

대상6:3,(子女)
자녀

대상6:10,(殿)(祭司長)(職分)(行)(者)
전 제사장 직분 행 자

대상6:15,(百姓)
백성

대상6:19,(宗族)
종족

대상6:20,(者)
자

대상6:22,(者)
자

대상6:26,(子孫)
자손

대상6:29,(者)
자

대상6:31,(言約櫃)(平安)(後)(讚頌)
언약궤 평안 후 찬송

대상6:32,(殿)(會幕)(讚頌)(行)(班列)
전 회막 찬송 행 반열
(職務)(行)
직무 행

대상6:33,(職務)(行)(者)(子孫)(中)(讚頌)(者)
직무 행 자 자손 중 찬송 자

대상6:39,(兄弟)(右便)(職務)(行)
형제 우편 직무 행

대상6:44,(兄弟)(子孫)(中)(左便)(職務)
형제 자손 중 좌편 직무
(行)(者)
행 자

대상6:48,(兄弟)(帳幕)
형제 장막

대상6:49,(子孫)(燔祭壇)(香壇)(焚香)
자손 번제단 향단 분향
(祭祀)(至聖所)(命)(爲)(贖罪)
제사 지성소 명 위 속죄

대상6:50,(子孫)
자손

대상6:54,(居)(四方)(地境)(鄕里)(子孫)(族屬)
거 사방 지경 향리 자손 족속

대상6:55,(四方)
사방

대상6:56,(城)(鄕里)
성 향리

대상6:57,(子孫)(逃避城)
자손 도피성

대상6:60,(支派)(中)(族屬)(城)
지파 중 족속 성

대상6:61,(子孫)(者)(半)(支派)(族屬)(中)(城)
자손 자 반 지파 족속 중 성

대상6:62,(子孫)(族屬)(支派)(支派)
자손 족속 지파 지파
(支派)(支派)(中)(城)
지파 지파 중 성

대상6:63,(子孫)(族屬)(支派)(支派)
자손 족속 지파 지파
(支派)(中)(城)
지파 중 성

대상6:64,(子孫)(城)(子孫)
자손 성 자손

대상6:65,(子孫)(支派)(子孫)(支派)
자손 지파 자손 지파
(子孫)(支派)(中)(記錄)(城)
자손 지파 중 기록 성

대상6:66,(子孫)(族屬)(支派)(中)(城)(領地)
자손 족속 지파 중 성 령지

대상6:67,(逃避城)(山中)
도피성 산중

대상6:70,(子孫)(族屬)(半)(支派)(中)
자손 족속 반 지파 중

대상6:71,(子孫)(半)(支派)(族屬)(中)
자손 반 지파 족속 중

대상6:72,(支派)(中)
지파 중

대상6:74,(支派)(中)
지파 중

대상6:75후

대상6:76,(支派)(中)
지파 중

대상6:77,(子孫)(者)(支派)(中)
자손 자 지파 중

대상6:78,(東便)(便)(支派)(中)(曠野)
동편 편 지파 중 광야

대상6:80,(支派)(中)
지파 중

曆代志上-(역대지상)-第七章
역대지상 제칠장

대상7:2,(族長)(代代)(勇士)(數爻)
족장 대대 용사 수효
(二萬)(二千)(六百名)
이만 이천 육백명

대상7:3,(族長)
족장

대상7:4,(者)(譜系)(宗族)(能)(出戰)(軍隊)
자 보계 종족 능 출전 군대
(三萬)(六千人)(妻子)(緣故)
삼만 육천인 처자 연고

대상7:5,(兄弟)(宗族)(勇士)(譜系)(計數)
형제 종족 용사 보계 계수
(八萬)(七千人)
팔만 칠천인

대상7:7族長)(勇士)(譜系)(計數)(二萬)
족장 용사 보계 계수 이만
(二千)(三十四人)
이천 삼십사인

대상7:9,(族長)(勇士)(子孫)(譜系)(計數)
족장 용사 자손 보계 계수
(二萬)(二百人)
이만 이백인

대상7:11,(族長)(勇士)(子孫)(中)(能)(出戰)
족장 용사 자손 중 능 출전
(者)(一萬)(七千)(二百人)
자 일만 칠천 이백인

대상7:13,(孫子)
손자

대상7:14,(妻)(所生)(妾)(女人)(所生)
처 소생 첩 녀인 소생

대상7:17,(子孫)(孫子)
자손 손자

대상7:21,(土人)(當)
토인 당

대상7:22,(爲)(兄弟)(慰勞)
위 형제 위로

대상7:23,(後)(同寢)(孕胎)(災殃)
후 동침 잉태 재앙

대상7:28,(子孫)(産業)(居處)(鄕里)(東)
자손 산업 거처 향리 동
(西)(鄕里)(鄕里)(鄕里)
서 향리 향리 향리

대상7:29,(子孫)(地境)(鄕里)(鄕里)
자손 지경 향리 향리
(鄕里)(鄕里)(子孫)(居)
향리 향리 자손 거

대상7:30,(妹弟)
매제

대상7:32,(妹弟)
매제

대상7:40,(子孫)(族長)(勇士)(方伯)
자손 족장 용사 방백
(頭目)(出戰)(者)(譜系)(計數)
두목 출전 자 보계 계수
(二萬)(六千人)
이만 육천인

曆代志上-(역대지상)-第八章
역대지상 제팔장

대상8:1,(者)
자

대상8:6,(居民)(族長)
거민 족장

대상8:8,(後)(子女)
후 자녀

대상8:9,(者)
자

대상8:10,(族長)
족장

대상8:12,(鄕里)
향리

대상8:13,(居民)(族長)(居民)
거민 족장 거민

대상8:28,(族長)(代代)(頭目)(居)
족장 대대 두목 거

대상8:29,(祖上)(居)
조상 거

대상8:30,(長子)
장자

대상8:32,(兄弟)(對)(居)
형제 대 거

대상8:39,(長子)
장자

대상8:40,(勇士)(者)(孫子)(一百)
용사 자 손자 일백
(五十人)(子孫)
오십인 자손

曆代志上-(역대지상)-第九章
역대지상 제구장

대상9:1,(譜系)(計數)(列王記)(記錄)
보계 계수 열왕기 기록
(犯罪)(因)
범죄 인

대상9:2,(本城)(基業)(居)(者)(祭司長)
본성 기업 거 자 제사장

대상9:3,(子孫)(子孫)(子孫)(中)(居)(者)
자손 자손 자손 중 거 자

대상9:4,(子孫)(中)(孫子)(曾孫)(玄孫)
자손 중 손자 증손 현손

대상9:5,(中)(長子)
중 장자

대상9:6,(子孫)(中)(兄弟)(六百)(九十人)
자손 중 형제 육백 구십인

대상9:7,(子孫)(中)누(曾孫)(孫子)
자손 중 증손 손자

대상9:8,(孫子)(曾孫)(孫子)(
손자 증손 손자

대상9:9,(兄弟)(譜系)(計數)(九百)
형제 보계 계수 구백
(五十六人)(族長)(者)
오십육인 족장 자

대상9:10,(祭司長)(中)
제사장 중

대상9:11,(殿)(者)(孫子)(曾孫)(玄孫)五代孫)
전 자 손자 증손 현손 오대손

대상9:12,(孫子)(曾孫)(孫子)(曾孫)
손자 증손 손자 증손
(玄孫)五代孫)
현손 오대손

대상9:13,(兄弟)(族長)(殿)(隨從)(才能)
형제 족장 전 수종 재능
(者)(一千)(七百)(六十人)
자 일천 칠백 육십인

대상9:14,(中)(子孫)(孫子)(曾孫)
중 자손 손자 증손

대상9:15,(孫子)(曾孫)
손자 증손

대상9:16,(孫子)(曾孫)가(孫子)(鄕里)
손자 증손 손자 향리

대상9:17,(門直 兄弟(頭目)
문직 형제 두목

대상9:18,(前)(王)(門)(東便)(子孫)(營)(門直)
전 왕 문 동편 자손 영 문직

대상9:19,(曾孫)(孫子)(宗族)(兄弟)(子孫)
증손 손자 종족 형제 자손
(隨從)(聖幕門)(列祖)(營)
수종 성막문 열조 영

대상9:21,(會幕)(門直)
회막 문직

대상9:22,(擇)(門直)(者)(二百)(鄕里)(譜系)
택 문직 자 이백 향리 보계

(計數)(者)(先見者)(前)(職分)(者)
계수 자 선견자 전 직분 자

대상9:23,(子孫)(班列)(殿)(聖幕門)
자손 반열 전 성막문

대상9:24,(門直)(東西南北)(四方)
문직 동서남북 사방

대상9:25,(鄕里)(兄弟)
향리 형제

대상9:26,(門直)(頭目)(緊要)(職分)(殿)
문직 두목 긴요 직분 전
(房)(庫間)
방 고간

대상9:27,(殿)(職分)(殿)(四面)(留)(門)(冊)
전 직분 전 사면 유 문 책

대상9:28,(中)(者)(器皿)(數爻)(數爻)
중 자 기명 수효 수효

대상9:29,(者)(聖所)(器具)(器皿)(葡萄酒)
자 성소 기구 기명 포도주
(油香)(香品)
유향 향품

대상9:30,(祭司長)(中)(者)(香品)(香氣)
제사장 중 자 향품 향기

대상9:31,(子孫)(長子)
자손 장자

대상9:32,(兄弟)(子孫)(中)(者)(陳設)
형제 자손 중 자 진설
(安息日)(準備)
안식일 준비

대상9:33,(讚頌)(者)(族長)(房)(居)(晝夜)
찬송 자 족장 방 거 주야
(自己)(職分)(汨沒)
자기 직분 골몰

대상9:34,(以上)(代代)(族長)(居)
이상 대대 족장 거

대상9:35,(祖上)(居)
조상 거

대상9:36,(長子)
장자

대상9:38,(兄弟)(對)(居)
형제 대 거

曆代志上-(역대지상)-第十章
역대지상 제십장

삼상10:1,(逃亡山)
도망산

대상10:2,(追擊)
추격

대상10:3,(猛烈)(者)(者)(因)(甚)(窘急)
맹렬 자 자 인 심 군급

대상10:4,(自己)(兵器)(者)(割禮)(者)(辱)
자기 병기 자 할례 자 욕
(兵器)(者)(甚)(行)(自己)(取)
병기 자 심 행 자기 취

대상10:5,(兵器)(者)(自己)
병기 자 자기

대상10:7,(逃亡)(城邑)(逃亡)(居)
도망 성읍 도망 거

대상10:8,(當)(者)(山)
당 자 산

대상10:9,(甲)(取)(四方)(偶像)(百姓)(廣布)
갑 취 사방 우상 백성 광포

대상10:10,(甲)(神)(廟)(廟)
갑 신 묘 묘

대상10:11,(行)
행

대상10:12,(勇士)(屍體)(屍體)(取)(骸骨)
용사 시체 시체 취 해골
(葬事)(七日)(禁食)
장사 칠일 금식

대상10:13,(犯罪)(神接)(者)(請)
범죄 신접 자 청

曆代志上-(역대지상)-第十一章
역대지상 제십일장

대상11:1,(王)(骨肉)
왕 골육

대상11:2,(前日)(王)(出入)(者)(王)(王)(王)
전일 왕 출입 자 왕 왕 왕
(百姓)(牧者)(百姓)(主權者)
백성 목자 백성 주권자

대상11:3,(長老)(王)(言約)(王)(傳)
장로 왕 언약 왕 전

대상11:4,(土人)(居)
토인 거

대상11:5,(土人)(山)(城)(城)
토인 산 성 성

대상11:6,(者)(頭目)(長官)(頭目)
자 두목 장관 두목

대상11:7,(山城)(居)(故)(城)
산성 거 고 성

대상11:8,(城)(城)(重修)
성 성 중수

대상11:9,(萬軍)(漸漸)(强盛)
만군 점점 강성

대상11:10,(勇士)(頭目)(王)(對)
용사 두목 왕 대

대상11:11,(勇士)(數爻)(三十人)(頭目)
용사 수효 삼십인 두목
(槍)(三百)(人)
창 삼백 인

대상11:12아호(勇士)(中)
용사 중

대상11:13,(百姓)(逃亡)
백성 노방

대상11:14,(保護)(救援)(救援)
보호 구원 구원

대상11:15,(三十)(頭目)(中)(軍隊)(陣)
삼십 두목 중 군대 진

대상11:16,(山城)(營寨)
산성 영채

대상11:17,(思慕)(城門)
사모 성문

대상11:18,(軍隊)(衝突)(城門)
군대 충돌 성문

대상11:19,(決斷(生命(勇士)(行)
결단 생명 용사 행

대상11:20,(三人)(頭目)(槍)(三百人)
삼인 두목 창 삼백인
(三人)(中)
삼인 중

대상11:21,(三人)(中)(尊貴)(頭目)(三人
삼인 중 존귀 두목 삼인

대상11:22,(勇士)(孫子)(驍勇)(行)(者)
용사 손자 효용 행 자
(陷穽)(獅子)
함정 사자

대상11:23,(長大)(槍)(槍)(槍)
장대 창 창 창

대상11:24,(行)(勇士)(中)
행 용사 중

대상11:25,(三十人)(尊貴)(三人(侍衛隊)
삼십인 존귀 삼인 시위대
(長官)
장관

대상11:26,(軍中)(勇士)
군중 용사

대상11:31,(子孫)(贖)
자손 속

대상11:39,(兵器)(者)
병기 자

대상11:42,(子孫)(子孫)(頭目)(從者)(三十人)
자손 자손 두목 종자 삼십인

曆代志上-(역대지상)-第十二章
역대지상 제십이장

대상12:1,(因)(勇士)(中)(者)
인 용사 중 자

대상12:2,(左右)(發)(者)(支派)(同族)
좌우 발 자 지파 동족

대상12:3,(頭目)(
두목

대상12:4,(三十人)(中)(勇士)(三十人)(頭目)
삼십인 중 용사 삼십인 두목

대상12:8,(中)(堅固)(者)(勇士)(防牌)(槍)
중 견고 자 용사 방패 창
(能)(者)(獅子)(山)
능 자 사자 산

대상12:9,(頭目)
두목

대상12:14,(子孫)(軍隊長官)(者)(一百人)
자손 군대장관 자 일백인
(管轄)(者)(一千人)(管轄)
관할 자 일천인 관할

대상12:15,(正月)(江)(江)(者)(東西)(逃亡)
정월 강 강 자 동서 도망

대상12:16,(子孫)(中)(堅固)
자손 중 견고

대상12:17,(萬一)(平和)(聯合)(萬一)(對敵)
만일 평화 연합 만일 대적
(不義)(列祖)(鑑察)(責望)(願)
불의 열조 감찰 책망 원

대상12:18,(聖神)(三十人)(頭目)(感動)
성신 삼십인 두목 감동
(當身)(屬)(當身)(願)(平康)(當身)
당신 속 당신 원 평강 당신
(平康)(當身)(者)(平康)(當身)
평강 당신 자 평강 당신
(當身)(接對)(軍隊長官)
당신 접대 군대장관

대상12:19,(前)(支派)(等)(方伯)(議論)
전 지파 등 방백 의논
(主)(危殆
주 위태

대상12:20,(支派)(者)(千夫長)
지파 자 천부장

대상12:21,(賊黨)(軍隊)(軍隊長官)
적당 군대 군대장관

대상12:22,(軍隊)(軍隊)
군대 군대

대상12:23,(豫備)(軍隊長官)數爻)
예비 군대장관 수효

대상12:24,(子孫)(中)(防牌)(槍)(豫備)
자손 중 방패 창 예비
(者)(六千)(八百名)
자 육천 팔백명

대상12:25,(子孫)(中)(勇士)(七千)(一百名)
자손 중 용사 칠천 일백명

대상12:26,(子孫)(中)(四千)(六百名)
자손 중 사천 육백명

대상12:27,(族長)(者)(三千)(七百名)
족장 자 삼천 칠백명

대상12:28,(勇士)(族屬)(長官)(二十二名)
용사 족속 장관 이십이명

대상12:29,(子孫)(同族)(太半)(中)
자손 동족 태반 중
(者)(三千名)
자 삼천명

대상12:30,(子孫)(中)(本)(族屬)(有名)
자손 중 본 족속 유명
(勇士)(二萬)(八百名)
용사 이만 팔백명

대상12:31,(半)(支派)(中)(錄名)(者)(王)
반 지파 중 녹명 자 왕
(者)(一萬)(八千名)
자 일만 팔천명

대상12:32,(子孫)(中)(時勢)(行)(頭目)
자손 중 시세 행 두목
(二百名)(兄弟)(管轄)(者)
이백명 형제 관할 자

대상12:33,(中)(軍器)(行伍)(整齊)(能)(陣)
중 군기 항오 정제 능 진
(者)(五萬)(名)
자 오만 명

대상12:34,(中)(長官)(一千名)(防牌)(槍)
중 장관 일천명 방패 창
(者)(三萬)(七千名)
자 삼만 칠천명

대상12:35,(子孫)(中)(者)(二萬)(八千)
자손 중 자 이만 팔천

(六百名)
육 백 명
대상12:36,(中)(能)(陣)(者)(四萬)(名)
중 능 진 자 사만 명
대상12:37,(便)(子孫)(子孫)(半)(支派)(中)
편 자손 자손 반 지파 중
(軍器)(能)(者)(十二萬名)
군기 능 자 십이만명
대상12:38,(軍士)(行伍)(整齊)(誠心)(王)
군사 항오 정제 성심 왕
(者)(一心)(王)
자 일심 왕
대상12:39,(兄弟)(食物)(豫備)
형제 식물 예비
대상12:40,(近處)(者)(食物)(無數)(菓子)
근처 자 식물 무수 과자
(無花果餠)(乾葡萄)(葡萄酒)
무화과병 건포도 포도주
(羊)(喜樂)
양 희락

曆代志上-(역대지상)-第十三章
역대지상 제십삼장

대상13:1,(千夫長)(百夫長)(將帥)(議論)
천부장 백부장 장수 의논
대상13:2,(會衆)(萬一)(善)(兄弟)(城邑)
회중 만일 선 형제 성읍
(居)(祭司長)
거 제사장
대상13:3,(櫃)(櫃)
궤 궤
대상13:4,(百姓)(善)(會衆)(行)
백성 선 회중 행
대상13:5,(櫃)
궤
대상13:6,(贖)(櫃)(櫃)
속 궤 궤
대상13:7,(櫃)
궤
대상13:8,(竪琴)(琵琶)(小鼓)(提琴)(奏樂)
수금 비파 소고 제금 주악
대상13:9,(打作)(櫃)
타작 궤
대상13:10,(櫃)(因)(震怒)
궤 인 진노
대상13:11,(衝突)(忿)(稱)
충돌 분 칭
대상13:12,(櫃)
궤
대상13:13,(櫃)(城)(自己)
궤 성 자기
대상13:14,(櫃)(眷屬)(所有)(福)
궤 권속 소유 복

曆代志上-(역대지상)-第十四章
역대지상 제십사장

대상14:1,(王)(使者)(柏香木)(石手)(木手)
왕 사자 백향목 석수 목수
(宮闕)(建築)
궁궐 건축
대상14:2,(自己)(王)(百姓)(爲)(振興)
자기 왕 백성 위 진흥
대상14:3,(娶)(子女)
취 자녀
대상14:8,(王)(防備)
왕 방비
대상14:9,(侵犯)
침범
대상14:10,(主)
주
대상14:11,(對敵)(稱)
대적 칭
대상14:12,(偶像)(命)
우상 명
대상14:13,(侵犯)
침범
대상14:14,(便)(掩襲)
편 엄습
대상14:15,(軍隊)
군대
대상14:16,(命)(行)(軍隊)
명 행 군대
대상14:17,(名聲)(列國)(列國)
명성 열국 열국

曆代志上-(역대지상)-第十五章
역대지상 제십오장

대상15:1,(城)(自己)(爲)(宮闕)(櫃)(爲)
성 자기 위 궁궐 궤 위
(處所)(豫備)(爲)(帳幕)
처소 예비 위 장막
대상15:2,(外)(櫃)(擇)(櫃)(永遠)
외 궤 택 궤 영원
대상15:3,(櫃)(豫備)
궤 예비
대상15:4,(子孫)
자손
대상15:5,(子孫)(中)(族長)(兄弟)(一百)
자손 중 족장 형제 일백
(二十人)
이십인
대상15:6,(子孫)(中)(族長)(兄弟)(二百)
자손 중 족장 형제 이백
(二十人)
이십인
대상15:7,(子孫)(中)(族長)(兄弟)(一百)
자손 중 족장 형제 일백
(三十)(人)
삼십 인
대상15:8,(子孫)(中)(族長)(兄弟)(二百人)
자손 중 족장 형제 이백인
대상15:9,(子孫)(中)(族長)(兄弟)(八十人)
자손 중 족장 형제 팔십인
대상15:10子孫)(中)(族長)(兄弟)(一百)
자손 중 족장 형제 일백

(十二人)
십 이 인

대상15:11,(祭司長)
제 사 장

대상15:12,(族長)(兄弟)(聖潔)(豫備)(櫃)
족 장 형 제 성 결 예 비 궤

대상15:13,(前)(衝突)(規例)(求)
전 충 돌 규 례 구

대상15:14,(祭司長)(櫃)(聖潔)
제 사 장 궤 성 결

대상15:15,(命)(子孫)(櫃)
명 자 손 궤

대상15:16,(命)(兄弟)(者)(琵琶)(竪琴)
명 형 제 자 비 파 수 금

(提琴)(樂器)
제 금 악 기

대상15:17,(兄弟)(中)(同宗)(子孫)(中)
형 제 중 동 종 자 손 중

대상15:18,(兄弟)(門直)(
형 제 문 직

대상15:19,(者)(提琴)(者)
자 제 금 자

대상15:20,(琵琶)(女唱)(者)
비 파 여 창 자

대상15:21,(竪琴)(引導)(者)
수 금 인 도 자

대상15:22,(族長)(主掌)(者)
족 장 주 장 자

대상15:23,(櫃)(門)(者)
궤 문 자

대상15:24,(祭司長)(櫃)(者)(櫃)(門)(者)
제 사 장 궤 자 궤 문 자

대상15:25,(長老)(千夫長)(言約櫃)
장 로 천 부 장 언 약 궤

대상15:26,(言約櫃)(羊)(祭祀)
언 약 궤 양 제 사

대상15:27,(櫃)(者)(頭目)(者)(細麻布)
궤 자 두 목 자 세 마 포

대상15:28,(角)(提琴)(琵琶)(竪琴)(言約櫃)
각 제 금 비 파 수 금 언 약 궤

대상15:29,(言約櫃)(城)(窓)(王)(心中)
언 약 궤 성 창 왕 심 중

歷代志上-(역대지상)-第十六章
역 대 지 상 제 십 륙 장

대상16:1,(櫃)(爲)(帳幕)(燔祭)(和睦祭)
궤 위 장 막 번 제 화 목 제

대상16:2,(燔祭)(和睦祭)(百姓)(祝福)
번 제 화 목 제 백 성 축 복

대상16:3,(無論)(男女)(每)(名)(乾葡萄餠)
무 론 남 녀 매 명 건 포 도 병

대상16:4,(櫃)(稱頌)(感謝)(讚揚)
궤 칭 송 감 사 찬 양

대상16:5,(頭目)(琵琶)(竪琴)(提琴)
두 목 비 파 수 금 제 금

대상16:6,(祭司長)(恒常)(言約櫃)
제 사 장 항 상 언 약 궤

대상16:7,(兄弟)(爲先)(感謝)
형 제 위 선 감 사

대상16:8,(感謝)(行)(萬民)(中)
감 사 행 만 민 중

대상16:9,(讚揚)(奇事)
찬 양 기 사

대상16:10,(聖號)(求)(者)
성 호 구 자

대상16:11,(能力)(求)(恒常)(求)
능 력 구 항 상 구

대상16:12,(後孫)(擇)(子孫)(行)(奇事)
후 손 택 자 손 행 기 사

(異蹟)(判斷)(記憶)
이 적 판 단 기 억

대상16:14,(判斷)
판 단

대상16:15,(言約)(千代)(命)(永遠)(記憶)
언 약 천 대 명 영 원 기 억

대상16:16)言約)(盟誓)
언 약 맹 서

대상16:17,(律例)(永遠)(言約)
율 례 영 원 언 약

대상16:18,(基業)(地境)
기 업 지 경

대상16:19,(人數)(零星)(客)
인 수 영 성 객

대상16:20,(族屬)(族屬)(民族)(流離)
족 속 족 속 민 족 유 리

대상16:21,(害)(容納)(緣故)(列王)
해 용 납 연 고 열 왕

대상16:22,(者)(先知者)(傷)
자 선 지 자 상

대상16:23,(救援)(宣布)
구 원 선 포

대상16:24,(榮光)(列邦)(中)(奇異)行蹟)(萬民)
영 광 열 방 중 기 이 행 적 만 민

(中)(宣布)
중 선 포

대상16:25,(廣大)(極盡)(讚揚)(神)(敬畏)
광 대 극 진 찬 양 신 경 외

대상16:26,(萬邦)(神)
만 방 신

대상16:27,(尊貴)(威嚴)(能力)(處所)
존 귀 위 엄 능 력 처 소

대상16:28,(萬邦)(族屬)(榮光)(權能)
만 방 족 속 영 광 권 능

대상16:29,(合當)(榮光)(禮物)(敬拜)
합 당 영 광 예 물 경 배

대상16:30,(世界)
세 계

대상16:31,(列邦)(中)(統治)
열 방 중 통 치

대상16:32,(充滿)
충 만

대상16:33,(森林)(主)(審判)
삼 림 주 심 판

대상16:34,(感謝)(善)(仁慈)(永遠)
감 사 선 인 자 영 원

대상16:35,(救援)(救援)(萬國)(主)(聖號)
구원 구원 만국 주 성호
(感謝)(主)(榮譽)(讚揚)
감사 주 영예 찬양
대상16:36,(永遠)(永遠)(頌祝)(百姓)(讚揚)
영원 영원 송축 백성 찬양
대상16:37,(兄弟)(言約櫃)(恒常)(櫃
형제 언약궤 항상 궤
대상16:38,(兄弟)(六十八人)(門直)
형제 육십팔인 문직
대상16:39,(祭司長)(兄弟)(祭司長)(山堂)
제사장 형제 제사장 산당
(聖幕)
성막
대상16:40,(恒常)(朝夕)(燔祭壇)(燔祭)
항상 조석 번제단 번제
(律法)(記錄)(命)(遵行)
률법 기록 명 준행
대상16:41,(擇)(錄名)(者)(慈悲)(永遠)
택 녹명 자 자비 영원
(因)(感謝)
인 감사
대상16:42,(提琴)(讚頌)(樂器)(門)
제금 찬송 악기 문
대상16:43,(百姓)(各各)(自己)(爲)(祝福)
백성 각각 자기 위 축복

曆代志上-(역대지상)-第十七章
역대지상 제십칠장

대상17:1,(宮室)(居)(先知者)(柏香木宮)
궁실 거 선지자 백향목궁
(居)(言約櫃)(揮帳)
거 언약궤 휘장
대상17:2,(告)(王)(行)
고 왕 행
대상17:3,(臨)
임
대상17:4,(居)(建築)
거 건축
대상17:5,(居)(帳幕)(帳幕)(聖幕)(聖幕)
거 장막 장막 성막 성막
대상17:6,(行)(百姓)(命)(士師)(爲)
행 백성 명 사사 위
(柏香木)(建築)
백향목 건축
대상17:7,(連)(萬軍)(牧場)(羊)(取)
련 만군 목장 양 취
(百姓)(主權者)
백성 주권자
대상17:8,(對敵)(滅)(世上)(尊貴)(者)
대적 멸 세상 존귀 자
대상17:9,(百姓)(爲)(定)(自己)(居)(惡)
백성 위 정 자기 거 악
(類)(前)(害)
유 전 해
대상17:10,(前)(士師)(命)(百姓)(對敵)
전 사사 명 백성 대적
(服從)(爲)
복종 위
대상17:11,(壽限)(列祖)(中)(堅固)
수한 열조 중 견고
대상17:12,(爲)(建築)(位)(永遠)(堅固)
위 건축 위 영원 견고
대상17:13,(慈悲)(前)(者)
자비 전 자
대상17:14,(永永)(永遠)(堅固)
영영 영원 견고
대상17:15,(默示)(告)
묵시 고
대상17:16,(王)
왕
대상17:17,(主)(對)(將來)(尊貴)(者)
주 대 장래 존귀 자
대상17:18,(主)(主)(尊貴)(對)(主)(主)
주 주 존귀 대 주 주
대상17:19,(主)(主)(爲)(主)(行)
주 주 위 주 행
대상17:20,(主)(外)(神)
주 외 신
대상17:21,(主)(百姓)(救贖)(自己)(百姓)
주 백성 구속 자기 백성
(因)(救贖)(自己)(百姓)(列國)
인 구속 자기 백성 열국
대상17:22,(主)(主)(百姓)(永遠)(主)(百姓)(主)
주 주 백성 영원 주 백성 주
대상17:23,(主)(對)(永遠)(堅固)(行)
주 대 영원 견고 행
대상17:24,(堅固)(永遠)(主)(萬軍)(主)
견고 영원 주 만군 주
(主)(堅固)
주 견고
대상17:25,(主)(爲)(主)(主)(祈禱)(求)
주 위 주 주 기도 구
대상17:26,(主(主)(主)(許諾)
주 주 주 허락
대상17:27,(主)(福)(主)(永遠)(主)(福)
주 복 주 영원 주 복
(福)(永遠)
복 영원

曆代志上-(역대지상)-第十八章
역대지상 제십팔장

대상18:1,(後)(降服)(洞里)
후 항복 동리
대상18:2,(朝貢)
조공
대상18:3,(王(江)(自己)(權勢)
왕 강 자기 권세
대상18:4,(兵車)(一千乘)(騎兵)(七千)(步兵)
병거 일천승 기병 칠천 보병
(二萬)(兵車)(一百乘)(兵車)
이만 병거 일백승 병거
대상18:5,(王(二萬)(二千)
왕 이만 이천

대상18:6,(守備隊)(朝貢)
수비대 조공
대상18:7,(臣僕)(金防牌)
신복 금방패
대상18:8,(城邑)(甚)(取)
성읍 심 취
대상18:9,(王)(王(軍隊)(破)
왕 왕 군대 파
대상18:10,(王)(問安)(祝福)(已往)(番)
왕 문안 축복 이왕 번
(戰爭)(破)(金)
전쟁 파 금
대상18:11,(王)(子孫)(族屬)(取)(銀金)
왕 자손 족속 취 은금
대상18:12,(鹽谷)(一萬)(八千)
염곡 일만 팔천
대상18:13,(守備隊)
수비대
대상18:14,(百姓)(公)(義)(行)
백성 공 의 행
대상18:15,(軍隊長官)(史官)
군대장관 사관
대상18:16,(祭司長)(書記官)
제사장 서기관
대상18:17,(管轄)(王)(代身)
관할 왕 대신

曆代志上-(역대지상)-第十九章
역대지상 제십구장

대상19:1,(後)(子孫)(王)(代身)(王)
후 자손 왕 대신 왕
대상19:2,(前)(恩惠)(恩惠)(使者)(弔喪)
전 은혜 은혜 사자 조상
(臣僕)(子孫)(弔喪)
신복 자손 조상
대상19:3,(子孫)(方伯(告)(王)(弔問使)(王)
자손 방백 고 왕 조문사 왕
(父親)(恭敬)(臣僕)(王)(探知)(陷落)
부친 공경 신복 왕 탐지 함락
대상19:4,(臣僕)(鬚髥)(衣服)
신복 수염 의복
대상19:5,(或)(當)(告)(甚)(鬚髥)
혹 당 고 심 수염
대상19:6,(子孫)(自己)(子孫)(銀)(一千)
자손 자기 자손 은 일천
(兵車)(馬兵)
병거 마병
대상19:7,(兵車)(三萬)(二千乘)(王)
병거 삼만 이천승 왕
(百姓)(陣)(子孫)(城邑)
백성 진 자손 성읍
대상19:8,(勇士)
용사
대상19:9,(子孫)(城門)(陣)(王)
자손 성문 진 왕
대상19:10,(敵陣)(者)(中)(對)(陣)
적진 자 중 대 진
대상19:11,(手下)(子孫)(對)(陣)
수하 자손 대 진
대상19:12,(萬一)(强)(萬一)(子孫)(强)
만일 강 만일 자손 강
대상19:13,(膽大)(百姓)(城邑)(爲)(膽大)
담대 백성 성읍 위 담대
(善)(行)(願)
선 행 원
대상19:14,(從者)(逃亡)
종자 도망
대상19:15,(子孫)(逃亡)(逃亡)(城)
자손 도망 도망 성
대상19:16,(自己)(敗)(使者)(江)(便)
자기 패 사자 강 편
(軍隊長官)
군대장관
대상19:17,(或)(告)(向)(陣)(向)(陣)
혹 고 향 진 향 진
대상19:18,(逃亡)(兵車)(七千乘)(軍士)
도망 병거 칠천승 군사
(步兵)(四萬)(軍隊長官)
보병 사만 군대장관
대상19:19,(臣僕)(自己)(敗)(和親)(後)(子孫)
신복 자기 패 화친 후 자손

曆代志上-(역대지상)-第二十章
역대지상 제이십장

대상20:1,(王)출전(軍隊)(子孫)(毁破)(陷落)
왕 군대 자손 훼파 함락
대상20:2,(王)(寶石)(冕旒冠)(取)(重量)(金)
왕 보석 면류관 취 중량 금
(冕旒冠)(自己)(城)(擄掠)
면류관 자기 성 노약
(物件)(無數)
물건 무수
대상20:3,(百姓)(子孫)(城邑)(百姓)
백성 자손 성읍 백성
대상20:4,(後)(戰爭)(長大)(者)(中)(降服)
후 전쟁 장대 자 중 항복
대상20:5,(戰爭)(槍)
전쟁 창
대상20:6,(戰爭)(者)(每)(每)(長大)(者)(所生)
전쟁 자 매 매 장대 자 소생
대상20:7,(凌辱)(故)(兄)
능욕 고 형
대상20:8,(長大)(者)(所生)(臣僕)
장대 자 소생 신복

曆代志上-(역대지상)-第二十一章
역대지상 제이십일장

대상21:1,(對敵)(激動)(計數)
대적 격동 계수
대상21:2,(百姓)(頭目)(計數)(告)(數爻)
백성 두목 계수 고 수효
대상21:3,(百姓)(只今)(百倍)(願)(主)(王)
백성 지금 백배 원 주 왕
(百姓)(主)(主)(命)(罪)
백성 주 주 명 죄

대상21:4,(王)(命令)(後)
왕 명령 후

대상21:5,(百姓)(數爻)(告)(中)嚶(者)(一百)
백성 수효 고 중 자 일백
(十萬)(中)(者)(四十七萬)
십만 중 자 사십칠만

대상21:6,(王)(命令)(計數)
왕 명령 계수

대상21:8,(行)(罪)(犯)(懇求)(罪)(赦)(甚)(行)
행 죄 범 간구 죄 사 심 행

대상21:9,(先見者)
선견자

대상21:10,(中)(擇)(行)
중 택 행

대상21:11,(告)(擇)
고 택

대상21:12,(或)(三年)(饑饉)(或)(對敵)(敗)
혹 삼년 기근 혹 대적 패
(對敵)(或)(瘟疫)(流行)(使者)
대적 혹 온역 류행 사자
(地境)(滅)對答)(決定)
지경 멸 대답 결정

대상21:13,(困境)(矜恤)(甚)(願)
곤경 긍휼 심 원

대상21:14,(百姓)(瘟疫(百姓)(者)(七萬)
백성 온역 백성 자 칠만

대상21:15,(滅)(使者)(使者)(滅)(災殃)(滅)
멸 사자 사자 멸 재앙 멸
(使者)(足)(使者)(打作)
사자 족 사자 타작

대상21:16,(使者)(天地)(便)(長老)
사자 천지 편 장로

대상21:17,(命)(百姓)(計數)(者)(犯罪)(惡)(行)
명 백성 계수 자 범죄 악 행
(者)(行)(請)(主)(主)(百姓)(災殃)
자 행 청 주 주 백성 재앙

대상21:18,(使者)(命)(打作)(爲)(壇)
사자 명 타작 위 단

대상21:20,(打作)(天使)
타작 천사

대상21:21,(打作)
타작

대상21:22,(打作)(相當)(爲)(壇)(瘟疫)
타작 상당 위 단 온역
(百姓)(中)
백성 중

대상21:23,(告)(王)(取)(主)(王)(取)(燔祭物)
고 왕 취 주 왕 취 번제물
(穀食)(機械)(火木)(素祭物(爲)
곡식 기계 화목 소제물 위

대상21:24,(王)(決斷)(相當)(物件)(取)(燔祭)
왕 결단 상당 물건 취 번제

대상21:25,(基址)(金)(六百)
기지 금 육백

대상21:26,(爲)(壇)(燔祭)(和睦祭)
위 단 번제 화목제
(燔祭壇)(應答)
번제단 응답

대상21:27,(使者)(命)
사자 명

대상21:28,(打作)(應答)(祭祀)
타작 응답 제사

대상21:29,(曠野)(帳幕)(燔祭壇)(山堂)
광야 장막 번제단 산당

대상21:30,(使者)(敢)
사자 감

曆代志上-(역대지상)-第二十二章
역대지상 제이십이장

대상22:1,(殿)(燔祭壇)
전 번제단

대상22:2,(命)(寓居)(異邦)(石手(殿)(建築)
명 우거 이방 석수 전 건축

대상22:3,(門)(鐵)(限)(準備)(甚)(重數)準備)
문 철 한 준비 심 중수 준비

대상22:4,(柏香木)(無數)(準備)
백향목 무수 준비
(柏香木)(輸運)
백향목 수운

대상22:5,(軟弱)(爲)(建築)(殿)(壯麗)(萬國)
연약 위 건축 전 장려 만국
(名聲)(榮光)(爲)(準備)(前)(準備)
명성 영광 위 준비 전 준비

대상22:6,(爲)(殿)(建築)(付託)
위 전 건축 부탁

대상22:7,(爲)(殿)(建築)
위 전 건축

대상22:8,(臨)(甚)(戰爭)(爲)(殿)(建築)
임 심 전쟁 위 전 건축

대상22:9,(平康)(四面)(對敵)(平康)
평강 사면 대적 평강
(生前)(平安)(安靜)
생전 평안 안정

대상22:10,(爲)(殿)(建築)(位)(永遠)
위 전 건축 위 영원

대상22:11,(願)(亨通)(對)(殿)(建築)
원 형통 대 전 건축

대상22:12,(智慧)(聰明)(律法)(願)
지혜 총명 률법 원

대상22:13,(萬一)(命)(律例)(規例)(行)
만일 명 율례 규례 행
(亨通)(强)(膽大)
형통 강 담대

대상22:14,(患難)(中)(殿)(爲)(金)(十萬)
환난 중 전 위 금 십만
(銀)(一百)(鐵)(重數)(甚)(豫備)
은 일백 철 중수 심 예비
(材木)(豫備)
재목 예비

대상22:15,(工匠)(石手)(木手)
공장 석수 목수

대상22:16,(金)(銀)(鐵)(無數)
금 은 철 무수

대상22:17,(方伯)(命)
방백 명

대상22:18,(四面)(平康)(居民)(百姓)(服從)
사면 평강 거민 백성 복종
대상22:19,(精神)(鎭靜)(求)(聖所)(建築)
정신 진정 구 성소 건축
(言約櫃)(器具)(爲)(建築)(殿)
언약궤 기구 위 건축 전

曆代志上-(역대지상)-第二十三章
역대지상 제이십삼장

대상23:1,(王)
왕
대상23:2,(方伯)(祭司長)
방백 제사장
대상23:3,(三十歲)(以上)(計數)(男子)
삼십세 이상 계수 남자
(名數)(三萬)(八千)
명수 삼만 팔천
대상23:4,(中)(二萬)(四千)(殿)(事務)(者)
중 이만 사천 전 사무 자
(六千)(有司)(裁判官)
육천 유사 재판관
대상23:5,(四千)(門直)(四千)(讚頌)(爲)
사천 문직 사천 찬송 위
(樂器)(讚頌)(者)
악기 찬송 자
대상23:6,(各)(族屬)(班列)
각 족속 반열
대상23:7,(子孫)
자손
대상23:8,(族長)(
족장
대상23:9,(族長)
족장
대상23:11,(族長)(族屬)(計數)
족장 족속 계수
대상23:13,(子孫)(區別)(聖潔)(永遠)(至極)
자손 구별 성결 영원 지극
(者)(焚香)(永遠)(祝福)
자 분향 영원 축복
대상23:14,(支派)(中)(記錄)
지파 중 기록
대상23:16,(中)(族長)
중 족장
대상23:17,(族長)(外)(甚)
족장 외 심
대상23:18,(族長)
족장
대상23:19,(族長)
족장
대상23:20,(族長)
족장
대상23:22,(兄弟)
형제
대상23:24,(子孫)(宗家)(計數)(記錄)(殿)
자손 종가 계수 기록 전
(二十歲)(以上)(族長)
이십세 이상 족장
대상23:25,(平康)(百姓)(永遠)(居)
평강 백성 영원 거
대상23:26,(聖幕)(器具)
성막 기구
대상23:27,(遺言)(子孫)(二十歲)(以上)(計數)
유언 자손 이십세 이상 계수
대상23:28,(職分)(子孫)(隨從)(殿)(房)
직분 자손 수종 전 방
(聖物)(淨潔)(殿)
성물 정결 전
대상23:29,(陳設餠)(素祭物)(無酵煎餠)(者)
진설병 소제물 무효전병 자
대상23:30,(祝謝)(讚頌)
축사 찬송
대상23:31,(安息日)(初)(節期)(燔祭)(命)
안식일 초 절기 번제 명
(規例)(定)(數爻)(恒常)
규례 정 수효 항상
대상23:32,(會幕)(職務)(聖所)(職務)(兄弟)
회막 직무 성소 직무 형제
(子孫)(職務)(殿)(隨從)
자손 직무 전 수종

曆代志上-(역대지상)-第二十四章
역대지상 제이십사장

대상24:1,(子孫)(班次)
자손 반차
대상24:2,(祭司長)(職分)(行)
제사장 직분 행
대상24:3,(子孫)(子孫)(各各)(職務)
자손 자손 각각 직무
대상24:4,(子孫)(中)(族長)(子孫)(子孫)(族長)
자손 중 족장 자손 자손 족장
(十六)(子孫)(列祖)
십육 자손 열조
대상24:5,(彼此)(差等)(聖所)(者)(者)(子孫)
피차 차등 성소 자 자 자손
(中)(子孫)(中)
중 자손 중
대상24:6,(書記官)(王)(方伯)(祭司長)
서기관 왕 방백 제사장
(祭司長)(族長)(記錄)(子孫)
제사장 족장 기록 자손
(中)(取)(子孫)(中)(取)
중 취 자손 중 취
대상24:7,(者)
자
대상24:19,(班次)(殿)(祖上)(命)(規例)(隨從)
반차 전 조상 명 규례 수종
대상24:20,(子孫)(中)(者)(中)(中)
자손 중 자 중 중
대상24:21하 (中)(族長)
중 족장
대상24:22,(中)(中)
중 중
대상24:23,(長子)
장자

대상24:24,(中)
중

대상24:25,(中)
중

대상24:27,(子孫)(者)
자손 자

대상24:28,(中(無子)
중 무자

대상24:30,(族屬)(記錄)(子孫)
족속 기록 자손

대상24:31,(王)(祭司長)(族長)(兄弟)
왕 제사장 족장 형제
(子孫)(長子)(宗家)(宗家)
자손 장자 종가 종가

曆代志上-(역대지상)-第二十五章
역대지상 제이십오장

대상25:1,(軍隊長官)(子孫)(中)(區別)(竪琴)
군대장관 자손 중 구별 수금
(琵琶)(提琴)(神靈)(職分)(者)(數爻)
비파 제금 신령 직분 자 수효

대상25:2,(中)(手下)(屬)(王)(命令)(神靈)
중 수하 속 왕 명령 신령

대상25:3,(手下)(屬)(竪琴)(神靈)(感謝)(讚揚)
수하 속 수금 신령 감사 찬양

대상25:5,(者)(王)(先見者)
자 왕 선견자

대상25:6,(手下)(屬)(提琴)(琵琶)(竪琴)(殿)
수하 속 제금 비파 수금 전
(王)(手下)(屬)
왕 수하 속

대상25:7,(兄弟)(讚頌)(者)(數爻)(二百)
형제 찬송 자 수효 이백
(八十)(八人)
팔십 팔인

대상25:8,(者)(者)(弟子)(無論)(一例)(職任)
자 자 제자 무론 일례 직임

대상25:9,(者)(中)(兄弟)(十)(二人)
자 중 형제 십 이인

대상25:10,(兄弟)(十)(二人)
형제 십 이인

대상25:11,(兄弟)(十)(二人)
형제 십 이인

대상25:12,(兄弟)(十)(二人)
형제 십 이인

대상25:13,(兄弟)(十)(二人)
형세 십 이인

대상25:14,(兄弟)(十)(二人)
형제 십 이인

대상25:15,(兄弟)(十)(二人)
형제 십 이인

대상25:16,(兄弟)(十)(二人)
형제 십 이인

대상25:17,(兄弟)(十)(二人)
형제 십 이인

대상25:18,(兄弟)(十)(二人)
형제 십 이인

대상25:19,(兄弟)(十)(二人)
형제 십 이인

대상25:20,(兄弟)(十)(二人)
형제 십 이인

대상25:21,(兄弟)(十)(二人)
형제 십 이인

대상25:22,(兄弟)(十)(二人)
형제 십 이인

대상25:23,(兄弟)(十)(二人)
형제 십 이인

대상25:24,(兄弟)(十)(二人)
형제 십 이인

대상25:25,(兄弟)(十)(二人)
형제 십 이인

대상25:26,(兄弟)(十)(二人)
형제 십 이인

대상25:27,(兄弟)(十)(二人)
형제 십 이인

대상25:28호)(兄弟)(十)(二人)
형제 십 이인

대상25:29,(兄弟)(十)(二人)
형제 십 이인

대상25:30,(兄弟)(十)(二人)
형제 십 이인

대상25:31,(兄弟)(十)(二人)
형제 십 이인

曆代志上-(역대지상)-第二十六章
역대지상 제이십륙장

대상26:1,(門直)(班次)(族屬)(子孫)(中)
문직 반차 족속 자손 중

대상26:5,(福)
복

대상26:6,(族屬)(者)(勇士)
족속 자 용사

대상26:7,(兄弟)가(能力)(者)
형제 능력 자

대상26:8,(子孫)(兄弟)(能力)(職務)(者)(者)
자손 형제 능력 직무 자 자
(六十二名)
육십이명

대상26:9,(兄弟)(十)(八人)(能力)(者)
형제 십 팔인 능력 자

대상26:10,(子孫)(中)(長子)(本來)(長子)
자손 중 장자 본래 장자

대상26:11,(兄弟)(十)(三人)
형제 십 삼인

대상26:12,(以上)(門直)(班長)(兄弟)
이상 문직 반장 형제
(職任)(殿)(者)
직임 전 자

대상26:13,(各)(門)(爲)(宗族)無論大小)
각 문 위 종족 무론대소

대상26:14,(東方) (當籤)(明哲)(議士)
동방 당첨 명철 의사
(爲)(北方)(當籤)
위 북방 당첨

대상26:15,(南方)(當籤)(庫間)(當籤)
남방 당첨 고간 당첨

대상26:16,(西方)(當籤)(通겟)(門)(對)(把守)
서방 당첨 통 문 대 파수

대상26:17,(東方)(北方)(每日)(南方)
동방 북방 매일 남방
(每日)(庫間)
매일 고간

대상26:18,(廊室)(西便)(廊室)
낭실 서편 낭실

대상26:19,(子孫)(門直)(班次)
자손 문직 반차

대상26:20,(中)(殿)(庫間)(聖物)(庫間)
중 전 고간 성물 고간

대상26:21,(子孫)(贖)(子孫)(贖)(族長)
자손 속 자손 속 족장

대상26:22,(殿)(庫間)
전 고간

대상26:23,(子孫)(子孫)(子孫)(子孫)(中)
자손 자손 자손 자손 중

대상26:24,(子孫)(庫間)
자손 고간

대상26:25,(兄弟)(者)
형제 자

대상26:26,(兄弟)(聖物)(庫間)(王)(族長)
형제 성물 고간 왕 족장
(千夫長)(百夫長)(軍隊)(長官)
천부장 백부장 군대 장관
(區別)(聖物)
구별 성물

대상26:27,(擄掠)(物件)(中)(區別)(殿)(重修)
노약 물건 중 구별 전 중수

대상26:28,(先見者)(無論)(區別)(聖物)
선견자 무론 구별 성물
(兄弟)(手下)
형제 수하

대상26:29,(子孫)(中)(有司)(裁判長)
자손 중 유사 재판장

대상26:30,(子孫)(中사 (同族)(勇士)(一千)
자손 중 동족 용사 일천
(七百人)(西便)(主管)(王)(職任)
칠백인 서편 주관 왕 직임

대상26:31,(子孫)(中)(世系)(宗族)(子孫)
자손 중 세계 종족 자손
(族長)(位)(四十年)(族屬)(中)
족장 위 사십년 족속 중
(求)(勇士)
구 용사

대상26:32,(兄弟)(中)(二千)(七百名)(勇士)
형제 중 이천 칠백명 용사
(族長)(王)(半)(支派)(主管)(王)
족장 왕 반 지파 주관 왕

曆代志上-(역대지상)-第二十七章
역대지상 제이십칠장

대상27:1,(子孫)(族長)(千夫長)(百夫長)
자손 족장 천부장 백부장
(王)(有司)(人數)(班次)(各)(班列)
왕 유사 인수 반차 각 반열
(二萬)(四千名)(一年)(替番)
이만 사천명 일년 체번

대상27:2,(正月)(班)(班長)(班列)(二萬)
정월 반 반장 반열 이만
(四千名)
사천명

대상27:3,(子孫)(正月班)(長官)(頭目)
자손 정월반 장관 두목

대상27:4,(二月班)(班長)(班)(主掌)(班列)
이월반 반장 반 주장 반열
(二萬)(四千名)
이만 사천명

대상27:5,(三月)(軍隊)(長官)(大祭司長)
삼월 군대 장관 대제사장
(班列)(二萬)(四千名)
반열 이만 사천명

대상27:6,(三十人)(中)(勇士)(三十人)
삼십인 중 용사 삼십인
(班列)(中)(
반열 중

대상27:7,(四月)(長官)(班列)(二萬)(四千名)
사월 장관 반열 이만 사천명

대상27:8,(五月)(長官)(班列)(二萬)(四千名)
오월 장관 반열 이만 사천명

대상27:9,(六月)(長官)(班列)(二萬)(四千名)
육월 장관 반열 이만 사천명

대상27:10,(七月)(長官)(子孫)(贖)(班列)
칠월 장관 자손 속 반열
(二萬)(四千名)
이만 사천명

대상27:11,(八月)(長官)(族屬)(班列)(二萬)
팔월 장관 족속 반열 이만
(四千名)
사천명

대상27:12,(九月)(長官)(子孫)(班列)(二萬)
구월 장관 자손 반열 이만
(四千名)
사천명

대상27:13,(十月)(長官)(族屬)(班列)(二萬)
십월 장관 족속 반열 이만
(四千名)
사천명

대상27:14,(十一月)(長官)(子孫)(贖)(班列)
십일월 장관 자손 속 반열
(二萬)(四千名)
이만 사천명

대상27:15,(十二月)(長官)(子孫)(贖)(班列)
십이월 장관 자손 속 반열
(二萬)(四千名)
이만 사천명

대상27:16,(支派)(管轄)(者)(官長)(官長)
지파 관할 자 관장 관장

대상27:17,(官長)(子孫)(官長)
관장 자손 관장

대상27:18,(官長)(兄)(官長)
관장 형 관장

대상27:19,(官長)(官長)
관장 관장

대상27:20,(子孫)(官長호(半)(支派)(官長)
자손 관장 반 지파 관장

대상27:21,(半)(支派)(官長)(官長)
반 지파 관장 관장

대상27:22,(官長)(支派)(官長)
관장 지파 관장

대상27:23,(二十歲)(以下)(數爻)(調査)(殿)
이십세 이하 수효 조사 전

대상27:24,(調査(始作)(因)(震怒)(數爻)(王)
조사 시작 인 진노 수효 왕
(歷代志略)(記錄)
력대지략 기록

대상27:25,(王)(庫間)(城邑)(村)(山城)(庫間)
왕 고간 성읍 촌 산성 고간

대상27:26,(農夫)
농부

대상27:27,(葡萄園)(葡萄園)(所産)
포도원 포도원 소산
(葡萄酒)(庫間)
포도주 고간

대상27:28,(平野)(橄欖)(庫間)
평야 감람 고간

대상27:30,(羊)
양

대상27:31,(王)(財産)(者)
왕 재산 자

대상27:32,(智慧)(謀士)(書記官)(王)(陪從)
지혜 모사 서기관 왕 배종

대상27:33,(王)(謀士)(王)
왕 모사 왕

대상27:34,(王)(軍隊長官)
왕 군대장관

曆代志上-(역대지상)-第二十八章
역대지상 제이십팔장

대상28:1,(方伯)(各)(支派)(替番)(王)(族長)
방백 각 지파 체번 왕 족장
(千夫長)(百夫長)(王)(王子)(産業)
천부장 백부장 왕 왕자 산업
(牲畜)(監督)(宦官)(壯士)(勇士)
생축 감독 환관 장사 용사
(召集)
소집

대상28:2,(王)(兄弟)(百姓)(言約櫃(奉安)
왕 형제 백성 언약궤 봉안
(殿)(建築)(建築)(材料)(準備)
전 건축 건축 재료 준비

대상28:3,(軍人)(爲)(殿)(建築)
군인 위 전 건축

대상28:4,(殿)(父親)(擇)(永遠)(王)(支派)
전 부친 택 영원 왕 지파
(擇)(族屬)(父親)(擇)(父親)(中)(王)
택 족속 부친 택 부친 중 왕

대상28:5,(中)(擇)
중 택

대상28:6,(殿)(建築)(擇)
전 건축 택

대상28:7,(萬一)(誡命)(規例)(遵行)(永遠)
만일 계명 규례 준행 영원
(堅固)
견고

대상28:8,(會衆)(誡命)(求)(後孫)(永遠)(基業)
회중 계명 구 후손 영원 기업

대상28:9,(穩全)(鑑察)(思想)(永遠)
온전 감찰 사상 영원

대상28:10,(擇)(聖所)(殿)(建築)(行)
택 성소 전 건축 행

대상28:11,(殿)(廊室)(庫間)(房)(贖罪所)
전 낭실 고간 방 속죄소
(式樣)
식양

대상28:12,(聖神)(式樣)(殿)(四面)(房)(殿)
성신 식양 전 사면 방 전
(庫間)(聖物)(庫間)(式樣)
고간 성물 고간 식양

대상28:13,(祭司長)(班列)(殿)(式樣)(說明)
제사장 반열 전 식양 설명

대상28:14,(金器皿)(金)(重量)(銀器皿)(銀)
금기명 금 중량 은기명 은
(重量)(定)
중량 정

대상28:15,(金燈臺)(燈盞)(各)(燈臺)(燈盞)
금등대 등잔 각 등대 등잔
(金)(重量)(銀燈臺)(燈盞)(銀)
금 중량 은등대 등잔 은
(重量)(各其)(適當)
중량 각기 적당

대상28:16,(陳設餠)(各)(床)(金)(重量)
진설병 각 상 금 중량
(定)(銀床)(銀)
정 은상 은

대상28:17,(種子)(精金)(金盞)(各)(盞)(金)
종자 정금 금잔 각 잔 금
(重量)(銀盞)(各)(盞)(銀)(重量)(定)
중량 은잔 각 잔 은 중량 정

대상28:18,(香壇)(精金)(處所)(式樣)(金)
향단 정금 처소 식양 금
(重量)(定)(言約櫃)
중량 정 언약궤

대상28:19,(式樣)(臨)
식양 임

대상28:20,(强)(膽大)(行)(殿)(役事)
강 담대 행 전 역사

대상28:21,(祭司長)(班列)(殿)(役事)(工役)
제사장 반열 전 역사 공역
(工巧)(工匠)(長官)(百姓)(穩全)
공교 공장 장관 백성 온전
(命令)
명령

曆代志上-(역대지상)-第二十九章
역대지상 제이십구장

대상29:1,(王)(會衆)(擇)(軟弱)(役事)(殿)
왕 회중 택 연약 역사 전
(爲)(爲)
위 위

대상29:2,(殿)(爲)(豫備)(器具)(金)(銀)(鐵)
전 위 예비 기구 금 은 철
(瑪瑙)(寶石)(寶石)(彩石)(寶石)
마노 보석 보석 채석 보석
(花斑石)
화반석

대상29:3,(聖殿)(爲)(豫備)(外)(殿)(思慕)
성전 위 예비 외 전 사모
(私有)(金)(銀)(殿)(爲)
사유 금 은 전 위

대상29:4,(金)(三千)(天銀)(七千)(殿)(壁)
금 삼천 천은 칠천 전 벽

대상29:5,(金)(銀)(工匠)
금 은 공장

대상29:6,(族長)(支派)(千夫長)(百夫長)
족장 지파 천부장 백부장
(王)(事務監督)
왕 사무감독

대상29:7,(殿)(役事)(爲)(金)(五千)(金)(一萬)
전 역사 위 금 오천 금 일만
(銀)(一萬)(一萬)(八千)(鐵)(十萬)
은 일만 일만 팔천 철 십만

대상29:8,(寶石)(者)(殿)(庫間)
보석 자 전 고간

대상29:9,(百姓)(自己)(誠心)(王)
백성 자기 성심 왕

대상29:10,(會衆)(頌祝)(祖上)(主)
회중 송축 조상 주
(永遠)(頌祝)
영원 송축

대상29:11,(廣大)(權能)(榮光)(威嚴)(主)(屬)
광대 권능 영광 위엄 주 속
(天地)(主)(主權)(主)(屬)(主)(萬有)
천지 주 주권 주 속 주 만유

대상29:12,(富)(貴)(主)(主)(萬有)(主宰)(權勢)
부 귀 주 주 만유 주재 권세
(能力)(者)(强)(主)
능력 자 강 주

대상29:13,(主)(感謝)(主)(榮華)(讚揚)
주 감사 주 영화 찬양

대상29:14,(百姓)(主)(主)(主)
백성 주 주 주

대상29:15,(主)(列祖)(寓居)(者)(世上)
주 열조 우거 자 세상

대상29:16,(主)(爲)(殿)(建築)(貯蓄)(物件)
주 위 전 건축 저축 물건
(主)(主)
주 주

대상29:17,(主)(鑑察)(正直)(正直)(主)
주 감찰 정직 정직 주
(百姓)(主)(甚)
백성 주 심

대상29:18,(列祖)(主)(主)(百姓)(心中)
열조 주 주 백성 심중
(永遠)(豫備)(主)
영원 예비 주

대상29:19,(精誠)(主)(誡命)(法度)(律例)
정성 주 계명 법도 율례
(行)(爲)(豫備)(殿)(建築)
행 위 예비 전 건축

대상29:20,(會衆)(頌祝)(會衆)(列祖)
회중 송축 회중 열조
(頌祝)(王)
송축 왕

대상29:21,(祭祀)(燔祭)(一千)(羊)(一千)
제사 번제 일천 양 일천
(羊)(一千)(奠祭)(爲)(豊盛)(祭物)
양 일천 전제 위 풍성 제물

대상29:22,(王)(主權者)(祭司長)
왕 주권자 제사장

대상29:23,(父親)(王)(亨通)(命令)(順從)
부친 왕 형통 명령 순종

대상29:24,(方伯)(勇士)(王)(王)(服從)
방백 용사 왕 왕 복종

대상29:25,(目前)(甚)(尊大)(王)(威嚴)(前)(王)
목전 심 존대 왕 위엄 전 왕

대상29:26,(王)
왕

대상29:27,(治理)(四十年)(七年)(治理)
치리 사십년 칠년 치리
(三十)(三年)(治理)
삼십 삼년 치리

대상29:28,(富)(尊貴)(代身)(王)
부 존귀 대신 왕

대상29:29,(王)(始終)(行蹟)(先見者)
왕 시종 행적 선견자
(先知者)(先見者)(記錄)
선지자 선견자 기록

대상29:30,(王)(權勢)(世上)(列國)
왕 권세 세상 열국
(時事)(記錄)
시사 기록

曆代志下-(역대지하)-第一章
역 대 지 하 제일 장

대하1:1,(王位)(堅固)(甚)(昌大)
왕 위 견 고 심 창 대

대하1:2,(千夫長)(百夫長)(裁判官)(各)
천 부 장 백 부 장 재 판 관 각
(方伯)(族長)(命)
방 백 족 장 명

대하1:3,(會衆)(山堂)(會幕)(曠野)
회 중 산 당 회 막 광 야

대하1:4,(前)(櫃)(爲)(帳幕)(櫃)(爲)(豫備)
전 궤 위 장 막 궤 위 예 비

대하1:5,(孫子)(壇)(帳幕)(會衆)
손 자 단 장 막 회 중

대하1:6,(會幕)(壇)(一千)(犧牲)(燔祭)
회 막 단 일 천 희 생 번 제

대하1:7,(求)
구

대하1:8,(主)(前)(恩惠)(代身)(王)
주 전 은 혜 대 신 왕

대하1:9,(願)(主)(許)(主)(百姓)(王)
원 주 허 주 백 성 왕

대하1:10,(主)(智慧)(知識)(百姓)(出入)(主)
주 지 혜 지 식 백 성 출 입 주
(百姓)(能)(裁判)
백 성 능 재 판

대하1:11,(財物)(尊榮)(怨讐)(生命)(滅)(求)
재 물 존 영 원 수 생 명 멸 구
(長壽)(求)(治理)(百姓)(裁判)(爲)
장 수 구 치 리 백 성 재 판 위
(智慧)(知識)(求)
지 혜 지 식 구

대하1:12,(智慧)(知識)(富)(財物)(尊榮)
지 혜 지 식 부 재 물 존 영
(前)(王)(後)
전 왕 후

대하1:13,(山堂)(會幕)(治理)
산 당 회 막 치 리

대하1:14,(兵車)(馬兵)(兵車)(一千)(四百)
병 거 마 병 병 거 일 천 사 백
(馬兵)(一萬)(二千)(兵車城)(王)
마 병 일 만 이 천 병 거 성 왕

대하1:15,(王)(銀金)(柏香木)(平地)
왕 은 금 백 향 목 평 지

대하1:16,(王)(商賈)(定價)
왕 상 고 정 가

대하1:17,(兵車)(銀)(六百)(一百)(五十)
병 거 은 육 백 일 백 오 십
(王)(王)(爲)
왕 왕 위

曆代志下-(역대지하)-第二章
역 대 지 하 제이 장

대하2:1,(爲)(殿)(建築)(自己)(權榮)(爲)
위 전 건 축 자 기 권 영 위
(宮闕)(建築)(決心)
궁 궐 건 축 결 심

대하2:2,(擔軍)(七萬)(山)(斫伐)(者)(八萬)
담 군 칠 만 산 작 벌 자 팔 만
(監督)(者)(三千)(六百)
감 독 자 삼 천 육 백

대하2:3,(使者)(王)(當身)(前)(父親)
사 자 왕 당 신 전 부 친
(柏香木)(居)(宮闕)(建築)
백 향 목 거 궁 궐 건 축

대하2:4,(爲)(殿)(建築)(區別)(主)(香)
위 전 건 축 구 별 주 향
(材料)(恒常)(陳設)(安息日)(初)
재 료 항 상 진 설 안 식 일 초
(節期)(朝夕)(燔祭)(永遠)(規例)
절 기 조 석 번 제 영 원 규 례

대하2:5,(建築)(殿)(神)
건 축 전 신

대하2:6,(能)(爲)(殿)(建築)(主)(容納)(能)
능 위 전 건 축 주 용 납 능
(爲)(殿)(建築)(焚香)
위 전 건 축 분 향

대하2:7,(請)(當身)(金銀)(銅鐵)(製造)
청 당 신 금 은 동 철 제 조
(紫色)(紅色)(靑色)(織造)(工巧)
자 색 홍 색 청 색 직 조 공 교
(工匠)(父親)(豫備)(工巧)(工匠)
공 장 부 친 예 비 공 교 공 장

대하2:8,(柏香木)(當身)(伐木)(當身)
백 향 목 당 신 벌 목 당 신

대하2:9,(爲)(材木)(豫備)(建築)(殿)(華麗)
위 재 목 예 비 건 축 전 화 려

대하2:10,(當身)(伐木)(二萬)(石)(二萬)(石)
당 신 벌 목 이 만 석 이 만 석
(葡萄酒)(二萬)(二萬)
포 도 주 이 만 이 만

대하2:11,(王)(答狀)(百姓)(當身)(王)
왕 답 장 백 성 당 신 왕

대하2:12,(天地)(頌祝)(王)(智慧)(明哲)
천 지 송 축 왕 지 혜 명 철
(聰明)(稟賦)(能)(爲)(殿)(建築)
총 명 품 부 능 위 전 건 축
(自己)(權榮)(爲)(宮闕)(建築)
자 기 권 영 위 궁 궐 건 축

대하2:13,(工巧)(聰明)(前)(父親)(屬)(者)
공 교 총 명 전 부 친 속 자

대하2:14,(女子)(中)(女人)(能)(金銀)(銅鐵)
녀 자 중 녀 인 능 금 은 동 철
(紫色)(靑色)(紅色)(奇妙)(式樣)
자 색 청 색 홍 색 기 묘 식 양
(能)(者)(當身)(工巧)(工匠)(當身)
능 자 당 신 공 교 공 장 당 신
(父親)(主)(工巧)(工匠
부 친 주 공 교 공 장

대하2:15,(主)(葡萄酒)(主)
주 포 도 주 주

대하2:16,(當身)(伐木)(當身)(輸運)
당 신 벌 목 당 신 수 운

대하2:17,(前)(父親)(居)(異邦)(調査)(調査)
전 부친 거 이방 조사 조사
(十五萬)(三千)(六百人)
십오만 삼천 육백인
대하2:18,(中)(七萬人)(擔軍)(八萬人)(山)
중 칠만인 담군 팔만인 산
(伐木)(三千)(六百人)(監督)(百姓)
벌목 삼천 육백인 감독 백성

曆代志下-(역대지하)-第三章
역대지하 제삼장

대하3:1,(山)(殿)(建築(始作)(前)(打作)(定)
산 전 건축 시작 전 타작 정
대하3:2,(王位)(四年)(二月)(初二日)(建築)
왕위 사년 이월 초이일 건축
(始作)
시작
대하3:3,(殿)(爲)(地臺)(法)(長)(六十)(廣)
전 위 지대 법 장 육십 광
(二十)
이십
대하3:4,(殿)(廊室)(長)(殿)(廣)(二十)
전 낭실 장 전 광 이십
(高)(一百)(二十)(精金)
고 일백 이십 정금
대하3:5,(大殿)(天障)(精金)(棕櫚)(形狀)
대전 천장 정금 종려 형상
대하3:6,(寶石)(殿)(華麗)(金銀)(金)
보석 전 화려 금은 금
대하3:7,(金)(殿)(門地枋)(壁)(門)(壁)
금 전 문지방 벽 문 벽
대하3:8,(至聖所)(殿)(長)(二十)(廣)(二十)
지성소 전 장 이십 광 이십
(精金)(六百)
정금 육백
대하3:9,(重數)(五十)(金)(金)
중수 오십 금 금
대하3:10,(至聖所)(形狀)(金)
지성소 형상 금
대하3:11,(二十)(左便)(殿)(璧)(右便)
이십 좌편 전 벽 우편
대하3:12,(右便)(殿)(璧)(左便)
우편 전 벽 좌편
대하3:13,(二十)(外所)(向)
이십 외소 향
대하3:14,(青色)(紫色)(紅色)(門帳)(形狀)(繡)
청색 자색 홍색 문장 형상 수
대하3:15,(殿)(高)(三十)(五)(各)
전 고 삼십 오 각
대하3:16,(聖所)(石榴)(一百個)
성소 석류 일백개
대하3:17,(外所)(左便)(右便)(右便)(稱)
외소 좌편 우편 우편 칭
(左便)(稱)
좌편 칭

曆代志下-(역대지하)-第四章
역대지하 제사장

대하4:1,(壇)(長)(二十)(廣)(二十)(高)(十)
단 장 이십 광 이십 고 십
대하4:2,(直徑)(十)(貌樣)(高)(周圍)(三十)
직경 십 모양 고 주위 삼십
대하4:3,(形狀)(每)(周圍)
형상 매 주위
대하4:4,(北)(向)(西)(向)(南)(向)(東)(向)
북 향 서 향 남 향 동 향
대하4:5,(百合花)(式樣)(盞)(三千)
백합화 식양 잔 삼천
대하4:6,(右便)(左便)(燔祭)(屬)(物件)
우편 좌편 번제 속 물건
(祭司長)(爲)
제사장 위
대하4:7,(定式)(金)(燈臺)(外所)(左便)(右便)
정식 금 등대 외소 좌편 우편
대하4:8,(床)(外所)(左便)(右便)(金)(一百)
상 외소 좌편 우편 금 일백
대하4:9,(祭司長)(門)(門)
제사장 문 문
대하4:10,(殿)(右便)(東南方)
전 우편 동남방
대하4:11,(王)(爲)(殿)
왕 위 전
대하4:13,(爲)(每)(四百)(石榴)
위 매 사백 석류
대하4:16,(殿)(王)(爲)
전 왕 위
대하4:17,(王)(平地)레
왕 평지
대하4:18,(器具)(甚)(重數)(能)(測量)
기구 심 중수 능 측량
대하4:19,(殿)(器具)(金壇)(陳設餠)(床)
전 기구 금단 진설병 상
대하4:20,(內所)(規例)(精金)(燈臺)(燈盞)
내소 규례 정금 등대 등잔
대하4:21,(純情)(金)(燈盞)젓(火箸)
순정 금 등잔 화저
대하4:22,(精金)(周鉢)(殿門)(至聖所)
정금 주발 전문 지성소
(門)(外所)(門)(金)
문 외소 문 금

曆代志下-(역대지하)-第五章
역대지하 제오장

대하5:1,(殿)(爲)(父親)(銀)(金)(器具)
전 위 부친 은 금 기구
(殿)(庫間)
전 고간
대하5:2,(言約)(櫃)(城)(長老)(支派)
언약 궤 성 장로 지파
(頭目)(子孫)(族長)(召集)
두목 자손 족장 소집
대하5:3,(七月)(節期)(王)
칠월 절기 왕
대하5:4,(長老)(櫃)
장로 궤

대하5:5,(櫃)(會幕)(帳幕)(器具)(祭司長)
궤 회막 장막 기구 제사장
대하5:6,(王)(會衆)(櫃)(羊)(祭祀)(數)(記錄)
왕 회중 궤 양 제사 수 기록
대하5:7,(祭司長)(言約櫃)(處所)
제사장 언약궤 처소
(內殿)(至聖所)
내전 지성소
대하5:8,(櫃)(處所)(櫃)
궤 처소 궤
대하5:9,(櫃)(內殿)(櫃)
궤 내전 궤
대하5:10,(櫃)(板)(外)(子孫)(後)(言約)
궤 판 외 자손 후 언약
대하5:11,(祭司長)(班次)(淨潔)(聖所)
제사장 반차 정결 성소
대하5:12,(兄弟)(細麻布)(壇)(東便)
형제 세마포 단 동편
(提琴)(琵琶)(竪琴)(祭司長)
제금 비파 수금 제사장
(一百)(二十人)
일백 이십인
대하5:13,(者)(者)(一齊)(發)(讚頌)(感謝)
자 자 일제 발 찬송 감사
(提琴)(樂器)(讚頌)(善)(慈悲)
제금 악기 찬송 선 자비
(永遠)(殿)
영원 전
대하5:14,(祭司長)(因)(能)(榮光)(殿)
제사장 인 능 영광 전

歷代志下-(역대지하)-第六章
역대지하 제륙장

대하6:2,(主)(爲)(居)(殿)(建築)(主)(永遠)
주 위 거 전 건축 주 영원
(居)(處所)
거 처소
대하6:3,(會衆)(爲)(祝福)(會衆)
회중 위 축복 회중
대하6:4,(王)(頌祝)(父親)
왕 송축 부친
대하6:5,(百姓)(引導)(建築)(爲)(支派)
백성 인도 건축 위 지파
(城邑)(擇)(百姓)(主權者)(爲)(擇)
성읍 택 백성 주권자 위 택
대하6:6,(擇)(擇)(百姓)
택 택 백성
대하6:7,(父親)(爲)(殿)(建築)
부친 위 전 건축
대하6:8,(父親)(爲)(殿)(建築)
부친 위 전 건축
대하6:9,(殿)(建築)(爲)(殿)(建築)
전 건축 위 전 건축
대하6:10,(許)(父親)(代身)(爲)(殿)(建築)
허 부친 대신 위 전 건축
대하6:11,(子孫)(言約)(櫃)
자손 언약 궤
대하6:12,(壇)(會衆)
단 회중
대하6:13,(已往)(臺)(長)(廣)(高)(會衆)(向)
이왕 대 장 광 고 회중 향
대하6:14,(天地)(神)(主)(主)(行)(主)
천지 신 주 주 행 주
(言約)(恩惠)
언약 은혜
대하6:15,(主)(主)(許)(主)
주 주 허 주
대하6:16,(主)(主)(子孫)(自己)(行)(律法)
주 주 자손 자기 행 률법
(行)(爲)(許)
행 위 허
대하6:17,(願)(主)(主)(確實)
원 주 주 확실
대하6:18,(居)(主)(容納)(建築)(殿)
거 주 용납 건축 전
대하6:19,(祈禱)(懇求)(主)(祈禱
기도 간구 주 기도
대하6:20,(主)(前)(殿)(向)(主)(晝夜)(向)(祈禱)
주 전 전 향 주 주야 향 기도
대하6:21,(主)(百姓)(向)(祈禱)(主)(懇求)
주 백성 향 기도 주 간구
(主)(赦)
주 사
대하6:22,(萬一)犯罪)(盟誓)(殿)(主)(壇)(盟誓)
만일 범죄 맹서 전 주 단 맹서
대하6:23,(主)(行)(主)(鞫問)(惡)(者)(罪)
주 행 주 국문 악 자 죄
(定)行爲)(義)(者)(義)(義)
정 행위 의 자 의 의
대하6:24,(萬一)(主)(百姓)(主)(犯罪)(敵國)
만일 주 백성 주 범죄 적국
(敗)(主)(主)(認定)(殿)(主)(懇求)
패 주 주 인정 전 주 간구
대하6:25,(主)(主)(百姓)(罪)(赦)(列祖)
주 주 백성 죄 사 열조
대하6:26,(萬一)(主)(犯罪)(因)(主)(罰)(向)
만일 주 범죄 인 주 벌 향
(主)(認定)(罪)
주 인정 죄
대하6:27,(主)(主)(主)(百姓)(罪)(赦)(行)
주 주 주 백성 죄 사 행
(善)(主)(百姓)(基業)(主)
선 주 백성 기업 주
대하6:28,(萬一)(饑饉)(瘟疫)(穀食)(蝗蟲)
만일 기근 온역 곡식 황충
(敵國)(城邑)(災殃)(疾病)(無論)
적국 성읍 재앙 질병 무론
대하6:29,(或)(主)(百姓)(各各)(自己)(災殃)
혹 주 백성 각각 자기 재앙
(苦痛)(殿)(向)(祈禱)(懇求
고통 전 향 기도 간구
대하6:30,(主)(赦宥)(各)(行爲)(人生)
주 사유 각 행위 인생
대하6:31,(主)(列祖)(恒常)(主)(敬畏)
주 열조 항상 주 경외

(主)(行)
주 행

대하6:32,(主)(百姓)(屬)(異邦人)(對)(主)
주 백성 속 이방인 대 주
(能)(爲)(地方)(殿)(向)(祈禱)
능 위 지방 전 향 기도

대하6:33,(主)(異邦人)(主)(萬民)(主)(主)
주 이방인 주 만민 주 주
(百姓)(敬畏)(建築)(殿)(主)
백성 경외 건축 전 주

대하6:34,(主)(百姓)(敵國)(主)(主)(城)(主)
주 백성 적국 주 주 성 주
(爲)(建築)(殿)(便)(向)(祈禱)
위 건축 전 편 향 기도

대하6:35,(主)(祈禱)(懇求)
주 기도 간구

대하6:36,(犯罪)(主)(犯罪)(主)(震怒)(敵國)
범죄 주 범죄 주 진노 적국
(敵國)(遠近)(勿論)(後)
적국 원근 물론 후

대하6:37,(者)(主)(懇求)(犯罪)(悖逆)(行)(惡)
자 주 간구 범죄 패역 행 악

대하6:38,(自己)(敵國)(主)(主)(列祖)(主)(城)
자기 적국 주 주 열조 주 성
(主)(爲)(建築)(殿)(便)(向)(祈禱)
주 위 건축 전 편 향 기도

대하6:39,(主)(祈禱)(懇求)(主)(得罪)(主)
주 기도 간구 주 득죄 주
(百姓)(容恕)
백성 용서

대하6:40,(祈禱)
기도

대하6:41,(主)(能力)(櫃)(主)(平安)(處所)(願)
주 능력 궤 주 평안 처소 원
(主)(祭司長)(救援)(主)(聖徒)(恩惠)
주 제사장 구원 주 성도 은혜

대하6:42,(主)(者)(主)(恩寵)(記憶)
주 자 주 은총 기억

曆代志下-(역대지하)-第七章
역대지하 제칠장

대하7:1,(祈禱)(燔祭物)(祭物)(榮光)(殿)
기도 번제물 제물 영광 전

대하7:2,(榮光)(殿)(祭司長)(殿)(能)
영광 전 제사장 전 능

대하7:3,(子孫)(榮光)(殿)간(敬拜)(感謝)
자손 영광 전 경배 감사
(善)(仁慈)(永遠)
선 인자 영원

대하7:4,(王)(百姓)(祭祀)
왕 백성 제사

대하7:5,(王)(祭物)(二萬)(二千)(羊)(十)
왕 제물 이만 이천 양 십
(二萬)(王)(百姓)(殿)(落成式)(行)
이만 왕 백성 전 락성식 행

대하7:6,(祭司長)(職分)(樂器)(樂器)(前)(王)
제사장 직분 악기 악기 전 왕
(讚頌)(仁慈)(永遠)(感謝)(祭司長)
찬송 인자 영원 감사 제사장

대하7:7,(殿)(區別)(燔祭物)(和睦祭)(壇)(能)
전 구별 번제물 화목제 단 능
(燔祭物)(素祭物)(容納)
번제물 소제물 용납

대하7:8,(七日)(節期)(河水)(甚)(會衆)
칠일 절기 하수 심 회중

대하7:9,(第)(八日)(聖會)(壇)(落成式)(七日)
제 팔일 성회 단 락성식 칠일
(行)(後)(節期)(七日)
행 후 절기 칠일

대하7:10,(七月)(二十)(三日)(王)(百姓)(帳幕)
칠월 이십 삼일 왕 백성 장막
(百姓)(百姓)(恩惠)(因)
백성 백성 은혜 인

대하7:11,(殿)(王宮)(畢役)(心中)(殿)(自己)
전 왕궁 필역 심중 전 자기
(宮闕)(亨通)
궁궐 형통

대하7:12,(祈禱)(擇)(祭祀)(殿)
기도 택 제사 전

대하7:13,(或)(或)(土産)(或)(染病)(百姓)
혹 혹 토산 혹 염병 백성
(流行)
류행

대하7:14,(百姓)(惡)(謙卑)(祈禱)(求)(罪)(赦)
백성 악 겸비 기도 구 죄 사

대하7:15,(祈禱)
기도

대하7:16,(殿)(擇)(永永)(恒常)
전 택 영영 항상

대하7:17,(萬一)(行)(命)(行)(律例)(規例)
만일 행 명 행 율례 규례

대하7:18,(位)(堅固)(前)(言約)(者)
위 견고 전 언약 자

대하7:19,(萬一)(律例)(命令)(神)(崇拜)
만일 율례 명령 신 숭배

대하7:20,(爲)(殿)(民族)(中)(俗談)
위 전 민족 중 속담

대하7:21,(殿)(者)(殿)(行)
전 자 전 행

대하7:22,(對答)(自己)(列祖)(引導)(自己)
대답 자기 열조 인도 자기
(神)(附從)(崇拜)(災殃)
신 부종 숭배 재앙

曆代志下-(역대지하)-第八章
역대지하 제팔장

대하8:1,(殿)(自己)(宮闕)(二十年)(建築)
전 자기 궁궐 이십년 건축

대하8:2,(自己)(城邑)(建築)(子孫)(居)
자기 성읍 건축 자손 거

대하8:3,(取)
취

대하8:4,(曠野)(建築)(國庫城)(建築)
광야 건축 국고성 건축

대하8:5벧호(建築)(城)(門)(門)(堅固)(城邑)
건축 성 문 문 견고 성읍
대하8:6,(自己)(國庫城)(兵車城)(馬兵)(城)
자기 국고성 병거성 마병 성
(建築)(建築)(建築)
건축 건축 건축
대하8:7,(族屬)(族屬)(族屬)(族屬)(族屬)(者)
족속 족속 족속 족속 족속 자
대하8:8,(子孫)(滅)(子孫)(役軍)
자손 멸 자손 역군
대하8:9,(子孫)(奴隷)(軍士)(長官)(頭目)
자손 노예 군사 장관 두목
(兵車)(馬兵)(長官)
병거 마병 장관
대하8:10,(王)(工匠)(監督)(者)(二百)
왕 공장 감독 자 이백
(五十人)(百姓)
오십인 백성
대하8:11,(城)(爲)(建築)(宮)(王)(宮)(居)(櫃)
성 위 건축 궁 왕 궁 거 궤
대하8:12,(廊室)(壇)(燔祭)
낭실 단 번제
대하8:13,(命)(每日)(合意)(安息日)(月朔)
명 매일 합의 안식일 월삭
(定)(節期)(一年)(節期)(無酵節)
정 절기 일년 절기 무효절
(七七節)(草幕節)
칠칠절 초막절
대하8:14,(父親)(定規)(祭司長)(班次)(定)
부친 정규 제사장 반차 정
(職分)(每日)(合意)(讚頌)(祭司長)
직분 매일 합의 찬송 제사장
(隨從)(門直)(班次)(各)(門)(前)(命)
수종 문직 반차 각 문 전 명
대하8:15,(祭司長)(國庫)(王)(命)
제사장 국고 왕 명
대하8:16,(殿)(基址)(竣工)(凡百)(完備)(殿)
전 기지 준공 범백 완비 전
(缺點)(畢役)
결점 필역
대하8:18,(臣僕)(付託)(金)(四百)(五十)(王)
신복 부탁 금 사백 오십 왕

歷代志下-(역대지하)-第九章
역대지하 제구장

대하9:1,(女王)(名譽)(問題)(試驗)(隨員)
녀왕 멍에 문제 시험 수원
(甚)(香品)(金)(寶石)(自己)
심 향품 금 보석 자기
대하9:2,(對答)(隱微)(對答)
대답 은미 대답
대하9:3,(女王)(智慧)(建築)(宮)
녀왕 지혜 건축 궁
대하9:4,(床)(食物)(臣僕)(座席)(臣下)
상 식물 신복 좌석 신하
(侍立)(公服)(官員)(公服)(殿)
시립 공복 관원 공복 전
(層階)(精神)(眩慌)
층계 정신 현황
대하9:5,(王)(告)(當身)(行爲)(當身)(智慧)
왕 고 당신 행위 당신 지혜
(對)(所聞)(眞實)
대 소문 진실
대하9:6,(目覩)(當身)(智慧)(折半)
목도 당신 지혜 절반
(當身)(所聞)
당신 소문
대하9:7,(福)(當身)(福)(當身)(臣僕)(恒常)
복 당신 복 당신 신복 항상
(當身)(當身)(智慧)
당신 당신 지혜
대하9:8,(當身)(頌祝)(當身)(當身)(爲)(王)
당신 송축 당신 당신 위 왕
(當身)(永遠)(堅固)(當身)(王)(公)
당신 영원 견고 당신 왕 공
(義)(行)
의 행
대하9:9,(金)(一百)(二十)(甚)(香品)(寶石)
금 일백 이십 심 향품 보석
(王)(女王)(王)(香品)(前)
왕 녀왕 왕 향품 전
대하9:10,(臣僕)(臣僕)(金)(寶石)
신복 신복 금 보석
대하9:11,(王)(殿)(王宮)(層臺)(者)(爲)
왕 전 왕궁 층대 자 위
(竪琴)(琵琶)(前)
수금 비파 전
대하9:12,(王)(女王)(答禮)(外)(所願)
왕 녀왕 답례 외 소원
(求)(臣僕)(本國)
구 신복 본국
대하9:13,(歲入金)(重數)(六百)(六十)(六)(金)
세입금 중수 육백 육십 육 금
대하9:14,(外)(商賈)(客商)(王)(方伯)(金)(銀)
외 상고 객상 왕 방백 금 은
대하9:15,(王)(金)(防牌)(二百)(每)(防牌)
왕 금 방패 이백 매 방패
(金)(六百)
금 육백
대하9:16,(金)(防牌)(三百)(每)(防牌)
금 방패 삼백 매 방패
(金)(三百)(王)(宮)
금 삼백 왕 궁
대하9:17,(王)(象牙)(寶座)(精金)
왕 상아 보좌 정금
대하9:18,(寶座)(層階)(金)(足臺)(寶座)
보좌 층계 금 족대 보좌
(連)(兩便)(獅子)
연 량편 사자
대하9:19,(獅子)(層階)(左右便)
사자 층계 좌우편
대하9:20,(王)(金)(宮)(精金)(時代)(銀)(貴)
왕 금 궁 정금 시대 은 귀
대하9:21,(王)(三年)(一次)(金)(銀)(孔雀)
왕 삼년 일차 금 은 공작

대하9:22,(王)(財産)(智慧)(天下列王)
왕 재산 지혜 천하열왕

대하9:23,(天下)(列王)(智慧)(願)
천하 열왕 지혜 원

대하9:24,(各其)(禮物)(銀)(金)(衣服)(甲)
각기 예물 은 금 의복 갑
(香品)(定)(數)
향품 정 수

대하9:25,(兵車)(四千)(馬兵)(一萬)(二千)
병거 사천 마병 일만 이천
(兵車城)(王)
병거성 왕

대하9:26,(江)(地境)(列王)(管轄)
강 지경 열왕 관할

대하9:27,(王)(銀)(柏香木)(平地)
왕 은 백향목 평지

대하9:28,(爲)(各國)
위 각국

대하9:29,(外)(始終)(行蹟)(先知者)(豫言)
외 시종 행적 선지자 예언
(先見者)(默示冊)(對)(冊)(記錄)
선견자 묵시책 대 책 기록

대하9:30,(四十年)
사십년

대하9:31,(列祖)(姉妹)(父親)(城)(葬事)
열조 자매 부친 성 장사
(代身)(王)
대신 왕

歷代志下-(역대지하)-第十章
역대지하 제십장

대하10:1,(王)
왕

대하10:2)前)(王)(避)(逃亡)
전 왕 피 도망

대하10:3,(告)
고

대하10:4,(王)(父親)(王)(王)(父親)(苦役)(王)
왕 부친 왕 왕 부친 고역 왕

대하10:5,(對答)(三日)(後)(百姓)
대답 삼일 후 백성

대하10:6,(王)(父親)(生前)(老人)(議論)
왕 부친 생전 로인 의논
(教導)(百姓)(對答)
교도 백성 대답

대하10:7,(對答)(王)(萬一)(百姓)(厚待)
대답 왕 만일 백성 후대
(善)(永永)(王)
선 영영 왕

대하10:8,(王)(老人)(教導)(自己)(少年)(議論)
왕 로인 교도 자기 소년 의논

대하10:9,(教導)(百姓)(對答)(百姓)(王)(父親)
교도 백성 대답 백성 왕 부친

대하10:10,(少年)(王)(告)(百姓)(王)(告)(王)
소년 왕 고 백성 왕 고 왕
(父親)(王)(爲)(王)(對答)(父親)
부친 왕 위 왕 대답 부친

대하10:11,(父親)(父親)(懲治)(全蝎)
부친 부친 징치 전갈

대하10:12,(三日)(百姓)(王)(命)(三日)
삼일 백성 왕 명 삼일

대하10:13,(王)(暴虐)(對答)(老人)(教導)
왕 포학 대답 로인 교도

대하10:14,(少年)(告)(父親)(父親)(懲治)
소년 고 부친 부친 징치
(全蝎)
전갈

대하10:15,(王)(百姓)(前)(告)(應)
왕 백성 전 고 응

대하10:16,(自己)(王)(王)(對答)(關係)
자기 왕 왕 대답 관계
(業)(各各)(帳幕)(帳幕)
업 각각 장막 장막

대하10:17,(城邑)(子孫)(王)
성읍 자손 왕

대하10:18,(王)(役軍)(監督)(子孫)(王)
왕 역군 감독 자손 왕
(急)(逃亡)
급 도망

대하10:19,(背叛)
배반

歷代志下-(역대지하)-第十一章
역대지하 제십일장

대하11:1,(族屬)(擇)(勇士)(十)(八萬)(恢復)
족속 택 용사 십 팔만 회복

대하11:2,(臨)
임

대하11:3,(王)(告)
왕 고

대하11:4,(兄弟)(各其)
형제 각기

대하11:5,(居)(防備)(城邑)(建築)
거 방비 성읍 건축

대하11:10,(堅固)(城邑)
견고 성읍

대하11:11,(城邑)(堅固)(長官)(糧食)
성읍 견고 장관 량식
(葡萄酒)(貯蓄)
포도주 저축

대하11:12,(各)(城邑)(防牌)(槍)(甚)(强)(屬)
각 성읍 방패 창 심 강 속

대하11:13,(祭司長)(地方)
제사장 지방

대하11:14,(鄕里)(産業)(廢)(祭司長)(職分)(行)
향리 산업 폐 제사장 직분 행

대하11:15,(山堂)(偶像)(自己)(偶像)
산당 우상 자기 우상
(爲)(祭司長)
위 제사장

대하11:16,(支派)(中)(求)(者)(列祖)(祭祀)
지파 중 구 자 열조 제사

대하11:17,(三年)(强盛)(三年)(行)
삼년 강성 삼년 행

대하11:18,(所生)
소생

대하11:19,(赦)
사

대하11:20,(後)
후

대하11:21,(十八)(妾)(六十)(娶)(二十八)
십팔 첩 육십 취 이십팔
(六十)(妻妾)
육십 처첩

대하11:22,(長子)(兄弟)(中)(王)
장자 형제 중 왕

대하11:23,(智慧)(行(堅固)(城邑)(糧食)
지혜 행 견고 성읍 량식
(厚)(求)
후 구

曆代志下-(역대지하)-第十二章
역대지하 제십이장

대하12:1,(堅固)(勢力)(强)(律法)
견고 세력 강 률법

대하12:2,(犯罪)(王)(五年)(王)
범죄 왕 오년 왕

대하12:3,(兵車)(一千)(二百乘)(馬兵)
병거 일천 이백승 마병
(六萬)(不可勝數)
육만 불가승수

대하12:4,(堅固)(城邑)(取)
견고 성읍 취

대하12:5,(方伯)(因)(先知者)(方伯)
방백 인 선지자 방백

대하12:6,(方伯)(王)(謙卑)(義)
방백 왕 겸비 의

대하12:7,(謙卑)(臨)(謙卑)(滅)大綱)(救援)(怒)
겸비 임 겸비 멸 대강 구원 노

대하12:8,(列國)
열국

대하12:9,(王)(殿)(寶物)(王宮)(寶物)
왕 전 보물 왕궁 보물
(沒數)(金防牌)
몰수 금방패

대하12:10,(王)(代身)(防牌)(宮門)
왕 대신 방패 궁문
(侍衛隊)(長官)
시위대 장관

대하12:11,(王)(殿)(侍衛)(者)(防牌)(侍衛所)
왕 전 시위 자 방패 시위소

대하12:12,(謙卑)(善)(怒)(滅)
겸비 선 노 멸

대하12:13,(王)(强)(治理)호)(位)(四十一歲)
왕 강 치리 위 사십일세
(支派)(中)(擇)(城)(十七年)
지파 중 택 성 십칠년
(治理)(母親)(女人)
치리 모친 녀인

대하12:14,(求)(惡)(行)
구 악 행

대하12:15,(始終)行蹟)(先知者)(先見者)
시종 행적 선지자 선견자
(族譜冊)(記錄)(恒常)(戰爭)
족보책 기록 항상 전쟁

대하12:16,(列祖)(姉妹)(城)(葬事)(代身)(王)
열조 자매 성 장사 대신 왕

曆代志下-(역대지하)-第十三章
역대지하 제십삼장

대하13:1,(王)(第)(十八年)(王)
왕 제 십팔년 왕

대하13:2,(三年)(治理)(母親)
삼년 치리 모친

대하13:3,(擇)(勇猛)(軍士)(四十)(豫備)(擇)
택 용맹 군사 사십 예비 택
(勇士)(八十萬)對陣)
용사 팔십만 대진

대하13:4,(山)(中)(山)
산 중 산

대하13:5,(言約)(永遠)(子孫)
언약 영원 자손

대하13:6,(臣僕)(主)(背叛)
신복 주 배반

대하13:7,(匪類)(强)(對敵)(軟弱)(能)
비류 강 대적 연약 능

대하13:8,(子孫)(對敵)(爲)(神)(金)
자손 대적 위 신 금

대하13:9,(子孫)(祭司長)(異邦)(百姓)
자손 제사장 이방 백성
(風俗)(祭司長)(無論)(羊)(將立)
풍속 제사장 무론 양 장립
(者)(虛無)(神)(祭司長)
자 허무 신 제사장

대하13:10,(背叛)(祭司長)(子孫)(隨從)
배반 제사장 자손 수종

대하13:11,(朝夕)(燔祭)(焚香)(床)(陳設餠)
조석 번제 분향 상 진설병
(金)(燈臺)(誡命)(背叛)
금 등대 계명 배반

대하13:12,(祭司長)(警告)(攻擊)(子孫)
제사장 경고 공격 자손
(列祖)(亨通)
열조 형통

대하13:13,(伏兵)(伏兵)
복병 복병

대하13:14,(自己)(敵兵)(因)(祭司長)
자기 적병 인 제사장

대하13:15,(敗)
패

대하13:16,(子孫)(逃亡)(故)
자손 도망 고

대하13:17,(百姓)(屠戮)(擇)(兵丁)(者)
백성 도륙 택 병정 자
(五十萬)
오십만

대하13:18,(子孫)(降服)(子孫)(列祖)(依支)
자손 항복 자손 열조 의지

대하13:19,(城邑)(洞里)(洞里)(洞里)
성 읍 동 리 동 리 동 리

대하13:20,(强盛)
강 성

대하13:21,(漸漸)(强盛)(取)
점 점 강 성 취

대하13:22,(事蹟)行爲)(先知者)
사 적 행 위 선 지 자
(註釋冊)(記錄)
주 석 책 기 록

曆代志下-(역대지하)-第十四章
역 대 지 하 제 십 사 장

대하14:1,(列祖)(姉妹)(城)(葬事)(代身)
열 조 자 매 성 장 사 대 신
(王)(時代)(十年)(平安)
왕 시 대 십 년 평 안

대하14:2,(善)(正義)(行)
선 정 의 행

대하14:3,(異邦)(祭壇)(山堂)(柱像)(毁破)(像)
이 방 제 단 산 당 주 상 훼 파 상

대하14:4,(命)(列祖)(求)(律法)(命令)(行)
명 열 조 구 률 법 명 령 행

대하14:5,(城邑)(山堂)(太陽像)(平安)
성 읍 산 당 태 양 상 평 안

대하14:6,(平安)(平安)(堅固)(城邑)(建築)
평 안 평 안 견 고 성 읍 건 축

대하14:7,(城邑)(建築)(周圍)(城廓)(望臺)
성 읍 건 축 주 위 성 곽 망 대
(門)(主)(主)(四方)(平安)(城邑)
문 주 주 사 방 평 안 성 읍
(亨通)(建築)
형 통 건 축

대하14:8,(軍隊)(中)(防牌)(槍)(者)(三十萬)
군 대 중 방 패 창 자 삼 십 만
(中)(防牌)(者)(二十八萬)(勇士)
중 방 패 자 이 십 팔 만 용 사

대하14:9,(軍士)(百萬)(兵車)(三百)(
군 사 백 만 병 거 삼 백

대하14:10,(陣)
진

대하14:11,(强)(者)(弱)(者)(主)(主)(依支)
강 자 약 자 주 주 의 지
(主)(依託)(主)(願)(主)
주 의 탁 주 원 주

대하14:12,(敗)(逃亡)
패 도 망

대하14:13,(者)(者)(軍隊)(敗亡)(擄掠)
자 자 군 대 패 망 노 약
(物件)(甚)
물 건 심

대하14:14,(四面)(城邑)(百姓)(城邑)
사 면 성 읍 백 성 성 읍
(物件)(擄掠)
물 건 노 약

대하14:15,(天幕)羊)
천 막 양

曆代志下-(역대지하)-第十五章
역 대 지 하 제 십 오 장

대하15:1,(神)(臨)
신 임

대하15:2,(萬一)(萬一)
만 일 만 일

대하15:3,(祭司長)(律法)
제 사 장 률 법

대하15:4,(患難)
환 난

대하15:5,(列國)(居)(百姓)(擾亂)(出入)(平安)
열 국 거 백 성 요 란 출 입 평 안

대하15:6,(城邑)(城邑)(彼此)(傷)(苦難)(擾亂)
성 읍 성 읍 피 차 상 고 난 요 란

대하15:7,(强)(弱)行爲)(賞給)
강 약 행 위 상 급

대하15:8,(先知者)뎃(豫言)(强)(可憎)(物件)
선 지 자 예 언 강 가 증 물 건
(除)(山地)(城邑)(除)(廊室)(壇)(重修) 대
제 산 지 성 읍 제 낭 실 단 중 수

하15:9,(中)(寓居)(者)(者)
중 우 거 자 자

대하15:10,(王)(十五年)(三月)
왕 십 오 년 삼 월

대하15:11,(擄掠)(物件)(中)(七百)(羊)
노 약 물 건 중 칠 백 양
(七千)(祭祀)
칠 천 제 사

대하15:12,(性稟)(列祖)(言約)
성 품 열 조 언 약

대하15:13,(者)大小)(男女)(無論)
자 대 소 남 녀 무 론

대하15:14,(盟誓)
맹 서

대하15:15,(盟誓)(盟誓)(四方)(平安)
맹 서 맹 서 사 방 평 안

대하15:16,(王)(母親)(可憎)(木像)(太后)
왕 모 친 가 증 목 상 태 후
(位)(廢)(偶像)
위 폐 우 상

대하15:17,(山堂)(中)(除)(一平生)(穩全)
산 당 중 제 일 평 생 온 전

대하15:18,(父親)(區別)(物件)(自己)(區別)
부 친 구 별 물 건 자 기 구 별
(物件)(銀)(金)(器皿)(殿)
물 건 은 금 기 명 전

대하15:19,(王)(三十五年)(戰爭)
왕 삼 십 오 년 전 쟁

曆代志下-(역대지하)-第十六章
역 대 지 하 제 십 륙 장

대하16:1,(王)(三十)(六年)(王)(建築)(王)(往來)
왕 삼 십 육 년 왕 건 축 왕 왕 래

대하16:2,(殿)(庫間)(王宮)(庫間)(銀金)(取)
전 고 간 왕 궁 고 간 은 금 취
(居)(王)
거 왕

대하16:3,(父親)(當身)(父親)(當身)(約條)
부친 당신 부친 당신 약조
(當身)(銀金)(王)(約條)
당신 은금 왕 약조

대하16:4,(王)(軍隊長官)(城邑)(壇)(國庫城)
왕 군대장관 성읍 단 국고성

대하16:5,(建築)(罷)(工役)
건축 파 공역

대하16:6,(王)(建築)(材木)(輸運)(建築)
왕 건축 재목 수운 건축

대하16:7,(先見者)(王)(王)(王)(依支)(王)
선견자 왕 왕 왕 의지 왕
(依支)(故)(王)(軍隊)(王)
의지 고 왕 군대 왕

대하16:8,(軍隊)(兵車)(甚)(王)(依支)(故)(王)
군대 병거 심 왕 의지 고 왕

대하16:9,(監察)(全心)(自己)(向)(者)(爲)
감찰 전심 자기 향 자 위
(能力)(王)(妄靈)(行)(後)(王)(戰爭)
능력 왕 망령 행 후 왕 전쟁

대하16:10,(怒)(先見者)(獄)(怒)(百姓)(虐待)
노 선견자 옥 노 백성 학대

대하16:11,(始終)(行蹟)(列王記)(記錄)
시종 행적 열왕기 기록

대하16:12,(王)(三十九年)(病)(甚)(重)(病)
왕 삼십구년 병 심 중 병
(求)(醫員)(求)
구 의원 구

대하16:13,(位)(四十一年)(列祖)(姉妹)
위 사십일년 열조 자매

대하16:14,(城)(自己)(爲)(墓室)(葬事)(屍體)
성 자기 위 묘실 장사 시체
(法)(各樣)(香材料)(床)(爲)(焚香)
법 각양 향재료 상 위 분향

曆代志下-(역대지하)-第十七章
역대지하 제십칠장

대하17:1,(代身)(王)(强)(防備)
대신 왕 강 방비

대하17:2,(堅固)(城邑)(軍隊)(駐屯)(取)
견고 성읍 군대 주둔 취
(城邑)(營門)
성읍 영문

대하17:3,(祖上)(行)(求)
조상 행 구

대하17:4,(父親)(求)(誡命)(行)(行爲)
부친 구 계명 행 행위

대하17:5,(堅固)(禮物)(富貴)(榮光)(極)
견고 예물 부귀 영광 극

대하17:6,(全心)(道)(行)(山堂)(木像)(除)
전심 도 행 산당 목상 제

대하17:7,(位)(三年)(方伯)(城邑)
위 삼년 방백 성읍

대하17:8,(祭司長)
제사장

대하17:9,(律法冊)(城邑)(巡行)(人民)
률법책 성읍 순행 인민

대하17:10,(四面)(列國)
사면 열국

대하17:11,(中)(禮物)(銀)(貢)(羊)(七千)
중 예물 은 공 양 칠천
(七百)(七千)(七百)
칠백 칠천 칠백

대하17:12,(漸漸)(强大)(堅固)(寨)(國庫城)
점점 강대 견고 채 국고성
(建築)
건축

대하17:13,(各)(城)(役事)(勇猛)(軍士)
각 성 역사 용맹 군사

대하17:14,(軍士)(數爻)(族屬)(贖)(千夫長)
군사 수효 족속 속 천부장
(中)(勇士)(三十萬)
중 용사 삼십만

대하17:15,(長官)(二十八萬)
장관 이십팔만

대하17:16,(自己)(者)(勇士)(二十萬)
자기 자 용사 이십만

대하17:17,(贖)(者)(中)(勇士)(防牌)(者)
속 자 중 용사 방패 자
(二十萬)
이십만

대하17:18,(豫備)(者)(十八)(萬)
예비 자 십팔 만

대하17:19,(王)(者)(外)(堅固)(城)(王)(軍士)
왕 자 외 견고 성 왕 군사

曆代志下-(역대지하)-第十八章
역대지하 제십팔장

대하18:1,(富貴)(榮光)(極)(連婚)
부귀 영광 극 연혼

대하18:2,(後)(從者)(爲)(牛羊)(勸)
후 종자 위 우양 권

대하18:3,(王)(王)(當身)(對答)(當身)(一般)
왕 왕 당신 대답 당신 일반
(百姓)(當身)(百姓)(一般)(當身)
백성 당신 백성 일반 당신

대하18:4,(王)(請)
왕 청

대하18:5,(王)(先知者)(四百人)(城)(王)
왕 선지자 사백인 성 왕

대하18:6,(外)(先知者)
외 선지자

대하18:7,(王)(對)(吉)(豫言)(恒常)(凶)
왕 대 길 예언 항상 흉
(豫言)(王)
예언 왕

대하18:8,(王)(內侍)(速)
왕 내시 속

대하18:9,(王)(王)(王)(城門)(廣場)(各其)
왕 왕 왕 성문 광장 각기
(寶座)(先知者)(豫言)
보좌 선지자 예언

대하18:10,(鐵)(王)(殄滅)
철 왕 진멸

대하18:11,(先知者)(豫言)(勝利)(城)(王)
선지자 예언 승리 성 왕

대하18:12,(使者)(先知者)출(如出一口)(王)
사자 선지자 여출일구 왕
(吉)(請)(當身)(中)(吉)
길 청 당신 중 길

대하18:13,(盟誓)
맹서

대하18:14,(王)(王)(勝利)(王)
왕 왕 승리 왕

대하18:15,(王)(眞實)(番)(盟誓)
왕 진실 번 맹서

대하18:16,(牧者)(羊)(山)(主人)(各各)(平安)
목자 양 산 주인 각각 평안

대하18:17,(王)(對)(吉)(豫言)(凶)(豫言)(當身)
왕 대 길 예언 흉 예언 당신

대하18:18,(王)(寶座)(萬軍)(左右便)
왕 보좌 만군 좌우편

대하18:19,(王)
왕

대하18:20,(靈)
영

대하18:21,(靈)(先知者)
영 선지자

대하18:22,(靈)(王)(先知者)(王)(對)(禍)
영 왕 선지자 왕 대 화

대하18:23,(靈)
영

대하18:24,(房)
방

대하18:25,(王)(府尹)(王子)
왕 부윤 왕자

대하18:26,(王)(獄)(平安)(苦生)(苦生)
왕 옥 평안 고생 고생

대하18:27,(王)(平安)(百姓)
왕 평안 백성

대하18:28,(王)(王)
왕 왕

대하18:29,(王)(變裝)(軍中)(當身)(王服)(王)
왕 변장 군중 당신 왕복 왕
(變裝)(軍中)
변장 군중

대하18:30,(王)(兵車)(長官)(命)(者)(者)(王)
왕 병거 장관 명 자 자 왕

대하18:31,(兵車)(長官)(王)(感動)
병거 장관 왕 감동

대하18:32,(兵車)(長官)(王)
병거 장관 왕

대하18:33,(偶然)(王)(甲)쏜(王)(兵車)
우연 왕 갑 왕 병거
(者)(負傷)(軍中)
자 부상 군중

대하18:34,(戰爭)(猛烈)(王)(兵車)(扶持)
전쟁 맹렬 왕 병거 부지

曆代志下-(역대지하)-第十九章
역대지하 제십구장

대하19:1,(王)(平安)(宮)
왕 평안 궁

대하19:2,(先見者)(王)(王)(惡)(者)(者)
선견자 왕 왕 악 자 자
(可)(震怒)(王)(臨)
가 진노 왕 임

대하19:3,(王)(善)(王)(木像)
왕 선 왕 목상

대하19:4,(居)(山地)(民間)(巡行)(列祖)
거 산지 민간 순행 열조

대하19:5,(堅固)(城)(裁判官)(城)
견고 성 재판관 성

대하19:6,(裁判官)(行)(裁判)(爲)(爲)(裁判)
재판관 행 재판 위 위 재판

대하19:7,(行)(不義)(偏僻)(賂物)
행 불의 편벽 뇌물

대하19:8,(祭司長)(族長)(中)(贖)(居民)
제사장 족장 중 속 거민
(訟事)(裁判)
송사 재판

대하19:9,(命)(敬畏)(忠義)(誠心)(行)
명 경외 충의 성심 행

대하19:10,(城邑)(居)(兄弟)(或)(或)(律法)
성읍 거 형제 혹 혹 률법
(誡命)(律例)(規例)(因)(訟事)
계명 율례 규례 인 송사
(警戒)(罪)(兄弟)(震怒)(臨)(行)(罪)
경계 죄 형제 진노 임 행 죄

대하19:11,(贖)(大祭司長)(王)(贖)(支派)
속 대제사장 왕 속 지파
(官吏)(行)(善)(者)
관리 행 선 자

曆代志下-(역대지하)-第二十章
역대지하 제이십장

대하20:1,(後)(子孫)(子孫)
후 자손 자손

대하20:2,(或)(告)(便)(王)
혹 고 편 왕

대하20:3,(向)(懇求)(百姓)(禁食)(公布)
향 간구 백성 금식 공포

대하20:4,(求)(城邑)(懇求)
구 성읍 간구

대하20:5,(殿)(會衆)
전 회중

대하20:6,(列祖)(主)(異邦)(主)(權勢)
열조 주 이방 주 권세
(能力)(能)
능력 능

대하20:7,(前)(居民)(主)(百姓)(主)
전 거민 주 백성 주
(子孫)(永永)
자손 영영

대하20:8,(居)(主)(爲)(聖所)(建築)
거 주 위 성소 건축

대하20:9,(萬一)(災殃)(亂離)(譴責)(瘟疫)
만일 재앙 란리 견책 온역

(饑饉)(臨)(主)(殿)(殿)(主)(患難)
기근 임 주 전 전 주 환난
(主)(救援)
주 구원
대하20:10,(子孫)(子孫)(山)(侵擄)(主)
자손 자손 산 침노 주
(容納)(滅)
용납 멸
대하20:11,(主)(主)
주 주
대하20:12,(懲罰)(對敵)(能力)(主)
징벌 대적 능력 주
대하20:13,(子女)(者)
자녀 자
대하20:14,(神)(會衆)(臨)(子孫)(玄孫)
신 회중 임 자손 현손
(曾孫)(孫子)
증손 손자
대하20:15,(居民)(王)(因)(戰爭)(贖)(贖)
거민 왕 인 전쟁 속 속
대하20:16,(來日)
래일
대하20:17,(戰爭)(行伍)(救援)(來日)
전쟁 항오 구원 래일
대하20:18,(居民)(敬拜)
거민 경배
대하20:19,(子孫)(子孫)(贖)(甚)(讚頌)
자손 자손 속 심 찬송
대하20:20,(百姓)(居民)(信賴)(堅固)
백성 거민 신뢰 견고
(先知者)(信賴)(亨通)
선지자 신뢰 형통
대하20:21,(百姓)(議論)(者)(擇)(禮服)(軍隊)
백성 의논 자 택 례복 군대
(行)(讚頌)(感謝)(慈悲)(永遠)
행 찬송 감사 자비 영원
대하20:22,(讚頌)(始作)(伏兵)(子孫)(山)(敗)
찬송 시작 복병 자손 산 패
대하20:23,(子孫)(山)(居民)(殄滅)(居民)
자손 산 거민 진멸 거민
(滅)(後)(彼此)(殺戮)
멸 후 피차 살륙
대하20:24,(望臺)(屍體)(者)
망대 시체 자
대하20:25,(百姓)(敵軍)(物件)(取)(財物)
백성 적군 물건 취 재물
(衣服)(寶物)(故)(各其)(取)
의복 보물 고 각기 취
(物件)(能)(取)
물건 능 취
대하20:26,(第)(四日)(頌祝)
제 사일 송축
대하20:27,(先頭)(敵軍)(因)
선두 적군 인
대하20:28,(琵琶)(竪琴)(合奏)(殿)
비파 수금 합주 전
대하20:29,(異邦)(敵軍)(故)
이방 적군 고
대하20:30,(泰平)(四方)(平康)
태평 사방 평강
대하20:31,(王)(三十五歲)(二十五年)
왕 삼십오세 이십오년
(治理)(母親)
치리 모친
대하20:32,(父親)(行)(正直)(行)
부친 행 정직 행
대하20:33,(山堂)(廢)(百姓)(定)(列祖)
산당 폐 백성 정 열조
대하20:34,(外)(始終)(行蹟)(記錄)(列王記)
외 시종 행적 기록 열왕기
대하20:35,(王)(王)(交際)(甚)(惡)(行)(者)
왕 왕 교제 심 악 행 자
대하20:36,(王)(結合)
왕 결합
대하20:37,(向)(豫言)(王)(交際)(故)
향 예언 왕 교제 고
(王)(破)(破傷)
왕 파 파상

曆代志下-(역대지하)-第二十一章
역대지하 제이십일장

대하21:1,(列祖)(姉妹)(列祖)(城)(葬事)
열조 자매 열조 성 장사
(代身)(王)
대신 왕
대하21:2,(王)
왕
대하21:3,(父親)(銀金)(寶物)(堅固)(城邑)
부친 은금 보물 견고 성읍
(膳物)(厚)(長子)(故)(王位)
선물 후 장자 고 왕위
대하21:4,(父親)(勢力)(後)(方伯)(中)
부친 세력 후 방백 중
대하21:5,(位)(三十)(二)(歲)(八年)(治理)
위 삼십 이 세 팔년 치리
대하21:6,(王)(行)(惡)(行)
왕 행 악 행
대하21:7,(滅)(以前)(言約)(子孫)(恒常)(燈)(許)
멸 이전 언약 자손 항상 등 허
대하21:8,(背叛)(手下)(自己)(王)(故)
배반 수하 자기 왕 고
대하21:9,(長官)(兵車)(出征)(自己)
장관 병거 출정 자기
(兵車)(長官)
병거 장관
대하21:10,(背叛)(手下)(背叛)(手下)(列祖)
배반 수하 배반 수하 열조
대하21:11,(山)(山堂)(居民)(淫亂)
산 산당 거민 음란
(偶像)(迷惑)
우상 미혹
대하21:12,(先知者)(王)(祖上)(王)(行)
선지자 왕 조상 왕 행
대하21:13,(列王)(行)(居民)(淫亂)(偶像)(善)
열왕 행 거민 음란 우상 선

대하21:14,(百姓)(子女)(財物)(災殃)
백성 자녀 재물 재앙
대하21:15,(重病)(病)(重)
중병 병 중
대하21:16,(激動)
격동
대하21:17,(侵擄)(王宮)(財物)(奪取)(末)(外)
침노 왕궁 재물 탈취 말 외
대하21:18,(後)(能)(病)창
후 능 병
대하21:19,(後)(二年)(病)(因)(甚)(病)(百姓)
후 이년 병 인 심 병 백성
(列祖)(焚香)(焚香)
열조 분향 분향
대하21:20,(三十二歲)(卽位)(八年)(治理)(者)
삼십이세 즉위 팔년 치리 자
(世上)(城)(葬事)(列王)(墓室)
세상 성 장사 열왕 묘실

曆代志下-(역대지하)-第二十二章
역대지하 제이십이장

대하22:1,(居民)(末)(位)(王)(前)(營)(部隊)
거민 말 위 왕 전 영 부대
(兄)(王)(王)
형 왕 왕
대하22:2,(王)(四十二歲)(一年)(治理)
왕 사십이세 일년 치리
(母親)(孫女)
모친 손녀
대하22:3,(行)(母親)(惡)(行)
행 모친 악 행
대하22:4,(父親)(後)(敗亡(教導)(惡)(行)
부친 후 패망 교도 악 행
대하22:5,(教導)(王)(王)(傷)
교도 왕 왕 상
대하22:6,(王(傷)(治療)(病)(王)(訪問)
왕 상 치료 병 왕 방문
대하22:7,(害)(滅)(者)
해 멸 자
대하22:8,(懲罰)(方伯)(兄弟)(者)
징벌 방백 형제 자
대하22:9,(全心)(求)(葬事)(弱)(王位)
전심 구 장사 약 왕위
대하22:10,(母親)(王)(殄滅)
모친 왕 진멸
대하22:11,(王)(王子)(當)(中)(盜賊)(乳母)
왕 왕자 당 중 도적 유모
(寢室(避)(故)(王)(祭司長)
침실 피 고 왕 제사장
대하22:12,(殿)(六年)
전 육년

曆代志下-(역대지하)-第二十三章
역대지하 제이십삼장

대하23:1,(第)(七年)(勢力)(百夫長)(言約)
제 칠년 세력 백부장 언약
대하23:2,(族長)
족장
대하23:3,(會衆)(殿)(王)(言約)(子孫)(對)
회중 전 왕 언약 자손 대
(王子)(卽位)
왕자 즉위
대하23:4,(行)(祭司長)(安息日)(入番)
행 제사장 안식일 입번
(者)(三分)(一)(門)
자 삼분 일 문
대하23:5,(三分)(一)(王宮)(三分)(一)
삼분 일 왕궁 삼분 일
(基礎門)(百姓)(殿)
기초문 백성 전
대하23:6,(祭司長)(隨從)(殿)(百姓)(命)
제사장 수종 전 백성 명
대하23:7,(各各)(兵器)(王)(護衛)(殿)(王)
각각 병기 왕 호위 전 왕
(出入)(侍衛)
출입 시위
대하23:8,(祭司長)(命)(遵行)(各其)(手下)
제사장 명 준행 각기 수하
(安息日)(入番)(者)(安息日)(出番)
안식일 입번 자 안식일 출번
(者)(祭司長)(出番)(者)
자 제사장 출번 자
대하23:9,(祭司長)(殿)(王)(槍)(防牌)(防牌)
제사장 전 왕 창 방패 방패
(百夫長)
백부장
대하23:10,(百姓)(各各)(兵器)(王)(護衛)
백성 각각 병기 왕 호위
(殿)(右便)(殿)(左便)(壇)(殿)
전 우편 전 좌편 단 전
대하23:11,(王子)(引導)(冕旒冠)(律法冊)
왕자 인도 면류관 률법책
(王)(王)(萬歲)
왕 왕 만세
대하23:12,(百姓)(奔走)(王)(讚頌)(殿)(百姓)
백성 분주 왕 찬송 전 백성
대하23:13,(王)(殿門)(長官)(王)(國民(者)
왕 전문 장관 왕 국민 자
(奏樂)(讚頌)(引導)(叛逆)(叛逆)
주악 찬송 인도 반역 반역
대하23:14,(祭司長)(軍隊)(百夫長)(命)
제사장 군대 백부장 명
(班列)(者)(祭司長)(殿)
반렬 자 제사장 전
대하23:15,(王宮)(馬門)
왕궁 마문
대하23:16,(自己(百姓)(王)(言約)(百姓)
자기 백성 왕 언약 백성
대하23:17,(國民)(堂)(堂)(毁破)(壇)(偶像)
국민 당 당 훼파 단 우상
(壇)(祭司長)(
단 제사장
대하23:18,(殿)(職員)(祭司長)(手下)(前)
전 직원 제사장 수하 전
(班次)(殿)(律法)(記錄)(燔祭)
반차 전 률법 기록 번제

(自己)(定)(規例)(者)
자기 정 규례 자

대하23:19,(門直)(殿)(門)(不淨)(者)
문직 전 문 부정 자

대하23:20,(百夫長)(尊貴)(者)(百姓)(方伯)
백부장 존귀 자 백성 방백

(國民)(王)(引導)(殿)(門)(王宮)
국민 왕 인도 전 문 왕궁

(王)(寶座)
왕 보좌

대하23:21,(國民)(城中)(平穩)
국민 성중 평온

曆代志下-(역대지하)-第二十四章
역대지하 제이십사장

대하24:1,(位)(七歲)(四十年)(治理)(母親)
위 칠세 사십년 치리 모친

대하24:2,(祭司長)(世上)(正直)(行)
제사장 세상 정직 행

대하24:3,(王)(子女)
왕 자녀

대하24:4,(後)(殿)(重修)
후 전 중수

대하24:5,(祭司長)(城邑)(殿)(修理)
제사장 성읍 전 수리

대하24:6,(王)(大祭司長)(會衆)(法幕)(爲)
왕 대제사장 회중 법막 위

(定)(稅)
정 세

대하24:7,(惡)(女人)(殿)(殿)(聖物)
악 녀인 전 전 성물

대하24:8,(王)(命)(櫃)(殿門)
왕 명 궤 전문

대하24:9,(頒布)(曠野)(定)(稅)
반포 광야 정 세

대하24:10,(方伯)(百姓)(櫃)
방백 백성 궤

대하24:11,(櫃)(王)(有司)(王)(書記官)
궤 왕 유사 왕 서기관

(大祭司長)(贖)(衙前)(櫃)(處所)
대제사장 속 아전 궤 처소

대하24:12,(王)(殿)(幹役者)(石手)(木手)
왕 전 간역자 석수 목수

(雇用)(殿)(重修)(鐵工匠)(工匠)
고용 전 중수 철공장 공장

(雇用)(殿)(修理)
고용 선 수리

대하24:13,(工匠)(修理)(役事)(漸漸)(進就)
공장 수리 역사 점점 진취

(殿)(以前)(貌樣)(堅固)
전 이전 모양 견고

대하24:14,(畢役)(後)(王)(故)(殿)(祭祀)(金)
필역 후 왕 고 전 제사 금

(銀)(世上)(殿)(恒常)(燔祭)
은 세상 전 항상 번제

대하24:15,(一百)(三十歲)
일백 삼십세

대하24:16,(城)(列王)(墓室)(中)(葬事)(殿)
성 열왕 묘실 중 장사 전

(對)(善)(行)
대 선 행

대하24:17,(後)(方伯)(王)(王)
후 방백 왕 왕

대하24:18,(列祖)(殿)(木像)(偶像)(故)(罪)
열조 전 목상 우상 고 죄

(因)(震怒)(臨)
인 진노 임

대하24:19,(先知者)(自己)(先知者)(警戒)
선지자 자기 선지자 경계

대하24:20,(神)(祭司長)(感動)(百姓)(命令)
신 제사장 감동 백성 명령

(拒逆)(亨通)(故)
거역 형통 고

대하24:21,(王)(命)(殿)
왕 명 전

대하24:22,(王)(恩惠)(監察)(伸冤)
왕 은혜 감찰 신원

대하24:23,(一週年)(後)(軍隊)(百姓)(中)(方伯)
일주년 후 군대 백성 중 방백

(滅絶)(擄掠)(物件)(王)
멸절 노약 물건 왕

대하24:24,(軍隊)(甚)(軍隊)(列祖)(懲罰)
군대 심 군대 열조 징벌

대하24:25,(傷)(敵軍)(後)(臣僕)(祭司長)(因)
상 적군 후 신복 제사장 인

(謀叛)(寢床)(城)(葬事)(列王)
모반 침상 성 장사 열왕

(墓室)(葬事)
묘실 장사

대하24:26,(謀叛)(者)(女人)(女人)
모반 자 녀인 녀인

대하24:27,(事蹟)(重大)(警責)(殿)(重修)
사적 중대 경책 전 중수

(事蹟)(列王記)(註釋)(記錄)
사적 열왕기 주석 기록

(代身)(王)
대신 왕

曆代志下-(역대지하)-第二十五章
역대지하 제이십오장

대하25:1,(位)(二十五歲)(二十九年)
위 이십오세 이십구년

(治理)(母親)
치리 모친

대하25:2,(正直)(行)(穩全)(行)
정직 행 온전 행

대하25:3,(父王)(臣僕)
부왕 신복

대하25:4,(子女)(律法冊)(記錄)(命)(子女)
자녀 률법책 기록 명 자녀

(因)(因)(子女)(各)(自己)(罪)(因)
인 인 자녀 각 자기 죄 인

대하25:5,(族屬)(千夫長)(百夫長)(二十歲)
족속 천부장 백부장 이십세

(以上)(計數)(槍)(防牌)(能)
이상 계수 창 방패 능
(戰場)(者)(三十)(萬)
전장 자 삼십 만
대하25:6,(銀)(一百)(勇士)(十萬)
은 일백 용사 십만
대하25:7,(王)(軍隊)(王)(子孫)
왕 군대 왕 자손
대하25:8,(王)(萬一)(王)(對敵)(能)(能)(敗)
왕 만일 왕 대적 능 능 패
대하25:9,(一百)(軍隊)(對答)(能)(王)
일백 군대 대답 능 왕
대하25:10,(自己)(軍隊)(區別)(本)(甚)
자기 군대 구별 본 심
(怒)(奮然)(本)
노 분연 본
대하25:11,(膽力)(百姓)(鹽谷)(子孫)(一萬)
담력 백성 염곡 자손 일만
대하25:12,(子孫)(一萬)
자손 일만
대하25:13,(自己)(戰場)(軍士)(城邑)(掩襲)
자기 전장 군사 성읍 엄습
(三千)(物件)(擄掠)
삼천 물건 노약
대하25:14,(屠戮)(子孫)(偶像)(自己)(神)
도륙 자손 우상 자기 신
(敬拜)(焚香)
경배 분향
대하25:15,(震怒)(先知者)(百姓)(神)(自己)
진노 선지자 백성 신 자기
(百姓)(王)(能)(救援)(王)(神)(求)
백성 왕 능 구원 왕 신 구
대하25:16,(先知者)(王)(王)(謀士)(先知者)
선지자 왕 왕 모사 선지자
(王)(行)(警告)(王)(滅)(決定)
왕 행 경고 왕 멸 결정
대하25:17,(王)(相議)(孫子)(王)(使者)(對面)
왕 상의 손자 왕 사자 대면
대하25:18,(王)(王)(柏香木)
왕 왕 백향목
대하25:19,(驕慢)(自矜)(宮)(居)(禍)(自取)(亡)
교만 자긍 궁 거 화 자취 망
대하25:20,(神)(求)(對敵)
신 구 대적
대하25:21,(王)(王)(對面)
왕 왕 대면
대하25:22,(敗)(各其)(帳幕)(逃亡)
패 각기 장막 도망
대하25:23,(王)(孫子)(王)(城壁)(門)(城)
왕 손자 왕 성벽 문 성
(門)(四百)
문 사백
대하25:24,(殿)(金銀)(器皿)(王宮)(財物)(取)
전 금은 기명 왕궁 재물 취
대하25:25,(王)(後)(王)(十五年)(生存)
왕 후 왕 십오년 생존
대하25:26,(始終)(行蹟)(列王記)(記錄)
시종 행적 열왕기 기록
대하25:27,(後)(謀叛)(故)(逃亡)(謀叛)
후 모반 고 도망 모반
대하25:28,(屍體)(列祖)(城邑)(葬事)
시체 열조 성읍 장사

曆代志下-(역대지하)-第二十六章
역대지하 제이십륙장

대하26:1,(百姓)(父親)(代身)(王)(十六歲)
백성 부친 대신 왕 십육세
대하26:2,(王)(列祖)(後)(建築)
왕 열조 후 건축
대하26:3,(位)(十六歲)(五十二年)
위 십육세 오십이년
(治理)(母親)
치리 모친
대하26:4,(父親)(行蹟)(正直)(行)
부친 행적 정직 행
대하26:5,(默示)(求)(求)(亨通)
묵시 구 구 형통
대하26:6,(城)(城)(城)(城邑)(建築)
성 성 성 성읍 건축
대하26:7,(居)
거
대하26:8,(朝貢)(甚)(强盛)(邊方)
조공 심 강성 변방
대하26:9,(城)(門)(門)(城)(望臺)(堅固)
성 문 문 성 망대 견고
대하26:10,(望臺)(平野)(平地)(六畜)(山)
망대 평야 평지 육축 산
(農夫)(葡萄園)(者)(農事)
농부 포도원 자 농사
대하26:11,(軍士)(書記官)(營長)(調査)
군사 서기관 영장 조사
(數爻)(王)(長官)(手下)(屬)(者)
수효 왕 장관 수하 속 자
대하26:12,(族長)(總數)(二千)(六百名)(勇士)
족장 총수 이천 육백명 용사
대하26:13,(手下)(軍隊)(三十萬)(七千)
수하 군대 삼십만 칠천
(五百名)(健壯)(能)(王)(對敵)(者)
오백명 건장 능 왕 대적 자
대하26:14,(軍隊)(爲)(防牌)(槍)(甲)(豫備)
군대 위 방패 창 갑 예비
대하26:15,(工巧)(工匠)(器械)(創作)(望臺)
공교 공장 기계 창작 망대
(城廓)(發)(遠方)(奇異)(强盛)
성곽 발 원방 기이 강성
대하26:16,(强盛)(驕慢)(惡)(行)(犯罪)(殿)
강성 교만 악 행 범죄 전
(香壇)(焚香)
향단 분향
대하26:17,(祭司長)(祭司長)(勇猛)(者)
제사장 제사장 용맹 자
(八十人)
팔십인
대하26:18,(王)(焚香)(王)(焚香)(爲)(區別)
왕 분향 왕 분향 위 구별

(子孫)(祭司長)(聖所)(王)
자손 제사장 성소 왕
(犯罪)(榮光)
범죄 영광
대하26:19,(香爐)(焚香)(怒)(發)(祭司長)(怒)
향로 분향 노 발 제사장 노
(殿)(香壇)(祭司長)(病)(發)
전 향단 제사장 병 발
대하26:20,(大祭司長)(祭司長)(王)(病)(發)
대제사장 제사장 왕 병 발
(殿)(急)(王)(速)
전 급 왕 속
대하26:21,(王)(殿)(別宮)(居)(王宮)(管理)
왕 전 별궁 거 왕궁 관리
(國民)(治理)
국민 치리
대하26:22,(外)(始終)(行蹟)(先知者)(記錄)
외 시종 행적 선지자 기록
대하26:23,(列祖)(姉妹)(列王)(墓室)(接)
열조 자매 열왕 묘실 접
(列祖)(葬事)(代身)(王)
열조 장사 대신 왕

曆代志下-(역대지하)-第二十七章
역대지하 제이십칠장

대하27:1,(位)(二十五歲)(十六年)
위 이십오세 십육년
(治理)(母親)
치리 모친
대하27:2,(父親)(行爲)(正直)(行)(殿)
부친 행위 정직 행 전
(百姓)(邪惡)(行)
백성 사악 행
대하27:3,(殿)(門)(建築)(城)(增築)
전 문 건축 성 증축
대하27:4,(山中)(城邑)(建築)(堅固)
산중 성읍 건축 견고
(營寨)(望臺)(建築)
영채 망대 건축
대하27:5,(子孫)(王)(子孫)(銀)(一百)(一萬)
자손 왕 자손 은 일백 일만
(石)(一萬)(石)(第)(二年)(第)
석 일만 석 제 이년 제
(三年)(子孫)
삼년 자손
대하27:6,(正道)(行)(漸漸)(强)
정도 행 점점 강
대하27:7,(事蹟)(戰爭)(行爲)(列王記)(記錄)
사적 전쟁 행위 열왕기 기록
대하27:8,(位)(二十五歲)(治理)(十六年)
위 이십오세 치리 십육년
대하27:9,(列祖)(姉妹)(城)(葬事)(代身)(王)
열조 자매 성 장사 대신 왕

曆代志下-(역대지하)-第二十八章
역대지하 제이십팔장

대하28:1,(位)(二十歲)(十)(六年)(治理)
위 이십세 십 육년 치리
(祖上)(正直)(行)
조상 정직 행
대하28:2,(列王)(行)(偶像)
열왕 행 우상
대하28:3,(焚香)(子孫)(異邦)(可憎)(子女)
분향 자손 이방 가증 자녀
대하28:4,(山堂)(山)(祭祀)(焚香)
산당 산 제사 분향
대하28:5,(王)(甚)(王)(殺戮)
왕 심 왕 살륙
대하28:6,(列祖)(勇士)(十二萬名)
열조 용사 십이만명
대하28:7,(勇士)(王)(宮內大臣)(總理大臣)
용사 왕 궁내대신 총리대신
대하28:8,(子孫)(兄弟)(中)(子女)(合)
자손 형제 중 자녀 합
(二十萬名)(財物)(擄掠)
이십만명 재물 노약
대하28:9,(先知者)(軍隊)(迎接)(列祖)
선지자 군대 영접 열조
(震怒)(故)(怒氣)(衝天)(殺戮)
진노 고 노기 충천 살륙
대하28:10,(百姓)(壓制)(奴隷)(犯罪)
백성 압제 노예 범죄
대하28:11,(兄弟)(中)(捕虜)(震怒)(臨迫)
형제 중 포로 진노 임박
대하28:12,(子孫)(頭目)(戰場)(者)
자손 두목 전장 자
대하28:13,(捕虜)(經營)(罪)(震怒)(臨迫)
포로 경영 죄 진노 임박
대하28:14,(兵器)(捕虜)(擄掠)(物件)
병기 포로 노약 물건
(方伯)(會衆)
방백 회중
대하28:15,(記錄)(者)(捕虜)(擄掠)(中)(取)
기록 자 포로 노약 중 취
(者)(弱)(者)(棕櫚)(城)(兄弟)(後)
자 약 자 종려 성 형제 후
대하28:16,(王)(王)(求)
왕 왕 구
대하28:17,(百姓)
백성
대하28:18,(平地)(南方)(城邑)(侵擄)(洞里)
평지 남방 성읍 침노 동리
(洞里)(洞里)(取)(居)
동리 동리 취 거
대하28:19,(王)(妄靈)(行)(犯罪)
왕 망령 행 범죄
대하28:20,(王)(窘迫)
왕 군박
대하28:21,(殿)(王宮)(方伯)(財物)(取)
전 왕궁 방백 재물 취
(王)(有益)
왕 유익
대하28:22,(王)(困苦)(犯罪)
왕 곤고 범죄
대하28:23,(自己)(神)(祭祀)(列王)(神)
자기 신 제사 열왕 신

(神)(祭祀)(神)(亡)
신 제사 신 망
대하28:24,(殿)(器具)(毁破)(殿門)(壇)
전 기구 훼파 전문 단
대하28:25,(各)(城邑)(山堂)(神)(焚香)
각 성읍 산당 신 분향
(列祖)(怒)
열조 노
대하28:26,(始終)(事蹟)行爲(列王記)(記錄)
시종 사적 행위 열왕기 기록
대하28:27,(列祖)(姉妹)(列王)(墓室)(城)
열조 자매 열왕 묘실 성
(葬事)(代身)(王)
장사 대신 왕

歷代志下-(역대지하)-第二十九章
역대지하 제이십구장

대하29:1,(位)(二十五歲)(二十九年)
위 이십오세 이십구년
(治理)(母親)
치리 모친
대하29:2,(祖上)行爲(正直)(行)
조상 행위 정직 행
대하29:3,(元年)(正月)(殿門)(修理)
원년 정월 전문 수리
대하29:4,(祭司長)(東便)(廣場)
제사장 동편 광장
대하29:5,(聖潔)(列祖)(殿)(聖潔)(聖所)
성결 열조 전 성결 성소
대하29:6,(列祖)(犯罪)(惡)(行)(聖所)
열조 범죄 악 행 성소
대하29:7,(廊室)(門)(燈)(聖所)(焚香)
낭실 문 등 성소 분향
(燔祭)(故)
번제 고
대하29:8,(震怒)(目覩)
진노 목도
대하29:9,(因)(列祖)(子女)
인 열조 자녀
대하29:10,(言約)(猛烈)(怒)
언약 맹렬 노
대하29:11,(擇)(隨從)(焚香)
택 수종 분향
대하29:12,(子孫)(中)(子孫)(中)(中)
자손 중 자손 중 중
대하29:13,(子孫)(中)(子孫)(中)
자손 중 자손 중
대하29:14,(子孫)(中)(子孫)(中)
자손 중 자손 중
대하29:15,(兄弟)(聖潔)(王)(命)(殿)
형제 성결 왕 명 전
대하29:16,(祭司長)(殿)(殿)(殿)(取)
제사장 전 전 전 취
대하29:17,(正月)(初)(聖潔)(始作)(初)(八日)
정월 초 성결 시작 초 팔일
(廊室)(八日)(殿)(聖潔)(正月)
낭실 팔일 전 성결 정월
(十六日)
십육일
대하29:18,(王)(殿)(燔祭壇)(器具)(陳設)
왕 전 번제단 기구 진설
(床)(器具)
상 기구
대하29:19,(王)(位)(犯罪)(器具)(整頓)
왕 위 범죄 기구 정돈
(聖潔)(壇)
성결 단
대하29:20,(王)(城邑)(貴人)(殿)
왕 성읍 귀인 전
대하29:21,(羊)(羊)(聖所)(爲)(贖罪祭物)
양 양 성소 위 속죄제물
(子孫)(祭司長)(命)(壇)
자손 제사장 명 단
대하29:22,(祭司長)(壇)(羊)(壇)(羊)(壇)
제사장 단 양 단 양 단
대하29:23,(贖罪祭物)(王)(會衆)(按手)
속죄제물 왕 회중 안수
대하29:24,(祭司長)(贖罪祭)(壇)(爲)(贖罪)
제사장 속죄제 단 위 속죄
(王)(命)(爲)(燔祭)(贖罪祭)
왕 명 위 번제 속죄제
대하29:25,(王)(殿)(王)(先見者)(先知者)(命)
왕 전 왕 선견자 선지자 명
(提琴)(琵琶)(竪琴)(先知者)(命)
제금 비파 수금 선지자 명
대하29:26,(樂器)(祭司長)
악기 제사장
대하29:27,(命)(燔祭)(壇)(燔祭)(始作)(同時)
명 번제 단 번제 시작 동시
(詩)(王)(樂器)
시 왕 악기
대하29:28,(會衆)(敬拜)(者)(者)(燔祭)
회중 경배 자 자 번제
대하29:29,(祭祀)(王)(者)(敬拜)
제사 왕 자 경배
대하29:30,(王)(貴人)(命)(先見者)(詩)
왕 귀인 명 선견자 시
(讚頌)(讚頌)(敬拜)
찬송 찬송 경배
대하29:31,(祭物)(感謝)(祭物)(殿)(會衆)
제물 감사 제물 전 회중
(祭物)(感謝)(祭物)(願)(者)(燔祭物)
제물 감사 제물 원 자 번제물
대하29:32,(會衆)(燔祭物)(數爻)(七十)(羊)
회중 번제물 수효 칠십 양
(一百)(羊)(二百)(燔祭物)
일백 양 이백 번제물
대하29:33,(區別)(六百)(羊)(三千)
구별 육백 양 삼천
대하29:34,(祭司長)(不足)(燔祭)(能)(故)
제사장 부족 번제 능 고
(兄弟)(祭司長)(聖潔)(聖潔)
형제 제사장 성결 성결
(祭司長)(誠心)
제사장 성심

대하29:35,(燔祭)(和睦祭)(各)(燔祭)
번제 화목제 각 번제
(贖)(奠祭)(殿)(順序)
속 전제 전 순서

대하29:36,(百姓)(爲)(豫備)(因)(百姓)
백성 위 예비 인 백성

曆代志下-(역대지하)-第三十章
역대지하 제삼십장

대하30:1,(便紙)(殿)(爲)(逾越節)
편지 전 위 유월절

대하30:2,(王)(方伯)(會衆)(議論)(二月)
왕 방백 회중 의논 이월
(逾越節)
유월절

대하30:3,(聖潔)(祭司長)(不足)(百姓)(故)(定)
성결 제사장 부족 백성 고 정

대하30:4,(王)(會衆)(善)
왕 회중 선

대하30:5,(命)(發)(壇)(頒布)(一齊)
명 발 단 반포 일제
(逾越節)(記錄)(規例)
유월절 기록 규례

대하30:6,(步發軍)(王)(方伯)(便紙)(王)
보발군 왕 방백 편지 왕
(命)(傳)(子孫)(者)(王)(者)
명 전 자손 자 왕 자

대하30:7,(列祖)(兄弟)(列祖)(犯罪)(故)
열조 형제 열조 범죄 고
(滅亡)(目覩)
멸망 목도

대하30:8,(列祖)(歸順)(永遠)(殿)(震怒)
열조 귀순 영원 전 진노

대하30:9,(萬一)(兄弟)(子女)(者)(慈悲)
만일 형제 자녀 자 자비
(恩惠)(慈悲)
은혜 자비

대하30:10,(步發軍)(地方)(各)(城)(嘲弄)
보발군 지방 각 성 조롱

대하30:11,(中)(謙卑)
중 겸비

대하30:12,(感動)(王)(方伯)(傳)(命令)
감동 왕 방백 전 명령
(一心)(遵行)
일심 준행

대하30:13,(二月)(百姓)(無酵節)(甚)(會)
이월 백성 무효절 심 회

대하30:14,(祭壇)(香壇)(除)
제단 향단 제

대하30:15,(二月)(十四日)(逾越節)(羊)
이월 십사일 유월절 양
(祭司長)(聖潔)(燔祭物)(殿)
제사장 성결 번제물 전

대하30:16,(規例)(各各)(自己)(處所)
규례 각각 자기 처소
(律法)(祭司長)
률법 제사장

대하30:17,(會衆)(聖潔)(故)(不淨)(爲)
회중 성결 고 부정 위
(逾越節)(羊)(聖潔)
유월절 양 성결

대하30:18,(自己)(逾越節)(羊)(記錄)
자기 유월절 양 기록
(規例)(爲)(祈禱)(善)(赦)
규례 위 기도 선 사

대하30:19,(決心)(列祖)(求)(聖所)(潔禮)(赦)
결심 열조 구 성소 결례 사

대하30:20,(祈禱)(百姓)
기도 백성

대하30:21,(子孫)(七日)(無酵節)(祭司長)
자손 칠일 무효절 제사장
(稱頌)(樂器)(讚揚)
칭송 악기 찬양

대하30:22,(通達)(慰勞)(節期)(七日)
통달 위로 절기 칠일
(和睦祭)(列祖)(感謝)
화목제 열조 감사

대하30:23,(七日)(決議)(七日)
칠일 결의 칠일

대하30:24,(王)(一千)(羊)(七千)(會衆)
왕 일천 양 칠천 회중
(方伯)(一千)(羊)(一萬)(會衆)
방백 일천 양 일만 회중
(聖潔)(祭司長)
성결 제사장

대하30:25,(會衆)(祭司長)(會衆)(居)
회중 제사장 회중 거

대하30:26,(喜樂)(王)(喜樂)
희락 왕 희락

대하30:27,(祭司長)(百姓)(爲)(祝福)
제사장 백성 위 축복
(祈禱)(處所)(上達)
기도 처소 상달

曆代志下-(역대지하)-第三十一章
역대지하 제삼십일장

대하31:1,(城邑)(柱像)(木像)(山堂)(壇)(除)
성읍 주상 목상 산당 단 제
(滅)(子孫)(各各)(本城)(基業)
멸 자손 각각 본성 기업

대하31:2,(祭司長)(班次)(定)(各各)(職任)
제사장 반차 정 각각 직임
(行)(祭司長)(燔祭)(和睦祭)
행 제사장 번제 화목제
(營門)(感謝)(讚頌)
영문 감사 찬송

대하31:3,(自己)(財産)(中)(定)(律法)(記錄)
자기 재산 중 정 률법 기록
(燔祭)(朝夕)(燔祭)(安息日)(初)
번제 조석 번제 안식일 초
(節期)(燔祭)
절기 번제

대하31:4,(居)(百姓)(命)(祭司長)(應食)
거 백성 명 제사장 응식

(律法(王)(命令)(子孫)(穀食)
률법 왕 명령 자손 곡식
(葡萄酒)(所産)(豊盛)(十一條)
포도주 소산 풍성 십일조
대하31:5,(城邑)(居)(子孫)(羊)(十一條)
성읍 거 자손 양 십일조
(區別)(聖物)(十一條)
구별 성물 십일조
대하31:6,(三月)(始作)(七月)
삼월 시작 칠월
대하31:7,(方伯)(頌祝)(百姓)(爲)(祝福)
방백 송축 백성 위 축복
대하31:8,(對)(祭司長)
대 제사장
대하31:9,(族屬(大祭司長)(對答)(百姓)
족속 대제사장 대답 백성
(禮物)(殿)(始作)(足)(百姓)(福)
예물 전 시작 족 백성 복
대하31:10,(命)(殿)(房)(豫備)(故)(豫備)
명 전 방 예비 고 예비
대하31:11,(誠心)(禮物)(十一條)(區別)
성심 예물 십일조 구별
(物件)(主管)
물건 주관
대하31:12,(手下)(者)(王)(殿)(管理)(命)
수하 자 왕 전 관리 명
대하31:13,(東門直)(禮物)(至聖物)
동문직 예물 지성물
대하31:14,(手下)(祭司長)(城邑)(職任)
수하 제사장 성읍 직임
(兄弟)(班次)無論大小)
형제 반차 무론대소
대하31:15,(三歲)(以上)(族譜)(記錄)(男子)
삼세 이상 족보 기록 남자
(外)(殿)(班次)(職任)(隨從)(者)
외 전 반차 직임 수종 자
대하31:16,(族屬)(族譜)(記錄)(祭司長)
족속 족보 기록 제사장
(二十歲)(以上)(班次)(職任)
이십세 이상 반차 직임
대하31:17,(族譜)(記錄)(會衆(子女)(會衆)
족보 기록 회중 자녀 회중
(聖潔)(忠實)(職分)(者)
성결 충실 직분 자
대하31:18,(各)(城邑)(錄名)(城邑)(居)(子孫)
각 성읍 녹명 성읍 거 자손
(祭司長)(祭司長)(男子)(族譜)
제사장 제사장 남자 족보
(記錄)
기록
대하31:19,(行)(善)(正義)(眞實)(行)
행 선 정의 진실 행
대하31:20,(行)(殿)(隨從)(律法)(誡命)(求)
행 전 수종 률법 계명 구
(一心)(行)(亨通)
일심 행 형통

曆代志下-(역대지하)-第三十二章
역대지하 제삼십이장
대하32:1,(忠誠)(後)(王)(堅固)(城邑)
충성 후 왕 견고 성읍
(向)(陣)(取)
향 진 취
대하32:3,(方伯)(勇士)(議論)(城)(根源)
방백 용사 의논 성 근원
대하32:4,(百姓)(根源)(王)
백성 근원 왕
대하32:5,(勢力)(頹落)(城)(重修)(望臺)
세력 퇴락 성 중수 망대
(外城)(城)(堅固)(兵器)(防牌)
외성 성 견고 병기 방패
대하32:6,(軍隊長官)(百姓)(城門)
군대장관 백성 성문
(廣場)(自己)(慰勞)
광장 자기 위로
대하32:7,(强)(膽大)(王)(因)(者)(者)
강 담대 왕 인 자 자
대하32:8,(者)(肉身)(者)(代身)(百姓)
자 육신 자 대신 백성
(王)(因)(安心)
왕 인 안심
대하32:9,(後)(王)(軍隊)(臣僕)(王)(告)
후 왕 군대 신복 왕 고
대하32:10,(王)(依賴)
왕 의뢰
대하32:11,(王)
왕
대하32:12,(山堂)(壇)(除)(命)(壇)(敬拜)(焚香)
산당 단 제 명 단 경배 분향
대하32:13,(列祖)(異邦)(百姓)(行)
열조 이방 백성 행
(列邦)(神)(能)
열방 신 능
대하32:14,(列祖)(殄滅)(列國)(神)(中)
열조 진멸 열국 신 중
(能)(百姓)(能)
능 백성 능
대하32:15,(百姓)(神)(能)(百姓)(列祖)
백성 신 능 백성 열조
대하32:16,(臣僕)(誹謗)
신복 비방
대하32:17,(便紙)(辱)(誹謗)(列邦)(神)
편지 욕 비방 열방 신
(百姓)(救援)(神)(百姓)(救援)
백성 구원 신 백성 구원
대하32:18,(臣下(方言)(城)(百姓)(城)(取)
신하 방언 성 백성 성 취
대하32:19,(毁謗)(世上)(百姓)(神)(毁謗)
훼방 세상 백성 신 훼방
대하32:20,(王)(先知者)(向)(祈禱)
왕 선지자 향 기도
대하32:21,(天使)(王)(營)(勇士)大將)(長官)
천사 왕 영 용사 대장 장관
(滅)(王)(故國)(神)(殿)(者)
멸 왕 고국 신 전 자

대하32:22,(居民)(王)(敵國)(救援)(四面)(保護)
거민 왕 적국 구원 사면 보호

대하32:23,(禮物)(寶物)(王)(後)(列國)(尊大)
예물 보물 왕 후 열국 존대

대하32:24,(病)(故)(祈禱)(對答)(異蹟)
병 고 기도 대답 이적

대하32:25,(驕慢)(恩惠)(報答)(震怒)(臨)
교만 은혜 보답 진노 임

대하32:26,(驕慢)(居民)(怒)(生前)(臨)
교만 거민 노 생전 임

대하32:27,(富)(榮光)(極)(銀金)(寶石)
부 영광 극 은금 보석

(香品)(防牌)(爲)(國庫)
향품 방패 위 국고

대하32:28,(穀食)(葡萄酒)(産物)(爲)
곡식 포도주 산물 위

(倉庫)(羊)
창고 양

대하32:29,(羊)(爲)(城邑)(財産)(甚)
양 위 성읍 재산 심

대하32:30,(城)(西便)(引導)(亨通)
성 서편 인도 형통

대하32:31,(方伯)(使者)(異蹟)(心中)(試驗)
방백 사자 이적 심중 시험

대하32:32行蹟)(善)(先知者)(默示冊)
행적 선 선지자 묵시책

(列王記)(記錄)
열왕기 기록

대하32:33,(列祖)(姉妹)(居民)(子孫)(墓室)
열조 자매 거민 자손 묘실

(中)(葬事)(尊敬)(表)(代身)(王)
중 장사 존경 표 대신 왕

曆代志下-(역대지하)-第三十三章
역대지하 제삼십삼장

대하33:1,(位)(十二歲)(五十)(五年)(治理)
위 십이세 오십 오년 치리

대하33:2,(惡)(行)(子孫)(異邦)(可憎)
악 행 자손 이방 가증

대하33:3,(父親)(山堂)(爲)(壇)(木像)
부친 산당 위 단 목상

(日月星辰)(崇拜)
일월성신 숭배

대하33:4,(前)(永永)(殿)(壇)
전 영영 전 단

대하33:5,(殿)(日月星辰)(爲)(壇)
전 일월성신 위 단

대하33:6,(占)(邪術)(妖術)(行)(神接)(者)
점 사술 요술 행 신접 자

(信任)(惡)(行)(震怒)(激發)
신임 악 행 진노 격발

대하33:7,(自己)(木像)(殿)(殿)(對)(支派)
자기 목상 전 전 대 지파

(中)(擇)(殿)(永遠)
중 택 전 영원

대하33:8,(萬一)(命)(傳)(律法)(律例)(規例)
만일 명 전 률법 율례 규례

(行)(列祖)(定)
행 열조 정

대하33:9,(居民)(惡)(行)(子孫)(滅)(列邦)(甚)
거민 악 행 자손 멸 열방 심

대하33:10,(百姓)(故)
백성 고

대하33:11,(王)(軍隊長官)(結縛)
왕 군대장관 결박

대하33:12,(患難)(當)(懇求)(列祖)(謙卑)
환난 당 간구 열조 겸비

대하33:13,(祈禱)(故)(祈禱)(懇求)(王位)(居)
기도 고 기도 간구 왕위 거

대하33:14,(後)(城)(西便)(外城)(生鮮門)
후 성 서편 외성 생선문

(甚)(堅固)(城邑)(軍隊長官)
심 견고 성읍 군대장관

대하33:15,(異邦)(神)(殿)(偶像)(除)(殿)
이방 신 전 우상 제 전

(建築)(山)(壇)(城)
건축 산 단 성

대하33:16,(壇)(重修)(和睦祭)(感謝祭)
단 중수 화목제 감사제

(壇)(命)
단 명

대하33:17,(百姓)(祭祀)(山堂)(祭祀)
백성 제사 산당 제사

대하33:18,(事蹟)(祈禱)(先見者)(勸)
사적 기도 선견자 권

(列王)(行狀)(記錄)
열왕 행장 기록

대하33:19,(祈禱)(祈禱)(罪)(愆過)(謙卑)(前)
기도 기도 죄 건과 겸비 전

(山堂)(木像)(偶像)(史記)(記錄)
산당 목상 우상 사기 기록

대하33:20,(列祖)(姉妹)(宮)(葬事)(代身)(王)
열조 자매 궁 장사 대신 왕

대하33:21,(位)(二十二歲)(二年)(治理)
위 이십이세 이년 치리

대하33:22,(父親)(行)(惡)(行)(父親)
부친 행 악 행 부친

(偶像)(祭祀)
우상 제사

대하33:23,(父親)(謙卑)(謙卑)(犯罪)
부친 겸비 겸비 범죄

대하33:24,(臣僕)(叛逆)(王)(宮中)
신복 반역 왕 궁중

대하33:25,(國民)(王)(叛逆)(代身)(王)
국민 왕 반역 대신 왕

曆代志下-(역대지하)-第三十四章
역대지하 제삼십사장

대하34:1,(位)(八歲)(三十)(一年)(治理)
위 팔세 삼십 일년 치리

대하34:2,(正直)(行)(祖上)(行)(左右)
정직 행 조상 행 좌우

대하34:3,(八年)(祖上)(求)(十二年)(淨潔)
팔년 조상 구 십이년 정결

(山堂)(木像)(偶像)(偶像)(除)
산 당 목 상 우 상 우 상 제

대하34:4,(王)(壇)(毁破)(王)(壇)(太陽)
왕 단 훼 파 왕 단 태 양

(木像)(偶像)(偶像)(祭祀)(者)
목 상 우 상 우 상 제 사 자

대하34:5,(祭司長)(壇)(淨潔)
제 사 장 단 정 결

대하34:6,(四面)(荒廢)(城邑)(行)
사 면 황 폐 성 읍 행

대하34:7,(壇)(毁破)(木像)(偶像)(太陽像)
단 훼 파 목 상 우 상 태 양 상

대하34:8,(位)(十八年)(殿)(淨潔)(殿)
위 십 팔 년 전 정 결 전

(修理)(府尹)(書記官)
수 리 부 윤 서 기 관

대하34:9,(大祭司長)(前)(殿)(捐補)(門)(居民)
대 제 사 장 전 전 연 보 문 거 민

대하34:10,(殿)(役事)(監督)(者)(殿)(工匠)
전 역 사 감 독 자 전 공 장

(殿)(修理)
전 수 리

대하34:11,(木手)(建築)(者)(連接)(王)(爲)
목 수 건 축 자 연 접 왕 위

대하34:12,(眞實)(監督)(子孫)(中)(子孫)
진 실 감 독 자 손 중 자 손

(中)(主掌)(音樂)
중 주 장 음 악

대하34:13,(擔負)(者)(管轄)(凡百)(工匠)
담 부 자 관 할 범 백 공 장

(董督)(書記)(官吏)(門直)
동 독 서 기 관 리 문 직

대하34:14,(殿)(捐補)(祭司長)(傳)(律法冊)
전 연 보 제 사 장 전 률 법 책

(發見)
발 견

대하34:15,(書記官)(殿)(律法冊)(發見)(冊)
서 기 관 전 률 법 책 발 견 책

대하34:16,(冊)(王)(復命)(王)(命)(遵行)
책 왕 복 명 왕 명 준 행

대하34:17,(殿)(監督者)(工匠)
전 감 독 자 공 장

대하34:18,(書記官)(王)(告)(祭司長)(冊)(王)
서 기 관 왕 고 제 사 장 책 왕

대하34:19,(王)(律法)(自己)
왕 률 법 자 기

대하34:20,(王)書記官)(王)(侍臣)(命)
왕 서 기 관 왕 시 신 명

대하34:21,(者)(爲)(發見)(冊)(對)(列祖)
자 위 발 견 책 대 열 조

(冊)(記錄)(遵行)(震怒)
책 기 록 준 행 진 노

대하34:22,(王)(女先知者)(孫子)(禮服)
왕 여 선 지 자 손 자 례 복

(主管)(區域)(居)(告)
주 관 구 역 거 고

대하34:23,(告)
고

대하34:24,(居民)(災殃)(王)(冊)(記錄)(詛呪)
거 민 재 앙 왕 책 기 록 저 주

대하34:25,(百姓)(神)(焚香)(所爲)
백 성 신 분 향 소 위

(怒)(激發)(怒)
노 격 발 노

대하34:26,(王)(告)(議論)
왕 고 의 논

대하34:27,(居民)(軟)(謙卑)(痛哭)
거 민 연 겸 비 통 곡

대하34:28,(列祖)(平安)(墓室)(居民)(災殃)
열 조 평 안 묘 실 거 민 재 앙

(使者)(王)(復命)
사 자 왕 복 명

대하34:29,(王)(長老)
왕 장 로

대하34:30,(殿)(居民)(祭司長)(百姓)
전 거 민 제 사 장 백 성

(無論老少)(王)(殿)(發見)(言約冊)
무 론 로 소 왕 전 발 견 언 약 책

대하34:31,(王)(自己)(處所)(言約)(性稟)
왕 자 기 처 소 언 약 성 품

(順從)(誡命)(法度)(律例)
순 종 계 명 법 도 율 례

(冊)(記錄)(言約)
책 기 록 언 약

대하34:32,(者)(參加)(居民)(列祖)(言約)
자 참 가 거 민 열 조 언 약

대하34:33,(子孫)(贖)(可憎)(除)(百姓)
자 손 속 가 증 제 백 성

(列祖)(服從)
열 조 복 종

歷代志下-(역대지하)-第三十五章
역 대 지 하 제 삼 십 오 장

대하35:1,(逾越節)(正月)(十)(四日)
유 월 절 정 월 십 사 일

(逾越節)(羊)
유 월 절 양

대하35:2,(王)(祭司長)(職分)(勉勵)(殿)
왕 제 사 장 직 분 면 려 전

(事務)(行)
사 무 행

대하35:3,(區別)(櫃)(王)(建築)(殿)(百姓)
구 별 궤 왕 건 축 전 백 성

대하35:4,(王)(遵行)(族屬)(班列)(豫備)
왕 준 행 족 속 반 열 예 비

대하35:5,(兄弟)(百姓)(族屬)(次序)
형 제 백 성 족 속 차 서

(族屬)(次序)(聖所)
족 속 차 서 성 소

대하35:6,(聖潔)(逾越節)(羊)(兄弟)
성 결 유 월 절 양 형 제

(爲)(豫備)(傳)(行)
위 예 비 전 행

대하35:7,(百姓)(自己)(所有)(羊)(中)(羊)
백 성 자 기 소 유 양 중 양

(三萬)(三千)(逾越節)(祭物)
삼만 삼천 유월절 제물
대하35:8,(方伯)(犧牲)(百姓)(祭司長)(殿)
방백 희생 백성 제사장 전
(主掌)(者)(祭司長)(羊)(二千)
주장 자 제사장 양 이천
(六百)(三百)(逾越節)(祭物)
육백 삼백 유월절 제물
대하35:9,(頭目)(兄弟)(羊)(五千)(五百)
두목 형제 양 오천 오백
(逾越節)(祭物)
유월절 제물
대하35:10,(具備)(王)(命)(祭司長)(自己)
구비 왕 명 제사장 자기
(處所)(班列)
처소 반열
대하35:11,(逾越節)(羊)(祭司長)
유월절 양 제사장
대하35:12,(燔祭物)(族屬)(次序)(百姓)
번제물 족속 차서 백성
(冊)(記錄)
책 기록
대하35:13,(規例)(逾越節)(羊)(聖物)
규례 유월절 양 성물
(百姓)(速)(分配)
백성 속 분배
대하35:14,(後)(自己)(祭司長)(爲)(準備)
후 자기 제사장 위 준비
(子孫)(祭司長)(燔祭)(故)(自己)
자손 제사장 번제 고 자기
(子孫)(祭司長)(爲)(準備)
자손 제사장 위 준비
대하35:15,(子孫)(者)(王)(先見者)(命)
자손 자 왕 선견자 명
(自己)(處所)(門直)(各)(門)
자기 처소 문직 각 문
(職任)(兄弟)(爲)(豫備)
직임 형제 위 예비
대하35:16,(當日)(準備)(王)(命)
당일 준비 왕 명
(逾越節)(燔祭)(壇)
유월절 번제 단
대하35:17,(子孫)(逾越節)(連)(無酵節)(七日)
자손 유월절 연 무효절 칠일
대하35:18,(先知者)(以後)(逾越節)
선지지 이후 유월절
(列王)(祭司長)(居民)(逾越節)
열왕 제사장 거민 유월절
대하35:19,(十八年)(逾越節)
십팔년 유월절
대하35:20,(後)(殿)(整頓)(後)(王)(江)
후 전 정돈 후 왕 강
(故)(防備)
고 방비
대하35:21,(使者)(王)(關係)(族屬)(命)(速)(滅)
사자 왕 관계 족속 명 속 멸
대하35:22,(變裝)
변장
대하35:23,(者)(王)(王)(臣僕)(重傷)
자 왕 왕 신복 중상
대하35:24,(臣僕)(兵車)(兵車)(後)
신복 병거 병거 후
(列祖)(墓室)(葬事)
열조 묘실 장사
대하35:25,(爲)(哀歌)(男子)(女子)(規例)
위 애가 남자 녀자 규례
(歌詞)(中)(記錄)
가사 중 기록
대하35:26,(事蹟)(律法)(記錄)(行)(善)
사적 률법 기록 행 선
대하35:27,(始終)行蹟(列王記)(記錄)
시종 행적 열왕기 기록

曆代志下-(역대지하)-第三十六章
역대지하 제삼십륙장

대하36:1,(國民(父親)(代身)(王)
국민 부친 대신 왕
대하36:2,(位)(二十三歲)(治理)
위 이십삼세 치리
대하36:3,(王)(位)(廢)(銀)(一百)(金)(罰金)
왕 위 폐 은 일백 금 벌금
대하36:4,(王)(兄弟)(王)(兄弟)
왕 형제 왕 형제
대하36:5,(位)(二十五歲)(十一年)(治理)
위 이십오세 십일년 치리
(惡)(行)
악 행
대하36:6,(王)(結縛)
왕 결박
대하36:7,(殿)(器具)(自己)(神堂)
전 기구 자기 신당
대하36:8,(事蹟)(行)(可憎)(心術)(列王記)
사적 행 가증 심술 열왕기
(記錄)(代身)(王)
기록 대신 왕
대하36:9,(位)(八歲)(治理)(惡)(行)
위 팔세 치리 악 행
대하36:10,(歲初)(殿)(貴)(器具)(王)
세초 전 귀 기구 왕
대하36:11,(位)(二十一歲)(十一年)(治理)
위 이십일세 십일년 치리
대하36:12,(惡)(行)(先知者)(謙卑)
악 행 선지자 겸비
대하36:13,(王)(盟誓)(背叛)(剛愎)
왕 맹서 배반 강퍅
대하36:14,(祭司長)(百姓)(犯罪)(異邦)
제사장 백성 범죄 이방
(可憎)(殿)
가증 전
대하36:15,(列祖)(百姓)(居)(使者)(百姓)
열조 백성 거 사자 백성
대하36:16,(百姓)(使者)(蔑視)(先知者)(辱)
백성 사자 멸시 선지자 욕
(震怒)(百姓)(挽回)
진노 백성 만회

대하36:17,(王)(聖殿)(青年)(青年)(男女)
왕 성전 청년 청년 남녀
(老人)(白髮老翁)(矜恤)
로인 백발로옹 긍휼

대하36:18,(殿)大小)(器皿)(殿)(寶物)(王)
전 대소 기명 전 보물 왕
(方伯)(寶物)
방백 보물

대하36:19,(殿)(城)(宮室)(貴)(器皿)(毁破)
전 성 궁실 귀 기명 훼파

대하36:20,(者)(王)(子孫)(奴隷)(國)(主宰)
자 왕 자손 노예 국 주재

대하36:21,(土地)(荒蕪)(安息年)(安息)
토지 황무 안식년 안식
(七十年)(應)
칠십년 응

대하36:22,(王)(元年)(應)(王)(感動)(公布)
왕 원년 응 왕 감동 공포
(詔書)
조서

대하36:23,(王)(神)(世上)(萬國)(命(殿)
왕 신 세상 만국 명 전
(建築(中)(百姓)(者)(願)
건축 중 백성 자 원

以斯拉記-(에스라기)-第一章
이사랍기 제일장

스1:1,(王)(元年)應)(王)(感動(公布)(詔書)
왕 원년 응 왕 감동 공포 조서

스1:2,(王)(神)(世上)(萬國)(命(殿)(建築나
왕 신 세상 만국 명 전 건축

스1:3,(神)(中)(百姓)(者(殿)(建築)(願)
신 중 백성 자 전 건축 원

스1:4,(百姓)(寓居)(銀)(金)(其他)(物件)
백성 우거 은 금 기타 물건
(外)(殿)(爲)(禮物)
외 전 위 예물

스1:5,(族長)(祭司長)(感動)(殿)(建築)(者)
족장 제사장 감동 전 건축 자

스1:6,(四面)(銀)(黃金)(其他)(物件)
사면 은 황금 기타 물건
(寶物)(外)(禮物)
보물 외 예물

스1:7,(王)(殿)(器皿)(者)(神)(堂)
왕 전 기명 자 신 당

스1:8,(王)(庫直)(命)(計數)(牧伯)(
왕 고직 명 계수 목백

스1:9,(數爻)(金盤)(三十)(銀盤)(一千)
수효 금반 삼십 은반 일천
(二十)(九)
이십 구

스1:10,(金)(三十)(次)(銀)(四百)(其他)
금 삼십 차 은 사백 기타
(器皿)(一千)
기명 일천

스1:11,(金)(銀)(器皿)(都合)(五千)
금 은 기명 도합 오천
(四百)(者)(器皿)
사백 자 기명

以斯拉記-(에스라기)-第二章
이사랍기 제이장

스2:1,(王)(者)(子孫)(中)(道)(各其)(本城)(者)
왕 자 자손 중 도 각기 본성 자

스2:2,(百姓)(名數)
백성 명수

스2:3,(子孫)(二千)(一百)(七十)(二名)
자손 이천 일백 칠십 이명

스2:4,(子孫)(三百)(七十)(二名)
자손 삼백 칠십 이명

스2:5,(子孫)(七百)(七十)(五名)
자손 칠백 칠십 오명

스2:6,(子孫)(子孫)(二千)(八百)(十)(二名)
자손 자손 이천 팔백 십 이명

스2:7,(子孫)(一千)(二百)(五十)(四名)
자손 일천 이백 오십 사명

스2:8,(子孫)(九百)(四十)(五名)
자손 구백 사십 오명

스2:9,(子孫)(七百)(六十名)
자손 칠백 육십명

스2:10,(子孫)(六百)(四十)(二名)
자손 육백 사십 이명

스2:11,(子孫)(六百)(二十)(三名)
자손 육백 이십 삼명

스2:12,(子孫)(一千)(二百)(二十)(二名)
자손 일천 이백 이십 이명

스2:13,(子孫)(六百)(六十)(六名)
자손 육백 육십 육명

스2:14,(子孫)(二千)(五十)(六名)
자손 이천 오십 육명

스2:15,(子孫)(四百)(五十)(四名)
자손 사백 오십 사명

스2:16,(子孫)(子孫)(九十)(八名)
자손 자손 구십 팔명

스2:17,(子孫)(三百)(二十)(三名)
자손 삼백 이십 삼명

스2:18,(子孫)(一百)(十)(二名)
자손 일백 십 이명

스2:19,(子孫)(二百)(二十)(三名)
자손 이백 이십 삼명

스2:20,(子孫)(九十)(五名)
자손 구십 오명

스2:21,(一百)(二十)(三名)
일백 이십 삼명

스2:22,(五十)(六名)
오십 육명

스2:23,(一百)(二十)(八名)
일백 이십 팔명

스2:24,(子孫)(四十)(二名)
자손 사십 이명

스2:25,(子孫)(七百)(四十)(三名)
자손 칠백 사십 삼명

스2:26,(子孫)(六百)(二十)(一名)
자손 육백 이십 일명

ㅅ2:27,(一百)(二十)(二名)
일백 이십 이명

ㅅ2:28,(二百)(二十)(三名)
이백 이십 삼명

ㅅ2:29,(子孫)(五十)(二名)
자손 오십 이명

ㅅ2:30,(子孫)(一百)(五十)(六名)
자손 일백 오십 육명

ㅅ2:31,(子孫)(一千)(二百)(五十)(四名)
자손 일천 이백 오십 사명

ㅅ2:32,(子孫)(三百)(二十名)
자손 삼백 이십명

ㅅ2:33,(子孫)(七百)(二十)(五名)
자손 칠백 이십 오명

ㅅ2:34,(子孫)(三百)(四十)(五名)
자손 삼백 사십 오명

ㅅ2:35,(子孫)(三千)(六百)(三十名)
자손 삼천 육백 삼십명

ㅅ2:36,(祭司長)(子孫)(九百)(七十)(三名)
제사장 자손 구백 칠십 삼명

ㅅ2:37,(子孫)(一千)(五十)(二名)
자손 일천 오십 이명

ㅅ2:38,(子孫)(一千)(二百)(四十)(七名)
자손 일천 이백 사십 칠명

ㅅ2:39,(子孫)(一千)(十)(七名)
자손 일천 십 칠명

ㅅ2:40,(子孫)(子孫)(七十)(四名)
자손 자손 칠십 사명

ㅅ2:41,(者)(子孫)(一百)(二十)(八名)
자 자손 일백 이십 팔명

ㅅ2:42,(門直)(子孫)(子孫)(一百)(三十)(九名)
문직 자손 자손 일백 삼십 구명

ㅅ2:43,(子孫)(子孫)(子孫)
자손 자손 자손

ㅅ2:44,(子孫)(子孫)(子孫)
자손 자손 자손

ㅅ2:45,(子孫)(子孫)(子孫)
자손 자손 자손

ㅅ2:46,(子孫)(子孫)(子孫)
자손 자손 자손

ㅅ2:47,(子孫)(子孫)(子孫)
자손 자손 자손

ㅅ2:48,(子孫)(子孫)(子孫)
자손 자손 자손

ㅅ2:49子孫(子孫)(子孫)
자손 자손 자손

ㅅ2:50,(子孫)(子孫)(子孫)
자손 자손 자손

ㅅ2:51,(子孫)(子孫)(子孫)
자손 자손 자손

ㅅ2:52,(子孫)(子孫)(子孫)
자손 자손 자손

ㅅ2:53,(子孫)(子孫)(子孫)
자손 자손 자손

ㅅ2:54,(子孫)(子孫)
자손 자손

ㅅ2:55,(臣僕)(子孫)子孫)(子孫)(子孫)
신복 자손 자손 자손 자손

ㅅ2:56,(子孫)(子孫)(子孫)
자손 자손 자손

ㅅ2:57,(子孫)(子孫)(子孫)(子孫)
자손 자손 자손 자손

ㅅ2:58,(臣僕)(子孫)(三百)(九十)(二名)
신복 자손 삼백 구십 이명

ㅅ2:59,(者)(宗族)(譜系)(屬)(證據)
자 종족 보계 속 증거

ㅅ2:60,(子孫)(子孫)(子孫)(都合)
자손 자손 자손 도합
(六百)(五十)(二名)
육백 오십 이명

ㅅ2:61,(祭司長)(中)(子孫)(子孫)
제사장 중 자손 자손
(子孫)(中)(者)
자손 중 자

ㅅ2:62,(譜系)(中)(自己)(故)(不淨)
보계 중 자기 고 부정
(祭司長)(職分)(行)
제사장 직분 행

ㅅ2:63,(方伯)(命)(祭司長)(前)(至聖物)
방백 명 제사장 전 지성물

ㅅ2:64,(會衆)(合計)(四萬)(二千)
회중 합계 사만 이천
(三百)(六十名)
삼백 육십명

ㅅ2:65,(外)(奴婢)(七千)(三百)(三十)
외 노비 칠천 삼백 삼십
(七名)(男女)(二百名)
칠명 남녀 이백명

ㅅ2:66,(七百)(三十)(六)(二百)(四十)(五)
칠백 삼십 육 이백 사십 오

ㅅ2:67,(四百)(三十)(五)(六千)(七百)(二十)
사백 삼십 오 육천 칠백 이십

ㅅ2:68,(族長)(殿)(殿)(建築)(禮物)
족장 전 전 건축 예물

ㅅ2:69,(力量)(役事)(庫間)(金)(六萬)
역량 역사 고간 금 육만
(一千)(銀)(五千)(祭司長)(一百)
일천 은 오천 제사장 일백

ㅅ2:70,(祭司長)(百姓)(者)(門直)(本城)
제사장 백성 자 문직 본성
(居)(本城)(居)
거 본성 거

以斯拉記-(에스라기)-第三章
이사랍기 제삼장

ㅅ3:1,(子孫)(本城)(居)(七月)(一齊)
자손 본성 거 칠월 일제

ㅅ3:2,(兄弟)(祭司長)(兄弟)(壇)(律法)
형제 제사장 형제 단 률법
(記錄)(燔祭)
기록 번제

ㅅ3:3,(列國)(百姓)(壇)(朝夕)(燔祭)
열국 백성 단 조석 번제

ㅅ3:4,(記錄)(規例)(草幕節)(燔祭)
기록 규례 초막절 번제

(每日)(定數)
매일 정수
ㅅ3:5,(後)(恒常)(燔祭)(初)(節期)
후 항상 번제 초 절기
(燔祭)(禮物)
번제 예물
ㅅ3:6,(七月)(初)(燔祭)(殿)(地臺)
칠월 초 번제 전 지대
ㅅ3:7,(石手)(木手)(王)(詔書)(柏香木)
석수 목수 왕 조서 백향목
(海邊)(輸運)
해변 수운
ㅅ3:8,(殿)(二年)(二月)(兄弟)(祭司長)
전 이년 이월 형제 제사장
(者)(役事)(始作)(二十歲)(以上)
자 역사 시작 이십세 이상
(殿)(役事)(監督)
전 역사 감독
ㅅ3:9,(兄弟)(子孫)(子孫)(兄弟)(一齊)
형제 자손 자손 형제 일제
(殿)(工匠)(監督)
전 공장 감독
ㅅ3:10,(建築者)(殿)(地臺)(祭司長)(禮服)
건축자 전 지대 제사장 례복
(子孫)(提琴)(王)(規例)(讚頌)
자손 제금 왕 규례 찬송
ㅅ3:11,(讚頌歌)(和答)(感謝)(主)(至善)
찬송가 화답 감사 주 지선
(仁慈)(永遠)(百姓)(殿)(地臺)(讚頌)
인자 영원 백성 전 지대 찬송
ㅅ3:12,(祭司長)(族長)(中)(老人)(聖殿)
제사장 족장 중 로인 성전
(故)(殿)(地臺)(痛哭)
고 전 지대 통곡
ㅅ3:13,(百姓)(痛哭)(百姓)(分辨)
백성 통곡 백성 분변

以斯拉記-(에스라기)-第四章
이사랍기 제사장

ㅅ4:1,(對敵)(者)(子孫)(爲)(殿)(建築)
대적 자 자손 위 전 건축
ㅅ4:2,(族長)(建築)(求)(王)(祭祀)
족장 건축 구 왕 제사
ㅅ4:3,(其他)(族長)(殿)(建築)(相關)(王)
기타 족장 전 건축 상관 왕
(命)(爲)(建築)
명 위 건축
ㅅ4:4,(百姓)(百姓)(弱)(建築)(妨害)
백성 백성 약 건축 방해
ㅅ4:5,(王)(時代)(王)(卽位)(議士)(賂物)
왕 시대 왕 즉위 의사 뇌물
(經營)(沮戱)
경영 저희
ㅅ4:6,(卽位)(居民)(告訴)
즉위 거민 고소
ㅅ4:7,(同僚)(王)(文字)(方言)(陳述)
동료 왕 문자 방언 진술
ㅅ4:8,(方伯)(書記官)(王)(百姓)(告訴)
방백 서기관 왕 백성 고소
ㅅ4:9,(方伯)(書記官)(同僚)삿사
방백 서기관 동료
ㅅ4:10,(其他)(百姓)(尊貴)(城)(江)(西便)
기타 백성 존귀 성 강 서편
(者)(告)
자 고
ㅅ4:11,(王)(抄本)(江)(西便)(臣僕)
왕 초본 강 서편 신복
ㅅ4:12,(王)(告)(王)(悖逆)(惡)(城邑)(建築)
왕 고 왕 패역 악 성읍 건축
(地臺)(修築)(城廓)(建築)
지대 수축 성곽 건축
ㅅ4:13,(王)(萬一)(城邑)(建築)(城廓)(朝貢)
왕 만일 성읍 건축 성곽 조공
(雜稅)(賦稅)(畢竟)(王)(損害)
잡세 부세 필경 왕 손해
ㅅ4:14,(宮)(故)(王)(羞恥)(當)(王)(告)
궁 고 왕 수치 당 왕 고
ㅅ4:15,(王)(列祖)(史記)(史記)(城邑)(悖逆)
왕 열조 사기 사기 성읍 패역
(城邑)(中)(恒常)(叛逆)(行)(列王)
성읍 중 항상 반역 행 열왕
(各)(道)(損害)(城邑)(毁破)
각 도 손해 성읍 훼파
ㅅ4:16,(敢)(王)(告)(城邑)(重建)(城廓)(畢役)
감 왕 고 성읍 중건 성곽 필역
(王)(江)(西便)(領地)
왕 강 서편 령지
ㅅ4:17,(王)(方伯)(書記官)(居)(同僚)(江)
왕 방백 서기관 거 동료 강
(西便)(百姓)(詔書)(平安)
서편 백성 조서 평안
ㅅ4:18,(朗讀)
랑독
ㅅ4:19,(命)(果然)(城邑)(列王)(拒逆)(中)
명 과연 성읍 열왕 거역 중
(恒常)(悖逆)(謀叛)(行)
항상 패역 모반 행
ㅅ4:20,(主宰)(君王)(江)(西便)(主宰)(朝貢)
주재 군왕 강 서편 주재 조공
(雜稅)(賦稅)
잡세 부세
ㅅ4:21,(命)(殿)(役事)(城)(建築)(詔書)
명 전 역사 성 건축 조서
ㅅ4:22,(禍)(王)(損害)
화 왕 손해
ㅅ4:23,(王)(詔書)(抄本)(書記官)(同僚)
왕 조서 초본 서기관 동료
(朗讀)(急)(權力)(抑制)(役事)
랑독 급 권력 억제 역사
ㅅ4:24,(殿)(役事)(王)(第)(二年)
전 역사 왕 제 이년

以斯拉記-(에스라기)-第五章
이사랍기 제오장

ㅅ5:1,(先知者)(先知者)(孫子)(居(豫言)
선지자 선지자 손자 거 예언

ㅅ5:2,(殿)(建築(始作)(先知者)
전 건축 시작 선지자

ㅅ5:3,(江)(西便)(總督)(同僚)(命)(殿)
강 서편 총독 동료 명 전
(建築)(城廓)
건축 성곽

ㅅ5:4,(建築)(者)(告)
건축 자 고

ㅅ5:5,(長老)(能)(役事)(廢)(告)(答詔)
장로 능 역사 폐 고 답조

ㅅ5:6,(江)(西便)(總督)(同僚)(江)(西便)
강 서편 총독 동료 강 서편
(王)(抄本)
왕 초본

ㅅ5:7,(王)(萬安)
왕 만안

ㅅ5:8,(王(道)(至極)(殿)(殿)(壁)(役事)(亨通)
왕 도 지극 전 전 벽 역사 형통

ㅅ5:9,(長老)(命)(殿)(建築)(城廓)
장로 명 전 건축 성곽

ㅅ5:10,(頭目)(王)(告)
두목 왕 고

ㅅ5:11,(對答)(天地)(建築)(殿(建築)(本來)
대답 천지 건축 전 건축 본래
(王)(完全)(建築)
왕 완전 건축

ㅅ5:12,(列祖)(激怒)(王)(殿)(百姓)
열조 격노 왕 전 백성

ㅅ5:13,(王)(元年)(王)(詔書)(殿)(建築)
왕 원년 왕 조서 전 건축

ㅅ5:14,(殿)(金)(銀)(器皿)(神堂)(王)(神堂)
전 금 은 기명 신당 왕 신당
(取)(總督)(者)
취 총독 자

ㅅ5:15,(器皿)(殿)(殿)(本處)(建築
기명 전 전 본처 건축

ㅅ5:16,(殿)(地臺)(至今)(建築)(畢役)
전 지대 지금 건축 필역

ㅅ5:17,(王)(善)(王)(國庫)(調査)(果然)
왕 선 왕 국고 조사 과연
(王)(詔書)(殿)(建築(王)(對)(王)
왕 조서 전 건축 왕 대 왕

以斯拉記-(에스라기)-第六章
이사랍기 제륙장

ㅅ6:1,(王)(詔書)(書籍)(庫間)(寶物(調査)
왕 조서 서적 고간 보물 조사

ㅅ6:2,(道)(宮)(記錄)
도 궁 기록

ㅅ6:3,(王)(元年)(詔書)(殿)(對)(殿)(祭祀)
왕 원년 조서 전 대 전 제사
(處所)(建築)(地臺)(堅固)(殿)(六十)
처소 건축 지대 견고 전 육십
(廣)(六十)
광 육십

ㅅ6:4,(經費)(王室)
경비 왕실

ㅅ6:5,(殿)(取)(殿)(金)(銀)(器皿)(殿)
전 취 전 금 은 기명 전
(殿)(各其)(本處)
전 각기 본처

ㅅ6:6,(江)(西便)(總督)(同僚)(江)(西便)
강 서편 총독 동료 강 서편

ㅅ6:7,(殿)(役事)(總督)(長老)(殿)(本處)
전 역사 총독 장로 전 본처
(建築)
건축

ㅅ6:8,(詔書)(殿)(建築)(對)(長老)(行)(王)
조서 전 건축 대 장로 행 왕
(財産)(江)(西便)(稅金)(中)(經費)
재산 강 서편 세금 중 경비
(迅速)(遲滯)
신속 지체

ㅅ6:9,(需用物)(燔祭(羊)(羊)(葡萄酒)
수용물 번제 양 양 포도주
(祭司長)(所請)(零落)
제사장 소청 영락

ㅅ6:10,(香氣)(祭物)(王)(王子)(生命)
향기 제물 왕 왕자 생명
(爲)(祈禱)
위 기도

ㅅ6:11,(詔書)(無論)(命令)(變改)(因)
조서 무론 명령 변개 인

ㅅ6:12,(萬一)(列王)(百姓)(詔書)(變改)
만일 열왕 백성 조서 변개
(殿)(滅)(願)(詔書)(迅速)(行)
전 멸 원 조서 신속 행

ㅅ6:13,(王)(詔書)(江)(西便)(總督)(同僚)
왕 조서 강 서편 총독 동료
(迅速)(遵行)
신속 준행

ㅅ6:14,(長老)(先知者)(孫子)(勸勉)(因)
장로 선지자 손자 권면 인
(殿)(建築)(亨通)(命令)(王)(詔書)
전 건축 형통 명령 왕 조서
(殿)(建築)(畢役)
전 건축 필역

ㅅ6:15,(王)(六年)(月)(三日)(殿)(畢役)
왕 육년 월 삼일 전 필역

ㅅ6:16,(子孫)(祭司長)(其他)(者)(子孫)
자손 제사장 기타 자 자손
(殿)(奉獻式)(行)
전 봉헌식 행

ㅅ6:17,(殿)(奉獻式)(行)(一百)(羊)(二百)
전 봉헌식 행 일백 양 이백
(羊)(四百)(支派)(數)(全體)(爲)
양 사백 지파 수 전체 위
(贖罪祭)
속죄제

ㅅ6:18,(祭司長)(分班)(班次)(冊)(記錄)
제사장 분반 반차 책 기록

ㅅ6:19,(者)(子孫)(正月)(十)(四日)(逾越節)
자 자손 정월 십 사일 유월절

스6:20,(祭司長)(一齊)(淨潔)(淨潔)(者)
제사장 일제 정결 정결 자
(子孫)(自己)(兄弟)(祭司長)(自己)
자손 자기 형제 제사장 자기
(爲)(逾越節)(羊)
위 유월절 양
스6:21,(子孫)(區別)(自己)(異邦)(屬)(求)(者)
자손 구별 자기 이방 속 구 자
스6:22,(七日)(無酵節)(王)(殿)(役事(
칠일 무효절 왕 전 역사

以斯拉記-(에스라기)-第七章
이사랍기 제칠장

스7:1,(後)(王)(位)(者)(孫子)(曾孫)
후 왕 위 자 손자 증손
스7:2살(玄孫)五代孫)六代孫)
현손 오대손 육대손
스7:3七代孫)八代孫)九代孫)
칠대손 팔대손 구대손
스7:4十代孫)(十)一代孫)(十)二代孫)
십대손 십 일대손 십 이대손
스7:5,(十)三代孫)(十)四代孫)(十)
십 삼대손 십 사대손 십
(五代孫)(大祭司長)(十)(六代孫)
오대손 대제사장 십 육대손
스7:6,(律法)(學士)(王)(求)(者)
률법 학사 왕 구 자
스7:7,(王)(七年)(子孫)(祭司長)(者)
왕 칠년 자손 제사장 자
(門直)(中)
문직 중
스7:8,(王)(七年)(五月)
왕 칠년 오월
스7:9,(正月)(初)(善)(五月)(初)
정월 초 선 오월 초
스7:10,(律法)(研究)(遵行)(律例)
률법 연구 준행 율례
(規例)(決心)
규례 결심
스7:11,(誡命)(律例)(學士)(學士)(兼)
계명 율례 학사 학사 겸
(祭司長)(王)(詔書)(抄本)
제사장 왕 조서 초본
스7:12,(王)(王)(律法)(完全)(學士)
왕 왕 률법 완전 학사
(兼)(祭司長)
겸 제사장
스7:13,(詔書)(百姓)(祭司長)(中)(者)
조서 백성 제사장 중 자
스7:14,(律法)(情形)(爲)(王)(謀士)
률법 정형 위 왕 모사
스7:15,(王)(謀士)(居)(誠心)(銀金)
왕 모사 거 성심 은금
스7:16,(道)(銀金)(百姓)(祭司長)(殿)
도 은금 백성 제사장 전
(爲)(禮物)
위 예물

스7:17,(羊)(羊)(素祭)(奠祭)(物品)
양 양 소제 전제 물품
(迅速)(殿)(壇)
신속 전 단
스7:18,(銀金)(兄弟)(善)
은금 형제 선
스7:19,(殿)(爲)(器皿)
전 위 기명
스7:20,(外)(殿)(王)(內帑庫)(取)
외 전 왕 내탕고 취
스7:21,(王)(江)(西便)(庫直)(詔書)(律法)
왕 강 서편 고직 조서 률법
(學士)(兼)(祭司長)(求)(迅速)(施行)
학사 겸 제사장 구 신속 시행
스7:22,(銀)(一百)(一百)(葡萄酒)(一百)
은 일백 일백 포도주 일백
(一百)(定數)
일백 정수
스7:23,(殿)(爲)(命)(行)(震怒)(王)(王子)(臨)
전 위 명 행 진노 왕 왕자 임
스7:24,(祭司長)(者)(門直)(或)(殿)(者)
제사장 자 문직 혹 전 자
(朝貢)(雜稅)(賦稅)(不可)
조공 잡세 부세 불가
스7:25,(智慧)(律法)(者)(有司)(裁判官)
지혜 률법 자 유사 재판관
(江)(西便)(百姓)(裁判)(者)
강 서편 백성 재판 자
스7:26,(命令)(王)(命令)(遵行)(者)(速)(罪)
명령 왕 명령 준행 자 속 죄
(定)(或)(定配)(家産)(籍沒)(獄)
정 혹 정배 가산 적몰 옥
스7:27,(列祖)(頌祝)(王)(殿)
열조 송축 왕 전
스7:28,(王)(謀士)(王)(權勢)(方伯)(恩惠)
왕 모사 왕 권세 방백 은혜
(中)(頭目)
중 두목

以斯拉記-(에스라기)-第八章
이사랍기 제팔장

스8:1,(王)(位)(族長)(譜系)
왕 위 족장 보계
스8:2,(子孫)(中)(子孫)(中)(子孫)(中)
자손 중 자손 중 자손 중
스8:3,(子孫)(子孫)(中)(族譜)(記錄)(男子)
자손 자손 중 족보 기록 남자
(一百)(五十名)
일백 오십명
스8:4,(子孫)(中)(男子)(二百名)
자손 중 남자 이백명
스8:5,(子孫)(中)(男子)(三百名)
자손 중 남자 삼백명
스8:6,(子孫)(中)(男子)(五十名)
자손 중 남자 오십명
스8:7,(子孫)(中(男子)(七十名)
자손 중 남자 칠십명

스8:8,(子孫)(中)(男子)(八十名)
자손 중 남자 팔십명

스8:9,(子孫)(中)(男子)(二百)(十八名)
자손 중 남자 이백 십팔명

스8:10로(子孫)(中)(男子)(一百)(六十名)
자손 중 남자 일백 육십명

스8:11,(子孫)(中)(男子)(二十)(八名)
자손 중 남자 이십 팔명

스8:12,(子孫)(中)(男子)(一百)(十名)
자손 중 남자 일백 십명

스8:13,(子孫)(中)(者)(男子)(六十名)
자손 중 자 남자 육십명

스8:14,(子孫)(中)(男子)(七十名)
자손 중 남자 칠십명

스8:15,(江)(三)(帳幕)(留)(百姓)(祭司長)
강 삼 장막 유 백성 제사장
(中)(子孫)
중 자손

스8:16,(族長)(明哲)
족장 명철

스8:17,(地方)(族長)(兄弟 (地方)(居)
지방 족장 형제 지방 거
(殿)(爲)(隨從)(者)
전 위 수종 자

스8:18,(善)(孫子)(子孫)(中)(明哲)(兄弟)
선 손자 자손 중 명철 형제
(十)(八名)
십 팔명

스8:19,(子孫)(中)(兄弟)(二十名)
자손 중 형제 이십명

스8:20,(方伯)(隨從)(中)(二百)
방백 수종 중 이백
(二十名)(記錄)
이십명 기록

스8:21,(江)(禁食)(宣布)(謙卑)(所有)
강 금식 선포 겸비 소유
(爲)(平坦)(懇求)
위 평탄 간구

스8:22,(前)(王)(告)(自己)(者)(善)(自己)
전 왕 고 자기 자 선 자기
(背叛)(者)(權能)(震怒)(敵軍)
배반 자 권능 진노 적군
(步兵)(馬兵)(王)(求)
보병 마병 왕 구

스8:23,(爲)(禁食)(懇求)(應諾)
위 금식 간구 응낙

스8:24,(祭司長)(頭目)(中)(十)(二人)
제사장 두목 중 십 이인
(兄弟)(十人)
형제 십인

스8:25,(王)(謀士)(方伯)(殿)(爲)(銀)
왕 모사 방백 전 위 은
(金)(器皿)
금 기명

스8:26,(銀)(六百)(五十)(銀)(器皿)(一百)
은 육백 오십 은 기명 일백
(金)(一百)
금 일백

스8:27,(金盞)(二十)(個)(重數)(一千)
금잔 이십 개 중수 일천
(金)(個)
금 개

스8:28,(者)(器皿)(銀)(金)(列祖)(禮物)
자 기명 은 금 열조 예물

스8:29,(殿)(房)(祭司長)(頭目)(頭目)
전 방 제사장 두목 두목
(族長)(器皿)
족장 기명

스8:30,(祭司長)(銀)(金)(器皿)(殿)(重數)
제사장 은 금 기명 전 중수

스8:31,(正月)(十)(二日)(江)(對敵)(埋伏)(者)
정월 십 이일 강 대적 매복 자

스8:32,(三日)(留)
삼일 유

스8:33,(第)(四日)(殿)(銀)(金)(器皿)
제 사일 전 은 금 기명
(祭司長)
제사장

스8:34,(計數)(重數)(當場)(冊)(記錄)
계수 중수 당장 책 기록

스8:35,(者)(子孫)(異邦)(者)(燔祭)(全體)
자 자손 이방 자 번제 전체
(爲(羊)(羊)(贖罪祭)(燔祭物)
위 양 양 속죄제 번제물

스8:36,(王)(詔書)(王)(官員)(江)(西便)
왕 조서 왕 관원 강 서편
(總督)(百姓)(殿)
총독 백성 전

以斯拉記-(에스라기)-第九章
이사랍기 제구장

스9:1,(後)(方伯)(百姓)(祭司長)(百姓)
후 방백 백성 제사장 백성
(可憎)(行)
가증 행

스9:2,(取)(子孫)(異邦)(族屬)(方伯)
취 자손 이방 족속 방백
(頭目)(罪)
두목 죄

스9:3,(鬚髥)(氣)
수염 기

스9:4,(因)(者)(者)(罪)(因)(祭祀)(氣)
인 자 자 죄 인 제사 기

스9:5,(祭祀)(中)(向)
제사 중 향

스9:6,(敢)(向)(罪惡)(頂)
감 향 죄악 정

스9:7,(列祖)(罪)(甚)(罪惡)(因)(王)(祭司長)
열조 죄 심 죄악 인 왕 제사장
(列邦)(王)(擄掠)(當)(
열방 왕 노략 당

스9:8,(暫間)(恩惠)(避)(處所)(中)(蘇醒)
잠간 은혜 피 처소 중 소성

스9:9,(奴隸)(服役)(中)(列王)(矜恤)(蘇醒)
노예 복역 중 열왕 긍휼 소성

(殿)(頹落)(修理)
전 퇴락 수리
스9:10,(後)(主)(誡命)(背叛)(
후 주 계명 배반
스9:11,(前)(主)(主)(先知者)(命)(異邦)
전 주 주 선지자 명 이방
(百姓)(可憎)(行)
백성 가증 행
스9:12,(女子)(爲)(爲)(平康)(亨通)(永永)
녀자 위 위 평강 형통 영영
(求)(旺盛)(子孫)(遺傳)(永遠)(基業)
구 왕성 자손 유전 영원 기업
스9:13,(惡)行實)(罪)(因)(當)(罪惡)(刑罰)
악 행실 죄 인 당 죄악 형벌
(輕)(百姓)
경 백성
스9:14,(主)(誡命)(拒逆)(可憎)(行)(族屬)
주 계명 거역 가증 행 족속
(連婚(主)(震怒)(滅)(避)(者)
연혼 주 진노 멸 피 자
스9:15,(主)(義)(主)(犯罪)(因)(主)(敢)
주 의 주 범죄 인 주 감

以斯拉記-(에스라기)-第十章
이사랍기 제십장

스10:1,(殿)(祈禱)(罪)(自服)(百姓)(甚)
전 기도 죄 자복 백성 심
(痛哭)(中)(百姓)(男女)
통곡 중 백성 남녀
스10:2,(子孫)(中)(犯罪)(異邦)(女子)(娶)
자손 중 범죄 이방 녀자 취
(所望)
소망
스10:3,(主)(敎訓)(命令)(遵行)(者)(議論)
주 교훈 명령 준행 자 의논
(所生)(言約)(律法)(行)
소생 언약 률법 행
스10:4,(當身)(主張)(行)
당신 주장 행
스10:5,(祭司長)(行)(盟誓)(盟誓)
제사장 행 맹서 맹서
스10:6,(殿)(房)(者)(罪)
전 방 자 죄
스10:7,(者)(子孫)(公布)
자 자손 공포
스10:8,(方伯)(長老)(訓示)(三日)(內)
방백 장로 훈시 삼일 내
(財産)(籍沒)(者)(會)
재산 적몰 자 회
스10:9,(三日)(內)(九月)(二十日)(殿)
삼일 내 구월 이십일 전
(廣場)(因)
광장 인
스10:10,(祭司長)(犯罪)(異邦)(女子)(罪)
제사장 범죄 이방 녀자 죄
스10:11,(列祖)(罪)(自服)(行)(族屬)
열조 죄 자복 행 족속
(異邦)(女人)
이방 녀인
스10:12,(會對答)(當身)(行)
회 대답 당신 행
스10:13,(百姓)(能)(犯罪)
백성 능 범죄
스10:14,(會衆)(爲)(方伯)(城邑)(異邦)
회중 위 방백 성읍 이방
(女子)(者)(期限)(本城)(長老)
녀자 자 기한 본성 장로
(裁判長)(因)(震怒)
재판장 인 진노
스10:15,(反對)
반대
스10:16,(者)(子孫)(祭司長)(宗族)(各其)
자 자손 제사장 종족 각기
(指名)(族長)(委任)(十月)(初)(調査)
지명 족장 위임 십월 초 조사
스10:17,(正月)(初)(異邦)(女人)(娶)(者)(調査)
정월 초 이방 녀인 취 자 조사
스10:18,(祭司長)(中)(異邦)(女人)(娶)(者)
제사장 중 이방 녀인 취 자
(子孫)(中)(兄弟)
자손 중 형제
스10:19,(盟誓)(罪)(因)(羊)(贖愆祭)
맹서 죄 인 양 속건제
스10:20,(子孫)(中)
자손 중
스10:21,(子孫)(中)
자손 중
스10:22,(子孫)(中)
자손 중
스10:23,(中)
중
스10:24,(者)(中)(門直)(中)
자 중 문직 중
스10:25,(中)(子孫)(中)
중 자손 중
스10:26,(子孫)(中)
자손 중
스10:27,(子孫)(中)
자손 중
스10:28,(子孫)(中)
자손 중
스10:29,(子孫)(中)(
자손 중
스10:30,(子孫)(中)
자손 중
스10:31,(子孫)(中)
자손 중
스10:33,(子孫)(中)
자손 중
스10:34,(子孫)(中)
자손 중
스10:43,(子孫)(中)
자손 중
스10:44,(以上)(異邦)(女人)(娶)(者)(中)
이상 이방 녀인 취 자 중

(子女)(女人)
자녀 녀인

尼希米記-(느헤미야)-第一章
니희미기 제일장

느1:1,(王)(第)(二十年)(月)(宮)
왕 제 이십년 월 궁

느1:2,(兄弟)(中)(免)(形便)
형제 중 면 형편

느1:3,(免)(者)(道)(患難)(凌辱)(城)
면 자 도 환난 능욕 성
(毁破)(城門)(燒火)
훼파 성문 소화

느1:4,(數日)(禁食)(祈禱)
수일 금식 기도

느1:5,(主)(主)(誡命)(者)(言約)(矜恤)
주 주 계명 자 언약 긍휼
(主)(懇求)
주 간구

느1:6,(主)(子孫)(爲)(晝夜)(祈禱)(子孫)
주 자손 위 주야 기도 자손
(主)(犯罪)(自服)(主)(祈禱)(犯罪)
주 범죄 자복 주 기도 범죄

느1:7,(主)(向)(甚)(惡)(行)(主)(主)(命)
주 향 심 악 행 주 주 명
(誡命)(律例)(規例)
계명 율례 규례

느1:8,(主)(主)(命)(萬一)(犯罪)(列國)(中)
주 주 명 만일 범죄 열국 중

느1:9,(萬一)(誡命)(行)(者)(擇)(請)(記憶)
만일 계명 행 자 택 청 기억

느1:10,(主)(權能)(强)(救贖)(主)(主)(百姓)
주 권능 강 구속 주 주 백성

느1:11,(主)(求)(祈禱)(主)(敬畏)(祈禱)
주 구 기도 주 경외 기도
(亨通)(恩惠)(王)(官員)
형통 은혜 왕 관원

尼希米記-(느헤미야)-第二章
니희미기 제이장

느2:1,(王)(二十年)(月)(王)(王)(以前)
왕 이십년 월 왕 왕 이전
(王)(愁色)
왕 수색

느2:2,(王)(病)(愁色)(必然)
왕 병 수색 필연

느2:3,(王)(對答)(王)(萬歲壽)(列祖)(墓室)
왕 대답 왕 만세수 열조 묘실
(城邑)(荒蕪)(城門)(燒火)(愁色)
성읍 황무 성문 소화 수색

느2:4,(王)(願)(默禱)
왕 원 묵도

느2:5,(王)(告)(王)(萬一)(王)(目前)(恩惠)
왕 고 왕 만일 왕 목전 은혜
(列祖)(墓室)(城邑)(城)(重建)
열조 묘실 성읍 성 중건

느2:6,(王后)(王)(王)(行)(王)(期限)(定)
왕후 왕 왕 행 왕 기한 정

느2:7,(王)(王)(萬一)(江)(西便)(總督)
왕 왕 만일 강 서편 총독
(詔書)(容納)(通過)
조서 용납 통과

느2:8,(王)(森林)(監督)(詔書)(殿)(屬)(營門)
왕 삼림 감독 조서 전 속 영문
(門)(城廓)(居)(爲)(材木)(善)(王)(許諾)
문 성곽 거 위 재목 선 왕 허락

느2:9,(軍隊長官)(馬兵)(江)(西便)(總督)
군대장관 마병 강 서편 총독
(王)(詔書)(前)
왕 조서 전

느2:10,(子孫)(興旺)(甚)
자손 흥왕 심

느2:11,(居)(三日)
거 삼일

느2:12,(感化)(爲)(行)(外)
감화 위 행 외

느2:13,(門)(龍井)(糞門)(城壁)(城門)(燒火)
문 용정 분문 성벽 성문 소화

느2:14,(行)(門)(王)
행 문 왕

느2:15,(城壁)(後)(門)
성벽 후 문

느2:16,(方伯)(祭司長)(貴人)(方伯)
방백 제사장 귀인 방백
(外)(者)(告)
외 자 고

느2:17,(後)(當)(困境)(目覩)(荒蕪)(城門)
후 당 곤경 목도 황무 성문
(燒火)(者)(城)(重建)(羞恥)
소화 자 성 중건 수치

느2:18,(善)(王)(告)(建築)(善)
선 왕 고 건축 선

느2:19,(王)(背叛)
왕 배반

느2:20,(對答)(亨通)(建築)(基業)(權利)
대답 형통 건축 기업 권리
(名錄)
명록

尼希米記-(느헤미야)-第三章
니희미기 제삼장

느3:1,(大祭司長)(兄弟)(祭司長)(羊門)
대제사장 형제 제사장 양문
(建築)(聖別)(門)(城壁)(建築)(望臺)
건축 성별 문 성벽 건축 망대
(望臺)(聖別)
망대 성별

느3:2,(建築)(建築)
건축 건축

느3:3,(魚門)(子孫)(建築)(門)
어문 자손 건축 문

느3:4,(孫子)(重修)(孫子)가(重修)(重修)
손자 중수 손자 중수 중수

느3:5,(重修)(貴族)(主)(役事)(擔負)
중수 귀족 주 역사 담부

느3:6,(門(重修)(門)
문 중수 문

느3:7,(江)(西便)(總督)(管轄)(屬)(重修)
강 서편 총독 관할 속 중수

느3:8,(金匠色)(等)(重修)(香品)(等)
금장색 등 중수 향품 등
(重修)(城壁)
중수 성벽

느3:9,(地方)(折半)(者)(重修)
지방 절반 자 중수

느3:10맙(自己)(對)(重修)(重修)
자기 대 중수 중수

느3:11,(部分)(望臺)(重修)
부분 망대 중수

느3:12,(地方)(折半)(者)(重修)
지방 절반 자 중수

느3:13,(門(居民)(重修)(門)(門)(糞門)
문 거민 중수 문 문 분문
(城壁)(一千)(重修)
성벽 일천 중수

느3:14,(糞門)(地方)(重修)(門)(門)
분문 지방 중수 문 문

느3:15,(門)(地方)(重修)(門)(門)(王)
문 지방 중수 문 문 왕
(近處)(城壁)(重修)(城)(層階)
근처 성벽 중수 성 층계

느3:16,(地方)(折半)(者)(重修)(墓室)
지방 절반 자 중수 묘실
(對)(勇士)
대 용사

느3:17,(重修)(地方)(折半)(者)(地方)
중수 지방 절반 자 지방
(代表)(重修)
대표 중수

느3:18,(兄弟)(地方)(折半)(者)(重修)
형제 지방 절반 자 중수

느3:19,(者)(部分)(重修)(城)(軍器庫)(便)
자 부분 중수 성 군기고 편

느3:20,(部分)(重修)(城)(大祭司長)(門)
부분 중수 성 대제사장 문

느3:21,(孫子(部分)(重修)(門)
손자 부분 중수 문

느3:22,(平地)(祭司長)(重修)
평지 제사장 중수

느3:23,(自己)(便)(部分)(重修)(孫子)
자기 편 부분 중수 손자
(自己)(部分)(重修)
자기 부분 중수

느3:24,(部分)(重修)(城)(城)
부분 중수 성 성

느3:25,(城)(便)(王)(宮)(望臺)(便)(侍衛廳)
성 편 왕 궁 망대 편 시위청
(部分)(重修)(重修)
부분 중수 중수

느3:26,(居)(東便)(水門)(對)(望臺)
거 동편 수문 대 망대

느3:27,(部分)(重修)(望臺)(對)(城壁)
부분 중수 망대 대 성벽

느3:28,(馬門)(祭司長)(各各)(自己)(對)
마문 제사장 각각 자기 대
(部分)(重修)
부분 중수

느3:29,(自己)(對)(部分)(重修)(東門直)
자기 대 부분 중수 동문직
(重修)
중수

느3:30레살(部分)(重修)갸(自己)(寢房)
부분 중수 자기 침방
(對)(部分)(重修)
대 부분 중수

느3:31,(金匠色(門)(對)(部分)(重修)
금장색 문 대 부분 중수
(商賈)(城)(樓)
상고 성 누

느3:32,(城)(樓)(羊門)(金匠色)(商賈)(重修)
성 누 양문 금장색 상고 중수

尼希米記-(느헤미야)-第四章
니희미기 제사장

느4:1,(城)(建築)(忿怒)
성 건축 분노

느4:2,(自己)(兄弟)(軍隊)(微弱(堅固)
자기 형제 군대 미약 견고
(祭祀)(畢役)(燒火)
제사 필역 소화

느4:3,(建築)(城壁)
건축 성벽

느4:4,(當)(願)(辱)(自己)(擄掠)(異邦)
당 원 욕 자기 노약 이방

느4:5,(主)(惡)(罪)(塗抹)(建築)(者)
주 악 죄 도말 건축 자
(主)(怒)(激動)
주 노 격동

느4:6,(城)(建築)(全部)(聯絡)(高)(折半)
성 건축 전부 련락 고 절반
(百姓)(役事)
백성 역사

느4:7,(城)(重修)(頹落)(修補)(甚)(忿)
성 중수 퇴락 수보 심 분

느4:8,(擾亂)
요란

느4:9,(祈禱)(因)(把守軍)(晝夜)(防備)
기도 인 파수군 주야 방비

느4:10,(擔負)(者)(衰)(城)(建築)
담부 자 쇠 성 건축

느4:11對敵(中)(殺戮)(役事)
대적 중 살륙 역사

느4:12,(對敵)(近處)(居)(各處)(番)(告)
대적 근처 거 각처 번 고

느4:13,(城)(百姓)(宗族)(槍)
성 백성 종족 창

느4:14,(後)(貴人)(民長)(百姓)(告)(至極)
후 귀인 민장 백성 고 지극

(主)(記憶)(兄弟)(子女)(爲)
주 기억 형제 자녀 위

느4:15,(對敵)(自己)(廢)(城)(各各)(役事)
대적 자기 폐 성 각각 역사

느4:16,(從者)(折半)(役事)(折半)(甲)(槍)
종자 절반 역사 절반 갑 창

(防牌)(民長)(族屬)
방패 민장 족속

느4:17,(城)(建築)(者)(擔負)(者)(各各)(兵器)
성 건축 자 담부 자 각각 병기

느4:18,(建築)(者)(各各)(建築)(者)
건축 자 각각 건축 자

느4:19,(貴人)(民長)(百姓)(役事)(城)(相距)
귀인 민장 백성 역사 성 상거

느4:20,(無論)(爲)
무론 위

느4:21,(役事)(折半)(東)(槍)
역사 절반 동 창

느4:22,(百姓)(告)(從者)(爲)(把守)(役事)
백성 고 종자 위 파수 역사

느4:23,(兄弟)(從者)(把守)(機械)
형제 종자 파수 기계

尼希米記-(느헤미야)-第五章
니희미기 제오장

느5:1,(百姓)(兄弟)(怨望)
백성 형제 원망

느5:2,(或)(子女)(穀食)
혹 자녀 곡식

느5:3,(或)(葡萄園)(典當)(凶年)(爲)(穀食)
혹 포도원 전당 흉년 위 곡식

느5:4,(或)(葡萄園)(稅金)
혹 포도원 세금

느5:5,(肉體)(兄弟)(肉體)(子女)(子女)
육체 형제 육체 자녀 자녀

(子女)(中)(者)(葡萄園)(贖良)
자녀 중 자 포도원 속량

느5:6,(百姓)(怒)
백성 노

느5:7,(中心)(計劃)(貴人)(民長)(各其)
중심 계획 귀인 민장 각기

(兄弟)(取利大會)
형제 취리대회

느5:8,(異邦人)(兄弟)(贖良)(兄弟)(潛潛)
이방인 형제 속량 형제 잠잠

느5:9,(所爲)(對敵)(異邦)(誹謗)(敬畏)(行)
소위 대적 이방 비방 경외 행

느5:10,(兄弟)(從者)(亦是)(穀食)(百姓)
형제 종자 역시 곡식 백성

(取)(利息)
취 이식

느5:11,(葡萄園)(橄欖園)(取)(穀食)
포도원 감람원 취 곡식

(葡萄酒)(百分之)(一)
포도주 백분지 일

느5:12,(當身)(行)(要求)(祭司長)(行)(盟誓)
당신 행 요구 제사장 행 맹서

느5:13,(行)(者)(産業)(會衆)(讚頌)(百姓)(行)
행 자 산업 회중 찬송 백성 행

느5:14,(總督)(王)(二十年)(三十)(二年)
총독 왕 이십년 삼십 이년

(十)(二年)(兄弟)(總督)(錄)
십 이년 형제 총독 녹

느5:15,(以前)(總督)(百姓)(討索)(糧食)
이전 총독 백성 토색 량식

(葡萄酒)(銀)(四十)(取)(從者)
포도주 은 사십 취 종자

(百姓)(壓制)(敬畏)(行)
백성 압제 경외 행

느5:16,(城)(役事)(從者)(役事)
성 역사 종자 역사

느5:17,(床)(民長)(一百)(五十人)(外)
상 민장 일백 오십인 외

(四面)(異邦人)(中)(者)
사면 이방인 중 자

느5:18,(每日)(爲)(羊)(準備)(準備)(番)
매일 위 양 준비 준비 번

(各種)(葡萄酒)(總督)(祿)(要求)
각종 포도주 총독 녹 요구

(百姓)(賦役)(重)
백성 부역 중

느5:19,(百姓)(爲)(行)(恩惠)
백성 위 행 은혜

尼希米記-(느헤미야)-第六章
니희미기 제륙장

느6:1,(對敵)(城)(建築)(頹落)(城門)(門)
대적 성 건축 퇴락 성문 문

느6:2,(平地)(村)(實狀)(害)
평지 촌 실상 해

느6:3,(使者)(役事)(役事)(停止)
사자 역사 역사 정지

느6:4,(番)(如前)(對答)
번 여전 대답

느6:5,(番)(從者)(封)(便紙)
번 종자 봉 편지

느6:6,(異邦)(中)(所聞)(謀叛)(城)(建築)(王)
이방 중 소문 모반 성 건축 왕

느6:7,(先知者)(宣傳)(王)(王)(議論)
선지자 선전 왕 왕 의논

느6:9,(疲困)(役事)(停止)
피곤 역사 정지

느6:10,(後)(孫子)(杜門不出)(殿)(外所)
후 손자 두문불출 전 외소

(門)(必然)
문 필연

느6:11,(者)(逃亡)(外所)(生命)(保存)
자 도망 외소 생명 보존

느6:12,(賂物)(豫言)
뇌물 예언

느6:13,(賂物)(犯罪)(惡)(誹謗)
뇌물 범죄 악 비방

느6:14,(女先知)(先知者)(者)(所爲)(記憶)
여선지 선지자 자 소위 기억

느6:15,(城)(役事)(五十)(二日)(月)
성 역사 오십 이일 월
(二十)(五日)
이십 오일

느6:16,(對敵)(四面)(異邦)(落膽)(役事)
대적 사면 이방 락담 역사

느6:17,(貴人)(番)(便紙)(便紙)
귀인 번 편지 편지

느6:18,(娶)(同盟)(者)
취 동맹 자

느6:19,(善行)(傳)(恒常)(便紙)
선행 전 항상 편지

尼希米記-(느헤미야)-第七章
니희미기 제칠장

느7:1,(城)(建築)(門)(門直)(者)(後)
성 건축 문 문직 자 후

느7:2,(營門)(官員)(爲人)(忠誠)(敬畏)(者)
영문 관원 위인 충성 경외 자

느7:3,(前)(城門)(把守)(門)(居民)(各各)
전 성문 파수 문 거민 각각
(班次)(把守)(自己)(便)
반차 파수 자기 편

느7:4,(城)(廣大)(居民)(稀少)(家屋)(建築)
성 광대 거민 희소 가옥 건축

느7:5,(感動)(貴人)(民長)(百姓)(譜系)
감동 귀인 민장 백성 보계
(計數)(故)(者)(譜系)(記錄)
계수 고 자 보계 기록

느7:6,(王)(者)(中)(各其)(本城)(者)
왕 자 중 각기 본성 자

느7:7,(百姓)(名數)
백성 명수

느7:8,(子孫)(二千)(一百)(七十)(二名)
자손 이천 일백 칠십 이명

느7:9,(子孫)(三百)(七十)(二名)
자손 삼백 칠십 이명

느7:10,(子孫)(六百)(五十)(二名)
자손 육백 오십 이명

느7:11,(子孫)(子孫)(二千)(八百)(十)(八名)
자손 자손 이천 팔백 십 팔명

느7:12,(子孫)(一千)(二百)(五十)(四名)
자손 일천 이백 오십 사명

느7:13삿(子孫)(八百)(四十)(五名)
자손 팔백 사십 오명

느7:14,(子孫)(七百)(六十名)
자손 칠백 육십명

느7:15,(子孫)(六百)(四十)(八名)
자손 육백 사십 팔명

느7:16,(子孫)(六百)(二十)(八名)
자손 육백 이십 팔명

느7:17,(子孫)(二千)(三百)(二十)(二名)
자손 이천 삼백 이십 이명

느7:18,(子孫)(六百)(七名)
자손 육백 칠명

느7:19,(子孫)(二千)(六十)(七名)
자손 이천 육십 칠명

느7:20,(子孫)(六百)(五十)(五名)
자손 육백 오십 오명

느7:21,(子孫)(子孫)(九十)(八名)
자손 자손 구십 팔명

느7:22,(子孫)(三百)(二十)(八名)
자손 삼백 이십 팔명

느7:23,(子孫)(三百)(二十)(四名)
자손 삼백 이십 사명

느7:24,(子孫)(一百)(十)(二名)
자손 일백 십 이명

느7:25,(九十)(五名)
구십 오명

느7:26,(一百)(八十)(八名)
일백 팔십 팔명

느7:27,(一百)(二十)(八名)
일백 이십 팔명

느7:28,(四十)(二名)
사십 이명

느7:29,(七百)(四十)(三名)
칠백 사십 삼명

느7:30,(六百)(二十)(一名)
육백 이십 일명

느7:31,(一百)(二十)(二名)
일백 이십 이명

느7:32,(一百)(二十)(三名)
일백 이십 삼명

느7:33,(其他)(五十)(二名)
기타 오십 이명

느7:34,(其他)(子孫)(一千)(二百)
기타 자손 일천 이백
(五十)(四名)
오십 사명

느7:35,(子孫)(三百)(二十名)
자손 삼백 이십명

느7:36,(子孫)(三百)(四十)(五名)
자손 삼백 사십 오명

느7:37,(子孫)(七百)(二十)(一名)
자손 칠백 이십 일명

느7:38,(子孫)(三千)(九百)(三十名)
자손 삼천 구백 삼십명

느7:39,(祭司長)(子孫)(九百)(七十)(三名)
제사장 자손 구백 칠십 삼명

느7:40,(子孫)(一千)(五十)(二名)
자손 일천 오십 이명

느7:41,(子孫)(一千)(二百)(四十)(七名)
자손 일천 이백 사십 칠명

느7:42,(子孫)(一千)(十)(七名)
자손 일천 십 칠명

느7:43,(子孫)(子孫)(七十)(四名)
자손 자손 칠십 사명

느7:44,(者)(子孫)(一百)(四十)(八名)
자 자손 일백 사십 팔명

느7:45,(門直)(子孫)(子孫)(子孫)(子孫)
문직 자손 자손 자손 자손
(子孫)(子孫)(一百)(三十)(八名)
자손 자손 일백 삼십 팔명

느7:46,(子孫)(子孫)(子孫)
자손 자손 자손

느7:47,(子孫)(子孫)(子孫)(子孫)
자손 자손 자손 자손

느7:48,(子孫)(子孫)
자손 자손

느7:49,(子孫)(子孫)(子孫)
자손 자손 자손

느7:50,(子孫)(子孫)(子孫)
자손 자손 자손

느7:51,(子孫)(子孫)(子孫)
자손 자손 자손

느7:52,(子孫)(子孫)(子孫)
자손 자손 자손

느7:53,(子孫)(子孫)(子孫)
자손 자손 자손

느7:54,(子孫)(子孫)(子孫)
자손 자손 자손

느7:55,(子孫)(子孫)(子孫)
자손 자손 자손

느7:56,(子孫)(子孫)
자손 자손

느7:57,(臣僕)(子孫)子孫)(子孫)(子孫)
신복 자손 자손 자손 자손

느7:58,(子孫)(子孫)(子孫)
자손 자손 자손

느7:59,(子孫)(子孫)(子孫)(子孫)
자손 자손 자손 자손

느7:60,(臣僕)(子孫)(三百)(九十)(二名)
신복 자손 삼백 구십 이명

느7:61,(者)(宗族)(譜系)(屬)(證據)
자 종족 보계 속 증거

느7:62,(子孫)(子孫)(子孫)(都合)(六百)
자손 자손 자손 도합 육백
(四十)(二名)
사십 이명

느7:63,(祭司長)(中)(子孫)(子孫)(子孫)
제사장 중 자손 자손 자손
(中)(者)
중 자

느7:64,(譜系)(中)(自己)(故)(不淨)(祭司長)
보계 중 자기 고 부정 제사장
(職分)(行)
직분 행

느7:65,(方伯)(命)(祭司長)(前)(至聖物)
방백 명 제사장 전 지성물

느7:66,(會衆)(合計)(四萬)(二千)(三百)
회중 합계 사만 이천 삼백
(六十名)
육십명

느7:67,(外)(奴婢)(七千)(三百)(三十)
외 노비 칠천 삼백 삼십
(七名)(男女)(二百)(四十)(五名)
칠명 남녀 이백 사십 오명

느7:68,(七百)(三十)(六)(二百)(四十)(五)
칠백 삼십 육 이백 사십 오

느7:69,(四百)(三十)(六千)(七百)(二十)
사백 삼십 육천 칠백 이십

느7:70,(族長)(役事)(爲)(步助)(方伯)(金)
족장 역사 위 보조 방백 금
(一千)(五十)(祭司長)(衣服)(五百)
일천 오십 제사장 의복 오백
(三十)(寶物)(庫間)
삼십 보물 고간

느7:71,(族長)(金)(二萬)(銀)(二千)(二百)
족장 금 이만 은 이천 이백
(役事)(庫間)
역사 고간

느7:72,(百姓)(金)(二萬)(銀)(二千)(祭司長)
백성 금 이만 은 이천 제사장
(衣服)(六十)(七(느
의복 육십 칠

느7:73,(祭司長)(門直)(者)(百姓)(名)
제사장 문직 자 백성 명
(本城)(居)
본성 거

尼希米記-(느헤미야)-第八章
니희미기 제팔장

느8:1,(子孫)(本城)(居)(七月)(百姓)(一齊)
자손 본성 거 칠월 백성 일제
(水門)(廣場)(學士)(命)(律法冊)(請)
수문 광장 학사 명 률법책 청

느8:2,(七月)(一日)(祭司長)(律法冊)
칠월 일일 제사장 률법책
(男子)(女子)(會衆)
남자 녀자 회중

느8:3,(水門)(廣場)(午正)(男子)(女子)
수문 광장 오정 남자 여자
(者)(百姓)(律法冊)
자 백성 률법책

느8:4,(學士)(特別)(講壇)(右便)(者)(左便)
학사 특별 강단 우편 자 좌편

느8:5,(學士)(百姓)(目前)(冊)(冊)(百姓)
학사 백성 목전 책 책 백성

느8:6,(廣大)(頌祝)(百姓)(應答)(敬拜)
광대 송축 백성 응답 경배

느8:7,(處所)(百姓)(律法
처소 백성 률법

느8:8,(律法冊)(朗讀)(百姓)(朗讀
률법책 랑독 백성 랑독

느8:9,(百姓)(律法)(總督)(祭司長)(兼)
백성 률법 총독 제사장 겸
(學士)(百姓)(百姓)(聖日)
학사 백성 백성 성일

느8:10살(豫備)(者)(主)(聖日)
예비 자 주 성일

느8:11,(百姓)(靜肅)(聖日)(從容)
백성 정숙 성일 종용

느8:12,(百姓)
백성

느8:13,(百姓)(族長)(祭司長)(律法)(學士)
백성 족장 제사장 률법 학사

느8:14,(律法冊)(命)(子孫)(七月)
률법책 명 자손 칠월
(節期)(草幕)(居)
절기 초막 거

느8:15,(城邑)(公布)(山)(橄欖)(橄欖)
성읍 공포 산 감람 감람
(花石榴)(棕櫚)(其他)(茂盛)(取)
화석류 종려 기타 무성 취
(記錄)(草幕)
기록 초막

느8:16,(百姓)(取)(或)(或)(或)(殿)(或)
백성 취 혹 혹 혹 전 혹
(水門)(廣場)(或)(門)(廣場)(草幕)
수문 광장 혹 문 광장 초막

느8:17,(會)(草幕)(居)(子孫)(行)
회 초막 거 자손 행

느8:18,(律法冊)(朗讀)(七日)(節期)(第)
률법책 랑독 칠일 절기 제
(八日)(規例)(聖會)
팔일 규례 성회

尼希米記-(느헤미야)-第九章
니희미기 제구장

느9:1,(二十)(四日)(子孫)(禁食)
이십 사일 자손 금식

느9:2,(異邦)(絶交)(自己)(罪)(列祖)(自服)
이방 절교 자기 죄 열조 자복

느9:3,(四分之)(一)(處所)(律法冊)(朗讀)
사분지 일 처소 률법책 랑독
(四分之)(一)(罪)(自服)(敬拜)
사분지 일 죄 자복 경배

느9:5,(永遠)(永遠)(頌祝)(主)(主)(榮華)
영원 영원 송축 주 주 영화
(頌祝)(主)(尊貴)(頌祝)(讚揚)
송축 주 존귀 송축 찬양

느9:6,(主)(日月星辰)(萬物)(保存)(天軍)
주 일월성신 만물 보존 천군
(主)(敬拜)
주 경배

느9:7,(主)(擇)(引導)(主)
주 택 인도 주

느9:8,(主)(忠誠)(言約)(族屬)(族屬)(族屬)
주 충성 언약 족속 족속 족속
(族屬)(族屬)(族屬)(主)(義)
족속 족속 족속 주 의

느9:9,(主)(列祖)(苦難)(鑑察)(紅海)
주 열조 고난 감찰 홍해

느9:10,(異蹟)(奇事)(臣下)(百姓)(列祖)
이적 기사 신하 백성 열조
(驕慢)(行)(名譽)
교만 행 명예

느9:11,(主)(列祖)(陸地)(通過)(者)
주 열조 륙지 통과 자

느9:12,(引導)(行)
인도 행

느9:13,(山)(降臨)(正直)(規例)(眞正)
산 강림 정직 규례 진정
(律法)(善)(律例)(誡命)
률법 선 율례 계명

느9:14,(安息日)(主)(誡命)(律例)(律法)(命)
안식일 주 계명 율례 률법 명

느9:15,(因)(糧食)(因)(磐石)(主)(盟誓)(命)
인 량식 인 반석 주 맹서 명

느9:16,(列祖)(驕慢)(主)(命令)
열조 교만 주 명령

느9:17,(拒逆)(主)(行)(奇事)(悖逆)(頭目)(主)
거역 주 행 기사 패역 두목 주
(赦宥)(恩惠)(矜恤)(怒)(仁慈)(豊富)
사유 은혜 긍휼 노 인자 풍부

느9:18,(引導)(褻慢)
인도 설만

느9:19,(主)(連)(矜恤)(曠野)(引導)(行)
주 연 긍휼 광야 인도 행

느9:20,(主)(善)(神)(主)(因)
주 선 신 주 인

느9:21,(四十年)(缺乏)름
사십년 결핍

느9:22,(族屬)(各各)(王)(王)
족속 각각 왕 왕

느9:23,(主)(子孫)(前)(列祖)(命)(引導)
주 자손 전 열조 명 인도

느9:24,(子孫)(主)(居民)(服從)(王)(本土)
자손 주 거민 복종 왕 본토
(族屬)(任意)(行)
족속 임의 행

느9:25,(堅固)(城)(取)(物件)(葡萄園)
견고 성 취 물건 포도원
(橄欖園)(許多)(果木)(主)(福)
감람원 허다 과목 주 복

느9:26,(順從)(主)(拒逆)(主)(律法)(主)
순종 주 거역 주 률법 주
(勸勉)(先知者)(褻慢)(行)
권면 선지자 설만 행

느9:27,(主)(對敵)(困苦)(當)(患難)(當)(主)
주 대적 곤고 당 환난 당 주
(主)(矜恤)(發)(救援者)(對敵)(救援)
주 긍휼 발 구원자 대적 구원

느9:28,(平康)(後)(主)(惡)(行)(主)(對敵)
평강 후 주 악 행 주 대적
(對敵)(制馭)(主)(主)(番)(矜恤)(發)
대적 제어 주 주 번 긍휼 발

느9:29,(主)(律法)(服從)(警戒)(驕慢)(行)
주 률법 복종 경계 교만 행
(遵行)(主)(誡命)(主)(規例)(犯)(固執)
준행 주 계명 주 규례 범 고집

느9:30,(主)(容恕)(先知者)(主)(神)(警戒)
주 용서 선지자 주 신 경계
(列邦)
열방

느9:31,(主)(矜恤)(滅)(主)(恩惠)(矜恤)
주 긍휼 멸 주 은혜 긍휼

느9:32,(廣大)(能)(言約)(仁慈)(列王)(方伯)
광대 능 언약 인자 열왕 방백
(祭司長)(先知者)(列祖)(主)(百姓)
제사장 선지자 열조 주 백성
(列王)(當)(患難)
열왕 당 환난

느9:33,(當)(主)(公義)(惡)(行)(主)(眞實)(行)
당 주 공의 악 행 주 진실 행

느9:34,(列王)(方伯)(祭司長)(列祖)(主)
열왕 방백 제사장 열조 주

(律法)(主)(命令)(主)(警戒)(順從)
률법 주 명령 주 경계 순종

느9:35,(主)(福)(自己)(主)(惡行)(故)
주 복 자기 주 악행 고

느9:36,(主)(列祖)(實果)(所産)
주 열조 실과 소산

느9:37,(罪)(因)(主)(異邦)(列王)(所産)
죄 인 주 이방 열왕 소산

(六畜)(任意)(管轄)(甚)
육축 임의 관할 심

느9:38,(因)(堅固)(言約)(記錄)(方伯)
인 견고 언약 기록 방백

(祭司長)(印)
제사장 인

尼希米記-(느헤미야)-第十章
니희미기 제십장

느10:1,(印)(者)(方伯)
인 자 방백

느10:8,(祭司長)
제사장

느10:9,(子孫)(中)
자손 중

느10:10,(兄弟)
형제

느10:14,(百姓)(頭目),
백성 두목

느10:28,(百姓)(祭司長)(門直)(者)(異邦)
백성 제사장 문직 자 이방

(絶交)(律法)(遵行)(者)(子女)
절교 률법 준행 자 자녀

(知識)(聰明)(者)
지식 총명 자

느10:29,(兄弟)(貴人)(詛呪)(盟誓)(律法)
형제 귀인 저주 맹서 률법

(主)(誡命)(規例)(律例)
주 계명 규례 율례

느10:30,(百姓)(爲)
백성 위

느10:31,(或時)(百姓)(安息日)(物貨)(食物)
혹시 백성 안식일 물화 식물

(安息日)(聖日)(第)(七年)(蕩減)
안식일 성일 제 칠년 탕감

느10:32,(規例)(定)(各其)(三分)(一)(收納)
규례 정 각기 삼분 일 수납

(殿)(爲)
전 위

느10:33,(陳設餠)(恒常)(素祭)(恒常)(燔祭)
진설병 항상 소제 항상 번제

(安息日)(初)(定)(節期)(聖物)(爲)
안식일 초 정 절기 성물 위

(贖罪祭)(殿)(爲)
속죄제 전 위

느10:34,(祭司長)(百姓)(各其)(宗族)(定)
제사장 백성 각기 종족 정

(期限)(殿)(律法)(記錄)(壇)
기한 전 률법 기록 단

느10:35,(土地)(所産)(各種)(果木)(殿)
토지 소산 각종 과목 전

느10:36,(牲畜)(牛羊)(律法)(記錄)(殿)
생축 우양 률법 기록 전

(殿)(祭司長)
전 제사장

느10:37,(擧祭物)(各種)(果木)(葡萄酒)
거제물 각종 과목 포도주

(祭司長)(殿)(房)(物産)(十一條)
제사장 전 방 물산 십일조

(城邑)(物産)(十一條)(者)
성읍 물산 십일조 자

느10:38,(十一條)(子孫)(祭司長)(十一條)
십일조 자손 제사장 십일조

(十分)(一)(殿)(房)(庫間)
십분 일 전 방 고간

느10:39,(子孫)(子孫)(穀食)(葡萄酒)(聖所)
자손 자손 곡식 포도주 성소

(器皿)(房)(祭司長)(門直)(者)(房)(殿)
기명 방 제사장 문직 자 방 전

尼希米記-(느헤미야)-第十一章
니희미기 제십일장

느11:1,(百姓)(頭目)(百姓)(十分)(一)(城)
백성 두목 백성 십분 일 성

(居)(九分)(城邑)(居)
거 구분 성읍 거

느11:2,(居)(自願)(者)(百姓)(爲)(福)
거 자원 자 백성 위 복

느11:3,(祭司長)(臣僕)(子孫)(城邑)(各各)
제사장 신복 자손 성읍 각각

(本城)(本)(基業)(居)(居)(道)(頭目)
본성 본 기업 거 거 도 두목

느11:4,(居)(者)(子孫)(子孫)(名)(子孫)(中)
거 자 자손 자손 명 자손 중

(子孫)(孫子)(曾孫)(玄孫)五代孫)
자손 손자 증손 현손 오대손

느11:5,(孫子)(曾孫)(玄孫)五代孫)六代孫)
손자 증손 현손 오대손 육대손

(七代孫)
칠대손

느11:6,(居)(子孫)(都合)(四百)(六十)
거 자손 도합 사백 육십

(八名)(勇十)
팔명 용사

느11:7,(子孫)(孫子)(曾孫)(玄孫)五代孫)
자손 손자 증손 현손 오대손

(六代孫)七代孫)
육대손 칠대손

느11:8,(等)(都合)(九百)(二十)(八名)
등 도합 구백 이십 팔명

느11:9,(監督)누(城邑)
감독 성읍

느11:10,(祭司長)(中)
제사장 중

느11:11,(殿)(者)(孫子)(曾孫)(玄孫)(五代孫)
전 자 손자 증손 현손 오대손

느11:12,(殿)(兄弟)(都合)(八百)(二十)(二名)
전 형제 도합 팔백 이십 이명
(孫子)(曾孫)(玄孫)(五代孫)(六代孫)
손자 증손 현손 오대손 육대손

느11:13,(兄弟)(族長)(者)(都合)(二百)(四十)
형제 족장 자 도합 이백 사십
(二名)(孫子)(曾孫)(玄孫)
이명 손자 증손 현손

느11:14,(兄弟)(勇士)(都合)(一百)(二十)
형제 용사 도합 일백 이십
(八名)(監督)
팔명 감독

느11:15,(中)(孫子)(曾孫)(玄孫)
중 손자 증손 현손

느11:16,(族長)(殿)
족장 전

느11:17,(曾孫)(孫子)(祈禱)(感謝)(引導)
증손 손자 기도 감사 인도
(兄弟)(中)가(曾孫)(孫子)
형제 중 증손 손자

느11:18,(城)(都合)(二百)(八十)(四名)
성 도합 이백 팔십 사명

느11:19,(城)(門直)(兄弟)(都合)(一百)(七十)
성 문직 형제 도합 일백 칠십
(二名)
이명

느11:20,(百姓)(祭司長)(城邑)(各各)(自己)
백성 제사장 성읍 각각 자기
(基業)(居)
기업 거

느11:21,(居)(頭目)
거 두목

느11:22,(者)(子孫)(玄孫)(曾孫)(孫子)(居)
자 자손 현손 증손 손자 거
(監督)(殿)
감독 전

느11:23,(王)(命)(者)(糧食)(定)
왕 명 자 량식 정

느11:24,(子孫)(王)(手下)(百姓)
자손 왕 수하 백성

느11:25,(鄕里)(子孫)(村)(村)(洞里)(居)
향리 자손 촌 촌 동리 거

느11:27,(村)(居)
촌 거

느11:28,(村)(居)
촌 거

느11:29,(居)
거

느11:30,(洞里)(村)(居)(帳幕)
동리 촌 거 장막

느11:31,(子孫)(村)(居)
자손 촌 거

느11:35,(工匠)(居)
공장 거

느11:36,(班列)(合)
반열 합

尼希米記-(느헤미야)-第十二章
니희미기 제십이장

느12:1,(祭司長)(祭司長)
제사장 제사장

느12:7,(以上)(祭司長)(兄弟)
이상 제사장 형제

느12:8,(兄弟)(讚頌)
형제 찬송

느12:9,(兄弟)가(職務)(便)
형제 직무 편

느12:12,(祭司長)(族長)(者)(族屬)(族屬)
제사장 족장 자 족속 족속

느12:13,(族屬)(族屬)
족속 족속

느12:14,(族屬)(族屬)
족속 족속

느12:15,(族屬)(族屬)
족속 족속

느12:16,(族屬)(族屬)
족속 족속

느12:17,(族屬)(族屬)
족속 족속

느12:18,(族屬)(族屬)
족속 족속

느12:19,(族屬)(族屬)
족속 족속

느12:20,(族屬)(族屬)
족속 족속

느12:21,(族屬)(族屬)
족속 족속

느12:22,(族長)(冊)(記錄)(王)(祭司長)
족장 책 기록 왕 제사장
(冊)(記錄)
책 기록

느12:23,(子孫)(族長)(歷代志略)(記錄)
자손 족장 력대지략 기록

느12:24,(兄弟)(便)(命)(班次)(主)(讚揚)(感謝)
형제 편 명 반차 주 찬양 감사

느12:25,(門直)(班次)(門)(庫間)(把守)
문직 반차 문 고간 파수

느12:26,(以上)(孫子)(方伯)(祭司長)(兼)
이상 손자 방백 제사장 겸
(書記官)
서기관

느12:27,(城廓)(落成)(各處)(感謝)(提琴)
성곽 락성 각처 감사 제금
(琵琶)(竪琴)(奉獻式)(行)
비파 수금 봉헌식 행

느12:28,(者)(四方)(洞里)
자 사방 동리

느12:29,(者)(自己)(爲)(四方)(洞里)
자 자기 위 사방 동리

느12:30,(祭司長)(淨潔)(百姓)(城門)
제사장 정결 백성 성문
(城)(淨潔)
성 정결

느12:31,(方伯)(城)(感謝)(讚頌)(者)(城)
방백 성 감사 찬송 자 성
(行列)(右便)(糞門)(向)
행렬 우편 분문 향
느12:32,(者)(方伯)(折半)
자 방백 절반
느12:35,(祭司長)(子孫)(孫子)(曾孫)
제사장 자손 손자 증손
(玄孫)(五代孫)(六代孫)
현손 오대손 육대손
느12:36,(兄弟)樂器)(學士)
형제 악기 학사
느12:37,(門)(前進)(城)(城)(層階)(宮)
문 전진 성 성 층계 궁
(東向)(水門)
동향 수문
느12:38,(感謝)(讚頌)(進行)(百姓)(折半)
감사 찬송 진행 백성 절반
(城)(行)(望臺)(城)
성 행 망대 성
느12:39,(門)(門)(魚門)(望臺)(望臺)(羊門)
문 문 어문 망대 망대 양문
(監獄)(門)
감옥 문
느12:40,(感謝)(讚頌)(民長)(折半)(殿)
감사 찬송 민장 절반 전
느12:41,(祭司長)
제사장
느12:42,(者)(讚頌)(監督)
자 찬송 감독
느12:43,(祭祀)(甚)(婦女)
제사 심 부녀
느12:44,(庫間)(祭司長)(律法)(定)
고간 제사장 률법 정
(擧祭物)(十一條)(城邑)(庫間)
거제물 십일조 성읍 고간
(祭司長)(因)(因)
제사장 인 인
느12:45,(潔禮)(者)(門直)(命)(行)
결례 자 문직 명 행
느12:46,(者)(頭目)(讚頌)(感謝)
자 두목 찬송 감사
느12:47,(者)(門直)(區別)(區別)(子孫)
자 문직 구별 구별 자손

尼希米記-(느헤미아)-第十三章
니희미기 제십삼장

느13:1,(冊)(朗讀)(百姓)(冊)(記錄)(永永)(會)
책 랑독 백성 책 기록 영영 회
느13:2,(糧食)(子孫)(迎接)(賂物)(詛呪)
량식 자손 영접 뇌물 저주
(詛呪)(福)
저주 복
느13:3,(百姓)(律法)(沒數)(分離
백성 률법 몰수 분리
느13:4,(以前)(殿)(房)(祭司長)(聯絡)
이전 전 방 제사장 련락
느13:5,(爲)(房)(房)(元來)(素祭物)(乳香)
위 방 방 원래 소제물 유향
(器皿)(者)(門直)(十一條)(穀物)
기명 자 문직 십일조 곡물
(葡萄酒)(祭司長)(擧祭物)
포도주 제사장 거제물
느13:6,(王)(三十)(二年)(王)(後)(王)(請)
왕 삼십 이년 왕 후 왕 청
느13:7,(爲)(殿)(房)(惡)
위 전 방 악
느13:8,(甚)(房)
심 방
느13:9,(命)(房)(淨潔)(殿)(器皿)(素祭物)
명 방 정결 전 기명 소제물
(乳香)
유향
느13:10,(職務)(行)(者)(各各)(田里)(逃亡)
직무 행 자 각각 전리 도망
느13:11,(民長)(殿)(處所)
민장 전 처소
느13:12,(穀食)(葡萄酒)(十一條)(庫間)
곡식 포도주 십일조 고간
느13:13,(祭司長)(書記官)(庫直)(孫子)
제사장 서기관 고직 손자
(忠直)(者)(認定)(職分)(兄弟)(分配)
충직 자 인정 직분 형제 분배
느13:14,(因)(記憶)(殿)(職務)(爲)(行)
인 기억 전 직무 위 행
(善)(塗抹)
선 도말
느13:15,(安息日)(穀食)(運搬)(葡萄酒)
안식일 곡식 운반 포도주
(葡萄)(無花果)(安息日)(食物)(警戒)
포도 무화과 안식일 식물 경계
느13:16,(居)(各樣)(物件)(安息日)(子孫)
거 각양 물건 안식일 자손
느13:17,(貴人)(惡)(行)(安息日)(犯)
귀인 악 행 안식일 범
느13:18,(列祖)(行)(災殃)(城邑)(安息日)
열조 행 재앙 성읍 안식일
(犯)(震怒)(臨)(甚)
범 진노 임 심
느13:19,(安息日)(前)(城門)(命)(城門)
안식일 전 성문 명 성문
(安息日)(前)(從者)(城門)(安息日
안식일 전 종자 성문 안식일
느13:20,(各樣)(物件)(者)(番)(城)(者)
각양 물건 자 번 성 자
느13:21,(警戒)(城)(者)(後)(安息日)
경계 성 자 후 안식일
느13:22,(命)(淨潔)(城門)(安息日)(爲)
명 정결 성문 안식일 위
(記憶)(主)(恩惠)
기억 주 은혜
느13:23,(女人)(娶)
녀인 취
느13:24,(子女)(方言)(折半)(方言)(各)
자녀 방언 절반 방언 각

(族屬)(方言)
족속 방언
느13:25,(責望)(詛呪)(爲)(盟誓)
책망 저주 위 맹서
느13:26,(王)(犯罪)(列國)(中)(王)(者)
왕 범죄 열국 중 왕 자
(王)(異邦)(女人)(犯罪나
왕 이방 녀인 범죄
느13:27,(異邦)(女人)(娶)(惡)(行)(犯罪)(容納)
이방 녀인 취 악 행 범죄 용납
느13:28,(大祭司長)(孫子)
대제사장 손자
느13:29,(祭司長)(職分)(祭司長)(職分)
제사장 직분 제사장 직분
(對)(言約)(記憶)
대 언약 기억
느13:30,(異邦)(祭司長)(班列)(各各)
이방 제사장 반열 각각
느13:31,(定)(期限)(記憶)(福)
정 기한 기억 복

以斯帖記-(에스더)-第一章
이사첩기 제일장

에1:1,(王)(印度)(一百)(二十七)(道)
왕 인도 일백 이십칠 도
(治理)(王)
치리 왕
에1:2,(當時)(王)(宮)(卽位)
당시 왕 궁 즉위
에1:3,(三年)(方伯)(臣僕)(爲)(將帥)(各)(道)
삼년 방백 신복 위 장수 각 도
(貴族)(方伯)(王)
귀족 방백 왕
에1:4,(王)(一百)(八十日)(榮華)(富)
왕 일백 팔십일 영화 부
(威嚴)(赫赫)
위엄 혁혁
에1:5,(王)(都城)大小)(人民)(爲)(王宮)
왕 도성 대소 인민 위 왕궁
(後園)(七日)
후원 칠일
에1:6,(白色)(綠色)(青色)(揮帳)(紫色)
백색 록색 청색 휘장 자색
(大理石)(銀)(金)(銀(花斑石)(百石)
대리석 은 금 은 화반석 백석
(雲母石)(黑石)깐(陳設)
운모석 흑석 진설
에1:7,(金盞)(盞)(式樣)(各其)(王)
금잔 잔 식양 각기 왕
(豊富)(御酒)(限)
풍부 어주 한
에1:8,(規模)(臆志(王)(宮內)(官吏)(命)(各)
규모 억지 왕 궁내 관리 명 각
에1:9,(王后)(王宮)(婦女)(爲)
왕후 왕궁 부녀 위

에1:10,(第)(七日)(王)(酒興)(御前)(內侍)(命)
제칠일 왕 주흥 어전 내시 명
에1:11,(王后)(請)(王后)(冕旒冠)(整齊)
왕후 청 왕후 면류관 정제
(王)(百姓)(方伯)(王后)(容貌)
왕 백성 방백 왕후 용모
에1:12,(王后)(內侍)(傳)(王命)(王)
왕후 내시 전 왕명 왕
(震怒)(中心)
진노 중심
에1:13,(王)(事例)(博士)(王)(規例)(法律)
왕 사례 박사 왕 규례 법률
(者)(前例)
자 전례
에1:14,(王)(王)(氣色(者)(方伯)
왕 왕 기색 자 방백
에1:15,(王后)(內侍)(傳)(王命)(規例)(處置)
왕후 내시 전 왕명 규례 처치
에1:16,(王)(方伯)對答)(王后)(王)(王)
왕 방백 대답 왕후 왕 왕
(各)(道)(方伯(百姓)
각 도 방백 백성
에1:17,(王)(命)(王后)(請)(王后)行爲)
왕 명 왕후 청 왕후 행위
(所聞)(婦女)(傳播)(男便)(蔑視)
소문 부녀 전파 남편 멸시
에1:18,(貴婦人)(王后)行爲)(王)(方伯)
귀부인 왕후 행위 왕 방백
(蔑視)(忿怒)
멸시 분노
에1:19,(王)(萬一)(善)(王)(詔書)(法律)
왕 만일 선 왕 조서 법률
(中)(記錄)(變易)(王后)(位)
중 기록 변역 왕후 위
에1:20,(王)(詔書)(廣大)(全國)(頒布)
왕 조서 광대 전국 반포
(貴賤)(無論)(婦女)(男便)(尊敬)
귀천 무론 부녀 남편 존경
에1:21,(王)(方伯)(善)(王)(行)
왕 방백 선 왕 행
에1:22,(各)(道)(各)(百姓)(文字)(方言)(道)
각 도 각 백성 문자 방언 도
(詔書)(男便)(主管)(自己)(民族)(方言)
조서 남편 주관 자기 민족 방언

以斯帖記-(에스더)-第二章
이사첩기 제이장

에2:1,(後)(王)(怒)(行)(對)(詔書)
후 왕 노 행 대 조서
에2:2,(王)(侍臣)(王)(王)(爲)(處女)(求)
왕 시신 왕 왕 위 처녀 구
에2:3,(全國)(各)(道)(官吏)(命令)(處女)
전국 각 도 관리 명령 처녀
(都城)(後宮)(宮女)(主管(內侍)
도성 후궁 궁녀 주관 내시
(淨潔(物品)
정결 물품

에2:4,(王)(處女)(代身)(王后)(王)(善)(行)
왕 처녀 대신 왕후 왕 선 행
에2:5,(都城)(人)(子孫)(曾孫)(孫子
도성 인 자손 증손 손자
에2:6,(前)(王)(王)(百姓)
전 왕 왕 백성
에2:7,(三寸)(父母)(容貌)(處女)(父母)
삼촌 부모 용모 처녀 부모
(後)(自己)(養育)
후 자기 양육
에2:8,(王)(詔命)(頒布)(處女)(都城)(手下)
왕 조명 반포 처녀 도성 수하
(王宮)(宮女)(主管)(手下)(屬)
왕궁 궁녀 주관 수하 속
에2:9,(處女)(恩惠)(淨潔)(物品)(日用品)
처녀 은혜 정결 물품 일용품
(王宮)(依例)(宮女)(宮女)(後宮)(處所)
왕궁 의례 궁녀 궁녀 후궁 처소
에2:10,(自己)(民族)(宗族)(告)(命)(告)
자기 민족 종족 고 명 고
에2:11,(後宮)(往來)(安否)
후궁 왕래 안부
에2:12,(處女)(次例)(王)(前)(女子)(對)(定)
처녀 차례 왕 전 녀자 대 정
(規例)(行)(沒藥)(香品)(女子)(物品)
규례 행 몰약 향품 녀자 물품
(淨潔)(期限)
정결 기한
에2:13,(處女)(王)(求)(後宮)(王宮)
처녀 왕 구 후궁 왕궁
에2:14,(後宮)(妃嬪)(主管)(內侍)(手下)
후궁 비빈 주관 내시 수하
(屬)(王)(王
속 왕 왕
에2:15,(三寸)(自己)(養育)(次例)(王)
삼촌 자기 양육 차례 왕
(宮女)(主管)(內侍)(定)(外)(求)(者)
궁녀 주관 내시 정 외 구 자
에2:16,(王)(七年)(十月)(月)(王宮)(王)
왕 칠년 십월 월 왕궁 왕
에2:17,(王)(女子)(處女)(王)(恩寵)(王)
왕 녀자 처녀 왕 은총 왕
(冕旒冠)(代身)(王后)(後)
면류관 대신 왕후 후
에2:18,(王)(爲)(方伯)(臣僕)(饗應)(各)(道)
왕 위 방백 신복 향응 각 도
(稅金)(免除)(王)(豊富)(賞)
세금 면제 왕 풍부 상
에2:19,(處女)(大闕)(門)
처녀 대궐 문
에2:20,(命)(宗族)(民族)(告)(命)(養育)
명 종족 민족 고 명 양육
에2:21,(大闕)(門)(門)(王)(內侍)(王)(怨恨)
대궐 문 문 왕 내시 왕 원한
(謀殺)
모살
에2:22,(王后)(告)(王)(告)
왕후 고 왕 고
에2:23,(査實)(實情)(王)(宮中)(日記)(記錄)
사실 실정 왕 궁중 일기 기록

以斯帖記-(에스더)-第三章
이사첩기 제삼장

에3:1,(後)(王)(地位)(大臣)
후 왕 지위 대신
에3:2,(大闕)(門)(王)(臣僕)(王)(命)
대궐 문 왕 신복 왕 명
에3:3,(大闕)(門)(王)(臣僕)(王)(命令)(拒逆)
대궐 문 왕 신복 왕 명령 거역
에3:4,(勸)(自己)(人)(告)(告)
권 자기 인 고 고
에3:5,(甚)(怒)
심 노
에3:6,(民族)(告)(故)(輕)(人)(民族)(滅)
민족 고 고 경 인 민족 멸
에3:7,(王)(十二年)(正月)(月)(對)
왕 십이년 정월 월 대
(十二月)(月)
십이월 월
에3:8,(王)(民族)(王)(各)(道)(百姓)(中)
왕 민족 왕 각 도 백성 중
(居)(法律)(萬民)(王)(法律)(容納)
거 법률 만민 왕 법률 용납
(王)(無益)
왕 무익
에3:9,(王)(詔書)(殄滅)(銀)(一萬)(王)(者)
왕 조서 진멸 은 일만 왕 자
(王)(府庫)
왕 부고
에3:10,(王)(斑指)(人)(對敵)
왕 반지 인 대적
에3:11,(銀)(百姓)(所見)(行)
은 백성 소견 행
에3:12,(正月)(十三日)(王)(書記官)(召集)
정월 십삼일 왕 서기관 소집
(命)(王)(大臣)(各)(道)(方伯)(各)
명 왕 대신 각 도 방백 각
(民族)(官員)(王)(詔書)(各)(道)(文字)
민족 관원 왕 조서 각 도 문자
(各)(民族)(方言)(王)(斑指)(印)
각 민족 방언 왕 반지 인
에3:13,(詔書)(驛卒)(王)(各)(道)(十二月)(月)
조서 역졸 왕 각 도 십이월 월
(十三日)(人)(老少)(婦女)(無論)
십삼일 인 로소 부녀 무론
(屠戮)(殄滅)(財産)(奪取)
도륙 진멸 재산 탈취
에3:14,(命令)(各)(道)(傳)(爲)(詔書)(抄本)
명령 각 도 전 위 조서 초본
(民族)(宣布)(爲)(準備)
민족 선포 위 준비
에3:15,(驛卒)(王)(命)(急)(詔書)(都城)
역졸 왕 명 급 조서 도성
(頒布)(王)(城)
반포 왕 성

以斯帖記-(에스더)-第四章
이 사 첩 기 제사 장

에4:1,(城中)(痛哭)
성중 통곡

에4:2,(大闕)(門)(者)(大闕)(門)
대궐 문 자 대궐 문

에4:3,(王)(詔命)(各)(道)(人)(哀痛)(禁食)
왕 조명 각 도 인 애통 금식

(哭泣)(者)(無數)
곡읍 자 무수

에4:4,(侍女)(內侍)(告)(王后)(甚)(衣服)
시녀 내시 고 왕후 심 의복

에4:5,(王)(命)(自己)(近侍)(內侍)(命)(緣故)
왕 명 자기 근시 내시 명 연고

에4:6,(大闕)(門)(城中)(廣場)
대궐 문 성중 광장

에4:7,(自己)(當)(人)(滅)(王)(府庫)(銀)
자기 당 인 멸 왕 부고 은

(正確)(數爻)
정확 수효

에4:8,(人)(殄滅)(宮)(詔書)(抄本)(付託)
인 진멸 궁 조서 초본 부탁

(王)(自己)(民族)(爲)(懇切)(求)
왕 자기 민족 위 간절 구

에4:9,(告)
고

에4:10,(告)
고

에4:11,(王)(臣僕)(王)(各)(道)(百姓)(無論)
왕 신복 왕 각 도 백성 무론

(男女)(王)(法)(王)(者)(金笏)(王)
남녀 왕 법 왕 자 금홀 왕

(三十日)
삼십일

에4:12,(告)
고

에4:13,(回答)(王宮)(人)(中)(免)
회답 왕궁 인 중 면

에4:14,(萬一)(潛潛)(人)(救援)(滅亡)
만일 잠잠 인 구원 멸망

(王后)(位)(爲)
왕후 위 위

에4:15,(命)(回答)
명 회답

에4:16,(當身)(人)(爲)(禁食)(三日)(侍女)
당신 인 위 금식 삼일 시녀

(禁食)(後)(規例)(王)
금식 후 규례 왕

에4:17,(命)(行)
명 행

以斯帖記-(에스더)-第五章
이 사 첩 기 제오 장

에5:1,(第)(三日)(王后)(禮服)(王宮)(御殿)(便)(王
제 삼일 왕후 례복 왕궁 어전 편 왕

)(御殿)(殿門)(對)(寶座)
어전 전문 대 보좌

에5:2,(王后)(甚)(金笏)(金笏)
왕후 심 금홀 금홀

에5:3,(王)(王后)(所願)(要求)(折半)
왕 왕후 소원 요구 절반

에5:4,(王)(爲)(王)(善)(臨)
왕 위 왕 선 임

에5:5,(王)(急)(王)
왕 급 왕

에5:6,(王)(所請)(許諾)(要求)(折半)(施行)
왕 소청 허락 요구 절반 시행

에5:7,(對答)(所請)(要求)
대답 소청 요구

에5:8,(萬一)(王)(目前)(恩惠)(王)(所請)
만일 왕 목전 은혜 왕 소청

(許諾)(要求)(施行)(善)(王)(爲)
허락 요구 시행 선 왕 위

(來日)(王)
래일 왕

에5:9,(大闕)(門)(甚)(怒)
대궐 문 심 노

에5:10,(親舊)(請)
친구 청

에5:11,(自己)(富盛)(榮光)(子女)(王)
자기 부성 영광 자녀 왕

(自己)(王)(方伯)(臣僕)
자기 왕 방백 신복

에5:12,(王后)(王)(許諾)(者)(來日)(王)(請)
왕후 왕 허락 자 래일 왕 청

에5:13,(大闕)(門)(滿足)
대궐 문 만족

에5:14,(親舊)(五十)(來日)(王)(求)(王)(善)(命)
친구 오십 래일 왕 구 왕 선 명

以斯帖記-(에스더)-第六章
이 사 첩 기 제륙 장

에6:1,(王)(命)(歷代)(日記)(自己)히
왕 명 력대 일기 자기

에6:2,(記錄)(門)(王)(內侍)(王)(謀殺)(告發)
기록 문 왕 내시 왕 모살 고발

에6:3,(王)(因)(尊貴)(官爵)(侍臣)(對答)
왕 인 존귀 관작 시신 대답

에6:4,(王)(自己)(王)(求)(王宮)
왕 자기 왕 구 왕궁

에6:5,(侍臣)(告)(王)
시신 고 왕

에6:6,(王)(王)(尊貴)(心中)(王)(尊貴)(者)(外)
왕 왕 존귀 심중 왕 존귀 자 외

에6:7,(王)(王)(尊貴)
왕 왕 존귀

에6:8,(王)(王服)(王)(王冠)(取)
왕 왕복 왕 왕관 취

에6:9,(王服)(王)(方伯)(中)(尊貴)(者)(王)
왕복 왕 방백 중 존귀 자 왕

(尊貴)(城中)(頒布)(王)(尊貴)
존귀 성중 반포 왕 존귀

에6:10,(王)(速)(王服)(取)(大闕)(門)(行)
왕 속 왕복 취 대궐 문 행

에6:11,(王服)(取)(城中)(頒布)(王)(尊貴)
왕복 취 성중 반포 왕 존귀

에6:12,(大闕)(門)(煩惱)(急)
대궐 문 번뇌 급

에6:13,(自己)(當)(親舊)(告)(中)(智慧)(者)
자기 당 친구 고 중 지혜 자
(果然)(族屬)(當身)(屈辱)(當)(始作)
과연 족속 당신 굴욕 당 시작
(能)(分明)
능 분명

에6:14,(王)(內侍)
왕 내시

以斯帖記-(에스더)-第七章
이사첩기 제칠장

에7:1,(王)(王后)
왕 왕후

에7:2,(王)(王后)(所請)(許諾)(要求)
왕 왕후 소청 허락 요구
(折半)(施行)
절반 시행

에7:3,(王后)(對答)(王)(萬一)(王)(目前)
왕후 대답 왕 만일 왕 목전
(恩惠)(王)(善)(所請)(生命)(要求)
은혜 왕 선 소청 생명 요구
(民族)
민족

에7:4,(民族)(屠戮)(殄滅)(當)(萬一)(奴婢)
민족 도륙 진멸 당 만일 노비
(潛潛)(對敵)(王)(損害)(補充)
잠잠 대적 왕 손해 보충

에7:5,(王)(王后)(敢)(心中)(者)
왕 왕후 감 심중 자

에7:6,(對敵)(怨讐)(惡)(王)(王后)
대적 원수 악 왕 왕후

에7:7,(王)(怒)(王宮)(後苑)(王后)(生命)
왕 노 왕궁 후원 왕후 생명
(求)(王)(自己)(禍)(決心)
구 왕 자기 화 결심

에7:8,(王)(後苑)(王)(宮中)(王后)(强姦)(王)
왕 후원 왕 궁중 왕후 강간 왕

에7:9,(王)(內侍)(中)(王)(王)(爲)(忠誠)
왕 내시 중 왕 왕 위 충성
(告發)(高)(五十)(準備)(王)
고발 고 오십 준비 왕

에7:10,(王)(怒)
왕 노

以斯帖記-(에스더)-第八章
이사첩기 제팔장

에8:1,(當日)(王)(人)(對敵)(王后)(自己)
당일 왕 인 대적 왕후 자기
(關係)(王)(告)(故)(王)
관계 왕 고 고 왕

에8:2,(王)(斑指)(主管)
왕 반지 주관

에8:3,(王)(王)(人)(害)(惡)(除)(求)
왕 왕 인 해 악 제 구

에8:4,(王)(向)(金笏)(王)
왕 향 금홀 왕

에8:5,(王)(萬一)(王)(目前)(恩惠)(王)(善)
왕 만일 왕 목전 은혜 왕 선
(詔書)(王)(各)(道)(人)(滅)(詔書)(取消)
조서 왕 각 도 인 멸 조서 취소

에8:6,(民族)(禍)(當)(親戚)(滅亡)
민족 화 당 친척 멸망

에8:7,(王)(王后)(人)(人)(殺害)
왕 왕후 인 인 살해

에8:8,(王)(名義)(人)(詔書)(王)(斑指)(印)(王)
왕 명의 인 조서 왕 반지 인 왕
(王)(斑指)(印)(詔書)(取消)
왕 반지 인 조서 취소

에8:9,(月)(三月)(二十)(三日)(王)(書記官)
월 삼월 이십 삼일 왕 서기관
(召集)(詔書)(印度)(一百)(二十)(七道)
소집 조서 인도 일백 이십 칠도
(人)(大臣)(方伯)(官員)(傳)(各)(道)
인 대신 방백 관원 전 각 도
(文字)(各)(民族)(方言)(人)(文字)
문자 각 민족 방언 인 문자
(方言)
방언

에8:10,(王)(名義)(王)(斑指)(印)(詔書)
왕 명의 왕 반지 인 조서
(驛卒)(傳)(王宮)(王)(駿馬)(者)
역졸 전 왕궁 왕 준마 자

에8:11,(詔書)(王)(人)(許諾)(生命)(保護)
조서 왕 인 허락 생명 보호
(各)(道)(百姓)(中)(勢力)(者)(妻子)
각 도 백성 중 세력 자 처자
(屠戮)(殄滅)(財産)(奪取)
도륙 진멸 재산 탈취

에8:12,(王)(各)(道)(月)(十二月)(十三日)
왕 각 도 월 십이월 십삼일

에8:13,(詔書)(抄本)(各)(道)(傳)(各)(民族)
조서 초본 각 도 전 각 민족
(頒布)(人)(豫備)(對敵)(怨讐)
반포 인 예비 대적 원수

에8:14,(王)(命)(甚)(急)(驛卒)(王)(駿馬)
왕 명 심 급 역졸 왕 준마
(詔書)(都城)(頒布)
조서 도성 반포

에8:15,(朝服)(金)(冕旒冠)(紫色)(王)(城)
조복 금 면류관 자색 왕 성

에8:16,(人)(榮光)(尊貴)
인 영광 존귀

에8:17,(王)(詔命)(各)(道)(各)(邑)(人)
왕 조명 각 도 각 읍 인
(慶節)(本土)(百姓)(人)(人)(者)
경절 본토 백성 인 인 자

以斯帖記-(에스더)-第九章
이사첩기 제구장

에9:1,(月)(十二月)(十三日)(王)(詔命)
월 십이월 십삼일 왕 조명

(行)(人)(對敵)(制馭)(人)(自己)
행 인 대적 제어 인 자기

(者)(制馭)
자 제어

에9:2,(人)(王)(各)(道)(各)(邑)(自己)(害)
인 왕 각 도 각 읍 자기 해

(者)(民族)(能)(者)
자 민족 능 자

에9:3,(各)(道)(官員)(大臣)(方伯)(王)
각 도 관원 대신 방백 왕

(事務)(者)(人)
사무 자 인

에9:4,(王宮)(尊貴)(漸漸)(昌大)(名聲)
왕궁 존귀 점점 창대 명성

(各)(道)
각 도

에9:5,(人)(對敵)(屠戮)(殄滅)(自己)(者)(行)
인 대적 도륙 진멸 자기 자 행

에9:6,(人)(都城)(五百人)(滅)
인 도성 오백인 멸

에9:10,(孫子)(人)(對敵)(財産)
손자 인 대적 재산

에9:11,(都城)(屠戮)(者)(數爻)(王)(告)
도성 도륙 자 수효 왕 고

에9:12,(王)(王后)(人)(都城)(五百人)(滅)
왕 왕후 인 도성 오백인 멸

(王)(道)(所請)(許諾)(要求)(施行)
왕 도 소청 허락 요구 시행

에9:13,(王)(萬一)(善)(居)(人)(來日)(詔書)
왕 만일 선 거 인 래일 조서

(行)(屍體)
행 시체

에9:14,(王)(行)(許諾)(詔書)(屍體)
왕 행 허락 조서 시체

에9:15,(月)(十四日)(人)(三百人)(屠戮)
월 십사일 인 삼백인 도륙

(財産)
재산

에9:16,(王)(各)(道)(人)(生命)(保護)(對敵)
왕 각 도 인 생명 보호 대적

(自己)(者)(七萬)(五千人)(屠戮)(財産)
자기 자 칠만 오천인 도륙 재산

에9:17,(月)(十三日)(行)(十四日)
월 십삼일 행 십사일

에9:18,(居)(人)(十三日)(十四日)(十五日)
거 인 십삼일 십사일 십오일

에9:19,(忖忖)(人)(城)(居)(者)(月)(十四日)
촌촌 인 성 거 자 월 십사일

(慶節)(禮物)
경절 예물

에9:20,(記錄)(王)(各)(道)(人)(無論)(遠近)
기록 왕 각 도 인 무론 원근

에9:21,(規例)(月)(十四日)(十五日)
규례 월 십사일 십오일

에9:22,(人)(對敵)(平安)(變)(哀痛)(變)(吉)
인 대적 평안 변 애통 변 길

(禮物)(者)(救濟)
예물 자 구제

에9:23,(人)(自己)(始作)(繼續)(行)
인 자기 시작 계속 행

에9:24,(人)(對敵)(人)(殄滅)(滅)
인 대적 인 진멸 멸

에9:25,(王)(因)(王)(詔書)(人)(害)(惡)
왕 인 왕 조서 인 해 악

에9:26,(人)(當)(因)
인 당 인

에9:27,(定)(自己)(子孫)(自己)(和合)(者)
정 자기 자손 자기 화합 자

(記錄)(定期)(連)(廢)(作定)
기록 정기 연 폐 작정

에9:28,(各)(道)(各)(邑)(各)(代代)(記念)
각 도 각 읍 각 대대 기념

(人)(中)(廢)(子孫)(中)(記念)(廢)
인 중 폐 자손 중 기념 폐

에9:29,(王后)(人)(全權)(對)(便紙)
왕후 인 전권 대 편지

에9:30,(和平)(眞實)(便紙)(一百)(二十)(七道)
화평 진실 편지 일백 이십 칠도

에9:31,(定)(期限)(人)(王后)(命)(人)(禁食)
정 기한 인 왕후 명 인 금식

(因)(自己)(自己)(子孫)(爲)(定)
인 자기 자기 자손 위 정

에9:32,(命令)(對)(堅固)(冊)(記錄)
명령 대 견고 책 기록

以斯帖記-(에스더)-第十章
이사첩기 제십장

에10:1,(王)(本土)(貢)
왕 본토 공

에10:2,(王)(能力)(行蹟)(尊貴)(事蹟)(列王)
왕 능력 행적 존귀 사적 열왕

(日記)(記錄)
일기 기록

에10:3,(人)(王)(人)(中)(尊大)(許多)(兄弟)
인 왕 인 중 존대 허다 형제

(百姓)(利益)(圖謀)(宗族)(安慰)
백성 리익 도모 종족 안위

約伯記-(욥기)-第一章
약 백 기 제일 장

욥1:1,(純全)(正直)(敬畏)(惡)(者)
순전 정직 경외 악 자

욥1:2,(所生)(男子)(女子)
소생 남자 녀자

욥1:3,(所有物)(羊)(七千)(三千)(五百)
소유물 양 칠천 삼천 오백

(五百)(東方)(中)(者)
오백 동방 중 자

욥1:4,(自己)(生日)(各各)(自己)(請)
자기 생일 각각 자기 청

욥1:5,(聖潔)(名數)(燔祭)욥)(或時)(罪)
성결 명수 번제 혹시 죄

(犯)(背叛)(行事)(恒常)
범 배반 행사 항상

욥1:7,(對答)
대답

욥1:8,(留意)(純全)(正直)(敬畏)(惡)
류의 순전 정직 경외 악

(者)(世上)
자 세상

욥1:9,(對答)(敬畏)
대답 경외

욥1:10,(所有物)(主)(福)(所有物)(
소유물 주 복 소유물

욥1:11,(主)(所有物)(丁寧)對面)(主)(辱)
주 소유물 정녕 대면 주 욕

욥1:12,(所有物)
소유물

욥1:13,(子女)(兄)(食物)(葡萄酒)
자녀 형 식물 포도주

욥1:14,(使者)(告)
사자 고

욥1:15,(故)(主人)(告)
고 주인 고

욥1:16,(告)(羊)(故)(主人)(告)
고 양 고 주인 고

욥1:17,(告)(故)(主人)(告)
고 고 주인 고

욥1:18,(告)(主人)(子女)(兄)(食物)(葡萄酒)
고 주인 자녀 형 식물 포도주

욥1:19,(大風)(少年)(故)(主人)(告)
대풍 소년 고 주인 고

욥1:20,(敬拜)
경배

욥1:21,(母胎)(赤身)(赤身)(者(取)(者)(讚頌)
모태 적신 적신 자 취 자 찬송

욥1:22,(犯罪)(向)(怨望)
범죄 향 원망

約伯記-(욥기)-第二章
약 백 기 제이 장

욥2:2,(對答)
대답

욥2:3,(留意)(純全)(正直)(敬畏)(惡)(者)
류의 순전 정직 경외 악 자

(世上)(激動)(自己)(純全)
세상 격동 자기 순전

욥2:4,(對答)(所有物)(自己)(生命)
대답 소유물 자기 생명

욥2:5,(主)(丁寧)對面)(主)(辱)
주 정녕 대면 주 욕

욥2:6,(生命)(害)
생명 해

욥2:7,(頂)(惡瘡)
정 악창

욥2:9,(當身)(自己)(純全)(辱)
당신 자기 순전 욕

욥2:10,(女子)(中)(福)(災殃)(犯罪)
녀자 중 복 재앙 범죄

욥2:11,(親舊)(災殃)(臨)(各各)(自己)
친구 재앙 임 각각 자기

(處所)(弔問)(慰勞)(相約)
처소 조문 위로 상약

욥2:12,(一齊)(各各)(自己)(向)(自己)
일제 각각 자기 향 자기

욥2:13,(七日)(七夜)(困苦)(甚)(故)(者)
칠일 칠야 곤고 심 고 자

約伯記-(욥기)-第三章
약 백 기 제삼 장

욥3:1,(後)(自己)(生日)(詛呪)
후 자기 생일 저주

욥3:3,(滅亡)(男兒)
멸망 남아

욥3:5,(幽暗)(死亡)(自己)(主張),
유암 사망 자기 주장

욥3:6,(甚)(數)(數)
심 수 수

욥3:7,(寂寞)(,
적막

욥3:8,(詛呪)(者)(鰐魚)(激動)(者)(詛呪)
저주 자 악어 격동 자 저주

욥3:9,(光明)(東),
광명 동

욥3:10,(母胎)(門)(患難)
모태 문 환난

욥3:11,(胎)
태

욥3:12,(乳房)
유방

욥3:13,(平安)(者)
평안 자

욥3:14,(自己)(爲)(修築)(世上)(議士)
자기 위 수축 세상 의사

욥3:15,(或時)(金)(銀)(牧伯)
혹시 금 은 목백

욥3:16,(不知中)(落胎)(世上)
부지중 락태 세상

욥3:17,(惡)(者)(騷擾)(困憊)(者)(平康)
악 자 소요 곤비 자 평강

욥3:18,(者)(平安)(監督者)
자 평안 감독자

욥3:19,(者)(者)(一般)(上典)
자 자 일반 상전

욥3:20,(困苦)(者)(煩惱)(者)(生命)
곤고 자 번뇌 자 생명

욥3:21,(者)(求)
자 구

욥3:22,(甚)
심

욥3:24,(前)(嘆息)
전 탄식

욥3:25,(臨)
임

욥3:26,(平康)(安穩)(安息)(苦難)(臨)
평강 안온 안식 고난 임

約伯記-(욥기)-第四章
약백기 제사장

욥4:1,(對答)
대답

욥4:2,(厭症)
염증

욥4:3,(前)(教訓)(者)(强)
전 교훈 자 강

욥4:4,(者)(弱)(者)(强)
자 약 자 강

욥4:5,(臨)(沓沓)(當)
임 답답 당

욥4:6,(依賴)(敬畏)(所望)行爲)(完全)
의뢰 경외 소망 행위 완전

욥4:7,(罪)(亡)(者)(正直)(者)
죄 망 자 정직 자

욥4:8,(惡)(毒)(者)
악 독 자

욥4:9,(氣運)(滅亡)
기운 멸망

욥4:10,(獅子)(獅子)(獅子)
사자 사자 사자

욥4:11,(獅子)(獅子)
사자 사자

욥4:12,(臨)
임

욥4:13,(異像)
이상

욥4:14,(骨節)
골절

욥4:15,(靈)
영

욥4:16,(靈)(形像)(分辨)(形像)(從容)(中)
영 형상 분변 형상 종용 중

욥4:17,(人生)(義)(創造)(聖潔)
인생 의 창조 성결

욥4:18,(使者)
사자

욥4:19,(者)
자

욥4:20,(朝夕)(滅)(永遠)(亡)(者)
조석 멸 영원 망 자

욥4:21,(帳幕)(智慧)
장막 지혜

約伯記-(욥기)-第五章
약백기 제오장

욥5:1,(應答)(者)(者)(中)(向)
응답 자 자 중 향

욥5:2,(忿怒)(者)(猜忌)(者)(滅)
분노 자 시기 자 멸

욥5:3,(者)(當場)(詛呪)
자 당장 저주

욥5:4,(子息)(平安)(城門)(救)(者)
자식 평안 성문 구 자

욥5:5,(秋收)(者)(財産)(向)
추수 자 재산 향

욥5:6,(災殃)(苦難)
재앙 고난

욥5:7,(人生)(苦難)(爲)
인생 고난 위

욥5:8,(求)(來日)(依託)
구 래일 의탁

욥5:9,(測量)(行)(奇異)(行)
측량 행 기이 행

욥5:11,(者)(者)(興起(安全)
자 자 흥기 안전

욥5:12,(詭譎)(者)(計巧)(破)
궤휼 자 계교 파

욥5:13,(奸巧)(者)(自己)(詭譎)(邪慝)
간교 자 자기 궤휼 사특
(者)(計巧)(敗)
자 계교 패

욥5:15,(困憊)(者)(强)(者)(免)
곤비 자 강 자 면

욥5:16,(者)(所望)(不義)
자 소망 불의

욥5:17,(懲戒)(者)(福)(全能者)(警責)
징계 자 복 전능자 경책

욥5:18,(傷)
상

욥5:19,(患難)(救援)(患難)(災殃)
환난 구원 환난 재앙

욥5:20,(饑饉)(戰爭)(權勢)(救贖)
기근 전쟁 권세 구속

욥5:21,(避)(滅亡)
피 멸망

욥5:22,(滅亡)(饑饉)
멸망 기근

욥5:23,(言約)(和親)
언약 화친

욥5:24,(帳幕)(平安)(
장막 평안

욥5:25,(子孫)(後裔)
자손 후예

욥5:26,(長壽)(穀食)(期限)(運搬)
장수 곡식 기한 운반

욥5:27,(研究)(有益)
연구 유익

約伯記-(욥기)-第六章
약 백 기 제륙 장

욥6:1,(對答)
대 답

욥6:2,(憤恨)(災殃)
분 한 재 앙

욥6:3,(輕率)
경 솔

욥6:4,(全能者靈)(毒)(掩襲)
전 능 자 영 독 엄습

욥6:7,(食物)
식 물

욥6:8,(求)(思慕)(願)
구 사 모 원

욥6:9,(滅)
멸

욥6:10,(慰勞)(無情)(苦痛)(拒逆)
위 로 무 정 고 통 거 역

욥6:11,(氣力)
기 력

욥6:12,(氣力)(氣力)
기 력 기 력

욥6:13,(智慧)
지 혜

욥6:14,(疲困)(者)(全能者)(敬畏)(廢)(者)
피 곤 자 전 능 자 경 외 폐 자

욥6:15,(兄弟)(誠實)
형 제 성 실

욥6:18,(客)(曠野)
객 광 야

욥6:19行人)(思慕)
행 인 사 모

욥6:20,(落心)
락 심

욥6:21,(虛妄)(者)(怯)
허 망 자 겁

욥6:22,(供給(爲)(財物)(禮物)
공 급 위 재 물 예 물

욥6:23,(對敵)(救援(暴虐)(者)(救贖
대 적 구 원 포 학 자 구 속

욥6:24,(潛潛)
잠 잠

욥6:25,(有力)(責望)(責望)
유 력 책 방 책 방

욥6:26,(責望)(所望)(者)
책 망 소 망 자

욥6:27,(孤兒)(賣買)(者)
고 아 매 매 자

욥6:28,(向)(願)對面)(決
향 원 대 면 결

욥6:29,(不義)(願)(義)
불 의 원 의

욥6:30,(不義(味覺)(詭譎)(分辨)
불 의 미 각 궤 휼 분 변

約伯記-(욥기)-第七章
약 백 기 제 칠 장

욥7:1,(世上)(人生)(戰爭)(軍)
세 상 인 생 전 쟁 군

욥7:2,(甚)(軍)
심 군

욥7:3,(困苦)(受苦)(作定)
곤 고 수 고 작 정

욥7:5,(衣服)(合瘡)
의 복 합 창

욥7:6,(所望)
소 망

욥7:7,(生命)(呼吸)(福)
생 명 호 흡 복

욥7:8,(者)(主)(向)
자 주 향

욥7:9,(陰府)(者(
음 부 자

욥7:10,(自己)(自己)(處所(
자 기 자 기 처 소

욥7:11,(禁)(因)(靈魂)(因)(怨望)
금 인 영 혼 인 원 망

욥7:12,(龍)(主)
용 주

욥7:13,(或時)(慰勞)(寢床)(愁心)
혹 시 위 로 침 상 수 심

욥7:14,(主)(異像)
주 이 상

욥7:15,(願)
원

욥7:16,(生命)(恒常(願)
생 명 항 상 원

욥7:17,(主)
주

욥7:18,(勸懲)(分秒)(試驗)
권 징 분 초 시 험

욥7:19,(主)
주

욥7:20,(鑑察)(者)(犯罪)(主)(害)
감 찰 자 범 죄 주 해

욥7:21,(主)(赦)(罪惡)(除)(主)
주 사 죄 악 제 주

約伯記-(욥기)-第八章
약 백 기 제 팔 장

욥8:1,(對答)
대 답

욥8:2)狂風)
광 풍

욥8:3,(審判)(全能)(公義)
심 판 전 능 공 의

욥8:4,(子女)(主)(得罪)(主)(罪)
자 녀 주 득 죄 주 죄

욥8:5,(萬一)(求)(全能)
만 일 구 전 능

욥8:6,(淸潔)(正直)(丁寧)(義)(亨通)
청 결 정 직 정 녕 의 형 통

욥8:7,(始作)(微弱)(甚)(昌大)
시작 미약 심 창대

욥8:8,(請)(時代)(列祖)(攄得)
청 시대 열조 터득

욥8:9,(知識)(茫昧)(世上)
지식 망매 세상

욥8:10,(發)
발

욥8:12,(前)
전

욥8:13,(者)(邪曲)(者)(所望)
자 사곡 자 소망

욥8:14,(依支)
의지

욥8:15,(依支)(保存)
의지 보존

욥8:16,(植物)(日光)
식물 일광

욥8:19,(喜樂)(後)
희락 후

욥8:20,(純全)(惡)(者)
순전 악 자

욥8:22,(者)(惡人)(帳幕)
자 악인 장막

約伯記-(욥기)-第九章
약백기 제구장

욥9:1,(對答)
대답

욥9:2,(眞實)(人生)(義)
진실 인생 의

욥9:3,(爭辯)(千)(對答)
쟁변 천 대답

욥9:4,(智慧)(强)(剛愎)(拒逆)(亨通)(者)
지혜 강 강퍅 거역 형통 자

욥9:5,(震怒)(山)(山)
진노 산 산

욥9:7,(命)(封)
명 봉

욥9:9,(北斗星)(參星)(昴星)(南方)(密室)
북두성 삼성 묘성 남방 밀실

욥9:10,(測量)(奇異)(行)
측량 기이 행

욥9:13,(震怒)(者)(屈服)
진노 자 굴복

욥9:14,(敢)(對答)(擇)(辯論)
감 대답 택 변론

욥9:15,(假令)(義)(敢)(對答)(審判)(懇求)
가령 의 감 대답 심판 간구

욥9:16,(假令)(對答)(音聲)
가령 대답 음성

욥9:17,(暴風)(傷處)
폭풍 상처

욥9:19,(强)(審判)(呼出)
강 심판 호출

욥9:20,(假令)(義)(定罪)(假令)(純全)
가령 의 정죄 가령 순전

(悖乖)(證據)
패괴 증거

욥9:21,(純全)(生命)(賤)
순전 생명 천

욥9:22,(一般)(純全)(者)(惡)(者)(滅亡)
일반 순전 자 악 자 멸망

욥9:23,(忽然)(災殃)(屠戮)(無罪)(者)(苦難)
홀연 재앙 도륙 무죄 자 고난

욥9:24,(世上)(惡人)(裁判官)(
세상 악인 재판관

욥9:25,(遞夫)(福)
체부 복

욥9:27,(假令)(寃痛)(貌樣)
가령 원통 모양

욥9:28,(苦痛)(主)(無罪)
고통 주 무죄

욥9:29,(定罪)(受苦)
정죄 수고

욥9:31,(主)(開川)
주 개천

욥9:32,(對答)(不可)(對質)(裁判)
대답 불가 대질 재판

욥9:33,(兩隻)(判決者)
양척 판결자

욥9:34,(主)(威嚴)(願)
주 위엄 원

욥9:35,(本來)(者)
본래 자

約伯記-(욥기)-第十章
약백기 제십장

욥10:1,(靈魂)(困憊)(寃痛)(發說)
영혼 곤비 원통 발설

욥10:2,(定罪)(緣故)(爭辯)
정죄 연고 쟁변

욥10:3,(主)(主)(虐待)(蔑視)(惡人)(善)
주 주 학대 멸시 악인 선

욥10:4,(主)(肉身)(主)
주 육신 주

욥10:5,(主)(人生)(主)(人生)
주 인생 주 인생

욥10:6,(罪)(査實)
죄 사실

욥10:7,(主)(惡)(主)(者)
주 악 주 자

욥10:8,(主)(白體)(滅)
주 백체 멸

욥10:9,(記憶)(主)
기억 주

욥10:10,(主)(
주

욥10:12,(生命)(恩惠)(眷顧)(靈)
생명 은혜 권고 영

욥10:13,(主)(主)
주 주

욥10:14,(犯罪)(主)(罪人)(認定)(罪惡)(赦宥)
범죄 주 죄인 인정 죄악 사유

욥10:15,(惡)(禍)(義)(患難)(目覩)
악 화 의 환난 목도

욥10:16,(主)(獅子)(主)(奇異)(能力)
주 사자 주 기이 능력

욥10:17,(主)(證據)(者)(向)(震怒)(軍隊)
주 증거 자 향 진노 군대

욥10:18,(主)(胎)
주 태

욥10:19,(胎)
태

욥10:20,(平安)
평안

욥10:21,(前)
전

욥10:22,(黑暗)(區別)(光明)(黑暗)
흑암 구별 광명 흑암

約伯記-(욥기)-第十一章
약백기 제십일장

욥11:1,(對答)
대답

욥11:2,(對答)(義)
대답 의

욥11:3,(潛潛)
잠잠

욥11:4,(道)(淨潔)(主)(目前)
도 정결 주 목전

욥11:5,(向)
향

욥11:6,(智慧)(奧妙)(願)(知識)(廣大)
지혜 오묘 원 지식 광대
(罰)(罪)(輕)
벌 죄 경

욥11:7,(奧妙)(能)(測量)(全能者)(能)(穩全)
오묘 능 측량 전능자 능 온전

욥11:8,(陰府)
음부

욥11:9,(度量)
도량

욥11:10,(開廷)(能)
개정 능

욥11:11,(虛妄)(惡)(相關)
허망 악 상관

욥11:12,(虛妄)(知識)(出生)
허망 지식 출생

욥11:13,(萬一)(定)(主)(向)
만일 정 주 향

욥11:14,(罪惡)(不義)(帳幕)(居)
죄악 불의 장막 거

욥11:15,(丁寧)(欠)
정녕 흠

욥11:16,(患難)(追憶)
환난 추억

욥11:17,(生命)
생명

욥11:18,(所望)(安全)
소망 안전

욥11:19,(者)(諂)
자 첨

욥11:20,(惡)(者)(逃亡)(所望)(氣運)
악 자 도망 소망 기운

約伯記-(욥기)-第十二章
약백기 제십이장

욥12:1,(對答)
대답

욥12:2,(智慧)
지혜

욥12:3,(聰明)
총명

욥12:4,(者)(義)(純全)(者)(嘲弄)
자 의 순전 자 조롱

욥12:5,(平安)(者)(災殃)(蔑視)(災殃)
평안 자 재앙 멸시 재앙
(失足)(者)
실족 자

욥12:6,(强盜)(帳幕)(亨通)(震怒)(者)
강도 장막 형통 진노 자
(平安)(厚)
평안 후

욥12:7,(空中)(告)
공중 고

욥12:8,(說明)
설명

욥12:9,(中)(行)
중 행

욥12:10,(生物)(魂)(人生)(靈)
생물 혼 인생 영

욥12:11,(食物)(辨別)(分辨)
식물 변별 분변

욥12:12,(者)(智慧)(長壽)(者)(明哲)
자 지혜 장수 자 명철

욥12:13,(智慧)(權能)(謀略)(明哲)(屬)
지혜 권능 모략 명철 속

욥12:16,(能力)(智慧)(者)(者)(屬)
능력 지혜 자 자 속

욥12:17,(謀士)(裁判長)(者)
모사 재판장 자

욥12:18,(列王)
열왕

욥12:19,(祭司長)(權力)(者)
제사장 권력 자

욥12:20,(忠誠)(者)(者)(知識)
충성 자 자 지식

욥12:21,(方伯)(蔑視)(强)(者)
방백 멸시 강 자

욥12:22,(隱密)(光明)
은밀 광명

욥12:23,(萬國)(滅)(列國)(廣大)
만국 멸 열국 광대

욥12:24,(萬民)(頭目)(聰明)(流離)
만민 두목 총명 유리

욥12:25,(醉)
취

約伯記-(욥기)-第十三章
약 백 기 제십 삼 장

욥13:1,(通達)
통 달

욥13:3,(全能者)(辯論)
전 능 자 변 론

욥13:4,(者)(醫員)
자 의원

욥13:5,(潛潛)(潛潛)(願)(智慧)
잠 잠 잠잠 원 지 혜

욥13:6,(辯論)(辯明)
변 론 변 명

욥13:7,(爲)(不義)(爲)(詭譎)
위 불 의 위 궤 휼

욥13:8,(爲)(爭論)
위 쟁 론

욥13:9,(鑑察)
감 찰

욥13:10,(萬一)(丁寧)(責望)
만 일 정 녕 책 망

욥13:11,(尊貴)(威嚴)(臨)
존 귀 위 엄 임

욥13:12,(格言)(俗談)(防禦)(土城)
격 언 속 담 방 어 토 성

욥13:13,(潛潛(臨)(當)
잠 잠 임 당

욥13:14,(生命)
생 명

욥13:15,(所望)行爲)(辨白)
소 망 행 위 변 백

욥13:16,(邪曲)(者)(救援)
사 곡 자 구 원

욥13:17,(說明)
설 명

욥13:18,(事情)(陳述)(義
사 정 진 술 의

욥13:19,(辯論)(者(潛潛)(氣運)
변 론 자 잠 잠 기 운

욥13:20,(行)(主)(避)
행 주 피

욥13:21,(主)(主)(威嚴)
주 주 위 엄

욥13:22,(主)對答)(或)(主)對答)
주 대 답 혹 주 대 답

욥13:23,(不法)(罪)(罪)
불 법 죄 죄

욥13:24,(主)(主)(對敵)
주 주 대 적

욥13:25,(主)(落葉)
주 락 엽

욥13:26,(主)(對敵)(記錄)(罪)
주 대 적 기 록 죄

욥13:27,(着錮(限定)
착 고 한 정

욥13:28,(物件)(朽敗)(衣服)
물 건 후 패 의 복

約伯記-(욥기)-第十四章
약 백 기 제십 사 장

욥14:1,(女人)
녀 인

욥14:2,(發生)(衰)(迅速)
발 생 쇠 신 속

욥14:3,(者)(主)(主)(審問)
자 주 주 심 문

욥14:5,(定)(數)(主)(制限)(定)
정 수 주 제 한 정

욥14:6,(軍)
군

욥14:7,(所望)(軟)
소 망 연

욥14:9,(氣運)(發)
기 운 발

욥14:10,(消滅)(氣運)
소 멸 기 운

욥14:11,(河水)
하 수

욥14:13,(主)(陰府)(主)(震怒)(爲)(期限)
주 음 부 주 진 노 위 기 한
(定)(記憶)
정 기 억

욥14:15,(主)對答)(主)(主)
주 대 답 주 주

욥14:16,(主)(罪
주 죄

욥14:17,(封)(罪惡)
봉 죄 악

욥14:18,(山)(丁寧)
산 정 녕

욥14:19,(主)(所望)
주 소 망

욥14:20,(主)(永永)(變)
주 영 영 변

욥14:21,(尊貴)(卑賤)
존 귀 비 천

욥14:22,(自己(自己)
자 기 자 기

約伯記-(욥기)-第十五章
약 백 기 제십 오 장

욥15:1,(對答)
대 답

욥15:2,(智慧)(者)(知識)對答)(東風)
지 혜 자 지 식 대 답 동 풍

욥15:3,(有助)(無益)(辯論)
유 조 무 익 변 론

욥15:4,(敬畏)(廢(默禱)
경 외 폐 묵 도

욥15:5,(罪惡)(奸詐)(者)(擇)
죄 악 간 사 자 택

욥15:6,(定罪)(證據)
정 죄 증 거

욥15:7,(第一)(山)(前)(出生)
제 일 산 전 출 생

욥15:8,(謀議)(智慧)
모의 지혜

욥15:10,(中)(年老)(父親)(者)
중 년로 부친 자

욥15:11,(慰勞)(溫柔)
위로 온유

욥15:13,(靈)(反對)
영 반대

욥15:14,(女人)(者)(義)
녀인 자 의

욥15:15,(者)(不淨)
자 부정

욥15:16,(惡)(可憎)(腐敗)
악 가증 부패

욥15:17,(說明)
설명

욥15:18,(智慧)(者)(列祖)(傳)
지혜 자 열조 전

욥15:19,(外人)(中)(往來)
외인 중 왕래

욥15:20,(惡人)(一平生)(苦痛)(當)
악인 일평생 고통 당

(强暴者)(數)(作定)
강포자 수 작정

욥15:21,(亨通)(滅亡)(者)(臨)
형통 멸망 자 임

욥15:23,(流離)(食物)(求)(黑暗)
유리 식물 구 흑암

욥15:24,(患難)(苦痛)(準備)(王)
환난 고통 준비 왕

욥15:25,(對敵)(驕慢)(全能者)(背叛)
대적 교만 전능자 배반

욥15:26,(防牌)
방패

욥15:28,(荒蕪)(城邑)(居)
황무 성읍 거

욥15:29,(富饒)(財産)(恒常)(産業)(增殖)
부요 재산 항상 산업 증식

욥15:30,(黑暗)
흑암

욥15:31,(虛妄)(虛妄)(報應)
허망 허망 보응

욥15:32,(前)
전

욥15:33,(葡萄)(前)(橄欖)
포도 전 감람

욥15:34,(邪曲)(結實)(賂物)(者)(帳幕)
사곡 결실 뇌물 자 장막

욥15:35,(惡)(不義)(詭譎)(豫備)
악 불의 궤휼 예비

約伯記-(욥기)-第十六章
약 백 기 제십륙장

욥16:1,(對答)
대답

욥16:2,(煩惱)(安慰者)
번뇌 안위자

욥16:3,(虛妄)(激動)(對答)
허망 격동 대답

욥16:4,(假令)(者)(向)
가령 자 향

욥16:5,(强)(慰勞)
강 위로

욥16:6,(潛潛)(平安)
잠잠 평안

욥16:7,(主)(困苦)(敗壞)
주 곤고 패괴

욥16:8,(主)(向)(證據)(貌樣)(對面)(罪)(證據)
주 향 증거 모양 대면 죄 증거

욥16:9,(震怒)(窘迫)(向)(對敵)
진노 군박 향 대적

욥16:10,(向)(賤待)(對敵)
향 천대 대적

욥16:11,(敬虔)(者)(惡人)
경건 자 악인

욥16:12,(平安)
평안

욥16:13,(四方)(人情)
사방 인정

욥16:14,(勇士)
용사

욥16:15,(皮膚)
피부

욥16:17,(暴虐)(祈禱)(淨潔)
포학 기도 정결

욥16:18,(願)
원

욥16:19,(只今)(證人)(保人)
지금 증인 보인

욥16:20,(親舊)(嘲弄)(向)
친구 조롱 향

욥16:21,(人子)(辨白)(願)
인자 변백 원

욥16:22,(數年)
수년

約伯記-(욥기)-第十七章
약 백 기 제십칠장

욥17:1,(氣運)(衰)(爲)(豫備)
기운 쇠 위 예비

욥17:2,(嘲弄)(者)(激動)(恒常)
조롱 자 격동 항상

욥17:3,(請)(保證物)(親)(保主)(主)(外)(者)
청 보증물 친 보주 주 외 자

욥17:4,(主)
주

욥17:5,(親舊)(指摘)(害)(者)(子息)
친구 지적 해 자 자식

욥17:6,(百姓)나
백성

욥17:7,(肢體)
지체

욥17:8,(正直者)(因)(無罪者)(邪曲)(者)
정직자 인 무죄자 사곡 자

(因)(忿)
인 분

욥17:9,(義人)(篤實)(行)(者)점(漸漸)
의인 독실 행 자 점점

욥17:10,(中)(智慧者)
중 지혜자

욥17:11,(經營)(思慕)
경영 사모

욥17:13,(所望)(陰府)(寢床)(黑暗)
소망 음부 침상 흑암

욥17:14,(姉妹)
자매

욥17:15,(所望)(所望)
소망 소망

욥17:16,(所望)(陰府)(門)
소망 음부 문

約伯記-(욥기)-第十八章
약백기 제십팔장

욥18:1,(對答)
대답

욥18:2,(後)
후

욥18:3,(不淨)
부정

욥18:4,(忿)(者)(爲)(當)
분 자 위 당

욥18:5,(惡人)(
악인

욥18:6,(帳幕)(燈)
장막 등

욥18:7,(强)(困)(
강 곤

욥18:10,(陷穽)
함정

욥18:11,(四方)(
사방

욥18:12,(饑饉)(因)(衰)(災殃)
기근 인 쇠 재앙

욥18:13,(百體)(死亡)(長子)(肢體)
백체 사망 장자 지체

욥18:14,(依賴)(帳幕)(王)
의뢰 장막 왕

욥18:15,(屬)(者)(帳幕)(居)(硫黃)(處所)
속 자 장막 거 류황 처소

욥18:17,(記念)(傳)
기념 전

욥18:18,(光明)(中)(黑暗)(世上)
광명 중 흑암 세상

욥18:19,(百姓)(孫子)(居)(者)
백성 손자 거 자

욥18:20,(因)(者)(者)
인 자 자

욥18:21,(不義)(者)(者)(處所)
불의 자 자 처소

約伯記-(욥기)-第十九章
약백기 제십구장

욥19:1,(對答)
대답

욥19:2,(煩惱)
번뇌

욥19:3,(番)(虐待)
번 학대

욥19:4,(果然)
과연

욥19:5,(向)(自矜)(羞恥)行(爲)(證明)
향 자긍 수치 행위 증명

욥19:6,(屈)(自己)
굴 자기

욥19:7,(暴虐)(當)(應答)(懇求)(伸寃)
포학 당 응답 간구 신원

욥19:8,(捷徑)(黑暗)
첩경 흑암

욥19:9,(榮光)(冕旒冠)(取)
영광 면류관 취

욥19:10,(四面)(所望)
사면 소망

욥19:11,(向)(震怒)(怨讐)
향 진노 원수

욥19:12,(軍隊)(一齊)(修築)(帳幕)
군대 일제 수축 장막

욥19:13,(兄弟)(外人)
형제 외인

욥19:14,(親戚)(親舊)
친척 친구

욥19:15,(寓居)(者)(外人)(他國)
우거 자 외인 타국

욥19:16,(對答)(請)
대답 청

욥19:17,(同胞)혐(嫌疑)
동포 혐의

욥19:18,(嘲弄)
조롱

욥19:19,(親舊)(對敵)
친구 대적

욥19:20,(皮膚)(
피부

욥19:21,(親舊)
친구

욥19:22,(逼迫)(不足)
핍박 부족

욥19:23,(記錄)(冊),
기록 책

욥19:24,(鐵筆)(鉛)(永永)
철필 연 영영

욥19:25,(救贖者)(後日)
구속자 후일

욥19:26,(後)(肉體)
후 육체

욥19:27,(親)(外人)(焦急)
친 외인 초급

욥19:28,(萬一)
만일

욥19:29,(憤怒)(刑罰)(審判)
분노 형벌 심판

約伯記-(욥기)-第二十章
약 백 기 제이 십 장

욥20:1,(對答)
대 답

욥20:2,(對答)(中心)(焦急)
대 답 중 심 초 급

욥20:3,(責望)(對答)
책 망 대 답

욥20:4,(世上)
세 상

욥20:5,(惡人)(暫時)(邪曲)(者)(暫間)
악 인 잠 시 사 곡 자 잠 간

욥20:7,(自己)(永遠)(亡)(者)
자 기 영 원 망 자

욥20:8,(幻像)
환 상

욥20:9,(處所
처 소

욥20:10,(子女)(者)(恩惠)(求)(財物)(自己)
자 녀 자 은 혜 구 재 물 자 기

욥20:11,(氣骨)(青年)(强壯)(氣勢)
기 골 청 년 강 장 기 세

욥20:12,(惡)
악

욥20:14,(食物)(變)뱃(毒蛇)
식 물 변 독 사

욥20:15,(財物)(吐)
재 물 토

욥20:16,(毒蛇)(毒)
독 사 독

욥20:17,(江)(江)
강 강

욥20:18,(受苦)(賣買)(財物
수 고 매 매 재 물

욥20:19,(者)(虐待)(自己)
자 학 대 자 기

욥20:20,(足)(保存)
족 보 존

욥20:21,(沒數)(亨通)
몰 수 형 통

욥20:22,(豊足)(困厄)(苦痛)(者)
풍 족 곤 액 고 통 자

욥20:23,(猛烈)(震怒
맹 렬 진 노

욥20:24,(鐵兵器)(避)
철 병 기 피

욥20:25,(臨)
임

욥20:26,(寶物)(爲)(滅)(帳幕)
보 물 위 멸 장 막

욥20:27,(罪惡)
죄 악

욥20:28,(家産)(敗)(震怒)
가 산 패 진 노

욥20:29,(惡人)(分)(定)(産業)
악 인 분 정 산 업

約伯記-(욥기)-第二十一章
약 백 기 제이 십 일 장

욥21:1,(對答
대 답

욥21:2,(仔細)(慰勞)
자 세 위 로

욥21:3,(容納)(後)(嘲弄)
용 납 후 조 롱

욥21:4,(怨望)(向)(焦急)
원 망 향 초 급

욥21:6,(追憶)(沓沓)
추 억 답 답

욥21:7,(惡人(壽)(勢力)(强)
악 인 수 세 력 강

욥21:8,(子孫)(目前)
자 손 목 전

욥21:9,(平安)(臨)
평 안 임

욥21:10,(零落)(落胎)
영 락 락 태

욥21:11,(羊)(子女)
양 자 녀

욥21:12,(小鼓)(竪琴)
소 고 수 금

욥21:13,(亨通)(頃刻間)(陰府)
형 통 경 각 간 음 부

욥21:14,(主)(道理)
주 도 리

욥21:15,(全能者)(祈禱)(利益)
전 능 자 기 도 리 익

욥21:16,(福祿)(惡人)(計劃)(判異)
복 록 악 인 계 획 판 이

욥21:17,(惡人)(燈)(災殃)(臨)(震怒)(困苦
악 인 등 재 앙 임 진 노 곤 고

욥21:18,(暴風)(番)
폭 풍 번

욥21:19,(罪惡(子孫)
죄 악 자 손

욥21:20,(自己)(滅亡)(自己)(全能者)(震怒)
자 기 멸 망 자 기 전 능 자 진 노

욥21:21,(數)(盡)(自己)(對)(關係)
수 진 자 기 대 관 계

욥21:22,(者)(審判)(能)(知識)
자 심 판 능 지 식

욥21:23,(氣運)(充實)(平康)(安逸)
기 운 충 실 평 강 안 일

욥21:24,(骨髓)(潤澤)
골 수 윤 택

욥21:25,(苦痛)(福)
고 통 복

욥21:26,(一般)
일 반

욥21:27,(害)(詭譎)
해 궤 휼

욥21:28,(王侯)(惡人)(居)(帳幕)
왕 후 악 인 거 장 막

욥21:29,(證據)
증 거

욥21:30,(惡人)(滅亡)(滅亡)
악 인 멸 망 멸 망

욥21:31,(能)(行爲)(面駁)(能)(所爲)(報應)
능 행 위 면 박 능 소 위 보 응

욥21:33,(者)(無數)
자 무 수

욥21:34,(慰勞)(對答)
위 로 대 답

約伯記-(욥기)-第二十二章
약 백 기 제 이 십 이 장

욥22:1,(對答)
대 답

욥22:2,(有益)(智慧)(者)(有益)
유 익 지 혜 자 유 익

욥22:3,(義)(全能者)(行爲)(穩全)(利益)
의 전 능 자 행 위 온 전 리 익

욥22:4,(責望)(審問)(敬畏)(因)
책 망 심 문 경 외 인

욥22:5,(惡)(罪惡)(極)
악 죄 악 극

욥22:6,(兄弟)(物件)(者)(衣服)
형 제 물 건 자 의 복

욥22:7,(者)(者)(食物)
자 자 식 물

욥22:8,(權勢)(者)(土地)(尊貴)(者)
권 세 자 토 지 존 귀 자

욥22:9,(寡婦)(空手)(孤兒)
과 부 공 수 고 아

욥22:10,(忽然)(侵犯)
홀 연 침 범

욥22:11,(漲水)
창 수

욥22:13,(黑暗)(中)(審判
흑 암 중 심 판

욥22:14,(穹蒼)
궁 창

욥22:15,(惡人)
악 인

욥22:16,(前)(河水)(因)(陷沒)
전 하 수 인 함 몰

욥22:17,(全能者)(爲
전 능 자 위

욥22:18,(惡人)(計劃)(判異)
악 인 계 획 판 이

욥22:19,(義人)(無罪者)
의 인 무 죄 자

욥22:20,(對敵)
대 적

욥22:21,(和睦)(平安)(福)(臨)
화 목 평 안 복 임

욥22:22,(請)(敎訓)
청 교 훈

욥22:23,(萬一)(全能者)(帳幕)(不義)(興)
만 일 전 능 자 장 막 불 의 흥

욥22:24,(塵土)(金)(江)
진 토 금 강

욥22:25,(全能者)(貴)(銀)
전 능 자 귀 은

욥22:26,(全能者)
전 능 자

욥22:27,(祈禱)(誓願)
기 도 서 원

욥22:28,(經營)
경 영

욥22:29,(謙遜)(者)(救援)
겸 손 자 구 원

욥22:30,(無罪)(者)(因)(者)
무 죄 자 인 자

約伯記-(욥기)-第二十三章
약 백 기 제 이 십 삼 장

욥23:1,(對答)
대 답

욥23:2,(酷毒)(怨望)(災殃)(嘆息)(重)
혹 독 원 망 재 앙 탄 식 중

욥23:3,(發見)(寶座)
발 견 보 좌

욥23:4,(呼訴)(辨白)
호 소 변 백

욥23:5,(對答)
대 답

욥23:6,(權能)
권 능

욥23:7,(正直者)(辯論)(審判者)(永永)
정 직 자 변 론 심 판 자 영 영

욥23:9,(便)(便)
편 편

욥23:10,(鍛鍊)(後)(精金)
단 련 후 정 금

욥23:12,(命令)(一定)(飮食)(貴)
명 령 일 정 음 식 귀

욥23:13,(一定)(能)(行)
일 정 능 행

욥23:14,(作定)
작 정

욥23:16,(落心)(全能者)
락 심 전 능 자

욥23:17,(黑暗)
흑 암

約伯記-(욥기)-第二十四章
약 백 기 제 이 십 사 장

욥24:1,(全能者)(時期)(定)(者)
전 능 자 시 기 정 자

욥24:2,(地界標)(羊)
지 계 표 양

욥24:3,(孤兒)(寡婦)
고 아 과 부

욥24:4,(貧窮)(者)(世上)(者)
빈 궁 자 세 상 자

욥24:5,(求)(曠野)(子息)(爲)(食物)
구 광 야 자 식 위 식 물

욥24:6,(穀食)(惡人)(葡萄)
곡 식 악 인 포 도

욥24:7,(衣服)
의복
욥24:8,(山)(中)
산 중
욥24:9,(孤兒)(者)
고아 자
욥24:10,(穀食)
곡식
욥24:12,(人口)(城中)(呻吟)(傷)(者)(不義)
인구 성중 신음 상 자 불의
욥24:13,(光明)(背叛)(光明)(捷徑)(者)
광명 배반 광명 첩경 자
욥24:14,(者)(者)(貧窮)(者)(盜賊)
자 자 빈궁 자 도적
욥24:15,(姦淫)(者)(變裝)
간음 자 변장
욥24:16,(者)(門)(光明)
자 문 광명
욥24:17,(黑暗)(黑暗)
흑암 흑암
욥24:18,(産業)(世上)(詛呪)(葡萄園)(行)
산업 세상 저주 포도원 행
욥24:19,(陰府)(犯罪者)
음부 범죄자
욥24:20,(記憶)(不義)
기억 불의
욥24:21,(孕胎)(解産)(女人)(虐待)(寡婦)(者)
잉태 해산 녀인 학대 과부 자
욥24:22,(權能)(强)(者)(保存)(者)
권능 강 자 보존 자
욥24:23,(護衛)(平安)
호위 평안
욥24:24,(暫時間)(犯人)(除)(當)(穀食)
잠시간 범인 제 당 곡식
욥24:25,(假令)(能)(指摘)(辯駁)(者)
가령 능 지적 변박 자

約伯記-(욥기)-第二十五章
약백기 제이십오장

욥25:1,(對答)
대답
욥25:2,(權能)(威嚴)(至極)(和平)
권능 위엄 지극 화평
욥25:3,(軍隊)(計數)(光明)(者)
군대 계수 광명 자
욥25:4,(義)(婦女)(者)
의 부녀 자
욥25:5,(明朗)
명랑
욥25:6,(人生)
인생

約伯記-(욥기)-第二十六章
약백기 제이십륙장

욥26:1,(對答)
대답
욥26:2,(者)(氣力)(救援)
자 기력 구원
욥26:3,(智慧)(者)(知識)
지혜 자 지식
욥26:4,(向)(神)
향 신
욥26:5,(陰靈)(水族)
음령 수족
욥26:6,(陰府)(滅亡)
음부 멸망
욥26:7,(北便)(虛空)(空間)
북편 허공 공간
욥26:9,(自己)(寶座)(自己)
자기 보좌 자기
욥26:10,(水面)(境界)(地境)(限定)
수면 경계 지경 한정
욥26:12,(權能)(洶湧)(智慧)(破)
권능 흉용 지혜 파
욥26:13,(神)(丹粧)
신 단장
욥26:14,(行事)(始作點(對)(甚)(細微)
행사 시작점 대 심 세미
(能力)(雨雷)(能)(測量)
능력 우뢰 능 측량

約伯記-(욥기)-第二十七章
약백기 제이십칠장

욥27:1,(譬詞)
비사
욥27:2,(義)(靈魂)(全能者)(盟誓)
의 영혼 전능자 맹서
욥27:3,(生命)(完全)(氣運)
생명 완전 기운
욥27:4,(決)(不義)(詭譎)(發)
결 불의 궤휼 발
욥27:5,(斷定)(前)(純全)
단정 전 순전
욥27:6,(義)(一平生)(責望)
의 일평생 책망
욥27:7,(對敵)(惡人)(者)(不義)(者)(願)
대적 악인 자 불의 자 원
욥27:8,(邪曲)(者)(利益)(靈魂)(取)(所望)
사곡 자 리익 영혼 취 소망
욥27:9,(患難)(臨)
환난 임
욥27:10,(全能者)(恒常)
전능자 항상
욥27:11,(全能者)
전능자
욥27:12,(虛誕)
허탄
욥27:13,(惡人)(分)(强暴者)(全能者)(産業)
악인 분 강포자 전능자 산업
욥27:14,(子孫)(蕃盛)(爲)(後)(食物)
자손 번성 위 후 식물
욥27:15,(者)(染病)(寡婦)
자 염병 과부
욥27:16,(銀)(衣服)(豫備)
은 의복 예비

욥27:17,(豫備)(義人)(銀)(無罪者)
예비 의인 은 무죄자

욥27:18,(上直軍)(草幕)
상직군 초막

욥27:19,(富者)(祖上)
부자 조상

욥27:20,(暴風)
폭풍

욥27:21,(東風)(處所)
동풍 처소

욥27:22,(避)
피

욥27:23,(拍掌)(誹笑)(處所)
박장 비소 처소

約伯記-(욥기)-第二十八章
약백기 제이십팔장

욥28:1,(銀)(鑛)(鍊鍛)(金)
은 광 연단 금

욥28:2,(取)(銅)
취 동

욥28:3,(黑暗)(破)(窮究)(幽暗)(中)(鑛石)(求)
흑암 파 궁구 유암 중 광석 구

욥28:4,(隔絶)
격절

욥28:5,(地面)(食物)(地下)
지면 식물 지하

욥28:6,(藍寶石)(砂金)
남보석 사금

욥28:8,(威嚴)(獅子)
위엄 사자

욥28:9,(山)
산

욥28:10,(各種)(寶物)(發見)
각종 보물 발견

욥28:12,(智慧)(明哲)
지혜 명철

욥28:15,(精金)(銀)(當)
정금 은 당

욥28:16,(金)(貴)(水瑪瑙)(藍寶石)(當)
금 귀 수마노 남보석 당

욥28:17,(黃金)(琉璃)(比較)(精金)(粧飾)
황금 유리 비교 정금 장식

욥28:18,(珊瑚)(水晶)(智慧)(紅寶石)(貴)
산호 수정 지혜 홍보석 귀

욥28:19,(黃玉)(比較)(純金)(測量)
황옥 비교 순금 측량

욥28:20,(智慧)(明哲)
지혜 명철

욥28:21,(生物)(空中)
생물 공중

욥28:22,(滅亡)(死亡)(所聞)
멸망 사망 소문

욥28:24,(鑑察)(天下)
감찰 천하

욥28:25,(輕重)(定)(分量)(定)
경중 정 분량 정

욥28:26,(爲)(命令)(雨雷)(爲)(定)
위 명령 우뢰 위 정

욥28:27,(智慧)(宣布)(窮究)
지혜 선포 궁구

욥28:28,(主)(敬畏)(智慧)(惡)(明哲)
주 경외 지혜 악 명철

約伯記-(욥기)-第二十九章
약백기 제이십구장

욥29:1,(譬詞)
비사

욥29:2,(以前)(保護)
이전 보호

욥29:3,(燈)(光明)(黑暗)(行)
등 광명 흑암 행

욥29:4,(强壯)(友情)(帳幕)
강장 우정 장막

욥29:5,(全能者)(子女)
전능자 자녀

욥29:6,(盤石)(爲)
반석 위

욥29:7,(城門)
성문

욥29:8,(少年)(老人)
소년 로인

욥29:9,(方伯)
방백

욥29:10,(貴人)(禁)
귀인 금

욥29:11,(爲)(祝福)(爲)(證據)
위 축복 위 증거

욥29:12,(貧民)(者)(孤兒)
빈민 자 고아

욥29:13,(亡)(者)(爲)(福)(寡婦)(因)
망 자 위 복 과부 인

욥29:14,(義)(公義)(道袍)(冕旒冠)
의 공의 도포 면류관

욥29:16,(貧窮)(者)(生疎)(者)(査實)
빈궁 자 생소 자 사실

욥29:17,(不義)(者)(劫奪)(物件)
불의 자 겁탈 물건

욥29:18,(善終)
선종

욥29:20,(榮光)(强)
영광 강

욥29:21,(潛潛)
잠잠

욥29:22,(後)
후

욥29:24,(依支)(含笑)(同情)(無色)
의지 함소 동정 무색

욥29:25,(擇)(王)(軍中)(居)(哀哭)(者)(慰勞)
택 왕 군중 거 애곡 자 위로

約伯記-(욥기)-第三十章
약백기 제삼십장

욥30:1,(者)(譏弄)(羊)(中)(者)
자 기롱 양 중 자

욥30:2,(壯年)(氣力)(衰)(者)(有益)
장 년 기 력 쇠 자 유 익
욥30:3,(窮乏)(饑饉)
궁 핍 기 근
욥30:4,(食物)
식 물
욥30:5,(盜賊)
도 적
욥30:8,(本來)(者)(子息)(卑賤)(者)
본 래 자 자 식 비 천 자
(子息)(故土)(者)
자 식 고 토 자
욥30:9,(嘲弄)
조 롱
욥30:10,(躊躇)
주 저
욥30:11,(困苦)
곤 고
욥30:12,(右便)(對敵)(滅亡)
우 편 대 적 멸 망
욥30:13,(者)(災殃)
자 재 앙
욥30:14,(城)(破壞)(破壞)
성 파 괴 파 괴
욥30:15,(臨)(榮光)(福祿)
임 영 광 복 록
욥30:16,(患難)
환 난
욥30:18,(能力)(醜)
능 력 추
욥30:20,(主)(主)(對答)(主)
주 주 대 답 주
욥30:21,(主)(殘酷)(腕力)(逼迫)
주 잔 혹 완 력 핍 박
욥30:22,(大風)(中)(消滅)
대 풍 중 소 멸
욥30:23,(主)(生物)(爲)(定)
주 생 물 위 정
욥30:24,(災殃)(當)
재 앙 당
욥30:25,(苦生)(者)(爲)(貧窮)(者)(爲)
고 생 자 위 빈 궁 자 위
욥30:26,(福)(禍)(光明)(黑暗)
복 화 광 명 흑 암
욥30:27,(患難)(臨)
환 난 임
욥30:28,(公會)(中)
공 회 중
욥30:29,(兄弟)(駝鳥)
형 제 타 조
욥30:30,(熱氣)나
열 기
욥30:31,(竪琴)(哀哭聲)(哀痛聲)
수 금 애 곡 성 애 통 성

約伯記-(욥기)-第三十一章
약 백 기 제 삼 십 일 장

욥31:1,(言約)(處女)(注目)
언 약 처 녀 주 목
욥31:2,(分)(全能者)(産業)
분 전 능 자 산 업
욥31:3,(不義者)(患難)(行惡者)(災殃)
불 의 자 환 난 행 악 자 재 앙
욥31:4,(鑑察)
감 찰
욥31:5行爲)(虛誕)(詭譎)
행 위 허 탄 궤 휼
욥31:6,(公平)(正直)(願)
공 평 정 직 원
욥31:8,(他人)(所産)
타 인 소 산
욥31:9,(女人)(誘惑)(門
녀 인 유 혹 문
욥31:10,(妻)(他人)(他人)(同寢)
처 타 인 타 인 동 침
욥31:11,(重罪)(裁判長)(罰)(惡)
중 죄 재 판 장 벌 악
욥31:12,(滅亡)(所産)
멸 망 소 산
욥31:13,(男)(女)(爭辯)(事情)(蔑視)
남 여 쟁 변 사 정 멸 시
욥31:14,(鞫問)對答)
국 문 대 답
욥31:15,(胎)(者)(者)
태 자 자
욥31:16,(者)(所願)(寡婦)(失望)
자 소 원 과 부 실 망
욥31:17,(食物)(孤兒)
식 물 고 아
욥31:18,(實狀)(孤兒)(母胎)(後)(寡婦)(引導)
실 상 고 아 모 태 후 과 부 인 도
욥31:19,(衣服)(貧窮)(者)
의 복 빈 궁 자
욥31:20,(羊)(爲)(福)
양 위 복
욥31:21,(者)(城門)(孤兒)
자 성 문 고 아
욥31:23,(災殃)(甚)(威嚴)(因)
재 앙 심 위 엄 인
욥31:24,(金)(所望)(精金)(依賴)
금 소 망 정 금 의 뢰
욥31:25,(財物)(豊富)
재 물 풍 부
욥31:26,(太陽)(明郞)(運行)
태 양 명 랑 운 행
욥31:27,(誘惑)
유 혹
욥31:28,(亦是)(裁判長)(罰)(罪惡)(背叛)
역 시 재 판 장 벌 죄 악 배 반
욥31:29,(者)(滅亡)(災殃)(因)(氣運)뽐
자 멸 망 재 앙 인 기 운
욥31:30,(實狀)(求)(詛呪)(犯罪)
실 상 구 저 주 범 죄
욥31:31,(帳幕)(主人)(者)
장 막 주 인 자

욥31:32,(行人)(門)
행인 문

욥31:33,(族屬)(蔑視)(潛潛)(門)(他人)(罪惡)
족속 멸시 잠잠 문 타인 죄악

욥31:35,(辨白)(署名)(全能者)(對答)(願)
변백 서명 전능자 대답 원
(對敵)(記錄)(訴訟狀)
대적 기록 소송장

욥31:36,(冕旒冠)
면류관

욥31:37,(數爻)(告)(王族)
수효 고 왕족

욥31:38,(土地)(責望)(一時)
토지 책망 일시

욥31:39,(所産物)(所有主)(生命)
소산물 소유주 생명

욥31:40,(代身)(代身)(雜)
대신 대신 잡

約伯記-(욥기)-第三十二章
약백기 제삼십이장

욥32:1,(義)(對答)
의 대답

욥32:2,(族屬)(怒)(發)(怒)(發)(自己)(義)
족속 노 발 노 발 자기 의

욥32:3,(親舊)(怒)(發)(能)(對答)(定罪)
친구 노 발 능 대답 정죄

욥32:4,(自己)
자기

욥32:5,(對答)(怒)(發)
대답 노 발

욥32:6,(發言)(年少)(當身)(年老)(意見)
발언 연소 당신 년로 의견
(敢)(陳述)
감 진술

욥32:7,(者)(者)(智慧)
자 자 지혜

욥32:8,(心靈)(全能者)(氣運)(聰明)
심령 전능자 기운 총명

욥32:9大人)(智慧)(老人)(公義)
대인 지혜 로인 공의

욥32:10,(意見)
의견

욥32:11,(當身)(當身)(合當)(辯論)
당신 당신 합당 변론

욥32:12,(仔細)(當身)(對答)(者)
자세 당신 대답 자

욥32:13,(當身)(或時)(智慧)(者
당신 혹시 지혜 자

욥32:14,(當身)(對答)
당신 대답

욥32:15,(對答)
대답

욥32:16,(對答)
대답

욥32:17,(本分)(對答)(意向)
본분 대답 의향

욥32:18,(心靈)(强迫)
심령 강박

욥32:19,(封)(葡萄酒)(負袋)
봉 포도주 부대

욥32:20,(發)(對答)
발 대답

욥32:21,(決)(阿諂)
결 아첨

욥32:22,(阿諂)(萬一)(者)(速)(取)
아첨 만일 자 속 취

約伯記-(욥기)-第三十三章
약백기 제삼십삼장

욥33:1,(願)
원

욥33:2,(動)
동

욥33:3,(正直)(眞實)
정직 진실

욥33:4,(神)(全能者)(氣運)
신 전능자 기운

욥33:5,(對答)(陳述)
대답 진술

욥33:6,(一般)
일반

욥33:7,(威嚴)(權勢)
위엄 권세

욥33:8,(實)
실

욥33:9,(罪)(不義)
죄 불의

욥33:10,(對敵)
대적

욥33:11,(着錮)(監視)
착고 감시

욥33:12,(對答)(義)
대답 의

욥33:13,(行)(陳述)(變爭)
행 진술 변쟁

욥33:14,(無關)(番)
무관 번

욥33:15,(寢床)(異像中)
침상 이상중

욥33:16,(印)(敎訓)
인 교훈

욥33:17,(驕慢)
교만

욥33:18,(魂)(生命)(滅亡)
혼 생명 멸망

욥33:19,(或時)(病床)(苦痛)(懲戒)
혹시 병상 고통 징계

욥33:20,(食物)(魂)(別味)
식물 혼 별미

욥33:22,(魂)(生命)(滅)(者)
혼 생명 멸 자

욥33:23,(萬一)(一千)(天使)(解釋者)
만일 일천 천사 해석자

(正當)(行)
정 당 행

욥33:24,(矜恤)(代贖物)
긍 휼 대 속 물

욥33:25,(軟)(少年)(恢復)
연 소 년 회 복

욥33:26,(祈禱)(恩惠)(自己)(義)(恢復)
기 도 은 혜 자 기 의 회 복

욥33:27,(前)(犯罪)(是非)(無益)
전 범 죄 시 비 무 익

욥33:28,(靈魂)(生命)
영 혼 생 명

욥33:29,(再三)(行)
재 삼 행

욥33:30,(靈魂)(生命)
영 혼 생 명

욥33:31,(潛潛)
잠 잠

욥33:32,(萬一)對答)(義
만 일 대 답 의

욥33:33,(萬一)(潛潛)(智慧)
만 일 잠 잠 지 혜

約伯記-(욥기)-第三十四章
약 백 기 제 삼 십 사 장

욥34:2,(智慧)(者)(知識)(者)
지 혜 자 지 식 자

욥34:3,(食物)(辨別)(分別)
식 물 변 별 분 별

욥34:4,(擇)(善)
택 선

욥34:5,(義)(義)(除)
의 의 제

욥34:6,(正直)(傷處)
정 직 상 처

욥34:7,(毁謗)
훼 방

욥34:8,(惡)(者)(惡人)
악 자 악 인

욥34:9,(無益)
무 익

욥34:10,(聰明)(者)(斷定)(惡)(行)(全能者)
총 명 자 단 정 악 행 전 능 자
(斷定)(不義)(行)
단 정 불 의 행

욥34:11,(報應)(各各)(行爲)
보 응 각 각 행 위

욥34:12,(眞實)(惡)(行)(全能者)(公義)
진 실 악 행 전 능 자 공 의

욥34:13,(世界)(定)
세 계 정

욥34:14,(萬一)(自己)(神)(氣運)
만 일 자 기 신 기 운

욥34:15,(血氣)(者)(一體)(亡)(塵土)
혈 기 자 일 체 망 진 토

욥34:16,(萬一)(聰明)
만 일 총 명

욥34:17,(公義)(者)(治理)(義)(全能)(者)(定罪)
공 의 자 치 리 의 전 능 자 정 죄

욥34:18,(王)(卑陋)(貴人)(惡)
왕 비 루 귀 인 악

욥34:19,(王族)(外貌)(取)(富者)(者)
왕 족 외 모 취 부 자 자

욥34:20,(中)(瞬息間)(百姓)(勢力)(者)(除)(當)
중 순 식 간 백 성 세 력 자 제 당

욥34:21,(注目)(鑑察)
주 목 감 찰

욥34:22,(惡)(行)(者)(黑暗)
악 행 자 흑 암

욥34:23,(審判)
심 판

욥34:24,(勢力)(者)(調査)(代身)
세 력 자 조 사 대 신

욥34:25,(行爲)(滅亡)
행 위 멸 망

욥34:26,(惡)(者)(目前)
악 자 목 전

욥34:27,(無關)
무 관

욥34:28,(者)(上達(患難)(者)
자 상 달 환 난 자

욥34:29,(主)(平康)(敢)(主)(自己)(敢)(一般)
주 평 강 감 주 자 기 감 일 반

욥34:30,(邪慝)(者)(權勢)(百姓)(陷害)
사 특 자 권 세 백 성 함 해

욥34:31,(懲戒)(犯罪)
징 계 범 죄

욥34:32,(惡)(行)(者)
악 행 자

욥34:33,(擇)
택

욥34:34,(聰明)(者)(智慧)(者)(必然)
총 명 자 지 혜 자 필 연

욥34:35,(無識)(智慧)
무 식 지 혜

욥34:36,(試驗)(願)(對答)(惡人)
시 험 원 대 답 악 인

욥34:37,(罪)(悖逆)(中)(拒逆)
죄 패 역 중 거 역

約伯記-(욥기)-第三十五章
약 백 기 제 삼 십 오 장

욥35:2,(合理)(義)
합 리 의

욥35:3,(有益)(犯罪)(利益)
유 익 범 죄 리 익

욥35:4,(對答)
대 답

욥35:5,(穹蒼)
궁 창

욥35:6,(犯罪)(影響)(罪惡)(貫盈)(關係)
범 죄 영 향 죄 악 관 영 관 계

욥35:7,(義)
의

욥35:8,(惡)(害)(義)(人生)(有益)
악 해 의 인생 유익

욥35:9,(虐待)(勢力)(者)
학대 세력 자

욥35:10,(中)(敎育)(智慧)(空中)(者)
중 교육 지혜 공중 자

욥35:12,(惡人)(驕慢)(因)(應諾)(者)
악인 교만 인 응락 자

욥35:13,(決)(全能者)
결 전능자

욥35:14,(是非)
시비

욥35:15,(震怒)(罰)(橫暴)(甚
진노 벌 횡포 심

욥35:16,(知識)
지식

約伯記-(욥기)-第三十六章
약백기 제삼십륙장

욥36:2,(暫間)(容納)(爲)
잠간 용납 위

욥36:3,(知識)(取)(者)(義)
지식 취 자 의

욥36:4,(眞實)(知識)(具備)(者)
진실 지식 구비 자

욥36:5,(全能)(蔑視)(知能)(無窮)
전능 멸시 지능 무궁

욥36:6,(惡人(苦難)(者)(爲)(伸冤)
악인 고난 자 위 신원

욥36:7,(義人)(王)(永遠)(尊貴)
의인 왕 영원 존귀

욥36:8,(或時)(患難)
혹시 환난

욥36:9,(所行)(驕慢)行爲)
소행 교만 행위

욥36:10,(敎訓)(命)(罪惡)
교훈 명 죄악

욥36:11,(萬一)(聽從)(亨通)
만일 청종 형통

욥36:12,(萬一)(聽從)(亡)(知識)
만일 청종 망 지식

욥36:13,(邪曲)(者)(忿怒)(束縛)(求)
사곡 자 분노 속박 구

욥36:14,(生命)(男娼)(亡)
생명 남창 망

욥36:15,(困苦)(者)(困苦)(救援)(虐待)(當)
곤고 자 곤고 구원 학대 당

욥36:16,(困苦)(床)
곤고 상

욥36:17,(惡人)(罰)(審判)(公義)
악인 벌 심판 공의

욥36:18,(忿激)(因)(懲責)(對敵)代贖)
분격 인 징책 대적 대속

욥36:19,(勢力)(能)(困苦)(有益)
세력 능 곤고 유익

욥36:20,(人生)(自己)(除)(思慕)
인생 자기 제 사모

욥36:21,(惡)(患難)(擇)
악 환난 택

욥36:22,(權能)(行)(敎訓)
권능 행 교훈

욥36:23,(爲)(定)(主)(不義)(行)
위 정 주 불의 행

욥36:24)讚頌)(人生)
찬송 인생

욥36:26,(年數)(計算)
년수 계산

욥36:28,(空中)
공중

욥36:29,(帳幕)(能)
장막 능

욥36:30,(自己)(四面
자기 사면

욥36:31,(萬民)(懲罰)(食物)(豊備)
만민 징벌 식물 풍비

욥36:32,(命)(標)
명 표

욥36:33,(風雨)(表示)(六畜)(表示)
풍우 표시 육축 표시

約伯記-(욥기)-第三十七章
약백기 제삼십칠장

욥37:1,(因)(自己)(處所)
인 자기 처소

욥37:2,(音聲)
음성

욥37:3,(天下)
천하

욥37:4,(後)(音聲)(發)(威嚴)(音聲)(音聲)
후 음성 발 위엄 음성 음성

욥37:5,(奇異)(音聲)(行)
기이 음성 행

욥37:6,(命)
명

욥37:7,(各)(封)
각 봉

욥37:8,(窟)
굴

욥37:9,(南方)(密室)(狂風)(北方)(氣運)
남방 밀실 광풍 북방 기운

욥37:10,(氣運)
기운

욥37:11,(濕氣)
습기

욥37:12,(引導)(行)(命)(世界上)
인도 행 명 세계상

욥37:13,(或)(懲罰)(爲)(或)(土地)(爲)
혹 징벌 위 혹 토지 위
(或)(矜恤)(爲)
혹 긍휼 위

욥37:14,(奇妙)(窮究)
기묘 궁구

욥37:15,(命令)
명령

욥37:16,(平平)(智慧)(穩全)(者)(奇妙)
평 평 지 혜 온 전 자 기 묘
욥37:17,(南風)(衣服)
남 풍 의 복
욥37:18,(能)(堅固)(穹蒼)
능 견 고 궁 창
욥37:19,(陳述)
진 술
욥37:20,(告)(者)
고 자
욥37:21,(穹蒼)(光明)
궁 창 광 명
욥37:22,(北方)(金)(威嚴)
북 방 금 위 엄
욥37:23,(全能者)(測量)(權能)(至極)
전 능 자 측 량 권 능 지 극
(審判)(無限)(公義)
심 판 무 한 공 의
욥37:24,(敬畏)(智慧)(者)
경 외 지 혜 자

約伯記-(욥기)-第三十八章
약 백 기 제 삼 십 팔 장

욥38:1,(暴風)
폭 풍
욥38:2,(無知)(理致)(者)
무 지 리 치 자
욥38:3,(大丈夫)(對答)
대 장 부 대 답
욥38:4,(基礎)
기 초
욥38:5,(度量)(定)(準繩)
도 량 정 준 승
욥38:6,(柱礎)
주 초
욥38:8,(胎)(門)(者)
태 문 자
욥38:9,(衣服)(黑暗)(襁褓)
의 복 흑 암 강 보
욥38:10,(界限)(定)(門)
계 한 정 문
욥38:11,(驕慢)
교 만
욥38:12,(命)(處所)
명 처 소
욥38:13,(惡人)(驅逐)
악 인 구 축
욥38:14,(變化)(印)(萬物)
변 화 인 만 물
욥38:15,(惡人)(禁)
악 인 금
욥38:16,(根源)냤
근 원
욥38:17,(死亡)(門)(死亡)(門)
사 망 문 사 망 문
욥38:18,(測量)
측 량
욥38:19,(光明)(處所)(黑暗)(處所)
광 명 처 소 흑 암 처 소
욥38:20,(能)(地境)(引導)
능 지 경 인 도
욥38:21,(年數)
년 수
욥38:22,(庫間)(雨雹)(倉庫)
고 간 우 박 창 고
욥38:23,(患難)(戰爭)(格鬪)(爲)(貯蓄)
환 난 전 쟁 격 투 위 저 축
욥38:24,(光明)(東風)
광 명 동 풍
욥38:25,(暴雨)(爲)(雨雷)
폭 우 위 우 뢰
욥38:26,(曠野)
광 야
욥38:27,(荒蕪)(空虛)(土地)(軟)
황 무 공 허 토 지 연
욥38:29,(胎)(空中)
태 공 중
욥38:30,(海面)
해 면
욥38:31,(昴星)(參星)
묘 성 삼 성
욥38:32,(宮星)(北斗星)(屬)(引導)
궁 성 북 두 성 속 인 도
욥38:33,(法度)(權能)
법 도 권 능
욥38:36,(智慧)(聰明)
지 혜 총 명
욥38:37,(智慧)(計數)(甁)
지 혜 계 수 병
욥38:39,(獅子)(爲)(食物)(獅子)(食量)
사 자 위 식 물 사 자 식 량
욥38:40,(窟)(森林)
굴 삼 림
욥38:41,(向)(爲)(豫備)(者)
향 위 예 비 자

約伯記-(욥기)-第三十九章
약 백 기 제 삼 십 구 장

욥39:1,(山)(期限)
산 기 한
욥39:2,(滿朔)
만 삭
욥39:4,(强)
강
욥39:5,(自由)
자 유
욥39:6,(處所)
처 소
욥39:7,(城邑)(馭拒)(者)
성 읍 어 거 자
욥39:8,(草場)(山)
초 장 산
욥39:9,(服從)
복 종

욥39:10,(能)
능

욥39:11,(依支)(受苦)
의지 수고

욥39:12,(穀食)(打作)(穀食)(依託)
곡식 타작 곡식 의탁

욥39:13,(駝鳥)(仁慈)
타조 인자

욥39:16,(無情)괘(掛念)
무정 괘념

욥39:17,(智慧)(稟賦)(聰明)
지혜 품부 총명

욥39:18,(者)(輕)
자 경

욥39:20,(威嚴)
위엄

욥39:21,(軍士)
군사

욥39:22,(當)
당

욥39:23,(箭筒)(槍)(槍)(錚錚)
전통 창 창 쟁쟁

욥39:24,(猛烈)
맹렬

욥39:25,(蕭蕭)(將官)(號令)
소소 장관 호령

욥39:26,(南方)(向)(智慧)
남방 향 지혜

욥39:27,(空中)(命令)(依支)
공중 명령 의지

욥39:28,(險峻)(居)
험준 거

욥39:30,(殺戮)(當)(者)
살륙 당 자

約伯記-(욥기)-第四十章
약백기 제사십장

욥40:2,(辯駁)(者)(全能者)(辯論)(者)對答)
변박 자 전능자 변론 자 대답

욥40:3,(對答)
대답

욥40:4,(微賤)(主)對答)
미천 주 대답

욥40:5,(番)(對答)
번 대답

욥40:6,(暴風)(
폭풍

욥40:7,(大丈夫)(對答)
대장부 대답

욥40:8,(審判)(廢)(義)(不義)
심판 폐 의 불의

욥40:10,(威嚴)(尊貴)(榮光)(華美)
위엄 존귀 영광 화미

욥40:11,(怒)(驕慢)(者)(發見))
노 교만 자 발견

욥40:12,(驕慢)(者)(發見)(惡人)(處所)
교만 자 발견 악인 처소

욥40:13,(塵土)
진토

욥40:14,(救援)(認定)
구원 인정

욥40:15,(河馬)
하마

욥40:16,(勢力)
세력

욥40:17,(柏香木)(聯絡)
백향목 련락

욥40:18,(管)(鐵杖)
관 철장

욥40:19,(創造物)(中)(者)
창조물 중 자

욥40:20,(山)(爲)(食物)
산 위 식물

욥40:21,(蓮)
연

욥40:22,(蓮)
연

욥40:23,(河水)(漲溢)(江)(自若)
하수 창일 강 자약

욥40:24,(精神)(能)
정신 능

約伯記-(욥기)-第四十一章
약백기 제사십일장

욥41:1,(能)(鰐魚)
능 악어

욥41:3,(連續)(懇求(柔順)
련속 간구 유순

욥41:4,(契約)(永永)
계약 영영

욥41:5,(少女)(爲)
소녀 위

욥41:6,(漁夫(商品)(商賈)
어부 상품 상고

욥41:7,(能)(槍)
능 창

욥41:9,(所望)(落膽)
소망 락담

욥41:10,(激動)(勇猛)(能)(當)(者)
격동 용맹 능 당 자

욥41:11,(天下)
천하

욥41:12,(鰐魚)(肢體)름(構造)(對)(潛潛)
악어 지체 구조 대 잠잠

욥41:14,(門)
문

욥41:15,(堅固)(連)(封)
견고 연 봉

욥41:17,(連)(能)수
연 능

욥41:18,(光彩)(發)
광채 발

욥41:20,(煙氣)끓
연기

욥41:21,(能)
능

욥41:23,(連)(堅固)
연 견고

욥41:25,(勇士)(驚怯)(蒼黃)
용사 경겁 창황

욥41:26,(槍)(所用)
창 소용

욥41:27,(鐵)(草芥)
철 초개

욥41:28,(逃亡)
도망

욥41:29,(槍)
창

욥41:30,(瓦礫)(打作)(機械)
와력 타작 기계

욥41:31,(香)
향

욥41:32,(自己)(光彩)(白髮)
자기 광채 백발

욥41:34,(驕慢)(王)
교만 왕

約伯記-(욥기)-第四十二章
약백기 제사십이장

욥42:1,(對答
대답

욥42:2,(主)(無所不能)(經營)
주 무소불능 경영

욥42:3,(無知)(理致)(者)
무지 이치 자

욥42:4,(主)(主)(主)
주 주 주

욥42:5,(主)(對)(主)
주 대 주

욥42:6,(恨)(悔改)
한 회개

욥42:7,(後)(親舊)(怒)(正當)
후 친구 노 정당

욥42:8,(羊)(取)(爲)(燔祭)(爲)(祈禱)
양 취 위 번제 위 기도

(愚昧)(正當)
우매 정당

욥42:9,(自己)(命)(行)
자기 명 행

욥42:10,(爲)(困境)(前)(所有)
위 곤경 전 소유

욥42:11,(兄弟)(姉妹)(前)(者)(食物)(災殃)
형제 자매 전 자 식물 재앙

(對)(爲)(慰勞)(各各)(金)(金)
대 위 위로 각각 금 금

욥42:12,(福)(福)(羊)(一萬)(四千)(六千)
복 복 양 일만 사천 육천

(一千)(一千)
일천 일천

욥42:15,(全國)(中)(女子)(産業)
전국 중 녀자 산업

욥42:16,(後)(一百)(四十年(孫子)(四代)
후 일백 사십년 손자 사대

욥42:17)(期限)
기한

第一券 詩篇-(시편)-第一篇
제일권 시편 제일편

시1:1,(福)(惡人)(罪人)(傲慢)(者)
복 악인 죄인 오만 자

시1:2,(律法)(律法)(晝夜)(默想)(者)
률법 률법 주야 묵상 자

시1:3,(時節)(果實)(行)(亨通)
시절 과실 행 형통

시1:4,(惡人)
악인

시1:5,(惡人)(審判)(罪人)(義人)(會中)
악인 심판 죄인 의인 회중

시1:6,(大抵)(義人)(認定)(惡人)(亡)
대저 의인 인정 악인 망

詩篇-(시편)-第二篇
시편 제이편

시2:1,(列邦)(忿怒)(民族)(虛事)(經營)
열방 분노 민족 허사 경영

시2:2,(世上)(君王)(官員)(者)(對敵)
세상 군왕 관원 자 대적

시2:3,(結縛)
결박

시2:4,(者)(主)
자 주

시2:5,(忿)(發)(震怒)
분 발 진노

시2:6,(王)(山)
왕 산

시2:7,(靈)(傳)
영 전

시2:8,(求)(列邦)(遺業)(所有)
구 열방 유업 소유

시2:9,(鐵杖)
철장

시2:10,(君王)(智慧)(世上)(官員)(教訓)
군왕 지혜 세상 관원 교훈

시2:11,(敬畏)
경외

시2:12,(震怒)(亡)(震怒)(急)(依支)(者)(福)
진노 망 진노 급 의지 자 복

詩篇-(시편)-第三篇
시편 제삼편

시3:1,(避)(詩)(對敵)(者)
피 시 대적 자

시3:3,(主)(防牌)(榮光)(者)
주 방패 영광 자

시3:4,(聖山)(應答)
성산 응답

시3:6,(千萬人)
천만인

시3:7,(救援)(主)(怨讐)(惡人)
구원 주 원수 악인

시3:8,(救援)(主)(福)(主)(百姓)
구원 주 복 주 백성

詩篇-(시편)-第四篇
시편 제사편

시4:1,(詩)(伶長)(絃樂)(義)(應答)(困難)(中)(矜恤)
시 령장 현악 의 응답 곤난 중 긍휼
(祈禱)
기도

시4:2,(人生)(榮光)(變)(辱)(虛事)(詭譎)(求)
인생 영광 변 욕 허사 궤휼 구

시4:3,(自己)(爲)(敬虔)(者)(擇)
자기 위 경건 자 택

시4:4,(犯罪)(心中)(潛潛)
범죄 심중 잠잠

시4:5,(祭祀)(依賴)
제사 의뢰

시4:6,(善)(者)(主)
선 자 주

시4:7,(主)(穀食)(葡萄酒)(豊盛)
주 곡식 포도주 풍성

시4:8,(平安)(自己)(安全)(居)
평안 자기 안전 거

詩篇-(시편)-第五篇
시편 제오편

시5:1,(詩)(伶長)(管樂)(心思)(洞燭)
시 령장 관악 심사 통촉

시5:2,(王)(主)(祈禱)
왕 주 기도

시5:3,(主)(主)(祈禱)
주 주 기도

시5:4,(主)(罪惡)(神)(惡)(主)(留)
주 죄악 신 악 주 유

시5:5,(傲慢)(者)(主)(目前)(主)(行惡者)
오만 자 주 목전 주 행악자

시5:6,(者)(滅)(者)
자 멸 자

시5:7,(主)(豊盛)(仁慈)(主)(主)(敬畏)
주 풍성 인자 주 주 경외
(聖殿)(向)(敬拜)
성전 향 경배

시5:8,(怨讐)(因)(主)(義)(引導)(主)(目前)
원수 인 주 의 인도 주 목전

시5:9,(信實)(心中)(甚)(惡) (阿諂)
신실 심중 심 악 아첨

시5:10,(定罪)(自己)(因)(主)(背逆)
정죄 자기 인 주 배역

시5:11,(主)(避)(者)(主)(保護)(因)(永永)
주 피 자 주 보호 인 영영
(主)(者)(主)
주 자 주

시5:12,(主)(義人)(福)(防牌)(恩惠)(護衛)
주 의인 복 방패 은혜 호위

詩篇-(시편)-第六篇
시편 제륙편

시6:1,(詩)(伶長)(絃樂)(主)(忿)(譴責)
시 령장 현악 주 분 견책
(主)(震怒)(懲戒)
주 진노 징계

시6:2,(瘦瘠)(矜恤)
수척 긍휼

시6:3,(靈魂)(甚)
영혼 심

시6:4,(靈魂)(主)(仁慈)(因)(救援)
영혼 주 인자 인 구원

시6:5,(死亡)(中)(主)(記憶)(陰府)(主)
사망 중 주 기억 음부 주
(感謝)(者)
감사 자

시6:6,(嘆息)(困乏)(寢床)(褥)
탄식 곤핍 침상 욕

시6:7,(因)(衰)(對敵)(因)
인 쇠 대적 인

시6:8,(行惡)(哭聲)
행악 곡성

시6:9,(懇求)(祈禱)
간구 기도

시6:10,(怨讐)(當)(甚)(忽然)
원수 당 심 홀연

詩篇-(시편)-第七篇
시편 제칠편

시7:1,(人)(對)(主)(避)(者)(救)
인 대 주 피 자 구

시7:2,(者)(獅子)
자 사자

시7:3,(行)(罪惡)
행 죄악

시7:4,(和親)(者)(惡)(對敵)(無故)
화친 자 악 대적 무고

시7:5,(怨讐)(靈魂(生命)(榮光)(塵土)
원수 영혼 생명 영광 진토

시7:6,(震怒)(對敵)(怒)(爲)(主)(審判)(命)
진노 대적 노 위 주 심판 명

시7:7,(民族)(集會)(主)
민족 집회 주

시7:8,(萬民)(審判)(行)(義)(誠實)(判斷)
만민 심판 행 의 성실 판단

시7:9,(惡人)(惡)(義人)(義)(心腸)(鑑察)
악인 악 의인 의 심장 감찰

시7:10,(防牌)(正直)(者)(救援)
방패 정직 자 구원

시7:11,(義)(裁判長)(每日)(忿怒)
의 재판장 매일 분노

시7:12,(悔改)(豫備)
회개 예비

시7:13,(機械)(豫備(火箭)
기계 예비 화전

시7:14,(惡人)(罪惡)(解産)(殘害)(孕胎)
악인 죄악 해산 잔해 잉태
(詭譎)
궤휼

시7:15,(陷穽)
함정

시7:16,(殘害)(自己)(暴虐)(自己)(頂)
잔해 자기 포학 자기 정

시7:17,(義)(感謝)(至極)(讚揚)
의 감사 지극 찬양

詩篇-(시편)-第八篇
시편 제팔편

시8:1,(詩)(伶長)(主)(主)(主)(榮光)
시 령장 주 주 주 영광

시8:2,(主)(對敵)(因)(權能)(怨讐)
주 대적 인 권능 원수
(報讐者)(潛潛(
보수자 잠잠

시8:3,(主)(主)(主)
주 주 주

시8:4,(主)(眷顧)
주 권고

시8:5,(天使)(榮華)(尊貴)(冠)
천사 영화 존귀 관

시8:6,(主)(萬物)
주 만물

시8:7,(牛羊)
우양

시8:8,(空中)(魚族)(海路)
공중 어족 해로

시8:9,(主)(主)
주 주

詩篇-(시편)-第九篇
시편 제구편

시9:1,(詩)(伶長)(全心)(感謝)(主)(奇事)(傳)
시 령장 전심 감사 주 기사 전

시9:2,(主)(至極)(主)(讚頌)
주 지극 주 찬송

시9:3,(怨讐)(主)(亡)
원수 주 망

시9:4,(主)(義)(訟事)(辯護)(寶座)(義)(審判)
주 의 송사 변호 보좌 의 심판

시9:5,(列邦)(責)(惡人)(滅)(永永)(塗抹)
열방 책 악인 멸 영영 도말

시9:6,(怨讐)(永永)(滅亡)(主)(城邑)(記憶)
원수 영영 멸망 주 성읍 기억

시9:7,(永永)(審判)(爲)(寶座)(豫備)
영영 심판 위 보좌 예비

시9:8,(公義)(世界)(審判)(正直)(萬民)
공의 세계 심판 정직 만민
(判斷)(行)
핀딘 헹

시9:9,(壓制)(當)(者)(山城)(患難)(山城)
압제 당 자 산성 환난 산성

시9:10,(主)(者)(主)(依支)(主)(者)
주 자 주 의지 주 자

시9:11,(居)(讚頌)(行事)(百姓)(中)(宣布)
거 찬송 행사 백성 중 선포

시9:12,(審問)(記憶)(者)
심문 기억 자

시9:13,(矜恤)(死亡)(門)(主)(者)(困苦)
긍휼 사망 문 주 자 곤고

시9:14,(主)(讚頌)(傳)(門)(主)(救援)
주 찬송 전 문 주 구원

시9:15,(列邦)(自己)(自己)
열방 자기 자기

시9:16,(自己)(審判)(行)(惡人)(行)얽힉은,
자기 심판 행 악인 행

시9:17,(惡人)(陰府)(列邦)
악인 음부 열방

시9:18,(窮乏)(者)(恒常)(者)(永永)(失望)
궁핍 자 항상 자 영영 실망

시9:19,(人生)(勝利)(列邦)(主)(目前)(審判)
인생 승리 열방 주 목전 심판

시9:20,(列邦)(自己)(人生)
열방 자기 인생

詩篇-(시편)-第十篇
시편 제십편

시10:1,(患難)
환난

시10:2,(惡)(者)(驕慢)(可憐)(者)(甚)
악 자 교만 가련 자 심
(窘迫)(自己)
군박 자기

시10:3,(惡人)(所欲)(貪利)(者)(背叛)(蔑視)
악인 소욕 탐리 자 배반 멸시

시10:4,(惡人)(驕慢)(鑑察)思想)
악인 교만 감찰 사상

시10:5,(堅固)(主)(審判)(眼力)(對敵)(蔑視)
견고 주 심판 안력 대적 멸시

시10:6,(搖動)(代代)(患難)(當)
요동 대대 환난 당

시10:7,(詛呪)(詭譎)(暴虐)(充滿)
저주 궤휼 포학 충만
(殘害)(罪惡)
잔해 죄악

시10:8,(鄕村)(幽僻)(隱密)(無罪)(者)(者)
향촌 유벽 은밀 무죄 자 자

시10:9,(獅子)(窟穴)(隱密)(可憐)(者)
사자 굴혈 은밀 가련 자
(自己)(可憐)(者)
자기 가련 자

시10:10,(强暴)(因)(者)
강포 인 자

시10:11,(永遠)
영원

시10:12,(者)
자

시10:13,(惡人)(蔑視)(主)(鑑察)
악인 멸시 주 감찰

시10:14,(主)(殘害)(怨恨)(鑑察)(主)(者)
주 잔해 원한 감찰 주 자
(主)(依支)(主)(孤兒)(者)
주 의지 주 고아 자

시10:15,(惡人)(惡)(者)(惡)
악인 악 자 악

시10:16,(永遠無窮)(王)(列邦)(主)(滅亡)
영원무궁 왕 열방 주 멸망

시10:17,(主)(謙遜)(者)(所願)(豫備)
주 겸손 자 소원 예비

시10:18,(孤兒)(壓迫)(當)(者)(爲)(審判)
고아 압박 당 자 위 심판
(世上)(屬)(者)(威脅)
세상 속 자 위협

詩篇-(시편)-第十一篇
시편 제십일편

시11:1,(詩)(伶長)(避)(靈魂)(山)(逃亡)
시 령장 피 영혼 산 도망

시11:2,(惡人)(者)
악인 자

시11:3,(義人)
의인

시11:4,(聖殿)(寶座)(人生)(洞燭)(眼目)
성전 보좌 인생 통촉 안목
(鑑察)
감찰

시11:5,(義人)(鑑察)(惡人)(强暴)(者)
의인 감찰 악인 강포 자

시11:6,(惡人)(硫黃)(盞)(所得)
악인 류황 잔 소득

시11:7,(義)(義)(正直)(者)
의 의 정직 자

詩篇-(시편)-第十二篇
시편 제십이편

시12:1,(詩)(伶長)(敬虔)(者)(忠實)(者)
시 령장 경건 자 충실 자
(人生)(中)
인생 중

시12:2,(各其)(阿諂)
각기 아첨

시12:3,(阿諂)
아첨

시12:4,(主管)(者)
주관 자

시12:5,(可憐)(者)(窮乏)(者)(嘆息)(因)
가련 자 궁핍 자 탄식 인
(願)(安全)(地帶)
원 안전 지대

시12:6,(純潔)(番)(鍛鍊)(銀)
순결 번 단련 은

시12:7,(世代)(永永)(保存)
세대 영영 보존

시12:8,(鄙陋)(人生)(中)(惡人)(處處)(橫行)
비루 인생 중 악인 처처 횡행

詩篇-(시편)-第十三篇
시편 제십삼편

시13:1,(詩)(伶長)(永永)(主)
시 령장 영영 주

시13:2,(靈魂)(經營)(終日)(怨讐)(自矜)
영혼 경영 종일 원수 자긍

시13:3,(應答)(死亡)
응답 사망

시13:4,(怨讐)(搖動)(對敵)
원수 요동 대적

시13:5,(主)(仁慈)(依賴)(主)(救援)
주 인자 의뢰 주 구원

시13:6,(讚頌)(厚待)
찬송 후대

詩篇-(시편)-第十四篇
시편 제십사편

시14:1,(詩)(伶長)(者)(腐敗)(所行)
시 령장 자 부패 소행
(可憎)(善)(行)(者)
가증 선 행 자

시14:2,(人生)(知覺)(者)
인생 지각 자

시14:3,(者)(善)(行)(者)
자 선 행 자

시14:4,(罪惡)(行)(者)(無知)(百姓)
죄악 행 자 무지 백성

시14:5,(義人)(世代)
의인 세대

시14:6,(者)(經營)(避難處)
자 경영 피난처

시14:7,(救援)(願)(百姓)(捕虜)
구원 원 백성 포로

詩篇-(시편)-第十五篇
시편 제십오편

시15:1,(詩)(主)(帳幕)(留)(者)(主)
시 주 장막 유 자 주
(聖山)(居)(者)
성산 거 자

시15:2,(正直)(行)(公義)(眞實)
정직 행 공의 진실

시15:3,(讒訴)行惡)(毁謗)
참소 행악 훼방

시15:4,(妄靈)(者)(蔑視)(者)(尊待(誓願)(變)
망령 자 멸시 자 존대 서원 변

시15:5,(邊利)貸金)(賂物)(無罪)(者)(害)
변리 대금 뇌물 무죄 자 해
(者)(行)(者)(永永)(搖動)
자 행 자 영영 요동

詩篇-(시편)-第十六篇
시편 제십륙편

시16:1,(保護)(主)(避)
보호 주 피

시16:2,(主)(主)(主)(福)
주 주 주 복

시16:3,(聖徒)(尊貴)(者)
성도 존귀 자

시16:4,(神)(禮物)(者)(奠祭)
신 예물 자 전제

시16:5,(産業)(盞)(所得)(分)
산업 잔 소득 분

시16:6,(區域)(基業)(實)
구역 기업 실

시16:7,(訓戒)(頌祝)(心腸)(教訓)
훈계 송축 심장 교훈

시16:8,(恒常)(右便)(搖動)
항상 우편 요동

시16:9,(榮光)(肉體)(安全)(居)
영광 육체 안전 거

시16:10,(靈魂)(陰府)(主)(者)
영혼 음부 주 자

시16:11,(主)(生命)(主)(充滿)(主)(右便)(永遠)
주 생명 주 충만 주 우편 영원

詩篇-(시편)-第十七篇
시편 제십칠편

시17:1,(祈禱)(正直)(注意)(祈禱)
기도 정직 주의 기도

시17:2,(判斷)(主)(主)(公平)
판단 주 주 공평

시17:3,(主)(試驗)(眷顧)(鑑察)(欠)
주 시험 권고 감찰 흠
(決心)(犯罪)
결심 범죄

시17:4,(行事)(論)(主)(强暴)(者)(行)
행사 논 주 강포 자 행

시17:5,(主)(失足)
주 실족

시17:6,(應答)(故)
응답 고

시17:7,(主)(避)(者)(者)(救援)(主)(主)
주 피 자 자 구원 주 주
(奇異)(仁慈)
기이 인자

시17:8,(瞳子)(主)
동자 주

시17:9,(壓制)(惡人)(極)(怨讐)
압제 악인 극 원수

시17:10,(自己)(驕慢)
자기 교만

시17:11,(注目)
주목

시17:12,(獅子)(隱密)(獅子)
사자 은밀 사자

시17:13對抗)(主)(惡人)(靈魂)(救援)
대항 주 악인 영혼 구원

시17:14,(今生)(分)(世上)(主)(救)(主)(財物)
금생 분 세상 주 구 주 재물
(子女)(滿足)(産業)(遺傳)(者)
자녀 만족 산업 유전 자

시17:15,(義)(中)(主)(主)(形像)(滿足)
의 중 주 주 형상 만족

詩篇-(시편)-第十八篇
시편 제십팔편

시18:1,(詩)(伶長)(怨讐)(救援)(主)
시 령장 원수 구원 주

시18:2,(磐石)(要塞)(者)(避)(防牌)
반석 요새 자 피 방패
(救援)(山城)
구원 산성

시18:3,(讚頌)(怨讐)(救援)
찬송 원수 구원

시18:4,(死亡)(不義)(漲水)
사망 불의 창수

시18:5,(陰府)(死亡)
음부 사망

시18:6,(患難)(殿)
환난 전

시18:7,(震動)(山)(搖動)(震怒)(因)
진동 산 요동 진노 인

시18:8,(煙氣)
연기

시18:9,(降臨)
강림

시18:11,(黑暗)(帳幕)(自己)(黑暗)(空中)
흑암 장막 자기 흑암 공중

시18:12,(光彩)(因)(雨雹)
광채 인 우박

시18:13,(雷聲)(發)(至尊)(者)(音聲)(雨雹)
뇌성 발 지존 자 음성 우박

시18:14,(破)
파

시18:15,(因)(世上)
인 세상

시18:16,(取)
취

시18:17,(强)(怨讐)(者)(緣故)
강 원수 자 연고

시18:18,(災殃)(依支)
재앙 의지

시18:19,(引導)(救援)
인도 구원

시18:20,(義)(賞)
의 상

시18:21,(道)(惡)
도 악

시18:22,(規例)(律例)
규례 율례

시18:23,(完全)(罪惡)
완전 죄악

시18:24,(義)(目前)
의 목전

시18:25,(慈悲)(者)(主)(慈悲)(完全)(者)
자비 자 주 자비 완전 자
(主)(完全)
주 완전

시18:26,(者)(主)(邪慝)(者)(主)
자 주 사특 자 주

시18:27,(主)(困苦)(百姓)(救援)(驕慢)
주 곤고 백성 구원 교만

시18:28,(主)(燈)(黑暗)
주 등 흑암

시18:29,(主)(依賴)(敵軍)(依支)
주 의뢰 적군 의지

시18:30,(道)(完全)(精美)(自己)(避)(者)(防牌)
도 완전 정미 자기 피 자 방패

시18:31,(外)(外)(磐石)
외 외 반석

시18:32,(完全)
완전

시18:35,(主)(主)(救援)(防牌)(主)(主)(溫柔)
주 주 구원 방패 주 주 온유

시18:36,(失足)
실족

시18:37,(怨讐)(亡)(前)
원수 망 전

시18:38,(能)
능

시18:39,(大抵)(主)(戰爭)(能力)(者)(屈伏)
대저 주 전쟁 능력 자 굴복

시18:40,(主)(怨讐)(向)(者)
주 원수 향 자

시18:41,(救援)(者)(對答)
구원 자 대답

시18:43,(主)(百姓)(列邦)(百姓)
주 백성 열방 백성

시18:44,(風聲)(卽時)(順服)(異邦人)(服從)
풍성 즉시 순복 이방인 복종

시18:45,(異邦人)(衰微)(堅固)
이방인 쇠미 견고

시18:46,(生存)(磐石)(讚頌)(救援)
생존 반석 찬송 구원

시18:47,(爲)(報讐)(民族)(服從)
위 보수 민족 복종

시18:48,(主)(怨讐)(救助)(主)(實)(對敵)
주 원수 구조 주 실 대적
(者)(强暴)(者)
자 강포 자

시18:49,(列邦)(中)(主)(感謝)(主)(讚頌)
열방 중 주 감사 주 찬송

시18:50,(王)(救援)(者)(仁慈)(永永)(後孫)
왕 구원 자 인자 영영 후손

詩篇-(시편)-第十九篇
시편 제십구편

시19:1,(詩)(伶長)(榮光)(宣布)(穹蒼)
시 령장 영광 선포 궁창

시19:2,(知識)(傳)
지식 전

시19:3,(言語)
언어

시19:4,(通)(世界)(爲)(帳幕)
통 세계 위 장막

시19:5,(房)(新郎)(壯士)
방 신랑 장사

시19:6,(運行)(溫氣)(避)(者)
운행 온기 피 자

시19:7,(律法)(完全)(靈魂)(蘇醒)(證據)
률법 완전 영혼 소성 증거
(確實)(愚鈍)(者)(智慧)
확실 우둔 자 지혜

시19:8,(教訓)(正直)(誡命)(純潔)
교훈 정직 계명 순결

시19:9,(敬畏)(道)(淨潔)(永遠)(規例)
경외 도 정결 영원 규례
(確實)(義)
확실 의

시19:10,(金)(精金)(思慕)(
금 정금 사모

시19:11,(主)(警戒)(賞)
주 경계 상

시19:12,(自己)(能)(者)
자기 능 자

시19:13,(主)(故犯罪)(罪)(主掌)(正直)(罪過)
주 고범죄 죄 주장 정직 죄과

시19:14,(磐石)(救贖者)(默想)(主)(悅納)(願)
반석 구속자 묵상 주 열납 원

詩篇-(시편)-第二十篇
시편 제이십편

시20:1,(詩)(伶長)(患難)(應答)
시 령장 환난 응답

시20:2,(聖所)
성소

시20:3,(素祭)(記憶)(燔祭)(願)
소제 기억 번제 원

시20:4,(所願)(許諾)(圖謀)(願)
소원 허락 도모 원

시20:5,(勝利)(因)(凱歌)(旗)(祈禱)(願)
승리 인 개가 기 기도 원

시20:6,(自己)(屬)(者)(救援)(救援)(應諾)
자기 속 자 구원 구원 응락

시20:7,(或)(兵車)(或)(依支)
혹 병거 혹 의지

시20:9,(救援)(王)(應諾)
구원 왕 응락

시20:10,(王)(主)(因)(主)(救援)(因)
왕 주 인 주 구원 인

詩篇-(시편)-第二十一篇
시편 제이십일편

시21:1,(詩)(伶長)(王)(主)(因)(主)(救援)(因)
시 령장 왕 주 인 주 구원 인

시21:2,(所願)(求)(拒絶)
소원 구 거절

시21:3,(主)(福)(迎接)(精金)(冕旒冠)
주 복 영접 정금 면류관

시21:4,(生命)(求)(主)(永永)(長壽)
생명 구 주 영영 장수

시21:5,(主)(救援)(榮光)(尊貴)(威嚴)
주 구원 영광 존귀 위엄

시21:6,(永永)(至極)(福)(主)
영영 지극 복 주

시21:7,(王)(依支)(至極)(者)(仁慈)(搖動)
왕 의지 지극 자 인자 요동

시21:8,(怨讐)(發見)(者)(發見)
원수 발견 자 발견

시21:9,(震怒)(燒滅)
진노 소멸

시21:10,(後孫)(滅)(子孫)(人生)(中)
후손 멸 자손 인생 중

시21:11,(大抵)(害)(計較)
대저 해 계교

시21:12,(向)
향

시21:13,(主)(能力)(主)(權能)(稱頌)
주 능력 주 권능 칭송

詩篇-(시편)-第二十二篇
시편 제이십이편

시22:1,(詩)(伶長)(呻吟)
시 령장 신음

시22:2,(潛潛)(應答)
잠잠 응답

시22:3,(讚頌)(中)(居)(主)(主)
찬송 중 거 주 주

시22:4,(列祖)(主)(依賴)(依賴)
열조 주 의뢰 의뢰

시22:5,(主)(救援)(主)(依賴)(羞恥)(當)
주 구원 주 의뢰 수치 당

시22:6,(毁謗)(百姓)(嘲弄)
훼방 백성 조롱

시22:7,(者)
자

시22:8,(依託)(救援)
의탁 구원

시22:9,(主)(母胎)(母親)(依支)
주 모태 모친 의지

시22:10,(主)(母胎)(主)
주 모태 주

시22:11,(患難)(者)
환난 자

시22:13,(獅子)
사자

시22:14,(燭蜜)
촉밀

시22:15,(主)(死亡)(塵土)
주 사망 진토

시22:16,(惡)(手足)
악 수족

시22:17,(注目)
주목

시22:19,(速)
속

시22:20,(靈魂)(唯一)(勢力)(救)
영혼 유일 세력 구

시22:21,(獅子)(救)(主)(應諾)(救援)
사자 구 주 응락 구원

시22:22,(主)(兄弟)(宣布)(會衆)(主)(讚頌)
주 형제 선포 회중 주 찬송

시22:23,(讚頌)(子孫)(榮光)(子孫)(敬畏)
찬송 자손 영광 자손 경외

시22:24,(困苦)(者)(困苦)(蔑視)
곤고 자 곤고 멸시

시22:25,(大會)(中)(讚頌)(主)(主)(敬畏)
대회 중 찬송 주 주 경외
(者)(誓願)
자 서원

시22:26,(謙遜)(者)(者)(讚頌)(永遠)
겸손 자 자 찬송 영원

시22:27,(記憶)(列邦)(族屬)(主)(敬拜)
기억 열방 족속 주 경배

시22:28,(列邦)(主宰)
열방 주재

시22:29,(世上)(豊備)(者)(敬拜)(塵土)(者)
세상 풍비 자 경배 진토 자
(自己)(靈魂)(者)
자기 영혼 자

시22:30,(後孫)(奉事)(代代)(主)(傳)
후손 봉사 대대 주 전

시22:31,(公義)(將次)(百姓)(傳)(主)(行)
공의 장차 백성 전 주 행

詩篇-(시편)-第二十三篇
시 편 제이십삼편

시23:1,(詩)(牧者)(不足)
시 목자 부족

시23:2,(草場)(引導)
초장 인도

시23:3,(靈魂)(蘇生)(自己)(爲)(義)(引導)
영혼 소생 자기 위 의 인도

시23:4,(死亡)(陰沈)(主)(主)(安慰)
사망 음침 주 주 안위

시23:5,(主)(怨讐)(目前)(床)(盞)
주 원수 목전 상 잔

시23:6,(平生)(善)(仁慈)(丁寧)(永遠)(居)
평생 선 인자 정녕 영원 거

詩篇-(시편)-第二十四篇
시 편 제이십사편

시24:1,(詩)(充滿)(世界)(中)(居)(者)
시 충만 세계 중 거 자

시24:2,(江)(建設)
강 건설

시24:3,(山)(者)(者)
산 자 자

시24:4,(淸潔)(虛誕)(盟誓)(者)
청결 허탄 맹서 자

시24:5,(福)(救援)(義)
복 구원 의

시24:6,(族屬)(求)(者)
족속 구 자

시24:7,(門)(永遠)(門)(榮光)(王)
문 영원 문 영광 왕

시24:8,(榮光)(王)(强)(能)(戰爭)(能)
영광 왕 강 능 전쟁 능

시24:9,(門)(永遠)(門)(榮光)(王)
문 영원 문 영광 왕

시24:10,(榮光)(王)(萬軍)(榮光)(王)
영광 왕 만군 영광 왕

詩篇-(시편)-第二十五篇
시 편 제이십오편

시25:1,(詩)(靈魂)(主)
시 영혼 주

시25:2,(主)(依支)(怨讐)(凱歌)
주 의지 원수 개가

시25:3,(主)(者)(羞恥)(當)(無故)(者)
주 자 수치 당 무고 자
(羞恥)(當)
수치 당

시25:4,(主)(道)(主)
주 도 주

시25:5,(主)(眞理)(指導)(敎訓)(主)
주 진리 지도 교훈 주
(救援)(終日)(主)
구원 종일 주

시25:6,(主)(矜恤)(仁慈)(永遠)(主)(記憶)
주 긍휼 인자 영원 주 기억

시25:7,(少時)(罪)(記憶)(主)(仁慈)(記憶)
소시 죄 기억 주 인자 기억
(主)(善)(因)
주 선 인

시25:8,(善)(正直)(道)(罪人)(敎訓)
선 정직 도 죄인 교훈

시25:9,(溫柔)(者)(公義)(指導)(溫柔)(者)(道)
온유 자 공의 지도 온유 자 도

시25:10,(言約)(證據)(者)(仁慈)(眞理)
언약 증거 자 인자 진리

시25:11,(罪惡)(重大)(主)(因)(赦)
죄악 중대 주 인 사

시25:12,(敬畏)(者)(擇)
경외 자 택

시25:13,(靈魂)(平安)(居)(子孫)(相續)
영혼 평안 거 자손 상속

시25:14,(親密)(敬畏)(者)(言約)
친밀 경외 자 언약

시25:15,(恒常)(仰望)
항상 앙망

시25:16,(主)(矜恤)
주 긍휼

시25:17,(苦難)
고난

시25:18,(困苦)(患難)(罪)(赦)
곤고 환난 죄 사

시25:19,(怨讐)(甚)
원수 심

시25:20,(靈魂)(救援)(主)(避)(羞恥)(當)
영혼 구원 주 피 수치 당

시25:21,(主)(誠實)(正直)(保護)
주 성실 정직 보호

시25:22,(患難)(救贖)
환난 구속

詩篇-(시편)-第二十六
시 편 제이십륙

시26:1,(詩)(完全)(行)(搖動)(依支)(判斷)
시 완전 행 요동 의지 판단

시26:2,(試驗)(鍛鍊)
시험 단련

시26:3,(主)(仁慈)(目前)(主)(眞理)(中)(行)
주 인자 목전 주 진리 중 행

시26:4,(虛妄)(奸詐)(者)(同行)
허망 간사 자 동행

시26:5,(行惡者)(集會)(惡)(者)
행악자 집회 악 자

시26:6,(無罪)(主)(壇)
무죄 주 단

시26:7,(感謝)(主)(奇異)
감사 주 기이

시26:8,(主)(主)(榮光)(居)
주 주 영광 거

시26:9,(靈魂)(罪人)(生命)(殺人者)
영혼 죄인 생명 살인자

시26:10,(惡慝)(賂物)나
악특 뇌물

시26:11,(完全)(行)(救贖)(矜恤)
완전 행 구속 긍휼

시26:12,(平坦)(會衆)(頌祝)
평탄 회중 송축

詩篇-(시편)-第二十七篇
시편 제이십칠편

시27:1,(詩)(救援)(生命)(能力)
시 구원 생명 능력

시27:2,(對敵)(怨讐)(行惡者)(失足)
대적 원수 행악자 실족

시27:3,(軍隊)(對敵)(陣)(戰爭)(晏然)
군대 대적 진 전쟁 안연

시27:4,(請)(求)(生前)(居)(仰望)(殿)(思慕)
청 구 생전 거 앙망 전 사모

시27:5,(患難)(草幕)(秘密)(帳幕)(隱密)
환난 초막 비밀 장막 은밀

시27:6,(怨讐)(帳幕)(祭祀)(讚頌)
원수 장막 제사 찬송

시27:7,(矜恤)(應答)
긍휼 응답

시27:8,(主)(主)
주 주

시27:9,(主)(主)(怒)(主)(救援
주 주 노 주 구원

시27:10,(父母)(迎接)
부모 영접

시27:11,(主)(怨讐)(因)(平坦)(引導)
주 원수 인 평탄 인도

시27:12,(生命)(對敵)(僞證者)(惡)(吐)(者)
생명 대적 위증자 악 토 자

시27:13,(者)(恩惠)
자 은혜

시27:14,(强)(膽大)
강 담대

詩篇-(시편)-第二十八篇
시편 제이십팔편

시28:1,(詩)(主)(磐石)(主)(潛潛)(者)
시 주 반석 주 잠잠 자

시28:2,(主)(聖所)(向)(主)(懇求)
주 성소 향 주 간구

시28:3,(惡人)(行惡)(者)(和平)(惡毒)
악인 행악 자 화평 악독

시28:4,(行事)(行爲)(惡)(報應)
행사 행위 악 보응

시28:5,(行)(破壞)(建設)
행 파괴 건설

시28:6,(讚頌)(懇求)
찬송 간구

시28:7,(防牌)(依支)(讚頌)
방패 의지 찬송

시28:8,(者)(救援)(山城)
자 구원 산성

시28:9,(主)(百姓)(救援)(主)(産業)(福)
주 백성 구원 주 산업 복
(牧者)(永遠)
목자 영원

詩篇-(시편)-第二十九篇
시편 제이십구편

시29:1,(詩)(權能)(者)(榮光)(能力)
시 권능 자 영광 능력

시29:2,(合當)(榮光)(敬拜)
합당 영광 경배

시29:3,(榮光)(雷聲)(發)
영광 뇌성 발

시29:4,(威嚴)
위엄

시29:5,(柏香木)(柏香木)
백향목 백향목

시29:7,(火焰)
화염

시29:8,(曠野)(震動)(曠野)(震動)
광야 진동 광야 진동

시29:9,(落胎)(森林)(殿)(榮光)
락태 삼림 전 영광

시29:10,(洪水)(座定)(永永)(王)(座定)
홍수 좌정 영영 왕 좌정

시29:11,(自己)(百姓)(自己)(百姓)(平康)(福)
자기 백성 자기 백성 평강 복

詩篇-(시편)-第三十篇
시편 제삼십편

시30:1,(詩)(聖殿)(落成歌)(主)(主)(對敵)(因)
시 성전 락성가 주 주 대적 인

시30:2,(主)
주

시30:3,(主)(靈魂)(陰府)
주 영혼 음부

시30:4,(主)(聖徒)(讚頌)(感謝)
주 성도 찬송 감사

시30:5,(怒焰)(暫間)(恩寵)(平生)(寄宿)
노염 잠간 은총 평생 기숙

시30:6,(亨通)(永永)(搖動)
형통 영영 요동

시30:7,(主)(恩惠)(山)(主)
주 은혜 산 주

시30:8,(主)(懇求)
주 간구

시30:9,(有益)(塵土)(主)(讚頌)(主)
유익 진토 주 찬송 주
(眞理)(宣布)
진리 선포

시30:10,(矜恤)(者)
긍휼 자

시30:11,(主)(變)
주 변

시30:12,(潛潛)(榮光)(主)(讚頌)(主)
잠잠 영광 주 찬송 주
(永永)(感謝)
영영 감사

詩篇-(시편)-第三十一篇
시 편 제상십일편

시31:1,(詩)(伶長)(主)(避)(永遠)(主)(義)
시 령장 주 피 영원 주 의

시31:2,(速)(堅固)(救援)(保障)
속 견고 구원 보장

시31:3,(主)(磐石)(山城)(主)(因)(引導)(指導)
주 반석 산성 주 인 인도 지도

시31:4,(爲)(秘密)(主)(山城)
위 비밀 주 산성

시31:5,(靈)(主)(付託)(眞理)(救贖)
영 주 부탁 진리 구속

시31:6,(虛誕)(崇尙)(者)(依支)
허탄 숭상 자 의지

시31:7,(主)(仁慈)(主)(困難)(鑑察)(患難)
주 인자 주 곤난 감찰 환난
(中)(靈魂)
중 영혼

시31:8,(對敵)(手中)(禁錮)
대적 수중 금고

시31:9,(苦痛)(因)(矜恤)(魂)(衰)
고통 인 긍휼 혼 쇠

시31:10,(生命)(嘆息)(氣力)(罪惡)(弱)(衰)
생명 탄식 기력 죄악 약 쇠

시31:11,(對敵)(辱)(當)(甚)(當)(親舊)(者)(避)
대적 욕 당 심 당 친구 자 피

시31:12,(死亡)(者)(破器)
사망 자 파기

시31:13,(誹謗)(四方)(議論)(生命)
비방 사방 의논 생명

시31:14,(主)(依支)(主)
주 의지 주

시31:15,(時代)(主)(怨讐)(逼迫)(者)
시대 주 원수 핍박 자

시31:16,(主)(主)(主)(仁慈)(救援)
주 주 주 인자 구원

시31:17,(主)(惡人)(陰府)(潛潛
주 악인 음부 잠잠

시31:18,(驕慢)(頑惡)(無禮)(義人)
교만 완악 무례 의인

시31:19,(主)(者)(爲(恩惠)(人生)(主)(避)
주 자 위 은혜 인생 주 피
(者)(爲)(恩惠)
자 위 은혜

시31:20,(主)(主)(隱密)(秘密)(帳幕)(口舌)(免)
주 주 은밀 비밀 장막 구설 면

시31:21,(讚頌)(堅固)(城)(奇異)(仁慈)
찬송 견고 성 기이 인자

시31:22,(驚怯)(中)(主)(目前)(主)(主)(懇求)
경겁 중 주 목전 주 주 간구

시31:23,(聖徒)(誠實)(者)(保護)(驕慢)(行)
성도 성실 자 보호 교만 행
(者)(嚴重)
자 엄중

시31:24,(强)(膽大)
강 담대

詩篇-(시편)-第三十二篇
시 편 제상십이편

시32:1,(赦)(罪)(者)(福)
사 죄 자 복

시32:2,(奸詐)(定罪)(當)(者)(福)
간사 정죄 당 자 복

시32:3,(吐說)(終日)(呻吟)(衰)
토설 종일 신음 쇠

시32:4,(主)(晝夜)(津液)(化)
주 주야 진액 화

시32:5,(自服)(主)(罪)(罪惡)(主)(罪)(惡)(赦)
자복 주 죄 죄악 주 죄 악 사

시32:6,(因)(敬虔)(者)(主)(機會)(主)(祈禱)
인 경건 자 주 기회 주 기도
(眞實)(洪水)(汎濫)
진실 홍수 범람

시32:7,(主)(隱身處)(患難)(保護)(救援)
주 은신처 환난 보호 구원

시32:8,(注目)(訓戒)
주목 훈계

시32:9,(無知)(團束)
무지 단속

시32:10,(惡人)(信賴)(者)(仁慈)
악인 신뢰 자 인자

시32:11,(義人)(正直)
의인 정직

詩篇-(시편)-第三十三篇
시 편 제상십삼편

시33:1,(義人)(讚頌)(正直)(者)
의인 찬송 정직 자

시33:2,(竪琴)(感謝)(琵琶)(讚頌)
수금 감사 비파 찬송

시33:3,(工巧)(演奏)
공교 연주

시33:4,(正直)(行事)(眞實)
정직 행사 진실

시33:5,(正義)(公義)(世上)(仁慈)(充滿)
정의 공의 세상 인자 충만

시33:6,(萬象)(氣運)
만상 기운

시33:7,(庫間)
고간

시33:8,(世界)(居民)(敬畏)
세계 거민 경외

시33:9,(命)(堅固)
명 견고

시33:10,(列邦)(圖謀)(廢)(民族)(思想)(無效)
열방 도모 폐 민족 사상 무효

시33:11,(圖謀)(永永)(心思)(代代)
도모 영영 심사 대대

시33:12,(自己)(基業)(百姓)(福)
자기 기업 백성 복

시33:13,(鑑察)(人生)
감찰 인생

시33:14,(居)(世上)(居民)(下鑑)
거 세상 거민 하감

시33:15,(一般)(行事)(鑑察)(者)
일반 행사 감찰 자
시33:16,(軍隊)(救援)(王)(勇士)(救)
군대 구원 왕 용사 구
시33:17,(救援)(救)
구원 구
시33:18,(敬畏)(者)(仁慈)(者)
경외 자 인자 자
시33:19,(靈魂)(死亡)(飢饉時)
영혼 사망 기근시
시33:20,(靈魂)(防牌)
영혼 방패
시33:21,(聖號)(依支)(緣故)
성호 의지 연고
시33:22,(主)(主)(仁慈)
주 주 인자

詩篇-(시편)-第三十四篇
시편 제삼십사편

시34:1,(詩)(恒常)(頌祝)(頌祝)(繼續)
시 항상 송축 송축 계속
시34:2,(靈魂)(困苦)(者)
영혼 곤고 자
시34:3,(廣大)
광대
시34:4,(求)(應答)
구 응답
시34:5,(主)(仰望)(光彩)(永永)
주 앙망 광채 영영
시34:6,(困苦)(者)(患難)(救援)
곤고 자 환난 구원
시34:7,(使者)(主)(敬畏)(者)(陣)
사자 주 경외 자 진
시34:8,(善)(避)(者)(福)
선 피 자 복
시34:9,(聖徒)(敬畏)(敬畏)(者)(不足)
성도 경외 경외 자 부족
시34:10,(獅子)(窮乏)(者)(不足)
사자 궁핍 자 부족
시34:11,(小子)(敬畏)
소자 경외
시34:12,(生命)(思慕)(長壽)(福)(願)
생명 사모 장수 복 원
시34:13,(惡)(禁)(詭詐)(禁)
악 금 궤사 금
시34.14,(惡)(善)(行)(和平)
악 선 행 화평
시34:15,(義人)(向)
의인 향
시34:16行惡)(者)(對)
행악 자 대
시34:17,(義人)(患難)
의인 환난
시34:18,(傷)(者)(中心)(痛悔)(者)(救援)
상 자 중심 통회 자 구원
시34:19,(義人)(苦難)(苦難)
의인 고난 고난
시34:20,(保護)(中)
보호 중
시34:21,(惡)(惡人)(義人)(者)(罪)
악 악인 의인 자 죄
시34:22,(靈魂)(救贖)(避)(者)(罪)
영혼 구속 피 자 죄

詩篇-(시편)-第三十五篇
시편 제삼십오편

시35:1,(詩)(者)(者)
시 자 자
시35:2,(防牌)(防牌)
방패 방패
시35:3,(槍)(者)(靈魂)(救援)
창 자 영혼 구원
시35:4,(生命)(者)(羞恥)(當)(傷害)(者)(狼狽)
생명 자 수치 당 상해 자 랑패
시35:5,(使者
사자
시35:6,(使者)
사자
시35:7,(無故)(無故)(生命)(害)(陷穽)
무고 무고 생명 해 함정
시35:8,(滅亡)(猝地)(臨)(滅亡)(中)
멸망 졸지 임 멸망 중
시35:9,(靈魂)(救援)
영혼 구원
시35:10,(者)(强)(者)(窮乏)(者)(擄掠)(者)
자 강 자 궁핍 자 노약 자
시35:11,(不義)(證人)(詰問)
불의 증인 힐문
시35:12,(善)(惡(靈魂)
선 악 영혼
시35:13,(病)(禁食)(靈魂)(祈禱)
병 금식 영혼 기도
시35:14,(親舊)(兄弟)(行)(行)(母親)(哭)
친구 형제 행 행 모친 곡
시35:15,(患難)(當)(匪類)(中)
환난 당 비류 중
시35:16,(宴會)(妄靈)(嘲弄)(者)(向)
연회 망령 조롱 자 향
시35:17,(主)(觀望)(靈魂)(滅亡者)(救援)
주 관망 영혼 멸망자 구원
(唯一)(獅子)
유일 사자
시35:18大會)(中)(主)(感謝)(白姓)(中)
대회 중 주 감사 백성 중
(主)(讚頌)
주 찬송
시35:19,(無理)(怨讐)(者)(因)(無故)(者)
무리 원수 자 인 무고 자
시35:20,(大抵)(和平)(平安)(居)(者)(謀害)
대저 화평 평안 거 자 모해
시35:21,(向)(目覩)
향 목도
시35:22,(主)(潛潛)(主)
주 잠잠 주

시35:23,(主)(公判)(訟事)
주 공판 송사

시35:24,(主)(公義)(判斷)(因)
주 공의 판단 인

시35:25,(所願)(成就)
소원 성취

시35:26,(者)(狼狽)(向)(自矜)(者)(羞恥)
자 랑패 향 자긍 자 수치
(辱)(當)
욕 당

시35:27,(義)(者)(亨通)(廣大)(恒常)
의 자 형통 광대 항상

시35:28,(主)(義)(終日)(主)(讚頌)
주 의 종일 주 찬송

詩篇-(시편)-第三十六篇
시편 제삼십륙편

시36:1,(詩)(伶長)(惡人)(罪孼)(目前)
시 령장 악인 죄얼 목전

시36:2,(自矜)(自己)(罪惡)
자긍 자기 죄악

시36:3,(罪惡)(詭譎)(智慧)(善)
죄악 궤휼 지혜 선

시36:4,(寢床)(罪惡)(不善)(惡)
침상 죄악 불선 악

시36:5,(主)(仁慈)(主)(誠實)(空中)
주 인자 주 성실 공중

시36:6,(主)(義)(山)(主)(判斷)(一般)
주 의 산 주 판단 일반
(主)(保護)
주 보호

시36:7,(主)(仁慈(人生)(主)(避)
주 인자 인생 주 피

시36:8,(主(豊足)(主)(主)(福樂)(江水)
주 풍족 주 주 복락 강수

시36:9,(大抵)(生命)(源泉)(主)(主)(光明)
대저 생명 원천 주 주 광명
(中)(光明)
중 광명

시36:10,(主)(者)(主)(仁慈)(繼續)(正直)
주 자 주 인자 계속 정직
(者)(主)(義)
자 주 의

시36:11,(驕慢)(者(惡人)
교만 자 악인

시36:12,(罪惡)(行)(者)
죄악 행 자

詩篇-(시편)-第三十七篇
시편 제삼십칠편

시37:1,(詩)(行惡者(因)(不平)(不義)(行)
시 행악자 인 불평 불의 행
(者)(妬忌)
자 투기

시37:2,(速)(菜蔬)(衰殘)
속 채소 쇠잔

시37:3,(依賴)(善)(行)(居)(誠實)(食物)
의뢰 선 행 거 성실 식물

시37:4,(所願
소원

시37:5,(依支)
의지

시37:6,(義)(公義)(正午)
의 공의 정오

시37:7,(潛潛)(自己)(亨通)(惡)(者)(因)(不平)
잠잠 자기 형통 악 자 인 불평

시37:8,(忿)(怒)(不平)行惡)
분노 불평 행악

시37:9,(大抵)行惡)(者)(企待)(者)
대저 행악 자 기대 자

시37:10,(暫時)(後)(惡人)(仔細
잠시 후 악인 자세

시37:11,(溫柔)(者)(豊富)(和平)
온유 자 풍부 화평

시37:12,(惡人)(義人)(向)
악인 의인 향

시37:13,(主)(
주

시37:14,(惡人)(窮乏)(者)行爲)(正直)(者)
악인 궁핍 자 행위 정직 자

시37:15,(自己)
자기

시37:16,(義人)(所有)(惡人)(豊富)(勝)
의인 소유 악인 풍부 승

시37:17,(惡人)(義人)
악인 의인

시37:18,(完全)(者)(基業)(永遠)
완전 자 기업 영원

시37:19,(患難)(飢饉)(豊足)
환난 기근 풍족

시37:20,(惡人)(滅亡)(怨讐)(羊)(煙氣)
악인 멸망 원수 양 연기

시37:21,(惡人)(義人)(恩惠)
악인 의인 은혜

시37:22,(主)(福)(者)(主)(詛呪)(者)
주 복 자 주 저주 자

시37:23,(定)
정

시37:25,(義人)(當)(子孫)(乞食)
의인 당 자손 걸식

시37:26,(終日)(恩惠)(子孫)(福)
종일 은혜 자손 복

시37:27,(惡)(善)(行)(永永)(居)
악 선 행 영영 거

시37:28,(公義)(聖徒)(永永)(保護)
공의 성도 영영 보호
(惡人)(子孫)
악인 자손

시37:29,(義人)(永永)(居)
의인 영영 거

시37:30,(義人)(智慧)(公義)
의인 지혜 공의

시37:31,(法)(失足)
법 실족

시37:32,(惡人)(義人(殺害)(機會)
악인 의인 살해 기회

시37:33,(裁判)(定罪)
재 판 정 죄
시37:34,(道(惡人)(目覩)
도 악 인 목 도
시37:35,(惡人)(勢力)(本土)(茂盛)
악 인 세 력 본 토 무 성
시37:36,(發見)
발 견
시37:37,(完全(正直)(者)(和平)(者)
완 전 정 직 자 화 평 자
(結局)(平安)
결 국 평 안
시37:38,(犯罪者)(滅亡)(惡人)(結局)
범 죄 자 멸 망 악 인 결 국
시37:39,(義人)(救援)(患難)(山城)
의 인 구 원 환 난 산 성
시37:40,(惡人)(救援)(依支)(緣故)
악 인 구 원 의 지 연 고

詩篇-(시편)-第三十八篇
시 편 제 삼 십 팔 편

시38:1,(記念(詩)(主)(怒)(責)(忿怒)(懲戒)
기 념 시 주 노 책 분 노 징 계
시38:2,(主(主)(甚)
주 주 심
시38:3,(主)(震怒)(因(罪)(因)(平安)
주 진 노 인 죄 인 평 안
시38:4,(罪惡)(堪當)
죄 악 감 당
시38:5,(傷處)(惡臭)(愚昧)(緣故)
상 처 악 취 우 매 연 고
시38:6,(甚)(終日)(中)
심 종 일 중
시38:7,(熱氣)
열 기
시38:8,(疲困)(甚)(傷)(不安)(呻吟)
피 곤 심 상 불 안 신 음
시38:9,(主)(所願)(主)(嘆息)(主)
주 소 원 주 탄 식 주
시38:10,(心臟)(氣力)(衰)
심 장 기 력 쇠
시38:11,(者)(親舊)(傷處)(親戚)
자 친 구 상 처 친 척
시38:12,(生命)(者)(害)(者)(怪惡)(終日)
생 명 자 해 자 괴 악 종 일
(詭計)(圖謀)
궤 계 도 모
시38:13,(者)
자
시38:14,(者)(辯駁)
자 변 박
시38:15,(主)(主)(應諾)
주 주 응 락
시38:16,(對)(失足)(向)(妄自尊大)
대 실 족 향 망 자 존 대
시38:17,(恒常)
항 상
시38:18,(罪惡)(告)(罪)
죄 악 고 죄
시38:19,(怨讐)(活潑)(强)(無理)(者)(無數)
원 수 활 발 강 무 리 자 무 수
시38:20,(惡)(善)(者)(善)(緣故)(對敵)
악 선 자 선 연 고 대 적
시38:22,(速)(主)(救援)
속 주 구 원

詩篇-(시편)-第三十九篇
시 편 제 삼 십 구 편

시39:1,(詩)(伶長)行爲)(操心)(犯罪)(惡人)
시 령 장 행 위 조 심 범 죄 악 인
시39:2,(潛潛)(善)(發)(甚)
잠 잠 선 발 심
시39:3,(默想)(火)(發)
묵 상 화 발
시39:4,(終末)(年限)(軟弱)
종 말 연 한 연 약
시39:5,(主)(一生)(主)(眞實)(虛事)
주 일 생 주 진 실 허 사
시39:6,(眞實)(各)(紛擾)(財物)(取)
진 실 각 분 요 재 물 취
시39:7,(主)(所望)(主)
주 소 망 주
시39:8,(罪過)(愚昧)(者)(辱)
죄 과 우 매 자 욕
시39:9,(潛潛)(主)(行)(緣故)
잠 잠 주 행 연 고
시39:10,(主)(懲責)(主)(衰亡)
주 징 책 주 쇠 망
시39:11,(主)(罪惡)(譴責)(懲戒)(榮華)
주 죄 악 견 책 징 계 영 화
(消滅)(各)(虛事)
소 멸 각 허 사
시39:12,(祈禱(潛潛)(大抵)(主)(客)
기 도 잠 잠 대 저 주 객
(居留者)(列祖)
거 류 자 열 조
시39:13,(主)(容恕)(前)(健康)(恢復)
주 용 서 전 건 강 회 복

詩篇-(시편)-第四十篇
시 편 제 사 십 편

시40:1,(詩)(伶長)
시 령 장
시40:2,(氣)(렁(磐石)(堅固)
기 반 석 견 고
시40:3,(讚頌)(依支)
찬 송 의 지
시40:4,(依支)(驕慢)(者)(者)(者)(福)
의 지 교 만 자 자 자 복
시40:5,(主)(行)(奇蹟)(向)(主)(主)(數)
주 행 기 적 향 주 주 수
시40:6,(主)(通(祭祀)(禮物)(燔祭)
주 통 제 사 예 물 번 제
(贖罪祭)(要求)
속 죄 제 요 구

시40:7,(記錄)(冊)
기록 책

시40:8,(主)(行)(主)(法)(心中)
주 행 주 법 심중

시40:9大會)(中)(義)(消息)(傳)(主)
대회 중 의 소식 전 주

시40:10,(主)(義)(心中)(主)(誠實)(救援)
주 의 심중 주 성실 구원

(宣布)(主)(仁慈)(眞理)大會)
선포 주 인자 진리 대회

(中)(隱諱)
중 은휘

시40:11,(主)(矜恤)(主)(仁慈)(眞理)
주 긍휼 주 인자 진리

(恒常)(保護)
항상 보호

시40:12,(無數)(災殃)(罪惡)(罪)(
무수 재앙 죄악 죄

시40:13,(恩寵)(救援)(速)
은총 구원 속

시40:14,(靈魂)(滅)(者)(羞恥)(狼狽)(當)
영혼 멸 자 수치 랑패 당

(害)(者)(辱)(當
해 자 욕 당

시40:15,(向)(者)(自己)(羞恥)(因)
향 자 자기 수치 인

시40:16,(主)(者)(主)(主)(救援)(者)
주 자 주 주 구원 자

(恒常)(廣大)
항상 광대

시40:17,(窮乏)(主)(主)(者)(遲滯)
궁핍 주 주 자 지체

詩篇-(시편)-第四十一篇
시편 제사십일편

시41:1,(詩)(伶長)(貧弱)(者)(眷顧)(者)
시 령장 빈약 자 권고 자

(福)(災殃)
복 재앙

시41:2,(保護(世上)(福)(主)(怨讐)
보호 세상 복 주 원수

시41:3,(衰弱)(病床)(病中)
쇠약 병상 병중

시41:4,(矜恤)(主)(犯罪)(靈魂)
긍휼 주 범죄 영혼

시41:5,(怨讐)(對)(惡談)(滅亡)
원수 대 악담 멸망

시41:6,(中心)(奸惡)(廣布)
중심 간악 광포

시41:7,(者)(對)(害)
자 대 해

시41:8,(惡)(病)
악 병

시41:9,(信賴)(親舊)(對敵)
신뢰 친구 대적

시41:10,(主)(矜恤)(報復)
주 긍휼 보복

시41:11,(怨讐)(勝利)(主)
원수 승리 주

시41:12,(主)(完全)(中)(永永)(主)
주 완전 중 영영 주

시41:13,(永遠)(永遠)(讚頌)
영원 영원 찬송

第二■詩篇-(시편)-第四十二篇
제이권시편 제사십이편

시42:1,(子孫)(伶長)(渴急)(靈魂)(主)(渴急)
자손 령장 갈급 영혼 주 갈급

시42:2,(靈魂)(生存)(渴望)
영혼 생존 갈망

시42:3,(終日)(晝夜)(飮食)
종일 주야 음식

시42:4,(前)(聖日)(同行)(讚頌)(發)
전 성일 동행 찬송 발

(引導)(記憶)(傷)
인도 기억 상

시42:5,(靈魂)(落望)(不安)(因)(讚頌)
영혼 락망 불안 인 찬송

시42:6,(靈魂)(落望)(山)(主)(記憶)
영혼 락망 산 주 기억

시42:7,(主)(瀑布)(主)(波濤)(淹沒)
주 폭포 주 파도 엄몰

시42:8,(仁慈)(讚頌)(生命)(祈禱)
인자 찬송 생명 기도

시42:9,(磐石)(怨讐)(壓制)(因)
반석 원수 압제 인

시42:10,(對敵)(誹謗)
대적 비방

시42:11,(靈魂)(落望)(不安)(讚頌)
영혼 락망 불안 찬송

詩篇-(시편)-第四十三篇
시편 제사십삼편

시43:1,(判斷)(敬虔)(向)(訟事)(辯護)
판단 경건 향 송사 변호

(奸詐)(不義)(者)
간사 불의 자

시43:2,(主)(怨讐)(壓制)(因)
주 원수 압제 인

시43:3,(主)(主)(眞理)(引導)(主)(聖山)(帳幕)
주 주 진리 인도 주 성산 장막

시43:4,(壇)(極樂)(竪琴)(主)(讚揚)
단 극락 수금 주 찬양

시43:5,(靈魂)(落望)(不安)(讚頌)
영혼 락망 불안 찬송

詩篇-(시편)-第四十四篇
시편 제사십사편

시44:1,(子孫)(伶長)(主)(列祖)(行)
자손 령장 주 열조 행

시44:2,(主)(主)(列邦)(列祖)主)(民族)
주 주 열방 열조 주 민족

(列祖)(蕃盛)
열조 번성

시44:3,(自己)(救援)(主)(主)(緣故)
자기 구원 주 주 연고

시44:4,(主)(王)(救援)
주 왕 구원

시44:5,(主)(依支)(對敵)(者)(主)
주 의지 대적 자 주

시44:6,(依支)(救援)
의지 구원

시44:7,(主)(對敵)(救援)(者)(羞恥)(當)
주 대적 구원 자 수치 당

시44:8,(終日)(永永)(感謝)
종일 영영 감사

시44:9,(主)(辱)(當)(軍隊)
주 욕 당 군대

시44:10,(主)(對敵)(者)(自己)(爲)(奪取)
주 대적 자 자기 위 탈취

시44:11,(主)(羊)(列邦)(中)
주 양 열방 중

시44:12,(主)(主)(百姓)(無料)(利益)
주 주 백성 무료 리익

시44:13,(主)(辱)(當)(者)(嘲笑)(嘲弄)
주 욕 당 자 조소 조롱

시44:14,(主)(列邦)(中)(民族)(中)(當)
주 열방 중 민족 중 당

시44:15,(凌辱)(終日)(羞恥)
능욕 종일 수치

시44:16,(誹謗)(因)(怨讐)(報讐者)(緣故)
비방 인 원수 보수자 연고

시44:17,(臨)(主)(主)(言約)
임 주 주 언약

시44:18,(退縮)(主)
퇴축 주

시44:19,(主)(豺狼)(處所)(甚)(傷害)(死亡)
주 시랑 처소 심 상해 사망

시44:20,(異邦)(神)(向)戾
이방 신 향

시44:21,(大抵)(主)(秘密)
대저 주 비밀

시44:22,(終日)(主)(爲)(當(屠殺)(羊)
종일 주 위 당 도살 양

시44:23,(主)(永永)
주 영영

시44:24,(主)(苦難)(壓制)
주 고난 압제

시44:25,(靈魂)(塵土)
영혼 진토

시44:26,(主)(仁慈)(因)(救贖)
주 인자 인 구속

詩篇-(시편)-第四十五篇
시 편 제사십오편

시45:1,(子孫)(伶長)(王)(對)(筆客)
자손 령장 왕 대 필객

시45:2,(王)(人生(恩惠)(王)(永永)(福)
왕 인생 은혜 왕 영영 복

시45:3,(能)(者)(王)(榮華)(威嚴)
능 자 왕 영화 위엄

시45:4,(王)(眞理)(溫柔)(公義)(爲)
왕 진리 온유 공의 위
(威嚴)(勝戰)(王)(王)
위엄 승전 왕 왕

시45:5,(王(王)(怨讐)(萬民)(王)
왕 왕 원수 만민 왕

시45:6,(主)(寶座)(永永)(主)(笏)(公平)(笏)
주 보좌 영영 주 홀 공평 홀

시45:7,(王)(正義)(惡)(王)(王)(王)(同類)(勝)
왕 정의 악 왕 왕 왕 동류 승

시45:8,(王)(沒藥)(沈香)(肉桂)(香氣)
왕 몰약 침향 육계 향기
(象牙宮)(絃樂)(王)
상아궁 현악 왕

시45:9,(王)(貴妃)(中)(列王)(王后)(金)
왕 귀비 중 열왕 왕후 금
(王)(右便)
왕 우편

시45:10,(百姓)
백성

시45:11,(王(思慕)(敬拜)
왕 사모 경배

시45:12,(禮物)(百姓)(中)(富)(者)(恩惠)(求)
예물 백성 중 부 자 은혜 구

시45:13,(王)(宮中)(榮華)(金)(繡)
왕 궁중 영화 금 수

시45:14,(繡)(王)(引導)(侍從)(處女)(王)
수 왕 인도 시종 처녀 왕

시45:15,(引導)(王宮)
인도 왕궁

시45:16,(王)(王)(列祖)(繼承)(王)(世界)(君王)
왕 왕 열조 계승 왕 세계 군왕

시45:17,(王)(萬歲)(記憶(萬民)(王)
왕 만세 기억 만민 왕
(永永)(讚頌)
영영 찬송

詩篇-(시편)-第四十六篇
시 편 제사십륙편

시46:1,(子孫)(詩)(伶長)(避難處)(患難)(中)
자손 시 령장 피난처 환난 중

시46:2,(變)(山)
변 산

시46:3,(洶湧)(山)(搖動)
흉용 산 요동

시46:4,(城)(至極)(者)(帳幕)(聖所)
성 지극 자 장막 성소

시46:5,(城中)(居)(城)(搖動)
성중 거 성 요동

시46:6,(異邦)(喧譁)(王國)(動)(發)
이방 훤화 왕국 동 발

시46:7,(萬軍)(避難處)
만군 피난처

시46:8行蹟)(荒蕪
행적 황무

시46:9,(戰爭)(槍)
전쟁 창

시46:10,(列邦)(世界)(中)
열방 세계 중

시46:11,(萬軍)(避難處)
만군 피난처

詩篇-(시편)-第四十七篇
시편 제사십칠편

시47:1,(子孫)(詩)(伶長)(萬民)
자손 시 령장 만민

시47:2,(至尊)(嚴威)
지존 엄위

시47:3,(萬民)(列邦)(服從)
만민 열방 복종

시47:4,(爲)(基業)(擇)(榮華)
위 기업 택 영화

시47:5,(中)(中)
중 중

시47:6,(讚揚)(讚揚)(讚揚)(王)(讚揚)
찬양 찬양 찬양 왕 찬양

시47:7,(王)(智慧)(詩)(讚揚)
왕 지혜 시 찬양

시47:8,(列邦)(治理)(寶座)
열방 치리 보좌

시47:9,(列邦)(方伯)(百姓)(世上)
열방 방백 백성 세상
(防牌)(至尊)
방패 지존

詩篇-(시편)-第四十八篇
시편 제사십팔편

시48:1,(子孫)(詩)(廣大)(城)(山)(極盡)(讚頌)
자손 시 광대 성 산 극진 찬송

시48:2,(世界)(王)(城)(北方)(山)
세계 왕 성 북방 산

시48:3,(宮中)(自己)(避難處)
궁중 자기 피난처

시48:4,(列王)
열왕

시48:6,(苦痛)(解産)(女人)
고통 해산 녀인

시48:7,(主)(東風
주 동풍

시48:8,(萬軍)(城)(城)(永永)(堅固)
만군 성 성 영영 견고

시48:9,(主)(殿)(主)(仁慈)
주 전 주 인자

시48:10,(主)(讚頌)(主)(正義)(充滿)
주 찬송 주 정의 충만

시48:11,(主)(判斷)(因)(山)
주 판단 인 산

시48:12,(遍踏)(巡行)(望臺)(計數)
편답 순행 망대 계수

시48:13,(城壁)(仔細)(宮殿)(後代)(傳)
성벽 자세 궁전 후대 전

시48:14,(永永)(引導)
영영 인도

詩篇-(시편)-第四十九篇
시편 제사십구편

시49:1,(子孫)(詩)(伶長)(萬民)(世上)(居民)
자손 시 령장 만민 세상 거민

시49:2,(貴賤)(貧富)(勿論)
귀천 빈부 물론

시49:3,(智慧)(明哲)(默想)
지혜 명철 묵상

시49:4,(譬喩)(竪琴)(奧妙)
비유 수금 오묘

시49:5,(罪惡)(患難)
죄악 환난

시49:6,(自己)(財物)(依支)(豊富)(自矜)(者)
자기 재물 의지 풍부 자긍 자

시49:7,(決)(兄弟)(救贖)(爲)(贖錢)
결 형제 구속 위 속전

시49:8,(生命)(救贖)(貴)(永永)
생명 구속 귀 영영

시49:9,(永存)
영존

시49:10,(智慧)(者)(愚蠢)(無知)(者)
지혜 자 우준 무지 자
(亡)(財物)(他人)
망 재물 타인

시49:11,(永永)(居處)(代代)(田地)(自己)(稱)
영영 거처 대대 전지 자기 칭

시49:12,(尊貴)(長久)(滅亡)
존귀 장구 멸망

시49:13行爲)(愚昧)(後世)(稱讚)
행위 우매 후세 칭찬

시49:14,(羊)(陰府)(作定)(死亡)(牧者)
양 음부 작정 사망 목자
(正直)(者)(陰府)(消滅)(居處)
정직 자 음부 소멸 거처

시49:15,(迎接)(靈魂)(陰府)(權勢)(救贖)
영접 영혼 음부 권세 구속

시49:16,(致富)(榮光)
치부 영광

시49:17,(榮光)
영광

시49:18,(生時)(自己)(祝賀)(稱讚)
생시 자기 축하 칭찬

시49:19,(歷代)(列祖)(永永)
력대 열조 영영

시49:20,(尊貴)(處)(滅亡)
존귀 처 멸망

詩篇-(시편)-第五十篇
시편 제오십편

시50:1,(詩)(全能)(者)(世上)
시 전능 자 세상

시50:2,(穩全)(發)
온전 발

시50:3,(臨)(潛潛)(四方)(狂風)
임 잠잠 사방 광풍

시50:4,(百姓)(判斷)(頒布)
백성 판단 반포

시50:5,(聖徒)(祭祀)(言約)(者)
성도 제사 언약 자

시50:6,(公義)(宣布)(審判長)
공의 선포 심판장
시50:7,(百姓)(證據)
백성 증거
시50:8,(祭物)(因)(責望)(燔祭)(恒常)
제물 인 책망 번제 항상
시50:9,(取)
취
시50:10,(森林)(千山)(牲畜)
삼림 천산 생축
시50:11,(山)
산
시50:12,(假令)(世界)(充滿)
가령 세계 충만
시50:13

시50:14,(感謝)(祭祀)(至極)(者)(誓願)
감사 제사 지극 자 서원
시50:15,(患難)(榮華)
환난 영화
시50:16,(惡人)(律例)(傳)(言約)
악인 율례 전 언약
시50:17,(教訓)
교훈
시50:18,(盜賊)(聯合)(姦淫)(者)(同類)
도적 연합 간음 자 동류
시50:19,(惡)(詭詐)
악 궤사
시50:20,(兄弟)(攻駁)(誹謗)
형제 공박 비방
시50:21,(行)(潛潛)(責望)(罪)(目前)(次例)
행 잠잠 책망 죄 목전 차례
시50:22,(者)
자
시50:23,(感謝)(祭祀)(者)(榮華)行爲)
감사 제사 자 영화 행위
(者)(救援)
자 구원

詩篇-(시편)-第五十一篇
시 편 제오십일 편

시51:1,(詩)(伶長)(同寢)(後)(先知者)(主)
시 령장 동침 후 선지자 주
(仁慈)(矜恤)(主)(慈悲)(罪過)(塗抹)
인자 긍휼 주 자비 죄과 도말
시51:2,(罪惡)갉(罪)(除)
죄악 죄 제
시51:3,(大抵)(罪過)(罪)(恒常)
대저 죄과 죄 항상
시51:4,(主)(犯罪)(主)(目前)(惡)(行)(主)
주 범죄 주 목전 악 행 주
(義)(判斷)(純全)
의 판단 순전
시51:5,(罪惡)(中)(出生)(母親)(罪中)(孕胎)
죄악 중 출생 모친 죄중 잉태
시51:6,(中心)(眞實)(主)(願)(智慧)
중심 진실 주 원 지혜
시51:7,(牛膝草)(淨潔)(定)
우슬초 정결 정
시51:8이고(主)
주
시51:9,(主)(罪)(罪惡)(塗抹)
주 죄 죄악 도말
시51:10,(定)(創造)(正直)(靈)
정 창조 정직 영
시51:11,(主)(主)(聖神)
주 주 성신
시51:12,(主)(救援)(恢復)(自願)(心靈)
주 구원 회복 자원 심령
시51:13,(犯罪者)(主)(道)(罪人)(主)
범죄자 주 도 죄인 주
시51:14,(救援)(罪)(主)(義)
구원 죄 주 의
시51:15,(主)(主)(讚頌)(傳播)
주 주 찬송 전파
시51:16,(主)(祭祀(主)(燔祭(
주 제사 주 번제
시51:17,(求)(祭祀)(傷)(心靈)(傷)(痛悔)
구 제사 상 심령 상 통회
(主)(蔑視)
주 멸시
시51:18,(主)(恩澤)(善)(行)(城)
주 은택 선 행 성
시51:19,(主)(義)(祭祀)(燔祭)(穩全)
주 의 제사 번제 온전
(燔祭)(主)(壇)
번제 주 단

詩篇-(시편)-第五十二篇
시 편 제오십이 편

시52:1,(伶長)(人)(强暴)(者)(惡)(計劃)
령장 인 강포 자 악 계획
(仁慈)(恒常)
인자 항상
시52:2,(甚)(惡)(削刀)(奸詐)(行)
심 악 삭도 간사 행
시52:3,(善)(惡)(義)
선 악 의
시52:4,(奸詐)
간사
시52:5,(永永)(滅)(取)(帳幕)(生存)
영영 멸 취 장막 생존
시52:6,(義人)
의인
시52:7,(自己)(財物)(豊富)(依支)(惡)(者
자기 재물 풍부 의지 악 자
시52:8,(橄欖)(仁慈)(永永)(依支)
감람 인자 영영 의지
시52:9,(主)(行)(永永)(主)(感謝)(主)(善)
주 행 영영 주 감사 주 선
(主)(聖徒)(主)(依支)
주 성도 주 의지

詩篇-(시편)-第五十三篇
시 편 제오십삼 편

시53:1,(伶長)(者)(腐敗)(可憎)(惡)(行)
령장 자 부패 가증 악 행

(善)(行)(者)
선 행 자

시53:2,(人生)(知覺)(者)(者)
인생 지각 자 자

시53:3,(各其)(者)(善)(行)(者)
각기 자 선 행 자

시53:4,(罪惡)(行)(者)(無知)(百姓)
죄악 행 자 무지 백성

시53:5,(對)(陣)(故)(羞恥)(當
대 진 고 수치 당

시53:6,(救援)(者)(百姓)(捕虜)
구원 자 백성 포로

詩篇-(시편)-第五十四篇
시 편 제오십사편

시54:1,(伶長)(絃樂)(人)(主)(救援)(主)(判斷)
령장 현악 인 주 구원 주 판단

시54:2,(祈禱)
기도

시54:3,(外人)(强暴)(者)(生命)(搜索)(自己)
외인 강포 자 생명 수색 자기

시54:4,(者)(主)(生命)(者)
자 주 생명 자

시54:5,(主)(怨讐)(惡)(主)(誠實)(滅)
주 원수 악 주 성실 멸

시54:6,(樂獻祭)(主)(祭祀)(主)(感謝)(主)(善)
낙헌제 주 제사 주 감사 주 선

시54:7,(大抵)(主)(患難)(怨讐)(報應)(目覩)
대저 주 환난 원수 보응 목도

詩篇-(시편)-第五十五篇
시 편 제오십오편

시55:1,(伶長)(絃樂)(祈禱)(懇求)
령장 현악 기도 간구

시55:2應答)(嘆息)
응답 탄식

시55:3,(怨讐)(惡人)(壓制)(緣故)(罪惡)
원수 악인 압제 연고 죄악

(怒)(逼迫)
노 핍박

시55:4,(甚)(死亡)(危險)
심 사망 위험

시55:5,(惶恐)
황공

시55:7,(曠野)(居)
광야 거

시55:8,(避難處)(速)(暴風)(狂風)(避)
피난처 속 폭풍 광풍 피

시55:9,(城內)(强暴)(紛爭)(主)(滅)
성내 강포 분쟁 주 멸

시55:10,(晝夜)(城壁)(城中)(罪惡)(殘害)
주야 성벽 성중 죄악 잔해

시55:11,(惡毒)(中)(壓迫)(詭詐)
악독 중 압박 궤사

시55:12,(責望)(者)(怨讐)(怨讐)(對)(自己)
책망 자 원수 원수 대 자기

(者)(者)(者)(避)
자 자 자 피

시55:13,(同類)(親友)
동류 친우

시55:14,(議論)
의논

시55:15,(死亡)(忽然)(臨)(陰府)(惡毒)(居處)
사망 홀연 임 음부 악독 거처

시55:16,(救援)
구원

시55:17,(正午)(嘆息)
정오 탄식

시55:18,(對敵)(者)(戰爭)(生命)(救贖)(平安)
대적 자 전쟁 생명 구속 평안

시55:19,(太古)(變)(敬畏)(者)(報應)
태고 변 경외 자 보응

시55:20,(自己)(和睦)(者)(言約)(背叛)
자기 화목 자 언약 배반

시55:21,(牛乳)(戰爭)(柔)(實狀)
우유 전쟁 유 실상

시55:22,(義人)(搖動)(永永)(許諾)
의인 요동 영영 허락

시55:23,(主)(破滅)(者)(主)(依支)
주 파멸 자 주 의지

詩篇-(시편)-第五十六篇
시 편 제오십륙편

시56:1,(詩)(伶長)(人)(矜恤)(終日)(壓制)
시 령장 인 긍휼 종일 압제

시56:2,(怨讐)(終日)(驕慢)(者)
원수 종일 교만 자

시56:3,(主)(依支)
주 의지

시56:4,(依支)(讚頌)(依支)(血肉)
의지 찬송 의지 혈육

시56:5,(終日)(曲解)(對)(思想)(邪惡)
종일 곡해 대 사상 사악

시56:6,(生命)(踪跡)
생명 종적

시56:7,(罪惡)(避)(忿怒)(百姓)
죄악 피 분노 백성

시56:8,(流離)(主)(計數)(主)(瓶)(主)
유리 주 계수 주 병 주

(冊)(記錄)
책 기록

시56:9,(怨讐)
원수

시56:10,(依支)(讚頌)(依支)(讚頌)
의지 찬송 의지 찬송

시56:11,(依支)
의지

시56:12,(主)(誓願)(感謝)(主)
주 서원 감사 주

시56:13,(主)(生命)(死亡)(主)(生命)(失足(
주 생명 사망 주 생명 실족

詩篇-(시편)-第五十七篇
시 편 제오십칠편

시57:1,(詩)(伶長)(避)(窟)(矜恤)(矜恤)
시 령장 피 굴 긍휼 긍휼

(靈魂)(主)(避)(主)(災殃)(避)
영혼 주 피 주 재앙 피
시57:2,(至極)(爲)
지극 위
시57:3,(者)(誹謗)(救援)(仁慈)(眞理)
자 비방 구원 인자 진리
시57:4,(魂)(獅子)(中)(處)(者)(中)(人生)
혼 사자 중 처 자 중 인생
(中)(槍
중 창
시57:5,(主)(主)(榮光)(世界)(願)
주 주 영광 세계 원
시57:6,(障碍)(豫備)(靈魂)(抑鬱)(中)
장애 예비 영혼 억울 중
시57:7,(確定)(確定)(讚頌)
확정 확정 찬송
시57:8,(榮光)(琵琶)(竪琴)
영광 비파 수금
시57:9,(主)(萬民)(中)(主)(感謝)(列邦)
주 만민 중 주 감사 열방
(中)(主)(讚頌)
중 주 찬송
시57:10,(大抵)(主)(仁慈)커(主)(眞理)(穹蒼)
대저 주 인자 주 진리 궁창
시57:11,(主)(主)(榮光)(世界)(願)
주 주 영광 세계 원

詩篇-(시편)-第五十八篇
시편 제오십팔편

시58:1,(詩)(伶長)(人子)(當然)(公義)
시 령장 인자 당연 공의
(潛潛)(正直)(判斷)
잠잠 정직 판단
시58:2,(中心)(惡)(行)(强暴)
중심 악 행 강포
시58:3,(惡人)(母胎)
악인 모태
시58:4,(毒)(毒)(毒蛇)
독 독 독사
시58:5,(術士)(工巧)(方術)(行)(毒蛇)
술사 공교 방술 행 독사
시58:6,(獅子)
사자
시58:7,(急)
급
시58:8,(消滅)팽(滿期)(出生)(者)(日光)
소멸 만기 출생 자 일광
시58:9,(前)(生)(除)
전 생 제
시58:10,(義人)(惡人)(報復)(當)(惡人)
의인 악인 보복 당 악인
시58:11,(眞實)(義人)(眞實)(判斷)
진실 의인 진실 판단

詩篇-(시편)-第五十九篇
시편 제오십구편

시59:1,(詩)(伶長)(怨讐)(者)
시 령장 원수 자
시59:2,(邪惡)(行)(者)(者)(救援)
사악 행 자 자 구원
시59:3,(生命)(害)(强)(者)(犯過)(因)(罪)(因)
생명 해 강 자 범과 인 죄 인
시59:4,(準備)(主)(爲)(鑑察)
준비 주 위 감찰
시59:5,(萬軍)(列邦)(罰)(奸詐)(惡人)(矜恤)
만군 열방 벌 간사 악인 긍휼
시59:6,(城)
성
시59:7,(惡)(吐)
악 토
시59:8,(主)(列邦)(
주 열방
시59:9,(山城)(因)(主)
산성 인 주
시59:10,(仁慈)(迎接)(怨讐)(報應)(目覩)
인자 영접 원수 보응 목도
시59:11,(百姓)(防牌)(主)(主)(能力)
백성 방패 주 주 능력
시59:12,(罪)(詛呪)(因)(驕慢)(中)
죄 저주 인 교만 중
시59:13,(震怒)(消滅)(消滅)(中
진노 소멸 소멸 중
시59:14,(城)
성
시59:15,(食物)(爲)(流離)
식물 위 유리
시59:16,(主(主)(仁慈)(主)(山城)(患難)
주 주 인자 주 산성 환난
(避難處)
피난처
시59:17,(主)(讚頌)(山城)(矜恤)
주 찬송 산성 긍휼

詩篇-(시편)-第六十篇
시편 제륙십편

시60:1,(敎訓)(爲)(伶長)둣(中)(鹽谷)(日萬)
교훈 위 령장 중 염곡 일만
(二千人)(主)(忿怒)(只今)(恢復)
이천인 주 분노 지금 회복
시60:2,(主)(震動)(搖動)
주 진동 요동
시60:3,(主)(主)(百姓)(葡萄酒)
주 주 백성 포도주
시60:4,(主)(敬畏)(者)(旗)(眞理)(爲)
수 경외 사 기 진리 위
시60:5,(主)(者)(爲)(應答)(救援)
주 자 위 응답 구원
시60:6,(尺量)
척량
시60:7,(保護者)(笏)
보호자 홀
시60:8,(沐浴桶)(因)
목욕통 인
시60:9,(堅固)(城)(引導)
견고 성 인도

시60:10,(主)(主)(軍隊)
주 주 군대

시60:11,(對敵)(救援)
대적 구원

시60:12,(依支)(勇敢)(行)(對敵)(者)
의지 용감 행 대적 자

詩篇-(시편)-第六十一篇
시 편 제륙십일편

시61:1,(詩)(伶長)(絃樂)(祈禱)(留意)
시 령장 현악 기도 류의

시61:2,(主)(引導)
주 인도

시61:3,(主)(避難處)(怨讐)(避)(堅固)(望臺)
주 피난처 원수 피 견고 망대

시61:4,(永遠)(主)(帳幕)(居)(主)(避)
영원 주 장막 거 주 피

시61:5,(誓願)(主)(敬畏)(者)(基業)
서원 주 경외 자 기업

시61:6,(主)(王)(長壽(
주 왕 장수

시61:7,(永遠)(居)(仁慈)(眞理)(豫備)(保護)
영원 거 인자 진리 예비 보호

시61:8,(主)(永遠)(讚揚)(每日)(誓願)(履行)
주 영원 찬양 매일 서원 이행

詩篇-(시편)-第六十二篇
시 편 제륙십이편

시62:1,(詩)(伶長)칙(法則)(依支)(靈魂)
시 령장 법칙 의지 영혼
(潛潛)(救援)
잠잠 구원

시62:2,(磐石)(救援)(山城)(搖動)
반석 구원 산성 요동

시62:3,(一齊)(迫擊)
일제 박격

시62:4,(祝福)(詛呪)
축복 저주

시62:5,(靈魂)(潛潛)(大抵)(所望)
영혼 잠잠 대저 소망

시62:6,(磐石)(救援)(山城)(搖動)
반석 구원 산성 요동

시62:7,(救援)(榮光)(磐石)(避難處)
구원 영광 반석 피난처

시62:8,(百姓)(時時)(依支)(吐)(避難處)
백성 시시 의지 토 피난처

시62:9,(眞實)(賤)(者)(者)(輕)
진실 천 자 자 경

시62:10,(暴虐)(依支)(奪取)(虛妄)(財物)
포학 의지 탈취 허망 재물
(置心)
치심

시62:11,(番(權能)(屬)
번 권능 속

시62:12,(主)(仁慈)(主)(屬)(主)(各)(行)
주 인자 주 속 주 각 행

詩篇-(시편)-第六十三篇
시 편 제륙십삼편

시63:1,(詩)(曠野)(主)(懇切)(主)(困乏)(靈魂)
시 광야 주 간절 주 곤핍 영혼
(主)(渴望)(肉體)(主)(仰慕)
주 갈망 육체 주 앙모

시63:2,(主)(權能)(榮光)(聖所)(主)
주 권능 영광 성소 주

시63:3,(主)(仁慈)(生命)(主)(讚揚)
주 인자 생명 주 찬양

시63:4,(平生)(主)(頌祝)(主)(因)
평생 주 송축 주 인

시63:5,(骨髓)(靈魂)(滿足)(主)(讚頌)
골수 영혼 만족 주 찬송

시63:6,(寢床)(主)(記憶)(中)(主(默想)
침상 주 기억 중 주 묵상

시63:7,(主)(主)
주 주

시63:8,(靈魂)(主)(主)
영혼 주 주

시63:9,(靈魂(滅)
영혼 멸

시63:10,(勢力)(豺狼)
세력 시랑

시63:11,(王)(主)(盟誓)(者)(者)
왕 주 맹서 자 자

詩篇-(시편)-第六十四篇
시 편 제륙십사편

시64:1,(詩)(伶長)(怨讐)(生命)(保存)
시 령장 원수 생명 보존

시64:2,(主)(行惡者)(秘密)(罪惡)(者)(擾亂)
주 행악자 비밀 죄악 자 요란

시64:3,(自己)(鍊磨)(毒)
자기 연마 독

시64:4,(完全)(者)
완전 자

시64:5,(惡)(目的)(奬勵)(秘密)(議論)
악 목적 려 비밀 의논

시64:6,(罪惡)(圖謀)(妙策)(各)(
죄악 도모 묘책 각

시64:7,(忽然(傷)
홀연 상

시64:8,(害)(者)
해 자

시64:9,(宣布)(行)
선포 행

시64:10,(義人)(因)(避)(正直)(者)
의인 인 피 정직 자

詩篇-(시편)-第六十五篇
시 편 제륙십오편

시65:1,(詩)(伶長)(讚頌)(主)(誓願)(主)(履行)
시 령장 찬송 주 서원 주 이행

시65:2,(祈禱(主)(肉體)(主)
기도 주 육체 주

시65:3,(罪惡)(罪過)(主)(赦)
죄악 죄과 주 사

시65:4,(主)(擇)(主)(居)(福)(主)(主)
주 택 주 거 복 주 주

(聖殿)(滿足)
성전 만족
시65:5,(救援)(者)(依支)(主)(義)(嚴威)(應答)
구원 자 의지 주 의 엄위 응답
시65:6,(主)(主)(山)(權能)
주 주 산 권능
시65:7,(洶湧)(搖動)(萬民)(喧譁)(鎭靜)
흉용 요동 만민 훤화 진정
시65:8,(居)(者)(主)(徵兆)(主)
거 자 주 징조 주
시65:9,(眷顧)甚)(潤澤)(江)(豫備)(後)(穀食)
권고 심 윤택 강 예비 후 곡식
시65:10,(主)(平平)(福)
주 평평 복
시65:11,(主)(恩澤)(年事)(冠)(主)
주 은택 연사 관 주
시65:12,(草場)(山)
초장 산
시65:13,(草場)(羊)(穀食)
초장 양 곡식

詩篇-(시편)-第六十六篇
시편 제륙십륙편

시66:1,(詩)(伶長)(發)
시 령장 발
시66:2,(榮光)(讚揚)(榮華)(讚頌)
영광 찬양 영화 찬송
시66:3,(告)(主)(嚴威)(主)(權能)(因)(主)
고 주 엄위 주 권능 인 주
(怨讐)(主)(服從)
원수 주 복종
시66:4,(主)(敬拜)(主)(讚揚)(主)(讚揚)
주 경배 주 찬양 주 찬양
시66:5,(行)(人生)(行)(嚴威)
행 인생 행 엄위
시66:6,(變)(陸地)(徒步)(江)(通過)(居)
변 륙지 도보 강 통과 거
(主)(因)
주 인
시66:7,(能)(永遠)(治理)(列邦)(鑑察)
능 영원 치리 열방 감찰
(拒逆)(者)(自高)
거역 자 자고
시66:8,(萬民)(頌祝)(頌祝)
만민 송축 송축
시66:9,(靈魂(失足)(許諾)(主)
영혼 실족 허락 주
시66:10,(主)(試驗)(鍛鍊)(銀)(鍛鍊)
주 시험 단련 은 단련
시66:12,(通行)(主)(豐富)
통행 주 풍부
시66:13,(燔祭)(主)(誓願)
번제 주 서원
시66:14,(發)(患難)
발 환난
시66:15,(羊)(香氣(主)(燔祭)
양 향기 주 번제
시66:16,(靈魂)(爲)(行)(宣布)
영혼 위 행 선포
시66:17,(讚頌)
찬송
시66:18,(罪惡)(主)
죄악 주
시66:19,(實)(祈禱)(注意)
실 기도 주의
시66:20,(讚頌)(祈禱)(仁慈)
찬송 기도 인자

詩篇-(시편)-第六十七篇
시편 제륙십칠편

시67:1,(詩)(伶長)(絃樂)(矜恤)(福)
시 령장 현악 긍휼 복
시67:2,(主)(道)(主)(救援)(萬邦)(中)
주 도 주 구원 만방 중
시67:3,(民族)(主)(讚頌)(民族)(主)(讚頌
민족 주 찬송 민족 주 찬송
시67:4,(列邦)(主)(民族)(公平)(判斷)
열방 주 민족 공평 판단
(列邦)(治理)
열방 치리
시67:5,(民族)(主)(讚頌)(民族)(主)(讚頌
민족 주 찬송 민족 주 찬송
시67:6,(所産)(福)
소산 복
시67:7,(福)(敬畏)
복 경외

詩篇-(시편)-第六十八篇
시편 제륙십팔편

시68:1,(詩)(伶長)(怨讐)(主)(者)(主)(逃亡)
시 령장 원수 주 자 주 도망
시68:2,(煙氣)(惡人)(亡)
연기 악인 망
시68:3,(義人)
의인
시68:4,(讚揚)(曠野)(行)(者)(爲)(大路)(修築)
찬양 광야 행 자 위 대로 수축
시68:5,(處所)(孤兒)(寡婦)(裁判長)
처소 고아 과부 재판장
시68:6,(孤獨)(者)(家屬)(中)(處)(囚禁)(者)
고독 자 가속 중 처 수금 자
(亨通)(拒逆)(者)(居處)
형통 거역 자 거처
시68:7,(主)(百姓)(曠野)行進
주 백성 광야 행진
시68:8,(震動)(山)(震動)
진동 산 진동
시68:9,(洽足)(主)(産業)(困乏)(堅固
흡족 주 산업 곤핍 견고
시68:10,(主)(會衆)(居)(者)(爲)(主)(恩澤)
주 회중 거 자 위 주 은택
(準備)
준비
시68:11,(主)(消息)(公布)(女子)
주 소식 공포 녀자

시68:12,(軍隊)(王)(逃亡)(逃亡)(居)(女子)
군대 왕 도망 도망 거 녀자
(奪取物)
탈취물

시68:13,(羊)(銀)(黃金)
양 은 황금

시68:14,(全能)(者)(列王)(中)
전능 자 열왕 중

시68:15,(山)(山)(山)(山)
산 산 산 산

시68:16,(山)(居)(山)(猜忌)(眞實)(山)
산 거 산 시기 진실 산
(永永)(居)
영영 거

시68:17,(兵車)(千千)(萬萬)(主)(中)(山)(聖所)
병거 천천 만만 주 중 산 성소

시68:18,(主)(者)(膳物)(人間)(悖逆者)(中)(居)
주 자 선물 인간 패역자 중 거

시68:19,(主)(救援)(讚頌)
주 구원 찬송

시68:20,(救援)(死亡)(避)(主)
구원 사망 피 주

시68:21,(怨讐)(罪過)(恒常)(行)(者)(頂)
원수 죄과 항상 행 자 정

시68:22,(主)
주

시68:23,(甚)(怨讐)(分)
심 원수 분

시68:24,(主)(行次)(王)(聖所)(行次)
주 행차 왕 성소 행차

시68:25,(小鼓)(童女)(中)(歌客)(樂師)
소고 동녀 중 가객 악사

시68:26,(根源)(大會)(中)(主)(頌祝)
근원 대회 중 주 송축

시68:27,(主管者)(方伯)(方伯)(方伯)
주관자 방백 방백 방백

시68:28,(命)(爲)(行)(堅固)
명 위 행 견고

시68:29,(主)(殿)(爲)(王)(主)(禮物)
주 전 위 왕 주 예물

시68:30,(萬民)(銀)(戰爭)(百姓)
만민 은 전쟁 백성

시68:31,(方伯)(人)(向)(迅速)
방백 인 향 신속

시68:32,(列邦)(主)(讚頌)
열방 주 찬송

시68:33,(者)(讚頌)(主)(發)(雄壯)
자 찬송 주 발 웅장

시68:34,(能力)(威嚴)(能力)
능력 위엄 능력

시68:35,(威嚴)(聖所)(百姓)(能)(讚頌)
위엄 성소 백성 능 찬송

詩篇-(시편)-第六十九篇
시편 제륙십구편

시69:1,(詩)(伶長)(救援)(靈魂)
시 령장 구원 영혼

시69:3,(疲困)(衰)
피곤 쇠

시69:4,(無故)(者)(怨讐)(者)(强)(取)
무고 자 원수 자 강 취

시69:5,(愚昧)(罪)(主)
우매 죄 주

시69:6,(萬軍)(主)(主)(者)(因)(羞恥)(當)
만군 주 주 자 인 수치 당
(主)(者)(因)(辱)(當)
주 자 인 욕 당

시69:7,(主)(爲)(毁謗)(羞恥)
주 위 훼방 수치

시69:8,(兄弟)(客)(母親)(子女)(外人)
형제 객 모친 자녀 외인

시69:9,(主)(爲)(熱誠)(主)(毁謗)(毁謗)
주 위 열성 주 훼방 훼방

시69:10,(哭)(禁食)(靈魂)(警戒)(辱)
곡 금식 영혼 경계 욕

시69:12,(城門)(者)(醉)
성문 자 취

시69:13,(悅納)(主)(祈禱)(仁慈)(救援)
열납 주 기도 인자 구원
(眞理)(應答)
진리 응답

시69:14,(者)
자

시69:15,(淹沒)
엄몰

시69:16,(主)(仁慈)(善)(應答)(主)(矜恤)
주 인자 선 응답 주 긍휼

시69:17,(主)(主)(患難)(中)(速)(應答)
주 주 환난 중 속 응답

시69:18,(靈魂)(救贖)(怨讐)(因)(贖良)
영혼 구속 원수 인 속량

시69:19,(主)(毁謗)(羞恥)(凌辱)(對敵)(主)
주 훼방 수치 능욕 대적 주

시69:20,(毁謗)(傷)(充滿)(矜恤)(者)(安慰)(者)
훼방 상 충만 긍휼 자 안위 자

시69:21,(食物)
식물

시69:22,(床)(平安)
상 평안

시69:23,(恒常)
항상

시69:24,(主)(忿怒)(主)(猛烈)
주 분노 주 맹렬

시69:25,(居處)(荒廢)(帳幕)(居)(者)
거처 황폐 장막 거 자

시69:26,(大抵)(主)(者)(逼迫)(主)(者)
대저 주 자 핍박 주 자

시69:27,(罪惡)(罪惡)(定)(主)(義)
죄악 죄악 정 주 의

시69:28,(生命冊)(塗抹)(義人)(記錄)
생명책 도말 의인 기록

시69:29,(主)(救援)
주 구원

시69:30,(讚頌)(感謝)(廣大)
찬송 감사 광대

시69:32,(溫柔)(者)(蘇生)
온유 자 소생
시69:33,(窮乏)(者(自己)(因)(囚禁)(者)(蔑視)
궁핍 자자기 인 수금 자 멸시
시69:34,(天地)(讚頌)(中)(動物)
천지 찬송 중 동물
시69:35,(救援)(城邑)(建設)(居)(所有)
구원 성읍 건설 거 소유
시69:36,(後孫)(相續)(者)(中)(居)
후손 상속 자 중 거

詩篇-(시편)-第七十篇
시편 제칠십편
시70:1,(記念(詩)(伶長)(速)(速)
기념 시 령장 속 속
시70:2,(靈魂)(者)(羞恥)(無顔)(當)(傷)(者)
영혼 자 수치 무안 당 상 자
(辱)
욕
시70:3,(者)(自己)(羞恥)(因)
자 자기 수치 인
시70:4,(主)(者)(主)(因)(主)(救援)(思慕)
주 자 주 인 주 구원 사모
(者)(恒常)(廣大)
자 항상 광대
시70:5,(窮乏)(速)(臨)(主)(者)(遲滯)
궁핍 속 임 주 자 지체

詩篇-(시편)-第七十一篇
시편 제칠십일편
시71:1,(主)(避)(永永)(羞恥)(當)
주 피 영영 수치 당
시71:2,(主)(義)(主)(救援)
주 의 주 구원
시71:3,(主)(無時)(避)(居)(主)(救援)(命)
주 무시 피 거 주 구원 명
(主)(磐石)(山城)
주 반석 산성
시71:4,(惡人)(不義)(者)(凶惡)(者)(掌中)(避)
악인 불의 자 흉악 자 장중 피
시71:5,(主)(主)(所望)(依支)
주 주 소망 의지
시71:6,(母胎)(主)(主)(取)(恒常)(主)(讚頌)
모태 주 주 취 항상 주 찬송
시71:7,(異常)(主)(堅固)(避難處)
이상 주 견고 피난처
시71:8,(主)(讚頌)(主)(尊崇)(終日)
주 찬송 주 존숭 종일
시71:9,(衰弱)
쇠약
시71:10,(怨讐)(對)(靈魂)(者)
원수 대 영혼 자
시71:11,(者)
자
시71:12,(速)
속
시71:13,(靈魂)(對敵)(者)(羞恥)(滅亡)
영혼 대적 자 수치 멸망
(當)(謀害)(者)(辱)(羞辱)
당 모해 자 욕 수욕
시71:14,(恒常)(所望)(主)(讚頌)
항상 소망 주 찬송
시71:15,(測量)(主)(義)(救援)(終日)(傳)
측량 주 의 구원 종일 전
시71:16,(主)(能)行蹟)(主)(義)(主)(義)(陳述)
주 능 행적 주 의 주 의 진술
시71:17,(敎訓)(至今)(主)(奇事)(傳)
교훈 지금 주 기사 전
시71:18,(白首)(主)(後代)(傳)(主)(能)
백수 주 후대 전 주 능
(將來)(傳)
장래 전
시71:19,(主)(義)(至極)(主)(大事)(行)(主)
주 의 지극 주 대사 행 주
시71:20,(甚)(苦難)(主)(
심 고난 주
시71:21,(昌大)(慰勞)
창대 위로
시71:22,(琵琶)(主)(讚揚)(主)(誠實)(讚揚)
비파 주 찬양 주 성실 찬양
(主)(竪琴)(主)(讚揚
주 수금 주 찬양
시71:23,(主)(讚揚)(主)(救贖)(靈魂)
주 찬양 주 구속 영혼
시71:24,(終日)(主)(義)(謀害)(者)(羞恥)
종일 주 의 모해 자 수치
(無顔)(當)
무안 당

詩篇-(시편)-第七十二篇
시편 제칠십이편
시72:1,(詩)(主)(判斷力)(王)(主)(義)(王)
시 주 판단력 왕 주 의 왕
시72:2,(主)(百姓)(義)(判斷)(主)(者)
주 백성 의 판단 주 자
(公義)(判斷
공의 판단
시72:3,(義)(因)(山)(百姓)(平康)(山)
의 인 산 백성 평강 산
시72:4,(百姓)(者)(伸寃)(窮乏)(者)(子孫)
백성 자 신원 궁핍 자 자손
(救援)(壓迫)(者)
구원 압박 자
시72:5,(主)(代代)
수 내내
시72:6,(臨)
임
시72:7,(義人)(興旺)(平康)(豊盛)
의인 흥왕 평강 풍성
시72:8,(江)
강
시72:9,(曠野)(居)(者)(怨讐)
광야 거 자 원수
시72:10,(王)(貢稅)(王)(禮物)
왕 공세 왕 예물

시72:11,(萬王)(俯伏)(列邦)
만왕 부복 열방

시72:12,(窮乏)(者)(者)
궁핍 자 자

시72:13,(者)(窮乏)(者)(矜恤)(窮乏)(者)
자 궁핍 자 긍휼 궁핍 자

(生命)(救援)
생명 구원

시72:14,(生命)(壓迫)(强暴)(救贖)(目前)(貴)
생명 압박 강포 구속 목전 귀

시72:15,(生存)(金)(爲)(恒常)(祈禱)(終日)
생존 금 위 항상 기도 종일

(讚頌)
찬송

시72:16,(山)(禾穀)(豊盛)(城)(者)(旺盛)
산 화곡 풍성 성 자 왕성

시72:17,(永久)(長久)(因)(福)(列邦)(福)
영구 장구 인 복 열방 복

시72:18,(奇事)(行)(讚頌)
기사 행 찬송

시72:19,(榮華)(永遠)(讚頌)(榮光)
영화 영원 찬송 영광

(充滿)(祈禱)(畢)
충만 기도 필

第三■ 詩篇-(시편)-第七十三篇
제삼권 시편 제칠십삼편

시73:1,(詩)(中)(淨潔)(者)(善)(行)
시 중 정결 자 선 행

시73:2,(失足)
실족

시73:3,(惡人)(亨通)(傲慢)(者)(嫉視)
악인 형통 오만 자 질시

시73:4,(苦痛)(健康)
고통 건강

시73:5,(他人)(苦難)(他人)(災殃)
타인 고난 타인 재앙

시73:6,(驕慢)(强暴)
교만 강포

시73:7살(所得)(所願)
소득 소원

시73:8,(凌辱)(惡)(壓制)(倨慢)
능욕 악 압제 거만

시73:10,(百姓)(盞)
백성 잔

시73:11,(至極)(者)(知識)
지극 자 지식

시73:12,(惡人)(恒常)(平安)(財物)
악인 항상 평안 재물

시73:13,(淨(無罪)(實)
정 무죄 실

시73:14,(終日)(災殃)(當)(懲責)
종일 재앙 당 징책

시73:15,(萬一)(主)(時代)(對)(詭譎)(行)
만일 주 시대 대 궤휼 행

시73:16,(甚)(困難)
심 곤난

시73:17,(聖所)(結局)
성소 결국

시73:18,(主)(破滅
주 파멸

시73:19,(猝地)(荒廢)(全滅)
졸지 황폐 전멸

시73:20,(主)(後)(無視)(主)(後)(形像)(蔑視)
주 후 무시 주 후 형상 멸시

시73:21,(散亂)(心臟)
산란 심장

시73:22,(愚昧無知)(主)
우매무지 주

시73:23,(恒常)(主)(主)
항상 주 주

시73:24,(主)(敎訓)(引導)(後)(榮光)(迎接)
주 교훈 인도 후 영광 영접

시73:25,(主)(外)(主)(思慕)(者)
주 외 주 사모 자

시73:26,(肉體)(衰殘)(磐石)(永遠)(分)
육체 쇠잔 반석 영원 분

시73:27,(大抵)(主)(者)(亡)(淫女)(主)(者)
대저 주 자 망 음녀 주 자

(主)(滅)
주 멸

시73:28,(福)(主)(避難處)(主)(行事)(傳播)
복 주 피난처 주 행사 전파

詩篇-(시편)-第七十四篇
시편 제칠십사편

시74:1,(主)(永遠)(主)(羊)(向)(震怒)
주 영원 주 양 향 진노

(煙氣)(發)
연기 발

시74:2,(救贖)(主)(基業)(支派)(主)
구속 주 기업 지파 주

(會衆)(記憶)(主)(居)(山)
회중 기억 주 거 산

시74:3,(永久)(破滅)(主)(怨讐)(聖所)(惡)(行)
영구 파멸 주 원수 성소 악 행

시74:4,(主)(對敵)(主)(會衆)(喧譁)(旗)(標的)
주 대적 주 회중 훤화 기 표적

시74:5,(森林)
삼림

시74:6,(鐵椎)(聖所)(彫刻品)
철추 성소 조각품

시74:7,(主)(聖所)(主)
주 성소 주

시74:8,(殄滅)(會堂)
진멸 회당

시74:9,(標的)(先知者(中)(者)
표적 선지자 중 자

시74:10,(對敵)(毁謗)(怨讐)(主)(永遠)(凌辱)
대적 훼방 원수 주 영원 능욕

시74:11,(主)(主)(主)(滅)
주 주 주 멸

시74:12,(王)(人間)(救援)
왕 인간 구원

시74:13,(主)(主)(能力)(龍)
주 주 능력 용

시74:14,(鰐魚)(破碎)(沙漠)(居)(者)(食物)
악어 파쇄 사막 거 자 식물

시74:15,(江)
강

시74:16,(主)(主)(主)(豫備)
주 주 주 예비

시74:17,(境界)(定)
경계 정

시74:18,(記憶)(怨讐)(主)(誹謗)(愚昧)
기억 원수 주 비방 우매

(百姓)(主)(凌辱)
백성 주 능욕

시74:19,(主)(生命)(主)(者)(永永)
주 생명 주 자 영영

시74:20,(言約)(大抵)(黑暗)(强暴)(者)(處所)
언약 대저 흑암 강포 자 처소

시74:21,(虐待)(者)(者)(窮乏)(者)(主)(讚頌)
학대 자 자 궁핍 자 주 찬송

시74:22,(主)(寃痛)(愚昧)(者)(終日)(主)
주 원통 우매 자 종일 주

(誹謗)(記憶)
비방 기억

시74:23,(主)(對敵)(主)(抗拒)(者)(喧譁)
주 대적 주 항거 자 훤화

(恒常)(上達)
항상 상달

詩篇-(시편)-第七十五篇
시편 제칠십오편

시75:1,(詩)(伶長)(主)(感謝)(感謝)(主)
시 령장 주 감사 감사 주

(主)(奇事)(傳播)
주 기사 전파

시75:2,(主)(定)(期約)(當)(正義)(判斷)
주 정 기약 당 정의 판단

시75:3,(居民)(消滅)
거민 소멸

시75:4,(傲慢)(者)(傲慢)(行)(行惡者)
오만 자 오만 행 행악자

시75:5,(驕慢)
교만

시75:6,(大抵)(西)
대저 서

시75:7,(裁判長)
재판장

시75:8,(盞)(盞)(實)(惡人)
잔 잔 실 악인

시75:9,(永遠)(宣布)(讚揚)
영원 선포 찬양

시75:10,(惡人)(義人)
악인 의인

詩篇-(시편)-第七十六篇
시편 제칠십륙편

시76:1,(詩)(伶長)(絃樂)
시 령장 현악

시76:2,(帳幕)렘(處所)
장막 처소

시76:3,(防牌)(戰爭)
방패 전쟁

시76:4,(主)(榮華)(掠奪)(山)(尊貴)
주 영화 약탈 산 존귀

시76:5,(强)(者)(奪取)(當)(自己)(壯士)(自己)
강 자 탈취 당 자기 장사 자기

시76:6,(主)(兵車)
주 병거

시76:7,(主)(主)(敬畏)(者)(主)(番)(怒)
주 주 경외 자 주 번 노

(主)(目前)
주 목전

시76:8,(主)(判決)(宣告)(潛潛)
주 판결 선고 잠잠

시76:9,(溫柔)(者)(救援)(判斷)
온유 자 구원 판단

시76:10,(眞實)(怒)(將次)(主)(讚頌)
진실 노 장차 주 찬송

(怒)(主)(禁)
노 주 금

시76:11,(誓願)(四方)(者)(敬畏)(禮物)
서원 사방 자 경외 예물

시76:12,(方伯)(心靈)(世上)(王)
방백 심령 세상 왕

詩篇-(시편)-第七十七篇
시편 제칠십칠편

시77:1,(詩)(伶長)칙(法則)(依支)(音聲)(音聲)
시 령장 법칙 의지 음성 음성

시77:2,(患難)(主)(靈魂)(慰勞)(拒絶)
환난 주 영혼 위로 거절

시77:3,(不安)(心靈)(傷)
불안 심령 상

시77:4,(主)
주

시77:5,(以前)
이전

시77:6,(記憶)(默想)(心靈)(窮究)
기억 묵상 심령 궁구

시77:7,(主)(永遠)(恩惠)
주 영원 은혜

시77:8,(仁慈)(許諾)(永久)(廢)
인자 허락 영구 폐

시77:9,(恩惠)(怒)(矜恤)(
은혜 노 긍휼

시77:10,(軟弱)(至尊者)
연약 지존자

시77:11,(記事)(記憶)(行)(陳述)
기사 기억 행 진술

시77:12,(主)(默想)(主)(行事)
주 묵상 주 행사

시77:13,(主)(道)(極)(神)
주 도 극 신

시77:14,(主)(奇事)(行)(民族)(中)(主)(能力)
주 기사 행 민족 중 주 능력

시77:15,(主)(主)(百姓)(子孫)(救贖)
주 주 백성 자손 구속
시77:16,(主)(主)(震動)
주 주 진동
시77:17,(穹蒼)(發)(主(
궁창 발 주
시77:18,(中)(主)(雨雷)(世界)
중 주 우뢰 세계
시77:19,(主)(主)(捷徑)(主)(踪跡)
주 주 첩경 주 종적
시77:20,(主)(百姓)(羊)(引導)
주 백성 양 인도

詩篇-(시편)-第七十八篇
시 편 제칠십팔편

시78:1,(百姓)(敎訓)
백성 교훈
시78:2,(譬喩)(秘密)(發表)
비유 비밀 발표
시78:3,(列祖)(傳)
열조 전
시78:4,(子孫)(榮譽)(能力)(奇異)
자손 영예 능력 기이
(事蹟)(後代)(傳)
사적 후대 전
시78:5,(證據)(法度)(定)(列祖)(命)(子孫)
증거 법도 정 열조 명 자손
시78:6,(後代)(後生)(子孫)(子孫)
후대 후생 자손 자손
시78:7,(所望)(行事)(誡命)
소망 행사 계명
시78:8,(列祖)(頑固)(悖逆)(正直)
열조 완고 패역 정직
(心靈)(忠誠)(世代)
심령 충성 세대
시78:9,(子孫)(兵器)(戰爭)
자손 병기 전쟁
시78:10,(言約)(律法)(遵行)(拒絶)
언약 률법 준행 거절
시78:11,(行)(奇事)
행 기사
시78:12,(奇異)(列祖)(目前)(行)
기이 열조 목전 행
시78:14,(火光)(引導)
화광 인도
시78:15,(曠野)(磐石)(水源)(洽足)
광야 반석 수원 흡족
시78:16,(磐石)(江)
반석 강
시78:17,(繼續)(犯罪)(荒野)(至尊者)(背叛)
계속 범죄 황야 지존자 배반
시78:18,(貪慾)(食物)(求)(心中)(試驗)
탐욕 식물 구 심중 시험
시78:19,(對敵)(曠野)(能)(食卓)(準備)
대적 광야 능 식탁 준비
시78:20,(磐石)(能)(百姓)(爲)(豫備)
반석 능 백성 위 예비
시78:21,(怒)(向)(怒)(猛烈)(向)(怒)
노 향 노 맹렬 향 노
시78:22,(救援)(依支)(緣故)
구원 의지 연고
시78:23,(穹蒼)(命)(門)
궁창 명 문
시78:24,(糧食)
량식
시78:25,(權勢)(者)(食物)(充足)
권세 자 식물 충족
시78:26,(東風)(權能)(南風)(引導)
동풍 권능 남풍 인도
시78:28,(陣中)(居處)
진중 거처
시78:29,(所欲)
소욕
시78:30,(慾心)(食物)
욕심 식물
시78:31,(對)(怒)(發)(中(者)(靑年)
대 노 발 중 자 청년
시78:32,(犯罪)(奇事)
범죄 기사
시78:34,(求)(懇切)
구 간절
시78:35,(磐石)(至尊)(救贖者)(記憶)
반석 지존 구속자 기억
시78:36,(阿諂)(自己)
아첨 자기
시78:37,(向)(定)(言約)(誠實)
향 정 언약 성실
시78:38,(慈悲)(罪惡)(赦)(滅)(震怒)
자비 죄악 사 멸 진노
(番)(忿)(發)
번 분 발
시78:39,(肉體(記憶)
육체 기억
시78:40,(曠野)(反抗(沙漠)(番)
광야 반항 사막 번
시78:41,(再三)(試驗)(者)(激動)
재삼 시험 자 격동
시78:42,(權能)(記憶)(對敵)(救贖)
권능 기억 대적 구속
시78:43,(徵兆)(奇事)
징조 기사
시78:44,(江)(變)
강 변
시78:45,(中)(害)
중 해
시78:46,(土産物)(蝗蟲(受苦)
토산물 황충 수고
시78:47,(葡萄)(雨雹)
포도 우박
시78:48,(家畜)(雨雹)(羊)갯
가축 우박 양
시78:49,(猛烈)(怒)(忿)(忿怒)(苦難)(罰)(使者)
맹렬 노 분 분노 고난 벌 사자
시78:50,(怒)(爲)(治道)(魂)(死亡)(免)
노 위 치도 혼 사망 면

(生命)(染病)
생명 염병

시78:51,(長子)(帳幕)(氣力)(始作)
장자 장막 기력 시작

시78:52,(自己)(百姓)(羊)(引導)(曠野)
자기 백성 양 인도 광야

(羊)(指導)
양 지도

시78:53,(安全)(引導)(怨讐)(淹沒)
안전 인도 원수 엄몰

시78:54,(聖所)(地境)(取)(山)(引導)
성소 지경 취 산 인도

시78:55,(列邦)(基業)(分配)(支派)(帳幕)(居)
열방 기업 분배 지파 장막 거

시78:56,(至尊)(試驗)(反抗)(證據)
지존 시험 반항 증거

시78:57,(列祖)(背叛)(詭詐)(行)
열조 배반 궤사 행

시78:58,(自己)(山堂)(怒)(激動)(彫刻)
자기 산당 노 격동 조각

(偶像)(震怒)
우상 진노

시78:59,(忿)
분

시78:60,(聖幕)(人間)(帳幕)
성막 인간 장막

시78:61,(能力)(者)(捕虜)(自己)(榮光)(對敵)
능력 자 포로 자기 영광 대적

시78:62,(百姓)(基業)(忿)
백성 기업 분

시78:63,(青年)(處女)(婚姻)
청년 처녀 혼인

시78:64,(祭司長)(寡婦)(哀哭)
제사장 과부 애곡

시78:65,(主)(者)(葡萄酒)(因)(勇士)
주 자 포도주 인 용사

시78:66,(對敵)(辱)
대적 욕

시78:67,(帳幕)(支派)(擇)
장막 지파 택

시78:68,(支派)(山)(擇)
지파 산 택

시78:69,(聖所)(山)(永遠)
성소 산 영원

시78:70,(擇)(羊)(取)
택 양 취

시78:71,(羊)(中)(百姓)(基業)
양 중 백성 기업

시78:72,(誠實)(工巧)(指導)
성실 공교 지도

詩篇-(시편)-第七十九篇
시 편 제칠십구편

시79:1,(詩)(列邦)(主)(基業)(主)(聖殿)
시 열방 주 기업 주 성전

시79:2,(主)(屍體)(空中)(主)(聖徒)(肉體)
주 시체 공중 주 성도 육체

시79:3,(四面)(埋葬)(者)
사면 매장 자

시79:4,(誹謗)(者)(嘲笑)(嘲弄)
비방 자 조소 조롱

시79:5,(永遠)(怒)(主)(震怒)
영원 노 주 진노

시79:6,(主)(列邦)(主)(列國)(主)(怒)
주 열방 주 열국 주 노

시79:7,(居處)(荒廢)
거처 황폐

시79:8,(列祖)(罪惡)(記憶)(甚)(賤)(主)
열조 죄악 기억 심 천 주

(矜恤)(速)(迎接)
긍휼 속 영접

시79:9,(救援)(主)(榮光)(爲)(主)(爲)(罪)(赦)
구원 주 영광 위 주 위 죄 사

시79:10,(列邦)(主)(當)(報酬)(目前)(列邦)(中)
열방 주 당 보수 목전 열방 중

시79:11,(者)(嘆息)(主)(定)(者)(主)
자 탄식 주 정 자 주

(能力)(保存)
능력 보존

시79:12,(主)(主)(毁謗)(毁謗)(七倍)
주 주 훼방 훼방 칠배

시79:13,(主)(百姓)(主)(羊)(永遠)(主)
주 백성 주 양 영원 주

(感謝)(主)(榮譽)(代代)(傳)
감사 주 영예 대대 전

詩篇-(시편)-第八十篇
시 편 제팔십편

시80:1,(詩)(伶長)뜻(羊)(引導)(牧者)
시 령장 양 인도 목자

(座定)(者)
좌정 자

시80:2,(主)(勇力)(救援)
주 용력 구원

시80:3,(主)(救援)
주 구원

시80:4,(萬軍)(主)(百姓)(祈禱)(對)(怒)
만군 주 백성 기도 대 노

시80:5,(主)(糧食)(多量)
주 량식 다량

시80:6,(怨讐)
원수

시80:7,(萬軍)(主)(救援)
만군 주 구원

시80:8,(主)(葡萄)(列邦)
주 포도 열방

시80:9,(主)(準備)(遍滿)
주 준비 편만

시80:10,(山)(柏香木)
산 백향목

시80:11,(江)
강

시80:12,(主)(者)
주 자

시80:13,(傷害)
상 해

시80:14,(萬軍)(求)(葡萄)(眷顧)
만군 구 포도 권고

시80:15,(主)(主)(爲)
주 주 위

시80:16,(燒火)(斫伐)(當)(主)(面責)(因)(亡)
소화 작벌 당 주 면책 인 망

시80:17,(主)(右便)(者)(主)(爲)(人子)(主)
주 우편 자 주 위 인자 주

시80:18,(主)(蘇生)(主)
주 소생 주

시80:19,(萬軍)(主)(救援)
만군 주 구원

詩篇-(시편)-第八十一篇
시편 제팔십일편

시81:1,(詩)(伶長)(能力)
시 령장 능력

시81:2,(詩)읊(小鼓)(竪琴)(琵琶)
시 소고 수금 비파

시81:3,(月朔)(月望)(節日)
월삭 월망 절일

시81:4,(律例)(規例)
율례 규례

시81:5,(族屬)(中)(證據)
족속 중 증거

시81:7,(苦難)(中)(雷聲)(殷殷)(應答)(試驗)
고난 중 뇌성 은은 응답 시험

시81:8,(百姓)(證據)(願)
백성 증거 원

시81:9,(中)(神)(異邦神(
중 신 이방신

시81:10,(引導)
인도

시81:11,(百姓)(願)
백성 원

시81:12,(剛愎)(任意)(行)
강퍅 임의 행

시81:13,(百姓)(聽從)(道)(行)(願)
백성 청종 도 행 원

시81:14,(速)(怨讐)(制馭)(對敵)
속 원수 제어 대적

시81:15,(恨)(者)(服從)(時代)(永遠)(繼續)
한 자 복종 시대 영원 계속

시81:16,(磐石)(滿足)
반석 만족

詩篇-(시편)-第八十二篇
시편 제팔십이편

시82:1,(詩)(裁判長)(中)(判斷)
시 재판장 중 판단

시82:2,(不公平)(判斷(惡人)
불공평 판단 악인

시82:3,(者)(孤兒)(爲)(判斷)(困難)(者)
자 고아 위 판단 곤난 자
(貧窮)(者)(公義)
빈궁 자 공의

시82:4,(者)(窮乏)(者)(救援)(惡人)
자 궁핍 자 구원 악인

시82:5,(無知無覺)(黑暗)(中)(往來)
무지무각 흑암 중 왕래

시82:6,(神)(至尊者)
신 지존자

시82:7,(凡人)(方伯)
범인 방백

시82:8,(世上)(判斷)(列邦)(主)(基業)
세상 판단 열방 주 기업

詩篇-(시편)-第八十三篇
시편 제팔십삼편

시83:1,(詩)(沈默)(潛潛)
시 침묵 잠잠

시83:2,(大抵)(主)(怨讐)(喧譁)(主)(恨)(者)
대저 주 원수 훤화 주 한 자

시83:3,(主)(百姓)(奸計)(主)(者)(議論)
주 백성 간계 주 자 의논

시83:4,(記憶)
기억

시83:5,(一心)(議論)(主)(對敵)(言約)
일심 의논 주 대적 언약

시83:6,(帳幕)(人(人)
장막 인 인

시83:7,(居民)
거민

시83:8,(聯合)(子孫)
연합 자손

시83:9,(主)(人)(行)(行)(行)
주 인 행 행 행

시83:10,(敗亡)
패망

시83:11,(貴人)(方伯)
귀인 방백

시83:12,(牧場)(所有)(取)
목장 소유 취

시83:13,(草芥)
초개

시83:14,(森林)(山)(火焰)
삼림 산 화염

시83:15,(主)(狂風)(主)(暴風)
주 광풍 주 폭풍

시83:16,(羞恥)(主)
수치 주

시83:17,(羞恥)(當)(永遠)(狼狽)(滅亡)(當)
수치 당 영원 랑패 멸망 당

시83:18,(主)(世界(至尊者)
주 세계 지존자

詩篇-(시편)-第八十四篇
시편 제팔십사편

시84:1,(子孫)(詩)(伶長)(萬軍)(主)(帳幕)
자손 시 령장 만군 주 장막

시84:2,(靈魂)(宮庭)(思慕)(衰弱)(肉體)
영혼 궁정 사모 쇠약 육체
(生存)
생존

시84:3,(王)(萬軍)(主)(祭壇)
왕 만군 주 제단

시84:4,(主)(居)(者)(福)(恒常)(主)(讚頌)
주 거 자 복 항상 주 찬송

시84:5,(主)(大路)(者)(福)
주 대로 자 복

시84:6,(通行)(恩澤)
통행 은택

시84:7,(各其)
각기

시84:8,(萬軍)(祈禱)
만군 기도

시84:9,(防牌)(主)(者)
방패 주 자

시84:10,(主)(宮庭)(千)(惡人)(帳幕)(居)(門直)
주 궁정 천 악인 장막 거 문직

시84:11,(防牌)(恩惠)(榮華)(正直)(行)(者)
방패 은혜 영화 정직 행 자

시84:12,(萬軍)(主)(依支)(者)(福)
만군 주 의지 자 복

詩篇-(시편)-第八十五篇
시편 제팔십오편

시85:1,(子孫)(詩)(伶長)(主)(主)(恩惠)
자손 시 령장 주 주 은혜
(捕虜)(者)
포로 자

시85:2,(主)(百姓)(罪惡)(赦)(罪)
주 백성 죄악 사 죄

시85:3,(主)(忿怒(主)(震怒)
주 분노 주 진노

시85:4,(救援)(向)(主)(忿怒)
구원 향 주 분노

시85:5,(主)(永遠)(怒)(代代)
주 영원 노 대대

시85:6,(主)(百姓)(主)
주 백성 주

시85:7,(主)(仁慈)(主)(救援)
주 인자 주 구원

시85:8,(大抵)(百姓)(聖徒)(和平)(妄靈)
대저 백성 성도 화평 망령

시85:9,(眞實)(救援)(敬畏)(者)(榮光)(居)
진실 구원 경외 자 영광 거

시85:10,(矜恤)(眞理)義)(和平)
긍휼 진리 의 화평

시85:11,(眞理)義)(下鑑)
진리 의 하감

시85:12,(産物)
산물

시85:13,(主)(行)(主)(踪跡)
주 행 주 종적

詩篇-(시편)-第八十六篇
시편 제팔십륙편

시86:1,(祈禱)(困苦)(窮乏)(應答)
기도 곤고 궁핍 응답

시86:2,(敬虔)(靈魂)(保存)(主)(主)
경건 영혼 보존 주 주
(依支)(救援)
의지 구원

시86:3,(主)(矜恤)(終日)(主)
주 긍휼 종일 주

시86:4,(主)(靈魂)(主)(主)(靈魂)
주 영혼 주 주 영혼

시86:5,(主)(善)(赦宥)(主)(者)(仁慈)(厚)
주 선 사유 주 자 인자 후

시86:6,(祈禱)(懇求)
기도 간구

시86:7,(患難)(主)(主)(應答)
환난 주 주 응답

시86:8,(主)(神)(中)(主)(者)(主)(行事)
주 신 중 주 자 주 행사

시86:9,(主)(主)(列邦)(主)(敬拜)(主)(榮華)
주 주 열방 주 경배 주 영화

시86:10,(大抵)(主)(廣大)(奇事)(行)(主)
대저 주 광대 기사 행 주

시86:11,(主)(道)(主)(眞理)(行)(一心)
주 도 주 진리 행 일심
(主)(敬畏)
주 경외

시86:12,(主)(全心)(主)(讚頌)(永永)(主)(榮華)
주 전심 주 찬송 영영 주 영화

시86:13,(向)(主)(仁慈)(靈魂)(陰府)
향 주 인자 영혼 음부

시86:14,(驕慢)(者)(强暴)(者)(魂)(自己)(主)
교만 자 강포 자 혼 자기 주

시86:15,(主)(主)(矜恤)(恩惠)(怒)(仁慈)
주 주 긍휼 은혜 노 인자
(眞實)(豊盛)
진실 풍성

시86:16,(矜恤)(主)(主)(女)(救援)
긍휼 주 주 여 구원

시86:17,(恩寵)(表證)(主)(慰勞)
은총 표증 주 위로

詩篇-(시편)-第八十七篇
시편 제팔십칠편

시87:1,(子孫)(詩)(基址)(聖山)
자손 시 기지 성산

시87:2,(居處)(門)
거처 문

시87:3,(城)(榮光)
성 영광

시87:4,(者)(中)
자 중

시87:5,(對)(至尊者)(親)
대 지존자 친

시87:6,(民族)(登錄)(數)
민족 등록 수

시87:7,(者)(者)(根源)
자 자 근원

詩篇-(시편)-第八十八篇
시편 제팔십팔편

시88:1,(子孫)(讚頌)(詩)(人)(伶長)
자손 찬송 시 인 령장

로마(救援)(晝夜)(主)
구원 주야 주

시88:2,(祈禱)(主)(達)(主)
기도 주 달 주

시88:3,(大抵)(靈魂)(困難)(生命)(陰府)
대저 영혼 곤난 생명 음부

시88:4,(者)(認定)
자 인정

시88:5,(死亡者)(中)(殺戮)(當)(者)(主)
사망자 중 살륙 당 자 주
(記憶)(主)(者)
기억 주 자

시88:6,(主)(陰沈)
주 음침

시88:7,(主)(怒)(甚)(主)(波濤)
주 노 심 주 파도

시88:8,(主)(者)(可憎)
주 자 가증

시88:9,(困難)(因)(衰)(每日)(主)(主)(向)
곤난 인 쇠 매일 주 주 향

시88:10,(主)(死亡)(者)(奇事)(幽魂)(主)(讚頌)
주 사망 자 기사 유혼 주 찬송

시88:11,(主)(仁慈)(主)(誠實)(滅亡)(中)(宣布)
주 인자 주 성실 멸망 중 선포

시88:12,(黑暗)(中)(主)(奇事)(主)(義)
흑암 중 주 기사 주 의

시88:13,(主)(祈禱)(主)(達)
주 기도 주 달

시88:14,(靈魂)(主)
영혼 주

시88:15,(少時)(困難)(當)(主)(當)(惶忙)
소시 곤난 당 주 당 황망

시88:16,(主)(震怒)(主)
주 진노 주

시88:17,(終日)
종일

시88:18,(主)(者)(親舊)(者)(黑暗)
주 자 친구 자 흑암

詩篇-(시편)-第八十九篇
시편 제팔십구편

시89:1,(人)(仁慈)(永遠)(主)(誠實)(代代)
인 인자 영원 주 성실 대대

시89:2,(仁慈)(永遠)(主)(誠實)(堅固)
인자 영원 주 성실 견고

시89:3,(主)(擇)(者)(言約)(盟誓)
주 택 자 언약 맹서

시89:4,(子孫)(永遠)(堅固)(位)(代代)
자손 영원 견고 위 대대

시89:5,(主)(奇事)(讚揚)(主)(誠實)(者)
주 기사 찬양 주 성실 자
(會衆)(讚揚)
회중 찬양

시89:6,(大抵)(穹蒼)(能)(比較)(者)(權能)
대저 궁창 능 비교 자 권능
(者)(中)(者)
자 중 자

시89:7,(者)(會衆)(甚)(嚴威)(者)(者)
자 회중 심 엄위 자 자

시89:8,(萬軍)(主)(能)(者)(主)(誠實)(主)
만군 주 능 자 주 성실 주

시89:9,(主)(洶湧)(波濤)(平靜)
주 흉용 파도 평정

시89:10,(主)(殺戮)(當)(者)(破碎)(主)
주 살륙 당 자 파쇄 주
(怨讐)(主)(能力)
원수 주 능력

시89:11,(主)(主)(世界)(中)(充滿)(主)(建設)
주 주 세계 중 충만 주 건설

시89:12,(南北)(主)(創造)(主)(因)
남북 주 창조 주 인

시89:13,(主)(能力)(主)(强)(主)
주 능력 주 강 주

시89:14,(義)(公義)(主)(寶座)(基礎)(仁慈)
의 공의 주 보좌 기초 인자
(眞實)(主)(行)
진실 주 행

시89:15,(百姓)(有福)(者)(主)
백성 유복 자 주

시89:16,(終日)(主)(主)(義)(因)
종일 주 주 의 인

시89:17,(主)(榮光)(主)(恩寵)
주 영광 주 은총

시89:18,(防牌)(屬)(王)(者)(屬)
방패 속 왕 자 속

시89:19,(主)(異像中)(主)(聖徒)(能力)
주 이상중 주 성도 능력
(者)(百姓)(中)(擇)(者)
자 백성 중 택 자

시89:21,(堅固)
견고

시89:22,(怨讐)(强奪)(惡)(者)(困苦)
원수 강탈 악 자 곤고

시89:23,(對敵)(撲滅)(恨)(者)
대적 박멸 한 자

시89:24,(誠實)(仁慈)(因)
성실 인자 인

시89:25,(江)
강

시89:26,(主)(救援)
주 구원

시89:27,(長子)(世界)(列王)
장자 세계 열왕

시89:28,(爲)(仁慈)(永久)(言約)
위 인자 영구 언약

시89:29,(後孫)(永久)(位)
후손 영구 위

시89:30,(萬一)(子孫)(法)(規例)(行)
만일 자손 법 규례 행

시89:31,(律例)(破)(誡命)
율례 파 계명

시89:32,(犯過)(罪惡)(懲責)
범과 죄악 징책

시89:33,(仁慈)(誠實)(廢)
인자 성실 폐

시89:34,(言約)(破)(變)
언약 파 변

시89:35,(番)(盟誓)
번 맹서

시89:36,(後孫)(長久)(恒常)
후손 장구 항상

시89:37,(穹蒼)(確實)(證人)(永遠)(堅固)
궁창 확실 증인 영원 견고

시89:38,(主)(主)(者)(怒)
주 주 자 노

시89:39,(主)(言約)(冠)(辱)
주 언약 관 욕

시89:40,(破壞)(保障)(毁破)
파괴 보장 훼파

시89:41,(者)(奪取)(當)(辱)(當)
자 탈취 당 욕 당

시89:42,(主)(對敵)(怨讐)
주 대적 원수

시89:43,(鈍)(戰場)
둔 전장

시89:44,(榮光)(位)
영광 위

시89:45,(少年)(短促)(羞恥)
소년 단촉 수치

시89:46,(永遠)(主)(怒)
영원 주 노

시89:47,(短促)(記憶)(主)(人生)(虛無)(創造)
단촉 기억 주 인생 허무 창조

시89:48,(靈魂)(陰府)(權勢)
영혼 음부 권세

시89:49,(主)(主)(誠實)(盟誓)(以前)(仁慈)
주 주 성실 맹서 이전 인자

시89:50,(主)(主)(毁謗)(記憶)(有力)
주 주 훼방 기억 유력
(民族)(毁謗)
민족 훼방

시89:51,(毁謗)(主)(怨讐)(主)(者)行動)(毁謗)
훼방 주 원수 주 자 행동 훼방

시89:52,(永遠)(讚頌)
영원 찬송

第四■ 詩篇-(시편)-第九十篇
제사권 시편 제구십편

시90:1,(祈禱)(主)(主)(代代)(居處)
기도 주 주 대대 거처

시90:2,(山)(前)(世界)(主)(造成)(前)
산 전 세계 주 조성 전
(永遠)(永遠)(主)
영원 영원 주

시90:3,(主)(人生)
주 인생

시90:4,(主)(目前)(千年)(更點)
주 목전 천년 경점

시90:5,(主)(洪水)(暫間)(者)
주 홍수 잠간 자

시90:7,(主)(消滅)(主)(忿)
주 소멸 주 분

시90:8,(主)(罪惡)(主)(隱密)(罪)(主)
주 죄악 주 은밀 죄 주

시90:9,(主)(忿怒)(中)(平生)(一息間)
주 분노 중 평생 일식간

시90:10,(年數)(七十)(康健)(八十)
년수 칠십 강건 팔십
(年數)(受苦)(迅速)
년수 수고 신속

시90:11,(主)(能力)(主)(主)(震怒)
주 능력 주 주 진노

시90:12,(計數)(智慧)
계수 지혜

시90:13,(主)(矜恤)
주 긍휼

시90:14,(主)(仁慈)(滿足)(平生)
주 인자 만족 평생

시90:15,(困苦)(數)(禍)(當)(年數)
곤고 수 화 당 년수

시90:16,(主)(行事)(主)(主)(榮光)(子孫)
주 행사 주 주 영광 자손

시90:17,(主)(恩寵)(臨)(行事)(堅固)
주 은총 임 행사 견고
(行事)(堅固)
행사 견고

詩篇-(시편)-第九十一篇
시편 제구십일편

시91:1,(至尊者)(隱密)(居)(者)(全能)(者)(居)
지존자 은밀 거 자 전능 자 거

시91:2,(避難處)(要塞)(依賴)
피난처 요새 의뢰

시91:3,(軍)(極)(染病)
군 극 염병

시91:4,(避)(眞實)(防牌)(防牌)
피 진실 방패 방패

시91:6,(黑暗)(中)(行)(染病)(白晝)
흑암 중 행 염병 백주
(荒廢)(破滅)
황폐 파멸

시91:7,(千人)(萬人)(右便)(災殃)
천인 만인 우편 재앙

시91:8,(目覩)(惡人)(報應)
목도 악인 보응

시91:9,(避難處)(至尊者)(居處)
피난처 지존자 거처

시91:10,(禍)(災殃)(帳幕)
화 재앙 장막

시91:11,(爲)(使者)(命)
위 사자 명

시91:13,(獅子)(毒蛇)(獅子)
사자 독사 사자

시91:15,(懇求)(應答)(患難)(榮華)
간구 응답 환난 영화

시91:16,(長壽)(滿足)(救援)
장수 만족 구원

詩篇-(시편)-第九十二篇
시편 제구십이편

시92:1,(安息日)(讚頌)(詩)(至尊者)
안식일 찬송 시 지존자
(十絃琴)(琵琶)(竪琴)(靜肅)(感謝)
십현금 비파 수금 정숙 감사
(主)(讚揚)(主)(仁慈)(主)(誠實)
주 찬양 주 인자 주 성실
시92:4,(主)(行事)(主)(行事)(因)
주 행사 주 행사 인
시92:5,(主)(行事)(主)(甚)
주 행사 주 심
시92:6,(愚蠢)(者)(無知)(者)
우준 자 무지 자
시92:7,(惡人)(生長)(罪惡)(行)(者)(興旺)
악인 생장 죄악 행 자 흥왕
(永遠)(滅亡)
영원 멸망
시92:8,(主)(永遠)(至尊)
주 영원 지존
시92:9,(主)(怨讐)(主)(怨讐)(敗亡)(罪惡)
주 원수 주 원수 패망 죄악
(行)(者)
행 자
시92:10,(主)(新鮮)
주 신선
시92:11,(怨讐)(報應)(行惡者)(報應)
원수 보응 행악자 보응
시92:12,(義人)(棕櫚)(蕃盛)(柏香木)(發育)
의인 종려 번성 백향목 발육
시92:13,(宮庭)(興旺)
궁정 흥왕
시92:14,(結實)(津液)(豊足)(靑靑)
결실 진액 풍족 청청
시92:15,(正直)(不義)
정직 불의

詩篇-(시편)-第九十三篇
시편 제구십삼편

시93:1,(統治)(權威)(能力)(世界)
통치 권위 능력 세계
(堅固)(搖動)
견고 요동
시93:2,(主)(寶座)(堅固)(主)(永遠)
주 보좌 견고 주 영원
시93:4,(能力)(波濤)(偉大)
능력 파도 위대
시93:5,(主)(證據)(確實)(主)(合當)(永久)
주 증거 확실 주 합당 영구

詩篇-(시편)-第九十四篇
시편 제구십사편

시94:1,(報讐)(報讐)
보수 보수
시94:2,(世界)(判斷)(主)(驕慢)(者)
세계 판단 주 교만 자
(相當)(刑罰)
상당 형벌
시94:3,(惡人)(惡人)(凱歌)
악인 악인 개가
시94:4,(傲慢)(罪惡)(行)(者)(自矜)
오만 죄악 행 자 자긍
시94:5,(主)(百姓)(破碎)(主)(基業)(困苦)
주 백성 파쇄 주 기업 곤고
시94:6,(寡婦)(孤兒)(殺害)
과부 고아 살해
시94:8,(百姓)(中)(愚蠢)(者)(無知)(者)(智慧)
백성 중 우준 자 무지 자 지혜
시94:9,(者)(者)
자 자
시94:10,(列邦)(懲罰)(者)(知識)(教訓)
열방 징벌 자 지식 교훈
(者)(懲治)
자 징치
시94:11,(虛無)
허무
시94:12,(主)(懲罰)(當)(主)(法)(教訓)(者)(福)
주 징벌 당 주 법 교훈 자 복
시94:13,(患難)(惡人)(爲)(平安)
환난 악인 위 평안
시94:14,(百姓)(基業)
백성 기업
시94:15,(判斷)(義)(正直)(者)
판단 의 정직 자
시94:16,(爲)(行惡者)(爲)(罪惡)(行)(者)
위 행악자 위 죄악 행 자
시94:17,(魂)(寂寞)(中)(處)
혼 적막 중 처
시94:18,(主)(仁慈)
주 인자
시94:19,(主)(慰安)(靈魂)(
주 위안 영혼
시94:20,(律例)(憑藉)(殘害)(圖謀)
율례 빙자 잔해 도모
(惡)(裁判長)(主)(交際)
악 재판장 주 교제
시94:21,(義人)(靈魂)(無罪者)(定罪)
의인 영혼 무죄자 정죄
시94:22,(山城)(避)(磐石)
산성 피 반석
시94:23,(罪惡)(惡)(因)
죄악 악 인

詩篇-(시편)-第九十五篇
시편 제구십오편

시95:1,(救援)(磐石)(向)
구원 반석 향
시95:2,(感謝)(詩)(向)
감사 시 향
시95:3,(大抵)(神)(王)
대저 신 왕
시95:4,(山)
산
시95:5,(陸地)
륙지
시95:6,(敬拜)
경배

시95:7,(大抵)(百姓)(羊)(音聲)(願)
대저 백성 양 음성 원

시95:8,(曠野)(剛愎)
광야 강퍅

시95:9,(列祖)(試驗)(探知)(行事)
열조 시험 탐지 행사

시95:10,(四十年)(世代)(因)(迷惑)(百姓)(道)
사십년 세대 인 미혹 백성 도

시95:11,(怒)(盟誓)(安息)
노 맹서 안식

詩篇-(시편)-第九十六篇
시편 제구십륙편

시96:2,(頌祝)(救援)(宣播)
송축 구원 선파

시96:3,(榮光)(列邦)(中)(奇異)(行蹟)
영광 열방 중 기이 행적
(萬民)(中)(宣布)
만민 중 선포

시96:4,(廣大)(極盡)(讚揚)(神)(敬畏)
광대 극진 찬양 신 경외

시96:5,(萬邦)(神)
만방 신

시96:6,(尊貴)(威嚴)(能力)(聖所)
존귀 위엄 능력 성소

시96:7,(萬邦)(族屬)(榮光)(權能)
만방 족속 영광 권능

시96:8,(合當)(榮光)(禮物)(宮庭)
합당 영광 예물 궁정

시96:9,(敬拜)
경배

시96:10,(列邦)(中)(統治)(世界)(萬民)
열방 중 통치 세계 만민
(公平)(判斷)
공평 판단

시96:11,(充滿)
충만

시96:12,(森林)
삼림

시96:13,(臨)(判斷)(臨)(義)(世界)(判斷)
임 판단 임 의 세계 판단
(眞實)(百姓)(判斷)
진실 백성 판단

詩篇-(시편)-第九十七篇
시편 제구십칠편

시97:1,(統治)(許多)
통치 허다

시97:2,(黑暗)(義)(公平)(寶座)(基礎)
흑암 의 공평 보좌 기초

시97:3,(發)(四面)(對敵)
발 사면 대적

시97:4,(世界)
세계

시97:5,(山)(主)
산 주

시97:6,(義)(宣布)(百姓)(榮光)
의 선포 백성 영광

시97:7,(彫刻)(神像)(虛無)(自矜)(者)
조각 신상 허무 자긍 자
(羞恥)(當)(神)(敬拜)
수치 당 신 경배

시97:8,(主)(判斷)(因)
주 판단 인

시97:9,(主)(至尊)(神)(超越)
주 지존 신 초월

시97:10,(惡)(聖徒)(靈魂)(保全)(惡人)
악 성도 영혼 보전 악인

시97:11,(義人)(爲)(正直)(者)(爲)
의인 위 정직 자 위

시97:12,(義人)(因)(記念)(感謝)
의인 인 기념 감사

詩篇-(시편)-第九十八篇
시편 제구십팔편

시98:1,(詩)(讚頌)(大抵)(奇異)(行)(自己)
시 찬송 대저 기이 행 자기
(爲)(救援)
위 구원

시98:2,(救援)(義)(列邦)(目前)(明白)
구원 의 열방 목전 명백

시98:3,(向)(仁慈)(誠實)(記憶)(救援)
향 인자 성실 기억 구원

시98:4,(發)(讚頌)
발 찬송

시98:5,(竪琴)(讚揚)(竪琴)(音聲)(讚揚)
수금 찬양 수금 음성 찬양

시98:6,(號角)(王)
호각 왕

시98:7,(充滿)(中)(居)(者)
충만 중 거 자

시98:8,(拍手)(山嶽)
박수 산악

시98:9,(判斷)(臨)(義)(世界)(判斷)(公平)
판단 임 의 세계 판단 공평
(百姓)(判斷)
백성 판단

詩篇-(시편)-第九十九篇
시편 제구십구편

시99:1,(統治)(萬民)(座定)(搖動)
통치 만민 좌정 요동

시99:2,(廣大)(民族)
광대 민족

시99:3,(主)(讚頌)
주 찬송

시99:4,(王)(能力)(公義)(主)(公平)(堅固)
왕 능력 공의 주 공평 견고
(中)(公)(義)(行)
중 공 의 행

시99:5,(敬拜)
경배

시99:6,(祭司長)(中)(者)(中)(懇求)(應答)
제사장 중 자 중 간구 응답

시99:7,(證據)(律例)
증거 율례

시99:8,(主)(應答)(行)(赦)
주 응답 행 사

시99:9,(聖山)(敬拜)(大抵)
성산 경배 대저

詩篇-(시편)-第一百篇
시 편 제일 백 편

시100:1,(感謝)(詩)
감사 시

시100:3,(者)(百姓)(羊)
자 백성 양

시100:4,(感謝)(門)(讚頌)(宮庭)(感謝)(頌祝)
감사 문 찬송 궁정 감사 송축

시100:5,(大抵)(善)(仁慈)(永遠)(誠實)(代代)
대저 선 인자 영원 성실 대대

詩篇-(시편)-第百有一篇
시 편 제백 유 일 편

시101:1,(詩)(仁慈)(公義)(讚頌)(主)(讚揚)
시 인자 공의 찬송 주 찬양

시101:2,(完全)(注意)(主)(臨)(完全)(行)
완전 주의 주 임 완전 행

시101:3,(卑陋)(背道者)(行爲)
비루 배도자 행위

시101:4,(邪慝)(惡)
사특 악

시101:5,(者)(滅)(驕慢)(者)(容納)
자 멸 교만 자 용납

시101:6,(忠誠)(者(居)(完全)(行)(者)(隨從)
충성 자 거 완전 행 자 수종

시101:7,(行)(者)(居)(者)(目前)
행 자 거 자 목전

시101:8,(惡人)(滅)(罪惡)(行)(者)(城)
악인 멸 죄악 행 자 성

詩篇-(시편)-第百有二篇
시 편 제백 유 이 편

시102:1,(困苦)(者)(傷)(吐)(祈禱)(祈禱)
곤고 자 상 토 기도 기도

(主)(上達
주 상달

시102:2,(主)(主)(速)(應答)
주 주 속 응답

시102:3,(大抵)(煙氣)(燒滅)나
대저 연기 소멸

시102:4,(飮食)(衰殘)
음식 쇠잔

시102:5,(嘆息)(因)
탄식 인

시102:6,(曠野)(塘鵝)(荒廢)
광야 당아 황폐

시102:8,(怨讐)(終日)(毁謗)(對)(者)(盟誓)
원수 종일 훼방 대 자 맹서

시102:9,(糧食)
량식

시102:10,(主)(忿)(怒)(因)(主)
주 분 노 인 주

시102:11,(衰殘)
쇠잔

시102:12,(主)(永遠)(主)(記念)(名稱)(代代)
주 영원 주 기념 명칭 대대

시102:13,(主)(矜恤)(只今)(矜恤)(定)(期限)
주 긍휼 지금 긍휼 정 기한

시102:14,(主)(憐恤)
주 연휼

시102:15,(列邦)(敬畏)(世界)(列王)(主)
열방 경외 세계 열왕 주

(榮光)(敬畏)
영광 경외

시102:16,(大抵)(建設)(榮光)(中)
대저 건설 영광 중

시102:17,(貧窮)(者)(祈禱)(祈禱)(蔑視)
빈궁 자 기도 기도 멸시

시102:18,(將來)(世代)(爲)(記錄)(創造)
장래 세대 위 기록 창조

(百姓)(讚頌)
백성 찬송

시102:19,(聖所)(下鑑)(鑑察)
성소 하감 감찰

시102:20,(者)(嘆息(定)(者)(解放)
자 탄식 정 자 해방

시102:21,(榮譽)(宣布)
영예 선포

시102:22,(民族)
민족

시102:23,(中途)(衰弱)(短促
중도 쇠약 단촉

시102:24,(中年)(主)(年代)(代代)(無窮)
중년 주 년대 대대 무궁

시102:25,(主)(基礎)(主)
주 기초 주

시102:26,(天地)(主)(永存)(衣服)뀌
천지 주 영존 의복

시102:27,(主)(如常)(主)(年代)(無窮)
주 여상 주 년대 무궁

시102:28,(主)(子孫)(恒常)(後孫)(主)
주 자손 항상 후손 주

詩篇-(시편)-第百有三篇
시 편 제백 유 삼 편

시103:1,(詩)(靈魂)(頌祝)(聖號)(頌祝)
시 영혼 송축 성호 송축

시103:2,(靈魂)(頌祝)(恩澤)
영혼 송축 은택

시103:3,(罪惡)(赦)(病)
죄악 사 병

시103:4,(生命)(破滅)(救贖)(仁慈)(矜恤)(冠)
생명 파멸 구속 인자 긍휼 관

시103:5,(所願)(滿足)(靑春)
소원 만족 청춘

시103:6,(義)(行)(壓迫)(當)(者)(爲)(判斷)
의 행 압박 당 자 위 판단

시103:7行爲)(行事)(子孫)
행위 행사 자손

시103:8,(慈悲)(恩惠)(怒)(仁慈)(豊富)
자비 은혜 노 인자 풍부

시103:9,(恒常)(警責)(怒)(永遠)
항상 경책 노 영원
시103:10,(罪)(處置)(罪惡)
죄 처치 죄악
시103:11,(敬畏)(者)(仁慈)
경외 자 인자
시103:12,(東)(西)(罪過)
동 서 죄과
시103:13,(子息)(自己)(敬畏)(者)
자식 자기 경외 자
시103:14,(體質)(塵土)(記憶)
체질 진토 기억
시103:15,(人生)(榮華)
인생 영화
시103:17,(仁慈)(自己)(敬畏)(者)(永遠)
인자 자기 경외 자 영원
(永遠)(義)(子孫)(子孫)
영원 의 자손 자손
시103:18,(言約)(法度)(記憶)(行)(者)
언약 법도 기억 행 자
시103:19,(寶座)(政權)(萬有)(統治)
보좌 정권 만유 통치
시103:20,(能力)(天使)(頌祝)
능력 천사 송축
시103:21,(奉事)(行)(天軍)(頌祝)
봉사 행 천군 송축
시103:22,(頌祝)(靈魂)(頌祝)
송축 영혼 송축

詩篇-(시편)-第百有四篇
시 편 제백유사편

시104:1,(靈魂)(頌祝)(主)(甚)(廣大)
영혼 송축 주 심 광대
(尊貴)(權威)
존귀 권위
시104:2,(主)(揮帳)
주 휘장
시104:3,(自己)(樓閣)(自己)
자기 루각 자기
시104:4,(自己)(使者(火焰)(自己)(使役者)
자기 사자 화염 자기 사역자
시104:5,(基礎)(永遠)(搖動)
기초 영원 요동
시104:6,(山)
산
시104:7,(主)(譴責)(因)(逃亡)(主)(雨雷)(因)
주 견책 인 노방 수 부뢰 인
시104:8,(主)(定)(處所)(山)
주 정 처소 산
시104:9,(主)(境界)(定)(
주 경계 정
시104:10,(山)
산
시104:11,(各)(解渴)
각 해갈
시104:12,(空中)(發)
공중 발
시104:13,(樓閣)(山)(主)(行事)(結果)(豊足)
루각 산 주 행사 결과 풍족
시104:14,(家畜)(爲)(所用)(爲)(菜蔬)(食物)
가축 위 소용 위 채소 식물
시104:15,(葡萄酒)(潤澤(糧食)
포도주 윤택 량식
시104:16,(雨澤)(洽足)(柏香木)
우택 흡족 백향목
시104:17,(鶴)
학
시104:18,(山)(山羊)(爲)(避難處)
산 산양 위 피난처
시104:19,(節期)(定)
절기 정
시104:20,(主)(黑暗)(森林)
주 흑암 삼림
시104:21,(獅子)(食物)(求)
사자 식물 구
시104:22,(窟穴)
굴혈
시104:23,(勞動)(受苦)
로동 수고
시104:24,(主(主)(智慧)(主)(富饒
주 주 지혜 주 부요
시104:25,(動物)大小)(生物)(無數)
동물 대소 생물 무수
시104:26,(船隻)(主)(鰐魚)
선척 주 악어
시104:27,(主)(食物)
주 식물
시104:28,(主)(取)(主)(滿足)
주 취 주 만족
시104:29,(主)(主)(呼吸)(取)(本)
주 주 호흡 취 본
시104:30,(主)(靈)(創造)(地面)
주 영 창조 지면
시104:31,(榮光)(永遠)(繼續)(自己)(行事)(因)
영광 영원 계속 자기 행사 인
시104:32,(震動)(山)(接觸)(煙氣)(發)
진동 산 접촉 연기 발
시104:33,(平生)(生存)(讚揚)
평생 생존 찬양
시104:34,(默想)(嘉尙)(因)
묵상 가상 인
시104:35,(罪人)(消滅)(惡人)(靈魂)(頌祝)
죄인 소멸 악인 영혼 송축

詩篇-(시편)-第百有五篇
시 편 제백유오편

시105:1,(感謝)(行事)(萬民)(中)
감사 행사 만민 중
시105:2,(讚揚)(奇事)
찬양 기사
시105:3,(聖號)(求)(者)
성호 구 자
시105:4,(能力)(求)(恒常)(求)
능력 구 항상 구

시105:5,(後孫)(擇)(子孫)(行)奇事)
후손 택 자손 행 기사
(異蹟)(判斷)(記憶)
이적 판단 기억

시105:7,(判斷)
판단

시105:8,(言約)(千代)(命)(永遠)(記憶)
언약 천대 명 영원 기억

시105:9)言約)(盟誓)
언약 맹서

시105:10,(律例)(永永)(言約)
율례 영영 언약

시105:11,(基業)(地境)
기업 지경

시105:12,(人數)(零星)(客)
인수 영성 객

시105:13,(族屬)(族屬)(民族)(流離)
족속 족속 민족 유리

시105:14,(害)(容納)(緣故)(列王)
해 용납 연고 열왕

시105:15,(者)(先知者)(傷)
자 선지자 상

시105:16,(飢饉)(臨)(依賴)(糧食)
기근 임 의뢰 량식

시105:18,(着錮)(傷)
착고 상

시105:19,(應)(鍛鍊)
응 단련

시105:20,(王)(放釋)(列邦)(統治者)(自由)
왕 방석 열방 통치자 자유

시105:21,(主管者)(所有)(管理)
주관자 소유 관리

시105:22,(任意)(百官)(制馭)(智慧)
임의 백관 제어 지혜
(長老)(教訓)
장로 교훈

시105:23,(客)
객

시105:24,(百姓)(繁盛(對敵)(强)
백성 번성 대적 강

시105:25,(變)(百姓)(狡猾)(行)
변 백성 교활 행

시105:26,(擇)
택

시105:27,(百姓)(中)(表徵)(奇事)(行)
백성 중 표징 기사 행

시105:28,(黑暗)
흑암

시105:29,(變)
변

시105:30,(蕃盛)(王)(宮室)
번성 왕 궁실

시105:31)四境)
사경

시105:32,(代身)(雨雹(火焰)
대신 우박 화염

시105:33,(葡萄)(無花果)(四境)
포도 무화과 사경

시105:34,蝗蟲)(無數)
황충 무수

시105:35,(菜蔬)
채소

시105:36,(長子)(氣力)(始作)
장자 기력 시작

시105:37,(引導)(銀金)(支派)(中)(弱)(者)
인도 은금 지파 중 약 자

시105:40,(求)(糧食)(滿足)
구 량식 만족

시105:41,(磐石)(江)
반석 강

시105:42,(記憶)
기억

시105:43,(百姓)(擇)(者)
백성 택 자

시105:44,(列邦)(民族)(受苦)(所有)(取)
열방 민족 수고 소유 취

시105:45,(律例)(法)
율례 법

詩篇-(시편)-第百有六篇
시편 제백유륙편

시106:1,(感謝)(善)(仁慈)(永遠)
감사 선 인자 영원

시106:2,(能)(能)(事蹟)(傳播)(榮譽)(廣布)
능 능 사적 전파 영예 광포

시106:3,(公義)(者)(恒常)(義)(行)(者)(福)
공의 자 항상 의 행 자 복

시106:4,(主)(百姓)(恩惠)(記憶)(主)
주 백성 은혜 기억 주
(救援)(眷顧)
구원 권고

시106:5,(主)(擇)(者)(亨通)(主)(基業)
주 택 자 형통 주 기업
(主)(基業)
주 기업

시106:6,(列祖)(犯罪)(邪慝)(行)(惡)
열조 범죄 사특 행 악

시106:7,(列祖)(主)(奇事(主)(仁慈)
열조 주 기사 주 인자
(記憶)(紅海)(拒逆)
기억 홍해 거역

시106:8,(自己)(爲)(救援)(權能)
자기 위 구원 권능

시106:9,(紅海)(引導)(曠野)
홍해 인도 광야

시106:10,(者)(救援)(怨讐)(救贖)
자 구원 원수 구속

시106:11,(對敵)
대적

시106:12,(讚頌)
찬송

시106:13,(未久)(行事)
미구 행사

시106:14,(曠野)(慾心)(發(沙漠)(試驗)
광야 욕심 발 사막 시험

시106:15,(要求)(靈魂
요 구 영 혼

시106:16,(陣)(聖徒)(嫉妬)
진 성 도 질 투

시106:17,(黨)
당

시106:18,(黨)(中)(火焰)(惡人
당 중 화 염 악 인

시106:19,(偶像)(崇拜)
우 상 숭 배

시106:20,(自己)(榮光)(形像)
자 기 영 광 형 상

시106:21,(行)(救援)
행 구 원

시106:22,(奇事)(紅海)(行)(者)
기 사 홍 해 행 자

시106:23,(滅)(擇)(決裂)(中)(怒)(滅)
멸 택 결 렬 중 노 멸

시106:24,(樂土)(蔑視)
락 토 멸 시

시106:25,(帳幕)(怨望)(聽從)
장 막 원 망 청 종

시106:26,(盟誓)(曠野)
맹 서 광 야

시106:27,(後孫)(列邦)(中)(各地
후 손 열 방 중 각 지

시106:28,(聯合)(者)(祭祀)(飮食)
연 합 자 제 사 음 식

시106:29行爲)(主)(激怒)(因)(災殃)(中)(流行)
행 위 주 격 노 인 재 앙 중 류 행

시106:30,(處罰)(災殃)
처 벌 재 앙

시106:31,(義)(定)(代代)(無窮)
의 정 대 대 무 궁

시106:32,(怒)(因)(孽)
노 인 얼

시106:33,(心靈)(拒逆)(因)(妄靈)
심 령 거 역 인 망 령

시106:34,(命)(異族)(滅)
명 이 족 멸

시106:35,(列邦)行爲)
열 방 행 위

시106:36,(偶像)
우 상

시106:37,(子女)(邪神)(祭祀)
자 녀 사 신 제 사

시106:38,(無罪)(子女)(偶像)(祭祀)
무 죄 자 녀 우 상 제 사

시106:39行爲)行動)(淫蕩)
행 위 행 동 음 탕

시106:40,(自己)(百姓)(猛烈)(怒)(自己)(基業)
자 기 백 성 맹 렬 노 자 기 기 업

시106:41,(列邦)(者)(治理)
열 방 자 치 리

시106:42,(怨讐)(壓迫)(手下)(服從)
원 수 압 박 수 하 복 종

시106:43,(番)로(拒逆)(自己)(罪惡)(因)(當)
번 거 역 자 기 죄 악 인 당

시106:44,(苦痛)(眷顧)
고 통 권 고

시106:45,(爲)(言約)(記憶)(仁慈)
위 언 약 기 억 인 자

시106:46,(者)(矜恤)
자 긍 휼

시106:47,(救援)(列邦)(中)(主)(聖號)(感謝)
구 원 열 방 중 주 성 호 감 사
(主)(榮譽)(讚揚)
주 영 예 찬 양

시106:48,(永遠)(永遠)(讚揚)(百姓)
영 원 영 원 찬 양 백 성

第五■ 詩篇-(시편)-第百有七篇
제 오 권 시 편 제 백 유 칠 편

시107:1,(感謝)(善)(仁慈)(永遠)
감 사 선 인 자 영 원

시107:2,(救贖)(者)(對敵)(救贖)
구 속 자 대 적 구 속

시107:3,(東西南北)(各)(地方)
동 서 남 북 각 지 방

시107:4,(曠野)(沙漠)(彷徨)(居)(城)
광 야 사 막 방 황 거 성

시107:5,(靈魂)(疲困)
영 혼 피 곤

시107:6,(中)(苦痛)
중 고 통

시107:7,(引導)(居)(城)
인 도 거 성

시107:8,(仁慈)(人生)(行)(奇異)(因)(讚頌)
인 자 인 생 행 기 이 인 찬 송

시107:9,(思慕)(靈魂)(滿足)(靈魂)
사 모 영 혼 만 족 영 혼

시107:10,(黑暗)(死亡)(困苦)
흑 암 사 망 곤 고

시107:11,(拒逆)(至尊者)(蔑視)
거 역 지 존 자 멸 시

시107:12,(受苦)(者)
수 고 자

시107:13,(中)(苦痛)(救援)
중 고 통 구 원

시107:14,(黑暗)(死亡)(引導)얽
흑 암 사 망 인 도

시107:15,(仁慈)(人生)(行)(奇異)(因)(讚頌)
인 자 인 생 행 기 이 인 찬 송

시107:16,(門)
문

시107:17,(者)(犯過)(罪惡)(緣故)(苦難)(當)
자 범 과 죄 악 연 고 고 난 당

시107:18,(魂)(各種)(食物)(死亡)(門)
혼 각 종 식 물 사 망 문

시107:19,(中)(苦痛)(救援)
중 고 통 구 원

시107:20,(危境)
위 경

시107:21,(仁慈)(人生)(行)(奇異)(因)(讚頌)
인 자 인 생 행 기 이 인 찬 송

시107:22,(感謝)(行事)(宣布)
감사 행사 선포
시107:23,(船隻)(營業)(者)
선척 영업 자
시107:24,(行事)(奇事)
행사 기사
시107:25,(命)(狂風)
명 광풍
시107:26,(危險)(因)(靈魂)
위험 인 영혼
시107:27,(醉)(者)(知覺)(混沌)
취 자 지각 혼돈
시107:28,(中)(苦痛)(引導)
중 고통 인도
시107:29,(狂風)(平靜)(潺潺)
광풍 평정 잔잔
시107:30,(平穩)(因)(中)(所願)(港口)(引導)
평온 인 중 소원 항구 인도
시107:31,(仁慈)(人生)(行)(奇異)(因)(讚頌)
인자 인생 행 기이 인 찬송
시107:32,(百姓)(長老)(讚頌)
백성 장로 찬송
시107:33,(江)(變)(曠野)
강 변 광야
시107:34,(居民)(惡)(因)(沃土)(鹽)
거민 악 인 옥토 염
시107:35,(曠野)(變)
광야 변
시107:36,(者)(居)(居)(城)(豫備)
자 거 거 성 예비
시107:37,(播種)(葡萄園)(栽培)(所産)(取)
파종 포도원 재배 소산 취
시107:38,(福)(蕃盛)(家畜)(減少)
복 번성 가축 감소
시107:39,(壓迫)(困難)(憂患)(因)(減少)(卑屈)
압박 곤난 우환 인 감소 비굴
시107:40,(方伯)(凌辱)(荒野)(流離)
방백 능욕 황야 유리
시107:41,(窮乏)(者)(困難)(家族)(羊)
궁핍 자 곤난 가족 양
시107:42,(正直)(者)(惡人)(自己)(封)
정직 자 악인 자기 봉
시107:43,(智慧)(者)(注意)(仁慈)
지혜 자 주의 인자

詩篇-(시편)-第百有八篇
시편 제백유팔편

시108:1,(讚頌)(詩)(定)(心靈)(讚揚)
찬송 시 정 심령 찬양
시108:2,(琵琶)(竪琴)
비파 수금
시108:3,(萬民)(中)(主)(感謝)(列邦)(中)
만민 중 주 감사 열방 중
(主)(讚揚)
주 찬양
시108:4,(,(大抵)(主)(仁慈)(廣大)(主)
대저 주 인자 광대 주
(眞實)(穹蒼)
진실 궁창
시108:5,(主)(主)(榮光)(世界)(願)
주 주 영광 세계 원
시108:6,(主)(者)(爲)(應答)(救援)
주 자 위 응답 구원
시108:7,(尺量)
척량
시108:8,(保護者)(笏)
보호자 홀
시108:9,(沐浴桶)
목욕통
시108:10,(堅固)(城)(引導)
견고 성 인도
시108:11,(主)(主)(軍隊)
주 주 군대
시108:12,(對敵)(救援)
대적 구원
시108:13,(依支)(勇敢)(行)(對敵)(者)
의지 용감 행 대적 자

詩篇-(시편)-第百有九篇
시편 제백유구편

시109:1,(詩)(伶長)(讚頌)(潛潛)
시 령장 찬송 잠잠
시109:2,(大抵)(惡)(詭詐)
대저 악 궤사
시109:3,(無故)(攻擊)
무고 공격
시109:4,(對敵)(祈禱)
대적 기도
시109:5,(惡)(善)
악 선
시109:6,(惡人)(制馭)(對敵)(便)
악인 제어 대적 편
시109:7,(判斷)(罪)(祈禱)(罪)(變)
판단 죄 기도 죄 변
시109:8,(年數)(短促)(職分)(他人)(取)
년수 단촉 직분 타인 취
시109:9,(子女)(孤兒)(寡婦)
자녀 고아 과부
시109:10,(子女)(流離)(求乞)(荒廢)
자녀 유리 구걸 황폐
시109:11,(高利貸金)(者)(所有)(取)(受苦)
고리대금 자 소유 취 수고
(外人)(奪取)
외인 탈취
시109:12,(恩惠)(繼續)(者)(孤兒)(憐恤)(者)
은혜 계속 자 고아 연휼 자
시109:13,(後嗣)(後代)(塗抹)
후사 후대 도말
시109:14,(列祖)(罪惡)(記憶)(罪)(塗抹)
열조 죄악 기억 죄 도말
시109:15,(罪惡)(恒常)(記念)
죄악 항상 기념
시109:16,(矜恤)(窮乏)(者)(傷)(者)(逼迫)(緣故)
긍휼 궁핍 자 상 자 핍박 연고

시109:17,(詛呪)(自己)(臨)(祝福)(福)
저주 자기 임 축복 복

시109:18,(詛呪)(詛呪)(內腑)
저주 저주 내부

시109:19,(詛呪)(恒常)
저주 항상

시109:20,(對敵)(靈魂)(對敵)(惡談)(者)(報應)
대적 영혼 대적 악담 자 보응

시109:21,(主)(主)(因)(善待)(主)(仁慈)(善)(因)
주 주 인 선대 주 인자 선 인

시109:22,(窮乏)(中心)(傷)
궁핍 중심 상

시109:23,(夕陽)
석양

시109:24,(禁食)(因)(弱)(肉體)(瘦瘠)
금식 인 약 육체 수척

시109:25,(毁謗)
훼방

시109:26,(主)(仁慈)(救援)
주 인자 구원

시109:27,(主)(行)
주 행

시109:28,(詛呪)(主)(福)(羞恥)(當)(主)
저주 주 복 수치 당 주

시109:29,(對敵)(辱)(自己)(羞恥)
대적 욕 자기 수치

시109:30,(感謝)(中)(讚頌)
감사 중 찬송

시109:31,(窮乏)(者)(右便)(靈魂)(判斷)
궁핍 자 우편 영혼 판단
(者)(救援)
자 구원

詩篇-(시편)-第百有十篇
시편 제백유십편

시110:1,(詩)(主)(怨讐)(右便)
시 주 원수 우편

시110:2,(主)(權能)(笏)(主)(怨讐)(中)
주 권능 홀 주 원수 중

시110:3,(主)(權能)(主)(百姓)(獻身)(主)
주 권능 주 백성 헌신 주
(靑年)(主)
청년 주

시110:4,(盟誓)(變)댁(班次)(永遠)(祭司長)
맹서 변 반차 영원 제사장

시110:5,(主)(右便)(主)(怒)(列王)(破)
주 우편 주 노 열왕 파

시110:6,(列邦)(中)(判斷)(屍體)(破)
열방 중 판단 시체 파

시110:7,(因)
인

詩篇-(시편)-第百十一篇
시편 제백십일편

시111:1,(正直)(者)(會)(公會)(中)(全心)(感謝)
정직 자 회 공회 중 전심 감사

시111:2,(行事)(者)(硏究)
행사 자 연구

시111:3,(行事)(尊貴)(嚴威)(義)(永遠)
행사 존귀 엄위 의 영원

시111:4,(奇異)(記憶)(恩惠)(慈悲)
기이 기억 은혜 자비

시111:5,(自己)(敬畏)(者)(糧食)(言約)
자기 경외 자 량식 언약
(永遠)(記憶)
영원 기억

시111:6,(自己)(百姓)(列邦)(基業)(行事)(能)
자기 백성 열방 기업 행사 능

시111:7,(行事)(眞實)(公義)(法度)(確實)
행사 진실 공의 법도 확실

시111:8,(永遠)(無窮)(定)(眞實)(正義)(行)
영원 무궁 정 진실 정의 행

시111:9,(百姓)(救贖)(言約)(永遠)(至尊)
백성 구속 언약 영원 지존

시111:10,(敬畏)(智慧)(根本)(誡命)(者)
경외 지혜 근본 계명 자
(知覺)(讚頌)(永遠)
지각 찬송 영원

詩篇-(시편)-第百十二篇
시편 제백십이편

시112:1,(敬畏)(誡命)(者)(福)
경외 계명 자 복

시112:2,(後孫)(强盛)(正直者)(後代)(福)
후손 강성 정직자 후대 복

시112:3,(富饒)(財物)(義)(永遠)
부요 재물 의 영원

시112:4,(正直)(者)(黑暗)(中)(慈悲)(義)(者)
정직 자 흑암 중 자비 의 자

시112:5,(恩惠)(者)(公義
은혜 자 공의

시112:6,(永永)(搖動)(義人)(永遠)(記念)
영영 요동 의인 영원 기념

시112:7,(凶)(消息)(依賴)(定)
흉 소식 의뢰 정

시112:8,(堅固)(對敵)(報應)(畢竟)
견고 대적 보응 필경

시112:9,(財物)(貧窮)(者)(義)(永遠)(榮華)
재물 빈궁 자 의 영원 영화

시112:10,(惡人)(恨)(消滅)(惡人)(所欲)(滅亡)
악인 한 소멸 악인 소욕 멸망

詩篇-(시편)-第百十三篇
시편 제백십삼편

시113:1,(讚揚)(讚揚)
찬양 찬양

시113:2,(永遠)(讚頌)
영원 찬송

시113:3,(讚揚)
찬양

시113:4,(榮光)
영광

시113:5,(者)
자

시113:6,(天地)
천지

시113:7,(者)(塵土)(窮乏)(者)
자 진토 궁핍 자

시113:8,(方伯)(百姓)(方伯)
방백 백성 방백

시113:9,(孕胎)(女子)(居)(子女)
잉태 녀자 거 자녀

詩篇-(시편)-第百十四篇
시편 제백십사편

시114:1,(方言)(民族)
방언 민족

시114:2,(聖所)(領土)
성소 령토

시114:3,(逃亡)
도망

시114:4,(山)(羊)(山)(羊)
산 양 산 양

시114:5,(逃亡)
도망

시114:6,(山)(羊)(山)(羊)놂
산 양 산 양

시114:7,(主)
주

시114:8,(磐石)(變)
반석 변

詩篇-(시편)-第百十五篇
시편 제백십오편

시115:1,(榮光)(主)(仁慈)(眞實)(因)(主)
영광 주 인자 진실 인 주

시115:2,(列邦)
열방

시115:3계)(願)(行)
원 행

시115:4,(偶像)(金)(手工物)
우상 금 수공물

시115:8,(偶像)(者)(依支)(者)
우상 자 의지 자

시115:9,(依支)(防牌)
의지 방패

시115:10,(依支)(防牌)
의지 방패

시115:11,(敬畏)(依支)(防牌)
경외 의지 방패

시115:12,(福)(福)(福)
복 복 복

시115:13大小)(無論)(敬畏)(者)(福)
대소 무론 경외 자 복

시115:14,(子孫)(繁昌)(願)
자손 번창 원

시115:15,(天地)(福)(者)
천지 복 자

시115:16,(人生)
인생

시115:17,(者)(讚揚)(寂寞)
자 찬양 적막

시115:18,(永遠)(頌祝)
영원 송축

詩篇-(시편)-第百十六篇
시편 제백십륙편

시116:1,(音聲)(懇求)
음성 간구

시116:2,(平生)(祈禱)
평생 기도

시116:3,(死亡)(陰府)(苦痛)(患難)
사망 음부 고통 환난

시116:4,(祈禱)(主)(求)(靈魂)
기도 주 구 영혼

시116:5,(恩惠)(義)(慈悲)
은혜 의 자비

시116:6,(者)(保存)(救援)
자 보존 구원

시116:7,(靈魂)(平安)(厚待)
영혼 평안 후대

시116:8,(主)(靈魂)(死亡)(
주 영혼 사망

시116:9,(生存世界)(行)
생존세계 행

시116:10,(故)(困難)(當)
고 곤난 당

시116:11,(驚怯)(中)
경겁 중

시116:12,(恩惠)(報答)
은혜 보답

시116:13,(救援)(盞)
구원 잔

시116:14,(百姓)(誓願)
백성 서원

시116:15,(聖徒)(貴重)
성도 귀중

시116:16,(眞實)(主)(主)(女)(主)(主)(結縛)
진실 주 주 여 주 주 결박

시116:17,(主)(感謝)
주 감사

시116:18,(百姓)(誓願)
백성 서원

시116:19,(殿)(庭)
전 정

詩篇-(시편)-第百十七篇
시편 제백십칠편

시117:1,(讚揚)(百姓)(稱頌)
찬양 백성 칭송

시117:2,(向)(仁慈)(眞實)(永遠)
향 인자 진실 영원

詩篇-(시편)-第百十八篇
시편 제백십팔편

시118:1,(感謝)(善)(仁慈)(永遠)
감사 선 인자 영원

시118:2,(仁慈)(永遠)
인자 영원

시118:3,(仁慈)(永遠)
인자 영원

시118:4,(敬畏)(者)(仁慈)(永遠)
경외 자 인자 영원

시118:5,(苦痛)(中)(廣闊)
고통 중 광활
시118:6,(便)
편
시118:7,(便)(中)(者)(報應)
편 중 자 보응
시118:8,(避)(信賴)
피 신뢰
시118:9,(避)(方伯)(信賴)
피 방백 신뢰
시118:10,(列邦)
열방
시118:12,(燒滅)
소멸
시118:14,(能力)(讚頌)(救援)
능력 찬송 구원
시118:15,(義人)(帳幕)(救援)(權能)
의인 장막 구원 권능
시118:16,(權能)
권능
시118:17,(行事)(宣布)
행사 선포
시118:18,(甚)(警責)
심 경책
시118:19,(義)(門)(感謝)
의 문 감사
시118:20,(門)(義人)
문 의인
시118:21,(主)(應答)(救援)(主)(感謝)
주 응답 구원 주 감사
시118:22,(建築者)(
건축자
시118:23,(行)(奇異)
행 기이
시118:24,(定)
정
시118:25,(求)(救援)(求)(亨通
구 구원 구 형통
시118:26,(者)(福)(祝福)
자 복 축복
시118:27,(犧牲)(祭壇)
희생 제단
시118:28,(主)(主)(感謝)(主)(主)
주 주 감사 주 주
시118:29,(感謝)(善)(仁慈)(永遠)
감사 선 인자 영원

詩篇-(시편)-第百十九篇
시 편 제백십구편

시119:1行爲)(完全)(法)(行)(者)(福)
행위 완전 법 행 자 복
시119:2,(證據)(全心)(求)(者)(福)
증거 전심 구 자 복
시119:3,(不義)(行)(主)(道)(行)
불의 행 주 도 행
시119:4,(主)(主)(法度)(命)(勤實)
주 주 법도 명 근실
시119:5,(定)(主)(律例)
정 주 율례
시119:6,(主)(誡命)(注意)
주 계명 주의
시119:7,(主)(義)(判斷)(正直)(主)(感謝)
주 의 판단 정직 주 감사
시119:8,(主)(律例)
주 율례
시119:9,(靑年)(行實)(主)
청년 행실 주
시119:10,(全心)(主)(主)(誡命)
전심 주 주 계명
시119:11,(主)(犯罪)(主)
주 범죄 주
시119:12,(讚頌)(主)(律例)
찬송 주 율례
시119:13,(主)(規例)(宣布)
주 규례 선포
시119:14,(財物)(主)(證據)(道)
재물 주 증거 도
시119:15,(主)(法度(默想)(主)(道)(主)
주 법도 묵상 주 도 주
시119:16,(主)(律例)(主)
주 율례 주
시119:17,(主)(厚待(主)
주 후대 주
시119:18,(主)(法)(奇異)
주 법 기이
시119:19,(客)(主)(誡命)
객 주 계명
시119:20,(主)(規例)(恒常)(思慕)(傷)
주 규례 항상 사모 상
시119:21,(驕慢)(詛呪)(主)(誡命)(者)(主)
교만 저주 주 계명 자 주
시119:22,(主)(證據)(毁謗)(蔑視)
주 증거 훼방 멸시
시119:23,(方伯)(毁謗)(主)(主)(律例(默想)
방백 훼방 주 주 율례 묵상
시119:24,(主)(證據)(謀士)
주 증거 모사
시119:25,(靈魂)(塵土)(主)(蘇醒
영혼 진토 주 소성
시119:26行爲)(告)(主)(應答)(主)(律例)
행위 고 주 응답 주 율례
시119:27,(主)(法度(主)(奇事)(默想)
주 법도 수 기사 묵상
시119:28,(靈魂)(因)(主)
영혼 인 주
시119:29行爲)(主)(法)(恩惠)
행위 주 법 은혜
시119:30,(誠實)(擇)(主)(規例)
성실 택 주 규례
시119:31,(主)(證據)(密接)(羞恥)(當)
주 증거 밀접 수치 당
시119:32,(主)(主)(誡命)
주 주 계명
시119:33,(主)(律例)(道)
주 율례 도

시119:34,(主)(法)(遵行)(全心)
주 법 준행 전심

시119:35,(主)(誡命)(捷徑)(行(
주 계명 첩경 행

시119:36,(主)(證據)(向)(貪慾)(向)
주 증거 향 탐욕 향

시119:37,(虛誕)(主)(道)(蘇醒
허탄 주 도 소성

시119:38,(主)(敬畏(主)(主)
주 경외 주 주

시119:39,(毁謗)(主)(規例)(善)
훼방 주 규례 선

시119:40,(主)(法度)(思慕)(主)(義)(蘇醒)
주 법도 사모 주 의 소성

시119:41,(主)(主)(仁慈)(主)(救援)(臨)
주 주 인자 주 구원 임

시119:42,(毁謗)(者)對答)(主)(依賴)
훼방 자 대답 주 의뢰

시119:43,(眞理)(主)(規例)
진리 주 규례

시119:44,(主)(律法)(恒常)(永永)
주 률법 항상 영영

시119:45,(主)(法度)(求)(自由)(行步)
주 법도 구 자유 행보

시119:46,(列王)(主)(證據)(羞恥)(當)
열왕 주 증거 수치 당

시119:47,(主)(誡命)
주 계명

시119:48,(主)(誡命)(主)(律例)(默想)
주 계명 주 율례 묵상

시119:49,(主)(記憶)(主)(所望)
주 기억 주 소망

시119:50,(困難)(中)(慰勞)(主)
곤난 중 위로 주

시119:51,(驕慢)(者)(甚)(嘲弄)(主)(法)
교만 자 심 조롱 주 법

시119:52,(主)(規例)(記憶)(慰勞)
주 규례 기억 위로

시119:53,(主)(律法)(惡人)(因)(猛烈)
주 률법 악인 인 맹렬

시119:54,(主)(律例)
주 율례

시119:55,(主)(記憶)(主)(法)
주 기억 주 법

시119:56,(所有)(主)(法度)
소유 주 법도

시119:57,(分)(主)
분 주

시119:58,(全心)(恩惠)(求)(主)(矜恤)
전심 은혜 구 주 긍휼

시119:59行爲)(主)(證據)
행위 주 증거

시119:60,(主)(誡命(迅速)(遲滯)
주 계명 신속 지체

시119:61,(惡人)(主)(法)
악인 주 법

시119:62,(主)(義)(規例)(因)(中)(主)(感謝)
주 의 규례 인 중 주 감사

시119:63,(主)(敬畏)(者)(主)(法度)(者)
주 경외 자 주 법도 자

시119:64,(主)(仁慈)(充滿)(主)(律例)
주 인자 충만 주 율례

시119:65,(主)(主)(善待)
주 주 선대

시119:66,(主)(誡命)明哲)(知識)
주 계명 명철 지식

시119:67,(苦難)(當)(前)(行)(主)
고난 당 전 행 주

시119:68,(主)(善)(善)(行)(主)(律例)
주 선 선 행 주 율례

시119:69,(驕慢)(者)(全心)(主)(法度)
교만 자 전심 주 법도

시119:70살쪄(脂肪)(主)(法)
지방 주 법

시119:71,(苦難)(當)(有益)(因)(主)(律例)
고난 당 유익 인 주 율례

시119:72,(主)(法)(千千)(金銀)(勝)
주 법 천천 금은 승

시119:73,(主)(主)(誡命)
주 주 계명

시119:74,(主)(敬畏)(者)(主)(緣故)
주 경외 자 주 연고

시119:75,(主)(判斷)(義)(主)(誠實)
주 판단 의 주 성실

시119:76,(求)(主)(主)(仁慈)(慰安)
구 주 주 인자 위안

시119:77,(主)(矜恤)(臨)(主)(法)
주 긍휼 임 주 법

시119:78,(驕慢)(者)(無故)(羞恥)(當(主)
교만 자 무고 수치 당 주
(法度(默想)
법도 묵상

시119:79,(主)(敬畏)(者)(主)(證據)
주 경외 자 주 증거

시119:80,(主)(律例)(完全(羞恥)(當)
주 율례 완전 수치 당

시119:81,(靈魂)(主)(救援)(思慕)(疲困)(主)
영혼 주 구원 사모 피곤 주

시119:82,(主)(安慰)(主)(疲困)
주 안위 주 피곤

시119:83,(煙氣)(中)(甁)(主)(律例)
연기 중 병 주 율례

시119:84,(主)(逼迫)(者)(主)(鞫問)
주 핍박 자 주 국문

시119:85,(主)(法)(驕慢)(者)(害)나)
주 법 교만 자 해

시119:86,(主)(誡命)(信實)(無故)(逼迫)
주 계명 신실 무고 핍박

시119:87,(世上)(滅)(主)(法度)
세상 멸 주 법도

시119:88,(主)(仁慈)(蘇醒(主)(證據)
주 인자 소성 주 증거

시119:89,(主)(永遠)
주 영원

시119:90,(主)(誠實)(代代)(主)(恒常)
주 성실 대대 주 항상

시119:91,(天地)(主)(規例)(萬物)(主)(緣故)
천지 주 규례 만물 주 연고

시119:92,(主)(法)(苦難)(中)(滅亡)
주 법 고난 중 멸망

시119:93,(主)(法度)(永遠)(主)
주 법도 영원 주

시119:94,(主)(救援)(主)(法度)
주 구원 주 법도

시119:95,(惡人)(滅)(主)(證據)(
악인 멸 주 증거

시119:96,(完全)(主)(誡命)(甚)
완전 주 계명 심

시119:97,(主)(法)(終日(默想)
주 법 종일 묵상

시119:98,(主)(誡命)(恒常)(怨讐)(智慧)
주 계명 항상 원수 지혜

시119:99,(主)(證據(默想)(明哲)(勝)
주 증거 묵상 명철 승

시119:100,(主)(法度)(明哲)(老人)(勝)
주 법도 명철 로인 승

시119:101,(主)(禁)(惡)
주 금 악

시119:102,(主)(主)(規例)
주 주 규례

시119:103,(主)
주

시119:104,(主)(法度)(因)(明哲)(行爲)
주 법도 인 명철 행위

시119:105,(主)(燈)
주 등

시119:106,(主)(義)(規例)(盟誓)(定)
주 의 규례 맹서 정

시119:107,(苦難)(莫甚)(主)(蘇醒)
고난 막심 주 소성

시119:108,(求)(樂獻祭)(主)(規例)
구 낙헌제 주 규례

시119:109,(生命)(恒常)(危境)(主)(法
생명 항상 위경 주 법

시119:110,(惡人)(害)(主)(法度)
악인 해 주 법도

시119:111,(主)(證據)(永遠)(基業)
주 증거 영원 기업

시119:112,(主)(律例)(行)
주 율례 행

시119:113,(者)(主)(法)
자 주 법

시119:114,(主)(隱身處)(防牌)(主)
주 은신처 방패 주

시119:115,(行惡者)(誡命)
행악자 계명

시119:116,(主)(所望)
주 소망

시119:117,(救援)(主)(律例)(恒常)(注意)
구원 주 율례 항상 주의

시119:118,(主)(律例)(者)(主)(蔑視)
주 율례 자 주 멸시
(詭詐)(虛無)
궤사 허무

시119:119,(主)(世上)(惡人)(主)(證據)
주 세상 악인 주 증거

시119:120,(肉體)(主)(主)(判斷)
육체 주 주 판단

시119:121,(公)(義)(行)(壓迫者)
공 의 행 압박자

시119:122,(主)(保證)(福)(驕慢)(者)(壓迫)
주 보증 복 교만 자 압박

시119:123,(主)(救援)(主)(義)(思慕)(疲困)
주 구원 주 의 사모 피곤

시119:124,(主)(仁慈)(主)(行)(主)(律例)
주 인자 주 행 주 율례

시119:125,(主)(主)(證據)
주 주 증거

시119:126,(主)(法)(廢)(只今)
주 법 폐 지금

시119:127,(主)(誡命)(金)(精金)
주 계명 금 정금

시119:128,(凡事)(主)(法度)(行爲)
범사 주 법도 행위

시119:129,(主)(證據)(奇異)(靈魂)
주 증거 기이 영혼

시119:130,(主)(愚鈍)(者)
주 우둔 자

시119:131,(主)(誡命)(思慕)
주 계명 사모

시119:132,(主)(者)(矜恤)
주 자 긍휼

시119:133,(行步)(主)(罪惡)(主掌
행보 주 죄악 주장

시119:134,(壓迫)(救贖)(主)(法度)
압박 구속 주 법도

시119:135,(主)(主)(主)(律例)
주 주 주 율례

시119:136,(主)(法)
주 법

시119:137,(主)(義)(主)(判斷)(正直)
주 의 주 판단 정직

시119:138,(主)(命)(證據)(義)(至極)(誠實)
주 명 증거 의 지극 성실

시119:139,(對敵)(主)(熱誠)(消滅)
대적 주 열성 소멸

시119:140,(主)(甚)(精美)(主)
주 심 정미 주

시119:141,(微賤)(蔑視)(當)(主)(法度)
미천 멸시 당 주 법도

시119:142,(主)(義)(永遠)(義)(主)(法)(眞理)
주 의 영원 의 주 법 진리

시119:143,(患難)(憂患)(主)(誡命)
환난 우환 주 계명

시119:144,(主)(證據)(永遠)(義)
주 증거 영원 의

시119:145,(全心)(應答)(主)(律例)
전심 응답 주 율례

시119:146,(主)(救援)(主)(證據)
주 구원 주 증거

시119:147,(前)(主)
전 주

시119:148,(主)(默想)(夜更)(前)
주 묵상 야경 전

시119:149,(主)(仁慈)(主)(規例)
주 인자 주 규례

시119:150,(惡)(者)(主)(法)
악 자 주 법

시119:151,(主)(主)(誡命)(眞理)
주 주 계명 진리

시119:152,(前)(主)(證據)(窮究)(主)(永遠)
전 주 증거 궁구 주 영원

시119:153,(苦難)(主)(法)
고난 주 법

시119:154,(主)(怨恨)(救贖)(主)(蘇醒)
주 원한 구속 주 소성

시119:155,(救援)(惡人)(主)(律例)(求)
구원 악인 주 율례 구

시119:156,(主)(矜恤)(主)(規例)(蘇醒)
주 긍휼 주 규례 소성

시119:157,(逼迫)(者)(對敵)(主)(證據)
핍박 자 대적 주 증거

시119:158,(主)(詭詐)(者)
주 궤사 자

시119:159,(主)(法度)(主)(仁慈)(蘇醒)
주 법도 주 인자 소성

시119:160,(主)(綱領)(眞理)(主)(義)
주 강령 진리 주 의
(規例)(永遠)
규례 영원

시119:161,(方伯)(無故)(逼迫)(主)(敬畏)
방백 무고 핍박 주 경외

시119:162,(奪取物)(主)
탈취물 주

시119:163,(主)(法)
주 법

시119:164,(主)(義)(規例)(因)(番)(主)(讚揚)
주 의 규례 인 번 주 찬양

시119:165,(主)(法)(者)(平安)(障碍物)
주 법 자 평안 장애물

시119:166,(主)(救援)(主)(誡命)(行)
주 구원 주 계명 행

시119:167,(心靈)(主)(證據)(至極)
심령 주 증거 지극

시119:168,(主)(法度)(證據)(行爲)(主)
주 법도 증거 행위 주

시119:169,(主)(主)
주 주

시119:170,(懇求)(主)(達)(主)
간구 주 달 주

시119:171,(主)(律例)(讚頌)(發)
주 율례 찬송 발

시119:172,(主)(誡命)(義)(主)
주 계명 의 주

시119:173,(主)(法度)(擇)(主)(恒常)
주 법도 택 주 항상

시119:174,(主)(救援)(思慕)(主)(法)
주 구원 사모 주 법

시119:175,(魂)(主)(讚頌)(主)(規例)
혼 주 찬송 주 규례

시119:176,(羊)(流離)(主)(主)(誡命)
양 유리 주 주 계명

詩篇-(시편)-第百二十篇
시 편 제백이십편

시120:1,(聖殿)(患難)(中)(應答)
성전 환난 중 응답

시120:2,(詭詐)(生命)
궤사 생명

시120:3,(詭詐)
궤사

시120:4,(壯士)
장사

시120:5,(留)(帳幕)(中)(居)(禍)
유 장막 중 거 화

시120:6,(和平)(者)(居)
화평 자 거

시120:7,(和平)(願)
화평 원

詩篇-(시편)-第百二十一篇
시 편 제백이십일편

시121:1,(聖殿)(山)(向)
성전 산 향

시121:2,(天地)
천지

시121:3,(失足)(者)
실족 자

시121:4,(者)
자

시121:5,(者)(右便)
자 우편

시121:6,(傷)(害)
상 해

시121:7,(患難)(免)(靈魂)
환난 면 영혼

시121:8,(出入)(只今)(永遠)
출입 지금 영원

詩篇-(시편)-第百二十二篇
시 편 제백이십이편

시122:1,(詩)(聖殿)
시 성전

詩篇-(시편)-第百二十二篇
시 편 제백이십이편

시122:2,(城門)
성문

시122:3,(稠密)(城邑)(建設)
조밀 성읍 건설

시122:4,(支派)(感謝)(傳例)
지파 감사 전례

시122:5,(判斷)(寶座)(寶座)
판단 보좌 보좌

시122:6,(爲)(平安)(求)(者)(亨通)
위 평안 구 자 형통

시122:7,(城)(平康)(宮中)(亨通)
성 평강 궁중 형통

시122:8,(兄弟)(朋友)(爲)(平康)
형제 붕우 위 평강
시122:9,(爲)(福)(求)
위 복 구

詩篇-(시편)-第百二十三篇
시 편 제백이십삼편

시123:1,(聖殿)(主)(主)(向)
성전 주 주 향
시123:2,(上典)(女)(主母)(矜恤)
상전 여 주모 긍휼
시123:3,(矜恤)(矜恤)(甚)(蔑視)
긍휼 긍휼 심 멸시
시123:4,(平安)(者)(嘲笑)(驕慢)(者)
평안 자 조소 교만 자
(蔑視)(心靈)
멸시 심령

詩篇-(시편)-第百二十四篇
시 편 제백이십사편

시124:1,(詩)(聖殿)(便)
시 성전 편
시124:2,(便)
편
시124:3,(怒)(對)(猛烈)
노 대 맹렬
시124:4,(淹沒)(靈魂)
엄몰 영혼
시124:5,(靈魂)(
영혼
시124:6히)讚頌)
찬송
시124:7,(魂)(軍)
혼 군
시124:8,(天地)
천지

詩篇-(시편)-第百二十五篇
시 편 제백이십오편

시125:1,(聖殿)(依賴)(者)(山)(搖動)(永遠)
성전 의뢰 자 산 요동 영원
시125:2,(山)(百姓)(只今)(永遠)
산 백성 지금 영원
시125:3,(惡人)(權勢)(義人)(業(義人)(罪惡)
악인 권세 의인 업 의인 죄악
시125:4,(善人)(正直)(者)(善)(行)
선인 정직 자 선 행
시125:5,(自己)(者)(罪惡)(者)(平康)
자기 자 죄악 자 평강

詩篇-(시편)-第百二十六篇
시 편 제백이십륙편

시126:1,(聖殿)(捕虜)
성전 포로
시126:2,(讚揚)(列邦)(中)(爲)(大事)(行)
찬양 열방 중 위 대사 행
시126:3,(爲)(大事)(行)
위 대사 행
시126:4,(捕虜)(南方)
포로 남방
시126:5,(者)
자
시126:6,(者)(丁寧)
자 정녕

詩篇-(시편)-第百二十七篇
시 편 제백이십칠편

시127:1,(詩)(聖殿)(者)(受苦)(城)(把守軍)
시 성전 자 수고 성 파수군
(警醒)(虛事)
경성 허사
시127:2,(受苦)(者)
수고 자
시127:3,(子息)(基業)(胎)(賞給)
자식 기업 태 상급
시127:4,(者)(子息)(壯士)(手中)
자 자식 장사 수중
시127:5,(箭筒)(者)(福)(城門)(怨讐)(羞恥)(當)
전통 자 복 성문 원수 수치 당

詩篇-(시편)-第百二十八篇
시 편 제백이십팔편

시128:1,(聖殿)(敬畏)(道)(行)(者)(福)
성전 경외 도 행 자 복
시128:2,(受苦)(福)(亨通)
수고 복 형통
시128:3,(內室)(結實)(葡萄)(床)(子息)(橄欖)
내실 결실 포도 상 자식 감람
시128:4,(敬畏)(者)(福)
경외 자 복
시128:5,(福)(平生)(福)
복 평생 복
시128:6,(子息)(平康)
자식 평강

詩篇-(시편)-第百二十九篇
시 편 제백이십구편

시129:1,(聖殿)(少時)(番)
성전 소시 번
시129:2,(少時)(番)
소시 번
시129:3,(者)
자
시129:4,(義)(惡人)
의 익인
시129:5,(者)(羞恥)(當)
자 수치 당
시129:6,(前)
전
시129:7,(者)(者)
자 자
시129:8,(者)(福)(祝福)
자 복 축복

詩篇-(시편)-第百三十篇
시 편 제백삼십편

시130:1,(聖殿)(主)
성전 주
시130:2,(主)(懇求)
주 간구
시130:3,(主)(罪惡)(鑑察)(主)
주 죄악 감찰 주
시130:4,(赦宥)(主)(主)(敬畏
사유 주 주 경외
시130:5,(靈魂)
영혼
시130:6,(把守軍)(靈魂)(主)(把守軍)
파수군 영혼 주 파수군
시130:7,(仁慈)(豊盛)(救贖)
인자 풍성 구속
시130:8,(罪惡)(救贖)
죄악 구속

詩篇-(시편)-第百三十一篇
시편 제백삼십일편

시131:1,(詩)(聖殿)(驕慢)(奇異)
시 성전 교만 기이
시131:2,(心靈)(平穩)(中心)
심령 평온 중심
시131:3,(只今)(永遠)
지금 영원

詩篇-(시편)-第百三十二篇
시편 제백삼십이편

시132:1,(聖殿)(爲)(記憶)
성전 위 기억
시132:2,(盟誓)(全能者)(誓願)
맹서 전능자 서원
시132:3,(實)(居)(帳幕)(寢床)
실 거 장막 침상
시132:5,(處所)(全能者)(聖幕)(發見)
처소 전능자 성막 발견
시132:7,(聖幕)(敬拜)
성막 경배
시132:8,(主)(權能)(櫃)(平安)
주 권능 궤 평안
시132:9,(主)(祭司長)(義)(主)(聖徒)
주 제사장 의 주 성도
시132:10,(主)(爲)(主)(者)
주 위 주 자
시132:11,(誠實)(盟誓)(變)(所生)
성실 맹서 변 소생
시132:12,(子孫)(言約)(教訓)(證據)
자손 언약 교훈 증거
(後孫)(永遠)
후손 영원
시132:13,(擇)(自己)(居處)
택 자기 거처
시132:14,(永遠)(居)(願)
영원 거 원
시132:15,(城)(食料品)(豊足)(福)(糧食)
성 식료품 풍족 복 량식
(貧民)(滿足)
빈민 만족
시132:16,(祭司長)(救援)(聖徒)
제사장 구원 성도
시132:17,(者)(爲)(燈)(豫備)
자 위 등 예비
시132:18,(怨讐)(羞恥)(冕旒冠)
원수 수치 면류관

詩篇-(시편)-第百三十三篇
시편 제백삼십삼편

시133:1,(詩)(聖殿)(兄弟)(聯合)(同居)(善)
시 성전 형제 연합 동거 선
시133:2,(鬚髥)(鬚髥)
수염 수염
시133:3,(山)(福)(命)(永生)
산 복 명 영생

詩篇-(시편)-第百三十四篇
시편 제백삼십사편

시134:1,(聖殿)(頌祝)
성전 송축
시134:2,(聖所)(向)(頌祝)
성소 향 송축
시134:3,(天地)(福)
천지 복

詩篇-(시편)-第百三十五篇
시편 제백삼십오편

시135:1,(讚頌)(讚頌)
찬송 찬송
시135:2,(殿庭)
전정
시135:3,(讚頌)(善)(讚揚)
찬송 선 찬양
시135:4,(自己)(爲)(自己)(特別)(所有)(擇)
자기 위 자기 특별 소유 택
시135:5,(廣大)(神)
광대 신
시135:6,(天地)(行)
천지 행
시135:7,(爲)(庫間)
위 고간
시135:8,(者)
자
시135:9,(中)(徵兆)(奇事)(臣僕)(臨)
중 징조 기사 신복 임
시135:10,(强)(王)
강 왕
시135:11,(人)(王)(王)(國王)
인 왕 왕 국왕
시135:12,(基業)(自己)(百姓)(基業)
기업 자기 백성 기업
시135:13,(主)(永遠)(主)(記念)(代代)
주 영원 주 기념 대대
시135:14,(自己)(百姓)(判斷)(矜恤)
자기 백성 판단 긍휼
시135:15,(列邦)(偶像)(銀金)(手工物)
열방 우상 은금 수공물
시135:17,(氣息)
기식

시135:18,(者)(依支)(者)
자 의지 자

시135:19,(族屬)(頌祝)(族屬)(頌祝)
족속 송축 족속 송축

시135:20,(族屬)(頌祝)(敬畏)(頌祝)
족속 송축 경외 송축

시135:21,(居)(讚頌)
거 찬송

詩篇-(시편)-第百三十六篇
시편 제백삼십륙편

시136:1,(感謝)(善)(仁慈)(永遠)
감사 선 인자 영원

시136:2,(神)(感謝)(仁慈)(永遠)
신 감사 인자 영원

시136:3,(主)(主)(感謝)(仁慈)(永遠)
주 주 감사 인자 영원

시136:4,(奇事)(行)(感謝)(仁慈)(永遠)
기사 행 감사 인자 영원

시136:5,(智慧)(感謝)(仁慈)(永遠)
지혜 감사 인자 영원

시136:6,(感謝)(仁慈)(永遠)
감사 인자 영원

시136:7,(感謝)(仁慈)(永遠)
감사 인자 영원

시136:8,(主管(感謝)(仁慈)(永遠)
주관 감사 인자 영원

시136:9,(主管(感謝)(仁慈)(永遠)
주관 감사 인자 영원

시136:10,(長子)(感謝)(仁慈)(永遠)
장자 감사 인자 영원

시136:11,(中)(引導)(感謝)(仁慈)(永遠)
중 인도 감사 인자 영원

시136:12,(强)(引導)(感謝)(仁慈)(永遠)
강 인도 감사 인자 영원

시136:13,(紅海)(感謝)(仁慈)(永遠)
홍해 감사 인자 영원

시136:14,(通過)(感謝)(仁慈)(永遠)
통과 감사 인자 영원

시136:15,(軍隊)(紅海)(感謝)(仁慈)(永遠)
군대 홍해 감사 인자 영원

시136:16,(百姓)(引導)(曠野)(通過(感謝)
백성 인도 광야 통과 감사
(仁慈)(永遠)
인자 영원

시136:17,(王)(感謝)(仁慈)(永遠)
왕 감사 인자 영원

시136:18,(有名)(王)(感謝)(仁慈)(永遠)
유명 왕 감사 인자 영원

시136:19,(人)(王)(感謝)(仁慈)(永遠)
인 왕 감사 인자 영원

시136:20,(王)(感謝)(仁慈)(永遠)
왕 감사 인자 영원

시136:21,(基業)(感謝)(仁慈)(永遠)
기업 감사 인자 영원

시136:22,(基業)(感謝)(仁慈)(永遠)
기업 감사 인자 영원

시136:23,(卑賤)(記念)(感謝)(仁慈)(永遠)
비천 기념 감사 인자 영원

시136:24,(對敵)(感謝)(仁慈)(永遠)
대적 감사 인자 영원

시136:25,(肉體)(食物)(感謝)(仁慈)(永遠)
육체 식물 감사 인자 영원

시136:26,(感謝)(仁慈)(永遠)
감사 인자 영원

詩篇-(시편)-第百三十七篇
시편 제백삼십칠편

시137:1,(江邊)(記憶)
강변 기억

시137:2,(中)(竪琴)
중 수금

시137:3,(者)(請)(荒廢)(者)(請)(自己)(爲)(中)
자 청 황폐 자 청 자기 위 중

시137:4,(異邦)
이방

시137:5,(才操)
재조

시137:6,(記憶)(第一)
기억 제일

시137:7,(害)(記憶)(子孫)(毁破)(毁破)
해 기억 자손 훼파 훼파
(基礎)(毁破)
기초 훼파

시137:8,(女子)(滅亡)(行)(者)(有福)
녀자 멸망 행 자 유복

시137:9,(磐石)(者)(有福)
반석 자 유복

詩篇-(시편)-第百三十八篇
시편 제백삼십팔편

시138:1,(詩)(全心)(主)(感謝)(神)(主)(讚揚)
시 전심 주 감사 신 주 찬양

시138:2,(主)(聖殿)(向)(敬拜)(主)(仁慈)
주 성전 향 경배 주 인자
(誠實)(因)(主)(感謝)(主)(主)(主)
성실 인 주 감사 주 주 주

시138:3,(懇求)(主)(應答)(靈魂)(奬勵)(强)
간구 주 응답 영혼 려 강

시138:4,(列王)(主)(感謝)(主)
열왕 주 감사 주

시138:5,(道)(榮光)
도 영광

시138:6,(계)(者(下鑑)(驕慢)(者)
자 하감 교만 자

시138:7,(患難)(中)(主)(蘇醒)(主)(怨讐)
환난 중 주 소성 주 원수
(怒)(主)(救援)
노 주 구원

시138:8,(關係)(完全(主)(仁慈)(永遠)(主)
관계 완전 주 인자 영원 주

詩篇-(시편)-第百三十九篇
시편 제백삼십구편

시139:1,(詩)(伶長)(主)(鑑察)
시 령장 주 감찰

시139:2,(主)
주

시139:3,(鑑察)行爲)
감 찰 행 위

시139:5,(主)(前後(按手)
주 전 후 안 수

시139:6,(知識)(奇異)(能)
지 식 기 이 능

시139:7,(主)(神)(主)(避)
주 신 주 피

시139:8,(陰府)
음 부

시139:9,(居)
거

시139:10,(主)(引導)(主)
주 인 도 주

시139:11,(或時)(黑暗)(丁寧)
혹 시 흑 암 정 녕

시139:12,(主)(黑暗)(主)(黑暗)(一般)
주 흑 암 주 흑 암 일 반

시139:13,(主)(臟腑(母胎)(組織)
주 장 부 모 태 조 직

시139:14,(主)(感謝)(神妙莫測)(主)(行事)
주 감 사 신 묘 막 측 주 행 사
(奇異)(靈魂)
기 이 영 혼

시139:15,(隱密)(奇異)(形體)(主)
은 밀 기 이 형 체 주

시139:16,(形質)(前)(主)(爲)(定)(前)(主)
형 질 전 주 위 정 전 주
(冊)(記錄)
책 기 록

시139:17,(主)(數)
주 수

시139:18,(數)(主)
수 주

시139:19,(主)(丁寧)(惡人)(者)
주 정 녕 악 인 자

시139:20,(主)(對)(惡)(主)(怨讐)(主)(稱)
주 대 악 주 원 수 주 칭

시139:21,(主)(者)(主)(者)(恨)
주 자 주 자 한

시139:22,(甚)(怨讐)
심 원 수

시139:23,(試驗)
시 험

시139:24,(惡)行爲)(永遠)(引導)
악 행 위 영 원 인 도

詩篇-(시편)-第百四十篇
시 편 제 백 사 십 편

시140:1,(詩)(伶長)(惡人)(强暴)(者)(保全)
시 령 장 악 인 강 포 자 보 전

시140:2,(中心)(害)(爲)(每日)
중 심 해 위 매 일

시140:3,(毒蛇)(毒)
독 사 독

시140:4,(惡人)(保全)(强暴)(者)
악 인 보 전 강 포 자

시140:5,(驕慢)(者)(害)(陷穽)
교 만 자 해 함 정

시140:6,(主)(懇求)
주 간 구

시140:7,(救援)(能力)(主)(戰爭)(主)
구 원 능 력 주 전 쟁 주

시140:8,(惡人)(所願)(許諾)(惡)(自高)
악 인 소 원 허 락 악 자 고

시140:9,(者)(害)
자 해

시140:11,(惡談)(者)(世上)(强暴)(者)
악 담 자 세 상 강 포 자
(災殃)(敗亡)
재 앙 패 망

시140:12,(苦難)(當)(者)(伸寃)(窮乏)
고 난 당 자 신 원 궁 핍
(者)(公義)
자 공 의

시140:13,(眞實)(義人)(主)(感謝)(正直)
진 실 의 인 주 감 사 정 직
(者)(主)(居)
자 주 거

詩篇-(시편)-第百四十一篇
시 편 제 백 사 십 일 편

시141:1,(詩)(主)(速)(臨)(主)(音聲)
시 주 속 임 주 음 성

시141:2,(祈禱)(主)(焚香)(祭祀)
기 도 주 분 향 제 사

시141:3,(把守軍)(門)
파 수 군 문

시141:4,(惡)(罪惡)(行)(者)(惡)(行)(珍羞)
악 죄 악 행 자 악 행 진 수

시141:5,(義人)(恩惠)(責望)(拒絶)(災難)
의 인 은 혜 책 망 거 절 재 난
(中)(恒常)(祈禱)
중 항 상 기 도

시141:6,(官長)
관 장

시141:7,(骸骨)(陰府)(門)
해 골 음 부 문

시141:8,(主)(主)(向)(主)(避)(靈魂)(貧窮)
주 주 향 주 피 영 혼 빈 궁

시141:9,(行惡者)(陷穽)
행 악 자 함 정

시141:10,(惡人)(自己)(穩全)(免)
악 인 자 기 온 전 면

詩篇-(시편)-第百四十二篇
시 편 제 백 사 십 이 편

시142:1,(窟)(祈禱)(懇求)
굴 기 도 간 구

시142:2,(寃痛)(吐)(憂患)(陳述)
원 통 토 우 환 진 술

시142:3,(心靈)(傷)(主)(行)
심 령 상 주 행

시142:4,(右便)(者)(避難處)(靈魂)(者)
우편 자 피난처 영혼 자
시142:5,(主)(主)(避難處)(生存世界)(分)
주 주 피난처 생존세계 분
시142:6,(甚)(卑賤)(逼迫)(者)(强)
심 비천 핍박 자 강
시142:7,(靈魂)(獄)(主)(感謝)(主)(厚待)(義人)
영혼 옥 주 감사 주 후대 의인

詩篇-(시편)-第百四十三篇
시 편 제백사십삼편

시143:1,(詩)(祈禱)(懇求)(主)(眞實)(義)(應答)
시 기도 간구 주 진실 의 응답
시143:2,(主)(審判)(行)(主)(目前)(義)(人生)
주 심판 행 주 목전 의 인생
시143:3,(怨讐)(靈魂)(逼迫)(生命)(者)
원수 영혼 핍박 생명 자
(黑暗)(居)
흑암 거
시143:4,(心靈)(傷)(慘憺)
심령 상 참담
시143:5,(記憶)(主)(行)(默想)(主)(行事)
기억 주 행 묵상 주 행사
시143:6,(主)(向)(靈魂)(主)(思慕)
주 향 영혼 주 사모
시143:7,(速)(應答)(靈魂)(疲困)(主)(者)
속 응답 영혼 피곤 주 자
시143:8,(主)(仁慈)(主)(依賴)(靈魂)(主)
주 인자 주 의뢰 영혼 주
시143:9,(怨讐)(主)(避)
원수 주 피
시143:10,(主)(主)(行)(主)(神)(善)(公平)(引導)
주 주 행 주 신 선 공평 인도
시143:11,(主)(因)(主)(義)(靈魂)(患難)
주 인 주 의 영혼 환난
시143:12,(主)(仁慈)(怨讐)(靈魂)(者)(滅)(主)
주 인자 원수 영혼 자 멸 주

詩篇-(시편)-第百四十四篇
시 편 제백사십사편

시144:1,(詩)(磐石)(讚頌)
시 반석 찬송
시144:2,(仁慈)(要塞)(山城)(者)(防牌)
인자 요새 산성 자 방패
(避難處)(百姓)(服從)(者)
피난처 백성 복종 자
시144:3,(主)(人生)(主)
주 인생 주
시144:5,(主)(降臨)(山)(接觸)(煙氣)(發)
주 강림 산 접촉 연기 발
시144:6,(對敵)(主)(發)(破)
대적 주 발 파
시144:7,(主)(異邦人)(救)
주 이방인 구
시144:8,(詭詐)
궤사
시144:9,(主)(琵琶)(主)(讚揚)
주 비파 주 찬양
시144:10,(主)(王)(救援)(者)(害)(救)(者)
주 왕 구원 자 해 구 자
시144:11,(異邦人)(救)(詭詐)
이방인 구 궤사
시144:12,(長成)(宮殿)(式樣)
장성 궁전 식양
시144:13,(庫間)(百穀)(羊)(千千)(萬萬)(蕃盛)
고간 백곡 양 천천 만만 번성
시144:14,(侵擄)
침노
시144:15,(百姓)(福)(自己)(百姓)(福)
백성 복 자기 백성 복

詩篇-(시편)-第百四十五篇
시 편 제백사십오편

시145:1,(讚頌)(詩)(王)(主)(永遠)(主)(頌祝)
찬송 시 왕 주 영원 주 송축
시145:2,(主)(頌祝)(永永)(主)(頌祝)
주 송축 영영 주 송축
시145:3,(廣大)(讚揚)(廣大)(測量)
광대 찬양 광대 측량
시145:4,(代代)(主)(行事)(稱頌)(主)(能)(宣布)
대대 주 행사 칭송 주 능 선포
시145:5,(主)(尊貴)(榮光)(威嚴)(主)
주 존귀 영광 위엄 주
(奇事)(默想)
기사 묵상
시145:6,(主)(勢力)(主)(廣大)(宣布)
주 세력 주 광대 선포
시145:7,(主)(恩惠)(記念)(主)(義)
주 은혜 기념 주 의
시145:8,(恩惠)(慈悲)(怒)(仁慈)
은혜 자비 노 인자
시145:9,(萬有)(善待)(矜恤)
만유 선대 긍휼
시145:10,(主)(主)(感謝)(主)(聖徒)(主)(頌祝)
주 주 감사 주 성도 주 송축
시145:11,(主)(榮光)(主)(能)
주 영광 주 능
시145:12,(主)(能)(主)(威嚴)(榮光)(人生)
주 능 주 위엄 영광 인생
시145:13,(主)(永遠)(主)(統治)(代代)
주 영원 주 통치 대대
시145:14,(者)(卑屈)(者)
자 비굴 자
시145:15,(衆生)(主)(仰望)(主)(食物)
중생 주 앙망 주 식물
시145:16,(生物)(所願)(滿足)
생물 소원 만족
시145:17行爲)(義)(行事)(恩惠)
행위 의 행사 은혜
시145:18,(自己)(懇求)(者)(眞實)(懇求)(者)
자기 간구 자 진실 간구 자
시145:19,(自己)(敬畏)(者)(所願)(救援)
자기 경외 자 소원 구원
시145:20,(自己)(者)(保護)(惡人)(滅)
자기 자 보호 악인 멸

시146:21,(榮譽)(肉體)(聖號)(永永)(頌祝)
영예 육체 성호 영영 송축

詩篇-(시편)-第百四十六篇
시 편 제백사십륙편

시146:1,(靈魂)(讚揚)
영혼 찬양

시146:2,(生前)(讚揚)(平生)(讚頌)
생전 찬양 평생 찬송

시146:3,(方伯)(依支)(人生)(依支)
방백 의지 인생 의지

시146:4,(呼吸)(當日)(圖謀)(消滅)
호흡 당일 도모 소멸

시146:5,(自己)(自己)(所望)(者)(福)
자기 자기 소망 자 복

시146:6,(天地)(中)(萬物)(永遠)(眞實)
천지 중 만물 영원 진실

시146:7,(壓迫)(當)(者)(爲)(公義)(判斷)
압박 당 자 위 공의 판단

(者)(食物)(者)(者)(解放)
자 식물 자 자 해방

시146:8,(卑屈)(者)(義人)
비굴 자 의인

시146:9,(客)(保護)(孤兒)(寡婦)(惡人)
객 보호 고아 과부 악인

시146:10,(永遠)(代代)(統治)
영원 대대 통치

詩篇-(시편)-第百四十七篇
시 편 제백사십칠편

시147:1,(讚揚)(善)(讚頌)
찬양 선 찬송

시147:2,(者
자

시147:3,(傷心)(者)(傷處)
상심 자 상처

시147:4,(數爻)(計數)
수효 계수

시147:5,(主)(廣大)(能力)(智慧)(無窮)
주 광대 능력 지혜 무궁

시147:6,(謙遜)(者)(惡人)
겸손 자 악인

시147:7,(感謝)(竪琴)(讚揚)
감사 수금 찬양

시147:8,(爲)(豫備)(山)(者)
위 예비 산 자

시147:11,(自己)(敬畏)(者)(仁慈)(者)
자기 경외 자 인자 자

시147:12,(讚頌)(讚揚)
찬송 찬양

시147:13,(門)(堅固)(子女)(福)
문 견고 자녀 복

시147:14,(境內)(平安)
경내 평안

시147:15,(命)(速)
명 속

시147:16,(羊)
양

시147:17,(雨雹)(能)(堪當)
우박 능 감당

시147:19,(律例)(規例)
율례 규례

시147:20,(行)(規例)
행 규례

詩篇-(시편)-第百四十八篇
시 편 제백사십팔편

시148:1,(讚揚)(讚揚)
찬양 찬양

시148:2,(使者)(讚揚)(軍隊)(讚揚)
사자 찬양 군대 찬양

시148:3,(讚揚)(光明)(讚揚)
찬양 광명 찬양

시148:4,(讚揚)(讚揚)
찬양 찬양

시148:5,(讚揚)(命)
찬양 명

시148:6,(永永)(廢)(命)(定)
영영 폐 명 정

시148:7,(龍)(讚揚)
용 찬양

시148:8,(雨雹)(狂風)
우박 광풍

시148:9,(山)(山)(果木)(柏香木)
산 산 과목 백향목

시148:10,(家畜)
가축

시148:11,(世上)(王)(百姓)(方伯)(士師)
세상 왕 백성 방백 사사

시148:12,(靑年)(男子)(處女)(老人)
청년 남자 처녀 로인

시148:13,(讚揚)(榮光)(天地)
찬양 영광 천지

시148:14,(百姓)(聖徒)(親近)(子孫)(讚揚)
백성 성도 친근 자손 찬양

詩篇-(시편)-第百四十九篇
시 편 제백사십구편

시149:1,(聖徒)(會衆)(讚揚)
성도 회중 찬양

시149:2,(自己)(者)(因)(子民)(王)(因)
자기 자 인 자민 왕 인

시149:3,(讚揚)(小鼓)(竪琴)(讚揚)
찬양 소고 수금 찬양

시149:4,(自己)(百姓)(謙遜)(者)(救援)
자기 백성 겸손 자 구원

시149:5,(聖徒)(榮光)(中)(寢床)
성도 영광 중 침상

시149:6,(尊榮)(手中)
존영 수중

시149:7,(列邦)(報讐)(民族)(罰)
열방 보수 민족 벌

시149:8,(王)(貴人)(結縛)
왕 귀인 결박

시149:9,(記錄)(判斷)(施行)(榮光)(聖徒)
기록 판단 시행 영광 성도

詩篇-(시편)-第百五十篇
시 편 제백오십편

시150:1,(聖所)(讚揚)(權能)(穹蒼)(讚揚)
성소 찬양 권능 궁창 찬양

시150:2,(能)行動)(因)(讚揚)(至極)
능 행동 인 찬양 지극
(廣大)(讚揚)
광대 찬양

시150:3,(讚揚)(琵琶)(竪琴)(讚揚)
찬양 비파 수금 찬양

시150:4,(小鼓)(讚揚)(絃樂)(洞簫)(讚揚)
소고 찬양 현악 동소 찬양

시150:5,(提琴)(讚揚)(提琴)(讚揚)
제금 찬양 제금 찬양

시150:6,(呼吸)(者)(讚揚)
호흡 자 찬양

箴言-(잠언)-第一章
잠 언 제일 장

잠1:1,(王)(箴言)
왕 잠언

잠1:2,(智慧)(訓戒)(明哲
지혜 훈계 명철

잠1:3,(智慧)(義)(公平)(正直)(行)(對)(訓戒)
지혜 의 공평 정직 행 대 훈계

잠1:4,(者(者)(知識)(謹愼)(爲)
자 자 지식 근신 위

잠1:5,(智慧)(者)(學識)(明哲)(者)(謀略)
지혜 자 학식 명철 자 모략

잠1:6,(箴言)(比喩)(智慧)(者)(奧妙)
잠언 비유 지혜 자 오묘

잠1:7,(敬畏)(知識)(根本)(者)(智慧)
경외 지식 근본 자 지혜
(訓戒)(蔑視)
훈계 멸시

잠1:8,(訓戒)(法)
훈계 법

잠1:9,(冠)(金)
관 금

잠1:10,(惡)(者)
악 자

잠1:11,(罪)(者)
죄 자

잠1:12,(陰府)(者)(通)
음부 자 통

잠1:13,(寶貨)
보화

잠1:14,(纏帶)
전대

잠1:15,(禁)
금

잠1:16,(大抵)(惡)
대저 악

잠1:18,(自己)(自己)(生命)(害)
자기 자기 생명 해

잠1:19,(利)(貪)(者)(自己)(生命)
이 탐 자 자기 생명

잠1:20,(智慧)(廣場)
지혜 광장

잠1:21,(喧譁)(城門)(城中)(發)
훤화 성문 성중 발

잠1:22,(者)(倨慢)(者)(倨慢)(者)(知識)
자 거만 자 거만 자 지식

잠1:23,(責望)(神)
책망 신

잠1:24,(者)
자

잠1:25,(教訓)(蔑視)(責望
교훈 멸시 책망

잠1:26,(災殃)(臨)
재앙 임

잠1:27,(狂風)(臨)(災殃)(暴風)(臨)
광풍 임 재앙 폭풍 임

잠1:28,(對答)
대답

잠1:29,(大抵)(知識)(敬畏
대저 지식 경외

잠1:30,(教訓(責望)
교훈 책망

잠1:31,(自己)行爲)(自己)
자기 행위 자기

잠1:32,(者)(退步)(自己)(者)(安逸)
자 퇴보 자기 자 안일
(自己)(滅亡)
자기 멸망

잠1:33,(者)(晏然(災殃)(平安)
자 안연 재앙 평안

箴言-(잠언)-第二章
잠 언 제이 장

잠2:1,(萬一)(誡命)(看直)
만일 계명 간직

잠2:2,(智慧)(明哲)
지혜 명철

잠2:3,(知識)(求)(明哲)
지식 구 명철

잠2:4,(求)(求)
구 구

잠2:5,(敬畏)
경외

잠2:6,(大抵)(智慧)(知識)(明哲)
대저 지혜 지식 명철

잠2:7,(正直)(者)(爲)(完全)(智慧)
정직 자 위 완전 지혜
(豫備)行實)(穩全)(者)(防牌)
예비 행실 온전 자 방패

잠2:8,(大抵)(公平)(保護)(聖徒)(保全)
대저 공평 보호 성도 보전

잠2:9,(公義)(公平)(正直)(善)
공의 공평 정직 선

잠2:10,(智慧)(知識)(靈魂)
지혜 지식 영혼

잠2:11,(謹愼)(明哲)(保護)
근신 명철 보호

잠2:12,(惡)(者)(悖逆)(者)
악 자 패역 자

잠2:13,(正直)(行)
정직 행

잠2:14行惡)(惡人)(悖逆)
행악 악인 패역

잠2:15行爲)(悖逆)
행위 패역

잠2:16,(智慧)(淫女(異邦)(救援)
지혜 음녀 이방 구원

잠2:17,(少時)(言約)(者)
소시 언약 자

잠2:18,(死亡)(陰府)
사망 음부

잠2:19,(者)(生命)
자 생명

잠2:20,(智慧)(善)(者)(行)(義人)
지혜 선 자 행 의인

잠2:21,(大抵)(正直)(者)(居)(完全)(者)
대저 정직 자 거 완전 자

잠2:22,(惡人)(詭譎)(者)
악인 궤휼 자

箴言-(잠언)-第三章
잠언 제삼장

잠3:1,(法)(命令)
법 명령

잠3:2,(長壽)(平康)
장수 평강

잠3:3,(仁慈)(眞理)(板)
인자 진리 판

잠3:4,(恩寵)(貴重)
은총 귀중

잠3:5,(依賴)(明哲)(依支)
의뢰 명철 의지

잠3:6,(凡事)(認定)(指導)
범사 인정 지도

잠3:7,(智慧)(敬畏)(惡)
지혜 경외 악

잠3:8,(良藥)(骨髓)(潤澤)
양약 골수 윤택

잠3:9,(財物)(所産物)(恭敬)
재물 소산물 공경

잠3:10,(倉庫)(汁)(葡萄汁)
창고 즙 포도즙

잠3:11,(懲戒)(輕)(
징계 경

잠3:12,(大抵)(者)(懲戒)(懲戒)
대저 자 징계 징계

잠3:13,(智慧)(者)(明哲)(者)(福)
지혜 자 명철 자 복

잠3:14,(智慧)(銀)(利益)(精金)
지혜 은 리익 정금

잠3:15,(智慧)(眞珠)(貴)(思慕)(比較)
지혜 진주 귀 사모 비교

잠3:16,(右便)(長壽)(左便)(富貴)
우편 장수 좌편 부귀

잠3:17,(捷徑)(平康)
첩경 평강

잠3:18,(智慧)(者)(生命)(智慧)(者)(福)
지혜 자 생명 지혜 자 복

잠3:19,(智慧)(明哲)
지혜 명철

잠3:20,(知識)(海洋)(空中)
지식 해양 공중

잠3:21,(完全)(智慧)(謹愼)
완전 지혜 근신

잠3:22,(靈魂)(生命)(粧飾)
영혼 생명 장식

잠3:23,(晏然)(行)
안연 행

잠3:25,(倉猝間)(惡人)(滅亡)(臨)
창졸간 악인 멸망 임

잠3:26,(大抵)(依支)(者
대저 의지 자

잠3:27,(善)(者)
선 자

잠3:28,(來日)
래일

잠3:29,(晏然(謀害)
안연 모해

잠3:30,(惡)(行)
악 행

잠3:31,(暴虐)(者)行爲)
포학 자 행위

잠3:32,(大抵)(悖逆)(者)(正直)(者)(交通)
대저 패역 자 정직 자 교통

잠3:33,(惡人)(詛呪)(義人)(福)
악인 저주 의인 복

잠3:34,(眞實)(倨慢)(者)(謙遜)(者)(恩惠)
진실 거만 자 겸손 자 은혜

잠3:35,(智慧)(者)(榮光)(基業)(者)(顯達)(辱)
지혜 자 영광 기업 자 현달 욕

箴言-(잠언)-第四章
잠언 제사장

잠4:1,(訓戒)(明哲)(注意)
훈계 명철 주의

잠4:2,(善)(道理)(傳)(法)
선 도리 전 법

잠4:3,(幼弱)
유약

잠4:4,(命令)
명령

잠4:5,(智慧)(明哲)
지혜 명철

잠4:6,(智慧)(保護)
지혜 보호

잠4:7,(智慧)(第一)(智慧)(明哲)
지혜 제일 지혜 명철

잠4:8,(萬一)(榮華)
만일 영화

잠4:9,(冠)(榮華)(冕旒冠)
관 영화 면류관

잠4:10,(生命)
생명

잠4:11,(智慧)(正直)(捷徑)(引導)
지혜 정직 첩경 인도

잠4:12,(困難)(失足)
곤난 실족

잠4:13,(訓戒)(生命)
훈계 생명

잠4:14,(邪慝)(者)(捷徑)(惡人)
사특 자 첩경 악인

잠4:15,(避)
피

잠4:16,(惡)(行)
악 행

잠4:17,(不義)(强暴)
불의 강포

잠4:18,(義人)(漸漸)(圓滿)(光明)
의 인 점 점 원 만 광 명
잠4:19,(惡人)
악 인
잠4:20,(注意)
주 의
잠4:22,(者)(生命)(肉體)(健康)
자 생명 육 체 건 강
잠4:23,(生命)(根源)
생 명 근 원
잠4:24,(詭譎)(邪曲
궤 휼 사 곡
잠4:26,(行)(捷徑)(平坦히하
행 첩 경 평 탄
잠4:27,(右便)(左便)(惡)
우 편 좌 편 악

箴言-(잠언)-第五章
잠 언 제 오 장

잠5:1,(智慧)(注意)(明哲)
지 혜 주 의 명 철
잠5:2,(謹愼)(知識
근 신 지 식
잠5:3,(大抵)(淫女)
대 저 음 녀
잠5:5,(死地)(陰府)
사 지 음 부
잠5:6,(生命)(平坦)(自己)
생 명 평 탄 자 기
잠5:8,(門)
문
잠5:9,(尊榮)(壽限)(殘暴者)
존 영 수 한 잔 포 자
잠5:10,(他人)(財物)(充足)(受苦)(外人
타 인 재 물 충 족 수 고 외 인
잠5:11,(肉體)(衰敗)(恨嘆)
육 체 쇠 패 한 탄
잠5:12,(訓戒)
훈 계
잠5:13,(先生)(聽從)
선 생 청 종
잠5:14,(中)(惡)
중 악
잠5:17,(他人)
타 인
잠5:18,(福)(娶)
복 취
잠5:19,(恒常)(足)(恒常)(戀慕)
항 상 족 항 상 연 모
잠5:20,(淫女)(戀慕)(異邦)
음 녀 연 모 이 방
잠5:21,(大抵)(平坦)
대 저 평 탄
잠5:22,(惡人)(自己)(惡)(罪)
악 인 자 기 악 죄
잠5:23,(訓戒)(因)(因)(昏迷)
훈 계 인 인 혼 미

箴言-(잠언)-第六章
잠 언 제 륙 장

잠6:1,(萬一)(爲)(擔保)(他人)(爲)(保證)
만 일 위 담 보 타 인 위 보 증
잠6:2,(因)
인
잠6:3(謙遜)(懇求)(救援)
겸 손 간 구 구 원
잠6:5,(軍)(者)(救援)
군 자 구 원
잠6:6,(者(智慧)
자 지 혜
잠6:7,(頭領)(看役者)(主權者)
두 령 간 역 자 주 권 자
잠6:8,(豫備)(秋收)(糧食)
예 비 추 수 량 식
잠6:9,(者)
자
잠6:11,(貧窮)(强盜)(困乏)(軍士)
빈 궁 강 도 곤 핍 군 사
잠6:12,(不良)(惡)(者)行動)(詭譎)
불 량 악 자 행 동 궤 휼
잠6:14,(悖逆)(恒常)(惡)(者)
패 역 항 상 악 자
잠6:15,(災殃)(臨)(當場)(敗亡)
재 앙 임 당 장 패 망
잠6:16,(六)
육
잠6:17,(驕慢)(無罪)(者)
교 만 무 죄 자
잠6:18,(惡)(計巧)(惡)
악 계 교 악
잠6:19,(妄靈)(證人)(兄弟)(離間)(者)
망 령 증 인 형 제 이 간 자
잠6:20,(命令)(法)
명 령 법
잠6:21,(恒常)
항 상
잠6:22,(引導)(保護)
인 도 보 호
잠6:23,(大抵)(命令)(燈)(法)(訓戒)
대 저 명 령 등 법 훈 계
(責望)(生命)
책 망 생 명
잠6:24,(惡)(異邦)
악 이 방
잠6:25,(色)(貪)
색 탐
잠6:26,(淫女)(因)(淫亂)(貴)(生命)
음 녀 인 음 란 귀 생 명
잠6:29,(通姦)(者(者)(罪)
통 간 자 자 죄
잠6:30,(盜賊)(萬一)(盜賊)(蔑視)
도 적 만 일 도 적 멸 시
잠6:31,(七倍(甚至於)(自己)
칠 배 심 지 어 자 기
잠6:32,(婦女)(姦淫)(者)(無知)(者)(行)
부 녀 간 음 자 무 지 자 행

(者)(自己)(靈魂)(亡)
자 자기 영혼 망

잠6:33,(傷)(凌辱)
상 능욕

잠6:34,(男便)(妬忌)(忿怒)(怨讐)(容恕)
남편 투기 분노 원수 용서

잠6:35,(罰金)(膳物)
벌금 선물

箴言-(잠언)-第七章
잠언 제칠장

잠7:1,(命令)(看直)
명령 간직

잠7:2,(命令)(法)(瞳子)
명령 법 동자

잠7:3,(板)
판

잠7:4,(智慧)(明哲)(親族)
지혜 명철 친족

잠7:5,(淫女(異邦)
음녀 이방

잠7:6,(窓)(窓)
창 창

잠7:7,(中)(少年)(中)(智慧)(者)
중 소년 중 지혜 자

잠7:8,(淫女)
음녀

잠7:9,(黃昏)(黑暗)(中)
황혼 흑암 중

잠7:10,(妓生)(奸狡)
기생 간교

잠7:11,(頑悖)
완패

잠7:12,(廣場)(者)
광장 자

잠7:14,(和睦祭)(誓願)
화목제 서원

잠7:16,(寢床)(花紋褥)(紋彩)
침상 화문욕 문채

잠7:17,(沒藥)(沈香)(桂皮)
몰약 침향 계피

잠7:18,(洽足)(喜樂
흡족 희락

잠7:19,(男便)
남편

잠7:20,(銀)
은

잠7:21,(惑)
혹

잠7:22,(少年)(者)(罰)(一般)
소년 자 벌 일반

잠7:23,(畢竟(生命)(一般)
필경 생명 일반

잠7:24,(注意)
주의

잠7:25,(淫女)(迷惑)
음녀 미혹

잠7:26,(大抵)(傷)(者)(許多)
대저 상 자 허다

잠7:27,(陰府)(死亡)(房)
음부 사망 방

箴言-(잠언)-第八章
잠언 제팔장

잠8:1,(智慧)(明哲)
지혜 명철

잠8:2,(四巨里)
사거리

잠8:3,(城門)(門)(出入)(門)
성문 문 출입 문

잠8:4,(人子)
인자

잠8:5,(者)(明哲)(者)
자 명철 자

잠8:6,(善)(正直)
선 정직

잠8:7,(眞理)(惡)
진리 악

잠8:8,(義)(悖逆)
의 패역

잠8:9,(聰明)(者)(知識)(者)(正直)
총명 자 지식 자 정직

잠8:10,(銀)(訓戒)(精金)(知識)
은 훈계 정금 지식

잠8:11,(大抵)(智慧)(眞珠)(願)(比較)
대저 지혜 진주 원 비교

잠8:12,(智慧)(明哲)(住所)(知識)(謹愼)
지혜 명철 주소 지식 근신

잠8:13,(敬畏)(惡)(驕慢)(倨慢)(惡)
경외 악 교만 거만 악
(行實)(悖逆)
행실 패역

잠8:14,(韜略)(知識)(明哲)(能力)
도략 지식 명철 능력

잠8:15,(王)(治理)(方伯)(公義)
왕 치리 방백 공의

잠8:16,(宰相)(尊貴)(世上)(裁判官)
재상 존귀 세상 재판관

잠8:17,(者)(懇切)(者)
자 간절 자

잠8:18,(富貴)(長久)(財物)
부귀 장구 재물

잠8:19,(金)(精金)(所得)(天銀)
금 정금 소득 천은

잠8:20,(義)(行)(公平)
의 행 공평

잠8:21,(者)(財物)(庫間)
자 재물 고간

잠8:22,(造化)(始作)(太初)(前)
조화 시작 태초 전

잠8:23,(萬歲前)(上古)(前)
만세전 상고 전

잠8:24,(前)
전

잠8:25,(山)(前)(前)
산 전 전

잠8:26,(世上)(塵土)(根源)
세상 진토 근원

잠8:27,(穹蒼)(海面)
궁창 해면

잠8:28,(堅固)
견고

잠8:29,(限界)(定)(命令)(基礎)(定)
한계 정 명령 기초 정

잠8:30,(創造者)(恒常)
창조자 항상

잠8:31,(居處)(人子)
거처 인자

잠8:32,(道)(者)(福)
도 자 복

잠8:33,(訓戒)(智慧)
훈계 지혜

잠8:34,(門)(門楔柱)(者)(福)
문 문설주 자 복

잠8:35,(大抵)(者)(生命)(恩寵)
대저 자 생명 은총

잠8:36,(者)(自己)(靈魂)(害)(者)(者)(死亡)
자 자기 영혼 해 자 자 사망

箴言-(잠언)-第九章
잠언 제구장

잠9:1,(智慧)
지혜

잠9:2,(葡萄酒)(混合)(床)
포도주 혼합 상

잠9:3,(女)(城中)
여 성중

잠9:4,(者)(智慧)(者)
자 지혜 자

잠9:5,(食物)(混合)(葡萄酒)
식물 혼합 포도주

잠9:6,(生命)(明哲)(行
생명 명철 행

잠9:7,(倨慢)(者)(懲戒)(者)(凌辱)(惡人)
거만 자 징계 자 능욕 악인
(責望)(者)(欠)
책망 자 흠

잠9:8,(倨慢)(者)(責望)(智慧)(者)(責望)
거만 자 책망 지혜 자 책망

잠9:9,(智慧)(者)(敎訓)(智慧)(義)(學識)
지혜 자 교훈 지혜 의 학식

잠9:10,(敬畏)(智慧)(根本(者)(明哲)
경외 지혜 근본 자 명철

잠9:11,(智慧)(生命)
지혜 생명

잠9:12,(萬一)(智慧)(智慧)(有益)
만일 지혜 지혜 유익
(萬一)(倨慢)(害)(當)
만일 거만 해 당

잠9:14,(自己)(門)(城邑)
자기 문 성읍

잠9:15,(自己)(行客)
자기 행객

잠9:16,(者)(智慧)(者)
자 지혜 자

잠9:17,(盜賊)
도적

잠9:18,(者)(者)(客)(陰府)
자 자 객 음부

箴言-(잠언)-第十章
잠언 제십장

잠10:1,(箴言)(智慧)
잠언 지혜

잠10:2,(不義)(財物)(無益)(義理)
불의 재물 무익 의리

잠10:3,(義人)(靈魂)(惡人)(所欲)
의인 영혼 악인 소욕

잠10:4,(者)(者)(富)
자 자 부

잠10:5,(者)(智慧)(秋收)(者)
자 지혜 추수 자

잠10:6,(義人)(福)(臨)(惡人)(毒)
의인 복 임 악인 독

잠10:7,(義人)(記念)(稱讚)(惡人)
의인 기념 칭찬 악인

잠10:8,(智慧)(者)(命令)(者)(敗亡)
지혜 자 명령 자 패망

잠10:9,(行)(者)(平安)(行)(者)
행 자 평안 행 자

잠10:10,(者)(者)(敗亡)
자 자 패망

잠10:11,(義人)(生命)(惡人)(毒)
의인 생명 악인 독

잠10:13,(明哲)(者)(智慧)(智慧)(者)(爲)
명철 자 지혜 지혜 자 위

잠10:14,(智慧)(者)(知識)(看直)(者)(滅亡)
지혜 자 지식 간직 자 멸망

잠10:15,(富者)(財物)(堅固)(城)(者)
부자 재물 견고 성 자
(窮乏)(敗亡)
궁핍 패망

잠10:16,(義人)(受苦)(生命)(惡人)(所得)(罪)
의인 수고 생명 악인 소득 죄

잠10:17,(訓戒)(者)(生命)(行)(懲戒)(者)
훈계 자 생명 행 징계 자

잠10:18,(者)(者)(讒訴)(者)(者)
자 자 참소 자 자

잠10:19,(免)(制馭)(者)(智慧)
면 제어 자 지혜

잠10:20,(義人)(天銀)(惡人)(價値)
의인 천은 악인 가치

잠10:21,(義人)(敎育)(者)(知識)
의인 교육 자 지식

잠10:22,(福)(富)(兼)
복 부 겸

잠10:23,(者)行惡)(樂)(明哲)(者)(智慧)(樂)
자 행악 낙 명철 자 지혜 낙

잠10:24,(惡人)(臨)(義人)(願)
악인 임 의인 원

잠10:25,(惡人)(義人)(永遠)(基礎)
악인 의인 영원 기초

잠10:26,(者)(醋)(煙氣)
자 초 연기

잠10:27,(敬畏)(長壽)(惡人)(年歲)
경외 장수 악인 년세

잠10:28,(義人)(所望)(惡人)(所望)
의인 소망 악인 소망

잠10:29,(道)(正直)(者)(山城)(行惡)(者)(滅亡)
도 정직 자 산성 행악 자 멸망

잠10:30,(義人)(永永)(移動)(惡人)(居)
의인 영영 이동 악인 거

잠10:31,(義人)(智慧)(悖逆)(當)
의인 지혜 패역 당

잠10:32,(義人)(惡人)(悖逆)
의인 악인 패역

箴言-(잠언)-第十一章
잠언 제십일장

잠11:1하(公平)(錘)
공평 추

잠11:2,(驕慢)(辱)(謙遜)(者)(智慧)
교만 욕 겸손 자 지혜

잠11:3,(正直)(者)(誠實)(自己)(引導)
정직 자 성실 자기 인도
(邪慝)(者)(悖逆)(自己)(亡)
사특 자 패역 자기 망

잠11:4,(財物)(震怒)(無益)(義理)(免)
재물 진노 무익 의리 면

잠11:5,(完全)(者)(義)(因)(惡)(者)(惡)(因)
완전 자 의 인 악 자 악 인

잠11:6,(正直)(者)(義)(因)(救援)(邪慝)
정직 자 의 인 구원 사특
(者)(自己)(惡)
자 자기 악

잠11:7,(惡人)(所望)(不義)(所望)
악인 소망 불의 소망

잠11:8,(義人)(患難)(救援)(惡人)(代身)
의인 환난 구원 악인 대신

잠11:9,(邪慝)(者)(亡)(義人)(知識)(救援)
사특 자 망 의인 지식 구원

잠11:10,(義人)(亨通)(城邑)(惡人)(敗亡)
의인 형통 성읍 악인 패망

잠11:11,(城邑)(正直)(者)(祝願)(因)
성읍 정직 자 축원 인
(振興)(惡)(者)(因)
진흥 악 자 인

잠11:12,(智慧)(者)(蔑視)(明哲)(者)(潛潛)
지혜 자 멸시 명철 자 잠잠

잠11:13,(閒談)(者)(秘密)(漏洩)(信實)(者)
한담 자 비밀 누설 신실 자

잠11:14,(韜略)(百姓)(亡)(謀士)(平安)
도략 백성 망 모사 평안

잠11:15,(他人)(爲)(保證)(者)(損害)
타인 위 보증 자 손해
(當)(保證)(者)(平安)
당 보증 자 평안

잠11:16,(有德)(女子)(尊榮)(勤勉)
유덕 녀자 존영 근면
(男子)(財物)
남자 재물

잠11:17,(仁慈)(者)(自己)(靈魂)(殘忍)
인자 자 자기 영혼 잔인
(者)(自己)(害)
자 자기 해

잠11:18,(惡人)(虛無)(義)(者)(賞)(確實)
악인 허무 의 자 상 확실

잠11:19,(義)(者)(生命)(惡)(者)(死亡)
의 자 생명 악 자 사망

잠11:20,(悖戾)(者)(行爲)(穩全)(者)
패려 자 행위 온전 자

잠11:21,(惡人)(彼此)(罰)(免)(義人)
악인 피차 벌 면 의인
(子孫)(救援)
자손 구원

잠11:22,(女人)(金)
녀인 금

잠11:23,(義人)(所願)(善)(惡人)(所望)(震怒)
의인 소원 선 악인 소망 진노

잠11:24,(救濟)(富)(過度)(
구제 부 과도

잠11:25,(救濟)(者)(豊足)(潤澤)(者)(潤澤)
구제 자 풍족 윤택 자 윤택

잠11:26,(穀食)(者)(百姓)(詛呪)(者)(福)(臨)
곡식 자 백성 저주 자 복 임

잠11:27,(善)(懇切)(求)(者)(恩寵)(惡)
선 간절 구 자 은총 악
(者)(惡)(臨)
자 악 임

잠11:28,(自己)(財物)(依支)(者)(敗亡)
자기 재물 의지 자 패망
(義人)(蕃盛)
의인 번성

잠11:29,(自己)(害)(者)(所得)(者)(智慧)(者)
자기 해 자 소득 자 지혜 자

잠11:30,(義人)(生命)(智慧)(者)
의인 생명 지혜 자

잠11:31,(義人)(世上)(報應)(惡人)(罪人)
의인 세상 보응 악인 죄인

箴言-(잠언)-第十二章
잠언 제십이장

잠12:1,(訓戒)(者)(知識)(懲戒)(者)
훈계 자 지식 징계 자

잠12:2,(善人)(恩寵)(惡)(者)(定罪)
선인 은총 악 자 정죄

잠12:3,(惡)(義人)
악 의인

잠12:4,(女人)(冕旒冠)(辱)(女人)
녀인 면류관 욕 녀인

잠12:5,(義人)(公直)(惡人)(圖謀)(詭譎)
의인 공직 악인 도모 궤휼

잠12:6,(惡人)(正直)(者)(救援)
악인 정직 자 구원

잠12:7,(惡人)(消滅)(義人)
악인 소멸 의인

잠12:8,(智慧)(稱讚)(悖戾)(者)(蔑視)
지혜 칭찬 패려 자 멸시

잠12:9,(卑賤)(者)(飮食)(乏絶)(者)
비천 자 음식 핍절 자

잠12:10,(義人)(六畜)(生命)(惡人)(矜恤)(殘忍)
의인 육축 생명 악인 긍휼 잔인

잠12:11,(自己)(土地)(耕作)(者)(放蕩)(者)(智慧)
자기 토지 경작 자 방탕 자 지혜

잠12:12,(惡人)(不義)(利)(貪)(義人)(結實)
악인 불의 이 탐 의인 결실

잠12:13,(惡人)(因)(義人)(患難)
악인 인 의인 환난

잠12:14,(因)(福錄)(足)(行)(自己)
인 복록 족 행 자기

잠12:15,(者)(自己)行爲)(智慧)(者)(勸告)
자 자기 행위 지혜 자 권고

잠12:16,(者)(忿怒)(當場)(者)(羞辱)
자 분노 당장 자 수욕

잠12:17,(眞理)(者)(義)(證人)(詭譎)
진리 자 의 증인 궤휼

잠12:18,(或)(智慧)(者)(良藥)
혹 지혜 자 양약

잠12:19,(眞實)(永遠)(保存)
진실 영원 보존

잠12:20,(惡)(者)(詭譎)(和平)(論)(者)(喜樂)
악 자 궤휼 화평 논 자 희락

잠12:21,(義人)(災殃)(臨)(惡人)(殃禍)
의인 재앙 임 악인 앙화

잠12:22,(眞實)(行)(者)
진실 행 자

잠12:23,(者)(知識)(者)(傳播)
자 지식 자 전파

잠12:24,(者)(者)
자 자

잠12:25,(煩惱)(善)
번뇌 선

잠12:26,(義人)(引導者)(惡人)(所行)(自己)(迷惑)
의인 인도자 악인 소행 자기 미혹

잠12:27,(者)(富貴)
자 부귀

잠12:28,(義)(生命)(死亡)
의 생명 사망

箴言-(잠언)-第十三章
잠언 제십삼장

잠13:1,(智慧(訓戒)(倨慢)(者)
지혜 훈계 거만 자

잠13:2,(因)(福錄)(詭詐)(者)(强暴)(當)
인 복록 궤사 자 강포 당

잠13:3,(者)(生命)(保全)(者)(滅亡)
자 생명 보전 자 멸망

잠13:4,(者)(願)(者)(豊足)
자 원 자 풍족

잠13:5,(義人)(惡人)(行爲)(凶惡)
의인 악인 행위 흉악

잠13:6,(行實)(正直)(者)(保護)(惡)(罪人)(敗亡)
행실 정직 자 보호 악 죄인 패망

잠13:7,(富)(者)(財物)(者)
부 자 재물 자

잠13:8,(財物)(生命)(贖)(者)(脅迫)
재물 생명 속 자 협박

잠13:9,(義人)(惡人)(燈)
의인 악인 등

잠13:10,(驕慢)(勸勉)(者)(智慧)
교만 권면 자 지혜

잠13:11,(妄靈)(財物)
망령 재물

잠13:12,(所望)(傷)(所願)(生命)
소망 상 소원 생명

잠13:13,(蔑視)(者)(敗亡)(誡命)(者)(賞)
멸시 자 패망 계명 자 상

잠13:14,(智慧)(者)(敎訓)(生命)(死亡)
지혜 자 교훈 생명 사망

잠13:15,(善)(智慧)(恩惠)(詭詐)(者)(險)
선 지혜 은혜 궤사 자 험

잠13:16,(者)(知識)(行)(者)(自己)
자 지식 행 자 자기

잠13:17,(惡)(使者)(災殃)(忠誠)(使臣)(良藥)
악 사자 재앙 충성 사신 양약

잠13:18,(訓戒)(者)(窮乏)(羞辱)(警戒)(者)(尊榮)
훈계 자 궁핍 수욕 경계 자 존영

잠13:19,(所願)(成就)(者)(惡)
소원 성취 자 악

잠13:20,(智慧)(者)(同行)(智慧)(者)(害)
지혜 자 동행 지혜 자 해

잠13:21,(災殃)(罪人)(善)(報應)(義人)
재앙 죄인 선 보응 의인

잠13:22,(善人)(産業)(者)(罪人)(財物)(義人)(爲)
선인 산업 자 죄인 재물 의인 위

잠13:23,(者)(耕作)(糧食)(或)(不義)(因)(家産)(蕩敗)(者)
자 경작 량식 혹 불의 인 가산 탕패 자

잠13:24,(楚撻(者)(子息)(子息)(者)(勤實)(懲戒)
초달 자 자식 자식 자 근실 징계

잠13:25,(義人)(飽食)(惡人)
의인 포식 악인

箴言-(잠언)-第十四章
잠 언 제십사장

잠14:1,(智慧)(女人)(女人)(自己)
지혜 녀인 녀인 자기

잠14:2,(正直)(行)(者)(敬畏)(悖逆)(行)
정직 행 자 경외 패역 행
(者)(輕蔑)
자 경멸

잠14:3,(者)(驕慢)(自請)(智慧)(者)(保全)
자 교만 자청 지혜 자 보전

잠14:5,(信實)(證人)(證人)
신실 증인 증인

잠14:6,(倨慢)(者)(智慧)(求)(明哲)(者)(知識)
거만 자 지혜 구 명철 자 지식

잠14:7,(者)(知識)
자 지식

잠14:8,(者)(智慧)(自己)(者)
자 지혜 자기 자

잠14:9,(者)(罪)(尋常)(正直)(者)(中)(恩惠)
자 죄 심상 정직 자 중 은혜

잠14:10,(苦痛)(自己)(他人)(參與)
고통 자기 타인 참여

잠14:11,(惡)(者)(亡)(正直)(者)(帳幕)(興)
악 자 망 정직 자 장막 흥

잠14:12,(畢竟)(死亡)
필경 사망

잠14:14,(悖戾)(者)(自己)行爲)(報應)
패려 자 자기 행위 보응
(滿足)(善)(自己)行爲)
만족 선 자기 행위

잠14:15,(者)者)行動)
자 자 행동

잠14:16,(智慧)(者)(惡)(者)(放恣)
지혜 자 악 자 방자

잠14:17,(怒)(速)(者)(行)(惡)(計巧)(者)
노 속 자 행 악 계교 자

잠14:18,(者)(基業)(者)(知識)(冕旒冠)
자 기업 자 지식 면류관

잠14:19,(惡人)(善人)(不義者)(義人)(門)
악인 선인 불의자 의인 문

잠14:20,(者)(富饒)(者)(親舊)
자 부요 자 친구

잠14:21,(者)(罪)(犯)(者)(貧困)(者)(者)
자 죄 범 자 빈곤 자 자
(福)(者)
복 자

잠14:22,(惡)(圖謀)(者)(善)(圖謀)(者)
악 도모 자 선 도모 자
(仁慈)(眞理)
인자 진리

잠14:23,(受苦)(利益)(窮乏)
수고 리익 궁핍

잠14:24,(智慧)(者)(財物)(冕旒冠)(者)(所有)
지혜 자 재물 면류관 자 소유

잠14:25,(眞實)(證人)(生命)(救援)
진실 증인 생명 구원

잠14:26,(敬畏)(者)(堅固)(依賴)(子女)(避難處)
경외 자 견고 의뢰 자녀 피난처

잠14:27,(敬畏)(生命)(死亡)
경외 생명 사망

잠14:28,(百姓)(王)(榮光)(百姓)
백성 왕 영광 백성
(主權者)(敗亡)
주권자 패망

잠14:29,(怒)(者)(明哲)(躁急)(者)
노 자 명철 조급 자

잠14:30,(和平)(肉身)(生命)(猜忌)
화평 육신 생명 시기

잠14:31,(虐待)(者)(蔑視)(者)(窮乏)
학대 자 멸시 자 궁핍
(者)(主)(尊敬)(者)
자 주 존경 자

잠14:32,(惡人)(患難)(義人)(所望)
악인 환난 의인 소망

잠14:33,(智慧)(明哲)(者)(者)
지혜 명철 자 자

잠14:34,(義)(榮華)(罪)(百姓)(辱)
의 영화 죄 백성 욕

잠14:35,(行)(臣下)(王)(恩寵)(辱)
행 신하 왕 은총 욕
(臣下)(震怒)(當)
신하 진노 당

箴言-(잠언)-第十五章
잠 언 제십오장

잠15:1,(柔順)(對答)(忿怒)(過激)(怒)(激動)
유순 대답 분노 과격 노 격동

잠15:2,(智慧)(者)(知識)(善)(者)
지혜 자 지식 선 자

잠15:3,(惡人)(善人)(鑑察)
악인 선인 감찰

잠15:4,(溫良)(生命)(悖戾)(傷)
온량 생명 패려 상

잠15:5,(訓戒)(者)(者)(警戒)(者)(者)
훈계 자 자 경계 자 자

잠15:6,(義人)(寶物)(惡人)(所得)(苦痛)
의인 보물 악인 소득 고통

잠15:7,(智慧)(者)(知識)(傳播)(者)(定)
지혜 자 지식 전파 자 정

잠15:8,(惡人)(祭祀)(正直)(者)(祈禱)
악인 제사 정직 자 기도

삼15:9,(惡人)(義)(者)
악인 의 자

잠15:10,(道)(背叛)(者)(嚴)(懲戒)(譴責)(者)
도 배반 자 엄 징계 견책 자

잠15:11,(陰府)(幽冥)(人生)
음부 유명 인생

잠15:12,(倨慢)(者)(譴責)(智慧)(者)
거만 자 견책 지혜 자

잠15:13,(心靈)(傷)
심령 상

잠15:14,(明哲)(者)(知識)(要求)(者)
명철 자 지식 요구 자

잠15:15,(苦難)(者)(險惡)(者)(恒常)
고난 자 험악 자 항상

잠15:16,(家産)(敬畏)(富)(煩惱)
가산 경외 부 번뇌

잠15:17,(如干)(菜蔬)
여간 채소

잠15:18,(忿)(者)(怒)(者)(是非)
분 자 노 자 시비

잠15:19,(者)(正直)(者)(大路)
자 정직 자 대로

잠15:20,(智慧(者)
지혜 자

잠15:21,(無知)(者)(明哲)(者)
무지 자 명철 자

잠15:22,(議論)(經營)(破)(謀士)(經營)(成立)
의논 경영 파 모사 경영 성립

잠15:23,(對答)
대답

잠15:24,(智慧)(者)(向)(生命)(陰府)
지혜 자 향 생명 음부

잠15:25,(驕慢)(者)(寡婦)(地界)(定)
교만 자 과부 지계 정

잠15:26,(惡)(善)(淨潔)
악 선 정결

잠15:27,(利)(貪)(者)(自己)(害)(賂物)(者)
이 탐 자 자기 해 뇌물 자

잠15:28,(義人)(對答)(惡人)(惡)
의인 대답 악인 악

잠15:29,(惡人)(義人)(祈禱)
악인 의인 기도

잠15:30,(奇別)(潤澤)
기별 윤택

잠15:31,(生命)(警戒)(智慧)(者)
생명 경계 지혜 자

잠15:32,(訓戒)(者)(自己)(靈魂)(譴責)
훈계 자 자기 영혼 견책
(者)(知識)
자 지식

잠15:33,(敬畏)(智慧)(訓戒)(謙遜)(尊貴)
경외 지혜 훈계 겸손 존귀

箴言-(잠언)-第十六章
잠언 제십륙장

잠16:1,(經營)(應答)
경영 응답

잠16:2行爲)(自己)(心靈)(鑑察)
행위 자기 심령 감찰

잠16:3,(行事)(經營)
행사 경영

잠16:4,(適當)(惡人)(惡)(適當)
적당 악인 악 적당

잠16:5,(驕慢)(者)(彼此)(罰)(免)
교만 자 피차 벌 면

잠16:6,(仁慈)(眞理)(因)(罪惡)(贖)(敬畏)(因)(惡)
인자 진리 인 죄악 속 경외 인 악

잠16:7行爲)(怨讐)(和睦)
행위 원수 화목

잠16:8,(所得)(義)(兼)(所得)(不義)(兼)
소득 의 겸 소득 불의 겸

잠16:9,(自己)(計劃)(引導)(者
자기 계획 인도 자

잠16:10,(王)(裁判)
왕 재판

잠16:11,(公平)(桿稱)(皿稱)(錘)
공평 간칭 명칭 추

잠16:12,(惡)(行)(王)(寶座)(公義)
악 행 왕 보좌 공의

잠16:13,(義)(王)(正直)(者)
의 왕 정직 자

잠16:14,(王)(震怒(殺戮)(使者)(智慧)
왕 진노 살륙 사자 지혜

잠16:15,(王)(喜色)(生命)(恩澤)늣
왕 희색 생명 은택

잠16:16,(智慧)(金)(明哲)(銀)
지혜 금 명철 은

잠16:17,(惡)(正直)(大路)(者)(自己)
악 정직 대로 자 자기
(靈魂)(保全)
영혼 보전

잠16:18,(驕慢)(敗亡)(先鋒)(倨慢)
교만 패망 선봉 거만

잠16:19,(謙遜)(者)(驕慢)(者)(奪取物)
겸손 자 교만 자 탈취물

잠16:20,(注意)(者)(依支)(者)(福)
주의 자 의지 자 복

잠16:21,(智慧)(者)(明哲)(善)(者)(學識)
지혜 자 명철 선 자 학식

잠16:22,(明哲)(者)(明哲)(生命)(者)(懲戒)
명철 자 명철 생명 자 징계

잠16:23,(智慧)(者)(知識)
지혜 자 지식

잠16:24,(善)(良藥)
선 양약

잠16:25,(畢竟)(死亡)
필경 사망

잠16:26,(勞力)(者)(食慾)(因)(自己)(督促)
로력 자 식욕 인 자기 독촉

잠16:27,(不良)(者)(惡)(猛烈)
불량 자 악 맹렬

잠16:28,(悖戾)(者)(親)(離間)
패려 자 친 이간

잠16:29,(强暴)(不善)(引導)
강포 불선 인도

잠16:30,(者)(悖逆)(圖謀)(者)(惡)
자 패역 도모 자 악

잠16:31,(白髮)(榮華)(冕旒冠)(義)
백발 영화 면류관 의

잠16:32,(怒)(者)(勇士)(自己)(者)(城)(者)
노 자 용사 자기 자 성 자

잠16:33,(作定)
작정

箴言-(잠언)-第十七章
잠언 제십칠장

잠17:1,(和睦)(肉饍)
화목 육선
잠17:2,(主人)(中)(遺業)
주인 중 유업
잠17:3,(銀)(金)(鍊鍛)(鍊鍛)
은 금 연단 연단
잠17:4,(惡)(行)(者)(詭詐)(者)(惡)
악 행 자 궤사 자 악
잠17:5,(者)(嘲弄)(者)(主)(蔑視)(者)
자 조롱 자 주 멸시 자
(災殃)(者)(刑罰)(免)(者)
재앙 자 형벌 면 자
잠17:6,(孫子)(老人)(冕旒冠)(子息)(榮華)
손자 로인 면류관 자식 영화
잠17:7,(分外)(者)(合當)(尊貴)(者)(合當)
분외 자 합당 존귀 자 합당
잠17:8,(賂物)(寶石)(向)(亨通)
뇌물 보석 향 형통
잠17:9,(者)(求)(者)(者)(親)(離間)(者)
자 구 자 자 친 이간 자
잠17:10,(聰明)(者)(警戒)(百個)(者)
총명 자 경계 백개 자
잠17:11,(惡)(者)(叛逆)(殘忍)(使者)
악 자 반역 잔인 사자
잠17:12,(行)(者)
행 자
잠17:13,(惡)(善)(惡)
악 선 악
잠17:14,(始作)(防築)(前)(是非)
시작 방축 전 시비
잠17:15,(惡人)(義)(義人)(惡)(者)
악인 의 의인 악 자
잠17:16,(者)(無知)(智慧)
자 무지 지혜
잠17:17,(親舊)(兄弟)(危急)(爲)
친구 형제 위급 위
잠17:18,(智慧)(者)(保證)
지혜 자 보증
잠17:19,(者)(罪過)(者)(自己)(門)(者)
자 죄과 자 자기 문 자
(破壞)(求)(者)
파괴 구 자
잠17:20,(邪慝)(者)(福)(悖逆)(者)(災殃)
사특 자 복 패역 자 재앙
잠17:21,(者)(者)(當)(者)(樂)
자 자 당 사 낙
잠17:22,(良藥)(心靈)
양약 심령
잠17:23,(惡人)(賂物)(裁判)
악인 뇌물 재판
잠17:24,(智慧)(明哲)(者)(者)
지혜 명철 자 자
잠17:25,(苦痛)
고통
잠17:26,(義人)(罰)(貴人)(正直)(善)
의인 벌 귀인 정직 선
잠17:27,(者)(知識)(性品)(安存)(者)(明哲)
자 지식 성품 안존 자 명철
잠17:28,(者)(潛潛)(智慧)(者)(者)
자 잠잠 지혜 자 자

箴言-(잠언)-第十八章
잠언 제십팔장

잠18:1,(者)(自己)(所欲)(者)(智慧)(排斥)
자 자기 소욕 자 지혜 배척
잠18:2,(者)(明哲)(自己)(意思)
자 명철 자기 의사
잠18:3,(惡)(者)(蔑視)(凌辱)
악 자 멸시 능욕
잠18:4,(明哲)(智慧)
명철 지혜
잠18:5,(惡人)(斗護)(裁判)(義人)(抑鬱)(善)
악인 두호 재판 의인 억울 선
잠18:6,(者)(自請)
자 자청
잠18:7,(者)(滅亡)(靈魂)
자 멸망 영혼
잠18:8,(者)(別食)뱃
자 별식
잠18:9,(自己)(者)(敗家)(者)(兄弟)
자기 자 패가 자 형제
잠18:10,(堅固)(望臺)(義人)(安全)
견고 망대 의인 안전
잠18:11,(富者)(財物)(堅固)(城)(城壁)
부자 재물 견고 성 성벽
잠18:12,(驕慢)(滅亡)(先鋒)(謙遜)(尊貴)
교만 멸망 선봉 겸손 존귀
잠18:13,(事緣)(前)(對答)(者)(辱)(當)
사연 전 대답 자 욕 당
잠18:14,(心靈)(病)(能)(心靈)(傷)
심령 병 능 심령 상
잠18:15,(明哲)(者)(知識)(智慧)(者)(知識)(求)
명철 자 지식 지혜 자 지식 구
잠18:16,(膳物)(尊貴)(者)(引導)
선물 존귀 자 인도
잠18:17,(訟事)(原告)(被告)
송사 원고 피고
잠18:1,(强)(者)(解決)
강 자 해결
잠18:19,(怒)(兄弟)(和睦)(堅固)(城)(取)
노 형제 화목 견고 성 취
(山城)(門)
산성 문
잠18:20,(滿足)
만족
잠18:21,(權勢)(者)
권세 자
잠18:22,(者)(福)(恩寵)(者)
자 복 은총 자
잠18:23,(者)(懇切)(求)(富者)(嚴)(對答)
자 간절 구 부자 엄 대답
잠18:24,(親舊)(者)(害)(當)(親舊)(兄弟)(親密)
친구 자 해 당 친구 형제 친밀

箴言-(잠언)-第十九章
잠언 제십구장

잠19:1,(誠實)(行)(者)(悖戾)(者)
성실 행 자 패려 자

잠19:2,(知識)(所願)(善)(急)
지식 소원 선 급

잠19:3,(自己)(怨望)
자기 원망

잠19:4,(財物)(親舊)(親舊)
재물 친구 친구

잠19:5,(證人)(罰)(免)(者)
증인 벌 면 자

잠19:6,(恩惠)(求)(者)(膳物)(者)(親舊)
은혜 구 자 선물 자 친구

잠19:7,(者)(兄弟(親舊)
자 형제 친구

잠19:8,(智慧)(者)(自己)(靈魂)(明哲)(者)(福)
지혜 자 자기 영혼 명철 자 복

잠19:9,(證人)(罰)(免)(者)(亡)
증인 벌 면 자 망

잠19:10,(者)(奢侈)(適當)(方伯)
자 사치 적당 방백

잠19:11,(怒)(容恕)(自己)(榮光)
노 용서 자기 영광

잠19:12,(王)(獅子)(恩澤)
왕 사자 은택

잠19:13,(災殃)
재앙

잠19:14,(財物)(祖上)(相續)
재물 조상 상속

잠19:15,(懈怠)
해태

잠19:16,(誡命)(者)(自己)(靈魂)行實)(者)
계명 자 자기 영혼 행실 자

잠19:17,(者)善行
자 선행

잠19:18,(所望)(懲戒)
소망 징계

잠19:19,(怒)(猛烈)(者)(罰)
노 맹렬 자 벌

잠19:20,(勸告)(訓戒)(畢竟)(智慧)
권고 훈계 필경 지혜

잠19:21,(計劃)(完全)
계획 완전

잠19:22,(仁慈)(思慕)(者)(者)
인자 사모 자 자

잠19:23,(敬畏)(生命)(敬畏)(者)(足)(災殃)
경외 생명 경외 자 족 재앙

잠19:24,(者)
자

잠19:25,(倨慢)(者)(者)(警醒)(明哲)
거만 자 자 경성 명철
(者)(譴責)(知識)
자 견책 지식

잠19:26,(驅迫)(者)(凌辱)(子息)
구박 자 능욕 자식

잠19:27,(知識)(敎訓)
지식 교훈

잠19:28,(妄靈)(證人)(公義)(惡人)(罪惡)
망령 증인 공의 악인 죄악

잠19:29,(審判)(倨慢)(者)(爲)(豫備)(者)
심판 거만 자 위 예비 자
(爲)(豫備)
위 예비

箴言-(잠언)-第二十章
잠언 제이십장

잠20:1,(葡萄酒)(倨慢(毒酒)(迷惑)(者)(智慧)
포도주 거만 독주 미혹 자 지혜

잠20:2,(王)(震怒)(獅子)(怒)(自己)(生命)(害)
왕 진노 사자 노 자기 생명 해

잠20:3,(榮光)(者)
영광 자

잠20:4,(者)(求乞)
자 구걸

잠20:5,(謀略)(明哲)
모략 명철

잠20:6,(各其)(自己)(仁慈)(忠誠)(者)
각기 자기 인자 충성 자

잠20:7,(完全)(行)(者)(義人)(後孫)(福)
완전 행 자 의인 후손 복

잠20:8,(審判)(王)(惡)
심판 왕 악

잠20:9,(定)(罪)(者)
정 죄 자

잠20:11,(動作)(自己)(品行)(淸潔)
동작 자기 품행 청결
(正直)(與否)
정직 여부

잠20:13,(貧窮)(糧食)(足)
빈궁 량식 족

잠20:14,(者)(物件)(後)
자 물건 후

잠20:15,(世上)(金)(眞珠)(智慧)(貴)
세상 금 진주 지혜 귀

잠20:16,(他人)(爲)(保證)(者)(取)
타인 위 보증 자 취
(外人)(保證)(者)
외인 보증 자

잠20:17,(取)(食物)(後)
취 식물 후

잠20:18,(經營)(議論)(成就)(謀略)(戰爭)
경영 의논 성취 모략 전쟁

잠20:19,(閑談)(者)(秘密)(漏洩)(者)
한담 자 비밀 누설 자

잠20:20,(自己)(詛呪)(者)(燈)(幽暗)(中)(當)
자기 저주 자 등 유암 중 당

잠20:21,(速)(産業)(福)
속 산업 복

잠20:22,(惡)(救援)
악 구원

잠20:23,(錘)
추

잠20:24,(自己)
자기

잠20:25,(物件(誓願)(後(
물건 서원 후

잠20:26,(智慧)(王)(惡人(打作)(로
지혜 왕 악인 타작

잠20:27,(靈魂)(燈)
영혼 등

잠20:28,(王)(仁慈)(眞理)(保護)(仁慈)(堅固)
왕 인자 진리 보호 인자 견고

잠20:29,(者)(榮華)(者)(白髮)
자 영화 자 백발

잠20:30,(傷)(惡)
상 악

箴言-(잠언)-第二十一章
잠언 제이십일장

잠21:1,(王)(洑)(任意)(引導)
왕 보 임의 인도

잠21:2行爲)(自己)(正直)(心靈)(鑑察)
행위 자기 정직 심령 감찰

잠21:3,(義)(公平)(行)(祭祀)
의 공평 행 제사

잠21:4,(驕慢)(惡人)(亨通)(罪)
교만 악인 형통 죄

잠21:5,(者)(經營)(豊富)(躁急)(者)(窮乏)
자 경영 풍부 조급 자 궁핍

잠21:6,(財物)(求)
재물 구

잠21:7,(惡人)(强暴)(自己)(消滅)(公義)(行)
악인 강포 자기 소멸 공의 행

잠21:8,(罪)(犯)(者)(甚)(者)
죄 범 자 심 자

잠21:9,(女人)(幕)
녀인 막

잠21:10,(惡人)(災殃)(願)(恩惠)
악인 재앙 원 은혜

잠21:11,(倨慢)(者)(罰)(者)(警醒)(智慧)
거만 자 벌 자 경성 지혜

(者)(敎訓)(知識)
자 교훈 지식

잠21:12,(義)(者)(惡人)(鑑察)(惡人)(患難)
의 자 악인 감찰 악인 환난

잠21:13,(者)(自己)(者)
자 자기 자

잠21:14,(隱密)(膳物)(怒)(賂物)(猛烈)(忿)
은밀 선물 노 뇌물 맹렬 분

잠21:15,(公義)(行)(義人)(罪人)(敗亡)
공의 행 의인 죄인 패망

잠21:16,(明哲)(死亡)(會衆)(居)
명철 사망 회중 거

잠21:17,(宴樂)(者)(者)(富)
연락 자 자 부

잠21:18,(惡人)(義人)代贖)(詭詐)(者)
악인 의인 대속 궤사 자

(正直)(者)(代身)
정직 자 대신

잠21:19,(女人)(曠野)
녀인 광야

잠21:20,(智慧)(者)(貴)(者)
지혜 자 귀 자

잠21:21,(義)(仁慈)(求)(者)(生命)(義)(榮光)
의 인자 구 자 생명 의 영광

잠21:22,(智慧)(者)(勇士)(城)(城)(堅固)
지혜 자 용사 성 성 견고

(依賴)(破)
의뢰 파

잠21:23,(者)(靈魂)(患難)(保全)
자 영혼 환난 보전

잠21:24,(無禮)(驕慢)(者)(妄靈)(者)
무례 교만 자 망령 자

(驕慢)(行)
교만 행

잠21:25,(者)(情慾)
자 정욕

잠21:26,(者)(終日)(貪)(義人)(施濟)
자 종일 탐 의인 시제

잠21:27,(惡人)(祭物)(本來)(可憎)(惡)
악인 제물 본래 가증 악

잠21:28,(證人)(敗亡)(確實)(證人)
증인 패망 확실 증인

잠21:29,(惡人)(正直)(者)行爲)
악인 정직 자 행위

잠21:30,(智慧)(明哲)(謀略)(當)
지혜 명철 모략 당

잠21:31,(爲)(馬兵)(豫備)
위 마병 예비

箴言-(잠언)-第二十二章
잠언 제이십이장

잠22:1,(財物)(名譽)(擇)(銀)(金)(恩寵)(擇)
재물 명예 택 은 금 은총 택

잠22:2,(貧富)
빈부

잠22:3,(者)(災殃)(避)(者)(害)
자 재앙 피 자 해

잠22:4,(謙遜)(敬畏)(報應)(財物)
겸손 경외 보응 재물

(榮光)(生命)
영광 생명

잠22:5,(悖逆)(者(靈魂)(者)
패역 자 영혼 자

잠22:6,(行)
행

잠22:7,(富者)(者)(主管)(者)(債主)
부자 자 주관 자 채주

잠22:8,(惡)(者)(災殃)(忿怒)(氣勢)(衰)
악 자 재앙 분노 기세 쇠

잠22:9,(善)(者)(福)(糧食)(者)
선 자 복 량식 자

잠22:10,(倨慢)(者)(羞辱)
거만 자 수욕

잠22:11,(淨潔)(思慕)(者)(德)(親舊)
정결 사모 자 덕 친구

잠22:12,(知識)(者)(詭詐)(者)(敗)
지식 자 궤사 자 패

잠22:13,(者)(獅子)
자 사자

잠22:14,(淫女)(陷穽)(怒)(當)(者)
음녀 함정 노 당 자

잠22:15,(懲戒)
징계

잠22:16,(者)(虐待)(者)(富者)(者)
자 학대 자 부자 자

잠22:17,(智慧)(者)(知識)
지혜 자 지식

잠22:18,(保存)
보존

잠22:19,(依賴)(特別)
의뢰 특별

잠22:20,(謀略)(知識)(記錄)
모략 지식 기록

잠22:21,(眞理)(確實)(者)(眞理)(回答)
진리 확실 자 진리 회답

잠22:22,(弱)(者)(弱)(奪取)(困苦)(者)
약 자 약 탈취 곤고 자

(城門)(壓制)
성문 압제

잠22:23,(大抵)(伸寃)(擄掠)(者)(生命)
대저 신원 노약 자 생명

잠22:24,(怒)(者)(鬱憤)(者)(同行)
노 자 울분 자 동행

잠22:25行爲(靈魂)
행위 영혼

잠22:26,(保證)
보증

잠22:27,(萬一)(寢床
만일 침상

잠22:28,(先祖)(地界石)
선조 지계석

잠22:29,(自己)(事業)(勤實)(王)(賤)(者)
자기 사업 근실 왕 천 자

箴言-(잠언)-第二十三章
잠언 제이십삼장

잠23:1,(官員)(飮食)(者)
관원 음식 자

잠23:2,(萬一)(貪食者)
만일 탐식자

잠23:3,(珍饌)(貪)(奸詐)(食物)
진찬 탐 간사 식물

잠23:4,(富者)(私事)(智慧)
부자 사사 지혜

잠23:5,(虛無)(注目)(丁寧)(財物)
허무 주목 정녕 재물

잠23:6,(惡)(者)(飮食)(珍饌)(貪)
악 자 음식 진찬 탐

잠23:7,(大抵)
대저

잠23:8,(吐)
토

잠23:9,(者)(智慧)
자 지혜

잠23:10,(地界石)(子息)(侵犯)
지계석 자식 침범

잠23:11,(大抵)(救贖者)(强)(對敵)(寃)
대저 구속자 강 대적 원

잠23:12,(訓戒)(着心)(知識)
훈계 착심 지식

잠23:13,(訓戒)
훈계

잠23:14,(靈魂)(陰府)(救援)
영혼 음부 구원

잠23:15,(萬一)(智慧)
만일 지혜

잠23:16,(萬一)(正直)(愉快)
만일 정직 유쾌

잠23:17,(罪人)(亨通)(恒常)(敬畏)
죄인 형통 항상 경외

잠23:18,(丁寧)(將來)(所望)
정녕 장래 소망

잠23:19,(智慧)(正路)(引導)
지혜 정로 인도

잠23:20,(者)(貪)(者)(
자 탐 자

잠23:21,(醉)(貪食)(者)(者)
취 탐식 자 자

잠23:22,(聽從)(輕)
청종 경

잠23:23,(眞理)(智慧)(訓戒)(明哲)
진리 지혜 훈계 명철

잠23:24,(義人)(智慧)(子息)(者)(因)
의인 지혜 자식 자 인

잠23:25,(父母)
부모

잠23:27,(大抵)(淫女)(異邦)(女人)(陷穽)
대저 음녀 이방 녀인 함정

잠23:28,(强盜)(埋伏)(人間)(詭詐)(者)
강도 매복 인간 궤사 자

잠23:29,(災殃)(紛爭)(怨望)(創傷)
재앙 분쟁 원망 창상

잠23:30,(者)(混合)(求)(者)
자 혼합 구 자

잠23:31,(葡萄酒)(盞)
포도주 잔

잠23:32,(毒蛇)쏠
독사

잠23:33,(怪異)(妄靈)(發)
괴이 망령 발

잠23:34,(者)(者)
자 자

잠23:35,(傷)(感覺)
상 감각

箴言-(잠언)-第二十四章
잠언 제이십사장

잠24:1,(惡人)(亨通)(願)
악인 형통 원

잠24:2,(强暴)(殘害)
강포 잔해

잠24:3,(智慧)(建築)(明哲)(堅固)
지혜 건축 명철 견고

잠24:4,(房)(知識)(各種)(貴)
방 지식 각종 귀
잠24:5,(智慧)(者)(强)(知識)(者)
지혜 자 강 지식 자
잠24:6,(謀略)(勝利)(謀士)
모략 승리 모사
잠24:7,(智慧)(者)(城)(門)
지혜 자 성 문
잠24:8,(惡)(行)(者)(邪慝)(者
악 행 자 사특 자
잠24:9,(者)(罪)(倨慢)(者)
자 죄 거만 자
잠24:10,(萬一)(患難)(落膽)(微弱)
만일 환난 락담 미약
잠24:11,(死亡)(者)(殺戮)(當)(者)(救援)
사망 자 살륙 당 자 구원
잠24:12,(洞察)(靈魂)
통찰 영혼
잠24:13,(各)行爲)(報應)
각 행위 보응
잠24:15,(智慧)(靈魂)(丁寧)(將來)(所望)
지혜 영혼 정녕 장래 소망
잠24:16,(惡)(者)(義人)(處所)
악 자 의인 처소
잠24:17,(大抵)(義人)(番)(惡人)(災殃)(因)
대저 의인 번 악인 재앙 인
잠24:18,(怨讐(
원수
잠24:19,(震怒)
진노
잠24:20,(行惡者)(得意)(因)(忿)(惡人)(亨通)
행악자 득의 인 분 악인 형통
잠24:21,(大抵)(行惡者)(將來)(惡人)(燈)
대저 행악자 장래 악인 등
잠24:22,(王)(敬畏)(叛逆者)(
왕 경외 반역자
잠24:23,(大抵)(災殃)(速)(臨)(者)(滅亡)
대저 재앙 속 임 자 멸망
잠24:24,(智慧)(者)(裁判)
지혜 자 재판
잠24:25,(惡人)(者)(百姓)(詛呪)(國民)
악인 자 백성 저주 국민
잠24:26,(譴責)(者)(福)
견책 자 복
잠24:27,(適當)對答)
적당 대답
잠24:28,(豫備)(後)
예비 후
잠24:29,(證人)
증인
잠24:30,(行)(行)(行)
행 행 행
잠24:31,(曾往)(者)(智慧)(者)(葡萄園)
증왕 자 지혜 자 포도원
잠24:32,(地面)
지면
잠24:33,(訓戒)
훈계
잠24:34,(貧窮)(强盜)
빈궁 강도
잠24:35,(困乏)(軍士)
곤핍 군사

箴言-(잠언)-第二十五章
잠언 제이십오장

잠25:1,(箴言)(王)(臣下)(編輯)
잠언 왕 신하 편집
잠25:2,(榮華(王)(榮華)
영화 왕 영화
잠25:3,(王)
왕
잠25:4,(銀)(除)(匠色)
은 제 장색
잠25:5,(王)(惡)(者)(除)(義)(堅固)
왕 악 자 제 의 견고
잠25:6,(王(大人)
왕 대인
잠25:7,(貴人)
귀인
잠25:8,(急遽)(辱)
급거 욕
잠25:9,(辯論)(隱密)(漏洩)
변론 은밀 누설
잠25:10,(者)(羞辱)
자 수욕
잠25:11,(境遇)(合當)(銀錚盤)(金)
경우 합당 은쟁반 금
잠25:12,(者)(責望)(聽從)(金)(精金)(粧飾)
자 책망 청종 금 정금 장식
잠25:13,(忠誠)(使者)(秋收)(冷水)(能)(主人)
충성 사자 추수 랭수 능 주인
잠25:14,(膳物)(者)
선물 자
잠25:15,(官員)(容納)
관원 용납
잠25:16,(足)(過食)(吐)
족 과식 토
잠25:18,(證據)
증거
잠25:19,(患難)(眞實)(者)(依賴)(依賴)(違骨)
환난 진실 자 의뢰 의뢰 위골
잠25:20,(傷)(者)(醋)
상 자 초
잠25:21,(怨讐)(食物)
원수 식물
잠25:22,(一般)(賞)
일반 상
잠25:23,(北風)(讒訴)(忿)
북풍 참소 분
잠25:24,(女人)(幕)
여인 막
잠25:25,(寄別)(冷水)
기별 랭수
잠25:26,(義人)(惡人)(屈伏)
의인 악인 굴복

잠25:27,(自己)(榮譽)(求)
자기 영예 구

잠25:28,(自己)(制馭)(者)(城邑)(城壁)
자기 제어 자 성읍 성벽

箴言-(잠언)-第二十六章
잠언 제이십륙장

잠26:1,(者)(榮譽)(適當)(秋收)
자 영예 적당 추수

잠26:2,(詛呪)
저주

잠26:3,(者)
자

잠26:4,(者)對答)
자 대답

잠26:5,(者)(對答)(智慧
자 대답 지혜

잠26:6,(者)(便)(寄別)(自己)(害)
자 편 기별 자기 해

잠26:7,(者)(者)(箴言)
자 자 잠언

잠26:8,(者)(榮譽)
자 영예

잠26:9,(者)(箴言)(醉)(者
자 잠언 취 자

잠26:10,(匠人)(者)(雇傭)(者)(雇傭)
장인 자 고용 자 고용

잠26:11,(吐)(者)(行)
토 자 행

잠26:12,(智慧)(者)(者)
지혜 자 자

잠26:13,(者)(獅子)(獅子)
자 사자 사자

잠26:14,(門)(者)(寢床)
문 자 침상

잠26:15,(者)
자

잠26:16,(者)(善)對答)(自己)(智慧)
자 선 대답 자기 지혜

잠26:17,(自己)(相關)(干涉)(者)(者)
자기 상관 간섭 자 자

잠26:19,(自己)(戱弄)(者)
자기 희롱 자

잠26:21,(者)(是非)
자 시비

잠26:22,(者)(別食)뱃
자 별식

잠26:23,(溫柔)(惡)(銀)(土器)
온유 악 은 토기

잠26:24,(憾情)(者)(詭譎)
감정 자 궤휼

잠26:25,(可憎)
가증

잠26:26,(詭譎)(憾情)출(惡)(會衆)
궤휼 감정 악 회중

잠26:27,(陷穽)(者)(者)
함정 자 자

잠26:28,(者)(自己)(害)(者) (阿諂)(敗亡)
자 자기 해 자 아첨 패망

箴言-(잠언)-第二十七章
잠언 제이십칠장

잠27:1,(來日)
래일

잠27:2,(他人)(稱讚)(外人)(稱讚)
타인 칭찬 외인 칭찬

잠27:3,(者)(忿怒)
자 분노

잠27:4,(忿)(殘忍)(怒)(漲水)(妬忌)
분 잔인 노 창수 투기

잠27:5,(面責)
면책

잠27:6,(親舊)(通責)(忠誠)(怨讐)
친구 통책 충성 원수

잠27:7,(者)(者)
자 자

잠27:8,(本鄕)(流離)
본향 유리

잠27:9,(香)(親舊)(忠誠)(勸告)
향 친구 충성 권고

잠27:10,(親舊)(親舊)(患難)(兄弟)(兄弟)
친구 친구 환난 형제 형제

잠27:11,(智慧)(誹謗)(者)對答)
지혜 비방 자 대답

잠27:12,(者)(災殃)(避)(者)(害)
자 재앙 피 자 해

잠27:13,(他人)(爲)(保證)(者)(取)
타인 위 보증 자 취
(外人)(保證)(者)
외인 보증 자

잠27:14,(祝福)(詛呪)
축복 저주

잠27:15,(婦女)
부녀

잠27:16,(制馭)(制馭)
제어 제어

잠27:17,(鐵)(鐵)(親舊)
철 철 친구

잠27:18,(無花果)(者)(果實)(自己)
무화과 자 과실 자기
(主人)(侍從)(者)(榮華)
주인 시종 자 영화

잠27:20,(陰府)(幽冥)(滿足)(滿足)
음부 유명 만족 만족

잠27:21,(銀)(金)(稱讚)(試鍊)
은 금 칭찬 시련

잠27:22,(者)(穀物)
자 곡물

잠27:23,(羊)(形便)
양 형편

잠27:24,(大抵)(財物)(永永)(冕旒冠)(代代)
대저 재물 영영 면류관 대대

잠27:25,(後)(山)
후 산

잠27:26,(羊)
양

잠27:27,(食物)(女)
식물 여

箴言-(잠언)-第二十八章
잠 언 제이십팔장

잠28:1,(惡人)(者)(逃亡)(義人)(獅子)(膽大)
악인 자 도망 의인 사자 담대

잠28:2,(罪)(主管者)(明哲)(知識)(長久)
죄 주관자 명철 지식 장구

잠28:3,(者)(虐待)(者)(穀食)(暴雨)
자 학대 자 곡식 폭우

잠28:4,(律法)(者)(惡人)(稱讚)(律法)(者)
률법 자 악인 칭찬 률법 자
(惡人)(對敵)
악인 대적

잠28:5,(惡人)(公義)(者)
악인 공의 자

잠28:6,(誠實)(行)(者)(邪曲)(行)(富者)
성실 행 자 사곡 행 부자

잠28:7,(律法)(者)(智慧)(貪食者)(者)(辱)(者)
률법 자 지혜 탐식자 자 욕 자

잠28:8,(重)(邊利)(自己)(財産)(者)(爲)
중 변리 자기 재산 자 위
(財産)(貯蓄)
재산 저축

잠28:9,(律法)(祈禱)(可憎)
률법 기도 가증

잠28:10,(正直)(者)(惡)(誘引)(者)(自己)
정직 자 악 유인 자 자기
(陷穽)(誠實)(者)(福)
함정 성실 자 복

잠28:11,(富者)(自己)(智慧)(明哲)(者)
부자 자기 지혜 명철 자

잠28:12,(義人)(得意)(榮華)(惡人)
의인 득의 영화 악인

잠28:13,(自己)(罪)(者)(亨通)(罪)(自服)(者)
자기 죄 자 형통 죄 자복 자

잠28:14,(恒常)(敬畏)(者)(福)(剛愎)(者)(災殃)
항상 경외 자 복 강퍅 자 재앙

잠28:15,(百姓)(壓制)(惡)(官員)(獅子)
백성 압제 악 관원 사자

잠28:16,(無知)(治理者)(暴虐)(行)(貪慾)
무지 치리자 포학 행 탐욕
(者)(長壽)
자 장수

잠28:17,(者)(陷穽)(
자 함정

잠28:18,(誠實)(行)(者)(救援)(邪曲)(行)(者)
성실 행 자 구원 사곡 행 자

잠28:19,(自己)(土地)(耕作)(者)(放蕩)
자기 토지 경작 자 방탕
(者)(窮乏)
자 궁핍

잠28:20,(忠誠)(者)(福)(速)(富)(者)(刑罰)(免)
충성 자 복 속 부 자 형벌 면

잠28:21,(因)(犯法)
인 범법

잠28:22,(惡)(者)(財物)(急)(貧窮)(自己)(臨)
악 자 재물 급 빈궁 자기 임

잠28:23,(警責)(者) (阿諂)(者)
경책 자 아첨 자

잠28:24,(父母)(物件)(盜賊)(罪)(者)
부모 물건 도적 죄 자
(滅亡)(者)(同類)
멸망 자 동류

잠28:25,(貪)(者)(依支)(者)(豊足)
탐 자 의지 자 풍족

잠28:26,(自己)者)(者)(智慧)(行)(者)
자기 자 자 지혜 행 자
(救援)(者)
구원 자

잠28:27,(者)(救濟)(者)(窮乏(者)(詛呪)
자 구제 자 궁핍 자 저주

잠28:28,(惡人)(滅亡)(義人)
악인 멸망 의인

箴言-(잠언)-第二十九章
잠 언 제이십구장

잠29:1,(責望)(敗亡)(當)(避)
책망 패망 당 피

잠29:2,(義人)(百姓)(惡人)(權勢)
의인 백성 악인 권세
(百姓)(嘆息)
백성 탄식

잠29:3,(智慧)(思慕)(者)(娼妓)(者)(財物)
지혜 사모 자 창기 자 재물

잠29:4,(王)(公義)(堅固)(賂物)(臆志)
왕 공의 견고 뇌물 억지
(者)(滅亡)
자 멸망

잠29:5,(阿諂)
아첨

잠29:6,(惡人)(犯罪(義人)
악인 범죄 의인

잠29:7,(義人)(者)(事情)(惡人)(知識)
의인 자 사정 악인 지식

잠29:8,(侮慢)(者)(城邑)(擾亂)(者)(怒)
모만 자 성읍 요란 자 노

잠29:9,(智慧)(者)(者)(智慧)(者)(怒)
지혜 자 자 지혜 자 노

잠29:10,(者)(穩全)(者)(正直)(者)(生命)
자 온전 자 정직 자 생명

잠29:11,(者)(怒)(智慧)(者)(怒)(抑制)
자 노 지혜 자 노 억제

잠29:12,(官員)(信聽)(下人)(惡)
관원 신청 하인 악

잠29:13,(者)(暴惡)(者)
자 포악 자

잠29:14,(王)(者)(誠實)(伸寃)(永遠)(堅固)
왕 자 성실 신원 영원 견고

잠29:15,(智慧)(任意(者)(辱)
지혜 임의 자 욕

잠29:16,(惡人)(罪)(義人)(亡)
악인 죄 의인 망

잠29:17,(子息)(懲戒)(平安)
자식 징계 평안

잠29:18,(默示)(百姓)(放恣)(行)(律法)(者)(福)
묵시 백성 방자 행 률법 자 복

잠29:19,(聽從)
청종

잠29:20,(言語)(躁急)(者)
언어 조급 자

잠29:21,(養育)(子息)
양육 자식

잠29:22,(怒)(者)(忿)(者)(犯罪)
노 자 분 자 범죄

잠29:23,(驕慢)(謙遜)(榮譽)
교만 겸손 영예

잠29:24,(盜賊)(者)(自己)(靈魂)(者)
도적 자 자기 영혼 자
(盟誓)(直告)
맹서 직고

잠29:25,(依支)(者)(安全)
의지 자 안전

잠29:26,(主權者)(恩惠)(求)(者)(作定)
주권자 은혜 구 자 작정

잠29:27,(不義)(者)(義人)(正直)(者)(惡人)
불의 자 의인 정직 자 악인

箴言-(잠언)-第三十章
잠언 제삼십장

잠30:1,(箴言)
잠언

잠30:2,(比)(聰明)
비 총명

잠30:3,(智慧)(者)(知識)
지혜 자 지식

잠30:4,(者)(掌中)(者)(者)(定)(者)
자 장중 자 자 정 자

잠30:5,(純全)(依支)(者)(防牌)
순전 의지 자 방패

잠30:6,(責望)(者)
책망 자

잠30:7,(主)(求)(前)
주 구 전

잠30:8,(虛誕)(富)(必要)(糧食)
허탄 부 필요 량식

잠30:9,(或)(或)(盜賊)(辱)
혹 혹 도적 욕

잠30:10,(上典)(毁謗)(詛呪)(罪責)(當)
상전 훼방 저주 죄책 당

잠30:11,(詛呪)(祝福)
저주 축복

잠30:12,(者)
자

잠30:13,(甚)
심

잠30:14,(長劍)(軍刀)(者)(窮乏)(者)(中)
장검 군도 자 궁핍 자 중

잠30:15,(足)(足)
족 족

잠30:16,(陰府)(胎)(足)
음부 태 족

잠30:17,(嘲弄)(順從)(者)
조롱 순종 자

잠30:18,(甚)(奇異)
심 기이

잠30:19,(空中)(男子)(女子)
공중 남자 녀자

잠30:20,(淫女)(惡)(行)
음녀 악 행

잠30:21,(世上)(震動)(世上)
세상 진동 세상

잠30:22,(者)
자

잠30:23,(主母)
주모

잠30:24,(智慧)
지혜

잠30:25,(種類)(豫備)
종류 예비

잠30:26,(弱)(種類)
약 종류

잠30:28,(王宮)
왕궁

잠30:29,(威風)
위풍

잠30:30,(中)(强)(獅子)
중 강 사자

잠30:31,(當)(王)
당 왕

잠30:32,(萬一)(或)(惡)(圖謀)
만일 혹 악 도모

잠30:33,(大抵)(怒)(激動)
대저 노 격동

箴言-(잠언)-第三十一章
잠언 제삼십일장

잠31:1,(王)(訓戒)(箴言)
왕 훈계 잠언

잠31:2,(胎)(誓願)
태 서원

잠31:3,(女子)(王)(滅亡)(行)
녀자 왕 멸망 행

잠31:4,(葡萄酒)(王)(王)(毒酒)(主權者)
포도주 왕 왕 독주 주권자

잠31:5,(法)(艱困)(百姓)(公義)
법 간곤 백성 공의

잠31:6,(毒酒)(者)(葡萄酒)(者)
독주 자 포도주 자

잠31:7,(貧窮)(苦痛)(記憶)
빈궁 고통 기억

잠31:8,(孤獨)(者)(訟事)(爲)
고독 자 송사 위

잠31:9,(公義)(裁判)(艱困)(者)(窮乏)
공의 재판 간곤 자 궁핍

(者)(伸寃)
자 신원

잠31:10,(賢淑)(女人(眞珠)
현숙 녀인 진주

잠31:11,(者)(男便)(産業)(乏絶)
자 남편 산업 핍절

잠31:12,(者(男便)(善)(行)(惡)(行)
자 남편 선 행 악 행

잠31:13,(羊)(求)
양 구

잠31:14,(商賈)(糧食)
상고 량식

잠31:15,(前)(食物)(女)(定)
전 식물 여 정

잠31:16,(看品)(葡萄園)
간품 포도원

잠31:17,(强)
강

잠31:18,(自己)(貿易)(燈)
자기 무역 등

잠31:20,(艱困)(者)(窮乏)(者)(爲)
간곤 자 궁핍 자 위

잠31:21,(紅色)(爲)
홍색 위

잠31:22,(自己)(爲)(方席)(細麻布)(紫色)
자기 위 방석 세마포 자색

잠31:23,(男便)(長老)(城門)
남편 장로 성문

잠31:24,(商賈)
상고

잠31:25,(能力)(尊貴)(後日)
능력 존귀 후일

잠31:26,(智慧)(仁愛)(法)
지혜 인애 법

잠31:27,(糧食)
량식

잠31:28,(子息)(謝禮)(男便)(稱讚)
자식 사례 남편 칭찬

잠31:29,(德行)(女子)(女子)
덕행 녀자 녀자

잠31:30,(敬畏)(女子)(稱讚)
경외 녀자 칭찬

잠31:31,(行)(因)(城門)(稱讚)
행 인 성문 칭찬

傳道書-(전도서)-第一章
전 도 서 제일 장

전1:1,(王)(傳道者)
왕 전도자

전1:2,(傳道者)
전도자

전1:3,(受苦)(受苦)(自己)(有益)
수고 수고 자기 유익

전1:4,(世代)(世代)(永遠)
세대 세대 영원

전1:6,(南)(北)
남 북

전1:7,(江)(連)
강 연

전1:8,(萬物)(疲困)(足)
만물 피곤 족

전1:9,(後)(後
후 후

전1:10,(前)(世代)
전 세대

전1:11,(以前)(世代)(記憶)(將來)(世代)
이전 세대 기억 장래 세대
(後)(世代)(記憶)
후 세대 기억

전1:12,(傳道者)(王)
전도자 왕

전1:13,(智慧)(行)(窮究살(人生)(受苦)
지혜 행 궁구 인생 수고

전1:14,(行)
행

전1:16,(智慧)(者)(智慧)(知識)
지혜 자 지혜 지식

전1:17,(智慧)
지혜

전1:18,(智慧)(煩惱)(知識)(者)
지혜 번뇌 지식 자

傳道書-(전도서)-第二章
전 도 서 제이 장

전2:1,(試驗的)(樂)
시험적 낙

전2:2,(論)(喜樂)(論)
논 희락 논

전2:3,(窮究)(智慧)(肉身)(取)(天下)
궁구 지혜 육신 취 천하
(人生)(終身)(生活)(快樂)
인생 종신 생활 쾌락

전2:4,(事業)(爲)(葡萄園)
사업 위 포도원

전2:5,(果園)(各種)(果木)
과원 각종 과목

전2:6,(樹木)(森林)(爲)
수목 삼림 위

전2:7,(奴婢)(者)(羊)(所有)
노비 자 양 소유

전2:8,(銀金)(王)(道)(男女)(人生)(妻)(妾)
은금 왕 도 남녀 인생 처 첩

전2:9,(昌盛)(者)(智慧)(如前)
창성 자 지혜 여전

전2:10,(受苦)(受苦)(分福)
수고 수고 분복

전2:11,(後)(受苦)(受苦)(無益)
후 수고 수고 무익

전2:12,(智慧)(妄靈)(王)(者)(行)(行)
지혜 망령 왕 자 행 행

전2:13,(智慧)(愚昧)
지혜 우매

전2:14,(智慧者)(愚昧者)(當)(一般)
지혜자 우매자 당 일반

전2:15,(心中)(愚昧者)(當)(當)(心中)
심중 우매자 당 당 심중

전2:16,(智慧者)(愚昧者)(永遠)(記憶)(後日)
지혜자 우매자 영원 기억 후일
(嗚呼)(智慧者)(愚昧者)(一般)
오호 지혜자 우매자 일반

전2:17,(恨)
한

전2:18,(受苦)(受苦)(恨)(者)
수고 수고 한 자

전2:19,(智慧者)(愚昧者)(智慧)(受苦)
지혜자 우매자 지혜 수고
(結果)(管理)
결과 관리

전2:20,(受苦)(受苦)(對)(失望)
수고 수고 대 실망

전2:21,(智慧)(知識)(才操)(受苦)(受苦)
지혜 지식 재조 수고 수고
(者)(業)(害)
자 업 해

전2:22,(受苦)(受苦)(所得)
수고 수고 소득

전2:23,(一平生)(受苦)
일평생 수고

전2:24,(受苦)(心靈)(樂)
수고 심령 낙

전2:25,(勝)
승

전2:26,(者)(智慧)(知識)(喜樂)(罪人)
자 지혜 지식 희락 죄인
(勞苦)(者)
노고 자

傳道書-(전도서)-第三章
전 도 서 제삼 장

전3:1,(天下)(凡事)(期限)(目的)
천하 범사 기한 목적

전3:3,(治療)
치료

전3:7,(潛潛)
잠잠

전3:8,(戰爭)(平和)
전쟁 평화

전3:9,(者)(受苦)(利益)
자 수고 리익

전3:10,(人生)(勞苦)
인생 노고

전3:11,(永遠)(思慕)(始終)(測量)
영원 사모 시종 측량

전3:12,(善)(行)
선 행

전3:13,(受苦)(樂)(膳物)
수고 낙 선물

전3:14,(行)(永遠)(行)(敬畏)
행 영원 행 경외

전3:15,(將來)
장래

전3:16,(裁判)(惡)(公義)(行)(惡)
재판 악 공의 행 악

전3:17,(心中)(義人)(惡人)(審判)(目的)
심중 의인 악인 심판 목적

전3:18,(心中)(人生)(對)(試驗)(自己
심중 인생 대 시험 자기

전3:19,(人生)(臨)(一般)(同一)(呼吸)
인생 임 일반 동일 호흡

전3:21,(人生)(魂)(魂)
인생 혼 혼

전3:22,(所見)(自己)(分福)(身後事)(者)
소견 자기 분복 신후사 자

傳道書-(전도서)-第四章
전 도 서 제사 장

전4:1,(行)(虐待)(嗚呼)(虐待)(者)(慰勞者)
행 학대 오호 학대 자 위로자
(虐待)(者)(權勢)(慰勞者)
학대 자 권세 위로자

전4:2,(者)(者)(福)
자 자 복

전4:3,(出生)(行)(惡)(者)
출생 행 악 자

전4:4,(受苦)(巧妙)(因)(猜忌)
수고 교묘 인 시기

전4:5,(愚昧者)(自己
우매자 자기

전4:6,(平穩)(受苦)
평온 수고

전4:8,(兄弟)(受苦)(富)(足)(爲)(受苦)
형제 수고 부 족 위 수고
(心靈)(樂)(無益)(勞苦)
심령 낙 무익 노고

전4:9,(受苦)(賞)
수고 상

전4:10,(或時)(者)(者)(禍)
혹시 자 자 화

전4:12,(敗)(能)(當)
패 능 당

전4:13,(智慧)(少年)(鈍)(諫)(王)
지혜 소년 둔 간 왕

전4:14,(者)(獄)(王)
자 옥 왕

전4:15,(人生)(王)(代身)(少年)
인생 왕 대신 소년

전4:16,(治理)(百姓)(無數)(後)(者)
치리 백성 무수 후 자

傳道書-(전도서)-第五章
전 도 서 제오 장

전5:1,(殿)(愚昧者)(祭祀)(惡)(行)
전 우매자 제사 악 행

전5:2,(急)
급

전5:3,(愚昧者)
우매자

전5:4,(誓願)(愚昧者)(誓願)
서원 우매자 서원

전5:5,(誓願)(誓願)
서원 서원

전5:6,(肉體)(犯罪)(使者)(誓願)(失手)
육체 범죄 사자 서원 실수
(震怒)(滅)
진노 멸

전5:7,(敬畏)
경외

전5:8,(道)(貧民)(虐待)(公義)(撲滅)(異常)
도 빈민 학대 공의 박멸 이상
(者)(者)(鑑察)(者)
자 자 감찰 자

전5:9,(利益)(爲)(王)(所産)
리익 위 왕 소산

전5:10,(銀)(者)(銀)(滿足)(豊富)(者)
은 자 은 만족 풍부 자
(所得)(滿足)
소득 만족

전5:11,(財産)(者)(所有主)(外)(有益)
재산 자 소유주 외 유익

전5:12,(勞動者)(富者)
로동자 부자

전5:13,(弊端)(所有主)(財物)(自己)(害)
폐단 소유주 재물 자기 해

전5:14,(財物)(災難)(因)(敗)
재물 재난 인 패

전5:15,(母胎)(受苦)
모태 수고

전5:16,(弊端)(受苦)(有益)
폐단 수고 유익

전5:17,(一平生)(煩惱)(忿怒)
일평생 번뇌 분노

전5:18,(一平生)(受苦)(受苦)(中)(樂)
일평생 수고 수고 중 낙
(善)(分福)
선 분복

전5:19,(財物)(富饒)(能)(分福)(受苦)(膳物)
재물 부요 능 분복 수고 선물

전5:20,(生命)(關念)(應)
생명 관념 응

傳道書-(전도서)-第六章
전 도 서 제륙 장

전6:1,(弊端)(重)
폐단 중

전6:2,(心靈)(所願)(不足)(財物)(富饒)
심령 소원 부족 재물 부요
(尊貴)(能)(惡)(病)
존귀 능 악 병

전6:3,(一百)(子女)(長壽)(心靈)(樂)(足)
일백 자녀 장수 심령 낙 족
(埋葬)(落胎)(者)
매장 락태 자

전6:4,(落胎)(者)(中)
락태 자 중

전6:5,(平安)
평안

전6:6,(千年)(樂)
천년 낙

전6:7,(受苦)(爲)(食慾)
수고 위 식욕

전6:8,(智慧者)(愚昧者)(人生)(行)(者)(有益)
지혜자 우매자 인생 행 자 유익

전6:9,(心靈)(空想)
심령 공상

전6:10,(前)(稱)(自己)(强)(者)(能)수
전 칭 자기 강 자 능

전6:11,(有益)
유익

전6:12,(生命)(一平生)(樂)(身後)(能)(告)
생명 일평생 낙 신후 능 고

傳道書-(전도서)-第七章
전 도 서 제칠장

전7:1,(出生)
출생

전7:2,(初喪)(結局)(者)(留心)
초상 결국 자 유심

전7:4,(智慧者)(初喪)(愚昧者)(宴樂)
지혜자 초상 우매자 연락

전7:5,(智慧者)(責望)(愚昧者)
지혜자 책망 우매자

전7:6,(愚昧者)
우매자

전7:7,(貪虐)(智慧者)(愚昧)(賂物)(明哲)(亡)
탐학 지혜자 우매 뇌물 명철 망

전7:8,(始作)(驕慢)
시작 교만

전7:9,(急)(怒)(發)(愚昧者)
급 노 발 우매자

전7:10,(智慧)
지혜

전7:11,(智慧)(遺業)(者)(有益)
지혜 유업 자 유익

전7:12,(智慧)(保護)(保護)(知識)(智慧)
지혜 보호 보호 지식 지혜
(智慧)(者)(生命)(保存)
지혜 자 생명 보존

전7:13,(行)(能)
행 능

전7:14,(亨通)(困苦)(竝行)(將來)(能)
형통 곤고 병행 장래 능

전7:15,(自己)(義)(中)(滅亡)(義人)(自己)
자기 의 중 멸망 의인 자기
(惡行)(中)(長壽)(惡人)
악행 중 장수 악인

전7:16,(義人)(智慧者)(敗亡)
의인 지혜자 패망

전7:17,(惡人)(愚昧者)(期限)(前)
악인 우매자 기한 전

전7:18,(敬畏)(者)
경외 자

전7:19,(智慧)(智慧者)(城邑)(有司)(能力)
지혜 지혜자 성읍 유사 능력

전7:20,(善)(行)(罪)(犯)(義人)(世上)
선 행 죄 범 의인 세상

전7:21,(念慮)(詛呪)
염려 저주

전7:22,(詛呪)
저주

전7:23,(智慧)(試驗)(智慧)(者)(智慧)
지혜 시험 지혜 자 지혜

전7:24,(能)(通達)
능 통달

전7:25,(全心)(智慧)(明哲)(窮究)(惡)
전심 지혜 명철 궁구 악

전7:26,(捕繩)(女人)(死亡)(毒)(者)(者)
포승 녀인 사망 독 자 자
(避)(罪人)
피 죄인

전7:27,(傳道者)(理致)(窮究)
전도자 리치 궁구

전7:28,(一千)(男子)(中)(一千)(女人)(中)
일천 남자 중 일천 녀인 중

전7:29,(正直)
정직

傳道書-(전도서)-第八章
전 도 서 제팔장

전8:1,(智慧者)(者)(事理)(解釋)(者)
지혜자 자 사리 해석 자
(智慧)(光彩)(變)
지혜 광채 변

전8:2,(勸)(王)(命令)(盟誓)
권 왕 명령 맹서

전8:3,(王)(急遽)(惡)(王)(行)
왕 급거 악 왕 행

전8:4,(王)(權能)(王)
왕 권능 왕

전8:5,(命令)(者)(禍)(智慧者)(時期)
명령 자 화 지혜자 시기
(判斷)(分辨)
판단 분변

전8:6,(無論)(時期)(判斷)(臨)(禍)
무론 시기 판단 임 화

전8:7,(將來)(將來)(者)
장래 장래 자

전8:8,(生氣)(主掌)(生氣)(主掌)(者)(戰爭)
생기 주장 생기 주장 자 전쟁
(謀免)(者)(惡)(行惡者)
모면 자 악 행악자
전8:9,(行)(主掌)(害)
행 주장 해
전8:10,(惡人)(葬事)(善)(行)(者)(城邑)
악인 장사 선 행 자 성읍
전8:11,(惡)(懲罰)(速)(實行)(人生)(惡)(行)
악 징벌 속 실행 인생 악 행
(膽大)
담대
전8:12,(罪人)(百番)(惡)(行)(長壽)
죄인 백번 악 행 장수
(丁寧)(敬畏)(敬畏)(者)(
정녕 경외 경외 자
전8:13,(惡人)(長壽)(敬畏)
악인 장수 경외
전8:14,(世上)(行)(惡人)行爲)(義人)
세상 행 악인 행위 의인
(義人)行爲)(惡人)
의인 행위 악인
전8:15,(喜樂)(稱讚)(受苦)(中)(恒常)
희락 칭찬 수고 중 항상
전8:16,(智慧)(世上)(勞苦)(同時)(者)
지혜 세상 노고 동시 자
전8:17,(行事(能)(窮究)能)(智慧者)(能)
행사 능 궁구 능 지혜자 능

傳道書-(전도서)-第九章
전도서 제구장

전9:1,(窮究(義人)(智慧者)(行(未來)
궁구 의인 지혜자 행 미래
전9:2,(臨)(一般)(義人)(惡人)(善)(者)(者)
임 일반 의인 악인 선 자 자
(祭祀)(者)(祭祀)(者)(結局)(一般)
제사 자 제사 자 결국 일반
(善人)(罪人)(盟誓)(者)(盟誓)
선인 죄인 맹서 자 맹서
(者)(一般)
자 일반
전9:3,(結局)(一般)(中)(惡)(人生)(惡)
결국 일반 중 악 인생 악
(平生)(後)(者)
평생 후 자
전9:4,(者)(中)(參與)(者)(所望)(獅子)
자 중 참여 자 소망 사자
전9:5,(者)(者)(賞)
자 자 상
전9:6,(猜忌)(行)(永永)(分福)
시기 행 영영 분복
전9:7,(食物)(葡萄酒)(
식물 포도주
전9:8,(衣服)(恒常)(香)
의복 항상 향
전9:9,(平生)(平生)(受苦)(分福)
평생 평생 수고 분복
전9:10,(當)(將次)(陰府)(計劃)(知識)(智慧)
당 장차 음부 계획 지식 지혜
전9:11,(競走者)(先着)(有力者)(戰爭)
경주자 선착 유력자 전쟁
(勝利)(智慧者)(食物)(明哲者)
승리 지혜자 식물 명철자
(財物)(技能者)(恩寵)(時期)(偶然)
재물 기능자 은총 시기 우연
(者)(臨)
자 임
전9:12,(大抵)(自己)(時期)(災殃)(人生)
대저 자기 시기 재앙 인생
(災殃)(忽然)(臨)
재앙 홀연 임
전9:13,(智慧)
지혜
전9:14,(人口)(城邑)(胸壁)
인구 성읍 흉벽
전9:15,(城邑)(智慧者)(智慧)(城邑)
성읍 지혜자 지혜 성읍
(者)(記憶)
자 기억
전9:16,(智慧)(者)(智慧)(蔑視)(信聽)
지혜 자 지혜 멸시 신청
전9:17,(從容)(智慧者)(愚昧者)(號令)
종용 지혜자 우매자 호령
전9:18,(智慧)(兵器)(罪人)(善)(悖詭)
지혜 병기 죄인 선 패궤

傳道書-(전도서)-第十章
전도서 제십장

전10:1,(香)(惡臭)(愚昧)(智慧)(尊貴)(敗)
향 악취 우매 지혜 존귀 패
전10:2,(智慧者)(便)(愚昧者(便)
지혜자 편 우매자 편
전10:3,(愚昧者)(行)(智慧)(缺乏)(各)
우매자 행 지혜 결핍 각
(自己)(愚昧)
자기 우매
전10:4,(主權者)(忿)(恭順)(輕)
주권자 분 공순 경
전10:5,(弊端)(主權者)
폐단 주권자
전10:6,(愚昧者)(地位)(富者)(地位)
우매자 지위 부자 지위
전10:7,(方伯)
방백
전10:8,(陷穽)(者)(者)
함정 자 자
전10:9,(者)(因)(傷)(者)(因)(危險)(當)
자 인 상 자 인 위험 당
전10:10,(鐵)(智慧)(成功)(有益)
철 지혜 성공 유익
전10:11,(方術)(前)(術客)(無用)
방술 전 술객 무용
전10:12,(智慧者)(恩惠)(愚昧者)(自己)
지혜자 은혜 우매자 자기

전10:13,(始作)(愚昧)(狂悖)
시작 우매 광패

전10:14,(愚昧者)(將來)(身後事)(者)(
우매자 장래 신후사 자

전10:15,(愚昧者)(受苦)(各其)(困)(城邑)
우매자 수고 각기 곤 성읍

전10:16,(王)(大臣)(宴樂)(禍)
왕 대신 연락 화

전10:17,(王)(貴族)(大臣)(取)(氣力)(補)(福)
왕 귀족 대신 취 기력 보 복

전10:18,(頹落)
퇴락

전10:19,(喜樂)(爲)(葡萄酒)(生命)
희락 위 포도주 생명

(凡事)(應用)
범사 응용

전10:20,(心中)(王)(詛呪)(寢房)(富者)
심중 왕 저주 침방 부자

(詛呪)(空中)(傳)(傳播)
저주 공중 전 전파

傳道書-(전도서)-第十一章
전 도 서 제십일장

전11:1,(食物)(後)
식물 후

전11:2,(災殃)(臨)
재앙 임

전11:3,(南)(北)
남 북

전11:4,(風勢(者)(播種)(者)
풍세 자 파종 자

전11:5,(者)(胎)(萬事)(成就)
자 태 만사 성취

전11:6,(或)
혹

전11:7,(實)
실

전11:8,(恒常)(將來)
항상 장래

전11:9,(青年(青年)(願)(行)(因)(審判)
청년 청년 원 행 인 심판

전11:10,(惡(青年)
악 청년

傳道書-(전도서)-第十二章
전 도 서 제십이장

전12:1,(青年)(困苦)(前)(樂)(前)
청년 곤고 전 낙 전

(創造者)(記憶)
창조자 기억

전12:2,(前)(前)
전 전

전12:3,(者)(者)(者)(窓)(者)
자 자 자 창 자

전12:4,(門)(因)(音樂)(女子)(衰)
문 인 음악 녀자 쇠

전12:5,(者)(願欲)(自己)(永遠)
자 원욕 자기 영원

(弔問者)(往來)
조문자 왕래

전12:6,(銀)(金)
은 금

전12:7,(如前)(神)(前)(記憶)
여전 신 전 기억

전12:8,(傳道者)
전도자

전12:9,(傳道者)(智慧)(如前)(百姓)
전도자 지혜 여전 백성

(知識(默想)(窮究)(箴言)
지식 묵상 궁구 잠언

전12:10,(傳道者)(求)(記錄)(正直)(眞理)
전도자 구 기록 정직 진리

전12:11,(智慧者)(會衆(牧者)
지혜자 회중 목자

전12:12,(警戒)(冊)(工夫)(疲困
경계 책 공부 피곤

전12:13,(結局)(敬畏)(命令)(本分)
결국 경외 명령 본분

전12:14行爲)(隱密)(善惡間)(審判)
행위 은밀 선악간 심판

雅歌-(아가서)-第一章
아 가 제일 장

아1:1,(雅歌)
아 가

아1:2,(願)(葡萄酒)
원 포도주

아1:3,(香氣)(香氣)(處女)
향기 향기 처녀

아1:4,(王)(寢宮)(引導)(因)(葡萄酒)(處女)
왕 침궁 인도 인 포도주 처녀

아1:5,(女子)(帳幕)(揮帳)
녀자 장막 휘장

아1:6,(日光)(怒)(葡萄園)(葡萄園)
일광 노 포도원 포도원

아1:7,(者)(羊)(午正)(告)(羊)(者)
자 양 오정 고 양 자

아1:8,(女人)(中)(者)(羊)(牧者)(帳幕)
녀인 중 자 양 목자 장막

아1:9,(兵車)(駿馬)(比)
병거 준마 비

아1:11,(爲)(金)(銀
위 금 은

아1:12,(王)(床)(香氣)(吐)
왕 상 향기 토

아1:13,(者)(沒藥)(香囊)
자 몰약 향낭

아1:14,(者)(葡萄園)(花)
자 포도원 화

아1:16,(者)(和暢)(寢床)
자 화창 침상

아1:17,(柏香木)
백향목

雅歌-(아가서)-第二章
아 가 제이 장

아2:1,(水仙花)(百合花)
수선화 백합화

아2:2,(女子)(中)(百合花)
녀자 중 백합화

아2:3,(男子)(中)(者)(甚)(實果)
남자 중 자 심 실과

아2:4,(引導)(旗)
인도 기

아2:5,(乾葡萄)(病)
건포도 병

아2:7,(女子)(付託)(願)(前)
녀자 부탁 원 전

아2:8,(者)(山)(山)
자 산 산

아2:9,(者)(壁)(窓)(窓
자 벽 창 창

아2:10,(者)(者)
자 자

아2:12,(地面)(班鳩)
지면 반구

아2:13,(無花果)(葡萄)(香氣)(吐)(者)
무화과 포도 향기 토 자

아2:14,(隱密)
은밀

아2:15,(爲)(葡萄園)(葡萄園)
위 포도원 포도원

아2:16,(者)(屬)(屬)(百合花)(羊)
자 속 속 백합화 양

아2:17,(者)(山)
자 산

雅歌-(아가서)-第三章
아 가 제삼 장

아3:1,(寢床)(者)(發見)
침상 자 발견

아3:2,(城中)(者)
성중 자

아3:3,(城中)(巡行)(者)(者)
성중 순행 자 자

아3:4,(者),(孕胎)(者)(房)
자 잉태 자 방

아3:5,(女子)(付託)(者)(願)(前)
녀자 부탁 자 원 전

아3:6,(煙氣)(沒藥)(乳香)(香品)(香氣)(者)
연기 몰약 유향 향품 향기 자

아3:7,(輦)(勇士)(中)(六十人)(擁圍)
연 용사 중 육십인 옹위

아3:8,(因)(各其)
인 각기

아3:9,(王)(自己)(輦)
왕 자기 연

아3:10,(銀)(金)(紫色)(女子)
은 금 자색 녀자

아3:11,(女子)(王)(婚姻)쁠(母親)(冕旒冠)
녀자 왕 혼인 모친 면류관

雅歌-(아가서)-第四章
아 가 제사 장

아4:1,(山)
산

아4:2,(沐浴場)(羊)(各各)(雙胎)(羊)
목욕장 양 각각 쌍태 양

아4:3,(紅色)(石榴)
홍색 석류

아4:4,(軍器)(建築)(望臺)(一千)(防牌)
군기 건축 망대 일천 방패
(勇士)(防牌)(望臺)
용사 방패 망대

아4:5,(乳房)(百合花)(雙胎)
유방 백합화 쌍태

아4:6,(沒藥山)(乳香)(山)
몰약산 유향 산

아4:7,(純全)(欠)
순전 흠

아4:8,(新婦)(獅子)(窟)(豹)(山)
신부 사자 굴 표 산

아4:9,(新婦)(番)
신부 번

아4:10,(新婦)(葡萄酒)(香氣)(各樣)
신부 포도주 향기 각양
(香品)(勝)
향품 승
아4:11,(新婦)(衣服)(香氣)(香氣)
신부 의복 향기 향기
아4:12,(新婦)(封)
신부 봉
아4:13,(石榴)(各種)(果樹)(花)(草)
석류 각종 과수 화 초
아4:14,(番紅花)(菖蒲)(桂樹)(各種)(乳香木)
번홍화 창포 계수 각종 유향목
(沒藥)(沈香)(貴)(香品)
몰약 침향 귀 향품
아4:15,(生水)
생수
아4:16,(北風)(南風)(香氣)(者)(實果)(願)
북풍 남풍 향기 자 실과 원

雅歌-(아가서)-第五章
아가 제오장

아5:1,(新婦)(沒藥)(香材料)(葡萄酒)(親舊)
신부 몰약 향재료 포도주 친구
아5:2,(者)(門)(完全)(者)(門)
자 문 완전 자 문
아5:4,(者)(門)(動)
자 문 동
아5:5,(爲)(門)(沒藥)(沒藥)(汁)(門)
위 문 몰약 몰약 즙 문
아5:6,(者)(爲)(門)(魂)(應答)
자 위 문 혼 응답
아5:7,(城中)(行巡)(者)(傷)(城壁)(把守)
성중 행순 자 상 성벽 파수
(者)(取)
자 취
아5:8,(女子)(付託)(者)(病)
녀자 부탁 자 병
아5:9,(女子)(中)(極)(者)(者)(者)(者)(付託)
녀자 중 극 자 자 자 자 부탁
아5:10,(者)(萬)
자 만
아5:11,(精金)
정금
아5:13,(香氣)(香氣)(百合花)(沒藥)(汁)
향기 향기 백합화 몰약 즙
아5:14,(黃玉)(黃金)(象牙)(靑玉)
황옥 황금 상아 청옥
아5:15,(精金)(花斑石)(形狀)(柏香木)
정금 화반석 형상 백향목
아5:16,(甚)(全體)(女子)(者)(親舊)
심 전체 녀자 자 친구

雅歌-(아가서)-第六章
아가 제륙장

아6:1,(女子)(中)(極)(者)(者)(者)
녀자 중 극 자 자 자
아6:2,(者)(自己)(香氣)(羊)(百合花)
자 자기 향기 양 백합화
아6:3,(者)(屬)(者)(屬)(百合花)(羊)
자 속 자 속 백합화 양
아6:4,(嚴威)(旗幟)(軍隊)
엄위 기치 군대
아6:5,(山)
산
아6:6,(沐浴場)(羊)(各各)(雙胎)(羊)
목욕장 양 각각 쌍태 양
아6:7,(石榴)
석류
아6:8,(王后)(六十)(妃嬪)(八十)(侍女)(無數)
왕후 육십 비빈 팔십 시녀 무수
아6:9,(完全)(者)(者)(貴重)(者)(女子)(福)
완전 자 자 귀중 자 녀자 복
(者)(王后)(妃嬪)(稱讚)
자 왕후 비빈 칭찬
아6:10,(旗幟)(軍隊)(嚴威)(女子)
기치 군대 엄위 녀자
아6:11,(草木)(葡萄)(石榴)(胡桃)
초목 포도 석류 호도
아6:12,(不知中)(貴)(百姓)(
부지중 귀 백성
아6:13,(女子)
녀자
아6:14,(女子)
녀자

雅歌-(아가서)-第七章
아가 제칠장

아7:1,(貴)(者(工巧)(匠色)
귀 자 공교 장색
아7:2,(葡萄酒)(盞)(百合花)
포도주 잔 백합화
아7:3,(乳房)(雙胎)
유방 쌍태
아7:4,(象牙)(望臺)(門)(向)(望臺)
상아 망대 문 향 망대
아7:5,(山)(紫朱)(王)
산 자주 왕
아7:6,(和暢)(快樂)
화창 쾌락
아7:7,(棕櫚)(乳房)
종려 유방
아7:8,(棕櫚)(乳房)(葡萄)
종려 유방 포도
아7:9,(葡萄酒)(葡萄酒)(者)(爲)(者)
포도주 포도주 자 위 자
아7:10,(者)(屬)(思慕)
자 속 사모
아7:11,(者)(洞里)(留宿)
자 동리 유숙
아7:12,(葡萄園)(葡萄)(石榴)
포도원 포도 석류
아7:13,(合歡菜)(香氣)(吐)(門)(各樣)
합환채 향기 토 문 각양
(貴)(實果(具備)(爲)
귀 실과 구비 위

雅歌-(아가서)-第八章
아 가 제팔장

아8:1,(者)
자

아8:2,(敎訓)(香氣)(石榴汁)
교훈 향기 석류즙

아8:4,(女子(付託)(者)(願)(前)
녀자 부탁 자 원 전

아8:5,(者)(依支)(女子(因)(辛苦)(者)
자 의지 녀자 인 신고 자

아8:6,(印)(圖章)(强)(妬忌)(陰府)
인 도장 강 투기 음부

(殘酷)(氣勢)
잔혹 기세

아8:7,(洪水)(淹沒)(家産)(蔑視)
홍수 엄몰 가산 멸시

아8:8,(乳房)(請婚)(爲)
유방 청혼 위

아8:9,(城壁)(銀)(望臺)(門)(柏香木)(板子)
성벽 은 망대 문 백향목 판자

아8:10,(城壁)(乳房)(望臺)(和平)
성벽 유방 망대 화평

아8:11,(葡萄園)(者)(各其)(實果)
포도원 자 각기 실과

(因)(銀)(一千)
인 은 일천

아8:12,(一千)(實果)(者)(二百)(屬)(葡萄園)
일천 실과 자 이백 속 포도원

아8:13,(居)(者)
거 자

아8:14,(者)(香氣)(山)
자 향기 산

以賽亞書-(이사야)-第一章
이새아서 제일장

사1:1,(王)(時代)(對)(異像)
왕 시대 대 이상
사1:2,(子息)(養育)(拒逆)
자식 양육 거역
사1:3,(主人)(百姓)
주인 백성
사1:4,(犯罪)(百姓)(行惡)(種子)(行爲)
범죄 백성 행악 종자 행위
(腐敗)(子息)(者)(慢忽)
부패 자식 자 만홀
사1:5,(悖逆)(病)(疲困)
패역 병 피곤
사1:6,(傷)(痕跡)(柔)
상 흔적 유
사1:7,(荒蕪)(城邑)(土地)(目前)(異邦人)
황무 성읍 토지 목전 이방인
(異邦人)(破壞)(荒蕪)
이방인 파괴 황무
사1:8,(葡萄園)(望臺)(上直幕)(城邑)
포도원 망대 상직막 성읍
사1:9,(萬軍)(爲)
만군 위
사1:10,(官員)(百姓)(法)
관원 백성 법
사1:11,(無數)(祭物)(有益)(羊)(燔祭)(羊)
무수 제물 유익 양 번제 양
사1:12,(要求)
요구
사1:13,(祭物)(焚香)(可憎)(月朔)(安息日)
제물 분향 가증 월삭 안식일
(大會)(聖會)(惡)(行)
대회 성회 악 행
사1:14,(月朔)(定)(節期)(困憊)
월삭 정 절기 곤비
사1:15,(祈禱)
기도
사1:16,(目前)(惡業)(惡行)
목전 악업 악행
사1:17,(善行)(公義)(求)(虐待)(者)(孤兒)
선행 공의 구 학대 자 고아
(爲)(伸寃)(寡婦)(爲)(辯護)
위 신원 과부 위 변호
사1:18,(辯論)(罪)(朱紅)(眞紅)(羊)
변론 죄 주홍 진홍 양
사1:19,(順從)(所産)
순종 소산
사1:20,(拒絶)(背叛)
거절 배반
사1:21,(信實)(城邑)(娼妓)(公平)(充滿)
신실 성읍 창기 공평 충만
(義理)(居)(殺人者)
의리 거 살인자
사1:22,(銀)(葡萄酒)
은 포도주
사1:23,(方伯)(悖逆)(盜賊)(賂物)(謝禮物)
방백 패역 도적 뇌물 사예물
(求)(孤兒)(爲)(伸寃)(寡婦)
구 고아 위 신원 과부
(訟事)(受理)
송사 수리
사1:24,(主)(萬軍)(全能者)(將次)(對敵)
주 만군 전능자 장차 대적
(報應)(怨讐)(報讐)
보응 원수 보수
사1:25,(穩全)(淸潔)(混雜物)(除)
온전 청결 혼잡물 제
사1:26,(士師)(謀士)(本來)(恢復)(後)(義)
사사 모사 본래 회복 후 의
(城邑)(信實)(稱)
성읍 신실 칭
사1:27,(公平)(救贖)(歸正)(者)(義)(救贖)
공평 구속 귀정 자 의 구속
사1:28,(悖逆)(者)(罪人)(敗亡)(者)(滅亡)
패역 자 죄인 패망 자 멸망
사1:29,(因)(當)(擇)(因)(羞恥)(當)
인 당 택 인 수치 당
사1:31,(强)(者)(行爲)
강 자 행위

以賽亞書-(이사야)-第二章
이새아서 제이장

사2:1,(關)
관
사2:2,(末日)(殿)(山)(山)(山)(萬邦)
말일 전 산 산 산 만방
사2:3,(百姓)(山)(殿)(道)(行)(律法)
백성 산 전 도 행 률법
사2:4,(列邦)(判斷)(百姓)(判決)(槍)
열방 판단 백성 판결 창
(戰爭)(練習)
전쟁 련습
사2:5,(族屬)(行)
족속 행
사2:6,(主)(主)(百姓)(族屬)(東方)(風俗)
주 주 백성 족속 동방 풍속
(術客)(異邦人)(言約)
술객 이방인 언약
사2:7,(銀金)(寶貨)(無限)(馬匹)(兵車)(無數)
은금 보화 무한 마필 병거 무수
사2:8,(偶像)(自己)(自己)(恭敬)
우상 자기 자기 공경
사2:9,(賤)(者)(貴)(者)(屈伏)(容恕)
천 자 귀 자 굴복 용서
사2:10,(塵土)(威嚴)(廣大)(榮光)(避)
진토 위엄 광대 영광 피
사2:11,(者)(驕慢)(者)(屈伏)
자 교만 자 굴복
사2:12,(大抵)(萬軍)(驕慢者)(倨慢者)
대저 만군 교만자 거만자
(自高)(者)(臨)
자고 자 임

사2:13,(柏香木)
백 향 목

사2:14,(山)(山)
산 산

사2:15,(望臺)(堅固)(城壁)
망 대 견 고 성 벽

사2:16,(彫刻物)(臨)
조 각 물 임

사2:17,(自高)(者)(屈伏)(驕慢)(者)
자 고 자 굴 복 교 만 자

사2:18,(偶像)(穩全)
우 상 온 전

사2:19,(巖穴)(土窟)(震動)(威嚴)(廣大)
암 혈 토 굴 진 동 위 엄 광 대
(榮光)(避)
영 광 피

사2:20,(崇拜)(銀偶像)(金偶像)쥐
숭 배 은 우 상 금 우 상

사2:21,(岩穴)(險惡)(震動)(威嚴)(廣大)
암 혈 험 악 진 동 위 엄 광 대
(榮光)(避)
영 광 피

사2:22,(人生)(依支)(呼吸)(壽)(價値)
인 생 의 지 호 흡 수 가 치

以賽亞書-(이사야)-第三章
이 새 아 서 제 삼 장

사3:1,(主)(萬軍)(依賴)(依支)(除)(依賴)
주 만 군 의 뢰 의 지 제 의 뢰
(糧食)(依賴)
량 식 의 뢰

사3:2,(勇士)(戰士)(裁判官)(先知者)
용 사 전 사 재 판 관 선 지 자
(卜術者)(長老)
복 술 자 장 로

사3:3,(五十夫長)(貴人)(謀士)(工巧)
오 십 부 장 귀 인 모 사 공 교
(匠人)(能爛)(妖術者)
장 인 능 란 요 술 자

사3:4,(方伯)(赤子)
방 백 적 자

사3:5,(百姓)(虐待)(各其)(殘害)(老人)
백 성 학 대 각 기 잔 해 로 인
(卑賤)(者)(尊貴)(者)(驕慢)
비 천 자 존 귀 자 교 만

사3:6,(或時)(兄弟)(衣服)(官長)(滅亡)(手下)
혹 시 형 제 의 복 관 장 멸 망 수 하

사3:7,(者)(糧食)(衣服)(百姓)(官長)
자 량 식 의 복 백 성 관 장

사3:8,(滅亡)(言語)(行爲)(榮光)(觸犯)
멸 망 언 어 행 위 영 광 촉 범

사3:9,(顔色)(證據)(罪)(發表)(靈魂)(禍)
안 색 증 거 죄 발 표 영 혼 화
(災殃)(自取)
재 앙 자 취

사3:10,(義人)(福)(行爲)
의 인 복 행 위

사3:11,(惡人)(禍)(禍)(行)(報應)
악 인 화 화 행 보 응

사3:12,(百姓)(虐待)(者)(管轄)(者)(婦女)
백 성 학 대 자 관 할 자 부 녀
(百姓)(引導者)(誘惑)(毁破)
백 성 인 도 자 유 혹 훼 파

사3:13,(辯論)(百姓)(審判)
변 론 백 성 심 판

사3:14,(百姓)(長老)(方伯)(鞫問)(葡萄園)
백 성 장 로 방 백 국 문 포 도 원
(者)(者)(奪取)(物件)
자 자 탈 취 물 건

사3:15,(百姓)(者)(主)(萬軍)
백 성 자 주 만 군

사3:16,(驕慢)(情)(通)(行)(錚錚)
교 만 정 통 행 쟁 쟁

사3:17,(主)(頂)딱(下體)
주 정 하 체

사3:18,(主)(粧飾)(網紗)(半)(粧飾)
주 장 식 망 사 반 장 식

사3:20,(花冠)(香盒)(護身符)
화 관 향 합 호 신 부

사3:21,(指環)
지 환

사3:22,(禮服)
례 복

사3:23,(細麻布)(手巾)(除)
세 마 포 수 건 제

사3:24,(香)(代身)(代身)(代身)(華麗)
향 대 신 대 신 대 신 화 려
(代身)(刺字)(痕跡)(代身)
대 신 자 자 흔 적 대 신

사3:25,(壯丁)(勇士)(戰亂)(亡)
장 정 용 사 전 란 망

사3:26,(城門)(哭)(荒蕪)
성 문 곡 황 무

以賽亞書-(이사야)-第四章
이 새 아 서 제 사 장

사4:1,(女子)(男子)(當身)(稱)(羞恥)(免)
녀 자 남 자 당 신 칭 수 치 면

사4:2,(榮華)(所産)(避難)(者)(爲)(榮華)
영 화 소 산 피 난 자 위 영 화

사4:3,(者)(者)(生存)(者)(中)(錄名)(稱)
자 자 생 존 자 중 녹 명 칭

사4:4,(主)(審判)(靈)(燒滅)(靈)(中)(淸潔)
주 심 판 영 소 멸 영 중 청 결

사4:5,(居)(山)(集會)(煙氣)(火焰)(榮光)
거 산 집 회 연 기 화 염 영 광
(天幕)
천 막

사4:6,(天幕)(避)(風雨)(避)
천 막 피 풍 우 피

以賽亞書-(이사야)-第五章
이 새 아 서 제 오 장

사5:1,(者)(爲)(者)(葡萄園)(者)(葡萄園)
자 위 자 포 도 원 자 포 도 원

(甚)(山)
심 산

사5:2,(除(極上品)(葡萄)(中)(望臺)
제 극상품 포도 중 망대

(葡萄)(葡萄)
포도 포도

사5:3,(居民(求)(葡萄園)(判斷)
거민 구 포도원 판단

사5:4,(葡萄園)(爲)(行)(外)(葡萄)(葡萄)
포도원 위 행 외 포도 포도

사5:5,(葡萄園)(行)(當
포도원 행 당

사5:6,(荒蕪(荊棘)(命)
황무 형극 명

사5:7,(大抵)(萬軍)(葡萄園)(族屬(公平)
대저 만군 포도원 족속 공평

(暴虐)(義)
포학 의

사5:8,(家屋)(家屋)(連)(田土)(田土)(居)(禍)
가옥 가옥 연 전토 전토 거 화

사5:9,(萬軍)(丁寧)(許多)(家屋)(荒廢)
만군 정녕 허다 가옥 황폐

(居)(者)
거 자

사5:10,(葡萄園)(葡萄酒)(艱辛)
포도원 포도주 간신

사5:11,(毒酒)(葡萄酒)(醉)(禍)
독주 포도주 취 화

사5:12,(宴會)(竪琴)(琵琶)(小鼓)
연회 수금 비파 소고

(葡萄酒)(行)(關心)
포도주 행 관심

사5:13,(百姓)(無知)(因)(貴)(者)
백성 무지 인 귀 자

사5:14,(陰府)(欲望)(限量)(豪華)(中)
음부 욕망 한량 호화 중

(宴樂)(者)
연락 자

사5:15,(賤)(者)(屈伏)(貴)(者)(傲慢)(者)
천 자 굴복 귀 자 오만 자

사5:16,(萬軍)(公平)(義
만군 공평 의

사5:17,(羊)(自己)(草場)(者)(荒蕪)
양 자기 초장 자 황무

(所産)(流離)(者)
소산 유리 자

사5:18,(罪惡)(罪惡)(者)(禍)
죄악 죄악 자 화

사5:19,(速速)(者)(圖謀)(速)(臨)
속속 자 도모 속 임

사5:20,(惡)(善)(善)(惡)(黑暗)(光明)
악 선 선 악 흑암 광명

(光明)(黑暗)(禍)
광명 흑암 화

사5:21,(智慧)(明哲)(禍)
지혜 명철 화

사5:22,(葡萄酒)(勇敢)(毒酒)(有力)(禍)
포도주 용감 독주 유력 화

사5:23,(賂物)(因)(惡人)(義)(義人)(義)
뇌물 인 악인 의 의인 의

사5:24,(因)(萬軍)(律法)(者)(蔑視)
인 만군 률법 자 멸시

사5:25,(自己)(百姓)(怒)(發)(山)(震動)
자기 백성 노 발 산 진동

(屍體)(糞土)(怒)
시체 분토 노

사5:27,(中)(困乏)(者)(者)(者)
중 곤핍 자 자 자

사5:28,(車)(
차

사5:29,(獅子)(獅子)(物件)(念慮)(者)
사자 사자 물건 염려 자

사5:30,(百姓)(向)(黑暗)(苦難)
백성 향 흑암 고난

以賽亞書-(이사야)-第六章
이새아서 제륙장

사6:1,(王)(主)(寶座)(聖殿)
왕 주 보좌 성전

사6:2,(各其)
각기

사6:3,(唱和)(萬軍)(榮光)(充滿)
창화 만군 영광 충만

사6:4,(唱和)(者)(因)(門地枋)(搖動)
창화 자 인 문지방 요동

(煙氣)(充滿)
연기 충만

사6:5,(禍)(亡)(不淨)(不淨)(百姓)(中)
화 망 부정 부정 백성 중

(居)(萬軍)(王)
거 만군 왕

사6:6,(火箸)(壇)(取)
화저 단 취

사6:7,(惡)(除)(罪)(赦)
악 제 죄 사

사6:8,(主)(爲)
주 위

사6:9,(百姓)
백성

사6:10,(百姓)(鈍)念慮)
백성 둔 염려

사6:11,(主)(對答)(城邑)(荒廢)(居民)
주 대답 성읍 황폐 거민

(家屋)(土地)(全廢)
가옥 토지 전폐

사6:12,(廢)
폐

사6:13,(中)(十分)(一)(當)
중 십분 일 당

以賽亞書-(이사야)-第七章
이새아서 제칠장

사7:1,(孫子)(王)(王)(王)(能)
손자 왕 왕 왕 능

사7:2,(或)(告)(同盟(王)(百姓)(森林)
혹 고 동맹 왕 백성 삼림

사7:3,(水道)(洗濯者)
수도 세탁자

사7:4,(從容)(王)(甚)(煙氣)깽)(不過)(落心)
종용 왕 심 연기 불과 락심

사7:5,(王)(惡)(對敵)
왕 악 대적

사7:6,(困)(爲)(破)(中)(王)
곤 위 파 중 왕

사7:7,(主)(圖謀)
주 도모

사7:8,(大抵)(六十五年)(內)(敗)(萬一)(丁寧)
대저 육십오년 내 패 만일 정녕

사7:11,(徵兆)(求)(求)
징조 구 구

사7:12,(求)(試驗)
구 시험

사7:13,(請)
청

사7:14,(主)(親)(徵兆)(處女)(孕胎)
주 친 징조 처녀 잉태

사7:15,(惡)(善)(擇)
악 선 택

사7:16,(大抵)(惡)(善)(擇)(前)(王)(廢)
대저 악 선 택 전 왕 폐

사7:17,(當)(百姓)(臨)(王)
당 백성 임 왕

사7:18,(河水)(地境)
하수 지경

사7:19,(草場)
초장

사7:20,(主)(河水)(便)(削刀)(王)(百姓)(鬚髥)
주 하수 편 삭도 왕 백성 수염

사7:21,(羊)
양

사7:22,(者)
자

사7:23,(千)(株)(銀)(一千箇)(價値)
천 주 은 일천개 가치
(葡萄)(荊棘)
포도 형극

사7:24,(荊棘
형극

사7:25,(山)(荊棘)(羊)
산 형극 양

以賽亞書-(이사야)-第八章
이새아서 제팔장

사8:1,(書板)(取)(通用)(文字)
서판 취 통용 문자

사8:2,(眞實)(證人)(祭司長)갸(證據)
진실 증인 제사장 증거

사8:3,(同寢)(孕胎)
동침 잉태

사8:4,(前)(財物)(擄掠物)(王)(
전 재물 노약물 왕

사8:6,(百姓)(
백성

사8:7,(主)(洶湧)(漲溢)(河水)(王)(威力)
주 흉용 창일 하수 왕 위력

사8:8,(漲溢)(遍滿)
창일 편만

사8:9,(民族)(喧譁)(畢竟)(敗亡)(百姓)
민족 훤화 필경 패망 백성
(畢竟)(敗亡)(畢竟)(敗亡)
필경 패망 필경 패망

사8:10,(圖謀)(畢竟)(施行)
도모 필경 시행

사8:11,(强)(百姓)(行)(警醒
강 백성 행 경성

사8:12,(百姓)(盟約)(者)(盟約)(者)
백성 맹약 자 맹약 자

사8:13,(萬軍(者)
만군 자

사8:14,(避)(磐石)(居民)(陷穽)
피 반석 거민 함정

사8:15,(因)
인

사8:16,(證據)(律法)(弟子)(中)(封緘)
증거 률법 제자 중 봉함

사8:17,(對)
대

사8:18,(子女)(中)(徵兆)(豫表)(山)(萬軍)
자녀 중 징조 예표 산 만군

사8:19,(或)(告)(神接)(者)(魔術師(百姓)
혹 고 신접 자 마술사 백성
(自己)(求)(者)(爲)(者)(求)
자기 구 자 위 자 구

사8:20,(律法)(證據)(丁寧)
률법 증거 정녕

사8:21,(困苦)(煩燥)(自己)(王)(自己)(詛呪)
곤고 번조 자기 왕 자기 저주

사8:22,(患難)(黑暗)(苦痛)(黑暗)(甚)
환난 흑암 고통 흑암 심
(黑暗中)
흑암중

以賽亞書-(이사야)-第九章
이새아서 제구장

사9:1,(前)(苦痛)(者)(黑暗)(蔑視)(當)
전 고통 자 흑암 멸시 당
(後)(海邊)(便)(異邦)(榮華)
후 해변 편 이방 영화

사9:2,(黑暗)(行)(百姓)(死亡)(居)(者)
흑암 행 백성 사망 거 자

사9:3,(主)(昌盛)(秋收)(奪取物)(主)
주 창성 추수 탈취물 주

사9:4,(壓制者)
압제자

사9:5,(軍人)(甲)(服裝)
군인 갑 복장

사9:6,(政事)(奇妙者)(謀士)(全能)
정사 기묘자 모사 전능
(永存)(平康)(王)
영존 평강 왕

사9:7,(政事)(平康)(無窮)(自今)(以後)(永遠)
정사 평강 무궁 자금 이후 영원
(公平)(正義)(保存)(萬軍)(熱心)
공평 정의 보존 만군 열심
사9:8,(主)(臨)
주 임
사9:9,(百姓)(居民)(驕慢)(頑惡)
백성 거민 교만 완악
사9:10,(柏香木)(代身)
백향목 대신
사9:11,(對敵)(怨讐)(激動)
대적 원수 격동
사9:12,(怒)(如前)
노 여전
사9:13,(百姓)(自己)(者)(萬軍)
백성 자기 자 만군
사9:14,(中)(棕櫚)
중 종려
사9:15,(長老)(尊貴)(者)(先知者)
장노 존귀 자 선지자
사9:16,(百姓)(引導)(者)(迷惑)(引導)(者)
백성 인도 자 미혹 인도 자
(滅亡)(當)
멸망 당
사9:17,(百姓)(各其)(褻慢)(惡)(行)(妄靈)(主)
백성 각기 설만 악 행 망령 주
(壯丁)(孤兒)(寡婦)(矜恤)(怒)(如前)
장정 고아 과부 긍휼 노 여전
사9:18,(大抵)(惡行)(荊棘)(煙氣)
대저 악행 형극 연기
사9:19,(萬軍)(震怒)(因)(燒火)(百姓)(兄弟)
만군 진노 인 소화 백성 형제
사9:20,(右便)(左便)(各各)(自己)
우편 좌편 각각 자기
사9:21,(合)(怒)(如前)
합 노 여전

以賽亞書-(이사야)-第十章
이새아서 제십장

사10:1,(不義)(法令)(發布)(不義)(記錄)
불의 법령 발포 불의 기록
사10:2,(貧乏)(者)(不公平)(判決)(百姓)
빈핍 자 불공평 판결 백성
(可憐)(者)(權利)(剝奪)(寡婦)
가련 자 권리 박탈 과부
(討索)(孤兒)(掠奪)(者)(禍)
토색 고아 약탈 자 화
사10:3,(罰)(患難)(逃亡)(求)(榮華)
벌 환난 도망 구 영화
사10:4,(捕虜)(者)(當)(者)(怒)(如前)
포로 자 당 자 노 여전
사10:5,(禍)(震怒)(忿恨)
화 진노 분한
사10:6,(命)(怒)(百姓)(奪取)(擄掠)(街路上)
명 노 백성 탈취 노약 가로상
사10:7,(許多)(破壞)(滅絶)
허다 파괴 멸절
사10:8,(方伯)(王)
방백 왕
사10:10,(神像)(彫刻)(神像)(神像)(優勝)
신상 조각 신상 신상 우승
사10:11,(神像)(行)(神像)(行)
신상 행 신상 행
사10:12,(主)(山)(行)(後)(王)(頑惡)(罰)
주 산 행 후 왕 완악 벌
사10:13,(智慧)(行)(聰明)(者)(列國)(境界)
지혜 행 총명 자 열국 경계
(財物)(掠奪)(勇敢)(者)(居)(者)
재물 약탈 용감 자 거 자
사10:14,(列國)(財物)(世界)
열국 재물 세계
사10:15,(者)(者)(自己)(者)(一般)
자 자 자기 자 일반
사10:16,(主)(萬軍)(者)(榮華)(猛烈)
주 만군 자 영화 맹렬
사10:17,(者)(荊棘)(燒滅)
자 형극 소멸
사10:18,(森林)(榮光)(全部)(燒滅)(病人)
삼림 영광 전부 소멸 병인
(漸漸)(衰弱)
점점 쇠약
사10:19,(森林)(數)(稀少)(能)(計算)
삼림 수 희소 능 계산
사10:20,(者)(族屬)(避難)(者)(自己)(者)
자 족속 피난 자 자기 자
(依賴)(者)(眞實)(依賴)
의뢰 자 진실 의뢰
사10:21,(者)(者)(能)
자 자 능
사10:22,(百姓)(者)(公義)(毁滅)(作定)
백성 자 공의 훼멸 작정
사10:23,(作定)(主)(萬軍)(世界)(中)(行)
작정 주 만군 세계 중 행
사10:24,(主)(萬軍)(居)(百姓)
주 만군 거 백성
사10:25,(不久)(憤)(怒)(滅)
불구 분 노 멸
사10:26,(萬軍)(磐石)(向)
만군 반석 향
사10:28,(王)(輜重)
왕 치중
사10:29,(嶺)(留宿)(逃亡)
영 유숙 도망
사10:30,(仔細)(可憐)
자세 가련
사10:31,(避難)(居民)(逃亡)
피난 거민 도망
사10:32,(山)(山)(向)
산 산 향
사10:33,(主)(萬軍)혁혁(赫赫)(威力)
주 만군 혁혁 위력
(長大)(者)(者)
장대 자 자
사10:34,(鐵)(森林)(權能)(者)(斫伐)(當)
철 삼림 권능 자 작벌 당

以賽亞書-(이사야)-第十一章
이 새 아 서 제십 일 장

사11:1,(結實)
결 실

사11:2,(神)(智慧)(聰明)(神)(謀略)(才能)
신 지혜 총명 신 모략 재능
(神)(知識)(敬畏)(神)(降臨)
신 지식 경외 신 강림

사11:3,(敬畏)(審判)(判斷)
경외 심판 판단

사11:4,(公義)(貧乏)(者)(審判)(正直)(世上)
공의 빈핍 자 심판 정직 세상
(謙遜)(者)(判斷)(世上)(氣運)(惡人)
겸손 자 판단 세상 기운 악인

사11:5,(公義)(誠實)
공의 성실

사11:6,(羊)(居)(豹)(獅子)
양 거 표 사자

사11:7,(獅子)
사자

사11:8,(毒蛇)(毒蛇)(窟)
독사 독사 굴

사11:9,(山)(害)(傷)(知識)(世上)(充滿)
산 해 상 지식 세상 충만

사11:10,(萬民)(旗號)(列邦)(居)(榮華)
만민 기호 열방 거 영화

사11:11,(主)(百姓)
주 백성

사11:12,(列邦)(向)(旗號)(者)(四方)(離散)(者)
열방 향 기호 자 사방 리산 자

사11:13,(妬忌)(者)(妬忌)
투기 자 투기

사11:14,(西)(東方)(百姓)(擄掠)(子孫)
서 동방 백성 노약 자손
(自己)(服從)
자기 복종

사11:15,(海股)(河水)(河水)
해고 하수 하수

사11:16,(百姓)(爲)
백성 위

以賽亞書-(이사야)-第十二章
이 새 아 서 제십 이 장

사12:1,(主)(前)(怒)(怒)(安慰)(主)(感謝)
주 전 노 노 안위 주 감사

사12:2,(救援)(依賴)(主)(救援)
구원 의뢰 주 구원

사12:3,(救援)
구원

사12:4,(感謝)(行)(萬國)(中)(宣布)
감사 행 만국 중 선포

사12:5,(讚頌)(極)(世界)
찬송 극 세계

사12:6,(居民)(者)(中)
거민 자 중

以賽亞書-(이사야)-第十三章
이 새 아 서 제십 삼 장

사13:1,(對)(警告)
대 경고

사13:2,(旗號)(尊貴)(者)(門)
기호 존귀 자 문

사13:3,(區別)(者)(命)(威嚴)(勇士)(怒)
구별 자 명 위엄 용사 노

사13:4,(山)(百姓)(列國)(民族)(萬軍)(爲)
산 백성 열국 민족 만군 위
(軍隊)(檢閱)
군대 검열

사13:5,(震怒)(兵器)(滅)
진노 병기 멸

사13:6,(哀哭)(全能者)(滅亡)(臨)
애곡 전능자 멸망 임

사13:7,(疲困)(各)
피곤 각

사13:8,(臨産)(女子)(苦痛)
임산 녀자 고통

사13:9,(殘酷)(忿)(猛烈)(怒)(臨)(荒蕪)(中)
잔혹 분 맹렬 노 임 황무 중
(罪人)(滅)
죄인 멸

사13:11,(世上)(惡)(惡人)(罪)(罰)(驕慢)
세상 악 악인 죄 벌 교만
(者)(傲慢)(强暴)(者)(倨慢)
자 오만 강포 자 거만

사13:12,(精金)(稀少)(純金)(稀貴)
정금 희소 순금 희귀

사13:13,(萬軍)(忿)(猛烈)(怒)(震動)
만군 분 맹렬 노 진동

사13:14,(者)(羊)(各其)(同族)(本鄕)(逃亡)
자 양 각기 동족 본향 도망

사13:15,(者)(槍)(者)
자 창 자

사13:16,(目前)(擄掠)(當)(辱)(當)
목전 노약 당 욕 당

사13:17,(銀)(金)(激動)
은 금 격동

사13:18,(靑年)(胎)(矜恤)(可惜)
청년 태 긍휼 가석

사13:19,(列國)(榮光)(滅亡)(當)
열국 영광 멸망 당

사13:20,(處)(者)(居)(代代)(帳幕)(牧者)(羊)
처 자 거 대대 장막 목자 양

사13:21,(家屋)(充滿)(駝鳥)(羊)(뜀)
가옥 충만 타조 약

사13:22,(宮城)(豺狼)(華麗)(前)
궁성 시랑 화려 전

以賽亞書-(이사야)-第十四章
이 새 아 서 제십 사 장

사14:1,(矜恤)(擇)(自己)(故土)(者)
긍휼 택 자기 고토 자
(族屬)(加入)(聯合)
족속 가입 연합

사14:2,(民族)(本土)(族屬)(奴婢)(前)(自己)
민족 본토 족속 노비 전 자기

(者)(自己)(壓制)(者)(主管)
자 자기 압제 자 주관

사14:3,(困苦)(受苦)(苦役)(安息)
곤고 수고 고역 안식

사14:4,(王)(對)(虐待)(者)(强暴)(城)(廢)
왕 대 학대 자 강포 성 폐

사14:5,(惡人)(覇權者)(笏)
악인 패권자 홀

사14:6,(忿)(民族)(怒)(列邦)(抑壓)(抑壓)(者)
분 민족 노 열방 억압 억압 자

사14:7,(平安)(靜穩
평안 정온

사14:8,(香)(柏香木)(因)(斫伐)(者)
향 백향목 인 작벌 자

사14:9,(陰府)(因)(騷動)(迎接)(世上)
음부 인 소동 영접 세상

(英雄)(因)(動)(列邦)(王)(寶座)
영웅 인 동 열방 왕 보좌

사14:10,(軟弱)
연약

사14:11,(榮華)(陰府)(琵琶)
영화 음부 비파

사14:12,(啓明星)(列國)(者)
계명성 열국 자

사14:13,(寶座)(北極)(集會)(山)(座定)
보좌 북극 집회 산 좌정

사14:14,(至極)(者)
지극 자

사14:15,(陰府)
음부

사14:16,(者)(注目)(仔細)(震動)(列國)(驚動)
자 주목 자세 진동 열국 경동

사14:17,(世界)(荒蕪(城邑)(破壞)(者)(者)
세계 황무 성읍 파괴 자 자

사14:18,(列邦)(王)(各各)(自己)(榮光)(中)
열방 왕 각각 자기 영광 중

사14:19,(自己)(可憎)(屍體)
자기 가증 시체

사14:20,(自己)(亡(自己)(百姓)(一般)(安葬)
자기 망 자기 백성 일반 안장

(惡)(行)(者)(後孫)(永永)
악 행 자 후손 영영

사14:21,(列祖)(罪惡)(因)(子孫)(屠戮)
열조 죄악 인 자손 도륙

(豫備)(取)(世上)(城邑)(充滿)
예비 취 세상 성읍 충만

사14:22,(萬軍)(者)(後孫)
만군 자 후손

사14:23,(窟穴)(滅亡)(掃除)(萬軍)
굴혈 멸망 소제 만군

사14:24,(萬軍)(盟誓)(經營)
만군 맹서 경영

사14:25,(破)(山)
파 산

사14:26,(世界)(向)(定)(經營)(列邦)(向)
세계 향 정 경영 열방 향

사14:27,(萬軍)(經營)(能)(廢)(能)
만군 경영 능 폐 능

사14:28,(王)(警告)
왕 경고

사14:29,(毒蛇)
독사

사14:30,(者)(長子)(貧乏)(者)(平安)(饑饉)
자 장자 빈핍 자 평안 기근

(者(殺戮)(當)
자 살륙 당

사14:31,(城門)(城邑)(消滅)(大抵)(煙氣)
성문 성읍 소멸 대저 연기

(北方)(行伍)(行)(者)
북방 항오 행 자

사14:32,(使臣)(對答)(百姓)(困苦)(者)(避難)
사신 대답 백성 곤고 자 피난

以賽亞書-(이사야)-第十五章
이새아서 제십오장

사15:1,(關)(警告(亡)(荒廢)(亡)(荒廢)
관 경고 망 황폐 망 황폐

사15:2,(山堂)(爲)(痛哭)(各各)(鬚髥)
산당 위 통곡 각각 수염

사15:3,(各其)(哀痛)(甚)
각기 애통 심

사15:4,(戰士)(魂)
전사 혼

사15:5,(爲)(貴人)(逃亡)(敗亡)
위 귀인 도망 패망

사15:6,(軟)(靑靑)
연 청청

사15:7,(財物)
재물

사15:8,(哭聲)(四方)
곡성 사방

사15:9,(災殃)(逃避)(者)(者)(獅子)
재앙 도피 자 자 사자

以賽亞書-(이사야)-第十六章
이새아서 제십륙장

사16:1,(治理者)(羊)(曠野)(山)
치리자 양 광야 산

사16:2,(女子)
녀자

사16:3,(謀略)(公義)(判決)(午正)(者)
모략 공의 판결 오정 자

(逃亡)(者)(發覺)
도망 자 발각

사16:4,(者)(滅絶)(避)(大抵)(討索)(者)(亡)
자 멸절 피 대저 토색 자 망

(滅絶)(者)(壓制)(者)(滅絶)
멸절 자 압제 자 멸절

사16:5,(帳幕)(王)(仁慈)(位)(者)(忠實)
장막 왕 인자 위 자 충실

(判決)(公平)(求)(義)(迅速)(行)
판결 공평 구 의 신속 행

사16:6,(驕慢)(甚)(驕慢)(倨慢)(驕慢)
교만 심 교만 거만 교만

(憤怒)(誇張)
분노 과장

사16:7,(爲)(痛哭)(痛哭)(乾葡萄)(爲)(甚)
위 통곡 통곡 건포도 위 심

사16:8,(葡萄)(前)(曠野)(列國)(主權者)
포도 전 광야 열국 주권자

사16:9,(葡萄)(爲)(實果)(農作物)
포도 위 실과 농작물

사16:10,(葡萄園)(葡萄)
포도원 포도

사16:11,(爲)(竪琴)(發)(爲)
위 수금 발 위

사16:12,(山堂)(疲困)(奉事)(自己)(聖所)
산당 피곤 봉사 자기 성소
(祈禱)(無效)
기도 무효

사16:13,(前)
전

사16:14,(軍)(定)(三年內)(榮華)(凌辱)
군 정 삼년내 영화 능욕
(當)(數)(所用)
당 수 소용

以賽亞書-(이사야)-第十七章
이새아서 제십칠장

사17:1,(關)(警告)(將次)(城邑)(貌樣)
관 경고 장차 성읍 모양

사17:2,(城邑)(當)(羊)(羊)(者)
성읍 당 양 양 자

사17:3,(要塞)(百姓)(滅絶)(子孫)(榮光)
요새 백성 멸절 자손 영광
(萬軍)
만군

사17:4,(榮光)(衰
영광 쇠

사17:5,(秋收)(者)(穀食)
추수 자 곡식

사17:6,(橄欖)(實果)(二)(三個)(茂盛)
감람 실과 이 삼개 무성
(四)(五個)
사 오개

사17:7,(自己)(者)(者)
자기 자 자

사17:8,(自己)(壇)(自己)(太陽像)
자기 단 자기 태양상

사17:9,(堅固)(城邑)(子孫)(處所)(山)
견고 성읍 자손 처소 산
(處所)(荒廢)
처소 황폐

사17:10,(自己)(救援)(自己)(能力)(磐石)
자기 구원 자기 능력 반석
(食物)(異邦)(移種)
식물 이방 이종

사17:11,(發育)(甚)(農作物)
발육 심 농작물

사17:12,(民族)(騷動)(波濤)(騷動)(列邦)
민족 소동 파도 소동 열방
(衝突)(衝突)
충돌 충돌

사17:13,(列邦)(衝突)(主)(逃亡)(山)(暴風)
열방 충돌 주 도망 산 폭풍

사17:14,(當)(前)(擄掠)(者)(分)(强奪)
당 전 노약 자 분 강탈
(者)(報應)
자 보응

以賽亞書-(이사야)-第十八章
이새아서 제십팔장

사18:1,(江)(便)
강 편

사18:2,(使者)(水路)(輕捷)(使者)(江)
사자 수로 경첩 사자 강
(長大)(俊秀)(百姓(始初)(强盛)
장대 준수 백성 시초 강성
(對敵)(百姓)
대적 백성

사18:3,(世上)(居民)(地上)(居)(山)(旗號)
세상 거민 지상 거 산 기호

사18:4,(處所)(從容)(鑑察)(日光)(雲霧)
처소 종용 감찰 일광 운무

사18:5,(秋收)(前)(葡萄)(軟)
추수 전 포도 연

사18:6,(山)(山)(過夏)(過冬)
산 산 과하 과동

사18:7,(江)(壯大)(俊秀)(始初)(强盛)(對敵)
강 장대 준수 시초 강성 대적
(百姓)(萬軍)(禮物)(萬軍)(山)
백성 만군 예물 만군 산

以賽亞書-(이사야)-第十九章
이새아서 제십구장

사19:1,(關)(警告)(臨)(偶像)(人)
관 경고 임 우상 인

사19:2,(人)(激動)(人)(各其)(兄弟)
인 격동 인 각기 형제
(各其)(城邑)(城邑)
각기 성읍 성읍

사19:3,(人)(精神)(衰弱)(圖謀)(破)(偶像)
인 정신 쇠약 도모 파 우상
(魔術師)(神接)(者)(妖術客)
마술사 신접 자 요술객

사19:4,(人)(殘忍)(君主)(暴虐)(王)(治理)
인 잔인 군주 포학 왕 치리
(主)(萬軍)
주 만군

사19:5,(江)
강

사19:6,(江)(惡臭)
강 악취

사19:7,(草場)(江)(穀食)
초장 강 곡식

사19:8,(漁夫)(嘆息)(江)낚(者)(者)(疲困)
어부 탄식 강 자 자 피곤

사19:9,(細麻布)(者)(白木)(者)(羞恥)(當)
세마포 자 백목 자 수치 당

사19:10,(軍)
군

사19:11,(方伯)(至極)(智慧)(謀士)(謀略)
방 백 지 극 지 혜 모 사 모 략
(愚蠢)(智慧)(者)(子孫)(王)(後裔)
우 준 지 혜 자 자 손 왕 후 예
사19:12,(智慧)(者)(萬軍)(對)(定)(告)
지 혜 자 만 군 대 정 고
사19:13,(方伯)(方伯)(迷惑)(支派)
방 백 방 백 미 혹 지 파
사19:14,(邪慝)(每事)(醉)(者)(吐)
사 특 매 사 취 자 토
사19:15,(棕櫚)
종 려
사19:16,(人)(婦女)(萬軍)(因)
인 부 녀 만 군 인
사19:17,(萬軍)(對)(定)(謀略)(因)(所聞)(者)
만 군 대 정 모 략 인 소 문 자
사19:18,(方言)(萬軍)(盟誓)(城邑)(中)
방 언 만 군 맹 서 성 읍 중
(將亡城)(稱)
장 망 성 칭
사19:19,(中央)(爲)(祭壇)(邊境)(爲)
중 앙 위 제 단 변 경 위
사19:20,(萬軍)(爲)(表跡)(證據)(壓迫)(者)
만 군 위 표 적 증 거 압 박 자
(緣故)(救援者)(保護者)
연 고 구 원 자 보 호 자
사19:21,(自己)(人)(祭物)(禮物)(敬拜)
자 기 인 제 물 예 물 경 배
(誓願)(行)
서 원 행
사19:22,(故)(懇求)
고 간 구
사19:23,(通)(大路)(敬拜)
통 대 로 경 배
사19:24,(世界)(中)(福)
세 계 중 복
사19:25,(萬軍)(福)(百姓)(産業)(福)
만 군 복 백 성 산 업 복

以賽亞書-(이사야)-第二十章
이 새 아 서 제 이 십 장

사20:1,(王)(軍隊長官)(取)
왕 군 대 장 관 취
사20:2,(行)
행
사20:3,(三年)(行)(對)(豫表)(奇蹟)
삼 년 행 대 예 표 기 적
사20:4,(捕虜)(者)(王)(者)(者)(羞恥)
포 로 자 왕 자 자 수 치
사20:5,(因)
인
사20:6,(海邊)(居民)(王)(求)(能)(避)
해 변 거 민 왕 구 능 피

以賽亞書-(이사야)-第二十一章
이 새 아 서 제 이 십 일 장

사21:1,(海邊)(曠野)(關)(警告)(敵兵)
해 변 광 야 관 경 고 적 병
(曠野)(南方)
광 야 남 방
사21:2,(酷毒)(默示)(主)(者)(掠奪)(者)
혹 독 묵 시 주 자 약 탈 자
(掠奪)(嘆息)
약 탈 탄 식
사21:3,(腰痛)(甚)(臨産)(女人)(苦痛)
요 통 심 임 산 녀 인 고 통
(苦痛)(臨)(苦痛)(因)
고 통 임 고 통 인
사21:4,(震動)(希望)(瑞光)(變)
진 동 희 망 서 광 변
사21:5,(食卓)(把守軍)(方伯)(防牌)
식 탁 파 수 군 방 백 방 패
사21:6,(主)(把守軍)(告)
주 파 수 군 고
사21:7,(馬兵隊)(雙雙)(仔細)(有心)
마 병 대 쌍 쌍 자 세 유 심
사21:8,(把守軍)(獅子)(主)(望臺)(把守)
파 수 군 사 자 주 망 대 파 수
사21:9,(馬兵隊)(雙雙)對答)(陷落)(陷落)
마 병 대 쌍 쌍 대 답 함 락 함 락
(神)(彫刻)(形像)
신 조 각 형 상
사21:10,(打作)(穀食)(萬軍)(告)
타 작 곡 식 만 군 고
사21:11,(關)(警告)(把守軍)(把守軍)
관 경 고 파 수 군 파 수 군
사21:12,(把守軍)
파 수 군
사21:13,(關)(警告)(隊商)(留宿)
관 경 고 대 상 유 숙
사21:14,(居民)(者)(逃避)(者)(迎接)
거 민 자 도 피 자 영 접
사21:15,(避)(戰爭)(逃亡)
피 전 쟁 도 망
사21:16,(主)(軍)(定)(期限)(一年內)
주 군 정 기 한 일 년 내
(榮光)(衰滅)
영 광 쇠 멸
사21:17,(子孫)(中)(勇士)(數)
자 손 중 용 사 수

以賽亞書-(이사야)-第二十二章
이 새 아 서 제 이 십 이 장

사22:1,(異像)(關)(警告)
이 상 관 경 고
사22:2,(喧譁)(城)(當)(者)(戰爭)(死亡)
훤 화 성 당 자 전 쟁 사 망
사22:3,(官員)(逃亡)(結縛)(當)(逃亡)
관 원 도 망 결 박 당 도 망
(者)(發見)(結縛)(當)
자 발 견 결 박 당
사22:4,(痛哭)(百姓)(敗滅)(因)(慰勞)
통 곡 백 성 패 멸 인 위 로
사22:5,(異像)(主)(萬軍)(紛擾)(混亂)
이 상 주 만 군 분 요 혼 란

(城壁)(山嶽)
성 벽 산 악
사22:6,(箭筒)(兵車)(者)(馬兵)(防牌)
전 통 병 거 자 마 병 방 패
사22:7,(兵車(馬兵)(城門)(整列)
병 거 마 병 성 문 정 렬
사22:8,(庫間)(兵器)
고 간 병 기
사22:9,(城)
성
사22:10,(家屋)(計數)(家屋)(城壁)(堅固)
가 옥 계 수 가 옥 성 벽 견 고
사22:11,(爲)(城壁)(貯水池)(者)(仰望)
위 성 벽 저 수 지 자 앙 망
(經營)(者)(尊敬)
경 영 자 존 경
사22:12,(主)(萬軍)(命)(痛哭)(哀呼)
주 만 군 명 통 곡 애 호
사22:13,(羊)(葡萄酒)(來日)
양 포 도 주 래 일
사22:14,(萬軍)(親)(眞實)(罪惡)(贖)(主)(萬軍)
만 군 친 진 실 죄 악 속 주 만 군
사22:15,(主)(萬軍)(國庫)(宮)
주 만 군 국 고 궁
사22:16,(關係)(爲)(墓室)(自己)(爲)
관 계 위 묘 실 자 기 위
(墓室)(磐石)(自己)(爲)(處所)
묘 실 반 석 자 기 위 처 소
사22:17,(束縛)(壯士)(猛烈)
속 박 장 사 맹 렬
사22:18,(丁寧)(廣漠)(地境)(主人)
정 녕 광 막 지 경 주 인
(羞恥)(榮光)
수 치 영 광
사22:19,(官職)(地位)
관 직 지 위
사22:21,(政權)(居民)(
정 권 거 민
사22:22,(者)(者)
자 자
사22:23,(堅固)(榮光)(寶座)
견 고 영 광 보 좌
사22:24,(榮光)(後孫)(族屬)(各)(鍾子
영 광 후 손 족 속 각 종 자
사22:25,(萬軍)(物件)(破碎)
민 군 물 건 파 쇄

以賽亞書-(이사야)-第二十三章
이 새 아 서 제 이 십 삼 장

사23:1,(關)(警告)(船隻)(荒蕪)(消息)(傳播)
관 경 고 선 척 황 무 소 식 전 파
사23:2,(往來)(商賈)(富饒)(海邊)
왕 래 상 고 부 요 해 변
(居民)(潛潛)
거 민 잠 잠
사23:3,(穀食)(秋收)(輸運)(列國)(市場)
곡 식 추 수 수 운 열 국 시 장
사23:4,(大抵)(保障)(生産)(靑年)
대 저 보 장 생 산 청 년
(男子)(養育)(處女)(生育)
남 자 양 육 처 녀 생 육
사23:5,(消息)(消息)(因)(通悼)
소 식 소 식 인 통 도
사23:6,(海邊)(居民)
해 변 거 민
사23:7,(古代)(建設)(喜樂)(城)(百姓)
고 대 건 설 희 락 성 백 성
(自己)(地方)(留)(城)
자 기 지 방 유 성
사23:8,(冕旒冠)(者)(商賈)(方伯)(貿易者)
면 류 관 자 상 고 방 백 무 역 자
(世上)(尊貴)(者)(對)(定)
세 상 존 귀 자 대 정
사23:9,(萬軍)(定)(榮光)(驕慢)(辱)(世上)
만 군 정 영 광 교 만 욕 세 상
(尊貴)(者)(蔑視
존 귀 자 멸 시
사23:10,(束縛)
속 박
사23:11,(列邦)(對)(命)(堅固)(城)(毁破)
열 방 대 명 견 고 성 훼 파
사23:12,(虐待)(處女)(喜樂)(平安)
학 대 처 녀 희 락 평 안
사23:13,(百姓)(居)(望臺)(宮殿)(荒蕪)
백 성 거 망 대 궁 전 황 무
사23:14,(船隻)(堅固)(城)(破壞)
선 척 견 고 성 파 괴
사23:15,(王)(年限)(七十年)(七十年)(畢)
왕 연 한 칠 십 년 칠 십 년 필
(後)(妓生)
후 기 생
사23:16,(妓生)(竪琴)(城邑)(行)(奇妙)
기 생 수 금 성 읍 행 기 묘
(曲調)(記憶)
곡 조 기 억
사23:17,(七十年)(畢)(後)(眷顧)(取利)
칠 십 년 필 후 권 고 취 리
(地面)(列邦)(淫亂)(行)
지 면 열 방 음 란 행
사23:18,(貿易)(利益)(看直(貿易)(居)
무 역 리 익 간 직 무 역 거
(者)(資料)(資料)
자 자 료 자 료

以賽亞書-(이사야)-第二十四章
이 새 아 서 제 이 십 사 장

사24:1,(空虛)(荒蕪)(居民)
공 허 황 무 거 민
사24:2,(百姓)(祭司長)(一般)(上典)(一般)
백 성 제 사 장 일 반 상 전 일 반
(婢子)(家母)(一般)(者)(者)(一般)
비 자 가 모 일 반 자 자 일 반
(債給)(者)(債用)(者)(一般)(利子)
채 급 자 채 용 자 일 반 리 자

(者)(利子)(者)(一般)
자 리자 자 일반
사24:3,(穩全)(空虛)(穩全)(荒蕪)
온전 공허 온전 황무
사24:4,(衰殘)(世界)(衰弱)(衰殘)(世上)
쇠잔 세계 쇠약 쇠잔 세상
(百姓)(中)(者)(衰弱)
백성 중 자 쇠약
사24:5,(居民)(律法)(犯)(律例)(永遠)
거민 률법 범 율례 영원
(言約)(破)
언약 파
사24:6,(詛呪)(中)(居)(者)(定罪)(當)
저주 중 거 자 정죄 당
(居民)(者)
거민 자
사24:7,(葡萄汁)(葡萄)(衰殘)(者)(嘆息)
포도즙 포도 쇠잔 자 탄식
사24:8,(小鼓)(者)(竪琴)
소고 자 수금
사24:9,(葡萄酒)(毒酒)(者)
포도주 독주 자
사24:10,(掠奪)(當)(城邑)(毁破)(者)
약탈 당 성읍 훼파 자
사24:11,(葡萄酒)(暗黑)(消滅)
포도주 암흑 소멸
사24:12,(城邑)(荒蕪)(城門)(破壞)
성읍 황무 성문 파괴
사24:13,(世界)(民族)(中)(橄欖)(葡萄)(後)
세계 민족 중 감람 포도 후
사24:14,(威嚴)(因)
위엄 인
사24:15,(東方)(榮華)(榮華)
동방 영화 영화
사24:16,(義)(者)(榮光)(衰殘)(衰殘)(禍)
의 자 영광 쇠잔 쇠잔 화
(詭譎者)(詭譎)(行)(詭譎者)(甚)
궤휼자 궤휼 행 궤휼자 심
(詭譎)(行)
궤휼 행
사24:17,(居民)(陷穽)(臨)
거민 함정 임
사24:18,(因)(逃亡)(者)(陷穽)(陷穽)(者)
인 도망 자 함정 함정 자
(門)(基礎)(震動)
문 기초 진동
사24:20,(醉)(者)(寢網)(罪惡)(重)
취 자 침망 죄악 중
사24:21,(軍隊)(罰)(王)(罰)
군대 벌 왕 벌
사24:22,(罪囚)(獄)(獄)(後)(刑罰)
죄수 옥 옥 후 형벌
사24:23,(無色(萬軍)(山)(王)(長老)(榮光)
무색 만군 산 왕 장노 영광

以賽亞書-(이사야)-第二十五章
이새아서 제이십오장

사25:1,(主)(主)(主)(讚頌)(主)(奇事)
주 주 주 찬송 주 기사
(定)(誠實)(眞實)(行)
정 성실 진실 행
사25:2,(主)(城邑)(堅固)(城邑)(荒蕪)
주 성읍 견고 성읍 황무
(外人)(宮城)(城邑)(永永)(建設)
외인 궁성 성읍 영영 건설
사25:3,(强)(民族)(主)(榮華)(暴虐)(城邑)
강 민족 주 영화 포학 성읍
(主)(敬畏)
주 경외
사25:4,(主)(暴虐者)(氣勢)(城壁)(衝突)
주 포학자 기세 성벽 충돌
(暴風)(貧窮)(者)(保障)(患難)(當)
폭풍 빈궁 자 보장 환난 당
(貧乏)(者)(保障)(暴風)(中)(避難)
빈핍 자 보장 폭풍 중 피난
(暴陽)(避)
폭양 피
사25:5,(暴陽)(除)(主)(外人)(喧譁)
폭양 제 주 외인 훤화
(暴陽)(暴虐)(者)
폭양 포학 자
사25:6,(萬軍)(山)(萬民)(爲)(貯藏)(葡萄酒)
만군 산 만민 위 저장 포도주
(宴會)(骨髓)(貯藏)(葡萄酒(
연회 골수 저장 포도주
사25:7,(山)(民族)(列邦)(揮帳)(除)
산 민족 열방 휘장 제
사25:8,(死亡)(永遠)(滅)(主)(百姓)(羞恥)
사망 영원 멸 주 백성 수치
(天下)(除)
천하 제
사25:9,(救援)(救援)
구원 구원
사25:10,(山)(草芥)(自己)(處所)
산 초개 자기 처소
사25:11,(者)(驕慢)(狡猾)
자 교만 교활
사25:12,(城壁)(保障)(塵土
성벽 보장 진토

以賽亞書-(이사야)-第二十六章
이새아서 제이십륙장

사26:1,(堅固)(城邑)(救援)(城)(廓
견고 성읍 구원 성곽
사26:2,(門)(信)(義)
문 신 의
사26:3,(主)(心志)(堅固)(者)(平康)
주 심지 견고 자 평강
(平康)(主)(依賴)
평강 주 의뢰
사26:4,(永遠)(依賴)(主)(永遠)(磐石)
영원 의뢰 주 영원 반석
사26:5,(居)(者)(城)(塵土)
거 자 성 진토

사26:6,(貧窮)(者)(困乏)(者)
빈궁 자 곤핍 자
사26:7,(義人)(正直)(正直)(主)(義人)
의인 정직 정직 주 의인
(捷徑)(平坦)
첩경 평탄
사26:8,(主)(審判)(主)(主)(主)(記念)
주 심판 주 주 주 기념
(靈魂)(思慕)
영혼 사모
사26:9,(靈魂)(主)(思慕)(中心)(主)(懇切)
영혼 주 사모 중심 주 간절
(求)(主)(審判)(世界)(居民)(義)
구 주 심판 세계 거민 의
사26:10,(惡人)(恩寵)(義)(正直)(不義)
악인 은총 의 정직 불의
(行)(威嚴)
행 위엄
사26:11,(主)(百姓)(爲)(主)(熱誠)(主)(對敵)
주 백성 위 주 열성 주 대적
사26:12,(主)(爲)(平康)(主)(爲)
주 위 평강 주 위
사26:13,(主)(外)(主)(管轄)(主)(依賴)(主)
주 외 주 관할 주 의뢰 주
사26:14,(死亡)(主)(罰)(滅)(記憶)(滅絶)
사망 주 벌 멸 기억 멸절
사26:15,(主)(榮光)(境界)(擴張)
주 영광 경계 확장
사26:16,(百姓)(患難)(中)(主)(仰慕)(主)
백성 환난 중 주 앙모 주
(懲罰)(臨)(懇切)(主)(祈禱)
징벌 임 간절 주 기도
사26:17,(孕胎)(女人)(産期)(臨迫)(主)
잉태 녀인 산기 임박 주
사26:18,(孕胎)(苦痛)(救援)(世界)
잉태 고통 구원 세계
(居民)(生産)
거민 생산
사26:19,(主)(者)(屍體)(居)(者)(主)(者)
주 자 시체 거 자 주 자
사26:20,(百姓)(密室)(門)(忿怒)(暫間)
백성 밀실 문 분노 잠간
사26:21,(處所)(居民)(罪惡)(罰)(殺害)(當)(者)
처소 거민 죄악 벌 살해 당 자

以賽亞書-(이사야)-第二十七章
이새아서 제이십칠장

사27:1,(堅固)(强)랜(罰)(龍)
견고 강 벌 용
사27:2,(葡萄園)
포도원
사27:3,(葡萄園直)(看守)(傷害)
포도원직 간수 상해
사27:4,(葡萄園)(對)(怒)(荊棘)(對敵)
포도원 대 노 형극 대적
사27:5,(依支)(和親)(和親)
의지 화친 화친
사27:6,(後日)(結實)(地面)
후일 결실 지면
사27:7,(主)(百姓)(百姓)(者)(百姓)(殺戮)
주 백성 백성 자 백성 살륙
(當)(百姓)(屠戮)(者)(殺戮)(當)
당 백성 도륙 자 살륙 당
사27:8,(主)(百姓)(適當)(譴責)(東風)(暴風)
주 백성 적당 견책 동풍 폭풍
사27:9,(不義)(贖)(罪)(結果)(因)(祭壇)
불의 속 죄 결과 인 제단
(灰)(太陽像)
회 태양상
사27:10,(大抵)(堅固)(城邑)(寂寞)(居處)
대저 견고 성읍 적막 거처
(荒蕪)(曠野)
황무 광야
사27:11,(女人)(百姓)(知覺)(者)(造成)
녀인 백성 지각 자 조성
(者)(恩惠)
자 은혜
사27:12,(子孫)(漲溢)(河水)(果實)(一一)
자손 창일 하수 과실 일일
사27:13,(破滅)(者)(者)(聖山)(敬拜)
파멸 자 자 성산 경배

以賽亞書-(이사야)-第二十八章
이새아서 제이십팔장

사28:1,(醉)(者)(驕慢)(冕旒冠)(禍)(者)
취 자 교만 면류관 화 자
(城)(榮華)(冠)(城)(衰殘)(禍)
성 영화 관 성 쇠잔 화
사28:2,(主)(强)(者)(雨雹)(破壞)(狂風)
주 강 자 우박 파괴 광풍
(漲溢)(冕旒冠)
창일 면류관
사28:3,(醉)(者)(驕慢)(冕旒冠)
취 자 교만 면류관
사28:4,(榮華)(衰殘)(前)(無花果)(者)
영화 쇠잔 전 무화과 자
사28:5,(萬軍)(百姓)(榮華)(冕旒冠)(花冠)
만군 백성 영화 면류관 화관
사28:6,(裁判席)(者)(判決)(神)(城門)(者)
재판석 자 판결 신 성문 자
사28:7,(葡萄酒)(因)(毒酒)(因)(祭司長)
포도주 인 독주 인 제사장
(先知者)(毒酒)(因)(葡萄)(主)(毒酒)
선지자 독주 인 포도 주 독주
(因)(異像)(裁判)(失手)
인 이상 재판 실수
사28:8,(床)(吐)
상 토
사28:9,(知識)(道)(傳)(者)
지식 도 전 자
사28:10,(大抵)(警戒)(警戒)(警戒)(警戒)
대저 경계 경계 경계 경계
(敎訓)(敎訓)(敎訓)(敎訓)
교훈 교훈 교훈 교훈

사28:11,(生疎)(方言)(百姓)
생소 방언 백성
사28:12,(前)(安息)(爽快)(困憊)(者)(安息)
전 안식 상쾌 곤비 자 안식
사28:13,(警戒)(警戒)(警戒)(警戒)(敎訓)
경계 경계 경계 경계 교훈
(敎訓)(敎訓)(敎訓)
교훈 교훈 교훈
사28:14,(百姓)(治理)(輕慢)(者)
백성 치리 경만 자
사28:15,(死亡)(言約)(陰府)(盟約)(災殃)
사망 언약 음부 맹약 재앙
(流行)(避難處)(虛僞)
류행 피난처 허위
사28:16,(主)(基礎)(試驗)(貴)(堅固)(基礎)
주 기초 시험 귀 견고 기초
(者)(急切)
자 급절
사28:17,(公平)義)(錘)(雨雹)(避難處)(掃蕩)
공평 의 추 우박 피난처 소탕
사28:18,(死亡)(言約)(廢)(陰府)(盟約)
사망 언약 폐 음부 맹약
(災殃)(流行)(當)
재앙 류행 당
사28:19,(流行)(流行)(晝夜)(流行)(傳)(道)
류행 류행 주야 류행 전 도
사28:20,(寢床)(能)(能)
침상 능 능
사28:21,(大抵)(山)(震怒)(自己)(行)(非常)
대저 산 진노 자기 행 비상
(自己)(功)(功)(奇異)
자기 공 공 기이
사28:22,(輕慢)(者)(結縛)(尤甚)(大抵)
경만 자 결박 우심 대저
(滅亡)(作定)(萬軍)(主)
멸망 작정 만군 주
사28:23,(仔細)
자세
사28:24,(播種)(者)(開墾)
파종 자 개간
사28:25,(地面)(平平)(小茴香)(大茴香)
지면 평평 소회향 대회향
(小麥)(大麥)(定)
소맥 대맥 정
사28:26,(適當)(方法)
적당 방법
사28:27,(小茴香)(大茴香)(小茴香)(大茴香)
소회향 대회향 소회향 대회향
사28:28,(穀食)
곡식
사28:29,(萬軍)(謀略)(奇妙)(智慧)(廣大)
만군 모략 기묘 지혜 광대

以賽亞書-(이사야)-第二十九章
이 새 아 서 제이십구 장

사29:1,(陣)(城邑)(年復年)(節期)
진 성읍 연부년 절기
사29:2,(畢竟(哀哭)
필경 애곡
사29:3,(四面)(陣)(軍隊)(臺)
사면 진 군대 대
사29:4,(神接)(者)
신접 자
사29:5,(對敵)(細微)(强暴)(者)(頃刻間)
대적 세미 강포 자 경각간
사29:6,(萬軍)(霹靂)(地震)(暴風)
만군 벽력 지진 폭풍
(猛烈)(懲罰)
맹렬 징벌
사29:7,(列邦)(保障)(困苦)(者)(幻像)
열방 보장 곤고 자 환상
사29:8,(者)(如前)(者)(困憊)(渴症)(山)(列邦)
자 여전 자 곤비 갈증 산 열방
사29:9,(醉)(葡萄酒)(因)(毒酒)(因)
취 포도주 인 독주 인
사29:10,(大抵)(神)(先知者)(先見者)
대저 신 선지자 선견자
사29:11,(默示)(封)(冊)(有識)(者)(請)
묵시 봉 책 유식 자 청
(對答)(封)
대답 봉
사29:12,(無識)(者)(請)(對答)(無識)
무식 자 청 대답 무식
사29:13,(主)(百姓)(尊敬)(敬畏)(誡命)
주 백성 존경 경외 계명
사29:14,(百姓)(中)(奇異)(奇異)(奇異)(行)
백성 중 기이 기이 기이 행
(中)(智慧者)(智慧)(明哲者)(聰明)
중 지혜자 지혜 명철자 총명
사29:15,(禍)(自己)(圖謀)(者)(行)
화 자기 도모 자 행
사29:16,(悖理)(甚)(土器匠)(物件)(自己)(者)
패리 심 토기장 물건 자기 자
(對)(物件)(自己)(者)(對)(聰明)
대 물건 자기 자 대 총명
사29:17,(未久)(變)(森林)
미구 변 삼림
사29:18,(冊)
책
사29:19,(謙遜)(者)(因)(中)(貧乏)(者)(者)(因)
겸손 자 인 중 빈핍 자 자 인
사29:20,(强暴)(者)(消滅)(輕慢)(者)(罪惡)
강포 자 소멸 경만 자 죄악
(機會)(者)
기회 자
사29:21,(訟事)(罪)(城門)(判斷)(者)(義人)
송사 죄 성문 판단 자 의인
(抑鬱)
억울
사29:22,(救贖)(族屬)(對)(失色)
구속 족속 대 실색
사29:23,(子孫)(行)(者)(敬畏)
자손 행 자 경외
사29:24,(昏迷)(者)(聰明)(怨望)(者)(敎訓)
혼미 자 총명 원망 자 교훈

以賽亞書-(이사야)-第三十章
이 새 아 서 제삼 십 장

사30:1,(禍)(悖逆)(子息)(計巧)(盟約)(神)
화 패역 자식 계교 맹약 신
(勢力)(强)(避)(罪)(罪)
세력 강 피 죄 죄

사30:3,(勢力)(羞恥)(避)(羞辱)
세력 수치 피 수욕

사30:4,(方伯)(使臣(
방백 사신

사30:5,(自己)(有益)(民族)(因)(羞恥)(當)
자기 유익 민족 인 수치 당
(民族)(有益)(羞恥)(羞辱)
민족 유익 수치 수욕

사30:6,(南方)(關)(警告)(使臣)(財物)
남방 관 경고 사신 재물
(寶物)(祭物)(鞍裝)(獅子)(獅子)
보물 제물 안장 사자 사자
(毒蛇)(危險)(困苦)(自己)(無益)
독사 위험 곤고 자기 무익
(民族)
민족

사30:7,(無益)
무익

사30:8,(百姓)(書板)(記錄)(冊)(後世)(永永)
백성 서판 기록 책 후세 영영

사30:9,(大抵)(悖逆)(百姓)(子息)(法)(子息)
대저 패역 백성 자식 법 자식

사30:10,(先見者)(先見)(先知者)(正直)
선견자 선견 선지자 정직

사30:11,(正路)(捷徑)(者)
정로 첩경 자

사30:12,(者)(壓迫)(虛妄)(依賴)
자 압박 허망 의뢰

사30:13,(罪惡)(頃刻間)(忽然)
죄악 경각간 홀연

사30:14,(毁破)(土器匠)(毁破)(破碎)(中)(取)
훼파 토기장 훼파 파쇄 중 취

사30:15,(主)(者)(晏然)(處)(救援)(潛潛)
주 자 안연 처 구원 잠잠
(信賴)(願)
신뢰 원

사30:16,(逃亡)(故)(逃亡)(故)(者)
도망 고 도망 고 자

사30:17,(千)(逃亡)(逃亡)(者)(山)(嶺)(旗號)
천 도망 도망 지 산 영 기호

사30:18,(恩惠)(矜恤)(大抵)(公義)(者)(福)
은혜 긍휼 대저 공의 자 복

사30:19,(居)(居)(百姓)(痛哭)(因)(恩惠)(應答)
거 거 백성 통곡 인 은혜 응답

사30:20,(主)(患難)(苦生)
주 환난 고생

사30:21,(右便)(左便)(正路)(行)
우편 좌편 정로 행

사30:22,(彫刻)(偶像)(銀)(偶像)(金)
조각 우상 은 우상 금
(不潔)(物件)
불결 물건

사30:23,(種子)(主)(所産)(穀食)(豊盛)
종자 주 소산 곡식 풍성
(家畜)(廣闊)(牧場)
가축 광활 목장

사30:24,(六枝槍)
육지창

사30:25,(殺戮)(望臺)(各)(高山)(各)(峻嶺)
살륙 망대 각 고산 각 준령

사30:26,(百姓)(傷處)
백성 상처

사30:27,(遠方)(震怒)(煙氣)(忿怒)(猛烈)
원방 진노 연기 분노 맹렬

사30:28,(呼吸)(漲溢)(河水)(滅)(列邦)
호흡 창일 하수 멸 열방
(迷惑)(民族)
미혹 민족

사30:29,(節期(山)(磐石)(者)
절기 산 반석 자

사30:30,(壯嚴)혁혁(赫赫)(震怒)(猛烈)
장엄 혁혁 진노 맹렬
(火焰)(暴風)(暴雨)(雨雹)
화염 폭풍 폭우 우박

사30:31,(落膽)(主)
락담 주

사30:32,(豫定)(小鼓)(竪琴)(戰爭)
예정 소고 수금 전쟁

사30:33,(大抵)(設立)(王)(爲)(豫備)
대저 설립 왕 위 예비
(呼吸)(硫黃)(開川)
호흡 류황 개천

以賽亞書-(이사야)-第三十一章
이 새 아 서 제삼 십 일 장

사31:1,(求)(者)(禍)(依賴)(兵車)(馬兵)(甚)
구 자 화 의뢰 병거 마병 심
(强)(依支)(者)(仰慕)(求)
강 의지 자 앙모 구

사31:2,(智慧)(災殃)(變)(惡行)(者)(行惡)(者)
지혜 재앙 변 악행 자 행악 자

사31:3,(神)(肉體)(靈)(者)(者)(滅亡)
신 육체 영 자 자 멸망

사31:4,(獅子)(獅子)(食物)링(牧者)(因)
사자 사지 식물 목자 인
(因)(屈伏)(萬軍)(降臨(山)(嶺)
인 굴복 만군 강림 산 영

사31:5,(保護)(萬軍)(保護)(護衛)(救援)
보호 만군 보호 호위 구원

사31:6,(子孫)(甚)(拒逆)(者)
자손 심 거역 자

사31:7,(自己)(犯罪)(銀偶像)(金偶像)(各)
자기 범죄 은우상 금우상 각

사31:8,(逃亡)(壯丁)(服役)(者)
도망 장정 복역 자

사31:9,(磐石)(因)(方伯)(旗號)(因)
반석 인 방백 기호 인

以賽亞書-(이사야)-第三十二章
이 새 아 서 제삼 십 이 장

사32:1,(將次)(王)(義)(統治)(方伯)
장차 왕 의 통치 방백
(公平)(政事)
공평 정사

사32:2,(狂風)(避)(暴雨)(困憊)
광풍 피 폭우 곤비

사32:3,(者)(者)
자 자

사32:4,(躁急)(者)(知識)(語訥)(者)
조급 자 지식 어눌 자
(敏捷)(分明)
민첩 분명

사32:5,(者)(尊貴)(稱)(詭譎)(者)(正大)
자 존귀 칭 궤휼 자 정대

사32:6,(者)(不義)(奸邪)(行)(悖逆)(者)
자 불의 간사 행 패역 자
(心靈)(者)
심령 자

사32:7,(詭譎)(者)(惡)(惡)(計劃)(可憐)
궤휼 자 악 악 계획 가련
(者)(滅)(貧乏)(者)
자 멸 빈핍 자

사32:8,(高明)(者)(高明)(圖謀)(恒常)(高明)
고명 자 고명 도모 항상 고명

사32:9,(安逸)(婦女)(念慮)
안일 부녀 염려

사32:10,(念慮)(女子)(一年)(唐慌)(葡萄)
염려 녀자 일년 당황 포도
(收穫)(期限)(臨)
수확 기한 임

사32:11,(安逸)(女子)(念慮)(者)(唐慌)
안일 녀자 염려 자 당황

사32:12,(爲)(葡萄)(爲)
위 포도 위

사32:13,(荊棘)(百姓)(喜樂)(城邑)
형극 백성 희락 성읍

사32:14,(大抵)(宮殿)(廢)(人口)(城邑)(寂寞)
대저 궁전 폐 인구 성읍 적막
(山)(望臺)(永永)(窟穴)(羊)
산 망대 영영 굴혈 양

사32:15,(畢竟)(聖神)(曠野)(森林)
필경 성신 광야 삼림

사32:16,(公平)(曠野)(居)(義)
공평 광야 거 의

사32:17,(義)(功效)(和平)(義)(結果)(永遠)
의 공효 화평 의 결과 영원
(平安)(安全)
평안 안전

사32:18,(百姓)(和平)(安全)(居處)(從容)
백성 화평 안전 거처 종용

사32:19,(森林)(雨雹)(傷)(城邑)(破壞)
삼림 우박 상 성읍 파괴

사32:20,(福)
복

以賽亞書-(이사야)-第三十三章
이 새 아 서 제삼 십 삼 장

사33:1,(禍)(虐待)(當)(虐待)(者)(虐待)
화 학대 당 학대 자 학대
(虐待)(當)
학대 당

사33:2,(恩惠)(主)(仰望)(主)(患難)(救援)
은혜 주 앙망 주 환난 구원

사33:3,(震動)(因)(民族)(逃亡)(主)(因)(列邦)
진동 인 민족 도망 주 인 열방

사33:4,(蝗蟲)(擄掠物)
황충 노약물

사33:5,(至尊)(居)(公平)(義)(充滿)
지존 거 공평 의 충만

사33:6,(時代)(平安)(救援)(智慧)(知識)
시대 평안 구원 지혜 지식
(豊盛)(敬畏)
풍성 경외

사33:7,(勇士)(平和)(使臣)(哭)
용사 평화 사신 곡

사33:8,(大路)(荒廢)行人)(對敵)(條約)
대로 황폐 행인 대적 조약
(破)(城邑)(蔑視)
파 성읍 멸시

사33:9,(衰殘)(沙漠)(木葉)
쇠잔 사막 목엽

사33:10,(至極)
지극

사33:11,(孕胎)(解産)(呼吸)
잉태 해산 호흡

사33:12,(民族)(灰)
민족 회

사33:13,(者)(行)(者)(權能)
자 행 자 권능

사33:14,(罪人)(敬虔)(者)(中)(居)(中)
죄인 경건 자 중 거 중
(永永)(居)
영영 거

사33:15,(義)(行)(者)(正直)(討索)(財物)
의 행 자 정직 토색 재물
(可憎)(者)(賂物)(者)(者)(惡)(者)
가증 자 뇌물 자 자 악 자

사33:16,(居)(堅固)(保障)(糧食)(供給)
거 견고 보장 량식 공급

사33:17,(榮光)(中)(王)(廣闊)(目覩)
영광 중 왕 광활 목도

사33:18,(計算)(者)(貢稅)(測量)(者)(望臺)
계산 자 공세 측량 자 망대
(計數)(者)
계수 자

사33:19,(强暴)(百姓(百姓)(方言)(異常)(者)
강포 백성 백성 방언 이상 자

사33:20,(節期)(城)(安靜)(處所)(帳幕)(永永)
절기 성 안정 처소 장막 영영

사33:21,(威嚴)(中)(櫓)(通行)(河水)(江)
위엄 중 노 통행 하수 강

사33:22,(大抵)(裁判長)(律法)(者)(王)(救援)
대저 재판장 률법 자 왕 구원
사33:23,(財物)(奪取)(者)(財物)(取)
재물 탈취 자 재물 취
사33:24,(居民)(病)(居)(百姓)(赦罪)
거민 병 거 백성 사죄

以賽亞書-(이사야)-第三十四章
이새아서 제삼십사장

사34:1,(列國)(民族)(充滿)(世界)(世界)
열국 민족 충만 세계 세계
사34:2,(大抵)(萬國)(向)(震怒)(萬軍)(向)
대저 만국 향 진노 만군 향
(憤)(殄滅)(殺戮)
분 진멸 살륙
사34:3,(殺戮)(當)(者)(死體)(惡臭)(山)
살륙 당 자 사체 악취 산
사34:4,(萬象)(萬象)(衰殘)(葡萄)(無花果)
만상 만상 쇠잔 포도 무화과
사34:5,(足)(滅亡)(定)(百姓)(審判)
족 멸망 정 백성 심판
사34:6,(羊)(滿足)(羊)(潤澤)(犧牲)(殺戮)(行)
양 만족 양 윤택 희생 살륙 행
사34:7,(屠殺場)(取)(潤澤)
도살장 취 윤택
사34:8,(報讐)(訟事)(爲)(伸寃)
보수 송사 위 신원
사34:9,(變)(瀝靑)(硫黃)(瀝靑)
변 력청 류황 력청
사34:10,(煙氣)(世世)(荒蕪)(者)(永永)
연기 세세 황무 자 영영
사34:11,(塘鵝)(居)(混亂)(空虛)(錘)
당아 거 혼란 공허 추
사34:12,(國家)(貴人)(方伯)
국가 귀인 방백
사34:13,(宮闕)(堅固)(城)(豺狼)(窟)
궁궐 견고 성 시랑 굴
(駝鳥)(處所)
타조 처소
사34:14,(同類)(居)(處所)
동류 거 처소
사34:16,(冊)(仔細)(命)(神)
책 자세 명 신
사34:17,(爲)(親手)(永永)(代代)(居)
위 친수 영영 대대 거

以賽亞書-(이사야)-第三十五章
이새아서 제삼십오장

사35:1,(曠野)(沙漠)(百合花)
광야 사막 백합화
사35:2,(茂盛)(榮光)(榮光)
무성 영광 영광
사35:3,(弱)(强)
약 강
사35:4,(者)(報讐)(報復)(求)
자 보수 보복 구
사35:6,(者)뛸(曠野)(沙漠)
자 광야 사막
사35:7,(沙漠)(變)(變)(源泉)(豺狼)(
사막 변 변 원천 시랑
사35:8,(大路)(者)(救贖)(者)(爲)(愚昧)
대로 자 구속 자 위 우매
(行人)(犯)
행인 범
사35:9,(獅子)(救贖)(者)(行)
사자 구속 자 행
사35:10,(贖良)(者)(永永)(喜樂)(嘆息)
속량 자 영영 희락 탄식

以賽亞書-(이사야)-第三十六章
이새아서 제삼십륙장

사36:1,(王)(十)(四年)(王)(堅固)(城)(取)
왕 십 사년 왕 견고 성 취
사36:2,(王)(大軍)(王)(洗濯業者)
왕 대군 왕 세탁업자
(大路)(水道口)
대로 수도구
사36:3,(宮內大臣)(書記官)(史官)
궁내대신 서기관 사관
사36:4,(告)(大王)(王)(依賴)(依賴)
고 대왕 왕 의뢰 의뢰
사36:5,(足)(謀略)(勇猛)(依賴)(叛逆)
족 모략 용맹 의뢰 반역
사36:6,(依賴)(傷)(一般)(依支)(王)(依賴)(者)
의뢰 상 일반 의지 왕 의뢰 자
사36:7,(或時)(依賴)(山堂)(祭壇)(除)
혹시 의뢰 산당 제단 제
(命)(祭壇)(敬拜)(神)
명 제단 경배 신
사36:8,(請)(主)(王)(二千)(匹)(者)(能)
청 주 왕 이천 필 자 능
사36:9,(主)(極)(長官)(依賴)(兵車)(騎兵)
주 극 장관 의뢰 병거 기병
사36:10,(滅)(滅)
멸 멸
사36:11,(方言)(請)(方言)(當身)(城)
방언 청 방언 당신 성
(百姓)(方言)
백성 방언
사36:12,(主)(主)(自己)(大便)(自己)(小便)(城)
주 주 자기 대변 자기 소변 성
사36:13,(方言)(大王)(王)
방언 대왕 왕
사36:14,(王)(迷惑)(能)
왕 미혹 능
사36:15,(依賴)(城)(王)
의뢰 성 왕
사36:16,(聽從)(王)(降服)(各各)(自己)
청종 왕 항복 각각 자기
(葡萄)(自己)(無花果)(各各)(自己)
포도 자기 무화과 각각 자기
사36:17,(本土)(穀食)(葡萄酒)(葡萄園)
본토 곡식 포도주 포도원
사36:18,(或時)(列國)(神)(中)(王)(者)
혹시 열국 신 중 왕 자

사36:19,(神)(神)(
신 신

사36:20,(列邦)(神)(中)(神)(能)
열방 신 중 신 능

사36:21,(潛潛)對答)(王)(命)對答)
잠잠 대답 왕 명 대답

사36:22,(宮內大臣)(書記官)(史官)(告)
궁내대신 서기관 사관 고

以賽亞書-(이사야)-第三十七章
이 새 아 서 제삼십칠장

사37:1,(王)(殿)
왕 전

사37:2,(宮內大臣)(書記官)(祭司長)(中)
궁내대신 서기관 제사장 중
(王)(先知者)
왕 선지자

사37:3,(患難)(責罰)(凌辱)(解産)
환난 책벌 능욕 해산

사37:4,(當身)(主)(王)(毁謗)(當身)(或時)
당신 주 왕 훼방 당신 혹시
(譴責(當身)(者)(爲)(祈禱)
견책 당신 자 위 기도

사37:5,(王)(臣下)
왕 신하

사37:6,(主)(告)(王)(凌辱)(因)
주 고 왕 능욕 인

사37:7,(神)(風聲)(故土)(故土)
신 풍성 고토 고토

사37:8,(王)(王)
왕 왕

사37:9,(王)(王)(對)(王)(使者)
왕 왕 대 왕 사자

사37:10,(王)(告)(依賴)(王)(
왕 고 의뢰 왕

사37:11,(王)(行)(滅絶)
왕 행 멸절

사37:12,(列祖)(滅)(列邦)(居)(子孫)(神)
열조 멸 열방 거 자손 신

사37:13,(王)(王)(城)(王)(王)(王)
왕 왕 성 왕 왕 왕

사37:14,(使者)(殿)
사자 전

사37:15,(祈禱)
기도

사37:16,(萬軍)(主)(天下)(萬國)(唯一)(主)
만군 주 천하 만국 유일 주
(天地)(造成)
천지 조성

사37:17,(使者)(毁謗)
사자 훼방

사37:18,(王)(果然)(列國)(荒廢)
왕 과연 열국 황폐

사37:19,(神)(神)(滅亡)(當)
신 신 멸망 당

사37:20,(救援)(天下)(萬國)(主)
구원 천하 만국 주

사37:21王)祈禱)
왕 기도

사37:22,(對)(處女)(蔑視)(嘲笑)(向)
대 처녀 멸시 조소 향

사37:23,(毁謗)(凌辱)(向)(者)
훼방 능욕 향 자

사37:24,(主)(毁謗)(許多)(兵車)(山)
주 훼방 허다 병거 산
(柏香木)(限界)
백향목 한계

사37:25,(河水
하수

사37:26,(太初)(行)(上古)(定)(堅固)(城)
태초 행 상고 정 견고 성

사37:27,(居民)(弱)(羞恥)(當)(穀草)
거민 약 수치 당 곡초

사37:28,(居處)(出入)(忿怒)
거처 출입 분노

사37:29,(忿怒)(傲慢)
분노 오만

사37:30,(王)(王)(徵兆)(今年)(第)(二年)
왕 왕 징조 금년 제 이년
(第)(三年)(葡萄)
제 삼년 포도

사37:31,(族屬)(中)(避)(者
족속 중 피 자

사37:32,(者)(避)(者(萬軍)(熱心)
자 피 자 만군 열심

사37:33,(王)(對)(城)(防牌)(城)(胸壁)
왕 대 성 방패 성 흉벽

사37:34,(城)
성

사37:35,(大抵)(爲)(爲)(城)(保護)(救援)
대저 위 위 성 보호 구원

사37:36,(使者)(陣中)(十)(八萬)(五千人)
사자 진중 십 팔만 오천인
(屍體)
시체

사37:37,(王)(居)
왕 거

사37:38,(自己)(神)(廟)(敬拜)(逃亡)(故)(王)
자기 신 묘 경배 도망 고 왕

以賽亞書-(이사야)-第三十八章
이 새 아 서 제삼십팔장

사38:1,(病)(先知者)(遺言)
병 선지자 유언

사38:2,(壁)(向)(祈禱)
벽 향 기도

사38:3,(求)(主)(眞實)(全心)(行)(主)
구 주 진실 전심 행 주
(目前)(善)(行)(追憶)(甚)(痛哭)
목전 선 행 추억 심 통곡

사38:4,(臨)
임

사38:5,(祖上)(祈禱)(壽限)(十)(五年)
조상 기도 수한 십 오년

사38:6,(城)(王)(城)(保護)
성 왕 성 보호

사38:7,(證據)(徵兆)
증거 징조

사38:8,(日影表)(十度)(日影表)(十度)
일영표 십도 일영표 십도

사38:9,(王)(病)(病)(記錄)
왕 병 병 기록

사38:10,(中年)(陰府)(門)(餘年)
중년 음부 문 여년

사38:11,(生存世界)(世上)(居民)(中)
생존세계 세상 거민 중

사38:12,(居處)(牧者)(帳幕)(生命)(織工)
거처 목자 장막 생명 직공
(主)(命)(朝夕間)
주 명 조석간

사38:13,(主)(獅子)(命)(朝夕間)
주 사자 명 조석간

사38:14,(衰)(仰望)(壓制)(中保)
쇠 앙망 압제 중보

사38:15,(主)(親)(靈魂)(苦痛)(因)(終身)(恪勤)(行)
주 친 영혼 고통 인 종신 각근 행

사38:16,(主)(心靈)(生命)(穩全)(願)(治療)
주 심령 생명 온전 원 치료

사38:17,(苦痛)(平安)(主)(靈魂)(滅亡)(罪)(主)
고통 평안 주 영혼 멸망 죄 주

사38:18,(陰府)(主)(謝禮)(死亡)(主)(讚揚)
음부 주 사례 사망 주 찬양
(者)(主)(信實)
자 주 신실

사38:19,(者)(者)(主)(感謝)(主)(信實)(子女)
자 자 주 감사 주 신실 자녀

사38:20,(救援)(終身)(殿)(竪琴)
구원 종신 전 수금

사38:21,(無花果)(取)(腫處)(王)
무화과 취 종처 왕

사38:22,(殿)(徵兆)
전 징조

以賽亞書-(이사야)-第三十九章
이 새 아 서 제삼십구장

사39:1,(王)(病)(禮物)
왕 병 예물

사39:2,(使者)(因)(宮中)(寶物)(銀金)(香料)
사자 인 궁중 보물 은금 향료
(武器庫)(寶物庫)(宮中)(所有)(仝)
무기고 보물고 궁중 소유 전
(國內)(所有)
국내 소유

사39:3,(先知者)(王)(王)(遠方)
선지자 왕 왕 원방

사39:4,(王)(宮殿)(對答)(宮殿)(寶物)
왕 궁전 대답 궁전 보물

사39:5,(王)(萬軍)
왕 만군

사39:6,(所有)(列祖)
소유 열조

사39:7,(子孫)(中)(王宮)(宦官)
자손 중 왕궁 환관

사39:8,(當身)(生前)(平安)(堅固)
당신 생전 평안 견고

以賽亞書-(이사야)-第四十章
이 새 아 서 제사십장

사40:1,(慰勞)(百姓)(慰勞)
위로 백성 위로

사40:2,(情)(告)(服役)(罪惡)(赦)(罪)(因)(倍)
정 고 복역 죄악 사 죄 인 배

사40:3,(者)(曠野)(豫備)(沙漠)(大路)(平坦)
자 광야 예비 사막 대로 평탄

사40:4,(山)(山)(平坦)(險)(平地)
산 산 평탄 험 평지

사40:5,(榮光)(肉體)大抵)
영광 육체 대저

사40:6,(者對答)(肉體)
자 대답 육체

사40:7,(氣運)(百姓)(實)
기운 백성 실

사40:8,(永永)
영영

사40:9,(消息)(傳)(者)(山)(消息)(傳)(者)
소식 전 자 산 소식 전 자
(城邑)
성읍

사40:10,(主)(將次)(强)(者)(臨)(親)
주 장차 강 자 임 친
(賞給)(報應)
상급 보응

사40:11,(牧者)(羊)(羊)(溫順)(引導)
목자 양 양 온순 인도

사40:12,(皿稱)(山)(桿稱)(山)
명칭 산 간칭 산

사40:13,(神)(指導)(謀士)
신 지도 모사

사40:14,(議論)(敎訓)(公平)(道)(知識)
의논 교훈 공평 도 지식
(通達)(道)
통달 도

사40:15,(列邦)
열방

사40:16,(燔祭)(所用)(不足)(森林)(火木)
번제 소용 부족 삼림 화목
(所用)(不足)
소용 부족

사40:17,(列邦)
열방

사40:18,(形像)
형상

사40:19,(偶像)(匠人)(匠色)(金)(爲)(銀)
우상 장인 장색 금 위 은

사40:20,(窮乏)(者)(擇)(工巧)(匠人)(求)(偶像)
궁핍 자 택 공교 장인 구 우상

사40:21)太初)(傳)(基礎)(創造)
태초 전 기초 창조

사40:22,(穹蒼)(居民)(遮日)(居)(天幕)
궁창 거민 차일 거 천막

사40:23,(貴人)(廢)(世上)(士師)
귀인 폐 세상 사사

사40:24,(草芥)
초개

사40:25,(者)(同等)
자 동등

사40:26,(創造)(主)(數爻)(萬象)(各各)
창조 주 수효 만상 각각
(權勢)(能力)(强)
권세 능력 강

사40:27,(事情)(怨痛)(受理)
사정 원통 수리

사40:28,(永遠)(創造)(者)(疲困)(困憊)
영원 창조 자 피곤 곤비
(明哲)(限)
명철 한

사40:29,(疲困)(者)(能力)(無能)(者)
피곤 자 능력 무능 자

사40:30,(少年)(疲困)(困憊)(壯丁)
소년 피곤 곤비 장정

사40:31,(仰望)(者)(困憊)(疲困)
앙망 자 곤비 피곤

以賽亞書-(이사야)-第四十一章
이새아서 제사십일장

사41:1,(潛潛)(民族)(辯論)
잠잠 민족 변론

사41:2,(東方)(義)(自己)(列國)(屈伏)
동방 의 자기 열국 굴복
(王)(治理)(草芥)
왕 치리 초개

사41:3,(安全)
안전

사41:4,(行)(太初)(萬代)(命定)(太初)(者)
행 태초 만대 명정 태초 자

사41:6,(各其)(兄弟)(膽大)
각기 형제 담대

사41:7,(木工)(金匠色)(獎勵)(者)
목공 금장색 려 자
(獎勵)(偶像)
려 우상

사41:8,(擇(子孫)
택 자손

사41:9,(擇)
택

사41:10,(義)
의

사41:11,(怒)(者)(羞恥)(辱)(當)(者)(滅亡)
노 자 수치 욕 당 자 멸망

사41:12,(者)(者)(虛無)
자 자 허무

사41:14,(救贖者)(者)
구속자 자

사41:15,(打作)(機械)(山)(山)
타작 기계 산 산

사41:16,(因)(者)(因)
인 자 인

사41:17,(可憐)(貧乏)(者)(求)(渴症)(應答)
가련 빈핍 자 구 갈증 응답

사41:18,(江)(曠野)(根源)
강 광야 근원

사41:19,(曠野)(柏香木)(花石榴)(橄欖)
광야 백향목 화석류 감람
(沙漠)(黃楊木)
사막 황양목

사41:20,(者)(創造)
자 창조

사41:21,(偶像)(訴訟)(王)(確實)(證據)
우상 소송 왕 확실 증거

사41:22,(將次)(當)(陳述)(以前)(告)
장차 당 진술 이전 고
(硏究)(結局)(或)(將來事)
연구 결국 혹 장래사

사41:23,(後來事)(陳述)(神)(福)(禍)
후래사 진술 신 복 화

사41:24,(果然)(虛妄)(擇)(者)(可憎)
과연 허망 택 자 가증

사41:25,(北方)(者)(方伯)(灰三物)(土器匠)
북방 자 방백 회삼물 토기장

사41:26,(告)(以前)(告)(能)(告)(者)(者)(者)
고 이전 고 능 고 자 자 자

사41:27,(消息)(傳)(者)
소식 전 자

사41:28,(能對答)(謀士)
능대답 모사

사41:29,(果然)(行事)(空虛)(虛無)
과연 행사 공허 허무
(偶像)(虛誕)
우상 허탄

以賽亞書-(이사야)-第四十二章
이새아서 제사십이장

사42:1,(擇)(神)(異邦)(公義)
택 신 이방 공의

사42:3,(傷)(燈)(眞理)(公義)
상 등 진리 공의

사42:4,(衰)(落膽)(世上)(公義)(敎訓)(仰望)
쇠 락담 세상 공의 교훈 앙망

사42:5,(創造)(所産)(百姓)(呼吸)(行)(者)(神)
창조 소산 백성 호흡 행 자 신

사42:6,(義)(保護)(百姓)(言約)(異邦)
의 보호 백성 언약 이방

사42:7,(者)(獄)(黑暗)(處)(者)(間)
자 옥 흑암 처 자 간

사42:8,(榮光)(者)(讚頌)(偶像)
영광 자 찬송 우상

사42:9,(前)(豫言)(告)(始作)(前)
전 예언 고 시작 전

사42:10,(航海)(者)(萬物)(居民)(讚頌)
항해 자 만물 거민 찬송

사42:11,(曠野)(城邑)(居)(村落)(居民)(山)
광야 성읍 거 촌락 거민 산

사42:12,(榮光)(中)(讚頌)(宣傳)
영광 중 찬송 선전
사42:13,(勇士)(戰士)(奮發)(對敵)
용사 전사 분발 대적
사42:14潛潛)(解産)(女人)(甚)
잠잠 해산 녀인 심
사42:15,(山)(山)(荒蕪)(草木)(江)
산 산 황무 초목 강
사42:16,(捷徑)(引導)(暗黑)(光明)(行)
첩경 인도 암흑 광명 행
사42:17,(彫刻)(偶像)(依賴)(偶像)(向)
조각 우상 의뢰 우상 향
(神)(者)(羞恥)(當)
신 자 수치 당
사42:19,(使者)(親)(者)
사자 친 자
사42:20,(留意)
류의
사42:21,(自己)(義)(因)(教訓)(尊貴)
자기 의 인 교훈 존귀
사42:22,(百姓)(盜賊)(奪取)(當)(窟)(獄)
백성 도적 탈취 당 굴 옥
(擄掠)(當)(救)(者)(奪取)(當)(者)
노약 당 구 자 탈취 당 자
사42:23,(中)(將來事)
중 장래사
사42:24,(奪取)(當)(者)(盜賊)(者)(犯罪)
탈취 당 자 도적 자 범죄
(百姓)(行)(律法)(順從)
백성 행 률법 순종
사42:25,(震怒)(戰爭)(威力)(四方)
진노 전쟁 위력 사방

以賽亞書-(이사야)-第四十三章
이새아서 제사십삼장

사43:1,(創造)(造成)(者)(救贖)(指名)
창조 조성 자 구속 지명
사43:2,(江)(沈沒)(行)
강 침몰 행
사43:3,(大抵)(者)(救援者)(贖良物)(代身)
대저 자 구원자 속량물 대신
사43:4,(尊貴)(百姓)(生命)(代身)
존귀 백성 생명 대신
사43:5,(子孫)(東方)(西方)
자손 동방 서방
사43:6,(北方)(南方)(拘留)(遠方
북방 남방 구류 원방
사43:7,(者)(榮光)(爲)(創造)(者)
자 영광 위 창조 자
사43:8,(百姓)
백성
사43:9,(列邦)(民族)(會集)(中)(能)(告)
열방 민족 회집 중 능 고
(以前)(證人)(自己)(者)
이전 증인 자기 자
사43:10,(證人)(擇)(前)(神)(後)
증인 택 전 신 후
사43:11,(外)(救援者)
외 구원자
사43:12,(告)(救援)(中)(神)(證人)
고 구원 중 신 증인
사43:13,(果然)(太初)(能)(者)(行)
과연 태초 능 자 행
사43:14,(救贖者)(爲)(自己)(宴樂)(逃亡)
구속자 위 자기 연락 도망
사43:15,(者)(創造者)(王)
자 창조자 왕
사43:16,(捷徑)
첩경
사43:17,(兵車)(軍隊)(勇士)(一時)(消滅)(燈)
병거 군대 용사 일시 소멸 등
사43:18,(以前)(記憶)
이전 기억
사43:19,(行)(丁寧)(曠野)(沙漠)(江)
행 정녕 광야 사막 강
사43:20,(將次)(豺狼)(駝鳥)(尊敬)(曠野)
장차 시랑 타조 존경 광야
(沙漠)(江)(百姓)(擇)(者)
사막 강 백성 택 자
사43:21,(百姓)(爲)(讚頌)
백성 위 찬송
사43:23,(燔祭)(羊)(祭物)(恭敬)(禮物)
번제 양 제물 공경 예물
(因)(受苦)(乳香)(因)
인 수고 유향 인
사43:24,(爲)(香品)(犧牲)(洽足)(罪)(受苦)(惡)
위 향품 희생 흡족 죄 수고 악
사43:25,(爲)(塗抹)(者)(罪)(記憶)
위 도말 자 죄 기억
사43:26,(記憶)(辯論)(義)
기억 변론 의
사43:27,(始祖)(犯罪)(教師)(背逆)
시조 범죄 교사 배역
사43:28,(聖所)(辱)(詛呪)(誹謗)
성소 욕 저주 비방

以賽亞書-(이사야)-第四十四章
이새아서 제사십사장

사44:1,(擇)
택
사44:2,(母胎)(造成)(擇)
모태 조성 택
사44.3,(人抵)(者)(神)(子孫)(福)(後孫)
내서 자 신 자손 복 후손
사44:5,(或)(屬)(或)(自稱)(或)(自己)
혹 속 혹 자칭 혹 자기
(屬)(記錄)(稱呼)
속 기록 칭호
사44:6,(王)(救贖者)(萬軍)(外)(神)
왕 구속자 만군 외 신
사44:7,(百姓)(以後)(告)(陳述)(者)(將次)(告)
백성 이후 고 진술 자 장차 고
사44:8,(怯)(告)(證人)(外)(神)(果然)
겁 고 증인 외 신 과연

(磐石)(神)
반 석 신

사44:9,(偶像)(者)(虛妄)(偶像)(無益)
우 상 자 허 망 우 상 무 익

(證人)(羞恥)(當)
증 인 수 치 당

사44:10,(神像)(無益)(偶像)(者)
신 상 무 익 우 상 자

사44:11,(同類)(羞恥)(當)(匠色)(羞恥)(當)
동 류 수 치 당 장 색 수 치 당

사44:12,(鐵工)(鐵)(强)괄(甚至於)
철 공 철 강 심 지 어

(氣力)(盡)(困憊)
기 력 진 곤 비

사44:13,(木工)곳(正規)(人形)
목 공 정 규 인 형

사44:14,(或)(柏香木)(或)(取)(或)(森林)
혹 백 향 목 혹 취 혹 삼 림

(中)(自己)(爲)(擇)(或)
중 자 기 위 택 혹

사44:15,(火木)(自己)(神像)(崇拜)
화 목 자 기 신 상 숭 배

(偶像)(俯伏)
우 상 부 복

사44:16,(中)
중

사44:17,(神像)(自己)(偶像)(俯伏)
신 상 자 기 우 상 부 복

(敬拜)(祈禱)(神)(救援)
경 배 기 도 신 구 원

사44:19,(知識)(聰明)(可憎)(物件)(屈伏)
지 식 총 명 가 증 물 건 굴 복

사44:20,(迷惑)(迷惑)(靈魂)(救援)
미 혹 미 혹 영 혼 구 원

사44:21,(記憶)
기 억

사44:22,(罪)(塗抹)(救贖)
죄 도 말 구 속

사44:23,(行)(山)(森林)(救贖)(自己)(榮華)
행 산 삼 림 구 속 자 기 영 화

사44:24,(救贖者)(母胎)(造成)(萬物)(者)
구 속 자 모 태 조 성 만 물 자

사44:25,(者)(徵兆)(廢)(占)(者)(智慧)
자 징 조 폐 점 자 지 혜

(者)(知識)
자 지 식

사44:26,(應)(使者)(謀略)(成就)(對)(城邑)
응 사 자 모 략 성 취 대 성 읍

(對)(重建)(荒廢)(復舊)
대 중 건 황 폐 복 구

사44:27,(對)(江)
대 강

사44:28,(對)(牧者)(成就)(對)(重建)
대 목 자 성 취 대 중 건

(聖殿)(對)(基礎)(者)
성 전 대 기 초 자

以賽亞書-(이사야)-第四十五章
이 새 아 서 제 사 십 오 장

사45:1,(列國)(降服)(列王)(城門)
열 국 항 복 열 왕 성 문

사45:2,(險)(平坦)(門)
험 평 탄 문

사45:3,(黑暗)(中)(寶貨)(隱密)(財物)
흑 암 중 보 화 은 밀 재 물

(指名)(者)
지 명 자

사45:4,(擇)(爲)(指名)(稱呼)
택 위 지 명 칭 호

사45:5,(外)(神)(
외 신

사45:7,(創造)(平安)(患難)(創造)(行)(者)
창 조 평 안 환 난 창 조 행 자

사45:8,(義)(穹蒼)(義)(救援)(創造)
의 궁 창 의 구 원 창 조

사45:9,(中)(者)(自己)(者)(禍)(土器匠)(對)
중 자 자 기 자 화 토 기 장 대

사45:10,(者)(禍)
자 화

사45:11,(者)(將來)(對)(付託)
자 장 래 대 부 탁

사45:12,(創造)(親手)(萬象)(命)
창 조 친 수 만 상 명

사45:13,(義)(城邑)(建築)(者)(萬軍)
의 성 읍 건 축 자 만 군

사45:14,(受苦)(貿易)(壯大)(族屬)(屬)
수 고 무 역 장 대 족 속 속

(屈伏)(懇求)(果然)(外)
굴 복 간 구 과 연 외

사45:15,(救援者)(眞實)(主)
구 원 자 진 실 주

사45:16,(偶像)(者)(當)(辱)(羞辱)(中)
우 상 자 당 욕 수 욕 중

사45:17,(救援)(永遠)(救援)(永世)(當)(辱)
구 원 영 원 구 원 영 세 당 욕

사45:18,(創造)(造成)(堅固)(創造)(居)(者)(外)
창 조 조 성 견 고 창 조 거 자 외

사45:19,(黑暗)(隱密)(子孫)(義)(正直)(告)
흑 암 은 밀 자 손 의 정 직 고

사45:20,(列邦)(中)(避難)(者)(偶像)(能)
열 방 중 피 난 자 우 상 능

(救援)(神)(祈禱)(者)(無知)(者)
구 원 신 기 도 자 무 지 자

사45:21,(告)(陳述)(彼此)(相議)(以前)(者)
고 진 술 피 차 상 의 이 전 자

(告)(者)(外)(神)(公義)(行)(救援)(外)
고 자 외 신 공 의 행 구 원 외

사45:22,(百姓)(仰望)(救援)
백 성 앙 망 구 원

사45:23,(盟誓)(義)(盟約)
맹 서 의 맹 약

사45:24,(者)(對)(義)(怒)(者)(當)
자 대 의 노 자 당

사45:25,(子孫)(義)
자 손 의

以賽亞書-(이사야)-第四十六章
이 새 아 서 제 사 십 륙 장

사46:1,(偶像)(家畜)(疲困)
우 상 가 축 피 곤

사46:2,(一齊)(求)(自己)
일 제 구 자 기

사46:3,(者)(胎)
자 태

사46:4,(老年)(白髮)(求)
로 년 백 발 구

사46:5,(比較)
비 교

사46:6,(金)(銀)(匠色)(神)(敬拜)
금 은 장 색 신 경 배

사46:7,(處所)(能)(能)(應答)(苦難)(救)
처 소 능 능 응 답 고 난 구

사46:8,(悖逆)(者)(記憶)(丈夫)
패 역 자 기 억 장 부

사46:9,(記憶)(外)
기 억 외

사46:10,(終末)(告)(謀略)
종 말 고 모 략

사46:11,(東方)(謀略)(丁寧)(經營)(丁寧)(行)
동 방 모 략 정 녕 경 영 정 녕 행

사46:12,(頑惡)(義)
완 악 의

사46:13,(義)(相距)(救援)(遲滯)(榮光)
의 상 거 구 원 지 체 영 광
(爲)(救援)
위 구 원

以賽亞書-(이사야)-第四十七章
이 새 아 서 제 사 십 칠 장

사47:1,(處女)(寶座)땁(稱)
처 녀 보 좌 칭

사47:2,(取)(江)
취 강

사47:3,(報讐)
보 수

사47:4,(救贖者)(萬軍)(者)
구 속 자 만 군 자

사47:5,(潛潛)(黑暗)(列國)(主母)(稱)
잠 잠 흑 암 열 국 주 모 칭

사47:6,(前)(百姓)(怒)(基業)(辱)(矜恤)(甚)
전 백 성 누 기 업 욕 긍 휼 심

사47:7,(永永)(主母)(終末)
영 영 주 모 종 말

사47:8,(奢侈)(平安)(外)(寡婦)(子女)(者)
사 치 평 안 외 과 부 자 녀 자

사47:9,(忽然)(子女)(寡婦)(臨)(無數)
홀 연 자 녀 과 부 임 무 수
(邪術)(嗔言)(穩全)(臨)
사 술 진 언 온 전 임

사47:10,(惡)(依支)(者)(智慧)(知識)(誘惑)(外)
악 의 지 자 지 혜 지 식 유 혹 외

사47:11,(災殃)(臨)(根本)(損害)(能)(破滅)
재 앙 임 근 본 손 해 능 파 멸
(忽然)(臨)
홀 연 임

사47:12,(嗔言)(邪術)(試驗)(或時)(有益)
진 언 사 술 시 험 혹 시 유 익
(或時)(怨讐)
혹 시 원 수

사47:13,(謀略)(因)(疲困)(者)(者)(月朔)
모 략 인 피 곤 자 자 월 삭
(豫告)(者)(臨)(救援)
예 고 자 임 구 원

사47:14,(草芥)(勢力)(救援)
초 개 세 력 구 원

사47:15,(勤勞)(貿易)(者)(各其)(所向)
근 로 무 역 자 각 기 소 향
(流離)(救援)(者)
유 리 구 원 자

以賽亞書-(이사야)-第四十八章
이 새 아 서 제 사 십 팔 장

사48:1,(根源)(城)(百姓)(稱)(萬軍)
근 원 성 백 성 칭 만 군
(依支)(誠實)(義)(盟誓)
의 지 성 실 의 맹 서

사48:3,(將來事)(告)(忽然)(行)
장 래 사 고 홀 연 행

사48:4,(頑惡)
완 악

사48:5,(告)(成事)(前)(神)(行)(神像)
고 성 사 전 신 행 신 상
(神像)(命)
신 상 명

사48:6,(宣傳)(隱秘)
선 전 은 비

사48:7,(創造)(以前)
창 조 이 전

사48:8,(果然)(詭譎)(詭譎)(母胎)(悖逆)
과 연 궤 휼 궤 휼 모 태 패 역
(者)(稱)
자 칭

사48:9,(爲)(怒)(榮譽)(爲)(滅絶)
위 노 영 예 위 멸 절

사48:10,(鍊鍛)(苦難)(擇)
연 단 고 난 택

사48:11,(爲)(爲)(辱)(榮光)(者)
위 위 욕 영 광 자

사48:13,(果然)(基礎)(定)폈(天地)(一齊)
과 연 기 초 정 천 지 일 제

사48:14,(者)(行)(人)(臨)(中)(豫言)
자 행 인 임 중 예 언

사48:15,(引導)(亨通)
인 도 형 통

사48:16,(秘密)(主)(神)
비 밀 주 신

사48:17,(救贖者)(者)(有益)(行)(引導)
구 속 자 자 유 익 행 인 도

사48:18,(命令)(萬一)(平康)(江)(義)
명 령 만 일 평 강 강 의

사48:19,(子孫)(所生)
자손 소생

사48:20,(人)(避)(宣播)(頒布)(救贖)
인 피 선파 반포 구속

사48:21,(沙漠)(通過)(爲)
사막 통과 위

사48:22,(惡人)(平康)
악인 평강

以賽亞書-(이사야)-第四十九章
이새아서 제사십구장

사49:1,(遠方)(百姓)(胎)(腹中)
원방 백성 태 복중

사49:2,(磨光)(箭筒)
마광 전통

사49:3,(榮光)
영광

사49:4,(受苦)(無益)(空然)(丁寧)
수고 무익 공연 정녕
(伸寃)(報應)
신원 보응

사49:5,(尊貴)(者)(自己)(自己)(胎)(自己)
존귀 자 자기 자기 태 자기

사49:6,(支派)(中)(保全)(者)(輕)(異邦)(救援)
지파 중 보전 자 경 이방 구원

사49:7,(救贖者)(者)(蔑視)(當)(者)(百姓)
구속자 자 멸시 당 자 백성
(者)(官員)(者)(列王)(方伯)(敬拜)
자 관원 자 열왕 방백 경배
(擇)(信實)(者)(因)
택 신실 자 인

사49:8,(恩惠)(應答)(救援)(將次)(保護)
은혜 응답 구원 장차 보호
(百姓)(言約)(荒蕪)(基業)(相續)
백성 언약 황무 기업 상속

사49:9,(者)(黑暗)(者)
자 흑암 자

사49:10,()(傷)(矜恤)(者)(根源)(引導)
상 긍휼 자 근원 인도

사49:11,(山)(大路)
산 대로

사49:12,(或者)(遠方)(或者)(北方)
혹자 원방 혹자 북방
(西方)(或者)
서방 혹자

사49:13,(山)(百姓)(慰勞)(苦難)(當)(者)(矜恤)
산 백성 위로 고난 당 자 긍휼

사49:14,(主)
주

사49:15,(女人)(子息)(自己)(胎)(矜恤)(或時)
녀인 자식 자기 태 긍휼 혹시

사49:16,(城壁)(恒常)
성벽 항상

사49:17,(子女)(速)(荒廢)(者)
자녀 속 황폐 자

사49:18,(四方)(盟誓)(粧飾)(新婦)
사방 맹서 장식 신부

사49:19,(大抵)(荒廢)(寂寞)(破滅)(當)
대저 황폐 적막 파멸 당
(居民)(者)
거민 자

사49:20,(苦難)(中)(子女)(後日)(居處)
고난 중 자녀 후일 거처

사49:21,(心中)(爲)(子女)(流離)(養育)
심중 위 자녀 유리 양육

사49:22,(主)(列邦)(向)(民族)(向)(旗號)
주 열방 향 민족 향 기호

사49:23,(列王)(養父)(王妃)(乳母)(者)
열왕 양부 왕비 유모 자
(羞恥)(當)
수치 당

사49:24,(勇士)(勝利者)(者)
용사 승리자 자

사49:25,(勇士)(捕虜)(强暴者)(對敵)(者)
용사 포로 강포자 대적 자
(對敵)(子女)(救援)
대적 자녀 구원

사49:26,(虐待)(者)(自己)(醉)(自己)(醉)
학대 자 자기 취 자기 취
(肉體)(救援者)(救贖者)(全能者)
육체 구원자 구속자 전능자

以賽亞書-(이사야)-第五十章
이새아서 제오십장

사50:1,(離婚書)(債主)(罪惡)(因)(因)
이혼서 채주 죄악 인 인

사50:2,(對答)(者)(救贖)(能力)(河水)
대답 자 구속 능력 하수
(曠野)(魚族)(渴)(惡臭)(發)
광야 어족 갈 악취 발

사50:3,(黑暗)
흑암

사50:4,(主)(學者)(困乏)(者)(學者)
주 학자 곤핍 자 학자

사50:5,(主)(拒逆)
주 거역

사50:6,(者)(鬚髥)(者)(羞辱)(避)
자 수염 자 수욕 피

사50:7,(主)(羞恥)(當)
주 수치 당

사50:8,(義)(者)(對敵)
의 자 대적

사50:9,(主)(定罪)(者)
주 정죄 자

사50:10,(中)(敬畏)(聽從)(者)(黑暗)(中)
중 경외 청종 자 흑암 중
(行)(者)(依賴)(自己)(依支)
행 자 의뢰 자기 의지

사50:11,(者)(中)
자 중

以賽亞書-(이사야)-第五十一章
이새아서 제오십일장

사51:1,(求)(磐石)
구 반석

사51:2,(祖上)(生産)(孑孑單身)(福)(昌盛)
조상 생산 혈혈단신 복 창성

사51:3,(大抵)(慰勞)(荒廢)(慰勞)(曠野)
대저 위로 황폐 위로 광야
(沙漠)(感謝)(唱和)
사막 감사 창화

사51:4,(百姓)(注意)(律法)(發)(公義)(萬民)
백성 주의 률법 발 공의 만민

사51:5,(義)(救援)(萬民)(審判)(仰望)(依支)
의 구원 만민 심판 앙망 의지

사51:6,(煙氣)(居)(者)(救援)(永遠)(義)(廢)
연기 거 자 구원 영원 의 폐

사51:7,(者)(律法)(百姓)(毁謗)(誹謗)
자 률법 백성 훼방 비방

사51:8,(羊)(義)(永遠)(救援)(世世)
양 의 영원 구원 세세

사51:9,(能力)(時代)(龍)(主)
능력 시대 용 주

사51:10,(救贖)(者)(主)
구속 자 주

사51:11,(救贖)(者)(永永)(嘆息)
구속 자 영영 탄식

사51:12,(慰勞)(者)(者)(人子)
위로 자 자 인자

사51:13,(基礎)(定)(者)(滅)(豫備)(虐待者)
기초 정 자 멸 예비 학대자
(忿怒)(恒常)(終日)(虐待者)(忿怒)
분노 항상 종일 학대자 분노

사51:14,(結縛)(捕虜)(速)(糧食)(乏絶)
결박 포로 속 량식 핍절

사51:15,(洶湧)(者)(萬軍)
흉용 자 만군

사51:16,(基礎)(定)(百姓)
기초 정 백성

사51:17,(忿怒)(盞)(盞)
분노 잔 잔

사51:18,(中)(引導)(者)(養育)(中)(者)
중 인도 자 양육 중 자

사51:19,(當)(爲)(荒廢)(滅亡)(饑饉)(慰勞)
당 위 황폐 멸망 기근 위로

사51:20,(困憊)(羚羊)(忿怒)(譴責)
곤비 영양 분노 견책

사51:21,(困苦)(葡萄酒)(醉)(者)
곤고 포도주 취 자

사51:22,(主)(百姓)(伸寃)(盞)(忿怒)(盞)
주 백성 신원 잔 분노 진

사51:23,(盞)(困苦)(者)(者).
잔 곤고 자 자

以賽亞書-(이사야)-第五十二章
이새아서 제오십이장

사52:1,(城)(割禮)(者)(不淨)(者)
성 할례 자 부정 자

사52:2,(寶座)
보좌

사52:3,(贖良)
속량

사52:4,(主)(百姓)(已往)(寓居)(人)
주 백성 이왕 우거 인
(空然)(壓迫)
공연 압박

사52:5,(百姓)(管轄)(者)(恒常)(終日)
백성 관할 자 항상 종일

사52:6,(百姓)(者)
백성 자

사52:7,(消息)(平和)(公布)(福)(消息)
소식 평화 공포 복 소식
(救援)(公布)(向)(統治)(者)(山)
구원 공포 향 통치 자 산

사52:8,(把守軍)(一齊)
파수군 일제

사52:9,(荒廢)(發)(百姓)(慰勞)(救贖)
황폐 발 백성 위로 구속

사52:10,(列邦)(目前)(救援)
열방 목전 구원

사52:11,(不淨)(器具)(者)(淨潔)
부정 기구 자 정결

사52:12,(行)(護衛)(遑急)(逃亡)(行)
행 호위 황급 도망 행

사52:13,(亨通)(至極)(尊貴)
형통 지극 존귀

사52:14,(已往)(他人)(傷)(貌樣)(人生)(傷)
이왕 타인 상 모양 인생 상

사52:15,(後)(列邦)(列王)(因)(封)(傳播)
후 열방 열왕 인 봉 전파

以賽亞書-(이사야)-第五十三章
이새아서 제오십삼장

사53:1,(傳)
전

사53:2,(主)(軟)(貌樣)(風彩)(欽慕)
주 연 모양 풍채 흠모

사53:3,(蔑視)(艱苦)(疾苦)(者)(者)(蔑視)
멸시 간고 질고 자 자 멸시
(當)(貴)
당 귀

사53:4,(實)(疾苦)(當)(懲罰)(苦難)(當)
실 질고 당 징벌 고난 당

사53:5,(因)(傷)(罪惡)(因)(懲戒)(平和)
인 상 죄악 인 징계 평화

사53:6,(羊)(行)(各其)(罪惡)(擔當)
양 행 각기 죄악 담당

사53:7,(困辱)(當)(屠獸場)(羊)(者)(潛潛)(羊)
곤욕 당 도수장 양 자 잠잠 양

사53:8,(困辱)(審問)(當)(世代)(中)(者)
곤욕 심문 당 세대 중 자
(刑罰)(百姓)(因)
형벌 백성 인

사53:9,(强暴)(行)(詭詐)(惡人)(墓室)(富者)
강포 행 궤사 악인 묘실 부자

사53:10,(傷)(願)(疾苦)(當)(靈魂)
상 원 질고 당 영혼
(贖愆祭物)(成就)
속건제물 성취

사53:11,(自己)(靈魂)(受苦)(滿足)(義)
자기 영혼 수고 만족 의
(自己)(知識)(義)(罪惡)(親)(擔當)
자기 지식 의 죄악 친 담당

사53:12,(尊貴)(者)(分)(强)(者)(奪取)(自己)
존귀 자 분 강 자 탈취 자기
(靈魂)(死亡)(犯罪者)(中)(實狀)
영혼 사망 범죄자 중 실상
(罪)(犯罪者)(爲)(祈禱)
죄 범죄자 위 기도

以賽亞書-(이사야)-第五十四章
이새아서 제오십사장

사54:1,(孕胎)(生産)(女人)(子息)(男便)
잉태 생산 녀인 자식 남편
(者)(子息)
자 자식

사54:2,(帳幕)(處所)(揮帳)(堅固)
장막 처소 휘장 견고

사54:3,(左右)(子孫)(列邦)(荒廢)(城邑)
좌우 자손 열방 황폐 성읍

사54:4,(羞恥)(當)(靑年)(羞恥)(寡婦)
수치 당 청년 수치 과부
(恥辱)(記憶)
치욕 기억

사54:5,(者)(男便)(萬軍)(救贖者)(者)
자 남편 만군 구속자 자
(世上)(稱)
세상 칭

사54:6,(少時)(者)
소시 자

사54:7,(暫時)(矜恤)
잠시 긍휼

사54:8,(震怒)(暫時)(永遠)(慈悲)(矜恤)
진노 잠시 영원 자비 긍휼
(救贖者)
구속자

사54:9,(洪水)(比)(洪水)(汎濫)(盟誓)
홍수 비 홍수 범람 맹서
(怒)(責望)(盟誓)
노 책망 맹서

사54:10,(山)(山)(仁慈)(和平)(言約)(矜恤)
산 산 인자 화평 언약 긍휼

사54:11,(困苦)(狂風)(搖動)(安慰)(者)
곤고 광풍 요동 안위 자
(華麗)(彩色)(靑玉)(基礎)
화려 채색 청옥 기초

사54:12,(紅寶石)(城堞)(石榴石)(城門)
홍보석 성첩 석류석 성문
(地境)(寶石)
지경 보석

사54:13,(子女)(敎訓)(子女)(平康)
자녀 교훈 자녀 평강

사54:14,(義)(虐待)(恐怖)
의 학대 공포

사54:15,(者)(因)(敗亡)
자 인 패망

사54:16,(自己)(機械)(製造)(匠人)(創造)
자기 기계 제조 장인 창조
(破壞)(殄滅)(者)(創造)
파괴 진멸 자 창조

사54:17,(製造)(機械)(對敵)(訟事)(定罪)
제조 기계 대적 송사 정죄
(當)(基業)
당 기업

以賽亞書-(이사야)-第五十五章
이새아서 제오십오장

사55:1,(者)(者)(葡萄酒)
자 자 포도주

사55:2,(糧食)(爲)(銀)(爲)(受苦)(聽從)
량식 위 은 위 수고 청종

사55:3,(靈魂)(永遠)(言約)(許諾)(確實)(恩惠)
영혼 영원 언약 허락 확실 은혜

사55:4,(萬民)(證據)(萬民)(引導者)(命令者)
만민 증거 만민 인도자 명령자

사55:5,(者)(因)(榮華)
자 인 영화

사55:7,(惡人)(不義)(者)(矜恤)(容恕)
악인 불의 자 긍휼 용서

사55:10,(土地)(播種)(者)(種子)(者)(糧食)
토지 파종 자 종자 자 량식

사55:11,(命)(亨通)
명 형통

사55:12,(平安)(引導)(山)(山)(發)
평안 인도 산 산 발

사55:13,(代身)(花石榴)(代身)(名譽)
대신 화석류 대신 명예
(永永)(表徵)
영영 표징

以賽亞書-(이사야)-第五十六章
이새아서 제오십륙장

사56:1,(公平)(義)(行)(救援)(義)
공평 의 행 구원 의

사56:2,(安息日)(禁)(行)(行)(人生)(福)
안식일 금 행 행 인생 복

사56:3,(聯合)(異邦人)(百姓)(中)(鼓子)
연합 이방인 백성 중 고자

사56:4,(安息日)(選擇)(言約)(鼓子)
안식일 선택 언약 고자

사56:5,(城)(子女)(記念物)(永永)
성 자녀 기념물 영영

사56:6,(聯合)(安息日)(言約)(異邦人)
연합 안식일 언약 이방인

사56:7,(聖山)(引導)(祈禱)(燔祭)(犧牲)
성산 인도 기도 번제 희생
(壇)(萬民)(祈禱)
단 만민 기도

사56:8,(者)(主)(本)(百姓)(外)(屬)
자 주 본 백성 외 속

사56:9,(森林)(中)
삼림 중

사56:10,(把守軍)(無知)(能)(者)(者)(者)
파수군 무지 능 자 자 자

사56:11,(貪慾)(甚)(足)(者)(沒覺)(牧者)
탐 욕 심 족 자 몰 각 목 자
(自己)(者)(自己)(圖謀)
자 기 자 자 기 도 모
사56:12,(彼此)(葡萄酒)(毒酒)(來日)
피 차 포 도 주 독 주 래 일

以賽亞書-(이사야)-第五十七章
이 새 아 서 제 오 십 칠 장

사57:1,(義人)(者)(慈悲)(者)(取)(義人)
의 인 자 자 비 자 취 의 인
(禍厄)(前)(取)(者)
화 액 전 취 자
사57:2,(平安)(正路)(行)(者)(自己)(寢床)(便)
평 안 정 로 행 자 자 기 침 상 편
사57:3,(巫女)(子息)(姦淫者)(淫女)
무 녀 자 식 간 음 자 음 녀
사57:4,(戱弄)(向)(悖逆)(子息)(詭譎)(種類)
희 롱 향 패 역 자 식 궤 휼 종 류
사57:5,(淫慾)(子女)
음 욕 자 녀
사57:6,(中)(所得)(奠祭)(禮物)(容認)
중 소 득 전 제 예 물 용 인
사57:7,(山)(寢床)(祭祀)
산 침 상 제 사
사57:8,(記念標)(門)(門楔柱)(背叛)(者)
기 념 표 문 문 설 주 배 반 자
(爲)(寢床)(言約)(寢床)(處所)(豫備)
위 침 상 언 약 침 상 처 소 예 비
사57:9,(香品)(使臣)(遠方)(陰府)
향 품 사 신 원 방 음 부
사57:10,(疲困)(蘇醒)(衰弱)
피 곤 소 성 쇠 약
사57:11,(敬畏)(潛潛)(因)
경 외 잠 잠 인
사57:12,(義)(所爲)(無益)
의 소 위 무 익
사57:13,(偶像)(救援)(氣運)(依賴)(者)
우 상 구 원 기 운 의 뢰 자
(山)(基業)
산 기 업
사57:14,(將次)(修築)(百姓)(除)
장 차 수 축 백 성 제
사57:15,(至尊無上)(永遠)(居)(者)(居)
지 존 무 상 영 원 거 자 거
(痛悔)(謙遜)(者)(靈)(蘇醒)
통 회 겸 손 자 영 소 성
사57:16,(永遠)(長久)(怒)(靈)(魂)(困憊)
영 원 장 구 노 영 혼 곤 비
사57:17,(貪心)(罪惡)(因)(怒)(怒)(悖逆)
탐 심 죄 악 인 노 노 패 역
(自己)(行)
자 기 행
사57:18,(引導)(者)(慰勞)
인 도 자 위 로
사57:19,(者)(者)(平康)(平康)
자 자 평 강 평 강
사57:20,(惡人)(能)(安靜)(搖動)
악 인 능 안 정 요 동
사57:21,(惡人)(平康)
악 인 평 강

以賽亞書-(이사야)-第五十八章
이 새 아 서 제 오 십 팔 장

사58:1,(百姓)(罪)(告)
백 성 죄 고
사58:2,(義)(行)(規例)(廢)(義)(判斷)(求)
의 행 규 례 폐 의 판 단 구
사58:3,(禁食)(主)(主)(禁食)(娛樂)
금 식 주 주 금 식 오 락
사58:4,(禁食)(惡)(禁食)(上達)
금 식 악 금 식 상 달
사58:5,(禁食)(禁食)(悅納)
금 식 금 식 열 납
사58:6,(禁食)(凶惡)(結縛)(壓制)(當)
금 식 흉 악 결 박 압 제 당
(者)(自由)
자 자 유
사58:7,(者)(食物)(流離)(貧民)(者)(骨肉)(避)
자 식 물 유 리 빈 민 자 골 육 피
사58:8,(治療)(急速)(義)(行)(榮光)(護衛)
치 료 급 속 의 행 영 광 호 위
사58:9,(應答)(萬一)(中)(虛妄)(除)
응 답 만 일 중 허 망 제
사58:10,(者)(心情)(動)(者)(滿足)(黑暗)
자 심 정 동 자 만 족 흑 암
(中)(發)
중 발
사58:11,(恒常)(引導)(靈魂)(滿足)(堅固)
항 상 인 도 영 혼 만 족 견 고
사58:12,(者)(荒廢)(歷代)(破壞)(基礎)
자 황 폐 력 대 파 괴 기 초
(修補)(者)(修築)(居)(者)
수 보 자 수 축 거 자
사58:13,(萬一)(安息日)(禁)(聖日)(娛樂)
만 일 안 식 일 금 성 일 오 락
(行)(安息日)(聖日)(尊貴)(尊貴)
행 안 식 일 성 일 존 귀 존 귀
(行)(娛樂)(求)(私私)
행 오 락 구 사 사
사58:14,(祖上)(業)
조 상 업

以賽亞書-(이사야)-第五十九章
이 새 아 서 제 오 십 구 장

사59:1,(救援)(鈍)
구 원 둔
사59:2,(罪惡)(罪)
죄 악 죄
사59:3,(罪惡)(惡毒)(發)
죄 악 악 독 발
사59:4,(公義)(訴訟)(者)(眞理)(判決)(者)
공 의 소 송 자 진 리 판 결 자
(虛妄)(依賴)(殘害)(孕胎)(罪惡)(生産)
허 망 의 뢰 잔 해 잉 태 죄 악 생 산

사59:5,(毒蛇)(者)(毒蛇)
독사 자 독사
사59:6,(行爲)(自己)(行爲)(罪惡)行爲)
행위 자기 행위 죄악 행위
(强暴)(行習)
강포 행습
사59:7,(行惡)(無罪)(迅速)(思想)(罪惡)
행악 무죄 신속 사상 죄악
(思想)(荒廢)(破滅)
사상 황폐 파멸
사59:8,(平康)(行)(公義)(者)(平康)
평강 행 공의 자 평강
사59:9,(公平)義)(行)
공평 의 행
사59:10,(者)(黃昏)(强壯)(者)(中)(者)
자 황혼 강장 자 중 자
사59:11,(公平)(救援)
공평 구원
사59:12,(大抵)(主)(甚)(罪)(證據)(罪惡)
대저 주 심 죄 증거 죄악
사59:13,(背叛)(認定)(暴虐)(悖逆)(孕胎)(發)
배반 인정 포학 패역 잉태 발
사59:14,(公平)(義)(誠實)(正直)
공평 의 성실 정직
사59:15,(誠實)(惡)(者)(奪取)(當)(鑑察)(公平)
성실 악 자 탈취 당 감찰 공평
사59:16,(仲裁者)(異常)(自己)(救援)(自己)
중재자 이상 자기 구원 자기
(義)(依支)
의 의지
사59:17,(義)(護心鏡(救援)(報讐)(熱心)
의 호심경 구원 보수 열심
사59:18行爲)(對敵)(忿怒)(怨讐)(報應)(報復)
행위 대적 분노 원수 보응 보복
사59:19,(西方)(便)(氣運)(急)(河水)
서방 편 기운 급 하수
사59:20,(救贖者(臨)(中)(罪過)(者)(臨)
구속자 임 중 죄과 자 임
사59:21,(言約)(神)(永永)(後孫)(後孫)(後孫)
언약 신 영영 후손 후손 후손

以賽亞書-(이사야)-第六十章
이새아서 제륙십장

사60:1,(發)(榮光)(臨)
발 영광 임
사60:2,(萬民)(臨)(榮光)
만민 임 영광
사60:3,(列邦)(列王)(光明)
열방 열왕 광명
사60:4,(四面)(遠方)
사면 원방
사60:5,(喜色)(發)(和暢)(豊富)(列邦)(財物)
희색 발 화창 풍부 열방 재물
사60:6,(許多(遍滿)(金)(乳香)(讚頌)(傳播)
허다 편만 금 유향 찬송 전파
사60:7,(羊)(羊)(供給)(壇)(榮光)(榮華)
양 양 공급 단 영광 영화
사60:8,(者)
자
사60:9,(仰望(遠方)(子孫)(銀金)(者)(者)
앙망 원방 자손 은금 자 자
(榮華)
영화
사60:10,(怒)(恩惠)(矜恤)(異邦人)(城壁)
노 은혜 긍휼 이방인 성벽
(王)(奉事)
왕 봉사
사60:11,(城門)(恒常)(晝夜)(列邦)(財物)
성문 항상 주야 열방 재물
(王)(捕虜)
왕 포로
사60:12,(百姓)(破滅)(百姓)(殄滅)
백성 파멸 백성 진멸
사60:13,(榮光)(黃楊木)(榮華)
영광 황양목 영화
사60:14,(者)(子孫)(蔑視)(者)(城邑)(者)
자 자손 멸시 자 성읍 자
사60:15,(前)(當)(者)(永永)(代代)
전 당 자 영영 대대
사60:16,(列邦)(列王)(乳房)(救援者)
열방 열왕 유방 구원자
(救贖者)(全能者)
구속자 전능자
사60:17,(金)(代身)(銀)(鐵)(代身)(代身)
금 대신 은 철 대신 대신
(鐵)(代身)(和平)(官員)(義)(監督)
철 대신 화평 관원 의 감독
사60:18,(强暴)(荒廢)(破滅)(境內)(城壁)
강포 황폐 파멸 경내 성벽
(救援)(城門)(讚頌)(稱)
구원 성문 찬송 칭
사60:19,(永永)(榮光)
영영 영광
사60:20,(永永)
영영
사60:21,(百姓)(義)(永永)(榮光)
백성 의 영영 영광
사60:22,(者)(千)(弱)(者)(强國)(速)
자 천 약 자 강국 속

以賽亞書-(이사야)-第六十一章
이새아서 제륙십일장

사61:1,(主)(神)(臨)(者)(消息)(傳)(傷)(者)
주 신 임 자 소식 전 상 자
(捕虜)(者)(自由)(者)(傳播)
포로 자 자유 자 전파
사61:2,(恩惠)(伸寃)(傳播)(者)(慰勞)
은혜 신원 전파 자 위로
사61:3,(者)(花冠)(代身)(喜樂)(代身)(讚頌)
자 화관 대신 희락 대신 찬송
(代身)(義)(榮光)(者)
대신 의 영광 자
사61:4,(荒廢)(荒廢)(城邑)(代代)(重修)
황폐 황폐 성읍 대대 중수

사61:5,(外人)(羊)(異邦)(農夫)(葡萄園)
외인 양 이방 농부 포도원

사61:6,(祭司長)(奉事者)(列邦)(財物)(榮光)
제사장 봉사자 열방 재물 영광

사61:7,(羞恥)(代身)(倍)(凌辱)(代身)(分)
수치 대신 배 능욕 대신 분
(因)(故土)(倍)(永永)
인 고토 배 영영

사61:8,(大抵)(公義)(不義)(强奪)(誠實)
대저 공의 불의 강탈 성실
(永永)(言約)
영영 언약

사61:9,(子孫)(列邦)(中)(後孫)(萬民)(中)
자손 열방 중 후손 만민 중
(者)(福)(子孫)(認定)
자 복 자손 인정

사61:10,(因)(靈魂)(因)(救援)(義)(新郎)
인 영혼 인 구원 의 신랑
(紗帽)(新婦)(自己)(寶物)(丹粧)
사모 신부 자기 보물 단장

사61:11,(主)(義)(讚頌)(列邦)(發生)
주 의 찬송 열방 발생

以賽亞書-(이사야)-第六十二章
이새아서 제륙십이장

사62:1,(公義)(救援)(爲)(潛潛)(爲)
공의 구원 위 잠잠 위

사62:2,(列邦)(公義)(列王)(榮光)(定)
열방 공의 열왕 영광 정

사62:3,(冕旒冠)(王冠)
면류관 왕관

사62:4,(者)(稱)(荒蕪地)(稱)(結婚)
자 칭 황무지 칭 결혼

사62:5,(青年)(處女)(結婚)(娶)(新郎)(新婦)
청년 처녀 결혼 취 신랑 신부

사62:6,(城壁)(把守軍)(終日終夜)(潛潛)
성벽 파수군 종일종야 잠잠
(記憶)(者)
기억 자

사62:7,(世上)(讚頌)
세상 찬송

사62:8,(能力)(盟誓)(穀食)(怨讐)(食物)
능력 맹서 곡식 원수 식물
(受苦)(葡萄酒)(異邦人)
수고 포도주 이방인

사62:9,(秋收)(者)(讚頌)(者)(聖所)
추수 지 친송 자 싱소

사62:10,(城門)(百姓)(豫備)(大路)(修築)
성문 백성 예비 대로 수축
(修築)(除)(萬民)(爲)(旗)
수축 제 만민 위 기

사62:11,(頒布)(救援)(臨)(賞給)(報應)
반포 구원 임 상급 보응

사62:12,(百姓)(救贖)(者)(者)(城邑)
백성 구속 자자 성읍

以賽亞書-(이사야)-第六十三章
이새아서 제륙십삼장

사63:1,(紅衣)(者)(華麗)(衣服)(能力)(者)
홍의 자 화려 의복 능력 자
(義)(者)(救援)(能)(者)
의 자 구원 능 자

사63:2,(衣服)(葡萄汁)(者)
의복 포도즙 자

사63:3,(萬民)(中)(者)(葡萄汁)(怒)(因)(忿)
만민 중 자 포도즙 노 인 분
(因)(鮮血)(衣服)(
인 선혈 의복

사63:4,(怨讐)(救贖)
원수 구속

사63:5,(者)(者)(異常)(救援)(忿)
자 자 이상 구원 분

사63:6,(因)(萬民)(忿)(因)(醉)(鮮血)
인 만민 분 인 취 선혈

사63:7,(慈悲)(讚頌)(矜恤)(慈悲)(恩寵)
자비 찬송 긍휼 자비 은총

사63:8,(實)(百姓)(行)(子女)(救援者)
실 백성 행 자녀 구원자

사63:9,(患難)(同參)(自己)(使者)(救援)
환난 동참 자기 사자 구원
(矜恤)(救贖)
긍휼 구속

사63:10,(叛逆)(主)(聖神)(對敵)(親)
반역 주 성신 대적 친

사63:11,(百姓)(追憶)(百姓)(羊)(牧者)(者)
백성 추억 백성 양 목자 자
(中)(聖神)(者)
중 성신 자

사63:12,(榮光)(永永
영광 영영

사63:13,(引導)(曠野)(行)(者)
인도 광야 행 자

사63:14,(神)(家畜)(主)(主)(百姓)(引導)(榮華)
신 가축 주 주 백성 인도 영화

사63:15,(主)(主)(榮華)(處所)(主)(熱誠)(主)
주 주 영화 처소 주 열성 주
(能)行動)(主)(懇曲)(慈悲)(矜恤)
능 행동 주 간곡 자비 긍휼

사63:16,(主)(認定)(主)(上古)(主)(救贖者
주 인정 주 상고 주 구속자

사63:17,(主)(剛愎)(主)(敬畏)(願)(主)(主)
주 강퍅 주 경외 원 주 주
(産業)(支派)(爲)
산업 시파 위

사63:18,(主)(百姓)(對敵)(主)(聖所)(蹂躪)
주 백성 대적 주 성소 유린

사63:19,(主)(者)(主)(稱)(者)
주 자 주 칭 자

以賽亞書-(이사야)-第六十四章
이새아서 제륙십사장

사64:1,(願)(主)(降臨)(主)(山)(震動)
원 주 강림 주 산 진동

사64:2,(主)(對敵)(主)(列邦)(主)
주 대적 주 열방 주

사64:3,(主)(降臨)(行)(山)(主)(震動)
주 강림 행 산 주 진동
사64:4,(主)(外)(自己)(仰望)(者)(爲)(行)
주 외 자기 앙망 자 위 행
(神)(者)(者)(者)
신 자 자 자
사64:5,(主)(義)(行)(者)(主)(主)(記憶)(者)
주 의 행 자 주 주 기억 자
(善待)(犯罪)(主)(震怒)(現狀)(救援)
선대 범죄 주 진노 현상 구원
사64:6,(大抵)(不淨)(者)(義)(衰敗)(罪惡)
대저 부정 자 의 쇠패 죄악
사64:7,(主)(者)(奮發)(主)(者)(主)(罪惡)
주 자 분발 주 자 주 죄악
(因)(消滅)
인 소멸
사64:8,(主)(主)(土器匠)(主)
주 주 토기장 주
사64:9,(過)(忿怒)(罪惡)(永永)(記憶)(求)
과 분노 죄악 영영 기억 구
(主)(百姓)
주 백성
사64:10,(主)(城邑)(曠野)(曠野)(荒廢)
주 성읍 광야 광야 황폐
사64:11,(列祖)(主)(讚頌)(殿)(荒蕪)
열조 주 찬송 전 황무
사64:12,(主)(抑制)(主)(潛潛)(甚)
주 억제 주 잠잠 심

以賽亞書-(이사야)-第六十五章
이새아서 제륙십오장

사65:1,(求)(者)(者)
구 자 자
사65:2,(終日)(自己)(不善)(行)(悖逆)(百姓)
종일 자기 불선 행 패역 백성
사65:3,(祭祀)(焚香)(恒常)(怒)(百姓)
제사 분향 항상 노 백성
사65:4,(隱密)(處所)(可憎)(物件)
은밀 처소 가증 물건
사65:5,(者)(煙氣)(終日)
자 연기 종일
사65:6,(記錄)(潛潛)(報應)(報應)
기록 잠잠 보응 보응
사65:7,(罪惡)(列祖)(罪惡)(山)(焚香)
죄악 열조 죄악 산 분향
(山)(凌辱)(行爲)(報應)
산 능욕 행위 보응
사65:8,(葡萄)(汁)(或)(傷)(福)(爲)(行)(滅)
포도 즙 혹 상 복 위 행 멸
사65:9,(中)(中)(山)(基業)(者)(擇)(者)
중 중 산 기업 자 택 자
(基業)(居)
기업 거
사65:10,(羊)(百姓)(所有)
양 백성 소유
사65:11,(聖山)(床)
성산 상
사65:12,(殺戮)(當)(對答)(惡)(行)(擇)
살륙 당 대답 악 행 택
사65:13,(主)(羞恥)(當)
주 수치 당
사65:14,(心靈)(傷)(痛哭)
심령 상 통곡
사65:15,(擇)(者)夊(詛呪)(主)(稱)
택 자 저주 주 칭
사65:16,(自己)(爲)(福)(求)(者)(眞理)(向)
자기 위 복 구 자 진리 향
(福)(求)(盟誓)(者)(眞理)(盟誓)
복 구 맹서 자 진리 맹서
(以前)(患難)
이전 환난
사65:17,(創造)(以前)(記憶)
창조 이전 기억
사65:18,(創造)(因)(永遠)(創造)(百姓)
창조 인 영원 창조 백성
사65:19,(百姓)
백성
사65:20,(數)(幼兒)(壽限)(老人)(百歲)
수 유아 수한 로인 백세
(者)(百歲)(者)(詛呪)
자 백세 자 저주
사65:21,(家屋)(建築)(居)(葡萄園)(栽培)
가옥 건축 거 포도원 재배
사65:22,(建築)(他人)(居)(栽培)(他人)
건축 타인 거 재배 타인
(百姓)(壽限)(壽限)(擇)(者)
백성 수한 수한 택 자
사65:23,(受苦)(生産)(災難)(福)(者)
수고 생산 재난 복 자
(子孫)(所生)
자손 소생
사65:24,(前)(應答)(前)
전 응답 전
사65:25,(羊)(獅子)(食物)(聖山)(害)(傷)
양 사자 식물 성산 해 상

以賽亞書-(이사야)-第六十六章
이새아서 제륙십륙장

사66:1,(寶座)(爲)(安息)(處所)
보좌 위 안식 처소
사66:2,(心靈)(痛悔)(因)(者)(眷顧)
심령 통회 인 자 권고
사66:3,(殺人)(羊)(祭祀)(禮物)(焚香)
살인 양 제사 예물 분향
(偶像)(讚頌)(自己)(擇)(可憎)
우상 찬송 자기 택 가증
사66:4,(誘惑)(擇)(臨)(對答)(者)(聽從)
유혹 택 임 대답 자 청종
(目前)(惡)(行)(擇)
목전 악 행 택
사66:5,(因)(者)(兄弟)(因)(榮光)(願)
인 자 형제 인 영광 원
(羞恥)(當)
수치 당

사66:6,(喧譁)(城邑)(聖殿)(對敵)(報應)
훤 화 성 읍 성 전 대 적 보 응

사66:7,(前)(生産)(苦痛)(當)(前)(男子)
전 생산 고통 당 전 남자

사66:8,(者)(者)(民族)(瞬息間)(卽時)
자 자 민족 순식간 즉시

(子民)(順産)
자민 순산

사66:9,(臨産(解産)(解産(者)(胎)
임산 해산 해산 자 태

사66:10,(者(爲)(者)(因)
자 위 자 인

사66:11,(慰勞)(滿足)(榮光)(豊盛)(因)
위로 만족 영광 풍성 인

사66:12,(平康)(江)(列邦)(榮光)
평강 강 열방 영광

사66:13,(子息)(慰勞)(慰勞)(慰勞)
자식 위로 위로 위로

사66:14,(軟)(茂盛)(震怒)(怨讐)
연 무성 진노 원수

사66:15,(擁衛)(降臨)(赫赫)(威勢)
옹위 강림 혁혁 위세

(怒)(猛烈)(火焰)(譴責)
노 맹렬 화염 견책

사66:16,(血肉)(審判)(殺戮)(當)(者)
혈육 심판 살륙 당 자

사66:17,(區別)(淨潔)(者)(可憎)(物件)(者)(亡)
구별 정결 자 가증 물건 자 망

사66:18,(所爲)(思想)(列邦)(列族)(榮光)
소위 사상 열방 열족 영광

사66:19,(中)(徵兆)(中)(逃避)(者)(列邦)
중 징조 중 도피 자 열방

(名聲)(榮光)(榮光)(列邦)(宣播)
명성 영광 영광 열방 선파

사66:20,(子孫)(禮物)(兄弟)(列邦)(聖山)
자손 예물 형제 열방 성산

(轎子)(禮物)
교자 예물

사66:21,(中)(擇)(祭司長)(人)
중 택 제사장 인

사66:22,(恒常)(子孫)(恒常)
항상 자손 항상

사66:23,(每)(月朔)(每)(安息日)(血肉)(敬拜)
매 월삭 매 안식일 혈육 경배

사66:24,(悖逆)(者(屍體)(血肉)(可憎)
패역 자 시체 혈육 가증

耶利米書-(예레미야)-第一章
야리미서 제일장

렘1:1,(祭司長)(中)
제사장 중

렘1:2,(王)(十三年)(臨)
왕 십삼년 임

렘1:3,(王)(時代)(王)(第)(十一年)(末)
왕 시대 왕 제 십일년 말
(臨)(五月)
임 오월

렘1:4,(臨)
임

렘1:5,(腹中)(前)(胎)(前)(區別)(列邦)
복중 전 태 전 구별 열방
(先知者)
선지자

렘1:6,(主)
주

렘1:7,(命)
명

렘1:8,(因)(救援)
인 구원

렘1:10,(列邦)(萬國)(破壞)(破滅)(建設)
열방 만국 파괴 파멸 건설

렘1:11,(臨)(對答)
임 대답

렘1:13,(臨)(對答)(面)(北)
임 대답 면 북

렘1:14,(災殃)(北方)(居民)(臨)
재앙 북방 거민 임

렘1:15,(北方)(族屬)(城門)(各其)(定)
북방 족속 성문 각기 정
(四面)(城壁)(城邑)
사면 성벽 성읍

렘1:16,(神)(焚香)(自己)(審判)(罪惡)(懲戒)
신 분향 자기 심판 죄악 징계

렘1:17,(命)(告)(因)(當)
명 고 인 당

렘1:18,(王)(族長)(祭司長)(百姓)(堅固)
왕 족장 제사장 백성 견고
(城邑)(城壁)
성읍 성벽

렘1:19,(救援)
구원

耶利米書-(예레미야)-第二章
야리미서 제이장

렘2:1,(臨)
임

렘2:2,(居民)(少年)(友誼)(結婚)(曠野)
거민 소년 우의 결혼 광야
(爲)(記憶)
위 기억

렘2:3,(聖物)(所産)(中)(者)(罰)(災殃)
성물 소산 중 자 벌 재앙

렘2:4,(家族)
가족

렘2:5,(列祖)(不義)(虛誕)(行)
열조 불의 허탄 행

렘2:6,(引導)(曠野)(沙漠)(乾燥)(死亡)
인도 광야 사막 건조 사망
(陰沈)(居住)(通過)
음침 거주 통과

렘2:7,(引導)(果實)(基業)(可憎)
인도 과실 기업 가증

렘2:8,(祭司長)(法)(者)(官吏)(抗拒)
제사장 법 자 관리 항거
(先知者)(豫言)(無益)
선지자 예언 무익

렘2:9,(如前)(後孫)
여전 후손

렘2:10,(有無)(仔細)
유무 자세

렘2:11,(神)(神)(百姓)(榮光)(無益)
신 신 백성 영광 무익

렘2:12,(因)(甚)
인 심

렘2:13,(百姓)(惡)(行)(生水)(根源)(貯蓄)
백성 악 행 생수 근원 저축

렘2:14,(捕虜)
포로

렘2:15,(獅子)(向)(荒蕪)(城邑)(居民)
사자 향 황무 성읍 거민

렘2:16,(子孫)(頂)(傷)
자손 정 상

렘2:17,(引導)(自取)
인도 자취

렘2:18,(河水)
하수

렘2:19,(惡)(懲戒)(悖逆)(責)(敬畏)(惡)
악 징계 패역 책 경외 악
(苦痛)(主)(萬軍)
고통 주 만군

렘2:20,(結縛)(順服)(山)(行淫)
결박 순복 산 행음

렘2:21,(純全)(種子)(貴)(葡萄)(對)
순전 종자 귀 포도 대
(異邦)(葡萄)(惡)
이방 포도 악

렘2:22,(主)(數多)(罪惡)
주 수다 죄악

렘2:23,(行)
행

렘2:24,(曠野)(性慾)(動)(性慾)(者)(受苦)
광야 성욕 동 성욕 자 수고

렘2:25,(制馭)(渴)(異邦)(神)
제어 갈 이방 신

렘2:26,(盜賊)(羞恥)(當)(王)(族長)
도적 수치 당 왕 족장
(祭司長)(先知者)(羞恥)(當)
제사장 선지자 수치 당

렘2:27,(向)(向)(向)(向)(患難)(當)(救援)
향 향 향 향 환난 당 구원

렘2:28,(神)(患難)(當)(救援)(神)(城邑)
신 환난 당 구원 신 성읍

렘2:29,(犯過)
범과

렘2:30,(子女)(無益)(懲責)(獅子)(先知者)
자녀 무익 징책 사자 선지자

렘2:31,(世代)(曠野)(黑暗)(緣故)(百姓)(主)
세대 광야 흑암 연고 백성 주

렘2:32,(處女)(佩物)(新婦)(百姓)(數)(計數)
처녀 패물 신부 백성 수 계수

렘2:33,(行爲)(行爲)(惡)(女子)
행위 행위 악 녀자

렘2:34,(罪)(者)(因)(責望)(因)
죄 자 인 책망 인

렘2:35,(無罪)(震怒)(罪)(犯)(因)(審判)
무죄 진노 죄 범 인 심판

렘2:36,(因)(羞恥)(當)(因)(羞恥)(當)
인 수치 당 인 수치 당

렘2:37,(依支)(者)(因)(亨通)
의지 자 인 형통

耶利米書-(예레미야)-第三章
야리미서 제삼장

렘3:1,(世上)(假令)(他人)(本夫)(行淫)
세상 가령 타인 본부 행음

렘3:2(行淫)(曠野)(淫亂)(行惡)
행음 광야 음란 행악

렘3:3,(娼女)(羞恥)
창녀 수치

렘3:4,(少時)(愛護者)
소시 애호자

렘3:5,(怒)(限)(繼續)(惡)(行)(慾心)
노 한 계속 악 행 욕심

렘3:6,(王)(背逆)(行)(山)(行淫)
왕 배역 행 산 행음

렘3:7,(行)(後)(悖逆)(姊妹)
행 후 패역 자매

렘3:8,(背逆)(姦淫)(行)(離婚書)(悖逆)
배역 간음 행 이혼서 패역
(姊妹)(自己)(行淫)
자매 자기 행음

렘3:9,(行淫)(行淫)
행음 행음

렘3:10,(悖逆)(姊妹)(眞心)
패역 자매 진심

렘3:11,(背逆)(悖逆)(義)
배역 패역 의

렘3:12,(北)(向)(宣布)(背逆)(怒)(向)
북 향 선포 배역 노 향
(矜恤)(者)(怒)
긍휼 자 노

렘3:13,(罪)(自服)(背叛)(異邦)(神)
죄 자복 배반 이방 신

렘3:14,(背逆)(子息)(男便)(城邑)
배역 자식 남편 성읍
(族屬)(中)(擇)
족속 중 택

렘3:15,(合)(牧者)(知識)(明哲)(養育)
합 목자 지식 명철 양육

렘3:16,(蕃盛)(言約櫃)(記憶)
번성 언약궤 기억

렘3:17,(寶座)(列邦)(因)(惡)(剛愎)(行)
보좌 열방 인 악 강퍅 행

렘3:18,(族屬)(族屬)(同行)(北)(列祖)(基業)
족속 족속 동행 북 열조 기업

렘3:19,(子女)(中)(許多)(中)(産業)(樂土)
자녀 중 허다 중 산업 낙토

렘3:20,(族屬)(男便)(丁寧)
족속 남편 정녕

렘3:21,(子孫)(哀哭)(懇求)(自己)
자손 애곡 간구 자기

렘3:22,(背逆)(子息)(背逆)(主)(主)
배역 자식 배역 주 주

렘3:23,(山)(山)(虛事)(救援)(眞實)
산 산 허사 구원 진실

렘3:24,(列祖)(産業)(羊)
열조 산업 양

렘3:25,(羞恥)(中)(羞辱)(列祖)(犯罪)(聽從)
수치 중 수욕 열조 범죄 청종

耶利米書-(예레미야)-第四章
야리미서 제사장

렘4:1,(萬一)(目前)(可憎)(搖動)
만일 목전 가증 요동

렘4:2,(眞實)(公平)(正義)(盟誓)(列邦)
진실 공평 정의 맹서 열방
(因)(福)(因)
인 복 인

렘4:3,(播種)
파종

렘4:4,(人)(居民)(割禮)(行)(屬)(行惡)
인 거민 할례 행 속 행악
(因)(忿怒)(發)(者)
인 분노 발 자

렘4:5,(宣布)(公布)(堅固)(城)
선포 공포 견고 성

렘4:6,(向)(旗號)(逃避)(遲滯)(北方)
향 기호 도피 지체 북방
(災殃)(滅亡)
재앙 멸망

렘4:7,(獅子)(列邦)(滅)(者)(荒廢)(處所)
사자 열방 멸 자 황폐 처소
(城邑)(荒廢)(居民)
성읍 황폐 거민

렘4:8,(因)(哀哭),(大抵)(猛烈)(怒)
인 애곡 대저 맹렬 노

렘4:9,(王)(方伯)(失心)(祭司長)(先知者)
왕 방백 실심 제사장 선지자

렘4:10,(主)(主)(眞實)(百姓)(平康)(生命)
주 주 진실 백성 평강 생명

렘4:11,(百姓)(者)(曠野)(百姓)(爲)(淨潔)
백성 자 광야 백성 위 정결

렘4:12,(强)(爲)(審判)
강 위 심판

렘4:13,(兵車)(禍)(滅亡)
병거 화 멸망

렘4:14,(惡)(救援)(惡)
악 구원 악

렘4:15,(宣布)(山)(災殃)(公布)
선포 산 재앙 공포

렘4:16,(列邦)(告)(者)(城邑)(向)
열방 고 자 성읍 향

렘4:17,(者)(拒逆)(緣故)
자 거역 연고

렘4:18,(行事)(惡)(苦痛)
행사 악 고통

렘4:19,(沓沓)(潛潛)(心靈)(戰爭)(警報)
답답 잠잠 심령 전쟁 경보

렘4:20,(敗亡)(敗亡)(連續)(奪取)(當)(天幕)
패망 패망 련속 탈취 당 천막
(忽然)(破滅)(揮帳)(暫時間)(裂破)
홀연 파멸 휘장 잠시간 열파

렘4:21,(旗號)
기호

렘4:22,(百姓)(愚蠢)(者)(知覺)(子息)(惡)
백성 우준 자 지각 자식 악
(行)(知覺)(善)(行)(無知)
행 지각 선 행 무지

렘4:23,(混沌)(空虛)
혼돈 공허

렘4:24,(山)(震動)(山)(搖動)
산 진동 산 요동

렘4:25,(空中)
공중

렘4:26,(荒蕪地)(城邑)(猛烈)(震怒)
황무지 성읍 맹렬 진노

렘4:27,(荒廢)(殄滅)
황폐 진멸

렘4:28,(因)(黑暗)(作定)(後悔)
인 흑암 작정 후회

렘4:29,(騎兵)(者)(喧譁)(因)(城邑)(逃亡)
기병 자 훤화 인 성읍 도망
(各)(城邑)(當)(居)
각 성읍 당 거

렘4:30,(滅亡)(當)(者)(金粧飾)(丹粧)
멸망 당 자 금장식 단장
(化粧)(戀人)(蔑視)(生命)
화장 연인 멸시 생명

렘4:31,(女人)(解産)(初産)(者)(苦痛)(禍)
녀인 해산 초산 자 고통 화
(殺戮)(者)(因)(心靈)(疲困)
살륙 자 인 심령 피곤

耶利米書-(예레미야)-第五章
야리미서 제오장

렘5:1,(往來)(萬一)(公義)(行)(眞理)(求)
왕래 만일 공의 행 진리 구
(者)(城)(赦)
자 성 사

렘5:2,(盟誓)(實狀)(盟誓)
맹서 실상 맹서

렘5:3,(主)(誠實(主)(滅)(懲戒)(磐石)
주 성실 주 멸 징계 반석

렘5:4,(卑賤)(愚蠢)(自己)(法)
비천 우준 자기 법

렘5:5,(貴人(自己)(法)(一齊)(結縛)
귀인 자기 법 일제 결박

렘5:6,(獅子)(沙漠)(滅)(豹)(城邑)(者)(悖逆)
사자 사막 멸 표 성읍 자 패역

렘5:7,(赦)(子女)(神)(盟誓)行淫)(娼妓)(許多)
사 자녀 신 맹서 행음 창기 허다

렘5:8,(各其)
각기

렘5:9,(因)(罰)(報讐)
인 벌 보수

렘5:10,(城壁)(毁破)(毁破)
성벽 훼파 훼파

렘5:11,(族屬)(族屬)(甚)(悖逆)
족속 족속 심 패역

렘5:12,(認定)(災殃)(臨)(饑饉(
인정 재앙 임 기근

렘5:13,(先知者)(當)
선지자 당

렘5:14,(萬軍)(百姓)
만군 백성

렘5:15,(族屬)(遠方)(强)(方言)
족속 원방 강 방언

렘5:16,(箭筒)(墓室)(勇士)
전통 묘실 용사

렘5:17,(子女)(秋收)(穀物)(糧食)(羊)(葡萄)
자녀 추수 곡물 량식 양 포도
(無花果)(依賴)(堅固)(城)(破滅)
무화과 의뢰 견고 성 파멸

렘5:18,(殄滅)
진멸

렘5:19,(萬一)(行(異邦)(神)(異邦人)
만일 행 이방 신 이방인

렘5:20,(宣布(公布)
선포 공포

렘5:21,(愚蠢)(知覺)(百姓)
우준 지각 백성

렘5:22,(界限)(永遠)(界限)(波濤)(洶湧)
계한 영원 계한 파도 흉용

렘5:23,(百姓)(背叛)(悖逆)(背叛)
백성 배반 패역 배반

렘5:24늦(爲)(秋收)(期限)(定)(敬畏)
위 추수 기한 정 경외

렘5:25,(罪)
죄

렘5:26,(百姓)(中)(惡人)(軍)(埋伏)
백성 중 악인 군 매복

렘5:27,(鳥籠)(昌大)(巨富)
조롱 창대 거부

렘5:28,(潤澤)行爲)(甚)(惡)(自己)(利益)
윤택 행위 심 악 자기 리익
(訟事)(孤兒)(訟事)(公正)(貧民)
송사 고아 송사 공정 빈민
(訟事)(公平)(判決)
송사 공평 판결

렘5:29,(因)(罰)(報讐)
인 벌 보수

렘5:30,(奇怪)
기괴

렘5:31,(先知者)(豫言)(祭司長)(自己)
선지자 예언 제사장 자기
(權力)(百姓)(結局)
권력 백성 결국

耶利米書-(예레미야)-第六章
야리미서 제륙장

렘6:1,(子孫)(中)(避難)(旗號)(災殃)
자손 중 피난 기호 재앙
(破滅)(北方)
파멸 북방

렘6:2,(妙)(滅絕)
묘 멸절

렘6:3,(牧者)(羊)(四面)(自己)(帳幕)
목자 양 사면 자기 장막
(各其)(處所)
각기 처소

렘6:4,(準備)(正午)
준비 정오

렘6:5,(殿閣)
전각

렘6:6,(萬軍)(向)(胸壁)(罰)(城)(中)(暴虐)
만군 향 흉벽 벌 성 중 포학

렘6:7,(惡)(發)(强暴)(奪取)(疾病)(創傷)
악 발 강포 탈취 질병 창상
(繼續)
계속

렘6:8,(訓戒)(荒蕪)(居民)
훈계 황무 거민

렘6:9,(萬軍)(葡萄)(者)강(葡萄)(者)
만군 포도 자 포도 자

렘6:10,(警責)(割禮)(自己)(辱)
경책 할례 자기 욕

렘6:11,(忿怒)(青年)(老人)
분노 청년 로인

렘6:12,(居民)(田地)(他人)(所有)(移轉)
거민 전지 타인 소유 이전

렘6:13,(者)(者(先知者)(祭司長)(行)
자 자 선지자 제사장 행

렘6:14,(百姓)(傷處)(尋常)(平康)(平康)
백성 상처 심상 평강 평강
(平康)
평강

렘6:15,(可憎)(行)(者)(罰
가증 행 자 벌

렘6:16,(善)(行)(心靈)(平康)對答)(行)
선 행 심령 평강 대답 행

렘6:17,(把守軍)(對答)
파수군 대답

렘6:18,(列邦)(會衆)(當)
열방 회중 당

렘6:19,(百姓)(災殃)(結果)(法)
백성 재앙 결과 법

렘6:20,(乳香)(遠方)(香品)(燔祭)(犧牲)
유향 원방 향품 번제 희생

렘6:21,(百姓)(親舊)(滅亡)
백성 친구 멸망

렘6:22,(民族)(北方)
민족 북방

렘6:23,(槍)(殘忍)(慈悲)(洶湧)(者)
창 잔인 자비 흉용 자
(戰士)(行伍)
전사 항오

렘6:24,(所聞)(弱)(苦痛)(解産)(女人)
소문 약 고통 해산 녀인

렘6:25,(行)(對敵)(四方)
행 대적 사방

렘6:26,(百姓)(獨子)(痛哭)(滅亡)(者)(忽然)
백성 독자 통곡 멸망 자 홀연

렘6:27,(主)(百姓)(中(者)(要塞
주 백성 중 자 요새

렘6:28,(甚)(悖逆)(者)(誹謗)(者)(鐵)
심 패역 자 비방 자 철
(邪惡)(者)
사악 자

렘6:29,(猛烈)(鍛鍊)(者)(惡)(者)(除)
맹렬 단련 자 악 자 제

렘6:30,(銀)(稱)
은 칭

耶利米書-(예레미야)-第七章
야리미서 제칠장

렘7:1,(臨)
임

렘7:2,(門)(宣布)(敬拜)(門)(人)
문 선포 경배 문 인

렘7:3,(萬軍)行爲)(居)
만군 행위 거

렘7:4,(殿)(殿)(殿)(
전 전 전

렘7:5,(萬一)行爲)(公義)(行)
만일 행위 공의 행

렘7:6,(異邦人)(孤兒)(寡婦)(壓制)
이방인 고아 과부 압제
(無罪)(者)(神)(害)
무죄 자 신 해

렘7:7,(居)(祖上)(永遠)(無窮)
거 조상 영원 무궁

렘7:8,(無益)(依賴)
무익 의뢰

렘7:9,(盜賊(殺人)(姦淫)(盟誓)(焚香)(神)
도적 살인 간음 맹서 분향 신

렘7:10,(救援)(可憎)(行)
구원 가증 행

렘7:11,(盜賊)(窟穴)
도적 굴혈

렘7:12,(處所)(百姓)(惡)(因)(行)
처소 백성 악 인 행

렘7:13,(行)(對答)
행 대답

렘7:14,(行)(依賴)(列祖)(行)
행 의뢰 열조 행

렘7:15,(兄弟)(子孫)
형제 자손

렘7:16,(百姓)(爲)(祈禱)(爲)(求)(懇求)
백성 위 기도 위 구 간구

렘7:17,(城邑)(行)
성읍 행

렘7:18,(子息)(婦女)(皇后)(爲)(菓子)
자식 부녀 황후 위 과자
(神)(奠祭)(怒)(激動)
신 전제 노 격동

렘7:19,(激怒)(自己)(羞辱)(自取)
격노 자기 수욕 자취

렘7:20,(主)(震怒)(忿恨)(所産)
주 진노 분한 소산

렘7:21,(萬軍)(犧牲)(燔祭物)
만군 희생 번제물

렘7:22,(大抵)(列祖)(引導)(燔祭)(犧牲)
대저 열조 인도 번제 희생
(對)(命)
대 명

렘7:23,(命)(百姓)(命)(行)(福)
명 백성 명 행 복

렘7:24,(聽從)(自己)(惡)(剛愎)(行)(向)(向)
청종 자기 악 강퍅 행 향 향

렘7:25,(列祖)(先知者)
열조 선지자

렘7:26,(聽從)(列祖)(惡)(行)
청종 열조 악 행

렘7:27,(聽從)(對答)
청종 대답

렘7:28,(聽從)(敎訓)(國民)(眞實)
청종 교훈 국민 진실

렘7:29,(呼哭)(怒)(世代)
호곡 노 세대

렘7:30,(子孫)(目前)(惡)(行)(可憎)
자손 목전 악 행 가증

렘7:31,(祠堂)(建築)(子女)(命)
사당 건축 자녀 명

렘7:32,(稱)(殺戮)(稱)(埋葬)(葬事)(因)
칭 살륙 칭 매장 장사 인

렘7:33,(百姓)(屍體)(空中)(者)
백성 시체 공중 자

렘7:34,(城邑)(新郎)(新婦)(荒廢)
성읍 신랑 신부 황폐

耶利米書-(예레미야)-第八章
야리미서 제팔장

렘8:1,(王)(方伯)(祭司長)(先知者)
왕 방백 제사장 선지자
(居民)(墓室)
거민 묘실

렘8:2,(順從)(求)(敬拜)(地面)(糞土)
순종 구 경배 지면 분토

렘8:3,(惡)(族屬)(各處)(者)(願)(萬軍)
악 족속 각처 자 원 만군

렘8:5,(百姓)(恒常)(固執)(拒絶)
백성 항상 고집 거절

렘8:6,(正直)(惡)(行)(者)(戰場)(向)(各各)(行)
정직 악 행 자 전장 향 각각 행

렘8:7,(空中)(鶴)(定)(時期)(斑鳩)(百姓)
공중 학 정 시기 반구 백성
(規例)
규례

렘8:8,(智慧)(律法)(書記官)
지혜 률법 서기관

렘8:9,(智慧)(者)(羞辱)(驚惶)(中)(智慧)
지혜 자 수욕 경황 중 지혜

렘8:10,(他人)(田地)(者)(者)(者)(先知者)
타인 전지 자 자 자 선지자
(祭司長)(行)
제사장 행

렘8:11,(百姓)(傷處)(尋常)(平康)
백성 상처 심상 평강
(平康)(平康)
평강 평강

렘8:12,(可憎)(行)(者)(罰)
가증 행 자 벌

렘8:13,(殄滅)(葡萄)(葡萄)(無花果)(無花果)
진멸 포도 포도 무화과 무화과

렘8:14,(堅固)(城邑)(滅亡)(犯罪)(滅)(毒)
견고 성읍 멸망 범죄 멸 독

렘8:15,(平康)
평강

렘8:16,(壇)(駿馬)(震動)(所有)(城邑)
단 준마 진동 소유 성읍
(中)(居民)
중 거민

렘8:17,(術法)(制馭)(毒蛇)(中)
술법 제어 독사 중

렘8:18,(慰勞)(中心)(煩惱)
위로 중심 번뇌

렘8:19,(百姓)(甚)(王)(中)(彫刻)(神像)
백성 심 왕 중 조각 신상
(異邦)(激怒)
이방 격노

렘8:20,(秋收)(救援)
추수 구원

렘8:21,(百姓)(傷)(傷)
백성 상 상

렘8:22,(乳香)(醫師)(百姓)(治療)
유향 의사 백성 치료

耶利米書-(예레미야)-第九章
야리미서 제구장

렘9:1,(根源)(殺戮)(當)(百姓)(爲)
근원 살륙 당 백성 위
(晝夜)(哭泣)
주야 곡읍

렘9:2,(曠野)(留)(百姓)(行淫)(者)(悖逆)(者)
광야 유 백성 행음 자 패역 자

렘9:3,(强盛)(眞實)(惡)(惡)(進行)
강성 진실 악 악 진행

렘9:4,(各其)(兄弟)兄弟)(穩全)(誹謗)
각기 형제 형제 온전 비방

렘9:5,(各其)(眞實)(惡)(行)(受苦)
각기 진실 악 행 수고

렘9:6,(處所)(詭譎)(詭譎)(因)
처소 궤휼 궤휼 인

렘9:7,(萬軍)(百姓)(處置)(鍊鍛)
만군 백성 처치 연단

렘9:8,(平和)(中心)(害)(圖謀)
평화 중심 해 도모

렘9:9,(因)(罰)(報讐)
인 벌 보수

렘9:10,(山)(爲)(哭)(曠野)(牧場)(爲)
산 위 곡 광야 목장 위
(者)(家畜)(空中)(逃亡)
자 가축 공중 도망

렘9:11,(豺狼)(窟穴)(城邑)(荒廢)(居民)
시랑 굴혈 성읍 황폐 거민

렘9:12,(智慧)(者)(廣布)(者)(滅亡)(曠野)(者)
지혜 자 광포 자 멸망 광야 자

렘9:13,(法)(聽從)(行)
법 청종 행

렘9:14,(剛愎)(列祖)(自己)
강퍅 열조 자기

렘9:15,(萬軍)(百姓)(毒)
만군 백성 독

렘9:16,(祖上)(列國)(中)(殄滅)
조상 열국 중 진멸

렘9:17,(萬軍)(哭)(婦女)(智慧)(婦女)
만군 곡 부녀 지혜 부녀

렘9:18,(爲)(哀哭)
위 애곡

렘9:19,(呼哭)(亡)(羞辱)(當)(住宅)
호곡 망 수욕 당 주택

렘9:20,(婦女)(哀哭)(各其)(哀歌)
부녀 애곡 각기 애가

렘9:21,(大抵)(死亡)(窓門)(宮室)
대저 사망 창문 궁실
(子女)(青年)(滅絶)
자녀 청년 멸절

렘9:22,(屍體)(糞土)(秋收)(者)
시체 분토 추수 자

렘9:23,(智慧)(者)(智慧)(勇士)(勇猛)
지혜 자 지혜 용사 용맹
(富者)(富)
부자 부

렘9:24,(者)(明哲)(仁愛)(公平)(正直)(行)(者)
자 명철 인애 공평 정직 행 자

렘9:25,(割禮)(者)(割禮)(者)(罰)
할례 자 할례 자 벌

렘9:26,(子孫)(曠野)(居)(者)(大抵)
자손 광야 거 자 대저
(列邦)(割禮)(割禮)
열방 할례 할례

耶利米書-(예레미야)-第十章
야리미서 제십장

렘10:2,(列邦)(列邦人)(徵兆)
열방 열방인 징조

렘10:3,(列邦)(規例)(爲)(森林)(工匠)
열방 규례 위 삼림 공장

렘10:4,(銀)(金)(搖動)
은 금 요동

렘10:5,(禍)(福)
화 복

렘10:6,(主)(者)(主)(主)(權能)(因)
주 자 주 주 권능 인

렘10:7,(列邦)(王)(主)(敬畏)(者)(主)(當然)
열방 왕 주 경외 자 주 당연
(列邦)(智慧)(者)(王族)(中)(主)
열방 지혜 자 왕족 중 주

렘10:8,(無知)(偶像)(道)
무지 우상 도

렘10:9,(銀箔)(金)(工匠)(匠色)(青色)
은박 금 공장 장색 청색
(紫色)(工巧)
자색 공교

렘10:10,(永遠)(王)(震怒)(震動)(忿怒)
영원 왕 진노 진동 분노
(列邦)(能)(當)
열방 능 당

렘10:11,(天地)(神)(亡)
천지 신 망

렘10:12,(權能)(智慧)(世界)(明哲)
권능 지혜 세계 명철

렘10:13,(發)(爲)(庫間)
발 위 고간

렘10:14,(愚蠢)(無識)(金匠色)(自己)(彫刻)
우준 무식 금장색 자기 조각
(神像)(因)(羞恥)(當)(偶像)(生氣)
신상 인 수치 당 우상 생기

렘10:15,(妄靈)(懲罰)(滅亡)
망령 징벌 멸망

렘10:16,(分)(萬物)(造成者)(産業)
분 만물 조성자 산업
(支派)(萬軍
지파 만군

렘10:17,(者)(收拾)
자 수습

렘10:18,(居)(者)(番)
거 자 번

렘10:19,(傷處)(重傷)(當)(苦難)
상처 중상 당 고난

렘10:20,(帳幕)(毁破)(子女)(帳幕)(者)(帳)(者)
장막 훼파 자녀 장막 자 장 자

렘10:21,(牧者)(愚蠢)(亨通)(羊)
목자 우준 형통 양

렘10:22,(北方)(風聲)(城邑)(荒廢)(豺狼)
북방 풍성 성읍 황폐 시랑
(居處)
거처

렘10:23,(人生)(自己)(指導)(者)
인생 자기 지도 자

렘10:24,(懲戒)(震怒)(主)
징계 진노 주

렘10:25,(主)(列邦)(主)(祈禱)(族屬)(主)
주 열방 주 기도 족속 주
(忿怒)(滅)(居處)(荒廢)
분노 멸 거처 황폐

耶利米書-(예레미야)-第十一章
야리미서 제십일장

렘11:1,(臨)
임
렘11:2,(言約)(人)(居民)(告)
언약 인 거민 고
렘11:3,(言約)(者)(詛呪)
언약 자 저주
렘11:4,(言約)(列祖)(命)(聽從)(命令)
언약 열조 명 청종 명령
(行)(百姓)
행 백성
렘11:5,(列祖)(盟誓)(言約)(證據)(對答)
열조 맹서 언약 증거 대답
렘11:6,(城邑)(宣布)(言約)(遵行)
성읍 선포 언약 준행
렘11:7,(列祖)(引導)(懇切)(警戒)
열조 인도 간절 경계
(警戒)(聽從)
경계 청종
렘11:8,(聽從)(各各)(惡)(剛愎)(行)(行)
청종 각각 악 강퍅 행 행
(命)(行)(言約)(應)
명 행 언약 응
렘11:9,(人)(居民)(中)(叛逆)
인 거민 중 반역
렘11:10,(拒絶)(自己)(先祖)(罪惡)
거절 자기 선조 죄악
(神)(列祖)(言約)(破)
신 열조 언약 파
렘11:11,(災殃)(避)
재앙 피
렘11:12,(城邑)(居民)(焚香)(神)(神)
성읍 거민 분향 신 신
(困厄)(中)(絶對)(救援)
곤액 중 절대 구원
렘11:13,(神)(城邑)(數爻)(數爻)(羞恥)
신 성읍 수효 수효 수치
(物件)(壇)(焚香)(壇)
물건 단 분향 단
렘11:14,(百姓)(爲)(祈禱)(爲)(求)(困厄)(因)
백성 위 기도 위 구 곤액 인
렘11:15,(者)行淫)(祭肉)(惡)(行)
자 행음 제육 악 행
렘11:16나行實)(橄欖)(騷動)(中)
행실 감람 소동 중
렘11:17,(焚香)(怒)(激動)(惡)(因)(萬軍)
분향 노 격동 악 인 만군
(災殃)(宣言)
재앙 선언
렘11:18,(主)行爲)
주 행위
렘11:19,(順)(羊)(害)(果實)(撲滅)(者)(記憶)
순 양 해 과실 박멸 자 기억
렘11:20,(公義)(判斷)(心腸)(鑑察)(萬軍)
공의 판단 심장 감찰 만군
(寃情)(主)(對)(主)(報讐)
원정 주 대 주 보수
렘11:21,(對)(生命)(取)(豫言)
대 생명 취 예언
렘11:22,(萬軍)(罰)(靑年)(子女)(饑饉)
만군 벌 청년 자녀 기근
렘11:23,(者)(災殃)(罰)
자 재앙 벌

耶利米書-(예레미야)-第十二章
야리미서 제십이장

렘12:1,(主)(爭辯)(主)(義)(主)(質問)(惡)(者)
주 쟁변 주 의 주 질문 악 자
(亨通)(悖逆)(者)(安樂)(緣故)
형통 패역 자 안락 연고
렘12:2,(主)長成)(主)
주 장성 주
렘12:3,(主)(主)(向)(鑑察)(羊)(爲)(豫備)
주 주 향 감찰 양 위 예비
렘12:4,(地方)(菜蔬)(滅絶)(居民)(惡)(結局)
지방 채소 멸절 거민 악 결국
렘12:5,(步行者)(疲困)(能)(競走)(平安)(無事)
보행자 피곤 능 경주 평안 무사
(漲溢)(中)
창일 중
렘12:6,(兄弟)
형제
렘12:7,(產業)(對敵)
산업 대적
렘12:8,(產業)(森林)(中)(獅子)(向)(發)(故)
산업 삼림 중 사자 향 발 고
렘12:9,(產業)(對)
산업 대
렘12:10,(牧者)(葡萄園)(毁破)(分)
목자 포도원 훼파 분
(蹂躪)(樂土)(荒蕪地)
유린 낙토 황무지
렘12:11,(荒蕪(荒蕪地)(向)(荒蕪)(介意)(者)
황무 황무지 향 황무 개의 자
렘12:12,(毁滅)(者)(曠野)(血肉)(者)(平安)
훼멸 자 광야 혈육 자 평안
렘12:13,(受苦)(所得)(所產)(因)(羞恥)
수고 소득 소산 인 수치
(當)(忿怒)(因)
당 분노 인
렘12:14,(百姓)(產業)(產業)(惡)(對)(中)
백성 산업 산업 악 대 중
렘12:15,(後)(矜恤)(各)(產業)(各)(引導)
후 긍휼 각 산업 각 인도
렘12:16,(百姓)(道)(盟誓)(自己)(百姓)
백성 도 맹서 자기 백성
(盟誓)(百姓)(中)
맹서 백성 중

렘12:17,(滅)
멸

耶利米書-(예레미야)-第十三章
야리미서 제십삼장

렘13:3,(臨)
임

렘13:5,(命)
명

렘13:6,(後)(命)(取)
후 명 취

렘13:7,(取)
취

렘13:8,(臨)
임

렘13:9,(驕慢)(驕慢)
교만 교만

렘13:10,(惡)(百姓)(拒絶)(剛愎)(行)(神(
악 백성 거절 강퍅 행 신

렘13:11,(屬)(屬)(百姓)(稱譽)(榮光)
속 속 백성 칭예 영광

렘13:12,(甁)(葡萄酒(甁)(葡萄酒
병 포도주 병 포도주

렘13:13,(居民)(王)(祭司長)(先知者)
거민 왕 제사장 선지자
(居民)(醉)
거민 취

렘13:14,(彼此)(衝突)(傷)(父子間)(寬容(滅)
피차 충돌 상 부자간 관용 멸

렘13:15,(驕慢)
교만

렘13:16,(黑暗(黑暗)(山(死亡)(變)(黑暗)
흑암 흑암 산 사망 변 흑암
(前)(榮光)
전 영광

렘13:17,(心靈)(驕慢)(因)(慇懃)(哭)
심령 교만 인 은근 곡
(羊)(因)(痛哭)
양 인 통곡

렘13:18,(王)(王后)(告)(冠)(榮光)(冕旒冠
왕 왕후 고 관 영광 면류관

렘13:19,(南方)(城邑)(封鎖)(者(穩全)
남방 성읍 봉쇄 자 온전

렘13:20,(北方)(者)(羊)
북방 자 양

렘13:21,(親舊)(者)(首領)(苦痛)(女人)
친구 지 수령 고통 녀인

렘13:22,(心中)(臨)(罪惡)(傷)
심중 임 죄악 상

렘13:23,(人)(皮膚)(豹)(斑點)(變)(惡)(善)(行)
인 피부 표 반점 변 악 선 행

렘13:24,(沙漠)(草芥)
사막 초개

렘13:25,(應得)(定)(分)(信賴)(緣故)
응득 정 분 신뢰 연고

렘13:26,(羞恥)
수치

렘13:27,(姦淫)(邪慝)(山)(行)(淫行)(卑陋)
간음 사특 산 행 음행 비루
(可憎)(禍)(後)(淨潔)
가증 화 후 정결

耶利米書-(예레미야)-第十四章
야리미서 제십사장

렘14:1,(對)(臨)
대 임

렘14:2,(城門)(困憊)(哀痛)
성문 곤비 애통

렘14:3,(貴人)(自己)(使喚)
귀인 자기 사환

렘14:4,(地面)(者)
지면 자

렘14:6,(豺狼)
시랑

렘14:7,(罪惡)(對)(證據)(主)(主)(爲)(墮落)
죄악 대 증거 주 주 위 타락
(主)(犯罪)
주 범죄

렘14:8,(所望)(困難)(救援者)(居留)(者)
소망 곤난 구원자 거류 자
(留宿)行人)
유숙 행인

렘14:9,(者)(救援)(勇士)(主)(中)(主)(者)
자 구원 용사 주 중 주 자

렘14:10,(百姓)(對)(禁)(罪)(記憶)(罪)(罰)
백성 대 금 죄 기억 죄 벌

렘14:11,(百姓)(爲)(福)(求)
백성 위 복 구

렘14:12,(禁食)(燔祭)(素祭)(饑饉)(染病)(滅)
금식 번제 소제 기근 염병 멸

렘14:13,(主)(先知者)(饑饉)(確實)(平康)
주 선지자 기근 확실 평강

렘14:14,(先知者)(豫言(命)(啓示)(卜術)
선지자 예언 명 계시 복술
(虛誕)(自己)(豫言)
허탄 자기 예언

렘14:15,(豫言)(饑饉)(先知者)(對)(先知者)
예언 기근 선지자 대 선지자
(饑饉)(滅亡)
기근 멸망

렘14:16,(豫言)(百姓)(饑饉)(因)(葬事)(者)(惡)
예언 백성 기근 인 장사 자 악

렘14:17,(處女)(百姓)(破滅)(中)(創傷)(因)(亡)
처녀 백성 파멸 중 창상 인 망

렘14:18,(者)(城)(饑饉)(病)(者)(先知者)
자 성 기근 병 자 선지자
(祭司長)
제사장

렘14:19,(主)(穩全)(主)(心靈)(治療)(平康)
주 온전 주 심령 치료 평강
(治療)
치료

렘14:20,(惡)(祖上)(罪惡)(認定)(主)(犯罪)
악 조상 죄악 인정 주 범죄

렘14:21,(主)(爲)(主)(榮光)(位)(辱)(主)
주 위 주 영광 위 욕 주
(言約)(記憶)(廢)
언약 기억 폐

렘14:22,(列邦)(虛無)(中)(能)(者)(能)(者)
열방 허무 중 능 자 능 자
(主)(主)(仰望)(主)
주 주 앙망 주

耶利米書-(예레미야)-第十五章
야리미서 제십오장

렘15:1,(百姓)(向)
백성 향

렘15:2,(萬一)에(死亡)(者)(死亡)(者)(饑饉)
만일 사망 자 사망 자 기근
(當)(者)(饑饉)(捕虜)(者)(捕虜)
당 자 기근 포로 자 포로

렘15:3,(罰)(滅)(空中)
벌 멸 공중

렘15:4,(王)(行)(因)(世界)(列邦)(中)
왕 행 인 세계 열방 중

렘15:5,(者)(哭)(者)(平安)(者)
자 곡 자 평안 자

렘15:6,(滅)(厭症)(
멸 염증

렘15:7,(城門)(子息)(百姓)(滅)
성문 자식 백성 멸

렘15:8,(寡婦)(毁滅)(者)(靑年)(猝地)(臨)
과부 훼멸 자 청년 졸지 임

렘15:9,(子息)(生産)(女人)(衰弱)(氣絶)
자식 생산 녀인 쇠약 기절
(白晝)(羞恥)(當)(者)(對敵)
백주 수치 당 자 대적

렘15:10,(災殃)(母親)(母親)(世界)(當)
재앙 모친 모친 세계 당
(者)(詛呪)
자 저주

렘15:11,(眞實)(强)(福)(眞實)(對敵)(災殃)
진실 강 복 진실 대적 재앙
(患難)(懇求)
환난 간구

렘15:12,(能)(鐵)(北方)(鐵)
능 철 북방 철

렘15:13,(罪)(因)(四境)(財産)(寶物)
죄 인 사경 재산 보물
(奪取)(當)
탈취 당

렘15:14,(對敵)(震怒)(猛烈)
대적 진노 맹렬

렘15:15,(主)(願)(主)(記憶)(眷顧)(迫害)
주 원 주 기억 권고 박해
(者)(報復)(主)(因)(滅亡)(主)
자 보복 주 인 멸망 주
(爲)(恥辱)(當)
위 치욕 당

렘15:16,(萬軍)(主)(者)(主)(主)
만군 주 자 주 주

렘15:17,(者)(主)(因)(主)(忿怒)
자 주 인 주 분노

렘15:18,(苦痛)(繼續)(傷處)(重)(主)(對)
고통 계속 상처 중 주 대

렘15:19,(萬一)(萬一)(賤)(貴)(取)
만일 만일 천 귀 취

렘15:20,(百姓)(堅固)(城壁)(救)
백성 견고 성벽 구

렘15:21,(惡)(者)(者)(救贖)
악 자 자 구속

耶利米書-(예레미야)-第十六章
야리미서 제십륙장

렘16:1,(臨)
임

렘16:2,(娶)(子女)
취 자녀

렘16:3,(生産)(子女)(解産)(對)
생산 자녀 해산 대

렘16:4,(毒)(病)(埋葬)(地面)(糞土)
독 병 매장 지면 분토
(饑饉)(亡)(屍體)(空中)
기근 망 시체 공중

렘16:5,(喪家)(痛哭)(爲)(哀哭)(百姓)
상가 통곡 위 애곡 백성
(平康)(仁慈)(矜恤)(除)
평강 인자 긍휼 제

렘16:6,(者)(者)(埋葬)(爲)(哀哭)(者)(自己)(者)
자 자 매장 위 애곡 자 자기 자

렘16:7,(者)(因)(慰勞)(者)(喪事)(爲)(慰勞)
자 인 위로 자 상사 위 위로
(盞)(者)
잔 자

렘16:9,(萬軍)(新郞)(新婦)(目前)(時代)
만군 신랑 신부 목전 시대

렘16:10,(百姓)(告)(災殃)(廣布)(罪惡)(犯)(罪)
백성 고 재앙 광포 죄악 범 죄

렘16:11,(對答)(列祖)(神)(法)
대답 열조 신 법

렘16:12,(列祖)(惡)(行)(各其)(惡)(剛愎)
열조 악 행 각기 악 강퍅
(行)(聽從)
행 청종

렘16:13,(列祖)(晝夜)(神)(恩惠)
열조 주야 신 은혜

렘16:14,(子孫)(引導)(盟誓)
자손 인도 맹서

렘16:15,(子孫)(北方)(引導)(盟誓)
자손 북방 인도 맹서
(列祖)(引導)
열조 인도

렘16:16,(漁夫)낚(後)(捕手)(山)(山)(岩穴)
어부 후 포수 산 산 암혈

렘16:17,(行爲)(鑑察)(罪惡)(目前)(隱蔽)
행위 감찰 죄악 목전 은폐

렘16:18,(爲先)(惡)(罪)(倍)(物件)(屍體)
위선 악 죄 배 물건 시체

(可憎)(産業)
가증 산업

렘16:19,(保障)(患難)(避難處)(列邦)(主)(列祖)(
보장 환난 피난처 열방 주 열조
繼承)(虛無)(妄誕)(無益)
계승 허무 망탄 무익

렘16:20,(人生)(神)(自己)(神)
인생 신 자기 신

렘16:21,(番)(能)
번 능

耶利米書-(예레미야)-第十七章
야리미서 제십칠장

렘17:1,(罪)(金剛石)(鐵筆)(記錄)(板)(壇)
죄 금강석 철필 기록 판 단

렘17:2,(子女)(壇)
자녀 단

렘17:3,(山)(地境)(罪)(因)(財産)(寶物)
산 지경 죄 인 재산 보물
(山堂)(擄掠)(當)
산당 노약 당

렘17:4,(基業)떨(對敵)(怒)(猛烈)(永永)
기업 대적 노 맹렬 영영

렘17:5,(血肉)(權力)(詛呪)
혈육 권력 저주

렘17:6,(沙漠)(曠野)(乾燥)(居)(居)
사막 광야 건조 거 거

렘17:7,(依支)(依賴)(福)
의지 의뢰 복

렘17:8,(江邊)(靑靑)각(結實)
강변 청청 결실

렘17:9,(萬物)(甚)(腐敗)(能)
만물 심 부패 능

렘17:10,(心腸)(肺腑)(試驗)(各各)
심장 폐부 시험 각각
(行爲)(行實)(報應)
행위 행실 보응

렘17:11,(不義)(致富)(者)(中年)(畢竟)(者)
불의 치부 자 중년 필경 자

렘17:12,(榮華)(寶座)(元始)(聖所)
영화 보좌 원시 성소

렘17:13,(所望)(主)(者)(羞恥)(當)(者)
소망 주 자 수치 당 자
(記錄)(生水)(根源)
기록 생수 근원

렘17:14,(主)(讚頌)(救援)(救援)
주 찬송 구원 구원

렘17:15,(臨)
임

렘17:16,(牧者)(職分)(主)(災殃)(願)(主)
목자 직분 주 재앙 원 주
(主)(目前)
주 목전

렘17:17,(主)(災殃)(主)(避難處)
주 재앙 주 피난처

렘17:18,(迫害)(者)(羞辱)(當)(羞辱)(當)
박해 자 수욕 당 수욕 당
(災殃)(臨)(倍)(滅亡)(滅)
재앙 임 배 멸망 멸

렘17:19,(王)(出入)(平民)(門)(門)
왕 출입 평민 문 문

렘17:20,(門)(王)(百姓)(居民)
문 왕 백성 거민

렘17:21,(安息日)(門)
안식일 문

렘17:22,(安息日)(列祖)(命)(安息日)
안식일 열조 명 안식일

렘17:23,(聽從)(敎訓)
청종 교훈

렘17:24,(萬一)(聽從)(安息日)(城門)(安息日)
만일 청종 안식일 성문 안식일

렘17:25,(王)(方伯)(兵車)(城門)(百姓)(居民)
왕 방백 병거 성문 백성 거민
(城)(永永)
성 영영

렘17:26,(城邑)(平地)(山地)(南方)(燔祭)
성읍 평지 산지 남방 번제
(犧牲)(素祭)(乳香)(感謝)(犧牲)
희생 소제 유향 감사 희생

렘17:27,(聽從)(安息日)(安息日)(門)(城門)
청종 안식일 안식일 문 성문
(宮殿)
궁전

耶利米書-(예레미야)-第十八章
야리미서 제십팔장

렘18:1,(臨)
임

렘18:2,(土器匠)
토기장

렘18:3,(土器匠)
토기장

렘18:4,(土器匠)(破傷)(自己)(意見)(善)
토기장 파상 자기 의견 선

렘18:5,(臨)
임

렘18:6,(族屬)(土器匠)(能)(行)(族屬)(土器匠)
족속 토기장 능 행 족속 토기장

렘18:7,(民族)(國家)(破)(滅)
민족 국가 파 멸

렘18:8,(萬一)(民族)(惡)(災殃)(對)
만일 민족 악 재앙 대

렘18:9,(民族)(國家)(建設)
민족 국가 건설

렘18:10,(萬一)(惡)(行)(聽從)(有益)(善)(對)
만일 악 행 청종 유익 선 대

렘18:11,(民)(災殃)(計策)(各其)(惡)
민 재앙 계책 각기 악
(行爲)(善)
행위 선

렘18:12,(圖謀)(行)(各其)(惡)(剛愎)(行)
도모 행 각기 악 강퍅 행

렘18:13,(列邦)(中)(處女)(甚)(可憎)(行)
열방 중 처녀 심 가증 행

렘18:14,(磐石)(遠方)
반석 원방

렘18:15,(大抵)(百姓)(虛無)(焚香)(行)
대저 백성 허무 분향 행

렘18:16,(永永)(嗤笑)(者)
영영 치소 자

렘18:17,(怨讐)(東風)(災難)
원수 동풍 재난

렘18:18,(祭司長)(律法)(智慧)(者)(謀略)
제사장 률법 지혜 자 모략

(先知者)(注意)
선지자 주의

렘18:20,(惡)(善)(生命)(害)나(主)(忿怒)
악 선 생명 해 주 분노

(主)(爲)(善)(記憶)
주 위 선 기억

렘18:21,(子女)(饑饉)(勢力)(子女)(寡婦)
자녀 기근 세력 자녀 과부

(壯丁)(死亡)(當)(靑年)(戰場)
장정 사망 당 청년 전장

렘18:22,(主)(軍隊)(猝地)(臨)(取)
주 군대 졸지 임 취

렘18:23,(計略)(主)(惡)(赦)(罪)(主)(目前)
계략 주 악 사 죄 주 목전

(塗抹)(主)(主)(怒)(行)
도말 주 주 노 행

耶利米書-(예레미야)-第十九章
야리미서 제십구장

렘19:1,(土器匠)(甁)(百姓)(祭司長)
토기장 병 백성 제사장

렘19:2,(門)(宣布)
문 선포

렘19:3,(王)(居民)(萬軍)(災殃)(者)(震動)
왕 거민 만군 재앙 자 진동

렘19:4,(不潔)(自己)(自己)(列祖)(王)(神)
불결 자기 자기 열조 왕 신

(焚香)(無罪)(者)
분향 무죄 자

렘19:5,(爲)(山堂)(建築)(自己)(燔祭)(命)
위 산당 건축 자기 번제 명

렘19:6,(稱)(殺戮)(稱)
칭 살륙 칭

렘19:7,(謀計)(無效)(對敵)(生命)(者)
모계 무효 대적 생명 자

(屍體)(空中)
시체 공중

렘19:8,(城)(侮辱)(災殃)(因)(者)(侮辱)
성 모욕 재앙 인 자 모욕

렘19:9,(對敵)(生命)(者)(困乏)(當)
대적 생명 자 곤핍 당

(各其)(親舊)
각기 친구

렘19:10,(者)(目前)(甁)
자 목전 병

렘19:11,(萬軍)(土器匠)(番)(完全)(百姓)
만군 토기장 번 완전 백성

(城)(破)(埋葬)(葬事)
성 파 매장 장사

렘19:12,(中)(居民)(行)(城)
중 거민 행 성

렘19:13,(王)(萬象)(焚香)(神)(奠祭)
왕 만상 분향 신 전제

렘19:14,(自己)(豫言)(百姓)
자기 예언 백성

렘19:15,(萬軍)(城)(對)(宣言)(災殃)(城)(村落)
만군 성 대 선언 재앙 성 촌락

耶利米書-(예레미야)-第二十章
야리미서 제이십장

렘20:1,(祭司長)(有司長)(豫言)
제사장 유사장 예언

렘20:2,(先知者)(門)(着錮)
선지자 문 착고

렘20:3,(着錮)밋사
착고

렘20:4,(大抵)(親舊)(怨讐)(王)
대저 친구 원수 왕

렘20:5,(城)(富)(所得)(貴物)(王)(寶物)
성 부 소득 귀물 왕 보물

(怨讐)(奪取)
원수 탈취

렘20:6,(居)(者)(捕虜)(豫言)(親舊)(一般)
거 자 포로 예언 친구 일반

렘20:7,(主)(勸誘)(勸誘)(主)(强)(嘲弄)
주 권유 권유 주 강 조롱

(終日)(嘲弄)
종일 조롱

렘20:8,(大抵)(强暴)(滅亡)(終日)
대저 강포 멸망 종일

(恥辱)(侮辱)
치욕 모욕

렘20:9,(宣布)(中心)(骨髓)(沓沓)
선포 중심 골수 답답

렘20:10,(誹謗)(四方)(告訴)(告訴)(親)
비방 사방 고소 고소 친

(墮落)(彼此)(或時)(誘惑)(怨讐)
타락 피차 혹시 유혹 원수

렘20:11,(勇士)(告)(迫害)(者)(智慧)(行)
용사 고 박해 자 지혜 행

(羞辱)(當)(羞辱)(永永)
수욕 당 수욕 영영

렘20:12,(義人)(試驗)(肺腑)(心腸)
의인 시험 폐부 심장

(萬軍)(事情)(主)(主)(報讐)
만군 사정 주 주 보수

렘20:13,(讚揚)(者)(生命)(行惡者)(救援)
찬양 자 생명 행악자 구원

렘20:14,(生日)(詛呪)(生産)(福)
생일 저주 생산 복

렘20:15,(消息)(殿)(生男)(者)(詛呪)
소식 전 생남 자 저주

렘20:16,(毁破)(後悔)(城邑),,
훼파 후회 성읍

렘20:17,(胎)(恒常)(緣故)
태 항상 연고
렘20:18,(胎)(苦生)(羞辱)
태 고생 수욕

耶利米書-(예레미야)-第二十一章
야리미서 제이십일장

렘21:1,(王(祭司長)(王)(請)(爲)(懇求)
왕 제사장 왕 청 위 간구
(或時)(奇事)(行)(臨)
혹시 기사 행 임
렘21:3,(對答)
대답
렘21:4,(城)(王)(人)(兵器)(城中)
성 왕 인 병기 성중
렘21:5,(强)(怒)(忿)大怒)(親)
강 노 분 대노 친
렘21:6,(城)(居住)(者)(染病)
성 거주 자 염병
렘21:7,(後)(王)(臣下)(百姓)(城邑)(染病)
후 왕 신하 백성 성읍 염병
(饑饉)(者)(王)(對敵)(生命)(者)(矜恤)
기근 자 왕 대적 생명 자 긍휼
렘21:8,(百姓)(生命)(死亡)
백성 생명 사망
렘21:9,(城)(居住)(者)(饑饉)(染病)(人)
성 거주 자 기근 염병 인
(降服)(者(生命)(擄掠)
항복 자 생명 노약
렘21:10,(城)(向)(福)(爲)(禍)(爲)(城)(王)
성 향 복 위 화 위 성 왕
렘21:11,(王)(對)
왕 대
렘21:12,(公平)(判決)(奪取)(當)(者)(壓迫者)
공평 판결 탈취 당 자 압박자
(惡行)(因)(怒)(能)(者)
악행 인 노 능 자
렘21:13,(平原)(磐石)(居民)(居處)(對敵)
평원 반석 거민 거처 대적
렘21:14行爲)(罰)(四境)
행위 벌 사경

耶利米書-(예레미야)-第二十二章
야리미서 제이십이장

렘22:1,(王)(宣言)
왕 선언
렘22:2,(王)(臣下)(門)(百姓)
왕 신하 문 백성
렘22:3,(公平)(正義)(行)(奪取)(當)(者)
공평 정의 행 탈취 당 자
(壓迫)(者)(異邦人)(孤兒)(寡婦)
압박 자 이방인 고아 과부
(壓迫)(虐待)(無罪)
압박 학대 무죄
렘22:4,(遵行)(王)(臣下)(百姓)(兵車)(門)
준행 왕 신하 백성 병거 문
렘22:5,(盟誓)(荒蕪)
맹서 황무
렘22:6,(王)(對)(丁寧)(曠野)(居民)(城)
왕 대 정녕 광야 거민 성
렘22:7,(破滅)(者)(準備)(各其)(兵器)
파멸 자 준비 각기 병기
(柏香木)
백향목
렘22:8,(城)(彼此)(城)(行)
성 피차 성 행
렘22:9,(對答)(自己)(言約)(神)(緣故)
대답 자기 언약 신 연고
렘22:10,(者)(爲)(爲)(哀痛)(者)(爲)(故國)
자 위 위 애통 자 위 고국
렘22:11,(王(王)(對)
왕 왕 대
렘22:13,(不義)(不公平)(房)(雇傭)(雇價)
불의 불공평 방 고용 고가
(者)(禍)
자 화
렘22:14,(爲)(廣大)(廣闊)(房)(自己)(爲)
위 광대 광활 방 자기 위
(槍)(柏香木)(漆)
창 백향목 칠
렘22:15,(柏香木)(競爭)(王)(公平)(義理)
백향목 경쟁 왕 공평 의리
(行)(亨通)
행 형통
렘22:16,(者)(窮乏)(者)(伸寃)(亨通)
자 궁핍 자 신원 형통
렘22:17,(無罪)(壓迫)(强暴)(行)
무죄 압박 강포 행
렘22:18,(王)(對)(爲)(兄弟)(姉妹)(痛哭)(爲)
왕 대 위 형제 자매 통곡 위
(主)(榮光)(痛哭)
주 영광 통곡
렘22:19,(門)(埋葬)(當)
문 매장 당
렘22:20,(者)(滅亡)
자 멸망
렘22:21,(平安)(聽從)(習慣)
평안 청종 습관
렘22:22,(牧者)(者)(惡)(因)(羞恥)(辱)(當)
목자 자 악 인 수치 욕 당
렘22:23,(居)(柏香木)(者)(女人)(解産)
거 백향목 자 녀인 해산
(苦痛)(苦痛)(臨)(可憐)(甚)
고통 고통 임 가련 심
렘22:24,(盟誓)(王)(印章斑指)
맹서 왕 인장반지
렘22:25,(生命)(者)(者)(王)(人)
생명 자 자 왕 인
렘22:26,(地方)
지방
렘22:27,(思慕)
사모
렘22:28,(賤)(破器)(子孫)
천 파기 자손
렘22:30,(無子)(平生)(亨通)(者)(記錄)
무자 평생 형통 자 기록

(子孫)(中)(亨通)
자손 중 형통

耶利米書-(예레미야)-第二十三章
야리미서 제이십삼장

렘23:1,(牧場)(羊)(滅)(牧者)(禍)
목장 양 멸 목자 화
렘23:2,(百姓)(牧者)(羊)(惡行)(因)(報應)
백성 목자 양 악행 인 보응
렘23:3,(羊)(者)(地方)(生育)(蕃盛)
양 자 지방 생육 번성
렘23:4,(牧者)(縮)
목자 축
렘23:5,(義)(王)(智慧)(行事)(世上)
의 왕 지혜 행사 세상
(公平)(正義)(行)
공평 정의 행
렘23:6,(救援)(平安)(居)(義)
구원 평안 거 의
렘23:7,(子孫)(引導)(盟誓)
자손 인도 맹서
렘23:8,(子孫)(北方)(引導)(盟誓)(自己)(居)
자손 북방 인도 맹서 자기 거
렘23:9,(先知者)(對)(中心)(傷)(醉)
선지자 대 중심 상 취
(葡萄酒)(因)
포도주 인
렘23:10,(行淫)(者)(詛呪)(因)(曠野)
행음 자 저주 인 광야
(草場)(爲)(惡)(正直)
초장 위 악 정직
렘23:11,(先知者)(祭司長)(邪慝)(惡)(發見)
선지자 제사장 사특 악 발견
렘23:12,(黑暗)(中)(罰)(災殃)
흑암 중 벌 재앙
렘23:13,(先知者)(中)(愚昧)(依託)
선지자 중 우매 의탁
(豫言)(百姓)
예언 백성
렘23:14,(先知者)(中)(可憎)(姦淫)
선지자 중 가증 간음
(行)(行惡者)(惡)(居民)
행 행악자 악 거민
렘23:15,(萬軍)(先知者)(對)(毒)
만군 선지자 대 독
(邪惡)(先知者)
사악 선지자
렘23:16,(萬軍)(豫言)(先知者)(默示)(自己)
만군 예언 선지자 묵시 자기
렘23:17,(恒常)(蔑視)(者)(平安)(自己)
항상 멸시 자 평안 자기
(剛愎)(行)(災殃)(臨)
강퍅 행 재앙 임
렘23:18,(會議)(參與)
회의 참여
렘23:19,(怒)(發)(暴風)(惡人)
노 발 폭풍 악인
렘23:20,(行)(末日)(完全)
행 말일 완전
렘23:21,(先知者)(豫言)
선지자 예언
렘23:22,(萬一)(會議)(參與)(百姓)
만일 회의 참여 백성
(惡)(惡)(行爲)
악 악 행위
렘23:24,(自己)(隱密)(天地)(充滿)
자기 은밀 천지 충만
렘23:25,(豫言)(先知者)(夢事)(夢事)
예언 선지자 몽사 몽사
렘23:26,(豫言)(先知者)(奸巧)(豫言)
예언 선지자 간교 예언
렘23:27,(夢事)(列祖)(因)(百姓)
몽사 열조 인 백성
렘23:28,(夢事)(先知者)(夢事)(者)
몽사 선지자 몽사 자
(誠實)(比較)
성실 비교
렘23:29,(磐石)
반석
렘23:30,(盜賊)(先知者)
도적 선지자
렘23:31,(先知者)
선지자
렘23:32,(夢事)(豫言)(自慢)(百姓)(迷惑)
몽사 예언 자만 백성 미혹
(者)(命)(百姓)(有益)
자 명 백성 유익
렘23:33,(百姓)(先知者)(祭司長)(嚴重)
백성 선지자 제사장 엄중
(對答)(嚴重)
대답 엄중
렘23:34,(嚴重)(先知者)(祭司長)(百姓)(罰)
엄중 선지자 제사장 백성 벌
렘23:35,(兄弟)(應答)
형제 응답
렘23:36,(嚴重)(各)(自己)(重罰)(萬軍)(妄靈)
엄중 각 자기 중벌 만군 망령
렘23:37,(先知者)(對答)
선지자 대답
렘23:38,(嚴重)(嚴重)(嚴重)
엄중 엄중 엄중
렘23:39,(穩全)(列祖)(城邑)
온전 열조 성읍
렘23:40,(永遠)(恥辱)(永久)(羞恥)(當)
영원 치욕 영구 수치 당

耶利米書-(예레미야)-第二十四章
야리미서 제이십사장

렘24:1,(王)(王)(方伯)(木工)(鐵工)(後)
왕 왕 방백 목공 철공 후
(殿)(無花果)
전 무화과
렘24:2,(極)(無花果)(惡)(極)(惡)(無花果)
극 무화과 악 극 악 무화과

렘24:3,(對答)(無花果)(無花果)(極)(惡)
대답 무화과 무화과 극 악
(極)(惡)(惡)
극 악 악
렘24:4,(臨)
임
렘24:5,(人)(捕虜)(無花果)
인 포로 무화과
렘24:6,(引導)
인도
렘24:7,(全心)(百姓)
전심 백성
렘24:8,(王)(方伯)(者)(者)(居)(者)(惡)
왕 방백 자 자 거 자 악
(惡)(無花果)
악 무화과
렘24:9,(世上)(中)(患難)(當)(恥辱)(當)
세상 중 환난 당 치욕 당
(嘲弄)(詛呪)
조롱 저주
렘24:10,(饑饉)(染病)(中)(列祖)(滅絶)
기근 염병 중 열조 멸절

耶利米書-(예레미야)-第二十五章
야리미서 제이십오장

렘25:1,(王(四年)(王)(元年)(百姓)(關)(臨)
왕 사년 왕 원년 백성 관 임
렘25:2,(先知者)(百姓)(居民)(告)
선지자 백성 거민 고
렘25:3,(王)(十)(三年)(二十)(三年)(臨)
왕 십 삼년 이십 삼년 임
렘25:4,(先知者)
선지자
렘25:5,(各其)(惡)(惡行)(列祖)(永遠)(居)
각기 악 악행 열조 영원 거
렘25:6,(神)(崇拜)(因)(怒)(激動)(害)
신 숭배 인 노 격동 해
렘25:7,(怒)(激動)(害)
노 격동 해
렘25:8,(萬軍)
만군
렘25:9,(北方)(族屬)(王)(居民)(四方)
북방 족속 왕 거민 사방
(殄滅)(嗤笑)(永永)(荒蕪地)
진멸 치소 영영 황무지
렘25:10,(中)(新郎)(新婦)(燈
중 신랑 신부 등
렘25:11,(荒廢)(七十年)(王)
황폐 칠십년 왕
렘25:12,(七十年)(王)(人)(罪惡)(因)(罰)
칠십년 왕 인 죄악 인 벌
(永永)(荒蕪)
영영 황무
렘25:13,(對)(宣告)(列邦)(對)(豫言)
대 선고 열방 대 예언
(冊)(記錄)(臨)
책 기록 임

렘25:14,(王)(自己)(役軍)行爲)(行)(報應)
왕 자기 역군 행위 행 보응
렘25:15,(震怒)(盞
진노 잔
렘25:16,(中)(因)
중 인
렘25:17,(盞
잔
렘25:18,(城邑)(王)(方伯)(滅亡)(嗤笑)
성읍 왕 방백 멸망 치소
(詛呪)(當)
저주 당
렘25:19,(王)(臣下)(方伯)(百姓)
왕 신하 방백 백성
렘25:20,(雜族)(王)(王)(者)
잡족 왕 왕 자
렘25:21,(子孫)
자손
렘25:22,(王)(王)(便)(王)(子孫)
왕 왕 편 왕 자손
렘25:23,(者)
자
렘25:24,(王)(曠野)(居)(雜族)(王)
왕 광야 거 잡족 왕
렘25:25,(王)(王)(王)
왕 왕 왕
렘25:26,(北方)(遠近)(王)(地面)(世上)(王)(後)
북방 원근 왕 지면 세상 왕 후
렘25:27,(萬軍)(醉)(吐)(中)(因)
만군 취 토 중 인
렘25:28,(萬一)(盞(拒絶)(萬軍)
만일 잔 거절 만군
렘25:29,(城)(災殃)(始作)(能)(刑罰)(免)
성 재앙 시작 능 형벌 면
(免)(世上)(居民)(萬軍)
면 세상 거민 만군
렘25:30,(豫言)(處所)(發)(羊)(向)(世上)
예언 처소 발 양 향 세상
(居民)(對)(葡萄)(者)
거민 대 포도 자
렘25:31,(擾亂)(列國)(肉體)(審判)(惡人)(因)
요란 열국 육체 심판 악인 인
렘25:32,(萬軍)(災殃)(大風)
만군 재앙 대풍
렘25:33,(殺戮)(當)(者)(殮襲)(埋葬)(地面)
살륙 당 자 염습 매장 지면
(糞土)
분토
렘25:34,(牧者)(哀哭)(羊)(引導者)(屠戮)
목자 애곡 양 인도자 도륙
(當)(當)(期限)(貴)
당 당 기한 귀
렘25:35,(牧者)(逃亡)(羊)(引導者)(逃避)
목자 도망 양 인도자 도피
렘25:36,(牧者)(羊)(引導者)(哀哭)(草場)
목자 양 인도자 애곡 초장
(荒廢)
황폐

렘25:37,(平安)(牧場)(寂寞)(震怒)(緣故)
평안 목장 적막 진노 연고
렘25:38,(獅子)(巢穴)(殘滅)(者)(震怒)
사자 소혈 잔멸 자 진노
(劇烈)(忿)(因)(荒凉)
극렬 분 인 황량

耶利米書-(예레미야)-第二十六章
야리미서 제이십륙장

렘26:1,(王)(卽位)(初)(臨)
왕 즉위 초 임
렘26:2,(城邑)(敬拜)(者)(命)(告)(減)
성읍 경배 자 명 고 감
렘26:3,(或時)(各各)(惡)(惡行)(因)(災殃)
혹시 각각 악 악행 인 재앙
렘26:4,(聽從)(法)(行)
청종 법 행
렘26:5,(先知者)(萬一)
선지자 만일
렘26:6,(城)(世界)(列邦)중(詛呪)
성 세계 열방 저주
렘26:7,(祭司長)(先知者)(百姓)
제사장 선지자 백성
렘26:8,(命)(百姓)(告)(祭司長)
명 백성 고 제사장
(先知者)(百姓)
선지자 백성
렘26:9,(依託)(豫言)(城)(荒蕪)(居民)(百姓)
의탁 예언 성 황무 거민 백성
렘26:10,(方伯)(王宮)(門)
방백 왕궁 문
렘26:11,(祭司長)(先知者)(方伯)(百姓)
제사장 선지자 방백 백성
(合當)(城)(豫言)
합당 성 예언
렘26:12,(方伯)(百姓)(城)(豫言)
방백 백성 성 예언
렘26:13行爲)(聽從)(災殃)(對)
행위 청종 재앙 대
렘26:14,(所見)(善)
소견 선
렘26:15,(分明)(丁寧)(無罪)(城)(城)
분명 정녕 무죄 성 성
(居民)(眞實)
거민 진실
렘26:16,(方伯)(百姓)(祭司長)(先知者)
방백 백성 제사장 선지자
(依託)(不當)
의탁 부당
렘26:17,(長老)(中)(百姓)(會衆)
장로 중 백성 회중
렘26:18,(王)(時代)(百姓)(豫言)(萬軍)
왕 시대 백성 예언 만군
(耕作)(當)(殿)(山)
경작 당 전 산
렘26:19,(王)(懇求)(宣告)(災殃)(對)(生命)(害)
왕 간구 선고 재앙 대 생명 해
렘26:20,(依託)(豫言)(城)(豫言)
의탁 예언 성 예언
렘26:21,(王)(勇士)(方伯)(王)(逃亡)
왕 용사 방백 왕 도망
렘26:22,(王)
왕
렘26:23,(王)(王)(屍體)(平民)(墓室)
왕 왕 시체 평민 묘실
렘26:24,(保護)(百姓)
보호 백성

耶利米書-(예레미야)-第二十七章
야리미서 제이십칠장

렘27:1,(王)(卽位)
왕 즉위
렘27:3,(王)(使臣)(王)(王)(子孫)(王)(王)(王)
왕 사신 왕 왕 자손 왕 왕 왕
렘27:4,(命)(主)(萬軍)(主)(告)
명 주 만군 주 고
렘27:5,(能)(所見)
능 소견
렘27:6,(王)
왕
렘27:7,(列邦)(孫子)(期限)(王)(自己)
열방 손자 기한 왕 자기
렘27:8,(王)(國民)(王)(百姓)(殄滅)
왕 국민 왕 백성 진멸
(饑饉)(染病)(罰)
기근 염병 벌
렘27:9,(先知者)(卜術)(者)(術士)
선지자 복술 자 술사
(妖術客)(王)
요술객 왕
렘27:10,(豫言)(滅)
예언 멸
렘27:11,(王)(居)
왕 거
렘27:12,(王)(告)(王)(百姓)(王)(百姓)
왕 고 왕 백성 왕 백성
렘27:13,(王)(王)(百姓)(王)(對)(饑饉)(染病)
왕 왕 백성 왕 대 기근 염병
렘27:14,(王)(百姓)(王)(先知者)(豫言)
왕 백성 왕 선지자 예언
렘27:15,(豫言)(豫言)(先知者)(滅亡)
예언 예언 선지자 멸망
렘27:16,(祭司長)(百姓)(告)(器具)(速)
제사장 백성 고 기구 속
(豫言)(先知者)(豫言)
예언 선지자 예언
렘27:17,(王)(城)(荒蕪地)
왕 성 황무지
렘27:18,(萬一)(先知者)(王)(器具)(萬軍)(求)
만일 선지자 왕 기구 만군 구
렘27:19,(萬軍)(城)(器具)(對)
만군 성 기구 대
렘27:20,(王)(王)(貴族)(取)
왕 왕 귀족 취

렘27:21,(萬軍)(王)(器具)(對)
만군 왕 기구 대

렘27:22,(後)
후

耶利米書-(예레미야)-第二十八章
야리미서 제이십팔장

렘28:1,(王)(卽位)(四年)(五月)(先知者)
왕 즉위 사년 오월 선지자
(祭司長)(百姓)
제사장 백성

렘28:2,(萬軍)(王)
만군 왕

렘28:3,(王)(器具)(前)
왕 기구 전

렘28:4,(王)(捕虜)(王)
왕 포로 왕

렘28:5,(先知者)(祭司長)(百姓)(先知者
선지자 제사장 백성 선지자

렘28:6,(先知者)(豫言)(器具)(捕虜)(願)
선지자 예언 기구 포로 원

렘28:7,(百姓)
백성

렘28:8,(以前)(先知者)(自古)(國家)(對)
이전 선지자 자고 국가 대
(戰爭)(災殃)(染病)(豫言)
전쟁 재앙 염병 예언

렘28:9,(平和)(豫言)(先知者)(豫言者)
평화 예언 선지자 예언자
(應)(後)(眞實)(先知者)
응 후 진실 선지자

렘28:10,(先知者)(先知者)(取)
선지자 선지자 취

렘28:11,(百姓)(前)(列邦)(王)(先知者)(自己)
백성 전 열방 왕 선지자 자기

렘28:12,(先知者)(先知者)(後)(臨)
선지자 선지자 후 임

렘28:13,(代身)
대신

렘28:14,(萬軍)(王)
만군 왕

렘28:15,(先知者)(先知者)(百姓)
선지자 선지자 백성

렘28:16,(地面)(除)(悖逆)(今年)
지면 제 패역 금년

렘28:17,(先知者)(七月)
선지자 칠월

耶利米書-(예레미야)-第二十九章
야리미서 제이십구장

렘29:1,(先知者)(便紙)(捕虜)(中)(長老)
선지자 편지 포로 중 장로
(祭司長)(先知者)(百姓)
제사장 선지자 백성

렘29:2,(王)(國母)(宦官)(方伯)(木工)
왕 국모 환관 방백 목공
(鐵工)(後)
철공 후

렘29:3,(王)(王)(委託)
왕 왕 위탁

렘29:4,(萬軍)(捕虜)
만군 포로

렘29:5,(居)(田園)
거 전원

렘29:6,(娶)(子女)(生産)(娶)(男便)(子女)
취 자녀 생산 취 남편 자녀
(生産)(蕃盛)(衰殘)
생산 번성 쇠잔

렘29:7,(城邑)(平安)(爲)(祈禱)(城)
성읍 평안 위 기도 성
(平安)(平安)
평안 평안

렘29:8,(萬軍)(中)(先知者)(卜術)(惑)(信聽)
만군 중 선지자 복술 혹 신청

렘29:9,(豫言)
예언

렘29:10,(七十年)(眷顧)(善)(實行)
칠십년 권고 선 실행

렘29:11,(向)(災殃)(平安)(將來)(所望)
향 재앙 평안 장래 소망

렘29:12,(祈禱)
기도

렘29:13,(全心)
전심

렘29:14,(捕虜)(中)(列邦)(本)
포로 중 열방 본

렘29:15,(爲)(先知者)
위 선지자

렘29:16,(王)(城)(居)(百姓)(捕虜)(兄弟)(對)
왕 성 거 백성 포로 형제 대

렘29:17,(萬軍)(饑饉)(染病)(惡)(惡)(無花果)
만군 기근 염병 악 악 무화과

렘29:18,(饑饉)(染病)(世界)(列邦)(中)(虐待)
기근 염병 세계 열방 중 학대
(當)(列邦)(中)(詛呪)(嗤笑)(侮辱)
당 열방 중 저주 치소 모욕

렘29:19,(先知者)
선지자

렘29:20,(捕虜)
포로

렘29:21,(萬軍)(對)(豫言)(者)(王)(目前)
만군 대 예언 자 왕 목전

렘29:22,(捕虜)(詛呪)(王)(願)
포로 저주 왕 원

렘29:23,(中)(妄靈)(行)(行淫)(命)(者)(證據人)
중 망령 행 행음 명 자 증거인

렘29:25,(萬軍)(百姓)(祭司長)(祭司長)
만군 백성 제사장 제사장

렘29:26,(祭司長)(代身)(祭司長)(有司)(者)
제사장 대신 제사장 유사 자
(自稱)(先知者)(着錮)
자칭 선지자 착고

렘29:27,(中)(自稱)(先知者)(責望)
중 자칭 선지자 책망

렘29:28,(大抵)(便紙)(居)(田園)
대저 편지 거 전원

렘29:29,(祭司長)(先知者)
제사장 선지자

렘29:30,(臨)
임

렘29:31,(捕虜)(對)(豫言)
포로 대 예언

렘29:32,(子孫)(罰)(悖逆)(因)(百姓)(中)
자손 벌 패역 인 백성 중
(居)(百姓)(行)(善)
거 백성 행 선

耶利米書-(예레미야)-第三十章
야리미서 제삼십장

렘30:1,(臨)
임

렘30:2,(冊)(記錄)
책 기록

렘30:3,(百姓)(捕虜)(列祖)
백성 포로 열조

렘30:4,(對)
대

렘30:5,(平安)
평안

렘30:6,(子息)(解産)(男子)(男子)(解産)
자식 해산 남자 남자 해산
(女人)(各其)(蒼白)
녀인 각기 창백

렘30:7,(比)(患難)(救)
비 환난 구

렘30:8,(萬軍)(異邦人)
만군 이방인

렘30:9,(爲)(王)
위 왕

렘30:10,(遠方)(救援)(子孫)(捕虜)(救援)
원방 구원 자손 포로 구원
(泰平)(安樂)(者)
태평 안락 자

렘30:11,(救援)(列邦)(殄滅)(殄滅)(公道)
구원 열방 진멸 진멸 공도
(懲責)(決)(無罪)(者)
징책 결 무죄 자

렘30:12,(傷處)(創傷)(重)
상처 창상 중

렘30:13,(訟事)(辯護)(者)(傷處)(藥)
송사 변호 자 상처 약

렘30:14,(者)(罪)(數多)(因)(對敵)(傷)(傷)
자 죄 수다 인 대적 상 상
(殘虐)(者)(懲戒)(懲戒)
잔학 자 징계 징계

렘30:15,(傷處)(因)(苦痛)(罪惡)(罪)(數多)
상처 인 고통 죄악 죄 수다
(因)(行)
인 행

렘30:16,(者)(者)(捕虜)(奪取)(者)(奪取)
자 자 포로 탈취 자 탈취
(當)(掠奪)(者)(掠奪)(當)
당 약탈 자 약탈 당

렘30:17,(者)(者)(治療)(傷處)
자 자 치료 상처

렘30:18,(捕虜)(帳幕)(居)(矜恤)(城邑)(自己)
포로 장막 거 긍휼 성읍 자기
(山)(重建)(宮闕)(本來)(居)
산 중건 궁궐 본래 거

렘30:19,(感謝)(者)(中)(蕃盛)(衰殘)
감사 자 중 번성 쇠잔
(榮華)(卑賤)
영화 비천

렘30:20,(子孫)(如前)(會衆)(壓迫)(者)(罰)
자손 여전 회중 압박 자 벌

렘30:21,(王)(本族)(統治者)(中)(接近)
왕 본족 통치자 중 접근
(膽大)(接近)(者)
담대 접근 자

렘30:22,(百姓)
백성

렘30:23,(怒)(發)(暴風)(惡人)
노 발 폭풍 악인

렘30:24,(震怒)(行)(末日)
진노 행 말일

耶利米書-(예레미야)-第三十一章
야리미서 제삼십일장

렘31:1,(家族)(百姓)
가족 백성

렘31:2,(百姓)(曠野)(恩惠)(安息)
백성 광야 은혜 안식

렘31:3,(無窮)(故)(仁慈)(引導)
무궁 고 인자 인도

렘31:4,(處女)(小鼓)(粧飾)
처녀 소고 장식

렘31:5,(山)(葡萄園)(者)(果實)
산 포도원 자 과실

렘31:6,(山)(把守軍)
산 파수군

렘31:7,(爲)(萬國)(者)(爲)(傳播)(讚揚)
위 만국 자 위 전파 찬양
(主)(百姓)(者)(救援)
주 백성 자 구원

렘31:8,(北便)(引導)(中)(孕胎)(女人)
북편 인도 중 잉태 녀인
(解産)(女人)
해산 녀인

렘31:9,(引導)(懇求)(河水)(行)(長子)
인도 간구 하수 행 장자

렘31:10,(列邦)(傳播)(者)(牧者)(羊)(行)
열방 전파 자 목자 양 행

렘31:11,(贖良)(强)(者)(救贖)
속량 강 자 구속

렘31:12,(讚頌)(恩賜)(穀食)(葡萄酒)
찬송 은사 곡식 포도주
(羊)(心靈)
양 심령

렘31:13,(處女)(靑年)(老人)(慰勞)(後)
처녀 청년 로인 위로 후

렘31:14,(祭司長)(心靈)(洽足(恩惠)
제사장 심령 흡족 은혜
(百姓)(滿足)
백성 만족

렘31:15,(痛哭)(子息)(爲)(哀哭)(子息)
통곡 자식 위 애곡 자식
(慰勞)(拒絶)
위로 거절

렘31:16,(禁)(禁)(對敵)
금 금 대적

렘31:17나최(最後)(所望)(子女)(自己)(境內)
최후 소망 자녀 자기 경내

렘31:18,(嘆息)(丁寧)(主)(懲罰)(懲罰)(主)
탄식 정녕 주 징벌 징벌 주

렘31:19,(後)(敎訓)(後)(恥辱)(故)(辱)
후 교훈 후 치욕 고 욕

렘31:20,(子息)(責望)(爲)(惻隱)(矜恤)
자식 책망 위 측은 긍휼

렘31:21,(處女)(爲)(標)(爲)(標木)(前)
처녀 위 표 위 표목 전
(着念)(城邑)
착념 성읍

렘31:22,(悖逆(彷徨)(世上)(創造)
패역 방황 세상 창조
(女子)(男子)
녀자 남자

렘31:23,(萬軍)(者)(城邑(義)(處所)(山)
만군 자 성읍 의 처소 산
(福)(願)
복 원

렘31:24,(城邑)(農夫)(羊)(引導)(者)(居)
성읍 농부 양 인도 자 거

렘31:25,(疲困)(心靈)(滿足)(心靈)(爽快)
피곤 심령 만족 심령 상쾌

렘31:28,(警醒)(毁破)(轉覆)(滅)(困難(警醒)
경성 훼파 전복 멸 곤난 경성

렘31:29,(葡萄)
포도

렘31:30,(葡萄)(者)(各其)(者)(罪惡)
포도 자 각기 자 죄악

렘31:31,(言約)
언약

렘31:32,(言約)(列祖)(引導)(男便)(言約)(破)
언약 열조 인도 남편 언약 파

렘31:33,(後)(言約)(法)(記錄)(百姓)
후 언약 법 기록 백성

렘31:34,(各其)(兄弟)(者)(者)(罪惡)(赦)
각기 형제 자 자 죄악 사
(罪)(記憶)
죄 기억

렘31:35,(規定)(激動(波濤)(萬軍)
규정 격동 파도 만군

렘31:36,(規定)(廢)(子孫)(廢)(永永)
규정 폐 자손 폐 영영

렘31:37,(測量)(基礎)(探知)(子孫)(行)(因)
측량 기초 탐지 자손 행 인

렘31:38,(城)(望臺)(門)(爲)(建築)
성 망대 문 위 건축

렘31:39,(測量)(山)(方面)
측량 산 방면

렘31:40,(屍體)(東便)(門)(聖地)(永永)(轉覆)
시체 동편 문 성지 영영 전복

耶利米書-(예레미야)-第三十二章
야 리 미 서 제삼십이장

렘32:1,(王)(第)(十年)(第)(十八年)(臨)
왕 제 십년 제 십팔년 임

렘32:2,(軍隊)(先知者)(王)(宮中(侍衛隊)
군대 선지자 왕 궁중 시위대

렘32:3,(豫言)(城)(王)(取)(王)(人)(對)
예언 성 왕 취 왕 인 대
(眷顧)(人)(勝利)(王)(豫言)
권고 인 승리 왕 예언

렘32:6,(臨)
임

렘32:7,(叔父)(基業)(權利)
숙부 기업 권리

렘32:8,(叔父)(侍衛隊)(請)(基業)
숙부 시위대 청 기업
(相續權)(權利)(爲)
상속권 권리 위

렘32:9,(叔父)(銀)(十七)
숙부 은 십칠

렘32:10,(證書)(印封)(證人)(銀)
증서 인봉 증인 은

렘32:11,(法)(規例)(印封)(印封)
법 규례 인봉 인봉
(賣買證書)(取)
매매증서 취

렘32:12,(叔父)(賣買證書)(印)(證人)
숙부 매매증서 인 증인
(侍衛隊)(賣買證書)(孫子)
시위대 매매증서 손자

렘32:13,(命)
명

렘32:14,(萬軍)(證書)(印封)(印封)
만군 증서 인봉 인봉
(賣買證書)(取)(土器)(保存)
매매증서 취 토기 보존

렘32:15,(萬軍)(葡萄園)
만군 포도원

렘32:16,(賣買證書)(後)(祈禱)
매매증서 후 기도

렘32:17,(主)(主)(能)(天地)(主)(能)
주 주 능 천지 주 능

렘32:18,(主)(恩惠)(千萬人)(罪惡)(後)
주 은혜 천만인 죄악 후
(子孫)(能)(萬軍(
자손 능 만군

렘32:19,(主)(謀略)(行事)(能)(人類)
주 모략 행사 능 인류
(注目)(行爲)(報應)
주목 행위 보응

렘32:20,(主)(徵兆)(奇事)(行)(外人)(中)
주 징조 기사 행 외인 중

(行)(主)
행 주

렘32:21,(主)(徵兆)(奇事)(强)(主)(百姓)(引導)
주 징조 기사 강 주 백성 인도

렘32:22,(列祖)(盟誓)
열조 맹서

렘32:23,(主)(聽從)(主)(道)(行)(主)(行)
주 청종 주 도 행 주 행
(命)(行)(主)(災殃)
명 행 주 재앙

렘32:24,(城)(取)(者)(胸壁)(饑饉)(染病)
성 취 자 흉벽 기근 염병
(因)(城)(人)(主)(主)
인 성 인 주 주

렘32:25,(主)(主)(銀)(證人)(城)(人)
주 주 은 증인 성 인

렘32:26,(臨)
임

렘32:27,(肉體)(能)
육체 능

렘32:28,(城)(人)(王)(取)
성 인 왕 취

렘32:29,(城)(人)(城邑)(城)(焚香)(神)
성 인 성읍 성 분향 신
(奠祭)(激怒)
전제 격노

렘32:30,(子孫)(子孫)(目前)(惡)(行)
자손 자손 목전 악 행
(子孫)(激怒)
자손 격노

렘32:31,(城)(建設)(怒)(忿)(激發)
성 건설 노 분 격발

렘32:32,(子孫)(子孫)(惡)(行)(怒)(激動)
자손 자손 악 행 노 격동
(王)(方伯)(祭司長)(先知者)(居民)
왕 방백 제사장 선지자 거민

렘32:33,(向)(向)(教訓)
향 향 교훈

렘32:34,(自己)(可憎)(物件)
자기 가증 물건

렘32:35,(山堂)(建築)(自己)(子女)(可憎)
산당 건축 자기 자녀 가증
(行)(犯罪)(命)
행 범죄 명

렘32:36,(饑饉)(染病)(因)(王)(城)(對)
기근 염병 인 왕 성 대

렘32:37,(怒)(忿)(忿怒)(地方)(引導)(安全)(居)
노 분 분노 지방 인도 안전 거

렘32:38,(百姓)
백성

렘32:39,(道)(自己)(自己)(後孫)(福)(爲)
도 자기 자기 후손 복 위
(恒常)(敬畏)
항상 경외

렘32:40,(福)(爲)(永永)(言約)(敬畏)
복 위 영영 언약 경외

렘32:41,(福)(丁寧)(精神)
복 정녕 정신

렘32:42,(百姓)(災殃)(許諾)(福)
백성 재앙 허락 복

렘32:43,(荒廢)(人)
황폐 인

렘32:44,(四方)(城邑)(山地)(城邑)(平地)
사방 성읍 산지 성읍 평지
(城邑)(南方)(城邑)(銀)(證書)
성읍 남방 성읍 은 증서
(記錄)(印封)(證人)(捕虜)
기록 인봉 증인 포로

耶利米書-(예레미야)-第三十三章
야리미서 제삼십삼장

렘33:1,(侍衛隊)(臨)
시위대 임

렘33:2,(行)(成就)(者)
행 성취 자

렘33:3,(應答)(秘密)
응답 비밀

렘33:4,(城邑)(家屋)(王宮)(人)(胸壁)
성읍 가옥 왕궁 인 흉벽

렘33:5,(怒)(忿)(屍體)(城)(惡)(因)(城)
노 분 시체 성 악 인 성

렘33:6,(城)(治療)(平康)(誠實)(豊富)
성 치료 평강 성실 풍부

렘33:7,(捕虜)(捕虜)
포로 포로

렘33:8,(犯)(罪惡)(淨)(犯)(行)(罪惡)(赦)
범 죄악 정 범 행 죄악 사

렘33:9,(城邑)(世界)(列邦)(讚頌)(榮光)
성읍 세계 열방 찬송 영광
(百姓)(福)(城邑)(福)(平康)(因)
백성 복 성읍 복 평강 인

렘33:10,(荒廢)(荒廢)(住民)(城邑)(新郎)
황폐 황폐 주민 성읍 신랑
(新婦)(萬軍)(感謝)(善)(仁慈)(永遠)
신부 만군 감사 선 인자 영원

렘33:11,(感謝祭)(者)(捕虜)
감사제 자 포로

렘33:12,(萬軍)(荒廢)(城邑)(牧者)(居)(羊)
만군 황폐 성읍 목자 거 양

렘33:13,(山地)(城邑)(平地)(城邑)(南方)
산지 성읍 평지 성읍 남방
(城邑)(四面)(城邑)(羊)(計數)(者)
성읍 사면 성읍 양 계수 자

렘33:14,(對)(善)(成就)
대 선 성취

렘33:15,(義)(公平)(正義)(實行)
의 공평 정의 실행

렘33:16,(救援)(安全)(居)(城)
구원 안전 거 성

렘33:17,(永永)
영영

렘33:18,(燔祭)(素祭)(恒常)(祭司長)
번제 소제 항상 제사장

렘33:19,(臨)
임

렘33:20,(能)(對)(約定)(對)(約定)(破)(晝夜)
능 대 약정 대 약정 파 주야

렘33:21,(言約)(破)(人)(祭司長)(言約)(破)
언약 파 인 제사장 언약 파

렘33:22,(萬象)(測量)(子孫)(人)(蕃盛)
만상 측량 자손 인 번성

렘33:23,(臨)
임

렘33:24,(百姓)(擇)(族屬)(百姓)(蔑視)
백성 택 족속 백성 멸시
(自己)(認定)
자기 인정

렘33:25,(晝夜)(約定)(天地)(規例)(定)
주야 약정 천지 규례 정

렘33:26,(子孫)(子孫)(中)(子孫)(者)(擇)
자손 자손 중 자손 자 택
(捕虜)(者)(矜恤)
포로 자 긍휼

耶利米書-(예레미야)-第三十四章
야리미서 제삼십사장

렘34:1,(王)(軍隊)(統治下)(百姓)(城邑)(臨)
왕 군대 통치하 백성 성읍 임

렘34:2,(王)(告)(城)(王)(城)
왕 고 성 왕 성

렘34:3,(王)(對)
왕 대

렘34:4,(王)(對)
왕 대

렘34:5,(平安)(列祖)(先王)(焚香)(一例)
평안 열조 선왕 분향 일례
(焚香)(爲)(哀痛)(主)
분향 위 애통 주

렘34:6,(先知者)(王)(告)
선지자 왕 고

렘34:7,(王)(軍隊)(城)(堅固)(城邑)(中)
왕 군대 성 견고 성읍 중

렘34:8,(王)(百姓)(言約)(自由)(宣言)(後)(臨)
왕 백성 언약 자유 선언 후 임

렘34:9,(言約)(各其)(男女)(奴婢)(自由)
언약 각기 남녀 노비 자유
(同族)(人)
동족 인

렘34:10,(言約)(參加)(方伯)(百姓)(各其)
언약 참가 방백 백성 각기
(奴婢)(自由)(順服)
노비 자유 순복

렘34:11,(後)(變)(自由)(奴婢)(服從)(奴婢)
후 변 자유 노비 복종 노비

렘34:12,(臨)
임

렘34:13,(先祖)(引導)(言約)
선조 인도 언약

렘34:14,(兄弟)(七年)(各其)(六年)
형제 칠년 각기 육년
(自由)(先祖)
자유 선조

렘34:15,(目前)(正當)(行)(各其)(自由)
목전 정당 행 각기 자유
(宣言)(言約)
선언 언약

렘34:16,(變)(各其)(自由)(奴婢)(服從)(奴婢)
변 각기 자유 노비 복종 노비

렘34:17,(各其)(兄弟)(自由)(宣言)(實行)
각기 형제 자유 선언 실행
(自由)(宣言)(染病)(饑饉)(世界)
자유 선언 염병 기근 세계
(列邦)(中)
열방 중

렘34:18,(言約)(實行)(言約)(犯)
언약 실행 언약 범

렘34:19갠(方伯)(百姓)(宦官)(祭司長)(百姓)
방백 백성 환관 제사장 백성

렘34:20,(怨讐)(生命)(者)(屍體)(空中)(食物)
원수 생명 자 시체 공중 식물

렘34:21,(王)(方伯)(怨讐)(生命)(者)(王)(軍隊)
왕 방백 원수 생명 자 왕 군대

렘34:22,(命)(城)(城)(取)(城邑)(荒蕪)(居民)
명 성 성 취 성읍 황무 거민

耶利米書-(예레미야)-第三十五章
야리미서 제삼십오장

렘35:1,(王)(臨)
왕 임

렘35:2,(族屬)(房)(葡萄酒)
족속 방 포도주

렘35:3,(孫子)(兄弟)(族屬)
손자 형제 족속

렘35:4,(房)(房)(方伯)(房)(門)(房)
방 방 방백 방 문 방

렘35:5,(族屬)(葡萄酒)(沙鉢)(盞)(勸)
족속 포도주 사발 잔 권

렘35:6,(葡萄酒)(先祖)(命)(子孫)
포도주 선조 명 자손
(永永)(葡萄酒)
영영 포도주

렘35:7,(播種)(葡萄園)(栽培)(平生)
파종 포도원 재배 평생
(帳幕)(居處)(寓居)(生命)
장막 거처 우거 생명

렘35:8,(先祖)(命)(順從)(子女)(平生)
선조 명 순종 자녀 평생
(葡萄酒)
포도주

렘35:9,(居處)(葡萄園)(種子)
거처 포도원 종자

렘35:10,(帳幕)(居處)(先祖)(命)(遵行)
장막 거처 선조 명 준행

렘35:11,(王)(人)(軍隊)(人)(軍隊)(居)
왕 인 군대 인 군대 거

렘35:12,(臨)
임

렘35:13,(萬軍)(居民)(敎訓)
만군 거민 교훈

렘35:14,(子孫)(葡萄酒)(命令)(實行)
자손 포도주 명령 실행
(先祖)(命令)(順從)
선조 명령 순종
렘35:15,(先知者)(各其)(惡)(行爲)(神)
선지자 각기 악 행위 신
(先祖)(居)
선조 거
렘35:16,(子孫)(先祖)(命)(命令)(遵行)(百姓)
자손 선조 명 명령 준행 백성
렘35:17,(萬軍)(居民)(對)(宣布)(災殃)(對答)
만군 거민 대 선포 재앙 대답
렘35:18,(族屬)(萬軍)(先祖)(命令)(遵從)
족속 만군 선조 명령 준종
(訓戒)(命)(行)
훈계 명 행
렘35:19,(萬軍)(永永)
만군 영영

耶利米書-(예레미야)-第三十六章
야리미서 제삼십륙장

렘36:1,(王)(四年)(臨)
왕 사년 임
렘36:2,(冊)(取)(列邦)(對)(記錄)
책 취 열방 대 기록
렘36:3,(族屬)(災殃)(各其)(惡)(惡)(罪)(赦)
족속 재앙 각기 악 악 죄 사
렘36:4,(口傳)(冊)(記錄)
구전 책 기록
렘36:5,(命)(監禁)(當)
명 감금 당
렘36:6,(口傳)(記錄)(禁食日)(百姓)
구전 기록 금식일 백성
(朗讀)(城)(者)(朗讀)
랑독 성 자 랑독
렘36:7,(祈禱)(各其)(惡)(百姓)(對)
기도 각기 악 백성 대
(宣布)(怒)(忿)
선포 노 분
렘36:8,(先知者)(自己)(命)(冊)(朗讀)
선지자 자기 명 책 랑독
렘36:9,(王)(五年)(九月)(百姓)(城邑)
왕 오년 구월 백성 성읍
(百姓)(禁食)(宣布)
백성 금식 선포
렘36:10,(門)(書記官)(房)(冊)(朗讀)(百姓)
문 서기관 방 책 랑독 백성
렘36:11,(孫子)(冊)
손자 책
렘36:12,(王宮)(書記官)(房)(方伯)
왕궁 서기관 방 방백
(書記官)(方伯)
서기관 방백
렘36:13,(百姓)(冊)(朗讀)(告)
백성 책 랑독 고
렘36:14,(方伯)(曾孫)(孫子)(百姓)(朗讀)
방백 증손 손자 백성 랑독
렘36:15,(朗讀)(朗讀)
랑독 랑독
렘36:16,(王)(告)
왕 고
렘36:17,(口傳)(記錄)(請)
구전 기록 청
렘36:18,(對答)(冊)(記錄)
대답 책 기록
렘36:19,(方伯)
방백
렘36:20,(書記官)(房)(王)(王)(告)
서기관 방 왕 왕 고
렘36:21,(王)(書記官)(房)(王)(王)(方伯)(朗讀)
왕 서기관 방 왕 왕 방백 랑독
렘36:22,(九月)(王)(宮殿)(火爐)
구월 왕 궁전 화로
렘36:23,(三篇)(四篇)(朗讀)(王)(小刀)
삼편 사편 랑독 왕 소도
(連)(火爐)
연 화로
렘36:24,(王)(臣下)
왕 신하
렘36:25,(王)(懇求)(王)
왕 간구 왕
렘36:26,(王)(王)(命)(書記官)(先知者)
왕 왕 명 서기관 선지자
렘36:27,(王)(口傳)(記錄)(後)(臨)
왕 구전 기록 후 임
렘36:28,(王)(記錄)
왕 기록
렘36:29,(王)(對)(王)(丁寧)(滅)(記錄)
왕 대 왕 정녕 멸 기록
렘36:30,(王)(對)(者)(屍體)(當)
왕 대 자 시체 당
렘36:31,(子孫)(臣下)(罪惡)(因)(罰)
자손 신하 죄악 인 벌
(居民)(宣布)(災殃)
거민 선포 재앙
렘36:32,(取)(書記官)(王)(冊)(口傳)(記錄)(外)
취 서기관 왕 책 구전 기록 외

耶利米書-(예레미야)-第三十七章
야리미서 제삼십칠장

렘37:1,(代身)(王)(王)(王)
대신 왕 왕 왕
렘37:2,(臣下)(百姓)(先知者)
신하 백성 선지자
렘37:3,(王)(祭司長)(先知者)(請)(爲)(祈禱)
왕 제사장 선지자 청 위 기도
렘37:4百姓)(出入)(中)
백성 출입 중
렘37:5,(軍隊)(人)(所聞)
군대 인 소문
렘37:6,(先知者)(臨)
선지자 임
렘37:7,(求)(王)(軍隊)(自己)
구 왕 군대 자기

렘37:8,(人)(城)(取)
인 성 취

렘37:9,(人)
인

렘37:10,(假令)(人)(軍隊)(中)(負傷者)
가령 인 군대 중 부상자
(各其)(帳幕)(城)
각기 장막 성

렘37:11,(人)(軍隊)(軍隊)
인 군대 군대

렘37:12,(百姓)(中)(分)
백성 중 분

렘37:13,(門)(孫子)(門直)(頭目)(先知者)
문 손자 문직 두목 선지자
(人)(降服)
인 항복

렘37:14,(妄靈)(人)(降服)(方伯)
망령 인 항복 방백

렘37:15,(方伯)(怒)(書記官)
방백 노 서기관

렘37:16,(土窟)(獄)(陰室)
토굴 옥 음실

렘37:17,(王)(王宮)(秘密)(對答)(王)(王)
왕 왕궁 비밀 대답 왕 왕

렘37:18,(王)(王)(王)(臣下)(百姓)(罪)(犯)(獄)
왕 왕 왕 신하 백성 죄 범 옥

렘37:19,(王)(王)(豫言)(王)(先知者)
왕 왕 예언 왕 선지자

렘37:20,(主)(王)(請)(嘆願)(書記官)
주 왕 청 탄원 서기관

렘37:21,(王)(命)(侍衛隊)(者)(每日)(城中)
왕 명 시위대 자 매일 성중
(侍衛隊)
시위대

耶利米書-(예레미야)-第三十八章
야리미서 제삼십팔장

렘38:1,(百姓)
백성

렘38:2,(城)(者)(饑饉)(染病)(人)(降服)
성 자 기근 염병 인 항복
(者)(生命)(擄掠物)
자 생명 노약물

렘38:3,(城)(王)(軍隊)(取)
성 왕 군대 취

렘38:4,(方伯)(工)(告)(百姓)(平安)(求)
방백 왕 고 백성 평안 구
(害)(求)(請)(城)(軍士)(百姓)(弱)
해 구 청 성 군사 백성 약

렘38:5,(王)(王)
왕 왕

렘38:6,(取)(侍衛隊)(王)(中)
취 시위대 왕 중

렘38:7,(王宮)(宦官)(人)(王)(門)
왕궁 환관 인 왕 문

렘38:8,(王宮)(王)(告)
왕궁 왕 고

렘38:9,(主)(王)(先知者)(行)(惡)(城中)
주 왕 선지자 행 악 성중

렘38:10,(王)(人)(命)(三十名)(先知者)(前)
왕 인 명 삼십명 선지자 전

렘38:11,(王宮)(庫間)(房)(取)
왕궁 고간 방 취

렘38:12,(人)
인

렘38:13,(侍衛隊)
시위대

렘38:14,(王)(先知者)(第)(三門)(王)(一毫)
왕 선지자 제 삼문 왕 일호

렘38:15,(王)(王)(斷定)(假令)(王)(勸)(王)
왕 왕 단정 가령 왕 권 왕

렘38:16,(王)(秘密)(盟誓)(靈魂)(生命)
왕 비밀 맹서 영혼 생명

렘38:17,(萬軍)(萬一)(王)(方伯)(降服)
만군 만일 왕 방백 항복
(生命)(城)(家族)
생명 성 가족

렘38:18,(萬一)(王)(方伯)(降服)(城)(人)(城)
만일 왕 방백 항복 성 인 성

렘38:19,(王)(人)(降服)(人)(念慮)(人)(嘲弄)
왕 인 항복 인 염려 인 조롱

렘38:20,(王)(願)(王)(告)(聽從)(王)(福)
왕 원 왕 고 청종 왕 복
(生命)(保存)
생명 보존

렘38:21,(萬一)(降服)(拒絶)
만일 항복 거절

렘38:22,(王宮)(女子)(王)(方伯)(親舊)
왕궁 녀자 왕 방백 친구

렘38:23,(子女)(人)(王)(城)
자녀 인 왕 성

렘38:25,(萬一)(方伯)(王)(告)(王)(告)
만일 방백 왕 고 왕 고

렘38:26,(對答)(王)(懇求)단
대답 왕 간구

렘38:27,(方伯)(王)(命)(對答)(綻露)
방백 왕 명 대답 탄로

렘38:28,(陷落)(侍衛隊)
함락 시위대

耶利米書-(예레미야)-第三十九章
야리미서 제삼십구장

렘39:1,(王)(九年)(十月)(士)(軍隊)
왕 구년 십월 왕 군대

렘39:2,(第)(十一年)(四月)(九日)(城)
제 십일년 사월 구일 성
(陷落)(陷落)
함락 함락

렘39:3,(王)(方伯)(中門)(宦官長)(博士長)
왕 방백 중문 환관장 박사장
(王)(其他)(方伯)
왕 기타 방백

렘39:4,(王)(軍士)(逃亡)(王)샛(門)(通)(城邑)
왕 군사 도망 왕 문 통 성읍

렘39:5,(人)(軍隊)(平原)(王)(王)(審問)
인 군대 평원 왕 왕 심문

렘39:6,(王)(目前)(王)(貴人)
왕 목전 왕 귀인

렘39:7,(王(結縛)
왕 결박

렘39:8,(人)(王宮)(百姓)(城壁)
인 왕궁 백성 성벽

렘39:9,(侍衛隊長)(城中)(百姓)(自己)
시위대장 성중 백성 자기
(降服)(者)(外)(百姓)
항복 자 외 백성

렘39:10,(侍衛隊長)(所有)(貧民(葡萄園)
시위대장 소유 빈민 포도원

렘39:11,(王)(對)侍衛隊長)(命)
왕 대 시위대장 명

렘39:12,(善待)(害)(行)
선대 해 행

렘39:13,(侍衛隊長)(宦官長)(博士長)
시위대장 환관장 박사장
(王)(長官)
왕 장관

렘39:14,(侍衛隊)(取)(孫子)(百姓)(中)(居)
시위대 취 손자 백성 중 거

렘39:15,(侍衛隊)(臨)
시위대 임

렘39:16,(人(萬軍)(城)(災殃)(福)(目前)
인 만군 성 재앙 복 목전

렘39:17,(救援)
구원

렘39:18,(斷定)(救援)(生命)(擄掠物)(信賴)
단정 구원 생명 노약물 신뢰

耶利米書-(예레미야)-第四十章
야리미서 제사십장

렘40:1,(侍衛隊長)(捕虜)(中)(結縛)
시위대장 포로 중 결박
(解放)(後)(臨)
해방 후 임

렘40:2,(侍衛隊長)(災殃)(宣布)
시위대장 재앙 선포

렘40:3,行)(犯罪)(聽從)(臨)
행 범죄 청종 임

렘40:4,(解放)(萬一)(善)(善待)(萬一)(善)(可)
해방 만일 선 선대 만일 선 가

렘40:5,(前(王(城邑)(總督)(孫子)(百姓)(中)
전 왕 성읍 총독 손자 백성 중
(居)(可)侍衛隊長)(糧食)(膳物)
거 가 시위대장 량식 선물

렘40:6,(百姓)(中)(居)
백성 중 거

렘40:7,(軍隊長官)(王)(總督)(男女)
군대장관 왕 총독 남녀
(幼兒)(貧民)(委任)
유아 빈민 위임

렘40:9,(孫子)(盟誓)(人)(居)(王)(有益)
손자 맹서 인 거 왕 유익

렘40:10,(居)(人)(葡萄酒)(實果)(貯蓄)
거 인 포도주 실과 저축
(城邑)(居
성읍 거

렘40:11,(子孫)(中)(地方)(人)(王(孫子)
자손 중 지방 인 왕 손자

렘40:12,(人)(各處)(葡萄酒)(實果)(甚)
인 각처 포도주 실과 심

렘40:13,(軍隊長官)
군대장관

렘40:14,(子孫)(王)(生命)(取)
자손 왕 생명 취

렘40:15,(秘密)(請)(生命)(取)(人)(者)
비밀 청 생명 취 인 자
(滅亡)(當)
멸망 당

렘40:16,(行)(對)(眞情)
행 대 진정

耶利米書-(예레미야)-第四十一章
야리미서 제사십일장

렘41:1,(七月)(王)(宗親)(孫子(王)(長官)
칠월 왕 종친 손자 왕 장관

렘41:2,(王)(總督)(孫子)
왕 총독 손자

렘41:3,(人)(軍士)
인 군사

렘41:5,(八十名)(鬚髥)(傷)(素祭物)(乳香)
팔십명 수염 상 소제물 유향

렘41:6,(迎接)(行)
영접 행

렘41:7,(城)(中央)(自己)
성 중앙 자기

렘41:8,(中)(兄弟)
중 형제

렘41:9,(屬)(屍體)(王)(王)(屍體)
속 시체 왕 왕 시체

렘41:10,(王)(百姓侍衛隊長)(委任)
왕 백성 시위대장 위임
(百姓)(子孫)
백성 자손

렘41:11,(軍隊長官)(行)(惡)
군대장관 행 악

렘41:13,(百姓)(軍隊長官)
백성 군대장관

렘41:14,(捕虜)(百姓)
포로 백성

렘41:15,(避)(子孫)
피 자손

렘41:16,(軍隊長官)百姓)(軍士)(女人)
군대장관 백성 군사 녀인
(幼兒)(宦官)
유아 환관

렘41:17,(近處)
근처

렘41:18,(王)(總督)(人)
왕 총독 인

耶利米書-(예레미야)-第四十二章
야 리 미 서 제 사 십 이 장

렘42:1,(軍隊)(長官)호(百姓)(者)(者)
군대 장관 백성 자 자

렘42:2,(先知者)(當身)(懇求)(者)(爲)
선지자 당신 간구 자 위
(當身)(祈禱)(當身)(目覩)(中)
당신 기도 당신 목도 중

렘42:3,(當身)(願)
당신 원

렘42:4,(先知者)(祈禱)(應答)(告)
선지자 기도 응답 고

렘42:5,(當身)(當身)(行)(中)(眞實無妄)
당신 당신 행 중 진실무망
(證人)
증인

렘42:6,(當身)(勿論)(聽從)(聽從)(福)
당신 물론 청종 청종 복

렘42:7,(十日)(後)(臨)
십일 후 임

렘42:8,(軍隊長官)(百姓)(者)(者)
군대장관 백성 자 자

렘42:9,(懇求)
간구

렘42:10,(如前)(居)(災殃)(對)
여전 거 재앙 대

렘42:11,(王)(救援)
왕 구원

렘42:12,(矜恤)(矜恤)(本鄕)
긍휼 긍휼 본향

렘42:13,(萬一)(順服)(居)
만일 순복 거

렘42:14,(戰爭)(食物)(乏絶)(當)(決斷)(居)
전쟁 식물 핍절 당 결단 거

렘42:15,(者)(萬軍)(萬一)(居)(固執)
자 만군 만일 거 고집

렘42:16,(饑饉)(急)(臨)
기근 급 임

렘42:17,(寓居)(固執)(饑饉)(染病)(災殃)(者)
우거 고집 기근 염병 재앙 자

렘42:18,(萬軍)(怒)(忿)(居民)(忿)(可憎)
만군 노 분 거민 분 가증
(詛呪)(恥辱)
저주 치욕

렘42:19,(者)(警戒)(分明)
자 경계 분명

렘42:20,(爲)(祈禱)(告)(行)(屬)
위 기도 고 행 속

렘42:21,(命)(告)(順從)
명 고 순종

렘42:22,(寓居)(饑饉)(染病)(分明)
우거 기근 염병 분명

耶利米書-(예레미야)-第四十三章
야 리 미 서 제 사 십 삼 장

렘43:1,(百姓)(自己)
백성 자기

렘43:2호(驕慢)(者)(居)
교만 자 거

렘43:3,(對敵)(人)
대적 인

렘43:4,(軍隊長官)(百姓)(居)(聽從)
군대장관 백성 거 청종

렘43:5,(軍隊長官)(者)(列邦)(中)(居)(者)
군대장관 자 열방 중 거 자

렘43:6,(男子)(女子)(幼兒)(王)(侍衛隊長)
남자 녀자 유아 왕 시위대장
(孫子)(先知者)(領率)
손자 선지자 영솔

렘43:7,(聽從)
청종

렘43:8,(臨)
임

렘43:9,(目前)
목전

렘43:10,(萬軍)(王)(寶座)(華麗)(帳幕)
만군 왕 보좌 화려 장막

렘43:11,(者)(者)(者)
자 자 자

렘43:12,(神)(牧者)(自己)(平安)
신 목자 자기 평안

렘43:13,(柱像)(神)
주상 신

耶利米書-(예레미야)-第四十四章
야 리 미 서 제 사 십 사 장

렘44:1,(居)(人)(地方)(居)(者)(對)(臨)
거 인 지방 거 자 대 임

렘44:2,(萬軍(城邑)(災殃)(荒蕪地)(居)
만군 성읍 재앙 황무지 거

렘44:3,(自己)(列祖)(神)(焚香)(怒)(激動)
자기 열조 신 분향 노 격동
(惡行)(因)
악행 인

렘44:4,(先知者)(可憎)(行)
선지자 가증 행

렘44:5,(神)(如前)(焚香)(惡)
신 여전 분향 악

렘44:6,(忿)(怒)(城邑)(荒廢)(寂寞)
분 노 성읍 황폐 적막

렘44:7,(萬軍)(惡)(行)(自己)(靈魂)(害)(中)
만군 악 행 자기 영혼 해 중
(男子)(女子)(者)(滅絶)
남자 녀자 자 멸절

렘44:8,(所爲)(怒)(激動)(寓居)(神)(焚香)
소위 노 격동 우거 신 분향
(當)(世界)(列邦)(中)(詛呪)(侮辱)
당 세계 열방 중 저주 모욕

렘44:9,(行)(列祖)(惡)(王)(惡)(王妃)(惡)
행 열조 악 왕 악 왕비 악
(惡)(惡)
악 악

렘44:10,(謙卑(列祖)(法)(律例)(遵行)
겸비 열조 법 율례 준행

렘44:11,(萬軍)(向)(災殃)
만군 향 재앙

렘44:12,(寓居)(固執)(者)(取)(滅亡)(饑饉)
우거 고집 자 취 멸망 기근
(亡)(者)(者)(饑饉)(可憎)(詛呪)(侮辱)
망 자 자 기근 가증 저주 모욕

렘44:13,(居)(者)(饑饉)(染病)(罰)
거 자 기근 염병 벌

렘44:14,(寓居)(者)(中)(避)(思慕)(居(者)
우거 자 중 피 사모 거 자
(逃避)(者)(外)(者)
도피 자 외 자

렘44:15,(自己)(神)(焚香)(男子)(女人)(居)
자기 신 분향 남자 녀인 거
(百姓)(對答)
백성 대답

렘44:17,(丁寧)(實行)(本來(先祖)(王)
정녕 실행 본래 선조 왕
(方伯)(城邑)(女神)(焚香)(奠祭)
방백 성읍 여신 분향 전제
(大抵)(食物)(豊富)(福)(災殃)
대저 식물 풍부 복 재앙

렘44:18,(女神)(焚香)(奠祭)(廢)(後)(乏絶)
여신 분향 전제 폐 후 핍절
(饑饉)(滅亡)(當)
기근 멸망 당

렘44:19,(女人)(女神)(焚香)(奠祭)(男便)
녀인 여신 분향 전제 남편
(許諾)(敬拜)(菓子)(奠祭)
허락 경배 과자 전제

렘44:20,(男女)對答)(百姓)
남녀 대답 백성

렘44:21,(先祖)(王)(方伯)(百姓)(城邑)
선조 왕 방백 백성 성읍
(焚香)(記憶)
분향 기억

렘44:22,(惡行)(可憎)(所爲)(荒蕪)(詛呪)
악행 가증 소위 황무 저주
(居民)
거민

렘44:23,(焚香)(犯罪)(聽從)(法)(律例)
분향 범죄 청종 법 율례
(證據)(行)(災殃)
증거 행 재앙

렘44:24,(百姓)(女人)
백성 녀인

렘44:25,(萬軍)(誓願)(履行)(女神)(焚香)
만군 서원 이행 여신 분향
(奠祭)(誓願)(成立)(誓願)(履行)
전제 서원 성립 서원 이행

렘44:26,(盟誓)(居)(主)(盟誓)(者)
맹서 거 주 맹서 자

렘44:27,(警醒)(災殃)(福)(饑饉)(亡)(滅絶)
경성 재앙 복 기근 망 멸절

렘44:28,(避)(少數(寓居)(者)(成立)(自己)
피 소수 우거 자 성립 자기
(成立)
성립

렘44:29,(罰)(表徵)(災殃)(斷定)(成立)
벌 표징 재앙 단정 성립

렘44:30,(王)(怨讐)(生命)(王)(王)(怨讐)
왕 원수 생명 왕 왕 원수
(生命)(者)
생명 자

耶利米書-(예레미야)-第四十五章
야리미서 제사십오장

렘45:1,(王(第)(四年)(口傳)(冊)(記錄)
왕 제 사년 구전 책 기록
(先知者)
선지자

렘45:3,(苦痛)(嘆息)(疲困)(平安
고통 탄식 피곤 평안

렘45:5,(爲)(大事)(經營)(經營)(肉體)
위 대사 경영 경영 육체
(災殃)(生命)(擄掠物)
재앙 생명 노략물

耶利米書-(예레미야)-第四十六章
야리미서 제사십륙장

렘46:1,(列國)(對)(先知者)(臨)
열국 대 선지자 임

렘46:2,(論)(王(第)(四年)(河水)(王)(敗)
논 왕 제 사년 하수 왕 패
(王)(軍隊)(對)
왕 군대 대

렘46:3,(防牌)(防牌)(豫備)
방패 방패 예비

렘46:4,(騎兵)(鞍裝)(槍)(甲)
기병 안장 창 갑

렘46:5,(勇士)(敗)(急)(逃亡)(四方)
용사 패 급 도망 사방

렘46:6,(者)(逃亡)(勇猛)(者)(避)(北方)(河水)
자 도망 용맹 자 피 북방 하수

렘46:7,(漲溢)(江)(洶湧)
창일 강 흉용

렘46:8,(漲溢)(江)(洶湧)(城邑)(居民)(滅)
창일 강 흉용 성읍 거민 멸

렘46:9,(兵車)(急)(動)(勇士)(防牌)(人)
병거 급 동 용사 방패 인
(人)(人)
인 인

렘46:10,(主)(萬軍)(對敵)(怨讐)(報讐日)
주 만군 대적 원수 보수일
(主)(萬軍)(北便)(河水)(犧牲)
주 만군 북편 하수 희생

렘46:11,(處女)(乳香)(取)(醫藥)(無效)
처녀 유향 취 의약 무효

렘46:12,(羞恥)(列邦)(勇士)(勇士)(
수치 열방 용사 용사

렘46:13,(王)(對)(先知者)
왕 대 선지자

렘46:14,(宣布)(宣布)(豫備)(四方)
선포 선포 예비 사방

렘46:15,(壯士)(緣故)
장사 연고

렘46:16,(者)(暴虐)(避)(民族)(故土)
자 포학 피 민족 고토
렘46:17,(王)(亡)(時期)
왕 망 시기
렘46:18,(萬軍)(王)(盟誓)(果然)(山)
만군 왕 맹서 과연 산
(中)(海邊)
중 해변
렘46:19,(爲)(捕虜)行李)(準備)(荒蕪)(居民)
위 포로 행리 준비 황무 거민
렘46:20,(甚)(北)(滅亡)
심 북 멸망
렘46:21,(中)(雇傭軍)(逃亡)(災難)(罰)
중 고용군 도망 재난 벌
렘46:22,(軍隊)(者)
군대 자
렘46:23,(蝗蟲)(計數)(調査)
황충 계수 조사
렘46:24,(羞恥)(當)(北方)(百姓)
수치 당 북방 백성
렘46:25,(萬軍)(神)(王)(依支)(者)(罰)
만군 신 왕 의지 자 벌
렘46:26,(生命)(者)(王)(臣下)(後)(如前)
생명 자 왕 신하 후 여전
렘46:27,(遠方)(救援)(子孫)(捕虜)
원방 구원 자손 포로
(救援)(平安)(靜穩)(居)(者)
구원 평안 정온 거 자
렘46:28,(列邦)(滅)(滅)(公道)(懲責)
열방 멸 멸 공도 징책
(決)(無罪)(者)
결 무죄 자

耶利米書-(예레미야)-第四十七章
야리미서 제사십칠장

렘47:1,(前)(對)(先知者)(臨)
전 대 선지자 임
렘47:2,(北方)(漲溢)(中)(城邑)(居)(者)
북방 창일 중 성읍 거 자
(淹沒)(居民)(哀哭)
엄몰 거민 애곡
렘47:3,(兵車)(子女)
병거 자녀
렘47:4,(殄滅)(者)(滅)
진멸 자 멸
렘47:5,(削髮)(平地)(滅亡)
삭발 평지 멸망
렘47:7,(命)(海邊)(命定)
명 해변 명정

耶利米書-(예레미야)-第四十八章
야리미서 제사십팔장

렘48:1,(對)(萬軍)(荒廢)(羞恥)(當)
대 만군 황폐 수치 당
(占領)(羞恥)(當)(破壞)
점령 수치 당 파괴
렘48:2,(稱頌)(謀害)(寂寞)
칭송 모해 적막
렘48:3,(荒蕪)(破滅)
황무 파멸
렘48:4,(滅亡)(當)
멸망 당
렘48:5,(慘敗)(苦痛)
참패 고통
렘48:6,(逃亡)(生命)(救援)(曠野)
도망 생명 구원 광야
렘48:7,(工作)(寶物)(依賴)(取)(當)
공작 보물 의뢰 취 당
(祭司長)(方伯)(捕虜)
제사장 방백 포로
렘48:8,(破滅)(者)(各)(城)(城)(免)
파멸 자 각 성 성 면
(毁破)(平原)(破滅)
훼파 평원 파멸
렘48:9,(避)(城邑)(荒蕪)(居)(者)
피 성읍 황무 거 자
렘48:10,(怠慢)(者)(詛呪)(自己)(禁)
태만 자 저주 자기 금
(者)(詛呪)(當)
자 저주 당
렘48:11,(平安)(捕虜)(變)
평안 포로 변
렘48:12,(者)(瓶)
자 병
렘48:13,(依賴)(羞恥)(當)(因)(羞恥)(當)
의뢰 수치 당 인 수치 당
렘48:14,(勇士)(戰爭)(猛士
용사 전쟁 맹사
렘48:15,(萬軍)(王)(荒廢)(城邑)(煙氣)
만군 왕 황폐 성읍 연기
(擇)(青年)(殺戮)(當)
택 청년 살륙 당
렘48:16,(災難)(苦難)(速)(臨)
재난 고난 속 임
렘48:17,(四面)(者)(者)(爲)(嘆息)(强),)
사면 자 자 위 탄식 강
렘48:18,(居(榮光)(破滅)(者)(要塞)(破)
거 영광 파멸 자 요새 파
렘48:19,(居)(女人)(逃亡)(者)(避)(者)
거 녀인 도망 자 피 자
렘48:20,(敗)(羞恥)(哭(荒蕪)
패 수치 곡 황무
렘48:21,(審判)(平地)(臨)
심판 평지 임
렘48:24,(遠近)(城)
원근 성
렘48:26,(取)(自慢)(吐)(嘲弄)
취 자만 토 조롱
렘48:27,(嘲弄)(盜賊)(中)(發見)
조롱 도적 중 발견
렘48:28,(居民)(城邑)(居)
거민 성읍 거
렘48:29,(驕慢)(甚)(驕慢)(自高)(傲慢)
교만 심 교만 자고 오만
(自矜)(倨慢)
자긍 거만

렘48:30,(怒)(虛誕(自矜)(成就)
노 허탄 자긍 성취

렘48:31,(爲)(爲)(爲)
위 위 위

렘48:32,(葡萄)(實果)(葡萄)(破滅)(者)
포도 실과 포도 파멸 자
(爲)(哭)(哭)
위 곡 곡

렘48:33,(沃土)(葡萄酒)(葡萄酒)(者)
옥토 포도주 포도주 자

렘48:34,(發)
발

렘48:35,(山堂)(祭祀)(神)(焚香)(者)
산당 제사 신 분향 자

렘48:36,(爲)(爲)(財物)
위 위 재물

렘48:37,(各)(頭髮)(鬚髥)
각 두발 수염

렘48:38,(各處)(哀哭)(
각처 애곡

렘48:39,(破壞)(哀哭)(四方)(者)(嘲弄)
파괴 애곡 사방 자 조롱

렘48:41,(城邑)(取)(當)(要塞)(陷落)
성읍 취 당 요새 함락
(勇士)(女人)
용사 녀인

렘48:42,(自慢)(滅亡
자만 멸망

렘48:43,(居民)(陷穽)(臨)
거민 함정 임

렘48:44,(逃亡)(者)(陷穽)(陷穽)(者)(罰)(臨)
도망 자 함정 함정 자 벌 임

렘48:45,(逃亡)(者)(氣盡)(發)(火焰)
도망 자 기진 발 화염
(喧譁)(者)(頂)
훤화 자 정

렘48:46,(禍)(百姓)(亡)(捕虜)
화 백성 망 포로

렘48:47,(末日)(捕虜)(審判)
말일 포로 심판

耶利米書-(예레미야)-第四十九章
야리미서 제사십구장

렘49:1,(子孫)(對)(無子)(相續者)(占領)
자손 대 무자 상속자 점령
(百姓)(城邑)(居)
백성 성읍 거

렘49:2,(戰爭)(子孫)(村落)(自己)(占領)
전쟁 자손 촌락 자기 점령
(者)(占領)
자 점령

렘49:3,(哀哭)(荒廢)哀痛)(祭司長)(方伯)
애곡 황폐 애통 제사장 방백

렘49:4,(墮落(財物)(依賴)
타락 재물 의뢰

렘49:5,(主)(萬軍)(四方)(各)(逃亡)(者)(者)
주 만군 사방 각 도망 자 자

렘49:6,(後)(子孫)(捕虜)
후 자손 포로

렘49:7,(對)(萬軍)(智慧)(明哲)(者)
대 만군 지혜 명철 자
(謀略)(智慧)
모략 지혜

렘49:8,(居民)(逃亡)(災難)(臨)(罰)
거민 도망 재난 임 벌

렘49:9,(葡萄)(者)(若干)盜賊)(慾心)(滅)
포도 자 약간 도적 욕심 멸

렘49:10,(大抵)(赤身)(秘密)(子孫)
대저 적신 비밀 자손
(兄弟)(滅亡)
형제 멸망

렘49:11,(孤兒)(寡婦)(依支)
고아 과부 의지

렘49:12,(盞)(者)(刑罰)(穩全)(免)(免)
잔 자 형벌 온전 면 면

렘49:13,(盟誓)(羞辱)(荒廢)(詛呪)
맹서 수욕 황폐 저주
(城邑)(永永)(荒廢)
성읍 영영 황폐

렘49:14,(消息)(使者)(列邦)(中)
소식 사자 열방 중

렘49:15,(列邦)(中)(中)(蔑視)
열방 중 중 멸시

렘49:16,(居)(山)(占領)(者)(者)(驕慢)
거 산 점령 자 자 교만

렘49:17,(者)(災殃)(因)
자 재앙 인

렘49:18,(城邑)(滅亡)(居)(中)(寓居)(人子)
성읍 멸망 거 중 우거 인자

렘49:19,(獅子)(堅固)(處所)(卽時)(擇)
사자 견고 처소 즉시 택
(者)(者)(者)(牧者)
자 자 자 목자

렘49:20,(對)(圖謀)(居民)(對)(經營)
대 도모 거민 대 경영
(羊)(處所)(荒蕪)
양 처소 황무

렘49:21,(震動)(紅海)
진동 홍해

렘49:22,(怨讐)(勇士)(女人)
원수 용사 녀인

렘49:23,(對)(羞恥)(當)(凶)(所聞)(落膽)(平安)
대 수치 당 흉 소문 락담 평안

렘49:24,(疲困)(解産)(女人)(苦痛)
피곤 해산 녀인 고통

렘49:25,(讚頌)(城邑)(城邑)
찬송 성읍 성읍

렘49:26,(萬軍)(青年)(軍士)(滅絶)
만군 청년 군사 멸절

렘49:27,(城壁)(宮殿
성벽 궁전

렘49:28,(王)(攻擊)(對)(東方)(子孫)(滅)
왕 공격 대 동방 자손 멸

렘49:29,(帳幕)(羊)(取)(揮帳)(器具)
장막 양 취 휘장 기구

(所有)(向)(四方)
소유 향 사방
렘49:30,(居民)(逃亡)(居)(王)(謀略)(計策)(定)
거민 도망 거 왕 모략 계책 정
렘49:31,(平安)(念慮)(居)(百姓)(城門)
평안 염려 거 백성 성문
(門)(居)(國民)
문 거 국민
렘49:32,(擄掠)(家畜)(奪取)(當)(者)
노약 가축 탈취 당 자
(四面)(災難)(各方)
사면 재난 각방
렘49:33,(豺狼)(居處)(永遠)(荒蕪)(居)
시랑 거처 영원 황무 거
(中)(寓居)(人子)
중 우거 인자
렘49:34,(王)(卽位)(對)(先知者)(臨)
왕 즉위 대 선지자 임
렘49:35,(萬軍)(
만군
렘49:36,(四方)(四方)(四方)(者)
사방 사방 사방 자
렘49:37,(怨讐)(生命)(者)(災殃)(震怒)(殄滅)
원수 생명 자 재앙 진노 진멸
렘49:38,(位)(王)(族長)(滅)
위 왕 족장 멸
렘49:39,(捕虜)
포로

耶利米書-(예레미야)-第五十章
야리미서 제오십장

렘50:1,(先知者)(人)(對)
선지자 인 대
렘50:2,(列邦)(中)(廣告)(公布)(旗)(公布)
열방 중 광고 공포 기 공포
(陷落)(羞恥)(當)(神像)(羞恥)
함락 수치 당 신상 수치
(當)(偶像)
당 우상
렘50:3,(北方)(荒廢)(中)(居)(者)(逃亡)
북방 황폐 중 거 자 도망
렘50:4,(子孫)(子孫)(行)(求)
자손 자손 행 구
렘50:5,(向)(永永)(言約)(聯合)
향 영영 언약 연합
렘50:6,(百姓)(羊)(牧者)(山)(山)(山)
백성 양 목자 산 산 산
렘50:7,(者)(對敵)(義)(處所)(列祖)
자 대적 의 처소 열조
(所望)(犯罪)(無罪)
소망 범죄 무죄
렘50:8,(逃亡)(人)
도망 인
렘50:9,(聯合國)(北方)(行伍)(取)
연합국 북방 항오 취
(練熟)(勇士)
연숙 용사
렘50:10,(掠奪)(當)(掠奪)(者)(滿足)
약탈 당 약탈 자 만족
렘50:11,(産業)(擄掠)(者)(穀食)(
산업 노약 자 곡식
렘50:12,(穩全)(羞恥)(當)(者)(恥辱)
온전 수치 당 자 치욕
(當)(列邦)(末)(曠野)(沙漠)
당 열방 말 광야 사막
렘50:13,(震怒)(因)(居民)(穩全)(荒蕪地)
진노 인 거민 온전 황무지
(者)(災殃)
자 재앙
렘50:14,(行伍)(者)(犯罪)
항오 자 범죄
렘50:15,(四面)(降服)(保障)(城壁)
사면 항복 보장 성벽
(毁破)(報讐)(行)(行)(報讐)
훼파 보수 행 행 보수
렘50:16,(播種)(者)(秋收)(者)(壓迫)
파종 자 추수 자 압박
(各其)(同族)(故鄕)(逃亡)
각기 동족 고향 도망
렘50:17,(羊)(獅子)(王)(王)
양 사자 왕 왕
렘50:18,(萬軍)(王)(罰)(王)(罰)
만군 왕 벌 왕 벌
렘50:19,(牧場)(山)(滿足)
목장 산 만족
렘50:20,(罪惡)(罪)(發見)(者)(赦)
죄악 죄 발견 자 사
렘50:21,(居民)(殄滅)(命)
거민 진멸 명
렘50:22,(破滅)
파멸
렘50:23,(世界)(列邦)(中)(荒蕪地)
세계 열방 중 황무지
렘50:25,(兵庫)(忿怒)(兵器)(主)(萬軍)(人)(行)
병고 분노 병기 주 만군 인 행
렘50:26,(庫間)(殄滅)
고간 진멸
렘50:27,(屠獸場)(禍)(罰)
도수장 화 벌
렘50:28,(逃避)(者)(報讐)(聖殿)(報讐)(宣布)
도피 자 보수 성전 보수 선포
렘50:29,(者)(召集)(者)(四面)(陣)(避)(者)
자 소집 자 사면 진 피 자
(行)(行)(者)(向)(驕慢)
행 행 자 향 교만
렘50:30,(靑年)(軍士)(滅絶)
청년 군사 멸절
렘50:31,(主)(萬軍)(驕慢)(者)(對敵)(罰)
주 만군 교만 자 대적 벌
렘50:32,(驕慢)(者)(者)(城邑)(四面)
교만 자 자 성읍 사면
렘50:33,(萬軍)(子孫)(子孫)(虐待)(者)(嚴)
만군 자손 자손 학대 자 엄
렘50:34,(救贖者)(强)(萬軍)(決)(寃)(平安)
구속자 강 만군 결 원 평안

(居民)(不安)
거민 불안

렘50:35,(人)(居民)(方伯)(智慧)(者)(臨)
인 거민 방백 지혜 자 임

렘50:36,(自矜)(者)(臨)(勇士)(臨)
자긍 자 임 용사 임

렘50:37,(兵車)(中)(雜族)(臨)(婦女)
병거 중 잡족 임 부녀

(寶物)(臨)(擄掠)
보물 임 노략

렘50:38,(臨)(彫刻)(神像)(偶像)
임 조각 신상 우상

렘50:39,(沙漠)(豺狼)(居)(駝鳥)(中)
사막 시랑 거 타조 중

(永永)(居民)(代代)(居)(者)
영영 거민 대대 거 자

렘50:40,(城邑)(居)(中)(寓居)(人子)
성읍 거 중 우거 인자

렘50:41,(族屬)(北方)(王)(激動)
족속 북방 왕 격동

렘50:42,(槍)(者)(殘忍)(矜恤)(波濤)
창 자 잔인 긍휼 파도

(洶湧)(武士)(各其)(行伍)
흉용 무사 각기 항오

렘50:43,(王)(所聞)(弱)(苦痛)(解産)(女人)
왕 소문 약 고통 해산 녀인

렘50:44,(獅子)(堅固)(處所)(卽時)(擇)
사자 견고 처소 즉시 택

(者)(者)(牧者)
자 자 목자

렘50:45,(對)(圖謀)(人)(對)(經營)(羊)
대 도모 인 대 경영 양

렘50:46,(陷落)(震動)(列邦)(中)
함락 진동 열방 중

耶利米書-(예레미야)-第五十一章
야리미서 제오십일장

렘51:1,(滅亡)(者)(對敵)(者)(中)(處)(者)
멸망 자 대적 자 중 처 자

렘51:2,(他國人)(災殃)
타국인 재앙

렘51:3,(者)(向)(甲冑)(者)(向)(者)
자 향 갑주 자 향 자

(青年)(軍隊)(殄滅)
청년 군대 진멸

렘51:4,(人)(當)(當)(者)
인 당 당 자

렘51:5,(大抵)(者)(拒逆)(罪過)(萬軍)
대저 자 거역 죄과 만군

렘51:6,(逃亡)(各其)(生命)(救援)
도망 각기 생명 구원

(罪惡)(因)(報讐)(報復)
죄악 인 보수 보복

렘51:7,(手中)(世界)(醉)(金盞)(列邦)
수중 세계 취 금잔 열방

(葡萄酒)(因)
포도주 인

렘51:8,(猝地)(破滅)(因)(創傷)(因)
졸지 파멸 인 창상 인

(乳香)(求)(或)
유향 구 혹

렘51:9,(治療)(各其)(故土)(禍)(穹蒼)(達)
치료 각기 고토 화 궁창 달

렘51:10,(義)(宣布)
의 선포

렘51:11,(防牌)(王)(激發)(滅)(報讐)
방패 왕 격발 멸 보수

(聖殿)(報讐)
성전 보수

렘51:12,(城壁)(向)(旗)(把守軍)(伏兵)
성벽 향 기 파수군 복병

(防備)(居民)(對)(經營)(行)
방비 거민 대 경영 행

렘51:13,(居)(財物)(者)(限定)(結局)
거 재물 자 한정 결국

렘51:14,(萬軍)(自己)(盟誓)(眞實)(蝗蟲)(向)
만군 자기 맹서 진실 황충 향

렘51:15,(權能)(智慧)(世界)(明哲)
권능 지혜 세계 명철

렘51:16,(發)(爲)(庫間)
발 위 고간

렘51:17,(愚蠢)(無識)(金匠色)(自己)
우준 무식 금장색 자기

(神像)(因)(羞恥)(當)(偶像)(生氣)
신상 인 수치 당 우상 생기

렘51:18,(妄靈)(懲罰)(滅亡)
망령 징벌 멸망

렘51:19,(分)(萬物)(造成者)(産業)
분 만물 조성자 산업

(支派)(萬軍)
지파 만군

렘51:20,(鐵鎚)(兵器)(列邦)(破)(國家)(滅)
철추 병기 열방 파 국가 멸

렘51:21,(者)(兵車)(者)
자 병거 자

렘51:22,(男子)(女子)(老年)(幼年)
남자 녀자 로년 유년

(青年)(處女)
청년 처녀

렘51:23,(牧者)(羊)(農夫)(方伯)(頭領)
목자 양 농부 방백 두령

렘51:24,(目前)(惡)(行)(居民)
목전 악 행 거민

렘51:25,(世界)(滅)(滅亡)(山)(對敵)(山)
세계 멸 멸망 산 대적 산

렘51:26(取)(永永)(荒蕪地)
취 영영 황무지

렘51:27,(旗)(列邦)(中)(列國)(豫備)
기 열방 중 열국 예비

(大將)(蝗蟲)
대장 황충

렘51:28,(列國)(人)(王)(方伯)(頭領)
열국 인 왕 방백 두령

(管轄)(豫備)
관할 예비

렘51:29,(震動)(苦痛)(荒蕪)(居民)(經營)
진동 고통 황무 거민 경영

렘51:30,(勇士)(要塞)(氣力)(衰)(女人)
용사 요새 기력 쇠 녀인
(居處)(門)
거처 문

렘51:31,(步撥軍)(使者)(王)(告)(城邑)
보발군 사자 왕 고 성읍
(四方)(陷落)
사방 함락

렘51:32,(軍士)
군사

렘51:33,(萬軍)(打作)(未久)(秋收)
만군 타작 미구 추수

렘51:34,(王)(滅)(龍)(飮食)
왕 멸 용 음식

렘51:35,(肉體)(對)(殘虐)(願)(居民)(罪)
육체 대 잔학 원 거민 죄
(居民)(願)
거민 원

렘51:36,(訟事)(爲)(報讐)
송사 위 보수

렘51:37,(荒廢)(豺狼)(居處)(嗤笑)(居民)
황폐 시랑 거처 치소 거민

렘51:38,(獅子)(獅子)
사자 사자

렘51:39,(熱情)(宴會)(醉)(永永)
열정 연회 취 영영

렘51:40,(羊)(羊)(屠獸場)
양 양 도수장

렘51:41,(陷落)(世上)(稱讚)(城)(列邦)
함락 세상 칭찬 성 열방
(中)(荒廢)
중 황폐

렘51:42,(波濤)
파도

렘51:43,(城邑)(荒廢)(沙漠)(居民)(人子)
성읍 황폐 사막 거민 인자

렘51:44,(罰)(列邦)(城壁)
벌 열방 성벽

렘51:45,(百姓)(中)(各其)(震怒)(救援)
백성 중 각기 진노 구원

렘51:46,(怯弱)(風說)(因)(風說)(境內)
겁약 풍설 인 풍설 경내
(强暴)(官員)
강포 관원

렘51:47,(彫刻)(神像)(罰)(恥辱)(當)
조각 신상 벌 치욕 당
(殺戮)(當)(者)
살륙 당 자

렘51:48,(中)(因)(破滅)(者)(北方)
중 인 파멸 자 북방

렘51:49,(殺戮)(殺戮)(當)
살륙 살륙 당

렘51:50,(免)(者)(行)(遠方)
면 자 행 원방

렘51:51,(異邦人)(聖所)(責望)(羞恥)(當)
이방인 성소 책망 수치 당

렘51:52,(彫刻)(神像)(罰)(傷)(者)(呻吟)
조각 신상 벌 상 자 신음

렘51:53,(假令)(城)(堅固)(滅亡)(者)(臨)
가령 성 견고 멸망 자 임

렘51:54,(人)(破滅)
인 파멸

렘51:55,(荒廢(對敵)(搖動)(擾亂)(發)
황폐 대적 요동 요란 발

렘51:56,(滅亡)(者)(臨)(勇士)(報復)(報應)
멸망 자 임 용사 보복 보응

렘51:57,(萬軍)(王)(方伯)(博士)(監督)
만군 왕 방백 박사 감독
(官長)(勇士)(醉)(永永)(者)
관장 용사 취 영영 자

렘51:58,(萬軍)(城壁)(穩全)(門)(百姓)
만군 성벽 온전 문 백성
(受苦)(民族)(受苦)(衰敗)
수고 민족 수고 쇠패

렘51:59,(王)(四年)(孫子)(王)(先知者)
왕 사년 손자 왕 선지자
(命)(侍從長)
명 시종장

렘51:60,(臨)(災殃)(對)(記錄)(冊)(記錄)
임 재앙 대 기록 책 기록

렘51:62,(主)(對)(滅)(居)(永永)(荒廢)
주 대 멸 거 영영 황폐

렘51:63,(冊)(後)(冊)(河水)
책 후 책 하수

렘51:64,(災殃)(因)륜(枕淪(衰敗)
재앙 인 침륜 쇠패

耶利米書-(예레미야)-第五十二章
야리미서 제오십이장

렘52:1,(位)(二十一歲)(十一年)(治理)
위 이십일세 십일년 치리
(母親)(人)
모친 인

렘52:2,(行爲(惡)(行)
행위 악 행

렘52:3,(震怒)(王)(背叛)
진노 왕 배반

렘52:4,(九年)(十月)(十日)(王)(軍隊)
구년 십월 십일 왕 군대
(城)(對)(陣)(四面)(胸壁)
성 대 진 사면 흉벽

렘52:5,(城)(王)(十一年)
성 왕 십일년

렘52:6,(四月)(九日)(城中)(饑饉)(甚)
사월 구일 성중 기근 심
(百姓)(食物)(盡)
백성 식물 진

렘52:7,(人)(城邑)(城壁)(軍士)(中)
인 성읍 성벽 군사 중
(城壁)(王)(門)(逃亡)
성벽 왕 문 도망

렘52:8,(人)(軍隊(王)(平地)(王)(軍隊)
인 군대 왕 평지 왕 군대

렘52:9,(王)(王)(訊問)
왕 왕 신문

렘52:10,(王(目前)(方伯)
왕 목전 방백

렘52:11,(結縛)(獄)
결박 옥

렘52:12,(王)(十九年)(五月)(十日)(王)
왕 십구년 오월 십일 왕
(御前)(侍衛隊)(長官)
어전 시위대 장관

렘52:13,(殿)(王宮)(貴人)
전 왕궁 귀인

렘52:14,(侍衛隊)(長官)(人)(軍隊)
시위대 장관 인 군대
(四面)(城壁)
사면 성벽

렘52:15,(侍衛隊)(長官)(百姓)(中)(貧寒)
시위대 장관 백성 중 빈한
(者)(城中)(百姓)(王)(降服)(者)(者)
자 성중 백성 왕 항복 자 자

렘52:16,(貧賤)(國民)(葡萄園)(者)(農夫)
빈천 국민 포도원 자 농부

렘52:17,(人)(殿)(殿)
인 전 전

렘52:18,(周鉢)
주발

렘52:19,(侍衛隊)(長官)(盞)(火爐)(周鉢)
시위대 장관 잔 화로 주발
(燭臺)(金物)(金)(銀物)(銀)
촉대 금물 금 은물 은

렘52:20,(王)(殿)(爲)(器具)(重數)
왕 전 위 기구 중수

렘52:21,(高)(十八)(周圍)(十二)(四指)
고 십팔 주위 십이 사지

렘52:22,(高)(四面)(石榴)(石榴)
고 사면 석류 석류

렘52:23,(四面)(石榴)(九十)(六)(石榴)
사면 석류 구십 육 석류
(都合)(一百)
도합 일백

렘52:24,(侍衛隊)(長官(大祭司長)
시위대 장관 대제사장
(副祭司長)(殿)(門直)
부제사장 전 문직

렘52:25,(城中)(軍士)(長官)(城中)(王)(侍從)
성중 군사 장관 성중 왕 시종
(七人)(國民)(招募)(軍隊長官)
칠인 국민 초모 군대장관
(書記官)(城中)(國民)(六十名)
서기관 성중 국민 육십명

렘52:26,(侍衛隊)(長官)(王)
시위대 장관 왕

렘52:27,(王(本土)
왕 본토

렘52:28,(百姓)(第)(七年(人)(三千)(二十)(三)
백성 제 칠년 인 삼천 이십 삼

렘52:29,(十八年)(者)(八百)(三十)(二人)
십팔년 자 팔백 삼십 이인

렘52:30,(二十)(三年)侍衛隊長)(人)(七百)
이십 삼년 시위대장 인 칠백
(四十)(五人)(總數)(四千)(六百人)
사십 오인 총수 사천 육백인

렘52:31,(王)(三十)(七年)(王)(卽位)(元年)
왕 삼십 칠년 왕 즉위 원년
(十二月)(二十五日)(王)(獄)
십이월 이십오일 왕 옥

렘52:32,(善)(位)(王)(位)
선 위 왕 위

렘52:33,(罪囚)(衣服)(一平生)(恒常)(王)
죄수 의복 일평생 항상 왕

렘52:34,(王)(定數)(終身)
왕 정수 종신

耶利米哀歌-(애가)-第一章
야리미애가 제일장

애1:1,(城)(本來)(居民)(寂寞)(本來)(列國)
성 본래 거민 적막 본래 열국
(中)(者)(寡婦)(本來)(列邦中)(公主)
중 자 과부 본래 열방중 공주
(者)(朝貢)(者)
자 조공 자
애1:2,(哀哭)(者)(中)(慰勞)(者)(親舊)
애곡 자 중 위로 자 친구
(背叛)(怨讐)
배반 원수
애1:3,(患難)(受苦)(因)(列邦)(居)(平康)
환난 수고 인 열방 거 평강
(逼迫)(者)(狹窄)
핍박 자 협착
애1:4,(道路)(凄凉)(節期)(城)(門)(荒寂)
도로 처량 절기 성 문 황적
(祭司長)(嘆息)(處女)(困苦)
제사장 탄식 처녀 곤고
애1:5,(對敵)(怨讐)(亨通)(罪)(困苦)
대적 원수 형통 죄 곤고
(子女)(對敵)
자녀 대적
애1:6,(處女)(榮光)(牧伯)(者)
처녀 영광 목백 자
애1:7,(患難)(窘迫)(當)(百姓)(對敵)
환난 군박 당 백성 대적
(者)(對敵)(荒寂)
자 대적 황적
애1:8,(犯罪)(不潔)(者)(前)(者)(赤身)(嘆息)
범죄 불결 자 전 자 적신 탄식
애1:9,(結局)(慰勞)(者)(怨讐)(患難)(鑑察)
결국 위로 자 원수 환난 감찰
애1:10,(對敵)(寶物)(主)(異邦人)(禁)(主)
대적 보물 주 이방인 금 주
(公會)(聖所)
공회 성소
애1:11,(百姓)(生命)(蘇醒)(寶物)(食物)
백성 생명 소성 보물 식물
(只今)(嘆息)(糧食)(求)(卑賤)(眷顧)
지금 탄식 량식 구 비천 권고
애1:12,(者)(關係)(臨)(震怒)
자 관계 임 진노
애1:13,(骨髓)(終日)(孤寂)(困憊)
골수 종일 고적 곤비
애1:14,(罪惡)(疲困)(當)(者)(主)
죄악 피곤 당 자 주
애1:15,(主)(地境)(勇士)(聖會)(少年)(處女)
주 지경 용사 성회 소년 처녀
애1:16,(因)(慰勞)(靈)(蘇醒)(者)(怨讐)(子女)
인 위로 영 소성 자 원수 자녀
애1:17,(펴(慰勞)(者)(四面)(者)(命)(對敵)
위로 자 사면 자 명 대적
(不潔)(者)
불결 자
애1:18,(義)(命令)(拒逆)(百姓)(處女)(少年)
의 명령 거역 백성 처녀 소년
애1:19,(者)(祭司長)(長老)(蘇醒)(食物)
자 제사장 장로 소성 식물
(求)(城中)(氣絶)
구 성중 기절
애1:20,(患難)(中)(煩惱)(悖逆)(甚)
환난 중 번뇌 패역 심
(殺戮)(死亡)
살륙 사망
애1:21,(嘆息)(慰勞)(者)(怨讐)(災殃)
탄식 위로 자 원수 재앙
(主)(行)(主)(頒布)
주 행 주 반포
애1:22,(惡)(主)(罪惡)(因)(行)(行)
악 주 죄악 인 행 행
(嘆息)(困憊)
탄식 곤비

耶利米哀歌-(애가)-第二章
야리미애가 제이장

애2:1,(主)(震怒)(處女)(震怒)(記憶)
주 진노 처녀 진노 기억
애2:2,(主)(居處)(矜恤)(怒)(處女)(堅固)
주 거처 긍휼 노 처녀 견고
(城)(方伯)(辱)
성 방백 욕
애2:3,(猛烈)(震怒)(怨讐)(猛烈)(四方)
맹렬 진노 원수 맹렬 사방
애2:4,(怨讐)(對敵)(者)(殺戮)(處女)(帳幕)(怒)
원수 대적 자 살륙 처녀 장막 노
애2:5,(主)(怨讐)(堅固)(城)(毁破)(處女)
주 원수 견고 성 훼파 처녀
(哀痛)
애통
애2:6,(聖幕)(草幕)(公會)(處所)(毁破)
성막 초막 공회 처소 훼파
(節期)(安息日)(震怒)(王)(祭司長)
절기 안식일 진노 왕 제사장
(蔑視)
멸시
애2:7,(自己)(祭壇)(自己)(聖所)(宮墻)
자기 제단 자기 성소 궁장
(怨讐)(殿)(喧譁)(節期)
원수 전 훤화 절기
애2:8,(處女)(城)(決心)(毁破)(城)(廓)
처녀 성 결심 훼파 성 곽
(痛哭)(衰)
통곡 쇠
애2:9,(城門)(毁破)(王)(方伯)(律法)(列邦)
성문 훼파 왕 방백 률법 열방
(先知者)(默示)
선지자 묵시
애2:10,(處女)(長老)(潛潛)(處女)
처녀 장로 잠잠 처녀
애2:11,(傷)(處女)(百姓)(敗亡)(子女)
상 처녀 백성 패망 자녀

(城邑)(昏迷)
성읍 혼미
애2:12,(城邑)(傷)(者)(昏迷)(魂)
성읍 상 자 혼미 혼
(穀食)(葡萄酒)
곡식 포도주
애2:13,(處女)(證據)(譬喩)(處女)
처녀 증거 비유 처녀
(比較)(慰勞)(破壞)
비교 위로 파괴
애2:14,(先知者)(對)(默示)(罪惡)
선지자 대 묵시 죄악
(警告)(迷惑)
경고 미혹
애2:15,(者)(向)(拍掌)(處女)(向)(誹笑)
자 향 박장 처녀 향 비소
(穩全)(榮光)(天下)(喜樂)(城)(城)
온전 영광 천하 희락 성 성
애2:16,(怨讐)(向)(誹笑)(果然)
원수 향 비소 과연
애2:17,(定)(行)(命)(矜恤)(毁破)(怨讐)
정 행 명 긍휼 훼파 원수
(因)(對敵)
인 대적
애2:18,(主)(向)(處女)(城廓)(江)(瞳子)
주 향 처녀 성곽 강 동자
애2:19,(初更)(主)(各)(昏迷)(子女)(生命)
초경 주 각 혼미 자녀 생명
(爲)(主)(向)
위 주 향
애2:20,(鑑察)(行)(女人)(自己(祭司長)
감찰 행 녀인 자기 제사장
(先知者)(主)(聖所)(殺戮)(當)
선지자 주 성소 살륙 당
애2:21,(老幼)(處女)(少年)(主)(震怒)
노유 처녀 소년 주 진노
(矜恤(殺戮)
긍휼 살륙
애2:22,(主)(四方)(節期)(震怒)(避)(者)
주 사방 절기 진노 피 자
(者)(怨讐)(滅)
자 원수 멸

耶利米哀歌-(애가)-第三章
야리미애가 제삼장

애3:1,(怒)(因)(苦難)(當)(者)
노 인 고난 당 자
애3:2,(黑暗)(行)(光明)(行)
흑암 행 광명 행
애3:3,(終日)
종일
애3:4,(衰)
쇠
애3:5,(膽汁)(受苦)
담즙 수고
애3:6,(黑暗)(居)(者)
흑암 거 자
애3:8,(求)(祈禱)
구 기도
애3:9,(捷徑)
첩경
애3:10,(對)(隱密)(獅子)
대 은밀 사자
애3:11,(寂寞)
적막
애3:13,(箭筒)
전통
애3:14,(百姓)(嘲弄)(終日)
백성 조롱 종일
애3:15,(醉)
취
애3:17,(主)(心靈)(平康)(福)
주 심령 평강 복
애3:18,(對)(所望)
대 소망
애3:19,(苦楚)(災難)(膽汁)(記憶)
고초 재난 담즙 기억
애3:20,(心靈)(記憶)(落心)
심령 기억 락심
애3:21,(中心)(回想)(所望)
중심 회상 소망
애3:22,(慈悲)(矜恤)(無窮)(殄滅)
자비 긍휼 무궁 진멸
애3:23,(主)(誠實)
주 성실
애3:24,(心靈)(基業)
심령 기업
애3:25,(者)(求)(靈魂)(善)
자 구 영혼 선
애3:26,(救援)(潛潛)
구원 잠잠
애3:28,(潛潛)(主)
잠잠 주
애3:29,(或時)(所望)
혹시 소망
애3:30,(者)(向)(羞辱)
자 향 수욕
애3:31,(主)(永遠)
주 영원
애3:32,(豊富)(慈悲)(矜恤)
풍부 자비 긍휼
애3:33,(主)(人生)(苦生(本心)
주 인생 고생 본심
애3:34,(世上)(者)
세상 자
애3:35,(至極)(者)(裁判)
지극 자 재판
애3:36,(訟事)(抑鬱(主)
송사 억울 주
애3:37,(主)(命令)(能)
주 명령 능
애3:38,(禍)(福)(至極)(者)
화 복 지극 자
애3:39,(自己)(罪)(罰)(怨望)
자기 죄 벌 원망

애3:40(行爲)(調査)
행위 조사

애3:42,(犯罪)(悖逆)(主)(赦)
범죄 패역 주 사

애3:43,(震怒)(窘逐(殺戮)(矜恤)
진노 군축 살륙 긍휼

애3:44,(主)(祈禱)(上達)
주 기도 상달

애3:45,(列邦)(塵芥)(廢物)
열방 진개 폐물

애3:46,(對敵)(向)
대적 향

애3:47,(陷穽)(殘害)(滅亡)(臨)
함정 잔해 멸망 임

애3:48,(處女)(百姓)(破滅)(因)
처녀 백성 파멸 인

애3:51,(城邑)(女子)(因)(心靈)(傷)
성읍 녀자 인 심령 상

애3:52,(無故)(對敵)(者)(甚)
무고 대적 자 심

애3:53,(生命)
생명

애3:54,(滅絶)
멸절

애3:55,(甚)(主)
심 주

애3:56,(主)(音聲)(嘆息)(主)
주 음성 탄식 주

애3:57,(主린(主(
주 주

애3:58,(主)(主)(心靈)(寃痛)(生命)(贖)
주 주 심령 원통 생명 속

애3:59,(抑鬱)(鑑察)(爲)(伸寃)
억울 감찰 위 신원

애3:60,(報讐)(謀害)(主)(鑑察)
보수 모해 주 감찰

애3:61,(毁破)(謀害)
훼파 모해

애3:62,(者)(終日)(謀害)
자 종일 모해

애3:63,(主)
주

애3:64,(主)(行)(報應)
주 행 보응

애3:65,(剛愎)(詛呪)
간퍅 저주

애3:66,(震怒)(窘逐)(天下)(滅)
진노 군축 천하 멸

耶利米哀歌-(애가)-第四章
야리미애가 제사장

애4:1,(金)(精金)(變)(聖所)(各)
금 정금 변 성소 각

애4:2,(精金)(比)(土器匠)
정금 비 토기장

애4:3,(處女)(百姓)(殘忍)(曠野)(駝鳥)
처녀 백성 잔인 광야 타조

애4:4,(求)
구

애4:5,(珍羞)(者)(前)(者)
진수 자 전 자

애4:6,(前)(頃刻間)(處女)(百姓)(罪)
전 경각간 처녀 백성 죄
(罪惡)(重)
죄악 중

애4:7,(前)(尊貴)(者)(珊瑚)(潤澤)
전 존귀 자 산호 윤택
(磨光)(靑玉)
마광 청옥

애4:9,(者)(者)(土地)(所産)(漸漸)(衰弱)
자 자 토지 소산 점점 쇠약

애4:10,(處女)(百姓)(滅亡)(慈悲)(婦女)
처녀 백성 멸망 자비 부녀
(自己)(子女)(食物)
자기 자녀 식물

애4:11,(憤)(發)(猛烈)(怒)(址垈)
분 발 맹렬 노 지대

애4:12,(對敵)(怨讐)(城門)(世上)
대적 원수 성문 세상
(列王)(天下)(百姓)
열왕 천하 백성

애4:13,(先知者)(罪)(祭司長)(罪惡)
선지자 죄 제사장 죄악
(因)(城邑)(中)(義人)
인 성읍 중 의인

애4:14,(彷徨)
방황

애4:15,(不淨)(逃亡)(彷徨)(異邦人)(居)
부정 도망 방황 이방인 거

애4:16,(怒)(眷顧)(祭司長)(長老)(待接)
노 권고 제사장 장로 대접

애4:17,(救援)
구원

애4:18,(行)
행

애4:19,(者)(空中)(山)(曠野)(埋伏)
자 공중 산 광야 매복

애4:20,(者)(陷穽)(前)(列國)(中(者)
자 함정 전 열국 중 자

애4:21,(居)(處女)(盞)(醉)
거 처녀 잔 취

애4:22,(處女)(罪惡)(刑罰)(主)(處女)
처녀 죄악 형벌 주 처녀
(主)(罪惡)(罰)
주 죄악 벌

耶利米哀歌-(애가)-第五章
야리미애가 제오장

애5:1,(當)(記憶)(羞辱)(鑑察)
당 기억 수욕 감찰

애5:2,(基業)(外人)(外人)
기업 외인 외인

애5:3,(子息)(寡婦)
자식 과부

애5:4,(銀)
은

애5:5,(者)(困憊)
자 곤비

애5:6,(握手)(糧食)
악수 량식

애5:7,(列祖)(犯罪)(罪惡)(擔當)
열조 범죄 죄악 담당

애5:8,(管轄)(者)
관할 자

애5:9,(曠野)(糧食)
광야 량식

애5:10,(熱氣)(因)(皮膚)
열기 인 피부

애5:11,(對敵)(婦女)(各)(城)(處女)
대적 부녀 각 성 처녀

애5:12,(方伯)(長老)(尊敬)
방백 장로 존경

애5:13,(少年)
소년

애5:14,(老人)(城門)(少年)
로인 성문 소년

애5:15,(喜樂)(舞蹈)(變)(哀痛)
희락 무도 변 애통

애5:16,(冕旒冠)(嗚呼)(犯罪)(因)
면류관 오호 범죄 인

애5:17,(疲困)
피곤

애5:18,(山)(荒蕪)
산 황무

애5:19,(主)(永遠)(主)(寶座)(世世)
주 영원 주 보좌 세세

애5:20,(主)(永遠)
주 영원

애5:21,(主)(主)
주 주

애5:22,(主)(震怒)(特甚)
주 진노 특심

以西結書-(에스겔)-第一章
이서결서 제일장

겔1:1,(第)(三十年)(四月)(五日)(江)
제 삼십년 사월 오일 강
(者)(中)(異像)
자 중 이상

겔1:2,(王)(五年)(五日)
왕 오년 오일

겔1:3,(江)(祭司長)겔(特別)(臨)(權能)
강 제사장 특별 임 권능

겔1:4,(北方)(暴風)(四面)(
북방 폭풍 사면

겔1:5,(生物)(形像)(貌樣(形像)
생물 형상 모양 형상

겔1:6,(各各)
각각

겔1:7,(磨光)
마광

겔1:8,(四面)(各各)(生物)
사면 각각 생물

겔1:9,(連)(行)(一齊)(行)
연 행 일제 행

겔1:10,(貌樣)(右便)(獅子)(左便)(
모양 우편 사자 좌편

겔1:11,(各其)(連)
각기 연

겔1:12,(神)(便)(生物)(一齊)(行)
신 편 생물 일제 행

겔1:13,(生物)(貌樣)(貌樣)(生物)(光彩)
생물 모양 모양 생물 광채

겔1:14,(生物)(往來)
생물 왕래

겔1:15,(生物)(生物)(
생물 생물

겔1:16,(形狀)(構造)(黃玉)(形狀)(構造)(
형상 구조 황옥 형상 구조

겔1:17,(行)(四方)(向)(行)
행 사방 향 행

겔1:19,(生物)(行)(行)(生物)(
생물 행 행 생물

겔1:20,(神)(生物)(神)(生物)(神)(
신 생물 신 생물 신

겔1:21,(行)(行)(生物)(神)(
행 행 생물 신

겔1:22,(生物)(水晶)(穹蒼)(形狀)(甚)
생물 수정 궁창 형상 심

겔1:23,(穹蒼)(生物)(向)(生物)(生物)
궁창 생물 향 생물 생물

겔1:24,(生物)(行)(全能者)(音聲)
생물 행 전능자 음성
(軍隊)(生物)
군대 생물

겔1:25,(穹蒼)(音聲)(生物)
궁창 음성 생물

겔1:26,(穹蒼)(寶座)(形狀)(貌樣)
궁창 보좌 형상 모양
(藍寶石)(寶座)(形狀)(形狀)(貌樣)
남보석 보좌 형상 형상 모양

겔1:27,(以上)(貌樣)(周圍)(以下)
이상 모양 주위 이하
(貌樣)(四面)(光彩)
모양 사면 광채

겔1:28,(四面)(光彩)(貌樣)(榮光)
사면 광채 모양 영광
(形像)(貌樣)(者)(音聲)
형상 모양 자 음성

以西結書-(에스겔)-第二章
이서결서 제이장

겔2:1,(人子)
인자

겔2:2,(神)(臨)(者)
신 임 자

겔2:3,(人子)(子孫)(悖逆)(百姓)(背叛)
인자 자손 패역 백성 배반
(者)(列祖)(犯罪)
자 열조 범죄

겔2:4,(子孫)(剛愎)(者)(主)
자손 강퍅 자 주

겔2:5,(悖逆)(族屬)(先知者)
패역 족속 선지자

겔2:6,(人子)(處)(全蝎)(居)(悖逆)(族屬)
인자 처 전갈 거 패역 족속

겔2:7,(甚)(悖逆)(者)
심 패역 자

겔2:8,(人子)(悖逆)(族屬)(悖逆)
인자 패역 족속 패역

겔2:9,(向)(冊)
향 책

겔2:10哀歌)(哀哭)(災殃)(記錄)
애가 애곡 재앙 기록

以西結書-(에스겔)-第三章
이서결서 제삼장

겔3:1,(人子)(族屬)(告)
인자 족속 고

겔3:3,(人子)
인자

겔3:4,(人子)(族屬)(告)
인자 족속 고

겔3:5,(方言)(百姓)(族屬)
방언 백성 족속

겔3:6,(方言)(列國)(丁寧)
방언 열국 정녕

겔3:7,(族屬)(剛愎)
족속 강퍅

겔3:8,(對)(對)
대 대

겔3:9,(火石)(金剛石)(悖逆)(族屬)
화석 금강석 패역 족속

겔3:10,(人子)
인자

겔3:11,(民族)(告)(主)
민족 고 주

겔3:12,(主)(神)(處所)(榮光)(讚頌)
주 신 처소 영광 찬송
겔3:13,(生物)(生物)
생물 생물
겔3:14,(主)(神)(憤)(行)(權能)(感動)
주 신 분 행 권능 감동
겔3:15,(百姓)(江)(居)(者)(中)(悶沓)(七日)
백성 강 거 자 중 민답 칠일
겔3:16,(七日)(後)(臨)
칠일 후 임
겔3:17,(人子)(族屬)(把守軍)(代身)
인자 족속 파수군 대신
겔3:18,(假令)(惡人)(惡人)(惡)(生命)
가령 악인 악인 악 생명
(救援)(惡人)(罪惡)(中)
구원 악인 죄악 중
겔3:19,(惡人)(惡)(惡)(行爲)(罪惡)(中)
악인 악 악 행위 죄악 중
(生命)(保存)
생명 보존
겔3:20,(義人)(義)(惡)(行)(行)(義)
의인 의 악 행 행 의
(記憶)(罪中)
기억 죄중
겔3:21,(義人)(犯罪)(犯罪)(丁寧)(靈魂)(保存)
의인 범죄 범죄 정녕 영혼 보존
겔3:22,(權能)(臨)
권능 임
겔3:23,(榮光)(前)(江)(榮光)
영광 전 강 영광
겔3:24,(主)(神)(臨)(門)
주 신 임 문
겔3:25,(人子)
인자
겔3:26,(責望者)(悖逆)(族屬)
책망자 패역 족속
겔3:27,(主)(者)(者)(悖逆)(族屬)
주 자 자 패역 족속

以西結書-(에스겔)-第四章
이서결서 제사장

겔4:1,(人子)(城邑)
인자 성읍
겔4:2,(城邑)(雲梯)(土屯)(陣)(攻城鎚)
성읍 운제 토둔 진 공성추
겔4:3,(煎鐵)(城邑)(鐵城)(城)(向)
전철 성읍 철성 성 향
(族屬)(徵兆)
족속 징조
겔4:4,(左便)(族屬)(罪惡)(當)(數)
좌편 족속 죄악 당 수
(罪惡)(擔當)
죄악 담당
겔4:5,(犯罪)(數)(數)(定)(三百)(九十日)
범죄 수 수 정 삼백 구십일
(族屬)(罪惡)(擔當)
족속 죄악 담당
겔4:6,(數)(右便)(族屬)(罪惡)(擔當)
수 우편 족속 죄악 담당
(四十)(定)(一日)(一年)
사십 정 일일 일년
겔4:7,(向)(豫言)
향 예언
겔4:9,(數)(三百)(九十日)
수 삼백 구십일
겔4:10,(食物)(二十)(重)
식물 이십 중
겔4:11,(六分)(一)
육분 일
겔4:12,(目前)(人糞)
목전 인분
겔4:13,(列國)(子孫)(不淨)
열국 자손 부정
겔4:14,(嗚呼)(主)(靈魂)(至今)(可憎)
오호 주 영혼 지금 가증
겔4:15,(人糞)(代身)(許)
인분 대신 허
겔4:16,(人子)(依賴)(糧食)(百姓)
인자 의뢰 량식 백성
(驚怯)(中)(悶沓)(中)
경겁 중 민답 중
겔4:17,(缺乏)(彼此)(悶沓)(罪惡)(中)(衰敗)
결핍 피차 민답 죄악 중 쇠패

以西結書-(에스겔)-第五章
이서결서 제오장

겔5:1,(人子)(取)(削刀)(鬚髯)
인자 취 삭도 수염
겔5:2,(城邑)(三分之)(城邑)(三分之)
성읍 삼분지 성읍 삼분지
(城邑)(四方)(三分之)
성읍 사방 삼분지
겔5:3,(中)
중
겔5:4,(族屬)
족속
겔5:5,(主)(異邦人)(列邦)
주 이방인 열방
겔5:6,(規例)(異邦人)(惡)(行)(律例)
규례 이방인 악 행 율례
(列邦)(規例)(律例)(行)
열방 규례 율례 행
겔5:7,(主)(擾亂)(異邦人)(律例)(行)
주 요란 이방인 율례 행
(規例)(異邦人)(規例)(行)
규례 이방인 규례 행
겔5:8,(主)(異邦人)(目前)(中)(罰)
주 이방인 목전 중 벌
겔5:9,(可憎)(因)(前無後無)
가증 인 전무후무
겔5:10,(中)(罰)(中)(者)(四方)
중 벌 중 자 사방
겔5:11,(主)(盟誓)(物件)(可憎)(聖所)
주 맹서 물건 가증 성소

(矜恤)(微弱)
긍휼 미약

겔5:12,(三分之)(一)(瘟疫)(饑饉)(滅亡)
삼분지 일 온역 기근 멸망
(三分之)(一)(四方)(三分之)(一)(四方)
삼분지 일 사방 삼분지 일 사방

겔5:13,(怒)(向)(憤)(憤)(熱心)
노 향 분 분 열심

겔5:14,(荒蕪)(異邦人)(中)(者)(目前)(凌辱)
황무 이방인 중 자 목전 능욕

겔5:15,(怒)(憤)(重)(責望)(罰)(異邦人)
노 분 중 책망 벌 이방인
(羞辱)(嘲弄)(當)(警戒)(怪異)
수욕 조롱 당 경계 괴이

겔5:16,(滅亡)(饑饉)(毒)(滅)(饑饉)
멸망 기근 독 멸 기근
(依賴)(糧食)
의뢰 량식

겔5:17,(饑饉)(惡)(瘟疫)(殺戮)(行)(臨)
기근 악 온역 살륙 행 임

以西結書-(에스겔)-第六章
이서결서 제륙장

겔6:1,(臨)
임

겔6:2,(人子)(山)(向)(豫言)
인자 산 향 예언

겔6:3,(山)(主)(主)(山)(山)(對)(臨)(山堂)(滅)
산 주 주 산 산 대 임 산당 멸

겔6:4,(祭壇)(荒蕪)(太陽像)(毁破)(中)
제단 황무 태양상 훼파 중
(殺戮)(當)(偶像)
살륙 당 우상

겔6:5,(子孫)(屍體)(偶像)(骸骨)(祭壇)(四方)
자손 시체 우상 해골 제단 사방

겔6:6,(居)(城邑)(沙漠)(山堂)(荒蕪)(祭壇)
거 성읍 사막 산당 황무 제단
(荒廢)(偶像)(太陽像)(廢)
황폐 우상 태양상 폐

겔6:7,(中)(殺戮)(當)
중 살륙 당

겔6:8,(列邦)(中)(避)(異邦)(中)(者)
열방 중 피 이방 중 자

겔6:9,(中)(者)(異邦人)(中)(記憶)(淫亂)
중 자 이방인 중 기억 음란
(淫亂)(偶像)(記憶)(恨嘆)(可憎)(惡)(行)
음란 우상 기억 한탄 가증 악 행

겔6:10,(災殃)
재앙

겔6:11,(主)(嗚呼)(族屬)(可憎)(惡)(行)
주 오호 족속 가증 악 행
(畢竟)(饑饉)(瘟疫)(亡)
필경 기근 온역 망

겔6:12,(者)(瘟疫)(者)(者)(饑饉)(震怒)
자 온역 자 자 기근 진노

겔6:13,(殺戮)(當)(屍體)(偶像)(祭壇)
살륙 당 시체 우상 제단
(四方)(各)(山)(茂盛)(偶像)(焚香)
사방 각 산 무성 우상 분향

겔6:14,(居)(曠野)(凄凉)(荒蕪)
거 광야 처량 황무

以西結書-(에스겔)-第七章
이서결서 제칠장

겔7:1,(臨)
임

겔7:2,(人子)(主)(對)(四方)
인자 주 대 사방

겔7:3,(震怒)(發)(行爲)(鞫問)(可憎)(報應)
진노 발 행위 국문 가증 보응

겔7:4,(矜恤)(行爲)(罰)(可憎)(中)
긍휼 행위 벌 가증 중

겔7:5,(主)(災殃)(非常)(災殃)(臨迫)
주 재앙 비상 재앙 임박

겔7:6,(臨迫)
임박

겔7:7,(居民)(定)(災殃)(臨)(擾亂)(山)
거민 정 재앙 임 요란 산

겔7:8,(速)(憤)(震怒)(行爲)(審判)(可憎)(報應)
속 분 진노 행위 심판 가증 보응

겔7:9,(矜恤)(行爲)(罰)(可憎)(中)
긍휼 행위 벌 가증 중

겔7:10,(臨迫)(定)(災殃)(驕慢)
임박 정 재앙 교만

겔7:11,(暴虐)(罪惡)(財物)(中)
포학 죄악 재물 중

겔7:12,(者)(者)(震怒)(臨)
자 자 진노 임

겔7:13,(者)(默示)(者)(惡)(生活)(强)(者)
자 묵시 자 악 생활 강 자

겔7:14,(豫備)(戰爭)(震怒)
예비 전쟁 진노

겔7:15,(瘟疫)(饑饉)(者)(城邑)(者)
온역 기근 자 성읍 자
(饑饉)(瘟疫)(亡)
기근 온역 망

겔7:16,(逃亡)(者)(山)(避)(各其)(自己)(罪惡)
도망 자 산 피 각기 자기 죄악

겔7:17,(疲困)(弱)
피곤 약

겔7:18,(羞恥)
수치

겔7:19,(銀)(金)(汚穢物)(震怒)(銀)(金)
은 금 오예물 진노 은 금
(能)(能)(心靈)(足)(罪惡)
능 능 심령 족 죄악

겔7:20,(華麗)(粧飾)(因)(驕慢)(可憎)
화려 장식 인 교만 가증
(偶像)(物件)(汚穢物)
우상 물건 오예물

겔7:21,(外人)(擄掠)(世上)(惡人)(掠奪)
외인 노약 세상 악인 약탈

겔7:22,(隱密)(處所)(强暴)(者)
은밀 처소 강포 자

겔7:23,(罪)(强暴)(城邑)
죄 강포 성읍

겔7:24,(極)(惡)(異邦人)(占領)(惡)(者)
극 악 이방인 점령 악 자
(驕慢)(聖所)(當)
교만 성소 당

겔7:25,(敗亡)(平康)(求)
패망 평강 구

겔7:26,(患難)(患難)(所聞)(所聞)(先知者)
환난 환난 소문 소문 선지자
(默示)(求)(祭司長)(律法)(長老)(謀略)
묵시 구 제사장 률법 장로 모략

겔7:27,(王)(哀痛)(方伯)(居民)(行爲)(罪惡)
왕 애통 방백 거민 행위 죄악
(鞫問)
국문

以西結書-(에스겔)-第八章
이서결서 제팔장

겔8:1,(第)(六年)(六月)(五日)(長老)(主)
제 육년 육월 오일 장로 주
(權能)(臨)
권능 임

겔8:2,(形狀)(以下)(貌樣)(以上)(光彩)
형상 이하 모양 이상 광채

겔8:3,(主)(神)(天地)(異像)(北向)(門)
주 신 천지 이상 북향 문
(妬忌)(偶像)(妬忌)(激發)(偶像)
투기 우상 투기 격발 우상

겔8:4,(榮光)(異像)
영광 이상

겔8:5,(人子)(北便)(北便)(祭壇門)(北便)
인자 북편 북편 제단문 북편
(妬忌)(偶像)
투기 우상

겔8:6,(人子)(族屬)(行)(可憎)(行)(聖所)
인자 족속 행 가증 행 성소
(可憎)
가증

겔8:7,(門)
문

겔8:8,(人子)(門)
인자 문

겔8:9,(行)(可憎)(惡)
행 가증 악

겔8:10,(各樣)(昆蟲)(可憎)(族屬)
각양 곤충 가증 족속
(偶像)(四面)(壁)
우상 사면 벽

겔8:11,(族屬)(長老)(中)(七十人)
족속 장로 중 칠십인
(各其)(香爐)(香煙)
각기 향로 향연

겔8:12,(人子)(族屬)(長老)(各各)(偶像)(行)
인자 족속 장로 각각 우상 행

겔8:13,(行)(可憎)
행 가증

겔8:14,(殿)(北門)(女人)(爲)(哀哭)
전 북문 녀인 위 애곡

겔8:15,(人子)(可憎)
인자 가증

겔8:16,(殿)(殿門)(玄關)(祭壇)(約)
전 전문 현관 제단 약
(二十五人)(殿)(東)(向)(東方)
이십오인 전 동 향 동방
(太陽)(敬拜)
태양 경배

겔8:17,(人子)(族屬)(行)(可憎)(强暴)
인자 족속 행 가증 강포
(怒)(激動)(甚至於)
노 격동 심지어

겔8:18,(憤怒)(矜恤)
분노 긍휼

以西結書-(에스겔)-第九章
이서결서 제구장

겔9:1,(城邑)(管轄)(者)(各其)(殺戮)(機械)
성읍 관할 자 각기 살륙 기계

겔9:2,(北向)(門)(各)(殺戮)(機械)(中)
북향 문 각 살륙 기계 중
(書記官)(祭壇)
서기관 제단

겔9:3,(榮光)(聖殿)(門地枋)(書記官)
영광 성전 문지방 서기관

겔9:4,(城邑)(中)(巡行)(行)(可憎)(因)
성읍 중 순행 행 가증 인
(嘆息)(者)(標)
탄식 자 표

겔9:5,(者)(城邑)(中)(巡行)(矜恤)
자 성읍 중 순행 긍휼

겔9:6,(者)(者)(處女)(婦女)(標)(者)
자 자 처녀 부녀 표 자
(聖所)(始作)(聖殿)(者)(始作)
성소 시작 성전 자 시작

겔9:7,(聖殿)(屍體)(城邑)(中)
성전 시체 성읍 중

겔9:8,(嗚呼)(主)(向)(憤怒)(者)(滅)
오호 주 향 분노 자 멸

겔9:9,(族屬)(罪惡)(甚)(重)(城邑)(不法)
족속 죄악 심 중 성읍 불법

겔9:10,(矜恤)(行爲)
긍휼 행위

겔9:11,(復命)(主)(命)(遵行)
복명 주 명 준행

以西結書-(에스겔)-第十章
이서결서 제십장

겔10:1,(穹蒼)(藍寶石)(寶座)(形狀)
궁창 남보석 보좌 형상

겔10:2,(城邑)(目前)
성읍 목전

겔10:3,(聖殿)(右便)
성전 우편

겔10:4,(榮光)(聖殿)(門地枋)(臨)(聖殿)
영광 성전 문지방 임 성전

(榮華)(光彩)
영 화 광 채

겔10:5,(全能)(音聲)
전 능 음 성

겔10:6,(者)(命)(取
자 명 취

겔10:7,(取)(者)
취 자

겔10:9,(貌樣)(黃玉)
모 양 황 옥

겔10:10,(貌樣)(
모 양

겔10:11,(行)(四方)(向)(行)(向)(行)
행 사 방 향 행 향 행

겔10:13,(稱)
칭

겔10:14,(各其)(面)(面)(面)(獅子)
각 기 면 면 면 사 자

겔10:15,(江)(生物)
강 생 물

겔10:16,(行)(行)(
행 행

겔10:17,(生物)(神)(
생 물 신

겔10:18,(榮光)(聖殿)(門地枋)
영 광 성 전 문 지 방

겔10:19,(目前)(殿)(東門)(榮光)
목 전 전 동 문 영 광

겔10:20,(江)(生物)
강 생 물

겔10:21,(各其)(形狀)
각 기 형 상

겔10:22,(形狀)(江)(貌樣)(各其)(行)
형 상 강 모 양 각 기 행

以西結書-(에스겔)-第十一章
이 서 결 서 제 십 일 장

겔11:1,(主)(神)(殿)(東門)(東向)(門)(門)
주 신 전 동 문 동 향 문 문
(二十五人)(中)(百姓)(方伯)
이 십 오 인 중 백 성 방 백

겔11:2,(人子)(不義)(城中)(惡)(者)
인 자 불 의 성 중 악 자

겔11:3,(建築)(城邑)
건 축 성 읍

겔11:4,(人子)(豫言)(豫言)
인 자 예 언 예 언

겔11:5,(神)(臨)(族屬)
신 임 족 속

겔11:6,(城邑)(殺戮(屍體)
성 읍 살 륙 시 체

겔11:7,(主)(城邑)(中)(殺戮)(屍體)(城邑)
주 성 읍 중 살 륙 시 체 성 읍

겔11:8,(主(臨)
주 임

겔11:9,(城邑)(他國人)(罰)
성 읍 타 국 인 벌

겔11:10,(邊境)(鞫問)
변 경 국 문

겔11:11,(城邑)(邊境)(鞫問)
성 읍 변 경 국 문

겔11:12,(律例)(行)(規例)(四面)
율 례 행 규 례 사 면
(異邦人)(規例)(行)
이 방 인 규 례 행

겔11:13,(豫言)(嗚呼)(主)(者)(滅絶)
예 언 오 호 주 자 멸 절

겔11:14,(臨)
임

겔11:15,(人子)(居民)(兄弟)(兄弟)
인 자 거 민 형 제 형 제
(親屬)(族屬)(向)(基業)
친 속 족 속 향 기 업

겔11:16,(主)(異邦人)(列邦)(列邦)
주 이 방 인 열 방 열 방
(暫間)(聖所)
잠 간 성 소

겔11:17,(主)(萬民)(列邦)
주 만 민 열 방

겔11:18,(物件)(可憎)(除)
물 건 가 증 제

겔11:19,(一致)(神)(除)
일 치 신 제

겔11:20,(律例)(規例)(行)(百姓)
율 례 규 례 행 백 성

겔11:21,(可憎)(者)行爲)(主)
가 증 자 행 위 주

겔11:22,(榮光)
영 광

겔11:23,(榮光)(城邑)(中)(城邑)(東便)(山)
영 광 성 읍 중 성 읍 동 편 산

겔11:24,(主)(神)(神)(異像中)(者)(中)(異像)
주 신 신 이 상 중 자 중 이 상

겔11:25,(者)(告)(人子)(悖逆)(族屬)
자 고 인 자 패 역 족 속
(中)(居)(悖逆)(族屬)
중 거 패 역 족 속

以西結書-(에스겔)-第十二章
이 서 결 서 제 십 이 장

겔12:1,(臨)
임

겔12:2,(人子)(悖逆)(族屬)(中)(居)
인 자 패 역 족 속 중 거
(悖逆)(族屬)
패 역 족 속

겔12:3,(人子)(行具)(準備)(目前)
인 자 행 구 준 비 목 전
(移徙)(處所)(悖逆)(族屬)(或)
이 사 처 소 패 역 족 속 혹

겔12:4,(目前)(行具)(移徙)(行具)
목 전 행 구 이 사 행 구
(目前)(捕虜)(者)
목 전 포 로 자

겔12:5,(目前)(城壁)
목전 성벽

겔12:6,(目前)(族屬)(徵兆)
목전 족속 징조

겔12:7,(命)(行)(行具)(移徙)(行具)
명 행 행구 이사 행구
(城壁)(行具)(目前)
성벽 행구 목전

겔12:8,(臨)
임

겔12:9,(人子)(族屬)(悖逆)(族屬)
인자 족속 패역 족속

겔12:10,(主)(王)(族屬)(對)(豫兆
주 왕 족속 대 예조

겔12:11,(徵兆)(行)(當)
징조 행 당

겔12:12,(城壁)(行具)(中)(王)(行具)(自己)
성벽 행구 중 왕 행구 자기

겔12:14,(護衛)(者)(部隊)(四方)
호위 자 부대 사방

겔12:15,(異邦人)(列邦)(中)(後)
이방인 열방 중 후

겔12:16,(中)(饑饉)(瘟疫)(異邦人)(中)
중 기근 온역 이방인 중
(自己)(可憎)(自白)
자기 가증 자백

겔12:17,(臨)
임

겔12:18,(人子)(食物)
인자 식물

겔12:19,(百姓)(主)(居民)(對)(食物)
백성 주 거민 대 식물
(居民)(强暴)(因)(荒蕪)
거민 강포 인 황무

겔12:20,(居)(城邑)(荒廢)(荒蕪)
거 성읍 황폐 황무

겔12:21,(臨)
임

겔12:22,(人子)(默示)(應驗)(俗談)
인자 묵시 응험 속담

겔12:23,(主)(俗談)(俗談)(默示)(應)
주 속담 속담 묵시 응

겔12:24,(族屬)(中)(虛誕)(默示)(阿諂)(卜術)
족속 중 허탄 묵시 아첨 복술

겔12:25,(應)(悖逆)(族屬)(生前)(主)
응 패역 족속 생전 주

겔12:26,(臨)
임

겔12:27,(人子)(族屬)(默示)(後)(對)(豫言)
인자 족속 묵시 후 대 예언

겔12:28,(主)(主)
주 주

以西結書-(에스겔)-第十三章
이서결서 제십삼장

겔13:1,(臨)
임

겔13:2,(人子)(豫言)(先知者)(豫言)
인자 예언 선지자 예언
(自己)(豫言)(者)
자기 예언 자

겔13:3,(主)(自己)(心靈)(豫言)(愚昧)
주 자기 심령 예언 우매
(先知者)(禍)
선지자 화

겔13:4,(先知者)(荒蕪地)
선지자 황무지

겔13:5,(先知者)(城)(族屬)(爲)(戰爭)
선지자 성 족속 위 전쟁
(防備)(城壁)(修築)
방비 성벽 수축

겔13:6,(者)(虛誕)괘(占卦)(者)
자 허탄 점괘 자

겔13:7,(虛誕)(默示)괘(占卦)
허탄 묵시 점괘

겔13:8,(主)(虛誕)(主)
주 허탄 주

겔13:9,(先知者)(虛誕)(默示)(占)(百姓)
선지자 허탄 묵시 점 백성
(公會(族屬)(戶籍)(記錄)
공회 족속 호적 기록

겔13:10,(百姓)(誘惑)(平康)(平康)(或)(灰漆)
백성 유혹 평강 평강 혹 회칠

겔13:11,(灰漆)(者)(暴雨)(雨雹)(暴風)(裂破)
회칠 자 폭우 우박 폭풍 열파

겔13:12,(或)
혹

겔13:13,(主)(憤怒)(暴風)(裂破)(震怒)
주 분노 폭풍 열파 진노
(暴雨)(憤怒)(雨雹)(毁滅)
폭우 분노 우박 훼멸

겔13:14,(灰漆)(毁破)(基礎)(亡)
회칠 훼파 기초 망

겔13:15,(怒)(灰漆)(者)(漆)(者
노 회칠 자 칠 자

겔13:16,(對)(豫言)(平康)(平康)
대 예언 평강 평강
(默示)(先知者)(主)
묵시 선지자 주

겔13:17,(人子)(百姓)(中)(自己)(豫言)
인자 백성 중 자기 예언
(婦女)對面)(豫言)
부녀 대면 예언

겔13:18,(主)(靈魂)(方席)(手巾)(者)(者)
주 영혼 방석 수건 자 자
(爲)(婦女)(禍)(百姓)(靈魂)(自己)
위 부녀 화 백성 영혼 자기
(爲)(靈魂
위 영혼

겔13:19,(爲)(百姓)(辱)(靈魂(靈魂)
위 백성 욕 영혼 영혼

겔13:20,(主)(靈魂)(方席)(靈魂)
주 영혼 방석 영혼

겔13:21,(手巾)(百姓)(物)
수건 백성 물

겔13:22,(義人)(惡人)(惡)
의인 악인 악

겔13:23,(虛誕)(默示)(占卜)(百姓)
허탄 묵시 점복 백성

以西結書-(에스겔)-第十四章
이서결서 제십사장

겔14:1,(長老)
장로

겔14:2,(臨)
임

겔14:3,(人子)(自己)(偶像)(罪惡)
인자 자기 우상 죄악
(自己)(容納)
자기 용납

겔14:4,(主)(族屬)(中)(偶像)(罪惡)(自己)
주 족속 중 우상 죄악 자기
(先知者)(者)(偶像)(應答)
선지자 자 우상 응답

겔14:5,(族屬)(偶像)(因)(背叛)
족속 우상 인 배반

겔14:6,(族屬)(主)(偶像)(可憎)
족속 주 우상 가증

겔14:7,(族屬)(寓居)(外人)(中)(自己)
족속 우거 외인 중 자기
(偶像)(罪惡)(自己)(自己)(爲)
우상 죄악 자기 자기 위
(先知者)(者)(親)(應答)
선지자 자 친 응답

겔14:8,(對敵)(鑑戒)(俗談)(百姓)
대적 감계 속담 백성

겔14:9,(萬一)(先知者)(誘惑)(先知者)
만일 선지자 유혹 선지자
(誘惑)(百姓)(滅)
유혹 백성 멸

겔14:10,(先知者)(罪惡)(者)(罪惡)(各各)
선지자 죄악 자 죄악 각각
(自己)(罪惡)(擔當)
자기 죄악 담당

겔14:11,(族屬)(迷惑)(犯罪)(百姓)(主)
족속 미혹 범죄 백성 주

겔14:12,(臨)
임

겔14:13,(人子)(假令)(不法)(犯罪)(依賴)
인자 가령 불법 범죄 의뢰
(糧食)(饑饉)
량식 기근

겔14:14,(自己)(義)(自己)(生命)(主)
자기 의 자기 생명 주

겔14:15,(假令)(通行)(寂寞)(荒蕪)(因)(能)
가령 통행 적막 황무 인 능
(通行)
통행

겔14:16,(盟誓)(子女)(自己)(荒蕪)(主)
맹서 자녀 자기 황무 주

겔14:17,(假令)(臨)(命)(通行)
가령 임 명 통행

겔14:18,(盟誓)(子女)(自己)(主)
맹서 자녀 자기 주

겔14:19,(假令)(瘟疫)(憤)
가령 온역 분

겔14:20,(盟誓)(子女)(自己)(義)(自己)
맹서 자녀 자기 의 자기
(生命)(主)
생명 주

겔14:21,(主)(中)(饑饉)(瘟疫)(中)(害)(甚)
주 중 기근 온역 중 해 심

겔14:22,(免)(者)(子女)(行動)(所爲)(災殃)
면 자 자녀 행동 소위 재앙
(對)(慰勞)
대 위로

겔14:23行動)(所爲)(因)(慰勞)(行)(無故)(主)
행동 소위 인 위로 행 무고 주

以西結書-(에스겔)-第十五章
이서결서 제십오장

겔15:1,(臨)
임

겔15:2,(人子)(葡萄)(森林)(中)(葡萄)
인자 포도 삼림 중 포도

겔15:3,(製造)
제조

겔15:4,(火木)(製造)(所用)
화목 제조 소용

겔15:5,(穩全)(製造)(合當)(後)(製造)(合當)
온전 제조 합당 후 제조 합당

겔15:6,(主)(葡萄)(火木)(居民)
주 포도 화목 거민

겔15:7,(對敵)(對敵)
대적 대적

겔15:8,(荒蕪)(犯法)(主)
황무 범법 주

以西結書-(에스겔)-第十六章
이서결서 제십륙장

겔16:1,(臨)
임

겔16:2,(人子)(可憎)
인자 가증

겔16:3,(主)(對)(根本)
주 대 근본

겔16:4,(淨潔)(襁褓)
정결 강보

겔16:5,(中)(行)(矜恤)(者)
중 행 긍휼 자

겔16:7,(者)(甚)(乳房)(赤身)
자 심 유방 적신

겔16:8,(盟誓)(言約)(屬)(主)
맹서 언약 속 주

겔16:10,(繡)(明紬)
수 명주

겔16:11,(佩物)
패물

겔16:12,(華麗)(冕旒冠)
화려 면류관

겔16:13,(金)(銀)(粧飾)(明紬)(繡)(極)
금 은 장식 명주 수 극
(亨通)(王后)(地位)
형통 왕후 지위
겔16:14,(華麗)(因)(名聲)(異邦人)(中)
화려 인 명성 이방인 중
(榮華)(華麗)(穩全)(主)
영화 화려 온전 주
겔16:15,(華麗)(名聲)(因)(行淫)(者)(淫亂)(行)
화려 명성 인 행음 자 음란 행
겔16:16,(衣服)(取)(色)(山堂)(爲)(行淫)
의복 취 색 산당 위 행음
(前無後無)
전무후무
겔16:17,(金)(銀)(粧飾品)(爲)(男子)
금 은 장식품 위 남자
(偶像)(行淫)
우상 행음
겔16:18,(繡)(偶像)(向)
수 우상 향
겔16:19,(食物)(香氣)(果然)(主)
식물 향기 과연 주
겔16:20,(爲)(子女)(祭物)(淫行)
위 자녀 제물 음행
겔16:21,(子女)(偶像)
자녀 우상
겔16:22,(赤身)(記憶)(可憎)(淫亂)(行)
적신 기억 가증 음란 행
겔16:23,(主)(禍)(禍)(惡)(行)(後)
주 화 화 악 행 후
겔16:24,(爲)(樓)(建築)(臺)
위 누 건축 대
겔16:25,(臺)(可憎)(者)(甚)(行淫)
대 가증 자 심 행음
겔16:26,(下體)(行淫)(甚)(淫亂)(怒)(激動)
하체 행음 심 음란 노 격동
겔16:27,(日用)(糧食)(減)(女子)(行實)
일용 량식 감 녀자 행실
(者)(任意)
자 임의
겔16:28,(淫慾)(行淫)(行淫)(不足)
음욕 행음 행음 부족
겔16:29,(甚)(行淫)(足)
심 행음 족
겔16:30,(主)(行)(放恣)(淫婦)(行爲)(弱)
주 행 방자 음부 행위 약
겔16:31누(樓)(建築)(臺)(娼妓)
누 건축 대 창기
겔16:32,(代身)(外人)(私通)(姦淫)
대신 외인 사통 간음
겔16:33,(娼妓)(膳物)(者)(膳物)(四方)(行淫)
창기 선물 자 선물 사방 행음
겔16:34,(淫亂)(女人)(行淫)(者)(女人)
음란 녀인 행음 자 녀인
겔16:35,(淫婦)
음부
겔16:36,(主)(陋醜)(者)(行淫)(可憎)(偶像)
주 누추 자 행음 가증 우상
(爲)(子女)(偶像)
위 자녀 우상
겔16:37,(者)(者)(者)(四方)(對敵)
자 자 자 사방 대적
겔16:38,(姦淫)(女人)(鞫問)(鞫問)
간음 녀인 국문 국문
(震怒)(妬忌)
진노 투기
겔16:39,(樓)(臺)(毁破)(衣服)(粧飾品)
누 대 훼파 의복 장식품
겔16:41,(女人)(目前)(罰)(淫行)
녀인 목전 벌 음행
겔16:42,(對)(憤怒)(妬忌)(平安)(怒)
대 분노 투기 평안 노
겔16:43,(記憶)(激怒行爲)(報應)(淫亂)
기억 격노행위 보응 음란
(可憎)(行)(主)
가증 행 주
겔16:44,(俗談)(者)(對)(俗談
속담 자 대 속담
겔16:45,(男便)(子女)(男便)(子女)(兄)(同生)
남편 자녀 남편 자녀 형 동생
겔16:46,(兄)(左便)(居)(右便)(居)
형 좌편 거 우편 거
겔16:47行爲)(行)(可憎)(行)(行爲)(腐敗)
행위 행 가증 행 행위 부패
겔16:48,(主)(盟誓)(行爲)(行)
주 맹서 행위 행
겔16:49,(罪惡)(驕慢)(食物)(豊足)(泰平)
죄악 교만 식물 풍족 태평
(窮乏)(者)
궁핍 자
겔16:50,(倨慢)(可憎)(行)
거만 가증 행
겔16:51,(罪)(折半)(犯)(可憎)(甚)(行)
죄 절반 범 가증 심 행
(故)(可憎)(行爲)(兄)(義)
고 가증 행위 형 의
겔16:52,(兄)(論斷)(羞恥)(擔當)(可憎)
형 논단 수치 담당 가증
(罪)(犯)(義)(兄)(義)(羞恥)(擔當)
죄 범 의 형 의 수치 담당
겔16:53,(中)(者)
중 자
겔16:54,(羞辱)(擔當)(行)(因)(慰勞)
수욕 담당 행 인 위로
겔16:55,(地位)(恢復)(地位)(恢復)
지위 회복 지위 회복
(地位)(恢復)
지위 회복
겔16:56,(驕慢)
교만
겔16:57,(惡)(前)(凌辱)(前)(四方)(蔑視)(前)
악 전 능욕 전 사방 멸시 전
겔16:58,(淫亂)(可憎)(擔當)
음란 가증 담당
겔16:59,(主)(盟誓)(蔑視)(言約)(背叛)(行)(行)
주 맹서 멸시 언약 배반 행 행

겔16:60,(言約)(記憶)(永遠)(言約)
언약 기억 영원 언약

겔16:61,(兄)(接待)行爲)(記憶)(言約)
형 접대 행위 기억 언약

겔16:62,(言約)
언약

겔16:63,(行)(容恕)(後)(記憶)(主)
행 용서 후 기억 주

以西結書-(에스겔)-第十七章
이서결서 제십칠장

겔17:1,(臨)
임

겔17:2,(人子)(譬喩)(族屬)
인자 비유 족속

겔17:3,(主)(彩色)(具備)(柏香木)(取)
주 채색 구비 백향목 취

겔17:4,(軟)(商賈)(城邑)
연 상고 성읍

겔17:5,(種子)(取)(沃土)(垂楊)
종자 취 옥토 수양

겔17:6,(葡萄)(葡萄)(向)
포도 포도 향

겔17:7,(向)(發)
향 발

겔17:8,(葡萄)(沃土)(葡萄)
포도 옥토 포도

겔17:9,(主)(能)(蕃盛)(實果)(軟)(百姓)(强)
주 능 번성 실과 연 백성 강

겔17:10,(蕃盛)(東風)마둑
번성 동풍

겔17:11,(臨)
임

겔17:12,(悖逆)(族屬)(譬喩)(告)(王)(王)
패역 족속 비유 고 왕 왕
(方伯)(自己)
방백 자기

겔17:13,(王族)(中)(擇)(言約)(盟誓)(能)(者)
왕족 중 택 언약 맹서 능 자

겔17:14,(言約)(能)
언약 능

겔17:15,(使者)(軍隊)(求)(王)(背叛)(亨通)
사자 군대 구 왕 배반 형통
(行)(者)(避)(言約)(背叛)(避)
행 자 피 언약 배반 피

겔17:16,(主)(盟誓)(王)(王)(盟誓)(言約)
주 맹서 왕 왕 맹서 언약
(背叛)(王)(居)(中)(王)
배반 왕 거 중 왕

겔17:17,(對敵)(土城)(雲梯)(滅絶)(軍隊)
대적 토성 운제 멸절 군대
(戰爭)
전쟁

겔17:18,(言約)(盟誓)(言約)(背叛)(行)(避)
언약 맹서 언약 배반 행 피

겔17:19,(主)(盟誓)(盟誓)(言約)(背叛)(罪)
주 맹서 맹서 언약 배반 죄

겔17:20,(叛逆)(叛逆)(鞫問)
반역 반역 국문

겔17:21,(軍隊)(逃亡)(者)(者)(四方)
군대 도망 자 자 사방

겔17:22,(主)(柏香木)(取)(軟)(山)
주 백향목 취 연 산

겔17:23,(山)(茂盛)(柏香木)(各樣)(居)
산 무성 백향목 각양 거

겔17:24,(茂盛
무성

以西結書-(에스겔)-第十八章
이서결서 제십팔장

겔18:1,(臨)
임

겔18:2,(對)(俗談)(葡萄)
대 속담 포도

겔18:3,(主)(盟誓)(俗談
주 맹서 속담

겔18:4,(靈魂)(屬)(靈魂)(屬)(靈魂)(屬)
영혼 속 영혼 속 영혼 속
(犯罪)(靈魂)
범죄 영혼

겔18:5,(萬一)(義)(法)(義)(行)
만일 의 법 의 행

겔18:6,(山)(祭物)(族屬)(偶像)(月經)
산 제물 족속 우상 월경
(中)(女人)
중 녀인

겔18:7,(虐待)(者)(典當物)(抑奪)(者)
학대 자 전당물 억탈 자
(食物)(者)
식물 자

겔18:8,(邊)(爲)(利息)(禁)(罪惡)(眞實)(判斷)
변 위 이식 금 죄악 진실 판단

겔18:9,(律例)(規例)(眞實)(行)(義人)
율례 규례 진실 행 의인
(丁寧(主)
정녕 주

겔18:10,(假令(善)(行)(惡)(中)(犯)
가령 선 행 악 중 범
(强暴)(殺人)
강포 살인

겔18:11,(山)(祭物)
산 제물

겔18:12,(窮乏)(者)(虐待)(抑奪)(者)
궁핍 자 학대 억탈 자
(典當物)(偶像)(可憎)(行)
전당물 우상 가증 행

겔18:13,(邊)(爲)(利息)(可憎)(行)
변 위 이식 가증 행
(丁寧)(自己)(自己)
정녕 자기 자기

겔18:14,(假令(行)(罪)(行)
가령 행 죄 행

겔18:15,(山)(祭物)(族屬)(偶像)
산 제물 족속 우상

겔18:16,(虐待)(典當)(抑奪)(者)(食物)(者)
학대 전당 억탈 자 식물 자

겔18:17,(禁)(者)(壓制)(利息)(取)(規例)
금 자 압제 이식 취 규례
(律例)(行)(罪惡)(因)(丁寧)
율례 행 죄악 인 정녕

겔18:18,(甚)(暴虐)(同族)(抑奪)(民間)
심 포학 동족 억탈 민간
(不善)(行)(罪惡)(因)
불선 행 죄악 인

겔18:19,(罪)(擔當)(法)(義)(行)(律例)
죄 담당 법 의 행 율례
(行)(丁寧)
행 정녕

겔18:20,(犯罪)(靈魂)(罪惡)(擔當)(罪惡)
범죄 영혼 죄악 담당 죄악
(擔當)(義人)(自己)(惡人)(惡)(自己)
담당 의인 자기 악인 악 자기

겔18:21,(惡人)(萬一)(行)(罪)(律例)(法)
악인 만일 행 죄 율례 법
(義)(行)(丁寧)
의 행 정녕

겔18:22,(犯罪)(記憶)(行)(義)(因)
범죄 기억 행 의 인

겔18:23,(主)(惡人)
주 악인

겔18:24,(萬一)(義人)(義)(犯罪)(惡人)(行)
만일 의인 의 범죄 악인 행
(可憎)(行(行)(義)(記憶)(犯)(罪)(因)
가증 행 행 의 기억 범 죄 인

겔18:25,(主)(公平)(族屬)(公平)(公平)
주 공평 족속 공평 공평

겔18:26,(萬一)(義人)(義)(罪惡)(行)(因)
만일 의인 의 죄악 행 인
(行)(罪惡)(因)
행 죄악 인

겔18:27,(萬一)(惡人)(行)(惡)(法)(義)
만일 악인 행 악 법 의
(行)(靈魂)(保全)
행 영혼 보전

겔18:28,(行)(罪惡)(丁寧)
행 죄악 정녕

겔18:29,(族屬)(主)(公平)(族屬)(公平)(公平)
족속 주 공평 족속 공평 공평

겔18:30,(主)(族屬)(各)(行)(鞫問)(悔改)
주 족속 각 행 국문 회개
(罪)(罪惡)(敗亡)
죄 죄악 패망

겔18:31,(犯)(罪惡)(靈)(族屬)
범 죄악 영 족속

겔18:32,(主)(者)
주 자

以西結書-(에스겔)-第十九章
이서결서 제십구장

겔19:1,(方伯)(爲)(哀歌)
방백 위 애가

겔19:2,(獅子)(獅子)(獅子)(中)
사자 사자 사자 중

겔19:3,(獅子)(食物)
사자 식물

겔19:4,(異邦)(陷穽)
이방 함정

겔19:5,(獅子)(所望)(取)(獅子)
사자 소망 취 사자

겔19:6,(獅子)(獅子)(往來)(食物)
사자 사자 왕래 식물

겔19:7,(宮室)(城邑)(毁破)(因)(荒蕪)
궁실 성읍 훼파 인 황무

겔19:8,(異邦)(地方)(陷穽)
이방 지방 함정

겔19:9,(鐵籠)(王)(獄)(山)
철롱 왕 옥 산

겔19:10,(葡萄)(實果)(茂盛)
포도 실과 무성

겔19:11,(堅强)(權勢)(者)(笏)
견강 권세 자 홀

겔19:12,(忿怒)(中)(當)(實果)(東風)(堅强)
분노 중 당 실과 동풍 견강

겔19:13,(曠野)
광야

겔19:14,(中)(實果)(權勢)(者)(笏)
중 실과 권세 자 홀
(堅强)(哀歌)(後)(哀歌)
견강 애가 후 애가

以西結書-(에스겔)-第二十章
이서결서 제이십장

겔20:1,(第)(七年)(五月)(十日)(長老)
제 칠년 오월 십일 장로

겔20:2,(人子)(長老)(告)(主)(主)
인자 장로 고 주 주

겔20:3,(盟誓)(容納)
맹서 용납

겔20:4,(人子)(鞫問)(鞫問)(列祖)(可憎)
인자 국문 국문 열조 가증

겔20:5,(主)(擇)(後裔)(向)(盟誓)(盟誓)
주 택 후예 향 맹서 맹서

겔20:6,(盟誓)(引導)(爲)(中)
맹서 인도 위 중

겔20:7,(可憎)(各其)(偶像)
가증 각기 우상

겔20:8,(悖逆)(可憎)(各其)(偶像)(忿)(怒)
패역 가증 각기 우상 분 노

겔20:9,(居)(異邦人)(目前)(引導)
거 이방인 목전 인도
(爲)(異邦人)(目前)(行)
위 이방인 목전 행

겔20:10,(曠野)
광야

겔20:11,(遵行)(因)(律例)(規例)
준행 인 율례 규례

겔20:12,(安息日)(表徵)
안식일 표징

겔20:13,(族屬)(曠野)(悖逆)(遵行)(因)
족속 광야 패역 준행 인
(律例)(遵行)(規例)(蔑視)(安息日)
율례 준행 규례 멸시 안식일
(忿怒)(曠野)(滅)
분노 광야 멸
겔20:14,(爲)(行)(引導)(目覩)(列國)
위 행 인도 목도 열국
겔20:15,(曠野)(盟誓)(許)(中)(引導)
광야 맹서 허 중 인도
겔20:16,(偶像)(規例)(律例)(行)(安息日)
우상 규례 율례 행 안식일
겔20:17,(曠野)(滅
광야 멸
겔20:18,(曠野)(子孫)(列祖)(律例)
광야 자손 열조 율례
(規例)(偶像)(
규례 우상
겔20:19,(律例)(規例)(行)
율례 규례 행
겔20:20,(安息日(表徵)
안식일 표징
겔20:21,(子孫)(悖逆)(遵行)(因)(律例)
자손 패역 준행 인 율례
(規例)(行)(安息日)(曠野)(忿)(怒)
규례 행 안식일 광야 분 노
겔20:22,(爲)(禁)(行)(引導)(目覩)(列國)
위 금 행 인도 목도 열국
겔20:23,(曠野)(盟誓)(異邦人)(中)(列邦)(中)
광야 맹서 이방인 중 열방 중
겔20:24,(規例)(行)(律例)(蔑視)(安息日)
규례 행 율례 멸시 안식일
(列祖)(偶像)(思慕)
열조 우상 사모
겔20:25,(善)(律例)(能(規例)
선 율례 능 규례
겔20:26,(長子)(火祭)(禮物)(滅亡)
장자 화제 예물 멸망
겔20:27,(人子)(族屬)(告)(主)(列祖)(犯罪)(辱)
인자 족속 고 주 열조 범죄 욕
겔20:28,(盟誓)(引導)(山)(茂盛)(祭祀)
맹서 인도 산 무성 제사
(激怒)(祭物)(焚香)(奠祭)
격노 제물 분향 전제
겔20:29,(山堂)
산당
겔20:30,(族屬)(主)(列祖)(風俗)(可憎)(行淫)
족속 주 열조 풍속 가증 행음
겔20:31,(火祭)(禮物)(偶像)(族屬)(容納)
화제 예물 우상 족속 용납
(主)(盟誓)(容納)
주 맹서 용납
겔20:32,(異邦人)(列國)(族屬)
이방인 열국 족속
(木石)(崇拜)(決)
목석 숭배 결
겔20:33,(主)(盟誓)(能)(忿怒)(斷定)
주 맹서 능 분노 단정
겔20:34,(能)(忿怒)(列國)(中)(列邦)(中)
능 분노 열국 중 열방 중
겔20:35,(引導)(列國)(曠野)對面)(鞫問)
인도 열국 광야 대면 국문
겔20:36,(曠野)(列祖)(鞫問)(鞫問)(主)
광야 열조 국문 국문 주
겔20:37,(言約)
언약
겔20:38,(悖逆)(者)(犯罪)(者)(除)(寓居)
패역 자 범죄 자 제 우거
겔20:39,(主)(族屬)(各各)(偶像)(後)
주 족속 각각 우상 후
(禮物)(偶像)(
예물 우상
겔20:40,(主)(族屬)(山)(山)(禮物)(薦新)
주 족속 산 산 예물 천신
(聖物)(要求)
성물 요구
겔20:41,(引導)(列國)(中)(列邦)(中)
인도 열국 중 열방 중
(香氣)(列國)(目前)
향기 열국 목전
겔20:42,(列祖)(盟誓)(引導)
열조 맹서 인도
겔20:43行爲)(記憶)(行)(惡)(因)
행위 기억 행 악 인
겔20:44,(族屬)(惡)行爲)(爲)(行)(後)(主)
족속 악 행위 위 행 후 주
겔20:45,(臨)
임
겔20:46,(人子)(南)(向)(南)(向)(南方)
인자 남 향 남 향 남방
(森林)(豫言)
삼림 예언
겔20:47,(南方)(森林)(主)(滅)(猛烈)(南)(北)
남방 삼림 주 멸 맹렬 남 북
겔20:48,(血氣)(者)
혈기 자
겔20:49,(嗚呼)(主)(譬喩)(者)
오호 주 비유 자

以西結書-(에스겔)-第二十一章
이서결서 제이십일장

겔21:1,(臨)
임
겔21:2,(人子)(向)(聖所)(向)(豫言)
인자 향 성소 향 예언
겔21:3,(對敵)(義人)(惡人)
대적 의인 악인
겔21:4,(義人)(惡人)(血氣)(者)(南)(北)
의인 악인 혈기 자 남 북
겔21:5,(血氣)(者)꾯
혈기 자
겔21:6,(人子)(嘆息)(目前)(嘆息)
인자 탄식 목전 탄식
겔21:7,(嘆息)對答)(所聞)(因)(災殃)(各)
탄식 대답 소문 인 재앙 각

(弱)(各)(靈)(衰)(弱)(災殃)(丁寧)(主)
약 각 영 쇠 약 재앙 정녕 주

겔21:8,(臨)
임

겔21:9,(人子)(豫言)(磨光)
인자 예언 마광

겔21:10,(殺戮)(爲)(磨光)(爲)(笏)
살륙 위 마광 위 홀

겔21:11,(磨光(殺戮)(者)(爲)(磨光)
마광 살륙 자 위 마광

겔21:12,(人子)(百姓)(臨)(方伯)(臨)(百姓)
인자 백성 임 방백 임 백성

겔21:13,(試驗)(萬一)(笏)(主)
시험 만일 홀 주

겔21:14,(人子)(豫言)(番)(重傷)(密室)
인자 예언 번 중상 밀실
(大人)(重傷)
대인 중상

겔21:15,(落膽)(城門)(向)(嗚呼)(殺戮)(爲)
락담 성문 향 오호 살륙 위

겔21:16,(右向)(行伍)(左向)(向)
우향 항오 좌향 향

겔21:17,(忿)
분

겔21:18,(臨)
임

겔21:19,(人子)(王)(城)(指示標)
인자 왕 성 지시표

겔21:20,(族屬)(堅固)(城)
족속 견고 성

겔21:21,(王)(占)(偶像)(犧牲)(肝
왕 점 우상 희생 간

겔21:22(占卦)(攻城鎚)(殺戮)(城門)
점괘 공성추 살륙 성문
(向)(土城)(雲梯)
향 토성 운제

겔21:23,(前)(盟約)(者)(王)(罪惡)(記憶)
전 맹약 자 왕 죄악 기억

겔21:24,(主)(惡)(記憶)(愆過)行爲)(罪)(記憶)
주 악 기억 건과 행위 죄 기억

겔21:25,(極惡)(重傷)(當)(王)(罪惡)
극악 중상 당 왕 죄악

겔21:26,(主)(冠)(除)(冕旒冠)(者)(者)출
주 관 제 면류관 자 자

겔21:27,(者)
자

겔21:28,(人子)(主)(族屬)(凌辱)(對)(豫言)
인자 주 족속 능욕 대 예언
(殺戮)(滅絶)(爲)(磨光)
살륙 멸절 위 마광

겔21:29,(對)(虛無)(對)(卜術(者)(重傷)(當)
대 허무 대 복술 자 중상 당
(惡人)(罪惡)
악인 죄악

겔21:30,(生長)(鞫問)
생장 국문

겔21:31,(忿怒)(震怒)(者)(滅)(者)
분노 진노 자 멸 자

겔21:32,(記憶)
기억

以西結書-(에스겔)-第二十二章
이서결서 제이십이장

겔22:1,(臨)
임

겔22:2,(人子)(鞫問)(城邑)(鞫問)(自己)
인자 국문 성읍 국문 자기
(可憎)
가증

겔22:3,(主)(自己)(罰)(偶像)(城)
주 자기 벌 우상 성

겔22:4,(因)(罪)(偶像)(因)(年限)(異邦)
인 죄 우상 인 연한 이방
(凌辱)(萬國)(嘲弄)
능욕 만국 조롱

겔22:5,(者)(者)(者)(嘲弄)
자 자 자 조롱

겔22:6,(方伯)(各其)(權勢)
방백 각기 권세

겔22:7,(父母)(虐待)(孤兒)(寡婦)(害)
부모 학대 고아 과부 해

겔22:8,(聖物)(安息日)
성물 안식일

겔22:9,(離間)(者)(山)(祭物)(者)(淫亂)(者)
이간 자 산 제물 자 음란 자

겔22:10,(自己)(下體)(者)(月經)(不淨)
자기 하체 자 월경 부정
(女人)(者)
녀인 자

겔22:11,(或)(可憎)(行)(或)(淫行)(或)(姉妹)
혹 가증 행 혹 음행 혹 자매

겔22:12,(賂物)(者)(邊錢)(利息)(取)(利)
뇌물 자 변전 이식 취 이
(貪)(討索)(主)
탐 토색 주

겔22:13,(不義)(行)(因)
불의 행 인

겔22:14,(報應)
보응

겔22:15,(列國)(中)(各)(滅)
열국 중 각 멸

겔22:16,(自己)(列國)(目前)(羞恥)(當)
자기 열국 목전 수치 당

겔22:17,(臨)
임

겔22:18,(人子)(族屬)(鐵)(銀)
인자 족속 철 은

겔22:19,(主)
주

겔22:20,(銀)(鐵(怒)(忿)
은 철 노 분

겔22:21,(忿怒)
분노

겔22:22,(銀)(忿怒)
은 분노

겔22:23,(臨)
임
겔22:24,(人子)(淨潔)(震怒)
인자 정결 진노
겔22:25,(先知者)(背逆)(獅子)(食物)
선지자 배역 사자 식물
(靈魂)(錢財)(寶物)(奪取)(寡婦)
영혼 전재 보물 탈취 과부
겔22:26,(祭司長)(律法)(犯)(聖物)(俗)
제사장 률법 범 성물 속
(分辨)(不淨)(定)(分辨)(安息日)
분변 부정 정 분변 안식일
겔22:27,(方伯)(食物)(不義)(利)(取)(靈魂)(滅)
방백 식물 불의 이 취 영혼 멸
겔22:28,(先知者)(爲)(灰)(漆)(虛誕)(異像)
선지자 위 회 칠 허탄 이상
(卜術)(行)(主)
복술 행 주
겔22:29,(百姓)(强暴)(勒奪)(窮乏)(者)
백성 강포 늑탈 궁핍 자
(壓制)(寓居)(者)(不法)(虐待)
압제 우거 자 불법 학대
겔22:30,(爲)(城)(城)(滅)(故)
위 성 성 멸 고
겔22:31,(忿)(震怒)(滅)行爲)(報應)(主)
분 진노 멸 행위 보응 주

以西結書-(에스겔)-第二十三章
이서결서 제이십삼장

겔23:1,(臨)
임
겔23:2,(人子)(女人)
인자 녀인
겔23:3行淫)行淫)(乳房)(處女)
행음 행음 유방 처녀
겔23:4,(兄)(屬)(子女)요
형 속 자녀
겔23:5,(屬)行淫)(戀愛)(者)(思慕)
속 행음 연애 자 사모
겔23:6,(紫色)(方伯)(監督)(俊秀)(少年)(者)
자색 방백 감독 준수 소년 자
겔23:7,(中)(者)行淫)(戀愛)(偶像)
중 자 행음 연애 우상
겔23:8,(同寢)(處女)(淫亂)(當)行淫)
동침 처녀 음란 당 행음
겔23:9,(者)(戀愛)
자 연애
겔23:10,(下體)(子女)(陋名)(女子)(審問)(行)
하체 자녀 누명 녀자 심문 행
겔23:11,(兄)(淫慾)(兄)(姦淫)(姦淫)(甚)
형 음욕 형 간음 간음 심
(兄)(腐敗)
형 부패
겔23:12,(戀愛)(華麗)(衣服)(方伯)(監督)
연애 화려 의복 방백 감독
(者)(俊秀)(少年)
자 준수 소년

겔23:13,(女人)(行)
녀인 행
겔23:14,(淫行)(壁)(形像)(形像)
음행 벽 형상 형상
겔23:15,(形像)(手巾)(容貌)(尊貴)(者)(故土)
형상 수건 용모 존귀 자 고토
겔23:16,(戀愛)(使者)
연애 사자
겔23:17,(戀愛)(寢床)(淫亂)(後)
연애 침상 음란 후
겔23:18,(淫行)(下體)(兄)
음행 하체 형
겔23:19,(淫行)(淫行)
음행 음행
겔23:20,(下體)(精水)(淫亂)(姦夫)(戀愛)
하체 정수 음란 간부 연애
겔23:21行淫)(乳房)
행음 유방
겔23:22,(主)(戀愛)(者)(激動)(四方)
주 연애 자 격동 사방
겔23:23,(俊秀)(少年)(方伯)(監督)(貴人)
준수 소년 방백 감독 귀인
(有名)(者)(者)
유명 자 자
겔23:24,(兵器)(兵車)(防牌)(軍隊)
병기 병거 방패 군대
(審問權)(審問權)(審問)
심문권 심문권 심문
겔23:25,(向)(妬忌)(發)(忿怒)(行)(者)
향 투기 발 분노 행 자
(子女)(者)
자녀 자
겔23:26,(粧飾品)
장식품
겔23:27,(淫亂)(淫行)(向)(記憶)
음란 음행 향 기억
겔23:28,(主)(者)(者)
주 자 자
겔23:29,(行)(受苦)(赤身)(淫行)(淫亂)(淫行)
행 수고 적신 음행 음란 음행
겔23:30,(當)(淫亂)(異邦)(偶像)(
당 음란 이방 우상
겔23:31,(兄)(行)(盞)
형 행 잔
겔23:32,(主)(兄)(盞)(鼻笑)(嘲弄)(當)
주 형 잔 비소 조롱 당
겔23:33,(兄)(盞)(敗亡)(盞)(醉)
형 잔 패망 잔 취
겔23:34,(盞)(乳房)(主)
잔 유방 주
겔23:35,(主)(淫亂)(淫行)(罪)(擔當)
주 음란 음행 죄 담당
겔23:36,(人子)(鞫問)(可憎)(告)
인자 국문 가증 고
겔23:37行淫)(偶像)行淫)(子息)(偶像)
행음 우상 행음 자식 우상
(爲)(火祭)
위 화제

겔23:38,(以外)(行)(當日)(聖所)(安息日)(犯)
이외 행 당일 성소 안식일 범
겔23:39,(子女)(偶像)(當日)(聖所)(聖殿)(行)
자녀 우상 당일 성소 성전 행
겔23:40,(使者)(遠方)(爲)(沐浴)(丹粧)
사자 원방 위 목욕 단장
겔23:41,(華麗)(床)(香)
화려 상 향
겔23:42,(便)(曠野)(雜類)(醉)(請)(冕旒冠)
편 광야 잡류 취 청 면류관
겔23:43,(淫行)(衰)(女人)(彼此)(行淫)
음행 쇠 녀인 피차 행음
겔23:44,(妓生)(淫亂)(女人)
기생 음란 녀인
겔23:45,(義人)(淫婦)(審問)(審問)(女人)
의인 음부 심문 심문 녀인
(審問)(審問)(淫婦)
심문 심문 음부
겔23:46,(主)(軍隊)(虐待)(掠奪)(當)
주 군대 학대 약탈 당
겔23:47,(軍隊)(子女)
군대 자녀
겔23:48,(淫亂)(女人)(警醒)(淫行)
음란 녀인 경성 음행
겔23:49,(淫亂)(報應)(偶像)(爲)(罪)(擔當)(主)
음란 보응 우상 위 죄 담당 주

以西結書-(에스겔)-第二十四章
이서결서 제이십사장

겔24:1,(第)(九年)(十月)(十日)(臨)
제 구년 십월 십일 임
겔24:2,(人子)(記錄)(王)(逼近)
인자 기록 왕 핍근
겔24:3,(悖逆)(族屬)(譬喩)(主)
패역 족속 비유 주
겔24:4,(後)(羊)(脚)(爲)
후 양 각 위
겔24:6,(主)(城邑)(綠)(綠)(禍)(一一)
주 성읍 녹 녹 화 일일
겔24:7(磐石)
반석
겔24:8,(磐石)(忿怒)(發)(報應)
반석 분노 발 보응
겔24:9,(主)(禍)(城邑)
주 화 성읍
겔24:11,(後)(綠)(消滅)
후 녹 소멸
겔24:12,(城邑)(受苦)(困憊)(綠)
성읍 수고 곤비 녹
겔24:13,(中)(淫亂)(定)(定)(向)(忿怒)
중 음란 정 정 향 분노
(前)(定)(行)(行爲)(審問)(主)
전 정 행 행위 심문 주
겔24:15,(臨)
임
겔24:16,(人子)(番)
인자 번
겔24:17,(者)(爲)(從容)(嘆息)(手巾)
자 위 종용 탄식 수건
(賻儀)(食物)
부의 식물
겔24:18,(百姓)(告)(命令)(行)
백성 고 명령 행
겔24:19,(百姓)(行)(相關)(告)
백성 행 상관 고
겔24:20,(對答)(臨)
대답 임
겔24:21,(族屬)(主)(聖所)(勢力)(榮光)(子女)
족속 주 성소 세력 영광 자녀
겔24:22,(行)(行)(食物)
행 행 식물
겔24:23,(手巾)(罪惡)(中)(衰敗)(彼此)(嘆息)
수건 죄악 중 쇠패 피차 탄식
겔24:24,(表徵)(行)(行)(主)
표징 행 행 주
겔24:25,(人子)(榮光)(懇切)(子女)(除)
인자 영광 간절 자녀 제
겔24:26,(逃避)(者)
도피 자
겔24:27,(逃避)(者)(潛潛)(表徵)
도피 자 잠잠 표징

以西結書-(에스겔)-第二十五章
이서결서 제이십오장

겔25:1,(臨)
임
겔25:2,(人子)(族屬)(向)(豫言)(族屬)(主)
인자 족속 향 예언 족속 주
(主)(聖所)(對)(荒蕪)(對)(族屬)(對)
주 성소 대 황무 대 족속 대
겔25:4,(東方)(基業)(陣)(居處)(實果)
동방 기업 진 거처 실과
겔25:5,(族屬)(羊)
족속 양
겔25:6,(主)(對)(蔑視)
주 대 멸시
겔25:7,(民族)(擄掠)(當)
민족 노략 당
(萬民)(中)(列國)(中)(敗亡)(滅)
만민 중 열국 중 패망 멸
겔25:8,(主)(族屬)(異邦)(一般)
주 족속 이방 일반
겔25:9,(便)(邊境)(榮華)(城邑)
편 변경 영화 성읍
겔25:10,(族屬)(一般)(東方)(基業)(族屬)
족속 일반 동방 기업 족속
(異邦)(記憶)
이방 기억
겔25:11,(罰)
벌
겔25:12,(主)(族屬)(怨讐)(怨讐)(甚)(犯罪)
주 족속 원수 원수 심 범죄
겔25:13,(主)(荒蕪)
주 황무

겔25:14,(百姓)(憑藉)(怨讐)(怒)(忿)(行)(怨讐)
백성 빙자 원수 노 분 행 원수

겔25:15,(主)(蔑視)(怨讐)(殄滅)
주 멸시 원수 진멸

겔25:16,(主)(海邊)(者)(殄滅)
주 해변 자 진멸

겔25:17,(忿怒)(責罰)(怨讐)(怨讐)
분노 책벌 원수 원수

以西結書-(에스겔)-第二十六章
이서결서 제이십륙장

겔26:1,(第)(十一年)(初)(一日)(臨)
제 십일년 초 일일 임

겔26:2,(人子)(萬民)(門)(荒蕪)(充滿)
인자 만민 문 황무 충만

겔26:3,(主)(對敵)(波濤)(洶湧)(列國)
주 대적 파도 흉용 열국

겔26:4,(城壁)(毁破)(望臺)(磐石)
성벽 훼파 망대 반석

겔26:5,(主)(異邦)(擄掠)
주 이방 노약

겔26:7,(主)(列王)(王)(王)(北方)(兵車)
주 열왕 왕 왕 북방 병거
(騎兵)(軍隊)(百姓)
기병 군대 백성

겔26:8,(雲梯)(土城)(防牌)
운제 토성 방패

겔26:9,(攻城鎚)(城)(望臺)(
공성추 성 망대

겔26:10,(毁破)(城)(城門)(騎兵)(兵車)(因)
훼파 성 성문 기병 병거 인
(城廓)(震動)
성곽 진동

겔26:11,(百姓)(堅固)(石像)
백성 견고 석상

겔26:12,(財物)(貿易)(擄掠)(城)(材木)
재물 무역 노약 성 재목

겔26:13,(竪琴)
수금

겔26:14,(磐石)(建築)(主)
반석 건축 주

겔26:15,(主)(對)(震動)(中)(傷)(者(殺戮)(當)
주 대 진동 중 상 자 살륙 당

겔26:16,(王)(寶座)(朝服)(繡)(因)(無時)
왕 보좌 조복 수 인 무시

겔26:17,(爲)(哀歌)(航海者)(居)(有名)(城)(居民)(
위 애가 항해자 거 유명 성 거민
堅固)(海邊)(居民)(滅亡)
견고 해변 거민 멸망

겔26:18,(震動)(結局)
진동 결국

겔26:19,(主)(居民)(城)(荒蕪)(城)
주 거민 성 황무 성

겔26:20,(者)(者)(荒寂)(居)(居)(者)(榮光)
자 자 황적 거 거 자 영광

겔26:21,(敗亡)(永遠)(主)
패망 영원 주

以西結書-(에스겔)-第二十七章
이서결서 제이십칠장

겔27:1,(臨)
임

겔27:2,(人子)(爲)(哀歌)
인자 위 애가

겔27:3,(向)(居)(百姓)(通商)(者)(主)(穩全)
향 거 백성 통상 자 주 온전

겔27:4,(地境)(者)(穩全)
지경 자 온전

겔27:5,(板子)(爲)(柏香木)
판자 위 백향목

겔27:6,(櫓)(黃楊木)(象牙)(甲板)
노 황양목 상아 갑판

겔27:7,(繡)(旗)(靑色)(紫色)(遮日)
수 기 청색 자색 차일

겔27:8,(居民)(沙工)(博士)(船長)
거민 사공 박사 선장

겔27:9,(老人)(博士)(者)(沙工)(貿易)
로인 박사 자 사공 무역

겔27:10,(軍隊)(兵丁)(防牌)(榮光)
군대 병정 방패 영광

겔27:11,(軍隊)(四面)(城)(勇士)(望臺)
군대 사면 성 용사 망대
(四面)(城)(防牌)(穩全
사면 성 방패 온전

겔27:12,(各種)(寶貨)(豊富)(通商)(銀)
각종 보화 풍부 통상 은
(鐵)(物品)(貿易)
철 물품 무역

겔27:13,(商品)(貿易)
상품 무역

겔27:14,(族屬)(戰馬)(物品)(貿易)
족속 전마 물품 무역

겔27:15,(通商)(象牙)(烏木)(物品)(貿易)
통상 상아 오목 물품 무역

겔27:16,(製造品)(豊富)(通商)(藍寶石)(紫色)(
제조품 풍부 통상 남보석 자색
繡)(珊瑚)(紅寶石)(物品)(貿易)
수 산호 홍보석 물품 무역

겔27:17,(菓子)(乳香)(物品)(貿易)
과자 유향 물품 무역

겔27:18,(製造品)(各種)(寶貨)(豊富)
제조품 각종 보화 풍부
(通商)(葡萄酒)(羊)(貿易)
통상 포도주 양 무역

겔27:19,(物品)(貿易)(白鐵)(肉桂)(菖蒲)
물품 무역 백철 육계 창포
(商品)(中)
상품 중

겔27:20,(貿易)
무역

겔27:21,(方伯)(手下)(商賈)(羊)(羊)(貿易)
방백 수하 상고 양 양 무역

겔27:22,(各種)(上等)(香材料)(各種)(寶石)
각종 상등 향재료 각종 보석
(黃金)(物品)(貿易)
황금 물품 무역

겔27:24,(物貨)(靑色)(繡)(物品)(柏香木)
물화 청색 수 물품 백향목
(箱子)(通商)(貿易)
상자 통상 무역
겔27:25,(物貨)(中心)(豊富)(榮華)(極)
물화 중심 풍부 영화 극
겔27:26,(沙工)(引導)(東風)(中心)(破)
사공 인도 동풍 중심 파
겔27:27,(財物)(商品)(貿易)(物件)(沙工)
재물 상품 무역 물건 사공
(船長)(者)(勇士)(敗亡)(中心)
선장 자 용사 패망 중심
겔27:28,(船長)
선장
겔27:29,(櫓)(者)(沙工)(船長
노 자 사공 선장
겔27:30,(爲)(痛哭)
위 통곡
겔27:31,(爲)(痛哭)
위 통곡
겔27:32,(痛哭)(爲)(哀歌)(弔喪)(寂寞)(者)
통곡 위 애가 조상 적막 자
겔27:33,(物品)(百姓)(豊足)(財物)
물품 백성 풍족 재물
(貿易品)(世上)(列王)(豊富)
무역품 세상 열왕 풍부
겔27:34,(破船)(貿易品)(乘客)
파선 무역품 승객
겔27:35,(居民)(因)(列王)(甚)
거민 인 열왕 심
겔27:36,(列國)(商賈)(警戒)(永遠)
열국 상고 경계 영원

以西結書-(에스겔)-第二十八章
이서결서 제이십팔장

겔28:1,(臨)
임
겔28:2,(人子)(王)(主)(驕慢)(神)(中心)(神)
인자 왕 주 교만 신 중심 신
겔28:3,(智慧)(隱密)
지혜 은밀
겔28:4,(智慧)(聰明)(財物)(金)(銀)
지혜 총명 재물 금 은
(庫間)(貯蓄)
고간 저축
겔28:5,(智慧)(財物)(財物)(因)(驕慢)
지혜 재물 재물 인 교만
겔28:6,(主)
주
겔28:7,(外人)(列國)(强暴)(者)(智慧)(榮華)
외인 열국 강포 자 지혜 영화
겔28:8,(殺戮)(當)(者)(中心)
살륙 당 자 중심
겔28:9,(殺戮)(者)(者)(手中)(神)
살륙 자 자 수중 신
겔28:10,(外人)(割禮)(者)(主)
외인 할례 자 주
겔28:11,(臨)
임
겔28:12,(人子)(王)(爲)(哀歌)(主)(完全)
인자 왕 위 애가 주 완전
(印)(智慧)(充足)(穩全)
인 지혜 충족 온전
겔28:13,(各種)(寶石)(紅寶石)(黃寶石)
각종 보석 홍보석 황보석
(金剛石)(黃玉)(紅瑪瑙)(蒼玉)
금강석 황옥 홍마노 창옥
(靑寶石)(藍寶石)(紅玉)(黃金)
청보석 남보석 홍옥 황금
(丹粧)(爲)(小鼓)(琵琶)(豫備)
단장 위 소고 비파 예비
겔28:14,(聖山)(火光石)(往來)
성산 화광석 왕래
겔28:15,(完全)(不義)
완전 불의
겔28:16,(貿易)(豊盛)(强暴)(犯罪)(山)
무역 풍성 강포 범죄 산
(火光石)(滅)
화광석 멸
겔28:17,(驕慢)(榮華)(智慧)(列王)(求景)
교만 영화 지혜 열왕 구경
겔28:18,(罪惡)(貿易)(不義)(聖所)(目覩)(者)
죄악 무역 불의 성소 목도 자
겔28:19,(萬民)(中(者)(因)(警戒)(永遠)
만민 중 자 인 경계 영원
겔28:20,(臨)
임
겔28:21,(人子)(向)(豫言)
인자 향 예언
겔28:22,(主)(對敵)(榮光)(鞫問)(行)
주 대적 영광 국문 행
겔28:23,(染病)(四方)(傷)(者)
염병 사방 상 자
겔28:24,(族屬)(四面)(蔑視)(者)(中)(主)
족속 사면 멸시 자 중 주
겔28:25,(主)(列邦)(族屬)(因)(列國)
주 열방 족속 인 열국
(目前)(故土)(居)
목전 고토 거
겔28:26,(平安)(居)(建築)(葡萄園)
평안 거 건축 포도원
(四面)(蔑視)(者)(鞫問)(平安)
사면 멸시 자 국문 평안

以西結書-(에스겔)-第二十九章
이서결서 제이십구장

겔29:1,(第)(十年)(十月)(十)(二日)(臨)
제 십년 십월 십 이일 임
겔29:2,(人子)(王)(向)(豫言)
인자 왕 향 예언
겔29:3,(主)(王)(對敵)(自己)(江)(中)
주 왕 대적 자기 강 중
(鰐魚)(江)(爲)
악어 강 위

겔29:4,(江)(江)(江)(中)
강 강 강 중

겔29:5,(江)(地面)(空中)(食物)
강 지면 공중 식물

겔29:6,(居民)(本來)(族屬)
거민 본래 족속

겔29:7,(依支)
의지

겔29:8,(主)(臨)
주 임

겔29:9,(沙漠)(荒蕪地)(江
사막 황무지 강

겔29:10,(江)(地境)(荒蕪)(荒蕪地)(沙漠)
강 지경 황무 황무지 사막

겔29:11,(居接)(四十年)
거접 사십년

겔29:12,(荒蕪)(列國)(荒蕪)(城邑(沙漠)
황무 열국 황무 성읍 사막
(列國)(城邑)(四十年)
열국 성읍 사십년
(荒蕪)(各國)(列邦)
황무 각국 열방

겔29:13,(主)(四十年)(萬民)(中)
주 사십년 만민 중

겔29:14,(者)(故土)(微弱)
자 고토 미약

겔29:15,(中)(至極)(微弱(列國)(減(列國)
중 지극 미약 열국 감 열국

겔29:16,(族屬)(依賴)(族屬)(罪惡)(記憶)(主)
족속 의뢰 족속 죄악 기억 주

겔29:17,(第)(二十)(七年)(正月)(初)(一日)(臨)
제 이십 칠년 정월 초 일일 임

겔29:18,(人子)(王)(軍隊)(受苦)(各)(各)
인자 왕 군대 수고 각 각
(軍隊)(受苦)(報酬)
군대 수고 보수

겔29:19,(主)(王)(物件)(擄掠)(軍隊)(報酬)
주 왕 물건 노약 군대 보수

겔29:20,(受苦)(爲)(報酬)(主)
수고 위 보수 주

겔29:21,(族屬)(中)
족속 중

以西結書-(에스겔)-第三十章
이서결서 제삼십장

겔30:1,(臨)
임

겔30:2,(人子)(豫言)(主)(痛哭)
인자 예언 주 통곡

겔30:3,(列國)
열국

겔30:4,(臨)(殺戮)(當)(者)(甚)(基址)
임 살륙 당 자 심 기지

겔30:5,(百姓)(同盟)(百姓)
백성 동맹 백성

겔30:6,(者)(驕慢)(權勢)(主)
자 교만 권세 주

겔30:7,(荒蕪)(列邦)(荒蕪)(沙漠)(城邑)
황무 열방 황무 사막 성읍
(城邑)(沙漠)
성읍 사막

겔30:8,(者)(滅)
자 멸

겔30:9,(使者)(念慮)(災殃)(甚)
사자 염려 재앙 심

겔30:10,(主)(王)
주 왕

겔30:11,(列國)(中)(强暴)(自己)(軍隊)
열국 중 강포 자기 군대
(滅)(殺戮)(當)(者)
멸 살륙 당 자

겔30:12,(江)(惡人)(他國)(荒蕪)
강 악인 타국 황무

겔30:13,(主)(偶像)(滅)(神像)(王)
주 우상 멸 신상 왕

겔30:14,(荒蕪(怒)(鞫問)
황무 노 국문

겔30:15,(忿怒)(堅固)(城)
분노 견고 성

겔30:16,(甚)(對敵)
심 대적

겔30:17,(少年)(城邑)(居民)(捕虜)
소년 성읍 거민 포로

겔30:18,(驕慢)(權勢)(城邑)(捕虜)
교만 권세 성읍 포로

겔30:19,(鞫問)
국문

겔30:20,(第)(十一年)(正月)(七日)(臨)
제 십일년 정월 칠일 임

겔30:21,(人子)(王)약
인자 왕

겔30:22,(主)(王)(對敵)
주 왕 대적

겔30:23,(列國)(列邦)
열국 열방

겔30:24,(王)(堅固)(王)(苦痛)(傷)(者)(苦痛)
왕 견고 왕 고통 상 자 고통

겔30:25,(王)(王)
왕 왕

겔30:26,(列國)(列邦)
열국 열방

以西結書-(에스겔)-第三十一章
이서결서 제삼십일장

겔31:1,(第)(十一年)(三月)(初)(一日)(臨)
제 십일년 삼월 초 일일 임

겔31:2,(人子)(王)(威嚴)(比)
인자 왕 위엄 비

겔31:3,(森林)(柏香木)
삼림 백향목

겔31:4,(江)(洑)
강 보

겔31:5,(蕃盛)
번성

겔31:6,(空中)(居)
공중 거
겔31:7,(貌樣)
모양
겔31:8,(柏香木)(能)(丹楓)(貌樣)
백향목 능 단풍 모양
겔31:9,(貌樣)(妬忌)
모양 투기
겔31:10,(主)(驕慢)
주 교만
겔31:11,(列國)(能)(者)(任意)(待接)(惡)(因)
열국 능 자 임의 대접 악 인
겔31:12,(列國)(强暴)(民族)(山)(世上)(百姓)
열국 강포 민족 산 세상 백성
겔31:13,(空中)(居)
공중 거
겔31:14,(驕慢)(能)(者)(人生)(中)(者)(地下)
교만 능 자 인생 중 자 지하
겔31:15,(主)(陰府)(爲)(哀哭)(江)(爲)(哀哭)
주 음부 위 애곡 강 위 애곡
(因)(衰殘)
인 쇠잔
겔31:16,(者)(陰府)(列國)(因)(震動)
자 음부 열국 인 진동
(地下)(慰勞)
지하 위로
겔31:17,(陰府)(殺戮)(當)(者)(者)(列國)
음부 살륙 당 자 자 열국
(中)(居)(者)
중 거 자
겔31:18,(榮華)(廣大)(中)(地下)(割禮)
영화 광대 중 지하 할례
(殺戮)(當)(者)(中)(軍隊)(主)
살륙 당 자 중 군대 주

以西結書-(에스겔)-第三十二章
이서결서 제삼십이장

겔32:1,(第)(十二年)(十二月)(初)(一日)(臨)
제 십이년 십이월 초 일일 임
겔32:2,(人子)(王)(對)(哀歌)(列國)(獅子)
인자 왕 대 애가 열국 사자
(比)(實狀)(鰐魚)(江)(搖動)(江)
비 실상 악어 강 요동 강
겔32:3,(主)(百姓)
주 백성
겔32:4,(空中)
공중
겔32:5,(山)(屍體)
산 시체
겔32:6,(山)(開川)
산 개천
겔32:7,(發)
발
겔32:8,(主)
주
겔32:9,(敗亡)(所聞)(列國)(列邦)
패망 소문 열국 열방
(百姓)(煩惱)
백성 번뇌
겔32:10,(百姓)(因)(王)(王)(因)(甚)
백성 인 왕 왕 인 심
(各各)(自己)(生命)(爲)(無時)
각각 자기 생명 위 무시
겔32:11,(主)(王)(臨)
주 왕 임
겔32:12,(勇士)(列國)(者)(驕慢)(廢)(滅)
용사 열국 자 교만 폐 멸
겔32:13,(滅)
멸
겔32:14,(江)(主)
강 주
겔32:15,(荒蕪)(沙漠)(豊盛)(居民)
황무 사막 풍성 거민
겔32:16哀歌)(列國)(女子)(爲)(主)
애가 열국 녀자 위 주
겔32:17,(第)(十二年)(十五日)(臨)
제 십이년 십오일 임
겔32:18,(人子)(哀哭)(有名)(女子)(者)(地下)
인자 애곡 유명 녀자 자 지하
겔32:19,(割禮)(者)
할례 자
겔32:20,(殺戮)(當)(者)(中)
살륙 당 자 중
겔32:21,(勇士)(中)(强)(者)(者)(陰府)
용사 중 강 자 자 음부
(割禮)(者)(殺戮)(當)(者)하
할례 자 살륙 당 자
겔32:22,(殺戮)(當)(者)(四方)
살륙 당 자 사방
겔32:23,(四方)(殺戮)(當)(者)(生存)(世上)(者)
사방 살륙 당 자 생존 세상 자
겔32:24,(四面)(割禮)(殺戮)(當)(地下)(者)
사면 할례 살륙 당 지하 자
(生存)(世上)(者)(羞恥)(當)
생존 세상 자 수치 당
겔32:25,(爲)(寢床)(殺戮)(當)(者)(中)(四面)
위 침상 살륙 당 자 중 사면
(割禮)(殺戮)(當)(者)(生存)(世上)
할례 살륙 당 자 생존 세상
(者)(羞恥)(當)(殺戮)(當)(者)(中)
자 수치 당 살륙 당 자 중
겔32:26,(四面)(割禮)(殺戮)(當)(者)
사면 할례 살륙 당 자
(生存)(世上)
생존 세상
겔32:27,(割禮)(者)(中)(勇士)(勇士)(兵器)
할례 자 중 용사 용사 병기
(陰府)(自己)(白骨)(自己)(罪惡)
음부 자기 백골 자기 죄악
(生存)(世上)(勇士)(者)
생존 세상 용사 자
겔32:28,(割禮)(者)(一般)(敗亡)(殺戮)(當)(者)
할례 자 일반 패망 살륙 당 자
겔32:29,(列王)(方伯)(强盛)(殺戮)(當)
열왕 방백 강성 살륙 당

(者)(割禮)(者)
자 할례 자

겔32:30,(殺戮)(當)(者)(北方)(方伯)(本來)
살륙 당 자 북방 방백 본래
(强盛)(割禮)(殺戮)(當)(者)(者)
강성 할례 살륙 당 자 자
(羞辱)(當)
수욕 당

겔32:31,(因)(慰勞)(殺戮)(當)(軍隊)(主)
인 위로 살륙 당 군대 주

겔32:32,(生存)(世上)(割禮)(者)(殺戮)
생존 세상 할례 자 살륙
(當)(者)(主)
당 자 주

以西結書-(에스겔)-第三十三章
이서결서 제삼십삼장

겔33:1,(臨)
임

겔33:2,(人子)(民族)(告)(假令)(臨)
인자 민족 고 가령 임
(百姓)(自己)(中)(擇)(把守軍)
백성 자기 중 택 파수군

겔33:3,(臨)(百姓)(警告)
임 백성 경고

겔33:4,(警備)(臨)(除)(當)(自己)
경비 임 제 당 자기

겔33:5,(警備)(自己)(生命)(保全)(警備)(自己)
경비 자기 생명 보전 경비 자기

겔33:6,(把守軍)(臨)(百姓)(警告)(中)(臨)(除)
파수군 임 백성 경고 중 임 제
(當)(自己)(罪惡)(中)(除)(罪)(把守軍)
당 자기 죄악 중 제 죄 파수군

겔33:7,(人子)(族屬)(把守軍)(代身)(警告)
인자 족속 파수군 대신 경고

겔33:8,(假令)(惡人)(惡人)(丁寧)(惡人)
가령 악인 악인 정녕 악인
(警告)(惡人)(自己)(罪惡)(中)
경고 악인 자기 죄악 중

겔33:9,(惡人)(警告)(自己)(罪惡)(中)
악인 경고 자기 죄악 중
(生命)(保全)
생명 보전

겔33:10,(人子)(族屬)(罪)(中)(衰敗)(能
인자 족속 죄 중 쇠패 능

겔33:11,(主)(盟誓)(惡人)(惡人)(族屬)(惡)
주 맹서 악인 악인 족속 악

겔33:12,(人子)(民族)(義人)(犯罪)(義)(救援)
인자 민족 의인 범죄 의 구원
(惡)(惡)(惡)(義人)(犯罪)(義)(因
악 악 악 의인 범죄 의 인

겔33:13,(假令)(義人)(義)(罪惡)(行)(義)(行爲)
가령 의인 의 죄악 행 의 행위
(記憶)(罪惡)(中)(中)
기억 죄악 중 중

겔33:14,(假令)(惡人)(自己)(罪)(法)(義)(行)
가령 악인 자기 죄 법 의 행

겔33:15,(典當物)(抑奪物)(生命)(律例)
전당물 억탈물 생명 율례
(遵行)(罪惡)(丁寧
준행 죄악 정녕

겔33:16,(本來)(犯)(罪)(記憶)(丁寧)(法)
본래 범 죄 기억 정녕 법
(義)(行)
의 행

겔33:17,(民族)(主)(公平)(實狀)(公平)
민족 주 공평 실상 공평

겔33:18,(萬一)(義人)(義)(罪惡)
만일 의인 의 죄악

겔33:19,(萬一)(惡人)(惡)(法)(義)(行)(因
만일 악인 악 법 의 행 인

겔33:20,(主)(公平)(族屬)(各其)(行)(審判)
주 공평 족속 각기 행 심판

겔33:21,(十)(二年)(十月)(五日)(逃亡)(者)
십 이년 십월 오일 도망 자
(城)(陷落)
성 함락

겔33:22,(逃亡)(者)(前)(臨)(臨時)(潛潛)
도망 자 전 임 림시 잠잠

겔33:23,(臨)
임

겔33:24,(人子)(荒蕪)(居)(者)(基業)
인자 황무 거 자 기업
(衆多)(基業)
중다 기업

겔33:25,(主)(偶像)(基業)
주 우상 기업

겔33:26,(可憎)(行)(各其)히(基業)
가증 행 각기 기업

겔33:27,(主)(盟誓)(荒蕪地)(者)(者)(山城)
주 맹서 황무지 자 자 산성
(窟)(者)(瘟疫)
굴 자 온역

겔33:28,(荒蕪地)(權能)(驕慢)(山)(荒蕪)
황무지 권능 교만 산 황무

겔33:29,(行)(可憎)(因)(荒蕪地)
행 가증 인 황무지

겔33:30,(人子)(民族)(門)(議論)(各各)(兄弟)
인자 민족 문 의논 각각 형제

겔33:31,(百姓)(百姓)(行)(利慾)
백성 백성 행 이욕

겔33:32,(音樂)(音聲)(者)(遵行)
음악 음성 자 준행

겔33:33,(應)(應)(先知者)(自己)
응 응 선지자 자기

以西結書-(에스겔)-第三十四章
이서결서 제삼십사장

겔34:1,(臨)
임

겔34:2,(人子)(牧者)(豫言)(牧者)(豫言)(主)
인자 목자 예언 목자 예언 주
(自己)(牧者)(禍)(牧者)(羊)
자기 목자 화 목자 양

겔34:3,(羊)(羊)
양 양

겔34:4,(軟弱)(者)(强)(病)(者)(傷)(者)
연약 자 강 병 자 상 자
(者)(者)(强暴)
자 자 강포

겔34:5,(牧者)
목자

겔34:6,(羊)(山)(流離)(羊)(地面)(者)
양 산 유리 양 지면 자

겔34:7,(牧者)
목자

겔34:8,(主)(盟誓)(羊)(擄掠)(牧者)(牧者)
주 맹서 양 노약 목자 목자
(羊)(自己)(羊)
양 자기 양

겔34:9,(牧者)
목자

겔34:10,(主)(牧者)(對敵)(羊)(牧者)(羊)
주 목자 대적 양 목자 양
(自己)(羊)(食物)
자기 양 식물

겔34:11,(主)(羊)
주 양

겔34:12,(牧者)(羊)(羊)(羊
목자 양 양 양

겔34:13,(萬民)(中)(列邦)(中)(本土)
만민 중 열방 중 본토
(山)(居住地)
산 거주지

겔34:14,(山)(山)
산 산

겔34:15,(主)(親)(羊)(牧者)
주 친 양 목자

겔34:16,(者)(者)(傷)(者)(病)(者)(强)(者)
자 자 상 자 병 자 강 자
(强)(者)(滅)(公義)
강 자 멸 공의

겔34:17,(主)(羊)(羊)(羊)(羊)(審判)
주 양 양 양 양 심판

겔34:19,(羊)
양

겔34:20,(主)(對)(羊)(羊)(審判)
주 대 양 양 심판

겔34:21,(病)(者)
병 자

겔34:22,(羊)(救援)(擄掠)(羊)(羊)(審判)
양 구원 노약 양 양 심판

겔34:23,(牧者)(牧者)
목자 목자

겔34:24,(中)(王)
중 왕

겔34:25,(和平)(言約)(惡)(平安)(居)
화평 언약 악 평안 거

겔34:26,(福)(山)(四面)(福)(福)
복 산 사면 복 복

겔34:27,(所産)(平安)(者)(後)
소산 평안 자 후

겔34:28,(異邦)(擄掠)(平安)(居)
이방 노약 평안 거

겔34:29,(爲)(有名)(種植)(饑饉)(滅亡)
위 유명 종식 기근 멸망
(列國)(羞恥)
열국 수치

겔34:30,(族屬)(百姓)(主)
족속 백성 주

겔34:31,(羊)(草場)(羊)(主)
양 초장 양 주

以西結書-(에스겔)-第三十五章
이서결서 제삼십오장

겔35:1,(臨)
임

겔35:2,(人子)(山)(向)(豫言)
인자 산 향 예언

겔35:3,(主)(山)(對敵)(荒蕪地)
주 산 대적 황무지

겔35:4,(城邑)(荒蕪
성읍 황무

겔35:5,(恨)(族屬)(患難)(罪惡)(權能)
한 족속 환난 죄악 권능

겔35:6,(主)(盟誓)
주 맹서

겔35:7,(山)(荒蕪地)(往來)(者)
산 황무지 왕래 자

겔35:8,(殺戮)(當)(者)(山)(殺戮)(當)(者)
살륙 당 자 산 살륙 당 자

겔35:9,(永遠)(荒蕪)(城邑)(居)(者)
영원 황무 성읍 거 자

겔35:10,(民族)(基業)
민족 기업

겔35:11,(主)(盟誓)(怒)(嫉妬)(行)(鞫問)
주 맹서 노 질투 행 국문

겔35:12,(山)(山)(荒蕪)(辱)
산 산 황무 욕

겔35:13,(對敵)(對敵)
대적 대적

겔35:14,(主)(荒蕪
주 황무

겔35:15,(族屬)(基業)(荒蕪)(因)(荒蕪)
족속 기업 황무 인 황무
(山)(荒蕪)
산 황무

以西結書-(에스겔)-第三十六章
이서결서 제삼십륙장

겔36:1,(人子)(山)(豫言)(山)
인자 산 예언 산

겔36:2,(主)(對敵)(對)(基業)
주 대적 대 기업

겔36:3,(豫言)(主)(荒蕪)(四方)(異邦人)
예언 주 황무 사방 이방인
(基業)(百姓)(誹謗)
기업 백성 비방

겔36:4,(山)(主)(主)(山)(荒蕪)(沙漠)(四面)
산 주 주 산 황무 사막 사면

(異邦人)(擄掠)(嘲弄)(城邑)
이방인 노약 조롱 성읍

겔36:5,(主)(眞實)(猛烈)(妬忌)(異邦人)(甚)
주 진실 맹렬 투기 이방인 심

(蔑視)(心靈)(擄掠)(自己)(所有)
멸시 심령 노약 자기 소유

겔36:6,(對)(豫言)(山)(對)(主)(妬忌)(忿怒)
대 예언 산 대 주 투기 분노

(異邦)(羞辱)(當)
이방 수욕 당

겔36:7,(主)(盟誓)(四面)(異邦人)(自己)
주 맹서 사면 이방인 자기

(羞辱)(丁寧)(當)
수욕 정녕 당

겔36:8,(山)(百姓)(爲)(果實)
산 백성 위 과실

겔36:10,(族屬)(城邑)(居)(建築)
족속 성읍 거 건축

겔36:11,(生育)(衆多)(蕃盛)(前)(地位)
생육 중다 번성 전 지위

(居)(待接)
거 대접

겔36:12,(行)(百姓)(基業)(子息)
행 백성 기업 자식

겔36:13,(主)(者)(百姓)(除)(者)
주 자 백성 제 자

겔36:14,(百姓)(除)(主)
백성 제 주

겔36:15,(列國)(羞辱)(萬民)(誹謗)(百姓)(主)
열국 수욕 만민 비방 백성 주

겔36:16,(臨)
임

겔36:17,(人子)(族屬)(故土)(居)(行爲)
인자 족속 고토 거 행위

(所爲)(月經)(中)(女人)(不淨)
소위 월경 중 녀인 부정

겔36:18,(偶像)(忿怒)
우상 분노

겔36:19行爲)(審判)(各國)(列邦)
행위 심판 각국 열방

겔36:20,(列國)(因)(百姓)(者)
열국 인 백성 자

겔36:21,(族屬)(列國)
족속 열국

겔36:22,(族屬)(主)(族屬)(行)(爲)(列國)(爲)
족속 주 족속 행 위 열국 위

겔36:23,(列國)(中)(目前)(因)(列國)(主)
열국 중 목전 인 열국 주

겔36:24,(列國)(中)(取)(列國)(中)(故土)
열국 중 취 열국 중 고토

겔36:25,(淨潔)(偶像)(淨潔)
정결 우상 정결

겔36:26,(靈)(肉身)(除)
영 육신 제

겔36:27,(神)(律例)(行)(規例)(行)
신 율례 행 규례 행

겔36:28,(列祖)(居)(百姓)
열조 거 백성

겔36:29,(救援)(穀食)(豊盛)(饑饉)(臨)
구원 곡식 풍성 기근 임

겔36:30,(實果)(所産)(豊盛)(饑饉)(辱)(列國)
실과 소산 풍성 기근 욕 열국

겔36:31,(惡)(不善)行爲)(記憶)(罪惡)
악 불선 행위 기억 죄악

(可憎)(因)
가증 인

겔36:32,(主)(行)(爲)(族屬)行爲)(因)(恨嘆)
주 행 위 족속 행위 인 한탄

겔36:33,(主)(罪惡)(淨潔)(城邑)(居接)
주 죄악 정결 성읍 거접

(荒廢)(建築)
황폐 건축

겔36:34,(前)(者)(荒蕪)(荒蕪)(將次)(起耕)
전 자 황무 황무 장차 기경

겔36:35,(荒蕪)(山)(荒凉)(寂寞)(城邑)
황무 산 황량 적막 성읍

(城壁)(居民)
성벽 거민

겔36:36,(四面)(異邦)(建築)(荒蕪)
사면 이방 건축 황무

겔36:37,(主)(族屬)(自己)(求)(人數)(羊)
주 족속 자기 구 인수 양

겔36:38,(祭祀)(羊)(定)(節期)(羊)(荒廢)(城邑)
제사 양 정 절기 양 황폐 성읍

以西結書-(에스겔)-第三十七章
이서결서 제삼십칠장

겔37:1,(權能)(臨)(神)
권능 임 신

겔37:2,(四方)(地面)(甚)
사방 지면 심

겔37:3,(人子)(能)(對答)(主)(主)
인자 능 대답 주 주

겔37:4,(代言)
대언

겔37:5,(主)(生氣)
주 생기

겔37:6,(生氣)
생기

겔37:7,(命)(代言)(代言)(連絡)
명 대언 대언 연락

겔37:8,(生氣)
생기

겔37:9,(人子)(生氣)(向)(代言)(生氣)(代言)
인사 생기 향 대언 생기 대언

(主)(生氣)(四方)(死亡)(當)(者)
주 생기 사방 사망 당 자

겔37:10,(命)(代言)(生氣)(極)(軍隊)
명 대언 생기 극 군대

겔37:11,(人子)(族屬)(所望)(滅絶)
인자 족속 소망 멸절

겔37:12,(代言)(主)(百姓)
대언 주 백성

겔37:13,(百姓)
백성

겔37:14,(神)(故土)(居)
신 고토 거

겔37:15,(臨)
임

겔37:16,(人子)(取)(子孫)(取)(族屬)
인자 취 자손 취 족속

겔37:17,(連合)
연합

겔37:18,(民族)(告)
민족 고

겔37:19,(主)(支派)(取)막
주 지파 취

겔37:20,(目前)
목전

겔37:21,(主)(子孫)(列國)(取)(四面)(故土)
주 자손 열국 취 사면 고토

겔37:22,(山)(民族)
산 민족

겔37:23,(偶像)(可憎)(物件)(罪惡)(犯罪)
우상 가증 물건 죄악 범죄
(處所)(救援)(淨潔)(百姓)
처소 구원 정결 백성

겔37:24,(祖上)(王)(牧者)(規例)(遵行)
조상 왕 목자 규례 준행
(律例)(行)
율례 행

겔37:25,(列祖)(居)(居)(子子孫孫)(永遠)
열조 거 거 자자손손 영원
(居)(永遠)(王)
거 영원 왕

겔37:26,(和平)(言約)(永遠)(言約)(堅固)
화평 언약 영원 언약 견고
(蕃盛)(聖所)(永遠)
번성 성소 영원

겔37:27,(處所)(百姓)
처소 백성

겔37:28,(聖所)(永遠)(列國)
성소 영원 열국

以西結書-(에스겔)-第三十八章
이서결서 제삼십팔장

겔38:1,(臨)
임

겔38:2,(人子)(王)(向)(豫言)
인자 왕 향 예언

겔38:3,(主)(王)(對敵)
주 왕 대적

겔38:4,(騎兵)(軍隊)(完全)(甲)(防牌)(防牌)
기병 군대 완전 갑 방패 방패

겔38:5,(防牌)
방패

겔38:6,(極)(北方)(族屬)(百姓)
극 북방 족속 백성

겔38:7,(豫備)(豫備)(大將)
예비 예비 대장

겔38:8,(後)(末年)(命令)(荒蕪)(山)(百姓)(列國)(
후 말년 명령 황무 산 백성 열국
異邦)(平安)(居)(中)
이방 평안 거 중

겔38:9,(百姓)(狂風)
백성 광풍

겔38:10,(主)(惡)
주 악

겔38:11,(平原)(城壁)(門)(念慮)(平安)(居)(百姓)
평원 성벽 문 염려 평안 거 백성

겔38:12,(物件)(劫奪)(擄掠)(荒蕪)(只今)(居處)(
물건 겁탈 노약 황무 지금 거처
列國)(中)(財
열국 중 재
物)(世上)(中央)(居)(百姓)
물 세상 중앙 거 백성

겔38:13,(商賈)(富者)(奪取)(擄掠)(銀)(金)(財物)(
상고 부자 탈취 노약 은 금 재물
取)(物件)(掠奪)
취 물건 약탈

겔38:14,(人子)(豫言)(主)(百姓)(平安)(居)
인자 예언 주 백성 평안 거

겔38:15,(故土)(極)(北方)(百姓)(能)(軍隊)
고토 극 북방 백성 능 군대

겔38:16,(百姓)(異邦)(目前)
백성 이방 목전

겔38:17,(主)(先知者)(憑藉)(豫言)
주 선지자 빙자 예언

겔38:18,(主)(怒)
주 노

겔38:19,(妬忌)(猛烈)(地震)
투기 맹렬 지진

겔38:20,(空中)(地面)(山)(絶壁)(城壁)
공중 지면 산 절벽 성벽

겔38:21,(主)(山)(中)(各)(兄弟)
주 산 중 각 형제

겔38:22,(瘟疫)(鞫問)(暴雨)(雨雹)
온역 국문 폭우 우박
(硫黃)(百姓)
류황 백성

겔38:23,(尊大)
존대

以西結書-(에스겔)-第三十九章
이서결서 제삼십구장

겔39:1,(人子)(豫言)(主)(王)(對敵)
인자 예언 주 왕 대적

겔39:2,(北方)(山)
북방 산

겔39:4,(百姓)(山)(各種)
백성 산 각종

겔39:5,(主)
주

겔39:6,(平安)(居)(者)
평안 거 자

겔39:7,(百姓)(列國)(者)
백성 열국 자

겔39:8,(主)
주

겔39:9,(城邑)(居)(者)(兵器)(防牌)(防牌)
성읍 거 자 병기 방패 방패
(槍)(取)(七年)
창 취 칠년

겔39:10,(兵器)(取)(森林)(伐木)(前)
병기 취 삼림 벌목 전
(自己)(掠奪)(者)(掠奪)(前)(自己)
자기 약탈 자 약탈 전 자기
(勒奪)(者)(勒奪)(主)
늑탈 자 늑탈 주

겔39:11,(爲)(東便)(通行)(埋葬地)
위 동편 통행 매장지
(通行)(葬事)
통행 장사

겔39:12,(族屬)(葬事)(淨潔)
족속 장사 정결

겔39:13,(百姓)(葬事)(榮光)(主)
백성 장사 영광 주

겔39:14,(擇)(巡行)(葬事)(地面)(屍體)
택 순행 장사 지면 시체
(淨潔)(後)
정결 후

겔39:15,(巡行)(者)(通行)(標)(葬事)(者)(葬事)
순행 자 통행 표 장사 자 장사

겔39:16,(城)(淨潔)
성 정결

겔39:17,(人子)(主)(各種)(各種)(爲)(山)
인자 주 각종 각종 위 산
(豫備)(四方)
예비 사방

겔39:18,(勇士)(世上)(王)(羊)(羊)
용사 세상 왕 양 양

겔39:19,(爲)(豫備)
위 예비

겔39:20,(床)(騎兵)(勇士)(軍士)(主)
상 기병 용사 군사 주

겔39:21,(榮光)(列國)(中)(列國)(行)
영광 열국 중 열국 행
(審判)(權能)
심판 권능

겔39:22,(以後)(族屬)(自己)
이후 족속 자기

겔39:23,(列國)(族屬)(罪惡)(因)(犯罪)(對敵)
열국 족속 죄악 인 범죄 대적

겔39:24,(犯罪)(行)
범죄 행

겔39:25,(主)(爲)(熱心)(者)(族屬)(矜恤)
주 위 열심 자 족속 긍휼

겔39:26,(平安)(居)(者)(犯)(罪)
평안 거 자 범 죄

겔39:27,(萬民)(中)(敵國)(中)(列國)(目前)(因)
만민 중 적국 중 열국 목전 인

겔39:28,(前)(列國)(後)(故土)(異邦)(自己)
전 열국 후 고토 이방 자기

겔39:29,(神)(族屬)(主)
신 족속 주

以西結書-(에스겔)-第四十章
이서결서 제사십장

겔40:1,(二十)(五年)(城)(陷落)(後)(十)
이십 오년 성 함락 후 십
(四年)(正月)(十日)(權能)(臨)
사년 정월 십일 권능 임

겔40:2,(異像中)(極)(山)(南)(向)(城邑)(形狀)
이상중 극 산 남 향 성읍 형상

겔40:3,(貌樣)(尺量)(門)
모양 척량 문

겔40:4,(人子)(族屬)
인자 족속

겔40:5,(四面)(尺量)(長)(者)(六尺)(尺量)
사면 척량 장 자 육척 척량

겔40:6,(東向)(門)(層階)(門)(尺量)(長)
동향 문 층계 문 척량 장
(門)(長)
문 장

겔40:7,(門間)(門直)(房)(各其)(長)(廣)
문간 문직 방 각기 장 광
(每房)(壁)(五尺)(門)(長)(玄關)(門)
매방 벽 오척 문 장 현관 문

겔40:8,(門)(玄關)(尺量)
문 현관 척량

겔40:9,(門)(玄關)(尺量)(八尺)(門)(壁)
문 현관 척량 팔척 문 벽
(二尺)(門)(玄關)(向)
이척 문 현관 향

겔40:10,(東門間)(門直)(房)(左便)(右便)
동문간 문직 방 좌편 우편
(各各)(尺數)(左右便)(壁)(尺數)
각각 척수 좌우편 벽 척수

겔40:11,(門)(尺量)(廣)(十尺)(長)(十)(三尺)
문 척량 광 십척 장 십 삼척

겔40:12,(便)(一尺)(便)(一尺)(房)(便)
편 일척 편 일척 방 편
(六尺)(便)(六尺)
육척 편 육척

겔40:13,(門間)(尺量)(房)(房)(廣)(二十)
문간 척량 방 방 광 이십
(五尺)(房)(門)(反對)
오척 방 문 반대

겔40:14,(玄關)(尺量)(廣)(二十尺)
현관 척량 광 이십척
(玄關)(四面)
현관 사면

겔40:15,(門)(門)(玄關)(五十尺)
문 문 현관 오십척

겔40:16,(門直)(房)(各各)(窓)(門)(左右便)
문직 방 각각 창 문 좌우편
(壁)(窓)(玄關)(窓)(左右便)(各)
벽 창 현관 창 좌우편 각
(門)(壁)(棕櫚)
문 벽 종려

겔40:17,(三面)(房)(三十)
삼면 방 삼십

겔40:18,(位置)(各)(門間)(左右便)(廣)(門間)
위치 각 문간 좌우편 광 문간

겔40:19,(門間)(門間)(尺量)(廣)(一百尺)
문간 문간 척량 광 일백척
(東便)(北便)(一般)
동편 북편 일반
겔40:20,(北向)(門間)(長廣)(尺量)
북향 문간 장광 척량
겔40:21,(長)(五十尺)(廣)(二十)(五尺)
장 오십척 광 이십 오척
(門直)(房)(便)(便)(壁)(玄關)
문직 방 편 편 벽 현관
(尺量)(門間)
척량 문간
겔40:22,(窓)(玄關)(長廣)(棕櫚)(東向)
창 현관 장광 종려 동향
(門間)(門間)(層階)(玄關)
문간 문간 층계 현관
겔40:23,(北便)(門間)(東便)(門間)(對)
북편 문간 동편 문간 대
(門間)(門間)(便)(門間)(尺量)
문간 문간 편 문간 척량
(一百尺)
일백척
겔40:24,(南)(南向)(門間)(壁)(玄關)
남 남향 문간 벽 현관
(尺量)(尺量)
척량 척량
겔40:25,(門間)(玄關)(左右)(窓)(窓)(門間)
문간 현관 좌우 창 창 문간
(長)(五十尺)(廣)(二十)(五尺)
장 오십척 광 이십 오척
겔40:26,(層階)(玄關)(便)(便)(門)(壁)(棕櫚)
층계 현관 편 편 문 벽 종려
겔40:27,(南向)(門間)(南向)(門間)(便)
남향 문간 남향 문간 편
(門間)(尺量)(一百尺)
문간 척량 일백척
겔40:28,(南門)(南門間)(尺量)(尺數)
남문 남문간 척량 척수
겔40:29,(長)(五十尺)(廣)(二十)(五尺)
장 오십척 광 이십 오척
(門直)(房)(壁)(玄關)(尺量)
문직 방 벽 현관 척량
(門間)(玄關)(左右)(窓)
문간 현관 좌우 창
겔40:30,(四面)(玄關)(長)(二十)(五尺)
사면 현관 장 이십 오척
(廣)(五尺)
광 오척
겔40:31,(玄關)(向)(門)(壁)(棕櫚)(門間)(層階)
현관 향 문 벽 종려 문간 층계
겔40:32,(東便)(門間)(尺量)(尺數)
동편 문간 척량 척수
겔40:33,(長)(五十尺)(廣)(二十)(五尺)(門直)
장 오십척 광 이십 오척 문직
(房)(壁)(玄關)(尺量)(門間)(玄關)
방 벽 현관 척량 문간 현관
겔40:34,(玄關)(向)(便)(便)(門)(壁)
현관 향 편 편 문 벽
(棕櫚)(門間)(層階)
종려 문간 층계
겔40:35,(北門)(尺量)(尺數)
북문 척량 척수
겔40:36,(長)(五十尺)(廣)(二十)(五尺)
장 오십척 광 이십 오척
(門直)(房)(壁)(玄關)(左右)(窓)
문직 방 벽 현관 좌우 창
겔40:37,(門)(壁)(門)(房)(燔祭物)(房)
문 벽 문 방 번제물 방
겔40:38,(門)(玄關)(便)(床)(便)(床)(燔祭)
문 현관 편 상 편 상 번제
(贖罪祭)(贖愆祭)(犧牲)
속죄제 속건제 희생
겔40:39,(北門)(入口)(便)(床)(門)
북문 입구 편 상 문
(玄關)(便)(床)
현관 편 상
겔40:40,(門)(便)(床)(便)(床)(合)(床)
문 편 상 편 상 합 상
(犧牲)(所用)
희생 소용
겔40:41,(燔祭)(床)(各)(長)(一尺)(半)(廣)
번제 상 각 장 일척 반 광
(一尺)(半)(高)(一尺)(燔祭)(犧牲)
일척 반 고 일척 번제 희생
겔40:42,(器具)
기구
겔40:43,(玄關)(四面)상(床)(犧牲)
현관 사면 상 희생
겔40:44,(門)(房)(北門)(房)(南)(向)(南門)
문 방 북문 방 남 향 남문
(房)(北)(向)
방 북 향
겔40:45,(南向)(房)(聖殿)(守直)(祭司長)
남향 방 성전 수직 제사장
겔40:46,(北向)(房)(祭壇)(守直)(祭司長)
북향 방 제단 수직 제사장
(後孫)(中)(子孫)(隨從)(者)
후손 중 자손 수종 자
겔40:47,(尺量)(長)(一百尺)(廣)(一百尺)
척량 장 일백척 광 일백척
(祭壇)(殿)
제단 전
겔40:48,(殿門)(玄關)(門)(左右)(壁)(尺量)
전문 현관 문 좌우 벽 척량
(廣)(便)(五尺)(便)(五尺)(門)(便)
광 편 오척 편 오척 문 편
(三尺)(門)(便)(三尺)
삼척 문 편 삼척
겔40:49,(玄關)(廣)(二十尺)(長)(十)(一尺)
현관 광 이십척 장 십 일척
(門間)(層階)(門)(壁)(便)(便)
문간 층계 문 벽 편 편

以西結書-(에스겔)-第四十一章
이서결서 제사십일장

겔41:1,(聖所)(門壁)(尺量)(便)(六尺)
성소 문벽 척량 편 육척
(便)(六尺)
편 육척

겔41:2,(門)(廣)(十尺)(門)(便)(壁)(廣)
문 광 십척 문 편 벽 광
(五尺)(便)(壁)(廣)(五尺)(聖所)
오척 편 벽 광 오척 성소
(尺量)(長)(四十尺)(廣)(二十尺)
척량 장 사십척 광 이십척

겔41:3,(內殿)(門)(壁)(尺量)(二尺)(門)
내전 문 벽 척량 이척 문
(六尺)(門)(壁)(廣)(各其)(七尺)
육척 문 벽 광 각기 칠척

겔41:4,(內殿)(尺量)(長)(二十尺)(廣)
내전 척량 장 이십척 광
(二十尺)(至聖所)
이십척 지성소

겔41:5,(殿)(壁)(尺量)(六尺)(殿)(三面)
전 벽 척량 육척 전 삼면
(房)(廣)(各其)(四尺)
방 광 각기 사척

겔41:6,(房)(三層)(房)(房)(三十)(三面)
방 삼층 방 방 삼십 삼면
(房)(殿)(壁)(壁)(依支)(殿)(壁)(犯)
방 전 벽 벽 의지 전 벽 범

겔41:7,(房)(層)(殿)(房)(殿)(殿)(房)(層)
방 층 전 방 전 전 방 층
(中層)(層)
중층 층

겔41:8,(殿)(三面)(地臺)(房)(地臺)(高)
전 삼면 지대 방 지대 고
(者)(六尺)
자 육척

겔41:9,(殿)(依支)(房)(五尺)(外)
전 의지 방 오척 외

겔41:10,(殿)(房)(三面)(廣)(二十尺)
전 방 삼면 광 이십척

겔41:11,(房)(門)(向)(門)(北)(向)(門)
방 문 향 문 북 향 문
(南)(向)(廣)(五尺)
남 향 광 오척

겔41:12,(西便)(建物)(廣)(七十尺)(長)
서편 건물 광 칠십척 장
(九十尺)(四面)(壁)(五尺)
구십척 사면 벽 오척

겔41:13,(殿)(尺量)(長)(一百尺)(西便)
전 척량 장 일백척 서편
(建物)(壁)(合)(長)(一百尺)
건물 벽 합 장 일백척

겔41:14,(殿)(前面)(廣)(一百尺)(東向)(廣)
전 전면 광 일백척 동향 광

겔41:15,(建物)(尺量)(左右便)(一百)(尺)
건물 척량 좌우편 일백 척
(內殿)(外殿)(玄關)
내전 외전 현관

겔41:16,(門)(壁)(窓)(三面)(門)(便)(窓)
문 벽 창 삼면 문 편 창
(板)(窓)
판 창

겔41:17,(門)(內殿)(外殿)(四面)(壁)
문 내전 외전 사면 벽
(尺量)大小)
척량 대소

겔41:18,(板)(棕櫚)(棕櫚)(每)
판 종려 종려 매

겔41:19,(便)(棕櫚)(向)(獅子)(便)(棕櫚)
편 종려 향 사자 편 종려
(向)(殿)(四面)
향 전 사면

겔41:20,(門)(棕櫚)(聖殿)
문 종려 성전

겔41:21,(外殿)(門楔柱)(內殿)(前面)(式樣)
외전 문설주 내전 전면 식양

겔41:22,(祭壇)(高)(三尺)(長)(二尺)(面)(床)
제단 고 삼척 장 이척 면 상

겔41:23,(內殿)(外殿)(各其)(門)
내전 외전 각기 문

겔41:24,(門)(各其)(門)(門)(門)(門)
문 각기 문 문 문 문

겔41:25,(聖殿)(門)(棕櫚)(壁)(玄關)(板)
성전 문 종려 벽 현관 판

겔41:26,(玄關)(左右便)(棕櫚)(殿)(房)(板)
현관 좌우편 종려 전 방 판

以西結書-(에스겔)-第四十二章
이서결서 제사십이장

겔42:1,(北便)(房)(房)(房)(向)(北便)
북편 방 방 방 향 북편
(建物)(向)
건물 향

겔42:2,(房)(長)(一百尺)(廣)(五十尺)
방 장 일백척 광 오십척
(門)(北)(向)
문 북 향

겔42:3,(房)(三層)(房)(二十尺)(對)(房)(對)
방 삼층 방 이십척 대 방 대

겔42:4,(房)(通)(廣)(十尺)(長)(一百尺)
방 통 광 십척 장 일백척
(門)(北)(向)
문 북 향

겔42:5,(上層)(房)(第一)(因)(下層)
상층 방 제일 인 하층
(中層)(上層)
중층 상층

겔42:6,(房)(三層)(上層)(下層)(中層)
방 삼층 상층 하층 중층

겔42:7,(房)(對)(長)(五十尺)
방 대 장 오십척

겔42:8,(向)(房)(長)(五十尺)(聖殿)(向)
향 방 장 오십척 성전 향
(房)(一百尺)
방 일백척

겔42:9,(房)(東便)(通行口)(通行口)
방 동편 통행구 통행구

겔42:10,(南便)(房)(便)(南便)(建物)(便)(房)
남편 방 편 남편 건물 편 방

겔42:11,(房)(房)(貌樣)(北便)(房)(長廣)
방 방 모양 북편 방 장광
(出入口)(門)
출입구 문

겔42:12,(南便)(房)(出入)(門)(東便)
남편 방 출입 문 동편

겔42:13,(左右)(房)(北便)(南便)(房)(房)
좌우 방 북편 남편 방 방
(祭司長)(至聖物)(至聖物)(素祭)
제사장 지성물 지성물 소제
(贖罪祭)(贖愆祭)(祭物)
속죄제 속건제 제물

겔42:14,(祭司長)(衣服)(祭司長)(聖所)
제사장 의복 제사장 성소
(隨從)(衣服)(房)(百姓)
수종 의복 방 백성

겔42:15,(殿)(尺量)(後)(東向)(門)(四面)(尺量)
전 척량 후 동향 문 사면 척량

겔42:16,(尺量)(東便)(尺量)(五百尺)
척량 동편 척량 오백척

겔42:17,(北便)(尺量)(五百尺)
북편 척량 오백척

겔42:18,(南便)(尺量)(五百尺)
남편 척량 오백척

겔42:19,(西便)(尺量)(五百尺)
서편 척량 오백척

겔42:20,(四方)(尺量)(四方)(長)(廣)
사방 척량 사방 장 광
(五百尺)(俗)(區別)
오백척 속 구별

以西結書-(에스겔)-第四十三章
이서결서 제사십삼장

겔43:1,(後)(門)(東向)(門)
후 문 동향 문

겔43:2,(榮光)(東便)(音聲)(榮光)(因)
영광 동편 음성 영광 인

겔43:3,(貌樣)(異像)(前)(城邑)(滅)
모양 이상 전 성읍 멸
(異像)(河水)(異像)
이상 하수 이상

겔43:4,(榮光)(東門)(殿)
영광 동문 전

겔43:5,(聖神)(榮光)(殿)
성신 영광 전

겔43:6,(殿)
전

겔43:7,(人子)(寶座)(處所)(處所)(族屬)(永遠)
인자 보좌 처소 처소 족속 영원
(居)(族屬)(王)(淫亂)(行)(王)(屍體)
거 족속 왕 음란 행 왕 시체

겔43:8,(門地枋)(門地枋)(門楔柱)
문지방 문지방 문설주
(門楔柱)(行)(可憎)(怒)(滅)
문설주 행 가증 노 멸

겔43:9,(淫亂)(王)(屍體)(除)(永遠)(居)
음란 왕 시체 제 영원 거

겔43:10,(人子)(殿)(族屬)(自己)(罪惡)
인자 전 족속 자기 죄악
(形狀)(測量)
형상 측량

겔43:11,(萬一)(自己)(行)(殿)(制度)(式樣)
만일 자기 행 전 제도 식양
(出入)(形狀)(規例)(法度)(律例)
출입 형상 규례 법도 율례
(目前)(法度)(規例)(行)
목전 법도 규례 행

겔43:12,(殿)(法)(山)(地點)(周圍)(至極)
전 법 산 지점 주위 지극
(殿)(法)
전 법

겔43:13,(祭壇)(尺數)(者)(祭壇)(高)(一尺)
제단 척수 자 제단 고 일척
(四面)(廣)(一尺)(廣)(祭壇)
사면 광 일척 광 제단

겔43:14,(面)(層)(高)(二尺)(廣)(一尺)(層)
면 층 고 이척 광 일척 층
(面)(二層)(高)(四尺)(廣)(一尺)
면 이층 고 사척 광 일척

겔43:15,(燔祭)(層)(高)(四尺)(燔祭)
번제 층 고 사척 번제

겔43:16,(燔祭)(長)(十)(二尺)(廣)(十)(二尺)
번제 장 십 이척 광 십 이척

겔43:17,(層)(長)(十)(四尺)(廣)(十)(四尺)
층 장 십 사척 광 십 사척
(廣)(半尺)(廣)(一尺)(層階)(東)(向)
광 반척 광 일척 층계 동 향

겔43:18,(人子)(主)(祭壇)(燔祭)(規例)
인자 주 제단 번제 규례

겔43:19,(主)(隨從)(子孫)(祭司長)(祭物)
주 수종 자손 제사장 제물

겔43:20,(取)(祭壇)(層)(四面)(贖罪)(祭壇)
취 제단 층 사면 속죄 제단
(淨潔)
정결

겔43:21,(贖罪祭物)(取)(殿)(定)(處所)(聖所)
속죄제물 취 전 정 처소 성소

겔43:22,(欠)(贖罪祭物)(祭壇)(淨潔)(淨潔)
흠 속죄제물 제단 정결 정결

겔43:23,(淨潔)(後)(欠)(欠)(羊)
정결 후 흠 흠 양

겔43:24,(祭司長)(燔祭)
제사장 번제

겔43:25,(七日)(每日)(贖罪祭物)(羊)(欠)출
칠일 매일 속죄제물 양 흠

겔43:26,(七日)(祭壇)(爲)(贖罪祭)
칠일 제단 위 속죄제
(淨潔)(奉獻)
정결 봉헌

겔43:27,(後)(第)(八日)(祭司長)(祭壇)
후 제 팔일 제사장 제단
(燔祭)(感謝祭)(主)
번제 감사제 주

以西結書-(에스겔)-第四十四章
이서결서 제사십사장

겔44:1,(聖所)(東向)(門)(門)
성소 동향 문 문
겔44:2,(門
문
겔44:3,(王)(王)(門)(玄關)(飮食)
왕 왕 문 현관 음식
겔44:4,(北門)(通)(殿)(榮光)(殿)
북문 통 전 영광 전
겔44:5,(人子)(全心)(注目)(殿)(規例)(律例)
인자 전심 주목 전 규례 율례
(殿)(入口)(聖所)(出口)(全心)(注意)
전 입구 성소 출구 전심 주의
겔44:6,(悖逆)(者)(族屬)(主)(族屬)(可憎)(足)
패역 자 족속 주 족속 가증 족
겔44:7,(大抵)(割禮(異邦人)(聖所)(殿)
대저 할례 이방인 성소 전
(可憎)(外)(言約)(違反)
가증 외 언약 위반
겔44:8,(聖物)(職分)(聖所)(職分)(代身)
성물 직분 성소 직분 대신
겔44:9,(主)(族屬)(中)(異邦人)(中)(割禮)
주 족속 중 이방인 중 할례
(異邦人)(聖所)
이방인 성소
겔44:10,(族屬)(偶像)(罪惡)(擔當)
족속 우상 죄악 담당
겔44:11,(聖所)(隨從)(殿門)(殿)(隨從)
성소 수종 전문 전 수종
(百姓)(燔祭)(犧牲)(犧牲)(隨從)
백성 번제 희생 희생 수종
겔44:12,(主)(前)(百姓)(爲)(偶像)(隨從)
주 전 백성 위 우상 수종
(族屬)(罪惡)(罪惡)(擔當)
족속 죄악 죄악 담당
겔44:13,(祭司長)(職分)(行(聖物)(至聖物)
제사장 직분 행 성물 지성물
(自己)(羞辱)(行)(可憎)(擔當)
자기 수욕 행 가증 담당
겔44:14,(殿)(守直)(殿)(隨從)(行)
전 수직 전 수종 행
겔44:15,(族屬)(子孫)(祭司長)(聖所)
족속 자손 제사장 성소
(職分)(隨從)(主)
직분 수종 주
겔44:16,(聖所)(床)(隨從)(職分)
성소 상 수종 직분
겔44:17,(門)(門)(殿)(隨從)(羊)
문 문 전 수종 양
겔44:18,(冠)
관
겔44:19,(百姓)(隨從)(房)(百姓)
백성 수종 방 백성
겔44:21,(祭司長)(葡萄酒)(
제사장 포도주
겔44:22,(寡婦)(離婚)(女人)(族屬)(處女)
과부 이혼 녀인 족속 처녀
(或時)(祭司長)(寡婦)
혹시 제사장 과부
겔44:23,(百姓)(俗)(區別)(不淨)(定)(分別)
백성 속 구별 부정 정 분별
겔44:24,(訟事)(裁判)(規例)(裁判)(定)
송사 재판 규례 재판 정
(節期)(法度)(律例)(安息日)
절기 법도 율례 안식일
겔44:25,(屍體)(父母)(子女)(兄弟)(姉妹)(爲)
시체 부모 자녀 형제 자매 위
겔44:26,(者)(淨潔)(後)(七日)
자 정결 후 칠일
겔44:27,(聖所)(隨從)(聖所)(贖罪祭)(主)
성소 수종 성소 속죄제 주
겔44:28,(基業)(基業)(産業)(産業)
기업 기업 산업 산업
겔44:29,(素祭)(贖罪祭)(贖愆祭)(祭物)
소제 속죄제 속건제 제물
(中)(區別)(物件)
중 구별 물건
겔44:30,(各種)(禮物)(中)(各種)(擧祭)
각종 예물 중 각종 거제
(祭物)(祭司長)(祭司長)(福)(臨
제물 제사장 제사장 복 임
겔44:31,(六畜)(祭司長)
육축 제사장

以西結書-(에스겔)-第四十五章
이서결서 제사십오장

겔45:1,(基業)(區域)(禮物)(長)(二萬)
기업 구역 예물 장 이만
(五千尺)(廣)(一萬尺)(區域)(全部)
오천척 광 일만척 구역 전부
겔45:2,(中)(聖所)(屬)(長)(五百尺)(廣)
중 성소 속 장 오백척 광
(五百尺)(外)(四面)(五十尺)
오백척 외 사면 오십척
겔45:3,(尺量)(中)(長)(二萬)(五千尺)(廣)
척량 중 장 이만 오천척 광
(一萬)(尺)(尺量)(聖所)(至極)
일만 척 척량 성소 지극
겔45:4,(區域)(聖所)(隨從)(祭司長)(爲)
구역 성소 수종 제사장 위
(聖所)(爲)
성소 위
겔45:5,(長)(二萬)(五千尺)(廣)(一萬尺)
장 이만 오천척 광 일만척
(尺量)(殿)(隨從)(産業)(村)(二十)
척량 전 수종 산업 촌 이십
겔45:6,(區別)(區域)(廣)(五千尺)(長)(二萬)
구별 구역 광 오천척 장 이만
(五千尺)(尺量)(城邑)(基地)(族屬)
오천척 척량 성읍 기지 족속
겔45:7,(區域)(城邑)(基地)(左右便)(區域)
구역 성읍 기지 좌우편 구역

(城邑)(基地)(王)(西便)(向)(西便)
성읍 기지 왕 서편 향 서편

(國境)(東便)(向)(東便)(國境)(長)
국경 동편 향 동편 국경 장

(區域)
구역

겔45:8,(王)(中)(基業)(王)(百姓)(壓制)
왕 중 기업 왕 백성 압제

(族屬)(支派)
족속 지파

겔45:9,(主)(治理者)(足)(强暴)(劫奪)(除)
주 치리자 족 강포 겁탈 제

(公平)(公義)(行)(百姓)(討索)(主)
공평 공의 행 백성 토색 주

겔45:10,(公平)(公平)(公平)
공평 공평 공평

겔45:11,(容量)(同一)(容量)(十分之)(十分之)
용량 동일 용량 십분지 십분지

겔45:12,(二十)(二十)(二十)(五)(十五)
이십 이십 이십 오 십오

겔45:13,(禮物(六分之)(一)(六分之)(一)
예물 육분지 일 육분지 일

겔45:14,(定)(規例)(十分之)(一)(十)(十)
정 규례 십분지 일 십 십

겔45:15,(潤澤)(草場)(二百)(羊)(百姓)(贖罪)
윤택 초장 이백 양 백성 속죄

(爲)(素祭)(燔祭)(感謝祭物)(主)
위 소제 번제 감사제물 주

겔45:16,(百姓)(禮物)(王)
백성 예물 왕

겔45:17,(王)(本分)(燔祭)(素祭)(奠祭)(節期)
왕 본분 번제 소제 전제 절기

(月朔)(安息日)(族屬)(定)(節期)
월삭 안식일 족속 정 절기

(族屬)(贖罪)(爲)(贖罪祭)(素祭)
족속 속죄 위 속죄제 소제

(燔祭)(感謝祭物)
번제 감사제물

겔45:18,(正月)(初)(欠)(取)(聖所)(淨潔
정월 초 흠 취 성소 정결

겔45:19,(祭司長)(贖罪祭)(犧牲)(取)(殿)
제사장 속죄제 희생 취 전

(門楔柱)(祭壇)(層)(門楔柱)
문설주 제단 층 문설주

겔45:20,(七日)(犯罪)(者)(不知中)(犯罪)
칠일 범죄 자 부지중 범죄

(者)(爲)(亦是)(殿)(贖罪)
자 위 역시 전 속죄

겔45:21,(正月)(十)(四日)(逾越節)
정월 십 사일 유월절

(七日)(節期)
칠일 절기

겔45:22,(王)(自己)(百姓)(爲)(贖罪祭)
왕 자기 백성 위 속죄제

겔45:23,(節期)(七日)(爲)(燔祭)(七日)
절기 칠일 위 번제 칠일

(每日)(欠(羊)(每日)(贖罪祭)
매일 흠 양 매일 속죄제

겔45:24,(素祭)(羊)
소제 양

겔45:25,(七月)(十)(五日)(節期)(七日)
칠월 십 오일 절기 칠일

(行)(贖罪祭)(燔祭)
행 속죄제 번제

以西結書-(에스겔)-第四十六章
이서결서 제사십륙장

겔46:1,(主)(東向)(門)(六日)(安息日)(月朔)
주 동향 문 육일 안식일 월삭

겔46:2,(王)(門)(玄關)(通)(門)(壁)(祭司長)
왕 문 현관 통 문 벽 제사장

(爲)(燔祭)(感謝)(王)(門)(敬拜)
위 번제 감사 왕 문 경배

(後)(門)
후 문

겔46:3,(百姓)(安息日)(月朔)(門)(敬拜)
백성 안식일 월삭 문 경배

겔46:4,(安息日)(王)(燔祭)(欠)(羊)(欠)(羊)
안식일 왕 번제 흠 양 흠 양

겔46:5,(素祭)(羊)(羊)
소제 양 양

겔46:6,(月朔)(欠(羊)(羊)(欠)
월삭 흠 양 양 흠

겔46:7,(素祭)(羊)(羊)
소제 양 양

겔46:8,(王)(門)(玄關)(通)
왕 문 현관 통

겔46:9,(定)(節期)(居民)(北門)(敬拜)(者)
정 절기 거민 북문 경배 자

(南門)(南門)(者)(北門)(門)(向)
남문 남문 자 북문 문 향

겔46:10,(王)
왕

겔46:11,(節期)(聖會)(素祭)羊)(羊)
절기 성회 소제 양 양

겔46:12,(萬一)(王)(自願)(燔祭)(或)(自願)
만일 왕 자원 번제 혹 자원

(感謝祭)(爲)(東向)(門)(燔祭)
감사제 위 동향 문 번제

(感謝祭)(安息日)(後)(門)
감사제 안식일 후 문

겔46:13,(一年)(欠)(羊)(燔祭)
일년 흠 양 번제

겔46:14,(素祭)(六分之)(一)(三分之)
소제 육분지 일 삼분지

(永遠)(規例)(恒常)(素祭)
영원 규례 항상 소제

겔46:15,(羊)(恒常)(燔祭)
양 항상 번제

겔46:16,(主)(王)(萬一)(膳物)(基業)(子孫)
주 왕 만일 선물 기업 자손

(屬)(基業)
속 기업

겔46:17,(王)(萬一)(基業)(膳物)(屬)(禧年)
왕 만일 기업 선물 속 희년

(後)(王)(王)(基業)
후 왕 왕 기업

겔46:18,(王)(百姓)(基業)(取)(産業)(王)
왕 백성 기업 취 산업 왕

(自己)(基業)(自己)(産業)(百姓)
자기 기업 자기 산업 백성

(各各)(産業)
각각 산업

겔46:19,(後)(門)(通行口)(祭司長)(北向)
후 문 통행구 제사장 북향

(房(西便)(處所)
방 서편 처소

겔46:20,(祭司長)(贖愆祭)(贖罪祭)(犧牲)
제사장 속건제 속죄제 희생

(素祭)(祭物)(處所)(聖物)(百姓(
소제 제물 처소 성물 백성

겔46:21,(每)
매

겔46:22,(長)(四十尺)(廣)(三十尺)(尺數)
장 사십척 광 삼십척 척수

겔46:23,(四面)(四面)(器具)(設備)
사면 사면 기구 설비

겔46:24,(殿)(隨從)(者)(百姓)(祭物)
전 수종 자 백성 제물

以西結書-(에스겔)-第四十七章
이서결서 제사십칠장

겔47:1,(殿門)(殿)(前面)(東)(向)(門地枋)
전문 전 전면 동 향 문지방

(東)(殿)(右便)(祭壇)(南便)
동 전 우편 제단 남편

겔47:2,(北門)(東向)(門)(右便)
북문 동향 문 우편

겔47:3,(東)(一千尺)(尺量)(後)
동 일천척 척량 후

겔47:4,(一千尺)(尺量)(一千尺)(尺量)
일천척 척량 일천척 척량

겔47:5,(一千尺)(尺量)(江)(漲溢)(能)(江)
일천척 척량 강 창일 능 강

겔47:6,(人子)(引導)(江)
인자 인도 강

겔47:7,(江)(左右便)(甚)
강 좌우편 심

겔47:8,(東方)(向)(蘇醒)
동방 향 소성

겔47:9,(江)(蕃盛)(生物(甚)(蘇醒)(江)(各處)
강 번성 생물 심 소성 강 각처

겔47:10,(江)(漁夫)(各其)(種類)(甚)
강 어부 각기 종류 심

겔47:11,(蘇醒)
소성

겔47:12,(江)(左右)(各種)(實果)(實果)
강 좌우 각종 실과 실과

(實果)(聖所)(實果(材料)
실과 성소 실과 재료

겔47:13,(主)(地界)(十二)(支派)(基業)(分)
주 지계 십이 지파 기업 분

겔47:14,(盟誓)(列祖)(彼此)(基業)(基業)
맹서 열조 피차 기업 기업

겔47:15,(地界)(北方)大海)
지계 북방 대해

겔47:16,(地界)(地界)(地界)
지계 지계 지계

겔47:17,(地界)(地界)(地界)(極北方)
지계 지계 지계 극북방

(地界)(北方)
지계 북방

겔47:18,(東方(江)(北便)(地界)(東海)
동방 강 북편 지계 동해

(尺量)(東方)
척량 동방

겔47:19,(南方)大海)(南方)
남방 대해 남방

겔47:20,(西方)大海)(南便)(地界)(便(西方)
서방 대해 남편 지계 편 서방

겔47:21,(支派)
지파

겔47:22,(寓居)(外人)(子女)(者)(基業)(外人)
우거 외인 자녀 자 기업 외인

(本土)(族屬)(支派)(中)(基業)
본토 족속 지파 중 기업

겔47:23,(外人)(寓居)(支派)(基業)(主)
외인 우거 지파 기업 주

以西結書-(에스겔)-第四十八章
이서결서 제사십팔장

겔48:1,(支派)(極北)(地界)(北)(地界)
지파 극북 지계 북 지계

(東便)(西便)(分)
동편 서편 분

겔48:2,(地界)(東便)(西便(分)
지계 동편 서편 분

겔48:3,(地界)(東便)(西便)(分)
지계 동편 서편 분

겔48:4,(地界)(東便)(西便)(分)
지계 동편 서편 분

겔48:5,(地界)(東便)(西便)(分)
지계 동편 서편 분

겔48:6,(地界)(東便)(西便)(分)
지계 동편 서편 분

겔48:7,(地界)(東便)(西便)(分)
지계 동편 서편 분

겔48:8,(地界)(東便)(西便)(禮物)(廣)
지계 동편 서편 예물 광

(二萬)(五千尺)(長)(分)(東便)
이만 오천척 장 분 동편

(西便)(聖所)(中央)
서편 성소 중앙

겔48:9,(禮物)(長)(二萬)(五千尺)
예물 장 이만 오천척

(廣)(一萬尺)
광 일만척

겔48:10,(祭司長)(北便)(長)(二萬)(五千尺)
제사장 북편 장 이만 오천척

(西便)(廣)(一萬尺)(東便)(廣)
서편 광 일만척 동편 광
(一萬尺)(南便)(長)(二萬)(五千尺)
일만척 남편 장 이만 오천척
(中央)(聖所)
중앙 성소
겔48:11,(子孫)(中)(區別)(祭司長)
자손 중 구별 제사장
(職分)(族屬)
직분 족속
겔48:12,(中)(禮物)(地界)(連接)(至極)
중 예물 지계 연접 지극
겔48:13,(祭司長)(地界)(分)(長)(二萬)
제사장 지계 분 장 이만
(五千)(尺)(廣)(一萬尺)(區域)(長)
오천 척 광 일만척 구역 장
(二萬)(五千尺)(廣)(各其)(一萬)(尺)
이만 오천척 광 각기 일만 척
겔48:14,(區別)
구별
겔48:15,(二萬)(五千尺)(廣)(五千尺)
이만 오천척 광 오천척
(俗)(城邑)(居)(城)(中央)
속 성읍 거 성 중앙
겔48:16,(尺數)(北便)(四千)(五百尺)
척수 북편 사천 오백척
(南便)(四千)(五百尺)(東便)(四千)
남편 사천 오백척 동편 사천
(五百尺)(西便)(四千)(五百尺)
오백척 서편 사천 오백척
겔48:17,(城)(北)(二百)(五十尺)(南)(二百)
성 북 이백 오십척 남 이백
(五十尺)(東)(二百)(五十尺)(西)
오십척 동 이백 오십척 서
(二百)(五十尺)
이백 오십척
겔48:18,(禮物)(區別)(連接)(長)(東)(一萬尺)
예물 구별 연접 장 동 일만척
(西)(一萬尺)(禮物)(區別)(連接)
서 일만척 예물 구별 연접
(所産)(城邑)(役事)(者)(糧食)
소산 성읍 역사 자 량식
겔48:19,(支派)(中)(城邑)(役事)(者)(起耕)
지파 중 성읍 역사 자 기경
겔48:20,(禮物)(都合)(長)(二萬)(五千尺)
예물 도합 장 이만 오천척
(廣)(二萬)(五千尺)(區別)(城邑)
광 이만 오천척 구별 성읍
(基地)(合)
기지 합

겔48:21,(區別)(城邑)(基地)(左右便)(王)
구별 성읍 기지 좌우편 왕
(區別)(東向)(地界)(二萬)(五千尺)
구별 동향 지계 이만 오천척
(西向)(地界)(二萬)(五千尺)(分)
서향 지계 이만 오천척 분
(連接)(王)(區別)(殿)(聖所)(中間)
연접 왕 구별 전 성소 중간
겔48:22,(王)(屬)(基業)(左右便)(城邑)
왕 속 기업 좌우편 성읍
(基地)(左右便)(地境)(地境)
기지 좌우편 지경 지경
겔48:23,(支派)(東便)(西便)(分)
지파 동편 서편 분
겔48:24,(地界)(東便)(西便)(分)
지계 동편 서편 분
겔48:25,(地界)(東便)(西便)(分)
지계 동편 서편 분
겔48:26,(地界)(東便)(西便)(分)
지계 동편 서편 분
겔48:27,(地界)(東便)(西便)(分)
지계 동편 서편 분
겔48:28,(地界)(南便)(地界)(大海)
지계 남편 지계 대해
겔48:29,(支派)(基業)(分)(主)
지파 기업 분 주
겔48:30,(城邑)출(出入口)(北便)(廣)
성읍 출입구 북편 광
(四千)(五百尺)
사천 오백척
겔48:31,(城邑)(門)(支派)(北)(門)(門)(門)(門)
성읍 문 지파 북 문 문 문 문
겔48:32,(東便)(廣)(四千)(五百尺)(門)(門)
동편 광 사천 오백척 문 문
(門)(門)
문 문
겔48:33,(南便)(廣)(四千)(五百尺)(門)
남편 광 사천 오백척 문
(門)(門)(門)
문 문 문
겔48:34,(西便)(四千)(五百尺)(門)(門)(門)(門)
서편 사천 오백척 문 문 문 문
겔48:35,(四面)(都合)(一萬)(八千尺)(後)
사면 도합 일만 팔천척 후
(城邑)
성읍

但以理書-(다니엘)-第一章
단이리서 제일장

단1:1,(王)(位)(三年)(王)
왕 위 삼년 왕

단1:2,(主)(王)(殿)(器具)(自己)(神)(廟)
주 왕 전 기구 자기 신 묘
(神)(寶庫)
신 보고

단1:3,(王)(宦官長)(命)(子孫)(中)(王族)
왕 환관장 명 자손 중 왕족
(貴族)
귀족

단1:4,(欠)(才操)(通達)(知識)(具備)(學問)
흠 재조 통달 지식 구비 학문
(王宮)(少年)(學問)(方言)
왕궁 소년 학문 방언

단1:5,(王)(指定)(自己)(珍味)(自己)
왕 지정 자기 진미 자기
(葡萄酒)(三年)(後)(王)
포도주 삼년 후 왕

단1:6,(中)(子孫)
중 자손

단1:7,(宦官長)
환관장

단1:8,(定)(王)(珍味)(葡萄酒)(自己)
정 왕 진미 포도주 자기
(自己)(宦官長)(求)
자기 환관장 구

단1:9,(宦官長)(恩惠)(矜恤)
환관장 은혜 긍휼

단1:10,(宦官長)(主)(王)(指定)(焦悴)
환관장 주 왕 지정 초췌
(少年)(王)(危殆)
소년 왕 위태

단1:11,(宦官長)(監督)(者)
환관장 감독 자

단1:12,(請)(當身)(試驗)(菜食)(後)
청 당신 시험 채식 후

단1:13,(當身)(王)(珍味)(少年)(比較)(處分)
당신 왕 진미 소년 비교 처분

단1:14,(試驗)
시험

단1:15,(後)(潤澤)(王)(珍味)(少年)
후 윤택 왕 진미 소년

단1:16,(監督)(者)(分定)(珍味)(葡萄酒)
감독 자 분정 진미 포도주
(除)(菜食)
제 채식

단1:17,(少年)(知識)(學問)(才操)(明哲)
소년 지식 학문 재조 명철
(外)(異像)(夢兆)
외 이상 몽조

단1:18,(王)(命)(期限)(宦官長)
왕 명 기한 환관장

단1:19,(王)(中)(者)(王)
왕 중 자 왕

단1:20,(王)(中)(智慧)(聰明)(術客)(十倍)
왕 중 지혜 총명 술객 십배

단1:21,(王)(元年)
왕 원년

但以理書-(다니엘)-第二章
단이리서 제이장

단2:1,(位)(二年)(因)(煩悶)
위 이년 인 번민

단2:2,(王)(自己)(告)(命)(術客)(占匠)
왕 자기 고 명 술객 점장
(術士)(王)
술사 왕

단2:3,(王)(煩悶)
왕 번민

단2:4,(術士)(方言)(王)(王)(萬歲壽)(王)
술사 방언 왕 왕 만세수 왕
(解釋)
해석

단2:5,(王)(術士)(對答)(命令)(萬一)(解釋)
왕 술사 대답 명령 만일 해석

단2:6,(萬一)(解釋)(膳物)(賞)(榮光)(解釋)
만일 해석 선물 상 영광 해석

단2:7,(對答)(請)(王)(解釋)
대답 청 왕 해석

단2:8,(王)(對答)(分明)(命令)(時間)(遷延)
왕 대답 분명 명령 시간 천연

단2:9,(萬一)(處置)(法)(妄靈)(變)(解釋)
만일 처치 법 망령 변 해석

단2:10,(術士)(王)(對答)(世上)(王)(者)
술사 왕 대답 세상 왕 자
(權力)(王)(術客)(術士)(者)(絶對)
권력 왕 술객 술사 자 절대

단2:11,(王)(稀罕)(肉體)(居)(神)(外)(王)(者)
왕 희한 육체 거 신 외 왕 자

단2:12,(王)(因)(震怒)(痛忿)(博士)(滅)(命)
왕 인 진노 통분 박사 멸 명

단2:13,(王)(命令)(博士)
왕 명령 박사

단2:14,(王)(侍衛隊)(長官)(博士)(明哲)
왕 시위대 장관 박사 명철

단2:15,(王)(長官)(王)(命令)(急)(告)
왕 장관 왕 명령 급 고

단2:16,(王)(求)(期限)(王)(解釋)
왕 구 기한 왕 해석

단2:17,(自己)(告)
자기 고

단2:18,(隱密)(對)(矜恤)(自己)(博士)(當)(求)
은밀 대 긍휼 자기 박사 당 구

단2:19,(隱密)(異像)(讚頌)
은밀 이상 찬송

단2:20,(永遠)(無窮)(讚頌)(智慧)(權能)
영원 무궁 찬송 지혜 권능

단2:21,(期限)(變)(王)(廢)(王)(智慧者)
기한 변 왕 폐 왕 지혜자
(智慧)(知識者)(聰明)
지혜 지식자 총명

단2:22,(隱密)

은밀

단2:23,(列祖)(主)(智慧)(能力)(主)(求)(主)

열조 주 지혜 능력 주 구 주

(感謝)(主)(讚揚)(主)(王)

감사 주 찬양 주 왕

단2:24,(王)(博士)(滅)(命)(博士)(滅)(王)

왕 박사 멸 명 박사 멸 왕

(引導)(解釋)(王)

인도 해석 왕

단2:25,(急)(王)(告)(子孫)(中)(解釋)(王)(

급 왕 고 자손 중 해석 왕

단2:26,(王)(對答)(解釋)(能)

왕 대답 해석 능

단2:27,(王)(對答)(王)(隱密)(博士)(術客)

왕 대답 왕 은밀 박사 술객

(占匠)(能)(王)

점장 능 왕

단2:28,(隱密)(者)(王)(後日)(王)(王)

은밀 자 왕 후일 왕 왕

(寢床)(腦)(異像)

침상 뇌 이상

단2:29,(王)(王)(寢床)(將來)(隱密)(將來)(王)

왕 왕 침상 장래 은밀 장래 왕

단2:30,(隱密)(智慧)(人生)(解釋)(王)(王)(王)

은밀 지혜 인생 해석 왕 왕 왕

단2:31,(王)(王)(神像)(神像)(王)(光彩)

왕 왕 신상 신상 왕 광채

(特甚)(貌樣)(甚)

특심 모양 심

단2:32,(偶像)(精金)(銀)

우상 정금 은

단2:33,(鐵)(鐵)

철 철

단2:34,(王)(神像)(鐵)

왕 신상 철

단2:35,(鐵)(銀)(金)(打作)(偶像)(泰山)(世界)

철 은 금 타작 우상 태산 세계

단2:36,(解釋)(王)(陳述)

해석 왕 진술

단2:37,(王)(王)(列王)(王)(權勢)(能力)

왕 왕 열왕 왕 권세 능력

(榮光)(王)

영광 왕

단2:38,(人生)(空中)(無論)(王)(王)(金)

인생 공중 무론 왕 왕 금

단2:39,(王)(後)(王)(世界)

왕 후 왕 세계

단2:40,(强)(鐵)(鐵)(物件)(鐵)

강 철 철 물건 철

단2:41,(王)(土器匠)(鐵)(王)(鐵)(鐵)

왕 토기장 철 왕 철 철

단2:42,(鐵)

철

단2:43,(王)(鐵)(人種)(彼此)(合)(鐵)(合)

왕 철 인종 피차 합 철 합

단2:44,(列王)(永遠)(亡)(國權)(百姓)

열왕 영원 망 국권 백성

(滅)(永遠)

멸 영원

단2:45,(王)(山)(鐵)(銀)(金)(將來)(王)

왕 산 철 은 금 장래 왕

(解釋)(確實)

해석 확실

단2:46,(王)(命)(禮物)(香品)

왕 명 예물 향품

단2:47,(王)(對答)(神)(神)(王)(主宰)

왕 대답 신 신 왕 주재

(能)(隱密)(隱密)(者)

능 은밀 은밀 자

단2:48,(王)(貴)(膳物)(博士)

왕 귀 선물 박사

단2:49,(王)(請求)(道)(王宮)

왕 청구 도 왕궁

但以理書-(다니엘)-第三章

단이리서 제삼장

단3:1,(王)(金)(神像)(高)(六十)(廣)(道)(平地)

왕 금 신상 고 육십 광 도 평지

단3:2,(王)(方伯)(守令)(道伯)(裁判官)

왕 방백 수령 도백 재판관

(財務官)(謀士)(法律士)(各)(道)(官員)

재무관 모사 법률사 각 도 관원

(自己) (王)(神像)(落成)(禮式)(參集)

자기 왕 신상 락성 예식 참집

단3:3,(方伯)(守令)(道伯)(裁判官)(財務官)

방백 수령 도백 재판관 재무관

(謀士)(法律士)(各)(道)(官員)(王)

모사 법률사 각 도 관원 왕

(神像)(落成)(禮式)(參集)(神像)

신상 락성 예식 참집 신상

단3:4,(頒布)(者)(百姓)(各)(方言)(者)(王)(命)

반포 자 백성 각 방언 자 왕 명

단3:5,(竪琴)(三絃琴)(洋琴)(笙簧)(樂器)

수금 삼현금 양금 생황 악기

(王)(金神像)

왕 금신상

단3:6,(者)(卽時)(劇烈)

자 즉시 극렬

단3:7,(百姓)(各)(方言)(者)(竪琴)(三絃琴)

백성 각 방언 자 수금 삼현금

(洋琴)(樂器)(王)(金神像)

양금 악기 왕 금신상

단3:8,(讒訴)

참소

단3:9,(王)(告)(王)(萬歲壽)

왕 고 왕 만세수

단3:10,(王)(王)(命令)(竪琴)(三絃琴)

왕 왕 명령 수금 삼현금

(洋琴)(笙簧)(樂器)(金神像)

양금 생황 악기 금신상

단3:11,(者)(劇烈)(當)

자 극렬 당

단3:12,(王)(道)(者)(王)(王)(王)(神)(王)

왕 도 자 왕 왕 왕 신 왕

(金神像)
금신상

단3:13,(王)(怒)(忿)(命)(王)
왕 노 분 명 왕

단3:14살),,(神)(神像
신 신상

단3:15,(豫備)(竪琴)(三絃琴)(洋琴)(笙簧)
예비 수금 삼현금 양금 생황
(樂器)(神像)(萬一)(即時)(劇烈)
악기 신상 만일 즉시 극렬
(能)(神)(神)
능 신 신

단3:16,(王)對答)(對)(王)對答)(必要)
왕 대답 대 왕 대답 필요

단3:17,(萬一)(王)(劇烈)(能)(王)
만일 왕 극렬 능 왕

단3:18,(王)(王)(神)(王)(金神像
왕 왕 신 왕 금신상

단3:19,(憤)(向)(變)(命)(平日)(七倍)
분 향 변 명 평일 칠배

단3:20,(軍隊)(中)(勇士)(命)(結縛)(劇烈)
군대 중 용사 명 결박 극렬

단3:21,(拷衣)(別)(結縛)(劇烈)
고의 별 결박 극렬

단3:22,(王)(命令)(嚴)(甚)
왕 명령 엄 심

단3:23,(結縛)(劇烈)
결박 극렬

단3:24,(王)(急)(謀士)(結縛)(者)(王)
왕 급 모사 결박 자 왕
(對答)(王)
대답 왕

단3:25,(王)(結縛)(傷)(貌樣)(神)
왕 결박 상 모양 신

단3:26,(劇烈)(至極)
극렬 지극

단3:27,(方伯)(守令)(道伯)(王)(謀士)
방백 수령 도백 왕 모사
(能)(害)(拷衣)(變)
능 해 고의 변

단3:28,(讚頌)(使者)(自己)(依賴)(王)
찬송 사자 자기 의뢰 왕
(命)(拒逆)(神)(救援)
명 거역 신 구원

단3:29,(詔書)(各)(百姓)(各)(各)(方言)
조서 각 백성 각 각 방언
(者)(褻慢)(救援)(神)
자 설만 구원 신

단3:30,(王)(道)
왕 도

但以理書-(다니엘)-第四章
단이리서 제사장

단4:1,(王)(天下)(居)(百姓)(各)(方言)(者)
왕 천하 거 백성 각 방언 자
(詔書)(願)(平康)
조서 원 평강

단4:2,(至極)(行)(異蹟)(奇事)
지극 행 이적 기사

단4:3,(異蹟)(能)(奇事)(永遠)(權柄)(代代)
이적 능 기사 영원 권병 대대

단4:4나살)(宮)(平康)
궁 평강

단4:5,(因)(寢床)(腦)(異像)(因)(煩悶)
인 침상 뇌 이상 인 번민

단4:6,(命)(博士)(解釋)
명 박사 해석

단4:7,(術客)(術士)(占匠)(告)(解釋)
술객 술사 점장 고 해석

단4:8,(後)(神)(者)(神)(靈)(者)(告)
후 신 자 신 영 자 고

단4:9,(長)(神)(靈)(隱密)(異像)(解釋)(告)
장 신 영 은밀 이상 해석 고

단4:10,(寢床)(腦)(異像)(中)(高)
침상 뇌 이상 중 고

단4:11,(堅固)
견고

단4:12,(萬民)(食物)(空中)(血氣)(者)(食物)
만민 식물 공중 혈기 자 식물

단4:13,(寢床)(腦)(異像)(巡察者)(者)
침상 뇌 이상 순찰자 자

단4:15,(鐵)(青草)(分量)
철 청초 분량

단4:16,(變)(人生)
변 인생

단4:17,(巡察者)(命令)(者)(人生)(至極)
순찰자 명령 자 인생 지극
(者)(人間)(自己)(至極)(賤)(者)
자 인간 자기 지극 천 자

단4:18,(王)(解釋)(博士)(能)(解釋)(能)
왕 해석 박사 능 해석 능
(神)(靈)
신 영

단4:19,(煩悶)(王)(解釋)(因)(煩悶)對答)
번민 왕 해석 인 번민 대답
(主)(王)(者)(應)(願)(解釋)(王)
주 왕 자 응 원 해석 왕
(對敵)(應)(願)
대적 응 원

단4:20,(王)(堅固)(
왕 견고

단4:21,(萬民)(食物)(居)(空中)
민민 식물 거 공중

단4:22,(王)(土)(土)(堅固)(昌大)(權勢)
왕 왕 왕 견고 창대 권세

단4:23,(王)(巡察者)(者)(滅)(鐵)(青草)(分量)
왕 순찰자 자 멸 철 청초 분량

단4:24,(王)(解釋)(至極)(者)(命定)(主)(王)
왕 해석 지극 자 명정 주 왕

단4:25,(王)(居)(至極)(者)(人間)(自己)
왕 거 지극 자 인간 자기

단4:26,(王)(後)(王)(堅固)
왕 후 왕 견고

단4:27,(王)(諫)(公義)(行)(罪)(贖)(者)
왕 간 공의 행 죄 속 자

(矜恤)(罪惡)(贖)(王)(平安)
긍휼 죄악 속 왕 평안

(或時)(長久)
혹시 장구

단4:28,(王)(臨)
왕 임

단4:29,(後)(宮)
후 궁

단4:30,(王)(能力)(權勢)(建設)(都城)
왕 능력 권세 건설 도성

(威嚴)(榮光)
위엄 영광

단4:31,(王)(王)
왕 왕

단4:32,(居)(至極)(者)(人間)(自己)
거 지극 자 인간 자기

단4:33,(同時)(應(고
동시 응

단4:34,(期限)(聰明)(至極)(者)(感謝)
기한 총명 지극 자 감사

(永生)(者)(讚揚)(尊敬)(權勢)
영생 자 찬양 존경 권세

(永遠)(權勢)(代代)
영원 권세 대대

단4:35,(居民)(軍士)(居民)(自己)(行)
거민 군사 거민 자기 행

(禁)(或時)(者)
금 혹시 자

단4:36,(同時)(聰明)(榮光)(對)(威嚴)(光明)
동시 총명 영광 대 위엄 광명

(謀士)(官員)(朝會)(至極)(威勢)
모사 관원 조회 지극 위세

단4:37,(只今)(王)(讚揚)(稱頌)(尊敬)
지금 왕 찬양 칭송 존경

(眞實)(行)(義)(驕慢)(行)(者)(能)
진실 행 의 교만 행 자 능

但以理書-(다니엘)-第五章
단이리서 제오장

단5:1,(王)(貴人)(一千名)(爲)(俳設)(一千名)
왕 귀인 일천명 위 배설 일천명

단5:2,(命)(父親)(殿)(取)(金)(銀)(器皿)
명 부친 전 취 금 은 기명

(王)(貴人)(王后)(嬪宮)
왕 귀인 왕후 빈궁

단5:3,(殿)(聖所)(中)(取)(金)(器皿)(王)
전 성소 중 취 금 기명 왕

(貴人)(王后)(嬪宮)
귀인 왕후 빈궁

단5:4,(金)(銀)(銅)(鐵)(木)(石)(神)(讚揚)
금 은 동 철 목 석 신 찬양

단5:5,(王宮)(臺)(便)(粉壁)(字)(王)(字)
왕궁 대 편 분벽 자 왕 자

단5:6,(王)(變)(煩悶)
왕 변 번민

단5:7,(王)(術客)(術士)(占匠)(博士)
왕 술객 술사 점장 박사

(無論)(字)(解釋)(紫朱)(金)(治理者)
무론 자 해석 자주 금 치리자

단5:8,(王)(博士)(能)(字)(解釋)(王
왕 박사 능 자 해석 왕

단5:9,(王)(煩悶)(變)(貴人)
왕 번민 변 귀인

단5:10,(太后)(王)(貴人)(因)(宮)(王)
태후 왕 귀인 인 궁 왕

(萬歲壽(王)(煩悶)
만세수 왕 번민

단5:11,(王)(神)(靈)(王)(父親)(者)(明哲)
왕 신 영 왕 부친 자 명철

(聰明)(智慧)(神)(智慧)(者)(王)
총명 지혜 신 지혜 자 왕

(父親)(王)(術客)(術士)(占匠)
부친 왕 술객 술사 점장

단5:12,(王)(敏捷)(知識)(聰明)(能)(解釋)
왕 민첩 지식 총명 능 해석

(隱密)(疑問)(破)(解釋)
은밀 의문 파 해석

단5:13,(王)(王)(父王(子孫)(中)
왕 왕 부왕 자손 중

단5:14,(對)(神)(靈)(明哲)(聰明)(非常)(智慧)
대 신 영 명철 총명 비상 지혜

단5:15,(只今)(博士)(術客)(解釋)(能)(解釋)
지금 박사 술객 해석 능 해석

단5:16,(對)(解釋)(疑問)(破)(解釋)(紫朱)
대 해석 의문 파 해석 자주

(金)(治理者)
금 치리자

단5:17,(王)對答)(王)(禮物)(王)(取)(王)
왕 대답 왕 예물 왕 취 왕

(賞給)(王)(爲)(解釋)
상급 왕 위 해석

단5:18,(王)(至極)(王)(父親)(權勢)
왕 지극 왕 부친 권세

(榮光)(威嚴)
영광 위엄

단5:19,(權勢)(百姓)(各)(方言)(者)(任意)
권세 백성 각 방언 자 임의

(任意(任意)(任意)
임의 임의 임의

단5:20,(剛愎)(驕慢)(行)(王位)(廢)(榮光)
강퍅 교만 행 왕위 폐 영광

단5:21,(人生)(中)(居)(至極)(人間)(自己)
인생 중 거 지극 인간 자기

단5:22,(王)
왕

단5:23,(主宰)(拒逆)(殿)(器皿)(王)(王)(貴人)
주재 거역 전 기명 왕 왕 귀인

(王后)(嬪宮)(王)(金)(銀)(銅)(鐵)(木)
왕후 빈궁 왕 금 은 동 철 목

(石)(神像)(讚揚)(王)(呼吸)(主掌)(王)
석 신상 찬양 왕 호흡 주장 왕

(作定)(榮光)
작정 영광

단5:24,(記錄)
기록

단5:25,(記錄)(字)
기록 자
단5:26,(解釋)(王)(時代)
해석 왕 시대
단5:27,(王)(不足)
왕 부족
단5:28,(王)
왕
단5:29,(命)(紫朱)(金)(爲)(詔書)(治理者)
명 자주 금 위 조서 치리자
단5:30,(王)(當)
왕 당
단5:31,(六十二歲)
육십이세

但以理書-(다니엘)-第六章
단이리서 제륙장

단6:1,(自己)(心願)(方伯)(一百)(二十)(名)
자기 심원 방백 일백 이십 명
(全國)(統治)
전국 통치
단6:2,(總理)(中)(方伯)(總理)(自己)(職務)
총리 중 방백 총리 자기 직무
(報告)(王)(損害)
보고 왕 손해
단6:3,(敏捷)(總理)(方伯)(王)(全國)
민첩 총리 방백 왕 전국
단6:4,(總理)(方伯)(國事)(對)(告訴)(能)
총리 방백 국사 대 고소 능
(忠誠)
충성
단6:5,(律法)(對)(告訴)
률법 대 고소
단6:6,(總理)(方伯)(王)(王)(萬歲壽
총리 방백 왕 왕 만세수
단6:7,(總理)(守令)(方伯)(謀士)(官員)(議論)
총리 수령 방백 모사 관원 의논
(王)(律法)(禁令)(定)(求)(王)(三十)
왕 률법 금령 정 구 왕 삼십
(日)(王)(外)(神)(求)(獅子窟)
일 왕 외 신 구 사자굴
단6:8,(願)(禁令)(詔書)(御印)(變改)(規例)
원 금령 조서 어인 변개 규례
단6:9,(王)(詔書)(御印)(禁令)
왕 조서 어인 금령
단6:10,(詔書)(御印)(自己)(房)(向)(窓)(前)
조서 어인 자기 방 향 창 전
(行)(番)(祈禱)(感謝)
행 번 기도 감사
단6:11,(自己)(祈禱)(懇求)(發見)
자기 기도 간구 발견
단6:12,(王)(禁令)(對)(王(王)(王)(禁令)(御印)
왕 금령 대 왕왕 왕 금령 어인
(三十日)(王)(外)(神)(求)(獅子窟)
삼십일 왕 외 신 구 사자굴
(王)(對答)(的實)(變改)(規例)
왕 대답 적실 변개 규례
단6:13,(王)(對答)(王)(子孫)(中)(王)(王)
왕 대답 왕 자손 중 왕 왕
(御印)(禁令(番)(祈禱)
어인 금령 번 기도
단6:14,(王)(因)(甚)(救援)
왕 인 심 구원
단6:15,(王)(王)(王)(規例)(王)(禁令)
왕 왕 왕 규례 왕 금령
(法度)(變改)
법도 변개
단6:16,(王)(命)(獅子窟)(王)(恒常)(救援)
왕 명 사자굴 왕 항상 구원
단6:17,(窟)(王)(御印)(貴人)(印)(封)(處置)
굴 왕 어인 귀인 인 봉 처치
(變改)
변개
단6:18,(王)(宮)(禁食)(妓樂)(寢睡)(廢)
왕 궁 금식 기악 침수 폐
단6:19,(王)(急)(獅子窟)
왕 급 사자굴
단6:20,(窟)(恒常)(獅子)(救援)(能)
굴 항상 사자 구원 능
단6:21,(王)(告)(王)(願)(王)(萬歲壽
왕 고 왕 원 왕 만세수
단6:22,(天使)(獅子)(封)(獅子)(傷害)
천사 사자 봉 사자 상해
(無罪)(明白)(王)(王)(害)
무죄 명백 왕 왕 해
단6:23,(王)(甚)(命)(窟)(窟)(傷)(自己(依賴)
왕 심 명 굴 굴 상 자기 의뢰
단6:24,(王)(命)(讒訴)(妻子)(獅子窟)(窟)
왕 명 참소 처자 사자굴 굴
(前)(獅子)
전 사자
단6:25,(王)(百姓(各)(方言)(者)(詔書)(願)
왕 백성 각 방언 자 조서 원
(平康)
평강
단6:26,(詔書)(管轄)(永遠)(變)(者)(亡)
조서 관할 영원 변 자 망
(權勢)(無窮)
권세 무궁
단6:27,(救援)(異蹟)(奇事)(行)(者)
구원 이적 기사 행 자
(救援)(獅子)
구원 사자
단6:28,(王)(時代)(王)(時代)(亨通)
왕 시대 왕 시대 형통

但以理書-(다니엘)-第七章
단이리서 제칠장

단7:1,(王)(元年)(寢床)(腦)(異像) (記錄)
왕 원년 침상 뇌 이상 기록
(大略)(陳述)
대략 진술
단7:2,(陳述)(異像)
진술 이상

단7:3,(貌樣)(各各)
모양 각각

단7:4,(獅子)
사자

단7:5,(便)(者)
편 자

단7:6,(後)(豹)(權勢)
후 표 권세

단7:7,(異像)(强)(鐵)(前)
이상 강 철 전

단7:8,(有心)(中)(中)
유심 중 중

단7:9,(王座)(恒常)(坐定)(羊)(寶座)
왕좌 항상 좌정 양 보좌

단7:10,(江)(隨從)(者)(千千)(侍衛)(者)
강 수종 자 천천 시위 자
(萬萬)(審判)(冊)
만만 심판 책

단7:11,(因)(注目)(當)(屍體)(傷)
인 주목 당 시체 상

단7:12,(權勢)(生命)(保存)(定)(時期)
권세 생명 보존 정 시기

단7:13,(異像中)(人子)(恒常)(者)(引導)
이상중 인자 항상 자 인도

단7:14,(權勢)(榮光)(百姓)(各)(方言)(者)
권세 영광 백성 각 방언 자
(權勢)(永遠)(權勢)(廢)
권세 영원 권세 폐

단7:15,(中心)(腦)(異像)(煩悶)
중심 뇌 이상 번민

단7:16,(者)(中)(眞相)(告)(解釋)
자 중 진상 고 해석

단7:17,(王)(世上)
왕 세상

단7:18,(至極)(者)(聖徒)(永遠)(永遠)(永遠)
지극 자 성도 영원 영원 영원

단7:19,(眞相)(甚)(鐵)
진상 심 철

단7:20,(外)(貌樣)(同類)(强)
외 모양 동류 강

단7:21,(聖徒)
성도

단7:22,(恒常)(者)(至極)(者)(聖徒)(爲)
항상 자 지극 자 성도 위
(伸寃)(聖徒)
신원 성도

단7:23,(者)(天下)
자 천하

단7:24,(王)(後)(者)(王)(服從)
왕 후 자 왕 복종

단7:25,(將次)(至極)(者)(對敵)(至極)(者)
장차 지극 자 대적 지극 자
(聖徒)(法)(變改)(聖徒)(半)
성도 법 변개 성도 반

단7:26,(審判)(始作)(權勢)(滅亡)
심판 시작 권세 멸망

단7:27,(權勢)(天下)(列國)(威勢)(至極)
권세 천하 열국 위세 지극
(者)(聖民)(永遠)(權勢)(者)(服從)
자 성민 영원 권세 자 복종

단7:28,(中心)(煩悶)(變)
중심 번민 변

但以理書-(다니엘)-第八章
단이리서 제팔장

단8:1,(異像)(後)(王)(三年)(異像)
이상 후 왕 삼년 이상

단8:2,(異像)(城)(異像)(江邊)
이상 성 이상 강변

단8:3,(江)(羊)
강 양

단8:4,(羊)(西)(北)(南)(向)(當)(能)(求)
양 서 북 남 향 당 능 구
(絶對)(任意)(行)(强大)
절대 임의 행 강대

단8:5,(西便)(地面)(顯著)
서편 지면 현저

단8:6,(羊)(江)(羊)(憤怒)
양 강 양 분노

단8:7,(羊)(羊)(能)(羊)
양 양 능 양

단8:8,(甚)(强大)(强盛)(代身)(顯著)
심 강대 강성 대신 현저
(四方)(向)
사방 향

단8:9,(中)(男便)(東便)(榮華)(向)(甚)
중 남편 동편 영화 향 심

단8:10,(軍隊)(軍隊)(中)
군대 군대 중

단8:11,(軍隊)(主宰)(對敵)(每日)(祭祀)
군대 주재 대적 매일 제사
(除)(聖所)
제 성소

단8:12,(犯罪)(因)(百姓)(每日)(祭祀)
범죄 인 백성 매일 제사
(眞理)(自意)(行)(亨通)
진리 자의 행 형통

단8:13,(者)(者)(者)(異像)(每日)(祭祀)
자 자 자 이상 매일 제사
(亡)(罪惡)(對)(聖所)(百姓)
망 죄악 대 성소 백성

단8:14,(二千)(三百)(晝夜)(聖所)(淨潔)
이천 삼백 주야 성소 정결

단8:15,(異像)(貌樣)
이상 모양

단8:16,(江)(異像
강 이상

단8:17,(人子)(異像)(定)(關)
인자 이상 정 관

단8:19,(震怒)(後)(異像)(定)(關)
진노 후 이상 정 관

단8:20,(羊)(王)
양 왕

단8:21,(王)(王)
왕 왕

단8:22,(代身)(權勢)
대신 권세
단8:23,(悖逆者)(王)(嚴壯)(詭譎)(能)
패역자 왕 엄장 궤휼 능
단8:24,(權勢)(强)(自己)(將次)(非常)(破壞)
권세 강 자기 장차 비상 파괴
(行)(自意)(行)(亨通)(强)(者)
행 자의 행 형통 강 자
(百姓)(滅)
백성 멸
단8:25,(詭譎)(平和)(滅)(萬王)(王)(對敵)
궤휼 평화 멸 만왕 왕 대적
단8:26,(晝夜)(對)(異像)(確實)(異像)
주야 대 이상 확실 이상
(看守)(後)
간수 후
단8:27,(魂絶)(數日)(王)(異像)(因)
혼절 수일 왕 이상 인

但以理書-(다니엘)-第九章
단이리서 제구장

단9:1,(族屬)(王)(元年)
족속 왕 원년
단9:2,(統治)(元年)(書冊)(先知者)(臨)
통치 원년 서책 선지자 임
(告)(年數)(荒蕪)(七十年)
고 년수 황무 칠십년
단9:3,(禁食)(主)(祈禱)(懇求)(決心)
금식 주 기도 간구 결심
단9:4,(祈禱)(自服)(主)(主)(主)(誡命)(者)
기도 자복 주 주 주 계명 자
(爲)(言約)(仁慈)(者)
위 언약 인자 자
단9:5,(犯罪)(悖逆)(行惡)(叛逆)(主)
범죄 패역 행악 반역 주
(法度)(規例)
법도 규례
단9:6,(主)(先知者)(主)(列王)(方伯)
주 선지자 주 열왕 방백
(列祖)(國民)
열조 국민
단9:7,(主)(公義)(主)(羞辱)(居民)(者)(者)
주 공의 주 수욕 거민 자 자
(主)(各國)(羞辱)(主)(罪)(犯)
주 각국 수욕 주 죄 범
단9:8,(主)(羞辱)(列王)(方伯)(列祖)
주 수욕 열왕 방백 열조
(主)(犯罪)
주 범죄
단9:9,(主)(矜恤)(赦宥)(主)(悖逆)
주 긍휼 사유 주 패역
단9:10,(聽從)(先知者)(付託)(律法)(行)
청종 선지자 부탁 률법 행
단9:11,(主)(律法)(犯)(主)(聽從)(詛呪)
주 률법 범 주 청종 저주
(律法)(記錄)(盟誓)(主)(犯罪)
률법 기록 맹서 주 범죄
단9:12,(主)(災殃)(裁判)(裁判官)(天下)(臨)
주 재앙 재판 재판관 천하 임
단9:13,(律法)(記錄)(災殃)(臨)(罪惡)
률법 기록 재앙 임 죄악
(主)(眞理)(恩寵)(懇求)
주 진리 은총 간구
단9:14,(災殃)(看直)(臨)(行)(公義)(聽從)
재앙 간직 임 행 공의 청종
단9:15,(强)(主)(百姓)(引導)(名聲)(主)
강 주 백성 인도 명성 주
(犯罪)(惡)(行)
범죄 악 행
단9:16,(主)(求)(主)(主)(公義)(主)(憤怒)
주 구 주 주 공의 주 분노
(主)(城)(主)(山)(罪)(列祖)(罪惡)
주 성 주 산 죄 열조 죄악
(因)(主)(百姓)(四面)(者)(羞辱)
인 주 백성 사면 자 수욕
단9:17,(只今)(主)(祈禱)(懇求)(主)(爲)
지금 주 기도 간구 주 위
(主)(主)(荒廢)(聖所)
주 주 황폐 성소
단9:18,(荒廢)(狀況)(主)(城)(主)(懇求)
황폐 상황 주 성 주 간구
(義)(依支)(主)(矜恤)(依支)
의 의지 주 긍휼 의지
단9:19,(主)(主)(容恕)(主)(行)(遲滯)(主)
주 주 용서 주 행 지체 주
(自身)(爲)(主)(城)(主)(百姓)(主)
자신 위 주 성 주 백성 주
단9:20,(祈禱)(罪)(百姓)(罪)(自服)(山)
기도 죄 백성 죄 자복 산
(爲)(懇求)
위 간구
단9:21,(祈禱)(以前)(異像中)(祭祀)
기도 이전 이상중 제사
단9:22,(智慧)(聰明)
지혜 총명
단9:23,(祈禱)(始作)(命令)(告)(恩寵)
기도 시작 명령 고 은총
(者)(異像)
자 이상
단9:24,(百姓)(城)(爲)(七十)(期限)(定)
백성 성 위 칠십 기한 정
(罪)(罪惡)(永贖)(永遠)(義)(異像)
죄 죄악 영속 영원 의 이상
(豫言)(應)(至極)(者)
예언 응 지극 자
단9:25,(重建)(靈)(者)(王)六十)(困難)
중건 영 자 왕 육십 곤난
(城)(重建)(垓子)
성 중건 해자
단9:26,(六十)(後)(者)(將次)(王)(百姓)
육십 후 자 장차 왕 백성
(城邑)(聖所)(毁破)(終末)(洪水)
성읍 성소 훼파 종말 홍수
(淹沒)(戰爭)(荒廢)(作定)
엄몰 전쟁 황폐 작정

단9:27,(將次)(言約)(定)(折半)(祭祀)
장차 언약 정 절반 제사
(禮物)(禁止)(殘暴)(物件)(依支)
예물 금지 잔포 물건 의지
(定)(終末)(震怒)페(者)
정 종말 진노 자

但以理書-(다니엘)-第十章
단이리서 제십장

단10:1,(王)(三年)(戰爭)(關)(分明)(異像)
왕 삼년 전쟁 관 분명 이상
단10:3,(葡萄酒)
포도주
단10:4,(正月)(二十)(四日)(江)
정월 이십 사일 강
단10:5,(細麻布)(精金)
세마포 정금
단10:6,(黃玉)갯(
황옥
단10:7,(異像)(異像)(逃亡)
이상 이상 도망
단10:8,(異像)(變)
이상 변
단10:11,(恩寵)(後)
은총 후
단10:12,(謙卑(決心)(因)
겸비 결심 인
단10:13,(國)(君)(一日)(國)(王)(君長)(中)
국 군 일일 국 왕 군장 중
단10:14,(末日)(百姓)(當大抵)(異像)(後)
말일 백성 당대저 이상 후
단10:15,(向)
향
단10:16,(人子)(者)(主)(異像)(因)
인자 자 주 이상 인
단10:17,(呼吸)(主)(能)(主)
호흡 주 능 주
단10:18,(貌樣)(强健)
모양 강건
단10:19,(恩寵)(平安)(强健)(强健)(主)
은총 평안 강건 강건 주
단10:20,(後)
후
단10:21,(眞理)(記錄)(對敵)(者)(
진리 기록 대적 자

但以理書-(다니엘)-第十一章
단이리서 제십일장

단11:1,(元年)(强)
원년 강
단11:2,(王)(後)(甚)(富饒)(富饒)(强)
왕 후 심 부요 부요 강
(後)(激動)(
후 격동
단11:3,(將次)(能力)(王)(權勢)(任意)(行)
장차 능력 왕 권세 임의 행
단11:4,(强盛)(天下)(四方)(子孫)(自己)
강성 천하 사방 자손 자기
(主掌)(權勢)(外)
주장 권세 외
단11:5,(南方)(王)(强)(中)(强)(權勢)
남방 왕 강 중 강 권세
(權勢)(甚)
권세 심
단11:6,(後)(盟約)(南方)(王)(北方)(王)
후 맹약 남방 왕 북방 왕
(和親)(公主)(衰)(王)(權勢)(公主)
화친 공주 쇠 왕 권세 공주
(者)(者)(者)(當)
자 자 자 당
단11:7,(公主)(本族)(者)(中)(位)(北方)
공주 본족 자 중 위 북방
(王)(軍隊)(城)
왕 군대 성
단11:8,(神)(偶像)(銀)(金)(器具)(擄掠)
신 우상 은 금 기구 노략
(北方)(王)
북방 왕
단11:9,(北方)(王)(南方)(王)(自己)(本國)
북방 왕 남방 왕 자기 본국
단11:10,(戰爭)(準備)(甚)(軍隊)(南方)
전쟁 준비 심 군대 남방
(王)(堅固)(城)
왕 견고 성
단11:11,(南方)(王)(怒)(北方)(王)(北方)(王)
남방 왕 노 북방 왕 북방 왕
단11:12,(後)(數萬名)(勢力)
후 수만명 세력
단11:13,(北方)(王)(大軍)(前)(準備)(後)
북방 왕 대군 전 준비 후
(大軍)(物件)
대군 물건
단11:14,(南方)(王)(百姓)(中)(强暴)(者)(異像)
남방 왕 백성 중 강포 자 이상
단11:15,(北方)(王)(土城)(堅固)(城邑)(取)
북방 왕 토성 견고 성읍 취
(南方)(軍隊)(當)
남방 군대 당
단11:16,(者)(任意)(行)(能)(榮華)(滅亡)
자 임의 행 능 영화 멸망
단11:17,(決心)(全國)(和親)(女子)(敗亡)
결심 전국 화친 녀자 패망
(無益)
무익
단11:18,(後)(取)大將)(羞辱)(羞辱)
후 취 대장 수욕 수욕
단11:19,(自己)(山城)(向)
자기 산성 향
단11:20,(位)(者)(討索)(者)(憤怒)(亡)
위 자 토색 자 분노 망
단11:21,(位)(者)(卑賤)(榮光)(平安)(詭譎)
위 자 비천 영광 평안 궤휼
단11:22,(軍隊)(敗)(同盟)(王)
군대 패 동맹 왕
단11:23,(約條)(後)(行)(百姓)(强)
약조 후 행 백성 강

단11:24,(平安)(道)(列祖)(列祖)(祖上)(行)
평안 도 열조 열조 조상 행
(行)(擄掠)(奪取)(財物)(謀略)(山城)
행 노약 탈취 재물 모략 산성

단11:25,(勇猛)(發)(軍隊)(南方)(王)(甚)
용맹 발 군대 남방 왕 심
(强)(軍隊)(能)(當)(謀略)
강 군대 능 당 모략

단11:26,(自己)(珍味)(者)(滅)(軍隊)(者)
자기 진미 자 멸 군대 자

단11:27,(王)(害)(亨通)(作定)(期限)
왕 해 형통 작정 기한

단11:28,(北方)(王)(財物)(本國)(言約)
북방 왕 재물 본국 언약
(任意)(行)(本土)
임의 행 본토

단11:29,(作定)(期限)(南方)(番)(前番)
작정 기한 남방 번 전번

단11:30,(落心)(言約)(恨)(任意)(行)(言約)
락심 언약 한 임의 행 언약
(背叛)(者)(重)
배반 자 중

단11:31,(軍隊)(便)(聖所)(堅固)(每日)
군대 편 성소 견고 매일
(祭祀)(廢)(滅亡)(物件)
제사 폐 멸망 물건

단11:32,(言約)(背叛)(惡行)(者)(詭譎)
언약 배반 악행 자 궤휼
(墮落)(自己)(百姓)(强)(勇猛)(發)
타락 자기 백성 강 용맹 발

단11:33,(百姓)(中)(智慧)(者)(掠奪)(當)(衰敗)
백성 중 지혜 자 약탈 당 쇠패

단11:34,(衰敗)(詭譎)(親合)
쇠패 궤휼 친합

단11:35,(中)(智慧)(者)(衰敗)(鍊鍛)
중 지혜 자 쇠패 연단
(淨潔)(作定)(期限)
정결 작정 기한

단11:36,(王)(自己)(行)(神)(非常)(神)(神)
왕 자기 행 신 비상 신 신
(對敵)(亨通)(憤怒)(作定)
대적 형통 분노 작정

단11:37,(列祖)(神)(女子)(思慕)(神)
열조 신 녀자 사모 신

단11:38,(代身)(勢力)(神)(恭敬)(列祖)(神)
대신 세력 신 공경 열조 신
(金)(銀)(寶石)(寶物)(恭敬)
금 은 보석 보물 공경

단11:39,(異邦)(神)(堅固)(山城)(取)(者)
이방 신 견고 산성 취 자
(榮光)(百姓)(賂物)
영광 백성 뇌물

단11:40,(南方)(王)(北方)(王)(兵車)(馬兵)
남방 왕 북방 왕 병거 마병

단11:41,(榮華)(敗亡)(子孫)(尊貴)(者)
영화 패망 자손 존귀 자

단11:42,(列國)(免)
열국 면

단11:43,(權勢)(金)(銀)(寶物)(侍從)
권세 금 은 보물 시종

단11:44,(東北)(所聞)(煩悶)(憤怒)(屠戮)
동북 소문 번민 분노 도륙
(殄滅)
진멸

단11:45,(帳幕)(宮殿)(榮華)(山)(者)
장막 궁전 영화 산 자

但以理書-(다니엘)-第十二章
단이리서 제십이장

단12:1,(民族)(護衛)(大軍)(患難)(開國)
민족 호위 대군 환난 개국
(以來)(患難)(百姓)(中)(冊)(記錄)
이래 환난 백성 중 책 기록
(者)(救援)
자 구원

단12:2,(者)(中)(永生)(者)(羞辱)(無窮)(者)
자 중 영생 자 수욕 무궁 자

단12:3,(智慧)(者)(穹蒼)(者)(永遠)
지혜 자 궁창 자 영원

단12:4,(看守)(封緘)(往來)(知識)
간수 봉함 왕래 지식

단12:5,(江)(便)(江)(便)
강 편 강 편

단12:6,(中)(細麻布)(者)(江)(者)(奇事)
중 세마포 자 강 자 기사

단12:7,(細麻布)(江)(者)(左右)(向)(永生)
세마포 강 자 좌우 향 영생
(者)(盟誓)(半)(聖徒)(權勢)
자 맹서 반 성도 권세

단12:8,(主)(結局)
주 결국

단12:9,(大抵)(看守)(封緘)
대저 간수 봉함

단12:10,(鍊鍛)(淨潔)(惡)(惡)(行)(惡)(者)
연단 정결 악 악 행 악 자
(智慧)(者)
지혜 자

단12:11,(每日)(祭祀)(廢)(滅亡)(物件)
매일 제사 폐 멸망 물건
(一千)(二百)(九十日)
일천 이백 구십일

단12:12,(一千)(三百)(三十)(五日)(福)
일천 삼백 삼십 오일 복

단12:13,(平安)(業)
평안 업

何西阿書-(호세아)-第一章
하 서 아 서 제일 장

호1:1,(王)(時代)(王)(時代)(臨)
왕 시 대 왕 시 대 임

호1:2,(淫亂)(娶)(淫亂)(子息)行淫)
음 란 취 음 란 자 식 행 음

호1:3,(娶)(孕胎)
취 잉 태

호1:4,(後)(族屬)(廢)
후 족 속 폐

호1:6,(孕胎)(族屬)(矜恤)(赦)
잉 태 족 속 긍 휼 사

호1:7,(族屬)(矜恤)(救援)(戰爭)(馬兵)(救援)
족 속 긍 휼 구 원 전 쟁 마 병 구 원

호1:8,(後)(孕胎)
후 잉 태

호1:9(百姓)
백 성

호1:10,(子孫)(數)(測量)(前)(百姓)(子女)
자 손 수 측 량 전 백 성 자 녀

호1:11,(子孫)(子孫)(頭目)(
자 손 자 손 두 목

何西阿書-(호세아)-第二章
하 서 아 서 제이 장

호2:1,(兄弟)(姉妹
형 제 자 매

호2:2,(爭論)(爭論)(男便)(淫亂)(除)(乳房)
쟁 론 쟁 론 남 편 음 란 제 유 방

(淫行)(除)
음 행 제

호2:3,(曠野)
광 야

호2:4,(子女)(矜恤)(淫亂)(子息)
자 녀 긍 휼 음 란 자 식

호2:5行淫)(者)(行),(大抵)(戀愛)(者)(羊)
행 음 자 행 대 저 연 애 자 양

호2:7,(戀愛)(者)(本)(男便)(形便)(只今)
연 애 자 본 남 편 형 편 지 금

호2:8,(穀食)(葡萄酒)(爲)(銀)(金
곡 식 포 도 주 위 은 금

호2:9,(時節)(穀食)(時期)(葡萄酒)(羊)
시 절 곡 식 시 기 포 도 주 양

호2:10,(羞恥)(戀愛)(者)
수 치 연 애 자

호2:11,(喜樂)(節期)(月朔)(安息日)
희 락 절 기 월 삭 안 식 일

(名節)(廢)
명 절 폐

호2:12,(前)(戀愛)(者)(葡萄)(無花果)
전 연 애 자 포 도 무 화 과

호2:13,(佩物)(粧飾)(戀愛)(者)(香(時日(罰)
패 물 장 식 연 애 자 향 시 일 벌

호2:14,(開諭)(慰勞)
개 유 위 로

호2:15,(葡萄園)(所望)(門)(應對)
포 도 원 소 망 문 응 대

호2:16,(男便)
남 편

호2:17,(除(記憶)
제 기 억

호2:18,(爲)(空中)(昆蟲)(言約)(戰爭)(平安)
위 공 중 곤 충 언 약 전 쟁 평 안

호2:19,(永遠(義)(恩寵)(矜恤)
영 원 의 은 총 긍 휼

호2:20,(眞實)
진 실

호2:21,(應)(應)(應)
응 응 응

호2:22,(穀食)(葡萄酒)(應)(應)
곡 식 포 도 주 응 응

호2:23,(爲)(矜恤)(者)긍(矜恤)(百姓)(者)
위 긍 휼 자 긍 휼 백 성 자

(向)(百姓)(主)
향 백 성 주

何西阿書-(호세아)-第三章
하 서 아 서 제삼 장

호3:1,(子孫)(神)(乾葡萄)(他人)(戀愛)
자 손 신 건 포 도 타 인 연 애

(淫婦)(女人)
음 부 녀 인

호3:2,(銀)(個)(爲)
은 개 위

호3:3行淫)(男子)
행 음 남 자

호3:4,(子孫)(王)(君)(祭祀)(柱像
자 손 왕 군 제 사 주 상

호3:5,(後)(王)(求)(末日)(敬畏)(恩寵)
후 왕 구 말 일 경 외 은 총

何西阿書-(호세아)-第四章
하 서 아 서 제사 장

호4:1,(子孫)(居民)(爭辯)(眞實)(仁愛)(知識)
자 손 거 민 쟁 변 진 실 인 애 지 식

호4:2,(詛呪)(詐僞)(殺人)(偸竊)(姦淫)(强暴)
저 주 사 위 살 인 투 절 간 음 강 포

호4:3,(居)(者)(空中)(衰殘)
거 자 공 중 쇠 잔

호4:4,(責望)(百姓)(祭司長)(者)
책 망 백 성 제 사 장 자

호4:5,(先知者)(滅)
선 지 자 멸

호4:6,(百姓)(知識)(亡)(知識)(祭司長)
백 성 지 식 망 지 식 제 사 장

(律法)(子女)
률 법 자 녀

호4:7,(蕃盛)(犯罪)(榮華)(變)(辱)
번 성 범 죄 영 화 변 욕

호4:8,(百姓)(贖罪祭物)(罪惡)
백 성 속 죄 제 물 죄 악

호4:9,(將次)(百姓)(祭司長)(一般)(所行)
장 차 백 성 제 사 장 일 반 소 행

(罰)(所爲)
벌 소 위

호4:10行淫)(數爻(
행음 수효

호4:11,(淫行)(葡萄酒)(葡萄酒)
음행 포도주 포도주

호4:12,(百姓)(向)(告)(淫亂)(迷惑)
백성 향 고 음란 미혹

(手下)(淫亂)
수하 음란

호4:13,(山)(祭祀)(山)(焚香)行淫)(姦淫)(行)
산 제사 산 분향 행음 간음 행

호4:14,(行淫)(姦淫)(罰)(男子)(娼妓)(淫婦)
행음 간음 벌 남자 창기 음부

(犧牲)(百姓)(敗亡)
희생 백성 패망

호4:15,(行淫)(罪)(犯)(盟誓)
행음 죄 범 맹서

호4:16,(頑强)(頑强)(羊)
완강 완강 양

호4:17,(偶像)(聯合)
우상 연합

호4:18行淫)(方伯)(羞恥)
행음 방백 수치

호4:19,(祭物)(因)(羞恥)(當)
제물 인 수치 당

何西阿書-(호세아)-第五章
하서아서 제오장

호5:1,(祭司長)(族屬)(王族)(審判)
제사장 족속 왕족 심판

호5:2,(悖逆者(殺戮罪)(懲責)
패역자 살륙죄 징책

호5:3,(行淫)
행음

호5:4行爲)(自己)(淫亂)
행위 자기 음란

호5:5,(驕慢)(證據)(罪惡)(因)
교만 증거 죄악 인

호5:6,(羊)
양

호5:7,(貞操)(私生子)(基業)
정조 사생자 기업

호5:8,(號角)
호각

호5:9,(譴責)(荒蕪)(支派)(中)(必然)
견책 황무 지파 중 필연

호5:10,(方伯)(地界標)(者)(震怒)
방백 지계표 자 진노

호5:11,(命令)(虐待)(裁判)(壓制)(當)
명령 학대 재판 압제 당

호5:12,(族屬)
족속

호5:13,(自己)(病)(自己)(傷處)(王)(能)(傷處)
자기 병 자기 상처 왕 능 상처

호5:14,(獅子)(族屬)(獅子)(奪取)(者)
사자 족속 사자 탈취 자

호5:15,(罪)(求)(苦難)(懇切)(求)
죄 구 고난 간절 구

何西阿書-(호세아)-第六章
하서아서 제륙장

호6:2,(後)(第)(三日)
후 제 삼일

호6:3,(一定)늦(臨)
일정 임

호6:4,(仁愛)
인애

호6:5,(先知者)(審判)(發)
선지자 심판 발

호6:6,(仁愛)(願)(祭祀)(願)(燔祭)(願)
인애 원 제사 원 번제 원

호6:7,(言約)(悖逆)(行)
언약 패역 행

호6:8,(行惡者)핏(遍滿)
행악자 편만

호6:9,(强盜)(祭司長)(殺人)(邪惡)(行)
강도 제사장 살인 사악 행

호6:10,(可憎)行淫)
가증 행음

호6:11,(百姓)(秋收)(定)
백성 추수 정

何西阿書-(호세아)-第七章
하서아서 제칠장

호7:1,(治療)(罪)(惡)(詭詐)(行)(盜賊)(擄掠)
치료 죄 악 궤사 행 도적 노약

호7:2,(惡)(記憶)行爲)(目前)
악 기억 행위 목전

호7:3,(惡)(王)(方伯)
악 왕 방백

호7:4,(姦淫)(者)빵(者)(發酵)
간음 자 자 발효

호7:5,(王)(方伯)(因)(病)(王)(傲慢)(者)(握手)
왕 방백 인 병 왕 오만 자 악수

호7:6,(豫備)(者)
예비 자

호7:7,(裁判長)(王)(中)(者)
재판장 왕 중 자

호7:8,(列邦)(混雜)(煎餠)
열방 혼잡 전병

호7:9,(異邦人)(白髮)
이방인 백발

호7:10,(驕慢)(證據)(當)(求)
교만 증거 당 구

호7:11,(智慧)(向)
지혜 향

호7:12,(空中)(前)(公會)(懲戒)
공중 전 공회 징계

호7:13,(禍)(敗亡)(犯罪)(救贖)
화 패망 범죄 구속

호7:14,(誠心)(寢床)(穀食)(葡萄酒)
성심 침상 곡식 포도주

(因)(拒逆)
인 거역

호7:15,(練習)(康健)(對)(惡)
련습 강건 대 악

호7:16,(者)(方伯)(因)(嘲弄)
자 방백 인 조롱

何西阿書-(호세아)-第八章
하서아서 제팔장

호8:1,(對敵)(言約)(律法)(犯)
대적 언약 률법 범

호8:2,(將次)(主)
장차 주

호8:3,(善)(對敵)
선 대적

호8:4,(王)(方伯)(銀)(金)(自己)(爲)
왕 방백 은 금 자기 위
(偶像)(破滅)
우상 파멸

호8:5,(怒)(向)(能)(無罪)
노 향 능 무죄

호8:6,(工匠)(神)
공장 신

호8:7,(狂風)(設或)(異邦)
광풍 설혹 이방

호8:8,(列國)
열국

호8:9,(處)(戀愛)(者)
처 연애 자

호8:10,(列邦)(方伯)(因)(衰)(始作)
열방 방백 인 쇠 시작

호8:11,(罪)(爲)(祭壇)(祭壇)(犯罪)
죄 위 제단 제단 범죄

호8:12,(爲)(律法)(記錄)(關係)
위 률법 기록 관계

호8:13,(祭物)(祭祀)(罪惡)(記憶)(罪)(罰)
제물 제사 죄악 기억 죄 벌

호8:14,(自己)(者)(殿閣)(堅固)(城邑)(城)
자기 자 전각 견고 성읍 성

何西阿書-(호세아)-第九章
하서아서 제구장

호9:1,(異邦)(行淫)(各)(打作)(淫行)
이방 행음 각 타작 음행

호9:2,(打作)(葡萄酒)
타작 포도주

호9:3,(居)
거

호9:4,(奠祭)(祭物)(居喪)(者)(食物)(者)
전제 제물 거상 자 식물 자
(食物)(自己)(所用)
식물 자기 소용

호9:5,(名節日)(節日)
명절일 절일

호9:6,(滅亡)(避)(葬事)(銀)(寶物)(帳幕)
멸망 피 장사 은 보물 장막

호9:7,(刑罰)(報應)(臨)(先知者)(神)
형벌 보응 임 선지자 신
(感動)(者)(罪惡)(寃恨)
감동 자 죄악 원한

호9:8,(把守軍)(先知者)(行爲)(者)(殿)(寃恨)
파수군 선지자 행위 자 전 원한

호9:9,(時代)(甚)(悖乖)(惡)(記憶)(罪)(罰)
시대 심 패괴 악 기억 죄 벌

호9:10,(曠野)(葡萄)(列祖)(無花果)
광야 포도 열조 무화과
(偶像)(偶像)(可憎)
우상 우상 가증

호9:11,(榮光)(解產)(孕胎)
영광 해산 잉태

호9:12,(或)(子息)(子息)(禍)
혹 자식 자식 화

호9:13,(子息)(殺人)(者)
자식 살인 자

호9:14,(請)(胎)(乳房)
청 태 유방

호9:15,(惡)(行爲)(惡)(方伯)(悖逆)(者)
악 행위 악 방백 패역 자

호9:16,(果實)(胎)
과실 태

호9:17,(列國)(流離)(者)
열국 유리 자

何西阿書-(호세아)-第十章
하서아서 제십장

호10:1,(茂盛)(葡萄)(祭壇)(柱像)
무성 포도 제단 주상

호10:2,(罪)(祭壇)(柱像)
죄 제단 주상

호10:3,(王)(王)(爲)
왕 왕 위

호10:4,(盟誓)(發)(言約)(裁判)(毒)(茵蔯)
맹서 발 언약 재판 독 인진

호10:5,(居民)(因)(百姓)(祭司長)(榮光)
거민 인 백성 제사장 영광

호10:6,(禮物)(王)(羞恥)(自己)(計議)
예물 왕 수치 자기 계의

호10:7,(王)(滅亡)
왕 멸망

호10:8,(罪)엔(山堂)(敗壞)(壇)(山)(山)
죄 산당 패괴 단 산 산

호10:9,(凶惡)(族屬)(戰爭)(免)
흉악 족속 전쟁 면

호10:10,(願)(懲戒)(罪)(萬民)
원 징계 죄 만민

호10:11,(穀食)
곡식

호10:12,(自己)(爲)(義)(矜恤)(只今)
자기 위 의 긍휼 지금
(起耕)(臨)(義)
기경 임 의

호10:13,(惡)(罪)(勇士)(依賴)
악 죄 용사 의뢰

호10:14,(百姓)(中)(擾亂)(山城)(毁破)
백성 중 요란 산성 훼파
(戰爭)(毁破)(子息)
전쟁 훼파 자식

호10:15,(惡)(因)(行)(王)(滅絶)
악 인 행 왕 멸절

何西阿書-(호세아)-第十一章
하서아서 제십일장

호11:2,(先知者)(漸漸)(祭祀)(偶像)(焚香)
선지자 점점 제사 우상 분향

호11:4,(對)(者)
대 자

호11:6,(城邑)(計策)(因)
성읍 계책 인

호11:7,(百姓)(決心)(者)(者)
백성 결심 자 자

호11:8,(矜恤)(穩全)
긍휼 온전

호11:9,(猛烈)(震怒)(發)(滅)(居)(者)
맹렬 진노 발 멸 거 자
(震怒)(臨)
진노 임

호11:10,(獅子)(發)(發)(子孫)(西便)
사자 발 발 자손 서편

호11:11,(各)
각

호11:12,(族屬)(詭譎)(信實)(者)(對)(定)
족속 궤휼 신실 자 대 정

何西阿書-(호세아)-第十二章
하서아서 제십이장

호12:1,(東風)(暴虐)(契約)
동풍 포학 계약

호12:2,(爭辯)(所行)(所爲)(報應)
쟁변 소행 소위 보응

호12:3,(胎)(兄)(長年)
태 형 장년

호12:4,(天使)(懇求)
천사 간구

호12:5,(萬軍)(記念)(稱號)
만군 기념 칭호

호12:6,(仁愛)(公義)(恒常)
인애 공의 항상

호12:7,(商賈)(詐取)
상고 사취

호12:8,(實)(富者)(財物)(受苦)(中)(罪)
실 부자 재물 수고 중 죄
(不義)(發見)(者)
불의 발견 자

호12:9,(帳幕)(居)(名節日
장막 거 명절일

호12:10,(先知者)(異像)(先知者)(憑藉)(譬喩)
선지자 이상 선지자 빙자 비유

호12:11,(不義)(果然)(祭祀)(祭壇)
불의 과연 제사 제단

호12:12,(逃亡)(爲)(爲)(羊)
도망 위 위 양

호12:13,(先知者)(引導)(先知者)(保護)
선지자 인도 선지자 보호

호12:14,(激怒)(極甚)(主)(羞恥)
격노 극심 주 수치

何西阿書-(호세아)-第十三章
하서아서 제십삼장

호13:1,(發)(中)(自己)(因)(犯罪)(亡)
발 중 자기 인 범죄 망

호13:2,(犯罪)(銀)(自己)(爲)(偶像)(自己)
범죄 은 자기 위 우상 자기
(工巧)(偶像)(匠色)(對)(祭祀)(者)
공교 우상 장색 대 제사 자

호13:3,(打作)(狂風)窓(煙氣)
타작 광풍 연기

호13:4,(神)(外)(救援者)
신 외 구원자

호13:5,(曠野)(眷顧)
광야 권고

호13:6,(驕慢)(因)
교만 인

호13:7,(獅子)(豹)
사자 표

호13:8,(獅子)
사자

호13:9,(敗亡)(對敵)
패망 대적

호13:10,(前)(王)(方伯)(城邑)(救援)(者)
전 왕 방백 성읍 구원 자
(王)(裁判長)
왕 재판장

호13:11,(憤怒)(王)(震怒)(廢)
분노 왕 진노 폐

호13:12,(不義)(封緘)(罪)(貯藏)
불의 봉함 죄 저장

호13:13,(解産)(女人)(臨)(子息)(臨)
해산 녀인 임 자식 임
(産門)(遲滯)
산문 지체

호13:14,(陰府)(權勢)(贖良)(死亡)(救贖)
음부 권세 속량 사망 구속
(死亡)(災殃)(陰府)(滅亡)(目前)
사망 재앙 음부 멸망 목전

호13:15,(兄弟)(中)(結實)(東風)(曠野)
형제 중 결실 동풍 광야
(根源)(積蓄)(掠奪)
근원 적축 약탈

호13:16,(背叛)(刑罰)(當)(女人)
배반 형벌 당 녀인

何西阿書-(호세아)-第十四章
하서아서 제십사장

호14:1,(不義)(因)
불의 인

호14:2,(不義)(除)(善)(代身)(主)
불의 제 선 대신 주

호14:3,(救援)(依支)(向)(神)(孤兒)(主)(矜恤)
구원 의지 향 신 고아 주 긍휼

호14:4,(悖逆)(震怒)
패역 진노

호14:5,(百合花)(柏香木)
백합화 백향목

호14:6,(橄欖)(香氣)(柏香木)
감람 향기 백향목

호14:7,(居)(者)(穀食)(蘇醒)(葡萄)(香氣)
거 자 곡식 소성 포도 향기
(葡萄酒)
포도주
호14:8,(偶像)(相關)對答)
우상 상관 대답
호14:9,(智慧)(聰明)(道)(正直)(義人)(道)
지혜 총명 도 정직 의인 도
(行)(罪人)(道)
행 죄인 도

約珥書-(요엘)-第一章
약이서 제일장

욜1:2,(者)(居民)(列祖)
자 거민 열조
욜1:3,(子女)(告)(子女)(自己)(子女)(告)
자녀 고 자녀 자기 자녀 고
(子女)(後時代)
자녀 후시대
욜1:4,(蝗蟲)
황충
욜1:5,(醉)(者)(葡萄酒)(者)(哭)(葡萄酒)
취 자 포도주 자 곡 포도주
욜1:6,(異族)(强)(無數)(獅子)(獅子)
이족 강 무수 사자 사자
욜1:7,(葡萄)(滅)(無花果)긁말강하얗
포도 멸 무화과
욜1:8,(哀哭)(處女)(約婚)(男便)(因)(哀哭)
애곡 처녀 약혼 남편 인 애곡
욜1:9,(素祭)(奠祭)(殿)(隨從)(祭司長)
소제 전제 전 수종 제사장
욜1:10,(荒蕪)(土地)(凄凉)(穀食)(盡)
황무 토지 처량 곡식 진
(葡萄酒)
포도주
욜1:11,(農夫)(葡萄園)(者)(哭)(緣故)(所産)
농부 포도원 자 곡 연고 소산
욜1:12,(葡萄(無花果)(石榴)(人間)(喜樂)
포도 무화과 석류 인간 희락
욜1:13,(祭司長)(壇)(隨從)(者)(哭)(隨從)
제사장 단 수종 자 곡 수종
(者)(素祭)(奠祭)(殿)
자 소제 전제 전
욜1:14,(禁食日)(定)(聖會)(宣布)(長老)
금식일 정 성회 선포 장로
(居民)(殿)(沒數)
거민 전 몰수
욜1:15,(嗚呼)(滅亡)(全能者)
오호 멸망 전능자
욜1:16,(食物)(目前)(殿)
식물 목전 전
욜1:17,(倉庫)(庫間)(穀食)
창고 고간 곡식
욜1:18,(牲畜)(嘆息)(羊)(疲困)
생축 탄식 양 피곤
욜1:19,(主)
주
욜1:20,(主)(向)
주 향

約珥書-(요엘)-第二章
약이서 제이장

욜2:1,(聖山)(號角)(居民)(臨迫)
성산 호각 거민 임박
욜2:2,(山)(强)(百姓)(自古以來)(以後)(世世)
산 강 백성 자고이래 이후 세세
욜2:3,(前)(後)(荒蕪)(者)
전 후 황무 자
욜2:4,(貌樣)(騎兵)
모양 기병
욜2:5,(山)(兵車)(草芥)(强)(軍士)(行伍)
산 병거 초개 강 군사 항오
욜2:6,(萬民)(悚懼)
만민 송구
욜2:7,(勇士)(武士)(城)(各其)(自己)(行)
용사 무사 성 각기 자기 행
(行伍)
항오
욜2:8,(彼此)各其)(自己)(行)(兵器)(衝突)
피차 각기 자기 행 병기 충돌
욜2:9,(城中)(城)(盜賊)(窓)
성중 성 도적 창
욜2:10,(震動)(日月)
진동 일월
욜2:11,(軍隊)(發)(甚)(命令)(行)(者)(强)
군대 발 심 명령 행 자 강
(甚)(當)(者)
심 당 자
욜2:12,(禁食)(哀痛
금식 애통
욜2:13,(恩惠)(慈悲)(怒)(仁愛)(災殃)
은혜 자비 노 인애 재앙
욜2:14,(主)(或時)(福)(素祭)(奠祭)
주 혹시 복 소제 전제
욜2:15,(禁食日)(定)(聖會)
금식일 정 성회
욜2:16,(百姓)(長老)(小兒)(者)(新郎)
백성 장로 소아 자 신랑
(房)(新婦)(房)
방 신부 방
욜2:17,(隨從)(祭司長)(廊室)(壇)(主)(百姓)
수종 제사장 낭실 단 주 백성
(矜恤)(主)(基業)(辱)(列國)(管轄)
긍휼 주 기업 욕 열국 관할
(異邦人)
이방인
욜2:18,(自己)(爲)(中心)(百姓)(矜恤)
자기 위 중심 백성 긍휼
욜2:19,(應答(穀食)(葡萄酒)(因)(洽足)
응답 곡식 포도주 인 흡족
(列國)(中)(辱)(當)
열국 중 욕 당
욜2:20,(北便)(軍隊)(寂寞)(前軍)(東海)
북편 군대 적막 전군 동해

(後軍)(西海)(傷)(惡臭)(行)
후군 서해 상 악취 행

욜2:21,(行)
행

욜2:22,(無花果)(葡萄)
무화과 포도

욜2:23,(子女)(因)(爲)(前)
자녀 인 위 전

욜2:24,(葡萄酒)
포도주

욜2:25,(前)(軍隊)(蝗蟲)핏(數
전 군대 황충 수

욜2:26,(豊足)(奇異)(待接)(讚頌)
풍족 기이 대접 찬송
(百姓)(永永)(羞恥)(當)
백성 영영 수치 당

욜2:27,(百姓)(永永)(羞恥)(當)
백성 영영 수치 당

욜2:28,(後)(神)(萬民)(子女)(將來)(異像)
후 신 만민 자녀 장래 이상

욜2:29,(神)(男)(女)
신 남 여

욜2:30,(異蹟)(煙氣)
이적 연기

욜2:31,(前)핏(變)
전 변

욜2:32,(者)(救援)(山)(避)(者)(者)(中)(者)
자 구원 산 피 자 자 중 자

約珥書-(요엘)-第三章
약이서 제삼장

욜3:1,(者)
자

욜3:2,(萬國)(百姓)(基業)(爲)(鞫問)
만국 백성 기업 위 국문
(列國)(中)
열국 중

욜3:3,(百姓)(取)(童男)(妓生)(童女)(
백성 취 동남 기생 동녀

욜3:4,(四方)(相關)(報復)(萬一)(報復)
사방 상관 보복 만일 보복
(報復)(速速)
보복 속속

욜3:5,(銀)(金)(取)(珍奇)(寶物)(神宮)
은 금 취 진기 보물 신궁

욜3:6,(子孫)(子孫)(族屬)(本)(地境)
자손 자손 족속 본 지경

욜3:7,(行)
행

욜3:8,(子女)(子孫)ㄴ
자녀 자손

욜3:9,(列國)(廣布)(戰爭)(準備)(勇士)
열국 광포 전쟁 준비 용사
(激勵)(武士)
격려 무사

욜3:10,(槍)(弱)(者)(强)
창 약 자 강

욜3:11,(四面)(列國)(速)(主)(勇士)
사면 열국 속 주 용사

욜3:12,(列國)(動)(四面)(列國)(審判)
열국 동 사면 열국 심판

욜3:13,(穀食)(葡萄酒)(葡萄酒)(惡)
곡식 포도주 포도주 악

욜3:14,(判決)(判決)
판결 판결

욜3:16,(發)(震動)(百姓)(避難處)
발 진동 백성 피난처
(子孫)(山城)
자손 산성

욜3:17,(聖山)(居)(異邦)(通行)
성산 거 이방 통행

욜3:18,(山)(葡萄酒)(山)(殿)
산 포도주 산 전

욜3:19,(荒蕪)(荒蕪)(子孫)(强暴)(行)(無罪)
황무 황무 자손 강포 행 무죄

욜3:20,(永遠)
영원

욜3:21,(前)(當)(居)
전 당 거

阿摩司書-(아모스)-第一章
아 마 사 서 제일 장

암1:1,(王)(時代)(王)(時代)(地震)(前)
왕 시대 왕 시대 지진 전
(二年)(牧者)(中)(對)(默示)
이년 목자 중 대 묵시

암1:2,(音聲)(發)(牧者)(草場)(哀痛)
음성 발 목자 초장 애통

암1:3,(罪)(因)(罰)(鐵)(打作機)(打作)(壓迫)
죄 인 벌 철 타작기 타작 압박

암1:4,(宮闕)
궁궐

암1:5,(居民)(者)(百姓)
거민 자 백성

암1:6,(罪)(因)(罰)(者)
죄 인 벌 자

암1:7,(城)(宮闕)
성 궁궐

암1:8,(居民)(者)(者)(滅亡)(主)
거민 자 자 멸망 주

암1:9,(罪)(因)(罰)(兄弟)(契約)(記憶)(者)
죄 인 벌 형제 계약 기억 자

암1:10,(城)(宮闕)
성 궁궐

암1:11,(罪)(因)(罰)(兄弟)(矜恤)(怒)
죄 인 벌 형제 긍휼 노
(恒常)(猛烈)(憤)
항상 맹렬 분

암1:12,(宮闕)
궁궐

암1:13,(子孫)(罪)(因)(罰)(自己)(地境)(女人)
자손 죄 인 벌 자기 지경 녀인

암1:14,(城)(宮闕)(戰爭)(暴風)
성 궁궐 전쟁 폭풍

암1:15,(王)(方伯)
왕 방백

阿摩司書-(아모스)-第二章
아 마 사 서 제이 장

암2:1,(罪)(因)(罰)(王
죄 인 벌 왕

암2:2,(宮闕)(擾亂)(中)
궁궐 요란 중

암2:3,(中)(裁判長)(滅)(方伯)
중 재판장 멸 방백

암2:4,(罪)(因)(罰)(律法)(蔑視)(律例)
죄 인 벌 률법 멸시 율례
(列祖)(迷惑)
열조 미혹

암2:5,(宮闕)
궁궐

암2:6,(罪)(因)(罰)(銀)(義人)(窮乏)(者)
죄 인 벌 은 의인 궁핍 자

암2:7,(者)(貪)(謙遜)(者)(父子)(女人)
자 탐 겸손 자 부자 녀인

암2:8,(壇)(典當)(神)(殿)(罰金)(葡萄酒)
단 전당 신 전 벌금 포도주

암2:9,(滅)(柏香木)(强)(殄滅)
멸 백향목 강 진멸

암2:10,(四十年)(曠野)(引導)
사십년 광야 인도

암2:11,(中)(先知者)(靑年)(中)(子孫)(果然)
중 선지자 청년 중 자손 과연

암2:12,(葡萄酒)(先知者)(命)(豫言)
포도주 선지자 명 예언

암2:13,(穀食)
곡식

암2:14,(者)(逃亡)(强)(者)(自己)(勇士)(避)
자 도망 강 자 자기 용사 피

암2:15,(者)(者)(避)(者)(避)
자 자 피 자 피

암2:16,(勇士)(中)(者)(逃亡)
용사 중 자 도망

阿摩司書-(아모스)-第三章
아 마 사 서 제삼 장

암3:1,(子孫)(引導)(族屬)
자손 인도 족속

암3:2,(族屬)(中)(罪惡)(報應)
족속 중 죄악 보응

암3:3,(意合)(同行)
의합 동행

암3:4,(獅子)(獅子)(窟)
사자 사자 굴

암3:6,(城邑)(百姓)(災殃)(城邑)(臨)
성읍 백성 재앙 성읍 임

암3:7,(主)(自己)(秘密)(先知者)(決)(行)
주 자기 비밀 선지자 결 행

암3:8,(獅子)(主)(豫言)
사자 주 예언

암3:9,(宮)(宮)(廣布)(山)(城)(中)(擾亂)(虐待)
궁 궁 광포 산 성 중 요란 학대

암3:10,(自己)(宮闕)(暴虐)(劫奪)(者)(行)
자기 궁궐 포학 겁탈 자 행

암3:11,(主)(四面)(對敵)(衰)(宮闕)(掠奪)
주 사면 대적 쇠 궁궐 약탈

암3:12,(牧者)(獅子)(羊)(寢床)(緋緞方席)
목자 사자 양 침상 비단방석
(子孫)
자손

암3:13,(主)(萬軍)(族屬)(證據)
주 만군 족속 증거

암3:14,(罪)(報應)(壇)(罰)(壇)
죄 보응 단 벌 단

암3:15,(宮)(宮)(象牙宮)(破滅)(宮)(決斷)
궁 궁 상아궁 파멸 궁 결단

阿摩司書-(아모스)-第四章
아 마 사 서 제사 장

암4:1,(山)(居)(者)(虐待)(窮乏)(者)
산 거 자 학대 궁핍 자
(壓制)(家長)
압제 가장

암4:2,(主)(自己)(盟誓)(臨)(者)
주 자기 맹서 임 자

암4:3,(城)(各其)
성 각기

암4:4,(犯罪)(罪)(犧牲)(三日)(十一條)
범죄 죄 희생 삼일 십일조

암4:5,(酬恩祭)(樂獻祭)(廣布)(子孫)(主)
수은제 낙헌제 광포 자손 주

암4:6,(城邑)(閒暇)(各處)(糧食)
성읍 한가 각처 량식

암4:7,(秋收)(前)(城邑)(城邑)(部分)(部分)
추수 전 성읍 성읍 부분 부분

암4:8,(城邑)(城邑)(滿足)
성읍 성읍 만족

암4:9,(風災)깜(災殃)팟(葡萄園)(無花果)
풍재 재앙 포도원 무화과

(橄欖)
감람

암4:10,(中)(染病)(臨)(靑年)(擄掠)(惡臭)
중 염병 임 청년 노약 악취

암4:11,(中)(城邑)
중 성읍

암4:12,(行)(行)(豫備)
행 행 예비

암4:13,(大抵)(山)(創造)(自己)(者)(萬軍)
대저 산 창조 자기 자 만군

阿摩司書-(아모스)-第五章
아 마 사 서 제오 장

암5:1,(族屬)(對)(哀歌)
족속 대 애가

암5:2,(處女)(自己)(者)
처녀 자기 자

암5:3,(主)(中)(千名)(城邑)(百名)(百名)
주 중 천명 성읍 백명 백명

(城邑)(名)
성읍 명

암5:4,(族屬)
족속

암5:5,(丁寧)(虛無)
정녕 허무

암5:6,(念慮)(滅)(者
염려 멸 자

암5:7,(公法)(茵蔯)(變)(正義)(者)
공법 인진 변 정의 자

암5:8,(昴星)(參星)(死亡)(白晝)(地面)(者)
묘성 삼성 사망 백주 지면 자

암5:9,(强)(者)(忽然)(敗亡)(臨)(敗亡)(山城)
강 지 홀언 패밍 임 패망 산성

암5:10,(城門)(責望)(者)(正直)(者)
성문 책망 자 정직 자

암5:11,(者)(不當)(稅)(取)(建築)(居)
자 부당 세 취 건축 거

(葡萄園)(葡萄酒)
포도원 포도주

암5:12,(罪惡)(重)(義人)(虐待)(賂物)
죄악 중 의인 학대 뇌물

(城門)(窮乏)(者)(抑鬱)(者)
성문 궁핍 자 억울 자

암5:13,(智慧者)(潛潛)(惡)
지혜자 잠잠 악

암5:14,(爲)(善)(求)(惡)(求)(萬軍)
위 선 구 악 구 만군

암5:15,(惡)(善)(城門)(公義)(萬軍)(或時)
악 선 성문 공의 만군 혹시

(者)(矜恤)
자 긍휼

암5:16,(主)(萬軍)(廣場)(嗚呼)(嗚呼)
주 만군 광장 오호 오호

(農夫)(哀哭)
농부 애곡

암5:17,(葡萄園)
포도원

암5:18,(禍)(思慕)(者)(思慕)
화 사모 자 사모

암5:19,(獅子)(避)(或)(壁
사자 피 혹 벽

암5:21,(節期)(蔑視)(聖會)
절기 멸시 성회

암5:22,(燔祭)(素祭)(犧牲)(和睦祭
번제 소제 희생 화목제

암5:23,(琵琶
비파

암5:24,(公法)(正義)(河水)
공법 정의 하수

암5:25,(族屬)(四十年)(曠野)(犧牲)(素祭物)
족속 사십년 광야 희생 소제물

암5:26,(王)(偶像)(爲)(神)(形像)
왕 우상 위 신 형상

암5:27,(萬軍)
만군

阿摩司書-(아모스)-第六章
아 마 사 서 제륙 장

암6:1,(禍)(安逸)(者)(山)(者)(列國)(中)
화 안일 자 산 자 열국 중

(優勝)(有名)(族屬)(者)
우승 유명 족속 자

암6:2,(大(土地)(土地)
대 토지 토지

암6:3,(凶)(强暴)
흉 강포

암6:4,(象牙床)(寢床)(羊)(羊)(取)
상아상 침상 양 양 취

암6:5,(琵琶)(自己)(爲)(樂器)(製造)
비파 자기 위 악기 제조

암6:6,(葡萄酒)(貴)(患難)(因)(者)
포도주 귀 환난 인 자

암6:7,(者)(中)(者)
자 중 자

암6:8,(萬軍)(主)(自己)(盟誓)(榮光)(宮闕)
만군 주 자기 맹서 영광 궁궐

(城邑)(對敵)
성읍 대적

암6:10,(親戚)(屍體)(者)(內室)(者)(者)
친척 시체 자 내실 자 자

(對答)(潛潛)
대 답 잠 잠

암6:11,(命)
명

암6:12,(公法)(變)(正義)(茵蔯)(變)
공 법 변 정 의 인 진 변

암6:13,(虛無)(取)(者)
허 무 취 자

암6:14,(萬軍)(族屬)(虐待)
만 군 족 속 학 대

阿摩司書-(아모스)-第七章
아 마 사 서 제 칠 장

암7:1,(主)(王)(後)(始作)(主)(蝗蟲)
주 왕 후 시 작 주 황 충

암7:2,(蝗蟲)(主)(請)(赦)(微弱)
황 충 주 청 사 미 약

암7:3,(對)
대

암7:4,(主)(主)(命)(懲魂)(陸地)
주 주 명 징 혼 륙 지

암7:5,(主)(請)(微弱)
주 청 미 약

암7:6,(主)(對)
주 대

암7:7,(主)
주

암7:8,(對答)(主)(百姓)(容恕)
대 답 주 백 성 용 서

암7:9,(山堂)(荒廢)(聖所)(毁破)
산 당 황 폐 성 소 훼 파

암7:10,(祭司長)(王)(寄別)(族屬)(中)
제 사 장 왕 기 별 족 속 중

(王)(謀叛)
왕 모 반

암7:11,(丁寧)
정 녕

암7:12,(先見者)(逃亡)(豫言)
선 견 자 도 망 예 언

암7:13,(豫言)(王)(聖所)(王)
예 언 왕 성 소 왕

암7:14,(對答)(先知者)(先知者)(牧者)
대 답 선 지 자 선 지 자 목 자

(培養)(者)
배 양 자

암7:15,(羊)(百姓)(豫言)
양 백 성 예 언

암7:16,(對)(豫言)(向)(警戒)
대 예 언 향 경 계

암7:17,(城邑)(中)(娼妓)(子女)(丁寧)(本土)
성 읍 중 창 기 자 녀 정 녕 본 토

阿摩司書-(아모스)-第八章
아 마 사 서 제 팔 장

암8:1,(主)(實果)
주 실 과

암8:2,(實果)(百姓)(容恕)
실 과 백 성 용 서

암8:3,(宮殿)(哀哭)(屍體)(潛潛)(處處)(主)
궁 전 애 곡 시 체 잠 잠 처 처 주

암8:4,(窮乏)(者)(者)(亡)(者)
궁 핍 자 자 망 자

암8:5,(月朔)(穀食)(安息日)
월 삭 곡 식 안 식 일

암8:6,(銀)(者)(窮乏)(者)
은 자 궁 핍 자

암8:7,(榮光)(盟誓)(所爲)(永永)
영 광 맹 서 소 위 영 영

암8:8,(因)(居民)(哀痛)(河水)(江)
인 거 민 애 통 하 수 강

암8:9,(主)(白晝)
주 백 주

암8:10,(節期)(哀痛)(哀哭)(變)(獨子)
절 기 애 통 애 곡 변 독 자

(因)(哀痛)(結局)(困苦)
인 애 통 결 국 곤 고

암8:11,(主)(饑饉)(糧食)(飢渴)
주 기 근 량 식 기 갈

암8:12,(北)(東)(求)(往來)
북 동 구 왕 래

암8:13,(處女)(男子)(渴)(疲困)
처 녀 남 자 갈 피 곤

암8:14,(罪)(偶像)(盟誓)(生存)(盟誓)
죄 우 상 맹 서 생 존 맹 서

(爲)(生存)(盟誓)
위 생 존 맹 서

阿摩司書-(아모스)-第九章
아 마 사 서 제 구 장

암9:1,(主)(壇)(門地枋)(者)(殺戮)(中)
주 단 문 지 방 자 살 륙 중

(逃亡)(中)(避)
도 망 중 피

암9:2,(陰府)(取)(取)
음 부 취 취

암9:3,(避)(命)
피 명

암9:4,(怨讐)(命(殺戮)(注目)(禍)(福)
원 수 명 살 륙 주 목 화 복

암9:5,(主)(萬軍)(居)(者)(哀痛)(河水)(江)(者)
주 만 군 거 자 애 통 하 수 강 자

암9:6,(殿)(穹蒼)(基礎)(地面)(者)
전 궁 창 기 초 지 면 자

암9:7,(子孫)(族屬),
자 손 족 속

암9:8,(主)(犯罪)(注目)(地面)(滅)(穩全)(滅)
주 범 죄 주 목 지 면 멸 온 전 멸

암9:9,(命令)(族屬)(萬國)(中(穀食)
명 령 족 속 만 국 중 곡 식

암9:10,(百姓)(中)(禍)(臨)(罪人)
백 성 중 화 임 죄 인

암9:11,(天幕)(頹落)
천 막 퇴 락

암9:12,(者)(萬國)(基業)(行)
자 만 국 기 업 행

암9:13,(者)(穀食)(者)(葡萄)(者)(者)
자 곡식 자 포도 자 자
(山)(葡萄酒)(山)
산 포도주 산
암9:14,(百姓)(荒蕪)(城邑)(建築)(居)
백성 황무 성읍 건축 거
(葡萄園)(葡萄酒)(果園)(果實)
포도원 포도주 과원 과실
암9:15,(本土)
본토

俄巴底亞書-(오바댜)
아파저아서

옵1:1,(默示)(主)(對)(消息)(使者)(列國)(中)
묵시 주 대 소식 사자 열국 중
옵1:2,(列國)(中)(微弱)(蔑視)
열국 중 미약 멸시
옵1:3,(居)(者)(中心)(能)(中心)(驕慢)
거 자 중심 능 중심 교만
옵1:5,(或時)(盜賊)(强盜)(中)(滿足)(取)
혹시 도적 강도 중 만족 취
(或時)(葡萄)(者)(亡)
혹시 포도 자 망
옵1:6,(搜探)(寶物)(搜探)
수탐 보물 수탐
옵1:7,(約條)(者)(邊境)(和睦)(者)(食物)
약조 자 변경 화목 자 식물
(者)(陷穽)(知覺)
자 함정 지각
옵1:8,(智慧)(者)(滅)(山)(知覺)(者)(滅)
지혜 자 멸 산 지각 자 멸
옵1:9,(勇士)(因)(山)(居民)(殺戮)(當)(滅絶)
용사 인 산 거민 살륙 당 멸절
옵1:10,(兄弟)(行)(暴虐)(因)(羞辱)(永遠)
형제 행 포학 인 수욕 영원
(滅絶)
멸절
옵1:11,(異邦人)(財物)(勒奪)(外國人)
이방인 재물 늑탈 외국인
(城門)(爲)(中)
성문 위 중
옵1:12,(兄弟)(災殃)(傍觀)(苦難)
형제 재앙 방관 고난
옵1:13,(百姓)(患難)(當)(城門)(患難)(當)
백성 환난 당 성문 환난 당
(苦難)(傍觀)(患難)(當)(財物)
고난 방관 환난 당 재물
옵1:14,(四巨里)(逃亡)(者)(苦難)(者)(對敵)
사거리 도망 자 고난 자 대적
옵1:15,(萬國)(罰)(行)(行)
만국 벌 행 행
옵1:16,(聖山)(萬國人)(恒常)(本來)
성산 만국인 항상 본래
옵1:17,(山)(避)(者)(山)(族屬)(自己)(基業)
산 피 자 산 족속 자기 기업
(옵1:18,(族屬)(族屬)(族屬)(草芥)(族屬)(者)
족속 족속 족속 초개 족속 자
옵1:19,(南方)(山)
남방 산
옵1:20,(子孫)(屬)(者)(者)(南方)(城邑)
자손 속 자 자 남방 성읍
옵1:21,(救援者)(山)(山)(審判)(屬)
구원자 산 산 심판 속

約拿書-(요나)-第一章
약나서 제일장

욘1:1,(臨)
임
욘1:2,(城邑)(惡毒)(上達)
성읍 악독 상달
욘1:3,(避)(逃亡)(避)(船價)
피 도망 피 선가
욘1:4,(大風)大作)
대풍 대작
욘1:5,(沙工)(各各)(自己)(神)(物件)(層)
사공 각각 자기 신 물건 층
욘1:6,(船長)(者)(求)(或時)(亡)
선장 자 구 혹시 망
욘1:7,(災殃)(因)(臨)(當)
재앙 인 임 당
욘1:8,(請)(災殃)(緣故)(臨)(告)(生業)
청 재앙 연고 임 고 생업
(故國)(民族)(屬)
고국 민족 속
욘1:9,(對答)(陸地)(敬畏)(者)
대답 륙지 경외 자
욘1:10,(自己)(避)(告)(甚)(行)
자기 피 고 심 행
욘1:11,(漸漸)(洶湧)(爲)(潺潺)
점점 흉용 위 잔잔
욘1:12,(對答)(爲)(潺潺)(暴風)(緣故)
대답 위 잔잔 폭풍 연고
욘1:13,(櫓)(陸地)(向)(漸漸)(洶湧)(能)
노 륙지 향 점점 흉용 능
욘1:14,(求)(求)(生命)(滅亡)(無罪)(主)
구 구 생명 멸망 무죄 주
(主)(行)
주 행
욘1:16,(祭物)(誓願)
제물 서원
욘1:17,(豫備)(三日)(三夜
예비 삼일 삼야

約拿書-(요나)-第二章
약나서 제이장

욘2:1,(祈禱)
기도
욘2:2,(苦難)(因)(主)(對答)뱃(主)(音聲)
고난 인 주 대답 주 음성
욘2:3,(主)(主)(波濤)
주 주 파도
욘2:4,(主)(目前)(主)(聖殿)
주 목전 주 성전

욘2:5,(靈魂)
영혼

욘2:6,(山)(主)(生命)
산 주 생명

욘2:7,(靈魂)(疲困)(祈禱)(主)(主)(聖殿)
영혼 피곤 기도 주 주 성전

욘2:8,(崇尙)(者)(自己)(恩惠)
숭상 자 자기 은혜

욘2:9,(感謝)(主)(祭祀)(誓願)(主)(救援)
감사 주 제사 서원 주 구원

욘2:10,(命)(陸地)(吐)
명 륙지 토

約拿書-(요나)-第三章
약나서 제삼장

욘3:1,(番)(臨)
번 임

욘3:2,(城邑)(命)(宣布)
성읍 명 선포

욘3:3,(城邑)(三日)
성읍 삼일

욘3:4,(城)(行)(四十日)
성 행 사십일

욘3:5)百姓)(禁食)(宣布)無論大小)
백성 금식 선포 무론대소

욘3:6,(所聞)(王)(王)(寶座)(朝服)
소문 왕 왕 보좌 조복

욘3:7,(王)(詔書)(宣布)(羊)
왕 조서 선포 양

욘3:8,(各其)(惡)(行)(强暴)
각기 악 행 강포

욘3:9,(或時)(震怒)(滅亡)
혹시 진노 멸망

욘3:10,(行)(惡)(鑑察)災殃)
행 악 감찰 재앙

約拿書-(요나)-第四章
약나서 제사장

욘4:1,(甚)(怒)
심 노

욘4:2,(祈禱)(故國)(逃亡)(主)(恩惠)(慈悲)
기도 고국 도망 주 은혜 자비
(怒)(仁愛)(災殃)
노 인애 재앙

욘4:3,(願)(生命)(取)
원 생명 취

욘4:4,(合當)
합당

욘4:5,(城)(城)(東便)(自己)(爲)(草幕)(城邑)
성 성 동편 자기 위 초막 성읍

욘4:6,(準備)(爲)(免)(因)(甚)
준비 위 면 인 심

욘4:7,(準備)
준비

욘4:8,(東風)(準備)(昏困)(求)
동풍 준비 혼곤 구

욘4:9,(因)(合當)對答)(合當)
인 합당 대답 합당

욘4:10,(受苦)(培養)(亡)
수고 배양 망

욘4:11,(城邑)(左右)(分辨)(者)(十)(二萬)
성읍 좌우 분변 자 십 이만
(餘名)(六畜)(合當)
여명 육축 합당

彌迦書-(미가서)-第一章
미 가 서 제일 장

미1:1,(列王)(時代)(臨)(關)(默示)
열 왕 시 대 임 관 묵 시

미1:2,(百姓)(仔細)(主)(對)(證據)(主)(聖殿)
백 성 자 세 주 대 증 거 주 성 전

미1:3,(處所)(降臨)
처 소 강 림

미1:4,(山)
산

미1:5,(因)(族屬)(罪)(因)(山堂)
인 족 속 죄 인 산 당

미1:6,(葡萄)(地臺)
포 도 지 대

미1:7,(偶像)(破碎)(淫行)(木像)(毁破)
우 상 파 쇄 음 행 목 상 훼 파
(妓生)(妓生)
기 생 기 생

미1:8,(哀痛)(哀哭)(行)(哀哭)(駝鳥)(哀痛)
애 통 애 곡 행 애 곡 타 조 애 통

미1:9,(傷處)(百姓)(城門)
상 처 백 성 성 문

미1:10,(告)(號哭)
고 호 곡

미1:11,(居民)(羞恥)(居民)(哀哭)(依支)
거 민 수 치 거 민 애 곡 의 지

미1:12,(居民)(中)(福)(災殃)(城門)(臨)
거 민 중 복 재 앙 성 문 임

미1:13,(居民)(駿馬)(兵車)(罪)(根本)
거 민 준 마 병 거 죄 근 본

미1:14,(作別)(禮物)(列王)
작 별 예 물 열 왕

미1:15,(居民)(將次)(者)(臨)(榮光)
거 민 장 차 자 임 영 광

미1:16,(子息)(因)
자 식 인

彌迦書-(미가서)-第二章
미 가 서 제이 장

미2:1,(寢床)(惡)(奸詐)(經營)(行)(者)(禍)
침 상 악 간 사 경 영 행 자 화

미2:2,(貪)(貪)(取)(産業)(虐待)
탐 탐 취 산 업 학 대

미2:3,(族屬)(災殃)(計劃)(驕慢)(災殃)
족 속 재 앙 계 획 교 만 재 잉

미2:4,(對)(諷詞)(哀歌)(穩全)(亡)(百姓)
대 풍 사 애 가 온 전 망 백 성
(産業)(悖逆者
산 업 패 역 자

미2:5,(會中)띨(者)(中)
회 중 자 중

미2:6,(豫言)(豫言)(辱)
예 언 예 언 욕

미2:7,(族屬)(神)(行爲)(行爲)(正直)(者)(有益)
족 속 신 행 위 행 위 정 직 자 유 익

미2:8,(近來)(百姓)(對敵)(戰爭)(避)(平安)
근 래 백 성 대 적 전 쟁 피 평 안
(者)(衣服)(中)
자 의 복 중

미2:9,(百姓)(婦女)(子女)(榮光)(永永)
백 성 부 녀 자 녀 영 광 영 영

미2:10,(滅)(滅亡)
멸 멸 망

미2:11,(萬一)(虛妄)(行)(葡萄酒)(毒酒)
만 일 허 망 행 포 도 주 독 주
(對)(豫言)(百姓)(先知者)
대 예 언 백 성 선 지 자

미2:12,(丁寧)(丁寧)(者)(處所)(羊)(草場)
정 녕 정 녕 자 처 소 양 초 장
(羊)(人數)
양 인 수

미2:13,(者)(城門)(王)(行)(先頭)(行)
자 성 문 왕 행 선 두 행

彌迦書-(미가서)-第三章
미 가 서 제삼 장

미3:1,(頭領)(族屬)(治理者)(請)(公義)
두 령 족 속 치 리 자 청 공 의

미3:2,(善)(惡)(百姓)
선 악 백 성

미3:4,(應答)(行爲)(惡)
응 답 행 위 악

미3:5,(百姓)(誘惑)(先知者)(平康)(者)
백 성 유 혹 선 지 자 평 강 자
(戰爭)(準備)(先知者)(對)
전 쟁 준 비 선 지 자 대

미3:6,(異像)(黑暗)(占)(先知者)
이 상 흑 암 점 선 지 자

미3:7,(先見者)(術客)(羞恥)(當)(應答)
선 견 자 술 객 수 치 당 응 답

미3:8,(神)(權能)(公義)(才能)(罪)
신 권 능 공 의 재 능 죄

미3:9,(族屬)(頭領)(族屬)(治理者)(公義)
족 속 두 령 족 속 치 리 자 공 의
(正直)(者)(請)
정 직 자 청

미3:10,(罪惡)(建築)
죄 악 건 축

미3:11,(頭領)(賂物)(爲)(裁判)(祭司長)
두 령 뇌 물 위 재 판 제 사 장
(爲)(教訓)(先知者)(爲)(占)(依賴)
위 교 훈 선 지 자 위 점 의 뢰
(中)(災殃)(臨)
중 재 앙 임

미3:12,(因)(當)(聖殿)(山)
인 당 성 전 산

彌迦書-(미가서)-第四章
미 가 서 제사 장

미4:1,(末日)(殿)(山)(山)(山)(民族)
말 일 전 산 산 산 민 족

미4:2,(異邦)(山)(殿)(道)(行)(律法)
이 방 산 전 도 행 률 법

미4:3,(民族)(中)(審判)(强)(異邦)(判決)
민 족 중 심 판 강 이 방 판 결

(槍)(戰爭)(練習)
창 전쟁 련습

014:4,(各)(自己)(葡萄)(自己)(無花果)(者)
각 자기 포도 자기 무화과 자

(萬軍)
만군

014:5,(萬民)(各各)(自己)(神)(憑藉)(行)
만민 각각 자기 신 빙자 행

(憑藉)(永遠)(行)
빙자 영원 행

014:6,(者)(者)(患難)(者)
자 자 환난 자

014:7,(者)(百姓)(者)(强)(山)(永遠)(治理)
자 백성 자 강 산 영원 치리

014:8,(羊)(望臺)(山)(以前)(權能)
양 망대 산 이전 권능

014:9,(中)(王)(謀士)(解産)(女人)(苦痛)
중 왕 모사 해산 녀인 고통

014:10,(解産)(女人)(城邑)(居)(救援)
해산 녀인 성읍 거 구원

(怨讐)(贖良)
원수 속량

014:11,(異邦)(願)
이방 원

014:12,(謀略)(穀食)(打作)
모략 곡식 타작

014:13,(鐵)(百姓)(奪取物)(區別)
철 백성 탈취물 구별

(財物)(大主宰)
재물 대주재

彌迦書-(미가서)-第五章
미 가 서 제오장

015:1,(軍隊)(裁判者)
군대 재판자

015:2,(族屬)(中)(者)(根本)(上古)(太初)
족속 중 자 근본 상고 태초

015:3,(臨産)(女人)(解産)후(後)(兄弟)
임산 녀인 해산 후 형제

(者)(子孫)
자 자손

015:4,(能力)(威嚴)(依支)(晏然)(居)(昌大)
능력 위엄 의지 안연 거 창대

015:5,(平康)(宮)(牧者)(君王)
평강 궁 목자 군왕

015:6,(荒蕪)(地境)
황무 지경

015:7,(者)(百姓)(中)(人生)
자 백성 중 인생

015:8,(者)(列國)(中)(百姓)(中)(中)(獅子)
자 열국 중 백성 중 중 사자

(羊)(中)(獅子)(萬一)(能)(救援)(者)
양 중 사자 만일 능 구원 자

015:9,(對敵)(怨讐)(殄滅)
대적 원수 진멸

015:10,(中)(滅絶)(兵車)(毁破)
중 멸절 병거 훼파

015:11,(城邑)(滅)(堅固)(城)
성읍 멸 견고 성

015:12,(卜術)(占匠)
복술 점장

015:13,(偶像)(柱像)(中)(滅絶)
우상 주상 중 멸절

015:14,(木像)(中)(城邑)(滅)
목상 중 성읍 멸

015:15,(震怒)(忿恨)(聽從)
진노 분한 청종

彌迦書-(미가서)-第六章
미 가 서 제륙장

016:1,(山)(爭辯)(山)
산 쟁변 산

016:2,(山)(堅固)(地臺)(爭辯)(自己)(百姓)
산 견고 지대 쟁변 자기 백성

(爭辯)(辯論)
쟁변 변론

016:3,(百姓)(行)(證據)
백성 행 증거

016:4,(引導)(贖良)(行)
인도 속량 행

016:5,(百姓)(王)(對答)(追憶)(追憶)(義)(行)
백성 왕 대답 추억 추억 의 행

016:6,(敬拜)(燔祭物)(一年)
경배 번제물 일년

016:7,(千千)(羊)(萬萬)(江水)(爲)(靈魂)
천천 양 만만 강수 위 영혼

(罪)(因)
죄 인

016:8,(主)(善)(求)(公義)(行)(仁慈)(謙遜)(行)
주 선 구 공의 행 인자 겸손 행

016:9,(城邑)(向)(完全)(智慧)(主)(敬畏)
성읍 향 완전 지혜 주 경외

(順)(定)(者)(順從)
순 정 자 순종

016:10,(惡人)(不義)(財物)(縮小)(可憎)
악인 불의 재물 축소 가증

016:11,(萬一)(不正)(錘)
만일 부정 추

016:12,(富者)(强暴)(居民)(詭詐)
부자 강포 거민 궤사

016:13,(重)(傷)(罪)(因)(寂寞)
중 상 죄 인 적막

016:14,(恒常)(保存)(保存)
항상 보존 보존

016:15,(秋收)(橄欖)(葡萄)
추수 감람 포도

016:16,(律例)行爲)(荒蕪(居民)(嗤笑)
율례 행위 황무 거민 치소

(百姓)(羞辱)(擔當)
백성 수욕 담당

彌迦書-(미가서)-第七章
미 가 서 제칠장

017:1,(災殃)(實果)(後)(葡萄)(後)(思慕)
재앙 실과 후 포도 후 사모

(無花果)
무 화 과

미7:2,(善人)(世上)(正直者)(人間)(埋伏)
선인 세상 정직자 인간 매복

(各其)(兄弟)
각기 형제

미7:3,(惡)(行)(君長)(裁判者)(賂物)(求)
악 행 군장 재판자 뇌물 구

(大人)(惡)(私慾)(發)(連絡)(取)
대인 악 사욕 발 연락 취

미7:4,(善)(者(正直)(者)(把守軍)(刑罰)
선 자 정직 자 파수군 형벌

(臨)(擾亂)
임 요란

미7:5,(親舊)(依支)(女人)(門)
친구 의지 녀인 문

미7:6,(蔑視)(對敵)(對敵)(怨讐)(自己)
멸시 대적 대적 원수 자기

미7:7,(救援)
구원

미7:8,(對敵)(因)
대적 인

미7:9,(犯罪)(主)(爲)(審判)(伸寃)(怒)(當)
범죄 주 위 심판 신원 노 당

(主)(引導)(光明)(義)
주 인도 광명 의

미7:10,(對敵)(前)(者)(目覩)
대적 전 자 목도

미7:11,(城壁)(建築)(地境)
성벽 건축 지경

미7:12,(城邑)(河水)(山)(山)
성읍 하수 산 산

미7:13,(居民)(行爲)(因)(荒蕪)
거민 행위 인 황무

미7:14,(願)(主)(主)(主)(百姓)(森林)(居)
원 주 주 주 백성 삼림 거

(主)(基業)
주 기업

미7:15,(奇事)
기사

미7:16,(列邦)(自己)(勢力)막
열방 자기 세력

미7:17,(主)(因)
주 인

미7:18,(主)(神)(主)(罪惡)(赦宥)(基業)(者)
주 신 주 죄악 사유 기업 자

(仁愛)(怒)(恒常)
인애 노 항상

미7:19,(矜恤)(罪惡)(罪)(
긍휼 죄악 죄

미7:20,(主)(列祖)(盟誓)(誠實)(仁愛)
주 열조 맹서 성실 인애

那鴻書-(나훔)-第一章
나 홍 서 제일 장

나1:1)對)(重)(警告)(默示)
대 중 경고 묵시

나1:2,(妬忌)(報復(震怒)(自己)(者)(對敵)
투기 보복 진노 자기 자 대적
(者)(震怒)
자 진노

나1:3,(怒)(權能)(罪人)(決)(赦)(狂風)
노 권능 죄인 결 사 광풍

나1:4,(江)(衰)
강 쇠

나1:5,(因)(山)(震動)(山)(世界)(居)(者)
인 산 진동 산 세계 거 자

나1:6,(能)(憤怒)(能)(震怒)(堪當)(震怒)(因)
능 분노 능 진노 감당 진노 인

나1:7,(善)(患難)(山城)(自己)(依賴)(者)
선 환난 산성 자기 의뢰 자

나1:8,(汎濫)(殄滅)(自己)(對敵)(黑暗)
범람 진멸 자기 대적 흑암

나1:9,(對)(穩全)(滅)(災難)
대 온전 멸 재난

나1:10,(醉)
취

나1:11,(惡)(中)(邪慝)(勸)
악 중 사특 권

나1:12,(强壯)(衆多)(滅絶)(當)(前)
강장 중다 멸절 당 전

나1:13,(結縛)
결박

나1:14,(對)(命)(傳播)(神)(偶像)(偶像)
대 명 전파 신 우상 우상
(滅絶)(豫備)(卑陋)
멸절 예비 비루

나1:15,(消息)(報)(和平)(傳)(者)(山)(節期)
소식 보 화평 전 자 산 절기
(誓願)(惡人)(殄滅)(通行)
서원 악인 진멸 통행

那鴻書-(나훔)-第二章
나 홍 서 제이 장

나2:1,(破壞)(者)(山城)(把守)(堅固)
파괴 자 산성 파수 견고

나2:2,(榮光)(恢復)(榮光)(掠奪者)
영광 회복 영광 약탈자
(掠奪)(葡萄)
약탈 포도

나2:3,(勇士)(防牌)(武士)(行伍)(兵車)
용사 방패 무사 항오 병거
(鐵)(老松)(愴)(搖動)
철 노송 창 요동

나2:4,(兵車)(貌樣)
병거 모양

나2:5,(尊貴)(者)(急)(城)(豫備)
존귀 자 급 성 예비

나2:6,(江)(水門)(王宮)(消滅)
강 수문 왕궁 소멸

나2:7,(定命)(王后(侍女)
정명 왕후 시녀

나2:8,(逃亡)(者)
도망 자

나2:9,(銀)(擄掠)(金)(勒奪)(貯蓄)
은 노약 금 늑탈 저축
(無限)(器具)(豊富)
무한 기구 풍부

나2:10)空虛)(荒蕪)(居民)(落膽)
공허 황무 거민 락담

나2:11,(獅子)(窟)(獅子)(前)(獅子)
사자 굴 사자 전 사자
(獅子)(獅子)(者)
사자 사자 자

나2:12,(獅子)(爲)(食物)(充分)(獅子)
사자 위 식물 충분 사자
(爲)(取)(窟)
위 취 굴

나2:13,(萬軍)(對敵)(兵車(煙氣)(獅子)
만군 대적 병거 연기 사자
(滅)(擄掠)(派遣者)
열 노약 파견자

那鴻書-(나훔)-第三章
나 홍 서 제삼 장

나3:1,(禍)(城)(詭譎)(强暴(勒奪)
화 성 궤휼 강포 늑탈

나3:2,(轟轟)(兵車)(兵車)
굉굉 병거 병거

나3:3,(衝突)(騎兵),(殺戮)(當)(無數)
충돌 기병 살륙 당 무수
(屍體)(屍體)
시체 시체

나3:4,(魔術)(主人)(妓生)(淫行)(因)
마술 주인 기생 음행 인
(淫行)(列國)(迷惑)(族屬)(迷惑)
음행 열국 미혹 족속 미혹

나3:5,(萬軍)(對敵)(列國)(列邦)
만군 대적 열국 열방

나3:6,(可憎)(凌辱)(求景)
가증 능욕 구경

나3:7,(者)(逃亡)(荒蕪)(爲)(哀哭)(慰勞)
자 도망 황무 위 애곡 위로
(者)(求)
자 구

나3:8,(江)(城壘)(城壁)
강 성루 성벽

나3:9,(限)(者)
한 자

나3:10,(捕虜)(當)(尊貴)(者)大人(結縛)
포로 당 존귀 자 대인 결박

나3:11,(醉)(對敵)(因)(避難處)
취 대적 인 피난처

나3:12,(山城)(無花果)(者)
산성 무화과 자

나3:13,(中)(壯丁)(女人)(城門)(對敵)
중 장정 녀인 성문 대적

나3:14,(豫備)(山城)(堅固)(修理)
예비 산성 견고 수리

나3:16,(商賈)(蝗蟲)
상고 황충

나3:17,(方伯)(大將)
방백 대장

나3:18,(王)(牧者)(貴族)(百姓)(山)
왕 목자 귀족 백성 산

나3:19,(傷處)(重)(消息)(者)(因)(惡行)(者)
상처 중 소식 자 인 악행 자

哈巴穀書-(하바국)-第一章
합파곡서 제일장

합1:1,(先知者)(默示)(警告)
선지자 묵시 경고

합1:2,(主)(强暴)(因)(主)(救援)
주 강포 인 주 구원

합1:3,(姦惡)(悖逆)(目覩).(大抵)(劫奪)
간악 패역 목도 대저 겁탈

(强暴)(辯論)(紛爭)
강포 변론 분쟁

합1:4,(律法)(解弛)(公義)(施行)(惡人)
률법 해이 공의 시행 악인

(義人)(公義)(行)
의인 공의 행

합1:5,(列國)(生前)(行)(或)
열국 생전 행 혹

합1:6,(性急)(百姓)(自己)(所有)(居)(占領)
성급 백성 자기 소유 거 점령

합1:7,(審判)(威令)(自己)
심판 위령 자기

합1:8,(豹)(騎兵)(遠方)(騎兵)(食物)
표 기병 원방 기병 식물

합1:9,(强暴)(行)(向)
강포 행 향

합1:10,(列王)(蔑視)(方伯)(嗤笑)(堅固)
열왕 멸시 방백 치소 견고

(城)(胸壁)(取)
성 흉벽 취

합1:11,(自己)(神)(者)(急)(行)(得罪)
자기 신 자 급 행 득죄

합1:12,(先知)(者)(主)(萬歲前)(死亡)(主)
선지 자 주 만세전 사망 주

(審判)(爲)(磐石)(主)(警戒)(爲)
심판 위 반석 수 경계 위

합1:13,(主)(淨潔)(惡)(詭譎)(者)(傍觀)
주 정결 악 궤휼 자 방관

(惡人)(自己)(義)(潛潛)
악인 자기 의 잠잠

합1:14,(主)(魚族)(主權者)(昆蟲)
주 어족 주권자 곤충

합1:15낚(取)(草網)(因)
취 초망 인

합1:16,(祭祀)(草網)(焚香)(所得)(豊富)
제사 초망 분향 소득 풍부

(食物)(豊盛)
식물 풍성

합1:17,(連)(列國)(殺戮)
연 열국 살륙

哈巴穀書-(하바국)-第二章
합파곡서 제이장

합2:1,(把守)(城樓)(質問)(對)(對答)
파수 성루 질문 대 대답

합2:2,(對答)(默示)(記錄)(板)(明白)
대답 묵시 기록 판 명백

합2:3,(默示)(定)(終末)(速)(決)(遲滯)
묵시 정 종말 속 결 지체

(丁寧)(應)
정녕 응

합2:4,(驕慢)(正直)(義人)
교만 정직 의인

합2:5,(詭譎)(驕慢)(慾心)(陰府)(死亡)
궤휼 교만 욕심 음부 사망

(足)(自己)(萬國)(萬民)
족 자기 만국 만민

합2:6,(俗談)(評論)(嘲弄)(詩)(諷刺)(禍)
속담 평론 조롱 시 풍자 화

(自己)(所有)(者)(者)
자기 소유 자 자

합2:7,(者)(忽然)(者)(擄掠)(當)
자 홀연 자 노약 당

합2:8,(擄掠)(民族)(者)(擄掠)(城邑)(居民)
노약 민족 자 노약 성읍 거민

(强暴)(行)
강포 행

합2:9,(災殃)(避)(爲)(自己)(爲)(不義)(利)
재앙 피 위 자기 위 불의 이

(取)(者)(禍)
취 자 화

합2:10,(民族)(滅)(辱)(靈魂)(罪)(犯)
민족 멸 욕 영혼 죄 범

합2:11,(應答)
응답

합2:12,(邑)(建設)(不義)(城)(建築)(者)(禍)
읍 건설 불의 성 건축 자 화

합2:13,(民族)(受苦)(列國)(困憊)(萬軍)
민족 수고 열국 곤비 만군

합2:14,(大抵)(榮光)(認定)(世上)
대저 영광 인정 세상

합2:15,(自己)(憤怒)(醉)(下體)(者)(禍)
자기 분노 취 하체 자 화

합2:16,(榮光)(羞恥)(割禮)(盞)(辱)(榮光)
영광 수치 할례 잔 욕 영광

합2:17,(大抵)(强暴)(行)(殘害)(城邑)
대저 강포 행 잔해 성읍

(居民)(强暴)(行)
거민 강포 행

합2:18,(偶像)(者)(有益)(偶像)(者)(偶像)
우상 자 유익 우상 자 우상

(依支)(有益)
의지 유익

합2:19,(者)(禍)(教訓)(金)(銀)(生氣)
자 화 교훈 금 은 생기

합2:20,(聖殿)(天下)(潛潛)
성전 천하 잠잠

哈巴穀書-(하바국)-第三章
합 파 곡 서 제삼 장

합3:1,(先知者)(祈禱)
선지자 기도

합3:2,(主)(對)(所聞)(主)(主)(數年)(內)
주 대 소문 주 주 수년 내
(復興)(數年)(內)(震怒)(中)(矜恤)
부흥 수년 내 진노 중 긍휼

합3:3,(者)(山)(榮光)(讚頌)(世界)
자 산 영광 찬송 세계

합3:4,(光明)(光線)(權能)
광명 광선 권능

합3:5,(瘟疫)(行)
온역 행

합3:6,(震動)(列國)(戰慄)(永遠)(山)(無窮)
진동 열국 전률 영원 산 무궁
(山)(行)
산 행

합3:7,(帳幕)(患難)(當)(揮帳)
장막 환난 당 휘장

합3:8,(主)(救援)(兵車)(河水)(忿)(江)(對)
주 구원 병거 하수 분 강 대

합3:9,(主)(發)(主)(河水)
주 발 주 하수

합3:10,(山)(主)(漲水)
산 주 창수

합3:11,(主)(主)(光彩)(因)(處所)
주 주 광채 인 처소

합3:12,(主)(怒)(發)(忿)(列國)
주 노 발 분 열국

합3:13,(主)(主)(百姓)(救援)(者)(救援)
주 주 백성 구원 자 구원
(惡人)(基礎)
악인 기초

합3:14,(者)(主)(戰士)(槍)
자 주 전사 창

합3:15,(主)(波濤)
주 파도

합3:16,(因)(患難)(處所)
인 환난 처소

합3:17,(無花果)(茂盛)(葡萄)(橄欖)
무화과 무성 포도 감람
(所出)(食物)(羊)
소출 식물 양

합3:18,(因)(救援)(因)
인 구원 인

합3:19,(主)(伶長)(爲)(竪琴)
주 령장 위 수금

西番雅書-(스바냐)-第一章
서번아서 제일장

습1:1,(王)(時代)(臨)(玄孫)(曾孫)(孫子)
왕 시대 임 현손 증손 손자

습1:2,(地面)(殄滅)
지면 진멸

습1:3,(殄滅)(空中)(惡人)(殄滅)(地面)(滅絶)
진멸 공중 악인 진멸 지면 멸절

습1:4,(居民)(滅絶)(祭司長)(滅絶)
거민 멸절 제사장 멸절

습1:5,(日月星辰)(敬拜)(者)(敬拜)(盟誓)
일월성신 경배 자 경배 맹서
(盟誓)(者)
맹서 자

습1:6,(背叛)(者)(求)(者)(滅絶)
배반 자 구 자 멸절

습1:7,(主)(潛潛)(犧牲)(準備)(者)(區別)
주 잠잠 희생 준비 자 구별

습1:8,(犧牲)(方伯)(王子)(異邦)(衣服)
희생 방백 왕자 이방 의복
(者)(罰)
자 벌

습1:9,(門)(强暴)(詭譎)(自己)(主人)(者)(罰)
문 강포 궤휼 자기 주인 자 벌

습1:10,(魚門)(哭聲)(第)(二)(區域)(山)
어문 곡성 제 이 구역 산

습1:11,(居民)(哀哭)(百姓)(敗亡)(銀)
거민 애곡 백성 패망 은
(輸運)(者)
수운 자

습1:12,(燈)(心中)(福)(禍)(者)(罰)
등 심중 복 화 자 벌

습1:13,(財物)(擄掠)(荒蕪)(建築)(居)
재물 노약 황무 건축 거
(葡萄園)(葡萄酒)
포도원 포도주

습1:14,(甚)(勇士)(甚)(哀哭)
심 용사 심 애곡

습1:15,(憤怒)(患難)(苦痛)(荒蕪)(敗壞)
분노 환난 고통 황무 패괴
(黑暗)
흑암

습1:16,(警告)(堅固)(城邑)(望臺)
경고 견고 성읍 망대

습1:17,(苦難)(行)(犯罪)(糞土)
고난 행 범죄 분토

습1:18,(銀)(金)(憤怒)(能)(嫉妬)(居民)
은 금 분노 능 질투 거민
(滅絶)(滅絶)
멸절 멸절

西番雅書-(스바냐)-第二章
서번아서 제이장

습2:1,(羞恥)(百姓)
수치 백성

습2:2,(命令)(施行)(前)(光陰)(前)(震怒)
명령 시행 전 광음 전 진노
(臨)(前)(憤怒)(前)
임 전 분노 전

습2:3,(規例)(世上)(謙遜)(者)(公義)(謙遜)
규례 세상 겸손 자 공의 겸손
(求)(或時)(憤怒)
구 혹시 분노

습2:4,(荒廢)(白晝)
황폐 백주

습2:5,(海邊)(居民)(族屬)(禍)(滅)(居民)
해변 거민 족속 화 멸 거민

습2:6,(海邊)(草場)(牧者)(羊)
해변 초장 목자 양

습2:7,(地境)(族屬)(者)(羊)(眷顧)
지경 족속 자 양 권고

습2:8,(毁謗)(子孫)(百姓)(毁謗)(境界)(侵犯)
훼방 자손 백성 훼방 경계 침범

습2:9,(萬軍)(盟誓)(將次)(子孫)(永遠)(荒蕪)
만군 맹서 장차 자손 영원 황무
(百姓)(擄掠)(國民)(基業)
백성 노약 국민 기업

습2:10,(當)(驕慢)(萬軍)(百姓)(毁謗)
당 교만 만군 백성 훼방

습2:11,(世上)(神)(衰盡)(異邦)(海邊)(各各)
세상 신 쇠진 이방 해변 각각
(自己)(處所)(敬拜)
자기 처소 경배

습2:12,(殺戮)(當)
살륙 당

습2:13,(北方)(向)(滅)(荒蕪)
북방 향 멸 황무

습2:14,(各樣)(塘鵝)(窓)(門)(寂寞)(柏香木)
각양 당아 창 문 적막 백향목

습2:15,(城)(念慮)(居)(心中)(外)(荒蕪)(者)
성 염려 거 심중 외 황무 자
(嗤笑)
치소

西番雅書-(스바냐)-第三章
서번아서 제삼장

습3:1,(悖逆)(暴虐)(城邑)(禍)
패역 포학 성읍 화

습3:2,(命令)(敎訓)(依賴)(自己)
명령 교훈 의뢰 자기

습3:3,(方伯)(獅子)(裁判長)
방백 사자 재판장

습3:4,(先知者)(爲人)(輕率)(奸邪)(者)
선지자 위인 경솔 간사 자
(祭司長)(聖所)(律法)(犯)
제사장 성소 률법 범

습3:5,(中)(居)(義)(不義)(行)(間斷)(自己)
중 거 의 불의 행 간단 자기
(公義)(不義)(者)(羞恥)
공의 불의 자 수치

습3:6,(列國)(望臺)(荒蕪)(者)(城邑)(荒廢)
열국 망대 황무 자 성읍 황폐
(居)(者)
거 자

습3:7,(敬畏)(教訓)(刑罰)(定)(居處)行爲)
경외 교훈 형벌 정 거처 행위

습3:8,(罰)(定)(忿恨)(震怒)(召集)(列國)
벌 정 분한 진노 소집 열국

(嫉妬)(燒滅)
질투 소멸

습3:9,(列邦)(一心)
열방 일심

습3:10,(求)(百姓)(者)(河水)(便)(禮物)
구 백성 자 하수 편 예물

습3:11,(犯罪)行爲)(因)(羞恥)(當)(中)
범죄 행위 인 수치 당 중

(驕慢)(者)(除)(聖山)(驕慢)
교만 자 제 성산 교만

습3:12,(困苦)(百姓)(中)(依託)(保護)
곤고 백성 중 의탁 보호

습3:13,(者)(惡)(行)(詭譎)(者)
자 악 행 궤휼 자

습3:14,(全心)
전심

습3:15,(刑罰)(除)(怨讐)(王)(中)(禍)(當
형벌 제 원수 왕 중 화 당

습3:17,(救援)(全能者)(因)(潛潛)(因)
구원 전능자 인 잠잠 인

습3:18,(大會)(因)(者)(屬)(者)(恥辱)
대회 인 자 속 자 치욕

습3:19,(者)(罰)(者)(救援)(者)(世上)(羞辱)
자 벌 자 구원 자 세상 수욕

(者)(稱讚)(名聲)
자 칭찬 명성

습3:20,(目前)(天下萬民)(中)(名聲)(稱讚)
목전 천하만민 중 명성 칭찬

哈該書-(학개서)-第一章
합 해 서 제일 장

학1:1,(王)(二年)(六月)(初)(先知者)
왕 이년 육월 초 선지자
(總督)(大祭司長)(臨)
총독 대제사장 임

학1:2,(萬軍)(百姓)(殿)(建築)(時期)
만군 백성 전 건축 시기

학1:3,(先知者)(臨)
선지자 임

학1:4,(殿)(荒蕪)(板壁)(居)(可)
전 황무 판벽 거 가

학1:5,(萬軍)(自己)(所爲)
만군 자기 소위

학1:6,(收入(洽足(纏袋)
수입 흡족 전대

학1:7,(萬軍)(自己)(所爲
만군 자기 소위

학1:8,(山)(殿)(建築)(因)(榮光)
산 전 건축 인 영광

학1:9)萬軍)(緣故)(荒蕪)(各各)(自己)
만군 연고 황무 각각 자기

학1:10,(因)(産物)
인 산물

학1:11,(旱災)(山)(穀物)(葡萄酒)(所産)
한재 산 곡물 포도주 소산
(六畜)(受苦)(臨)
육축 수고 임

학1:12,(大祭司長)(百姓)(先知者)(聽從)
대제사장 백성 선지자 청종
(因)(百姓)(敬畏)
인 백성 경외

학1:13,(使者)(命)(依支)(百姓)(告)
사자 명 의지 백성 고

학1:14,(總督)(大祭司長)(百姓)(興奮)
총독 대제사장 백성 흥분
(萬軍)(殿)(役事
만군 전 역사

학1:15,(王)(二年)(六月)(二十四日)
왕 이년 육월 이십사일

哈該書-(학개서)-第二章
합 해 서 제이 장

학2:1,(七月)(二十一日)(先知者)(臨)
칠월 이십일일 선지자 임

학2:2,(總督)(大祭司長)(百姓)(告)
총독 대제사장 백성 고

학2:3,(中)(者)(殿)(以前)(榮光)(者)
중 자 전 이전 영광 자

학2:4,(大祭司長)(百姓(萬軍)
대제사장 백성 만군

학2:5,(言約)(神)(中)
언약 신 중

학2:6,(萬軍)(陸地)(震動)
만군 륙지 진동

학2:7,(萬國)(震動)(萬國)(榮光)(殿)
만국 진동 만국 영광 전
(充滿)(萬軍)
충만 만군

학2:8,(銀)(金)(萬軍)
은 금 만군

학2:9,(殿)(榮光)(以前)(榮光)(萬軍)
전 영광 이전 영광 만군
(平康)(萬軍)
평강 만군

학2:10,(王)(二年)(九月)(二十)(四日)
왕 이년 구월 이십 사일
(先知者)(臨)
선지자 임

학2:11,(萬軍)(祭司長)(律法)(對)
만군 제사장 률법 대

학2:12,(萬一)(葡萄酒)(食物)(聖物)
만일 포도주 식물 성물
(祭司長)(對答)
제사장 대답

학2:13,(屍體)(不淨)(者)(萬一)(中)
시체 부정 자 만일 중
(不淨)(祭司長)(對答)(不淨)
부정 제사장 대답 부정

학2:14,(對答)(百姓)(不淨)
대답 백성 부정

학2:15,(請)(以前)(殿)(疊)(追憶)
청 이전 전 첩 추억

학2:16,(二十)(石)(穀食)(十)(石)
이십 석 곡식 십 석
(葡萄汁)(五十)(二十)
포도즙 오십 이십

학2:17,(萬軍)(暴風)(雨雹)
만군 폭풍 우박

학2:18,(以前)(追憶)(九月)(二十)(四日)
이전 추억 구월 이십 사일
(殿)(地臺)
전 지대

학2:19,(穀食)(種子)(倉庫)(葡萄)
곡식 종자 창고 포도
(無花果)(石榴)(橄欖)(福)
무화과 석류 감람 복

학2:20,(二十)(四日)(臨)
이십 사일 임

학2:21,(總督)(告)(震動)
총독 고 진동

학2:22,(列國)(寶座)(列邦)(勢力)(滅)
열국 보좌 열방 세력 멸
(兵車)(者)(者)(各各)
병거 자 자 각각

학2:23,(萬軍)(取)(印)(擇)(萬軍)
만군 취 인 택 만군

撒迦利亞書-(스가랴)-第一章
살가리아서 제일장

슥1:1,(王)(二年)(八月)(孫子)(先知者)(臨)
왕 이년 팔월 손자 선지자 임

슥1:2,(列祖)(甚)(震怒)
열조 심 진노

슥1:3,(告)(萬軍)(萬軍)(萬軍)
고 만군 만군 만군

슥1:4,(列祖)(先知者)(萬軍)(惡)(惡)(行實)
열조 선지자 만군 악 악 행실

슥1:5,(列祖)(先知者)(永遠)
열조 선지자 영원

슥1:6,(先知者)(命)(傳例)(列祖)(臨)
선지자 명 전례 열조 임
(萬軍)(行爲)(行)(行)
만군 행위 행 행

슥1:7,(王)(二年)(十一月)(月)(二十)
왕 이년 십일월 월 이십
(四日)(孫子)가(先知者)(臨)
사일 손자 선지자 임

슥1:8,(紅馬)(花石榴)(紅馬)(紫馬)(白馬)
홍마 화석류 홍마 자마 백마

슥1:9,(主)(天使)
주 천사

슥1:10,(花石榴)(者)(對答)(者)
화석류 자 대답 자

슥1:11,(花石榴)(使者)(告)(平安)(靜穩)
화석류 사자 고 평안 정온

슥1:12,(使者)(應)(萬軍)(城邑)(矜恤)
사자 응 만군 성읍 긍휼
(怒)(七十年)
노 칠십년

슥1:13,(天使)(善)(慰勞)(對答)
천사 선 위로 대답

슥1:14,(天使)(萬軍)(爲)(爲)(嫉妬)
천사 만군 위 위 질투

슥1:15,(安逸)(列國)(甚)(震怒)(怒)(苦難)
안일 열국 심 진노 노 고난

슥1:16,(矜恤)(建築)(萬軍)
긍휼 건축 만군

슥1:17,(萬軍)(城邑)(豊富)(安慰)(擇)
만군 성읍 풍부 안위 택

슥1:19,(天使)(對答)(
천사 대답

슥1:20,(工匠)(命)
공장 명

슥1:21,(對答)(能)(工匠)(以前)(列國)
대답 능 공장 이전 열국

撒迦利亞書-(스가랴)-第二章
살가리아서 제이장

슥2:1,(尺量)
척량

슥2:2,(對答)(尺量)(長廣)
대답 척량 장광

슥2:3,(天使)(天使)
천사 천사

슥2:4,(少年)(告)(居)(六畜)(城廓)(村落)
소년 고 거 육축 성곽 촌락

슥2:5,(四面)(城廓)(榮光)
사면 성곽 영광

슥2:6,(四方)(北方)(逃亡)
사방 북방 도망

슥2:7,(城)(居)(避)
성 거 피

슥2:8,(萬軍)(擄掠)(列國)(榮光)(爲)(犯)
만군 노약 열국 영광 위 범
(者)(瞳子)(犯)
자 동자 범

슥2:9,(自己)(者)(擄掠)(萬軍)
자기 자 노약 만군

슥2:10,(臨)(居)
임 거

슥2:11,(屬)(百姓)(居)(萬軍)
속 백성 거 만군

슥2:12,(將次)(取)(自己)(所有)(擇)
장차 취 자기 소유 택

슥2:13,(血氣)(者)(潛潛)(聖所)
혈기 자 잠잠 성소

撒迦利亞書-(스가랴)-第三章
살가리아서 제삼장

슥3:1,(大祭司長)(使者)(右便)(對敵)
대제사장 사자 우편 대적

슥3:2,(責望)(擇)(責望)
책망 택 책망

슥3:3,(天使)
천사

슥3:4,(自己)(者)(命)(罪過)(除)
자기 자 명 죄과 제

슥3:5,(淨)(冠)(淨)(冠)(使者)
정 관 정 관 사자

슥3:6,(使者)(證據)
사자 증거

슥3:7,(萬軍)(萬一)(道)(遵行)(律例)
만군 만일 도 준행 율례
(者)(中)(往來)
자 중 왕래

슥3:8,(大祭司長)(同僚)(豫表)
대제사장 동료 예표

슥3:9,(萬軍)(罪惡)(除)
만군 죄악 제

슥3:10,(萬軍)(各各)(葡萄)(無花果)(招待)
만군 각각 포도 무화과 초대

撒迦利亞書-(스가랴)-第四章
살가리아서 제사장

슥4:1,(天使)(者)
천사 자

슥4:2,(對答)(純金)(燈臺)(周鉢)(燈臺)
대답 순금 등대 주발 등대
(燈盞)(燈臺)(燈盞)(管)
등잔 등대 등잔 관

슥4:3,(燈臺)(橄欖)(周鉢)(右便)(左便)
등대 감람 주발 우편 좌편

슥4:4,(天使)(主)
천사 주
슥4:5,(天使)(對答)(對答)(主)
천사 대답 대답 주
슥4:6,(萬軍)(能)(神)
만군 능 신
슥4:7,(山)(恩寵)
산 은총
슥4:8,(臨)
임
슥4:9,(殿)(地臺)(萬軍)
전 지대 만군
슥4:10,(蔑視)(者)(世上)(行)
멸시 자 세상 행
슥4:11,(燈臺)(左右)(橄欖)
등대 좌우 감람
슥4:12,(金)(金管)(橄欖)
금 금관 감람
슥4:13,(對答)(對答)(主)
대답 대답 주
슥4:14,(者)(世上)(主)(者)
자 세상 주 자

撒迦利亞書-(스가랴)-第五章
살가리아서 제오장

슥5:2,(對答)(長)(二十)(廣)(十)
대답 장 이십 광 십
슥5:3,(地面)(行)(詛呪)(盜賊)(者)(便)
지면 행 저주 도적 자 편
(盟誓)(者)(便)
맹서 자 편
슥5:4,(萬軍)(發)(盜賊)(妄靈)(盟誓)(者)
만군 발 도적 망령 맹서 자
슥5:5,(天使)
천사
슥5:6,(貌樣
모양
슥5:7,(女人)(同時)
녀인 동시
슥5:8,(惡)(女人)
악 녀인
슥5:9,(女人)(鶴)(天地)
녀인 학 천지
슥5:10,(天使)
천사
슥5:11,(爲)(竣工)(處所)
위 준공 처소

撒迦利亞書-(스가랴)-第六章
살가리아서 제륙장

슥6:1,(兵車)(山)(山)(山)
병거 산 산 산
슥6:2,(兵車)(紅馬)(兵車)(黑馬)
병거 홍마 병거 흑마
슥6:3,(兵車)(白馬)(兵車)(健壯)
병거 백마 병거 건장
슥6:4,(天使)(主)
천사 주
슥6:5,(天使)(對答)(世上)(主)
천사 대답 세상 주
슥6:6,(黑馬)(北便)(白馬)(男便)
흑마 북편 백마 남편
슥6:7,(健壯
건장
슥6:8,(北方)(者)(北方)
북방 자 북방
슥6:9,(臨)
임
슥6:10,(者)(中)(取)
자 중 취
슥6:11,(銀)(金)(取)(冕旒冠)(大祭司長)
은 금 취 면류관 대제사장
슥6:12,(告)(萬軍)(自己)(殿)(建築)
고 만군 자기 전 건축
슥6:13,(殿)(建築)(榮光)(祭司長)(自己)
전 건축 영광 제사장 자기
(平和)(議論)
평화 의논
슥6:14,(冕旒冠)(記念)(爲)(殿)
면류관 기념 위 전
슥6:15,(殿)(建築)(萬軍)(萬一)(聽從)
전 건축 만군 만일 청종

撒迦利亞書-(스가랴)-第七章
살가리아서 제칠장

슥7:1,(王)(四年)(九月)(月)(四日)(臨)
왕 사년 구월 월 사일 임
슥7:2,(從者)(恩惠)(求)
종자 은혜 구
슥7:3,(萬軍)(殿)(祭司長)(先知者)(行)
만군 전 제사장 선지자 행
(五月間)(齋戒
오월간 재계
슥7:4,(萬軍)(臨)
만군 임
슥7:5,(百姓)(祭司長)(七十年)(五月)
백성 제사장 칠십년 오월
(七月)(禁食)(哀痛)(禁食)(爲)(爲)
칠월 금식 애통 금식 위 위
슥7:6,(全)(自己)(爲)(自己)(爲)(
전 자기 위 자기 위
슥7:7,(以前)(先知者)(聽從)(四面)(邑)
이전 선지자 청종 사면 읍
(百姓)(居)(亨通)(南方)(平原)(居)
백성 거 형통 남방 평원 거
슥7:8,(臨)
임
슥7:9,(萬軍)(眞實)(裁判)(行)(彼此)
만군 진실 재판 행 피차
(仁愛)(矜恤)
인애 긍휼
슥7:10,(寡婦)(孤兒)(窮乏)(者)(壓制)
과부 고아 궁핍 자 압제
(害)(心中)(圖謀)
해 심중 도모

슥7:11,(聽從)(向)
청종 향
슥7:12,(金剛石)(律法)(萬軍)(神)(以前)
금강석 률법 만군 신 이전
(先知者)(憑藉)(傳)(怒)(萬軍)
선지자 빙자 전 노 만군
슥7:13,(萬軍)
만군
슥7:14,(列國)(後)(荒蕪)(往來)(荒蕪)
열국 후 황무 왕래 황무

撒迦利亞書-(스가랴)-第八章
살가리아서 제팔장

슥8:1,(萬軍)(臨)
만군 임
슥8:2,(萬軍)(爲)(嫉妬)(爲)(憤怒)(嫉妬)
만군 위 질투 위 분노 질투
슥8:3,(居)(眞理)(城邑)(萬軍)(山)(聖山)
거 진리 성읍 만군 산 성산
슥8:4,(萬軍)(各其)
만군 각기
슥8:5,(城邑)(童男)(童女)
성읍 동남 동녀
슥8:6,(萬軍)(百姓)(奇異)(奇異)(萬軍)
만군 백성 기이 기이 만군
슥8:7,(萬軍)(百姓)(東方)(西方)(救援)
만군 백성 동방 서방 구원
슥8:8,(引導)(居)(百姓)(誠實)(正義)
인도 거 백성 성실 정의
슥8:9,(萬軍)(萬軍)(殿)(建築)(地臺)
만군 만군 전 건축 지대
(先知者)(堅固)
선지자 견고
슥8:10,(前)(對敵)(因)(出入)(平安)
전 대적 인 출입 평안
슥8:11,(萬軍)(百姓)(對)(前日)
만군 백성 대 전일
슥8:12,(平安)(秋收)(葡萄)(産物)(百姓)
평안 추수 포도 산물 백성
슥8:13,(族屬)(族屬)(異邦)(詛呪)(救援)
족속 족속 이방 저주 구원
(祝福)(堅固)
축복 견고
슥8:14,(萬軍)(前)(列祖)(怒)(激發)(災殃)
만군 전 열조 노 격발 재앙
슥8:15,(族屬)(恩惠)
족속 은혜
슥8:16,(行)(各其)(眞實)(城門)(眞實)(裁判)
행 각기 진실 성문 진실 재판
슥8:17,(心中)(害)(圖謀)(盟誓)
심중 해 도모 맹서
슥8:18,(萬軍)(臨)
만군 임
슥8:19,(萬軍)(四月)(禁食)(五月)(禁食)
만군 사월 금식 오월 금식
(七月)(禁食)(變)(族屬)(喜樂)
칠월 금식 변 족속 희락
(節期)(眞實)(和平)
절기 진실 화평
슥8:20,(萬軍)(後)(百姓)(城邑)(居民)
만군 후 백성 성읍 거민
슥8:21,(城邑)(居民)(城邑)(速)(萬軍)
성읍 거민 성읍 속 만군
(恩惠)(求)
은혜 구
슥8:22,(百姓)(强大)(萬軍)(恩惠)(求)
백성 강대 만군 은혜 구
슥8:23,(萬軍)(方言)(列國)(百姓)
만군 방언 열국 백성

撒迦利亞書-(스가랴)-第九章
살가리아서 제구장

슥9:1,(警告)(臨)(世上)(支派)
경고 임 세상 지파
슥9:2,(接境)(臨)(智慧)(臨)
접경 임 지혜 임
슥9:3,(自己)(爲)(保障)(建築)(銀)(精金)
자기 위 보장 건축 은 정금
슥9:4,(主)(權勢)
주 권세
슥9:5,(甚)(所望)(羞恥)(亦是)(居民)
심 소망 수치 역시 거민
슥9:6,(雜族)(居)(驕慢)
잡족 거 교만
슥9:7,(可憎)(除)(頭目)
가증 제 두목
슥9:8,(陣)(敵軍)(往來)(暴虐)(者)(地境)(親)
진 적군 왕래 포학 자 지경 친
슥9:9,(王)(臨)(公義)(救援)(謙遜)
왕 임 공의 구원 겸손
슥9:10,(兵車)(戰爭)(異邦)(和平)(傳)
병거 전쟁 이방 화평 전
(政權)(江)
정권 강
슥9:11,(言約)(因)(者)
언약 인 자
슥9:12,(所望)(者)(保障)(倍)
소망 자 보장 배
슥9:13,(子息)(激動)(子息)(勇士)
자식 격동 자식 용사
슥9:14,(主)(南方)(行)
주 남방 행
슥9:15,(萬軍)(護衛)(怨讐)(醉)(祭壇)
만군 호위 원수 취 제단
슥9:16,(自己)(百姓)(羊)(救援)
자기 백성 양 구원
(冕旒冠)(寶石)
면류관 보석
슥9:17,(亨通)(少年)(穀食)(强健)(處女)
형통 소년 곡식 강건 처녀
(葡萄酒)
포도주

撒迦利亞書-(스가랴)-第十章
살가리아서 제십장

슥10:1,(求)(菜蔬)(各)
구 채소 각

슥10:2,(大抵)(虛誕)(卜術者)(眞實)(慰勞)
대저 허탄 복술자 진실 위로

(百姓)(羊)(流離)(牧者)(困苦)(當)
백성 양 유리 목자 곤고 당

슥10:3,(牧者)(怒)(發)(罰)(萬軍)(族屬)
목자 노 발 벌 만군 족속

(眷顧)(戰爭)(駿馬)
권고 전쟁 준마

슥10:4,(權勢)(者)(一齊)
권세 자 일제

슥10:5,(勇士)(中)(對敵)(者)
용사 중 대적 자

슥10:6,(族屬)(堅固)(族屬)(救援)(矜恤)
족속 견고 족속 구원 긍휼

슥10:7,(勇士)(葡萄酒)(子孫)(因)
용사 포도주 자손 인

슥10:8,(向)(救贖)(前)(蕃盛)(蕃盛)
향 구속 전 번성 번성

슥10:9,(列邦)(遠方)(記憶)(子女)(生存)
열방 원방 기억 자녀 생존

슥10:10,(居)(不足)
거 부족

슥10:11,(苦海)(驕慢)(笏)
고해 교만 홀

슥10:12,(依支)(堅固)(往來)
의지 견고 왕래

撒迦利亞書-(스가랴)-第十一章
살가리아서 제십일장

슥11:1,(門)(柏香木)
문 백향목

슥11:2,(哭)(柏香木)(毁滅)(哭)(茂盛)(森林)
곡 백향목 훼멸 곡 무성 삼림

슥11:3,(牧者)(哭)(榮華)(毁滅)(獅子)(荒蕪)
목자 곡 영화 훼멸 사자 황무

슥11:4,(羊)
양

슥11:5,(者)(罪)(者)(富饒)(讚頌)(牧者)
자 죄 자 부요 찬송 목자

슥11:6,(居民)(各各)
거민 각각

슥11:7,(羊)(可憐)(羊)(取)(恩寵)(連絡)(羊)
양 가련 양 취 은총 연락 양

슥11:8,(牧者)
목지

슥11:9,(者)(亡)(者)(亡)(彼此)
자 망 자 망 피차

슥11:10,(恩寵)(取)(百姓)(言約)폐하
은총 취 백성 언약

슥11:11,(當日)(廢)(聽從)(可憐)(羊)
당일 폐 청종 가련 양

슥11:12,(雇價)(銀)(三十)(雇價)
고가 은 삼십 고가

슥11:13,(準價)(土器匠)(銀)(三十)
준가 토기장 은 삼십

(殿)(土器匠)
전 토기장

슥11:14,(連絡)(兄弟)(義)
연락 형제 의

슥11:15,(愚昧)(牧者)(器具)(取)
우매 목자 기구 취

슥11:16,(牧者)(者)(者)(傷)(者)(强健)(者)(者)
목자 자 자 상 자 강건 자 자

슥11:17,(禍)(羊)(牧者)(右便)(臨)(右便)
화 양 목자 우편 임 우편

撒迦利亞書-(스가랴)-第十二章
살가리아서 제십이장

슥12:1,(關)(警告)(心靈)(者)
관 경고 심령 자

슥12:2,(四面)(國民)(昏醉)(盞)
사면 국민 혼취 잔

슥12:3,(國民)(者)(天下)(萬國)
국민 자 천하 만국

슥12:4,(者)(族屬)(國民)
자 족속 국민

슥12:5,(頭目)(心中)(居民)(萬軍)
두목 심중 거민 만군

슥12:6,(頭目)(火爐)(穀食)(左右)(國民)
두목 화로 곡식 좌우 국민

(本)(居)
본 거

슥12:7,(帳幕)(救援)(榮光)(居民)(榮光)
장막 구원 영광 거민 영광

슥12:8,(居民)(保護)(中)(弱)(者)(族屬)(死者)
거민 보호 중 약 자 족속 사자

슥12:9,(列國)(滅)
열국 멸

슥12:10,(居民)(恩寵)(懇求)(心靈)(爲)
거민 은총 간구 심령 위

(哀痛)(獨子)(爲)(哀痛)(爲)(痛哭)
애통 독자 위 애통 위 통곡

(長子)(爲)(痛哭)
장자 위 통곡

슥12:11哀痛)(哀痛)
애통 애통

슥12:12,(各)(族屬)(哀痛)(族屬)(族屬)
각 족속 애통 족속 족속

슥12:13,(族屬)(族屬)
족속 족속

슥12:14,(族屬)(各其)
족속 각기

撒迦利亞書-(스가랴)-第十三章
살가리아서 제십삼장

슥13:1,(罪(族屬)(居民)(爲)
죄 족속 거민 위

슥13:2,(萬軍)(偶像)(記憶)(先知者)(邪鬼)
만군 우상 기억 선지자 사귀

슥13:3,(豫言)(父母)(憑藉)(父母)(豫言)
예언 부모 빙자 부모 예언

슥13:4,(先知者)(豫言)(異像)(各其)
선지자 예언 이상 각기

슥13:5,(先知者)(農夫)
선지자 농부

슥13:6,(或)(傷處)對答(親舊)(傷處)
혹 상처 대답 친구 상처

슥13:7,(萬軍)(牧者)(者)(牧者)(羊)(者)
만군 목자 자 목자 양 자

슥13:8,(三分之)(二)(滅絶)(三分之)(一)
삼분지 이 멸절 삼분지 일

슥13:9,(三分之)(一)(銀)(鍊鍛)(金)
삼분지 일 은 연단 금
(試驗)(百姓)
시험 백성

撒迦利亞書-(스가랴)-第十四章
살가리아서 제십사장

슥14:1,(財物)(掠奪)(中)
재물 약탈 중

슥14:2,(列國)(城邑)(陷落)(家屋)(掠奪)
열국 성읍 함락 가옥 약탈
(婦女)(辱)(城邑)(百姓)(折半)
부녀 욕 성읍 백성 절반
(百姓)(城邑)
백성 성읍

슥14:3,(列國)(已往)(戰爭)
열국 이왕 전쟁

슥14:4,(東便)(橄欖山)(橄欖山)(東西)(山)
동편 감람산 감람산 동서 산
(折半)(北)(折半)(南)
절반 북 절반 남

슥14:5,(山(山)(逃亡)(王)(地震)(避)(逃亡)
산 산 도망 왕 지진 피 도망
(臨)(者)(主)
임 자 주

슥14:6,(光明)(者)
광명 자

슥14:8,(生水)(折半)(東海)(折半)(西海)
생수 절반 동해 절반 서해

슥14:9,(天下)(王)
천하 왕

슥14:10,(男便)(本處)(門)(城)(門)(望臺)
남편 본처 문 성 문 망대
(王)(葡萄酒)
왕 포도주

슥14:11,(居)(詛呪)(晏然)
거 저주 안연

슥14:12,(百姓)(災殃)(
백성 재앙

슥14:13,(擾亂)(彼此)(彼此)
요란 피차 피차

슥14:14,(四面)(列國)(寶貨)(金)(銀)(衣服)(甚)
사면 열국 보화 금 은 의복 심

슥14:15,(陣)(六畜)(災殃)(災殃)
진 육축 재앙 재앙

슥14:16,(列國)(中)(者)(王)(萬軍)(崇拜)
열국 중 자 왕 만군 숭배
(草幕節)
초막절

슥14:17,(天下)(萬國)(中)(王)(萬軍)(崇拜)(者)
천하 만국 중 왕 만군 숭배 자

슥14:18,(萬一)(族屬)(漲溢)(草幕節)
만일 족속 창일 초막절
(列國)(災殃)
열국 재앙

슥14:19,(列國)(草幕節)(者)(罰
열국 초막절 자 벌

슥14:20,(聖潔)(記錄)(殿)(祭壇)(周鉢)
성결 기록 전 제단 주발

슥14:21,(萬軍)(聖物)(祭祀)(者)(取)(萬軍)(殿)
만군 성물 제사 자 취 만군 전

瑪拉基書-(말라기)-第一章
마랍기서 제일장

말1:1,(警告)
경고

말1:2,(主)(兄)
주 형

말1:3,(山)(荒蕪(産業)(曠野)(豺狼)
산 황무 산업 광야 시랑

말1:4,(當)(荒廢)(萬軍)(惡)(地境)(永永)
당 황폐 만군 악 지경 영영
(震怒)(百姓)
진노 백성

말1:5,(目覩)(地境)
목도 지경

말1:6,(蔑視)(祭司長)(萬軍)(主人)(恭敬)
멸시 제사장 만군 주인 공경
(恭敬)(主人)(主)(蔑視
공경 주인 주 멸시

말1:7,(壇)(主)(主)(床)(輕蔑)(因)
단 주 주 상 경멸 인

말1:8,(萬軍)(犧牲)(惡)(病)(惡)(總督)(嘉納)
만군 희생 악 병 악 총독 가납

말1:9,(萬軍)(恩惠)(求)(矜恤)(行)(中)
만군 은혜 구 긍휼 행 중

말1:10,(萬軍)(壇)(爲)(中)(聖殿)(門)(者)
만군 단 위 중 성전 문 자

말1:11,(萬軍)(異邦)(民族)(中)(各處)(爲)
만군 이방 민족 중 각처 위
(焚香)(祭物)(異邦)(民族)(中)
분향 제물 이방 민족 중

말1:12,(床)(實果)(食物)(輕蔑)
상 실과 식물 경멸

말1:13,(萬軍)(煩弊)(討索)(物件)(病)(獻物)
만군 번폐 토색 물건 병 헌물

말1:14,(誓願)(欠)(詐欺)(者)(詛呪)(列邦)
서원 흠 사기 자 저주 열방
(中)(萬軍)
중 만군

瑪拉基書-(말라기)-第二章
마랍기서 제이장

말2:1,(祭司長)(命令)
제사장 명령

말2:2,(萬軍)(萬一)(榮華)(詛呪)(福)
만군 만일 영화 저주 복
(詛呪)(詛呪)
저주 저주

말2:3,(種子)(譴責)(節期)(犧牲)(除)(當)
종자 견책 절기 희생 제 당

말2:4,(萬軍)(命令)(言約)(恒常)
만군 명령 언약 항상

말2:5,(言約)(生命)(平康)(言約)(敬畏)(敬畏)
언약 생명 평강 언약 경외 경외

말2:6,(眞理)(法)(不義)(和平)(正直)(中)
진리 법 불의 화평 정직 중
(同行)(罪惡)
동행 죄악

말2:7,(大抵)(祭司長)(知識)(律法)(求)
대저 제사장 지식 률법 구
(祭司長)(萬軍)(使者)
제사장 만군 사자

말2:8,(正道)(律法)(萬軍)(言約)(破)
정도 률법 만군 언약 파

말2:9,(道)(律法)(行)(偏僻)(百姓)(蔑視)
도 률법 행 편벽 백성 멸시
(賤待)(當)
천대 당

말2:10,(各)(自己)(兄弟)(詭詐)(行)(列祖)
각 자기 형제 궤사 행 열조
(言約)(辱)
언약 욕

말2:11,(詭詐)(行)(中)(可憎)(行)(聖潔)
궤사 행 중 가증 행 성결
(辱)(異邦)(神)(結婚)
욕 이방 신 결혼

말2:12,(行)(屬)(者)(者)(應答)(者)(勿論)
행 속 자 자 응답 자 물론
(萬軍)(祭祀)(者)(帳幕)
만군 제사 자 장막

말2:13,(行)(嘆息)(壇)(獻物)
행 탄식 단 헌물

말2:14,(娶)(證據)(因)(盟約)(詭詐)(行)
취 증거 인 맹약 궤사 행

말2:15,(靈)(有餘)(敬虔)(子孫)(心靈)(娶)
영 유여 경건 자손 심령 취
(詭詐)(行)
궤사 행

말2:16,(離婚)(虐待)(者)(萬軍)(心靈)
이혼 학대 자 만군 심령
(詭詐)(行)
궤사 행

말2:17,(行惡)(者)(善)(公義)
행악 자 선 공의

瑪拉基書-(말라기)-第三章
마랍기서 제삼장

말3:1,(萬軍)(使者)(豫備)(求)(主)(忽然)
만군 사자 예비 구 주 홀연
(殿)(臨)(思慕)(言約)(使者)(臨)
전 임 사모 언약 사자 임

말3:2,(臨)(能)(當)(能)(金)(鍊鍛)(者)
임 능 당 능 금 연단 자
(漂白)(者)
표백 자

말3:3,(銀)(鍊鍛)(者)(子孫)(金)(銀)(鍊鍛)
은 연단 자 자손 금 은 연단
(義)(祭物)
의 제물

말3:4,(獻物)古代)
헌물 고대

말3:5,(審判)(臨)(術數)(者)(姦淫)(者)
심판 임 술수 자 간음 자

(盟誓)(者)(軍)(對)(抑鬱(寡婦)(孤兒)
맹서 자 군 대 억울 과부 고아
(壓制)(抑鬱)(敬畏)(者)(速)(證據)
압제 억울 경외 자 속 증거
(萬軍)
만군
말3:6,(變易)(子孫)(消滅)
변역 자손 소멸
말3:7,(萬軍)(列祖)(規例)
만군 열조 규례
말3:8,(盜賊)(盜賊)(主)(盜賊)(十一條)(獻物)
도적 도적 주 도적 십일조 헌물
말3:9,(盜賊)(詛呪)
도적 저주
말3:10,(萬軍)(穩全)(十一條)(倉庫)(糧食)
만군 온전 십일조 창고 량식
(試驗)(門)(福)
시험 문 복
말3:11,(萬軍)(爲)(蝗蟲)(禁)(土地)(所産)
만군 위 황충 금 토지 소산
(滅)(葡萄)(果實)(期限)(前)
멸 포도 과실 기한 전
말3:12,(列邦)(福)(萬軍)
열방 복 만군
말3:13,(頑惡)(對敵)(主)(對敵)
완악 대적 주 대적
말3:14,(萬軍)(命令)(行)(有益)
만군 명령 행 유익
말3:15,(只今)(驕慢)(者)(福)(惡)(行)(者)
지금 교만 자 복 악 행 자
(昌盛(試驗)(者)(禍)(免)
창성 시험 자 화 면
말3:16,(敬畏)(者)(彼此)(分明)(敬畏)(者)
경외 자 피차 분명 경외 자
(尊重)(者)(爲)(記念冊)(記錄)
존중 자 위 기념책 기록
말3:17,(萬軍)(定)(特別)(所有)(自己)
만군 정 특별 소유 자기
말3:18,(義人)(惡人)(者)(者)(分別)
의인 악인 자 자 분별

瑪拉基書-(말라기)-第四章
마랍기서 제사장

말4:1,(萬軍)(極烈)(驕慢)(者)(惡)(行)
만군 극렬 교만 자 악 행
(者)(草芥)(
자 초개
말4:2,(敬畏)(義)(治療)(光線)(發)
경외 의 치료 광선 발
말4:3,(惡人)(定)(萬軍)
악인 정 만군
말4:4,(爲)(命)(法)(律例)(法度)(記憶)
위 명 법 율례 법도 기억
말4:5,(前)(先知)
전 선지
말4:6,(子女)(子女)(詛呪)
자녀 자녀 저주

어?

國漢文 聖經이

국 한 문 성 경

읽어지네!

(국한문 성경 읽기 사전)

編 : 柳賢授

도서출판 保惠

新約 聖經 目錄

40)마태복음 馬太福音 (二十八章)
41)마가복음 馬可福音 (十六章)
42)누가복음 路加福音 (二十四章)
43)요한복음 約翰福音 (二十一章)
44)사도행전 使徒行傳 (二十八章)
45)로마서 羅馬人書 (十六章)
46)고린도전서 哥林多人前書(十六章)
47)고린도후서 哥林多人後書(十三章)
48)갈라디아서 加拉太人書 (六章)
49)에베소서 以弗所人書 (六章)
50)빌립보서 腓立比人書 (四章)
51)골로새서 歌羅西人書 (四章)
52)데살로니가전서
帖撒羅尼迦人前書(五章)
53)데살로니가후서
帖撒羅尼迦人後書(三章)
54)디모데전서 提摩太前書 (六章)
55)디모데후서 提摩太後書 (四章)
56)디도서 提多書 (三章)
57)빌레몬서 腓利門書 (一章)
58)히브리서 希伯來人書 (十三章)
59)야고보서 雅各書 (五章)
60)베드로전서 彼得前書 (五章)
61)베드로후서 彼得後書 (三章)
62)요한일서 約翰第一書 (五章)
63)요한이서 約翰第二書 (一章)
64)요한삼서 約翰第三書 (一章)
65)猶유다서 大書(一章)
66)約翰啟示錄 계시록 (二十二章)

馬太福音-(마태복음)-第一章
마태복음 제일장

마1:1,(子孫)(世系)
자손 세계

마1:2,(兄弟)
형제

마1:6,(王)
왕

마1:11,(移居)(兄弟)
이거 형제

마1:12,(移居)(後)
이거 후

마1:16,(男便)(稱)
남편 칭

마1:17,(代)(數)(代)(移居)(代)(移居)(後)(代)
대 수 대 이거 대 이거 후 대

마1:18,(母親)(定婚)(同居)(前)(聖靈)(孕胎)
모친 정혼 동거 전 성령 잉태

마1:19,(男便)(義)
남편 의

마1:20,(主)(使者)(現夢)(子孫)(孕胎)
주 사자 현몽 자손 잉태
(者)(聖靈)
자 성령

마1:21,(自己)(百姓)(罪)(救援)(者)
자기 백성 죄 구원 자

마1:22,(主)(先知者(
주 선지자

마1:23,(處女)(孕胎)
처녀 잉태

마1:24,(主)(使者)(吩咐)(行)
주 사자 분부 행

마1:25,(同寢)
동침

馬太福音-(마태복음)-第二章
마태복음 제이장

마2:1,(王)(東方)(博士)
왕 동방 박사

마2:2,(人)(東方)(敬拜
인 동방 경배

마2:3,(王)(騷動)
왕 소동

마2:4,(王)(大祭司長)(百姓)(書記官)
왕 대제사장 백성 서기관

마2:5,(先知者)(記錄)
선지자 기록

마2:6,(中)(者)(百姓)(牧者)
중 자 백성 목자

마2:7,(博士)(仔細)
박사 자세

마2:8,(對)(仔細)(告)(敬拜)
대 자세 고 경배

마2:9,(博士)(王)(東方)(引導)
박사 왕 동방 인도

마2:11,(母親)(敬拜)(盒)(黃金)(乳香)
모친 경배 합 황금 유향
(沒藥)(禮物)
몰약 예물

마2:12,(指示(故國)
지시 고국

마2:13,(後)(主)(使者)(現夢))(母親)(避)
후 주 사자 현몽 모친 피

마2:14,(母親)
모친

마2:15,(主)(先知者)
주 선지자

마2:16,(博士)(甚)(怒)(地境)(博士)
박사 심 노 지경 박사
(仔細)(標準)
자세 표준

마2:17,(先知者)
선지자

마2:18,(痛哭)(子息)(爲)(哀哭)(子息)
통곡 자식 위 애곡 자식
(慰勞)(拒絶)
위로 거절

마2:19,(後)(主)(使者)(現夢)
후 주 사자 현몽

마2:20,(母親)(者)
모친 자

마2:21,(母親)
모친

마2:22,(父親)(指示(地方)
부친 지시 지방

마2:23,(洞里)(先知者(稱)
동리 선지자 칭

馬太福音-(마태복음)-第三章
마태복음 제삼장

마3:1,(洗禮)(曠野)(傳播)
세례 광야 전파

마3:2,(悔改)(天國)
회개 천국

마3:3,(先知者)(者)(曠野)(者)(主)
선지자 자 광야 자 주
(豫備)(捷徑)(平坦)
예비 첩경 평탄

마3:4,(飮食)(石淸)
음식 석청

마3:5,(江)(四方)
강 사방

마3:6,(自己)(罪)(自服)(江)(洗禮)
자기 죄 자복 강 세례

마3:7,(人)(人)(洗禮)(毒蛇)(子息)
인 인 세례 독사 자식
(臨迫)(震怒)(避)
임박 진노 피

마3:8,(悔改)(合當)
회개 합당

마3:9,(祖上)(能)(子孫)
조상 능 자손

마3:11,(悔改(爲)(洗禮)(能力)(堪當)
회개 위 세례 능력 감당
(聖靈)(洗禮)
성령 세례

마3:12,(自己)(打作)(定)(穀)(穀間)쭉
자기 타작 정 곡 곡간

마3:13,(江)(洗禮)
강 세례

마3:14,(當身)(洗禮(當身)
당신 세례 당신

마3:15,(對答)(許諾)(義)(合當)(許諾)
대답 허락 의 합당 허락

마3:16,(洗禮)(聖靈)(自己)(臨)
세례 성령 자기 임

마3:17,(者)
자

馬太福音-(마태복음)-第四章
마 태 복 음 제사 장

마4:1,(聖靈)(魔鬼)(試驗)(曠野)
성령 마귀 시험 광야

마4:2,(四十日)(禁食)(後)
사십일 금식 후

마4:3,(試驗)(者)(萬一)(命)
시험 자 만일 명

마4:4,(對答)(記錄)
대답 기록

마4:5,(魔鬼)(城)(聖殿)
마귀 성 성전

마4:6,(萬一)(記錄)(爲)(使者)(命)
만일 기록 위 사자 명

마4:7,(記錄)(主)(試驗)
기록 주 시험

마4:8,(魔鬼)(至極)(山)(天下)(萬國)(榮光)
마귀 지극 산 천하 만국 영광

마4:9,(萬一)(敬拜)
만일 경배

마4:10,(記錄)(主)(敬拜)
기록 주 경배

마4:11,(魔鬼)(天使)(隨從)
마귀 천사 수종

마4:13,(地境)(海邊)
지경 해변

마4:14,(先知者)
선지자

마4:15,(江)(便)(海邊)(異邦)
강 편 해변 이방

마4:16,(黑暗)(百姓)(死亡)(者)
흑암 백성 사망 자

마4:17,(傳播)(悔改)(天國)
전파 회개 천국

마4:18,(海邊)(兄弟)(兄弟)(漁夫)
해변 형제 형제 어부

마4:19,(낚(漁夫)
어부

마4:21,(兄弟)(兄弟)(父親)
형제 형제 부친

마4:22,(父親)
부친

마4:23,(會堂)(天國)(福音)(傳播)
회당 천국 복음 전파
(百姓)(中)(病)(弱)
백성 중 병 약

마4:24,(所聞)(者)(各色)(病)(苦痛)(者)
소문 자 각색 병 고통 자
(鬼神)(者)(癎疾)(者)(中風病者)
귀신 자 간질 자 중풍병자

마4:25,(江)(便)(許多)
강 편 허다

馬太福音-(마태복음)-第五章
마 태 복 음 제오 장

마5:1,(山)(弟子)
산 제자

마5:3,(心靈)(者)(福)(天國)
심령 자 복 천국

마5:4哀痛)(者)(福)(慰勞)
애통 자 복 위로

마5:5,(溫柔)(者)(福)(基業)
온유 자 복 기업

마5:6,(義)(者)(福)
의 자 복

마5:7,(矜恤)(者)(福)(矜恤)
긍휼 자 복 긍휼

마5:8,(淸潔)(者)(福)
청결 자 복

마5:9,(和平(者)(福)
화평 자 복

마5:10,(義)(爲)(逼迫)(者)(福)(天國)
의 위 핍박 자 복 천국

마5:11,(因)(辱)(逼迫)(惡)(福)
인 욕 핍박 악 복

마5:12,(賞)(前)(先知者)(逼迫)
상 전 선지자 핍박

마5:13,(世上)(萬一)(後)
세상 만일 후

마5:14,(世上)(山)(洞里)
세상 산 동리

마5:15,(燈)
등

마5:16,(行實)(榮光)
행실 영광

마5:17,(律法)(先知者)(廢)(廢)(完全(
률법 선지자 폐 폐 완전

마5:18,(眞實)(天地)(前)(律法)(一點)(一劃)
진실 천지 전 률법 일점 일획

마5:19,(誡命)(中)(至極)(者)(天國)(至極)
계명 중 지극 자 천국 지극
(行)(者)(天國)
행 자 천국

마5:20,(義)(書記官)(人)(決斷)(天國)
의 서기관 인 결단 천국

마5:21,(殺人)(殺人)(審判)
살인 살인 심판

마5:22,(兄弟)(怒)(者)(審判)(兄弟)(對)(者)
형제 노 자 심판 형제 대 자
(公會)(者)(地獄)
공회 자 지옥

마5:23,(禮物)(祭壇)(兄弟)(怨望)
예물 제단 형제 원망

마5:24,(禮物)(祭壇)(兄弟)(和睦)(後)(禮物)
예물 제단 형제 화목 후 예물

마5:25,(訟事)(者)(急)(私和)(訟事)(者)
송사 자 급 사화 송사 자
(裁判官)(裁判官)(官隷)(獄)(念慮)
재판관 재판관 관예 옥 염려

마5:26,(眞實)(毫釐)(前)(決斷)
진실 호리 전 결단

마5:27,(姦淫)
간음

마5:28,(女子)(淫慾)(者)(姦淫)
녀자 음욕 자 간음

마5:29,(萬一)(失足)(百體)(中)(地獄)(有益)
만일 실족 백체 중 지옥 유익

마5:30,(萬一)(失足)(百體)(中)(地獄)(有益)
만일 실족 백체 중 지옥 유익

마5:31,(離婚證書)
이혼증서

마5:32,(淫行)(緣故)(姦淫)(女子)(者)(姦淫)
음행 연고 간음 녀자 자 간음

마5:33,(盟誓)(盟誓)(主)
맹서 맹서 주

마5:34,(盟誓)(寶座)
맹서 보좌

마5:35,(城)
성

마5:37,(惡)
악

마5:39,(惡)(者)(對敵)(便)(便)
악 자 대적 편 편

마5:40,(訟事)(者
송사 자

마5:41,(臆志)(五里)(十里)(同行)
억지 오리 십리 동행

마5:42,(求)(者)(者)(拒絶)
구 자 자 거절

마5:43,(怨讐)
원수

마5:44,(怨讐)(逼迫)(者)(爲)(祈禱)
원수 핍박 자 위 기도

마5:45,(惡人)(善人)(義)(者)(不義)(者)
악인 선인 의 자 불의 자

마5:46,(者)(賞)(稅吏)
자 상 세리

마5:47,(兄弟)(問安)(異邦人)
형제 문안 이방인

마5:48,(穩全)(穩全)
온전 온전

馬太福音-(마태복음)-第六章
마 태 복 음 제륙장

마6:1,(義)(行)(注意)(賞)
의 행 주의 상

마6:2,(救濟)(外飾)(者)(榮光)(會堂)
구제 외식 자 영광 회당
(眞實)(自己)(賞)
진실 자기 상

마6:3,(救濟(
구제

마6:4,(救濟)(隱密)(隱密)(中)
구제 은밀 은밀 중

마6:5,(祈禱)(外飾)(者)(會堂)(祈禱)
기도 외식 자 회당 기도
(眞實)(自己)(賞)
진실 자기 상

마6:6,(祈禱)(房)(門)(隱密)(中)(祈禱)
기도 방 문 은밀 중 기도
(隱密)(中)
은밀 중

마6:7,(祈禱)(異邦人)(重言復言)
기도 이방인 중언부언

마6:8,(求)(前)
구 전

마6:9,(祈禱)
기도

마6:10,(臨)
임

마6:11,(日用)(糧食)
일용 량식

마6:12,(罪)(者)(赦)(罪)(赦)
죄 자 사 죄 사

마6:13,(試驗)(惡)(求)(權勢)(榮光)(永遠)
시험 악 구 권세 영광 영원

마6:14,(過失)(容恕)(天父)(過失)(容恕)
과실 용서 천부 과실 용서

마6:15,(過失)(容恕)(過失)(容恕)
과실 용서 과실 용서

마6:16,(禁食)(外飾)(者)(氣色)(禁食)
금식 외식 자 기색 금식
(凶)(眞實)(自己)(賞)
흉 진실 자기 상

마6:17,(禁食)
금식

마6:18,(禁食)(者)(隱密)(中)(隱密)(中)
금식 자 은밀 중 은밀 중

마6:19,(爲)(寶物)(銅綠)(害)(盜賊)(盜賊)
위 보물 동록 해 도적 도적

마6:20,(爲)(寶物)(銅綠)(害)(盜賊)(盜賊)
위 보물 동록 해 도적 도적

마6:21,(寶物)
보물

마6:22,(燈)
등

마6:24,(主人)(或)(或)(重)(財物)(兼)
주인 혹 혹 중 재물 겸

마6:25,(爲)(爲)(念慮)(飮食)(重)(衣服)(重)
위 위 염려 음식 중 의복 중

마6:26,(空中)(倉庫)(天父)(貴)
공중 창고 천부 귀

마6:27,(中)(念慮)(者)
중 염려 자

마6:28,(衣服)(爲)(念慮)(百合花)(受苦)
의복 위 염려 백합화 수고

마6:29,(榮光)
영광

마6:30,(來日)(者)
래일 자

마6:31,(念慮)
염려

마6:32,(異邦人)(求)(天父)
이방인 구 천부

마6:33,(義)(求)
의 구

마6:34,(來日)(爲)(念慮)(來日)(來日)
래일 위 염려 래일 래일
(念慮)(足)
염려 족

馬太福音-(마태복음)-第七章
마 태 복 음 제칠 장

마7:1,(批判)(批判)
비판 비판

마7:2,(批判)(批判)(批判)
비판 비판 비판

마7:3,(兄弟)
형제

마7:4,(兄弟)
형제

마7:5,(外飾)(者)(後)(兄弟)
외식 자 후 형제

마7:6,(眞珠)(念慮)
진주 염려

마7:7,(求)(門)
구 문

마7:8,(求)
구

마7:9,(中)
중

마7:10,(生鮮
생선

마7:11,(惡)(者)(子息)(求)(者)
악 자 자식 구 자

마7:12,(待接)(待接)(律法)(先知者)
대접 대접 률법 선지자

마7:13,(門)(滅亡)(引導)(門)(者)
문 멸망 인도 문 자

마7:14,(生命)(引導)(門)(狹窄)
생명 인도 문 협착

마7:15,(先知者)(羊)(擄掠)
선지자 양 노약

마7:16,(葡萄)(無花果)
포도 무화과

마7:21,(主)(主)(者)(天國)(行)(者)
주 주 자 천국 행 자

마7:22,(主)(主)(主)(先知者)(主)(鬼神)
주 주 주 선지자 주 귀신
(主)(權能)(行)
주 권능 행

마7:23,(不法)(行)(者)
불법 행 자

마7:24,(行)(者)(磐石)(智慧)
행 자 반석 지혜

마7:25,(漲水)(柱礎)(磐石)(緣故)
창수 주초 반석 연고

마7:26,(行)(者)
행 자

마7:27,(漲水)(甚)
창수 심

마7:29,(權勢)(者)(書記官)
권세 자 서기관

馬太福音-(마태복음)-第八章
마 태 복 음 제팔 장

마8:1,(山)(許多)
산 허다

마8:2,(病者)(主)(願)
병자 주 원

마8:3,(願)(卽時)(病)
원 즉시 병

마8:4,(祭司長)(命)(禮物)(證據)
제사장 명 예물 증거

마8:5,(百夫長)(懇求)
백부장 간구

마8:6,(主)(下人)(中風病)
주 하인 중풍병

마8:8,(百夫長)(對答)(主)(堪當)(下人)
백부장 대답 주 감당 하인

마8:9,(手下)(軍士)
수하 군사

마8:10,(奇異)(者)(眞實)(中)
기이 자 진실 중

마8:11,(東西)(天國)
동서 천국

마8:12,(本)(子孫))
본 자손

마8:13,(百夫長)(時)(下人)
백부장 시 하인

마8:14,(丈母)(熱病)(
장모 열병

마8:15,(熱病)(女人)(隨從)
열병 녀인 수종

마8:16,(鬼神)(者)(鬼神)(病)(者)
귀신 사 귀신 병 자

마8:17,(先知者)(軟弱)(親)(擔當)(病)
선지자 연약 친 담당 병

마8:18,(自己)(便)(命)
자기 편 명

마8:19,(書記官)(先生)
서기관 선생

마8:20,(窟)(空中)(居處)(人子)
굴 공중 거처 인자

마8:21,(弟子)(中)(主)(父親)(葬事)(許諾)
제자 중 주 부친 장사 허락

마8:22,(者)(者)(葬事)
자 자 장사

마8:23,(弟子)
제자

마8:25,(弟子)(主)(救援)
제자 주 구원

마8:26,(者)(潺潺)
자 잔잔

마8:27,(奇異)(順從)
기이 순종

마8:28,(便)(地方(鬼神)(者)(甚)
편 지방 귀신 자 심

마8:29,(當身)(相關)(前)
당신 상관 전

마8:31,(鬼神)(懇求)(萬一)
귀신 간구 만일

마8:32,(鬼神)(沒死)
귀신 몰사

마8:33,(者)(市內)(鬼神)(者)(告)
자 시내 귀신 자 고

마8:34,(市內)(地方)(懇求)
시내 지방 간구

馬太福音-(마태복음)-第九章
마 태 복 음 제구장

마9:1,(本)(洞里)
본 동리

마9:2,(寢床)(中風病者)(中風病者)
침상 중풍병자 중풍병자
(小子)(安心)(罪)(赦)
소자 안심 죄 사

마9:3,(書記官)(僭濫)
서기관 참람

마9:4,(惡)
악

마9:5,(罪)(赦)
죄 사

마9:6,(人子)(世上)(罪)(赦)(權勢)
인자 세상 죄 사 권세
(中風病者)(寢床)
중풍병자 침상

마9:8,(權勢)(榮光)
권세 영광

마9:9,(稅關)
세관

마9:10,(飮食)(稅吏)(罪人)(弟子)
음식 세리 죄인 제자

마9:11,(人)(弟子)(先生)(稅吏)(罪人)
인 제자 선생 세리 죄인

마9:12,(健康)(者)(醫員)(病)(者)
건강 자 의원 병 자

마9:13,(矜恤)(願)(祭祀)(願)(義人)(罪人)
긍휼 원 제사 원 의인 죄인

마9:14,(弟子)(人)(禁食)(當身)(弟子)(禁食)
제자 인 금식 당신 제자 금식

마9:15,(婚姻)(新郞)(新郞)(禁食)
혼인 신랑 신랑 금식

마9:16,(生)(者)
생 자

마9:17,(葡萄酒)(負袋)(負袋)(葡萄酒)
포도주 부대 부대 포도주
(負袋)(葡萄酒)(負袋)(保全)
부대 포도주 부대 보전

마9:18,(職員)(方將)
직원 방장

마9:19,(弟子)
제자

마9:20,(血漏症)(女子)
혈루증 녀자

마9:21,(救援)
구원

마9:22,(安心)救援)(女子(時)(救援)
안심 구원 녀자 시 구원

마9:23,(職員)(者)(喧譁)
직원 자 훤화

마9:24,(少女)
소녀

마9:25,(後)(少女)
후 소녀

마9:26,(所聞)
소문

마9:27,(子孫)
자손

마9:28,(能)(對答)(主)
능 대답 주

마9:30,(嚴)(警戒)
엄 경계

마9:31,(所聞)(傳播)
소문 전파

마9:32,(鬼神)(者)
귀신 자

마9:33,(鬼神)(奇異)
귀신 기이

마9:34,(人)(鬼神)(王)(憑藉)(鬼神)
인 귀신 왕 빙자 귀신

마9:35,(城)(村)(會堂)(天國)(福音)
성 촌 회당 천국 복음
(傳播)(病)(弱)
전파 병 약

마9:36,(牧者)(羊)(苦生)(流離)
목자 양 고생 유리

마9:37,(弟子)(秋收)
제자 추수

마9:38,(秋收)(主人)(請)(秋收)
추수 주인 청 추수

馬太福音-(마태복음)-第十章
마 태 복 음 제십장

마10:1,(弟子)(鬼神)(病)(弱)(權能)
제자 귀신 병 약 권능

마10:2,(使徒)(兄弟)(兄弟)
사도 형제 형제

마10:3,(稅吏)
세리

마10:4,(人)(者)
인 자

마10:5,(命)(異邦人)(人)
명 이방인 인

마10:6,(羊)
양

마10:7,(傳播)(天國)
전파 천국

마10:8,(病)(者)(者)(鬼神)
병 자 자 귀신

마10:9,(纏帶)(金)(銀)(銅)
전대 금 은 동

마10:10,(旅行)(爲)
여행 위

마10:11,(城)(村)(中)(合當)(者
성 촌 중 합당 자

마10:12,(平安)
평안

마10:13,(合當)(平安)(臨)(萬一)(合當)(平安)
합당 평안 임 만일 합당 평안

마10:14,(迎接)(城)
영접 성

마10:15,(眞實)(審判)(城)
진실 심판 성

마10:16,(羊)(智慧)(純潔)
양 지혜 순결

마10:17,(公會)(會堂)
공회 회당

마10:18,(因)(總督)(異邦人)(證據)
인 총독 이방인 증거

마10:19,(念慮)
염려

마10:20,(者)(聖靈)
자 성령

마10:21,(將次)(兄弟)(兄弟)(子息)
장차 형제 형제 자식
(子息)(父母)(對敵)
자식 부모 대적

마10:22,(因)(者)(救援)
인 자 구원

마10:23,(洞里)(逼迫)(洞里)(避)(眞實)
동리 핍박 동리 피 진실
(洞里)(人子)
동리 인자

마10:24,(弟子)(先生)(上典)
제자 선생 상전

마10:25,(弟子)(先生)(上典)(足)(主人)
제자 선생 상전 족 주인

마10:27,(光明)(傳播)
광명 전파

마10:28,(靈魂)(能)(者)(靈魂)(能)
영혼 능 자 영혼 능
(地獄)(滅)(者)
지옥 멸 자

마10:29,(許諾)
허락

마10:31,(貴)
귀

마10:32,(是認)(是認)
시인 시인

마10:33,(否認)(否認)
부인 부인

마10:34,(世上)(和平)(和平)(劍)
세상 화평 화평 검

마10:35,(不和)
불화

마10:36,(怨讐)(自己)(食口)
원수 자기 식구

마10:37,(者)(合當)(者)(合當)
자 합당 자 합당

마10:38,(自己)(十字架)(者)(合當)
자기 십자가 자 합당

마10:39,(自己)(者)(爲)(自己)(者)
자기 자 위 자기 자

마10:40,(迎接)(者)(迎接)(迎接)(者)(迎接)
영접 자 영접 영접 자 영접

마10:41,(先知者)(先知者)(迎接)(者)
선지자 선지자 영접 자
(先知者)(賞)(義人)(義人)(迎接)
선지자 상 의인 의인 영접
(者)(義人)(賞)
자 의인 상

마10:42,(弟子)(小子)(中)(冷水)(者)
제자 소자 중 랭수 자
(眞實)(決斷)(賞)
진실 결단 상

馬太福音-(마태복음)-第十一章
마태복음 제십일장

마11:1,(弟子)(命)(洞里)(傳道)
제자 명 동리 전도

마11:2,(獄)弟子)
옥 제자

마11:3,(當身)
당신

마11:4,(對答)(告)
대답 고

마11:5뱅)(者(者)(福音)(傳播)
자 자 복음 전파

마11:6,(因)(失足)(者)(福)
인 실족 자 복

마11:7,(對)(曠野)
대 광야

마11.8,(者)(王宮)
자 왕궁

마11:9,(先知者)(先知者)(者)
선지자 선지자 자

마11:10,(記錄)(使者)(豫備)(對)
기록 사자 예비 대

마11:11,(眞實)(女子)(者)(中)(洗禮)
진실 녀자 자 중 세례
(天國)(者)
천국 자

마11:12,(洗禮)(至今)(天國)(侵擄)(當)
세례 지금 천국 침노 당

(侵擄)(者)
침노 자
마11:13,(先知者)(律法)(豫言)
선지자 률법 예언
마11:14,(萬一)
만일
마11:15,(者)
자
마11:16,(世代)(譬喩)(譬喩)
세대 비유 비유
마11:17,(向)(哀哭)
향 애곡
마11:18,(鬼神)
귀신
마11:19,(人子)(貪)(葡萄酒)(稅吏)(罪人)
인자 탐 포도주 세리 죄인
(親舊)(智慧)(行)(因)
친구 지혜 행 인
마11:20,(權能)(悔改)(責望)
권능 회개 책망
마11:21,(禍)(禍)(行)(權能)(行)(悔改)
화 화 행 권능 행 회개
마11:22,(審判)
심판
마11:23,(陰府)(行)(權能)(行)(城)
음부 행 권능 행 성
마11:24,(審判)
심판
마11:25,(對答)(天地)(主宰)(智慧)(者)(感謝)
대답 천지 주재 지혜 자 감사
마11:27,(外)(者)(所願)(啓示)(者)(外)(者)
외 자 소원 계시 자 외 자
마11:28,(受苦)(者)
수고 자
마11:29,(溫柔)(謙遜
온유 겸손

馬太福音-(마태복음)-第十二章
마태복음 제십이장

마12:1,(安息日)(弟子)(嘶腸)
안식일 제자 시장
마12:2,(人)(告)(當身)(弟子)(安息日
인 고 당신 제자 안식일
마12:3,(自己)(者)(嘶腸)
자기 자 시장
마12:4,(殿)(祭司長)(外)(自己)(者)(陳設餠)
전 제사장 외 자기 자 진설병
마12:5,(安息日)(祭司長)(聖殿)(安息)
안식일 제사장 성전 안식
(犯)(罪)(律法)
범 죄 률법
마12:6,(聖殿)
성전
마12:7,(慈悲)(願)(祭祀)(願)(無罪)(者)
자비 원 제사 원 무죄 자
(罪)(定)
죄 정
마12:8,(人子)(安息日)(主人)
인자 안식일 주인
마12:9,(會堂
회당
마12:10,(便)(訟事)(安息日)(病)
편 송사 안식일 병
마12:11,(中)(羊)(安息日)
중 양 안식일
마12:12,(羊)(貴)(安息日)(善)(行)
양 귀 안식일 선 행
마12:13,(回復)
회복
마12:14,(人)(議論)
인 의논
마12:15,(病)
병
마12:16,(自己)(警戒)
자기 경계
마12:17,(先知者)
선지자
마12:18,(擇)(者)(聖靈)(審判)(異邦)
택 자 성령 심판 이방
마12:20,(傷)(審判)
상 심판
마12:21,(異邦)
이방
마12:22,(鬼神)(者)
귀신 자
마12:23,(子孫)
자손
마12:24,(人)(鬼神)(王)(鬼神)
인 귀신 왕 귀신
마12:25,(紛爭)(荒廢)(紛爭)(洞里)
분쟁 황폐 분쟁 동리
마12:26,(萬一)(紛爭)
만일 분쟁
마12:27,(鬼神)(裁判官)
귀신 재판관
마12:28,(聖靈)(鬼神)(臨)
성령 귀신 임
마12:29,(强)(者)(結縛)(强)(者)(勒奪)
강 자 결박 강 자 늑탈
(結縛)(後)(勒奪)
결박 후 늑탈
마12:30,(者)(反對)(者)(者)(者)
자 반대 자 자 자
마12:31,(罪)(毁謗)(赦)(聖靈)(毁謗)(赦)
죄 훼방 사 성령 훼방 사
마12:32,(人子)(拒逆)(赦)(聖靈)(拒逆)
인자 거역 사 성령 거역
(世上)(世上)(赦)
세상 세상 사
마12:33,(實果)(實果)(實果)
실과 실과 실과
마12:34,(毒蛇)(子息)(惡)(善)(
독사 자식 악 선
마12:35,(善)(善)(善)(惡)(惡)(惡)
선 선 선 악 악 악

마12:36,(無益)(審判)(對)(審問)
무익 심판 대 심문

마12:37,(義)(定罪)
의 정죄

마12:38,(書記官)(人)(中)(先生)(表蹟)(願)
서기관 인 중 선생 표적 원

마12:39,(對答)(惡)(淫亂)(世代)(表蹟)(求)
대답 악 음란 세대 표적 구
(先知者)(表蹟)(表蹟)
선지자 표적 표적

마12:40나뱃(人子)
인자

마12:41,(審判)(世代)(定罪)(傳道)(悔改)
심판 세대 정죄 전도 회개

마12:42,(審判)(南方)(女王)(世代)(定罪)
심판 남방 녀왕 세대 정죄
(智慧)
지혜

마12:43,(鬼神)(求)
귀신 구

마12:44,(掃除)(修理)
소제 수리

마12:45,(惡)(鬼神)(居)(形便)(前)(甚)(惡)
악 귀신 거 형편 전 심 악
(世代)
세대

마12:46,(母親)(同生)
모친 동생

마12:47,(當身)(母親)(同生)(當身)
당신 모친 동생 당신

마12:48,(對答)(母親)(同生)
대답 모친 동생

마12:49,(弟子)(母親)(同生)
제자 모친 동생

마12:50,(者)(兄弟)(姉妹)(母親)
자 형제 자매 모친

馬太福音-(마태복음)-第十三章
마 태 복 음 제십삼장

마13:2,(海邊)
해변

마13:3,(譬喩)(者)
비유 자

마13:6,(後)
후

마13:7,(氣運)
기운

마13:8,(或)(百倍)(或)(六十倍)(或)
혹 백배 혹 육십배 혹
(三十倍)(結實)
삼십배 결실

마13:9,(者)
자

마13:10,(弟子)(譬喩)
제자 비유

마13:11,(對答)(天國)(秘密)(許諾)
대답 천국 비밀 허락

마13:12,(者)(者)
자 자

마13:13,(譬喩)
비유

마13:14,(豫言)
예언

마13:15,(百姓)(頑惡)(鈍)
백성 완악 둔

마13:16,(福)
복

마13:17,(眞實)(先知者)(義人)
진실 선지자 의인

마13:18,(譬喩)
비유

마13:19,(天國)(惡)(者)(者)
천국 악 자 자

마13:20,(卽時)
즉시

마13:21,(暫時)(因)(患難)(逼迫)(者)
잠시 인 환난 핍박 자

마13:22,(世上)(念慮)(財利)(誘惑)(結實)(者)
세상 염려 재리 유혹 결실 자

마13:23,(者)(結實)(或)(百倍)(或)(六十倍)
자 결실 혹 백배 혹 육십배
(或)(三十倍)
혹 삼십배

마13:24,(譬喩)(天國)
비유 천국

마13:25,(怨讐)(穀食)
원수 곡식

마13:26,(結實)
결실

마13:27,(主人)(主)
주인 주

마13:28,(主人)(怨讐)(願)
주인 원수 원

마13:29,(主人)(穀食)(念慮)
주인 곡식 염려

마13:30,(秋收)(秋收)(秋收軍)(穀食)(庫間)
추수 추수 추수군 곡식 고간

마13:31,(譬喩)(天國)(自己)
비유 천국 자기

마13:32,(後)(空中)
후 공중

마13:33,(譬喩)(天國)(女子)(全部)
비유 천국 녀자 전부

마13:34,(譬喩)(譬喩)
비유 비유

마13:35,(先知者)(譬喩)(創世)
선지자 비유 창세

마13:36,(弟子)(譬喩)(說明)
제자 비유 설명

마13:37,(對答)(人子)
대답 인자

마13:38,(世上)(天國)(惡)(者)
세상 천국 악 자

마13:39,(怨讐)(魔鬼)(秋收)(世上)
원수 마귀 추수 세상

(秋收軍)(天使)
추 수 군 천 사
마13:40,(世上)
세 상
마13:41,(人子)(天使)(不法)(行)(者)
인 자 천 사 불 법 행 자
마13:43,(義人)(自己)(者)
의 인 자 기 자
마13:44,(天國)(寶貨)(發見)(後)(自己)(所有)
천 국 보 화 발 견 후 자 기 소 유
마13:45,(天國)(眞珠)(求)
천 국 진 주 구
마13:46,(眞珠)(自己)(所有)(眞珠)
진 주 자 기 소 유 진 주
마13:47,(天國)(各種)
천 국 각 종
마13:49,(世上)(天使)(義人)(中)(惡人)
세 상 천 사 의 인 중 악 인
마13:51,(對答)
대 답
마13:52,(天國)(弟子)(書記官)(庫間)(主人)
천 국 제 자 서 기 관 고 간 주 인
마13:53,(譬喩)(後)
비 유 후
마13:54,(故鄕)(會堂)(智慧)(能力)
고 향 회 당 지 혜 능 력
마13:55,(木手)(母親)(兄弟)
목 수 모 친 형 제
마13:57,(排斥)(先知者)(自己)(故鄕)
배 척 선 지 자 자 기 고 향
(自己)(外)(尊敬)
자 기 외 존 경
마13:58,(因)(能力)(行)
인 능 력 행

馬太福音-(마태복음)-第十四章
마 태 복 음 제 십 사 장

마14:1,(分封王)(所聞)
분 봉 왕 소 문
마14:2,(臣下)(洗禮)(者)(權能)(運動)
신 하 세 례 자 권 능 운 동
마14:3,(前)(同生)結縛)(獄)
전 동 생 결 박 옥
마14:4,(當身)(女子)(娶)
당 신 녀 자 취
마14:5,(民衆)(先知者)(民衆)
민 중 선 지 자 민 중
마14:6,(生日)(當)(宴席)
생 일 당 연 석
마14:7,(盟誓)(許諾)
맹 서 허 락
마14:8,(洗禮)(小盤)
세 례 소 반
마14:9,(王)(自己)(盟誓)(因)(命)
왕 자 기 맹 서 인 명
마14:10,(獄)
옥
마14:11,(小盤)(女兒)
소 반 여 아
마14:12,(弟子)(屍體)(葬事)(告)
제 자 시 체 장 사 고
마14:14,(中)(病人)
중 병 인
마14:15,(弟子)
제 자
마14:17,(弟子)(個)
제 자 개
마14:19,(命)(個)(祝謝)(弟子)(弟子)
명 개 축 사 제 자 제 자
마14:21,(女子)(外)(五千名)
녀 자 외 오 천 명
마14:22,(卽時)(弟子)(自己)(便)
즉 시 제 자 자 기 편
마14:23,(後)(祈禱)(山)
후 기 도 산
마14:24,(陸地)(數里)(因)(苦難)(當)
륙 지 수 리 인 고 난 당
마14:25,(四更)(弟子)
사 경 제 자
마14:26,(弟子)(幽靈)
제 자 유 령
마14:27,(卽時)(安心)
즉 시 안 심
마14:28,(對答)(主)(萬一)(主)(命)
대 답 주 만 일 주 명
마14:30,(主)(救援)
주 구 원
마14:31,(卽時)(者)(疑心)
즉 시 자 의 심
마14:33,(眞實)
진 실
마14:35,(近方)(通知)(病)(者)
근 방 통 지 병 자
마14:36,(懇求)(者)
간 구 자

馬太福音-(마태복음)-第十五章
마 태 복 음 제 십 오 장

마15:1,(人)(書記官)
인 서 기 관
마15:2,(當身)(弟子)(長老)(遺傳)(犯)
당 신 제 자 장 로 유 전 범
마15:3,(對答)(遺傳)(誡命)(犯)
대 답 유 전 계 명 범
마15:4,(父母)(恭敬)(毁謗)(者)
부 모 공 경 훼 방 자
마15:5,(有益)
유 익
마15:6,(父母)(恭敬)(遺傳)(廢)
부 모 공 경 유 전 폐
마15:7,(外飾)(者)(對)(豫言)
외 식 자 대 예 언
마15:8,(百姓)(尊敬)
백 성 존 경

마15:9,(誡命)(敎訓)(敬拜)
계명 교훈 경배

마15:12,(弟子)(人)
제자 인

마15:13,(對答)(天父)
대답 천부

마15:14,(引導)(者)(萬一)(引導
인도 자 만일 인도

마15:15,(對答)(譬喩)(說明)
대답 비유 설명

마15:19,(惡)(殺人)(姦淫)(淫亂)(盜賊)
악 살인 간음 음란 도적
(證據)(毁謗)
증거 훼방

마15:21,(地方)
지방

마15:22,(女子)(地境)(主)(子孫)(凶惡)(鬼神)
녀자 지경 주 자손 흉악 귀신

마15:23,(對答)(弟子)(請)(女子)
대답 제자 청 녀자

마15:24,(對答)(羊)(外)
대답 양 외

마15:25,(女子)(主)
녀자 주

마15:26,(對答)(子女)(取)
대답 자녀 취

마15:27,(女子)(主)(主人)(床)
녀자 주 주인 상

마15:28,(對答)(女子)所願)(時)
대답 녀자 소원 시

마15:29,(山)
산

마15:30,(不具者)(其他)럿
불구자 기타

마15:31,(不具者)(健全)(奇異)(榮光)
불구자 건전 기이 영광

마15:32,(弟子)(氣盡)굶
제자 기진

마15:33,(弟子)(曠野)
제자 광야

마15:34,(個)(個)(生鮮)
개 개 생선

마15:35,(命
명

마15:36,(個)(生鮮)(祝謝)(弟子)(弟子)
개 생선 축사 제자 제자

마15:38,(者)(女子)(外)(名)
자 녀자 외 명

마15:39,(地境
지경

馬太福音-(마태복음)-第十六章
마태복음 제십륙장

마16:1,(人)(人)(試驗)(表蹟)(請)
인 인 시험 표적 청

마16:2對答
대답

마16:3곳(天氣)(分別)(時代)(表蹟)(分別)
천기 분별 시대 표적 분별

마16:4,(惡)(淫亂)(世代)(表蹟)(求)
악 음란 세대 표적 구
(表蹟)(表蹟)
표적 표적

마16:5,(弟子)(便)
제자 편

마16:6,(人)(人)(注意
인 인 주의

마16:7,(弟子)(議論)
제자 의논

마16:8,(者)(議論)
자 의논

마16:9,(個)(名)
개 명

마16:10,(個)(名)(記憶)
개 명 기억

마16:11,(關)(人)(人)(注意)
관 인 인 주의

마16:12,(弟子)(人)(人)(敎訓)
제자 인 인 교훈

마16:13,(地方)(弟子)(人子)
지방 제자 인자

마16:14,(洗禮)(先知者)(中)
세례 선지자 중

마16:16,(對答)(主)
대답 주

마16:17,(對答)(福)(血肉)
대답 복 혈육

마16:18,(磐石)(敎會)(陰府)(權勢)
반석 교회 음부 권세

마16:19,(天國)
천국

마16:20,(弟子)(警戒)(自己)
제자 경계 자기

마16:21,(自己)(長老)(大祭司長)(書記官)
자기 장로 대제사장 서기관
(苦難)(當)(第)(三日(弟子)
고난 당 제 삼일 제자

마16:22,(諫)(主)(決)(主)
간 주 결 주

마16:23,(者)
자

마16:24,(弟子)(自己)(否認)(自己)(十字架)
제자 자기 부인 자기 십자가

마16:25,(救援)(爲)
구원 위

마16:26,(萬一)(天下)(有益)
만일 천하 유익

마16:27,(人子)(榮光)(天使)(各)(行)
인자 영광 천사 각 행

마16:28,(眞實)(中)(前)(人子)(王權)(者)
진실 중 전 인자 왕권 자

馬太福音-(마태복음)-第十七章
마태복음 제십칠장

마17:1,(後)(兄弟)(山)
후 형제 산

마17:2,(變形)
변형

마17:4,(主)(主)(萬一)(願)(草幕)(主)(爲)
주 주 만일 원 초막 주 위
(爲)(爲)
위 위

마17:5,(忽然)(者)
홀연 자

마17:6,(弟子)(甚)
제자 심

마17:8,(弟子)(外)
제자 외

마17:9,(山)(命)(人子)(者)(前)
산 명 인자 자 전

마17:10,(弟子)(書記官)
제자 서기관

마17:11,(對答)(果然)(回復)
대답 과연 회복

마17:12,(任意)(待遇)(人子)(苦難)
임의 대우 인자 고난

마17:13,(弟子)(洗禮)
제자 세례

마17:15,(主)(癎疾)(甚)(苦生)
주 간질 심 고생

마17:16,(主)(弟子)(能)
주 제자 능

마17:17,(對答)(悖逆)(世代)
대답 패역 세대

마17:18,(鬼神)
귀신

마17:19,(弟子)(從容)
제자 종용

마17:20,(緣故)(眞實)(萬一)(山)(命)
연고 진실 만일 산 명

마17:21,(祈禱)(禁食)(類)
기도 금식 유

마17:22,(弟子)(人子)(將次)
제자 인자 장차

마17:23,(當)(第)(三日)(弟子)(甚)
당 제 삼일 제자 심

마17:24,(半)(者)(先生)(半)
반 자 선생 반

마17:25,(世上)(關稅)(丁稅)(自己)(他人)
세상 관세 정세 자기 타인

마17:26,(他人)(稅)(免)
타인 세 면

마17:27,(誤解)(爲)(爲)
오해 위 위

馬太福音-(마태복음)-第十八章
마태복음 제십팔장

마18:1,(弟子)(天國)
제자 천국

마18:3,(眞實)(決斷)(天國)
진실 결단 천국

마18:4,(自己)(天國)(者)
자기 천국 자

마18:5,(迎接)(迎接)
영접 영접

마18:6,(小子)(中)(失足)(硏子)
소자 중 실족 연자

마18:7,(失足)(因)(世上)(禍)(失足)(失足)(禍)
실족 인 세상 화 실족 실족 화

마18:8,(萬一)(犯罪)(不具者)(永生)(永遠)
만일 범죄 불구자 영생 영원

마18:9,(萬一)(犯罪)(永生)(地獄)
만일 범죄 영생 지옥

마18:10,(小子)(中)(天使)(恒常)
소자 중 천사 항상

마18:11,(人子)(者)(救援)
인자 자 구원

마18:12,(萬一)(羊)(一百)(中)(山)(羊)
만일 양 일백 중 산 양

마18:13,(眞實)(萬一)마
진실 만일

마18:14,(小子)(中)
소자 중

마18:15,(兄弟)(罪)(犯)(相對)(眷顧)
형제 죄 범 상대 권고
(萬一)(兄弟)
만일 형제

마18:16,(萬一)(證人)(證參
만일 증인 증참

마18:17,(萬一)(敎會)(敎會)(異邦人)(稅吏)
만일 교회 교회 이방인 세리

마18:18,(眞實)
진실

마18:19,(眞實)(中)(合心)(求)(爲)
진실 중 합심 구 위

마18:20,(中)
중

마18:21,(主)(兄弟)(罪)(犯)(番)(容恕)(番)
주 형제 죄 범 번 용서 번

마18:22,(番)(番)(番)
번 번 번

마18:23,(天國)(會計)
천국 회계

마18:24,(會計)(一萬)(者)
회계 일만 자

마18:25,(主人)(命)(妻)(子息)(所有)
주인 명 처 자식 소유

마18:27,(主人)(蕩減)
주인 탕감

마18:28,(百)(同官)
백 동관

마18:29,(同官)(懇求)
동관 간구

마18:30,(許諾)(獄)
허락 옥

마18:31,(同官)(甚)(主人)(告)
동관 심 주인 고

마18:32,(主人)(惡)(全部)(蕩減)
주인 악 전부 탕감

마18:33,(同官)
동관

마18:34,(主人)(怒)(獄卒)
주인 노 옥졸

마18:35,(各各)(中心)(兄弟)(容恕)(天父)
각각 중심 형제 용서 천부

馬太福音-(마태복음)-第十九章
마태복음 제십구장

마19:1,(江)(地境)
강 지경

마19:2,(病)
병

마19:3,(人)(試驗)(緣故)(勿論)
인 시험 연고 물론

마19:4,(對答)(本來)(男子)(女子)
대답 본래 남자 녀자

마19:5,(父母)(合)
부모 합

마19:7,(離婚證書)(命)
이혼증서 명

마19:8,(頑惡)(因)(許諾)(本來)
완악 인 허락 본래

마19:9,(淫行)(緣故)(外)(者)(姦淫)
음행 연고 외 자 간음

마19:10,(弟子)(萬一)
제자 만일

마19:11,(者)
자

마19:12,(鼓子)(鼓子)(天國)(爲)(鼓子)(者)
고자 고자 천국 위 고자 자

마19:13,(按手)(祈禱)(弟子)
안수 기도 제자

마19:14,(容納)(禁)(天國)(者)
용납 금 천국 자

마19:15,(按手)
안수

마19:16,(主)(先生)(善)(永生)
주 선생 선 영생

마19:17,(善)(善)(生命)(誡命)
선 선 생명 계명

마19:18誡命)(殺人)(姦淫)(盜賊)(證據)
계명 살인 간음 도적 증거

마19:19,(父母)(恭敬)
부모 공경

마19:20,(靑午)(不足)
청년 부족

마19:21,(穩全)(所有)(者)(寶貨)
온전 소유 자 보화

마19:22,(靑年)(財物)
청년 재물

마19:23,(弟子)(眞實)(富者)(天國)
제자 진실 부자 천국

마19:24,(富者)
부자

마19:25,(弟子)(甚)(救援)
제자 심 구원

마19:27,(對答)(主)
대답 주

마19:28,(眞實)(世上)(人子)(自己)(榮光)
진실 세상 인자 자기 영광
(寶座)(寶座)(支派)(審判)
보좌 보좌 지파 심판

마19:29,(爲)(兄弟)(姉妹)(父母)(子息)
위 형제 자매 부모 자식
(田土)(者)(永生)(相續)
전토 자 영생 상속

마19:30,(者)(者)(者)
자 자 자

馬太福音-(마태복음)-第二十章
마태복음 제이십장

마20:1,(天國)(軍)(葡萄園)(主人)
천국 군 포도원 주인

마20:2,(軍)(約束)(葡萄園)
군 약속 포도원

마20:3,(第)(三時)
제 삼시

마20:4,(葡萄園)(相當)
포도원 상당

마20:5,(第)(六時)(第)(九時)
제 육시 제 구시

마20:6,(第)(十日時)
제 십일시

마20:7,(終日)(軍)(葡萄園)
종일 군 포도원

마20:8,(葡萄園)(主人)(廳直)(軍)(者)
포도원 주인 청직 군 자
(始作)(者)
시작 자

마20:9,(第)(十日時)(者)
제 십일시 자

마20:10,(者)
자

마20:11,(後)(主人)(怨望)
후 주인 원망

마20:12,(時間)(終日)(受苦)
시간 종일 수고

마20:13,(主人)(中對答)(親舊)(約束)
주인 중 대답 친구 약속

마20:15,(善)(惡)
선 악

마20:16,(者)(者)
자 자

마20:17,(弟子)
제자

마20:18,(人子)(大祭司長)(書記官)(決案)
인자 대제사장 서기관 결안

마20:19,(異邦人)(凌辱)(十字架)(第)(三日)
이방인 능욕 십자가 제 삼일

마20:20,(求)
구

마20:21,(願)(主)(主)(右便)(主)(左便)(命)
원 주 주 우편 주 좌편 명

마20:22,(對答)(求)(盞)
대답 구 잔

마20:23,(果然)(盞)(左右便)(爲)(豫備)
과연 잔 좌우편 위 예비

마20:24,(弟子)(兄弟)(對)(忿)
제자 형제 대 분

마20:25,(弟子)(異邦人)(執權者)(任意)
제자 이방인 집권자 임의

(主管)大人)(權勢)
주관 대인 권세

마20:26,(中)(中)(者)(者)
중 중 자 자

마20:27,(中)(者)
중 자

마20:28,(人子)(自己)(代贖物)
인자 자기 대속물

마20:30,(主)(子孫)
주 자손

마20:31,(潛潛(主)(子孫)
잠잠 주 자손

마20:33,(願)(主)(願)
원 주 원

馬太福音-(마태복음)-第二十一章
마태복음 제이십일장

마21:1,(橄欖山)(弟子)
감람산 제자

마21:2,(便)
편

마21:3,(萬一)(主)(卽時)
만일 주 즉시

마21:4,(先知者
선지자

마21:5,(王)(臨)(謙遜)
왕 임 겸손

마21:6,(弟子)(命)
제자 명

마21:7,(自己)
자기

마21:8,(大部分)
대부분

마21:9,(子孫)(讚頌)(主)
자손 찬송 주

마21:10,(城)(騷動)
성 소동

마21:11,(先知者)
선지자

마21:12,(聖殿)(聖殿)(賣買)(者)(者)
성전 성전 매매 자 자

(床)(者)(椅子)
상 자 의자

마21:13,(記錄)(祈禱)(強盜)(窟穴)
기록 기도 강도 굴혈

마21:14,(者)(聖殿)
자 성전

마21:15,(大祭司長)(書記官)(異常)
대제사장 서기관 이상

(聖殿)(子孫)(忿)
성전 자손 분

마21:16,(讚美)(穩全)(
찬미 온전

마21:17,(城)(留)
성 유

마21:18,(城)(嘶腸)
성 시장

마21:19,(無花果)(永遠)(無花果)
무화과 영원 무화과

마21:20,(弟子)(異常)(無花果)
제자 이상 무화과

마21:21,(對答)(眞實)(萬一)疑心)
대답 진실 만일 의심

(無花果)(山)
무화과 산

마21:22,(祈禱)(求)
기도 구

마21:23,(聖殿)(大祭司長)(百姓)(長老)
성전 대제사장 백성 장로

(權勢)(權勢)
권세 권세

마21:24,(對答)(對答)(權勢)
대답 대답 권세

마21:25,(洗禮)(議論)(萬一)
세례 의논 만일

마21:26,(萬一)(先知者)(百姓)
만일 선지자 백성

마21:27,(對答)(權勢
대답 권세

마21:28,(葡萄園
포도원

마21:29,(對答)
대답

마21:30,(對答)(後)
대답 후

마21:31,(中(眞實)(稅吏)(娼妓)
중 진실 세리 창기

마21:32,(義)(道)稅吏)(娼妓)終是)
의 도 세리 창기 종시

마21:33,(譬喩)(主人)(葡萄園)(汁)(望臺)
비유 주인 포도원 즙 망대

(農夫)(貰)(他國)
농부 세 타국

마21:34,(實果)(實果)(自己)(農夫)
실과 실과 자기 농부

마21:35,(農夫)(甚)
농부 심

마21:37,(後)(自己)(恭敬)
후 자기 공경

마21:38,(農夫)(相續者)(者)(遺業)
농부 상속자 자 유업

마21:39,(葡萄園)
포도원

마21:40,(葡萄園)(主人)(農夫)
포도원 주인 농부

마21:41,(惡)(者)(殄滅)(葡萄園)(實果)
악 자 진멸 포도원 실과

(農夫)(貰)
농부 세

마21:42,(聖經)(建築者)(奇異)(
성경 건축자 기이

마21:43,(百姓)
백성

마21:44,(者)
자

마21:45,(大祭司長)(人)(譬喩)(自己)
대제사장 인 비유 자기

마21:46,(先知者)
선지자

馬太福音-(마태복음)-第二十二章
마태복음 제이십이장

마22:1,(譬喩)對答)
비유 대답

마22:2,(天國)(自己)(爲)(婚姻)
천국 자기 위 혼인

마22:3,(請)(婚姻)
청 혼인

마22:4,(請)(午餐)(準備)(婚姻)
청 오찬 준비 혼인

마22:5,(自己)(自己)(商業次)
자기 자기 상업차

마22:6,(者)(凌辱)
자 능욕

마22:7,(怒)(軍隊)(殺人)(者)(殄滅)(洞里)
노 군대 살인 자 진멸 동리

마22:8,(婚姻)(豫備)(請)(合當)
혼인 예비 청 합당

마22:9,(四巨里)(婚姻)(請)
사거리 혼인 청

마22:10,(惡)(者)(善)(者)(婚姻)
악 자 선 자 혼인

마22:11,(禮服)
례복

마22:12,(親舊)(禮服)(有口無言)
친구 례복 유구무언

마22:13,(使喚)(手足)(結縛))
사환 수족 결박

마22:14,(請)(者)(擇)(者)
청 자 택 자

마22:15,(人)(相論)
인 상론

마22:16,(自己)(弟子)(黨員)(先生)(當身)
자기 제자 당원 선생 당신
(道)(外貌)
도 외모

마22:17,(當身)(稅)(可)(不可)
당신 세 가 불가

마22:18,(惡)(外飾)(者)(試驗)
악 외식 자 시험

마22:20,(形像)
형상

마22:22,(奇異)
기이

마22:23,(復活)(人)
부활 인

마22:24,(先生)(萬一)(子息)(同生)(兄)
선생 만일 자식 동생 형
(爲)(後嗣)
위 후사

마22:25,(中)(七)(兄弟)(後嗣)(同生)
중 칠 형제 후사 동생

마22:27최(最後)(女子)
최후 녀자

마22:28,(娶)(復活)(中)
취 부활 중

마22:29,(對答)(聖經)(能力)(故)(誤解)
대답 성경 능력 고 오해

마22:30,(復活)(天使)
부활 천사

마22:31,(者)(復活)(議論)(
자 부활 의논

마22:32,(者)(者)
자 자

마22:34,(人對答)(人)
인 대답 인

마22:35,(中)(律法士)(試驗)
중 률법사 시험

마22:36,(先生)(律法)(中)(誡命)
선생 률법 중 계명

마22:37,(主)
주

마22:38,(誡命)
계명

마22:40,(誡命)(律法)(先知者)(綱領)
계명 률법 선지자 강령

마22:41,(人)
인

마22:42,(對)(子孫)對答)(子孫)
대 자손 대답 자손

마22:43,(聖靈)(感動)(主)(稱)
성령 감동 주 칭

마22:44,(主)(主)(怨讐)(右便)
주 주 원수 우편

마22:45,(主)(稱)(子孫)
주 칭 자손

마22:46,(能對答)(者)(敢)(者)
능 대답 자 감 자

馬太福音-(마태복음)-第二十三章
마태복음 제이십삼장

마23:1,(弟子)
제자

마23:2,(書記官)(人)
서기관 인

마23:3,(行)行爲)(行)
행 행위 행

마23:4,(自己)
자기

마23:5行爲)(經文)
행위 경문

마23:6,(上席)(會堂)(上座)
상 석 회 당 상 좌

마23:7,(市場)(問安)(稱)
시 장 문 안 칭

마23:8,(稱)(先生)(兄弟)
칭 선 생 형 제

마23:9,(者)(者)
자 자

마23:10,(指導者)(稱)(指導者)
지 도 자 칭 지 도 자

마23:11,(中)(者)(者)
중 자 자

마23:12,(自己)(者)(自己)(者)
자 기 자 자 기 자

마23:13,(禍)(外飾)(書記官)(人)(天國)
화 외 식 서 기 관 인 천 국

(門)(者)
문 자

마23:14,(寡婦)(家産)(外飾)(祈禱)
과 부 가 산 외 식 기 도

(者)(判決)(重)
자 판 결 중

마23:15,(禍)(外飾)(書記官)(人)(敎人)
화 외 식 서 기 관 인 교 인

(爲)(陸地)(倍)(地獄)(子息)
위 륙 지 배 지 옥 자 식

마23:16,(禍)(引導者)(聖殿)(盟誓)
화 인 도 자 성 전 맹 서

(聖殿)(金)(盟誓
성 전 금 맹 서

마23:17,(愚氓)(金)(金)(聖殿)
우 맹 금 금 성 전

마23:18,(祭壇)(盟誓)(禮物)(盟誓
제 단 맹 서 예 물 맹 서

마23:19,(禮物)(禮物)(祭壇)
예 물 예 물 제 단

마23:20,(祭壇)(盟誓)(者)(祭壇)(盟誓)
제 단 맹 서 자 제 단 맹 서

마23:21,(聖殿)(盟誓)(者)(聖殿)(盟誓)
성 전 맹 서 자 성 전 맹 서

마23:22,(盟誓)(者)(寶座)(盟誓)
맹 서 자 보 좌 맹 서

마23:23,(禍)(外飾)(書記官)(人)(薄荷)
화 외 식 서 기 관 인 박 하

(茴香)(芹菜)(十一條)(律法)(重)
회 향 근 채 십 일 조 률 법 중

(義)(仁)(信)(行)
의 인 신 행

마23:24,(引導者)
인 도 자

마23:25,(禍)(外飾)(書記官)(人)(盞)
화 외 식 서 기 관 인 잔

(貪慾)(放蕩
탐 욕 방 탕

마23:26,(人)
인

마23:27,(禍)(外飾)(書記官)(人)(灰漆)
화 외 식 서 기 관 인 회 칠

마23:28,(外飾)(不法)
외 식 불 법

마23:29,(禍)(外飾)(書記官)(人)
화 외 식 서 기 관 인

(先知者)(義人)(碑石)
선 지 자 의 인 비 석

마23:30,(萬一)(祖上)(先知者)(參與)
만 일 조 상 선 지 자 참 여

마23:31,(先知者)(者)(子孫)(證據)
선 지 자 자 자 손 증 거

마23:32,(祖上)(量)
조 상 양

마23:33,(毒蛇)(地獄)(判決)(避)
독 사 지 옥 판 결 피

마23:34,(先知者)(智慧)(者)(書記官)(中)
선 지 자 지 혜 자 서 기 관 중

(十字架)(中)(會堂)(洞里)(洞里)
십 자 가 중 회 당 동 리 동 리

(驅迫)
구 박

마23:35,(義人)(聖殿)(祭壇)가(義)
의 인 성 전 제 단 의

마23:36,(眞實)(世代)
진 실 세 대

마23:37,(先知者)(派送)(者)(者)
선 지 자 파 송 자 자

(子女)(番)(願)
자 녀 번 원

마23:38,(荒廢)
황 폐

마23:39,(讚頌)(主)
찬 송 주

馬太福音-(마태복음)-第二十四章
마 태 복 음 제 이 십 사 장

마24:1,(聖殿)(弟子)(聖殿)(建物)
성 전 제 자 성 전 건 물

마24:2,(對答)(眞實)
대 답 진 실

마24:3,(橄欖山)(弟子)(從容)(主)(臨)
감 람 산 제 자 종 용 주 임

(世上)(徵兆)
세 상 징 조

마24:4,(對答)(迷惑)(注意)
대 답 미 혹 주 의

마24:5,(迷惑)
미 혹

마24:6,(亂離)(亂離)(所聞)
란 리 란 리 소 문

마24:7,(民族)(民族)(對敵)(處處)(饑饉)
민 족 민 족 대 적 처 처 기 근

(地震)
지 진

마24:8,(災難)(始作)
재 난 시 작

마24:9,(患難)(爲)(民族)
환 난 위 민 족

마24:10,(試驗)
시 험

마24:11,(先知者)(迷惑)
선 지 자 미 혹

마24:12,(不法)
불 법

마24:13,(者)(救援)
자 구 원

마24:14,(天國)(福音)(民族)(證據)
천 국 복 음 민 족 증 거
(爲)(世上)(傳播)
위 세 상 전 파

마24:15,(先知者)(滅亡)(可憎)(者)(
선 지 자 멸 망 가 증 자

마24:16,(者)(山)(逃亡)
자 산 도 망

마24:17,(者)(物件)
자 물 건

마24:18,(者)
자

마24:19(者)(者)(禍)
자 자 화

마24:20,(逃亡)(安息日)(祈禱)
도 망 안 식 일 기 도

마24:21,(患難)(創世)(至今)(患難)(後)
환 난 창 세 지 금 환 난 후

마24:22,(減)(肉體)(救援)(擇)(者)(爲)(減)
감 육 체 구 원 택 자 위 감

마24:23,(或)
혹

마24:24,(先知者)(表蹟)(奇事)(擇)(者)(迷惑)
선 지 자 표 적 기 사 택 자 미 혹

마24:26,(曠野)(房)
광 야 방

마24:27,(東便)(西便)(人子)(臨)
동 편 서 편 인 자 임

마24:29,(患難)(後)(卽時)(權能)
환 난 후 즉 시 권 능

마24:30,(人子)(徵兆)(族屬)(痛哭)
인 자 징 조 족 속 통 곡
(人子)(能力)(榮光)
인 자 능 력 영 광

마24:31,(天使)(擇)(者)(四方)
천 사 택 자 사 방

마24:32,(無花果)(譬喩)(軟)
무 화 과 비 유 연

마24:33,(人子)(門)
인 자 문

마24:34,(眞實)(世代)(前)
진 실 세 대 전

마24:35,(天地)
천 지

마24:36,(天使)
천 사

마24:37,(人子)(臨)
인 자 임

마24:38,(洪水)(前)(方舟)
홍 수 전 방 주

마24:39,(洪水)(滅)(人子)(臨)
홍 수 멸 인 자 임

마24:40,(當)(當)
당 당

마24:41,(女子)(當)(當)
녀 자 당 당

마24:42,(主)(臨)
주 임

마24:43,(萬一)(主人)(盜賊)(更點)
만 일 주 인 도 적 경 점

마24:44,(豫備)(人子)
예 비 인 자

마24:45,(忠誠)(智慧)(主人)(糧食)(者)
충 성 지 혜 주 인 량 식 자

마24:46,(主人)(福)
주 인 복

마24:47,(眞實)(主人)(所有)
진 실 주 인 소 유

마24:48,(萬一)(惡)(主人)
만 일 악 주 인

마24:49,(親舊)
친 구

마24:50,(時間)(主人)
시 간 주 인

마24:51,(外飾)(者)(律)(處))
외 식 자 율 처

馬太福音-(마태복음)-第二十五章
마 태 복 음 제 이 십 오 장

마25:1,(天國)(燈)(新郞)(處女)
천 국 등 신 랑 처 녀

마25:2,(中)
중

마25:3,(者)(燈)
자 등

마25:4,(者)
자

마25:5,(新郞)졸
신 랑

마25:6,(中)(新郞)
중 신 랑

마25:7,(處女)(燈)(準備)
처 녀 등 준 비

마25:8,(者)(者)(燈)
자 자 등

마25:9,(者)對答)(不足)(者)
자 대 답 부 족 자

마25:10,(新郞)(豫備)(者)(婚姻)(門)
신 랑 예 비 자 혼 인 문

마25:11,(後)(處女)(主)(主)
후 처 녀 주 주

마25:12,(對答)(眞實)
대 답 진 실

마25:13,(時)
시

마25:14,(他國)(自己)(所有)
타 국 자 기 소 유

마25:15,(各各)(才能)(金)
각각 재능 금
마25:16,(者)
자
마25:17,(者)
자
마25:18,(者)(主人)
자 주인
마25:19,(後)(主人)(會計)
후 주인 회계
마25:20,(者)(主)
자 주
마25:21,(主人)(忠誠)(忠誠)(主人)(參與)
주인 충성 충성 주인 참여
마25:22,(者)(主)
자 주
마25:23,(主人)(忠誠)(忠誠)(主人)(參與)
주인 충성 충성 주인 참여
마25:24,(者)(主)(當身)
자 주 당신
마25:25,(當身)(當身)
당신 당신
마25:26,(主人)(對答)(惡)
주인 대답 악
마25:27,(取利)(者)(本錢)(邊利)
취리 자 본전 변리
마25:28,(者)
자
마25:29,(者)(豊足)(者)
자 풍족 자
마25:30,(無益)
무익
마25:31,(人子)(自己)(榮光)(天使)
인자 자기 영광 천사
(自己)(榮光)(寶座)
자기 영광 보좌
마25:32,(民族)(各各)(分別)(牧者)(羊)(分別)
민족 각각 분별 목자 양 분별
마25:33,(羊)(便)(便)
양 편 편
마25:34,(便)(者)(福)(者)(創世)(爲)
편 자 복 자 창세 위
(豫備)(相續)
예비 상속
마25:35,(迎接)
영접
마25:36,(病)(獄)
병 옥
마25:37,(義人)(對答)(主)(主)(供饋)
의인 대답 주 주 공궤
마25:38,(迎接)
영접
마25:39,(病)(獄)
병 옥
마25:40,(對答)(眞實)(兄弟)(中)(至極)(者)
대답 진실 형제 중 지극 자
마25:41,(便)(者)(詛呪)(者)(魔鬼)(使者)
편 자 저주 자 마귀 사자
(爲)(豫備)(永永)
위 예비 영영
마25:43,(迎接)(病)(獄)
영접 병 옥
마25:44,(對答)(主)(主)(病)(獄)(供養)
대답 주 주 병 옥 공양
마25:45,(對答)(眞實)(至極)(者)
대답 진실 지극 자
마25:46,(永罰)(義人)(永生)
영벌 의인 영생

馬太福音-(마태복음)-第二十六章
마태복음 제이십륙장

마26:1,(弟子)
제자
마26:2,(逾越節)(人子)(十字架)(爲)
유월절 인자 십자가 위
마26:3,(大祭司長)(百姓)(長老)(大祭司長)
대제사장 백성 장로 대제사장
(衙門)
아문
마26:4,(詭計)(議論)
궤계 의논
마26:5,(民擾)(名節)
민요 명절
마26:7,(女子)(貴)(香油)(玉盒)(食事)
녀자 귀 향유 옥합 식사
마26:8,(弟子)(忿)(意思)(虛費)
제자 분 의사 허비
마26:9,(者)
자
마26:10,(女子)
녀자
마26:11,(者)(恒常)(恒常)
자 항상 항상
마26:12,(女子)(香油)(葬事)(爲)
녀자 향유 장사 위
마26:13,(眞實)(天下)(福音)(傳播)(女子)
진실 천하 복음 전파 녀자
(行)(記念)
행 기념
마26:14,(中)(者)(大祭司長)
중 자 대제사장
마26:15,(銀)(三十)
은 삼십
마26:16,(機會)
기회
마26:17,(無酵節)(弟子)(逾越節)(豫備)(願)
무효절 제자 유월절 예비 원
마26:18,(城)(先生)(弟子)(逾越節
성 선생 제자 유월절
마26:19,(弟子)(逾越節)(豫備)
제자 유월절 예비
마26:20,(弟子)
제자
마26:21,(眞實)(中)
진실 중

마26:22,(甚)(各各)(主)
심 각각 주
마26:23,(對答)
대답
마26:24,(人子)(自己)(對)(記錄)(人子)(禍)
인자 자기 대 기록 인자 화
마26:25,(對答)(對答)
대답 대답
마26:26,(祝福)(弟子)
축복 제자
마26:27,(盞)(謝禮)
잔 사례
마26:28,(罪)(赦)(爲)(言約)
죄 사 위 언약
마26:29,(葡萄)
포도
마26:30,(讚美)(橄欖山)
찬미 감람산
마26:31,(弟子)(記錄)(牧者)(羊)
제자 기록 목자 양
마26:32,(後)
후
마26:33,(對答)(主)
대답 주
마26:34,(眞實)(前)(番)(否認)
진실 전 번 부인
마26:35,(主)(主)(否認)(弟子)
주 주 부인 제자
마26:36,(弟子)겟(弟子)(祈禱)
제자 제자 기도
마26:37苦悶)
고민
마26:38,(甚)(苦悶)
심 고민
마26:39,(祈禱)(萬一)(盞)(願)(願)
기도 만일 잔 원 원
마26:40,(弟子)(時)
제자 시
마26:41,(試驗)(祈禱)(願)(肉身)(弱)
시험 기도 원 육신 약
마26:42,(番)(祈禱)(萬一)(盞)(願)(願)
번 기도 만일 잔 원 원
마26:43,(疲困)
피곤
마26:44,(番)(同一)(祈禱)(後)
번 동일 기도 후
마26:45,(弟子)(人子)(罪人)
제자 인자 죄인
마26:46,(者)
자
마26:47,(中)(大祭司長)(百姓)(長老)
중 대제사장 백성 장로
(派送)(劍)
파송 검
마26:48,(者)(軍號)(者)
자 군호 자
마26:49,(安寧)
안녕
마26:50,(親舊)(行
친구 행
마26:51,(者)(中)(劍)(大祭司長)
자 중 검 대제사장
마26:52,(劍)(劍)(者)(劍)(亡)
검 검 자 검 망
마26:53,(求)(只今)(靈)(天使)
구 지금 영 천사
마26:54,(萬一)(聖經)
만일 성경
마26:55,(强盜)(劍)(聖殿)
강도 검 성전
마26:56,(先知者)(弟子)(逃亡)
선지자 제자 도망
마26:57,(者)(大祭司長)(書記官)(長老)
자 대제사장 서기관 장로
마26:58,(大祭司長)(結局)(下屬)
대제사장 결국 하속
마26:59,(大祭司長)(公會)(證據)
대제사장 공회 증거
마26:60,(證人)(後)
증인 후
마26:61,(聖殿)
성전
마26:62,(大祭司長)對答)(證據)
대제사장 대답 증거
마26:63,(潛潛)(大祭司長)(盟誓)
잠잠 대제사장 맹서
마26:64,(後)(人子)(權能)(右便)
후 인자 권능 우편
마26:65,(大祭司長)(自己)(僭濫)(證人)
대제사장 자기 참람 증인
(要求)(只今)(僭濫)
요구 지금 참람
마26:66,(對答)(死刑)(該當)
대답 사형 해당
마26:67,(或)
혹
마26:68,(先知者)(者)
선지자 자
마26:69,(婢子)
비자
마26:70,(否認)
부인
마26:71,(婢子)
비자
마26:72,(盟誓)(否認)
맹서 부인
마26:73,(後)(眞實)(黨)(表明)
후 진실 당 표명
마26:74,(詛呪)(盟誓)
저주 맹서
마26:75,(前)(番)(否認)(甚)(痛哭)
전 번 부인 심 통곡

馬太福音-(마태복음)-第二十七章
마태복음 제이십칠장

마27:1,(大祭司長)(百姓)(長老)(議論)
대 제 사 장 백 성 장 로 의 논

마27:2,(結縛)(總督)
결 박 총 독

마27:3,(定罪)(銀)(三十(大祭司長)(長老)
정 죄 은 삼 십 대 제 사 장 장 로

마27:4,(無罪)(罪)(犯)(相關)(當
무 죄 죄 범 상 관 당

마27:5,(銀)(聖所)
은 성 소

마27:6,(大祭司長)(銀)(聖殿庫)
대 제 사 장 은 성 전 고

마27:7,(議論)(後)(土器匠)(墓地)
의 논 후 토 기 장 묘 지

마27:9,(先知者)(定價)(者)(子孫)(中)
선 지 자 정 가 자 자 손 중

(定價)(者)(價格)(銀)(三十)
정 가 자 가 격 은 삼 십

마27:10,(土器匠)(主)(命)
토 기 장 주 명

마27:11,(總督)(總督)(人)(王)(對答)
총 독 총 독 인 왕 대 답

마27:12,(大祭司長)(長老)(告訴)(當)(對答)
대 제 사 장 장 로 고 소 당 대 답

마27:13,(證據)
증 거

마27:14,(對答)(總督)(甚)(奇異)
대 답 총 독 심 기 이

마27:15,(名節)(當)(總督)(所願)(罪囚)(前例)
명 절 당 총 독 소 원 죄 수 전 례

마27:16,(有名)(罪囚)
유 명 죄 수

마27:17,(願)
원

마27:18,(猜忌)
시 기

마27:19,(總督)(裁判)(相關)(因)
총 독 재 판 상 관 인

마27:20,(大祭司長)(長老)(勸)(滅)
대 제 사 장 장 로 권 멸

마27:21,(總督)(對答)(中)(願)
총 독 대 답 중 원

마27:22,(十字架)
십 자 가

마27:23,(惡)(十字架)
악 십 자 가

마27:24,(效驗)(民亂)(對)(無罪)(當)
효 험 민 란 대 무 죄 당

마27:25,(百姓)(對答)(子孫)
백 성 대 답 자 손

마27:26,(十字架)
십 자 가

마27:27,(總督)(軍兵)(官庭)(軍隊)
총 독 군 병 관 정 군 대

마27:28,(紅袍)
홍 포

마27:29,(冕旒冠)(戲弄)(人)(王)(平安)
면 류 관 희 롱 인 왕 평 안

마27:31,(戲弄)(後)(紅袍)(十字架)
희 롱 후 홍 포 십 자 가

마27:32,(臆志)(十字架)
억 지 십 자 가

마27:33,(卽)(骸骨)
즉 해 골

마27:34,(葡萄酒)
포 도 주

마27:35,(十字架)(後)
십 자 가 후

마27:37,(人)(王)(罪牌)
인 왕 죄 패

마27:38,(强盜)(十字架)(右便)(左便)
강 도 십 자 가 우 편 좌 편

마27:39,(者)(自己)(侮辱)
자 자 기 모 욕

마27:40,(聖殿)(者)(萬一)(自己)(救援)
성 전 자 만 일 자 기 구 원

(十字架)
십 자 가

마27:41,(大祭司長)(書記官)(長老)(戲弄)
대 제 사 장 서 기 관 장 로 희 롱

마27:42,(救援)(自己)(救援)(王)(只今)
구 원 자 기 구 원 왕 지 금

(十字架)
십 자 가

마27:43,(信賴)(救援)
신 뢰 구 원

마27:44,(十字架)(强盜)(辱)
십 자 가 강 도 욕

마27:45,(第)(六時)(臨)(第)(九時)(繼續)
제 육 시 임 제 구 시 계 속

마27:46,(第)(九時),나,
제 구 시

마27:47,(者)(中)
자 중

마27:48,(中)(海絨)(葡萄酒)
중 해 융 포 도 주

마27:49,(救援)(中)(軍兵)(槍)
구 원 중 군 병 창

마27:50,(靈魂)
영 혼

마27:51,(聖所)(揮帳)(震動)
성 소 휘 장 진 동

마27:52,(聖徒)
성 도

마27:53,(復活)(後)(城)
부 활 후 성

마27:54,(百夫長)(者)(地震)(甚)(眞實)
백 부 장 자 지 진 심 진 실

마27:55,(女子)
녀 자

마27:56,(中)
중

마27:57마富者(弟子)
부 자 제 자

마27:58,(屍體)(吩咐)
시 체 분 부

마27:59,(屍體)(精)(細麻布)
시체 정 세마포

마27:60,(自己)(門)
자기 문

마27:61,(向)
향

마27:62,(豫備日)(大祭司長)(人)
예비일 대제사장 인

마27:63,(主)(誘惑)(者)(後)(記憶)
주 유혹 자 후 기억

마27:64,(吩咐)(弟子)(屍體)(盜賊)(百姓)
분부 제자 시체 도적 백성
(者)(後)(誘惑)(前)
자 후 유혹 전

마27:65,(把守軍
파수군

마27:66,(把守軍)(印封)
파수군 인봉

馬太福音-(마태복음)-第二十八章
마태복음 제이십팔장

마28:1,(安息日)(安息後)(未明)
안식일 안식후 미명

마28:2,(地震)(主)(天使)
지진 주 천사

마28:3,(形像)
형상

마28:4,(守直)(者)
수직 자

마28:5,(天使)(女子)(十字架)
천사 녀자 십자가

마28:7,(弟子)(者)
제자 자

마28:8,(女子)(弟子)
녀자 제자

마28:9,(平安)(女子)(敬拜)
평안 녀자 경배

마28:10,(兄弟)
형제

마28:11,(女子)(把守軍)(中)(城)
녀자 파수군 중 성
(大祭司長)(告)
대제사장 고

마28:12,(長老)(議論)(軍兵)
장로 의논 군병

마28:13,(弟子)(盜賊
제자 도적

마28:14,(萬一)(總督)(勸)
만일 총독 권

마28:15,(軍兵)(人)
군병 인

마28:16,(弟子)(命)(山)
제자 명 산

마28:17,(敬拜)(疑心)(者)
경배 의심 자

마28:18,(權勢)
권세

마28:19,(族屬)(弟子)(聖靈)(洗禮)
족속 제자 성령 세례

마28:20,(吩咐)(世上)(恒常)
분부 세상 항상

馬可福音-(마가복음)-第一章
마가복음 제일장

막1:1,(福音)(始作)
복음 시작
막1:2,(先知者)(使者)(豫備)
선지자 사자 예비
막1:3,(曠野)(者)(主)(豫備)(捷徑)
광야 자 주 예비 첩경
(平坦(記錄)
평탄 기록
막1:4,(洗禮)(曠野)(罪)(赦)(悔改)
세례 광야 죄 사 회개
(洗禮)(傳播)
세례 전파
막1:5,(地方)(自己)(罪)(自服)(江)(洗禮)
지방 자기 죄 자복 강 세례
막1:6,(石淸)
석청
막1:7,(傳播)(能力)(堪當)
전파 능력 감당
막1:8,(洗禮)(聖靈)(洗禮)
세례 성령 세례
막1:9,(江)(洗禮)
강 세례
막1:10,(聖靈)(自己)
성령 자기
막1:12,(聖靈)(曠野
성령 광야
막1:13,(曠野)(四十日)(試驗)(天使)(隨從)
광야 사십일 시험 천사 수종
막1:14,(後)(福音)(傳播)
후 복음 전파
막1:15,(悔改)(福音)
회개 복음
막1:16,(海邊)(兄弟)(漁夫)
해변 형제 어부
막1:17,(漁夫)
어부
막1:19,(兄弟)
형제
막1:21,(安息日)(會堂)
안식일 회당
막1:22,(敎訓)(權勢)(者)(書記官)
교훈 권세 자 서기관
막1:23,(會堂)(鬼神)
회당 귀신
막1:24,(當身)(相關)(滅)(當身)(者)
당신 상관 멸 당신 자
막1:25,(潛潛)
잠잠
막1:26,(鬼神)(痙攣)
귀신 경련
막1:27,(權勢)(敎訓)(鬼神)(命)(順從)
권세 교훈 귀신 명 순종
막1:28,(所聞)(四方)
소문 사방
막1:29,(會堂)
회당
막1:30,(丈母)(熱病)
장모 열병
막1:31,(熱病)(女子)(隨從)
열병 녀자 수종
막1:32,(病者)(鬼神)(者)
병자 귀신 자
막1:33,(洞里)(門)
동리 문
막1:34,(各色)(病)(鬼神)(鬼神)(自己)(許諾)
각색 병 귀신 귀신 자기 허락
막1:35,(未明)(閒寂)(祈禱)
미명 한적 기도
막1:36,(者)
자
막1:37,(主)
주
막1:38,(傳道)(爲)
전도 위
막1:39,(會堂)(傳道)(鬼神)
회당 전도 귀신
막1:40,(病者)(懇求)(願)수)
병자 간구 원
막1:41,(願)
원
막1:42,(病)
병
막1:43,(警戒)
경계
막1:44,(祭司長)(因)(命)(證據
제사장 인 명 증거
막1:45,(傳播)(洞里)(閒寂)(四方)
전파 동리 한적 사방

馬可福音-(마가복음)-第二章
마가복음 제이장

막2:1,(數日)(所聞)
수일 소문
막2:2,(門)(容身)(道)
문 용신 도
막2:3,(中風病者)
중풍병자
막2:4,(因)(中風病者)(床)
인 중풍병자 상
막2:5,(中風患者)(小子)(罪)(赦)
중풍환자 소자 죄 사
막2:6,(書記官)(議論)
서기관 의논
막2:7,(僭濫)(外)(能)(罪)(赦)
참람 외 능 죄 사
막2:8,(議論)(中心)(議論)
의논 중심 의논
막2:9,(中風病者)(罪)(赦)(床)
중풍병자 죄 사 상
막2:10,(人子)(罪)(赦)(權勢)(中風病者)
인자 죄 사 권세 중풍병자

막2:11,(床)
상

막2:12,(床)(榮光)
상 영광

막2:14,(稅關)
세관

막2:15,(稅吏)(罪人)(弟子)
세리 죄인 제자

막2:16,(人)(書記官)(罪人)(稅吏)(弟子)
인 서기관 죄인 세리 제자
(稅吏)(罪人)
세리 죄인

막2:17,(健康)(者)(醫員)(病)(者)(醫員)(罪人)
건강 자 의원 병 자 의원 죄인

막2:18,(弟子)(人)(禁食)(或)(弟子)(人)
제자 인 금식 혹 제자 인
(弟子)(禁食)(當身)(弟子)(禁食)
제자 금식 당신 제자 금식

막2:19,(婚姻)(新郎)(禁食)(新郎)(禁食)
혼인 신랑 금식 신랑 금식

막2:20,(新郎)(禁食)
신랑 금식

막2:21,(生)(者)(萬一)
생 자 만일

막2:22,(葡萄酒)(負袋)(者)(萬一)(葡萄酒)
포도주 부대 자 만일 포도주
(負袋)(葡萄酒)(負袋)(葡萄酒)(負袋)
부대 포도주 부대 포도주 부대

막2:23,(安息日)(弟子)
안식일 제자

막2:24,(人)(安息日(
인 안식일

막2:25,(自己)(者)(乏絶)(嘶腸)
자기 자 핍절 시장

막2:26,(大祭司長)(殿)(祭司長)(外)
대제사장 전 제사장 외
(陳設餠)(者)
진설병 자

막2:27,(安息日)(爲)(安息日)(爲)
안식일 위 안식일 위

막2:28,(人子)(安息日)(主人)
인자 안식일 주인

馬可福音-(마가복음)-第三章
마가복음 제삼장

막3:1,(會堂)(便)
회당 편

막3:2,(訟事)(安息日)
송사 안식일

막3:3

막3:4,(安息日)(善)(行)(惡)(行)(生命)
안식일 선 행 악 행 생명
(求)(潛潛)
구 잠잠

막3:5,(頑惡)(怒)(回復)
완악 노 회복

막3:6,(人)(議論)
인 의논

막3:7,(弟子)
제자

막3:8,(江)(便)(近處)(許多)
강 편 근처 허다

막3:9,(免)(爲)(等待)(弟子)(命)
면 위 등대 제자 명

막3:10,(病)(苦生)(者)(逼近)
병 고생 자 핍근

막3:11,(鬼神)(當身)
귀신 당신

막3:12,(自己)(警戒)
자기 경계

막3:13,(山)(自己)(願)(者)
산 자기 원 자

막3:14,(自己)(傳道)
자기 전도

막3:15,(鬼神)(權勢)
귀신 권세

막3:17,(兄弟)(雨雷)
형제 우뢰

막3:18,(人)
인

막3:19,(者)
자

막3:20,(食事)
식사

막3:21,(親屬)
친속

막3:22,(書記官)叕(鬼神)(王)(鬼神)
서기관 귀신 왕 귀신

막3:23,(譬喩)
비유

막3:24,(萬一)(紛爭)
만일 분쟁

막3:25,(萬一)(紛爭)
만일 분쟁

막3:26,(萬一)(自己)(紛爭)(亡)
만일 자기 분쟁 망

막3:27,(强)(者)(結縛)(强)(者)(勒奪)
강 자 결박 강 자 늑탈
(結縛)(後)(勒奪)
결박 후 늑탈

막3:28,(眞實)(罪)(毁謗)(毁謗)(赦)
진실 죄 훼방 훼방 사

막3:29,(聖靈)(毁謗)(者)(赦)(永遠)(永遠)
성령 훼방 자 사 영원 영원
(罪)(處)
죄 처

막3:30,(鬼神)
귀신

막3:31,(母親)(同生)
모친 동생

막3:32,(當身)(母親)(同生)
당신 모친 동생

막3:33,(對答)(母親)(同生)
대답 모친 동생

막3:34,(者)(母親)(同生)
자 모친 동생

막3:35,(者)(兄弟)(姉妹)(母親)
자 형제 자매 모친

馬可福音-(마가복음)-第四章
마가복음 제사장

막4:1,(陸地)
륙지

막4:2,(譬喩)(中)
비유 중

막4:3,(者)
자

막4:6,(後)
후

막4:7,(氣運)(結實)
기운 결실

막4:8,(茂盛)(結實)(三十倍)(六十倍)(百倍)
무성 결실 삼십배 육십배 백배

막4:9,(者)
자

막4:10,(弟子)(譬喩)
제자 비유

막4:11,(秘密)(外人)(譬喩)
비밀 외인 비유

막4:12,(罪)(赦(
죄 사

막4:13,(譬喩)(譬喩)
비유 비유

막4:14,(者)
자

막4:15,(卽時)
즉시

막4:16,(卽時)
즉시

막4:17,(暫間)(因)(患難)(逼迫)(者)
잠간 인 환난 핍박 자

막4:18,(者)
자

막4:19,(世上)(念慮)(財利)(誘惑)(其他)
세상 염려 재리 유혹 기타
(慾心)(結實)(者)
욕심 결실 자

막4:20,(三十倍)(六十倍)(百倍)(結實(者)
삼십배 육십배 백배 결실 자

막4:21,(燈)(平床)
등 평상

막4:23,(者)
자

막4:25,(者)(者)
자 자

막4:27,(者)(中)
자 중

막4:28,(充實)(穀食)
충실 곡식

막4:29,(秋收)
추수

막4:30,(比)(譬喩)
비 비유

막4:32,(後)(空中)
후 공중

막4:33,(譬喩)
비유

막4:34,(譬喩(弟子)(解釋)
비유 제자 해석

막4:35,(弟子)(便)
제자 편

막4:37,(狂風)
광풍

막4:38,(弟子)(先生)
제자 선생

막4:39,(潛潛)(潺潺)
잠잠 잔잔

막4:40,(弟子)
제자

막4:41,(甚)(順從)
심 순종

馬可福音-(마가복음)-第五章
마가복음 제오장

막5:1,(便)(人)(地方)
편 인 지방

막5:2,(鬼神)
귀신

막5:3,(居處)
거처

막5:4,(番)(制馭)
번 제어

막5:5,(山)(傷)
산 상

막5:7,(至極)(當身)(相關)(願)(盟誓)
지극 당신 상관 원 맹서

막5:8,(鬼神)
귀신

막5:9,(軍隊)
군대

막5:10,(自己)(地方)(懇切)(求)
자기 지방 간절 구

막5:11,(山)
산

막5:12,(懇求)
간구

막5:13,(許諾)(鬼神)(二千)(向)(沒死)
허락 귀신 이천 향 몰사

막5:14,(者)(逃亡)(邑內)(村)(告)
자 도망 읍내 촌 고

막5:15,(鬼神)(者)(軍隊)(者)(精神)(穩全)
귀신 자 군대 자 정신 온전

막5:16,(鬼神)(者)(當)(者)(告)
귀신 자 당 자 고

막5:17,(地境)(懇求)
지경 간구

막5:18,(鬼神)(懇求)
귀신 간구

막5:19,(許諾(主)(行)(親屬)(告
허락 주 행 친속 고

막5:20,(自己)(行)(傳播)(奇異)
자기 행 전파 기이

막5:21,(便)
편

막5:22,(會堂長)(中)
회당장 중

막5:23,(懇求)(救援)
간구 구원

막5:25,(血漏症)(女子)
혈루증 녀자

막5:26,(醫員)(虛費)(效驗)(重)(次)
의원 허비 효험 중 차

막5:27,(所聞)
소문

막5:28,(救援)
구원

막5:29,(血漏)(根源)(病)
혈루 근원 병

막5:30,(能力)(自己)
능력 자기

막5:31,(弟子)
제자

막5:32,(行)(女子)
행 녀자

막5:33,(女子)(事實)
녀자 사실

막5:34,(救援)(平安)(病)(健康)
구원 평안 병 건강

막5:35,(會堂長)(當身)(先生)
회당장 당신 선생

막5:36,(會堂長)
회당장

막5:37,(兄弟)(外)(許)
형제 외 허

막5:38,(會堂長)(喧譁)(甚)(痛哭)
회당장 훤화 심 통곡

막5:39,(喧譁)
훤화

막5:40,(後)(父母)(自己)(者)
후 부모 자기 자

막5:41,(少女)
소녀

막5:42,(少女)
소녀

막5:43,(警戒)(少女)
경계 소녀

馬可福音-(마가복음)-第六章
마가복음 제륙장

막6:1,(故鄕)(弟子)
고향 제자

막6:2,(安息日)(會堂)(智慧)(權能)
안식일 회당 지혜 권능

막6:3,(木手)(兄弟)(排斥)
목수 형제 배척

막6:4,(先知者)(自己)(故鄕)(自己)(親戚)
선지자 자기 고향 자기 친척
(自己)(外)(尊敬)
자기 외 존경

막6:5,(權能)(行)(少數)(病人)(按手)
권능 행 소수 병인 안수

막6:6,(異常)(村)
이상 촌

막6:7,(弟子)(鬼神)(制馭)(權勢)
제자 귀신 제어 권세

막6:8,(命)(旅行)(爲)(外)(糧食)(纏帶)
명 여행 위 외 량식 전대

막6:10,(留)
유

막6:11,(迎接)(證據)
영접 증거

막6:12,(弟子)(悔改)(傳播)
제자 회개 전파

막6:13,(鬼神)(病人)
귀신 병인

막6:14,(王)(洗禮)(者)(能力)(運動)
왕 세례 자 능력 운동

막6:15,(先知者)(先知者)(中)
선지자 선지자 중

막6:17,(前)(自己)(同生)故(女子)(爲)(獄)
전 자기 동생 고 녀자 위 옥

막6:18,(同生)(娶)
동생 취

막6:19,(怨讐)
원수

막6:20,(義)(保護)(煩悶)
의 보호 번민

막6:21,(機會)(自己)(生日)(大臣)
기회 자기 생일 대신
(千夫長)(貴人)
천부장 귀인

막6:22,(親)(者)(王)(女兒)(願)(求)
친 자 왕 여아 원 구

막6:23,(盟誓)(求)(折半)
맹서 구 절반

막6:24,(求)(洗禮)(求
구 세례 구

막6:25,(王)(急)(求)(洗禮)(小盤)(願)
왕 급 구 세례 소반 원

막6:26,(王)(甚)(自己)멩(盟誓)(者)(因)(拒絶)
왕 심 자기 맹서 자 인 거절

막6:27,(王(侍衛兵)(命)(獄)
왕 시위병 명 옥

막6:28,(小盤(女兒)(女兒)
소반 여아 여아

막6:29,(弟子)(屍體)(葬事)
제자 시체 장사

막6:30,(使徒)(自己)(行)(告)
사도 자기 행 고

막6:31,(閒寂)(暫間)(飮食)
한적 잠간 음식

막6:32,(閒寂)
한적

막6:33,(徒步)
도보

막6:34,(牧者)(羊)(因)
목자 양 인

막6:35,(弟子)
제자

막6:36,(村)
촌

막6:37,(對答)
대답

막6:38,(個)(個)
개 개

막6:39,(弟子)(命)
제자 명

막6:40,(或)(百)(或)(五十)
혹 백 혹 오십

막6:41,(個)(祝謝)(弟子)
개 축사 제자

막6:44,(男子)(五千名)
남자 오천명

막6:45,(卽時)(弟子)(自己)(便)
즉시 제자 자기 편

막6:46,(作別)(後)(祈禱)(山
작별 후 기도 산

막6:48,(弟子)젓(四更)
제자 사경

막6:49,(弟子)(幽靈)
제자 유령

막6:50,(安心)
안심

막6:51,(弟子)(甚)
제자 심

막6:52,(鈍)
둔

막6:55,(地方)(病)(者)(寢床)
지방 병 자 침상

막6:56,(都市)(村)(病者)(市場)(懇求)者)
도시 촌 병자 시장 간구 자

馬可福音-(마가복음)-第七章
마가복음 제칠장

막7:1,(人)(書記官)(中)
인 서기관 중

막7:2,(弟子)(中)(不淨)
제자 중 부정

막7:3,(人)(人)(長老)(遺傳)
인 인 장로 유전

막7:4,(市場)(外)(盞)(周鉢)(
시장 외 잔 주발

막7:5,(人)(書記官)(當身)(弟者)(長老)
인 서기관 당신 제자 장로
(遺傳)(遵行)(不淨)
유전 준행 부정

막7:6,(外飾)(者)(對)(豫言)(記錄)
외식 자 대 예언 기록
(百姓)(尊敬)
백성 존경

막7:7,(誡命)(敎訓)(敬拜)
계명 교훈 경배

막7:8,(誡命)(遺傳)
계명 유전

막7:9,(遺傳)(誡命)
유전 계명

막7:10,(父母)(恭敬)(毁謗)(者)
부모 공경 훼방 자

막7:11,(有益)
유익

막7:12,(許)
허

막7:13,(傳)(遺傳)(廢)(行)
전 유전 폐 행

막7:15,(能
능

막7:17,(弟子)(譬喩)
제자 비유

막7:18,(能)
능

막7:19,(食物)
식물

막7:21,(惡)(淫亂)(盜賊)(殺人)
악 음란 도적 살인

막7:22,(姦淫)(貪慾)(惡毒)(淫蕩)(毁謗)
간음 탐욕 악독 음탕 훼방
(驕慢)(狂悖)
교만 광패

막7:23,(惡)
악

막7:24,(地境)
지경

막7:25,(鬼神)(女子)(所聞)
귀신 녀자 소문

막7:26,(女子)(人)(族屬)(自己)(鬼神)(懇求)
녀자 인 족속 자기 귀신 간구

막7:27,(子女)(子女)(取)
자녀 자녀 취

막7:28,(女子)對答)(主)(床)
녀자 대답 주 상

막7:29,(鬼神)
귀신

막7:30,(女子)(寢床)(鬼神)
녀자 침상 귀신

막7:31,(地境)(地境)(通過)(湖水)
지경 지경 통과 호수

막7:32,(語訥)(者)(按手)(懇求)
어눌 자 안수 간구

막7:34,(嘆息)
탄식

막7:35,(分明)
분명

막7:36,(警戒)(警戒)(傳播)
경계 경계 전파

막7:37,(甚)
심

馬可福音-(마가복음)-第八章
마가복음 제팔장

막8:1,(弟子)
제자

막8:3,(萬一)굶(氣盡)(中)
만일 기진 중

막8:4,(弟子)對答)(曠野)
제자 대답 광야

막8:5,(個)
개

막8:6,(命)(個)(祝謝)(弟子)(弟子)
명 개 축사 제자 제자

막8:7,(生鮮)(祝福)(命)
생선 축복 명

막8:9,(約)(四千名)
약 사천명

막8:10,(弟子)(地方
제자 지방

막8:11,(人)(詰難)(試驗)(表蹟)(求)
인 힐난 시험 표적 구

막8:12,(嘆息)(世代)(表蹟)(求)(眞實)(世代)
탄식 세대 표적 구 진실 세대

막8:13,(便
편

막8:14,(弟子)(個)
제자 개

막8:15,(警戒)(人)(注意
경계 인 주의

막8:16,(弟子)(議論)
제자 의논

막8:17,(議論)(鈍)
의논 둔

막8:18,(記憶)
기억

막8:19,(個)(五千名)
개 오천명

막8:20,(個)(四千名)
개 사천명

막8:22,(求)
구

막8:23,(按手)
안수

막8:25,(按手)(注目)(萬物)
안수 주목 만물

막8:27,(弟子)(路中)(弟子)
제자 노중 제자

막8:28,(洗禮)(先知者)(中)
세례 선지자 중

막8:29,(對答)(主)(
대답 주

막8:30,(自己)(警戒)
자기 경계

막8:31,(人子)(苦難)(長老)(大祭司長)
인자 고난 장로 대제사장
(書記官)(當)
서기관 당

막8:32,(諫)
간

막8:33,(弟子)
제자

막8:34,(弟子)(自己)(否認)(自己)(十字架)
제자 자기 부인 자기 십자가

막8:35,(救援)(福音)(爲)(救援)
구원 복음 위 구원

막8:36,(萬一)(天下)(有益)
만일 천하 유익

막8:38,(淫亂)(罪)(世代)(人子)(榮光)(天使)
음란 죄 세대 인자 영광 천사

馬可福音-(마가복음)-第九章
마가복음 제구장

막9:1,(眞實)(中)(前)(權能)(臨)(者)
진실 중 전 권능 임 자

막9:2,(後)(山)(變形)
후 산 변형

막9:3,(光彩)(世上)(者)(甚)
광채 세상 자 심

막9:5,(告)(草幕)(主)(爲)(爲)(爲)
고 초막 주 위 위 위

막9:6,(甚)
심

막9:8,(自己)
자기

막9:9,(山)(警戒)(人子)(者)
산 경계 인자 자

막9:10,(問議)(者)(
문의 자

막9:11,(書記官
서기관

막9:12,(果然)(回復)(人子)(對)(記錄)
과연 회복 인자 대 기록
(苦難)(蔑視)(當)
고난 멸시 당

막9:13,(記錄)(任意)待遇)
기록 임의 대우

막9:14,(弟子)(書記官)(辯論)
제자 서기관 변론

막9:15,(甚)(問安)
심 문안

막9:16,(辯論)
변론

막9:17,(中)對答)(先生)(鬼神)(先生)
중 대답 선생 귀신 선생

막9:18,(鬼神)(先生)(弟子)(能)
귀신 선생 제자 능

막9:19,(對答)世代)
대답 세대

막9:20,(鬼神)(甚)(痙攣)
귀신 심 경련

막9:22,(鬼神)
귀신

막9:23,(者)(能)
자 능

막9:25,(鬼神)(鬼神)(命)
귀신 귀신 명

막9:26,(鬼神)(甚)(痙攣)
귀신 심 경련

막9:28,(弟子)(從容)(能)(鬼神)
제자 종용 능 귀신

막9:29,(祈禱)(外)(類)
기도 외 유

막9:31,(弟子)(人子)(當)(三)(日(緣故)
제자 인자 당 삼 일 연고

막9:32,(弟子
제자

막9:33,(弟子(路中)(討論)
제자 노중 토론

막9:34,(潛潛)(路中)(爭論)
잠잠 노중 쟁론

막9:35,(弟子)(者)
제자 자

막9:36,(弟子)
제자

막9:37,(迎接)(迎接)(迎接)(迎接)(迎接)
영접 영접 영접 영접 영접

막9:38,(先生)(者)(主)(鬼神)(禁)
선생 자 주 귀신 금

막9:39,(禁)(依託)(能)(行)(卽時)(誹謗)(者)
금 의탁 능 행 즉시 비방 자

막9:40,(反對)(者)(爲)(者)
반대 자 위 자

막9:41屬)(者)(眞實)(決斷)(賞)
속 자 진실 결단 상

막9:42,(小子)(中)(失足(硏子)
소자 중 실족 연자

막9:43,(萬一)(犯罪(不具者)(永生)(地獄)
만일 범죄 불구자 영생 지옥

막9:45,(萬一)(犯罪(永生)(地獄)
만일 범죄 영생 지옥

막9:47,(萬一)(犯罪(地獄)
만일 범죄 지옥

막9:50,(萬一)(和睦)
만일 화목

馬可福音-(마가복음)-第十章
마가복음 제십장

막10:1,(地境)(江)(便(前例)
지경 강 편 전례

막10:2,(人)(試驗)
인 시험

막10:3,(對答)(命)
대답 명

막10:4,(離婚證書)(許諾)
이혼증서 허락

막10:5,(頑惡)(因)(命令)(記錄)
완악 인 명령 기록

막10:6,(創造時)(男子)(女子)
창조시 남자 녀자

막10:7,(父母)
부모

막10:10,(弟子)
제자

막10:11,(者)(本妻)(姦淫)(行)
자 본처 간음 행

막10:12,(男便)(姦淫)(行)
남편 간음 행

막10:13,(弟子)
제자

막10:14,(忿)(容納)(禁)(者)
분 용납 금 자

막10:15,(眞實(者)(決斷)
진실 자 결단

막10:16,(按手)(祝福)
안수 축복

막10:17,(善)(先生)(永生)
선 선생 영생

막10:18,(善)(外)(善)
선 외 선

막10:19,(誡命)(殺人)(姦淫)(盜賊)(證據)
계명 살인 간음 도적 증거
(取)(父母)(恭敬)
취 부모 공경

막10:20,(先生)
선생

막10:21,(不足)(者)(寶貨)
부족 자 보화

막10:22,(財物)(故)(因)(氣色)
재물 고 인 기색

막10:23,(弟子)(財物)(者)(甚)
제자 재물 자 심

막10:24,(弟子對答)(財物)(依支)(者)
제자 대답 재물 의지 자

막10:25,(富者)
부자

막10:26,(弟子)(甚)(救援)
제자 심 구원

막10:28,(主)
주

막10:29,(眞實)(福音)(爲)(兄弟)(姉妹)
진실 복음 위 형제 자매
(子息)(田土)(者)
자식 전토 자

막10:30,(今世)(兄弟)(姉妹)(母親)(子息)
금세 형제 자매 모친 자식
(田土)(百倍)(逼迫)(兼)(來世)
전토 백배 핍박 겸 래세
(永生)(者)
영생 자

막10:31,(者)(者)(者)
자 자 자

막10:32,(弟子)(者)(弟子)(自己)(當)
제자 자 제자 자기 당

막10:33,(人子)(大祭司長)(書記官)
인자 대제사장 서기관
(決案)(異邦人)
결안 이방인

막10:34,(凌辱)(三日
능욕 삼일

막10:35,(主)(先生)(求)(願)
주 선생 구 원

막10:36,(願)
원

막10:37,(主)(榮光)(中)(主)(右便(左便)
주 영광 중 주 우편 좌편
막10:38,(求)(盞)(洗禮)
구 잔 세례
막10:39(盞)(洗禮)
잔 세례
막10:40,(左右便)(爲)(豫備)
좌우편 위 예비
막10:41,(弟子)(對)(忿)
제자 대 분
막10:42,(異邦人)(所謂)(執權者)(任意)
이방인 소위 집권자 임의
(主管)(大人)(權勢)
주관 대인 권세
막10:43,(中)(中)(者)(者)
중 중 자 자
막10:44,(中)(者)
중 자
막10:45,(人子)(自己)(代贖物)
인자 자기 대속물
막10:46,(弟子)(許多)
제자 허다
막10:47,(子孫)
자손
막10:48,(潛潛(甚)(子孫)
잠잠 심 자손
막10:49,(安心)
안심
막10:51,(願(先生)(願)
원 선생 원
막10:52,(救援)
구원

馬可福音-(마가복음)-第十一章
마가복음 제십일장

막11:1,(橄欖山)(弟子)(中)
감람산 제자 중
막11:2,(便)
편
막11:3,(萬一)(主)(卽時)
만일 주 즉시
막11:4,(弟子)(門)
제자 문
막11:5,(中)
중
막11:6,(弟子)(許諾)
제자 허락
막11:7,(自己)
자기
막11:8,(自己)
자기
막11:9,(者)(讚頌)(主)
자 찬송 주
막11:10,(讚頌)(祖上)
찬송 조상
막11:11,(聖殿)(弟子)
성전 제자
막11:12,(嘶腸)
시장
막11:13,(無花果)(或)(外)(無花果)
무화과 혹 외 무화과
막11:14,(永遠)(弟子)
영원 제자
막11:15,(聖殿)(聖殿)(賣買)(者)(者)
성전 성전 매매 자 자
(床)(者)(椅子)
상 자 의자
막11:16,(器具)(聖殿)(許)
기구 성전 허
막11:17,(記錄)(萬民)(祈禱)(稱)(强盜)(窟穴)
기록 만민 기도 칭 강도 굴혈
막11:18,(大祭司長)(書記官)(滅)(敎訓)(奇異)
대제사장 서기관 멸 교훈 기이
막11:19,(每樣)(城)
매양 성
막11:20,(無花果)
무화과
막11:21,(詛呪)(無花果)
저주 무화과
막11:22,(對答)
대답
막11:23,(眞實)(山)(疑心)
진실 산 의심
막11:24,(祈禱)(求)
기도 구
막11:25,(祈禱)혐(嫌疑)(容恕)(赦
기도 혐의 용서 사
막11:26,(萬一)(容恕)(赦)
만일 용서 사
막11:27,(聖殿)(大祭司長)(書記官)(長老)
성전 대제사장 서기관 장로
막11:28,(權勢)(權勢)
권세 권세
막11:29,(對答)(權勢)
대답 권세
막11:30,(洗禮)對答)
세례 대답
막11:31,(議論)(萬一)
의논 만일
막11:32,(先知者)(百姓)
선지자 백성
막11:33,(對答)(權勢)
대답 권세

馬可福音-(마가복음)-第十二章
마가복음 제십이장

막12:1,(譬喩)(葡萄園)(汁(望臺)(農夫)
비유 포도원 즙 망대 농부
(貰)(他國)
세 타국
막12:2,(農夫)(葡萄園)(所出)
농부 포도원 소출
막12:3,(甚)
심

막12:4,(傷處)(凌辱)
상 처 능 욕
막12:5,(其外)(或)(或)
기 외 혹 혹
막12:6,(最後)(恭敬)
최 후 공 경
막12:7,(農夫)(相續者)(者)(遺業)
농 부 상 속 자 자 유 업
막12:8,(葡萄園)
포 도 원
막12:9,(葡萄園)(主人)(農夫)(殄滅)(葡萄園)
포 도 원 주 인 농 부 진 멸 포 도 원
막12:10,(聖經)(建築者)(
성 경 건 축 자
막12:11,(奇異)
기 이
막12:12,(譬喩)(自己)
비 유 자 기
막12:13,(責)(人)(中)
책 인 중
막12:14,(先生)(當身)(外貌)(道)(稅)(可)
선 생 당 신 외 모 도 세 가
(不可)
불 가
막12:15,(外飾(試驗)
외 식 시 험
막12:16,(畵像)(
화 상
막12:17,(銀)(對)(甚)(奇異)
은 대 심 기 이
막12:18,(復活)(人)
부 활 인
막12:19,(先生)(兄)(子息)(同生)(娶)
선 생 형 자 식 동 생 취
(兄)(爲)(後嗣)
형 위 후 사
막12:20,(兄弟)(娶)(後嗣)
형 제 취 후 사
막12:21,(女子)(娶)(後嗣)
녀 자 취 후 사
막12:22,(後嗣)최(最後)(女子)
후 사 최 후 녀 자
막12:23,(娶)(復活)(當)(中)
취 부 활 당 중
막12:24,(聖經)(能力)(誤解)
성 경 능 력 오 해
막12:25,(者)(天使)
자 천 사
막12:26,(者(議論)(冊)(中(關)
자 의 논 책 중 관
막12:27,(者)(者)(誤解)
자 자 오 해
막12:28,(書記官)(中)(辯論)(對答)誡命)(中)
서 기 관 중 변 론 대 답 계 명 중
막12:29,(對答)(主)(唯一)(主)
대 답 주 유 일 주
막12:30,(主)
주

막12:31,((誡命)
계 명
막12:32,(書記官)(先生)(外)
서 기 관 선 생 외
막12:33,(智慧)(全體)(燔祭物)(其他)(祭物)
지 혜 전 체 번 제 물 기 타 제 물
막12:34,(智慧對答)(後)(敢)(者)
지 혜 대 답 후 감 자
막12:35,(聖殿對答)(書記官)(子孫)
성 전 대 답 서 기 관 자 손
막12:36,(聖靈)(感動)(親)(主)(主)(怨讐)
성 령 감 동 친 주 주 원 수
(右便)
우 편
막12:37,(主)(子孫)(百姓)
주 자 손 백 성
막12:38,(嘶腸)(問安)
시 장 문 안
막12:39,(會堂(上座)(上席)(願)(書記官)
회 당 상 좌 상 석 원 서 기 관
막12:40,(寡婦)(家産)(外飾)(祈禱)(者)
과 부 가 산 외 식 기 도 자
(判決)(重)
판 결 중
막12:41,(捐補櫃)(對)(捐補櫃)(富者)
연 보 궤 대 연 보 궤 부 자
막12:42,(寡婦)
과 부
막12:43,(弟子)(眞實)(寡婦)(捐補櫃)
제 자 진 실 과 부 연 보 궤
막12:44,(豊足)(中)(寡婦)(苟且)(中)(自己)
풍 족 중 과 부 구 차 중 자 기
(所有)(生活費)(全部)
소 유 생 활 비 전 부

馬可福音-(마가복음)-第十三章
마 가 복 음 제 십 삼 장

막13:1,(聖殿)(弟子)(中)(先生)(建物)
성 전 제 자 중 선 생 건 물
막13:2,(建物)
건 물
막13:3,(橄欖山)(聖殿)(對)(從容)
감 람 산 성 전 대 종 용
막13:4,(徵兆)
징 조
막13:5,(迷惑)(注意)
미 혹 주 의
막13:6,(迷惑)
미 혹
막13:7,(亂離)(亂離)(所聞)
란 리 란 리 소 문
막13:8,(民族)(民族)(對敵)(處處)(地震)
민 족 민 족 대 적 처 처 지 진
(饑饉)(災難)(始作)
기 근 재 난 시 작
막13:9,(操心)(公會)(會堂)(因)(官長)(證據)
조 심 공 회 회 당 인 관 장 증 거

막13:10,(福音)(萬國)(傳播)
복음 만국 전파

막13:11,(念慮)(時)(聖靈)
염려 시 성령

막13:12,(兄弟)(兄弟)(子息)(子息)(父母)
형제 형제 자식 자식 부모
(對敵)
대적

막13:13,(因)(者)(救援)
인 자 구원

막13:14,(滅亡)(可憎)(者)(者)(山)(逃亡)
멸망 가증 자 자 산 도망

막13:15,(者)
자

막13:16,(者)
자

막13:17,(者)(者)(禍)
자 자 화

막13:18,(祈禱)
기도

막13:19,(患難)(創造)(創初)(至今)(患難)(後)
환난 창조 창초 지금 환난 후

막13:20,(萬一)(主)(減)(肉體)(救援)(自己)
만일 주 감 육체 구원 자기
(擇)(百姓)(爲)(減)
택 백성 위 감

막13:22,(先知者)(異蹟)(奇事)(行)(擇)
선지자 이적 기사 행 택
(百姓)(迷惑)
백성 미혹

막13:24,(患難後)
환난후

막13:25,(權能)
권능

막13:26,(人子)(權能)(榮光)
인자 권능 영광

막13:27,(天使)(自己)(擇)(者)(四方)
천사 자기 택 자 사방

막13:28,(無花果)(譬喩)(軟)
무화과 비유 연

막13:29,(人子)(門)
인자 문

막13:30,(眞實)(世代)(前)
진실 세대 전

막13:31,(天地)
천지

막13:32,(天使)
천사

막13:33,(注意)
주의

막13:34,(假令)(他國)(權限)(各各)
가령 타국 권한 각각
(事務)(門直)
사무 문직

막13:35,(主人)(或)
주인 혹

막13:36,(忽然)(者
홀연 자

馬可福音-(마가복음)-第十四章
마가복음 제십사장

막14:1,(逾越節)(無酵節)(大祭司長)
유월절 무효절 대제사장
(書記官)(詭計)(方策)(求)
서기관 궤계 방책 구

막14:2,(民擾)(名節)
민요 명절

막14:3,(食事)(女子)(香油)(純全)(玉盒)
식사 녀자 향유 순전 옥합
(玉盒)
옥합

막14:4,(忿)(意思)(香油)(虛費)
분 의사 향유 허비

막14:5,(香油)(三百)(以上)(者)(女子)(責望)
향유 삼백 이상 자 녀자 책망

막14:7,(者)(恒常)(願)(恒常)
자 항상 원 항상

막14:8,(香油)(葬事)(準備)
향유 장사 준비

막14:9,(眞實)(天下)(福音)(傳播)(女子)
진실 천하 복음 전파 녀자
(行)(記念)
행 기념

막14:10,(中)(大祭司長)
중 대제사장

막14:11,(約束)(機會)
약속 기회

막14:12,(無酵節)(逾越節)(羊)(弟子)
무효절 유월절 양 제자
(先生)(豫備)(願)
선생 예비 원

막14:13,(弟子)(中)(城內)
제자 중 성내

막14:14,(主人)(先生)(弟子)(逾越節)(客室)
주인 선생 제자 유월절 객실

막14:15,(豫備)(房)(爲)(豫備
예비 방 위 예비

막14:16,(弟子)(城內)(逾越節)(豫備)
제자 성내 유월절 예비

막14:18,(眞實)(中)(者)
진실 중 자

막14:20,(中)(者)
중 자

막14:21,(人子)(自己)(對)(記錄)(人子)(禍)
인자 자기 대 기록 인자 화

막14:22,(祝福)(弟子)
축복 제자

막14:23,(盞)(謝禮)
잔 사례

막14:24,(爲)(言約)
위 언약

막14:25,(眞實)(葡萄)
진실 포도

막14:26,(讚美)(橄欖山)
찬미 감람산

막14:27,(弟子)(記錄)(牧者)(羊)
제자 기록 목자 양
막14:28,(後)
후
막14:30,(眞實)(番)(前)(番)(否認)
진실 번 전 번 부인
막14:31,(主)(主)(否認)(弟子)
주 주 부인 제자
막14:32,(弟子)(祈禱)
제자 기도
막14:33,(甚)
심
막14:34,(甚)(苦悶)
심 고민
막14:35,(自己)(求)
자기 구
막14:36,(可能)(盞)(願)(願)
가능 잔 원 원
막14:37,(弟子)
제자
막14:38,(試驗)(祈禱)(願)(肉身)(弱)
시험 기도 원 육신 약
막14:39,(同一)(祈禱)
동일 기도
막14:40,(甚)(疲困)(對答)
심 피곤 대답
막14:41,(番)(人子)(罪人)
번 인자 죄인
막14:42,(者)
자
막14:43,(中)(大祭司長)(書記官)(長老)
중 대제사장 서기관 장로
(派送)(劍)
파송 검
막14:44,(者)(軍號)(者)
자 군호 자
막14:47,(者)(中)(劍)(大祭司長)
자 중 검 대제사장
막14:48,(强盜)(劍)
강도 검
막14:49,(聖殿)(聖經)
성전 성경
막14:50,(弟子)(逃亡)
제자 도망
막14:51,(靑年)홑히
청년
막14:52,(逃亡)
도망
막14:53,(大祭司長)(大祭司長)(長老)(書記官)
대제사장 대제사장 장로 서기관
막14:54,(大祭司長)(下屬)
대제사장 하속
막14:55,(大祭司長)(公會)(證據)
대제사장 공회 증거
막14:56,(證據)(者)(證據)(合)
증거 자 증거 합
막14:57,(證據)
증거
막14:58,(聖殿)(聖殿)
성전 성전
막14:59,(證據)(合)
증거 합
막14:60,(大祭司長)(對答)(證據
대제사장 대답 증거
막14:61,(潛潛)對答)(大祭司長)(讚頌)(者)
잠잠 대답 대제사장 찬송 자
막14:62,(人子)(權能者)(右便)
인자 권능자 우편
막14:63,(大祭司長)(自己)(證人)(要求)
대제사장 자기 증인 요구
막14:64,(僭濫)(死刑)(該當)(者)(定罪)
참람 사형 해당 자 정죄
막14:65,(或)(先知者)(下屬)
혹 선지자 하속
막14:66,(大祭司長)(婢子)
대제사장 비자
막14:67,(注目)
주목
막14:68,(否認)
부인
막14:69,(婢子)(者)(黨)
비자 자 당
막14:70,(否認)(後)(黨)
부인 후 당
막14:71,(詛呪)(盟誓)
저주 맹서
막14:72,(番)(自己)(番)(前)(番)(否認)(記憶)
번 자기 번 전 번 부인 기억

馬可福音-(마가복음)-第十五章
마가복음 제십오장

막15:1,(大祭司長)(卽時)(長老)(書記官)
대제사장 즉시 장로 서기관
(公會)(議論)(結縛)
공회 의논 결박
막15:2,(人)(王)對答)
인 왕 대답
막15:3,(大祭司長)(告訴)
대제사장 고소
막15:4,(對答)(告訴)
대답 고소
막15:5,(對答)(奇異)
대답 기이
막15:6,(名節)(當)(百姓)(求)(罪囚)(前例)
명절 당 백성 구 죄수 전례
막15:7,(民亂)(民亂)(殺人)(捕縛)(者)(中)(者)
민란 민란 살인 포박 자 중 자
막15:8,(前例)(求)
전례 구
막15:9,(對答)(人)(王)(願)
대답 인 왕 원
막15:10,(大祭司長)(猜忌)
대제사장 시기
막15:11,(大祭司長)(衝動)
대제사장 충동

막15:12,(對答)(人)(王)
대답 인 왕
막15:13,(十字架
십자가
막15:14,(惡)(十字架
악 십자가
막15:15,(滿足)하(十字架)
만족 십자가
막15:16,(軍兵)(軍隊)
군병 군대
막15:17,(紫色)(冕旒冠)
자색 면류관
막15:18,(禮)(人)(王)(平安)
예 인 왕 평안
막15:20,(戲弄)(後)(紫色)(十字架)
희롱 후 자색 십자가
막15:21,(臆志)(十字架)
억지 십자가
막15:22,(骸骨)
해골
막15:23,(沒藥)(葡萄酒)
몰약 포도주
막15:24,(十字架)
십자가
막15:25,(第)(三時)(十字架)
제 삼시 십자가
막15:26,(罪)(人)(王)고
죄 인 왕
막15:27,(强盜)(十字架)(右便)(左便)
강도 십자가 우편 좌편
막15:28,(不法者)(認定)(聖經)(應)
불법자 인정 성경 응
막15:29,(者)(自己)(侮辱)(聖殿)(者)
자 자기 모욕 성전 자
막15:30,(救援)(十字架)
구원 십자가
막15:31,(大祭司長)(書記官)(戲弄)(救援)
대제사장 서기관 희롱 구원
(自己)(救援)
자기 구원
막15:32,(王)(只今)(十字架)(十字架)(者)(辱)
왕 지금 십자가 십자가 자 욕
막15:33,(第)(六詩)(臨)(第)(繼續)
제 육시 임 제 계속
막15:34,(第)(九時)
제 구시
막15:35,(者)(中)
자 중
막15:36,(海絨)(葡萄酒)
해융 포도주
막15:37,(殞命)
운명
막15:38,(聖所)(揮帳)
성소 휘장
막15:39,(向)(百夫長)(殞命)(眞實)
향 백부장 운명 진실
막15:40,(女子)(中)
녀자 중
막15:41,(者)(外)(女子)
자 외 녀자
막15:42,(豫備日)(安息日)(前)
예비일 안식일 전
막15:43,(唐突)(屍體)(尊貴)(公會員)(者)
당돌 시체 존귀 공회원 자
막15:44,(異常)(百夫長)
이상 백부장
막15:45,(百夫長)(後)(屍體)
백부장 후 시체
막15:46,(細麻布)(門)
세마포 문

馬可福音-(마가복음)-第十六章
마 가 복 음 제십륙장

막16:1,(安息日)(爲)(香品)
안식일 위 향품
막16:2,(安息)(後)
안식 후
막16:3,(爲)(門)
위 문
막16:4,(甚)
심
막16:5,(靑年)(右便)
청년 우편
막16:6,(靑年)(十字架)
청년 십자가
막16:7,(弟子)(前)
제자 전
막16:8,(女子)(甚)(逃亡)
녀자 심 도망
막16:9,(安息)(後)(後)(前)(鬼神)
안식 후 후 전 귀신
막16:10,(中)(告)
중 고
막16:12,(後)(中)(貌樣)
후 중 모양
막16:13,(弟子)(告)(亦是)
제자 고 역시
막16:14,(後)(弟子)(飮食)(頑惡)(自己)(者)
후 제자 음식 완악 자기 자
막16:15,(天下)(萬民)(福音)(傳播)
천하 만민 복음 전파
막16:16,(洗禮)(救援)(定罪)
세례 구원 정죄
막16:17,(者)(表蹟)(鬼神)(方言)
자 표적 귀신 방언
막16:18,(毒)(害)(病)
독 해 병
막16:19,(主)(後)(右便)
주 후 우편
막16:20,(弟子)(傳播)(主)(役事)(表蹟)
제자 전파 주 역사 표적
(確實)(證據)
확실 증거

路加福音-(누가복음)-第一章
로가복음 제일장

눅1:1,(中)(事實)(對)
중 사실 대

눅1:2,(目擊者)(者)(傳)(來歷)(著述)
목격자 자 전 내력 저술

눅1:3,(根源)(仔細)(閣下)(次例)
근원 자세 각하 차례

눅1:4,(閣下)(確實)
각하 확실

눅1:5,(王)(班列)(祭司長)(子孫)
왕 반열 제사장 자손

눅1:6,(義人)(主)(誡命)(規例)(欠)(行)
의인 주 계명 규례 흠 행

눅1:7,(受胎)(無子)
수태 무자

눅1:8,(班列)(次例)(祭司長)(職務)(行)
반열 차례 제사장 직무 행

눅1:9,(祭司長)(前例)(主)(聖所)(焚香)
제사장 전례 주 성소 분향

눅1:10,(百姓)(焚香)(時間)(祈禱)
백성 분향 시간 기도

눅1:11,(主)(使者)(香壇)(右便)
주 사자 향단 우편

눅1:13,(天使)(懇求)
천사 간구

눅1:15,(主)(者)(葡萄酒)(燒酒)(母胎)
주 자 포도주 소주 모태
(聖靈)(充滿)
성령 충만

눅1:16,(子孫)(主)
자손 주

눅1:17,(心靈)(能力)(主)(子息)(者)(義人)
심령 능력 주 자식 자 의인
(主)(爲)(百姓)(豫備)
주 위 백성 예비

눅1:18,(天使)
천사

눅1:19,(天使對答)(消息)(傳)
천사 대답 소식 전

눅1:20,(能)
능

눅1:21,(百姓)(聖所)(遲滯)(奇異)
백성 성소 지체 기이

눅1:22,(百姓)(聖所)(異像)(形容)(表示)
백성 성소 이상 형용 표시

눅1:23,(職務)
직무

눅1:24,(後)(受胎)
후 수태

눅1:25,(主)(人間)(行)
주 인간 행

눅1:26,(天使)(洞里)
천사 동리

눅1:27,(子孫)(定婚)(處女)(處女)
자손 정혼 처녀 처녀

눅1:28,(恩惠)(者)(平安)(主)
은혜 자 평안 주

눅1:29,(處女)(人事)
처녀 인사

눅1:30,(天使)(恩惠)
천사 은혜

눅1:31,(受胎)
수태

눅1:32,(者)(至極)(主)(祖上)(位)
자 지극 주 조상 위

눅1:33,(永遠)(王)(無窮)
영원 왕 무궁

눅1:34,(天使)
천사

눅1:35,(天使對答)(聖靈)(臨)(至極)
천사 대답 성령 임 지극
(能力)(者)
능력 자

눅1:36,(親族)(本來)(受胎)
친족 본래 수태

눅1:37,(大抵)(能)
대저 능

눅1:38,(主)(天使)
주 천사

눅1:39,(山中)(洞里)
산중 동리

눅1:40,(問安)
문안

눅1:41,(問安)(腹中)(聖靈)(充滿)
문안 복중 성령 충만

눅1:42,(女子)(中)(福)(胎中)(福)
녀자 중 복 태중 복

눅1:43,(主)(母親)
주 모친

눅1:44,(問安)(腹中)
문안 복중

눅1:45,(女子)(福)(主)(
녀자 복 주

눅1:46,(靈魂)(主)(讚揚)
영혼 주 찬양

눅1:47,(救主)
구주

눅1:48,(卑賤)(後)(萬世)(福)
비천 후 만세 복

눅1:49,(能)(行)
능 행

눅1:50,(矜恤)(者)(代代)
긍휼 자 대대

눅1:51,(驕慢)(者)
교만 자

눅1:52,(權勢)(者)(卑賤)(者)
권세 자 비천 자

눅1:53,(者)(富者)(空手)
자 부자 공수

눅1:54,(矜恤)(記憶)
긍휼 기억

눅1:55,(祖上)(子孫)(永遠)
조상 자손 영원

눅1:57,(解産)(期限)
해산 기한

눅1:58,(親族)(主)(矜恤)
친족 주 긍휼

눅1:59,(八日)(割禮)(父親)
팔일 할례 부친

눅1:60,(母親)(對答)
모친 대답

눅1:61,(親族)(中)
친족 중

눅1:62,(父親)(形容)
부친 형용

눅1:63,(書板)(奇異)
서판 기이

눅1:64,(讚頌)
찬송

눅1:65,(近處)(者)(山中)
근처 자 산중

눅1:66,(將次)(主)
장차 주

눅1:67,(父親)(聖靈)(充滿)(豫言)
부친 성령 충만 예언

눅1:68,(讚頌)(主)(百姓)(贖良)
찬송 주 백성 속량

눅1:69,(爲)(救援)
위 구원

눅1:70,(主)(先知者)
주 선지자

눅1:71,(怨讐)(者)(救援)(救援)
원수 자 구원 구원

눅1:72,(祖上)(矜恤)(言約)(記憶)
조상 긍휼 언약 기억

눅1:73,(祖上)(盟誓)(盟誓)
조상 맹서 맹서

눅1:74,(怨讐)
원수

눅1:75,(終身)(主)(聖潔)(義)
종신 주 성결 의

눅1:76,(至極)(先知者)(主)(豫備)
지극 선지자 주 예비

눅1:77,(主)(百姓)(罪)(赦)(救援)
주 백성 죄 사 구원

눅1:78,(矜恤)(因)(慰勞)(臨)
긍휼 인 위로 임

눅1:79,(者)(平康)(引導)
자 평강 인도

눅1:80,(心靈)(强)
심령 강

路加福音-(누가복음)-第二章
로가복음 제이장

눅2:1,(靈)(天下)(戶籍)
영 천하 호적

눅2:2,(戶籍)(總督)(番)
호적 총독 번

눅2:3,(戶籍)(各各)(故鄕)
호적 각각 고향

눅2:4,(族屬)(故)(洞里)(向)(洞里)
족속 고 동리 향 동리

눅2:5,(定婚)(戶籍)(孕胎)
정혼 호적 잉태

눅2:6,(解産)
해산

눅2:7,(襁褓)(舍館)
강보 사관

눅2:8,(地境)(牧者)(自己)(羊)
지경 목자 자기 양

눅2:9,(主)(使者)(主)(榮光)
주 사자 주 영광

눅2:10,(天使)(百姓)(消息)(傳)
천사 백성 소식 전

눅2:11,(洞里)(爲)(救主)
동리 위 구주

눅2:12,(襁褓)(表蹟)
강보 표적

눅2:13,(忽然)(許多)(天軍)(天使)(讚頌)
홀연 허다 천군 천사 찬송

눅2:14,(至極)(榮光)(中)(平和)
지극 영광 중 평화

눅2:15,(天使)(牧者)(主)
천사 목자 주

눅2:17,(天使)(自己)(對)(告)
천사 자기 대 고

눅2:18,(者)(牧者)(奇異)
자 목자 기이

눅2:20,(牧者)(自己)(因)(榮光)(讚頌)
목자 자기 인 영광 찬송

눅2:21,(割禮)(八日)(受胎)(前)(天使)
할례 팔일 수태 전 천사

눅2:22,(法)(潔禮)
법 결례

눅2:23,(主)(律法)(胎)(男子)(主)(者)(主)
주 률법 태 남자 주 자 주

눅2:24,(主)(律法)(雙)(或)(班鳩)(祭祀)
주 률법 쌍 혹 반구 제사

눅2:25,(義)(敬虔)(慰勞)(者)(聖靈)
의 경건 위로 자 성령

눅2:26,(主)(前)(聖靈)(指示)
주 전 성령 지시

눅2:27,(聖靈)(感動)(聖殿)(父母)
성령 감동 성전 부모

(律法)(前例)(行)
률법 전례 행

눅2:28,(讚頌)
찬송

눅2:29,(主宰)(平安)
주재 평안

눅2:30,(主)(救援)
주 구원

눅2:31,(萬民)(豫備)
만민 예비

눅2:32,(異邦)(主)(百姓)(榮光)
이방 주 백성 영광

눅2:33,(父母)(對)(奇異)
부모 대 기이

눅2:34,(祝福)(母親)(中)(敗)(興)(爲)
축복 모친 중 패 흥 위
(誹謗)(表蹟)(爲)
비방 표적 위
눅2:36,(支派)(先知者)(出嫁)(後)(男便
지파 선지자 출가 후 남편
눅2:37,(寡婦)(聖殿)(晝夜)(禁食)(祈禱)
과부 성전 주야 금식 기도
눅2:38,(感謝)(救贖)(對)
감사 구속 대
눅2:39,(主)(律法)(畢)(本)(洞里)(
주 률법 필 본 동리
눅2:40,(强)(智慧)(充足)(恩惠)
강 지혜 충족 은혜
눅2:41,(父母)(逾越節)(當)
부모 유월절 당
눅2:42,(節期)(前例)
절기 전례
눅2:43,(父母)
부모
눅2:44,(同行)(中)(後)(親族)(者)(中)
동행 중 후 친족 자 중
눅2:46,(後)(聖殿)(先生)(中)
후 성전 선생 중
눅2:47,(者)(智慧)對答)(奇異)
자 지혜 대답 기이
눅2:48,(父母)(母親)
부모 모친
눅2:50,(兩親
량친
눅2:51,(順從)(母親)
순종 모친
눅2:52,(智慧
지혜

路加福音-(누가복음)-第三章
로가복음 제삼장

눅3:1,(位)(總督)(分封王)(同生)(地方)
위 총독 분봉왕 동생 지방
(分封王)(分封王)
분봉왕 분봉왕
눅3:2,(大祭司長)(臨)
대제사장 임
눅3:3,(江)(附近)(各處)(罪)(赦)(悔改)(洗禮)(傳播
)
강 부근 각처 죄 사 회개 세례 전파
눅3:4,(先知者)(冊)(曠野)(者)(主)
선지자 책 광야 자 주
(豫備)(捷徑)(平坦
예비 첩경 평탄
눅3:5,(山)(山)(險)(平坦)
산 산 험 평탄
눅3:6,(肉體)(救援)
육체 구원
눅3:7,(洗禮)(毒蛇)(子息)(將次)(震怒)(避)
세례 독사 자식 장차 진노 피
눅3:8,(悔改)(合當)(祖上)(能)(子孫)
회개 합당 조상 능 자손
눅3:11,(對答)(者)(者)(者)
대답 자 자 자
눅3:12,(稅吏)(洗禮)(先生)
세리 세례 선생
눅3:13,(定)(稅)(外)(勒徵)
정 세 외 늑징
눅3:14,(軍兵(强暴)(誣訴)(料)(足)
군병 강포 무소 요 족
눅3:15,(百姓)(或)(心中)(議論)
백성 혹 심중 의논
눅3:16,(對答)(洗禮)(能力)(堪當)
대답 세례 능력 감당
(聖靈)(洗禮)
성령 세례
눅3:17,(自己)(打作)(定)(穀)(穀間)
자기 타작 정 곡 곡간
눅3:18,(其他)(勸)(百姓)(消息)(傳)
기타 권 백성 소식 전
눅3:19,(分封王)(同生)(行)(惡)(因)(責望)
분봉왕 동생 행 악 인 책망
눅3:20,(惡)(獄)
악 옥
눅3:21,(百姓)(洗禮)(洗禮)(祈禱)
백성 세례 세례 기도
눅3:22,(聖靈)(形體)(降臨)
성령 형체 강림
눅3:23,(始作)(以上)
시작 이상
눅3:24,(以上)(以上)(以上)((以上)(以上)
이상 이상 이상 이상 이상
눅3:25,(以上)(以上)(以上)(以上)(以上)
이상 이상 이상 이상 이상
눅3:26,(以上)(以上)(以上)(以上)(以上)
이상 이상 이상 이상 이상
눅3:27,(以上)(以上)(以上)(以上)(以上)
이상 이상 이상 이상 이상
눅3:28,(以上)(以上)(以上)(以上)(以上)
이상 이상 이상 이상 이상
눅3:29,(以上)(以上)(以上)(以上)(以上)
이상 이상 이상 이상 이상
눅3:30,(以上)(以上)(以上)(以上)(以上)
이상 이상 이상 이상 이상
눅3:31,(以上)(以上)(以上)(以上)(以上)
이상 이상 이상 이상 이상
눅3:32,(以上)(以上)(以上(以上(以上)
이상 이상 이상 이상 이상
눅3:33,(以上)(以上)(以上)(以上)(以上)
이상 이상 이상 이상 이상
눅3:34,(以上)(以上)(以上)(以上)(以上)
이상 이상 이상 이상 이상
눅3:35,(以上)(以上)(以上)(以上)(以上
이상 이상 이상 이상 이상
눅3:36,(以上)(以上)삿)(以上)(以上)(以上)
이상 이상 이상 이상 이상
눅3:37,(以上)(以上)(以上)(以上)(以上)
이상 이상 이상 이상 이상
눅3:38,(以上)(以上)(以上)(以上)
이상 이상 이상 이상

路加福音-(누가복음)-第四章
로가복음 제사장

눅4:1,(聖靈)(充滿)(江)(曠野)(四十日)(聖靈)
성령 충만 강 광야 사십일 성령

눅4:2,(魔鬼)(試驗)(數)
마귀 시험 수

눅4:3,(魔鬼)(萬一)(命)
마귀 만일 명

눅4:4,(對答)(記錄)
대답 기록

눅4:5,(魔鬼)(瞬息間)(天下)(萬國)
마귀 순식간 천하 만국

눅4:6,(權勢)(榮光)(願)(者)
권세 영광 원 자

눅4:7,(萬一)
만일

눅4:8,(對答)(記錄)(主)(敬拜)
대답 기록 주 경배

눅4:9,(聖殿)(萬一)
성전 만일

눅4:10,(記錄)(爲)(使者)(命)
기록 위 사자 명

눅4:12,(對答)(主)(試驗)
대답 주 시험

눅4:13,(魔鬼)(試驗)(後)
마귀 시험 후

눅4:14,(聖靈)(權能)(所聞)(四方)
성령 권능 소문 사방

눅4:15,(親)(會堂)(稱頌)
친 회당 칭송

눅4:16,(安息日)(自己)(規例)(會堂)(聖經)
안식일 자기 규례 회당 성경

눅4:17,(先知者)(冊)(記錄)
선지자 책 기록

눅4:18,(主)(聖靈)(臨)(者)(福音)(傳)(捕虜)
주 성령 임 자 복음 전 포로
(者)(自由)(者)(傳播)(者)(自由)
자 자유 자 전파 자 자유

눅4:19,(主)(恩惠)(傳播)
주 은혜 전파

눅4:20,(冊)(者)(會堂)(者)(注目)
책 자 회당 자 주목

눅4:21,(應)
응

눅4:22,(證據)(恩惠)(奇異)
증거 은혜 기이

눅4:23,(醫員)(俗談)(行)(故鄕)(行)
의원 속담 행 고향 행

눅4:24,(眞實)(先知者)(故鄕)(歡迎)(者)
진실 선지자 고향 환영 자

눅4:25,(時代)(凶年)(寡婦)
시대 흉년 과부

눅4:26,(中)(寡婦)
중 과부

눅4:27,(先知者)(中)(
선지자 중

눅4:28,(會堂)(者)(憤)
회당 자 분

눅4:29,(洞里)(洞里)(建設)(山)
동리 동리 건설 산

눅4:31,(洞里)(安息日)
동리 안식일

눅4:32,(權勢)
권세

눅4:33,(會堂)(鬼神)
회당 귀신

눅4:34,(當身)(相關)(滅)(當身)(者)
당신 상관 멸 당신 자

눅4:35,(潛潛)(鬼神)(中)(傷)
잠잠 귀신 중 상

눅4:36,(權勢)(能力)(鬼神)(命
권세 능력 귀신 명

눅4:37,(所聞)(近處)(四方)
소문 근처 사방

눅4:38,(會堂)(丈母)(中)(熱病)(爲)(求)
회당 장모 중 열병 위 구

눅4:39,(熱病)(病)(女子)(隨從)
열병 병 녀자 수종

눅4:40,(各色)(病)(者)(病人)(一一)
각색 병 자 병인 일일

눅4:41,(鬼神)(當身)(許諾)(自己)
귀신 당신 허락 자기

눅4:42,(閒寂)(自己)(挽留)
한적 자기 만류

눅4:43,(洞里)(福音)(傳)
동리 복음 전

눅4:44,(會堂)(傳道)
회당 전도

路加福音-(누가복음)-第五章
로가복음 제오장

눅5:1,(擁圍)
옹위

눅5:2,(漁夫)
어부

눅5:3,(陸地)(請)
륙지 청

눅5:5,(對答)(先生)(受苦)(依支)
대답 선생 수고 의지

눅5:6,(甚)
심

눅5:8,(主)(罪人)
주 죄인

눅5:9,(自己)(因)
자기 인

눅5:10,(同業者)(後)(取)
동업자 후 취

눅5:11,(陸地)
육지

눅5:12,(洞里)(病)(求)(主)(願)수)
동리 병 구 주 원

눅5:13,(願)(病)
원 병

눅5:14,(警戒)(祭司長)(因)(命)(禮物)(證據)
경계 제사장 인 명 예물 증거

눅5:15,(所聞)(許多)(自己)(病)
소문 허다 자기 병

눅5:16,(閒寂)(祈禱)
한적 기도

눅5:17,(各村)(人)(教法師)(病)(主)(能力)
각촌 인 교법사 병 주 능력

눅5:18,(中風病者)(寢床)
중풍병자 침상

눅5:19,(病者)(寢床)
병자 침상

눅5:20,(罪)(赦)
죄 사

눅5:21,(書記官)(人)(議論)(僭濫)(者)(外)
서기관 인 의논 참람 자 외
(能)(罪)(赦)
능 죄 사

눅5:22,(議論)對答)(議論
의논 대답 의논

눅5:23,(罪)(赦)
죄 사

눅5:24,(人子)(罪)(赦)(權勢)(中風病者)
인자 죄 사 권세 중풍병자
(寢床)
침상

눅5:25,(榮光)(自己)
영광 자기

눅5:26,(榮光)(甚)(奇異)
영광 심 기이

눅5:27,(後)(稅吏)(稅關)
후 세리 세관

눅5:29,(爲)(自己)(稅吏)
위 자기 세리

눅5:30,(人)(書記官)(弟子)(誹謗)
인 서기관 제자 비방
(稅吏)(罪人)
세리 죄인

눅5:31,(對答)(健康)(者)(醫員)(病)(者)
대답 건강 자 의원 병 자

눅5:32,(義人)(罪人)(悔改)
의인 죄인 회개

눅5:33,(弟子)(禁食)(祈禱)(人)(弟子)
제자 금식 기도 인 제자
(當身)(弟子)
당신 제자

눅5:34,(婚姻)(新郎)(禁食)
혼인 신랑 금식

눅5:35,(新郎)(禁食)
신랑 금식

눅5:36,(譬喩)(者)(萬一)(合)
비유 자 만일 합

눅5:37,(葡萄酒)(負袋)(者)(萬一)(葡萄酒)
포도주 부대 자 만일 포도주
(負袋)(葡萄酒)(負袋)
부대 포도주 부대

눅5:38,(葡萄酒)(負袋)
포도주 부대

눅5:39,(葡萄酒)(願)(者)
포도주 원 자

路加福音-(누가복음)-第六章
로가복음 제륙장

눅6:1,(安息日)(弟子)
안식일 제자

눅6:2,(人)(安息日
인 안식일

눅6:3,(對答)(自己)(者)
대답 자기 자

눅6:4,(殿)(祭司長)(外)(陳設餅)(者)
전 제사장 외 진설병 자

눅6:5,(人子)(安息日)(主人)
인자 안식일 주인

눅6:6,(安息日)(會堂)
안식일 회당

눅6:7,(書記官)(人)(訟事)(憑據)(安息日)(病)
서기관 인 송사 빙거 안식일 병

눅6:9,(安息日)(善)(行)(惡)(行)(生命)(求)(滅)
안식일 선 행 악 행 생명 구 멸

눅6:10,(回復)
회복

눅6:11,(憤氣)(處置)(議論)
분기 처치 의논

눅6:12,(祈禱)(山)(祈禱)
기도 산 기도

눅6:13,(弟子)(中)(擇)(使徒)(稱)
제자 중 택 사도 칭

눅6:14,(兄弟)
형제

눅6:16,(者)
자

눅6:17,(弟子)(許多)(病)(四方)(海岸)(百姓)
제자 허다 병 사방 해안 백성

눅6:18,(鬼神)(苦難)(者)
귀신 고난 자

눅6:19,(能力)
능력

눅6:20,(弟子)(者)(福)
제자 자 복

눅6:21,(者)(福)(者)(福)(
자 복 자 복

눅6:22,(人子)(因)(辱)(惡)(福)
인자 인 욕 악 복

눅6:23,(賞)(祖上)(先知者)
상 조상 선지자

눅6:24,(禍)(富饒)(者)(慰勞)
화 부요 자 위로

눅6:25,(禍)(者)(禍)(者)(哀痛)
화 자 화 자 애통

눅6:26,(稱讚)(禍)(祖上)(先知者)
칭찬 화 조상 선지자

눅6:27,(者)(怨讐)(者)(善待)
자 원수 자 선대

눅6:28,(詛呪)(者)(爲)(祝福)(侮辱)(者)
저주 자 위 축복 모욕 자

(爲)(祈禱)
위 기도

눅6:29,(者)(者)(禁)
자 자 금

눅6:30,(求)(者)(者
구 자 자

눅6:31,(待接)(待接)
대접 대접

눅6:32,(萬一)(者)(稱讚)(罪人)(者)
만일 자 칭찬 죄인 자

눅6:33,(萬一)(善待)(者)(善待)(稱讚)(罪人)
만일 선대 자 선대 칭찬 죄인

눅6:34,(稱讚)(罪人)(依數)(罪人)
칭찬 죄인 의수 죄인

눅6:35,(怨讐)(善待)(賞)(至極)(恩惠)(者)
원수 선대 상 지극 은혜 자

(惡)(者)(人子)
악 자 인자

눅6:36,(慈悲)(慈悲)
자비 자비

눅6:37,(批判)(批判)(定罪)(定罪)(容恕)
비판 비판 정죄 정죄 용서

(容恕)
용서

눅6:38,(厚)
후

눅6:39,(譬喩)(引導)
비유 인도

눅6:40,(弟子)(先生)(穩全)(者)(先生)
제자 선생 온전 자 선생

눅6:41,(兄弟)
형제

눅6:42,(兄弟)(兄弟)(外飾)(者)(後)(兄弟)
형제 형제 외식 자 후 형제

눅6:44,(各各)(無花果)(葡萄)
각각 무화과 포도

눅6:45,(善)(善)(善)(惡)(者)(惡)(惡)
선 선 선 악 자 악 악

눅6:46,(主)(主)(行)
주 주 행

눅6:47,(行)(者)
행 자

눅6:48,(柱礎)(磐石)(濁流緣故)(能)(搖動)
주초 반석 탁류연고 능 요동

눅6:49,(行)(者)(柱礎)(濁流)破壞)(甚)
행 자 주초 탁류 파괴 심

路加福音-(누가복음)-第七章
로가복음 제칠장

눅7:1,(百姓)(後)
백성 후

눅7:2,(百夫長)(病)
백부장 병

눅7:3,(所聞)(人)(長老)(救援)(請)
소문 인 장로 구원 청

눅7:4,(懇切)(求)(合當)
간절 구 합당

눅7:5,(民族)(爲)(會堂)
민족 위 회당

눅7:6,(百夫長)(主)(受苦)(堪當)
백부장 주 수고 감당

눅7:7,(主)(堪當)(下人)
주 감당 하인

눅7:8,(手下)(軍兵)
수하 군병

눅7:9,(奇異)(中)
기이 중

눅7:10,(康健)
강건

눅7:11,(後)(城)(弟子)(許多)(同行)
후 성 제자 허다 동행

눅7:12,(城門)(者)(獨子)(寡婦)(城)
성문 자 독자 과부 성

눅7:13,(主)(寡婦)
주 과부

눅7:14,(棺)(者)(靑年)
관 자 청년

눅7:15,(者)
자

눅7:16,(榮光)(先知者)(自己)(百姓)
영광 선지자 자기 백성

눅7:17,(對)(所聞)(四方)
대 소문 사방

눅7:18,(弟子)(告)
제자 고

눅7:19,(弟子)(中)(主)(當身)
제자 중 주 당신

눅7:20,(洗禮)(當身)(當身
세례 당신 당신

눅7:21,(時)(疾病)(苦痛)(惡鬼)(者)
시 질병 고통 악귀 자

눅7:22,(對答)(告)뱅(者 아(者)(福音)(傳播)
대답 고 자 자 복음 전파

눅7:23,(因)(失足)(者)(福)
인 실족 자 복

눅7:24,(者)(後)(對)(曠野)
자 후 대 광야

눅7:25,(華麗)(奢侈)(者)(王宮)
화려 사치 자 왕궁

눅7:26,(先知者)(先知者)(者)
선지자 선지자 자

눅7:27,(記錄)(使者)(豫備)(對)
기록 사자 예비 대

눅7:28,(女子)(者)(中)(者)
녀자 자 중 자

눅7:29,(百姓)(稅吏)(洗禮)(義)
백성 세리 세례 의

눅7:30,(人)(律法師)(洗禮)
인 률법사 세례

눅7:31,(世代)(譬喩)
세대 비유

눅7:32,(譬喩)(向)(哀哭)
비유 향 애곡

눅7:33,(洗禮)(葡萄酒)(鬼神)
세례 포도주 귀신

눅7:34,(人子)(貪)(葡萄酒)(稅吏)
인자 탐 포도주 세리
(罪人)(親舊)
죄인 친구

눅7:35,(智慧)(自己)(子女)(因)
지혜 자기 자녀 인

눅7:36,(人)(自己)(請)(人)
인 자기 청 인

눅7:37,(洞里)(罪人)(女子)(人)(香油)(玉盒)
동리 죄인 녀자 인 향유 옥합

눅7:38,(自己)(香油)
자기 향유

눅7:39,(請)(人)(萬一)(先知者)(自己)
청 인 만일 선지자 자기
(女子)(者)(罪人)
녀자 자 죄인

눅7:40,(對答)(先生
대답 선생

눅7:41,(者)
자

눅7:42,(蕩減)(中)
탕감 중

눅7:43,(對答)(蕩減)(者)(判斷)
대답 탕감 자 판단

눅7:44,(女子)(女子(女子)
녀자 녀자 녀자

눅7:46,(橄欖油)(香油)
감람유 향유

눅7:47,(罪)(赦)(赦)(者)
죄 사 사 자

눅7:48,(女子)(罪)(赦)
녀자 죄 사

눅7:49,(者)(罪)(赦)
자 죄 사

눅7:50,(女子)救援)(平安)
녀자 구원 평안

路加福音-(누가복음)-第八章
로가복음 제팔장

눅8:1,(後)(各)(城)(村)(頒布)(福音)(傳)(弟子)
후 각 성 촌 반포 복음 전 제자

눅8:2,(惡鬼)(病)(女子)(鬼神)(者)(人)
악귀 병 녀자 귀신 자 인

눅8:3,(廳直)(女子)(自己)(所有)
청직 녀자 자기 소유

눅8:4,(各)(洞里)(譬喩)
각 동리 비유

눅8:5,(者)空中)
자 공중

눅8:6,(濕氣)
습기

눅8:7,(氣運)
기운

눅8:8,(百倍)(結實(者)
백배 결실 자

눅8:9,(弟子)(譬喩)
제자 비유

눅8:10,(秘密)(許諾)(譬喩)
비밀 허락 비유

눅8:11,(譬喩)
비유

눅8:12,(者)(魔鬼)救援(
자 마귀 구원

눅8:13,(試驗)(背叛)(者)
시험 배반 자

눅8:14,(者)(中)(生)(念慮)(財利)(逸樂)
자 중 생 염려 재리 일락
(氣運)(穩全)(結實)(者)
기운 온전 결실 자

눅8:15,(忍耐)(結實)(者)
인내 결실 자

눅8:16,(燈)(平床)(者)
등 평상 자

눅8:17,(將次)(將次)
장차 장차

눅8:18,(者)(者)
자 자

눅8:19,(母親)(同生)(因)
모친 동생 인

눅8:20,(或)(告)(當身)(母親)(同生)(當身)
혹 고 당신 모친 동생 당신

눅8:21,(對答)(母親)(同生)(行)
대답 모친 동생 행

눅8:22,(弟子(湖水)(便)
제자 호수 편

눅8:23行船)(狂風)(湖水)(危殆)
행선 광풍 호수 위태

눅8:24,(弟子)(主)(主)(潺潺)
제자 주 주 잔잔

눅8:25,(弟子)奇異)(命)(順從
제자 기이 명 순종

눅8:26,(便)(人)
편 인

눅8:27,(陸地(都市)(鬼神)(者)(居)(居)(者)
육지 도시 귀신 자 거 거 자

눅8:28,(至極)(當身)(相關)(當身)(求)
지극 당신 상관 당신 구

눅8:29,(鬼神)(命)(鬼神)(鬼神)(曠野)
귀신 명 귀신 귀신 광야

눅8:30,(軍隊(鬼神)
군대 귀신

눅8:31,(無底坑)(懇求)
무저갱 간구

눅8:32,(山)(鬼神)(許)(懇求)(許)
산 귀신 허 간구 허

눅8:33,(鬼神)(湖水)(沒死)
귀신 호수 몰사

눅8:34,(者)(逃亡)(城內)(村)(告)
자 도망 성내 촌 고

눅8:35,(鬼神)(精神)(穩全)
귀신 정신 온전

눅8:36,(鬼神)(者)(救援)(者)
귀신 자 구원 자

눅8:37,(人)(近方)(百姓)(求)
인 근방 백성 구

눅8:38,(鬼神)(求)
귀 신 구

눅8:39,(行)(一一)(告)(自己)(城內)(傳播)
행 일일 고 자기 성내 전파

눅8:40,(歡迎)
환 영

눅8:41,(會堂長)(自己)(懇求)
회당장 자기 간구

눅8:42,(自己)(擁圍)
자기 옹위

눅8:43,(血漏症)(中)(醫員)(家産)(虛費)(女子)
혈루증 중 의원 가산 허비 녀자

눅8:44,(血漏症)(卽時)
혈루증 즉시

눅8:45,(者)(者)(主)(擁圍)
자 자 주 옹위

눅8:46,(者)(能力)
자 능력

눅8:47,(女子)(緣故)(告)
녀자 연고 고

눅8:48,(救援)(平安)
구원 평안

눅8:49,(會堂長)(當身)(先生)
회당장 당신 선생

눅8:50,(救援)
구 원

눅8:51,(父母)(外)(許)
부모 외 허

눅8:52,(爲)(痛哭)
위 통곡

눅8:53,(故)
고

눅8:55,(靈)(命)
영 명

눅8:56,(父母)(警戒)
부모 경계

路加福音-(누가복음)-第九章
로 가 복 음 제구장

눅9:1,(弟子)(鬼神)(制馭)(病)(能力)(權勢)
제자 귀신 제어 병 능력 권세

눅9:2,(傳播)(者)
전파 자

눅9:3,(旅行)(爲)(糧食)
여행 위 량식

눅9:4,(留)
유

눅9:5,(迎接)(城)(證據)
영접 성 증거

눅9:6,(弟子)(各村)(行)(處處)(福音)(傳)(病)
제자 각촌 행 처처 복음 전 병

눅9:7,(分封王)(甚)(唐慌)(或)(者)
분봉왕 심 당황 혹 자

눅9:8,(或)(或)(先知者)
혹 혹 선지자

눅9:10,(使徒)(自己)(行)(告)
사도 자기 행 고

눅9:11,(迎接)(病)(者)
영접 병 자

눅9:12,(使徒)(村)(留)
사도 촌 유

눅9:13,(個)(爲)
개 위

눅9:14,(男子)(五千名)(弟子)(五十名)
남자 오천명 제자 오십명

눅9:15,(弟子)(後)
제자 후

눅9:16,(個)(祝謝)(弟子)
개 축사 제자

눅9:18,(祈禱)(弟子)(主)
기도 제자 주

눅9:19,(對答)(洗禮)(先知者)(中)
대답 세례 선지자 중

눅9:20,(對答)
대답

눅9:21,(警戒)(命)
경계 명

눅9:22,(人子)(苦難)(長老)(大祭司長)
인자 고난 장로 대제사장

(書記官)(當)(第)(三日)
서기관 당 제 삼일

눅9:23,(自己)(否認)(十字架)
자기 부인 십자가

눅9:24,(救援)(爲)(救援)
구원 위 구원

눅9:25,(萬一)(天下)(自己)(有益)
만일 천하 자기 유익

눅9:26,(人子)(自己)(天使)(榮光)
인자 자기 천사 영광

눅9:27,(中)(前)(者)
중 전 자

눅9:28,(後)(八日)(祈禱)(山)
후 팔일 기도 산

눅9:29,(祈禱)(容貌)(變化)(光彩)
기도 용모 변화 광채

눅9:31,(榮光)(中)(將次)(別世)
영광 중 장차 별세

눅9:32,(者)(困)(榮光)
자 곤 영광

눅9:33,(主)(草幕)(主)(爲)(爲)(爲)
주 초막 주 위 위 위

(自己)(自己)
자기 자기

눅9:35,(擇)(者)
택 자

눅9:36,(弟子)(潛潛)
제자 잠잠

눅9:37,(山)
산

눅9:38,(中)(先生)(請
중 선생 청

눅9:39,(鬼神)(猝地)(痙攣)(甚)(傷)
귀신 졸지 경련 심 상

눅9:40,(當身)(弟子)(求)(能)
당신 제자 구 능

눅9:41,(對答)(悖逆)(世代)
대답 패역 세대
눅9:42,(鬼神)(甚)(痙攣)(鬼神)
귀신 심 경련 귀신
눅9:43,(威嚴)(行)(奇異)(弟子)
위엄 행 기이 제자
눅9:44,(人子)(將次)
인자 장차
눅9:46,(弟子)(中)(辯論)
제자 중 변론
눅9:47,(辯論)(自己)
변론 자기
눅9:48,(迎接)(迎接)(迎接)(迎接)(中)(者)
영접 영접 영접 영접 중 자
눅9:49,(主)(主)(鬼神)(禁)
주 주 귀신 금
눅9:50,(禁)(反對)(者)(爲)(者)
금 반대 자 위 자
눅9:51,(昇天)(期約)(向)(決心)
승천 기약 향 결심
눅9:52,(使者)(爲)(豫備)(人)(村)
사자 위 예비 인 촌
눅9:53,(向)(故)
향 고
눅9:54,(弟子)(主)(命)(滅)(願)
제자 주 명 멸 원
눅9:55,(精神)(人子)(生命)(滅)(救)
정신 인자 생명 멸 구
눅9:56,(村)
촌
눅9:57,(或)
혹
눅9:58,(窟)(空中)(人子)
굴 공중 인자
눅9:59,(父親)(葬事)(許諾)
부친 장사 허락
눅9:60,(者)(自己)(者)(葬事)(傳播)
자 자기 자 장사 전파
눅9:61,(主)(主)(家族)(作別)(許諾)
주 주 가족 작별 허락
눅9:62,(者)(合當)
자 합당

路加福音-(누가복음)-第十章
로가복음 제십장

눅10:1,(以後)(主)(七十人)(親)(各洞)(各處)
이후 주 칠십인 친 각동 각처
눅10:2,(秋收)(秋收)(主人)(請)(秋收
추수 추수 주인 청 추수
눅10:3,(羊)
양
눅10:4,(纏帶)(問安)
전대 문안
눅10:5,(平安)
평안
눅10:6,(萬一)(平安)(平安)
만일 평안 평안
눅10:7,(留)
유
눅10:8,(洞里)(迎接)
동리 영접
눅10:9,(病者)
병자
눅10:10,(洞里)(迎接)
동리 영접
눅10:11,(洞里)
동리
눅10:12,(洞里)
동리
눅10:13,(禍)(禍)(行)(權能)(行)(悔改)
화 화 행 권능 행 회개
눅10:14,(審判)
심판
눅10:15,(陰府
음부
눅10:16,(者)(者)(者)
자 자 자
눅10:17,(七十人)(主)(主)(鬼神)(降伏)
칠십인 주 주 귀신 항복
눅10:19,(全蝎)(怨讐)(能力)(制馭)
전갈 원수 능력 제어
(權勢)(害)(者)(決斷)
권세 해 자 결단
눅10:20,(鬼神)(降伏)(記錄)
귀신 항복 기록
눅10:21,(聖靈)(天地)(主宰)(智慧)(者)(感謝)
성령 천지 주재 지혜 자 감사
눅10:22,(外)(者)(所願)(啓示)(者)(外)(者)
외 자 소원 계시 자 외 자
눅10:23,(弟子)(從容)(福)
제자 종용 복
눅10:24,(先知者)
선지자
눅10:25,(律法師)(試驗)(先生)(永生)
률법사 시험 선생 영생
눅10:26,(律法)(記錄)ㄴ
률법 기록
눅10:27,(對答)(主)
대답 주
눅10:28,(對答)(行
대답 행
눅10:29,(自己)
자기
눅10:30,(對答)(强盜)(强盜)(居半)
대답 강도 강도 거반
눅10:31,(祭司長)(避)
제사장 피
눅10:32,(人)(避)
인 피
눅10:33,(人)(旅行)(中)
인 여행 중
눅10:34,(葡萄酒)(傷處)(自己)(酒幕)
포도주 상처 자기 주막
눅10:35,(酒幕)(主人)(浮費)
주막 주인 부비

눅10:36,(意見)(中)(强盜)(者)
의견 중 강도 자

눅10:37,(慈悲)(者)
자비 자

눅10:38,(村(女子)(自己)(迎接)
촌 녀자 자기 영접

눅10:39,(同生)(主)
동생 주

눅10:40,(準備)(奔走)(主)(同生)(命)
준비 분주 주 동생 명

눅10:41,(主)對答)(念慮)
주 대답 염려

눅10:42,(不足)(或)(足)(便)(擇)
부족 혹 족 편 택

路加福音-(누가복음)-第十一章
로가복음 제십일장

눅11:1,(祈禱)(弟子)(中)(主)(自己)(弟子)(祈禱)
기도 제자 중 주 자기 제자 기도

눅11:2,(祈禱(臨)
기도 임

눅11:3,(日用)(糧食)
일용 량식

눅11:4,(罪)(容恕)(罪)(赦)(試驗)
죄 용서 죄 사 시험

눅11:5,(中)(中)
중 중

눅11:6,(旅行)(中)
여행 중

눅11:7,(對答)(門)(寢所)
대답 문 침소

눅11:8,(因)(强請)(因)(所用)
인 강청 인 소용

눅11:9,(求)(門)
구 문

눅11:10,(求)
구

눅11:11,(中)(者(生鮮)(生鮮)(代身)
중 자 생선 생선 대신

눅11:12,(全蝎)
전갈

눅11:13,(惡)(子息)(天父)(求)(者)(聖靈)
악 자식 천부 구 자 성령

눅11:14,(鬼神)(鬼神)(奇異)
귀신 귀신 기이

눅11:15,(中)(鬼神)(王)(鬼神)
중 귀신 왕 귀신

눅11:16,(試驗)(表蹟)(求)
시험 표적 구

눅11:17,(紛爭)(荒廢)(紛爭)
분쟁 황폐 분쟁

눅11:18,(鬼神)(萬一)(紛爭)
귀신 만일 분쟁

눅11:19,(鬼神(裁判官)
귀신 재판관

눅11:20,(萬一)(鬼神)(臨)
만일 귀신 임

눅11:21,(强)(者)(武裝)(自己)(所有)(安全)
강 자 무장 자기 소유 안전

눅11:22,(强)(者)武裝)(財物)
강 자 무장 재물

눅11:23,(者)(反對)(者)(者)(者)
자 반대 자 자 자

눅11:24,(鬼神)(求)
귀신 구

눅11:25,(掃除)(修理)
소제 수리

눅11:26,(惡)(鬼神)(居)(形便)(前)(甚)
악 귀신 거 형편 전 심

눅11:27,(中)(女子)(音聲)(當身)(胎)
중 녀자 음성 당신 태

(當身)(福)
당신 복

눅11:28,(者)(福)
자 복

눅11:29,(世代)(惡)(世代)(表蹟)(求)
세대 악 세대 표적 구

(表蹟)(表蹟)
표적 표적

눅11:30,(表蹟)(人子)(世代)
표적 인자 세대

눅11:31,(審判)(南方)(女王)(世代)
심판 남방 녀왕 세대

(定罪)(智慧)
정죄 지혜

눅11:32,(審判)(世代)(定罪)(傳道)(悔改)
심판 세대 정죄 전도 회개

눅11:33,(燈)(者)
등 자

눅11:34,(燈)(萬一)
등 만일

눅11:36,(燈)(光線)(穩全)
등 광선 온전

눅11:37,(人)(自己)(點心)(請)
인 자기 점심 청

눅11:38,(前(人)(異常)
전 인 이상

눅11:39,(主)(人)(只今)(盞)(貪慾)(惡毒)
주 인 지금 잔 탐욕 악독

눅11:40,(者)
자

눅11:41,(救濟)
구제

눅11:42,(禍)(人)(薄荷)(芸香)(菜蔬)
화 인 박하 운향 채소

(十一條)(公義)(對)(行)
십일조 공의 대 행

눅11:43,(禍)(人)(會堂)(問安)
화 인 회당 문안

눅11:44,(禍)(平土葬)
화 평토장

눅11:45,(律法師)對答)(先生)(侮辱)
률법사 대답 선생 모욕

눅11:46,(禍)(律法師)
화 률법사

눅11:47,(禍)(先知者)(者)(祖上)
화 선지자 자 조상

눅11:48,(祖上)(行)(證人)
조상 행 증인

눅11:49,(智慧)(先知者)(使徒)(中)(逼迫)
지혜 선지자 사도 중 핍박

눅11:50,(創世)(以後)(先知者)(世代)(擔當)
창세 이후 선지자 세대 담당

눅11:51,(祭壇)(聖殿)(當)(果然)(世代)(擔當)
제단 성전 당 과연 세대 담당

눅11:52,(禍)(律法師)(知識)(者)
화 률법사 지식 자

눅11:53,(書記官)(人)(猛烈)(詰問)
서기관 인 맹렬 힐문

路加福音-(누가복음)-第十二章
로가복음 제십이장

눅12:1,(數萬名)(弟子)(人)(外飾)(注意)
수만명 제자 인 외식 주의

눅12:3,(光明)(房)(傳播)
광명 방 전파

눅12:4,(親舊)(後)(能)(者)
친구 후 능 자

눅12:5,(者)(後)(地獄)(權勢)
자 후 지옥 권세

눅12:7,(貴)
귀

눅12:8,(是認)(人子)(使者)(是認)
시인 인자 사자 시인

눅12:9,(否認)(者)(使者)(否認)
부인 자 사자 부인

눅12:10,(人子)(拒逆)(赦)(聖靈)(冒瀆)
인자 거역 사 성령 모독
(者)(赦)
자 사

눅12:11,(會堂)(政事)(權勢)(對答)(念慮)
회당 정사 권세 대답 염려

눅12:12,(聖靈)
성령

눅12:13,(中)(先生)(兄)(命)(遺業)
중 선생 형 명 유업

눅12:14,(裁判長)(物件)(者)
재판장 물건 자

눅12:15,(貪心)(生命)(所有)
탐심 생명 소유

눅12:16,(譬喩)(富者)(所出)(豐盛)
비유 부자 소출 풍성

눅12:17,(心中)(穀食
심중 곡식

눅12:18,(穀間)(穀食)(物件)
곡간 곡식 물건

눅12:19,(靈魂)(靈魂)(物件)(平安)
영혼 영혼 물건 평안

눅12:20,(者)(靈魂)(豫備)
자 영혼 예비

눅12:21,(自己)(爲)(財物(對)(富饒)(者)
자기 위 재물 대 부요 자

눅12:22,(弟子)(爲)(爲)(念慮)
제자 위 위 염려

눅12:23,(飮食)(重)(衣服)(重)
음식 중 의복 중

눅12:24,(房)(倉庫)(貴)
방 창고 귀

눅12:25,(中)(念慮)(者)
중 염려 자

눅12:26,(至極)(能)(念慮)
지극 능 염려

눅12:27,(百合花)(榮光)
백합화 영광

눅12:28,(來日)(者)
래일 자

눅12:29,(求)
구

눅12:30,(世上)(百姓)(求)
세상 백성 구

눅12:31,(求)
구

눅12:33,(所有)(救濟)(寶物)(盜賊)
소유 구제 보물 도적

눅12:34,(寶物)
보물

눅12:35,(燈)
등

눅12:36,(主人)(婚姻)(門)
주인 혼인 문

눅12:37,(主人)(福)(眞實)(主人)(隨從)
주인 복 진실 주인 수종

눅12:38,(主人)(或)(二更)(或)(三更)(福)
주인 혹 이경 혹 삼경 복

눅12:39,(主人)(萬一)(盜賊)
주인 만일 도적

눅12:40,(豫備)(人子)
예비 인자

눅12:41,(主)(譬喩)
주 비유

눅12:42,(主)(智慧)(眞實)(廳直)(主人)
주 지혜 진실 청직 주인
(糧食)(者)
량식 자

눅12:43,(主人)(福)
주인 복

눅12:44,(主人)(所有)
주인 소유

눅12:45,(萬一)(主人)(奴婢)(醉)
만일 주인 노비 취

눅12:46,(時間)(主人)(嚴)(信實)(者)(律)(處)
시간 주인 엄 신실 자 율 처

눅12:47,(主人)(豫備)(行)
주인 예비 행

눅12:48,(行)(者)(者)
행 자 자

눅12:49,(願)
원

눅12:50,(洗禮)(沓沓)
세례 답답

눅12:51,(世上)(和平)(紛爭(
세상 화평 분쟁
눅12:52,(後)(紛爭)
후 분쟁
눅12:53,(紛爭)
분쟁
눅12:54,(西)(果然)
서 과연
눅12:55,(南風)(甚)(果然)
남풍 심 과연
눅12:56,(外飾)(者)(天地)(氣象)(分辨)
외식 자 천지 기상 분변
(時代)(分辨)
시대 분변
눅12:57,(判斷)
판단
눅12:58,(告訴)(者)(法官)(和解)(裁判長)
고소 자 법관 화해 재판장
(裁判長)(官屬)(官屬)(獄)(念慮)
재판장 관속 관속 옥 염려
눅12:59,(毫釐)(決斷)
호리 결단

路加福音-(누가복음)-第十三章
로가복음 제십삼장

눅13:1,(祭物)(告)
제물 고
눅13:2,(對答)(害)(罪)
대답 해 죄
눅13:3,(萬一)(悔改)(亡)
만일 회개 망
눅13:4,(望臺)(居)(罪)
망대 거 죄
눅13:5,(萬一)(悔改)(亡)
만일 회개 망
눅13:6,(譬喩)(葡萄園)(無花果)(求)
비유 포도원 무화과 구
눅13:7,(果園直)(三年)(無花果)(實果)(求)
과원직 삼년 무화과 실과 구
눅13:8,(對答)(主人)(今年)
대답 주인 금년
눅13:9,(後)(萬一)(實果)
후 만일 실과
눅13:10,(安息日)(會堂)
안식일 회당
눅13:11,(十八年)(鬼神)(女了)
십팔넌 귀신 녀자
눅13:12,(女子)(病)
녀자 병
눅13:13,(按手)(女子)(榮光)
안수 녀자 영광
눅13:14,(會堂長)(安息日)(病)(忿)(安息日)
회당장 안식일 병 분 안식일
눅13:15,(主)(對答)(外飾)(者)(各各)
주 대답 외식 자 각각
(安息日)(自己)(馬廐)
안식일 자기 마구
눅13:16,(十八年)(安息日)(合當)
십팔년 안식일 합당
눅13:17,(反對)(者)(榮光)
반대 자 영광
눅13:18,(比)
비
눅13:19,(自己)(菜田)(者)(空中
자기 채전 자 공중
눅13:20,(比)
비
눅13:21,(女子)(全部)
녀자 전부
눅13:22,(各城)(各村)(旅行)
각성 각촌 여행
눅13:23,(或)(主)(救援)(者)
혹 주 구원 자
눅13:24,(門)(求)(者)
문 구 자
눅13:25,(主人)(門)(番)(後)(門)(主)(對答)(者)
주인 문 번 후 문 주 대답 자
눅13:26,(主)(主)
주 주
눅13:27,(行惡)(者)
행악 자
눅13:28,(先知者))
선지자
눅13:29,(東西南北)
동서남북
눅13:30,(者)(者)(者)(者)
자 자 자 자
눅13:31,(人)(當身)
인 당신
눅13:32,(來日)(鬼神)(病)(第)(三日)(完全)
래일 귀신 병 제 삼일 완전
눅13:33,(來日)(先知者)(法)
래일 선지자 법
눅13:34,(先知者)(派送)(者)(者)(子女)
선지자 파송 자 자 자녀
(番)(願)
번 원
눅13:35,(荒廢)(主)(讚頌)
황폐 주 찬송

路加福音-(누가복음)-第十四章
로가복음 제십사장

눅14:1,(安息日)(人)(頭領)
안식일 인 두령
눅14:2,(主)(蠱脹病)
주 고창병
눅14:3,(對答)(律法師)(人)(安息日)
대답 률법사 인 안식일
(病)(合當)
병 합당
눅14:4,(潛潛)
잠잠
눅14:5,(中)(安息日)
중 안식일

눅14:6,(對)(對答)
대 대답

눅14:7,(請)(上座)(擇)(譬喩)
청 상좌 택 비유

눅14:8,(婚姻)(請)(上座)(請)(境遇)
혼인 청 상좌 청 경우

눅14:9,(請)(者)(末席)
청 자 말석

눅14:10,(請)(末席)(請)(者)(榮光)
청 말석 청 자 영광

눅14:11,(自己)(者)(自己)(者)
자기 자 자기 자

눅14:12,(自己)(請)(者)(點心)(兄弟)
자기 청 자 점심 형제

(親戚)(富)(請)(請
친척 부 청 청

눅14:13,(排設)(者)(病身)(者)(請)
배설 자 병신 자 청

눅14:14,(故)(福)(義人)(復活時)
고 복 의인 부활시

눅14:15,(中)(者)(福)
중 자 복

눅14:16,(排設)(請)
배설 청

눅14:17,(時間)(請)(者)(準備)
시간 청 자 준비

눅14:18,(一致)(辭讓)(不可不)(請)(容恕
일치 사양 불가불 청 용서

눅14:19샀(試驗)(請)(容恕
시험 청 용서

눅14:21,(主人)(告)(主人)(怒)(者)(病身)(者)
주인 고 주인 노 자 병신 자

눅14:22,(主人)(命)
주인 명

눅14:23,(主人)(强勸)
주인 강권

눅14:24,(前)(請)
전 청

눅14:25,(許多)
허다

눅14:26,(者)(自己)(父母)(妻子)(兄弟)
자 자기 부모 처자 형제

(姉妹)(自己)(能)(弟子)
자매 자기 능 제자

눅14:27,(自己)(十字架)(者)(能)(弟子)
자기 십자가 자 능 제자

눅14:28,(中)(望臺)自己)(竣
중 망대 자기 준

工)(足)(費用)(豫算)
공 족 비용 예산

눅14:29,(基礎)(能)(者)
기초 능 자

눅14:30,(役事)(始作)(能)
역사 시작 능

눅14:31,(者)(對敵)
자 대적

눅14:32,(萬一)(使臣)(和親)
만일 사신 화친

눅14:33,(中)(自己)(所有)(能)(弟子)
중 자기 소유 능 제자

눅14:34,(萬一)
만일

눅14:35,(者)
자

路加福音-(누가복음)-第十五章
로가복음 제십오장

눅15:1,(稅吏)(罪人)
세리 죄인

눅15:2,(人)(書記官)(怨望)(罪人)
인 서기관 원망 죄인

(迎接)(飮食)
영접 음식

눅15:3,(譬喩)
비유

눅15:4,(中)(羊)(一百)(中)
중 양 일백 중

눅15:6,(羊)
양

눅15:7,(罪人)(悔改)(悔改)(義人)(因)
죄인 회개 회개 의인 인

눅15:8,(女子)(燈)
녀자 등

눅15:10,(罪人)(悔改)(使者)
죄인 회개 사자

눅15:12,(財産)(中)(分)(各各)
재산 중 분 각각

눅15:13,(後)(財産)(虛浪放蕩)(財産)(虛費)
후 재산 허랑방탕 재산 허비

눅15:14,(後)(凶年)(窮乏)
후 흉년 궁핍

눅15:15,(百姓)(中)
백성 중

눅15:16,(者)
자

눅15:17,(糧食)(豊足)(軍)
량식 풍족 군

눅15:18,(罪)
죄

눅15:19,(只今)(堪當)(軍)
지금 감당 군

눅15:20,(相距)(惻隱)
상거 측은

눅15:21,(罪)(只今)(堪當)
죄 지금 감당

눅15:22,(第一)
제일

눅15:25,(風流)
풍류

눅15:27,(對答)(當身)(同生)(當身)
대답 당신 동생 당신

(健康)(因)
건강 인

눅15:28,(怒)(勸
노 권

눅15:29,(對答)(命)
대답 명

눅15:30,(娼妓)(爲)
창기 위

눅15:31,(恒常)
항상

눅15:32,(同生
동생

路加福音-(누가복음)-第十六章
로가복음 제십륙장

눅16:1,(弟子)(富者)(廳直)(主人)
제자 부자 청직 주인
(所有)(虛費)(主人)
소유 허비 주인

눅16:2,(主人)(對)(廳直)(事務)(繼續)
주인 대 청직 사무 계속

눅16:3,(廳直)(主人)(職分)나
청직 주인 직분

눅16:4,(職分)(後)(自己)(迎接)
직분 후 자기 영접

눅16:5,(主人)(者)(者)(主人)
주인 자 자 주인

눅16:6,(百)(證書)(五十)
백 증서 오십

눅16:7,(百石)(證書)
백석 증서

눅16:8,(主人)(廳直)(智慧)(稱讚)(世代)
주인 청직 지혜 칭찬 세대
(自己)(時代)(智慧)
자기 시대 지혜

눅16:9,(不義)(財物)(親舊(永遠)(處所)(迎接)
불의 재물 친구 영원 처소 영접

눅16:10,(至極)(忠誠)(者)(忠誠)(至極)
지극 충성 자 충성 지극
(不義)(者)(不義)
불의 자 불의

눅16:11,(萬一)(不義)(財物)(忠誠)
만일 불의 재물 충성

눅16:12,(萬一)(忠誠)
만일 충성

눅16:13,(下人)(主人)(或)(或)(重)(輕)
하인 주인 혹 혹 중 경
(財物)(兼)
재물 겸

눅16:14,(人)(者)
인 자

눅16:15,(者)(中)
자 중

눅16:16,(律法)(先知者)(後)(福音)
률법 선지자 후 복음
(傳播)(侵入)
전파 침입

눅16:17,(律法)(劃)(天地)
률법 획 천지

눅16:18,(者)(姦淫)(者)(姦淫)
자 간음 자 간음

눅16:19,(富者)(紫色)(豪華)(宴樂)
부자 자색 호화 연락

눅16:20,(富者)大門)
부자 대문

눅16:21,(富者)(床)(甚至於)
부자 상 심지어

눅16:22,(天使)(富者)(葬事)
천사 부자 장사

눅16:23,(陰府)(苦痛)(中)
음부 고통 중

눅16:24,(矜恤)(苦悶)
긍휼 고민

눅16:25,(苦難)(記憶)(慰勞)苦悶)
고난 기억 위로 고민

눅16:27,(求)
구

눅16:28,(兄弟)(證據)(苦痛)
형제 증거 고통

눅16:29,(先知者)
선지자

눅16:30,(萬一)(者)(者)(悔改)
만일 자 자 회개

눅16:31,(先知者)(者)(者)(勸)
선지자 자 자 권

路加福音-(누가복음)-第十七章
로가복음 제십칠장

눅17:1,(弟子)(失足)(者)(禍)
제자 실족 자 화

눅17:2,(者)(中)(失足)(研子)
자 중 실족 연자

눅17:3,(操心)(萬一)(兄弟)(罪)(犯)
조심 만일 형제 죄 범
(警戒)(悔改)(容恕)
경계 회개 용서

눅17:4,(萬一)(番)(罪)(番)(悔改)(容恕)
만일 번 죄 번 회개 용서

눅17:5,(使徒)(主)
사도 주

눅17:6,(主)(順從)
주 순종

눅17:7,(中)(羊)(者)
중 양 자

눅17:8,(豫備)(隨從)(後)
예비 수종 후

눅17:9,(命)(謝禮)
명 사례

눅17:10,(命令)(行)(後)(無益)
명령 행 후 무익

눅17:12,(村(病者)(名)
촌 병자 명

눅17:13,(先生)(矜恤)
선생 긍휼

눅17:14,(祭司長)
제사장

눅17:15,(中)(自己)(榮光)
중 자기 영광

눅17:16,(謝禮)(人)
사례 인

눅17:17,(對答)
대답

눅17:18,(異邦人)(外)(榮光)(者)
이방인 외 영광 자

눅17:19,(救援)
구원

눅17:20,(人)(臨)(對答)(臨)
인 임 대답 임

눅17:22,(弟子)(人子)
제자 인자

눅17:24,(便)(便)(人子)(自己)
편 편 인자 자기

눅17:25,(苦難)(世代)
고난 세대

눅17:26,(人子)
인자

눅17:27,(方舟)(洪水)(滅)
방주 홍수 멸

눅17:29,(硫黃)(滅)
류황 멸

눅17:30,(人子)
인자

눅17:31,(萬一)(者)
만일 자

눅17:32,(妻)
처

눅17:33,(自己)(保存)(者)(者)
자기 보존 자 자

눅17:34,(男子)(當)(當)
남자 당 당

눅17:35,(女子)(當)(當)
녀자 당 당

눅17:36,(當)(當)
당 당

눅17:37,(對答)(主)
대답 주

路加福音-(누가복음)-第十八章
로가복음 제십팔장

눅18:1,(恒常)(祈禱)(落望)(譬喩)
항상 기도 락망 비유

눅18:2,(都市)(無視)(裁判官)
도시 무시 재판관

눅18:3,(都市)(寡婦)(怨讐)(對)(怨恨)
도시 과부 원수 대 원한

눅18:4,(後)(無視)
후 무시

눅18:5,(寡婦(怨恨)
과부 원한

눅18:6,(主)(不義)(裁判官)
주 불의 재판관

눅18:7,(擇)(者)(怨恨)
택 자 원한

눅18:8,(速)(怨恨)(人子)(世上)
속 원한 인자 세상

눅18:9,(自己)(義)(蔑視)(者)(譬喩)
자기 의 멸시 자 비유

눅18:10,(祈禱)(聖殿)(人)(稅吏)
기도 성전 인 세리

눅18:11,(人)(祈禱)(討索)(不義)(姦淫)
인 기도 토색 불의 간음
(者)(稅吏)(感謝)
자 세리 감사

눅18:12,(番)(禁食)(所得)(十一條)
번 금식 소득 십일조

눅18:13,(稅吏)(敢)(罪人)
세리 감 죄인

눅18:14,(義)(自己)(者)(自己)(者)
의 자기 자 자기 자

눅18:15,(自己(弟子)
자기 제자

눅18:16,(容納)(禁)(者)
용납 금 자

눅18:17,(眞實(者)(決斷)
진실 자 결단

눅18:18,(官員)(善)(先生)(永生)
관원 선 선생 영생

눅18:19,(善)(外)(善)
선 외 선

눅18:20,(誡命)(姦淫)(殺人)(盜賊)
계명 간음 살인 도적
(證據)(父母)(恭敬
증거 부모 공경

눅18:22,(不足)(者)(寶貨)
부족 자 보화

눅18:23,(富者)(故)(甚)
부자 고 심

눅18:24,(財産)(者)
재산 자

눅18:25,(富者)
부자

눅18:26,(者)(救援)
자 구원

눅18:28,(主)
주

눅18:29,(眞實)(爲)
진실 위
(兄弟)(父母)(子女)(者)
형제 부모 자녀 자

눅18:30,(今世)(來世)(永生)(者)
금세 래세 영생 자

눅18:31,(弟子)(先知者)(記錄)(人子)(應)
제자 선지자 기록 인자 응

눅18:32,(人子)(異邦人)(戲弄)(凌辱)
인자 이방인 희롱 능욕

눅18:33,(三)(日
삼 일

눅18:34,(弟子)
제자

눅18:35,(求乞)
구걸

눅18:38,(子孫)
자손

눅18:39,(者)(潛潛(甚)(子孫)
자 잠잠 심 자손

눅18:40,(命)
명

눅18:41,(願)(主)(願)
원 주 원

눅18:42,(求)
구

눅18:43,(榮光)(百姓)(讚揚)
영광 백성 찬양

路加福音-(누가복음)-第十九章
로가복음 제십구장

눅19:2,(者)(稅吏長)(富者)
자 세리장 부자

눅19:4,(爲)
위

눅19:5,(速)(留)
속 유

눅19:6,(急)(迎接)
급 영접

눅19:7,(罪人)(留
죄인 유

눅19:8,(主)(主)(所有)(折半)(者)(萬一)
주 주 소유 절반 자 만일
(討索)(四倍)
토색 사배

눅19:9,(救援)(子孫)
구원 자손

눅19:10,(人子)(者(救援)
인자 자 구원

눅19:11,(譬喩)(自己)(當場)
비유 자기 당장

눅19:12,(貴人)(王位
귀인 왕위

눅19:13,(銀)
은

눅19:14,(百姓)(使者)(王)(願)
백성 사자 왕 원

눅19:15,(貴人)(王位(銀)(各各)
귀인 왕위 은 각각

눅19:16,(主)(主)
주 주

눅19:17,(主人)(至極)(忠誠)(權勢)
주인 지극 충성 권세

눅19:18,(主)(主)
주 주

눅19:19,(主人)
주인

눅19:20,(主)(主)(手巾)
주 주 수건

눅19:21,(當身)(嚴)(當身)(取)
당신 엄 당신 취

눅19:22,(主人)(惡)(判斷)(取)(嚴)
주인 악 판단 취 엄

눅19:23,(銀)(銀行)(邊利)
은 은행 변리

눅19:24,(者)(者)
자 자

눅19:25,(主)
주

눅19:26,(主人)(者)(者)
주인 자 자

눅19:27,(王)(願)(怨讐)
왕 원 원수

눅19:28,(向)
향

눅19:29,(橄欖園)(山)(弟子)(中)
감람원 산 제자 중

눅19:30,(便)
편

눅19:31,(萬一)(主)
만일 주

눅19:32,(者)
자

눅19:33나

눅19:34,(對答)(主)
대답 주

눅19:35,(自己)수
자기

눅19:36,(自己)
자기

눅19:37,(橄欖山)(便)(弟子)(自己)(能)
감람산 편 제자 자기 능
(因)(讚揚)
인 찬양

눅19:38,(讚頌)(主)(王)(平和)(榮光)
찬송 주 왕 평화 영광

눅19:39,(中)(人)(先生)(當身)(弟子)(責望)
중 인 선생 당신 제자 책망

눅19:40對答(萬一)(潛潛)
대답 만일 잠잠

눅19:41,(城)
성

눅19:42,(平和)(關)(只今)
평화 관 지금

눅19:43,(怨讐)(土城)(四面)
원수 토성 사면

눅19:44,(子息)(眷顧)(因)
자식 권고 인

눅19:45,(聖殿)(者)
성전 자

눅19:46,(記錄)(祈禱)(强盜)(窟穴)
기록 기도 강도 굴혈

눅19:47,(聖殿)(大祭司長)(書記官)
성전 대제사장 서기관
(百姓)(頭目)
백성 두목

눅19:48,(百姓)(方針)
백성 방침

路加福音-(누가복음)-第二十章
로가복음 제이십장

눅20:1,(聖殿)(百姓)(福音)(傳)(大祭司長)
성전 백성 복음 전 대제사장

(書記官)(長老)
서기관 장로
눅20:2,(當身)(權勢(權勢)
당신 권세 권세
눅20:3,(對答)
대답
눅20:4,(洗禮)
세례
눅20:5,(議論)(萬一)
의논 만일
눅20:6,(萬一)(百姓)(先知者)(認定)
만일 백성 선지자 인정
눅20:7,(對答)
대답
눅20:8,(權勢
권세
눅20:9,(譬喩)(百姓)(葡萄園)(農夫)
비유 백성 포도원 농부
(貰)(他國)
세 타국
눅20:10,(葡萄園)(所出(農夫)(農夫)(甚)
포도원 소출 농부 농부 심
눅20:11,(甚)(凌辱)
심 능욕
눅20:12,(番)(傷)
번 상
눅20:13,(葡萄園)(主人)(或)(恭敬)
포도원 주인 혹 공경
눅20:14,(農夫)(議論)(相續者)(遺業)
농부 의논 상속자 유업
눅20:15,(葡萄園)(葡萄園)(主人)
포도원 포도원 주인
눅20:16,(農夫)(殄滅)(葡萄園)
농부 진멸 포도원
눅20:17,(記錄)(建築者)
기록 건축자
눅20:18,(者)
자
눅20:19,(書記官)(大祭司長)(譬喩)
서기관 대제사장 비유
(自己)(卽時)(百姓)
자기 즉시 백성
눅20:20,(總督)(治理)(權勢)(偵探)(義人(責)
총독 치리 권세 정탐 의인 책
눅20:21,(先生)(當身)(外貌)(取)(道)
선생 당신 외모 취 도
눅20:22,(稅)(可)(不可
세 가 불가
눅20:23,(奸計)
간계
눅20:24,(畫像)(對答)
화상 대답
눅20:26,(百姓)(能)(責)對答)(奇異)(潛潛)
백성 능 책 대답 기이 잠잠
눅20:27,(復活)(主張)(人)(中)
부활 주장 인 중
눅20:28,(先生)(兄)(萬一)(子息)(同生)
선생 형 만일 자식 동생

(娶)(兄)(爲)(後嗣)
취 형 위 후사
눅20:29,(兄弟)(娶)(子息)
형제 취 자식
눅20:30,(娶)
취
눅20:31,(子息)
자식
눅20:32,(後)(女子)
후 녀자
눅20:33,(娶)(復活)(中)
취 부활 중
눅20:34,(世上)(子女)
세상 자녀
눅20:35,(世上)(者)(復活)(合當)(者)
세상 자 부활 합당 자
눅20:36,(天使)(同等)(復活)(子女)(子女)
천사 동등 부활 자녀 자녀
눅20:37,(者(關)(主)(稱)
자관 주 칭
눅20:38,(者)(者
자 자
눅20:39,(書記官)(中)(先生)
서기관 중 선생
눅20:40,(敢)
감
눅20:41,(子孫)
자손
눅20:42,(詩篇)(親)(主)(主)
시편 친 주 주
눅20:43,(怨讐(右便
원수 우편
눅20:44,(主)(稱)(子孫)
주 칭 자손
눅20:45,(百姓)(弟子)
백성 제자
눅20:46,(願)(問安)(會堂)(上座)
원 문안 회당 상좌
(上席)(書記官)
상석 서기관
눅20:47,(寡婦)(家産)(外飾)(祈禱)(判決)(重)
과부 가산 외식 기도 판결 중

路加福音-(누가복음)-第二十一章
로가복음 제이십일장

눅21:1,(富者)(捐補櫃)(獻金)
부자 연보궤 헌금
눅21:2,(寡婦)
과부
눅21:3,(寡婦)
과부
눅21:4,(豊足)(中)(獻金)(寡婦)(苟且)
풍족 중 헌금 과부 구차
(中)(自己)(生活費)(全部)
중 자기 생활비 전부
눅21:5,(聖殿)(美石)(獻物)수
성전 미석 헌물

눅21:7,(先生)(徵兆)
선생 징조

눅21:8,(迷惑)(注意)
미혹 주의

눅21:9,(亂離)(騷亂)(所聞)
란리 소란 소문

눅21:10,(民族)(民族)(對敵)
민족 민족 대적

눅21:11,(地震)(饑饉)(瘟疫)(徵兆)
지진 기근 온역 징조

눅21:12,(前)(因)(逼迫)(會堂)(獄)(官長)
전 인 핍박 회당 옥 관장

눅21:13,(證據)(機會)
증거 기회

눅21:14,(辯明)(研究)(決心)
변명 연구 결심

눅21:15,(對敵)(能)(對抗)(辯駁)(口才)(智慧)
대적 능 대항 변박 구재 지혜

눅21:16,(甚至於)(父母)(兄弟)(親戚)(中)
심지어 부모 형제 친척 중

눅21:17,(因)
인

눅21:18,(傷)
상

눅21:19,(忍耐)_(靈魂)
인내 영혼

눅21:20,(軍隊)(滅亡)
군대 멸망

눅21:21,(者)(山)(逃亡)(城內)(者)(村)(者)
자 산 도망 성내 자 촌 자

눅21:22,(記錄)(刑罰)
기록 형벌

눅21:23(者)(者)(禍)(患難)(百姓)(震怒)
자 자 화 환난 백성 진노

눅21:24,(當)(異邦)(異邦人)(異邦人)
당 이방 이방인 이방인

눅21:25,(日月星辰)(徵兆)(民族)(波濤)
일월성신 징조 민족 파도
(因)(混亂)(中)(困苦)
인 혼란 중 곤고

눅21:26,(世上)(臨)(氣絶)(權能)
세상 임 기절 권능

눅21:27,(人子)(能力)(榮光)
인자 능력 영광

눅21:28,(始作)(救贖)
시작 구속

눅21:29,(譬喩)(無花果)
비유 무화과

눅21:32,(眞實)(世代)(前)
진실 세대 전

눅21:33,(天地)
천지

눅21:34,(操心)(放蕩)(醉)(生活)(念慮)
조심 방탕 취 생활 염려
(鈍)(臨)
둔 임

눅21:35,(地球上)(居)(臨)
지구상 거 임

눅21:36,(將次)(能)(避)(人子)(恒常)(祈禱)
장차 능 피 인자 항상 기도

눅21:37,(聖殿)(橄欖園)(山)
성전 감람원 산

눅21:38,(百姓)(聖殿)
백성 성전

路加福音-(누가복음)-第二十二章
로가복음 제이십이장

눅22:1,(逾越節)(無酵節)
유월절 무효절

눅22:2,(大祭司長)(書記官)(方策)
대제사장 서기관 방책
(研究)(百姓)
연구 백성

눅22:3,(中)(人)
중 인

눅22:4,(大祭司長)(軍官)(方策)(議論)
대제사장 군관 방책 의논

눅22:5,(言約)
언약

눅22:6,(許諾)(機會)
허락 기회

눅22:7,(逾越節)(羊)(無酵節日)
유월절 양 무효절일

눅22:8,(爲)(逾越節)(豫備)
위 유월절 예비

눅22:9,(豫備)(願)
예비 원

눅22:10,(城內)
성내

눅22:11,(主人)(先生)(弟子)(逾越節)(客室)
주인 선생 제자 유월절 객실

눅22:12,(房)(豫備)
방 예비

눅22:13,(逾越節)(豫備)
유월절 예비

눅22:14,(使徒)
사도

눅22:15,(苦難)(前)(逾越節)(願)(願)
고난 전 유월절 원 원

눅22:16,(逾越節)
유월절

눅22:17,(盞)(謝禮)
잔 사례

눅22:18,(臨)(葡萄)
임 포도

눅22:19,(謝禮)(爲)(行)(記念)
사례 위 행 기념

눅22:20,(後)(盞)(盞)(言約)(爲)
후 잔 잔 언약 위

눅22:21,(者)(床)
자 상

눅22:22,(人子)(作定)(禍)
인자 작정 화

눅22:23,(中)(行)(者)
중 행 자

눅22:25,(異邦人)(主管)(執權者)(恩人)(稱)
이 방 인 주관 집 권 자 은 인 칭
눅22:26,(中)(者)(者)(頭目)(者)
중 자 자 두목 자
눅22:27,(者)(者)(者)(者)(中)
자 자 자 자 중
눅22:28,(試驗中)(恒常)(者)
시 험 중 항 상 자
눅22:30,(床)(寶座)(支派)
상 보 좌 지 파
눅22:31,(請求)
청 구
눅22:32,(爲)祈禱)(後)(兄弟)
위 기 도 후 형 제
눅22:33,(主)(主)(獄)(準備)
주 주 옥 준 비
눅22:34,(前)(番)(否認)
전 번 부 인
눅22:35,(纏帶)(不足)
전 대 부 족
눅22:36,(纏帶)(者)(者)
전 대 자 자
눅22:37,(記錄)(不法者)(同類)(關)
기 록 불 법 자 동 류 관
눅22:38,(主)(對答)(足)
주 대 답 족
눅22:39,(習慣)(橄欖山)(弟子)
습 관 감 람 산 제 자
눅22:40,(試驗)(祈禱)
시 험 기 도
눅22:41,(祈禱)
기 도
눅22:42,(萬一)(盞)(願)(願)(願)
만 일 잔 원 원 원
눅22:43,(使者)
사 자
눅22:44懇切)(祈禱)
간 절 기 도
눅22:45,(祈禱)(後)(弟子)(因)
기 도 후 제 자 인
눅22:46,(者)(試驗)(祈禱)
자 시 험 기 도
눅22:47,(中)(者)
중 자
눅22:48수(人子)
인 자
눅22:49,(左右)(主)(劍)
좌 우 주 검
눅22:50,(中(大祭司長)(便)
중 대 제 사 장 편
눅22:52,(大祭司長)(聖殿)(軍官)(長老)
대 제 사 장 성 전 군 관 장 로
(强盜)(劍)
강 도 검
눅22:53,(聖殿)(權勢)
성 전 권 세
눅22:54,(大祭司長)
대 제 사 장

눅22:56,(婢子)(向)(注目)
비 자 향 주 목
눅22:57,(否認)(女子)
부 인 녀 자
눅22:58,(後)(黨)
후 당
눅22:59,(壯談)
장 담
눅22:60,(方今)
방 금
눅22:61,(主)(主)(前)(番)(否認)
주 주 전 번 부 인
눅22:62,(甚)(痛哭)
심 통 곡
눅22:63,(戱弄)
희 롱
눅22:64,(先知者)(者)
선 지 자 자
눅22:65,(外)(辱)
외 욕
눅22:66,(百姓)(長老)(大祭司長)
백 성 장 로 대 제 사 장
(書記官)(公會)
서 기 관 공 회
눅22:67,(對答)
대 답
눅22:68,(對答)
대 답
눅22:69,(後)(人子)(權能)(右便)
후 인 자 권 능 우 편
눅22:70,(對答)
대 답
눅22:71,(證據)(要求)(親)
증 거 요 구 친

路加福音-(누가복음)-第二十三章
로 가 복 음 제 이 십 삼 장

눅23:2,(告訴)(百姓)(迷惑)(稅)(禁)(自稱)(王)
고 소 백 성 미 혹 세 금 자 칭 왕
눅23:3,(人)(王)對答)
인 왕 대 답
눅23:4,(大祭司長)(罪)
대 제 사 장 죄
눅23:5,(始作)(百姓)(騷動)
시 작 백 성 소 동
눅23:7,(管轄)(屬)
관 할 속
눅23:8,(甚)(所聞)(異蹟)(行)(緣故)
심 소 문 이 적 행 연 고
눅23:9,(對答)
대 답
눅23:10,(大祭司長)(書記官)(告訴)
대 제 사 장 서 기 관 고 소
눅23:11,(軍兵)(戱弄)
군 병 희 롱
눅23:12,(前)(怨讐)(當日)(親舊)
전 원 수 당 일 친 구

눅23:13,(大祭司長)(官員)(百姓)
대 제 사 장 관 원 백 성
눅23:14,(百姓)(迷惑)(者)(査實)(告訴)
백 성 미 혹 자 사 실 고 소
(對)(罪)
대 죄
눅23:15,(行)
행
눅23:17,(名節)(當)
명 절 당
눅23:18,(一齊)
일 제
눅23:19,(城中)(民亂(殺人)(因)(獄)(者)
성 중 민 란 살 인 인 옥 자
눅23:21,(十字架(十字架)
십 자 가 십 자 가
눅23:22,(番)(惡)(罪)
번 악 죄
눅23:23,(十字架)(求)
십 자 가 구
눅23:24,(求)(言渡)
구 언 도
눅23:25,(求)(者)(民亂(殺人)(因)(獄)(者)
구 자 민 란 살 인 인 옥 자
눅23:26,(十字架)
십 자 가
눅23:27,(百姓)(爲)(女子)
백 성 위 녀 자
눅23:28,(向)(爲)(子女)(爲)
향 위 자 녀 위
눅23:29,(受胎)(解産)(福)
수 태 해 산 복
눅23:30,(山)(對)(山)(對)
산 대 산 대
눅23:32,(行惡者)(死刑)
행 악 자 사 형
눅23:33,(骸骨)(十字架)(行惡者)(右便)(左便)
해 골 십 자 가 행 악 자 우 편 좌 편
눅23:34,(赦)(自己)
사 자 기
눅23:35,(百姓)(求景)(官員)(救援)(萬一)
백 성 구 경 관 원 구 원 만 일
(擇)(者)(自己)
택 자 자 기
눅23:36,(軍兵)(戱弄)(葡萄酒)
군 병 희 롱 포 도 주
눅23:37,(萬一)(人)(王)(救援
만 일 인 왕 구 원
눅23:38,(人)(王)(牌)
인 왕 패
눅23:39,(行惡者)(中)(誹謗)(救援
행 악 자 중 비 방 구 원
눅23:40,(同一)(定罪)
동 일 정 죄
눅23:41,(行)(相當)(報應)(當然)(行)
행 상 당 보 응 당 연 행
눅23:42,(當身)(臨)
당 신 임
눅23:43,(眞實)(樂園)
진 실 낙 원
눅23:44,(第)(六詩)(臨)(第)(九時)(繼續)
제 육 시 임 제 구 시 계 속
눅23:45,(聖所)(揮帳)
성 소 휘 장
눅23:46,(靈魂)(付託)(後)(殞命)
영 혼 부 탁 후 운 명
눅23:47,(百夫長)(榮光)(丁寧)(義人)
백 부 장 영 광 정 녕 의 인
눅23:48,(求景)
구 경
눅23:49,(者)(女子)
자 녀 자
눅23:50,(公會議員)(善)(義
공 회 의 원 선 의
눅23:51,(決議)(行事)(可(者)(人)(洞里)(者)
결 의 행 사 가 자 인 동 리 자
눅23:52,(屍體)
시 체
눅23:53,(細麻布(葬事)
세 마 포 장 사
눅23:54,(豫備日)(安息日)
예 비 일 안 식 일
눅23:55,(女子)(屍體)
녀 자 시 체
눅23:56,(香品)(香油)(豫備)(誡命)(安息日)
향 품 향 유 예 비 계 명 안 식 일

路加福音-(누가복음)-第二十四章
로 가 복 음 제 이 십 사 장

눅24:1,(後)(女子)(豫備)(香品)
후 녀 자 예 비 향 품
눅24:3,(主)(屍體)
주 시 체
눅24:4,(因)(燦爛)
인 찬 란
눅24:5,(女子)(者)(者)
녀 자 자 자
눅24:6,記憶)
기 억
눅24:7,(人子)(罪人)(十字架)(第)(三日)
인 자 죄 인 십 자 가 제 삼 일
눅24:8,(記憶)
기 억
눅24:9,(使徒)(告)
사 도 고
눅24:10(女子)(母親)(女子)(使徒)(告)
녀 자 모 친 녀 자 사 도 고
눅24:11,(使徒)(虛誕)믿
사 도 허 탄
눅24:12,(細麻布)(奇異)
세 마 포 기 이
눅24:13,(中)(二十五里)(村)
중 이 십 오 리 촌
눅24:15,(問議)(同行)
문 의 동 행

눅24:18,(者)對答)(當身)(寓居)(近日)
자 대답 당신 우거 근일

눅24:19,(百姓)(能)(先知者)
백성 능 선지자

눅24:20,(大祭司長)(官員)(死刑)(判決)
대제사장 관원 사형 판결
(十字架)
십자가

눅24:21,(救贖)(者)
구속 자

눅24:22,(中)(女子)
중 녀자

눅24:23,(屍體)(天使)
시체 천사

눅24:24,(者)(中)(果然)(女子)
자 중 과연 녀자

눅24:25,(先知者)(者)
선지자 자

눅24:26,(苦難)(自己)(榮光)
고난 자기 영광

눅24:27,(先知者)(始作)(聖經)(自己)
선지자 시작 성경 자기
(關)(仔細)(說明)
관 자세 설명

눅24:28,(村)
촌

눅24:29,(强勸)(留)(留)
강권 유 유

눅24:30,(飮食)(祝謝)
음식 축사

눅24:32,(聖經)
성경

눅24:33,(使徒)(者)
사도 자

눅24:34,(主)(果然
주 과연

눅24:35,(自己)
자기

눅24:36,(親)(平康)
친 평강

눅24:37,(靈)
영

눅24:38,(疑心)
의심

눅24:39,(靈
영

눅24:41,(奇異)
기이

눅24:42,(生鮮)
생선

눅24:44,(律法)(先知者)(詩篇)(記錄)
률법 선지자 시편 기록

눅24:45,(聖經)
성경

눅24:46,(苦難)(第)(三日)(者)
고난 제 삼일 자

눅24:47,(罪)(赦)(悔改)(始作)(族屬)
죄 사 회개 시작 족속
(傳播)(記錄)
전파 기록

눅24:48,(證人)
증인

눅24:49,(約束)(能力)(城)(留)
약속 능력 성 유

눅24:50,(祝福)
축복

눅24:51,(祝福)
축복

눅24:52,(敬拜)
경배

눅24:53,(聖殿)(讚頌)
성전 찬송

約翰福音-(요한복음)-第一章
약 한 복 음 제일 장

요1:1,(太初)
태 초
요1:2,(太初)
태 초
요1:3,(萬物)
만 물
요1:4,(生命)(生命)
생 명 생 명
요1:7,(證據)(對)(證據)(自己)(因)
증 거 대 증 거 자 기 인
요1:8,(對)(證據)(者)
대 증 거 자
요1:9,(世上)(各)
세 상 각
요1:10,(世上)(世上)(世上)
세 상 세 상 세 상
요1:11,(自己)(自己)(百姓)(迎接)
자 기 자 기 백 성 영 접
요1:12,(迎接)(者)者)(子女)(權勢)
영 접 자 자 자 녀 권 세
요1:13,(血統)(肉情)(者)
혈 통 육 정 자
요1:14,(肉身)(居)(榮光)(獨生子)(榮光)
육 신 거 영 광 독 생 자 영 광
(恩惠)(眞理)(充滿)
은 혜 진 리 충 만
요1:15,(對)(證據)(前)
대 증 거 전
요1:16,(充滿)(恩惠)(恩惠)
충 만 은 혜 은 혜
요1:17,(律法)(恩惠)(眞理)
률 법 은 혜 진 리
요1:18,(本來)(獨生)
본 래 독 생
요1:19,(人)(祭司長)(人)(證據)
인 제 사 장 인 증 거
요1:21,(先知者)(對答)
선 지 자 대 답
요1:22,(對答)(對)
대 답 대
요1:23,(先知者)(主)(曠野)(者)
선 지 자 주 광 야 자
요1:24,(人)(者)
인 자
요1:25,(萬一)(先知者)(洗禮)
만 일 선 지 자 세 례
요1:26,(對答)(洗禮)
대 답 세 례
요1:27,(堪當)
감 당
요1:28,(洗禮)(江)(便)
세 례 강 편
요1:29,(自己)(世上)(罪)(羊)
자 기 세 상 죄 양
요1:30,(前)
전
요1:31,(洗禮)
세 례
요1:32,(證據)(聖靈)
증 거 성 령
요1:33,(洗禮)(聖靈)(洗禮)
세 례 성 령 세 례
요1:34,(證據)
증 거
요1:35,(自己)(弟子)(中)
자 기 제 자 중
요1:36,(羊)
양
요1:37,(弟子)
제 자
요1:38,(求)(先生)
구 선 생
요1:39,(居)(第)(十時)
거 제 십 시
요1:40,(中)(兄弟)
중 형 제
요1:41,(自己)(兄弟)
자 기 형 제
요1:42,(將次)역하
장 차
요1:44,(洞里)
동 리
요1:45,(律法)(記錄)(先知者)(記錄)
률 법 기 록 선 지 자 기 록
요1:46,(善)
선
요1:47,(自己)(奸詐)
자 기 간 사
요1:48, 對答)(前)(無花果)
대 답 전 무 화 과
요1:49,(對答)(當身)(當身)
대 답 당 신 당 신
요1:50,(對答)(無花果)
대 답 무 화 과
요1:51,(眞實)(眞實)(使者)(人子)
진 실 진 실 사 자 인 자

約翰福音-(요한복음)-第二章
약 한 복 음 제이 장

요2:1,(婚姻)
혼 인
요2:2,(弟子)(婚姻)(請)
제 자 혼 인 청
요2:3,(葡萄酒)(葡萄酒)
포 도 주 포 도 주
요2:4,(女子)(相關)
녀 자 상 관
요2:5,(下人)
하 인
요2:6,(人)(潔禮)
인 결 례

요2:8,(宴會長)
연회장

요2:9,(宴會長)(葡萄酒)(下人)
연회장 포도주 하인

(宴會長)(新郞)
연회장 신랑

요2:10,(葡萄酒)(醉)(後)(至今)(葡萄酒)
포도주 취 후 지금 포도주

요2:11,(表蹟)(行)(榮光)(弟子)
표적 행 영광 제자

요2:12,(後)(兄弟)(弟子)
후 형제 제자

요2:13,(人)(逾越節)
인 유월절

요2:14,(聖殿)(羊)
성전 양

요2:15,(羊)(聖殿)(床)
양 성전 상

요2:17,(弟子)(聖經)(主)(殿)(思慕)
제자 성경 주 전 사모

(熱心)(記憶)
열심 기억

요2:18,(人)對答)(行)(表蹟)
인 대답 행 표적

요2:19,(對答)(聖殿)
대답 성전

요2:20,(人)(聖殿)(四十六年)(三日)
인 성전 사십육년 삼일

요2:21,(聖殿)(自己)(肉體)
성전 자기 육체

요2:22,(者)(後)(弟子)(記憶)(聖經)
자 후 제자 기억 성경

요2:23,(逾越節)(行)(表蹟)
유월절 행 표적

요2:24,(依托)(親)
의탁 친

요2:25,(親)(對)(證據)(必要)
친 대 증거 필요

約翰福音-(요한복음)-第三章
약한복음 제삼장

요3:1,(人)(中)(人)(官員)
인 중 인 관원

요3:2,(當身)(先生)(當身)(行)(表蹟)
당신 선생 당신 행 표적

요3:3,(對答)(眞實)(眞實)
대답 진실 진실

요3:4,(番)(母胎)
번 모태

요3:5,(對答)(眞實)(眞實)(聖靈)
대답 진실 진실 성령

요3:6,(肉)(肉)(聖靈)(靈)
육 육 성령 영

요3:7,(奇異)
기이

요3:8,(任意)(聖靈)
임의 성령

요3:9,(對答)
대답

요3:10,(先生)
선생

요3:11,(眞實)(眞實)(證據)(證據)
진실 진실 증거 증거

요3:13,(者)(人子)(外)(者)
자 인자 외 자

요3:14,(曠野)(人子)
광야 인자

요3:15,(者)(永生
자 영생

요3:16,(世上)(獨生子)者(滅亡)(永生
세상 독생자 자 멸망 영생

요3:17,(世上)(世上)(審判)(世上)(救援
세상 세상 심판 세상 구원

요3:18,(者)(審判)者)(獨生子)審判)
자 심판 자 독생자 심판

요3:19,(定罪)(世上)(自己)行爲)(惡)
정죄 세상 자기 행위 악

요3:20,(惡)(行)(者)(行爲)
악 행 자 행위

요3:21,(眞理)(者)行爲)(行)
진리 자 행위 행

요3:22,(後)(弟子)(留)(洗禮)
후 제자 유 세례

요3:23洗禮)(洗禮)
세례 세례

요3:24,(獄)
옥

요3:25,(弟子)(中)(人)(潔禮)(對)(辯論)
제자 중 인 결례 대 변론

요3:26,(先生)(江)(便)(者)(先生)
선생 강 편 자 선생

(證據)(者)(洗禮)
증거 자 세례

요3:27,(對答)(萬一)
대답 만일

요3:28,(者)(證據)(者)
자 증거 자

요3:29,(新婦)(娶)(者)(新郞)(新郞)
신부 취 자 신랑 신랑

(音聲)(親舊)(充滿)
음성 친구 충만

요3:30,(興)(衰)
흥 쇠

요3:31,(萬物)(屬)(屬)(萬物)
만물 속 속 만물

요3:32,(證據)(證據)
증거 증거

요3:33,(證據)(印)
증거 인

요3:34,(聖靈)(限量)
성령 한량

요3:35,(萬物)
만물

요3:36,(者)(永生)(順從)(者)(永生)(震怒)
자 영생 순종 자 영생 진노

約翰福音-(요한복음)-第四章
약 한 복 음 제사 장

요4:1,(弟子)(洗禮)(人)(主)
제자 세례 인 주
요4:2,(親)(洗禮)(弟子)
친 세례 제자
요4:4,(通行)
통행
요4:5,(洞里)
동리
요4:6,(行路)(困)(第)(六時)
행로 곤 제 육시
요4:7,(女子)
녀자
요4:8,(弟子)(洞里)
제자 동리
요4:9,(女子)(當身)(人)(女子)(人)(人)(相從)
여자 당신 인 녀자 인 인 상종
요4:10,(對答)(萬一)(膳物)(求)(生水)
대답 만일 선물 구 생수
요4:11,(女子)(主)(生水)
여자 주 생수
요4:12,(祖上)(自己)(自己)(當身)
조상 자기 자기 당신
요4:13,(對答)(者)
대답 자
요4:14,(者)(永遠)(永生)
자 영원 영생
요4:15,(女子)(主)
여자 주
요4:16,(男便)
남편
요4:17,(女子)對答)(男便)(男便)
여자 대답 남편 남편
요4:18,(男便)(只今)(者)(男便)
남편 지금 자 남편
요4:19,(女子)(主)(先知者)
여자 주 선지자
요4:20,(祖上)(山)(禮拜)(當身)(禮拜)
조상 산 예배 당신 예배
요4:21,(女子)山)(禮拜)
여자 산 예배
요4:22,(禮拜)(禮拜)(救援)(人)
예배 예배 구원 인
요4:23,(禮拜)(者)(神靈)(眞情)(禮拜)
예베 자 신령 진징 예배
(自己)(禮拜)(者)
자기 예배 자
요4:24,(靈)(禮拜)(者)(神靈)(眞情)(禮拜)
영 예배 자 신령 진정 예배
요4:25,(女子)(告)
여자 고
요4:27,(弟子)(女子)(異常)(求)
제자 여자 이상 구
요4:28,(女子)(洞里)
여자 동리
요4:29,(行)
행
요4:30,(洞里)
동리
요4:31,(弟子)(請)
제자 청
요4:32,(糧食)
량식
요4:33,(弟子)
제자
요4:34,(糧食)(行)(穩全)
량식 행 온전
요4:35,(秋收)(秋收)
추수 추수
요4:36,(者)(永生)(者)(者(
자 영생 자 자
요4:38,(努力)(努力)(努力)(參與)
노력 노력 노력 참여
요4:39,(女子)(行)(證據)(洞里)(中)(人)
여자 행 증거 동리 중 인
요4:40,(人)(自己)(留)(請)(留)
인 자기 유 청 유
요4:41,(因)者)
인 자
요4:42,(女子)因)(親)(世上)(救主)
여자 인 친 세상 구주
요4:44,(親)(證據)(先知者)(故鄕)
친 증거 선지자 고향
요4:45,(人)(迎接)(自己)(名節)(名節)(中)
인 영접 자기 명절 명절 중
요4:46,(前)(葡萄酒)(王)(臣下)(病)
전 포도주 왕 신하 병
요4:47,(請)(病)
청 병
요4:48,(表蹟)(奇事)
표적 기사
요4:49,(臣下)(主)(前)
신하 주 전
요4:52,(始作)(第)(七時)(熱氣)
시작 제 칠시 열기
요4:53, 自己)
자기
요4:54,(後)(行)(番)(表蹟)
후 행 번 표적

約翰福音-(요한복음)-第五章
약 한 복 음 제오 장

요5:1,(後)(人)(名節)
후 인 명절
요5:2,(羊門)(行閣)
양문 행각
요5:3,(病者)(血氣)(者)(動)
병자 혈기 자 동
요5:4,(天使)(動)(動)(後)(者)(病)
천사 동 동 후 자 병
요5:5,(三十八年)(病者)
삼십팔년 병자

요5:6,(病)
병

요5:7,(病者)(對答)(主)(動)
병자 대답 주 동

요5:9,(安息日)
안식일

요5:10,(人)(病)(安息日)
인 병 안식일

요5:11,(對答)
대답

요5:13,(避)
피

요5:14,(後)(聖殿)(甚)(罪)(犯)
후 성전 심 죄 범

요5:15,(人)(自己)
인 자기

요5:16,(安息日)(行)(人)(逼迫)
안식일 행 인 핍박

요5:18,(人)(因)(安息日)(犯(自己)
인 인 안식일 범 자기

(自己)(同等)
자기 동등

요5:19,(眞實)(眞實)(行)(行)
진실 진실 행 행

요5:20,(自己)(行)(奇異)
자기 행 기이

요5:21,(者)(自己)(願)(者
자 자기 원 자

요5:22,(審判)(審判)
심판 심판

요5:23,(恭敬)(恭敬)(恭敬)(者)(恭敬)
공경 공경 공경 자 공경

요5:24,(眞實)(眞實)(者)(永生)(審判)
진실 진실 자 영생 심판

(死亡)(生命)
사망 생명

요5:25,(眞實)(眞實)(者)(音聲)(者
진실 진실 자 음성 자

요5:26,(自己)(生命)(生命)
자기 생명 생명

요5:27,(人子)(因)(審判)(權勢)
인자 인 심판 권세

요5:28,(奇異)(者)(音聲)
기이 자 음성

요5:29,(善)(行)(者)(生命)(復活)(惡)
선 행 자 생명 부활 악

(行)(者)(審判)(復活)
행 자 심판 부활

요5:30,(審判)(願)(願)(故)(審判)(義)
심판 원 원 고 심판 의

요5:31,(萬一)(爲)(證據)(證據)
만일 위 증거 증거

요5:32,(爲)(證據)(爲)(證據)(證據)
위 증거 위 증거 증거

요5:33,(眞理)(對)(證據)
진리 대 증거

요5:34,(證據)(取)(救援)
증거 취 구원

요5:35,(燈)(一時)(願)
등 일시 원

요5:36,(證據)(證據)(役事)(役事)(爲)(證據)
증거 증거 역사 역사 위 증거

요5:37,(親)(爲)(證據)(音聲)(形容)
친 위 증거 음성 형용

요5:38,(居)(者)
거 자

요5:39,(聖經)(永生)(聖經)(詳考)
성경 영생 성경 상고

(聖經)(對)(證據)
성경 대 증거

요5:40,(永生)(爲)(願)
영생 위 원

요5:41,(榮光)(取)
영광 취

요5:43,(迎接)(萬一)(自己)(迎接)
영접 만일 자기 영접

요5:44,(榮光)(取)(唯一)(榮光)(求)
영광 취 유일 영광 구

요5:45,(告訴)(告訴)(者)
고소 고소 자

요5:46,(對)(記錄)
대 기록

約翰福音-(요한복음)-第六章
약한복음 제륙장

요6:1,(後)(便
후 편

요6:2,(病人)(行)(表蹟)
병인 행 표적

요6:3,(山)(弟子)
산 제자

요6:4,(人)(名節)(逾越節)
인 명절 유월절

요6:5,(自己)
자기

요6:6,(親)(試驗)
친 시험

요6:7,(對答)(各)(不足)
대답 각 부족

요6:8,(弟子)(中)(兄弟)
제자 중 형제

요6:9,(個)
개

요6:10,(數爻)
수효

요6:11,(祝謝)(後)(者)(願
축사 후 자 원

요6:12,(後)(弟子)
후 제자

요6:13,(個)
개

요6:14,(行)(表蹟)(世
행 표적 세

上)(先知者
상 선지자

요6:15,(自己)(臆志)(山)
자기 억지 산

요6:16,(弟子)
제자

요6:18,(波濤)
파도

요6:19,(弟子)(櫓)(十餘里)
제자 노 십여리

요6:21,(迎接)
영접

요6:22,(便)(隻)(弟子)(弟子)
편 척 제자 제자

요6:23,(主)(祝謝)(後)랏)
주 축사 후

요6:24,(弟子)
제자

요6:25,(便)
편

요6:26,(對答)(眞實)(眞實)(表蹟)
대답 진실 진실 표적

요6:27,(糧食)(爲)(永生)(糧食)(爲)
량식 위 영생 량식 위
(糧食)(人子)(人子)(印)(者)
량식 인자 인자 인 자

요6:29,(對答)(者)
대답 자

요6:30,(當身)行)(表蹟)
당신 행 표적

요6:31,(記錄)(祖上)(曠野)
기록 조상 광야

요6:32,(眞實)(眞實)
진실 진실

요6:33,(世上)(生命)
세상 생명

요6:34,(主)(恒常)
주 항상

요6:35,(生命)(者)(決)者)(永遠)
생명 자 결 자 영원

요6:37,(者)(者)(決)
자 자 결

요6:38,(行)
행

요6:39,(行)(者)(中)(
행 자 중

요6:40,(者)(永生)
자 영생

요6:41,(自己)(人)(對)
자기 인 대

요6:42,(父母)(只今)
부모 지금

요6:43,(對答)(
대답

요6:45,(先知者)(記錄)
선지자 기록

요6:46,(者)(者)
자 자

요6:47,(眞實)(眞實)者)(永生)
진실 진실 자 영생

요6:48,(生命)
생명

요6:49,(祖上)(曠野)
조상 광야

요6:51,(永生)(世上)(生命)(爲(
영생 세상 생명 위

요6:52,(人)(能)
인 능

요6:53,(眞實)(眞實)(人子)(人子)(生命)
진실 진실 인자 인자 생명

요6:54,(者)(永生)
자 영생

요6:55,(糧食)(飮料)
량식 음료

요6:56,(者)(居)(居)
자 거 거

요6:57,(因)(因)
인 인

요6:58,(祖上)(者)(永遠)
조상 자 영원

요6:59,(會堂)
회당

요6:60,(弟子)(中)
제자 중

요6:61,(弟子)(對)
제자 대

요6:62,(人子)(以前)
인자 이전

요6:63,(靈)(肉)(無益)(靈)(生命)
영 육 무익 영 생명

요6:64,(中)者)(者)(自己)(者)
중 자 자 자기 자

요6:65,(前)
전

요6:66,(弟子)(中)
제자 중

요6:67,(弟子)
제자

요6:68,(對答)(主)(永生)(
대답 주 영생

요6:69,(主)(者)
주 자

요6:70,(對答)(擇)(中)(魔鬼)
대답 택 중 마귀

요6:71,(中)(者)
중 자

約翰福音-(요한복음)-第七章
약한복음 제칠장

요7:1,(以後)(人)
이후 인

요7:2,(人)(名節)(草幕節)
인 명절 초막절

요7:3,(兄弟)(當身)(行)(弟子)
형제 당신 행 제자

요7:4,(求)(行)(自身)(世上)
구 행 자신 세상

요7:5,(兄弟)
형제
요7:6,(準備)
준비
요7:7,(世上)(世上)(行事)(惡)(證據)
세상 세상 행사 악 증거
요7:8,(名節)(名節)
명절 명절
요7:10,(兄弟)(名節)(後)(自己)(秘密)
형제 명절 후 자기 비밀
요7:11,(名節)(中)(人)
명절 중 인
요7:12,(對)(中)(或)(或)(迷惑)
대 중 혹 혹 미혹
요7:13,(人)(者)
인 자
요7:14,(名節)(中間)(聖殿)
명절 중간 성전
요7:15,(人)(奇異)
인 기이
요7:16,(對答)(教訓)
대답 교훈
요7:17,(行)(教訓)
행 교훈
요7:18,(者)(自己)(榮光)(求)(榮光)(求)
자 자기 영광 구 영광 구
(者)(不義)
자 불의
요7:19,(律法)(中)(律法)(者)
률법 중 률법 자
요7:20,(對答)(當身)(鬼神)(當身)
대답 당신 귀신 당신
요7:21,(對答)(行)(因)(怪異)
대답 행 인 괴이
요7:22,(割禮)(割禮)(祖上)(安息日)(割禮)
할례 할례 조상 안식일 할례
요7:23,(律法)(廢)(安息日)(割禮)(安息日)
률법 폐 안식일 할례 안식일
(全身)(健全)
전신 건전
요7:24,(外貌)(判斷)(公義)(判斷)(判斷)
외모 판단 공의 판단 판단
요7:25,(中)(或(
중 혹
요7:26,(當局者)
당국자
요7:27,(者)
자
요7:28,(聖殿)
성전
요7:29,(대

요7:30,(者)
자
요7:31,(中)(行)(表蹟)(行)
중 행 표적 행
요7:32,(對)(人)(大祭司長)(人)(下屬)
대 인 대제사장 인 하속
요7:35,(人)(人)(中)(者)(人)
인 인 중 자 인
요7:37,(名節)
명절
요7:38,(者)(聖經)(生水)(江)
자 성경 생수 강
요7:39,(者)(聖靈)(榮光)(故)
자 성령 영광 고
요7:40,(中)(或)(先知者
중 혹 선지자
요7:41,(或)
혹
요7:42,(聖經)(村)
성경 촌
요7:43,(因)(中)(爭論)
인 중 쟁론
요7:44,(中)(者)者)
중 자 자
요7:45,(下屬(大祭司長)(人)
하속 대제사장 인
요7:46,(下屬對答)
하속 대답
요7:47,(人對答)(迷惑)
인 대답 미혹
요7:48,(當局者)(人)(中)
당국자 인 중
요7:49,(律法)(詛呪)(者)
률법 저주 자
요7:50,(中)(前)
중 전
요7:51,(律法)(行)(前)(判決)
률법 행 전 판결
요7:52,(對答)(詳考)(先知者)
대답 상고 선지자
요7:53,(各各)
각각

約翰福音-(요한복음)-第八章
약한복음 제팔장

요8:1,(橄欖山)
감람산
요8:2,(聖殿)(百姓)
성전 백성
요8:3,(書記官)(人)(姦淫)(中)(女子)
서기관 인 간음 중 여자
요8:4,(先生)(女子)(姦淫)(現場)
선생 여자 간음 현장
요8:5,(律法)(女子)(命)(先生)
률법 여자 명 선생
요8:6,(告訴)(條件)(試驗)
고소 조건 시험
요8:7,(中)(罪)(者)
중 죄 자
요8:9,(良心)(苛責(始作)(女子)
량심 가책 시작 여자
요8:10,(女子)(外)(女子)(告訴)(定罪)(者)
여자 외 여자 고소 정죄 자

요8:11,(對答)(主)(定罪)(罪)(犯)
대답 주 정죄 죄 범
요8:12,(世上)(者)(生命)
세상 자 생명
요8:13,(人)(爲)(證據)(證據)
인 위 증거 증거
요8:14,(對答)(爲)(證據)(證據)
대답 위 증거 증거
요8:15,(肉體)(判斷)(判斷)
육체 판단 판단
요8:16,(萬一)(判斷)(判斷)계
만일 판단 판단
요8:17,(律法)(證據)(記錄)
률법 증거 기록
요8:18,(爲)(證據)(者)(爲)(證據)
위 증거 자 위 증거
요8:19,(對答)
대답
요8:20,(聖殿)(捐補櫃)
성전 연보궤
요8:21,(罪)
죄
요8:22,(人)(自決)
인 자결
요8:23,(世上)(屬)(世上)(屬)
세상 속 세상 속
요8:24,(罪)(萬一)罪)
죄 만일 죄
요8:25,(者)
자
요8:26,(對)(判斷)(世上)
대 판단 세상
요8:28,(人子)(後)
인자 후
요8:29,(恒常)(行)
항상 행
요8:31,(自己)(人)(居)(弟子)
자기 인 거 제자
요8:32,(眞理)(眞理)(自由)
진리 진리 자유
요8:33,(對答)(子孫)(自由)
대답 자손 자유
요8:34,(對答)(眞實)(眞實)(罪)(犯)(者)(罪)
대답 진실 진실 죄 범 자 죄
요8:35,(永遠)(居)(永遠)(居)
영원 거 영원 거
요8:36,(自由)(自由)
자유 자유
요8:37,(子孫)
자손
요8:38,(行)
행
요8:39,(對答)(子孫)(行事)
대답 자손 행사
요8:40,(只今)(眞理)
지금 진리
요8:41,(行事)(對答)(淫亂)
행사 대답 음란
요8:44,(魔鬼)(慾心)(行)(殺人)(者)
마귀 욕심 행 살인 자
(眞理)(眞理)
진리 진리
요8:45,(眞理)
진리
요8:46,(中)(罪)(責)(眞理)믿
중 죄 책 진리
요8:47,(屬)(者)(屬)
속 자 속
요8:48,(人)對答)(鬼神)
인 대답 귀신
요8:49,(對答)(鬼神)(恭敬)(無視)
대답 귀신 공경 무시
요8:50,(榮光)(求)(求)(判斷)
영광 구 구 판단
요8:51,(眞實)(眞實)(永遠)
진실 진실 영원
요8:52,(人)(只今)(鬼神)(先知者)(永遠)
인 지금 귀신 선지자 영원
요8:53,(祖上)(先知者)
조상 선지자
요8:54,(對答)(榮光)(榮光)(榮光)(稱
대답 영광 영광 영광 칭
요8:55,(萬一)
만일
요8:56,(祖上)
조상
요8:57,(人)(五十)
인 오십
요8:58,(眞實)(眞實)(前)
진실 진실 전
요8:59,(聖殿)
성전

約翰福音-(요한복음)-第九章
약한복음 제구장

요9:2,(弟子)(罪)(因)(自己)(父母)
제자 죄 인 자기 부모
요9:3,(對答)(父母)(罪)(犯)(
대답 부모 죄 범
요9:5,(世上)(世上)
세상 세상
요9:8,(前)(乞人)(求乞)(者)
전 걸인 구걸 자
요9:9,(或)(或)
혹 혹
요9:11,(對答)
대답
요9:13,(前)(人)
전 인
요9:14,(安息日)
안식일
요9:15,(人)
인
요9:16,(人)(中)(或)(安息日)(者)(或)(罪人)
인 중 혹 안식일 자 혹 죄인

(表蹟)(行)(彼此)(爭論)
표적 행 피차 쟁론
요9:17,(者(對答)(先知者)
자 대답 선지자
요9:18,(人)父母)
인 부모
요9:19,(只今)
지금
요9:20,(父母)對答)
부모 대답
요9:21,(只今)(長成)(自己)
지금 장성 자기
요9:22,(父母)(人)(是認)(者)(黜教)(決議)
부모 인 시인 자 출교 결의
요9:23,(父母)(長成)
부모 장성
요9:24,(番)(榮光)(罪人)
번 영광 죄인
요9:25,(對答)(罪人)(只今)
대답 죄인 지금
요9:27,(對答)(當身)(弟子)
대답 당신 제자
요9:28,(辱)(弟子)(弟子)
욕 제자 제자
요9:30,(對答)(異常)(當身
대답 이상 당신
요9:31,(罪人(敬虔)(行)(者
죄인 경건 행 자
요9:32,(創世)(以後)(者)
창세 이후 자
요9:34,(對答)(穩全)(罪)
대답 온전 죄
요9:35,(人子)
인자
요9:36,(對答)(主)
대답 주
요9:37,(只今)(者)
지금 자
요9:38,(主)
주
요9:39,(審判)(世上(者)(者)
심판 세상 자 자
요9:40,(人)(中)(者)
인 중 자
요9:41,(罪)(罪)
죄 죄

約翰福音-(요한복음)-第十章
약한복음 제십 장

요10:1,(眞實)(眞實)(羊)(門)(者)(竊盜)(强盜)
진실 진실 양 문 자 절도 강도
요10:2,(門)(羊)(牧者)
문 양 목자
요10:3,(門直)(爲)(門)(羊)(音聲)(自己)
문직 위 문 양 음성 자기
(羊)(各各)(引導)
양 각각 인도
요10:4,(自己)(羊)(後)(羊)(音聲)(故)
자기 양 후 양 음성 고
요10:5,(他人)(音聲)(故)(他人)(逃亡)
타인 음성 고 타인 도망
요10:6,(譬喩)
비유
요10:7,(眞實)(眞實)(羊)(門)
진실 진실 양 문
요10:8,(者)(竊盜)(强盜)(羊ㄴ
자 절도 강도 양
요10:9,(門)(救援)
문 구원
요10:10,(盜賊)(盜賊)(滅亡)(羊)(生命)(豊盛)
도적 도적 멸망 양 생명 풍성
요10:11,(善)(牧者)(善)(牧者)(羊)(爲)
선 목자 선 목자 양 위
요10:12,(牧者)(羊)(羊)(羊)(羊)(勒奪)
목자 양 양 양 양 늑탈
요10:13,(羊)
양
요10:14,(善)(牧者)(羊)(羊)
선 목자 양 양
요10:15,(羊)(爲)
양 위
요10:16,(羊)(引導)(音聲)(牧者)
양 인도 음성 목자
요10:17,(爲)
위
요10:18,(者)(權勢)(權勢)(誡命)
자 권세 권세 계명
요10:19,(因)(人)(中)(紛爭)
인 인 중 분쟁
요10:20,(中)(鬼神)
중 귀신
요10:21,(或)(鬼神)(者)(鬼神)
혹 귀신 자 귀신
요10:22,(修殿節)
수전절
요10:23,(聖殿)行閣)
성전 행각
요10:24,(人)(當身)(疑惑)
인 당신 의혹
요10:25,(對答)(行)(證據)
대답 행 증거
요10:26,(羊)
양
요10:27,(羊)(音聲)
양 음성
요10:28,(永生)(永遠)(滅亡)(者)
영생 영원 멸망 자
요10:29,(萬有)
만유
요10:30,(대
요10:31,(人)
인
요10:32,(對答)(善)(中)
대답 선 중

요10:33,(人)對答)(善)(因)(僭濫)(因)(自稱)
인 대답 선 인 참람 인 자칭
요10:34,(律法)(記錄)(神)
률법 기록 신
요10:35,(聖經)(廢)(神)
성경 폐 신
요10:36,(世上)(者)(僭濫)
세상 자 참람
요10:37,(萬一)(行)(
만일 행
요10:40,(江)(便)(洗禮)(居)
강 편 세례 거
요10:41,(表蹟)(行)
표적 행

約翰福音-(요한복음)-第十一章
약한복음 제십일장

요11:1,(病)(者)(兄弟)(村)
병 자 형제 촌
요11:2,(香油)(主)(主(者)(病)
향유 주 주 자 병
요11:3,(主)(者)(病)
주 자 병
요11:4,(病)(病)(榮光)(爲)(因)(榮光)
병 병 영광 위 인 영광
요11:5,(本來)(同生)
본래 동생
요11:6,(病)(留)
병 유
요11:7,(後)(弟子)
후 제자
요11:8,(弟子)(方今)(人)
제자 방금 인
요11:9,(對答)(世上)(失足)
대답 세상 실족
요11:10,(故)(失足)
고 실족
요11:11,(後)(親舊)
후 친구
요11:12,(弟子)(主)
제자 주
요11:15,(爲)
위
요11:16,(弟子)(主)
제자 주
요11:18,(五里)
오리
요11:19,(人)(慰問)
인 위문
요11:21,(主)
주
요11:22,(主)(求)
주 구
요11:24,(復活)
부활
요11:25,(復活)(生命)者)
부활 생명 자
요11:26,(者)(永遠)
자 영원
요11:27,(主)(主)(世上)
주 주 세상
요11:28兄弟)(先生)
형제 선생
요11:29,(急)
급
요11:31,(慰勞)(人)(急)(哭)
위로 인 급 곡
요11:32,(主)
주
요11:33,(人)(心靈)(痛憤)
인 심령 통분
요11:34,(主)
주
요11:36,(人)
인
요11:37,(中)
중
요11:38,(痛憤)(窟)
통분 굴
요11:39,(者)(主)
자 주
요11:40,(榮光)
영광
요11:41,(感謝)
감사
요11:42,(恒常)(爲)
항상 위
요11:44,(者)(手足)(手巾)
자 수족 수건
요11:45,(人)
인
요11:46,(中)(者)(人)(告)
중 자 인 고
요11:47,(大祭司長)(人)(公會)(表蹟)(行)
대제사장 인 공회 표적 행
요11:48,(萬一)(人)(民族)
만일 인 민족
요11:49,(中)(大祭司長)
중 대제사장
요11:50,(百姓)(爲)(民族)(亡)(有益)
백성 위 민족 망 유익
요11:51,(大祭司長)(民族)(爲)
대세사장 민족 위
요11:52,(民族)(爲(子女)(爲)
민족 위 자녀 위
요11:53,(謀議)
모의
요11:54,(人)(洞里)(弟子)(留)
인 동리 제자 유
요11:55,(人)(逾越節)(自己)(聖潔(爲)
인 유월절 자기 성결 위
(逾越節)(前)
유월절 전
요11:56,(聖殿)(名節
성전 명절

요11:57,(大祭司長)(人)(告)(命令)
대제사장 인 고 명령

約翰福音-(요한복음)-第十二章
약한복음 제십이장

요12:1,(逾越節)(前)(者)
유월절 전 자
요12:2,(爲)(中)
위 중
요12:3,(至極)(香油)(純全)(斤)(自己(香油)
지극 향유 순전 근 자기 향유
요12:4,(弟子)(中)
제자 중
요12:5,(香油)(者)
향유 자
요12:6,(者)(盜賊)(櫃)
자 도적 궤
요12:7,(葬事)(爲)
장사 위
요12:8,(者)(恒常)(恒常)
자 항상 항상
요12:9,(人)(爲)(者)
인 위 자
요12:10,(大祭司長)(謀議)
대제사장 모의
요12:11,(人)
인
요12:12,(名節)
명절
요12:13,(棕櫚)(讚頌)(主)(王)
종려 찬송 주 왕
요12:15,(記錄(王)
기록 왕
요12:16,(弟子)(榮光)(後)(對)(記錄)
제자 영광 후 대 기록
요12:17,(者)(證據)
자 증거
요12:18,(表蹟)(行)
표적 행
요12:19,(人)(世上)
인 세상
요12:20,(名節)(禮拜)(中)(人)
명절 예배 중 인
요12:21,(請)(先生)
청 선생
요12:23,(對答)(人子)(榮光)
대답 인자 영광
요12:24,(眞實)(眞實)
진실 진실
요12:25,(自己)(生命)(者)(世上)(自己)
자기 생명 자 세상 자기
(者)(永生)(保存)
자 영생 보존
요12:26,(者)(貴)
자 귀
요12:27,(只今)(救援)(免)(爲)
지금 구원 면 위
요12:28,(榮光)(榮光)(榮光)
영광 영광 영광
요12:29,(雨雷)(天使)
우뢰 천사
요12:30,(對答)(爲)(爲)
대답 위 위
요12:31,(世上)(審判)(世上)
세상 심판 세상
요12:33,(自己)
자기
요12:34,(對答)(律法)(永遠)(人子)(人子)
대답 률법 영원 인자 인자
요12:35,(暫時)(中)(者)
잠시 중 자
요12:37,(表蹟)(行)
표적 행
요12:38,(先知者)(主)主)
선지자 주 주
요12:39,(能)
능
요12:40,(頑固)
완고
요12:41,(主)(榮光)(主)
주 영광 주
요12:42,(官員)(中)者)(人)(因)(黜會)(當)
관원 중 자 인 인 출회 당
요12:43,(榮光)(榮光)
영광 영광
요12:44,(者)
자
요12:45,(者)
자
요12:46,(世上)者)(居)
세상 자 거
요12:47,(審判)(世上)(審判)(世上)(救援)
심판 세상 심판 세상 구원
요12:48,(者)(審判)(審判)
자 심판 심판
요12:49,(自意)(親)(命令)
자의 친 명령
요12:50,(命令)(永生)
명령 영생

約翰福音-(요한복음)-第十三章
약한복음 제십삼장

요13:1,(逾越節)(前)(自己)(世上)
유월절 전 자기 세상
(世上)(自己)
세상 자기
요13:2,(魔鬼)
마귀
요13:3,(中)(自己)(自己)
중 자기 자기
요13:4,(手巾)
수건
요13:5,(弟子(手巾)(始作)
제자 수건 시작

요13:6,(主)(主)
주 주

요13:7,(對答)(後)
대 답 후

요13:8,(絶對)(對答)(相關)
절 대 대 답 상 관

요13:9,(主)
주

요13:10,(沐浴)(者)(必要)
목 욕 자 필 요

요13:11,(自己)(者)
자 기 자

요13:12,(後)(行)
후 행

요13:13,(先生)(主
선 생 주

요13:14,(主)(先生)
주 선 생

요13:15,(行)(行)(本)
행 행 본

요13:16,(眞實)(眞實)(上典(者)(者
진 실 진 실 상 전 자 자

요13:17,(行)(福)
행 복

요13:18,(擇)(者)(者)(聖經)(應)
택 자 자 성 경 응

요13:19,(只今)(前)
지 금 전

요13:20,(眞實)(眞實)(者)(迎接)(者)
진 실 진 실 자 영 접 자
(迎接)(迎接)(者)(迎接)
영 접 영 접 자 영 접

요13:21,(心靈)(證據)(眞實)(眞實)(中)
심 령 증 거 진 실 진 실 중

요13:22,(弟子)(對)(疑心)
제 자 대 의 심

요13:23,(弟子)(中)(者)(依支)
제 자 중 자 의 지

요13:24,(者)
자

요13:25,(依支)(主)
의 지 주

요13:26,(對答)(者)
대 답 자

요13:27,(後)(速)
후 속

요13:28,(者)(中)
자 중

요13:29,(櫃)(名節)(物件)(或)(者)
궤 명 절 물 건 혹 자

요13:31,(後)(只今)(人子)(榮光)(人子)
후 지 금 인 자 영 광 인 자
(因)(榮光)
인 영 광

요13:32,(萬一)(因)(榮光)(自己)(因)(榮光)
만 일 인 영 광 자 기 인 영 광

요13:33,(小子)(暫時)(只今)
소 자 잠 시 지 금

요13:34,(誡命)
계 명

요13:35,(弟子)
제 자

요13:36,(主)(對答)(只今)(後)
주 대 답 지 금 후

요13:37,(主)(只今)(主)(爲)
주 지 금 주 위

요13:38,(對答)(爲)(眞實)(眞實)(前)
대 답 위 진 실 진 실 전
(番)(否認)
번 부 인

約翰福音-(요한복음)-第十四章
약 한 복 음 제 십 사 장

요14:2,(居)(爲)(處所)(豫備)
거 위 처 소 예 비

요14:3,(爲)(處所)(豫備)(迎接)
위 처 소 예 비 영 접

요14:5,(主)
주

요14:6,(眞理)(生命)(者)
진 리 생 명 자

요14:8,(主)(足)
주 족

요14:9,(者)(行)(因)
자 행 인

요14:12,(眞實)(眞實)(者)
진 실 진 실 자

요14:13,(求)(施行)(因)(榮光)
구 시 행 인 영 광

요14:14,(求)(施行)
구 시 행

요14:15,(誡命)
계 명

요14:16,(求)(保惠師)(永遠)
구 보 혜 사 영 원

요14:17,(眞理)(靈)(世上)(能)(居)
진 리 영 세 상 능 거

요14:18,(孤兒)
고 아

요14:19,(世上)
세 상

요14:21,(誡命)(者)(者)(者)
계 명 자 자 자

요14:22,(人)(主)(自己)(世上)
인 주 자 기 세 상

요14:23,(對答)(居處)
대 답 거 처

요14:24,(者)
자

요14:26,(保惠師)(聖靈)
보 혜 사 성 령

요14:27,(平安)(平安)(世上)
평 안 평 안 세 상

요14:29,(前)
전

요14:30,(後)(世上)(關係)
후 세상 관계

요14:31,(命)(行)(世上)
명 행 세상

約翰福音-(요한복음)-第十五章
약 한 복 음 제십오장

요15:1,(葡萄)(農夫)
포도 농부

요15:2,(果實)(果實)(果實)
과실 과실 과실

요15:4,(居)(居)(葡萄)(果實)
거 거 포도 과실

요15:5,(葡萄)(果實)
포도 과실

요15:6,(居)
거

요15:7,(居)(居)(願)(求)
거 거 원 구

요15:8,(果實)(榮光)(弟子)
과실 영광 제자

요15:9,(居)
거

요15:10,(誡命)(居)(誡命)(居)
계명 거 계명 거

요15:11,(充滿)
충만

요15:12,(誡命)
계명

요15:13,(親舊)(爲)(自己)
친구 위 자기

요15:14,(命)(行)(親舊)
명 행 친구

요15:15,(主人)(親舊)
주인 친구

요15:16,(擇)(擇)(果實)(果實)(恒常)(求)
택 택 과실 과실 항상 구

요15:17,(命)
명

요15:18,(世上)
세상

요15:19,(世上)(屬)(世上)(自己)(世上)(屬)
세상 속 세상 자기 세상 속
(者)(世上)(擇)(者)(故)(世上)
자 세상 택 자 고 세상

요15:20,(主人)(記憶)(逼迫)(逼迫)
주인 기억 핍박 핍박

요15:21,(因)
인

요15:22,(罪)(只今)(罪)핑계
죄 지금 죄

요15:23,(者)
자

요15:24,(中)(罪)(只今)
중 죄 지금

요15:25,(律法)(記錄)(緣故)(應)
률법 기록 연고 응

요15:26,(保惠師)(眞理)(聖靈)(證據)
보혜사 진리 성령 증거

요15:27,(證據)
증거

約翰福音-(요한복음)-第十六章
약 한 복 음 제십륙장

요16:1,(失足)
실족

요16:2,(黜會)(者)(例)
출회 자 예

요16:3

요16:4,(當)(記憶)
당 기억

요16:5,(只今)(中)(者)
지금 중 자

요16:7,(實狀)(有益)(保惠師)
실상 유익 보혜사

요16:8,(罪)(對)(義)(對)(審判)(對)
죄 대 의 대 심판 대
(世上)(責望)
세상 책망

요16:9,(罪)(對)
죄 대

요16:10,(義)(對)(
의 대

요16:11,(審判)(對)(世上)(審判)
심판 대 세상 심판

요16:12,(只今)(堪當)
지금 감당

요16:13,(眞理)(聖靈)(眞理)(引導)
진리 성령 진리 인도
(自意)(將來)
자의 장래

요16:14,(榮光)
영광

요16:17,(弟子)(中)
제자 중

요16:19,(問議)
문의

요16:20,(眞實)(眞實)(哭)(哀痛)(世上)
진실 진실 곡 애통 세상

요16:21,(女子)(解産)(世上)(因)(苦痛)(記憶)
여자 해산 세상 인 고통 기억

요16:22,(只今)(쁠(者)
지금 자

요16:23,(眞實)(眞實)(求)
진실 진실 구

요16:24,(至今)(求)(求)(充滿)
지금 구 구 충만

요16:25,(比辭)(對)(
비사 대

요16:26,(求)(爲)(求)
구 위 구

요16:27,(故)(親)
고 친

요16:28,(世上)(世上)
세상 세상

요16:29,(弟子)(只今)(比辭)
제자 지금 비사
요16:30,(只今)(主)믿)
지금 주
요16:31,(對答)
대답
요16:32,(各各)
각각
요16:33,(平安)(世上)(患難)(當)(膽大)(世上)
평안 세상 환난 당 담대 세상

約翰福音-(요한복음)-第十七章
약한복음 제십칠장

요17:1,(榮華(榮華
영화 영화
요17:2,(者)(永生)(萬民)(權勢)
자 영생 만민 권세
요17:3,(永生)(唯一)(者)
영생 유일 자
요17:4,(世上)(榮華)
세상 영화
요17:5,(創世前)(榮華)(只今)(榮華)
창세전 영화 지금 영화
요17:6,(世上)(中)
세상 중
요17:7,(只今)
지금
요17:9,(爲)(世上)(爲)(者)(爲)
위 세상 위 자 위
요17:10,(榮光)
영광
요17:11,(世上)(世上)保全)
세상 세상 보전
요17:12,(保全)(中)(滅亡)(滅亡)(子息)
보전 중 멸망 멸망 자식
(聖經)(應)
성경 응
요17:13,(只今)(世上)(充滿)
지금 세상 충만
요17:14,(世上)(世上)(屬)(世上)(屬)(因)
세상 세상 속 세상 속 인
요17:15,(世上)(爲)(惡)(保全)(爲)
세상 위 악 보전 위
요17:16,(世上)(屬)(世上)(屬)
세상 속 세상 속
요17:17,(眞理(眞理)
진리 진리
요17:18,(世上)(世上)
세상 세상
요17:19,(爲(眞理)
위 진리
요17:20,(爲)(因)(爲)
위 인 위
요17:21,(世上)
세상
요17:22,(榮光)
영광
요17:23계)(穩全)(世上)
온전 세상
요17:24,(者)(創世前)(榮光)(願)
자 창세전 영광 원
요17:25,(世上)
세상

約翰福音-(요한복음)-第十八章
약한복음 제십팔장

요18:1,(弟子)(便)(弟子)
제자 편 제자
요18:2,(弟子)
제자
요18:3,(軍隊)(大祭司長)(人)(下屬)(兵器)
군대 대제사장 인 하속 병기
요18:4,(當)
당
요18:5,(對答)
대답
요18:8,(對答)(容納)
대답 용납
요18:9,(者)(中)(應)
자 중 응
요18:10,(劍)(大祭司長)(便)
검 대제사장 편
요18:11,(劍)(盞)
검 잔
요18:12,(軍隊)(千夫長)人(下屬)(結縛)
군대 천부장 인 하속 결박
요18:13,(大祭司長)(丈人)
대제사장 장인
요18:14,(人)(百姓)(爲)(有益)(眷顧)(者)
인 백성 위 유익 권고 자
요18:15,(弟子)(弟子)(大祭司長)(大祭司長)
제자 제자 대제사장 대제사장
요18:16,(門)(大祭司長)(弟子)(門)(女子)
문 대제사장 제자 문 여자
요18:17,(門)(女)(弟子)(中)
문 여 제자 중
요18:18,(故)(下屬)
고 하속
요18:19,(大祭司長)(弟子)(教訓)(對)
대제사장 제자 교훈 대
요18:20,(對答)(世上)(人)(會堂)(聖殿)
대답 세상 인 회당 성전
(恒常)(隱密)
항상 은밀
요18:21,(者)
자
요18:22,(下屬)(大祭司長)對答)
하속 대제사장 대답
요18:23,(對答)(證據)
대답 증거
요18:24,(結縛)(大祭司長)
결박 대제사장
요18:25,(弟子)(中)(否認)
제자 중 부인

요18:26,(大祭司長)(一家)
대 제 사 장 일 가

요18:27,(否認)
부 인

요18:28,(官庭)(逾越節)(官庭)
관 정 유 월 절 관 정

요18:29,(告訴)
고 소

요18:30,(對答)(行惡者)(當身)
대 답 행 악 자 당 신

요18:31,(法)(裁判)(人)(權)
법 재 판 인 권

요18:32,(自己)(應)
자 기 응

요18:33,(官庭)(人)(王)
관 정 인 왕

요18:34,(對答)(對)
대 답 대

요18:35,(對答)(人)(大祭司長)
대 답 인 대 제 사 장

요18:36,(對答)(世上)(屬)(萬一)(世上)
대 답 세 상 속 만 일 세 상
(屬)(人)(屬)
속 인 속

요18:37,(王)(對答)(王)(爲)(爲)(世上)
왕 대 답 왕 위 위 세 상
(眞理)(對)(證據)(眞理)(屬)(者)
진 리 대 증 거 진 리 속 자

요18:38,(眞理)(人)(罪)
진 리 인 죄

요18:39,(逾越節)(前例)(人)(王)(願)
유 월 절 전 례 인 왕 원

요18:40,(强盜)
강 도

約翰福音-(요한복음)-第十九章
약 한 복 음 제 십 구 장

요19:2,(軍兵)(冕旒冠)(紫色)
군 병 면 류 관 자 색

요19:3,(人)(王)(平安)
인 왕 평 안

요19:4,(罪)
죄

요19:5,(冕旒冠)(紫色)
면 류 관 자 색

요19:6,(大祭司長)(下屬)(十字架)(十字架)
대 제 사 장 하 속 십 자 가 십 자 가
(親)(十字架)(罪)
친 십 자 가 죄

요19:7,(人)(對答)(法)(法)(當然)(自己)
인 대 답 법 법 당 연 자 기

요19:9,(官庭)(對答)
관 정 대 답

요19:10,(權勢)(十字架)(權勢)
권 세 십 자 가 권 세

요19:11,(對答)(害)(權勢)(者)(罪)
대 답 해 권 세 자 죄

요19:12,(人)(忠臣)(自己)(王)(者)(叛逆)
인 충 신 자 기 왕 자 반 역

요19:13,(裁判席)
재 판 석

요19:14,(逾越節)(豫備日)(第(六時)(人)(王)
유 월 절 예 비 일 제 육 시 인 왕

요19:15,(十字架(王)(十字架)(大祭司長)
십 자 가 왕 십 자 가 대 제 사 장
(對答)(外)(王)
대 답 외 왕

요19:16,(十字架)
십 자 가

요19:17,(自己)(十字架)(骸骨)
자 기 십 자 가 해 골

요19:18,(十字架)(左右便)
십 자 가 좌 우 편

요19:19,(牌)(十字架)수(人)(王)(記錄)
패 십 자 가 인 왕 기 록

요19:20城(故)(人)(牌)(記錄)
성 고 인 패 기 록

요19:21,(人)(大祭司長)(人)(王)(自稱)
인 대 제 사 장 인 왕 자 칭
(人)(王)
인 왕

요19:22,(對答)
대 답

요19:23,(軍兵)(十字架)(取)(各各)(取)(通)
군 병 십 자 가 취 각 각 취 통

요19:24,(軍兵)(聖經)(應)(軍兵)
군 병 성 경 응 군 병

요19:25,(十字架)(母親)(姨母)
십 자 가 모 친 이 모

요19:26,(母親)(弟子)(母親)(女子)
모 친 제 자 모 친 여 자

요19:27,(弟子)(弟子)(自己)
제 자 제 자 자 기

요19:28,(後)(聖經)(應)
후 성 경 응

요19:29,(葡萄酒)(葡萄酒)(海絨)(牛膝草)
포 도 주 포 도 주 해 융 우 슬 초

요19:30,(葡萄酒)(後)(靈魂)
포 도 주 후 영 혼

요19:31,(豫備日)(人)(安息日)(安息日)
예 비 일 인 안 식 일 안 식 일
(屍體)(十字架)(屍體)
시 체 십 자 가 시 체

요19:32,(軍兵)
군 병

요19:34,(中)(軍兵)(槍)
중 군 병 창

요19:35,(者)(證據)(證據)(自己)
자 증 거 증 거 자 기

요19:36,(聖經)(應)
성 경 응

요19:37,(聖經)(者)
성 경 자

요19:38,(弟子)(人)(隱諱)(後)(屍體)
제 자 인 은 휘 후 시 체

(求)(許諾)(屍體)
구 허락 시체

요19:39,(沒藥)(沈香)(百斤)
몰약 침향 백근

요19:40,(屍體)(人)(葬禮法)(香品)(細麻布)
시체 인 장례법 향품 세마포

요19:41,(十字架)(葬事)
십자가 장사

요19:42,(人)(豫備日)(故)
인 예비일 고

約翰福音-(요한복음)-第二十章
약 한 복 음 제이십장

요20:1,(安息)(後)
안식 후

요20:2,(弟子)(主)
제자 주

요20:3,(弟子)
제자

요20:4,(弟子)
제자

요20:5,(細麻布)
세마포

요20:6,(細麻布)
세마포

요20:7,(手巾)(細麻布)
수건 세마포

요20:8,(弟子)
제자

요20:9,(聖經)(者)
성경 자

요20:10,(弟子)(自己)
제자 자기

요20:12,(天使)(屍體)(便)(便)
천사 시체 편 편

요20:13,(天使)(女子)(主)
천사 여자 주

요20:15,(女子)(主)(當身)
여자 주 당신

요20:16,(先生)
선생

요20:17(兄弟)
형제

요20:18,(弟子)(主)(主)(自己)
제자 주 주 자기

요20:19,(安息)(後)(弟子)(人)(門)(平康)
안식 후 제자 인 문 평강

요20:20,(弟子)(主)
제자 주

요20:21,(平康)
평강

요20:22,(向)(聖靈)
향 성령

요20:23,(罪)(赦)(赦)(罪)
죄 사 사 죄

요20:24,(弟子)(中)
제자 중

요20:25,(弟子)(主)
제자 주

요20:26,(弟子)(門)(平康)
제자 문 평강

요20:27마(者)者)
자 자

요20:28,(對答)(主)
대답 주

요20:29,(故)(者)(福)
고 자 복

요20:30,(弟子)(冊)(記錄)(表蹟)(行)
제자 책 기록 표적 행

요20:31,(記錄)(生命)
기록 생명

約翰福音-(요한복음)-第二十一章
약 한 복 음 제이십일장

요21:1,(後)(弟子)(自己)
후 제자 자기

요21:2,(弟子)
제자

요21:4,(弟子)
제자

요21:5,(對答)
대답

요21:6,(便)
편

요21:7,(弟子)(主)(主)(後)
제자 주 주 후

요21:8,(弟子)(陸地)(相距)(不過)(五十間)
제자 륙지 상거 불과 오십간

요21:9,(陸地)(生鮮)
륙지 생선

요21:10,(只今)(生鮮)
지금 생선

요21:11,(陸地)(一百)
륙지 일백

요21:12,(朝飯)(弟子)(主)(故)(當身)(敢)(者)
조반 제자 주 고 당신 감 자

요21:13,(生鮮)
생선

요21:14,(後)(番)(弟子)
후 번 제자

요21:15,(朝飯)(後)(主)(主)(主)(羊)
조반 후 주 주 주 양

요21:16,(番)(主)(主)(主)(羊)
번 주 주 주 양

요21:17,(番)(主)(番)(主)(主)(主)(羊)
번 주 번 주 주 주 양

요21:18,(眞實)(眞實)(願)(願)
진실 진실 원 원

요21:19,(榮光)
영광

요21:20,(弟子)(晩餐席)(依支)(主)(主)
제자 만찬석 의지 주 주

(者)(者)
자 자

요21:21,(主)
주

요21:22,(相關)
상관

요21:23,(兄弟)(弟子)(相關)
형제 제자 상관

요21:24,(證據)(記錄)(弟子)(證據)
증거 기록 제자 증거

요21:25,(行)(外)(萬一)(記錄)(世上)
행 외 만일 기록 세상

(記錄)(冊)(不足)
기록 책 부족

使徒行傳-(사도행전)-第一章
사도행전 제일장

행1:1,(行)(始作)
행 시작

행1:2,(擇)(使徒)(聖靈)(命)(昇天)(記錄)
택 사도 성령 명 승천 기록

행1:3,(害)(後)(確實)(證據)(親)(四十日)
해 후 확실 증거 친 사십일

행1:4,(使徒)(吩咐)(約束)
사도 분부 약속

행1:5,(洗禮)(聖靈)(洗禮)
세례 성령 세례

행1:6,(主)(恢復)
주 회복

행1:7,(期限)(自己)(權限)
기한 자기 권한

행1:8,(聖靈)(臨)(權能)(證人)
성령 임 권능 증인

행1:10,(弟子)(仔細)(
제자 자세

행1:12,(弟子)(橄欖園)(山)(山)(安息日)
제자 감람원 산 산 안식일

행1:13,(留)
유

행1:14,(女子)(母親)(專)(祈禱)
녀자 모친 전 기도

행1:15,(數)(一百)(二十名)(兄弟)
수 일백 이십명 형제

행1:16,(兄弟)(聖靈)(依托)(者)(指路)
형제 성령 의탁 자 지로

(聖經)(應)
성경 응

행1:17,(本來)(叅與)(職務)(部分)(者)
본래 참여 직무 부분 자

행1:18(不義)(後)
불의 후

행1:19,(本方言)
본방언

행1:20,(詩篇)(記錄)(居處)(荒廢)(居)(者)
시편 기록 거처 황폐 거 자

(監督)(職分)(他人)(取)
감독 직분 타인 취

행1:21,(洗禮)(主)(出入)
세례 주 출입

행1:22,(恒常)(中)(復活)(證據)
항상 중 부활 증거

행1:23,(薦)(別名)
천 별명

행1:24,(祈禱)(主)(中)(主)(擇)
기도 주 중 주 택

행1:25,(奉事)(使徒)(職務)(代身)(者)
봉사 사도 직무 대신 자

행1:26,(使徒)(數)(加入)
사도 수 가입

使徒行傳-(사도행전)-第二章
사도행전 제이장

행2:1,(五旬節)
오순절

행2:2,(忽然)(急)(强)
홀연 급 강

행2:3,(各)(臨)
각 임

행2:4,(聖靈)(充滿)(聖靈)(方言)(始作)
성령 충만 성령 방언 시작

행2:5,(敬虔)(人)(天下)(各國)(寓居)
경건 인 천하 각국 우거

행2:6,(各各)(自己)(方言)(弟子)(騷動)
각각 자기 방언 제자 소동

행2:7,(奇異)
기이

행2:8,(各)(方言)
각 방언

행2:9,(人)(人)(人)
인 인 인

행2:10,(地方)(人)敎)
지방 인 교

행2:11,(人)(人)(各)(方言)
인 인 각 방언

행2:12,(疑惑)
의혹

행2:13,(嘲弄)(醉)
조롱 취

행2:14,(使徒)(人)
사도 인

행2:15,(第)(三時)(醉)
제 삼시 취

행2:16,(先知者)
선지자

행2:17,(末世)(靈)(肉體)(子女)(豫言)(幻像)
말세 영 육체 자녀 예언 환상

행2:18,(靈)(男)(女)(豫言)
영 남 여 예언

행2:19,(奇事)(徵兆)(煙氣)
기사 징조 연기

행2:20,(主)(榮華)(前)(變)(變)
주 영화 전 변 변

행2:21,(主)(者)(救援)
주 자 구원

행2:22,(權能)(奇事)(表蹟)(證據)
권능 기사 표적 증거

행2:23,(定)(法)(者)
정 법 자

행2:24,(死亡)(苦痛)(死亡)
사 망 고 통 사 망

행2:25,(恒常)(主)(搖動)(爲)(右便)
항 상 주 요 동 위 우 편

행2:26,(肉體)(希望)(居)
육 체 희 망 거

행2:27,(靈魂)(陰府)(主)(者)(當)
영 혼 음 부 주 자 당

행2:28,(主)(生命)(主)(充滿)
주 생 명 주 충 만

행2:29,(兄弟)(祖上)(對)(膽大)(葬事)(墓)(中)
형 제 조 상 대 담 대 장 사 묘 중

행2:30,(先知者)(盟誓)(子孫)(中)
선 지 자 맹 서 자 손 중

행2:31,(故)(復活)(陰府)(肉身)(當)
고 부 활 음 부 육 신 당

행2:32,(證人)
증 인

행2:33,(約束)(聖靈)
약 속 성 령

행2:34,(親)(主)(主)
친 주 주

행2:35,(怨讐(右便)
원 수 우 편

행2:36,(丁寧)(十字架)(主)
정 녕 십 자 가 주

행2:37,(使徒)(兄弟)
사 도 형 제

행2:38,(悔改)(各各)(洗禮)(罪)(赦)
회 개 각 각 세 례 죄 사
(聖靈)(膳物)
성 령 선 물

행2:39,(約束)(子女)(主)(者)
약 속 자 녀 주 자

행2:40,(確證)(勸)(悖逆)(世代)(救援)
확 증 권 패 역 세 대 구 원

행2:41,(洗禮)(弟子)(數)(三千)
세 례 제 자 수 삼 천

행2:42,(使徒)(交際)(祈禱)(專)
사 도 교 제 기 도 전

행2:43,(使徒)(因)(奇事)(表蹟)
사 도 인 기 사 표 적

행2:44,(物件)(通用)
물 건 통 용

행2:45,(財産)(所有)(各)(必要)
재 산 소 유 각 필 요

행2:46,(聖殿)(純全)(飮食)
성 전 순 전 음 식

행2:47,(讚美)(百姓)(稱頌)(主)(救援)
찬 미 백 성 칭 송 주 구 원

使徒行傳-(사도행전)-第三章
사 도 행 전 제 삼 장

행3:1,(祈禱)(時間)(聖殿)
기 도 시 간 성 전

행3:2,(者)(聖殿)(求乞)(爲)(美門)
자 성 전 구 걸 위 미 문
(聖殿)(門)(者)
성 전 문 자

행3:3,(聖殿)(求乞)
성 전 구 걸

행3:4,(注目)
주 목

행3:6,(銀)(金)
은 금

행3:8,(聖殿)(讚美)
성 전 찬 미

행3:9,(百姓)(讚美)
백 성 찬 미

행3:10,(本來)(聖殿)(美門)(求乞)(當)
본 래 성 전 미 문 구 걸 당
(因)(甚)(奇異)
인 심 기 이

행3:11,(百姓)行閣)(稱)行閣)
백 성 행 각 칭 행 각

행3:12,(百姓)(奇異)(個人)(權能)
백 성 기 이 개 인 권 능
(敬虔)(注目)
경 건 주 목

행3:13,(祖上)(榮華)(決案)(否認)
조 상 영 화 결 안 부 인

행3:14,(義)(者)(否認(殺人)(求)
의 자 부 인 살 인 구

행3:15,(生命)(主)(證人)
생 명 주 증 인

행3:16,(完全)
완 전

행3:17,(兄弟)(官員)
형 제 관 원

행3:18,(先知者)(依托)(自己)(害)
선 지 자 의 탁 자 기 해

행3:19,(悔改)(罪)(愉快)(主)
회 개 죄 유 쾌 주

행3:20,(主)(爲)(豫定)
주 위 예 정

행3:21,(永遠)(前)(先知者)(依托)
영 원 전 선 지 자 의 탁
(萬有)(回復)
만 유 회 복

행3:22,(主)(爲)(兄弟)(先知者)
주 위 형 제 선 지 자

행3:23,(先知者)(者)(百姓)(中)(滅亡)
선 지 자 자 백 성 중 멸 망

행3:24,(先知者)
선 지 자

행3:25,(先知者)(子孫)(祖上)(言約)
선 지 자 자 손 조 상 언 약
(子孫)(族屬)(因)(福)
자 손 족 속 인 복

행3:26,(福(各各)(惡)
복 각 각 악

使徒行傳-(사도행전)-第四章
사도행전 제사장

행4:1,(使徒)(百姓)(祭司長)(聖殿)(者)(人)
사도 백성 제사장 성전 자 인

행4:2,(百姓)(復活)(道)(傳)
백성 부활 도 전

행4:3,(故)
고

행4:4,(中)者)(男子)(數)(五千)
중 자 남자 수 오천

행4:5,(官員)(長老)(書記官)
관원 장로 서기관

행4:6,(大祭司長)(大祭司長)(門中)(參與)
대제사장 대제사장 문중 참여

행4:7,(使徒)(權勢)(行)
사도 권세 행

행4:8,(聖靈)(充滿)(百姓)(官員)(長老)
성령 충만 백성 관원 장로

행4:9,(萬一)(病人)(行)(對)(救援)(質問)
만일 병인 행 대 구원 질문

행4:10,(百姓)(十字架)(健康)
백성 십자가 건강

행4:11,(建築者)
건축자

행4:12,(救援)(天下)(人間)(救援)
구원 천하 인간 구원

행4:13,(忌憚)(本來)(學問)(凡人)(異常)(前)
기탄 본래 학문 범인 이상 전

행4:14,(病)(詰難)
병 힐난

행4:15,(命)(公會)(議論)
명 공회 의논

행4:16,(因)(有名)(表蹟)(否認)
인 유명 표적 부인

행4:17,(民間)(威脅)(後)
민간 위협 후

행4:18,(警戒)
경계

행4:19,(對答)(判斷)
대답 판단

행4:21,(官員)(百姓)(因)(罰)(道理)
관원 백성 인 벌 도리
(威脅)(榮光)
위협 영광

행4:22,(表蹟)(病)(四十餘歲)
표적 병 사십여세

행4:23,(使徒)(同類)(祭司長)(長老)(告)
사도 동류 제사장 장로 고

행4:24,(一心)(大主宰)(天地)(萬有)
일심 대주재 천지 만유

행4:25,(主)(祖上)(依托)(聖靈)(列邦)(忿怒)
주 조상 의탁 성령 열방 분노
(族屬)(虛事)(經營)
족속 허사 경영

행4:26,(世上)(君王)(官員)(主)(對敵)
세상 군왕 관원 주 대적

행4:27,(果然)(異邦人)(百姓)(合同)
과연 이방인 백성 합동

행4:28,(權能)(豫定)(行)(城)
권능 예정 행 성

행4:29,(主)(威脅)(下鑑)(膽大)(傳)
주 위협 하감 담대 전

행4:30,(病)(表蹟)(奇事)
병 표적 기사

행4:31,(震動)(聖靈)(充滿)(膽大)(傳)
진동 성령 충만 담대 전

행4:32,(物件)(通用)(財物)
물건 통용 재물

행4:33,(使徒)(權能)(主)(復活)(證據)(恩惠)
사도 권능 주 부활 증거 은혜

행4:34,(中)(乏絶)(者)
중 핍절 자

행4:35,(使徒)(各)(必要)
사도 각 필요

행4:36,(族人)(使徒)(權慰子)
족인 사도 권위자

행4:37,(使徒)
사도

使徒行傳-(사도행전)-第五章
사도행전 제오장

행5:1,(所有)
소유

행5:2,(使徒)
사도

행5:3,(聖靈)
성령

행5:4,(後)(任意)
후 임의

행5:5,(魂)
혼

행5:6,(屍身)(葬事)
시신 장사

행5:7,(時間)
시간

행5:9,(主)(靈)(試驗)(男便)(葬事)(門)
주 영 시험 남편 장사 문

행5:10,(魂)(男便)(葬事)
혼 남편 장사

행5:11,(敎會
교회

행5:12,(使徒)(民間)(表蹟)(奇事)(行閣)
사도 민간 표적 기사 행각

행5:13,(敢)(相從)(百姓)(稱頌)
감 상종 백성 칭송

행5:14,(主)(者)(男女)
주 자 남녀

행5:15,(甚至於)(病)(寢臺)(褥)(或)
심지어 병 침대 욕 혹

행5:16,(近邑)(許多)(病)(鬼神)
근읍 허다 병 귀신

행5:17,(大祭司長)(卽)(人)(黨派)(猜忌)
대제사장 즉 인 당파 시기

행5:18,(使徒)(獄)
사도 옥

행5:19,(主)(使者)(獄門)
주 사자 옥문

행5:20,(聖殿)(生命)(百姓)
성전 생명 백성

행5:21,(聖殿)(大祭司長)(公會)(族屬)
성전 대제사장 공회 족속
(元老)(獄)(使徒)
원노 옥 사도

행5:22,(官屬)(獄)(使徒)
관속 옥 사도

행5:23,(獄)(門)(門)
옥 문 문

행5:24,(聖殿)(者)(祭司長)(疑惑)
성전 자 제사장 의혹

행5:25,(告)(獄)(聖殿)(百姓)
고 옥 성전 백성

행5:26,(聖殿)(者)(官屬)(强制)(百姓)
성전 자 관속 강제 백성

행5:27,(公會)(大祭司長)
공회 대제사장

행5:28,(嚴禁)(教)(
엄금 교

행5:29,(使徒)對答)(順從)
사도 대답 순종

행5:30,(祖上
조상

행5:31,(悔改(罪)(赦)(救主)
회개 죄 사 구주

행5:32,(證人)(自己)(順從)(聖靈)
증인 자기 순종 성령

행5:33,(怒)(使徒)
노 사도

행5:34,(人)(教法師)(百姓)(尊敬)(者)
인 교법사 백성 존경 자
(公會)(中)(命)(使徒)(暫間)
공회 중 명 사도 잠간

행5:35,(對)(操心)
대 조심

행5:36,(以前)(約)(四百)(當)
이전 약 사백 당

행5:37,(後)(戶籍)(百姓)(亡)
후 호적 백성 망

행5:38,(相關)(思想)(所行)
상관 사상 소행

행5:39,(萬一)(對敵)(者
만일 대적 자

행5:40,(使徒)(禁)
사도 금

행5:41,(使徒)(爲)(凌辱)(合當)(者)(公會)
사도 위 능욕 합당 자 공회

행5:42,(聖殿)(傳道)
성전 전도

使徒行傳-(사도행전)-第六章
사도행전 제륙장

행6:1,(弟子)(派)(人)(自己)(寡婦)(每日)(救濟)(派
제자 파 인 자기 과부 매일 구제 파
(怨望)
원망

행6:2,(使徒)(弟子)(供饋)
사도 제자 공궤

행6:3,(兄弟)(聖靈)(智慧)(充滿)(稱讚)(擇)
형제 성령 지혜 충만 칭찬 택

행6:4,(祈禱)(傳)(專務)
기도 전 전무

행6:5,(聖靈)(充滿)(教)(入教)(擇)
성령 충만 교 입교 택

행6:6,(使徒)(使徒)(祈禱)(按手)
사도 사도 기도 안수

행6:7,(漸漸)(旺盛)(弟子)(數)(甚)(許多)
점점 왕성 제자 수 심 허다
(祭司長)(道)(服從)
제사장 도 복종

행6:8,(恩惠)(權能)(充滿)(奇事)
은혜 권능 충만 기사
(表蹟)(民間)(行)
표적 민간 행

행6:9,(人)(人)(會堂)(各)(會堂)(者)(辯論)
인 인 회당 각 회당 자 변론

행6:10,(智慧)(聖靈)(能)(當)
지혜 성령 능 당

행6:11,(冒瀆)
모독

행6:12,(百姓)(長老)(書記官)(衝動(公會)
백성 장로 서기관 충동 공회

행6:13,(證人)(律法)
증인 률법

행6:14,(傳)(規例
전 규례

행6:15,(公會)(中)(注目)(天使)
공회 중 주목 천사

使徒行傳-(사도행전)-第七章
사도행전 제칠장

행7:1,(大祭司長)(事實)
대제사장 사실

행7:2,(父兄)(祖上)(前)(榮光)
부형 조상 전 영광

행7:3,(故鄕)(親戚)
고향 친척

행7:4,(居)(時方)(居)
거 시방 거

행7:5,(遺業)(子息)(所有)(約束)
유업 자식 소유 약속

행7:6,(四百年)
사백년

행7:7,(審判)(後)
심판 후

행7:8,(割禮)(言約)(割禮)(行)(祖上)
할례 언약 할례 행 조상

행7:9,(祖上)(猜忌)계)
조상 시기

행7:10,(患難)(王)(恩寵)(智慧)
환난 왕 은총 지혜

(自己)(治理者)
자 기 치 리 자
행7:11,(凶年)(患難)(祖上)(糧食)
흉 년 환 난 조 상 량 식
행7:12,(穀食)(祖上)
곡 식 조 상
행7:13,(再次)(自己)(兄弟)(親族)
재 차 자 기 형 제 친 족
행7:14,(父親)(親族)(請)
부 친 친 족 청
행7:15,(自己)(祖上)
자 기 조 상
행7:16,(子孫)(銀)(葬事)
자 손 은 장 사
행7:17,(約束)(百姓)(蕃盛)
약 속 백 성 번 성
행7:18,(王位)
왕 위
행7:19,(族屬)(詭計)(祖上)
족 속 궤 계 조 상
행7:20,(父親)
부 친
행7:21,(後)(自己)
후 자 기
행7:22,(學術)(行事)(能)
학 술 행 사 능
행7:23(兄弟)(子孫)
형 제 자 손
행7:24,(寃痛)(當)(保護)(壓制)(者)(爲)(怨讐)
원 통 당 보 호 압 제 자 위 원 수
행7:25,(兄弟)(自己)(救援)
형 제 자 기 구 원
행7:26,(和睦)(兄弟)(害)
화 목 형 제 해
행7:27,(害)(官員)(裁判長)
해 관 원 재 판 장
행7:29,(因)(逃走)
인 도 주
행7:30,(四十年)(天使)(山)(曠野)
사 십 년 천 사 산 광 야
행7:31,(光景)(奇異)(主)
광 경 기 이 주
행7:32,(祖上)(卽)(敢)
조 상 즉 감
행7:33,(主)
주
행7:34,(百姓)(丁寧)(嘆息)(救援)(時方)
백 성 정 녕 탄 식 구 원 시 방
행7:35,(官員)(裁判長)(拒絶)(天使)
관 원 재 판 장 거 절 천 사
(依托)(官員)(贖良)(者)
의 탁 관 원 속 량 자
행7:36,(百姓)(引導)(紅海)(曠野)(四十年間)
백 성 인 도 홍 해 광 야 사 십 년 간
(奇事)(表蹟)(行)
기 사 표 적 행
행7:37,(子孫)(對)(兄弟)(先知者)(者)
자 손 대 형 제 선 지 자 자

행7:38,(山)(天使)(祖上)(曠野)(教會)
산 천 사 조 상 광 야 교 회
(生命)(道)(者)
생 명 도 자
행7:39,(祖上)(服從)(拒絶)(向)
조 상 복 종 거 절 향
행7:40,(引導)(神)(爲)(引導)
인 도 신 위 인 도
행7:41,(偶像)(祭祀)(自己)
우 상 제 사 자 기
행7:42,(軍隊)(先知者)(冊)(記錄)(四十年)
군 대 선 지 자 책 기 록 사 십 년
(曠野)(犧牲)(祭物)
광 야 희 생 제 물
행7:43,(帳幕)(形像)
장 막 형 상
행7:44,(曠野)(祖上)(證據)(帳幕)命)(式)
광 야 조 상 증 거 장 막 명 식
행7:45,(祖上)(異邦人)(占領)
조 상 이 방 인 점 령
행7:46,(恩惠)(爲)(處所)(準備
은 혜 위 처 소 준 비
행7:47,(爲)
위
행7:48,(至極)(先知者)
지 극 선 지 자
행7:49,(主)(寶座)(爲)(安息)(處所)
주 보 좌 위 안 식 처 소
행7:51,(割禮)(恒常)(聖靈)(祖上)
할 례 항 상 성 령 조 상
행7:52,(祖上)(先知者)(中)(逼迫)(義人)
조 상 선 지 자 중 핍 박 의 인
(豫告)(者)(義人)(者)(殺人)(者)
예 고 자 의 인 자 살 인 자
행7:53,(天使)(傳)(律法)
천 사 전 률 법
행7:54,(向)
향
행7:55,(聖靈)(充滿)(注目)(榮光)(右便)
성 령 충 만 주 목 영 광 우 편
행7:56,(人子)(右便)
인 자 우 편
행7:57,(一心)
일 심
행7:58,(城)(證人)(靑年)
성 증 인 청 년
행7:59,(主)(靈魂)
주 영 혼
행7:60,(主)(罪)(者)
주 죄 자

使徒行傳-(사도행전)-第八章
사 도 행 전 제 팔 장

행8:1,(當)(教會)(逼迫)(使徒)(外)
당 교 회 핍 박 사 도 외
행8:2,(敬虔)(葬事)(爲)
경 건 장 사 위

행8:3,(敎會)(殘滅)(男女)(獄)
교회 잔멸 남녀 옥

행8:4,(福音)(傳)
복음 전

행8:5,(城)(百姓)(傳播)
성 백성 전파

행8:6,(行)(表蹟)(一心)
행 표적 일심

행8:7,(鬼神)(中風病者)뱅)
귀신 중풍병자

행8:8,(城)
성

행8:9,(城)(前)(魔術)(行)(百姓)(自稱)(者)
성 전 마술 행 백성 자칭 자

행8:10,(聽從)(能力)
청종 능력

행8:11,(魔術)(聽從)
마술 청종

행8:12,(關)(傳道)(男女)(洗禮)
관 전도 남녀 세례

행8:13,(洗禮)(後)(全心)表蹟)(能力)
세례 후 전심 표적 능력

행8:14,(使徒)
사도

행8:15,(爲)(聖靈)(祈禱)
위 성령 기도

행8:16,(聖靈)(主)(洗禮)
성령 주 세례

행8:17,(使徒)(按手)(聖靈)
사도 안수 성령

행8:18,(使徒)(按手)(聖靈)
사도 안수 성령

행8:19,(權能)(按手)(聖靈)
권능 안수 성령

행8:20,(膳物(銀)(亡)
선물 은 망

행8:21,(道)(關係)(分)
도 관계 분

행8:22,(惡)(悔改)(主)(祈禱)(或)(赦)
악 회개 주 기도 혹 사

행8:23,(惡毒(不義)
악독 불의

행8:24,(對答)(爲)(主)(祈禱)(臨)
대답 위 주 기도 임

행8:25,(使徒)(主)(證據)(後)(人)(村)
사도 주 증거 후 인 촌
(福音)(傳)
복음 전

행8:26,(主)(使者)南)(向)(曠野)
주 사자 남 향 광야

행8:27,(女王)(國庫)(權勢)(內侍)(禮拜)
녀왕 국고 권세 내시 예배

행8:28,(兵車)(先知者)
병거 선지자

행8:29,(聖靈)兵車)
성령 병거

행8:30,(先知者)
선지자

행8:31,(對答)(指導)(請)(兵車
대답 지도 청 병거

행8:32,(聖經)(句節)(死地)(羊)(者)(羊)(潛潛)
성경 귀절 사지 양 자 양 잠잠

행8:33,(判斷)(世代)(生命)
판단 세대 생명

행8:34,(內侍)請)(先知者)(自己)(他人)
내시 청 선지자 자기 타인

행8:35,(始作)(福音)(傳)
시작 복음 전

행8:36,(內侍)(洗禮)
내시 세례

행8:37,(穩全)可)(對答)
온전 가 대답

행8:38,(命)(兵車)(內侍)(洗禮)
명 병거 내시 세례

행8:39,(主)(靈)內侍)(欣然)
주 영 내시 흔연

행8:40,(城)(福音)(傳)
성 복음 전

使徒行傳-(사도행전)-第九章
사도행전 제구장

행9:1,(主)(弟子)(對)(如前)(威脅)
주 제자 대 여전 위협
(殺氣)(騰騰)(大祭司長)
살기 등등 대제사장

행9:2,(會堂)(公文)(請)(萬一)(道)
회당 공문 청 만일 도
(無論)(男女)(結縛)
무론 남녀 결박

행9:3,(行)(忽然)
행 홀연

행9:4,(逼迫)
핍박

행9:5,(對答)(主)(逼迫)
대답 주 핍박

행9:6,(城)(行)(者)
성 행 자

행9:9,(食飮)(全廢)
식음 전폐

행9:10,(弟子)(主)(幻像)(中)對答)(主)
제자 주 환상 중 대답 주

행9:11,(主)(直街)(者)(祈禱)(中)
주 직가 자 기도 중

행9:12,(自己)(按手)(幻像)(中)
자기 안수 환상 중

행9:13,(對答)(主)(對)(主)(聖徒)(害)
대답 주 대 주 성도 해

행9:14,(主)(者)(結縛)(權勢(大祭司長)
주 자 결박 권세 대제사장

행9:15,(主)(異邦人)(子孫)(傳)(爲)(擇)
주 이방인 자손 전 위 택

행9:16,(爲)(害)
위 해

행9:17,(按手)(兄弟(主)(聖靈)(充滿)
안수 형제 주 성령 충만

행9:18,(卽時)(洗禮)
즉시 세례
행9:19,(飮食)(康健)(弟子)
음식 강건 제자
행9:20,(卽時)(各)(會堂)(傳播)
즉시 각 회당 전파
행9:21,(殘害(者)(結縛)(大祭司長)
잔해 자 결박 대제사장
행9:22,(證明)(人)(屈服)
증명 인 굴복
행9:23,(人)(共謀)
인 공모
행9:24,(計較)(城門)
계교 성문
행9:25,(弟子(城)
제자 성
행9:26,(弟子)(弟子)
제자 제자
행9:27,(使徒)(主)(主(膽大)
사도 주 주 담대
행9:28,(弟子)(出入)
제자 출입
행9:29,(主)(膽大)(派)(人)(辯論)
주 담대 파 인 변론
행9:30,(兄弟)
형제
행9:31,(教會)(平安)(主)(敬畏)
교회 평안 주 경외
(聖靈)(進行)(數)
성령 진행 수
행9:32,(四方)(行)(聖徒)
사방 행 성도
행9:33,(中風病)(床)(八年)
중풍병 상 팔년
행9:34,(整頓)
정돈
행9:35,(主)
주
행9:36,(女弟子)(善行)(救濟)(甚)
여제자 선행 구제 심
행9:37,(病)(屍體)
병 시체
행9:38,(弟子)(遲滯)(懇請)
제자 지체 간청
행9:39,(寡婦)
과부
행9:40,(祈禱)(屍體)(向)
기도 시체 향
행9:41,(聖徒)(寡婦)
성도 과부
행9:42,(主)
주
행9:43,(皮匠)(留)
피장 유

使徒行傳-(사도행전)-第十章
사도행전 제십장

행10:1,(隊)(軍隊)(百夫長)
대 군대 백부장
행10:2,(敬虔)(敬畏)(百姓)(救濟)
경건 경외 백성 구제
(恒常)(祈禱)
항상 기도
행10:3,(第)(九時)(幻像)(中)(使者)
제 구시 환상 중 사자
행10:4,(注目)(主)(天使)(祈禱)(救濟)
주목 주 천사 기도 구제
(上達)(記憶)
상달 기억
행10:5,(只今)(請)
지금 청
행10:6,(皮匠)(寓居)(海邊)
피장 우거 해변
행10:7,(天使)(下人)(從卒)(敬虔)
천사 하인 종졸 경건
행10:8,(告)
고
행10:9,(行)(城)(祈禱)(時間)(第)(六詩)
행 성 기도 시간 제 육시
행10:10,(準備)(非夢似夢)(間)
준비 비몽사몽 간
행10:11,(褓)
보
행10:12,(各色)(空中)
각색 공중
행10:14,(主)(俗)(物件)
주 속 물건
행10:15,(番)(俗)
번 속
행10:16,(番)(後)
번 후
행10:17,(幻像)(疑心)(門)
환상 의심 문
행10:18,(寓居)
우거
행10:19,(幻像)(對)(聖靈)
환상 대 성령
행10:20,(疑心)
의심
행10:22,(對答)(百夫長)(義人)(敬畏)(者)
대답 백부장 의인 경외 자
(族屬)(稱讚)(天使)(指示)(請)
족속 칭찬 천사 지시 청
행10:23,(留宿)(兄弟)
유숙 형제
행10:24,(一家)(親舊)
일가 친구
행10:28,(人)(異邦人)(交際)(違法)(指示)
인 이방인 교제 위법 지시
(俗)
속
행10:29,(辭讓)
사양
행10:30,(前)(第)(九時)(祈禱)(忽然)
전 제 구시 기도 홀연

행10:31,(祈禱)(救濟)(記憶)
기도 구제 기억

행10:32,(請)(皮匠)(寓居)
청 피장 우거

행10:33,(當身)(主)(當身)(命)
당신 주 당신 명

행10:34,(外貌)(取)
외모 취

행10:35,(各)(敬畏)(義)(行)
각 경외 의 행

행10:36,(萬有)(主)(和平)(福音)(傳)(子孫)
만유 주 화평 복음 전 자손

행10:37,(洗禮)(頒布)(後)(始作)(傳播)
세례 반포 후 시작 전파

행10:38,(聖靈)(能力)(行)(魔鬼)(者)
성령 능력 행 마귀 자

행10:39,(人)(行)(證人)
인 행 증인

행10:41,(百姓)(擇)(證人)(後)(飮食)
백성 택 증인 후 음식

행10:42,(命)(百姓)(傳道)(者)(者)(裁判長)
명 백성 전도 자 자 재판장
(定)(者)(證據)
정 자 증거

행10:43,(對)(先知者)(證據)(罪)(赦)
대 선지자 증거 죄 사

행10:44,(聖靈)
성령

행10:45,(割禮)(信者)(異邦人)(聖靈)
할례 신자 이방인 성령
(膳物)(因)
선물 인

행10:46,(方言)
방언

행10:47,(聖靈)(能)(洗禮)(禁)
성령 능 세례 금

행10:48,(命)(洗禮)(數日)(留)(請)
명 세례 수일 유 청

使徒行傳-(사도행전)-第十一章
사도행전 제십일장

행11:1,(使徒)(兄弟)(異邦人)
사도 형제 이방인

행11:2,(割禮者)(詰難)
할례자 힐난

행11:3,(無割禮者)
무할례자

행11:4,(次例)(說明)
차례 설명

행11:5,(城)(祈禱)(非夢似夢)(間)(幻像)(褓)
성 기도 비몽사몽 간 환상 보

행11:6,(注目)(空中)
주목 공중

행11:8,(主)(俗)(物件)
주 속 물건

행11:9,(番)(對答)(俗)
번 대답 속

행11:10,(番)(後)
번 후

행11:11,(寓居)
우거

행11:12,(聖靈)(命)(疑心)(兄弟)
성령 명 의심 형제

행11:13,(天使)(請)
천사 청

행11:14,(救援)
구원

행11:15,(始作)(聖靈)(臨)
시작 성령 임

행11:16,(主)(洗禮)(聖靈)(洗禮)
주 세례 성령 세례

행11:17,(主)(膳物)(能)
주 선물 능

행11:18,(潛潛)(榮光)(異邦人)(生命)(悔改)
잠잠 영광 이방인 생명 회개

행11:19,(患難)(因)(者)(道)(人)(傳)
환난 인 자 도 인 전

행11:20,(中)(派)(人)(主)(傳播)
중 파 인 주 전파

행11:21,(主)(主)
주 주

행11:22,(敎會)(所聞)
교회 소문

행11:23,(恩惠)(主)(勸)
은혜 주 권

행11:24,(聖靈)(充滿)(者)(主)
성령 충만 자 주

행11:26,(敎會)(一)(年間)(弟子)(人)
교회 일 년간 제자 인

행11:27,(先知者)
선지자

행11:28,(中)(聖靈)(天下)(凶年)
중 성령 천하 흉년

행11:29,(弟子)(各各)(兄弟)(扶助)(作定)
제자 각각 형제 부조 작정

행11:30,(實行)(長老)
실행 장로

使徒行傳-(사도행전)-第十二章
사도행전 제십이장

행12:1,(王)(敎會)(中)(害)
왕 교회 중 해

행12:2,(兄弟)
형제

행12:3,(人)(無酵節日)
인 무효절일

행12:4,(獄)(軍士)(逾越節)(後)(百姓)
옥 군사 유월절 후 백성

행12:5,(獄)(敎會)(爲)(懇切)
옥 교회 위 간절

행12:6,(前)(軍士)(把守軍)(門)(獄)
전 군사 파수군 문 옥

행12:7,(忽然)(主)(使者)(獄中)(光彩)
홀연 주 사자 옥중 광채

(照耀)(急)
조요 급
행12:8,(天使)(天使)
천사 천사
행12:9,(天使(幻像)
천사 환상
행12:10,(把守)(城)(通)(門)(門)(天使)
파수 성 통 문 문 천사
행12:11,(精神)(主)(天使)(百姓)(企待)
정신 주 천사 백성 기대
행12:12,(祈禱)
기도
행12:13大門)(迎接)
대문 영접
행12:14,(音聲)(門)(大門)
음성 문 대문
행12:15,(天使)
천사
행12:16,(門)(門)
문 문
행12:17,(從容)(主)(自己)(獄)(兄弟)(傳
종용 주 자기 옥 형제 전
행12:18,(軍士)(騷動)
군사 소동
행12:19,(把守軍)(審問)(命)
파수군 심문 명
행12:20,(大端)(地方)(王國)(糧食)(故)
대단 지방 왕국 량식 고
(一心)(王)(寢所)(臣下)(和睦)(請)
일심 왕 침소 신하 화목 청
행12:21,(擇)(王服)(位)(百姓)(曉喩)
택 왕복 위 백성 효유
행12:22,(百姓)(神)
백성 신
행12:23,(榮光)(故)(主)(使者)(蟲)
영광 고 주 사자 충
행12:24,(興旺)
흥왕
행12:25,(扶助
부조

使徒行傳-(사도행전)-第十三章
사도행전 제십삼장

행13:1,(教會)(先知者)(教師)(分封王)(同生)
교회 선지자 교사 분봉왕 동생
행13:2,(主)(禁食)(聖靈)(爲)
주 금식 성령 위
행13:3,(禁食)(祈禱)(按手)
금식 기도 안수
행13:4,(聖靈)
성령
행13:5,(人)(會堂)(傳)(隨從者)
인 회당 전 수종자
행13:6,(人)(先知者)
인 선지자
행13:7,(總督)(智慧)
총독 지혜
행13:8,(對敵)(總督)
대적 총독
행13:9,(聖靈)(充滿)(注目)
성령 충만 주목
행13:10,(詭計)(惡行)(者)(魔鬼)
궤계 악행 자 마귀
(子息)(義)(怨讐)(主)
자식 의 원수 주
행13:11,(主)(卽時)(引導)(求)
주 즉시 인도 구
행13:12,(總督)(主)(奇異)
총독 주 기이
행13:13,(同行)
동행
행13:14,(安息日)(會堂)
안식일 회당
행13:15,(律法)(先知者)(後)(會堂長)
률법 선지자 후 회당장
(兄弟)(萬一)(百姓)(勸)
형제 만일 백성 권
행13:16,(敬畏)
경외
행13:17,(百姓)(祖上)(擇)(百姓)(權能)(引導)
백성 조상 택 백성 권능 인도
행13:18,(曠野)(約)(四十年間)(所行)
광야 약 사십년간 소행
행13:19,(族屬)(滅)(基業)(約)(四百)
족속 멸 기업 약 사백
(五十年間)
오십년간
행13:20,(後)(先知者)(士師)
후 선지자 사사
행13:21,(後)(王)(求)(支派)(四十年間)
후 왕 구 지파 사십년간
행13:22,(廢)(王)(證據)(合)
폐 왕 증거 합
행13:23,(約束)(爲)(救主)
약속 위 구주
행13:24,(悔改)(洗禮)(百姓)(傳播)
회개 세례 백성 전파
행13:25,(堪當)
감당
행13:26,(兄弟)(後裔)(中)(敬畏)(救援)
형제 후예 중 경외 구원
행13:27,(者)(官員)(安息日)(先知者)
자 관원 안식일 선지자
(定罪)(先知者)(應)
정죄 선지자 응
행13:28,(罪)
죄
행13:29,(聖經)(記錄)(應)(後)
성경 기록 응 후
행13:31,(百姓)(證人)
백성 증인
행13:32,(祖上)(約束)(傳播)
조상 약속 전파
행13:33,(子女)(約束)(詩篇)(篇)(記錄)
자녀 약속 시편 편 기록

행13:34,(者)(當)(恩賜)
자 당 은사

행13:35,(便)(主)(者)(當)
편 주 자 당

행13:36,(當時)(祖上)(當)
당시 조상 당

행13:37,(當)
당

행13:38,(兄弟)(罪)(赦)(傳)
형제 죄 사 전

행13:39,(律法)(義)(者)(義)
률법 의 자 의

행13:40,(先知者)
선지자

행13:41,(蔑視)(亡)(當)(行)
멸시 망 당 행

행13:42,(請)(安息日)
청 안식일

행13:43,(閉會)(後)(人)敎)(入敎)(敬虔)
폐회 후 인 교 입교 경건
(使徒)(恒常)(恩惠)(勸)
사도 항상 은혜 권

행13:44,(安息日)(城)
안식일 성

행13:45,(人)(猜忌)(辯駁)(誹謗)
인 시기 변박 비방

행13:46,(膽大)(傳)(永生)(合當)(者)(自處)
담대 전 영생 합당 자 자처
(異邦人)(向)
이방인 향

행13:47,(主)(命)(異邦)(救援)
주 명 이방 구원

행13:48,(異邦人)(讚頌)(永生)(作定)(者)
이방인 찬송 영생 작정 자

행13:49,(主)(地方)
주 지방

행13:50,(人)(敬虔)(貴婦人)(城內)(有力者)
인 경건 귀부인 성내 유력자
(煽動)(逼迫)(地境)
선동 핍박 지경

행13:51,(向)
향

행13:52,(弟子)(聖靈)(充滿)
제자 성령 충만

使徒行傳-(사도행전)-第十四章
사도행전 제십사장

행14:1,(使徒)(人)(會堂)(許多)
사도 인 회당 허다

행14:2,(順從)(人)(異邦人)(煽動)(兄弟)
순종 인 이방인 선동 형제
(惡感)
악감

행14:3,(使徒)(主)(膽大)(主)(表蹟)(奇事)
사도 주 담대 주 표적 기사
(行)(自己)(恩惠)(證據)
행 자기 은혜 증거

행14:4,(城內)(人)(者)(使徒)(者)
성내 인 자 사도 자

행14:5,(異邦人)(人)(官員)(使徒)(凌辱)
이방인 인 관원 사도 능욕

행14:6,(逃亡(城)(近方)
도망 성 근방

행14:7,(福音)(傳)
복음 전

행14:8(者)
자

행14:9,(注目)(救援)
주목 구원

행14:11,(行)(方言)(形像)
행 방언 형상

행14:12,(中)(者
중 자

행14:13,(城)(神堂)(祭司長)(花冠)
성 신당 제사장 화관
(大門)(祭祀)
대문 제사

행14:14,(使徒)
사도

행14:15,(性情)(福音)(傳)(天地)(萬有
성정 복음 전 천지 만유

행14:16,(世代)(族屬)(自己)(默認)
세대 족속 자기 묵인

행14:17,(自己)(證據)(結實期)(善)
자기 증거 결실기 선
(飮食)(滿足)
음식 만족

행14:18,(自己)(祭祀)
자기 제사

행14:19,(人)(招引)(城)
인 초인 성

행14:20,(弟子)(城)
제자 성

행14:21,(福音)(城)(傳)(弟子)
복음 성 전 제자

행14:22,(弟子)居)(勸)(患難)
제자 거 권 환난

행14:23,(各)(敎會)(長老)(擇)(禁食)
각 교회 장로 택 금식
(祈禱)主)(付託)
기도 주 부탁

행14:25,(道)(傳)
도 전

행14:26,(使徒)(爲)(前)(恩惠)(付託)
사도 위 전 은혜 부탁

행14:27,(敎會)(行)(異邦人)門)(告)
교회 행 이방인 문 고

행14:28,(弟子)
제자

使徒行傳-(사도행전)-第十五章
사도행전 제십오장

행15:1,(兄弟)(法)(割禮)(能)(救援)
형제 법 할례 능 구원

행15:2,(辯論)(兄弟)(問題)(對)(中)(使徒)
변론 형제 문제 대 중 사도
(長老)(作定)
장로 작정
행15:3,(教會)(餞送)(異邦人)(主)(兄弟)
교회 전송 이방인 주 형제
행15:4,(教會)(使徒)(長老)(迎接)(自己)(行)
교회 사도 장로 영접 자기 행
행15:5,(派)(中)異邦人)(割禮)(律法)(命)
파 중 이방인 할례 률법 명
행15:6,(使徒)(長老)(議論)
사도 장로 의논
행15:7,(辯論)(後)(兄弟)(異邦人)(福音)
변론 후 형제 이방인 복음
(前)(擇)
전 택
행15:8,(聖靈)(證據)
성령 증거
행15:9,(分揀)
분간
행15:10,(只今)(試驗)(祖上)(能(弟子)
지금 시험 조상 능 제자
행15:11,(同一)(主)(恩惠)(救援)
동일 주 은혜 구원
행15:12,(自己)(異邦人)(中)(行)(表蹟)
자기 이방인 중 행 표적
(奇事)(告)
기사 고
행15:13,(對答)(兄弟)
대답 형제
행15:14,(異邦人)(中)(自己)(爲)(百姓)
이방인 중 자기 위 백성
(取)(眷顧)(告)
취 권고 고
행15:15,(先知者)(合)(記錄)
선지자 합 기록
행15:16,(後)(帳幕)(頹落)
후 장막 퇴락
행15:17,(異邦人)(主)
이방인 주
행15:18,(主)
주
행15:19,(意見)(異邦人中)(者)
의견 이방인중 자
행15:20,(偶像)(淫行)(便紙)(可)
우상 음행 편지 가
행15:21,(各)(城)(傳)(者)(安息日)(會堂)
각 성 전 자 안식일 회당
행15:22,(使徒)(長老)(教會)(中)(擇)(可決)
사도 장로 교회 중 택 가결
(兄弟)(中)(引導者)
형제 중 인도자
행15:23,(便)(便紙)(使徒)(長老)(兄弟)
편 편지 사도 장로 형제
(異邦人)(兄弟)(問安)
이방인 형제 문안
행15:24,(惑)
혹
행15:25,(擇)(主)(爲)(生命)(者)(一致)(可決)
택 주 위 생명 자 일치 가결
행15:27,(傳)
전
행15:28,(聖靈)(要緊)(外)(可)
성령 요긴 외 가
행15:29,(偶像)(祭物)(淫行)(平安)(願)
우상 제물 음행 평안 원
행15:30,(作別)(後)(便紙)(傳)
작별 후 편지 전
행15:31,(慰勞)
위로
행15:32,(先知者)(兄弟)(勸勉)
선지자 형제 권면
행15:33,(平安)(餞送)(兄弟)(自己)
평안 전송 형제 자기
행15:34,(留)(作定)
유 작정
행15:35,(留)(多數)(主)(傳播)
유 다수 주 전파
행15:36,(數日)(後)(主)(傳)(各)(城)
수일 후 주 전 각 성
(兄弟)(訪問)
형제 방문
행15:38,(自己)(者)
자기 자
행15:39,(甚)(彼此)
심 피차
행15:40,(擇)(後)(兄弟)(主)(恩惠)(付託)
택 후 형제 주 은혜 부탁
행15:41,(教會)
교회

使徒行傳-(사도행전)-第十六章
사도행전 제십륙장

행16:1,(弟子)(母親)女子)(父親)(人)
제자 모친 녀자 부친 인
행16:2,(兄弟)(稱讚)(者)
형제 칭찬 자
행16:3,(地境)(人)(因)(割禮)(行)(父親)(人)
지경 인 인 할례 행 부친 인
행16:4,(城)(使徒)(長老)(作定)(規例)
성 사도 장로 작정 규례
행16:5,(教會)數
교회 수
행16:6,(聖靈)(傳)
성령 전
행16:7,(靈)(許諾)
영 허락
행16:9,(幻像)(請)
환상 청
행16:10,(幻像)(後)(福音)(傳)(認定)
환상 후 복음 전 인정
행16:11,(直行)
직행
행16:12,(地境)(城)(植民地)(城)(數日)(留)
지경 성 식민지 성 수일 유

행16:13,(安息日)(祈禱處)(門)(江)(女子)
안식일 기도처 문 강 녀자

행16:14,(城)(紫紬)(葬事)(恭敬)(女子)
성 자주 장사 공경 녀자
(主)(聽從)
주 청종

행16:15,(洗禮)(請)(萬一)(主)者(留)(强勸)
세례 청 만일 주 자 유 강권

행16:16,(祈禱)(占)(鬼神)(女)(占)(主人)
기도 점 귀신 여 점 주인
(利)(者)
이 자

행16:17,(至極)(救援)(傳)(者
지극 구원 전 자

행16:18,(甚)(鬼神)(命)(鬼神)(卽時)
심 귀신 명 귀신 즉시

행16:19,(主人)(自己)(利益)(所望)(官員)
주인 자기 리익 소망 관원

행16:20,(上官)(人)(城)(甚)(擾亂)
상관 인 성 심 요란

행16:21,(行)(風俗)(傳)
행 풍속 전

행16:22,(一齊)(訟事)(上官)
일제 송사 상관

행16:23,(後)(獄)(看守)(吩咐)
후 옥 간수 분부

행16:24,(靈(獄)(着錮)
영 옥 착고

행16:25,(祈禱)(讚美)(罪囚)
기도 찬미 죄수

행16:26,(忽然)(地震)(獄)(門)
홀연 지진 옥 문

행16:27,(看守)(獄門)(罪囚)(逃亡)(劍)(自決)
간수 옥문 죄수 도망 검 자결

행16:28,(傷)
상

행16:29,(看守)(燈)(俯伏)
간수 등 부복

행16:30,(先生)(救援)
선생 구원

행16:31,(主)救援)
주 구원

행16:32,(主)(傳)
주 전

행16:33,(時)(看守(自己)(眷屬)(洗禮)(後)
시 간수 자기 권속 세례 후

행16:34,(自己)(飮食)
자기 음식

행16:35,(上官)(衙前)
상관 아전

행16:36,(看守)(告)(上官)(平安)
간수 고 상관 평안

행16:37,(罪)(定)(公衆)(獄)(親)
죄 정 공중 옥 친

행16:38,(衙前)(上官)(告
아전 상관 고

행16:39,(勸)(城)(請)
권 성 청

행16:40,(獄(兄弟)(慰勞)
옥 형제 위로

使徒行傳-(사도행전)-第十七章
사도행전 제십칠장

행17:1,(人)(會堂)
인 회당

행17:2,(自己)(規例)(安息日)(聖經)(講論)
자기 규례 안식일 성경 강론

행17:3,(害)(者)(證明)(傳)
해 자 증명 전

행17:4,(中)(敬虔)(人)(貴婦人)(勸)
중 경건 인 귀부인 권

행17:5,(人)(猜忌)(怪惡)(城)(騷動)(百姓)
인 시기 괴악 성 소동 백성

행17:6,(發見)(兄弟)(邑長)(天下)
발견 형제 읍장 천하

행17:7,(命)(拒逆)
명 거역

행17:8,(邑長)(騷動)
읍장 소동

행17:9,(保)
보

행17:10,(兄弟)(人)(會堂)
형제 인 회당

행17:11,(紳士的)(懇切)(聖經)(詳考)
신사적 간절 성경 상고

행17:12,(中)貴婦人)(男子)
중 귀부인 남자

행17:13,(人)(傳)(騷動
인 전 소동

행17:14,(兄弟(留)
형제 유

행17:15,(引導)(自己)(速)(命)
인도 자기 속 명

행17:16,(城)(偶像)(忿)
성 우상 분

행17:17,(會堂)(人)(敬虔)(辯論)
회당 인 경건 변론

행17:18,(哲學者)(爭論)(或)(或)(異邦)
철학자 쟁론 혹 혹 이방
(神)(傳)(復活)(傳)(因)
신 전 부활 전 인

행17:20,(異常)
이상

행17:21,(外國人)(時間)
외국인 시간

행17:22,(凡事)(宗教性)
범사 종교성

행17:23,(爲(神)(壇)(爲)
위 신 단 위

행17:24,(宇宙)(萬有)(神)(天地)(主宰)(殿
우주 만유 신 천지 주재 전

행17:25,(不足)(萬民)(生命)(呼吸)
부족 만민 생명 호흡
(萬物)(親)(者)
만물 친 자

행17:26,(人類)(族屬)(血統)(居)(年代)
인류 족속 혈통 거 년대
(定)(居住)(境界)(限)
정 거주 경계 한

행17:27,(或)(發見)(各)
혹 발견 각

행17:28,(起動)(詩人)(中)(所生)
기동 시인 중 소생

행17:29,(神)(所生)(神)(金)(銀)(技術)(考案)
신 소생 신 금 은 기술 고안

행17:30,(時代)(命)(悔改
시대 명 회개

행17:31,(定)(天下)(公義)(審判)(作定)
정 천하 공의 심판 작정
(者)(證據)
자 증거

행17:32,(者)(復活)(或)(譏弄)(或)(對)
자 부활 혹 기롱 혹 대

행17:34,(中)(官員)(女子)
중 관원 녀자

使徒行傳-(사도행전)-第十八章
사도행전 제십팔장

행18:1,(後)
후

행18:2,(人)(人)(命)(故)
인 인 명 고

행18:3,(業)(居)(業)(帳幕)
업 거 업 장막

행18:4,(安息日)(會堂)(講論)(人)(人)(勸勉)
안식일 회당 강론 인 인 권면

행18:5,(人)(證據)
인 증거

행18:6,(對敵)(毁謗)(後)(異邦人)
대적 훼방 후 이방인

행18:7,(恭敬)(會堂)
공경 회당

행18:8,(會堂長)(主)(洗禮)
회당장 주 세례

행18:9,(主)(幻像)(潛潛)
주 환상 잠잠

행18:10,(對敵)(害)(者)(城中)(百姓)
대적 해 자 성중 백성

행18:11,(一月)(六個月)(留)
일월 육개월 유

행18:12,(總督)(人)(一齊)(對敵)(裁判)
총독 인 일제 대적 재판

행18:13,(律法)(恭敬)(勸)
률법 공경 권

행18:14,(人)(人)(萬一)(不正)(怪惡)行動)(可)
인 인 만일 부정 괴악 행동 가

행18:15,(萬一)(問題)(言語)(名稱)(法)
만일 문제 언어 명칭 법
(關)(處理)(裁判長)(願)
관 처리 재판장 원

행18:16,(裁判)
재판

행18:17,(會堂長)(裁判)(相關)
회당장 재판 상관

행18:18,(留)(兄弟)(作別)(誓願)
유 형제 작별 서원

행18:19,(自己)(會堂)(人)(辯論)
자기 회당 인 변론

행18:20,(請)(許諾)
청 허락

행18:21,(作別)(萬一)
작별 만일

행18:22,(教會)(安否)(後)
교회 안부 후

행18:23,(次例)(弟子)
차례 제자

행18:24,(人)(學問)(聖經)(能)(者)
인 학문 성경 능 자

행18:25,(主)(道)(熱心)(關)(仔細)(洗禮)
주 도 열심 관 자세 세례

행18:26,(會堂)(膽大)(始作)(道)(仔細)
회당 담대 시작 도 자세

행18:27,(兄弟)(奬勵)(弟子)(便紙)(迎接)
형제 려 제자 편지 영접
(恩惠)者)(有益)
은혜 자 유익

행18:28,(聖經)(證據)(公衆)(有力)(人)
성경 증거 공중 유력 인

使徒行傳-(사도행전)-第十九章
사도행전 제십구장

행19:1,(地方)(弟子)
지방 제자

행19:2,(聖靈)(聖靈)
성령 성령

행19:3,(洗禮)(對答)(洗禮)
세례 대답 세례

행19:4,(悔改)(洗禮)(百姓)수
회개 세례 백성

행19:5,(主)(洗禮)
주 세례

행19:6,(按手)(聖靈)(臨)(方言)(豫言)
안수 성령 임 방언 예언

행19:8,(會堂)(膽大)(對)(講論)(勸勉)
회당 담대 대 강론 권면

행19:9,(順從)(道)(誹謗)(弟子)(書院)(講論)
순종 도 비방 제자 서원 강론

행19:10,(者)(人)(人)(主)
자 인 인 주

행19:11,(稀罕)(能)(行)
희한 능 행

행19:12,(甚至於)(手巾)(病)(病)(惡鬼)
심지어 수건 병 병 악귀

행19:13,(魔術)(人)(試驗的)(惡鬼)(者)
마술 인 시험적 악귀 자
(對)(主)(傳播)(憑藉)(命)
대 주 전파 빙자 명

행19:14,(祭司長)(行)
제사장 행

행19:15,(惡鬼)(對答)
악 귀 대 답

행19:16,(惡鬼)(抑制)(傷)(逃亡)
악 귀 억 제 상 도 망

행19:17,(居)(人)(人)(主)
거 인 인 주

행19:18,(自服)(行)(告)
자 복 행 고

행19:19,(魔術)(行)(冊)(冊)(計算)(銀)(五萬)
마 술 행 책 책 계 산 은 오 만

행19:20,(主)(興旺)(勢力)
주 흥 왕 세 력

행19:21,(後)(經營)(後)
후 경 영 후

행19:22,(自己)(中)(自己)
자 기 중 자 기

행19:23,(道)(因)(騷動)
도 인 소 동

행19:24,(銀匠色)(銀龕室)(職工)
은 장 색 은 감 실 직 공

행19:25,(職工)(營業)(者)(裕足)(生活)(業)
직 공 영 업 자 유 족 생 활 업

행19:26,(全部)(通)(許多)(勸誘)(神)
전 부 통 허 다 권 유 신

행19:27,(營業)(賤)(危險)(女神)(殿閣)
영 업 천 위 험 여 신 전 각
(輕忽)(天下)(爲)(威嚴)
경 홀 천 하 위 위 엄

행19:28,(忿)
분

행19:29,(城)(擾亂)(一齊)(演劇場)
성 요 란 일 제 연 극 장

행19:30,(百姓)(弟子)
백 성 제 자

행19:31,(官員)(中)(親舊)(通知)(演劇場)(勸)
관 원 중 친 구 통 지 연 극 장 권

행19:32,(或)(或)(紛亂)(太半)
혹 혹 분 란 태 반

행19:33,(人)(勸)(百姓)(發明)
인 권 백 성 발 명

행19:34,(人)(時)
인 시

행19:35,(書記長)(安頓)(城)(偶像)(殿閣直)
서 기 장 안 돈 성 우 상 전 각 직

행19:36,(輕率)
경 솔

행19:37,(殿閣)(物件)(盜賊)(女神)(毁謗)
전 각 물 건 도 적 여 신 훼 방

행19:38,(萬一)(職工)(訟事)(裁判)(總督)
만 일 직 공 송 사 재 판 총 독
(彼此)(告訴)
피 차 고 소

행19:39,(萬一)(外)(願)(正式)(民會)(決斷)
만 일 외 원 정 식 민 회 결 단

행19:40,(騷擾)(事件)(責望)(危險)(不法)
소 요 사 건 책 망 위 험 불 법
(集會)(關)(報告)
집 회 관 보 고

使徒行傳-(사도행전)-第二十章
사 도 행 전 제 이 십 장

행20:1,(騷擾)(弟子)(勸)(後)(作別)
소 요 제 자 권 후 작 별

행20:2,(地境)(弟子)(勸)
지 경 제 자 권

행20:3수(人)(自己)(害)(共謀)(作定)
인 자 기 해 공 모 작 정

행20:4,(者)
자

행20:6,(無酵節)(後)
무 효 절 후

행20:7,(安息)(後)(講論)(繼續)
안 식 후 강 론 계 속

행20:8,(燈)
등

행20:9,(靑年)(窓)(講論)(三層)(樓)
청 년 창 강 론 삼 층 누

행20:10,(生命)
생 명

행20:12,(慰勞)
위 로

행20:13行船)(自己)(徒步)(定)
행 선 자 기 도 보 정

행20:16,(遲滯)(爲)(行船)(作定)(五旬節)(急)
지 체 위 행 선 작 정 오 순 절 급

행20:17,(敎會)(長老)(請)
교 회 장 로 청

행20:18,(至今)(恒常)(行)
지 금 항 상 행

행20:19,(謙遜)(人)(奸計)(因)(當)(試驗)(主)
겸 손 인 간 계 인 당 시 험 주

행20:20,(有益)(公衆)(各)(傳)
유 익 공 중 각 전

행20:21,(人)(人)(對)(悔改)(主)(對)(證據)
인 인 대 회 개 주 대 증 거

행20:22,(心靈)
심 령

행20:23,(聖靈)(各)(城)(證據)(結縛)(患難)
성 령 각 성 증 거 결 박 환 난

행20:24,(主)(使命)(恩惠)(福音)(證據)
주 사 명 은 혜 복 음 증 거
(生命)(貴)
생 명 귀

행20:25,(中)(往來)(傳播)(只今)
중 왕 래 전 파 지 금

행20:26,(證據)(對)
증 거 대

행20:27,(傳)
전

행20:28,(自己)(爲)(羊)(爲)(聖靈)(監督者)
자 기 위 양 위 성 령 감 독 자
(自己)(敎會)
자 기 교 회

행20:29,(後)(凶惡)(羊
후 흉 악 양

행20:30,(中)(弟子)(自己)
중 제자 자기

행20:31,(三年)(各)(訓戒)(記憶)
삼년 각 훈계 기억

행20:32,(只今)(主)(恩惠)(付託)(能)
지금 주 은혜 부탁 능

(者)(基業)
자 기업

행20:33,(銀)(金)(衣服)(貪)
은 금 의복 탐

행20:34,(同行)(當)
동행 당

행20:35,(凡事)(模本)(受苦)(弱)(主)
범사 모본 수고 약 주

(親)(福)(記憶)
친 복 기억

행20:36,(後)(祈禱)
후 기도

행20:38,(因)(餞送)
인 전송

使徒行傳-(사도행전)-第二十一章
사도행전 제이십일장

행21:1,(作別)(行船)
작별 행선

행21:3,(便)(行船)
편 행선

행21:4,(弟子)(弟子)(聖靈)(感動)
제자 제자 성령 감동

행21:5,(後)(妻子)(城門)(餞送)(祈禱)
후 처자 성문 전송 기도

행21:6,(作別)(後
작별 후

행21:7,(水路)(行)(兄弟)(安否)
수로 행 형제 안부

행21:8,(執事)(中)(傳道)(留)
집사 중 전도 유

행21:9,(處女)(豫言)(者)
처녀 예언 자

행21:10,(先知者)
선지자

행21:11,(自己)(手足)(聖靈)(人)
자기 수족 성령 인

(結縛)(異邦人)
결박 이방인

행21:12,(勸)
권

행21:13,(對答)(傷)(主)(爲)(結縛)(覺悟)
대답 상 주 위 결박 각오

행21:14,(勸)(主)
권 주

행21:15,(後)(行裝)(準備)
후 행장 준비

행21:16,(弟子)(弟子)(留)
제자 제자 유

행21:17,(兄弟)(迎接)
형제 영접

행21:18,(長老)
장로

행21:19,(問安)(自己)(奉事)(異邦)(告)
문안 자기 봉사 이방 고

행21:20,(榮光)(兄弟)(人)(中)者)
영광 형제 인 중 자

(數萬名)(律法)(熱心)(者)
수만명 률법 열심 자

행21:21,(異邦)(人)(背叛)(割禮)(規模)
이방 인 배반 할례 규모

행21:23,(誓願)
서원

행21:24,(潔禮)(行)(爲)(費用)(對)(律法)(行)
결례 행 위 비용 대 률법 행

행21:25,(主)異邦人)(偶像)(祭物)(淫行)
주 이방인 우상 제물 음행

(避)(決議)(便紙)
피 결의 편지

행21:26,(潔禮)(行)(聖殿)(各)(爲)(祭祀)
결례 행 성전 각 위 제사

(潔禮)(滿期)(告)
결례 만기 고

행21:27,(人)(聖殿)(衝動)
인 성전 충동

행21:28,(各處)(百姓)(律法)(毁謗)(者)
각처 백성 률법 훼방 자

(人)(聖殿
인 성전

행21:29,(前)(城內)(聖殿)
전 성내 성전

행21:30,(城)(騷動)(百姓)(聖殿)(門)
성 소동 백성 성전 문

행21:31,(擾亂)(所聞)(軍隊)(千夫長)
요란 소문 군대 천부장

행21:32,(急)(軍士)(百夫長)(千夫長)(軍士)
급 군사 백부장 천부장 군사

행21:33,(千夫長)(結縛)(命)
천부장 결박 명

행21:34,(千夫長)(騷動)(因)(實狀)(營門)(命)
천부장 소동 인 실상 영문 명

행21:35,(層臺)(暴行)(因)(軍士)
층대 포행 인 군사

행21:36,(百姓)
백성

행21:37,(營門)(千夫長)(當身)
영문 천부장 당신

행21:38,(以前)(亂)(四千)(刺客)(曠野)(人)
이전 란 사천 자객 광야 인

행21:39,(人)(小邑)(城)(市民)(請)
인 소읍 성 시민 청

(百姓)(許諾)
백성 허락

행21:40,(千夫長)(許諾)(層臺)(百姓)
천부장 허락 층대 백성

(從容)(後)(方言)
종용 후 방언

使徒行傳-(사도행전)-第二十二章
사 도 행 전 제이십이장

행22:1,(父兄)(只今)(辯明)
부형 지금 변명

행22:2,(方言)(從容)
방언 종용

행22:3,(人)(城)(門下)(祖上)(律法)(嚴)
인 성 문하 조상 률법 엄
(敎訓)(對)(熱心)(者)
교훈 대 열심 자

행22:4,(道)(逼迫)(男女)(結縛)(獄)
도 핍박 남녀 결박 옥

행22:5,(大祭司長)(長老)(證人)(兄弟)
대제사장 장로 증인 형제
(公文)(者)(結縛)(刑罰)
공문 자 결박 형벌

행22:6,(午正)(忽然)
오정 홀연

행22:7,(逼迫)
핍박

행22:8,(對答)(主)(逼迫)
대답 주 핍박

행22:10,(主)(主)(定)(行)
주 주 정 행

행22:11,(光彩)(因)
광채 인

행22:12,(律法)(敬虔)(人)(稱讚)
률법 경건 인 칭찬

행22:13,(兄弟)(卽時)
형제 즉시

행22:14,(祖上)(擇)(自己)(義人)(音聲)
조상 택 자기 의인 음성

행22:15,(爲)(證人)
위 증인

행22:16,(躊躇)(主)(洗禮)(罪)
주저 주 세례 죄

행22:17,(後)(聖殿)(祈禱)(非夢似夢)(間)
후 성전 기도 비몽사몽 간

행22:18,(主)(速)(對)(證據)
주 속 대 증거

행22:19,(主)(主)(各)(會堂)
주 주 각 회당

행22:20,(主)(證人)(贊成)
주 증인 찬성

행22:21,(異邦人)
이방인

행22:22,(世上)(者)
세상 자

행22:23,(空中)
공중

행22:24,(千夫長)(營門)(命)(對)(訊問)
천부장 영문 명 대 신문

행22:25,(百夫長)(者)(罪)(定)
백부장 자 죄 정

행22:26,(百夫長)(千夫長)(傳)
백부장 천부장 전

행22:27,(千夫長)
천부장

행22:28,(千夫長)(對答)(市民權)
천부장 대답 시민권

행22:29,(訊問)(千夫長)(結縛)(因)
신문 천부장 결박 인

행22:30,(千夫長)(人)(訟事)(實狀)(結縛)
천부장 인 송사 실상 결박
(命)(祭司長)(公會)
명 제사장 공회

使徒行傳-(사도행전)-第二十三章
사 도 행 전 제이십삼장

행23:1,(公會)(注目)(兄弟)(凡事)(良心)
공회 주목 형제 범사 량심

행23:2,(大祭司長)(命)
대제사장 명

행23:3,(灰漆)(律法)(判斷)(律法)
회칠 률법 판단 률법

행23:4,(大祭司長)(辱)
대제사장 욕

행23:5,(兄弟)(大祭司長)(記錄)(百姓)
형제 대제사장 기록 백성
(官員)(誹謗)
관원 비방

행23:6,(部分)(人)(部分)(人)(公會)(兄弟)(人)
부분 인 부분 인 공회 형제 인
(人)(者)(所望)(復活)(因)(審問)
인 자 소망 부활 인 심문

행23:7,(人)(人)
인 인

행23:8,(人)(復活)(天使)(靈)(人)
인 부활 천사 영 인

행23:9,(喧譁)(人)(便)(書記官)(惡)(或)(靈)
훤화 인 편 서기관 악 혹 영
(或)(天使)
혹 천사

행23:10,(紛爭)(千夫長)(軍士)(命)(營門)
분쟁 천부장 군사 명 영문

행23:11,(主)(膽大)(證據)(證據)
주 담대 증거 증거

행23:12,(人)(黨)(盟誓)(前)
인 당 맹서 전

행23:13,(同盟)(者)(四十)(餘名)
동맹 자 사십 여명

행23:14,(大祭司長)(長老)(前)(盟誓)
대제사장 장로 전 맹서

행23:15,(事實)(仔細)(樣)(公會)(千夫長)
사실 자세 양 공회 천부장
(請)(前)(準備)
청 전 준비

행23:16,(甥姪)(埋伏)(營門)(告)
생질 매복 영문 고

행23:17,(百夫長)(請)(青年)(千夫長)(引導)
백부장 청 청년 천부장 인도

행23:18,(千夫長)(罪囚)(青年)(當身)(請)
천부장 죄수 청년 당신 청

행23:19,(千夫長)(從容)
천부장 종용

행23:20,(對答)(人)(共謀)(對)(仔細)(爲)
대답 인 공모 대 자세 위
(來日)(公會)(當身)(請)
래일 공회 당신 청
행23:21,(當身)(請)(中)(前)(盟誓)(者)(四十)
당신 청 중 전 맹서 자 사십
(餘名)(只今)(準備)(當身)(許諾)
여명 지금 준비 당신 허락
행23:22,(千夫長)(靑年)(警戒)(告)
천부장 청년 경계 고
행23:23,(百夫長)(步兵)(二百名)(馬兵)
백부장 보병 이백명 마병
(七十名)(槍軍)(二百名)(準備)
칠십명 창군 이백명 준비
행23:24,(總督)(無事)(爲)(準備)(命)
총독 무사 위 준비 명
행23:25,(便紙)
편지
행23:26,(總督)(問安)
총독 문안
행23:27,(人)(軍士)(救援)
인 군사 구원
행23:28,(人)(訟事)(公會)
인 송사 공회
행23:29,(訟事)(律法問題)(關)(結縛)
송사 율법문제 관 결박
(事件)(發見)
사건 발견
행23:30,(害)(奸計)(當身)(訟事)(當身)(對)
해 간계 당신 송사 당신 대
행23:31,(步兵)(命)
보병 명
행23:32,(馬兵)(護送)(營門)
마병 호송 영문
행23:33,(便紙)(總督)
편지 총독
행23:34,(總督)(領地)
총독 령지
행23:35,(訟事)(宮)(命)
송사 궁 명

使徒行傳-(사도행전)-第二十四章
사 도 행 전 제이십사장

행24:1,(後(大祭司長)(長老)(辯士)
후 대제사장 장로 변사
(總督)(告訴)
총독 고소
행24:2,(訟事)
송사
행24:3,(當身)(泰平)(民族)(當身)(因)
당신 태평 민족 당신 인
(改良)(貌樣)(感謝無地)
개량 모양 감사무지
행24:4,(當身)大綱)(寬容)(願)
당신 대강 관용 원
행24:5,(染病)(天下)(人)(騷擾)(者)
염병 천하 인 소요 자
(異端)(魁首)
이단 괴수
행24:6,(聖殿)
성전
행24:7,(當身)(親)(審問)
당신 친 심문
행24:8,(訟事)
송사
행24:9,(人)(參加)(主張)
인 참가 주장
행24:10,(總督)(表示)對答)(當身)(前)
총독 표시 대답 당신 전
(民族)(裁判長)(事件)(對)(辯明)
민족 재판장 사건 대 변명
행24:11,(當身)(禮拜)
당신 예배
행24:12,(聖殿)(辯論)(會堂)(城中)(騷動)
성전 변론 회당 성중 소동
행24:13,(訟事)(對)(能)(當身)
송사 대 능 당신
행24:14,(當身)(告白)(異端)(道)(祖上)
당신 고백 이단 도 조상
(律法)(先知者)(記錄)
률법 선지자 기록
행24:15,(向)(所望)(義人)(惡人)(復活)
향 소망 의인 악인 부활
행24:16,(因)(對)(恒常)(良心)
인 대 항상 량심
행24:17,(民族)(救濟)(祭物)
민족 구제 제물
행24:18,(中)(潔禮)(行)(騷動)(聖殿)로(人)
중 결례 행 소동 성전 인
행24:19,(萬一)(反對)(事件)(當身)(訟事)
만일 반대 사건 당신 송사
행24:20,(公會)
공회
행24:21,(者)(復活)(對)(審問)
자 부활 대 심문
행24:22,(道)(關)(仔細)(故)(延期)
도 관 자세 고 연기
(千夫長)(處決)
천부장 처결
행24:23,(百夫長)(命)(自由)(親舊)(中)(隨從)
백부장 명 자유 친구 중 수종
행24:24,(數日)(後)女子)(道)
수일 후 녀자 도
행24:25,(義)(節制)(將次)(審判)(講論)
의 절제 장차 심판 강론
(對答)(時方)
대답 시방
행24:26,(同時)(故)
동시 고
행24:27,(所任)(代身)(人)(拘留)
소임 대신 인 구류

使徒行傳-(사도행전)-第二十五章
사 도 행 전 제이십오장

행25:1,(到任)(三日)(後)
도임 삼일 후

행25:2,(大祭司長)(人)(中)(告訴)
대제사장 인 중 고소

행25:3,(好意)(請)(埋伏)
호의 청 매복

행25:4對答(拘留)(自己)(未久)
대답 구류 자기 미구

행25:5,(中)(有力)(者)(萬一)(訟事
중 유력 자 만일 송사

행25:6,(八日)(或)(十日)(後)(裁判)(命)
팔일 혹 십일 후 재판 명

행25:7,(人)(重大)(事件)(訟事)(能)(證明)
인 중대 사건 송사 능 증명

행25:8,(辯明)(人)(律法)(聖殿)(罪)(犯)
변명 인 률법 성전 죄 범

행25:9,(人)(事件)(對)(審問)
인 사건 대 심문

행25:10,(裁判)(審問)(當身)시(人)(不義)(行)
재판 심문 당신 인 불의 행

행25:11,(萬一)(不義)(行)(死罪)(犯)(辭讓)
만일 불의 행 사죄 범 사양
(萬一)(訟事)(事實)(呼訴)
만일 송사 사실 호소

행25:12,(陪席者)(相議)(呼訴)
배석자 상의 호소

행25:13,(數日)(後)(王)(問安
수일 후 왕 문안

행25:14,(王)(告)(拘留)
왕 고 구류

행25:15人(大祭司長)(長老)(告訴)(定罪)(請)
인 대제사장 장로 고소 정죄 청

행25:16,(對答)(被告)(原告)(告訴)(事件)
대답 피고 원고 고소 사건
(對)(辯明)(機會)(前)(法)
대 변명 기회 전 법

행25:17,(遲滯)(裁判)(命)
지체 재판 명

행25:18,(原告)(斟酌)(惡行)(事件)(提出)
원고 짐작 악행 사건 제출

행25:19,(自己)(宗教)(主張)(關)(問題)(訟事)
자기 종교 주장 관 문제 송사

행25:20,(査實)(疑心)(審問)
사실 의심 심문

행25:21,(皇帝)(判決)(自己)(呼訴)(命)
황제 판결 자기 호소 명

행25:22,(來日
래일

행25:23,(威儀)(千夫長)(城中)(訊問所)(命)
위의 천부장 성중 신문소 명

행25:24,(王)(當身)(請願)
왕 당신 청원

행25:25,(罪)(犯)(皇帝)(呼訴)(故)(作定)
죄 범 황제 호소 고 작정

행25:26,(對)(皇帝)(確實)(事實)릴(審問)
대 황제 확실 사실 심문
(後)(上疏)(當身)(王)(當身)
후 상소 당신 왕 당신

행25:27,(罪目)(罪囚)(無理)
죄목 죄수 무리

使徒行傳-(사도행전)-第二十六章
사도행전 제이십륙장

행26:1,(爲)(許諾)(辯明)
위 허락 변명

행26:2,(王)(人)(訟事)(當身)(辯明)(多幸)
왕 인 송사 당신 변명 다행

행26:3當身)(人)(風俗)(問題)
당신 인 풍속 문제

행26:4,(民族)(中)(生活)(狀態)(人)
민족 중 생활 상태 인

행26:5,(證據)(宗教)(嚴)(人)(生活
증거 종교 엄 인 생활

행26:6,(審問)(祖上)(約束)
심문 조상 약속

행26:7,(約束)(支派)(懇切)王)(所望)(因)
약속 지파 간절 왕 소망 인
(人)(訟事)
인 송사

행26:8,(當身)
당신

행26:9,(對敵)(凡事)(行)
대적 범사 행

행26:10,(行)(大祭司長)(權勢)(聖徒)
행 대제사장 권세 성도
(獄)(可便)(投票
옥 가편 투표

행26:11,(會堂)(番)(刑罰)(强制)(冒瀆)
회당 번 형벌 강제 모독
(對)(甚)(激忿)(外國)(城)(逼迫)
대 심 격분 외국 성 핍박

행26:12,(大祭司長)(權勢)(委任)
대제사장 권세 위임

행26:13,(王)(正午)(同行)
왕 정오 동행

행26:14,(方言)(逼迫)(苦生)
방언 핍박 고생

행26:15,(對答)(主)(主)(逼迫)
대답 주 주 핍박

행26:16,(將次)(使喚)(證人)
장차 사환 증인

행26:17,(異邦人)(救援)
이방인 구원

행26:18,(權勢)(罪)(赦)基業)
권세 죄 사 기업

행26:19,(王)
왕

행26:20,(異邦人)(悔改)(悔改)(合當)
이방인 회개 회개 합당
(行)(宣傳)
행 선전

행26:21,(人)(聖殿)
인 성전

행26:22,(證據)(先知者)(
증거 선지자

행26:23,(苦難)(者)(異邦人)(宣傳)
고난 자 이방인 선전

행26:24,(辯明)(學問)
변명 학문

행26:25,(精神)
정신

행26:26,(王)(王)(膽大)(便)(行)
왕 왕 담대 편 행

행26:27,(王)(先知者)
왕 선지자

행26:28,(勸)(人)
권 인

행26:29,(當身(結縛)(外)(願)
당신 결박 외 원

행26:30,(王)(總督)
왕 총독

행26:31,(死刑)(結縛)(當)(行事)
사형 결박 당 행사

행26:32,(萬一)(呼訴)
만일 호소

使徒行傳-(사도행전)-第二十七章
사도행전 제이십칠장

행27:1,(作定)(罪囚)(隊)(百夫長)
작정 죄수 대 백부장

행27:2,(海邊)(各處行船)
해변 각처행선

행27:3,(親切)(親舊)(待接)(許諾)
친절 친구 대접 허락

행27:4,(避)(海岸)(依支)行船)
피 해안 의지 행선

행27:5,(城)
성

행27:6,(百夫長)
백부장

행27:7,(艱辛)(便)(風勢)(許諾)(海岸)
간신 편 풍세 허락 해안
(依支)行船)
의지 행선

행27:8,(艱辛)(沿岸)(美港)(城)
간신 연안 미항 성

행27:9,(禁食)(節期)行船)(危殆)(勸)
금식 절기 행선 위태 권

행27:10,(番)行船(荷物)(生命)(打擊)(損害)
번 행선 하물 생명 타격 손해

행27:11,(百夫長)(船長)(船主)
백부장 선장 선주

행27:12,(港口)(過冬)(不便)(過冬)(者)니(港口)
항구 과동 불편 과동 자 항구
便)(東北)(便)(東南)(向)
편 동북 편 동남 향

행27:13,(南風)(得意)(海邊)行船)
남풍 득의 해변 행선

행27:14,(狂風)大作)
광풍 대작

행27:16,(艱辛)
간신

행27:17,(船體)
선체

행27:18,(風浪)(甚)(沙工)
풍랑 심 사공

행27:19,(器具)
기구

행27:20,(風浪)(救援)(餘望)
풍랑 구원 여망

행27:21,(打擊)(損傷)(免)
타격 손상 면

행27:22,(勸)(安心)(中)(生命)(損傷)
권 안심 중 생명 손상

행27:23,(屬)(使者)
속 사자

행27:24,(行船)(者)
행선 자

행27:25,(安心)
안심

행27:27,(中)(沙工)(陸地)(斟酌)
중 사공 륙지 짐작

행27:29,(暗礁)苦待)
암초 고대

행27:30,(沙工)(逃亡)
사공 도망

행27:31,(百夫長)(軍士)(救援)
백부장 군사 구원

행27:32,(軍士)
군사

행27:33,(飮食)(勸)
음식 권

행27:34,(飮食)(勸)(救援)(爲)(者)
음식 권 구원 위 자

행27:35,(祝謝)(始作)
축사 시작

행27:36,(安心)
안심

행27:37,(數)(全部)(二百)(七十)(六人)
수 전부 이백 칠십 육인

행27:39,(傾斜)(海岸)(港灣)(議論)(後)
경사 해안 항만 의논 후

행27:40,(同時)킷늦(海岸)(向)
동시 해안 향

행27:41,(合)(當)
합 당

행27:42,(軍士)(罪囚)(逃亡)
군사 죄수 도망

행27:43,(百夫長)(救援)(命)(陸地)
백부장 구원 명 륙지

행27:44,(或)(物件)(依支)(救援)
혹 물건 의지 구원

使徒行傳-(사도행전)-第二十八章
사도행전 제이십팔장

행28:1,(救援)(後)
구원 후

행28:2,(土人)(特別)(同情)(迎接)
토인 특별 동정 영접

행28:3,(因)(毒蛇)
인 독사

행28:4,(土人)(眞實)(殺人)(者)(救援)(公義)
토인 진실 살인 자 구원 공의

행28:6,(或)(異狀)(神)
혹 이상 신

행28:7,(第一(近處)(土地)(迎接)(親切)(留宿)
제일 근처 토지 영접 친절 유숙

행28:8,(父親)(熱病)(痢疾)(祈禱)(按手)
부친 열병 이질 기도 안수

행28:9,(病)
병

행28:10,(厚)(待接)
후 대접

행28:11,(後)(過冬)(記號)
후 과동 기호

행28:13,(後)(南風)
후 남풍

행28:14,(兄弟)(請)(留)
형제 청 유

행28:15,(兄弟)(消息)(謝禮)(膽大)
형제 소식 사례 담대

행28:16로(自己)(軍士)(許諾)
자기 군사 허락

행28:17,(後)(人)(中)(請)(後)(兄弟)(百姓)
후 인 중 청 후 형제 백성
(祖上)(規模)(排斥)(人)(罪囚)
조상 규모 배척 인 죄수

행28:18,(人)(審問)(罪目)
인 심문 죄목

행28:19,(人)(反對)(呼訴)(民族)(訟事)
인 반대 호소 민족 송사

행28:20,(請)(所望)(因)
청 소망 인

행28:21,(對)(便紙)(兄弟)(中)(對)(告)
대 편지 형제 중 대 고

행28:22,(思想(派)(對)(反對)
사상 파 대 반대

행28:23,(日字)(定)(寓居)(講論)(證據)
일자 정 우거 강론 증거
(律法)(先知者)(勸)
률법 선지자 권

행28:25,(聖靈)(先知者)(祖上)
성령 선지자 조상

행28:26,(百姓)
백성

행28:27,(百姓)(頑惡)(鈍)
백성 완악 둔

행28:28,(救援)(異邦人)
구원 이방인

행28:29,(人)(爭論
인 쟁론

행28:30,(自己)(留)(自己)(迎接)
자기 유 자기 영접

행28:31,(膽大)(傳播)(主)(關)(禁)
담대 전파 주 관 금

羅馬書-(로마서)-第一章
라 마 서　　　제일 장

롬1:1,(使徒)(福音)(爲)(擇定)
사도 복음 위 택정

롬1:2,(福音)(先知者)(關)(聖經)(約束)
복음 선지자 관 성경 약속

롬1:3,(肉身)(血統)
육신 혈통

롬1:4,(聖潔)(靈)(復活)(能力)(認定)(主)
성결 영 부활 능력 인정 주

롬1:5,(恩惠)(使徒)(職分(爲)(異邦人)
은혜 사도 직분 위 이방인

(中)順從)
중 순종

롬1:6,(中)(者)
중 자

롬1:7,(聖徒)(者)(主)(恩惠)(平康)(願)
성도 자 주 은혜 평강 원

롬1:8,(因)(感謝)世上)(傳播)
인 감사 세상 전파

롬1:9,(福音)(心靈)(證人)(恒常)(祈禱)
복음 심령 증인 항상 기도

롬1:10,(求)
구

롬1:11,(甚)(願)(神靈)(恩賜)(堅固(
심 원 신령 은사 견고

롬1:12,(因)(彼此)(安慰)
인 피차 안위

롬1:13,(兄弟)(番)(願)(中)(異邦人)(中)(至今)
형제 번 원 중 이방인 중 지금

롬1:14,(人)(野蠻)(智慧)(者)(者)(者)
인 야만 지혜 자 자 자

롬1:15로(福音)(傳)(願)
복음 전 원

롬1:16,(福音)(福音)者)(救援)(能力)(人)(人)
복음 복음 자 구원 능력 인 인

롬1:17,(福音)(義)(記錄)(義人)
복음 의 기록 의인

롬1:18,(震怒)(不義)(眞理)(敬虔)(不義)(對)
진노 불의 진리 경건 불의 대

롬1:20,(創世)(永遠)(能力)(神性)(萬物)
창세 영원 능력 신성 만물

(分明)
분명

롬1:21,(榮華)(感謝)(虛妄)
영화 감사 허망

롬1:22,(智慧)(愚蠢)
지혜 우준

롬1:23,(榮光)(禽獸)(形像)(偶像)
영광 금수 형상 우상

롬1:24,(情慾)(辱)
정욕 욕

롬1:25,(眞理)(被造物)(造物主)(敬拜)
진리 피조물 조물주 경배

(主)(永遠)(讚頌)
주 영원 찬송

롬1:26,(因)(慾心)(女人)(順理)(逆理)
인 욕심 녀인 순리 역리

롬1:27,(男子)(順理)(女人)(向)(淫慾)(男子)
남자 순리 녀인 향 음욕 남자

(男子)(行)(相當)(報應)(自身)
남자 행 상당 보응 자신

롬1:28,(喪失)(合當)
상실 합당

롬1:29,(不義)(醜惡)(貪慾)(惡意)(者)(猜忌)
불의 추악 탐욕 악의 자 시기

(殺人)(紛爭)(詐欺)(惡毒)(者)(者)
살인 분쟁 사기 악독 자 자

롬1:30,(誹謗)(者)(者)(凌辱)(者)(驕慢)(者)
비방 자 자 능욕 자 교만 자

(者)(惡)(圖謀)(者)(父母)(拒逆)(者)
자 악 도모 자 부모 거역 자

롬1:31,(者)(背約)(者)(無情)(者)(無慈悲)(者)
자 배약 자 무정 자 무자비 자

롬1:32,(行)(者)(死刑)(該當)(定)(自己)
행 자 사형 해당 정 자기

(行)(行)(者)
행 행 자

羅馬書-(로마서)-第二章
라 마 서　　　제이 장

롬2:1,(判斷)(無論)핑(判斷)(定罪)(判斷)(行)
판단 무론　판단 정죄 판단 행

롬2:2,(行)(者)(判斷)(眞理)
행 자 판단 진리

롬2:3,(行)(者)(判斷)(行)(判斷)(避)
행 자 판단 행 판단 피

롬2:4,(或)(仁慈)(引導)(悔改(仁慈)(容納)
혹 인자 인도 회개 인자 용납

(豊盛)(蔑視)
풍성 멸시

롬2:5,(固執)(悔改)(震怒)(義)(判斷)
고집 회개 진노 의 판단

(臨)(震怒)
임 진노

롬2:6,(各)(行)(報應)
각 행 보응

롬2:7,(善)(行)(榮光)(尊貴)(求)(者)(永生)
선 행 영광 존귀 구 자 영생

롬2:8,(黨)(眞理)(不義)(者)(怒)(憤)
당 진리 불의 자 노 분

롬2:9,(惡)(行)(各)(靈)(患難)(困苦)(人)(人)
악 행 각 영 환난 곤고 인 인

롬2:10,(善)(行)(各)(榮光)(尊貴)(平康)
선 행 각 영광 존귀 평강

(人)(人)
인 인

롬2:11,(外貌)(取)
외모 취

롬2:12,(律法)(犯罪)(者)(律法)(亡)(律法)
률법 범죄 자 률법 망 률법

(犯罪)(者)(律法)(審判)
범죄 자 률법 심판

롬2:13,(律法)(者)(義人)(律法)(行)(者)(義)
률법 자 의인 률법 행 자 의

롬2:14,(律法)(異邦人)(本性)(律法)(行)
률법 이방인 본성 률법 행

(律法)(自己)(自己)(律法)
률법 자기 자기 률법

롬2:15,(良心)(證據)(或)(訟事)(或)(辯明)
량심 증거 혹 송사 혹 변명

(律法)(行爲)
률법 행위

롬2:16,(福音)(隱密)(審判)
복음 은밀 심판

롬2:17,(人)(稱)(律法)(依支)
인 칭 률법 의지

롬2:18,(律法)(教訓)(至極)(善)
률법 교훈 지극 선

롬2:19,(律法)(知識)(眞理)(規模)(者)
률법 지식 진리 규모 자

(引導)(者)(者)
인도 자 자

롬2:20,(者)(訓導)(先生)
자 훈도 선생

롬2:21,(自身)(盜賊)(頒布)(盜賊)
자신 도적 반포 도적

롬2:22,(姦淫)(姦淫)(偶像)(可憎)(神社)
간음 간음 우상 가증 신사

(物件)(盜賊)
물건 도적

롬2:23,(律法)(律法)(犯)(辱)
률법 률법 범 욕

롬2:24,(記錄)(因)(異邦人)(中)(冒瀆)
기록 인 이방인 중 모독

롬2:25,(律法)(行)(割禮)(有益)(萬一)
률법 행 할례 유익 만일

(律法)(犯)(割禮)(無割禮)
률법 범 할례 무할례

롬2:26,(無割禮者)(律法)(制度)
무할례자 률법 제도

(無割禮)(割禮)
무할례 할례

롬2:27,(本來)(無割禮者)(律法)(穩全)
본래 무할례자 률법 온전

(儀文)(割禮)(律法)(犯)(判斷)
의문 할례 률법 범 판단

롬2:28,(大抵)(表面的)(人)(人)(表面的)
대저 표면적 인 인 표면적

(肉身)(割禮)(割禮)
육신 할례 할례

롬2:29,(裏面的)(人)(人)(割禮)(神靈)
이면적 인 인 할례 신령

(儀文)(稱讚
의문 칭찬

羅馬書-(로마서)-第三章
라마서 제삼장

롬3:1,(人)(割禮)(有益)
인 할례 유익

롬3:2,(凡事)
범사

롬3:3,(者)(廢)
자 폐

롬3:4,(記錄)(主)(主)(義)(判斷)
기록 주 주 의 판단

롬3:5,(不義)(義)(震怒)(不義)
불의 의 진노 불의

롬3:6,(決)(萬一)(世上)(審判)
결 만일 세상 심판

롬3:7,(豊盛)(榮光)(罪人)(審判)
풍성 영광 죄인 심판

롬3:8,(善)(爲)(惡)(行)(誹謗)(定罪)
선 위 악 행 비방 정죄

롬3:9,(決)(人)(人)(罪)(宣言)
결 인 인 죄 선언

롬3:10,(記錄)(義人)
기록 의인

롬3:11,(者)(者)
자 자

롬3:12,(無益)(善)(行)(者)
무익 선 행 자

롬3:13,(毒蛇)(毒)
독사 독

롬3:14,(詛呪)(惡毒)
저주 악독

롬3:16,(破滅)(苦生)
파멸 고생

롬3:17,(平康)
평강

롬3:19,(律法)(律法)(者)(世上)(審判)
률법 률법 자 세상 심판

롬3:20,(律法)(行爲)(義)(肉體)(律法)(罪)
률법 행위 의 육체 률법 죄

롬3:21,(律法)(外)(義)(律法)(先知者)(證據)
률법 외 의 률법 선지자 증거

롬3:22,(者)(義)(差別)
자 의 차별

롬3:23,(罪)(犯)(榮光)
죄 범 영광

롬3:24,(救贖)(恩惠)(義)(者)
구속 은혜 의 자

롬3:25,(因)和睦祭物)(中)(前)(罪)
인 화목제물 중 전 죄

(看過)(自己)(義)
간과 자기 의

롬3:26,(自己)(義)(自己)(義)(者)(義
자기 의 자기 의 자 의

롬3:27,(法)(行爲)(法)
법 행위 법

롬3:28,(義)(律法)(行爲)(認定)
의 률법 행위 인정

롬3:29,(人)(異邦人)(眞實)(異邦人)
인 이방인 진실 이방인

롬3:30,(割禮者)無割禮者)義)
할례자 무할례자 의

롬3:31,(律法)(廢)(律法)
률법 폐 률법

羅馬書-(로마서)-第四章
라마서 제사장

롬4:1,(肉身)(祖上
육신 조상

롬4:2,(萬一)行爲)(義)
만일 행위 의

롬4:3,(聖經)(義)
성경 의

롬4:4,(者)(恩惠)
자 은혜

롬4:5,(敬虔)(者)(義)者)(義)
경건 자 의 자 의

롬4:6,(義)幸福)(對)
의 행복 대

롬4:7,(不法)(赦)(罪)(者)(福)
불법 사 죄 자 복

롬4:8,(主)(罪)(認定)(福)
주 죄 인정 복

롬4:9,(幸福)(割禮者)(或)(無割禮者)
행복 할례자 혹 무할례자
(大抵)(義)
대저 의

롬4:10,(割禮時)(無割禮時)(割禮時)
할례시 무할례시 할례시
(無割禮時)
무할례시

롬4:11,(割禮)(標)(無割禮時)義)(印)
할례 표 무할례시 의 인
(無割禮者)者)(祖上)(義)
무할례자 자 조상 의

롬4:12,(割禮者)(祖上)(割禮)(者(祖上)
할례자 조상 할례 자 조상
(無割禮)者)
무할례 자

롬4:13,(後孫)(世上)(後嗣)(言約)(律法)(義)
후손 세상 후사 언약 률법 의

롬4:14,(萬一)(律法)(屬)(者)(後嗣)
만일 률법 속 자 후사
(約束)(廢)
약속 폐

롬4:15,(律法)(震怒)(律法)(犯)
률법 진노 률법 범

롬4:16,(後嗣)(恩惠)(屬)(爲)(約束)(後孫)
후사 은혜 속 위 약속 후손
(律法)(屬)(者(屬)(者)(祖上)
률법 속 자 속 자 조상

롬4:17,(記錄)(民族)(祖上(者)
기록 민족 조상 자

롬4:18,(中)後孫)(民族)(祖上)(因)
중 후손 민족 조상 인

롬4:19,(百歲)(自己)(胎)弱)
백세 자기 태 약

롬4:20,(約束)(疑心)(堅固)(榮光)
약속 의심 견고 영광

롬4:21,(約束)(能)(確信)
약속 능 확신

롬4:22,(義)
의

롬4:23,(義)(記錄)(爲)
의 기록 위

롬4:24,(義)(爲)(主)(者)(者)
의 위 주 자 자

롬4:25,(犯罪)(爲)(義)(爲
범죄 위 의 위

羅馬書-(로마서)-第五章
라마서 제오장

롬5:1,(義)(主)(和平)
의 주 화평

롬5:2,(恩惠)(榮光)
은혜 영광

롬5:3,(患難)(中)(患難)(忍耐)
환난 중 환난 인내

롬5:4,(忍耐)(鍊鍛)(鍊鍛)(所望)
인내 연단 연단 소망

롬5:5,(所望)(聖靈)
소망 성령

롬5:6,(軟弱)(期約)(敬虔)(者)(爲)
연약 기약 경건 자 위

롬5:7,(義人)(爲)(者)(善人)(爲)(勇敢)
의인 위 자 선인 위 용감
(者)(或)
자 혹

롬5:8,(罪人)(爲)(對)(自己)(確證)
죄인 위 대 자기 확증

롬5:9,(因)(義)(震怒)(救援)
인 의 진노 구원

롬5:10,(怨讐)(和睦)(和睦)(者)(因)(救援)
원수 화목 화목 자 인 구원

롬5:11,(和睦)(主)
화목 주

롬5:12,(罪)(世上)(罪)(死亡)(罪)(死亡)
죄 세상 죄 사망 죄 사망

롬5:13,(罪)(律法)(前)(世上)(律法)(罪)(罪)
죄 률법 전 세상 률법 죄 죄

롬5:14,(犯罪)(罪)(者)(死亡)(王)(者)(表象)
범죄 죄 자 사망 왕 자 표상

롬5:15,(恩賜)(犯罪)(犯罪)(因)(恩惠)
은사 범죄 범죄 인 은혜
(恩惠)(膳物)
은혜 선물

롬5:16,(膳物)(犯罪)(審判)(因)(定罪)
선물 범죄 심판 인 정죄
(恩賜)(犯罪)(因)(義)
은사 범죄 인 의

롬5:17,(犯罪)(因)(死亡)(王)(恩惠)(義)
범죄 인 사망 왕 은혜 의
(膳物)(者)(生命)(王)
선물 자 생명 왕

롬5:18,(犯罪)(定罪)(義)行動)(義(生命)
범죄 정죄 의 행동 의 생명

롬5:19,(順從)(罪人)(順從)(義人)
순종 죄인 순종 의인

롬5:20,(律法)(加入)(犯罪)(罪)(恩惠)
률법 가입 범죄 죄 은혜

롬5:21,(罪)(死亡)(王)(恩惠)(義)(王)
죄 사망 왕 은혜 의 왕
(主)(永生)
주 영생

羅馬書-(로마서)-第六章
라 마 서 제륙 장

롬6:1,(恩惠)(罪)(居)
은혜 죄 거

롬6:2,(罪)(對)
죄 대

롬6:3,(合)(洗禮)(合)(洗禮)
합 세례 합 세례

롬6:4,(合)(洗禮)(葬事)(榮光)(者)(生命)(行)
합 세례 장사 영광 자 생명 행

롬6:5,(萬一)(聯合)(者)(復活(聯合)(者)
만일 연합 자 부활 연합 자

롬6:6,(十字架)(罪)(滅(罪)
십자가 죄 멸 죄

롬6:7,(者)(罪)(義)
자 죄 의

롬6:8,(萬一)
만일

롬6:9,(者)(死亡)(主掌)
자 사망 주장

롬6:10,(罪)(對)(單番)(對(
죄 대 단번 대

롬6:11,(自身)(罪)(對)(者)對)(者)
자신 죄 대 자 대 자

롬6:12,(罪)(王(私慾)(順從)
죄 왕 사욕 순종

롬6:13,(肢體)(不義)(兵器)(罪)(自身)(者)
지체 불의 병기 죄 자신 자
(者)(肢體)(義)(兵器)
자 지체 의 병기

롬6:14,(罪)(主管)(法)(恩惠)
죄 주관 법 은혜

롬6:15,(法)(恩惠)(罪)수
법 은혜 죄

롬6:16,(自身)(順從)(順從)(者)(或)(罪)
자신 순종 순종 자 혹 죄
(死亡)(或)(順從)(義)
사망 혹 순종 의

롬6:17,(感謝)(本來)(罪)(傳)(敎訓)(本)(順從)
감사 본래 죄 전 교훈 본 순종

롬6:18,(罪)(解放)(義)
죄 해방 의

롬6:19,(肉身)(軟弱)(前)(肢體)(不淨)
육신 연약 전 지체 부정
(不法)(不法)(肢體)(義)
불법 불법 지체 의

롬6:20,(罪)(義)(對)(自由)
죄 의 대 자유

롬6:21,(死亡)
사망

롬6:22,(罪)(解放)(永生)
죄 해방 영생

롬6:23,(罪)(死亡)(恩賜)(主)(永生)
죄 사망 은사 주 영생

羅馬書-(로마서)-第七章
라 마 서 제칠 장

롬7:1,(兄弟)(法)(者)(律法)(主管)
형제 법 자 률법 주관

롬7:2,(男便)(女人)(男便)(生前)(法)
남편 녀인 남편 생전 법
(萬一)(男便)(男便)(法)
만일 남편 남편 법

롬7:3,(萬一)(男便)(生前)(男子)(淫婦)
만일 남편 생전 남자 음부
(男便)(法)(自由)(男子)(淫婦)
남편 법 자유 남자 음부

롬7:4,(兄弟)(律法)(對)(當)(者)(爲)
형제 률법 대 당 자 위

롬7:5,(肉身)(律法)(罪)(情慾)(肢體)
육신 률법 죄 정욕 지체
(中)(役事)(死亡)(爲)
중 역사 사망 위

롬7:6,(對)(律法)(靈)(儀文)
대 률법 영 의문

롬7:7,(律法)(罪)(律法)(罪)(律法)(貪(貪心)
률법 죄 률법 죄 률법 탐 탐심

롬7:8,(罪)(機會)(誡命)(各樣)(貪心)(法)(罪)
죄 기회 계명 각양 탐심 법 죄

롬7:9,(前)(法)(誡命)(罪)
전 법 계명 죄

롬7:10,(生命)(誡命)(對)(死亡)
생명 계명 대 사망

롬7:11,(罪)(機會)(誡命)
죄 기회 계명

롬7:12,(律法)(誡命(義)(善)
률법 계명 의 선

롬7:13,(善)(死亡)(罪)(罪)(爲)(善)(誡命)
선 사망 죄 죄 위 선 계명
(罪)(甚)(罪)
죄 심 죄

롬7:14,(律法)(神靈)(肉身)(屬)(罪)
률법 신령 육신 속 죄

롬7:15,(行)(願)(行)
행 원 행

롬7:16,(萬一)(願)(律法)(善)(是認)
만일 원 률법 선 시인

롬7:17,(行)(者)(居)(罪)
행 자 거 죄

롬7:18,(肉身)(善)(居)(願)(善)(行)
육신 선 거 원 선 행

롬7:19,(願)(善)(願)(惡)(行)
원 선 원 악 행

롬7:20,(萬一)(願)(行)(者)(居)(罪)
만일 원 행 자 거 죄

롬7:21,(法)(善)(行)(願)(惡)
법 선 행 원 악

롬7:22,(法)
법

롬7:23,(肢體)(法)(法)(肢體)(罪)(法)
지체 법 법 지체 죄 법

롬7:24,(嗚呼)(困苦)(死亡)
오호 곤고 사망

롬7:25,(主)(感謝)(自身)(法)(肉身)(罪)(法)
주 감사 자신 법 육신 죄 법

羅馬書-(로마서)-第八章
라마서 제팔장

롬8:1,(者)(決)(定罪)
자 결 정죄

롬8:2,(生命)(聖靈)(法)(罪)(死亡)(法)(解放)
생명 성령 법 죄 사망 법 해방

롬8:3,(律法)(肉身)(軟弱)(罪)(因)(自己)
률법 육신 연약 죄 인 자기
(罪)(肉身)(貌樣)(肉身)(罪)(定)
죄 육신 모양 육신 죄 정

롬8:4,(肉身)(靈)(行)(律法)(要求)
육신 영 행 률법 요구

롬8:5,(肉身)(者)(肉身)(靈)(者)(靈)
육신 자 육신 영 자 영

롬8:6,(肉身)(死亡)(靈)(生命)(平安)
육신 사망 영 생명 평안

롬8:7,(肉身)(怨讐)(法)(屈服)
육신 원수 법 굴복

롬8:8,(肉身)(者)
육신 자

롬8:9,(萬一)(靈)(居)(肉身)(靈)(靈)
만일 영 거 육신 영 영

롬8:10,(罪)(因)(靈)(義)(因)
죄 인 영 의 인

롬8:11,(者)(靈)(居)(者)(居)(靈)
자 영 거 자 거 영

롬8:12,(兄弟)(者)(肉身)(肉身)
형제 자 육신 육신

롬8:13,(肉身)(靈)(行實)
육신 영 행실

롬8:14,(靈)(引導)
영 인도

롬8:15,(靈)(養子)(靈)
영 양자 영

롬8:16,(聖靈)(親)(靈)(子女)(證據)
성령 친 영 자녀 증거

롬8:17,(子女)(後嗣)(後嗣)(後嗣)
자녀 후사 후사 후사
(榮光)(爲)(苦難)
영광 위 고난

롬8:18,(現在)(苦難)(將次)(榮光)(足)(比較)
현재 고난 장차 영광 족 비교

롬8:19,(被造物)(苦待)
피조물 고대

롬8:20,(被造物)(虛無)(屈服)(自己)(屈服)
피조물 허무 굴복 자기 굴복

롬8:21,(被造物)(解放)(子女)(榮光)(自由)
피조물 해방 자녀 영광 자유

롬8:22,(被造物)(嘆息)(苦痛)
피조물 탄식 고통

롬8:23,(聖靈)(嘆息)(養子)(救贖)
성령 탄식 양자 구속

롬8:24,(所望)(救援)(所望)(所望)
소망 구원 소망 소망

롬8:25,(萬一)
만일

롬8:26,(聖靈)(軟弱)聖靈)(嘆息)(爲)
성령 연약 성령 탄식 위
(親)(懇求)
친 간구

롬8:27,(監察)(聖靈)(聖靈)(聖徒)(爲)(懇求)
감찰 성령 성령 성도 위 간구

롬8:28,(者)(者)(合力)(善)
자 자 합력 선

롬8:29,(者)(形像)(爲)(定)(兄弟)(中)
자 형상 위 정 형제 중

롬8:30,(定)(義)(義)(榮華)
정 의 의 영화

롬8:31,(對)(萬一)(爲)(對敵)
대 만일 위 대적

롬8:32,(自己)(爲)(恩賜)
자기 위 은사

롬8:33,(能)(擇)(者)(訟事)(義)
능 택 자 송사 의

롬8:34,(定罪)(右便)(者)(爲)(懇求)(者)
정죄 우편 자 위 간구 자

롬8:35,(患難)(困苦)(逼迫)(饑饉)
환난 곤고 핍박 기근
(赤身)(危險)
적신 위험

롬8:36,(記錄)(終日)(主)(爲)(當)(屠殺)(羊)
기록 종일 주 위 당 도살 양

롬8:38,(確信)(死亡)(生命)(天使)
확신 사망 생명 천사
(權勢者)(現在)(將來)(能力)
권세자 현재 장래 능력

롬8:39,(被造物)(主)
피조물 주

羅馬書-(로마서)-第九章
라마서 제구장

롬9:1,(苦痛)(良心)(聖靈)(證據)
고통 량심 성령 증거

롬9:2,(苦痛)(良心)(聖靈)(證據)
고통 량심 성령 증거

롬9:3,(兄弟)(骨肉)(親戚)(爲)(自身)
형제 골육 친척 위 자신
(詛呪)(願)
저주 원

롬9:4,(養子)(榮光)(言約)(律法)(禮拜)(約束)
양자 영광 언약 률법 예배 약속

롬9:5,(祖上)(肉身)(萬物)(世世)(讚揚)
조상 육신 만물 세세 찬양

롬9:6,(廢)
폐

롬9:7,(子女)(者)(稱)
자녀 자 칭

롬9:8,(肉身)(子女)(子女)(約束)(子女)
육신 자녀 자녀 약속 자녀

롬9:9,(約束)(明年)
약속 명년

롬9:10,(祖上)(孕胎)
조상 잉태

롬9:11,(子息)(善)(惡)(行)(擇)行爲)
자식 선 악 행 택 행위

롬9:12,(者)(者)
자 자

롬9:13,(記錄)
기록

롬9:14,(不義)수
불의

롬9:15,(矜恤)(者)(矜恤)(者)
긍휼 자 긍휼 자

롬9:16,(願)(者)(者)(矜恤)
원 자 자 긍휼

롬9:17,(聖經)(爲)(能力)(傳播)
성경 위 능력 전파

롬9:18,(者)(矜恤)(者)(剛愎)
자 긍휼 자 강퍅

롬9:19,(或)(對敵)
혹 대적

롬9:20,(敢)(詰問)(物件)(者)
감 힐문 물건 자

롬9:21,(土器匠)(貴)(賤)(權)
토기장 귀 천 권

롬9:22,(萬一)(震怒)(能力)(滅)(準備)
만일 진노 능력 멸 준비
(震怒)(寬容)
진노 관용

롬9:23,(榮光)(豫備)(矜恤)(對)(榮光)(富饒)
영광 예비 긍휼 대 영광 부요

롬9:24,(人)(中(異邦人)(中)(者)
인 중 이방인 중 자

롬9:25,(百姓)(者)(百姓)(者)(者)
백성 자 백성 자 자

롬9:26,(百姓)
백성

롬9:27,(關)(子孫)(數)(者)(救援)
관 자손 수 자 구원

롬9:28,(主)(畢)
주 필

롬9:29,(萬一)(萬軍)(主)
만일 만군 주

롬9:30,(義)(異邦人)(義)義)
의 이방인 의 의

롬9:31,(義)(法)(法)
의 법 법

롬9:32,(依支)行爲)(依支)
의지 행위 의지

롬9:33,(記錄)磐石)(者)(當)
기록 반석 자 당

羅馬書-(로마서)-第十章
라마서 제십장

롬10:1,(兄弟)(願)(求)(爲)(救援)
형제 원 구 위 구원

롬10:2,(證據)(熱心)(知識)
증거 열심 지식

롬10:3,(義)(自己)(義)(義)(服從)
의 자기 의 의 복종

롬10:4,(者)(義)(爲)(律法)
자 의 위 률법

롬10:5,(記錄)(律法)(義)(行)(義
기록 률법 의 행 의

롬10:6,(義)
의

롬10:7,(或)(陰府)(者)
혹 음부 자

롬10:8,(傳播)
전파

롬10:9,(萬一)(主)(是認)(救援)
만일 주 시인 구원

롬10:10,(義)(是認)(救援)
의 시인 구원

롬10:11,(聖經)(者)(當)
성경 자 당

롬10:12,(人)(人)(差別)(主)(主)(富饒)
인 인 차별 주 주 부요

롬10:13,(主)(者)(救援)
주 자 구원

롬10:14,(傳播)(者)
전파 자

롬10:15,(傳播)(記錄)(消息)(傳)(者)
전파 기록 소식 전 자

롬10:16,(福音)(順從)(主)(傳)
복음 순종 주 전

롬10:19,(百姓)(者)(猜忌)(百姓)(怒)
백성 자 시기 백성 노

롬10:20,(膽大)(求)(者)(問議)(者)
담대 구 자 문의 자

롬10:21,(對)(順從)(百姓)(終日)
대 순종 백성 종일

羅馬書-(로마서)-第十一章
라마서 제십일장

롬11:1,(自己)(百姓)(人)(者)(支派)
자기 백성 인 자 지파

롬11:2,(自己)(百姓)(聖經)(訟事)
자기 백성 성경 송사

롬11:3,(主)(主)(先知者)(主)(祭壇)
주 주 선지자 주 제단

롬11:4,(對答)(爲)(七千)
대답 위 칠천

롬11:5,(恩惠)(擇)(者)
은혜 택 자

롬11:6,(萬一)(恩惠)行爲)(恩惠)(恩惠)
만일 은혜 행위 은혜 은혜

롬11:7,(求)(擇)(者)(者)(頑惡)
구 택 자 자 완악

롬11:8,(記錄)(昏迷)(心靈)
기록 혼미 심령

롬11:9,(報應)
보응

롬11:10,(恒常)
항상

롬11:11,(失足)(救援)(異邦人)(猜忌)
실족 구원 이방인 시기

롬11:12,(世上)(富饒)(失敗)(異邦人)
세상 부요 실패 이방인
(富饒)(充滿)
부요 충만

롬11:13,(異邦人)(異邦人)(使徒)(職分)(榮光)
이방인 이방인 사도 직분 영광

롬11:14,(骨肉)(猜忌)(中)(救援)
골육 시기 중 구원

롬11:15,(世上)(和睦)(者)
세상 화목 자

롬11:16,(祭祀)(穀食)
제사 곡식

롬11:17,(橄欖)(中)(接)(橄欖)(津液)(者)
감람 중 접 감람 진액 자

롬11:18,(向)(自矜)(自矜)(保全)(保全)
향 자긍 자긍 보전 보전

롬11:19,(接)
접

롬11:21,(元)
원

롬11:22,(仁慈)(嚴威)(者)(嚴威)(萬一)
인자 엄위 자 엄위 만일
(仁慈)(居)(仁慈)
인자 거 인자

롬11:23,(居)(接)(接)(能力)
거 접 접 능력

롬11:24,(橄欖)(本性)(橄欖)(接)(元)
감람 본성 감람 접 원
(自己)(橄欖)(接)
자기 감람 접

롬11:25,(兄弟)(智慧)(免)(爲)(秘密)(願)
형제 지혜 면 위 비밀 원
(秘密)(異邦人)(充滿)(數)(頑惡)
비밀 이방인 충만 수 완악

롬11:26,(救援)(記錄)(救援者)(敬虔)
구원 기록 구원자 경건

롬11:27,(罪)(言約)
죄 언약

롬11:28,(福音)(因)(怨讐)(者)(擇)(祖上)
복음 인 원수 자 택 조상
(因)(者)
인 자

롬11:29,(恩賜)(後悔)
은사 후회

롬11:30,(前)(順從)(順從)(矜恤)
전 순종 순종 긍휼

롬11:31,(順從)(矜恤)(矜恤)
순종 긍휼 긍휼

롬11:32,(順從)(矜恤)
순종 긍휼

롬11:33,(智慧)(知識)(富饒)(判斷)(測量)
지혜 지식 부요 판단 측량

롬11:34,(主)(謀士)
주 모사

롬11:35,(主)
주

롬11:36,(萬物)(主)(主)(主)(榮光)(世世)
만물 주 주 주 영광 세세

羅馬書-(로마서)-第十二章
라 마 서 제십이 장

롬12:1,(兄弟)(慈悲)(勸)(祭祀)(靈的)(禮拜)
형제 자비 권 제사 영적 예배

롬12:2,(世代)(變化(善)(穩全)(分別
세대 변화 선 온전 분별

롬12:3,(恩惠)(中)(各)(以上)(各)分量)(智慧)
은혜 중 각 이상 각 분량 지혜

롬12:4,(肢體)(肢體)(職分)
지체 지체 직분

롬12:5,(肢體)
지체

롬12:6,(恩惠)(恩賜)(各各)(或)(豫言)分數)
은혜 은사 각각 혹 예언 분수

롬12:7,(或)(或)(者)
혹 혹 자

롬12:8,(或)(權慰)(者)(權慰)(救濟)(者)
혹 권위 자 권위 구제 자
(誠實)(者)(矜恤)(者)
성실 자 긍휼 자

롬12:9,(惡)(善)(屬)
악 선 속

롬12:10,(兄弟)(友愛)(尊敬)
형제 우애 존경

롬12:11,(熱心)(主)
열심 주

롬12:12,(所望)(中)(患難)(中)(祈禱)(恒常)
소망 중 환난 중 기도 항상

롬12:13,(聖徒)(供給)(待接)
성도 공급 대접

롬12:14,(逼迫)(者)(祝福)(祝福)(詛呪)
핍박 자 축복 축복 저주

롬12:15,(者)(者)
자 자

롬12:16,(處)(智慧)
처 지혜

롬12:17,(惡)(惡)(善)(圖謀)
악 악 선 도모

롬12:18,(平和)
평화

롬12:19,(者)(親)(怨讐)(震怒)(記錄)
자 친 원수 진노 기록
(怨讐)(主)
원수 주

롬12:20,(怨讐)
원수

롬12:21,(惡)(善)(惡)
악 선 악

羅馬書-(로마서)-第十三章
라마서 제십삼장

롬13:1,(各)(權勢)(屈服)(權勢)(權勢)(定)
각 권세 굴복 권세 권세 정

롬13:2,(權勢)(者)(命)(者)(審判)(自取)
권세 자 명 자 심판 자취

롬13:3,(官員)(善)(對)(惡)(對)(權勢)(善)
관원 선 대 악 대 권세 선
(行)(稱讚)
행 칭찬

롬13:4,(使者)(善)(者)(惡)(行)(空然)(使者)
사자 선 자 악 행 공연 사자
(惡)(行)(者)(震怒)(爲)(報應)(者)
악 행 자 진노 위 보응 자

롬13:5,(屈服)(怒)(因)(良心)(因)
굴복 노 인 량심 인

롬13:6,(貢稅)(因)(恒常)
공세 인 항상

롬13:7,(者)(貢稅)(者)(貢稅)(國稅)(者)
자 공세 자 공세 국세 자
(國稅)(者)(尊敬)(者)(尊敬)
국세 자 존경 자 존경

롬13:8,(彼此)(外)(者)(律法)
피차 외 자 률법

롬13:9,(姦淫)(殺人)(盜賊)(貪)(外)
간음 살인 도적 탐 외
(誡命)(自身)
계명 자신

롬13:10,(惡)(行)(律法)(完成)
악 행 률법 완성

롬13:11,(時機)(救援)
시기 구원

롬13:12,(甲)
갑

롬13:13,(端正)(行)(放蕩)(醉)(淫亂)
단정 행 방탕 취 음란
(好色)(爭鬪)(猜忌)
호색 쟁투 시기

롬13:14,(主)(情慾)(爲)(肉身)(圖謀)
주 정욕 위 육신 도모

羅馬書-(로마서)-第十四章
라마서 제십사장

롬14:1,(軟弱)(者)(疑心)(批判)
연약 자 의심 비판

롬14:2,(軟弱)(者)(菜蔬)
연약 자 채소

롬14:3,(者)(者)(者)(者)(判斷)
자 자 자 자 판단

롬14:4,(下人)(判斷)(主人)(權能)(主)
하인 판단 주인 권능 주

롬14:5,(或)(或)(各各)(自己)(確定)
혹 혹 각각 자기 확정

롬14:6,(重)(者)(主)(爲)(重)(者)(主)(爲)
중 자 주 위 중 자 주 위
(感謝)(者)(主)(爲)(感謝)
감사 자 주 위 감사

롬14:7,(中)(自己)(爲)(者)(自己)(爲)(者)
중 자기 위 자 자기 위 자

롬14:8,(主)(爲)(主)(爲)(主)
주 위 주 위 주

롬14:9,(爲)(者)(者)(主)
위 자 자 주

롬14:10,(兄弟)(判斷)(兄弟)(審判臺)
형제 판단 형제 심판대

롬14:11,(記錄)(主)(自白)
기록 주 자백

롬14:12,(各人)(自己)(直告)
각인 자기 직고

롬14:13,(判斷)(兄弟)(注意)
판단 형제 주의

롬14:14,(主)(確信)(俗)(俗)(俗)
주 확신 속 속 속

롬14:15,(萬一)(食物)(因)(兄弟)(行)(代身)
만일 식물 인 형제 행 대신
(兄弟)(食物)(亡)
형제 식물 망

롬14:16,(善)(誹謗)
선 비방

롬14:17,(聖靈)(義)(平康)(喜樂)
성령 의 평강 희락

롬14:18,(者)(稱讚)
자 칭찬

롬14:19,(和平)(德)
화평 덕

롬14:20,(食物)(因)(事業)(萬物)(定)(惡)
식물 인 사업 만물 정 악

롬14:21,(葡萄酒)(兄弟)
포도주 형제

롬14:22,(自己)(自己)(責)(者)(福)
자기 자기 책 자 복

롬14:23,(疑心)(者)(定罪)(緣故)罪)
의심 자 정죄 연고 죄

羅馬書-(로마서)-第十五章
라마서 제십오장

롬15:1,(强)(者)(軟弱)(者)(弱點)(擔當)(自己)
강 자 연약 자 약점 담당 자기

롬15:2,(各)(善)(德)
각 선 덕

롬15:3,(自己)(記錄)(主)(誹謗)(者)(誹謗)
자기 기록 주 비방 자 비방

롬15:4,(前)(記錄)(教訓)(爲)(記錄)
전 기록 교훈 위 기록
(忍耐)(聖經)(安慰)(所望)
인내 성경 안위 소망

롬15:5,(忍耐)(安慰)
인내 안위

롬15:6,(主)(榮光)
주 영광

롬15:7,(榮光)
영광

롬15:8,(眞實)(爲)(割禮)(隨從者)(祖上)
진실 위 할례 수종자 조상

(約束)(堅固)
약속 견고

롬15:9,(異邦人)(矜恤)(因)(榮光)(記錄)
이방인 긍휼 인 영광 기록

(列邦)(中)(主)(感謝)(主)(讚頌)
열방 중 주 감사 주 찬송

롬15:10,(列邦)(主)(百姓)
열방 주 백성

롬15:11,(列邦)(主)(讚揚)(百姓)(讚頌)
열방 주 찬양 백성 찬송

롬15:12,(列邦)(爲)(列邦)(所望)
열방 위 열방 소망

롬15:13,(所望)(平康)充滿)(聖靈)(能力)
소망 평강 충만 성령 능력

(所望)(願)
소망 원

롬15:14,(兄弟)(善)(知識)(能)(勸)(者)(確信)
형제 선 지식 능 권 자 확신

롬15:15,(恩惠)(因)(膽大)大綱)
은혜 인 담대 대강

롬15:16,(恩惠)(異邦人)(爲)(福音)(祭司長)
은혜 이방인 위 복음 제사장

(職務(異邦人)(祭物)(聖靈)
직무 이방인 제물 성령

롬15:17,(對)
대

롬15:18,(異邦人)(順從(爲)(表蹟)(奇事)
이방인 순종 위 표적 기사

(能力)(聖靈)(能力)(役事)(外)(敢)
능력 성령 능력 역사 외 감

롬15:19,(因)(行)(福音)(遍滿)(傳)
인 행 복음 편만 전

롬15:20,(福音)(傳)(建築)
복음 전 건축

롬15:21,(記錄)(主)(消息)(者)(者)
기록 주 소식 자 자

롬15:22,(番)
번

롬15:23,(地方)(前)(願)
지방 전 원

롬15:24,(交際)(若干)(滿足)(後)
교제 약간 만족 후

롬15:25,(聖徒)
성도

롬15:26,(聖徒)(中)(者)(爲)(同情)
성도 중 자 위 동정

롬15:27,(者)(萬一)(異邦人)(神靈)(肉身)
자 만일 이방인 신령 육신

롬15:28,(確證)(後)
확증 후

롬15:29,(充滿)(祝福)
충만 축복

롬15:30,(兄弟)(主)(聖靈)(勸)(祈禱)(爲)
형제 주 성령 권 기도 위

롬15:31,(順從)(者)(救援)(對)(聖徒)
순종 자 구원 대 성도

롬15:33,(平康)
평강

羅馬書-(로마서)-第十六章
라마서 제십륙장

롬16:1,(教會)(姉妹)(薦擧)
교회 자매 천거

롬16:2,(主)(聖徒)(合當)(禮節)(迎接)
주 성도 합당 예절 영접

(所用)(保護者)
소용 보호자

롬16:3,(同役者)(問安)
동역자 문안

롬16:4,(爲)(自己)(異邦人)(教會)(感謝)
위 자기 이방인 교회 감사

롬16:5,(教會)(問安)(問安)
교회 문안 문안

롬16:6,(爲)(受苦)(問安)
위 수고 문안

롬16:7,(親戚)(問安)(使徒)(有名)(者)
친척 문안 사도 유명 자

롬16:8,(主)(問安)
주 문안

롬16:9,(同役者)(問安)
동역자 문안

롬16:10,(認定)(問安)(眷屬)(問安)
인정 문안 권속 문안

롬16:11,(親戚)(問安)(眷屬)(中)(主)
친척 문안 권속 중 주

(者)(問安)
자 문안

롬16:12,(主)(受苦)(問安)(主)(受苦)(問安)
주 수고 문안 주 수고 문안

롬16:13,(主)(擇)(問安)
주 택 문안

롬16:14,(兄弟)(問安)
형제 문안

롬16:15빌롤(姉妹)(聖徒)(問安)
자매 성도 문안

롬16:16,(問安)(教會)(問安)
문안 교회 문안

롬16:17,(兄弟)(勸)(教訓)(紛爭)(者
형제 권 교훈 분쟁 자

롬16:18,(者)(主)(自己)(工巧) (阿諂)
자 주 자기 공교 아첨

(純眞)(者)(迷惑)
순진 자 미혹

롬16:19,(順從)(因)(善)(智慧)(惡)(願)
순종 인 선 지혜 악 원

롬16:20,(平康)(速)(傷)(主)(恩惠)
평강 속 상 주 은혜

롬16:21,(同役者)(親戚)(問安)
동역자 친척 문안

롬16:22,(便紙)代書)(主)(問安)
편지 대서 주 문안

롬16:23,(教會)(食主人)(問安)(城)
교회 식주인 문안 성

(財務)(兄弟)
재무 형제

롬16:24,(主)(恩惠)
주 은혜

롬16:25,(福音)(傳播)(永世前)
복음 전파 영세전

롬16:26,(永遠)(命)(先知者)(民族)順從)
영원 명 선지자 민족순종

(秘密)(啓示)(福音)(能)(堅固)
비밀 계시 복음 능 견고

롬16:27,(智慧)(榮光)(世世無窮)
지혜 영광 세세무궁

哥林多前書-(고린도전서)-第一章
가 림 다 전 서 제일 장

고전1:1,(使徒)(兄弟)
사도 형제

고전1:2,(敎會)(聖徒)(者)(各處)(主)(主)(者)
교회 성도 자 각처 주 주 자

고전1:3,(主)(恩惠)(平康)(願)
주 은혜 평강 원

고전1:4,(恩惠)(因)(爲)(恒常)(感謝)
은혜 인 위 항상 감사

고전1:5,(口辯)(知識)(豊足)
구변 지식 풍족

고전1:6,(證據)(中)(堅固)
증거 중 견고

고전1:7,(恩賜)(不足)(主)
은사 부족 주

고전1:8,(主)(主)(責望)(者)(堅固)
주 주 책망 자 견고

고전1:9,(主)(交際)
주 교제

고전1:10,(兄弟)(主)(勸)(紛爭)(穩全)(合)
형제 주 권 분쟁 온전 합

고전1:11,(兄弟)(便)(對)(紛爭)
형제 편 대 분쟁

고전1:12,(各各),나,(屬)(者(
각각 속 자

고전1:13,(爲)(十字架)(洗禮)
위 십자가 세례

고전1:14,(外)(中)(洗禮)(感謝)
외 중 세례 감사

고전1:15,(洗禮
세례

고전1:16,(洗禮)(外)(洗禮)
세례 외 세례

고전1:17,(洗禮)(福音)(智慧)(十字架)
세례 복음 지혜 십자가

고전1:18,(十字架)(道)(滅亡)(者)(救援)
십자가 도 멸망 자 구원

(能力)
능력

고전1:19,(記錄)(智慧)(者)(智慧)(滅)
기록 지혜 자 지혜 멸

(聰明)(者)(聰明)(廢)
총명 자 총명 폐

고전1:20,(智慧)(者)(世代)(辯士)(世上)(智慧)
지혜 자 세대 변사 세상 지혜

고전1:21,(智慧)(世上)(自己)(智慧)(故)
지혜 세상 자기 지혜 고

(傳道)者)(救援)
전도 자 구원

고전1:22,(人)(表蹟)(求)(人)(智慧)
인 표적 구 인 지혜

고전1:23,(十字架)(傳)(人)(異邦人)
십자가 전 인 이방인

고전1:24,(者)(人)(人)(能力)(智慧)
자 인 인 능력 지혜

고전1:25,(智慧)(弱)(强)
지혜 약 강

고전1:26,(兄弟)(肉體)(智慧)(者)(能)
형제 육체 지혜 자 능

(者)(門閥)(者)
자 문벌 자

고전1:27,(世上)(擇)(智慧)(者)(世上)
세상 택 지혜 자 세상

(弱)(擇)(强)
약 택 강

고전1:28,(世上)(賤)(蔑視)(擇)(廢)
세상 천 멸시 택 폐

고전1:29,(肉體
육체

고전1:30,(智慧)(義)(救贖)
지혜 의 구속

고전1:31,(記錄)(者)(主)
기록 자 주

哥林多前書-(고린도전서)-第二章
가 림 다 전 서 제이 장

고전2:1,(兄弟(證據)(傳)(智慧)
형제증거 전 지혜

고전2:2,(中)(十字架)(外)(作定)
중 십자가 외 작정

고전2:3,(居)(弱)(甚)
거 약 심

고전2:4,(傳道)(智慧)(勸)(聖靈)(能力)
전도 지혜 권 성령 능력

고전2:5,(智慧)(能力)
지혜 능력

고전2:6,(穩全)(者)(中)(智慧)(世上)
온전 자 중 지혜 세상

(智慧)(世上)(官員)(智慧)
지혜 세상 관원 지혜

고전2:7,(秘密)(智慧)(榮光)(爲)(萬歲前)(定)
비밀 시혜 영광 위 만세전 정

고전2:8,(智慧)(世代)(官員)(萬一)(榮光)
지혜 세대 관원 만일 영광

(主)(十字架)
주 십자가

고전2:9,(記錄)(自己)(者)(爲)(豫備)
기록 자기 자 위 예비

고전2:10,(聖靈)(聖靈)(通達)
성령 성령 통달

고전2:11,(私情)(靈)(外)(私情)(靈)(外)
사정 영 외 사정 영 외

고전2:12,(世上)(靈)(靈)(恩惠
세 상 영 영 은 혜

고전2:13,(智慧)(聖靈)(神靈)(神靈)(分別)
지 혜 성 령 신 령 신 령 분 별

고전2:14,(肉)(屬)(聖靈)(靈的)(分辨)
육 속 성 령 영 적 분 변

고전2:15,(神靈)(者)(判斷)(自己)(判斷)
신 령 자 판 단 자 기 판 단

고전2:16,(主)(主)
주 주

哥林多前書-(고린도전서)-第三章
가 림 다 전 서 제 삼 장

고전3:1,(兄弟)(神靈)(者)(對)(肉身)
형 제 신 령 자 대 육 신
(屬)(者)(對)
속 자 대

고전3:2,(堪當)(只今)
감 당 지 금

고전3:3,(肉身)(屬)(者)(猜忌)(紛爭)
육 신 속 자 시 기 분 쟁
(肉身)(屬)(行)
육 신 속 행

고전3:5,(主)(各各)(使役者)
주 각 각 사 역 자

고전3:8,(一般)(各各)(自己)(自己)(賞)
일 반 각 각 자 기 자 기 상

고전3:9,(同役者)
동 역 자

고전3:10,(恩惠)(智慧)(建築者)(各各)(操心)
은 혜 지 혜 건 축 자 각 각 조 심

고전3:11,(外)(能)(者)
외 능 자

고전3:12,(萬一)(金)(銀)(寶石)
만 일 금 은 보 석

고전3:13,(各各)(功力)(功力)(各)(功力)(試驗)
각 각 공 력 공 력 각 공 력 시 험

고전3:14,(萬一)(功力)(賞)
만 일 공 력 상

고전3:15,(功力)(害)(自己)(救援)
공 력 해 자 기 구 원

고전3:16,(聖殿)(聖靈)(居)
성 전 성 령 거

고전3:17,(聖殿)(滅)(聖殿)
성 전 멸 성 전

고전3:18,(自己)(中)(世上)(智慧)(者)
자 기 중 세 상 지 혜 자
(智慧)(者)
지 혜 자

고전3:19,(世上)(智慧)(記錄)(智慧)
세 상 지 혜 기 록 지 혜
(者)(自己)(詭譎)
자 자 기 궤 휼

고전3:20,(主)(智慧)(者)
주 지 혜 자

고전3:21,(萬物)
만 물

고전3:22,(世界)(生命)(死亡)(只今)(將來)
세 계 생 명 사 망 지 금 장 래

哥林多前書-(고린도전서)-第四章
가 림 다 전 서 제 사 장

고전4:1秘密)(者)
비 밀 자

고전4:2,(者)(求)(忠誠)
자 구 충 성

고전4:3,(判斷)(判斷)
판 단 판 단

고전4:4,(自責)(因)(義)(判斷)
자 책 인 의 판 단

고전4:5,(前)(主)(判斷)(各)(稱讚)
전 주 판 단 각 칭 찬

고전4:6,(兄弟)(爲)(本)(記錄)(對敵)(驕慢)
형 제 위 본 기 록 대 적 교 만

고전4:7,(區別)(中
구 별 중

고전4:8,(富饒)(王)(王)(爲)(王)(願)
부 요 왕 왕 위 왕 원

고전4:9,(使徒)(作定)(者)(微末)(世界)
사 도 작 정 자 미 말 세 계
(天使)(求景)
천 사 구 경

고전4:10,(緣故)(智慧)(弱)(强)(尊貴)(卑賤)
연 고 지 혜 약 강 존 귀 비 천

고전4:11,(時間)(定處)
시 간 정 처

고전4:12,(受苦)(親)(當)(祝福)(逼迫)(當)
수 고 친 당 축 복 핍 박 당

고전4:13,(誹謗)(當)(勸勉)(至今)(世上)(萬物)
비 방 당 권 면 지 금 세 상 만 물

고전4:14,(子女)(勸)
자 녀 권

고전4:15,(一萬)(福音)
일 만 복 음

고전4:16,(勸)(者)
권 자

고전4:17,(因)(主)(信實)(行事)(各處)(教會)
인 주 신 실 행 사 각 처 교 회

고전4:18,(驕慢)
교 만

고전4:19,(主)(許諾)(速)(驕慢)(者)(能力)
주 허 락 속 교 만 자 능 력

고전4:20,(能力)
능 력

고전4:21,(願)(溫柔)
원 온 유

哥林多前書-(고린도전서)-第五章
가 림 다 전 서 제 오 장

고전5:1,(中)(甚至於)(淫行)(淫行)
중 심 지 어 음 행 음 행
(異邦人)(中)(取)
이 방 인 중 취

고전5:2,(驕慢)(痛恨)(行)(者)(中)
교 만 통 한 행 자 중

고전5:3,(實)(靈)(行)(者)(判斷)
실 영 행 자 판단

고전5:4,(主)(靈)(主)(能力)
주 영 주 능력

고전5:5,(者)(肉身)(滅)(靈)(主)(救援)
자 육신 멸 영 주 구원

고전5:7,(者)(爲)(逾越節)(羊)(犧牲)
자 위 유월절 양 희생

고전5:8,(名節)(怪惡)(惡毒)(純全)(眞實)
명절 괴악 악독 순전 진실

고전5:9,(淫行)(者)(
음행 자

고전5:10,(世上)(淫行)(者)(貪)(者)(討索)
세상 음행 자 탐 자 토색

(者)(偶像)(崇拜)(者)(萬一)(世上)
자 우상 숭배 자 만일 세상

고전5:11,(萬一)(兄弟)(者)(淫行)(偶像)
만일 형제 자 음행 우상

(崇拜)(醉)(討索)(者)
숭배 취 토색 자

고전5:12,(外人)(判斷)(相關)(教中)(判斷)
외인 판단 상관 교중 판단

고전5:13,(外人)(判斷)(惡)(中)
외인 판단 악 중

哥林多前書-(고린도전서)-第六章
가 림 다 전 서 제륙장

고전6:1,(中)(不義)(者)(訟事)(聖徒)
중 불의 자 송사 성도

고전6:2,(聖徒)(世上)(判斷)(世上)
성도 세상 판단 세상

(判斷)(至極)(判斷)(堪當)
판단 지극 판단 감당

고전6:3,(天使)(判斷)(世上)
천사 판단 세상

고전6:4,(世上)(事件)(教會)(者)
세상 사건 교회 자

고전6:5,(兄弟間)(判斷)(智慧)(者)
형제간 판단 지혜 자

고전6:6,(兄弟)(兄弟)(訟事)(者)
형제 형제 송사 자

고전6:7,(彼此)(訟事)(宛然)(不義)(當)
피차 송사 완연 불의 당

고전6:8,(不義)(行)(兄弟)
불의 행 형제

고전6:9,(不義)(者)(遺業)(迷惑)(淫亂)(者)
불의 자 유업 미혹 음란 자

(偶像)(崇拜)(者)(姦淫)(者)(貪色)
우상 숭배 자 간음 자 탐색

(者)(男色)(者)
자 남색 자

고전6:10,(盜賊)(者)(醉)(者)(者)(討索)
도적 자 취 자 자 토색

(者)(遺業)
자 유업

고전6:11,(中)(者)(主)(聖靈)(義)
중 자 주 성령 의

고전6:12,(可)(有益)(可)(制裁)
가 유익 가 제재

고전6:13,(食物)(爲)(食物)(爲)(廢)(淫亂)
식물 위 식물 위 폐 음란

(爲)(主)(爲)(主)(爲)
위 주 위 주 위

고전6:14,(主)(權能
주 권능

고전6:15,(肢體)(肢體)(娼妓)(肢體)(決)
지체 지체 창기 지체 결

고전6:16,(娼妓)(合)(者)(肉體)
창기 합 자 육체

고전6:17,(主)(合)(者)(靈)
주 합 자 영

고전6:18,(淫行)(避)(犯)(罪)(淫行)(者)
음행 피 범 죄 음행 자

(自己)(罪)(犯)
자기 죄 범

고전6:19,(聖靈)(前)
성령 전

고전6:20,(榮光)
영광

哥林多前書-(고린도전서)-第七章
가 림 다 전 서 제칠장

고전7:1,(對)(男子)(女子)
대 남자 녀자

고전7:2,(淫行)(緣故)(男子)(自己)
음행 연고 남자 자기

(女子)(自己)(男便)
녀자 자기 남편

고전7:3,(男便)(對)(義務)(男便)
남편 대 의무 남편

고전7:4,(自己)(主掌)(男便)(男便)
자기 주장 남편 남편

(自己)(主掌)
자기 주장

고전7:5,(分房)(祈禱)(爲)(合意上)
분방 기도 위 합의상

(合)(節制)(因)(試驗)
합 절제 인 시험

고전7:6,(權道)(命令)
권도 명령

고전7:7,(願)(各各)(自己)(恩賜)
원 각각 자기 은사

고전7:8,(婚姻)(者)(寡婦)
혼인 자 과부

고전7:9,(萬一)(節制)(婚姻)(情慾)(婚姻)
만일 절제 혼인 정욕 혼인

고전7:10,(婚姻)(者)(命)(命)(者)(主)
혼인 자 명 명 자 주

(女子)(男便)
녀자 남편

고전7:11,(萬一)(男便)(和合)(男便)
만일 남편 화합 남편

고전7:12,(主)(命令)(萬一)(兄弟)男便(
주 명령 만일 형제 남편

고전7:13,(女子)男便(男便)
녀 자 남 편 남 편

고전7:14,(男便)(因(男便)(因(子女)
남 편 인 남 편 인 자 녀

고전7:15,(或)者)(兄弟)(姉妹)(拘束)
혹 자 형 제 자 매 구 속
(和平)(中)
화 평 중

고전7:16,(者)(男便)(救援)(男便)(者)(救援)
자 남 편 구 원 남 편 자 구 원

고전7:17,(主)(各)(各)(行)(教會)(命)
주 각 각 행 교 회 명

고전7:18,(割禮者)(者)(無割禮者)
할 례 자 자 무 할 례 자
(無割禮者)(者)(割禮)
무 할 례 자 자 할 례

고전7:19,(割禮)(割禮)(誡命)
할 례 할 례 계 명

고전7:20,(各)
각

고전7:21,(念慮)(自由)(使用)
염 려 자 유 사 용

고전7:22,(主)(者)(主)(屬)(自由者)
주 자 주 속 자 유 자
(自由者)(者)
자 유 자 자

고전7:24,(兄弟)(各各)(居)
형 제 각 각 거

고전7:25,(處女)(對)(主)(誡命)(主)(慈悲)
처 녀 대 주 계 명 주 자 비
(忠誠)(者)(意見)(告)
충 성 자 의 견 고

고전7:26,(臨迫)(患難)(因)
임 박 환 난 인

고전7:27,(求)(求)
구 구

고전7:28,(罪)(處女(罪)(肉身)(苦難)
죄 처 녀 죄 육 신 고 난

고전7:29,(兄弟)(短縮)(故)(後)(者)(者)
형 제 단 축 고 후 자 자

고전7:30,(者)(者)(者)(者)(賣買)(者)(者)
자 자 자 자 매 매 자 자

고전7:31,(世上)(物件)(者(者)(世上)(形跡)
세 상 물 건 자 자 세 상 형 적

고전7:32,(念慮)(願)(者)(主)(念慮)(主)
염 려 원 자 주 염 려 주

고전7:33,(者)(世上)(念慮)(
자 세 상 염 려

고전7:34,(者)(處女)(主)(念慮)(靈)(者)
자 처 녀 주 염 려 영 자
(世上)(念慮)(男便)
세 상 염 려 남 편

고전7:35,(有益)(爲)(理致)(合)(紛擾)(主)
유 익 위 이 치 합 분 요 주

고전7:36,(自己)(處女)(對)(理致)(合當)
자 기 처 녀 대 이 치 합 당
(婚期)(必要(罪)(婚姻)
혼 기 필 요 죄 혼 인

고전7:37,(不得已)(自己)(權利)(處女)(作定)
부 득 이 자 기 권 리 처 녀 작 정

고전7:38,(處女)(者)(者)(
처 녀 자 자

고전7:39,(男便(男便)(自由)(自己)(主)
남 편 남 편 자 유 자 기 주

고전7:40,(福)(靈)
복 영

哥林多前書-(고린도전서)-第八章
가 림 다 전 서 제 팔 장

고전8:1,(偶像)(祭物)(對)(知識)(知識)
우 상 제 물 대 지 식 지 식
(驕慢)(德)
교 만 덕

고전8:2,(萬一)
만 일

고전8:4,(偶像)(祭物)(對)(偶像)(世上)
우 상 제 물 대 우 상 세 상

고전8:5,(神)(稱)(者)(神)(主)
신 칭 자 신 주

고전8:6,(萬物)(爲)(主)(萬物)
만 물 위 주 만 물

고전8:7,(知識)(至今)(偶像)(對)(習慣)
지 식 지 금 우 상 대 습 관
(偶像)(祭物)(故)(良心)(惡)
우 상 제 물 고 량 심 악

고전8:8,(食物)(不足)(豊足)
식 물 부 족 풍 족

고전8:9,(自由)(弱)(者)(操心)
자 유 약 자 조 심

고전8:10,(知識)(偶像)(弱)(者)(良心)
지 식 우 상 약 자 량 심
(膽力)(偶像)(祭物)
담 력 우 상 제 물

고전8:11,(知識)(弱)(者)(滅亡)(爲)(兄弟)
지 식 약 자 멸 망 위 형 제

고전8:12,(兄弟)(罪)(弱)(良心)(傷)(罪)
형 제 죄 약 량 심 상 죄

고전8:13,(萬一)(食物)(兄弟)(失足)
만 일 식 물 형 제 실 족
(永遠)(兄弟)(失足)
영 원 형 제 실 족

哥林多前書-(고린도전서)-第九章
가 림 다 전 서 제 구 장

고전9:1,(自由者)(使徒)(主)(主)(行)
자 유 자 사 도 주 주 행

고전9:2,(使徒)(使徒)(使徒)(主)(印)
사 도 사 도 사 도 주 인

고전9:3,(詰問)(者)(發明)
힐 문 자 발 명

고전9:4,(權)
권

고전9:5,(使徒)(主)(兄弟)(姉妹)(權)
사 도 주 형 제 자 매 권

고전9:6,(權)
권

고전9:7,(自備糧)(兵丁)(葡萄)(實果)(羊)(羊)
자비량 병정 포도 실과 양 양

고전9:8,(律法)
률법

고전9:9,(律法)(穀食)(網)(記錄)(爲)(念慮)
률법 곡식 망 기록 위 염려

고전9:10,(專)(爲)(果然)(爲)(記錄)(者)
전 위 과연 위 기록 자
(所望)(穀食)(者)(所望)
소망 곡식 자 소망

고전9:11,(神靈)(肉身)(過)
신령 육신 과

고전9:12,(權)(權)(凡事)(福音)(障碍)
권 권 범사 복음 장애

고전9:13,(聖殿)(聖殿)(祭壇)(祭壇)
성전 성전 제단 제단

고전9:14,(主)(福音)(傳)(者)(福音)(命)
주 복음 전 자 복음 명

고전9:16,(福音)(傳)(不得不)(萬一)
복음 전 부득불 만일
(福音)(傳)(禍)
복음 전 화

고전9:17,(任意)(行)(賞)(任意)(職分)
임의 행 상 임의 직분

고전9:18,(賞)(福音)(傳)(傳)(福音)(因)(權)
상 복음 전 전 복음 인 권

고전9:19,(自由)
자유

고전9:20,(人)(人)(人)(律法)(者)(律法)
인 인 인 률법 자 률법
(律法)(者)(律法)(者)
률법 자 률법 자

고전9:21,(律法)(者)(律法)(者)(律法)
률법 자 률법 자 률법
(者)(律法)(者)(律法)(者)
자 률법 자 률법 자

고전9:22,(弱)(者)(弱)(者)(弱)(者)(貌樣)(救援)
약 자 약 자 약 자 모양 구원

고전9:23,(福音)(爲)(行)(福音)(參與)
복음 위 행 복음 참여

고전9:24,(運動場)(者)(賞)(者)
운동장 자 상 자

고전9:25,(者)(節制)(冕旒冠)
자 절제 면류관

고전9:26,(向方)(虛空)
향방 허공

고전9:27,(服從)(傳播)(後)(自己)
복종 전파 후 자기

哥林多前書-(고린도전서)-第十章
가림다전서 제십장

고전10:1,(兄弟)(願)(祖上)
형제 원 조상

고전10:2,(屬)(洗禮)
속 세례

고전10:3,(神靈)(食物)
신령 식물

고전10:4,(神靈)(飮料)(神靈)(磐石)(磐石)
신령 음료 신령 반석 반석

고전10:5,(多數)(故)(曠野)(滅亡)
다수 고 광야 멸망

고전10:6,(惡)(者)
악 자

고전10:7,(中)(偶像)(崇拜)(者)(記錄)(百姓)
중 우상 숭배 자 기록 백성

고전10:8,(中)(姦淫)(三千)(名)(姦淫)
중 간음 삼천 명 간음

고전10:9,(中)(主)(試驗)(滅亡)(試驗)
중 주 시험 멸망 시험

고전10:10,(中)(怨望)(滅亡)(者)(滅亡)(怨望)
중 원망 멸망 자 멸망 원망

고전10:11,(當)(末世)(警戒)(記錄)
당 말세 경계 기록

고전10:12,(者)(操心)
자 조심

고전10:13,(堪當)(試驗)(當)(堪當)(試驗)(當)
감당 시험 당 감당 시험 당
(許諾)(試驗)(當)(避)(能)(堪當)
허락 시험 당 피 능 감당

고전10:14,(者)(偶像)(崇拜)(避)
자 우상 숭배 피

고전10:15,(智慧)(者)(判斷)
지혜 자 판단

고전10:16,(祝福)(祝福)(盞)(參與)(參與)
축복 축복 잔 참여 참여

고전10:17,(參與)
참여

고전10:18,(肉身)(祭物)(者)(祭壇)(參與)(者)
육신 제물 자 제단 참여 자

고전10:19,(偶像)(祭物)(偶像)
우상 제물 우상

고전10:20,(大抵)(異邦人)(祭祀)(鬼神)
대저 이방인 제사 귀신
(祭祀)(鬼神)(交際)(者)(願)
제사 귀신 교제 자 원

고전10:21,(主)(盞)(鬼神)(盞)(兼)(主)(床)
주 잔 귀신 잔 겸 주 상
(鬼神)(床)(兼)(參與)
귀신 상 겸 참여

고전10:22,(主)(主)(强)(者)
주 주 강 자

고전10:23,(可)(有益)(可)(德)
가 유익 가 덕

고전10:24,(自己)(有益)(求)(有益)(求)
자기 유익 구 유익 구

고전10:25,(良心)(爲)
량심 위

고전10:26,(充滿)(主)
충만 주

고전10:27,(不信者)(中)(請)(良心)(爲)
불신자 중 청 량심 위

고전10:28,(祭物)(者)(良心)(爲)
제물 자 량심 위

고전10:29,(良心)(自由)(良心)(判斷)
량심 자유 량심 판단

고전10:30,(萬一)(感謝)(參與)(感謝)(對)
만일 감사 참여 감사 대
(誹謗)
비방

고전10:31,(榮光)(爲)
영광 위

고전10:32,(人)(人)(教會)(者)
인 인 교회 자

고전10:33,(有益)(求)(有益)(求)(救援)
유익 구 유익 구 구원

哥林多前書-(고린도전서)-第十一章
가림다전서 제십일장

고전11:1,(者)(者)
자 자

고전11:2,(記憶)(傳)(遺傳)(稱讚)
기억 전 유전 칭찬

고전11:3,(願)(各)(男子)(女子)(男子)
원 각 남자 녀자 남자

고전11:4,(男子)(祈禱)(豫言)(者)(辱)
남자 기도 예언 자 욕

고전11:5,(女子)(祈禱)(豫言)(者)(辱)
녀자 기도 예언 자 욕

고전11:6,(萬一)(女子)(萬一)(女子)
만일 녀자 만일 녀자

고전11:7,(男子)(形像)(榮光)(女子)
남자 형상 영광 녀자
(男子)(榮光)
남자 영광

고전11:8,(男子)(女子)(女子)(男子)
남자 녀자 녀자 남자

고전11:9,(男子)(女子)(爲)(女子)(男子)(爲)
남자 녀자 위 녀자 남자 위

고전11:10,(女子)(天使)(因)(權勢)(標)
녀자 천사 인 권세 표

고전11:11,(主)(男子)(女子)(女子)(男子)
주 남자 녀자 녀자 남자

고전11:12,(女子)(男子)(男子)(女子)
녀자 남자 남자 녀자

고전11:13,(判斷)(女子)(祈禱)
판단 녀자 기도

고전11:14,(萬一)(男子)(自己)(辱)(本性)
만일 남자 자기 욕 본성

고전11:15,(萬一)(女子)(自己)(榮光)
만일 녀자 자기 영광
(代身)(緣故)
대신 연고

고전11:16,(辯論)(態度)(者)(教會)(規例)
변론 태도 자 교회 규례

고전11:17,(命)(稱讚)(有益)(害)
명 칭찬 유익 해

고전11:18,(教會)(中)(紛爭)(大綱)
교회 중 분쟁 대강

고전11:19,(中)(偏黨)(中)(認定)(者)
중 편당 중 인정 자

고전11:20,(主)(晚餐)
주 만찬

고전11:21,(各各)(自己)(晚餐)(嘶腸)(醉)
각각 자기 만찬 시장 취

고전11:22,(教會)(貧窮)(者)(稱讚)(稱讚)
교회 빈궁 자 칭찬 칭찬

고전11:23,(傳)(主)(主)
전 주 주

고전11:24,(祝謝)(爲)(行)(記念)
축사 위 행 기념

고전11:25,(食後)(盞)(盞)(言約)(行)(記念
식후 잔 잔 언약 행 기념

고전11:26,(盞)(主)(傳)
잔 주 전

고전11:27,(主)(盞)(合當)(者)(主)(犯)(罪)
주 잔 합당 자 주 범 죄

고전11:28,(自己)(後)(盞)
자기 후 잔

고전11:29,(主)(分辨)(者)(自己)(罪)
주 분변 자 자기 죄

고전11:30,(中)(弱)(者)(病)(者)(者)
중 약 자 병 자 자

고전11:31살폈(判斷)
판단

고전11:32,(判斷)(主)(懲戒)(世上)(罪)(定
판단 주 징계 세상 죄 정

고전11:33,(兄弟)
형제

고전11:34,(萬一)(嘶腸)(判斷)(歸正)
만일 시장 판단 귀정

哥林多前書-(고린도전서)-第十二章
가림다전서 제십이장

고전12:1,(兄弟)(神靈)(對)(願)
형제 신령 대 원

고전12:2,(異邦人)(偶像)
이방인 우상

고전12:3,(靈)(者)(詛呪)(者)(聖靈)(主)
영 자 저주 자 성령 주

고전12:4,(恩賜)(聖靈)
은사 성령

고전12:5,(職任)(主)
직임 주

고전12:6,(役事)(役事)
역사 역사

고전12:7,(各)(聖靈)(有益)
각 성령 유익

고전12:8,(聖靈)(智慧)(聖靈)(知識)
성령 지혜 성령 지식

고전12:9,(聖靈),(聖靈)(病)(恩賜)
성령 성령 병 은사

고전12:10,(能力)(行)(豫言)(靈)(分別)
능력 행 예언 영 분별
(各種)(方言)(方言)(通譯)
각종 방언 방언 통역

고전12:11,(聖靈)(行)(各)
성령 행 각

고전12:12,(肢體)(肢體)
지체 지체

고전12:13,(人)(人)(自由者)(聖靈)(洗禮(聖靈)
인 인 자유자 성령 세례 성령
고전12:14,(肢體)
지체
고전12:15,(萬一)(因)
만일 인
고전12:16,(因)
인
고전12:17,(萬一)
만일
고전12:18,(願)(肢體)(各各)
원 지체 각각
고전12:19,(萬一)(肢體)
만일 지체
고전12:20,(肢體)
지체
고전12:22,(弱)(肢體)(要緊)
약 지체 요긴
고전12:23,(貴)(貴)(肢體)
귀 귀 지체
고전12:24,(肢體)(要求)(不足)(肢體)(尊貴)
지체 요구 부족 지체 존귀
고전12:25,(紛爭)(肢體)
분쟁 지체
고전12:26,(萬一)(肢體)(苦痛)(肢體)
만일 지체 고통 지체
(苦痛)(肢體)(榮光)(肢體)
고통 지체 영광 지체
고전12:27,(肢體)(各)(部分)
지체 각 부분
고전12:28,(教會)(中)(使徒)(先知者)(教師)
교회 중 사도 선지자 교사
(能力)(病)(恩賜)(各種)(方言)
능력 병 은사 각종 방언
고전12:29,(使徒)(先知者)(教師)(能力)(行)
사도 선지자 교사 능력 행
고전12:30,(病)(恩賜)(方言)(通譯)
병 은사 방언 통역
고전12:31,(恩賜)(思慕)(第一)
은사 사모 제일

哥林多前書-(고린도전서)-第十三章
가림다전서 제십삼장

고전13:1,(方言)(天使)
방언 천사
고전13:2,(豫言)(能)(秘密)(知識)(山)
예언 능 비밀 지식 산
고전13:3,(救濟)(有益)
구제 유익
고전13:4,(溫柔)(妬忌)(者)(驕慢)
온유 투기 자 교만
고전13:5,(無禮)(行)(自己)(有益)(求)(惡)
무례 행 자기 유익 구 악
고전13:6,(不義)(眞理)
불의 진리
고전13:8,(豫言)(廢)(方言)(知識)(廢)
예언 폐 방언 지식 폐
고전13:9,(部分的)(部分的)(豫言)
부분적 부분적 예언
고전13:10,(穩全)(部分的)(廢)
온전 부분적 폐
고전13:11,(長成)
장성
고전13:12,(稀微)(對)(部分的)(主)(穩全)
희미 대 부분적 주 온전
고전13:13,(所望)(恒常)(中)(第一)
소망 항상 중 제일

哥林多前書-(고린도전서)-第十四章
가림다전서 제십사장

고전14:1,(求)(神靈)(思慕)(特別)(豫言)
구 신령 사모 특별 예언
고전14:2,(方言)(者)(者)(靈)(秘密)
방언 자 자 영 비밀
고전14:3,(豫言)(者)(德)(勸勉)(安慰)
예언 자 덕 권면 안위
고전14:4,(方言)(者)(自己)(德)(豫言)
방언 자 자기 덕 예언
(者)(教會)(德)
자 교회 덕
고전14:5,(方言)(願)(特別)(豫言)(願)
방언 원 특별 예언 원
(方言)(者)(萬一)(教會)(德)
방언 자 만일 교회 덕
(爲)(通譯)(豫言)(者)
위 통역 예언 자
고전14:6,(兄弟)(方言)(啓示)(知識)
형제 방언 계시 지식
(豫言)(有益)
예언 유익
고전14:7,(或)(生命)(音)(分別)
혹 생명 음 분별
고전14:8,(萬一)(分明)(戰爭)(豫備)
만일 분명 전쟁 예비
고전14:9,(虛空)
허공
고전14:10,(世上)(種類)
세상 종류
고전14:11,(者)(野蠻)(者)(野蠻)
자 야만 자 야만
고전14:12,(神靈)(思慕)(者)(教會)(德)
신령 사모 자 교회 덕
(爲)(豊盛)(求)
위 풍성 구
고전14:13,(方言)(者)(通譯)(祈禱)
방언 자 통역 기도
고전14:14,(萬一)(方言)(祈禱)(靈)(祈禱)
만일 방언 기도 영 기도
고전14:15,(靈)(祈禱)(祈禱)(靈)(讚美)(讚美)
영 기도 기도 영 찬미 찬미
고전14:16,(靈)(祝福)(無識)(處地)(者)(感謝)
영 축복 무식 처지 자 감사
고전14:17,(感謝)(德)
감사 덕

고전14:18,(方言)(感謝)
방 언 감 사

고전14:19,(敎會)(爲)(一萬)(方言)
교 회 위 일 만 방 언

고전14:20,(兄弟)(智慧)(惡)(智慧)(長成)
형 제 지 혜 악 지 혜 장 성

고전14:21,(律法)(記錄)(主)(方言)(者)(百姓)
률 법 기 록 주 방 언 자 백 성

고전14:22,(方言)者)(爲)者)(爲)(表蹟)
방 언 자 위 자 위 표 적
(豫言)者)(爲)(者)(爲)
예 언 자 위 자 위

고전14:23,(敎會)(方言)(無識)(者)者
교 회 방 언 무 식 자 자

고전14:24,(豫言(者)(無識)(者)(責望)(判斷)
예 언 자 무 식 자 책 망 판 단

고전14:25,(敬拜)(傳播)
경 배 전 파

고전14:26,(兄弟)(各各)(讚頌詩)(啓示)
형 제 각 각 찬 송 시 계 시
(方言)(通譯)(德)(爲)
방 언 통 역 덕 위

고전14:27,(萬一)(方言)(多不過)(次序)(通譯)
만 일 방 언 다 불 과 차 서 통 역

고전14:28,(萬一)(通譯)(者)(敎會)
만 일 통 역 자 교 회
(潛潛)(自己)
잠 잠 자 기

고전14:29,(豫言)(者)(分辨)
예 언 자 분 변

고전14:30,(萬一)(啓示)(者)(潛潛)
만 일 계 시 자 잠 잠

고전14:31,(勸勉)(爲)(豫言)
권 면 위 예 언

고전14:32,(豫言)(者)(靈)(豫言)(者)(制裁)
예 언 자 영 예 언 자 제 재

고전14:33,(和平)
화 평

고전14:34,(聖徒)(敎會)(女子)(敎會)
성 도 교 회 녀 자 교 회
(潛潛)(許諾)(律法)(服從)
잠 잠 허 락 률 법 복 종

고전14:35,(萬一)(自己)(男便)(女子)(敎會)
만 일 자 기 남 편 녀 자 교 회

고전14:36,(臨)
임

고전14:37,(萬一)(自己)(先知者)(或)
만 일 자 기 선 지 자 혹
(神靈)(者)(便紙)(主)(命令)
신 령 자 편 지 주 명 령

고전14:38,(萬一)(者)
만 일 자

고전14:39,(兄弟)(豫言)(思慕)(方言)(禁)
형 제 예 언 사 모 방 언 금

고전14:40,(適當)(秩序)
적 당 질 서

哥林多前書-(고린도전서)-第十五章
가 림 다 전 서 제 십 오 장

고전15:1,(兄弟(傳)(福音)
형 제 전 복 음

고전15:2,(萬一)(傳)(救援)
만 일 전 구 원

고전15:3,(傳)(聖經)(罪)(爲)
전 성 경 죄 위

고전15:4,(葬事)(聖經)
장 사 성 경

고전15:5,(後)(弟子)
후 제 자

고전15:6,(後)(五百餘)(兄弟(一時)(中)
후 오 백 여 형 제 일 시 중
(至今)(太半)
지 금 태 반

고전15:7,(後)(後)(使徒)
후 후 사 도

고전15:8,(滿朔)
만 삭

고전15:9,(使徒)(中)(至極)(者)(敎會)
사 도 중 지 극 자 교 회
(逼迫)(使徒)(稱)(堪當)(者)
핍 박 사 도 칭 감 당 자

고전15:10,(恩惠)(恩惠)(使徒)(受苦)恩惠)
은 혜 은 혜 사 도 수 고 은 혜

고전15:11,(傳播)
전 파

고전15:12,(者)(傳播)(中)(者)(復活)
자 전 파 중 자 부 활

고전15:13,(萬一)(者)(復活)
만 일 자 부 활

고전15:14,(萬一)(傳播)
만 일 전 파

고전15:15,(證人)(發見)(證據)(萬一)(者)
증 인 발 견 증 거 만 일 자

고전15:16,(萬一)(者(
만 일 자

고전15:17,(如前)(罪)
여 전 죄

고전15:18,(者)(亡)
자 망

고전15:19,(萬一)(今生)(者)
만 일 금 생 자

고전15:20,(者)(者)
자 자

고전15:21,(死亡)(者)(復活)
사 망 자 부 활

고전15:23,(各各)(自己)(次例)(降臨)(者)
각 각 자 기 차 례 강 림 자

고전15:24,(後)(政事)(權勢)(能力)(滅)
후 정 사 권 세 능 력 멸

고전15:25,(怨讐)(不可不)(王)
원 수 불 가 불 왕

고전15:26,(滅亡)(怨讐)(死亡)
멸 망 원 수 사 망

고전15:27,(萬物)(萬物)(萬物)(中)(分明)
만 물 만 물 만 물 중 분 명

고전15:28,(萬物)(服從)(自身)(萬物)(自己)
만 물 복 종 자 신 만 물 자 기
(服從)(服從)(萬有)(主)(萬有)
복 종 복 종 만 유 주 만 유

고전15:29,(萬一)(者)(者)(爲)(洗禮)(者)
만 일 자 자 위 세 례 자
(爲)(洗禮)
위 세 례

고전15:30,(危險)
위 험

고전15:31,(兄弟)(主)(對)(斷言)
형 제 주 대 단 언

고전15:32,(凡人)(猛獸)(有益)(者)(來日)
범 인 맹 수 유 익 자 래 일

고전15:33,(惡)(善)(行實)
악 선 행 실

고전15:34,(義)(行)(罪)(者)(爲)
의 행 죄 자 위

고전15:35,(者
자

고전15:36,(者)
자

고전15:37,(將來)(形體)
장 래 형 체

고전15:38,(形體)(各)(種子)(形體)
형 체 각 종 자 형 체

고전15:39,(肉體)(肉體)(肉體)(肉體)
육 체 육 체 육 체 육 체
(肉體)(肉體)
육 체 육 체

고전15:40,(屬)(形體)(屬)(形體)(屬)(者)
속 형 체 속 형 체 속 자
(榮光)(屬)(者)(榮光)
영 광 속 자 영 광

고전15:41,(榮光)(榮光)(榮光)(榮光)
영 광 영 광 영 광 영 광

고전15:42,(者)(復活)살
자 부 활

고전15:43,(辱)(榮光)(弱)(强
욕 영 광 약 강

고전15:44,(肉)(神靈)(肉)(神靈)
육 신 령 육 신 령

고전15:45,(記錄)(靈)(主)(靈)
기 록 영 주 영

고전15:46,(神靈)(者)(肉)(者)(神靈)(者)
신 령 자 육 자 신 령 자

고전15:47,(屬)(者)
속 자

고전15:48,(屬)(者)(屬)(者)(屬)(者)(屬)(者)
속 자 속 자 속 자 속 자

고전15:49,(屬)(者)(形像)(屬)(者)(形像)
속 자 형 상 속 자 형 상

고전15:50,(兄弟)(血)(肉)(遺業)(遺業)
형 제 혈 육 유 업 유 업

고전15:51,(秘密)(瞬息間)(忽然)(變化)
비 밀 순 식 간 홀 연 변 화

고전15:52,(者)(變化)
자 변 화

고전15:53,(不可不)
불 가 불

고전15:54,(死亡)(記錄)(應)
사 망 기 록 응

고전15:55,(死亡)(死亡)
사 망 사 망

고전15:56,(死亡)(罪)(罪)(權能)(律法)
사 망 죄 죄 권 능 률 법

고전15:57,(主)(感謝)
주 감 사

고전15:58,(兄弟)(堅固)(恒常)(主)
형 제 견 고 항 상 주
(者)(受苦)(主)
자 수 고 주

哥林多前書-(고린도전서)-第十六章
가 림 다 전 서 제 십 륙 장

고전16:1,(聖徒)(爲)(捐補)(對)(敎會)(命)
성 도 위 연 보 대 교 회 명

고전16:2,(每主日)(各)(利)(貯蓄)(捐補
매 주 일 각 이 저 축 연 보

고전16:3,(認定)(便紙)(恩惠)
인 정 편 지 은 혜

고전16:4,(萬一)(合當)
만 일 합 당

고전16:5,(後)
후

고전16:6,(或)(過冬)
혹 과 동

고전16:7,(願)(主)(萬一)(許諾)(留)
원 주 만 일 허 락 유

고전16:8,(五旬節)(留)
오 순 절 유

고전16:9,(廣大)(功效)(門)(對敵)(者)
광 대 공 효 문 대 적 자

고전16:10,(操心)(主)(者)
조 심 주 자

고전16:11,(蔑視)(平安)(兄弟)
멸 시 평 안 형 제

고전16:12,(兄弟)(對)(兄弟)(勸)(只今)
형 제 대 형 제 권 지 금
(一切)(機會)
일 절 기 회

고전16:13,(男子)(强健)
남 자 강 건

고전16:14,(行)
행

고전16:15,(兄弟)(聖徒)(作定)(勸)
형 제 성 도 작 정 권

고전16:16,(者)(受苦)(者)(服從)
자 수 고 자 복 종

고전16:17,(不足)(補充)
부 족 보 충

고전16:18,(者)
자

고전16:19,(敎會)(問安)(敎會)(主)
교 회 문 안 교 회 주

(懇切)(問安)
간절 문안

고전16:20,(兄弟)(問安)(問安)
형제 문안 문안

고전16:21,(親筆)(問安)
친필 문안

고전16:22,(萬一)(主)(詛呪)(主)(臨)
만일 주 저주 주 임

고전16:23,(主)(恩惠)
주 은혜

哥林多後書-(고린도후서)-第一章
가림다후서 제일 장

고후1:1,(使徒)(兄弟)(教會)(聖徒)
사도 형제 교회 성도

고후1:2,(主)(恩惠)(平康)(願)
주 은혜 평강 원

고후1:3,(讚頌)(主)(慈悲)(慰勞)
찬송 주 자비 위로

고후1:4,(患難)(中)(慰勞)(慰勞)(患難)
환난 중 위로 위로 환난
(中)(者)(能)(慰勞)
중 자 능 위로

고후1:5,(苦難)(慰勞)
고난 위로

고후1:6,(患難)(慰勞)(救援)(爲)(或)(慰勞)
환난 위로 구원 위 혹 위로
(慰勞)(爲)(慰勞)(役事)(苦難)
위로 위 위로 역사 고난

고후1:7,(爲)(所望)(堅固)(苦難)(參與)
위 소망 견고 고난 참여
(者)(慰勞)
자 위로

고후1:8,(兄弟)(當)(患難)(願)(甚)(苦生)(所望)
형제 당 환난 원 심 고생 소망

고후1:9,(死刑)(自己)(依賴)(者)(依賴)
사형 자기 의뢰 자 의뢰

고후1:10,(死亡)(以後)(依支)
사망 이후 의지

고후1:11,(爲)(懇求)(祈禱)(恩賜)(因)(爲)
위 간구 기도 은사 인 위
(感謝)
감사

고후1:12,(世上)(特別)(對)(眞實)(肉體)
세상 특별 대 진실 육체
(智慧)(恩惠)(行)(良心)(證據)
지혜 은혜 행 량심 증거

고후1:13,(外)
외

고후1:14,(大綱)(主)
대강 주

고후1:15,(確信)(番)(恩惠)(爲)
확신 번 은혜 위

고후1:16,(經營)
경영

고후1:17,(經營)(輕忽)(或)(經營)(肉體)(經營)
경영 경홀 혹 경영 육체 경영

고후1:19,(傳播)
전파

고후1:20,(約束)(榮光)
약속 영광

고후1:21,(堅固)
견고

고후1:22,(印)(保證)(聖靈)
인 보증 성령

고후1:23,(靈魂)(證據)
영혼 증거

고후1:24,(主管)(者)
주관 자

哥林多後書-(고린도후서)-第二章
가림다후서 제이 장

고후2:1,(決斷)
결단

고후2:2,(者)(者)
자 자

고후2:3,(者)(念慮)(對)(確信)
자 염려 대 확신

고후2:4,(患難)(哀痛)(向)
환난 애통 향

고후2:5,(者)(程度)(程度)(甚)
자 정도 정도 심

고후2:6,(罰)(足)
벌 족

고후2:7,(容恕)(慰勞)
용서 위로

고후2:8,(勸)
권

고후2:9,(凡事)(順從)(證據)
범사 순종 증거

고후2:10,(容恕)(萬一)(容恕)(容恕)(爲)
용서 만일 용서 용서 위

고후2:11(詭計)
궤계

고후2:12,(福音)(爲)(主)(門)
복음 위 주 문

고후2:13,(兄弟)(心靈)(作別)
형제 심령 작별

고후2:14,(恒常)(各處)(感謝)
항상 각처 감사

고후2:15,(救援)(者)(亡)(者)(香氣)
구원 자 망 자 향기

고후2:16,(死亡)(死亡)(生命)(生命)(堪當)
사망 사망 생명 생명 감당

고후2:17,(數多)(混雜)(純全)
수다 혼잡 순전

哥林多後書-(고린도후서)-第三章
가림다후서 제삼 장

고후3:1,(自薦)(始作)(薦擧書)(或)(必要)
자천 시작 천거서 혹 필요

고후3:2,(便紙)
편지

고후3:3,(便紙)(靈)(碑)(肉)(心碑)
편지 영 비 육 심비

고후3:4,(向)(確信)
향 확 신
고후3:5,(滿足)(民族)
만 족 민 족
고후3:6,(言約)(滿足)(儀文)(靈)(儀文)(靈)
언 약 만 족 의 문 영 의 문 영
고후3:7,(儀文)(職分)(榮光)(子孫)(榮光)
의 문 직 분 영 광 자 손 영 광
(因)(注目)
인 주 목
고후3:8,(靈)(職分)(榮光)
영 직 분 영 광
고후3:9,(定罪)(職分)(榮光)(義)(職分)(榮光)
정 죄 직 분 영 광 의 직 분 영 광
고후3:10,(榮光)(榮光)(因)(榮光)
영 광 영 광 인 영 광
고후3:11,(榮光)(榮光)
영 광 영 광
고후3:12,(所望)(膽大)
소 망 담 대
고후3:13,(子孫)(將次)(結局)(注目(手巾)
자 손 장 차 결 국 주 목 수 건
고후3:14,(頑固)(舊約)(手巾)(手巾)
완 고 구 약 수 건 수 건
고후3:15,(手巾)
수 건
고후3:16,(主)(手巾)
주 수 건
고후3:17,(主)(靈)(主)(靈)(自由)
주 영 주 영 자 유
고후3:18,(手巾)(主)(榮光)(形狀)(化)
수 건 주 영 광 형 상 화
(榮光)(榮光)(主)(靈)
영 광 영 광 주 영

哥林多後書-(고린도후서)-第四章
가림다후서 제사장

고후4:1,(職分(矜恤)(落心)
직 분 긍 휼 락 심
고후4:2,(詭譎)(行)(混雜)(眞理)(各)(良心)
궤 휼 행 혼 잡 진 리 각 량 심
(對)(薦擧)
대 천 거
고후4:3,(萬一)(福音)(亡)(者)
만 일 복 음 망 자
고후4:4,(中)(世上)(神)者)(昏迷)(榮光)
중 세 상 신 자 혼 미 영 광
(福音)(光彩)(形像)
복 음 광 채 형 상
고후4:5,(傳播)(主)(爲)(傳播)
전 파 주 위 전 파
고후4:6,(榮光)
영 광
고후4:7,(能力)(甚)
능 력 심
고후4:8,(四方)(當)(沓沓)(當)(落心)
사 방 당 답 답 당 락 심
고후4:9,(逼迫(當)(亡)
핍 박 당 망
고후4:10,(恒常)(生命)
항 상 생 명
고후4:11,(者)(恒常)(爲)(生命)(肉體)
자 항 상 위 생 명 육 체
고후4:12,(死亡)(役事)(生命)
사 망 역 사 생 명
고후4:13,(記錄)故)(故)
기 록 고 고
고후4:14,(主)
주
고후4:15,(爲)(恩惠)(感謝)(榮光)
위 은 혜 감 사 영 광
고후4:16,(落心)(朽敗)
락 심 후 패
고후4:17,(暫時)(患難)(至極)(永遠)(榮光)(重)
잠 시 환 난 지 극 영 원 영 광 중
고후4:18,(暫間)(永遠)
잠 간 영 원

哥林多後書-(고린도후서)-第五章
가림다후서 제오장

고후5:1,(萬一)(帳幕)(永遠)
만 일 장 막 영 원
고후5:2,(果然)(嘆息)(處所)(懇切)(思慕)
과 연 탄 식 처 소 간 절 사 모
고후5:3,(者)(發見)
자 발 견
고후5:4,(帳幕)(嘆息)(生命)
장 막 탄 식 생 명
고후5:5,(保證)(聖靈)
보 증 성 령
고후5:6,(恒常)(膽大)(居)(主)(居)
항 상 담 대 거 주 거
고후5:7,(行)
행
고후5:8,(膽大)(願)(主)(居)
담 대 원 주 거
고후5:9,(居)(主)(者)
거 주 자
고후5:10,(審判)(各各)(善惡間)(行)
심 판 각 각 선 악 간 행
고후5:11,(主)(勸)(良心)
주 권 량 심
고후5:12,(自薦)(因)(機會)外貌)(者)(對)
자 천 인 기 회 외 모 자 대
고후5:13,(萬一)(爲)(萬一)(精神)(穩全)(爲)
만 일 위 만 일 정 신 온 전 위
고후5:14,(强勸)(代身)
강 권 대 신
고후5:15,(代身)(者)(自身)(爲(代身)(者)(爲)
대 신 자 자 신 위 대 신 자 위
고후5:16,(肉體)(肉體)
육 체 육 체
고후5:17누(被造物)(以前)
피 조 물 이 전

고후5:18,(自己)(和睦)(和睦)(職責)
자기 화목 화목 직책
고후5:19,(世上)(自己)(和睦)(罪)(和睦)(付託)
세상 자기 화목 죄 화목 부탁
고후5:20,(代身)(使臣)(勸勉)(代身)
대신 사신 권면 대신
(懇求)(和睦)
간구 화목
고후5:21,(罪)(者)(代身)(罪)(義)
죄 자 대신 죄 의

哥林多後書-(고린도후서)-第六章
가림다후서 제륙장

고후6:1,(者)(勸)(恩惠)
자 권 은혜
고후6:2,(恩惠)(救援)(只今)(恩惠)
은혜 구원 지금 은혜
(只今)(救援)
지금 구원
고후6:3,(職責)(毁謗)
직책 훼방
고후6:4,(自薦)(患難)(窮乏)
자천 환난 궁핍
고후6:5,(擾亂)(受苦)
요란 수고
고후6:6,(知識)(慈悲)(聖靈)(感化)
지식 자비 성령 감화
고후6:7,(眞理)(能力)(義)(兵器)(左右)
진리 능력 의 병기 좌우
고후6:8,(榮光)(辱)(惡)(者)
영광 욕 악 자
고후6:9,(無名)(者)(有名)(者)(者)
무명 자 유명 자 자
(懲戒)(者)(當)
징계 자 당
고후6:10,(者)(恒常)(者)(富饒)(者)(者)
자 항상 자 부요 자 자
고후6:11,(人)(向)
인 향
고후6:12,(心情)
심정
고후6:13,(子女)(報答)
자녀 보답
고후6:14,(者)(義)(不法)
자 의 불법
고후6:15,(調和)者)者)(相關)
조화 자 자 상관
고후6:16,(聖殿)(偶像)(一致)(聖殿)
성전 우상 일치 성전
(居)(行)(百姓)
거 행 백성
고후6:17,(主)(中)(不淨)(迎接)
주 중 부정 영접
고후6:18,(子女)(主)
자녀 주

哥林多後書-(고린도후서)-第七章
가림다후서 제칠장

고후7:1,(者)(約束)(穩全)(肉)(靈)(自身)
자 약속 온전 육 영 자신
고후7:2,(迎接)(不義)(害)
영접 불의 해
고후7:3,(定罪)(以前)
정죄 이전
고후7:4,(向)(膽大)(爲)(患難)(慰勞)
향 담대 위 환난 위로
고후7:5,(肉體)(四方)(患難)(當)
육체 사방 환난 당
고후7:6,(卑賤)(者)(慰勞)(慰勞)
비천 자 위로 위로
고후7:7,(慰勞)(慰勞)(思慕)(哀痛)(爲)
위로 위로 사모 애통 위
(熱心)(告)
열심 고
고후7:8,(便紙)(後悔)(只今)(便紙)(暫時)
편지 후회 지금 편지 잠시
고후7:9,(只今)(悔改)
지금 회개
고후7:10,(後悔)(救援)(悔改)(世上)(死亡)
후회 구원 회개 세상 사망
고후7:11,(懇切)(辯明)(忿)(思慕)(熱心)
간절 변명 분 사모 열심
(罰)(對)(一切)(自身)
벌 대 일절 자신
고후7:12,(不義)(行)(者)(爲)(不義)(當)
불의 행 자 위 불의 당
(者)(爲)(爲)(懇切)
자 위 위 간절
고후7:13,(因)(慰勞)(慰勞)(因)(安心)
인 위로 위로 인 안심
고후7:14,(爲)
위
고후7:15,(自己)(迎接)(順從)(向)(心情)
자기 영접 순종 향 심정
고후7:16,(因)(凡事)(膽大)(故)
인 범사 담대 고

哥林多後書-(고린도후서)-第八章
가림다후서 제팔장

고후8:1,(兄弟)(敎會)(恩惠)
형제 교회 은혜
고후8:2,(患難)(試鍊)(極)(豊盛)(捐補
환난 시련 극 풍성 연보
고후8:3,(證據)(自願)
증거 자원
고후8:4,(恩惠)(聖徒)(參與)(對)(懇切)(求)
은혜 성도 참여 대 간절 구
고후8:5,(自身)(主)
자신 주
고후8:6,(勸)(始作)(恩惠)(成就
권 시작 은혜 성취
고후8:7,(知識)(懇切)(豊盛)(恩惠)(豊盛)
지식 간절 풍성 은혜 풍성
고후8:8,(命令)(懇切)(眞實)(證明)
명령 간절 진실 증명

고후8:9,(主)(恩惠)(富饒)(者)(爲)(因)(富饒(
주 은혜 부요 자 위 인 부요

고후8:10,(有益)(一年)(前)(行)(始作)(願)
유익 일년 전 행 시작 원

고후8:11,(行)(成就)(願)(成就)
행 성취 원 성취

고후8:13,(平安)(困苦)(平均)
평안 곤고 평균

고후8:14,(裕餘)(不足)(補充)(後)(裕餘)
유여 부족 보충 후 유여
(不足)(補充)(平均)
부족 보충 평균

고후8:15,(記錄)(者)(者)
기록 자 자

고후8:16,(爲)(懇切)(感謝)
위 간절 감사

고후8:17,(勸)(懇切)(自願)
권 간절 자원

고후8:18,(兄弟)(福音)(敎會)(稱讚)(者)
형제 복음 교회 칭찬 자

고후8:19,(同一)(主)(榮光)(願)(爲)(敎會)
동일 주 영광 원 위 교회
(擇)(恩惠)(同行)(者)
택 은혜 동행 자

고후8:20,(操心)(巨額)(捐補)(因)(毁謗)
조심 거액 연보 인 훼방

고후8:21,(主)(善)(操心)
주 선 조심

고후8:22,(兄弟)(懇切)(番)(試驗)(故)(懇切)
형제 간절 번 시험 고 간절

고후8:23,(爲)(同役者)(兄弟)(敎會)
위 동역자 형제 교회
(使者)(榮光)
사자 영광

고후8:24,(敎會)(對)(證據)
교회 대 증거

哥林多後書-(고린도후서)-第九章
가림다후서 제구장

고후9:1,(聖徒)(對)(必要)
성도 대 필요

고후9:2,(願)(爲)(人)(一年)(前)(豫備)
원 위 인 일년 전 예비
(果然)(熱心)퍽(激動)
과연 열심 격동

고후9:3,(兄弟)(爲)(準備)
형제 위 준비

고후9:4,(或)(人)(準備)姑捨)當
혹 인 준비 고사 당

고후9:5,(兄弟)(前)(約束)(捐補)(準備)
형제 전 약속 연보 준비
(勸勉)(必要)(準備)(捐補)(臆志)
권면 필요 준비 연보 억지

고후9:6,(者)(者)
자 자

고후9:7,(各各)(定)(吝嗇)(臆志)(者)
각각 정 인색 억지 자

고후9:8,(能)(恩惠)(恒常)
능 은혜 항상

고후9:9,(記錄)(者)(義)(永遠)
기록 자 의 영원

고후9:10,(者)(糧食)(豊盛)(義)
자 량식 풍성 의

고후9:11,(富饒)(捐補)(感謝)
부요 연보 감사

고후9:12,(奉事)(職務)(聖徒)(不足)
봉사 직무 성도 부족
(補充)(感謝)(因)
보충 감사 인

고후9:13,(職務)(證據)(福音)(眞實)(服從)
직무 증거 복음 진실 복종
(厚)(捐補)(因)(榮光)
후 연보 인 영광

고후9:14,(爲)(懇求)(至極)(恩惠)(因)(思慕)
위 간구 지극 은혜 인 사모

고후9:15,(恩賜)(因)(感謝)
은사 인 감사

哥林多後書-(고린도후서)-第十章
가림다후서 제십장

고후10:1,(對)對面)(謙卑)(膽大)(溫柔)
대 대면 겸비 담대 온유
(寬容)(親)(勸)
관용 친 권

고후10:2,(肉體)(行)(者)(者)(對)(膽大)
육체 행 자 자 대 담대
(對)(膽大)(態度)(對)(求)
대 담대 태도 대 구

고후10:3,(肉體)(行)(肉體)
육체 행 육체

고후10:4,(兵器)(肉體)(屬)(堅固)(陣)
병기 육체 속 견고 진
(破)(强力)
파 강력

고후10:5,(理論)(破)(對敵)(破)(服從
이론 파 대적 파 복종

고후10:6,(服從)(穩全)(服從)(罰)(豫備)(中)
복종 온전 복종 벌 예비 중

고후10:7,(外貌)(萬一)(自己)(屬)自己)
외모 만일 자기 속 자기
(屬)(自己)
속 자기

고후10:8,(主)(權勢)(破)(對)
주 권세 파 대

고후10:9,(便紙)
편지

고후10:10,(便紙)(重)(對)(弱)
편지 중 대 약

고후10:11,(便紙)(者)(者)(行)(者)(者)
편지 자 자 행 자 자

고후10:12,(自己)(稱讚)(者)(敢)(比較)(自己)
자기 칭찬 자 감 비교 자기
(自己)(自己)(自己)(比較)(智慧)
자기 자기 자기 비교 지혜

고후10:13,(分量)(分量)(分量)(限界)
분량 분량 분량 한계

고후10:14,(者)(福音)
자 복음

고후10:15,(受苦)(分量)限界)(偉大)
수고 분량 한계 위대

고후10:16,(限界)(豫備)(地境)(福音)(傳)
한계 예비 지경 복음 전

고후10:17,(者)(主)
자 주

고후10:18,(認定)(者)(自己)(稱讚)(者)
인정 자 자기 칭찬 자
(主)(稱讚)(者)
주 칭찬 자

哥林多後書-(고린도후서)-第十一章
가 림 다 후 서 제십일장

고후11:1,(願)(容納)(請)(容納)
원 용납 청 용납

고후11:2,(熱心)(爲)(熱心)(淨潔)(處女)
열심 위 열심 정결 처녀
(男便)(仲媒)
남편 중매

고후11:3,(奸計)(迷惑)(向)(眞實)(腐敗
간계 미혹 향 진실 부패

고후11:4,(萬一)(傳播)(傳播)(或)(靈)
만일 전파 전파 혹 영
(或)(福音)(容納)
혹 복음 용납

고후11:5,(至極)(使徒)(不足)
지극 사도 부족

고후11:6,(拙)(知識)
졸 지식

고후11:7,(福音)(傳)(罪)
복음 전 죄

고후11:8,(爲)(教會)(料)(奪取)
위 교회 요 탈취

고후11:9,(用度)(不足)(累)(兄弟)(不足)
용도 부족 누 형제 부족
(補充)(弊)(爲)(操心)(操心)
보충 폐 위 조심 조심

고후11:10,(眞理)(地方)
진리 지방

고후11:11,(緣故)
연고

고후11:12,(機會)(者)(機會)(對)
기회 자 기회 대

고후11:13,(使徒)(詭譎)(役軍)(自己)(使徒)
사도 궤휼 역군 자기 사도
(假裝)(者)
가장 자

고후11:14,(異常)(自己)(光明)(天使)(假裝)
이상 자기 광명 천사 가장

고후11:15,(自己)(義)(假裝)(結局)行爲)
자기 의 가장 결국 행위

고후11:16,(者)(萬一)(者)
자 만일 자

고후11:17,(主)(者)(忌憚)
주 자 기탄

고후11:18,(肉體)
육체

고후11:19,(智慧)(者)(者)(容納)
지혜 자 자 용납

고후11:20,(自高)(容納)
자고 용납

고후11:21,(弱)(辱)(膽大)(膽大)
약 욕 담대 담대

고후11:22,(人)(人)
인 인

고후11:23,(精神)(受苦)(獄)(番)
정신 수고 옥 번

고후11:24,(人)(減)(番)
인 감 번

고후11:25,(番)(笞杖)(番)(番)(破船)(一晝夜)
번 태장 번 번 파선 일주야

고후11:26,(番)(旅行)(江)(危險)(强盜)
번 여행 강 위험 강도
(危險)(同族)(危險)(異邦人)
위험 동족 위험 이방인
(危險)(危險)(曠野)(危險)
위험 위험 광야 위험
(危險)(兄弟)(中)(危險)(當)
위험 형제 중 위험 당

고후11:27,(受苦)(番)(番)
수고 번 번

고후11:28,(外)(姑捨)(教會)(爲)(念慮)
외 고사 교회 위 염려

고후11:29,(弱)(弱)(失足)
약 약 실족

고후11:30,(不得不)(弱)
부득불 약

고후11:31,(主)(永遠)(讚頌)
주 영원 찬송

고후11:32,(王)(方伯)(城)
왕 방백 성

고후11:33,(窓門)(城壁)
창문 성벽

哥林多後書-(고린도후서)-第十二章
가 림 다 후 서 제십이장

고후12:1,(無益)(不得不)(主)(幻像)(啓示)
무익 부득불 주 환상 계시

고후12:2,(十)(四年)(前)(者)
십 사년 전 자

고후12:4,(樂園)
낙원

고후12:5,(爲)(爲)(弱)(外)
위 위 약 외

고후12:6,(萬一)(者)
만일 자

고후12:7,(啓示)(至極)(自高)(肉體)
계시 지극 자고 육체
(使者)(自高)
사자 자고

고후12:8,(爲)(番)(主)(懇求)
위 번 주 간구

고후12:9,(恩惠)(足)(能力)(弱)(穩全)
은혜 족 능력 약 온전
(弱)(對)(能力)
약 대 능력

고후12:10,(爲)(弱)(凌辱)(窮乏)(逼迫)
위 약 능욕 궁핍 핍박
(困難)(弱)(强)
곤난 약 강

고후12:11,(者)(臆志)(稱讚(至極)(使徒)(不足)
자 억지 칭찬 지극 사도 부족

고후12:12,(使徒)(標)(表蹟)(奇事)(能力)(行)
사도 표 표적 기사 능력 행

고후12:13,(自身)(弊)(敎會)(不足)(公平)
자신 폐 교회 부족 공평
(容恕)
용서

고후12:14,(番)(豫備)(弊)(求)(財物)(父母)
번 예비 폐 구 재물 부모
(爲)(財物)(貯蓄)(父母)(爲)
위 재물 저축 부모 위

고후12:15,(靈魂)(爲)(財物)(虛費)(自身)
영혼 위 재물 허비 자신
(虛費)
허비

고후12:16,(何如間)(工巧)(者)(詭計)(取)
하여간 공교 자 궤계 취

고후12:17,(者)(中)(利)(取)
자 중 이 취

고후12:18,(勸)(兄弟)(利)(取)(同一)
권 형제 이 취 동일
(聖靈)(行)(同一)(步調
성령 행 동일 보조

고후12:19,(辯明)(者)(德)(爲)
변명 자 덕 위

고후12:20,(願)(願)(猜忌)(忿)(黨)(中傷)(倨慢)
원 원 시기 분 당 중상 거만

고후12:21,(前)(罪)(行)(淫亂)(好色)(悔改)(因)
전 죄 행 음란 호색 회개 인

哥林多後書-(고린도후서)-第十三章
가림다후서 제십삼장

고후13:1,(番)(證人)(確定)
번 증인 확정

고후13:2,(只今)(番)(對面)(前)(罪)(者)(容恕)
지금 번 대면 전 죄 자 용서

고후13:3,(證據)(求)(向)(弱)(强)
증거 구 향 약 강

고후13:4,(弱)(十字架)(能力(弱)(向)(能力)
약 십자가 능력 약 향 능력

고후13:5,(自身)(試驗)(自身)(確證)(者)
자신 시험 자신 확증 자

고후13:6,(者)
자

고후13:7,(惡)(行)(求)(者)(者)(善)(行)
악 행 구 자 자 선 행

고후13:8,(眞理)(眞理)(爲)
진리 진리 위

고후13:9,(弱)(强)(爲)(求)(穩全)
약 강 위 구 온전

고후13:10,(因)(對面)(主)(破)(權勢)(嚴)
인 대면 주 파 권세 엄

고후13:11,(兄弟)(穩全)(慰勞)(平安)
형제 온전 위로 평안
(平康)(問安)
평강 문안

고후13:12,(聖徒)(問安)
성도 문안

고후13:13,(主)(恩惠)(聖靈)(交通)
주 은혜 성령 교통

達加拉太書-(갈라디아서)-第一章
달가랍태서 제일장

갈1:1,(者)(使徒)
자 사도

갈1:2,(兄弟)(教會)
형제 교회

갈1:3,(主)(恩惠)(平康)(願)
주 은혜 평강 원

갈1:4,(惡)(世代)(罪)(爲)(自己)
악 세대 죄 위 자기

갈1:5,(榮光)(世世)
영광 세세

갈1:6,(恩惠)(速)(福音)(異常)
은혜 속 복음 이상

갈1:7,(福音)(擾亂)(福音)(變)
복음 요란 복음 변

갈1:8,(或)(天使)(傳)(福音)(外)(福音)
혹 천사 전 복음 외 복음
(傳)(詛呪)
전 저주

갈1:9,(前)(只今)(萬一)(外)(福音)(傳)(詛呪)
전 지금 만일 외 복음 전 저주

갈1:10,(求)(至今)(求)
구 지금 구

갈1:11,(兄弟(傳)(福音)
형제 전 복음

갈1:12,(啓示)
계시

갈1:13,(以前)教)(行)(教會)(甚)(逼迫)(殘害)
이전 교 행 교회 심 핍박 잔해

갈1:14,(同族)(中)(年甲者)教)(祖上)
동족 중 연갑자 교 조상
(遺傳)(對)(熱心)
유전 대 열심

갈1:15,(擇定)(恩惠)
택정 은혜

갈1:16,(異邦)(傳)(爲)(血肉)(議論)
이방 전 위 혈육 의논

갈1:17,(使徒)(者)
사도 자

갈1:18,(後)(三年)(尋訪)(十)(五日)(留)
후 삼년 심방 십 오일 유

갈1:19,(主)(兄弟)(外)(使徒)
주 형제 외 사도

갈1:21,(後)(地方)
후 지방

갈1:22,(教會)
교회

갈1:23,(逼迫)(者)(前)(殘害)只今)(傳)
핍박 자 전 잔해 지금 전

갈1:24,(榮光)
영광

達加拉太書-(갈라디아서)-第二章
달가랍태서 제이장

갈2:1,(十)(四年)(後)
십 사년 후

갈2:2,(啓示)(因)(異邦)(傳播)(福音)
계시 인 이방 전파 복음
(提出)(有名)(者)(私私)
제출 유명 자 사사

갈2:3,(人)(臆志)(割禮)
인 억지 할례

갈2:4,(兄弟)(自由)
형제 자유

갈2:5,(一時)(服從)(福音)(眞理)(恒常)
일시 복종 복음 진리 항상

갈2:6,(有名)(中)(本來)(相關)(外貌)
유명 중 본래 상관 외모
(取)(有名)
취 유명

갈2:7,(無割禮者)(福音)(傳)(割禮者)
무할례자 복음 전 할례자

갈2:8,(役事)(割禮者)(使徒)(役事)
역사 할례자 사도 역사
(異邦人)(使徒)
이방인 사도

갈2:9,(恩惠)(交際)(握手)(異邦人)(割禮者)
은혜 교제 악수 이방인 할례자

갈2:10,(者)(付託)(本來)(行)
자 부탁 본래 행

갈2:11,(責望)(面責)
책망 면책

갈2:12,(前)(異邦人)(割禮者)
전 이방인 할례자

갈2:13,(人)(外飾)(外飾)(誘惑)
인 외식 외식 유혹

갈2:14,(福音)(眞理)(行)(者)(人)(異邦)
복음 진리 행 자 인 이방
(人(臆志)(異邦人)人하
인 억지 이방인 인

갈2:15,(本來)(人)(異邦)(罪人)
본래 인 이방 죄인

갈2:16,(義)(律法)行爲)(故)(律法)行爲)
의 률법 행위 고 률법 행위
(義)(律法)行爲)(義)(肉體)
의 률법 행위 의 육체

갈2:17,(萬一)(義)(罪人)(罪)(者)(決)수
만일 의 죄인 죄 자 결

갈2:18,(萬一)(犯法)(者)
만일 범법 자

갈2:19,(律法)(律法)(向)(向(
률법 률법 향 향

갈2:20,(十字架)(肉體)(爲)(自己)
십자가 육체 위 자기

갈2:21,(恩惠)(廢)(萬一)(義)(律法)
은혜 폐 만일 의 률법

達加拉太書-(갈라디아서)-第三章
달가랍태서 제삼장

갈3:1,(十字架)
십자가

갈3:2,(聖靈)(律法)(行爲)
성령 률법 행위

갈3:3,(聖靈)(始作)(肉體)
성령 시작 육체

갈3:4,(果然)
과연

갈3:5,(聖靈)(能力)(行)(律法)(行爲)
성령 능력 행 률법 행위

갈3:6,(義)(定)
의 정

갈3:7,(者)
자

갈3:8,(異邦)(義)(定)(聖經)(福音)(傳)
이방 의 정 성경 복음 전
(異邦)(因)(福)
이방 인 복

갈3:9,(者)(福)
자 복

갈3:10,(律法)(行爲)(屬)(者)(詛呪)(記錄)
률법 행위 속 자 저주 기록
(律法冊)(記錄)(恒常)(行)(者)
률법책 기록 항상 행 자
(詛呪)(者)
저주 자

갈3:11,(律法)(義)(分明)(義人)
률법 의 분명 의인

갈3:12,(律法)(行)(者)
률법 행 자

갈3:13,(爲)(詛呪)(律法)(詛呪)(贖良)
위 저주 률법 저주 속량
(記錄)(者)(詛呪)(者)
기록 자 저주 자

갈3:14,(福)(異邦人)(聖靈)(約束)
복 이방인 성령 약속

갈3:15,(兄弟)(言約)(定)(後)(廢)
형제 언약 정 후 폐

갈3:16,(約束)(子孫)럿(子孫)(子孫)
약속 자손 자손 자손

갈3:17,(定)(言約)(四百)(三十年)(後)
정 언약 사백 삼십년 후
(律法)(約束)
률법 약속

갈3:18,(萬一)(遺業)(律法)(約束)(約束)
만일 유업 률법 약속 약속
(恩惠)
은혜

갈3:19,(律法)(犯法)(因)(天使)(中保)
률법 범법 인 천사 중보
(約束)(子孫)
약속 자손

갈3:20,(中保)(便)(爲)(者)
중보 편 위 자

갈3:21,(律法)(約束)(決)(萬一)(能)(律法)
률법 약속 결 만일 능 률법
(義)(律法)
의 률법

갈3:22,(聖經)(罪)(約束)(者)
성경 죄 약속 자

갈3:23,(前)(律法)(啓示)
전 률법 계시

갈3:24,(律法)(引導)(蒙學先生)(義)
률법 인도 몽학선생 의

갈3:25,(後)(蒙學先生)
후 몽학선생

갈3:27,(合)(洗禮)(者)
합 세례 자

갈3:28,(人)(人)(自主者)(男子)(女子)
인 인 자주자 남자 녀자

갈3:29,(屬)(者)(子孫)(約束)(遺業)(者)
속 자 자손 약속 유업 자

達加拉太書-(갈라디아서)-第四章
달가랍태서 제사장

갈4:1,(遺業)(者)(主人)
유업 자 주인

갈4:2,(定)(後見人)(聽直)
정 후견인 청직

갈4:3,(世上)(初等學問)
세상 초등학문

갈4:4,(女子)(律法)
녀자 률법

갈4:5,(律法)(者)(贖良)(名分)
률법 자 속량 명분

갈4:6,(故)(靈)
고 영

갈4:7,(後)(遺業)(者)
후 유업 자

갈4:8,(本質上)(者)
본질상 자

갈4:9,(弱)(賤)(初等學問)
약 천 초등학문

갈4:10,(節期)
절기

갈4:11,(爲)(受苦)
위 수고

갈4:12,(兄弟)(求)(害)
형제 구 해

갈4:13,(肉體)(弱)(因)(福音)(傳)
육체 약 인 복음 전

갈4:14,(試驗)(肉體)(天使)(迎接)
시험 육체 천사 영접

갈4:15,(福)(只今)(證據)
복 지금 증거

갈4:16,(怨讐)
원수

갈4:17,(對)(熱心)(離間)(對)(熱心)
대 열심 이간 대 열심

갈4:18,(對)(熱心)(思慕)(對)
대 열심 사모 대

갈4:19,(子女)(形像)(爲)(解産)(受苦)
자녀 형상 위 해산 수고

갈4:20,(音聲)(變)(對)(疑心)
음성 변 대 의심

갈4:21,(律法)(者)(律法)
률법 자 률법

갈4:22,(記錄)(自由)(女子)
기록 자유 녀자

갈4:23,(肉體)(自由)(女子)(約束)
육체 자유 녀자 약속

갈4:24,(譬喩)(女子)(言約)(山)(者)
비유 녀자 언약 산 자

갈4:25,(山)(只今)(子女)
산 지금 자녀

갈4:26,(自由者)
자유자

갈4:27,(記錄)(孕胎)(者)(者)(者)(子女)
기록 잉태 자 자 자 자녀
(男便)(者)(子女)
남편 자 자녀

갈4:28,(兄弟)(約束)(子女)
형제 약속 자녀

갈4:29,(肉體)(者)(聖靈)(者)(逼迫)
육체 자 성령 자 핍박

갈4:30,(聖經)(自由)(女子)(遺業)
성경 자유 녀자 유업

갈4:31,(兄弟)(子女)(自由)(女子)(子女)
형제 자녀 자유 녀자 자녀

達加拉太書-(갈라디아서)-第五章
달가랍태서 제오장

갈5:1,(自由(自由)
자유 자유

갈5:2,(萬一)(割禮)(有益)
만일 할례 유익

갈5:3,(割禮)(各(證據)(律法)(全體)
할례 각 증거 률법 전체
(行)(義務)(者)
행 의무 자

갈5:4,(律法)(義)(恩惠)(者)
률법 의 은혜 자

갈5:5,(聖靈)義)(所望)
성령 의 소망

갈5:6,(割禮)(無割禮)(效力)(役事)
할례 무할례 효력 역사

갈5:7,(眞理)(順從)
진리 순종

갈5:8,(勸勉)
권면

갈5:10,(主)(確信)(搖動(者)(審判)
주 확신 요동 자 심판

갈5:11,(兄弟)(至今)(割禮)(傳)(至今)
형제 지금 할례 전 지금
(逼迫)(十字架)
핍박 십자가

갈5:12,(者)(願)
자 원

갈5:13,(兄弟)(自由)(爲)(自由)(肉體)(機會)
형제 자유 위 자유 육체 기회

갈5:14,(律法)
률법

갈5:15,(萬一)(彼此)(滅亡)(操心)
만일 피차 멸망 조심

갈5:16,(聖靈)(行)(肉體)(慾心)
성령 행 육체 욕심

갈5:17,(肉體)(所欲)(聖靈)(聖靈)(所欲)
육체 소욕 성령 성령 소욕
(肉體)(對敵)(願)
육체 대적 원

갈5:18,(萬一)(聖靈)(引導)(律法)
만일 성령 인도 률법

갈5:19,(肉體)(顯著)(淫行)(好色)
육체 현저 음행 호색

갈5:20,(偶像)(崇拜)(術數)(怨讐)(紛爭)
우상 숭배 술수 원수 분쟁
(猜忌)(忿)(黨)(分離)(異端)
시기 분 당 분리 이단

갈5:21,(妬忌)(醉)(放蕩)(前)(警戒)
투기 취 방탕 전 경계
(警戒(者)(遺業)
경계 자 유업

갈5:22,(聖靈)(喜樂)(和平)(慈悲)
성령 희락 화평 자비
(良善)(忠誠)
양선 충성

갈5:23,(溫柔)(節制)(禁止)(法)
온유 절제 금지 법

갈5:24,(肉體)(情)(慾心)(十字架)
육체 정 욕심 십자가

갈5:25,(萬一)(聖靈(聖靈)(行)
만일 성령 성령 행

갈5:26,(榮光)(求)(激動)(妬忌)
영광 구 격동 투기

達加拉太書-(갈라디아서)-第六章
달가랍태서 제륙장

갈6:1,(兄弟)(萬一)(犯罪)(神靈)
형제 만일 범죄 신령
(溫柔)(心靈)(者)自身(試驗)
온유 심령 자 자신 시험

갈6:2,(法)(成就)
법 성취

갈6:3,(萬一)
만일

갈6:4,(各各)(自己(自己)
각각 자기 자기

갈6:5,(各各)(自己)
각각 자기

갈6:6,(者)(者)
자 자

갈6:7,(慢忽)
만홀

갈6:8,(自己)(肉體)(爲)(者)(肉體)(聖靈)
자기 육체 위 자 육체 성령
(爲)(者)(聖靈)(永生)
위 자 성령 영생

갈6:9,(善)(行)(落心)(疲困)
선 행 락심 피곤

갈6:10,(機會)(家庭)
기회 가정

갈6:11,(字)
자
갈6:12,(肉體)(貌樣)(者)(臆志)(割禮)
육체 모양 자 억지 할례
(十字架)(因)(逼迫)(免)
십자가 인 핍박 면
갈6:13,(割禮)(律法)(割禮)(肉體)
할례 률법 할례 육체
갈6:14,(主)(十字架)(外)(決)(世上)
주 십자가 외 결 세상
(對)(十字架)世上)(對)
대 십자가 세상 대
갈6:15,(割禮)(無割禮)(者)
할례 무할례 자
갈6:16,(規例)(行)(者)(平康)(矜恤)
규례 행 자 평강 긍휼
갈6:17,(後)(痕跡)
후 흔적
갈6:18,(兄弟)(主)(恩惠)(心靈)
형제 주 은혜 심령

以弗所書-(에베소서)-第一章
이불소서 제일장

엡1:1,(使徒)(聖徒)(信實)(者)(便紙)
사도 성도 신실 자 편지
엡1:2,(主)(恩惠)(平康)
주 은혜 평강
엡1:3,(讚頌)(主)(屬)(神靈)(福)(福)
찬송 주 속 신령 복 복
엡1:4,(創世前)(擇)(欠)
창세전 택 흠
엡1:5,(豫定)(自己)
예정 자기
엡1:6,(者)(恩惠)(榮光)(讚美)
자 은혜 영광 찬미
엡1:7,(恩惠)(豊盛)(救贖)(罪)(赦)
은혜 풍성 구속 죄 사
엡1:8,(智慧)(聰明)
지혜 총명
엡1:9,(秘密)륜(經綸)(爲)(豫定)
비밀 경륜 위 예정
엡1:10,(統一)
통일
엡1:11,(願)(役事)(者)(豫定)(基業)
원 역사 자 예정 기업
엡1:12,(前)(榮光)(讚頌)
전 영광 찬송
엡1:13,(眞理)(救援)(福音)約束)(聖靈)(印)
진리 구원 복음 약속 성령 인
엡1:14,(基業)(保證)(救贖)(榮光)(讚美)
기업 보증 구속 영광 찬미
엡1:15,(因)(主)聖徒)(向)
인 주 성도 향
엡1:16,(因)(感謝)(祈禱)
인 감사 기도
엡1:17,(主)(榮光)(智慧)(啓示)(精神)
주 영광 지혜 계시 정신
엡1:18所望)(聖徒)(基業)(榮光)(豊盛)
소망 성도 기업 영광 풍성
엡1:19,(强力)(役事)能力)(至極)(求)
강력 역사 능력 지극 구
엡1:20,(能力)(役事)(者)(自己)(便)
능력 역사 자 자기 편
엡1:21,(政事)(權勢)(能力)(主管)(者)
정사 권세 능력 주관 자
(世上)(世上)
세상 세상
엡1:22,(萬物)(服從)(萬物)(敎會)
만물 복종 만물 교회
엡1:23,(敎會)(萬物)(萬物)(充滿)(者)(充滿)
교회 만물 만물 충만 자 충만

以弗所書-(에베소서)-第二章
이불소서 제이장

엡2:1,(罪)
죄
엡2:2,(行)(世上)(風俗)(空中)(權勢)
행 세상 풍속 공중 권세
(者)(只今)(不順從)(役事)(靈)
자 지금 불순종 역사 영
엡2:3,(前)(肉體)(慾心)(肉體)(願)
전 육체 욕심 육체 원
(本質上)(震怒)(子女)
본질상 진노 자녀
엡2:4,(矜恤)(豊盛)(因)
긍휼 풍성 인
엡2:5,(恩惠)(救援)
은혜 구원
엡2:7,(慈悲)(恩惠)(至極)(豊盛)(世代)
자비 은혜 지극 풍성 세대
엡2:8,(恩惠)(因)救援)(膳物)
은혜 인 구원 선물
엡2:9,(行爲)
행위
엡2:10,(善)(爲)(者)(前)(豫備)(行)
선 위 자 전 예비 행
엡2:11,(肉體)(異邦人)(肉體)(行)(割禮黨)
육체 이방인 육체 행 할례당
(稱)(者)(無割禮黨)(稱)(者)
칭 자 무할례당 칭 자
엡2:12,(約束)(言約)(對)(外人)(世上)
약속 언약 대 외인 세상
(所望)(者)
소망 자
엡2:13,(前)
전
엡2:14,(和平)(中間)
화평 중간
엡2:15,(怨讐)(儀文)(屬)(誡命)(律法)
원수 의문 속 계명 률법
(自己)(肉體)(廢)(自己)(和平)
자기 육체 폐 자기 화평
엡2:16,(十字架)(和睦)(怨讐)(十字架)(消滅)
십자가 화목 원수 십자가 소멸

엡2:17,(平安)(傳)(者)(平安)(傳)
평안 전 자 평안 전

엡2:18,(聖靈)
성령

엡2:19,(外人)(聖徒)(同一)(市民)(眷屬)
외인 성도 동일 시민 권속

엡2:20,(使徒)(先知者)(者)(親)
사도 선지자 자 친

엡2:21,(建物)(聯結)(主)(聖殿)
건물 연결 주 성전

엡2:22,(聖靈)(居)(處所)(爲)
성령 거 처소 위

以弗所書-(에베소서)-第三章
이불소서 제삼장

엡3:1,(異邦)(爲)(者)
이방 위 자

엡3:2,(爲)(恩惠)륜(經綸)
위 은혜 경륜

엡3:3,(啓示)(秘密)大綱)(記錄)
계시 비밀 대강 기록

엡3:4,(秘密)
비밀

엡3:5,(使徒)(先知者)(聖靈)(世代)
사도 선지자 성령 세대

엡3:6,(異邦人)(福音)(後嗣)(肢體)
이방인 복음 후사 지체

(約束)(參與)(者)
약속 참여 자

엡3:7,(福音)(爲)(能力)(役事)(恩惠)(膳物)
복음 위 능력 역사 은혜 선물

엡3:8,(聖徒)(中)(至極)(者)(恩惠)
성도 중 지극 자 은혜

(測量)(豊盛)(異邦人)(傳)
측량 풍성 이방인 전

엡3:9,(永遠)(萬物)(創造)(秘密)(經綸
영원 만물 창조 비밀 경륜

엡3:10,(敎會)(政事)(權勢)(各種)(智慧)
교회 정사 권세 각종 지혜

엡3:11,(永遠)(主)(豫定)
영원 주 예정

엡3:12,(膽大)(堂堂)
담대 당당

엡3:13,(求)(爲)(患難)(對)(落心)(榮光)
구 위 환난 대 락심 영광

엡3:14,(各)(族屬)
각 족속

엡3:16,(榮光)(豊盛)(聖靈)(能力)(强健)
영광 풍성 성령 능력 강건

엡3:18,(能)(聖徒)(知識)
능 성도 지식

엡3:19,(充滿)(充滿)(求)
충만 충만 구

엡3:20,(役事)(能力)(求)(能)
역사 능력 구 능

엡3:21,(敎會)(榮光)(代代)(永遠)(無窮)(願)
교회 영광 대대 영원 무궁 원

以弗所書-(에베소서)-第四章
이불소서 제사장

엡4:1,(主)(勸)(合當)(行)
주 권 합당 행

엡4:2,(謙遜)(溫柔)(容納)
겸손 온유 용납

엡4:3,(平安)(聖靈)
평안 성령

엡4:4,(聖靈)(所望)
성령 소망

엡4:5,(主)(洗禮)
주 세례

엡4:6,(萬有)(萬有)(萬有)(統一)(萬有)
만유 만유 만유 통일 만유

엡4:7,(各)(膳物)(分量)(恩惠)
각 선물 분량 은혜

엡4:8,(者)(膳物)
자 선물

엡4:10,(者)(萬物)(充滿)
자 만물 충만

엡4:11,(或)(使徒)(或)(先知者)(或)(福音)
혹 사도 혹 선지자 혹 복음

(傳)(者)(或)(牧師)(敎師)
전 자 혹 목사 교사

엡4:12,(聖徒)(穩全(奉事)
성도 온전 봉사

엡4:13,(穩全)(長成)(分量)(充滿)
온전 장성 분량 충만

엡4:14,(詭術)(奸詐)(誘惑)(敎訓)
궤술 간사 유혹 교훈

(風潮)(搖動)
풍조 요동

엡4:15,(凡事)
범사

엡4:16,(各)(通)(聯絡)(相合)(各)
각 통 련락 상합 각

(肢體)(分量)(役事)
지체 분량 역사

엡4:17,(主)(證據)(異邦人)(虛妄)(行)(行)
주 증거 이방인 허망 행 행

엡4:18,(聰明)(無知)(生命)
총명 무지 생명

엡4:19,(感覺)(者)(自身)(放蕩)(放任)
감각 자 자신 방탕 방임

(慾心)(行)
욕심 행

엡4:21,(眞理)(果然)
진리 과연

엡4:22,(誘惑)(慾心)(舊習)
유혹 욕심 구습

엡4:23,(心靈)
심령

엡4:24,(義)(眞理)
의 진리

엡4:25,(各各)(肢體)
각각 지체

엡4:26,(忿)(罪)(忿)
분 죄 분

엡4:27,(魔鬼)
마귀

엡4:28,(盜賊)(者(盜賊)(貧窮)(者)(救濟)
도적 자 도적 빈궁 자 구제
(爲)(受苦)(善)
위 수고 선

엡4:29,(德)(所用)(善)(者)(恩惠)
덕 소용 선 자 은혜

엡4:30,(聖靈(救贖)(印)
성령 구속 인

엡4:31,(惡毒)(怒)(忿)(毁謗)(惡意)
악독 노 분 훼방 악의

엡4:32,(仁慈)(容恕)(容恕)
인자 용서 용서

以弗所書-(에베소서)-第五章
이불소서 제오장

엡5:1,(子女)(者)
자녀 자

엡5:2,(行)(爲)(自身)(香氣)(祭物)(牲畜)
행 위 자신 향기 제물 생축

엡5:3,(淫行)(貪慾)(中)(聖徒)
음행 탐욕 중 성도

엡5:4,(陋醜)(戱弄)(感謝)
누추 희롱 감사

엡5:5,(丁寧)(淫行)(者)(者)(貪)(者)(偶像)
정녕 음행 자 자 탐 자 우상
(崇拜者)(基業)
숭배자 기업

엡5:6,(因)(震怒)(不順從)(臨)
인 진노 불순종 임

엡5:7,(參與)(者)
참여 자

엡5:8,(前)(主)(子女)(行)
전 주 자녀 행

엡5:9,(義)(眞實)
의 진실

엡5:10,(主)(試驗)
주 시험

엡5:11,(參與)(責望)
참여 책망

엡5:12,(隱密)(行)
은밀 행

엡5:13,(責望)
책망

엡5:14,(者)(者)
자 자

엡5:15,(行)(仔細)(注意)(智慧)(者)(智慧)(者)
행 자세 주의 지혜 자 지혜 자

엡5:16,(歲月)(惡)
세월 악

엡5:17,(者)(主)(理解)
자 주 이해

엡5:18,(醉)(放蕩)(聖靈)(充滿)
취 방탕 성령 충만

엡5:19,(詩)(讚美)(神靈)(和答)(主)(讚頌)
시 찬미 신령 화답 주 찬송

엡5:20,(凡事)(主)(恒常)(感謝)
범사 주 항상 감사

엡5:21,(敬畏)(彼此)(服從)
경외 피차 복종

엡5:22,(自己)(男便)(服從)(主)
자기 남편 복종 주

엡5:23,(男便)(敎會)(親)(救主)
남편 교회 친 구주

엡5:24,(敎會)(凡事)(男便)(服從)
교회 범사 남편 복종

엡5:25,(男便)(敎會)(爲)(自身)
남편 교회 위 자신

엡5:27,(自己)(榮光)(敎會)(欠)
자기 영광 교회 흠

엡5:28,(男便)(自己)(自己)(者)(自己)
남편 자기 자기 자 자기

엡5:29,(肉體)(養育)(保護)(敎會)(保養)
육체 양육 보호 교회 보양

엡5:30,(肢體)
지체

엡5:31,(父母)(合)(肉體)
부모 합 육체

엡5:32,(秘密)(敎會)(對)
비밀 교회 대

엡5:33,(各各)(自己)(自己)(男便)(敬畏)
각각 자기 자기 남편 경외

以弗所書-(에베소서)-第六章
이불소서 제륙장

엡6:1,(子女)(父母)(主)(順從)
자녀 부모 주 순종

엡6:2,(恭敬)(約束)(誡命)
공경 약속 계명

엡6:3,(長壽)
장수

엡6:4,(子女)(怒)(主)(敎養)(訓戒)(養育)
자녀 노 주 교양 훈계 양육

엡6:5,(誠實)(肉體)(上典)(順從)
성실 육체 상전 순종

엡6:6,(者(行)
자 행

엡6:7,(主)
주

엡6:8,(各)(善)(行)(自由)(者)(主)
각 선 행 자유 자 주

엡6:9,(上典)(恐喝)(上典)(外貌)(取)
상전 공갈 상전 외모 취

엡6:10(終末)(主)(能力)(强健)
종말 주 능력 강건

엡6:11,(魔鬼)(詭計)(能)(對敵)(爲)
마귀 궤계 능 대적 위
(全身甲冑)
전신갑주

엡6:12,(血)(肉)(對)(政事)(權勢)(世上)
혈 육 대 정사 권세 세상
(主管者)(惡)(靈)(對)
주관자 악 영 대

엡6:13,(全身甲冑)(取)(惡)(能)(對敵)(行)
전신갑주 취 악 능 대적 행
(後)(爲)
후 위

엡6:14,(眞理)義)(胸背)
진리 의 흉배

엡6:15,(平安)(福音)(豫備)
평안 복음 예비

엡6:16,(防牌)(能)(惡)(者)(火箭)(消滅)
방패 능 악 자 화전 소멸

엡6:17,(救援)(聖靈)
구원 성령

엡6:18,(祈禱)(懇求)(無時)(聖靈)(祈禱)
기도 간구 무시 성령 기도
(爲)(求)(恒常)(聖徒)(爲)(求)
위 구 항상 성도 위 구

엡6:19,(爲)(求)(福音)(秘密)(膽大)
위 구 복음 비밀 담대

엡6:20,(爲)(使臣)(當然)(膽大
위 사신 당연 담대

엡6:21,(私情)(兄弟)(主)(眞實)
사정 형제 주 진실

엡6:22,(私情)(慰勞)(爲)(特別)
사정 위로 위 특별

엡6:23,(主)(平安)(兼)(兄弟)
주 평안 겸 형제

엡6:24,(主)(變)(者)(恩惠)!
주 변 자 은혜

腓立比書-(빌립보)-第一章
비립비서 제일장

빌1:1,(聖徒)(監督)(執事)(便紙)
성도 감독 집사 편지

빌1:2,(主)(恩惠)(平康)
주 은혜 평강

빌1:3,(感謝)
감사

빌1:4,(懇求)(爲)(恒常)(懇求)
간구 위 항상 간구

빌1:5,(福音)(交際)(因)
복음 교제 인

빌1:6,(始作)(確信)
시작 확신

빌1:7,(爲)(福音)(辯明)(確定)(恩惠)
위 복음 변명 확정 은혜
(參與)(者)
참여 자

빌1:8,(心腸)(思慕)(證人)
심장 사모 증인

빌1:9,(祈禱)(知識)(聰明)(漸漸)(豊盛)
기도 지식 총명 점점 풍성

빌1:10,(至極)(善)(分別)(眞實)
지극 선 분별 진실

빌1:11,(義)(榮光)(讚頌)(求)
의 영광 찬송 구

빌1:12,(兄弟)(當)(福音)(進步)(願)
형제 당 복음 진보 원

빌1:13,(侍衛隊)(其他)
시위대 기타

빌1:14,(兄弟)(中)(多數)(因)(主)(信賴)
형제 중 다수 인 주 신뢰
(怯)(膽大)
겁 담대

빌1:15(妬忌)(紛爭)전(傳播)
투기 분쟁 전파

빌1:16,(福音)(辯明)(爲)
복음 변명 위

빌1:17,(純全)(傳播)
순전 전파

빌1:18,(外貌)(方道(傳播)
외모 방도 전파

빌1:19,(懇求)(聖靈)(救援)(故)
간구 성령 구원 고

빌1:20,(懇切)(企待)(所望)(前)(穩全)
간절 기대 소망 전 온전
(膽大(尊貴)
담대 존귀

빌1:21,(有益)
유익

빌1:22,(萬一)(肉身)
만일 육신

빌1:23,(欲望)
욕망

빌1:24,(肉身)(居)(爲)(有益)
육신 거 위 유익

빌1:25,(進步)(爲)(居)(確實)
진보 위 거 확실

빌1:26,(因)(豊盛)
인 풍성

빌1:27,(福音)(合當)(生活)(一心)(福音)
복음 합당 생활 일심 복음
(信仰)(爲)(協力)
신앙 위 협력

빌1:28,(對敵)(者)(因)(滅亡)(憑據)
대적 자 인 멸망 빙거
(救援)(憑據)
구원 빙거

빌1:29,(爲)(恩惠)爲)(苦難)
위 은혜 위 고난

腓立比書-(빌립보)-第二章
비립비서 제이장

빌2:1,(勸勉)(慰勞)(聖靈)(交際)(矜恤)(慈悲)
권면 위로 성령 교제 긍휼 자비

빌2:2,(合)
합

빌2:3(虛榮)(謙遜)(各各)(自己)
허영 겸손 각각 자기

빌2:4,(各各)(自己)(各各)(充滿)
각각 자기 각각 충만

빌2:6,(根本)(本體)(同等)(取)
근본 본체 동등 취

빌2:7,(自己)(形體)
자기 형체

빌2:8,(貌樣)(自己)(服從)(十字架)
모양 자기 복종 십자가

빌2:9,(至極)
지극

빌2:10,(者)(者)(者)(
자 자 자

빌2:11,(主)(是認)(榮光)
주 시인 영광

빌2:12,(者)(只今)(恒常)(服從)(救援)
자 지금 항상 복종 구원

빌2:13,(行)(自己)(爲)(所願)(行)
행 자기 위 소원 행

빌2:14,(怨望)(是非)
원망 시비

빌2:15,(欠)(純全)(世代)(欠)(子女)(世上)
흠 순전 세대 흠 자녀 세상

빌2:16,(生命)(受苦)
생명 수고

빌2:17,(萬一)祭物)(奉事)(灌祭)
만일 제물 봉사 관제

빌2:19,(速)(主)(私情)(安慰)
속 주 사정 안위

빌2:20,(私情)(眞實)(者)
사정 진실 자

빌2:21,(自己)(求)(求)
자기 구 구

빌2:22,(鍊鍛)(子息)(福音)(爲)(受苦)
연단 자식 복음 위 수고

빌2:24,(速)(主)(確信)
속 주 확신

빌2:25,(必要)(兄弟)(受苦)(軍士)(者)
필요 형제 수고 군사 자
(使者)(者)
사자 자

빌2:26,(懇切)(思慕)(自己)(病)(甚)
간절 사모 자기 병 심

빌2:27,(病)(矜恤)(矜恤)(免)
병 긍휼 긍휼 면

빌2:28,(急)
급

빌2:29,(主)(迎接)(者)(尊貴)
주 영접 자 존귀

빌2:30,(爲)(自己)(不足)
위 자기 부족

腓立比書-(빌립보)-第二章
비립비시 제심 장

빌3:1(終末)(兄弟)(主)(受苦)(安全)
종말 형제 주 수고 안전

빌3:2行惡)(者)(損割禮黨)
행악 자 손할례당

빌3:3,(聖靈)(奉事)(肉體)(信賴)(割禮黨)
성령 봉사 육체 신뢰 할례당

빌3:4,(肉體)(信賴)(萬一)(肉體)(信賴)
육체 신뢰 만일 육체 신뢰

빌3:5,(八日)(割禮)(族屬)(支派)(人)(中)(人)(律法)(人)
팔일 할례 족속 지파 인 중 인 률법 인

빌3:6,(熱心)(敎會)(逼迫)(律法)(義)(欠)(者)
열심 교회 핍박 률법 의 흠 자

빌3:7,(有益)(爲)(害)
유익 위 해

빌3:8,(害)(主)(知識)高尙)(因)(爲)(排泄物)
해 주 지식 고상 인 위 배설물

빌3:9,(發見)(義)(律法)(義)
발견 의 률법 의

빌3:10,(復活)(權能)(苦難)(參與)
부활 권능 고난 참여

빌3:11,(者)(復活)
자 부활

빌3:12,(穩全)
온전

빌3:13,(兄弟)(即)
형제 즉

빌3:14푯(標)(向)(賞)(爲)
표 향 상 위

빌3:15,(穩全)(者)(萬一)
온전 자 만일

빌3:16,(行)
행

빌3:17,(兄弟)(本)(本)(行)(者)
형제 본 본 행 자

빌3:18,(番)(十字架)(怨讐)(行)
번 십자가 원수 행

빌3:19,(滅亡)(神)(榮光)(者)
멸망 신 영광 자

빌3:20,(市民權)(救援)(者)(主)
시민권 구원 자 주

빌3:21,(萬物)(自己)(服從)(者)(役事)
만물 자기 복종 자 역사
(自己)(榮光)(形體)(變)
자기 영광 형체 변

腓立比書-(빌립보)-第四章
비립비서 제사 장

빌4:1,(思慕)(兄弟)(冕旒冠)(者)(主)
사모 형제 면류관 자 주

빌4:2,(勸)(勸)(主)
권 권 주

빌4:3,(者)(求)(福音)(婦女)(外)(同役者)(生命冊)
자 구 복음 부녀 외 동역자 생명책

빌4:4,(主)(恒常)
주 항상

빌4:5,(寬容)(主)
관용 주

빌4:6,(念慮)(祈禱)(懇求)(求)(感謝)
염려 기도 간구 구 감사

빌4:7,(知覺)(平康)
지각 평강

빌4:8(終末)(兄弟)(敬虔)(淨潔)(稱讚)(德)
종말 형제 경건 정결 칭찬 덕

빌4:9,(行)(平康)
행 평강

빌4:10,(主)(爲)(機會)
주 위 기회
빌4:11,(窮乏)(形便)(自足)
궁핍 형편 자족
빌4:12,(卑賤)(處)(豊富)(處)(豊富)
비천 처 풍부 처 풍부
(窮乏)(一切)(秘訣)
궁핍 일체 비결
빌4:13,(能力)(者)
능력 자
빌4:14,(叅與)
참여
빌4:15,(福音)(始初)(叅與)(教會)(外)
복음 시초 참여 교회 외
빌4:16,(番)(番)
번 번
빌4:17,(膳物)(求)(有益)(果實)(蕃盛)(求)
선물 구 유익 과실 번성 구
빌4:18,(豊富)(便)(豊足)(香氣)(祭物)
풍부 편 풍족 향기 제물
빌4:19,(榮光)(豊盛)
영광 풍성
빌4:20,(世世無窮)(榮光)
세세무궁 영광
빌4:21,(聖徒)(各各)(問安)(兄弟)(問安)
성도 각각 문안 형제 문안
빌4:22,(聖徒)(問安)(特別)(中)
성도 문안 특별 중
빌4:23,(主)(恩惠)(心靈)
주 은혜 심령

歌羅西書-(골로새서)-第一章
가라서서 제일 장

골1:1,(使徒)(兄弟)
사도 형제
골1:2,(聖徒)(信實)(兄弟)(便紙)(恩惠)(平康)
성도 신실 형제 편지 은혜 평강
골1:3,(爲)(祈禱)(主)(感謝)
위 기도 주 감사
골1:4,(聖徒)(對)
성도 대
골1:5,(爲)(所望)(因)(前)(福音)(眞理)
위 소망 인 전 복음 진리
골1:6,(福音)(恩惠)(中)(天下)
복음 은혜 중 천하
골1:7,(爲)(信實)
위 신실
골1:8,(聖靈)(告)(者)
성령 고 자
골1:9,(爲)(祈禱)(求)(神靈)(智慧)(聰明)
위 기도 구 신령 지혜 총명
골1:10,(主)(合當)(行)(凡事)(善)
주 합당 행 범사 선
골1:11,(榮光)(能力)(能)
영광 능력 능
골1:12,(聖徒)(基業)(部分)(合當)(感謝)(願)
성도 기업 부분 합당 감사 원
골1:13,(黑暗)(權勢)
흑암 권세
골1:14,(救贖)(罪)(赦)
구속 죄 사
골1:15,(形像)(創造物)(者)
형상 창조물 자
골1:16,(萬物)(創造)(或)(寶座)(主管)
만물 창조 혹 보좌 주관
(政事)(權勢)(萬物)(爲)(創造)
정사 권세 만물 위 창조
골1:17,(萬物)(萬物)
만물 만물
골1:18,(教會)(根本)(者)(者)(親)(萬物)
교회 근본 자 자 친 만물
골1:19,(充滿)(居)
충만 거
골1:20,(十字架)(和平)(萬物)(自己)(和睦)
십자가 화평 만물 자기 화목
골1:21,(前)(惡)行實)(怨讐)
전 악 행실 원수
골1:22,(肉體)(和睦)(欠)(責望)(者)
육체 화목 흠 책망 자
골1:23,(萬一)居)(福音)(所望)(福音)
만일 거 복음 소망 복음
(天下萬民)(傳播)(福音)
천하만민 전파 복음
골1:24,(爲)(苦難)(教會)(爲)(肉體)
위 고난 교회 위 육체
골1:25,(教會)(爲)륜(經綸)
교회 위 경륜
골1:26,(秘密)(萬世)(萬代)(聖徒)
비밀 만세 만대 성도
골1:27,(秘密)(榮光)(異邦人)(豊盛)
비밀 영광 이방인 풍성
(秘密)(榮光)(所望)
비밀 영광 소망
골1:28,(傳播)(智慧)(各)(勸)(智慧)(各)
전파 지혜 각 권 지혜 각
(各)(完全)(者)
각 완전 자
골1:29,(爲)(能力)(役事)(役事)(受苦)
위 능력 역사 역사 수고

歌羅西書-(골로새서)-第二章
가라서서 제이 장

골2:1,(者)(肉身)(者)(爲)(願)
자 육신 자 위 원
골2:2,(慰安)(連合)(圓滿)(理解)(富饒)(秘密)
위안 연합 원만 이해 부요 비밀
골2:3,(智慧)(知識)(寶貨)
지혜 지식 보화
골2:4,(工巧)
공교
골2:5,(肉身)(心靈)(規模)믿 믿
육신 심령 규모
골2:6,(行)
행

골2:7,(教訓)(感謝)
교훈 감사

골2:8,(哲學)(擄掠)(注意)(遺傳)(世上)
철학 노약 주의 유전 세상

(初等學問)
초등학문

골2:9,(神性)(充滿)(肉體)(居)
신성 충만 육체 거

골2:10,(充滿)(政事)(權勢)
충만 정사 권세

골2:11,(割禮)(肉的)(割禮)
할례 육적 할례

골2:12,(洗禮)(葬事)(者)(役事)
세례 장사 자 역사

골2:13,(犯罪)(肉體)(無割禮)(罪)(赦)
범죄 육체 무할례 죄 사

골2:14,(對敵)(儀文)(證書)(塗抹)(除)
대적 의문 증서 도말 제

(十字架)
십자가

골2:15,(政事)(權勢)(十字架)(勝利)
정사 권세 십자가 승리

골2:16,(節期)(月朔)(安息日)(因)(貶論)
절기 월삭 안식일 인 폄론

골2:17,(將來)
장래

골2:18,(謙遜)(天使)(崇拜)(因)(賞)
겸손 천사 숭배 인 상

(依支)(肉體)(誇張)
의지 육체 과장

골2:19,(供給)(連合)
공급 연합

골2:20,(世上)(初等學問)(世上)(儀文)(順從)
세상 초등학문 세상 의문 순종

골2:22,(腐敗)(命)
부패 명

골2:23,(自意的)(崇拜)(謙遜)(智慧)
자의적 숭배 겸손 지혜

(貌樣)(肉體)(禁)(有益)
모양 육체 금 유익

歌羅西書-(골로새서)-第三章
가라서서 제삼장

골3:1,(右便)
우편

골3:3,(生命)
생명

골3:4,(生命)(榮光)(中)
생명 영광 중

골3:5,(肢體)(淫亂)(不淨)(邪慾)(惡)
지체 음란 부정 사욕 악

(情慾)(貪心)(貪心)(偶像)(崇拜)
정욕 탐심 탐심 우상 숭배

골3:6,(因)(震怒)(順從)(子息)(臨)
인 진노 순종 자식 임

골3:7,(前)(行)
전 행

골3:8,(憤)(惡意)(毁謗)
분 악의 훼방

골3:9,(行爲)
행위

골3:10,(自己)(創造)(者)(形像)(知識)(者)
자기 창조 자 형상 지식 자

골3:11,(人)(人)(割禮黨)(無割禮黨)(野人)
인 인 할례당 무할례당 야인

(人)(自由人)(分別)(萬有)(萬有)
인 자유인 분별 만유 만유

골3:12,(擇)(者)(矜恤)(慈悲)(謙遜)(溫柔)
택 자 긍휼 자비 겸손 온유

골3:13혐(嫌疑)(容納)(彼此)(容恕)(主)(容恕)
혐의 용납 피차 용서 주 용서

골3:14,(穩全)
온전

골3:15,(平康)(主掌)(平康)(爲)(感謝)(者)
평강 주장 평강 위 감사 자

골3:16,(豊盛)(居)(智慧)(彼此)(勸勉)(詩)
풍성 거 지혜 피차 권면 시

(讚美)(神靈)(感謝)(讚揚)
찬미 신령 감사 찬양

골3:17,(主)(感謝)
주 감사

골3:18,(男便)(服從)(主)
남편 복종 주

골3:19,(男便)(
남편

골3:20,(子女)(父母)(順從)(主)
자녀 부모 순종 주

골3:21,(子女)(激怒)(落心)
자녀 격노 락심

골3:22,(肉身)(上典)(順從)(者)(主)(誠實
육신 상전 순종 자 주 성실

골3:23,(主)(
주

골3:24,(遺業)(賞)(主)(主)
유업 상 주 주

골3:25,(不義)(行)(者)(不義)(報應)(主)
불의 행 자 불의 보응 주

(外貌)(取)
외모 취

歌羅西書-(골로새서)-第四章
가라서서 제사장

골4:1,(上典)(義)(公平)(上典)
상전 의 공평 상전

골4:2,(祈禱)(恒常)(祈禱)(感謝)
기도 항상 기도 감사

골4:3,(爲)(祈禱)(傳道)(門)(秘密)(求)(因)(當)
위 기도 전도 문 비밀 구 인 당

골4:4,(秘密)
비밀

골4:5,(外人)(向)(智慧)(行)(歲月)
외인 향 지혜 행 세월

골4:6,(恒常)(恩惠)(各)(對答)
항상 은혜 각 대답

골4:7,(私情)(兄弟)(信實)(主)
사정 형제 신실 주
골4:8,(特別)(私情)(慰勞)
특별 사정 위로
골4:9,(信實)(兄弟)
신실 형제
골4:10,(甥姪)(對)(命)(迎接)
생질 대 명 영접
골4:11,(問安)(割禮黨)(爲)(役事)(者)(慰勞)
문안 할례당 위 역사 자 위로
골4:12,(問安)(恒常)(爲)(祈禱)(完全)
문안 항상 위 기도 완전
(確信)(求)
확신 구
골4:13,(者)(者)(爲)(受苦)(證據)
자 자 위 수고 증거
골4:14,(醫員)(問安)
의원 문안
골4:15,(兄弟)(女子)(教會)(問安)
형제 녀자 교회 문안
골4:16,(便紙)(後)(人)(教會)(便紙)
편지 후 인 교회 편지
골4:17,(主)(職分)
주 직분
골4:18,(親筆)(問安)(恩惠)
친필 문안 은혜

帖撒羅尼迦前書-(데살로니가전서)-第一章
첩 살 라 니 가 전 서 제일 장

살전1:1,(主)(人)(教會)(便紙)(恩惠)(平康)
주 인 교회 편지 은혜 평강
살전1:2,(因)(恒常)(感謝)(祈禱)
인 항상 감사 기도
살전1:3,(役事)(受苦)(主)
역사 수고 주
(對)(所望)(忍耐)(記憶)
대 소망 인내 기억
살전1:4,(兄弟)(擇)
형제 택
살전1:5,(福音)(能力)(聖靈)(確信)(爲)
복음 능력 성령 확신 위
살전1:6,(患難)(聖靈)(道)(主)(者)
환난 성령 도 주 자
살전1:7,(者)(本)
자 본
살전1:8,(主)(向)(所聞)(各處)
주 향 소문 각처
살전1:9,(對)(告)(偶像)
대 고 우상
살전1:10,(者)(降臨)(將來)(怒)
자 강림 장래 노

帖撒羅尼迦前書-(데살로니가전서)-第二章
첩 살 라 니 가 전 서 제이 장

살전2:1,(兄弟)(親)
형제 친
살전2:2,(苦難)(凌辱)(當)(中)(福音)
고난 능욕 당 중 복음
살전2:3,(勸勉)(奸詐)(不淨)(詭計)
권면 간사 부정 궤계
살전2:4,(福音)(傳)(付託)(鑑察)
복음 전 부탁 감찰
살전2:5,(阿諂)(貪心)(證據)
아첨 탐심 증거
살전2:6,(使徒)(能)(尊重)(榮光)(求)
사도 능 존중 영광 구
살전2:7,(柔順)(者)(乳母)(自己)(子女)
유순 자 유모 자기 자녀
살전2:8,(思慕)(福音)(者)
사모 복음 자
살전2:9,(兄弟)(受苦)(記憶)(累)(福音)(傳播)
형제 수고 기억 누 복음 전파
살전2:10,(者)(向)(欠)(行)(對)(證人)
자 향 흠 행 대 증인
살전2:11,(各)(自己)(子女)(勸勉)(慰勞)(警戒)
각 자기 자녀 권면 위로 경계
살전2:12,(自己)(榮光)(合當)(行)
자기 영광 합당 행
살전2:13,(感謝)(眞實)者)(役事)
감사 진실 자 역사
살전2:14,(兄弟)(教會)(者)(人)(苦難)(同一)
형제 교회 자 인 고난 동일
살전2:15,(人)(主)(先知者)(對敵)
인 주 선지자 대적
살전2:16,(異邦人)(救援)(禁)(自己)(罪)
이방인 구원 금 자기 죄
(恒常)(怒)(臨)
항상 노 임
살전2:17,(兄弟)(暫時)(熱情)
형제 잠시 열정
살전2:18,(番)(番)
번 번
살전2:19,(所望)(冕旒冠)(降臨)(主)
소망 면류관 강림 주
살전2:20,(榮光)
영광

帖撒羅尼迦前書-(데살로니가전서)-第三章
첩 살 라 니 가 전 서 제삼 장

살전3:2,(兄弟)(福音對)(慰勞)
형제 복음 대 위로
살전3:3,(患難)(中)(搖動)(當)(親)
환난 중 요동 당 친
살전3:4,(將次)(患難)(果然)
장차 환난 과연
살전3:5,(爲)(或)(試驗)(者(試驗)(受苦)
위 혹 시험 자 시험 수고
살전3:6,(只今)(消息)(傳)(恒常)(懇切)(懇切)
지금 소식 전 항상 간절 간절
살전3:7,(兄弟)(窮乏)(患難)慰勞)
형제 궁핍 환난 위로
살전3:8,(主)
주
살전3:9,(因)(爲)(能)(感謝)(報答)
인 위 능 감사 보답

살전3:10,(晝夜)(甚)(懇求)不足)(穩全
주야 심 간구 부족 온전

살전3:11,(主)(直行)
주 직행

살전3:12,(主)(彼此間)(對)
주 피차간 대

살전3:13,(主)(聖徒)(降臨)(欠)(願)
주 성도 강림 흠 원

帖撒羅尼迦前書-(데살로니가전서)-第四章
첩살라니가전서 제사장

살전4:1,(終末)(兄弟)(主)(求)(勸勉)(行)(行)
종말 형제 주 구 권면 행 행

살전4:2,(主)(命令)
주 명령

살전4:3,(淫亂)
음란

살전4:4,(各各)(尊貴)(自己)(取)
각각 존귀 자기 취

살전4:5,(異邦人)(色慾)
이방인 색욕

살전4:6,(分數)(兄弟)(害)(證據)(主)(伸寃)
분수 형제 해 증거 주 신원

살전4:7,(不淨)
부정

살전4:8,(者)(聖靈)
자 성령

살전4:9,(兄弟)(關)(親)
형제 관 친

살전4:10,(兄弟)(對)(果然)(行)(兄弟)(勸)
형제 대 과연 행 형제 권

살전4:11,(命)(從容)(自己)
명 종용 자기

살전4:12,(外人)(對)(端正)(行)(窮乏)
외인 대 단정 행 궁핍

살전4:13,(兄弟)(者)(者)(關)(願)(所望)
형제 자 자 관 원 소망

살전4:14,(者)
자

살전4:15,(主)(主)(降臨)(者)(者)(決斷)
주 주 강림 자 자 결단

살전4:16,(主)(號令)(天使長)(親)(降臨)(者)
주 호령 천사장 친 강림 자

살전4:17,(後(者)(空中)(主)(迎接)(恒常)(主)
후 자 공중 주 영접 항상 주

살전4:18,(慰勞)
위로

帖撒羅尼迦前書-(데살로니가전서)-第五章
첩살라니가전서 제오장

살전5:1,(兄弟)(時期)(關)
형제 시기 관

살전5:2,(主)(盜賊)(自身)(仔細)
주 도적 자신 자세

살전5:3,(平安)(安全)(孕胎)(女子)(解産)
평안 안전 잉태 녀자 해산
(苦痛)(滅亡)(忽然)(決斷)(避)
고통 멸망 홀연 결단 피

살전5:4,(兄弟)(盜賊)(臨)
형제 도적 임

살전5:5,(屬)
속

살전5:6,(謹愼)
근신

살전5:7,(者)(醉)(者)(醉)
자 취 자 취

살전5:8,(屬)(謹愼)胸背)(救援)(所望)
속 근신 흉배 구원 소망

살전5:9,(怒)(主)(救援)
노 주 구원

살전5:10,(爲)(自己)
위 자기

살전5:11,(彼此)(勸勉)(彼此)(德(
피차 권면 피차 덕

살전5:12,(兄弟(求)(受苦)(主)(勸)(者)
형제 구 수고 주 권 자

살전5:13,(役事)(貴)(和睦)
역사 귀 화목

살전5:14,(兄弟)(勸勉)(規模)(者)(勸戒)
형제 권면 규모 자 권계
(弱)(者)(安慰)(者)(對)
약 자 안위 자 대

살전5:15,(惡)(惡)(彼此(對)(對)(恒常)(善)
악 악 피차 대 대 항상 선

살전5:16,(恒常)
항상

살전5:17,(祈禱)
기도

살전5:18,(凡事)(感謝)(向)
범사 감사 향

살전5:19,(聖靈)(消滅)
성령 소멸

살전5:20,(豫言)(蔑視)
예언 멸시

살전5:21,(凡事)(取)
범사 취

살전5:22,(惡)(貌樣)
악 모양

살전5:23,(平康)(親)(穩全)(靈)(魂)(主)
평강 친 온전 영 혼 주
(降臨)(欠)(保全)(願)
깅림 흠 보전 원

살전5:25,(兄弟)(爲)(祈禱)
형제 위 기도

살전5:26,(兄弟)(問安)
형제 문안

살전5:27,(主)(命)(兄弟)(便紙)
주 명 형제 편지

살전5:28,(主)(恩惠)
주 은혜

帖撒羅尼迦後書-(데살로니가후서)-第一章
첩살라니가후서 제일장

살후1:1,(主)(人)(敎會)(便紙)
주 인 교회 편지

살후1:2,(主)(恩惠)(平康)
주 은혜 평강

살후1:3,(兄弟)(爲)(恒常)(感謝)(當然)
형제 위 항상 감사 당연
(各其)(豊盛)
각기 풍성

살후1:4,(逼迫)(患難)(中)(忍耐)(因)(敎會)(親)
핍박 환난 중 인내 인 교회 친

살후1:5,(公義)(審判)(標)(合當)(者)(爲)(苦難)
공의 심판 표 합당 자 위 고난

살후1:6,(患難)(者)(患難)
환난 자 환난

살후1:7,(患難)(安息)(公義)(主)(能力)
환난 안식 공의 주 능력
(天使)(中)
천사 중

살후1:8,(者)(主)(福音)(服從)(者)(刑罰)
자 주 복음 복종 자 형벌

살후1:9,(者)(主)(榮光)(永遠)(滅亡)(刑罰)
자 주 영광 영원 멸망 형벌

살후1:10,(降臨)(聖徒)(榮光)者)(奇異)(證據)
강림 성도 영광 자 기이 증거

살후1:11,(恒常)(爲)(祈禱)(合當)(者)(善)
항상 위 기도 합당 자 선
(役事)(能力)
역사 능력

살후1:12,(主)(恩惠)(主)(榮光)(榮光)
주 은혜 주 영광 영광

帖撒羅尼迦後書-(데살로니가후서)-第二章
첩살라니가후서 제이장

살후2:1,(兄弟(求)(主)(降臨)(關)
형제 구 주 강림 관

살후2:2,(或)(靈)(或)(或)(便紙)(主)(動心)
혹 영 혹 혹 편지 주 동심

살후2:3,(迷惑)(背道)(不法)(滅亡)(前)
미혹 배도 불법 멸망 전

살후2:4,(對敵)(者)(凡事)(崇拜)(者)
대적 자 범사 숭배 자
(自尊)(聖殿)(自己)
자존 성전 자기

살후2:5,(記憶)
기억

살후2:6,(只今)
지금

살후2:7,(不法)(秘密)(活動)(只今)(者)(中)
불법 비밀 활동 지금 자 중

살후2:8,(不法)(者)(主)(氣運)(降臨)(廢)
불법 자 주 기운 강림 폐

살후2:9,(惡)(者)(臨)(役事)(能力)(表蹟)(奇蹟)
악 자 임 역사 능력 표적 기적

살후2:10,(不義)(滅亡)(者)(臨)(眞理)(救援)
불의 멸망 자 임 진리 구원

살후2:11,(誘惑)(役事)
유혹 역사

살후2:12,(眞理)不義)(者)(審判)
진리 불의 자 심판

살후2:13,(主)(兄弟)(恒常)(爲)(感謝)
주 형제 항상 위 감사
(擇)(聖靈)(眞理)救援)
택 성령 진리 구원

살후2:14,(爲)(福音)(主)(榮光
위 복음 주 영광

살후2:15,(兄弟)(便紙)(遺傳)
형제 편지 유전

살후2:16,(主)(永遠)(所望)(恩惠)
주 영원 소망 은혜

살후2:17,(慰勞)(善(願)
위로 선 원

帖撒羅尼迦後書-(데살로니가후서)-第三章
첩살라니가후서 제삼장

살후3:1,(終末)(兄弟)(爲)(祈禱)(主)(榮光)
종말 형제 위 기도 주 영광

살후3:2,(無理)(惡)
무리 악

살후3:3,(主)(惡)(者)
주 악 자

살후3:4,(對)(命)(行)(行)(主)(確信)
대 명 행 행 주 확신

살후3:5,(主)(引導)(忍耐)(願)
주 인도 인내 원

살후3:6,(兄弟)(主)(命)(規模)(行)(遺傳)
형제 주 명 규모 행 유전
(行)(兄弟)
행 형제

살후3:7,(規模)(行)
규모 행

살후3:8,(糧食)(受苦)(晝夜)(累)
량식 수고 주야 누

살후3:9,(權利)(本)
권리 본

살후3:10,(命)
명

살후3:11,(規模)(行)(者)
규모 행 자

살후3:12,(者)(命)(主)(勸)(從容)(自己)(糧食)
자 명 주 권 종용 자기 량식

살후3:13,(兄弟)(善)(行)(落心)
형제 선 행 락심

살후3:14,(便紙)(順從)(指目)
편지 순종 지목

살후3:15,(怨讐)(兄弟)(勸)
원수 형제 권

살후3:16,(平康)(主)(親)(平康)(願)(主)
평강 주 친 평강 원 주

살후3:17,(親筆)(問安)(便紙)(表蹟)
친필 문안 편지 표적

살후3:18,(主)(恩惠)
주 은혜

提摩太前書-(디모데전서)-第一章
제 마 태 전 서 제일 장

딤전1:1,(救主)(所望)(命令)(使徒)
구 주 소 망 명 령 사 도
딤전1:2,(便紙)(主)(恩惠)(矜恤)(平康)
편 지 주 은 혜 긍 휼 평 강
딤전1:3,(勸)(命)(敎訓)
권 명 교 훈
딤전1:4,(神話)(族譜)(着念)륜(經綸)(辯論)
신 화 족 보 착 념 경 륜 변 론
딤전1:5,(警戒)(目的)(淸潔)(善)(良心)
경 계 목 적 청 결 선 량 심
딤전1:7,(律法)(先生)(自己)(自己)(確證
률 법 선 생 자 기 자 기 확 증
딤전1:8,(律法)(法)(律法)(善)
률 법 법 률 법 선
딤전1:9,(法)(爲)(不法)(者)(服從)(者)
법 위 불 법 자 복 종 자
(敬虔)(者)(罪人)(者)(妄靈)(者)
경 건 자 죄 인 자 망 령 자
(者)(者(殺人)(者)
자 자 살 인 자
딤전1:10,(淫行)(者)(男色)(者)(奪取)(者)
음 행 자 남 색 자 탈 취 자
(者)(盟誓)(者)(其他)(敎訓)(者)(爲)
자 맹 서 자 기 타 교 훈 자 위
딤전1:11,(敎訓)(福)(榮光)(福音)
교 훈 복 영 광 복 음
딤전1:12,(能)(主)(感謝)(忠誠)(職分)
능 주 감 사 충 성 직 분
딤전1:13,(前)(毁謗者)(逼迫者)(暴行者)
전 훼 방 자 핍 박 자 포 행 자
(矜恤)行)
긍 휼 행
딤전1:14,(主)(恩惠)(豊盛)
주 은 혜 풍 성
딤전1:15,(罪人)(救援)(世上)(臨)(罪人)
죄 인 구 원 세 상 임 죄 인
(中)(魁首)
중 괴 수
딤전1:16,(矜恤)(一切)(後)(主)永生)(者)(本)
긍 휼 일 체 후 주 영 생 자 본
딤전1:17,(萬歲)(王)(尊貴)(榮光)(世世)
만 세 왕 존 귀 영 광 세 세
딤전1:18,(警戒)(命)(前)(指導)(豫言)(善)
경 계 명 전 지 도 예 언 선
딤전1:19,(良心)(良心)關)(破船)
량 심 량 심 관 파 선
딤전1:20,(懲戒(毁謗)
징 계 훼 방

提摩太前書-(디모데전서)-第二章
제 마 태 전 서 제이 장

딤전2:1,(勸)(爲)(懇求)(祈禱)(禱告)(感謝
권 위 간 구 기 도 도 고 감 사
딤전2:2,(地位)(爲)(敬虔)(端正)(中)
지 위 위 경 건 단 정 중
(平安)(生活(
평 안 생 활
딤전2:3,(救主)(善)
구 주 선
딤전2:4,(救援)(眞理)(願)
구 원 진 리 원
딤전2:5,(中保)
중 보
딤전2:6,(爲)(自己)(贖錢)(期約)(證據)
위 자 기 속 전 기 약 증 거
딤전2:7,(爲)(傳播)(者)(使徒)(眞理)(異邦人)
위 전 파 자 사 도 진 리 이 방 인
딤전2:8,(各處)(男子)(憤怒)(祈禱)(願)
각 처 남 자 분 노 기 도 원
딤전2:9,(女子)(雅淡)(廉恥)(貞節)(自己)
녀 자 아 담 렴 치 정 절 자 기
(丹粧)(金)(眞珠)
단 장 금 진 주
딤전2:10,(善行)(願)(恭敬)(者)
선 행 원 공 경 자
딤전2:11,(女子)(一切)(順從)(從容)
녀 자 일 절 순 종 종 용
딤전2:12,(女子)(男子)(主管)(許諾)(從容)
녀 자 남 자 주 관 허 락 종 용
딤전2:13,(後)
후
딤전2:14,(女子)(罪)
녀 자 죄
딤전2:15,(女子)(萬一)(貞節)居)(解産)(救援)
녀 자 만 일 정 절 거 해 산 구 원

提摩太前書-(디모데전서)-第三章
제 마 태 전 서 제삼 장

딤전3:1,(監督)(職分)(善)(思慕)
감 독 직 분 선 사 모
딤전3:2,(監督)(責望)(男便)(節制)
감 독 책 망 남 편 절 제
(謹愼)(雅淡)(待接)
근 신 아 담 대 접
딤전3:3,(毆打)(寬容)
구 타 관 용
딤전3:4,(自己)(子女)(端正)(服從(者)
자 기 자 녀 단 정 복 종 자
딤전3:5,(自己)(敎會)
자 기 교 회
딤전3:6,(入敎)(者)(驕慢)(魔鬼)(定罪)(定罪)
입 교 자 교 만 마 귀 정 죄 정 죄
딤전3:7,(外人)(善)(證據)(者)(誹謗)
외 인 선 증 거 자 비 방
(魔鬼)(念慮)
마 귀 염 려
딤전3:8,(執事)(端正)(一口二言(利)(貪)
집 사 단 정 일 구 이 언 이 탐
딤전3:9,(良心)秘密)(者)
량 심 비 밀 자
딤전3:10,(試驗)(後)(責望)(執事)(職分(
시 험 후 책 망 집 사 직 분

딤전3:11,(女子)(端正)(讒訴)(節制)(忠誠)(者)
녀자 단정 참소 절제 충성 자
딤전3:12,(執事)(男便)(子女)(自己)(者)
집사 남편 자녀 자기 자
딤전3:13,(執事)(職分)(者)(地位)(膽力)
집사 직분 자 지위 담력
딤전3:14,(速)
속
딤전3:15,(萬一)(遲滯)(行)(教會)(眞理)(
만일 지체 행 교회 진리
딤전3:16,(敬虔)(秘密)(肉身)(靈)(義)
경건 비밀 육신 영 의
(天使)(萬國)(傳播)(世上)(榮光)
천사 만국 전파 세상 영광

提摩太前書-(디모데전서)-第四章
제마태전서 제사장

딤전4:1,(聖靈)(後日)(迷惑)(靈)(鬼神)
성령 후일 미혹 영 귀신
딤전4:2,(自己)(良心)(火印)(外飾)(者)
자기 량심 화인 외식 자
딤전4:3,(婚姻)(禁)(食物)(廢)(食物)(者)
혼인 금 식물 폐 식물 자
(眞理)(者)(感謝)
진리 자 감사
딤전4:4,(善)(感謝)
선 감사
딤전4:5,(祈禱)
기도
딤전4:6,(兄弟)(善)善)(教訓)(養育)
형제 선선 교훈 양육
딤전4:7,(妄靈)(虛誕)(神話)(敬虔)(練習)
망령 허탄 신화 경건 련습
딤전4:8,(肉體)(練習)(若干)(有益)(敬虔)
육체 련습 약간 유익 경건
(凡事)(有益)(今生)(來生)(約束)
범사 유익 금생 내생 약속
딤전4:10,(爲)(受苦)(盡力)(所望)(者)(救主)
위 수고 진력 소망 자 구주
딤전4:11,(命)
명
딤전4:12,(年少)(行實)(貞節)(對)(者)(本)
연소 행실 정절 대 자 본
딤전4:13,(勸)(着念)
권 착념
딤전4:14,(恩賜)(長老)(按手)(豫言)(操心)
은사 장로 안수 예언 조심
딤전4:15,(全心全力)(進步)
전심전력 진보
딤전4:16,(自身)(繼續)(行)(自身)(者)(救援)
자신 계속 행 자신 자 구원

提摩太前書-(디모데전서)-第五章
제마태전서 제오장

딤전5:1,(勸)(兄弟)
권 형제
딤전5:2,(女子)(女子)(一切)(姉妹)
녀자 녀자 일절 자매
딤전5:3,(寡婦)(寡婦)(敬待)
과부 과부 경대
딤전5:4,(萬一)(寡婦)(子女)(孫子)(自己)
만일 과부 자녀 손자 자기
(孝)(行)(父母)(報答)
효 행 부모 보답
딤전5:5,(寡婦)(者)(所望)(晝夜)(恒常)
과부 자 소망 주야 항상
(懇求)(祈禱)
간구 기도
딤전5:6,(逸樂)
일락
딤전5:7,(命)(責望)
명 책망
딤전5:8,(自己)(親族)(自己)(家族)(背叛)
자기 친족 자기 가족 배반
(者)(不信者)(惡)(者)
자 불신자 악 자
딤전5:9,(寡婦)(名簿)(者)(六十)(男便)(者)
과부 명부 자 육십 남편 자
딤전5:10,(善)行實)(證據)(或)(子女)(養育)
선 행실 증거 혹 자녀 양육
(或)(待接)(或)(聖徒)(或)(患難)(當)
혹 대접 혹 성도 혹 환난 당
(者)(救濟)(或)(善)(者)
자 구제 혹 선 자
딤전5:11,(寡婦)(拒絶)(情慾)(背叛)
과부 거절 정욕 배반
딤전5:12,(審判)
심판
딤전5:13,(妄靈)(貶論)(
망령 폄론
딤전5:14,(對敵)(毁謗)(機會)(願)
대적 훼방 기회 원
딤전5:15,(者)
자
딤전5:16,(萬一)女子)(寡婦親戚)
만일 녀자 과부친척
(自己)(教會)(寡婦)
자기 교회 과부
딤전5:17,(長老)(倍)(尊敬)(者)(受苦)
장로 배 존경 자 수고
딤전5:18,(聖經)(穀食)(網)
성경 곡식 망
딤전5:19,(長老)(對)(訟事)(證人)
장로 대 송사 증인
딤전5:20,(犯罪)(者)
범죄 자
딤전5:21,(擇)(天使)(嚴)(命)(偏見)(偏僻)
택 천사 엄 명 편견 편벽
딤전5:22,(輕率)(按手)(罪)(干涉)(自身)(淨潔)
경솔 안수 죄 간섭 자신 정결
딤전5:23,(脾胃)(病)(因)(葡萄酒)
비위 병 인 포도주
딤전5:24,(罪)(審判)(罪)
죄 심판 죄
딤전5:25,(善行)
선행

提摩太前書-(디모데전서)-第六章
제 마 태 전 서 제 륙 장

딤전6:1,(自己)(上典)(凡事)(恭敬)(者)
자기 상전 범사 공경 자
(教訓)(毁謗)
교훈 훼방

딤전6:2,(上典)(者)(上典)(兄弟)(輕)(有益)
상전 자 상전 형제 경 유익
(者)者)(者)(勸)
자 자 자 권

딤전6:3,(教訓)(主)(敬虔)(關)(教訓)(着念)
교훈 주 경건 관 교훈 착념

딤전6:4,(驕慢)(辯論)(言爭)(者)(妬忌)
교만 변론 언쟁 자 투기
(紛爭)(毁謗)(惡)
분쟁 훼방 악

딤전6:5,(腐敗)(眞理)(敬虔)(利益)(者)
부패 진리 경건 리익 자

딤전6:6,(知足)(敬虔)(利益)
지족 경건 리익

딤전6:7,(世上)
세상

딤전6:8,(足)
족

딤전6:9,(富)(者)(試驗)(害)(情慾)(沈淪)(滅亡)
부 자 시험 해 정욕 침륜 멸망

딤전6:10,(一萬)(惡)(思慕)(者)(迷惑)(自己)
일만 악 사모 자 미혹 자기

딤전6:11,(避)(義)(敬虔)(忍耐)(溫柔)
피 의 경건 인내 온유

딤전6:12,(善)(永生)(取)(爲)(證人)(善)
선 영생 취 위 증인 선
(證據)(證據)
증거 증거

딤전6:13,(萬物)(向)(善)(證據)(證據)(命)
만물 향 선 증거 증거 명

딤전6:14,(主)(點)(責望)(命令)
주 점 책망 명령

딤전6:15,(期約)(福)(能)(者)(萬王)(王)
기약 복 능 자 만왕 왕
(萬主)(主)
만주 주

딤전6:16,(居)(者)(尊貴)(永遠)(能力)
거 자 존귀 영원 능력

딤전6:17,(世代)(富)(者)(命)(定)(財物)
세대 부 자 명 정 재물
(所望)(厚)
소망 후

딤전6:18,(善)(行)(善)(事業)(富)(同情)(者)
선 행 선 사업 부 동정 자

딤전6:19,(將來)(自己)(爲)(生命)(取)
장래 자기 위 생명 취

딤전6:20,(付託)(知識)(妄靈)(虛)(辯論)(避)
부탁 지식 망령 허 변론 피

딤전6:21,(恩惠)
은혜

提摩太後書-(디모데후서)-第一章
제 마 태 후 서 제 일 장

딤후1:1,(生命)(約束)(使徒)
생명 약속 사도

딤후1:2,(便紙)(主)(恩惠)(矜恤)(平康)
편지 주 은혜 긍휼 평강

딤후1:3,(懇求)(淸潔)(良心)(祖上)(感謝)
간구 청결 량심 조상 감사

딤후1:4,(願)
원

딤후1:5,(外祖母)(確信)
외조모 확신

딤후1:6,(按手)(恩賜)(爲)
안수 은사 위

딤후1:7,(能力)(謹愼)
능력 근신

딤후1:8,(主)(證據)(主)(爲)(者)(能力)
주 증거 주 위 자 능력
(福音)(苦難)
복음 고난

딤후1:9,(救援신行爲)(自己)(永遠)(前)(恩惠)
구원 행위 자기 영원 전 은혜

딤후1:10,(救主)(死亡)(廢)(福音)(生命)
구주 사망 폐 복음 생명

딤후1:11,(福音)(爲)(頒布者)(使徒)(教師)
복음 위 반포자 사도 교사

딤후1:12,(因)(苦難)(依賴)(者)(依託)
인 고난 의뢰 자 의탁
(能)(確信)
능 확신

딤후1:14,(居)(聖靈)(付託)
거 성령 부탁

딤후1:15,(中)
중

딤후1:16,(願)(主)(矜恤)(愉快)
원 주 긍휼 유쾌

딤후1:18,(願)(主)(主)(矜恤)아느
원 주 주 긍휼

提摩太後書-(디모데후서)-第二章
제 마 태 후 서 제 이 장

딤후2:1,(恩惠)(强)
은혜 강

딤후2:2,(證人)(忠誠)(付託)
증인 충성 부탁

딤후2:3,(軍士)(苦難)
군사 고난

딤후2:4,(軍士)(者)(自己)(生活)(者)
군사 자 자기 생활 자
(軍士)(募集)(者)
군사 모집 자

딤후2:5,(競技)(者)(法)(競技)(冕旒冠)
경기 자 법 경기 면류관

딤후2:6,(受苦)(農夫)(穀食)
수고 농부 곡식

딤후2:7,(主)(凡事)(聰明)
주 범사 총명

딤후2:8,(福音)(者)(記憶)
복음 자 기억

딤후2:9,(福音)(因)(罪人)(苦難)
복음 인 죄인 고난

딤후2:10,(擇)(者)(爲)(救援)(永遠)(榮光)
택 자 위 구원 영원 영광

딤후2:11,(主)
주

딤후2:12,(王)(主)(否認)(主)(否認)
왕 주 부인 주 부인

딤후2:13,(主)(一向)(自己)(否認)
주 일향 자기 부인

딤후2:14,(記憶)(嚴)(命)(有益)(者)(亡)
기억 엄 명 유익 자 망

딤후2:15,(眞理)(分辨)(認定)(者)(自身)
진리 분변 인정 자 자신

딤후2:16,(妄靈)(敬虔)(漸漸)
망령 경건 점점

딤후2:17,(毒)(瘡疾)(中)
독 창질 중

딤후2:18,(眞理)(關)(復活)
진리 관 부활

딤후2:19,(堅固)(印)(主)(自己)(百姓)(主)
견고 인 주 자기 백성 주
(者)(不義)
자 불의

딤후2:20,(金)(銀)(貴)(賤)
금 은 귀 천

딤후2:21,(自己)(貴)(主人)(合當)(善)(豫備)
자기 귀 주인 합당 선 예비

딤후2:22,(青年)(情慾)(避)(主)(者)(義)(和平)
청년 정욕 피 주 자 의 화평

딤후2:23,(無識)(辯論)
무식 변론

딤후2:24,(主)(對)(溫柔)
주 대 온유

딤후2:25,(拒逆)(者)(溫柔)(懲戒)(或)
거역 자 온유 징계 혹
(悔改)(眞理)
회개 진리

딤후2:26,(魔鬼)
마귀

提摩太後書-(디모데후서)-第三章
제마태후서 제삼장

딤후3:1,(末世)(苦痛)
말세 고통

딤후3:2,(自己)(自矜)(驕慢)(毁謗)
자기 자긍 교만 훼방
(父母)(拒逆)(感謝)
부모 거역 감사

딤후3:3,(無情)(寃痛)(讒訴)(節制)(善)
무정 원통 참소 절제 선

딤후3:4,(背叛)(躁急)(自高)(快樂)
배반 조급 자고 쾌락

딤후3:5,(敬虔)(貌樣)(敬虔)(能力)
경건 모양 경건 능력
(否認)(者)(者)
부인 자 자

딤후3:6,(中)(女子)(誘引)(者)(女子)(罪)
중 녀자 유인 자 녀자 죄
(重)(慾心)
중 욕심

딤후3:7,(恒常)(眞理)(知識)
항상 진리 지식

딤후3:8,(對敵)(眞理)(對敵)(腐敗)(者)關)(者)
대적 진리 대적 부패 자 관 자

딤후3:10,(教訓)行實)(意向)忍耐)
교훈 행실 의향 인내

딤후3:11,(逼迫)(苦難)(當)(逼迫)(果然)(主)
핍박 고난 당 핍박 과연 주

딤후3:12,(敬虔(者)(逼迫)
경건 자 핍박

딤후3:13,(惡)(者)(惡)
악 자 악

딤후3:14,(確信)(居)
확신 거

딤후3:15,(聖經)(聖經)(能)(救援)(智慧)
성경 성경 능 구원 지혜

딤후3:16,(聖經)(感動)(教訓)(責望)(義)
성경 감동 교훈 책망 의
(教育)(有益)
교육 유익

딤후3:17,(穩全(善)(行)(穩全(
온전 선 행 온전

提摩太後書-(디모데후서)-第四章
제마태후서 제사장

딤후4:1,(者)(者)(審判)嚴)(命)
자 자 심판 엄 명

딤후4:2,(傳播)(恒常)(凡事)(警責)(警戒)(勸)
전파 항상 범사 경책 경계 권

딤후4:3,(教訓)(自己)(私慾)
교훈 자기 사욕

딤후4:4,(眞理)(虛誕)
진리 허탄

딤후4:5,(謹愼)(苦難)(傳道人)(職務)
근신 고난 전도인 직무

딤후4:6,(灌祭)(期約)
관제 기약

딤후4:7,(善)
선

딤후4:8,(後)(爲)(義)(冕旒冠)(豫備)(主)
후 위 의 면류관 예비 주
(義)(裁判長)(主)(思慕)(者)
의 재판장 주 사모 자

딤후4:9,(速)
속

딤후4:10,(世上)
세상

딤후4:11,(有益)
유익

딤후4:13,(冊)(特別)
책 특별

딤후4:14,(匠色)(害)(主)(行)
장색 해 주 행

딤후4:15,(注意)(甚)(對敵)
주의 심 대적

딤후4:16,(辯明)(者)(願)
변명 자 원

딤후4:17,(主)(康健)(傳道)(穩全)(傳播)
주 강건 전도 온전 전파
(異邦人)(獅子)
이방인 사자

딤후4:18,(主)(惡)(天國)(救援)(榮光)
주 악 천국 구원 영광
(世世無窮)
세세무궁

딤후4:19,(問安)
문안

딤후4:20,(病)
병

딤후4:21,(前)(兄弟)(問安)
전 형제 문안

딤후4:22,(主)(心靈)(恩惠)
주 심령 은혜

提多書-(디도서)-第一章
제다서 제일장

딛1:1,(使徒)(使徒)(擇)(者)(敬虔)(屬)
사도 사도 택 자 경건 속
(眞理)(知識)
진리 지식

딛1:2,(永生)(所望)(因)(永生)(永遠)(前)(約束)
영생 소망 인 영생 영원 전 약속

딛1:3,(自己)(自己)(傳道)(傳道)(救主)(命)
자기 자기 전도 전도 구주 명

딛1:4,(便紙)(救主)(恩惠)(平康)
편지 구주 은혜 평강

딛1:5,(理由)(不足)(命)(各)(城)(長老)
이유 부족 명 각 성 장로

딛1:6,(責望)(男便)(放蕩)(誹謗)(不順從)
책망 남편 방탕 비방 불순종
(子女)(者)
자녀 자

딛1:7,(監督)(聽直)(責望)(固執)(急)(憤)
감독 청직 책망 고집 급 분
(毆打)(利)(貪)
구타 이 탐

딛1:8,(待接)(善)(謹愼)(義)(節制)
대접 선 근신 의 절제

딛1:9,(能)(教訓)(勸勉)(者)(責望)
능 교훈 권면 자 책망

딛1:10,(服從)(者)(中)(特別)(割禮黨)(甚)
복종 자 중 특별 할례당 심

딛1:11,(者)(利)(取)
자 이 취

딛1:12,(人)(中)(先知者)(人)(恒常)(惡)(爲)
인 중 선지자 인 항상 악 위

딛1:13,(證據)(嚴)(穩全)
증거 엄 온전

딛1:14,(人)(虛誕)(眞理)(背叛)(命令)
인 허탄 진리 배반 명령

딛1:15,(者)(者)(良心)
자 자 량심

딛1:16,(是認)(行爲)(否認)(可憎)(者)
시인 행위 부인 가증 자
(服從)(者)(善)(者)
복종 자 선 자

提多書-(디도서)-第二章
제다서 제이장

딛2:1,(教訓)(合)
교훈 합

딛2:2,(男子)(節制)(敬虔)(謹愼)(忍耐)(穩全)
남자 절제 경건 근신 인내 온전

딛2:3,(女子)(行實)(讒訴)(善)(者)
녀자 행실 참소 선 자

딛2:4,(女子)(教訓)(男便)(子女)
녀자 교훈 남편 자녀

딛2:5,(謹愼)(善)(自己)(男便)(服從)(毁謗)
근신 선 자기 남편 복종 훼방

딛2:6,(男子)(勸勉)(謹愼)
남자 권면 근신

딛2:7,(凡事)(自身)(善)(本)(教訓)(腐敗)(敬虔)
범사 자신 선 본 교훈 부패 경건

딛2:8,(責望)(對敵)(者)(惡)
책망 대적 자 악

딛2:9,(自己)(上典)(凡事)(順從)
자기 상전 범사 순종

딛2:10,(善)(忠誠)(凡事)(救主)(教訓)
선 충성 범사 구주 교훈

딛2:11,(救援)(恩惠)
구원 은혜

딛2:12,(養育)(敬虔)(世上)(情慾)(謹愼)
양육 경건 세상 정욕 근신
(義)(敬虔)(世上)
의 경건 세상

딛2:13,(福)(所望)(救主)(榮光)
복 소망 구주 영광

딛2:14,(代身)(自身)(不法)(救贖)(善)(熱心)
대신 자신 불법 구속 선 열심
(親)(百姓)
친 백성

딛2:15,(勸勉)(權威)(責望)(
권면 권위 책망

提多書-(디도서)-第三章
제다서 제삼장

딛3:1,(政事)(權勢)(者)(服從)(順從)(善)
정사 권세 자 복종 순종 선
(行)(豫備)
행 예비

딛3:2,(毁謗)(寬容)(凡事)(溫柔)(記憶)
훼방 관용 범사 온유 기억

딛3:3,(前)(者)(順從)(者)(者)(各色)(情慾)
전 자 순종 자 자 각색 정욕

(行樂)(者)(惡毒)(妬忌)(者)(可憎)
행락 자 악독 투기 자 가증
(者)(彼此)(者)
자 피차 자
딛3:4,(救主)(慈悲)
구주 자비
딛3:5,(救援)(行)(義)行爲)(矜恤)(重生(聖靈)
구원 행 의 행위 긍휼 중생 성령
딛3:6,(聖靈)(救主)(豊盛)
성령 구주 풍성
딛3:7,(恩惠)(義)(永生)(所望)(後嗣)
은혜 의 영생 소망 후사
딛3:8,(願)(對)(者)(操心)(善(有益)
원 대 자 조심 선 유익
딛3:9,(辯論)(族譜)(紛爭)(律法)(對)
변론 족보 분쟁 률법 대
(避)(無益)
피 무익
딛3:10,(異端)(屬)(番)(訓戒)(後)
이단 속 번 훈계 후
딛3:11,(腐敗)(定罪)(者)(罪)
부패 정죄 자 죄
딛3:12,(急)(過冬)(作定)
급 과동 작정
딛3:13,(敎法師)(急)(窮乏)
교법사 급 궁핍
딛3:14,(者)(爲)(必要)(豫備
자 위 필요 예비
딛3:15,(者)(問安)者)(問安)(恩惠)
자 문안 자 문안 은혜

빌레몬서

몬1:1,(爲)(者)(兄弟)(者)(同役者)
위 자 형제 자 동역자
몬1:2,(姉妹(軍士)킵(敎會)(便紙)
자매 군사 교회 편지
몬1:3,(主)(恩惠)(平康)
주 은혜 평강
몬1:4,(恒常)(感謝)(祈禱)
항상 감사 기도
몬1:5,(主)(聖徒)(對)(
주 성도 대
몬1:6,(交際)(善)(役事)
교제 선 역사
몬1:7,(兄弟)(聖徒)(平安)(慰勞)
형제 성도 평안 위로
몬1:8,(膽力)(命)
담력 명
몬1:9,(因)(懇求)(只今)(爲)(者)
인 간구 지금 위 자
몬1:10,(中)(爲)(懇求)
중 위 간구
몬1:11,(前)(無益)(有益)
전 무익 유익
몬1:12,(心腹)
심복
몬1:13,(福音)(爲)(中)(代身)
복음 위 중 대신
몬1:14,(承諾)(願)(善)(臆志)(自意)
승낙 원 선 억지 자의
몬1:15,(暫時)(因)(永遠)
잠시 인 영원
몬1:16,(後)(兄弟)(者)(特別(肉身)(主)(相關)
후 형제 자 특별 육신 주 상관
몬1:17,(迎接)
영접
몬1:18,(萬一)(不義(會計)
만일 불의 회계
몬1:19,(親筆)(外)(自身)
친필 외 자신
몬1:20,(兄弟)!(主)(因)(平安)
형제 주 인 평안
몬1:21,(順從)(確信)(行)
순종 확신 행
몬1:22,(爲)(處所)(豫備)(祈禱)
위 처소 예비 기도
몬1:23,(者)
자
몬1:24,(同役者)(問安)
동역자 문안
몬1:25,(主)(恩惠)(心靈)
주 은혜 심령

希伯來書-(히브리서)-第一章
희백래서 제일장

히1:1,(先知者)(部分)(貌樣)(祖上)
선지자 부분 모양 조상
히1:2,(萬有)(後嗣)(世界)
만유 후사 세계
히1:3,(榮光)(光彩)(本體)(形狀)(能力)
영광 광채 본체 형상 능력
(萬物)(罪)(淨潔(威嚴)(右便)
만물 죄 정결 위엄 우편
히1:4,(天使)(基業)
천사 기업
히1:5,(天使中)
천사중
히1:6,(世上)(天使)(敬拜)
세상 천사 경배
히1:7,(天使)(關)(天使)(使役者)
천사 관 천사 사역자
히1:8,(關)(主)(寶座)(永永)(主)(笏)(公平)(笏)
관 주 보좌 영영 주 홀 공평 홀
히1:9,(義)(不法)(同類)(勝)
의 불법 동류 승
히1:10,(主)(太初)(主)(基礎)(主)
주 태초 주 기초 주
히1:11,(滅亡)(主)(永存)
멸망 주 영존
히1:12,(衣服)(主)(如前)(年代)
의복 주 여전 년대
히1:13,(天使中)(怨讐)(右便)
천사중 원수 우편

히1:14,(天使)(靈)(救援)(後嗣)(爲)
천사 영 구원 후사 위

希伯來書-(히브리서)-第二章
희백래서 제이장

히2:1,(懇切)(或)(念慮)
간절 혹 염려

히2:2,(天使)(堅固)(犯罪)(順從)(報應)
천사 견고 범죄 순종 보응

히2:3,(救援)(等閑)(避)(救援)(主)(者)(確證)
구원 등한 피 구원 주 자 확증

히2:4,(表蹟)(奇事)(能力)(自己)(聖靈)(證據)
표적 기사 능력 자기 성령 증거

히2:5,(將次)(世上)(天使)(服從)
장차 세상 천사 복종

히2:6,(證據)主)(人子)(主)(眷顧)
증거 주 인자 주 권고

히2:7,(暫間)(天使)(榮光)(尊貴)(冠)(主)
잠간 천사 영광 존귀 관 주

히2:8,(萬物)(服從)(萬物)(服從)(服從)
만물 복종 만물 복종 복종
(只今)(萬物)(服從)
지금 만물 복종

히2:9,(天使)간(者)(苦難)(因)(榮光)(尊貴)
천사 자 고난 인 영광 존귀
(冠)(行)(恩惠)(爲)
관 행 은혜 위

히2:10,(萬物)(因)(萬物)(者)(榮光)(救援)
만물 인 만물 자 영광 구원
(主)(苦難)(穩全)(合當)
주 고난 온전 합당

히2:11,(者)(者)(兄弟)
자 자 형제

히2:12,(主)(兄弟)(宣布)(主)(教會)(中)(讚頌)
주 형제 선포 주 교회 중 찬송

히2:13,(依支)(子女)
의지 자녀

히2:14,(子女)(血肉)(屬)(貌樣)(血肉)(屬)
자녀 혈육 속 모양 혈육 속
(死亡)(死亡)(勢力)(者)(魔鬼)
사망 사망 세력 자 마귀

히2:15,(一生)(者)
일생 자

히2:16,(實)(天使)(子孫)
실 천사 자손

히2:17,(凡事)(兄弟)(慈悲)(忠誠)(大祭司長)
범사 형제 자비 충성 대제사장
(百姓)(罪)(救贖)
백성 죄 구속

히2:18,(自己)(試驗)(苦難)(當)(試驗)(者)(能)
자기 시험 고난 당 시험 자 능

希伯來書-(히브리서)-第三章
희백래서 제삼장

히3:1,(兄弟)(道理)(使徒)(大祭司長)
형제 도리 사도 대제사장

히3:2,(自己)(忠誠)
자기 충성

히3:3,(榮光)(者)(尊貴)
영광 자 존귀

히3:4,(萬物)
만물

히3:5,(將來)(證據)(爲)(使喚)(忠誠)
장래 증거 위 사환 충성

히3:6,(忠誠)(所望)(膽大)(堅固)
충성 소망 담대 견고

히3:7,(聖靈)(音聲)
성령 음성

히3:8,(怒)(激動)(曠野)(試驗)(剛愎)
노 격동 광야 시험 강퍅

히3:9,(列祖)(試驗)(證驗)(四十年)(行)
열조 시험 증험 사십년 행

히3:10,(世代)(怒)(恒常)(迷惑)
세대 노 항상 미혹

히3:11,(怒)(盟誓)(安息)
노 맹서 안식

히3:12,(兄弟)(或)(中)惡心)(念慮)
형제 혹 중 악심 염려

히3:13,(每日)(彼此)(勸勉)(中)(罪)
매일 피차 권면 중 죄
(誘惑)(剛愎)(免)
유혹 강퍅 면

히3:14,(始作)(確實)(堅固)(參與)(者)
시작 확실 견고 참여 자

히3:15,(聖經)(音聲)(怒)(激動)(剛愎)(
성경 음성 노 격동 강퍅

히3:16,(激怒)(者)
격노 자

히3:17,(四十年)(怒)(犯罪)(屍體)(曠野)(者)
사십년 노 범죄 시체 광야 자

히3:18,(盟誓)(安息)(順從)(者)
맹서 안식 순종 자

히3:19,(能)
능

希伯來書-(히브리서)-第四章
희백래서 제사장

히4:1,(安息)(約束)(中)(或)(者)
안식 약속 중 혹 자

히4:2,(福音)(傳)(者)(有益)(者)和合)
복음 전 자 유익 자 화합

히4:3,(安息)(怒)(盟誓)(安息)(世上)(創造)
안식 노 맹서 안식 세상 창조

히4:4,(第)(七日)(關)(第)(七日)
제 칠일 관 제 칠일

히4:5,(安息)
안식

히4:6,(者)(福音)(傳)(者)(順從)(因)
자 복음 전 자 순종 인

히4:7,(後)(定)(音聲)(剛愎)
후 정 음성 강퍅

히4:8,(萬一)(安息)(後)
만일 안식 후

히4:9,(安息)(百姓)
안식 백성

히4:10,(安息)(者)(自己)(自己)
안식 자 자기 자기

히4:11,(安息)(順從)(本
안식 순종 본

히4:12,(運動力)(左右)(劍)(銳利)(魂)(靈)
운동력 좌우 검 예리 혼 영
(關節)(骨髓)(鑑察)
관절 골수 감찰

히4:13,(萬物)(相關)(者)
만물 상관 자

히4:14,(大祭司長)(昇天)(者)(道理)
대제사장 승천 자 도리

히4:15,(大祭司長)(軟弱)(體恤)(者)(試驗)
대제사장 연약 체휼 자 시험
(者)(罪)
자 죄

히4:16,(矜恤)(恩惠)(爲)(恩惠)(寶座)(膽大)
긍휼 은혜 위 은혜 보좌 담대

希伯來書-(히브리서)-第五章
희 백 래 서 제오장

히5:1,(大祭司長)(取)(者)(屬)(爲)(禮物)
대제사장 취 자 속 위 예물
(贖罪)(祭祀)
속죄 제사

히5:2,(無識)(迷惑)(者)(能)(容納)
무식 미혹 자 능 용납
(自己)(軟弱)
자기 연약

히5:3,(百姓)(爲)(贖罪祭)(自己)(爲)
백성 위 속죄제 자기 위

히5:4,(尊貴)(取)(者)
존귀 취 자

히5:5,(大祭司長)(榮光)(取)
대제사장 영광 취

히5:6,(永遠)(班次)(祭司長)
영원 반차 제사장

히5:7,(肉體)(自己)(能)(救援)(甚)(痛哭)
육체 자기 능 구원 심 통곡
(懇求)(所願)(敬畏)(因)
간구 소원 경외 인

히5:8,(苦難)(順從)
고난 순종

히5:9,(穩全)(自己)(順從)(者)(永遠)
온전 자기 순종 자 영원
(救援)(根源)
구원 근원

히5:10,(班次)(大祭司長)(稱)
반차 대제사장 칭

히5:11,(關)(鈍)(解釋)
관 둔 해석

히5:12,(先生)(初步)(食物)(者)
선생 초보 식물 자

히5:13,(大抵)(者)(經驗)(者)
대저 자 경험 자

히5:14,(食物)(長成)(者)(知覺)(使用)
식물 장성 자 지각 사용
(鍊鍛(善惡)(分辨)(者)
연단 선악 분변 자

希伯來書-(히브리서)-第六章
희 백 래 서 제륙장

히6:1,(道)(初步)(行實)(悔改)(對)(信仰)
도 초보 행실 회개 대 신앙

히6:2,(洗禮)(按手)(者)(復活)(永遠)
세례 안수 자 부활 영원
(審判)(關)(敎訓)(完全)
심판 관 교훈 완전

히6:3,(許諾)
허락

히6:4,(番)(恩賜)(聖靈)(參與)
번 은사 성령 참여

히6:5,(善)(來世)(能力)
선 래세 능력

히6:6,(墮落)(者(悔改)(自己)(十字架)
타락 자 회개 자기 십자가
(顯著)(辱)
현저 욕

히6:7,(吸收)(者)(合當)(菜蔬)(福)
흡수 자 합당 채소 복

히6:8,(萬一)(當)(詛呪)
만일 당 저주

히6:9,(者)(救援)(確信)
자 구원 확신

히6:10,(不義)行爲)(爲)(聖徒)
불의 행위 위 성도

히6:11,(懇切)(願)(各)(同一)(所望)(豊盛)
간절 원 각 동일 소망 풍성

히6:12,(約束)(基業)(者)(者)
약속 기업 자 자

히6:13,(盟誓)(者)(自己)(自己)(盟誓)
맹서 자 자기 자기 맹서

히6:14,(福)(福)(蕃盛)(蕃盛)
복 복 번성 번성

히6:15,(約束)
약속

히6:16,(自己)(者)(盟誓)(盟誓)
자기 자 맹서 맹서
(最後)(確定)
최후 확정

히6:17,(約束)(基業)(者)(變)(充分)
약속 기업 자 변 충분
(盟誓)(保證)
맹서 보증

히6:18,(變)(事實)(因)(所望)(避)(安慰)
변 사실 인 소망 피 안위

히6:19,(所望)(靈魂)(堅固)(揮帳)
소망 영혼 견고 휘장

히6:20덱(班次)(永遠(大祭司長)(爲)
반차 영원 대제사장 위

希伯來書-(히브리서)-第七章
희 백 래 서 제칠장

히7:1,(王)(至極)(祭司長)(福)(者)
왕 지극 제사장 복 자

히7:2,(一切)(十分)(一)(義)(王(王)(平康)(王)
일체 십분 일 의 왕 왕 평강 왕

히7:3,(族譜)(始作)(生命)(彷彿)
족보 시작 생명 방불
(恒常)(祭司長)
항상 제사장

히7:4,(祖上)(擄掠)(中)(十分)(一)
조상 노약 중 십분 일

히7:5,(祭司長)(職分)(者)(律法)(者)
제사장 직분 자 률법 자
(自己)(兄弟)(百姓)(十分)(一)
자기 형제 백성 십분 일
(取)(命)
취 명

히7:6,(族譜)(十分)(一)(取)(者)(爲)(福)
족보 십분 일 취 자 위 복

히7:7,(蔽一言)(者)(者)(福)빎
폐일언 자 자 복

히7:8,(者)(十分)(一)(證據)(者)
자 십분 일 증거 자

히7:9,(十分)(一)(十分)(一)
십분 일 십분 일

히7:10,(自己)(祖上)
자기 조상

히7:11,(系統)(祭司)(職分)(穩全)(百姓)
계통 제사 직분 온전 백성
(律法)(班次)(班次)(別)(祭司長)
률법 반차 반차 별 제사장
(必要)
필요

히7:12,(祭司)(職分)(變易)(律法)(變易)
제사 직분 변역 률법 변역

히7:13,(祭壇)(支派)(屬)(者)
제단 지파 속 자

히7:14,(主(分明)(支派)(祭司長)(關)
주 분명 지파 제사장 관

히7:15,(別)(祭司長)(分明)
별 제사장 분명

히7:16,(肉體)(相關)(誡命)(法)(無窮)
육체 상관 계명 법 무궁
(生命)(能力)
생명 능력

히7:17,(證據)(永遠)(班次)(祭司長)
증거 영원 반차 제사장

히7:18,(前)(誡命)(軟弱)(無益)(廢)
전 계명 연약 무익 폐

히7:19,(律法)(穩全)(所望)
률법 온전 소망

히7:20,(祭司長)(盟誓)
제사장 맹서

히7:21,(盟誓)(祭司長)(自己)(者)(盟誓)
맹서 제사장 자기 자 맹서
(主)(盟誓)(永遠)(祭司長)
주 맹서 영원 제사장

히7:22,(言約)(保證)
언약 보증

히7:23,(祭司長)(者)(數爻)(因)(恒常)
제사장 자 수효 인 항상

히7:24,(永遠)(祭司)(職分)
영원 제사 직분

히7:25,(自己)(者)(穩全)(救援)(恒常)
자기 자 온전 구원 항상
(爲)(懇求)
위 간구

히7:26,(大祭司長)(合當)(惡)(罪人)(者)
대제사장 합당 악 죄인 자

히7:27,(大祭司長)(自己)(罪)(爲)(百姓)
대제사장 자기 죄 위 백성
(罪)(爲)(祭祀)(必要)(單番)(自己)
죄 위 제사 필요 단번 자기

히7:28,(律法)(弱點)(祭司長)(律法)(後)
률법 약점 제사장 률법 후
(盟誓)(永遠)(穩全)
맹서 영원 온전

希伯來書-(히브리서)-第八章
희백래서 제팔장

히8:1,(重要)(大祭司長)(威嚴)(寶座)(右便)
중요 대제사장 위엄 보좌 우편

히8:2,(聖所)(帳幕)(者)(帳幕)(主)
성소 장막 자 장막 주

히8:3,(大祭司長)(禮物)(祭祀)(爲)(者)
대제사장 예물 제사 위 자

히8:4,(萬一)(祭司長)(律法)(禮物)(祭司長)
만일 제사장 률법 예물 제사장

히8:5,(模型)(帳幕)(指示)(山)(本)
모형 장막 지시 산 본

히8:6,(職分)(約束)(言約)(中保)
직분 약속 언약 중보

히8:7,(言約)(無欠)(要求)
언약 무흠 요구

히8:8,(主)(言約)
주 언약

히8:9,(主)(列祖)(引導)(言約)(言約)
주 열조 인도 언약 언약

히8:10,(主)(後)(言約)(法)(記錄)(百姓)
주 후 언약 법 기록 백성

히8:11,(各各)(自己)(各各)(自己)(兄弟)
각각 자기 각각 자기 형제
(主)(者)(者)
주 자 자

히8:12,(不義)(矜恤)(罪(記憶)
불의 긍휼 죄 기억

히8:13,(言約)(衰)
언약 쇠

希伯來書-(히브리서)-第九章
희백래서 제구장

히9:1,(言約)(禮法)(世上)(屬)(聖所)
언약 예법 세상 속 성소

히9:2,(豫備)(帳幕)(燈臺)(床)
예비 장막 등대 상
(陳設餠)(聖所)
진설병 성소

히9:3,(揮帳)(帳幕)(至聖所)
휘장 장막 지성소

히9:4,(金香爐)(四面)(金)(言約櫃)(金)
금 향 로 사 면 금 언 약 궤 금
(言約)(碑石)
언 약 비 석
히9:5,(贖罪所)(榮光)(關)
속 죄 소 영 광 관
히9:6,(豫備)(祭司長)(恒常)(帳幕)(禮)(行)
예 비 제 사 장 항 상 장 막 예 행
히9:7,(帳幕(大祭司長)(一年)(一次)
장 막 대 제 사 장 일 년 일 차
(自己)(百姓)(爲)
자 기 백 성 위
히9:8,(聖靈)(帳幕)(聖所)
성 령 장 막 성 소
히9:9,(帳幕)(現在)(譬喩)(依支)(禮物)
장 막 현 재 비 유 의 지 예 물
(祭祀)(者)(良心上)(穩全)
제 사 자 량 심 상 온 전
히9:10,(肉體)(禮法)혁(改革)(
육 체 예 법 개 혁
히9:11,(將來)(大祭司長)(創造)(屬)
장 래 대 제 사 장 창 조 속
(穩全)(帳幕)
온 전 장 막
히9:12,(自己)(永遠)(贖罪)(單番)(聖所)
자 기 영 원 속 죄 단 번 성 소
히9:13,(不淨)(者)(肉體)(淨潔
부 정 자 육 체 정 결
히9:14,(永遠)(聖靈)(欠)(自己)(良心)(行實)
영 원 성 령 흠 자 기 량 심 행 실
히9:15,(因)(言約)(中保)(言約)(犯)(罪)(屬)
인 언 약 중 보 언 약 범 죄 속
(者)(永遠)(基業)(約束)
자 영 원 기 업 약 속
히9:16,(遺言(遺言)(者)
유 언 유 언 자
히9:17,(遺言)(後)(堅固(遺言)(者(效力)
유 언 후 견 고 유 언 자 효 력
히9:18,(言約)
언 약
히9:19,(律法)(誡命)(百姓)(後(羊)
률 법 계 명 백 성 후 양
(牛膝草)(取)(冊)(百姓)
우 슬 초 취 책 백 성
히9:20,(命)(言約)
명 언 약
히9:21,(帳幕)
장 막
히9:22,(律法)(物件)(淨潔)(赦)
률 법 물 건 정 결 사
히9:23,(模型)(淨潔)(必要)(祭物)
모 형 정 결 필 요 제 물
히9:24,(聖所)(爲)
성 소 위
히9:25,(大祭司長)(聖所)(自己)
대 제 사 장 성 소 자 기
히9:26,(世上)(創造)(苦難)(自己)(單番)
세 상 창 조 고 난 자 기 단 번
(祭祀)(罪)(世上)
제 사 죄 세 상
히9:27,(番)(定)(後)(審判)
번 정 후 심 판
히9:28,(罪)(擔當)(單番)(救援)(爲)(罪)
죄 담 당 단 번 구 원 위 죄
(相關)(自己)(者)(番)
상 관 자 기 자 번

希伯來書-(히브리서)-第十章
희 백 래 서 제 십 장

히10:1,(律法)(將次)(形狀)(祭祀)(者)(穩全)
률 법 장 차 형 상 제 사 자 온 전
히10:2,(者)(單番)(淨潔)(罪)
자 단 번 정 결 죄
히10:3,(祭祀)(罪)
제 사 죄
히10:4,(能)(罪)
능 죄
히10:5,(世上)(臨)(祭祀)(禮物)(願)(爲)(豫備)
세 상 임 제 사 예 물 원 위 예 비
히10:6,(全體)(燔祭)(贖罪祭)
전 체 번 제 속 죄 제
히10:7,(冊)(記錄)(行)
책 기 록 행
히10:8,(祭祀)(禮物)(全體)(燔祭)
제 사 예 물 전 체 번 제
(贖罪祭)(願)(律法)
속 죄 제 원 률 법
히10:9,(後)(行)(廢)
후 행 폐
히10:10,(單番)
단 번
히10:11,(祭司長)(每日)(祭祀)(祭祀)(罪)
제 사 장 매 일 제 사 제 사 죄
히10:12,(罪)(爲)(永遠)(祭祀)(右便)
죄 위 영 원 제 사 우 편
히10:13,(後)(自己)(怨讐)(自己)
후 자 기 원 수 자 기
히10:14,(祭物(者)(永遠)(穩全
제 물 자 영 원 온 전
히10:15,(聖靈)(證據)
성 령 증 거
히10:16,(主)(後)(言約)(法)(記錄)(後)
주 후 언 약 법 기 록 후
히10:17,(罪)(不法(記憶)
죄 불 법 기 억
히10:18,(赦)(罪)(爲)(祭祀)
사 죄 위 제 사
히10:19,(兄弟)(聖所)(膽力)
형 제 성 소 담 력
히10:20,(爲)(揮帳)(揮帳)(肉體)
위 휘 장 휘 장 육 체
히10:21,(祭司長)
제 사 장
히10:22,(良心)(惡(穩全)
량 심 악 온 전

히10:23,(道理)(所望)
도리 소망

히10:24,(善行)(激勵)
선행 격려

히10:25,(廢)(習慣)(勸)
폐 습관 권

히10:26,(眞理)(知識)(後)(罪)(犯)
진리 지식 후 죄 범
(贖罪)(祭祀)
속죄 제사

히10:27,(審判)(對敵)(者)(燒滅)(猛烈)
심판 대적 자 소멸 맹렬

히10:28,(法)(廢)(者)(證人)(因)
법 폐 자 증인 인

히10:29,(自己(言約)(不淨)(恩惠)(聖靈)
자기 언약 부정 은혜 성령
(辱)(者)(當然)(刑罰)(重)
욕 자 당연 형벌 중

히10:30,(怨讐)(主)(百姓)(審判)
원수 주 백성 심판

히10:32,(前)(後)(苦難)
전 후 고난

히10:33,(或)(誹謗)(患難)(求景)(或)
혹 비방 환난 구경 혹
(形便)(者)(者)
형편 자 자

히10:34,(者)(同情)(産業)(當)(永久)(産業)
자 동정 산업 당 영구 산업

히10:35,(膽大)(賞)
담대 상

히10:36,(忍耐)(必要)(行)(後)(約束)(爲)
인내 필요 행 후 약속 위

히10:37,(暫時)(暫間)(後)(遲滯)
잠시 잠간 후 지체

히10:38,(義人)
의인

히10:39,(沈淪)(者)(靈魂)(救援)者)
침륜 자 영혼 구원 자

希伯來書-(히브리서)-第十一章
희백래서 제십일장

히11:1,(實狀)(證據)
실상 증거

히11:2,(先進)(證據)
선진 증거

히11:3,(世界)
세계

히11:4,(祭祀)(義)(者)(證據)(禮物)(對)(證據)
제사 의 자 증거 예물 대 증거

히11:5,(前)(者(證據)
전 자 증거

히11:6,(者)(自己)(者)(賞)
자 자기 자 상

히11:7,(警告(敬畏)(方舟)(豫備)(救援)
경고 경외 방주 예비 구원
(世上)(定罪)義)(後嗣)
세상 정죄 의 후사

히11:8,(順從)(將來)(基業)
순종 장래 기업

히11:9,(外邦)(約束)(寓居)(同一)(約束)
외방 약속 우거 동일 약속
(遺業)(帳幕)(居)
유업 장막 거

히11:10,(經營)(城)
경영 성

히11:11,(自身)(斷産)(孕胎)(約束)
자신 단산 잉태 약속

히11:12,(者)(彷彿)(許多)(海邊)(無數)(生育)
자 방불 허다 해변 무수 생육

히11:13,(約束)(歡迎)(外國人)(證據)
약속 환영 외국인 증거

히11:14,(者)(本鄕)
자 본향

히11:15,(本鄕)(機會)
본향 기회

히11:16,(本鄕)(思慕)(爲)(城)(豫備)
본향 사모 위 성 예비

히11:17,(試驗)約束)(者)(獨生子)
시험 약속 자 독생자

히11:18,(對)(子孫)(稱)(者)
대 자손 칭 자

히11:19,(能)(者)(譬喩)(者)
능 자 비유 자

히11:20,(將次)(對)(祝福)
장차 대 축복

히11:21,(各)(祝福)(依支)(敬拜)
각 축복 의지 경배

히11:22,(臨終時)(子孫)(自己)(骸骨)(爲)(命)
림종시 자손 자기 해골 위 명

히11:23,(父母(命令)
부모 명령

히11:24,(長成)(公主)(稱)(拒絶)
장성 공주 칭 거절

히11:25,(百姓)(苦難)(暫時)(罪惡)(樂)
백성 고난 잠시 죄악 낙

히11:26,(爲)(凌辱)(寶貨)(財物)(賞)
위 능욕 보화 재물 상

히11:27,(怒)(者)
노 자

히11:28,(逾越節)(定)(長子)(滅)(者)
유월절 정 장자 멸 자

히11:29,(紅海)(陸地)(試驗)
홍해 륙지 시험

히11:30,(七日)(城)
칠일 성

히11:31,(妓生)(偵探軍)(平安)(迎接)
기생 정탐군 평안 영접
(順從)(者)(滅亡)
순종 자 멸망

히11:32,(先知者)(時間)(不足)
선지자 시간 부족

히11:33,(義)(行)(約束)(獅子)
의 행 약속 사자

히11:34,(不義)(勢力)(滅)(避)(軟弱)(强)
불의 세력 멸 피 연약 강

(戰爭)(勇猛)(異邦)(陣)
전쟁 용맹 이방 진

히11:35,(女子)(自己)(者)(復活)(復活)
녀자 자기 자 부활 부활

(惡刑)(苟且)(免)
악형 구차 면

히11:36,(戱弄)(結縛)(獄)(試驗)
희롱 결박 옥 시험

히11:37,(試驗)(當)(羊)(流離)(窮乏)
시험 당 양 유리 궁핍

(患難)(虐待)
환난 학대

히11:38,(世上)(堪當)(曠野)(山中)
세상 감당 광야 산중

(岩穴)(土窟)(流離)
암혈 토굴 유리

히11:39,(證據)(約束)
증거 약속

히11:40,(爲)(豫備)(穩全)
위 예비 온전

希伯來書-(히브리서)-第十二章
희백래서 제십이장

히12:1,(許多)(證人)(罪)(忍耐)(當)
허다 증인 죄 인내 당

(競走)(競走)
경주 경주

히12:2,(主)(穩全)(爲)(十字架)(介意)
주 온전 위 십자가 개의

(寶座)(右便)
보좌 우편

히12:3,(疲困)(落心)(爲)(罪人)
피곤 락심 위 죄인

(自己)(拒逆)(者)
자기 거역 자

히12:4,(罪)(對抗)
죄 대항

히12:5,(勸)(勸勉)(主)(懲戒)(落心)
권 권면 주 징계 락심

히12:6,(主)(者)(懲戒)
주 자 징계

히12:7,(懲戒)(爲)(待遇)(懲戒)
징계 위 대우 징계

히12:8,(懲戒)(私生子)
징계 사생자

히12:9,(肉體)(懲戒)(恭敬)(靈)(服從)
육체 징계 공경 영 복종

히12:10,(暫時)(自己)(懲戒)(有益)(爲)(參與)
잠시 자기 징계 유익 위 참여

히12:11,(懲戒)(當時)(後)(鍊達)(者)(義)(平康)
징계 당시 후 연달 자 의 평강

히12:12,(疲困)(軟弱)
피곤 연약

히12:13,(爲)
위

히12:14,(和平)(主)
화평 주

히12:15,(恩惠)(者)
은혜 자

히12:16,(淫行)(者)(或)(食物)(爲)
음행 자 혹 식물 위

(長子)(名分)(妄靈)(者)
장자 명분 망령 자

히12:17,(後)(祝福)(基業)(求)(悔改)(機會)
후 축복 기업 구 회개 기회

히12:18,(山)(黑雲)(黑暗)(暴風)
산 흑운 흑암 폭풍

히12:19,(者)(求)
자 구

히12:20,(山)(當)(命)
산 당 명

히12:21,(甚)
심

히12:22,(山)(都城)(千萬)(天使)
산 도성 천만 천사

히12:23,(記錄)(長子)(總會)(敎會)
기록 장자 총회 교회

(萬民)(審判者)(穩全)(義人)(靈)
만민 심판자 온전 의인 영

히12:24,(言約)(中保)
언약 중보

히12:25,(者)(拒逆)(警告)(者)(拒逆)(避)
자 거역 경고 자 거역 피

(警告)(者)(背叛)
경고 자 배반

히12:26,(震動)(約束)(番)(震動)
진동 약속 번 진동

히12:27,(番)(震動)(永存)(爲)(震動)(變動)
번 진동 영존 위 진동 변동

히12:28,(震動)(恩惠)(敬虔)
진동 은혜 경건

히12:29,(燒滅)
소멸

希伯來書-(히브리서)-第十三章
희백래서 제십삼장

히13:1,(兄弟)(繼續)
형제 계속

히13:2,(待接)(不知中)(天使)(待接)
대접 부지중 천사 대접

히13:3,(自己)(者)(自己)(虐待)(者)
자기 자 자기 학대 자

히13:4,(婚姻)(貴)(寢所)(淫行)(者)
혼인 귀 침소 음행 자

(姦淫)(者)(審判)
간음 자 심판

히13:5,(足)(親)(果然)(果然)
족 친 과연 과연

히13:6,(膽大)(主)(者)
담대 주 자

히13:7,(引導)(者)(行實)(終末)(注意)
인도 자 행실 종말 주의

히13:8,(永遠)(同一)
영원 동일

히13:9,(教訓)(恩惠)(食物)(食物)(行)
교훈 은혜 식물 식물 행
(者)(有益)
자 유익

히13:10,(祭壇)(祭物)(帳幕)(者)(祭壇)(權)
제단 제물 장막 자 제단 권

히13:11,(罪)(爲)(大祭司長)(聖所)
죄 위 대제사장 성소
(肉體)(營門)
육체 영문

히13:12,(自己)(百姓(城門)(苦難)(當)
자기 백성 성문 고난 당

히13:13,(凌辱)(營門)
능욕 영문

히13:14,(永久)(都城)(將次)
영구 도성 장차

히13:15,(恒常)(讚美)(祭祀)(證據)
항상 찬미 제사 증거

히13:16,(善)(行)(祭祀)
선 행 제사

히13:17,(引導)(者)(順從)(服從)(靈魂)(爲)
인도 자 순종 복종 영혼 위
(警醒)(自己)(會計)(者)(有益)
경성 자기 회계 자 유익

히13:18,(爲)(祈禱)(善)(行)(善)(良心)(確信)
위 기도 선 행 선 량심 확신

히13:19,(速)(爲)(祈禱)(願)
속 위 기도 원

히13:20,(羊)(牧者)(主)(永遠)(言約)
양 목자 주 영원 언약
(者)(平康)
자 평강

히13:21,(善)(穩全(自己)(行)(願)
선 온전 자기 행 원
(榮光)(世世無窮)
영광 세세무궁

히13:22,(兄弟)(勸)(勸勉)(容納)(簡單)ㄴ
형제 권 권면 용납 간단

히13:23,(兄弟)(速)
형제 속

히13:24,(引導)(者)(聖徒)(問安)(者)(問安)
인도 자 성도 문안 자 문안

히13:25,(恩惠)
은혜

雅各書-(야고보)-第一章
아각서 제일장

약1:1,(主)(支派)(問安)
주 지파 문안

약1:2,(兄弟)(試驗)(穩全)
형제 시험 온전

약1:3,(試鍊)(忍耐)
시련 인내

약1:4,(忍耐)(穩全)(穩全)(具備)(不足)
인내 온전 온전 구비 부족

약1:5,(中)(智慧)(不足)(後)(求)
중 지혜 부족 후 구

약1:6,(求)(疑心)(疑心)(者)(搖動)
구 의심 의심 자 요동

약1:7,(主)
주

약1:8,(定)(者)
정 자

약1:9,(兄弟)(自己)
형제 자기

약1:10,(富)(兄弟)(自己)(
부 형제 자기

약1:11,(貌樣)(富)(者)(行)(衰殘)
모양 부 자 행 쇠잔

약1:12,(試驗)(者)(福)(認定)(後)(主)
시험 자 복 인정 후 주
(自己)(者)(約束)(生命)(冕旒冠)
자기 자 약속 생명 면류관

약1:13,(試驗)(試驗)(惡)(試驗)(親)(試驗)
시험 시험 악 시험 친 시험

약1:14,(各)(試驗)(自己)(慾心)(迷惑)
각 시험 자기 욕심 미혹

약1:15,(慾心)(孕胎)(罪)(罪)(長成)(死亡)
욕심 잉태 죄 죄 장성 사망

약1:16,(兄弟)
형제

약1:17,(各樣)(恩賜)(穩全)(膳物)(變)(回轉)
각양 은사 온전 선물 변 회전

약1:18,(造物)(中)(自己)(眞理)
조물 중 자기 진리

약1:19,(兄弟)(速)
형제 속

약1:20,(義)
의

약1:21,(惡)(能)(靈魂)(救援)(道)(溫柔)
악 능 영혼 구원 도 온유

약1:22,(道)(行)(者)(自身)(者)
도 행 자 자신 자

약1:23,(道)(行)(自己)
도 행 자기

약1:24,(自身)(貌樣)
자신 모양

약1:25,(自由)(穩全)(律法)(者)(者)
자유 온전 률법 자 자
(實行)(者)(行)(福)
실행 자 행 복

약1:26,(敬虔)(自己)(自己)(敬虔)
경건 자기 자기 경건

약1:27,(淨潔)(敬虔)(孤兒)(寡婦)(患難)
정결 경건 고아 과부 환난
(中)(自己)(世俗)
중 자기 세속

雅各書-(야고보)-第二章
아각서 제이장

약2:1,(兄弟)(榮光)(主)(主)(外貌)(取)
형제 영광 주 주 외모 취

약2:2,(萬一)(會堂)(金)
만일 회당 금

약2:3,(者)(者)
자 자

약2:4,(區別)(惡)(判斷)(者)
구 별 악 판 단 자

약2:5,(兄弟)(世上)(對)(者)(擇)富饒)
형 제 세 상 대 자 택 부 요

(自己)(者)(約束)(遺業)
자 기 자 약 속 유 업

약2:6,(者)괄(恝視)(富者)(壓制)(法廷)
자 괄 시 부 자 압 제 법 정

약2:7,(對)(毁謗)
대 훼 방

약2:8,(萬一)(經)(記錄)(最高)(法)
만 일 경 기 록 최 고 법

약2:9,(萬一)(外貌)(取)(罪)(律法)
만 일 외 모 취 죄 률 법

(犯罪者)(定)
범 죄 자 정

약2:10,(律法(犯)(者)
률 법 범 자

약2:11,(姦淫)(殺人)(姦淫(殺人)
간 음 살 인 간 음 살 인

(律法)(犯)(者)
률 법 범 자

약2:12,(自由)(律法)(審判)(者)(行)
자 유 률 법 심 판 자 행

약2:13,(矜恤)(行)(者)(矜恤)(審判)
긍 휼 행 자 긍 휼 심 판

(矜恤)(審判)
긍 휼 심 판

약2:14,(兄弟)(萬一)行)(利益)能)
형 제 만 일 행 리 익 능

(自己)(救援)
자 기 구 원

약2:15,(萬一)(兄弟)(姉妹)(日用)(糧食)
만 일 형 제 자 매 일 용 량 식

약2:16,(中)(平安)(利益)
중 평 안 리 익

약2:17,(行)自體)
행 자 체

약2:18,(或)行)(行)行)
혹 행 행 행

약2:19,(鬼神)
귀 신

약2:20,(虛誕)(行)
허 탄 행

약2:21,(祖上)(祭壇)(行)(義)
조 상 제 단 행 의

약2:22,(行)(行)穩全)
행 행 온 전

약2:23,(經)義)(應)(稱)
경 의 응 칭

약2:24,(行)(義)
행 의

약2:25,(妓生)(使者)(接待)(行)(義)
기 생 사 자 접 대 행 의

약2:26,(靈魂)(行)
영 혼 행

雅各書-(야고보)-第三章
아 각 서 제 삼 장

약3:1,(兄弟)(先生)(審判)(先生)
형 제 선 생 심 판 선 생

약3:2,(失手)(萬一)(失手)(者)(穩全)(能)
실 수 만 일 실 수 자 온 전 능

약3:3,(順從(禦拒)
순 종 어 거

약3:4,(狂風)(至極)(沙工)(運轉)
광 풍 지 극 사 공 운 전

약3:5,(肢體)
지 체

약3:6,(不義)(世界)(肢體)(中)(地獄)
불 의 세 계 지 체 중 지 옥

약3:7,(種類)(海物)
종 류 해 물

약3:8,(能)(惡)(毒)
능 악 독

약3:9,(主)(讚頌)(形像)(詛呪)
주 찬 송 형 상 저 주

약3:10,(讚頌)(詛呪)(兄弟)
찬 송 저 주 형 제

약3:12,(兄弟)(無花果)(橄欖)(葡萄)(無花果)
형 제 무 화 과 감 람 포 도 무 화 과

약3:13,(中)(智慧)(聰明)(者)(善行)
중 지 혜 총 명 자 선 행

(智慧)(溫柔)(行)
지 혜 온 유 행

약3:14,(毒)(猜忌)(眞理)
독 시 기 진 리

약3:15,(智慧)(世上的)(情慾的)(魔鬼的)
지 혜 세 상 적 정 욕 적 마 귀 적

약3:16,(猜忌)(擾亂)(惡)
시 기 요 란 악

약3:17,(智慧)(聖潔)(和平)(寬容)
지 혜 성 결 화 평 관 용

(良順)(矜恤)(善)(偏僻)
량 순 긍 휼 선 편 벽

약3:18,(和平(者)(和平)(義)
화 평 자 화 평 의

雅各書-(야고보)-第四章
아 각 서 제 사 장

약4:1,(中)(肢體)(中)(情慾)
중 지 체 중 정 욕

약4:2,(慾心)(殺人)(猜忌)(能)(取)(求)
욕 심 살 인 시 기 능 취 구

약4:3,(求)(情慾)(求)
구 정 욕 구

약4:4,(姦淫)(女子)(世上)(怨讐)(世上)
간 음 녀 자 세 상 원 수 세 상

(者)(怨讐)
자 원 수

약4:5,(居)(聖靈)(猜忌)(思慕)
거 성 령 시 기 사 모

약4:6,(恩惠)(驕慢)(者)(謙遜)(者)(恩惠)
은 혜 교 만 자 겸 손 자 은 혜

약4:7,(順服)(魔鬼)(對敵)(避)
순복 마귀 대적 피

약4:8,(罪人)(者)(聖潔)
죄인 자 성결

약4:9,(哀痛)(哀痛)
애통 애통

약4:10,(主)(主)
주 주

약4:11,(兄弟)(彼此)(誹謗)(兄弟)(誹謗)
형제 피차 비방 형제 비방
(者)(兄弟)(判斷)(者)(律法)(誹謗)
자 형제 판단 자 률법 비방
(律法)(判斷)(萬一)(律法)(判斷)
률법 판단 만일 률법 판단
(律法)(遵行者)(裁判者)
률법 준행자 재판자

약4:12,(立法者)(裁判者)(能)(救援)
립법자 재판자 능 구원
(滅)(判斷)
멸 판단

약4:13,(中)(來日)(都市)(一年)(留)(利)(者)
중 래일 도시 일년 유 이 자

약4:14,(來日)(生命)(暫間)
래일 생명 잠간

약4:15,(主)
주

약4:16,(虛誕)(惡)
허탄 악

약4:17,(善)(行)(行)(罪)
선 행 행 죄

雅各書-(야고보)-第五章
아각서 제오장

약5:1,(富)(者)(臨)(苦生)(因)(痛哭)
부 자 임 고생 인 통곡

약5:2,(財物)
재물

약5:3,(金)(銀)(綠)(綠)(證據)(末世)(財物)
금 은 녹 녹 증거 말세 재물

약5:4,(秋收)(軍)(秋收)(者)(萬軍)(主)
추수 군 추수 자 만군 주

약5:5,(奢侈)(宴樂)(屠殺)
사치 연락 도살

약5:6,(者)(定罪)(對抗)
자 정죄 대항

약5:7,(兄弟)(主)(降臨)(農夫)(貴)
형제 주 강림 농부 귀

약5:8,(主)(降臨)
주 강림

약5:9,(兄弟)(怨望)(審判)(免)(審判者)(門)
형제 원망 심판 면 심판자 문

약5:10,(兄弟)(主)(先知者)(苦難)(本)
형제 주 선지자 고난 본

약5:11,(忍耐)(者)(福)(忍耐)(主)(結末)
인내 자 복 인내 주 결말
(主)(慈悲)(矜恤)(者)
주 자비 긍휼 자

약5:12,(兄弟)(盟誓)(盟誓)(罪)(定)(免)
형제 맹서 맹서 죄 정 면

약5:13,(中)(苦難)(當)(者)(祈禱)(者)(讚頌)
중 고난 당 자 기도 자 찬송

약5:14,(中)(病)(者)(敎會)(長老)(請)(主)
중 병 자 교회 장로 청 주
(爲)(祈禱)
위 기도

약5:15,(祈禱)(病)(者)(救援)(主)(或時)
기도 병 자 구원 주 혹시
(罪)(犯)(赦)
죄 범 사

약5:16,(罪)(告)(病)(爲)(祈禱)(義人)
죄 고 병 위 기도 의인
(懇求)(役事)
간구 역사

약5:17,(性情)(懇切)(祈禱)(三年)(六個月)
성정 간절 기도 삼년 육개월

약5:18,(祈禱)
기도

약5:19,(兄弟)(中)(迷惑)(眞理)(者)
형제 중 미혹 진리 자

약5:20,(罪人)(迷惑)(者)(靈魂)(死亡)
죄인 미혹 자 영혼 사망
(救援)(許多)(罪)
구원 허다 죄

彼得前書-(베드로전서)-第一章
피득전서 제일장

벧전1:1,(使徒)
사도

벧전1:2,(聖靈)(順從)(爲)(擇)(者)
성령 순종 위 택 자
(便紙)(恩惠)(平康)
편지 은혜 평강

벧전1:3,(讚頌)(主)(矜恤)(者)(復活)(所望)
찬송 주 긍휼 자 부활 소망

벧전1:4,(衰)(基業)(爲)(看直)
쇠 기업 위 간직

벧전1:5,(末世)(豫備)(救援)(爲)(能力)(保護)
말세 예비 구원 위 능력 보호

벧전1:6,(試驗)(因)(暫間)
시험 인 잠간

벧전1:7,(試鍊)(鍊鍛)(金)(貴)(稱讚)
시련 연단 금 귀 칭찬
(榮光)(尊貴)
영광 존귀

벧전1:8,(榮光)
영광

벧전1:9,(結局)(靈魂)(救援)
결국 영혼 구원

벧전1:10,(救援)(對)(臨)(恩惠)(豫言)
구원 대 임 은혜 예언
(先知者)(硏究)
선지자 연구

벧전1:11,(自己)(靈)(苦難)(後)(榮光)
자기 영 고난 후 영광

(證據)(指示)(詳考)
증거 지시 상고

벧전1:12,(自己)(爲)(爲)(啓示)(聖靈)
자기 위 위 계시 성령

(福音)(傳)(者)(告)(天使)(願)
복음 전 자 고 천사 원

벧전1:13,(謹愼)(恩惠)(穩全)
근신 은혜 온전

벧전1:14,(順從)(子息)(以前)(私慾)(本)
순종 자식 이전 사욕 본

벧전1:15,(者)行實)(者)
자 행실 자

벧전1:16,(記錄)
기록

벧전1:17,(外貌)(各)行爲)(判斷)(者)
외모 각 행위 판단 자

벧전1:18,(祖上)(遺傳)(妄靈)行實)
조상 유전 망령 행실

(救贖)(銀)(金)
구속 은 금

벧전1:19,(欠)(點)(羊)
흠 점 양

벧전1:20,(創世前)(者)(末世)(爲)
창세전 자 말세 위

벧전1:21,(者)(榮光)(者)所望)
자 영광 자 소망

벧전1:22,(眞理)(順從)(靈魂)(兄弟)(彼此)
진리 순종 영혼 형제 피차

벧전1:23,(恒常)
항상

벧전1:24,(肉體)(榮光)
육체 영광

벧전1:25,(主)(世世)(傳)(福音)
주 세세 전 복음

彼得前書-(베드로전서)-第二章
피득전서 제이장

벧전2:1,(惡毒)(詭譎)(外飾)(猜忌)(誹謗)
악독 궤휼 외식 시기 비방

벧전2:2,(神靈)(思慕)(救援
신령 사모 구원

벧전2:3,(主)(仁慈
주 인자

벧전2:4,(擇)
택

벧전2:5,(神靈)(神靈)(祭祀)(祭司長)
신령 신령 제사 제사장

벧전2:6,(經)(記錄)(擇)(要緊)(者)(當)
경 기록 택 요긴 자 당

벧전2:7,(者)(建築者)
자 건축자

벧전2:8,(磐石)(順從)(定)
반석 순종 정

벧전2:9,(擇)(族屬)(王)(祭司長)(所有)
택 족속 왕 제사장 소유

(百姓)(奇異)(者)(德)(宣傳)
백성 기이 자 덕 선전

벧전2:10,(前)(百姓)(百姓)(前)(矜恤)
전 백성 백성 전 긍휼

(矜恤)(者)
긍휼 자

벧전2:11,(者)行人)(勸)(靈魂)(肉體)
자 행인 권 영혼 육체

(情慾)(制馭)
정욕 제어

벧전2:12,(異邦人)(中)行實)(善)(惡行)
이방인 중 행실 선 악행

(誹謗)(者)(善)(眷顧)(榮光)
비방 자 선 권고 영광

벧전2:13,(人間)(制度)(主)(爲)(順服)(或)(王)
인간 제도 주 위 순복 혹 왕

벧전2:14,(或)(惡行)(者)(懲罰)(善行)
혹 악행 자 징벌 선행

(者)(褒獎)(爲)(方伯)
자 포 위 방백

벧전2:15,(善行)(無識)
선행 무식

벧전2:16,(自由)(自由)(惡)
자유 자유 악

벧전2:17,(恭敬)(兄弟)(王)(恭敬)
공경 형제 왕 공경

벧전2:18,(使喚)(凡事)(主人)(順服)(善)
사환 범사 주인 순복 선

(寬容)(者)(者)
관용 자 자

벧전2:19,(曖昧)(苦難나
애매 고난

벧전2:20,(罪)(稱讚)(善)(行)(苦難)
죄 칭찬 선 행 고난

벧전2:21,(爲)(爲)(苦難)(本)
위 위 고난 본

벧전2:22,(罪)(犯)(詭詐)
죄 범 궤사

벧전2:23,(辱)(代身)(辱)(苦難)(威脅)
욕 대신 욕 고난 위협

(公義)(審判)(者)(付託)
공의 심판 자 부탁

벧전2:24,(親)(罪)(擔當)(罪)(對)(義)(對)
친 죄 담당 죄 대 의 대

벧전2:25,(前)(羊)(靈魂)(牧者)(監督)
전 양 영혼 목자 감독

彼得前書-(베드로전서)-第三章
피득전서 제삼장

벧전3:1,(者)(自己)(男便)(順服)(或)(道)
자 자기 남편 순복 혹 도

(順從)(者)行爲)(救援)
순종 자 행위 구원

벧전3:2,(淨潔)行爲)
정결 행위

벧전3:3,(丹粧)(金)(外貌)
단장 금 외모

벧전3:4,(溫柔)(安靜)(心靈)
온유 안정 심령

벧전3:5,(前)(所望)(婦女)(自己)(男便)
전 소망 부녀 자기 남편
(順服)(自己)(丹粧)
순복 자기 단장

벧전3:6,(主)(稱)(服從)(善)(行)
주 칭 복종 선 행

벧전3:7,(男便)(者)(知識)(同居)(軟弱)
남편 자 지식 동거 연약
(生命)(恩惠)(遺業)(者)(貴)
생명 은혜 유업 자 귀

벧전3:8,(祈禱)
기도

벧전3:9,(體恤)(兄弟)(謙遜)
체휼 형제 겸손

벧전3:10,(惡)(惡)(辱)(辱)(福)(爲)(福)(遺業)
악 악 욕 욕 복 위 복 유업

벧전3:11,(生命)(願)(者)(禁)(惡)(詭譎)
생명 원 자 금 악 궤휼

벧전3:12,(惡)(善)(行)(和平)(求)
악 선 행 화평 구

벧전3:13,(主)(義人)(向)(懇求)(主)
주 의인 향 간구 주
(惡行)(者)(向)
악행 자 향

벧전3:14,(熱心)(善)(行)(害)
열심 선 행 해

벧전3:15,(義)(爲)(苦難)(福)(者)(騷動)
의 위 고난 복 자 소동

벧전3:16,(主)(所望)(關)(理由)(者)(對答)
주 소망 관 이유 자 대답
(恒常)(豫備)(溫柔)(善)(良心)
항상 예비 온유 선 량심
(善行)(辱)(者)(誹謗)(當)
선행 욕 자 비방 당

벧전3:17,(善)(行)(苦難)(惡)(行)(苦難)
선 행 고난 악 행 고난

벧전3:18,(番)(罪)(爲)(義人)(不義)(者)
번 죄 위 의인 불의 자
(代身)(引導)(肉體)(當)(靈
대신 인도 육체 당 영

벧전3:19,(靈)(獄)(靈)(傳播)
영 옥 영 전파

벧전3:20,(前)(方舟)(豫備)(順從)(者)
전 방주 예비 순종 자
(方舟)(救援)(者)(名)(名)
방주 구원 자 명 명

벧전3:21,(復活)(救援)(標)(洗禮)(肉體)
부활 구원 표 세례 육체
(除)(善)(良心)(向
제 선 량심 향

벧전3:22,(右便)(天使)(權勢)(能力)(順服)
우편 천사 권세 능력 순복

彼得前書-(베드로전서)-第四章
피득전서 제사장

벧전4:1,(肉體)(苦難)(甲)(肉體)(苦難)(者)(罪)
육체 고난 갑 육체 고난 자 죄

벧전4:2,(後)(情慾)(肉體)
후 정욕 육체

벧전4:3,(淫亂)(情慾)(醉)(放蕩)(宴樂)
음란 정욕 취 방탕 연락
(無法)(偶像)(崇拜)(異邦人)(行)(足)
무법 우상 숭배 이방인 행 족

벧전4:4,(極)(放蕩)(異常)(誹謗)
극 방탕 이상 비방

벧전4:5,(者)(者)(審判)(豫備)(者)(直告)
자 자 심판 예비 자 직고

벧전4:6,(爲)(者)(福音)(傳播)(肉體)(審判)(靈)
위 자 복음 전파 육체 심판 영

벧전4:7,(萬物)(精神)(謹愼)(祈禱)
만물 정신 근신 기도

벧전4:8,(熱心)(許多)(罪)
열심 허다 죄

벧전4:9,(待接)(怨望)
대접 원망

벧전4:10,(各各)(恩賜)(各樣)(恩惠)(善)
각각 은사 각양 은혜 선
(聽直)(奉事)
청직 봉사

벧전4:11,(萬一)(奉事)(供給)(凡事)(榮光)
만일 봉사 공급 범사 영광
(榮光)(權能)(世世)(無窮)
영광 권능 세세 무궁

벧전4:12,(者)(試鍊)(試驗)(異常)(當)(異常)
자 시련 시험 이상 당 이상

벧전4:13,(苦難)(參與)(榮光)
고난 참여 영광

벧전4:14,(辱)(福)(者)(榮光)(靈)(靈)
욕 복 자 영광 영 영

벧전4:15,(中)(殺人)(盜賊)(惡行)(干涉)
중 살인 도적 악행 간섭
(者)(苦難)
자 고난

벧전4:16,(萬一)(人)(苦難)(榮光)
만일 인 고난 영광

벧전4:17,(審判)(始作)(萬一)(福音)(順從)(者)
심판 시작 만일 복음 순종 자

벧전4:18,(義人)(救援)(敬虔)(者)(罪人)
의인 구원 경건 자 죄인

벧전4:19,(苦難)(者)(善)(行)(靈魂)
고난 자 선 행 영혼
(造物主)(付託)
조물주 부탁

彼得前書-(베드로전서)-第五章
피득전서 제오장

벧전5:1,(中)(長老)(勸)(長老)(者)(苦難)
중 장로 권 장로 자 고난
(證人)(榮光)(參與)(者)
증인 영광 참여 자

벧전5:2,(中)(羊)(不得已)(自願)(利)(爲)
중 양 부득이 자원 이 위

벧전5:3,(者)(主掌)(藉勢)(羊)(本)
자 주장 자세 양 본

벧전5:4,(牧者長)(榮光)(冕旒冠)
목자장 영광 면류관

벧전5:5,(者)(長老)(順服)(謙遜)(驕慢)
자 장로 순복 겸손 교만
(者)(對敵)(謙遜)(者)(恩惠)
자 대적 겸손 자 은혜

벧전5:6,(能)(謙遜)
능 겸손

벧전5:7,(念慮)(主)(眷顧)
염려 주 권고

벧전5:8,(謹愼)(對敵)(魔鬼)(獅子)(者)
근신 대적 마귀 사자 자

벧전5:9,(對敵)(世上)(兄弟)(同一)(苦難)(當)
대적 세상 형제 동일 고난 당

벧전5:10,(恩惠)(自己)(永遠)(榮光)(苦難)
은혜 자기 영원 영광 고난
(親)(穩全)(强)(堅固)
친 온전 강 견고

벧전5:11,(權力)(世世無窮)
권력 세세무궁

벧전5:12,(信實)(兄弟)(簡單)(勸)(恩惠)
신실 형제 간단 권 은혜
(證據)(恩惠)
증거 은혜

벧전5:13,(擇)(教會)(問安)
택 교회 문안

벧전5:14,(彼此)(問安)(平康)
피차 문안 평강

彼得後書-(베드로후서)-第一章
피득후서 제일장

벧후1:1,(使徒)(救主)(義)(同一)(者)(便紙)
사도 구주 의 동일 자 편지

벧후1:2,(主)(恩惠)(平康)
주 은혜 평강

벧후1:3,(神奇)(能力)(生命)(敬虔)(屬)
신기 능력 생명 경건 속
(自己)(榮光)(德)(者)
자기 영광 덕 자

벧후1:4,(至極)(約束)(約束)(情慾)(因)
지극 약속 약속 정욕 인
(世上)(避)(神)(性品)(參與)(者)
세상 피 신 성품 참여 자

벧후1:5,(德)(德)(知識)
덕 덕 지식

벧후1:6,(知識)(節制)(節制)(忍耐)
지식 절제 절제 인내
(忍耐)(敬虔)
인내 경건

벧후1:7,(敬虔)(兄弟)(友愛)(兄弟)
경건 형제 우애 형제
(友愛)(供給)
우애 공급

벧후1:8,(洽足)(主)(者)
흡족 주 자

벧후1:9,(者)(遠視)(罪)
자 원시 죄

벧후1:10,(兄弟)(擇)(行)(失足)
형제 택 행 실족

벧후1:11,(主)(救主)(永遠)
주 구주 영원

벧후1:12,(眞理)(恒常)
진리 항상

벧후1:13,(帳幕)
장막

벧후1:14,(主)(指示)(帳幕)(臨迫)
주 지시 장막 임박

벧후1:15,(後)(必要)
후 필요

벧후1:16,(主)(能力)(降臨)(工巧)(威嚴)
주 능력 강림 공교 위엄
(親)(者)
친 자

벧후1:17,(至極)(榮光)(中)(者)(尊貴)(榮光)
지극 영광 중 자 존귀 영광

벧후1:18,(山)
산

벧후1:19,(確實)(豫言)(燈)샛(注意)(可)
확실 예언 등 주의 가

벧후1:20,(經)(豫言)(私私)
경 예언 사사

벧후1:21,(豫言)(聖靈)(感動)
예언 성령 감동

彼得後書-(베드로후서)-第二章
피득후서 제이장

벧후2:1,(民間)(先知者)(中)(先生)(滅亡)
민간 선지자 중 선생 멸망
(異端)(自己)(主)(否認)(臨迫)
이단 자기 주 부인 임박
(滅亡)(取)(者)
멸망 취 자

벧후2:2,(好色)(因)(眞理)(道)(毁謗)
호색 인 진리 도 훼방

벧후2:3,(貪心)(因)(利)(審判)(遲滯)(滅亡)
탐심 인 이 심판 지체 멸망

벧후2:4,(犯罪)(天使)(容恕)(地獄)(審判)
범죄 천사 용서 지옥 심판

벧후2:5,(世上)(容恕)(義)(傳播)(食口)
세상 용서 의 전파 식구
(保存)(敬虔)(者)(世上)(洪水)
보존 경건 자 세상 홍수

벧후2:6,(城)(滅亡)(定)(後世)(敬虔)(者)(本)
성 멸망 정 후세 경건 자 본

벧후2:7,(無法)(者)(淫亂)行實)(因)(苦痛)(義)
무법 자 음란행실 인 고통 의

벧후2:8,(義人)(中)(居)(不法)行實)(義)
의인 중 거 불법 행실 의
(心靈)(傷)
심령 상

벧후2:9,(主)(敬虔)(者(試驗)(不義)(者)
주 경건 자 시험 불의 자
(刑罰)(審判)
형벌 심판

벧후2:10,(肉體)(情慾)(行)(主管)(蔑視)
육체 정욕 행 주관 멸시

(者)(特別)(刑罰)(膽大)(固執)
자 특별 형벌 담대 고집

(榮光)(者)(毁謗)
영광 자 훼방

벧후2:11,(能力)(天使)(主)(毁謗)(訟事)
능력 천사 주 훼방 송사

벧후2:12,(本來)(爲)(理性)(毁謗)(滅亡)
본래 위 이성 훼방 멸망

(滅亡)(當)
멸망 당

벧후2:13,(不義)(不義)(當)(宴樂)(者)(點)
불의 불의 당 연락 자 점

(欠)(宴會)(奸詐)(宴樂)
흠 연회 간사 연락

벧후2:14,(淫心)(犯罪)(靈魂)(誘惑)(貪慾)
음심 범죄 영혼 유혹 탐욕

(鍊鍛)(者)(詛呪)(子息)
연단 자 저주 자식

벧후2:15,(迷惑)(不義)
미혹 불의

벧후2:16,(自己)(不法)(因)(責望)
자기 불법 인 책망

(先知者)(禁止)
선지자 금지

벧후2:17,(狂風)(爲)(豫備)
광풍 위 예비

벧후2:18,(虛誕)(吐)(迷惑)(行)(者)(淫亂)
허탄 토 미혹 행 자 음란

(肉體)(情慾)(中)(誘惑)
육체 정욕 중 유혹

벧후2:19,(自由)(自己)(滅亡)(者)(者)
자유 자기 멸망 자 자

벧후2:20,(萬一)(主)(救主)(世上)(後)
만일 주 구주 세상 후

(中)(形便)(甚)
중 형편 심

벧후2:21,(義)(道)(後)(命令)
의 도 후 명령

벧후2:22,(俗談)(吐)(應)
속담 토 응

彼得後書-(베드로후서)-第三章
피득후서 제삼장

벧후3:1,(者)(便紙)(眞實
자 편지 진실

벧후3:2,(先知者)(豫言)(主)(救主)
선지자 예언 주 구주

(使徒)(命)(記憶)
사도 명 기억

벧후3:3,(末世)(譏弄)(者)(自己)(情慾)
말세 기롱 자 자기 정욕

(行)(譏弄)
행 기롱

벧후3:4,(主)(降臨)(約束)(祖上)(後)
주 강림 약속 조상 후

(萬物)(創造)
만물 창조

벧후3:5,(成立)
성립

벧후3:6,(世上)(滅亡)
세상 멸망

벧후3:7,(同一)(爲)(看守)(敬虔)(審判)
동일 위 간수 경건 심판

(滅亡)(保存)
멸망 보존

벧후3:8,(者)(主)(千年)(千年)(
자 주 천년 천년

벧후3:9,(主)(約束)(對)(滅亡)(悔改)(願)
주 약속 대 멸망 회개 원

벧후3:10,(主)(盜賊)(體質)(中)
주 도적 체질 중

벧후3:11,(行實)(敬虔)
행실 경건

벧후3:12,(臨)(懇切)(思慕)(體質)
임 간절 사모 체질

벧후3:13,(約束)(義)(居)
약속 의 거

벧후3:14,(者)(主)(點)(欠)(平康)
자 주 점 흠 평강

벧후3:15,(主)(救援)(兄弟)(智慧)고
주 구원 형제 지혜

벧후3:16,(便紙)(關)(中)(無識)(者)(者)
편지 관 중 무식 자 자

(聖經)(臆志)(滅亡)
성경 억지 멸망

벧후3:17,(者)(無法)(者)(迷惑)
자 무법 자 미혹

벧후3:18,(主)(救主)(恩惠)(知識)(榮光)(永遠)
주 구주 은혜 지식 영광 영원

約翰第一書-(요한일서)-第一章
약한제일서 제일장

요일1:1,(太初)(生命)(關)(注目)
태초 생명 관 주목

요일1:2,(生命)(永遠)(生命)(證據)(傳)(者)
생명 영원 생명 증거 전 자

요일1:3,(傳)
전

요일1:4,(充滿)
충만

요일1:5,(傳)(消息)
전 소식

요일1:6,(萬一)(行)(眞理)(行)
만일 행 진리 행

요일1:7,(行)(罪)
행 죄

요일1:8,(萬一)(罪)(眞理)
만일 죄 진리

요일1:9,(萬一)(罪)(自白)(義)(罪)(赦)(不義)
만일 죄 자백 의 죄 사 불의

요일1:10,(萬一)(犯罪)(者)
만일 범죄 자

約翰第一書-(요한일서)-第二章
약한제일서 제이장

요일2:1,(子女)(罪)(犯)(萬一)(罪)(犯)
자녀 죄 범 만일 죄 범
(代言者)(義)
대언자 의

요일2:2,(罪)(爲)(和睦祭物)(爲(世上)(罪)(爲)
죄 위 화목제물 위 세상 죄 위

요일2:3,(誡命)
계명

요일2:4,(誡命)(者)(者)(眞理)
계명 자 자 진리

요일2:5,(者)(穩全)
자 온전

요일2:6,(居)(者)(行)(自己)(行)
거 자 행 자기 행

요일2:7,(者)(誡命)(誡命)(誡命)
자 계명 계명 계명

요일2:8,(誡命)
계명

요일2:9,(兄弟)(者)(至今)(者)
형제 자 지금 자

요일2:10,(兄弟)(者)(居)(自己)(
형제 자 거 자기

요일2:11,(兄弟)(者)(行)
형제 자 행

요일2:12,(子女(罪)(赦)
자녀 죄 사

요일2:13,(太初)(青年(惡)(者)
태초 청년 악 자

요일2:14,(太初)(青年)(强)(居)(凶惡)(者)
태초 청년 강 거 흉악 자

요일2:15,(世上)(世上)(世上)
세상 세상 세상

요일2:16,(世上)(肉身)(情慾)(眼目)
세상 육신 정욕 안목
(情慾)(生)(世上)
정욕 생 세상

요일2:17,(世上)(情慾)(行)(永遠)(居)
세상 정욕 행 영원 거

요일2:18,(敵)(只今)(敵)막
적 지금 적

요일2:19,(屬)(萬一)(屬)(居)(屬)
속 만일 속 거 속

요일2:20,(者)
자

요일2:21,(眞理)(因(因)(眞理)(因)
진리 인 인 진리 인

요일2:22,(者)(否認(者)(否認)(敵)
자 부인 자 부인 적

요일2:23,(否認)(者)(是認)(者)
부인 자 시인 자

요일2:24,(居)(居)(居)
거 거 거

요일2:25,(約束)(約束)(永遠)(生命)
약속 약속 영원 생명

요일2:26,(迷惑(者)(關)
미혹 자 관

요일2:27,(主)(居)(必要)(主)(居)
주 거 필요 주 거

요일2:28,(子女)(居)(主)(降臨)(膽大)
자녀 거 주 강림 담대

요일2:29,(義)(義)(行)(者)
의 의 행 자

約翰第一書-(요한일서)-第三章
약한제일서 제삼장

요일3:1,(子女)(世上)
자녀 세상

요일3:2,(者)(只今)(子女)(將來)(因)
자 지금 자녀 장래 인

요일3:3,(主)(向)(所望)(者)(自己)
주 향 소망 자 자기

요일3:4,(罪)(者)(不法)(行)(罪)(不法)
죄 자 불법 행 죄 불법

요일3:5,(罪)(罪)
죄 죄

요일3:6,(居)(者)(犯罪)(犯罪)(者)
거 자 범죄 범죄 자

요일3:7,(子女)(迷惑)(義)(行)(者)(義)(義)
자녀 미혹 의 행 자 의 의

요일3:8,(罪)(者)(魔鬼)(屬)(魔鬼)(罪)
죄 자 마귀 속 마귀 죄
(魔鬼)(滅)
마귀 멸

요일3:9,(者)(罪)(居)(犯罪)
자 죄 거 범죄

요일3:10,(子女)(魔鬼)(子女)(義)(行)
자녀 마귀 자녀 의 행

(者)(兄弟)(者)(屬)
자 형제 자 속

요일3:11,(消息)
소식

요일3:12,(惡)(者)(屬)(緣故)(自己)
악 자 속 연고 자기
(行爲)(惡)(行爲)(義)
행위 악 행위 의

요일3:13,(兄弟)(世上)(異常)
형제 세상 이상

요일3:14,(兄弟)(死亡)(生命)(者)(死亡)(居)
형제 사망 생명 자 사망 거

요일3:15,(兄弟)(者)(殺人)(者)(殺人)
형제 자 살인 자 살인
(者)(永生)(居)
자 영생 거

요일3:16,(爲)(兄弟)(爲)
위 형제 위

요일3:17,(世上)(財物)(兄弟)(窮乏)(居)
세상 재물 형제 궁핍 거

요일3:18,(子女)(行)(眞實)
자녀 행 진실

요일3:19,(眞理)(屬)(主)
진리 속 주

요일3:20,(或)(責望)
혹 책망

요일3:21,(者)(萬一)(責望)(膽大)
자 만일 책망 담대

요일3:22,(求)(誡命)(行)
구 계명 행

요일3:23,(誡命)(誡命)(
계명 계명

요일3:24,(誡命)(者)(主)(居)(主)(居)(聖靈)(居)
계명 자 주 거 주 거 성령 거

約翰第一書-(요한일서)-第四章
약한제일서 제사장

요일4:1,(者)(靈)(靈)(屬)(試驗)(先知者)(世上)
자 영 영 속 시험 선지자 세상

요일4:2,(靈)(肉體)(是認)(靈)(屬)
영 육체 시인 영 속

요일4:3,(是認)(靈)(屬)(敵)(靈)(世上)
시인 영 속 적 영 세상

요일4:4,(子女)(屬)(世上)
자녀 속 세상

요일4:5,(世上)(屬)(故)(世上)(屬)(世上)
세상 속 고 세상 속 세상

요일4:6,(屬)(者)(屬)(者)(眞理)(靈)(迷惑)(靈)
속 자 속 자 진리 영 미혹 영

요일4:7,(者)(屬)(者)
자 속 자

요일4:8,(者)
자

요일4:9,(自己)(獨生子)(世上)(
자기 독생자 세상

요일4:10,(罪)(爲)(和睦祭)
죄 위 화목제

요일4:11,(者)
자

요일4:12)萬一)(居)(穩全)
만일 거 온전

요일4:13,(聖靈(居)(居)
성령 거 거

요일4:14,(世上)(救主)(證據)
세상 구주 증거

요일4:15,(是認)(居)(居)
시인 거 거

요일4:16,(居)(者)(居)(居)
거 자 거 거

요일4:17,(穩全)(審判)(膽大)(主)(世上)
온전 심판 담대 주 세상

요일4:18,(穩全)(刑罰)(者)(穩全)
온전 형벌 자 온전

요일4:20,(兄弟)(者)(兄弟)(者)
형제 자 형제 자

요일4:21,(誡命)(主)(者)(兄弟)
계명 주 자 형제

約翰第一書-(요한일서)-第五章
약한제일서 제오장

요일5:1,(者)(者)(者)(者)
자 자 자 자

요일5:2,(誡命)(子女)
계명 자녀

요일5:3,(誡命)(誡命)
계명 계명

요일5:4,(大抵)(者)(世上)(世上)
대저 자 세상 세상

요일5:5,(者)(世上)(者)
자 세상 자

요일5:6,(臨)(者)(臨)
임 자 임

요일5:7,(證據)(聖靈)(聖靈)(眞理)
증거 성령 성령 진리

요일5:8,(證據)(聖靈)(合)
증거 성령 합

요일5:9,(萬一)(證據)(證據)(證據)(關)(證據)
만일 증거 증거 증거 관 증거

요일5:10,(者)(自己)(證據)者)(者)(關)
자 자기 증거 자 자 관
(證據)(證據)
증거 증거

요일5:11,(證據)(永生)(生命)
증거 영생 생명

요일5:12,(者)(生命)(者)(生命)
자 생명 자 생명

요일5:13,(永生)
영생

요일5:14,(向)(膽大)(求)
향 담대 구

요일5:15,(求)(求)
구 구

요일5:16,(兄弟)(死亡)(罪)(犯)(求)(死亡)
형제 사망 죄 범 구 사망

(犯罪者)(爲)(生命)(死亡)(罪)
범죄자 위 생명 사망 죄
(對)(求)
대 구
요일5:17,(不義)(罪)(死亡)(罪)
불의 죄 사망 죄
요일5:18,(者)(犯罪)(者)(惡)(者)
자 범죄 자 악 자
요일5:19,(屬)(世上)(惡)(者)(處)
속 세상 악 자 처
요일5:20,(知覺)(者)(者)(永生)
지각 자 자 영생
요일5:21,(子女)(自身)(偶像)
자녀 자신 우상

約翰第二書-(요한이서)
약한제이서

요이1:1,(長老)(擇)(婦女)(子女)(便紙)
장로 택 부녀 자녀 편지
(者)(眞理)(者)
자 진리 자
요이1:2,(居)(永遠)(眞理)(因)
거 영원 진리 인
요이1:3,(恩惠)(矜恤)(平康)(眞理)
은혜 긍휼 평강 진리
요이1:4,(子女)(中)(誡命)(眞理)(行)(者)(甚)
자녀 중 계명 진리 행 자 심
요이1:5,(婦女)(求)(誡命)
부녀 구 계명
요이1:6,(誡命)(行)(誡命)(行
계명 행 계명 행
요이1:7,(迷惑)(者)(世上)(肉體)(臨)
미혹 자 세상 육체 임
(否認)(者)(迷惑)(者)(敵)
부인 자 미혹 자 적
요이1:8,(穩全)(賞)
온전 상
요이1:9,(敎訓)(居)(者)(敎訓)(居)
교훈 거 자 교훈 거
요이1:10,(敎訓)(人事)
교훈 인사
요이1:11,(人事)(者)(惡)(參與)(者)
인사 자 악 참여 자
요이1:12,(願)(面對)(充滿
원 면대 충만
요이1:13,(擇)(姉妹)(子女)(問安)
택 자매 자녀 문안

約翰第三書-(요한삼서)
약한제삼서

요삼1:1,(長老)(者)(便紙)
장로 자 편지
요삼1:2,(者)(靈魂)(凡事)(强健)(懇求)
자 영혼 범사 강건 간구
요삼1:3,(兄弟)(眞理)(證據)(眞理)(行)(甚)
형제 진리 증거 진리 행 심
요삼1:4,(子女)(眞理)(行)
자녀 진리 행
요삼1:5,(者)(兄弟)(者)(行)(信實)
자 형제 자 행 신실
요삼1:6,(敎會)(證據)(合當)(餞送)(可)
교회 증거 합당 전송 가
요삼1:7,(主)(爲)(異邦人)
주 위 이방인
요삼1:8,(者)(迎接)(眞理)(爲)(受苦)(者)
자 영접 진리 위 수고 자
요삼1:9,(字)(敎會)(中)(接待)
자 교회 중 접대
요삼1:10,(行)(惡)(妄靈)(貶論)(猶爲不足)
행 악 망령 폄론 유위부족
(兄弟)(接待)(接待)(者)(禁)(敎會)
형제 접대 접대 자 금 교회
요삼1:11,(者)(惡)(善)(善)(行)(者)(屬)(惡)
자 악 선 선 행 자 속 악
(行)(者)
행 자
요삼1:12,(眞理)(證據)(證據)(證據)
진리 증거 증거 증거
요삼1:13,(願)
원
요삼1:14,(速)(面對)
속 면대
요삼1:15,(平康)(親舊)(問安)(各)(親舊)
평강 친구 문안 각 친구
(名下)(問安)
명하 문안

猶大書-(유다서)
유대서

유1:1,(兄弟)(者)(爲)(者)(便紙)
형제 자 위 자 편지
유1:2,(矜恤)(平康)
긍휼 평강
유1:3,(者)(一般)(救援)(便紙)(懇切)
자 일반 구원 편지 간절
(次)(聖徒)(單番)道)(爲)(便紙)
차 성도 단번 도 위 편지
(勸)(必要)였
권 필요
유1:4,(判決)(記錄)(者)(敬虔)(恩惠)
판결 기록 자 경건 은혜
(色慾)(主宰)(主)(否認)(者)
색욕 주재 주 부인 자
유1:5,(本來)(凡事)(主)(百姓)(救援)
본래 범사 주 백성 구원
(後)者)(滅)
후 자 멸
유1:6,(自己)(地位)(自己)(處所)(天使)
자기 지위 자기 처소 천사

(審判)(永遠)(結縛)(黑暗)
심판 영원 결박 흑암

유1:7,(都市)(貌樣)(姦淫)(行)(色)
도시 모양 간음 행 색

(永遠)(不義)(刑罰)
영원 불의 형벌

유1:8,(肉體)(權威)(榮光)(毁謗)
육체 권위 영광 훼방

유1:9,(天使長)(屍體)(對)(魔鬼)(辯論)
천사장 시체 대 마귀 변론

(敢)(毁謗)(判決)(主)(願)
감 훼방 판결 주 원

유1:10,(毁謗)(理性)(本能)(滅亡)
훼방 이성 본능 멸망

유1:11,(禍)(行)(爲)(悖逆)(滅亡)
화 행 위 패역 멸망

유1:12,(忌憚)(愛餐)(暗礁)(自己)(牧者)
기탄 애찬 암초 자기 목자

유1:13,(自己)(羞恥)뿜(永遠)(豫備)
자기 수치 영원 예비

(黑暗)(流離)
흑암 유리

유1:14,(七世)(對)(豫言)(主)(數萬)(者)(臨)
칠세 대 예언 주 수만 자 임

유1:15,(審判)(敬虔)(者)(敬虔)(行)(敬虔)
심판 경건 자 경건 행 경건

(敬虔)(罪人)(主)(剛愎)(因)(定罪)
경건 죄인 주 강퍅 인 정죄

유1:16,(怨望)(者)(不滿)(吐)(者)(情慾)
원망 자 불만 토 자 정욕

(行)(者)(利)(爲) (阿諂)
행 자 이 위 아첨

유1:17,(者)(主)(使徒)(記憶)
자 주 사도 기억

유1:18,(自己)(敬虔)(情慾)(行)(譏弄)(者)
자기 경건 정욕 행 기롱 자

유1:19,(黨)(者)(肉)(屬)(者)(聖靈)(者)
당 자 육 속 자 성령 자

유1:20,(者)(至極)自己)(建築)(聖靈)(祈禱)
자 지극 자기 건축 성령 기도

유1:21,(自己)(永生)(主)(矜恤)
자기 영생 주 긍휼

유1:22,(疑心)(者)(矜恤)
의심 자 긍휼

유1:23,(者)(救援)(者)(肉體)(矜恤)
자 구원 자 육체 긍휼

유1:24,(能)(保護)(榮光)(欠)
능 보호 영광 흠

유1:25,(救主)(主)(榮光)(威嚴)(權力)
구주 주 영광 위엄 권력

(權勢)(萬古前)(世世)
권세 만고전 세세

約翰啟示錄-(요한계시록)-第一章
약한계시록 제일장

계1:1,(啓示)(速)(天使)(指示)
계시 속 천사 지시

계1:2,(證據)(自己)(證據)
증거 자기 증거

계1:3,(豫言)(者)(者)(記錄)(者)(福)
예언 자 자 기록 자 복

계1:4,(教會)(便紙)(前)(將次)(寶座)(靈)
교회 편지 전 장차 보좌 영

계1:5,(忠誠)(證人)(者)(恩惠)(平康)(願)
충성 증인 자 은혜 평강 원

(罪)(解放)
죄 해방

계1:6,(爲)(祭司長)(榮光)(能力)(世世)(願)
위 제사장 영광 능력 세세 원

계1:7,(各人)(者)(族屬)(因)(哀哭)
각인 자 족속 인 애곡

계1:8,(主)(前)(將次)(者)(全能)(者)
주 전 장차 자 전능 자

계1:9,(兄弟)(患難)(同參)(者)(證據)(因)
형제 환난 동참 자 증거 인

계1:10,(主)(聖靈)(感動)(音聲)
주 성령 감동 음성

계1:11,(冊)(教會)
책 교회

계1:12,(音聲)(金)(臺)
음성 금 대

계1:13,(臺)(人子)(金)
대 인자 금

계1:14,(羊)
양

계1:15,(鍛鍊)(朱錫)(音聲)
단련 주석 음성

계1:16,(左右)
좌우

계1:17,(者)
자

계1:18,(者)(前)(世世)(死亡)(陰府)
자 전 세세 사망 음부

계1:19,(將次)(記錄)
장차 기록

계1:20,(秘密)(金)(臺)(教會)(使者)(臺)(教會)
비밀 금 대 교회 사자 대 교회

約翰啟示錄-(요한계시록)-第二章
약한계시록 제이장

계2:1,(教會)(使者)(便紙)(金)(燭臺)
교회 사자 편지 금 촉대

계2:2行爲)(受苦)(忍耐)(惡)(者)(容納)(自稱)(使
행위 수고 인내 악 자 용납 자칭 사
徒(者(試驗)
도 자 시험

계2:3,(爲)
위

계2:4,(責望)
책망

계2:5,(悔改)行爲)(萬一)(悔改)(臨)(燭臺)
회개 행위 만일 회개 임 촉대

계2:6,(行爲)
행위

계2:7,(者)(聖靈)(教會)(樂園)(生命)(果實)
자 성령 교회 낙원 생명 과실
계2:8,(教會)(使者)(便紙)
교회 사자 편지
계2:9,(患難)(窮乏)(實狀)(富饒)(者)
환난 궁핍 실상 부요 자
(自稱)(人)(者)(毁謗)(實狀)(人)
자칭 인 자 훼방 실상 인
계2:10,(將次)(苦難)(魔鬼)(將次)(獄)
장차 고난 마귀 장차 옥
(試驗)(十日)(患難)(忠誠)
시험 십일 환난 충성
(生命)(冕旒冠)
생명 면류관
계2:11,(者)(聖靈)(教會)(者)(死亡)(害
자 성령 교회 자 사망 해
계2:12,(教會)(使者)(便紙)(左右)(劍)
교회 사자 편지 좌우 검
계2:13,(忠誠)(證人)(居)(當)믿
충성 증인 거 당
계2:14,(責望)(教訓)(者)(偶像)(祭物)行淫)
책망 교훈 자 우상 제물 행음
계2:15,(黨)(教訓)(者)
당 교훈 자
계2:16,(悔改)(速)(臨)(劍)
회개 속 임 검
계2:17,(者)(聖靈)(教會)(記錄)
자 성령 교회 기록
계2:18,(教會)(使者)(便紙)(朱錫)
교회 사자 편지 주석
계2:19,(事業)忍耐)(行爲)
사업 인내 행위
계2:20,(責望)(自稱)(先知者(女子)
책망 자칭 선지자 녀자
(容納)(行淫)(偶像)(祭物)
용납 행음 우상 제물
계2:21,(悔改)(機會)(淫行)(悔改)
회개 기회 음행 회개
계2:22,(寢床)(姦淫)(者)(萬一)行爲)
침상 간음 자 만일 행위
(悔改)(患難)
회개 환난
계2:23,(死亡)(子女)(教會)(者)(各)行爲)
사망 자녀 교회 자 각 행위
계2:24,(教訓)(所謂)
교훈 소위
계2:26,(者)(萬國)(權勢)
자 만국 권세
계2:27,(鐵杖)
철장
계2:29,(者)(聖靈)(教會)
자 성령 교회

約翰啟示錄-(요한계시록)-第三章
약한계시록 제삼장

계3:1,(教會)(使者)(便紙)(靈)行爲)(者)
교회 사자 편지 영 행위 자
계3:2行爲)(穩全)
행위 온전
계3:3,(悔改)(萬一)(盜賊)(時)(臨)
회개 만일 도적 시 임
계3:4,(者)(名)(合當)(者)(緣故)
자 명 합당 자 연고
계3:5,(者)(生命冊)(天使)(是認)
자 생명책 천사 시인
계3:6,(者)(聖靈)(教會)
자 성령 교회
계3:7,(教會)(使者)(便紙)(眞實)
교회 사자 편지 진실
계3:8,(門)(能)行爲)(能力)(背叛)
문 능 행위 능력 배반
계3:9,(會)(自稱)(人)(者)(中)
회 자칭 인 자 중
계3:10,(忍耐)(試驗)(免)(將次)(世上)
인내 시험 면 장차 세상
(臨)(居)(者)(試驗)
임 거 자 시험
계3:11,(速)(臨)(冕旒冠)
속 임 면류관
계3:12,(者)(聖殿)(決)(城)
자 성전 결 성
계3:13,(記錄)
기록
계3:14,(教會)(使者)(便紙)(忠誠)
교회 사자 편지 충성
(證人)(創造)(根本)
증인 창조 근본
계3:15,(行爲)(願)
행위 원
계3:16,(吐)
토
계3:17,(富者)(富饒)(不足)(困苦)(可憐
부자 부요 부족 곤고 가련
계3:18,(勸)(鍊鍛)(金)(富饒)(羞恥)(眼藥)
권 연단 금 부요 수치 안약
계3:19,(者)(責望)(懲戒)(熱心)(悔改)
자 책망 징계 열심 회개
계3:20,(門)(音聲)(門)
문 음성 문
계3:21,(寶座)(寶座)
보좌 보좌
계3:22,(者)(聖靈)(教會)
자 성령 교회

約翰啟示錄-(요한계시록)-第四章
약한계시록 제사장

계4:1,(後)(門)(音聲)(後)
후 문 음성 후
계4:2,(聖靈)(感動)(寶座)(寶座)
성령 감동 보좌 보좌
계4:3,(貌樣)(碧玉)(紅寶石)(寶座)
모양 벽옥 홍보석 보좌
(貌樣)(綠寶石)
모양 녹보석

계4:4,(寶座)(寶座)(寶座)(長老)(金)(冕旒冠)
보좌 보좌 보좌 장로 금 면류관

계4:5,(寶座)(音聲)(雷聲)(寶座)(燈)(靈)
보좌 음성 뇌성 보좌 등 영

계4:6,(寶座)(水晶)(琉璃)(寶座)
보좌 수정 유리 보좌
(寶座)(周圍)(生物)
보좌 주위 생물

계4:7,(生物)(獅子)(生物)(生物)(生物)
생물 사자 생물 생물 생물

계4:8,(生物)(各各)(周圍)(主)(全能)
생물 각각 주위 주 전능
(前)(將次)(者)
전 장차 자

계4:9,(生物)(榮光)(尊貴)(感謝)(寶座)(世世)
생물 영광 존귀 감사 보좌 세세

계4:10,(長老)(寶座)(世世)(敬拜)
장로 보좌 세세 경배
(自己)(冕旒冠)(寶座)
자기 면류관 보좌

계4:11,(主)(榮光)(尊貴)(能力)(合當)
주 영광 존귀 능력 합당
(主)(萬物)(萬物)(主)
주 만물 만물 주

約翰啓示錄-(요한계시록)-第五章
약한계시록 제오장

계5:1,(寶座)(冊)(印)(封)
보좌 책 인 봉

계5:2,(天使)(音聲)(冊)(印)(合當)
천사 음성 책 인 합당

계5:3,(能)(冊)
능 책

계5:4,(冊)(合當)(者)
책 합당 자

계5:5,(長老)(中)(支派)(使者)(冊)(印)
장로 중 지파 사자 책 인

계5:6,(寶座)(生物)(長老)(當)(靈)
보좌 생물 장로 당 영

계5:7,(羊)(寶座)(冊)(取)
양 보좌 책 취

계5:8,(冊)(取)(生物)(長老)(羊)(各各)
책 취 생물 장로 양 각각
(香)(金)(香)(聖徒)(祈禱)
향 금 향 성도 기도

계5:9,(冊)(指示)(印)(合當)(當)(各)
책 지시 인 합당 당 각
(族屬)(方言)(百姓)
족속 방언 백성

계5:10,(祭司長)(王)
제사장 왕

계5:11,(寶座)(生物)(長老)(天使)(音聲)
보좌 생물 장로 천사 음성
(數)(萬萬)(千千)
수 만만 천천

계5:12,(音聲)(當)(羊)(能力)(富)(智慧)
음성 당 양 능력 부 지혜
(尊貴)(榮光)(讚頌)(合當)
존귀 영광 찬송 합당

계5:13,(萬物)(寶座)(羊)(讚頌)(尊貴)
만물 보좌 양 찬송 존귀
(榮光)(能力)(世世)
영광 능력 세세

계5:14,(生物)(長老)(敬拜)
생물 장로 경배

約翰啓示錄-(요한계시록)-第六章
약한계시록 제육장

계6:1,(羊)(印)(中)(生物)(中)(雨雷)
양 인 중 생물 중 우뢰

계6:2,(者)(冕旒冠)
자 면류관

계6:3,(印)(生物)
인 생물

계6:4,(者)(許諾)(和平)(除)
자 허락 화평 제

계6:5,(印)(生物)(者)
인 생물 자

계6:6,(生物)(音聲)(橄欖油)(葡萄酒)(害)
생물 음성 감람유 포도주 해

계6:7,(印)(生物)(音聲)
인 생물 음성

계6:8,(靑黃色)(者)(死亡)(陰府)(四分)
청황색 자 사망 음부 사분
(一)(權勢)(劍)(凶年)(死亡)
일 권세 검 흉년 사망

계6:9,(印)(證據)(因)(當)(靈魂)(祭壇)
인 증거 인 당 영혼 제단

계6:10,(大主宰)(居)(者)(審判)(伸寃)
대주재 거 자 심판 신원

계6:11,(各各)(暫時)(兄弟)(自己)(數하
각각 잠시 형제 자기 수

계6:12,(印)(擇)(地震)
인 택 지진

계6:13,(無花果)(大風)(果實)
무화과 대풍 과실

계6:14,(軸)(各)(山)
축 각 산

계6:15,(王)(將軍)(富者)(强)(者)(各)
왕 장군 부자 강 자 각
(自主者)(窟)(山)
자주자 굴 산

계6:16,(山)(寶座)(羊)(震怒)
산 보좌 양 진노

계6:17,(震怒)(能)
진노 능

約翰啓示錄-(요한계시록)-第七章
약한계시록 제칠장

계7:1,(後)(天使)(四方)(各種)
후 천사 사방 각종

계7:2,(天使)(印)(害)(權勢)(天使)(向)
천사 인 해 권세 천사 향

계7:3,(印)(害)
인 해

계7:4,(印)(者)(數)(子孫)(各)(支派)
인 자 수 자손 각 지파
(中)(印)(者)(十)(四萬)(四千)
중 인 자 십 사만 사천

계7:5,(支派)(中)(印)(者)(一萬)(二千)
지파 중 인 자 일만 이천
(支派)(中)(一萬)(二千)(支派)
지파 중 일만 이천 지파
(中)(一萬)(二千)
중 일만 이천

계7:6,(支派)(中)(一萬)(二千)(支派)(中)
지파 중 일만 이천 지파 중
(一萬)(二千)(支派)(中)(一萬)(二千)
일만 이천 지파 중 일만 이천

계7:7,(支派)(中)(一萬)(二千)(支派)(中)
지파 중 일만 이천 지파 중
(一萬)(二千)(支派)(中)(一萬)(二千)
일만 이천 지파 중 일만 이천

계7:8,(支派)(中)(一萬)(二千)(支派)(中)
지파 중 일만 이천 지파 중
(一萬)(二千)(支派)(中)(印)(者)
일만 이천 지파 중 인 자
(一萬)(二千)
일만 이천

계7:9,(後)(各)(族屬)(百姓)(方言)(能)
후 각 족속 백성 방언 능
(棕櫚)(寶座)(羊)
종려 보좌 양

계7:10,(救援)(寶座)(羊)
구원 보좌 양

계7:11,(天使)(寶座)(長老)(生物)(周圍)
천사 보좌 장로 생물 주위
(寶座)(敬拜)
보좌 경배

계7:12,(讚頌)(榮光)(智慧)(感謝)(尊貴)
찬송 영광 지혜 감사 존귀
(能力)(世世)
능력 세세

계7:13,(長老)(中)(應答)(者)
장로 중 응답 자

계7:14,(主)(當身)(患難)(者)(羊)
주 당신 환난 자 양

계7:15,(寶座)(聖殿)(寶座)(帳幕)
보좌 성전 보좌 장막

계7:16,(氣運)(傷)
기운 상

계7:17,(寶座)(羊)(牧者)(生命水)(引導)
보좌 양 목자 생명수 인도

約翰啟示錄-(요한계시록)-第八章
약한계시록 제팔장

계8:1,(印)(半時)하
인 반시

계8:2,(侍衛)(天使)
시위 천사

계8:3,(天使)(祭壇)(金)(香爐)(香)(聖徒)
천사 제단 금 향로 향 성도
(祈禱)(合)(寶座)(金壇)
기도 합 보좌 금단

계8:4,(香煙)(聖徒)(祈禱)(天使)
향연 성도 기도 천사

계8:5,(天使)(香爐)(壇)(雷聲)(音聲)(地震)
천사 향로 단 뇌성 음성 지진

계8:6,(天使)(豫備)
천사 예비

계8:7,(天使)(雨雹)(三分)(一)(樹木)
천사 우박 삼분 일 수목
(三分)(一)(各種)
삼분 일 각종

계8:8,(天使)(山)(三分)(一)
천사 산 삼분 일

계8:9,(生命)(被造物)(三分)(一)(三分)(一)
생명 피조물 삼분 일 삼분 일

계8:10,(天使)(江)(三分)(一)
천사 강 삼분 일

계8:11,(三分)(一)(因)
삼분 일 인

계8:12,(天使)(三分)(一)(三分)(一)(三分)
천사 삼분 일 삼분 일 삼분
(一)(三分)(一)(三分)(一)
일 삼분 일 삼분 일

계8:13,(空中)(居)(者)(禍)(禍)(禍)(外)
공중 거 자 화 화 화 외
(天使)(因)
천사 인

約翰啟示錄-(요한계시록)-第九章
약한계시록 제구장

계9:1,(天使)(無底坑)
천사 무저갱

계9:2,(無底坑)(煙氣)(煙氣)(空氣)(煙氣)(因)
무저갱 연기 연기 공기 연기 인

계9:3,(蝗蟲)(煙氣)(全蝎)(權勢)(權勢)
황충 연기 전갈 권세 권세

계9:4,(各種)(樹木)(害)(印)(害)
각종 수목 해 인 해

계9:5,(全蝎)
전갈

계9:6,(求)(避)
구 피

계9:7,(蝗蟲)(貌樣)(戰爭)(爲)(豫備)
황충 모양 전쟁 위 예비
(金)(冕旒冠)
금 면류관

계9:8,(女子)(獅子)
녀자 사자

계9:9,(鐵胸甲)(胸甲)(兵車)(戰場)
철흉갑 흉갑 병거 전장

계9:10,(全蝎)(害)(權勢)
전갈 해 권세

계9:11,(無底坑)(使者)(
무저갱 사자

계9:12,(禍)(後)(禍)
화 후 화

계9:13,(天使)(金壇)(音聲)
천 사 금 단 음 성
계9:14,(天使)(江)(結縛)(天使)
천 사 강 결 박 천 사
계9:15,(天使)(年)(月)(日)(時)(三分)
천 사 년 월 일 시 삼 분
(一)(豫備)(者)
일 예 비 자
계9:16,(馬兵隊)(數)(二萬萬)(數)
마 병 대 수 이 만 만 수
계9:17,(異常)(者)(紫朱)(硫黃)(胸甲)
이 상 자 자 주 류 황 흉 갑
(獅子)(煙氣)(硫黃)
사 자 연 기 류 황
계9:18,(災殃)(煙氣)(硫黃)(因)(三分)(一)(當)
재 앙 연 기 류 황 인 삼 분 일 당
계9:19,(害)
해
계9:20,(災殃)(行)(悔改)(鬼神)(金)(銀)
재 앙 행 회 개 귀 신 금 은
(銅)(木)(石)(偶像)
동 목 석 우 상
계9:21,(殺人)(卜術)(淫行)(盜賊)(悔改)
살 인 복 술 음 행 도 적 회 개

約翰啟示錄-(요한계시록)-第十章
약 한 계 시 록 제 십 장

계10:1,(天使)
천 사
계10:2,(冊)
책
계10:3,(獅子)(雨雷)(發)
사 자 우 뢰 발
계10:4,(雨雷)(發)(記錄)(雨雷)(發)
우 뢰 발 기 록 우 뢰 발
(印封)(記錄)
인 봉 기 록
계10:5,(天使)(向)
천 사 향
계10:6,(世世)(者)(物件)(物件)(物件)
세 세 자 물 건 물 건 물 건
(創造)(盟誓)(遲滯)
창 조 맹 서 지 체
계10:7,(天使)(秘密)(先知者)(傳)(福音)
천 사 비 밀 선 지 자 전 복 음
계10:8,(音聲)(天使)(冊)
음 성 천 사 책
계10:9,(天使)(冊)(天使)
천 사 책 천 사
계10:10,(天使)(冊)(後)
천 사 책 후
계10:11,(百姓)(方言)(豫言)
백 성 방 언 예 언

約翰啟示錄-(요한계시록)-第十一章
약 한 계 시 록 제 십 일 장

계11:1,(聖殿)(祭壇)(敬拜)(者)(尺量)
성 전 제 단 경 배 자 척 량
계11:2,(聖殿)(尺量)(異邦人)(城)
성 전 척 량 이 방 인 성
계11:3,(證人)(權勢)(一千)(二百)
증 인 권 세 일 천 이 백
(六十日)(豫言)
육 십 일 예 언
계11:4,(主)(橄欖)(燭臺)
주 감 람 촉 대
계11:5,(萬一)(害)(怨讐)(燒滅)(害)(當)
만 일 해 원 수 소 멸 해 당
계11:6,(權勢)(豫言)(權勢)(變)(願)(災殃)
권 세 예 언 권 세 변 원 재 앙
계11:7,(證據)(無底坑)(戰爭)
증 거 무 저 갱 전 쟁
계11:8,(屍體)(城)(城)(靈的)(主)(十字架)
시 체 성 성 영 적 주 십 자 가
계11:9,(百姓)(族屬)(方言)(中)(屍體)
백 성 족 속 방 언 중 시 체
(半)(目覩)(葬事)
반 목 도 장 사
계11:10,(先知者)(居)(者)(故)(居)(者)(禮物)
선 지 자 거 자 고 거 자 예 물
계11:11,(三日)(半)(後)(生氣)(求景)(者
삼 일 반 후 생 기 구 경 자
계11:12,(音聲)(怨讐)(求景)
음 성 원 수 구 경
계11:13,(時)(地震)(城)(十分)(一)
시 지 진 성 십 분 일
(地震)(者)(榮光)
지 진 자 영 광
계11:14,(禍)(禍)(速)
화 화 속
계11:15,(天使)(音聲)(世上)(主)(世世)(王)
천 사 음 성 세 상 주 세 세 왕
계11:16,(自己)(寶座)(長老)(敬拜)
자 기 보 좌 장 로 경 배
계11:17,(感謝)(時方)(主)(全能)(親)
감 사 시 방 주 전 능 친
(權能)(王)
권 능 왕
계11:18,(異邦)(憤怒)(主)(震怒)(臨)(者)
이 방 분 노 주 진 노 임 자
(審判)(先知者)(聖徒)(無論大小)
심 판 선 지 자 성 도 무 론 대 소
(主)(敬畏)(者)(賞)(亡)(者)(滅亡)
주 경 외 자 상 망 자 멸 망
계11:19,(聖殿)(聖殿)(言約)(音聲)
성 전 성 전 언 약 음 성
(雷聲)(地震)(雨雹)
뇌 성 지 진 우 박

約翰啟示錄-(요한계시록)-第十二章
약 한 계 시 록 제 십 이 장

계12:1,(異蹟)(女子)(冕旒冠)
이 적 녀 자 면 류 관
계12:2,(女子)(解産)
녀 자 해 산

계12:3,(異蹟)(龍)(冕旒冠)
이적 용 면류관

계12:4,(三分)(一)(龍)(解産(女子)(解産)
삼분 일 용 해산 녀자 해산

계12:5,(女子)(將次)(鐵杖)(萬國)
녀자 장차 철장 만국

(男子)(寶座)
남자 보좌

계12:6,(女子)(曠野)(逃亡)(六十)
녀자 광야 도망 육십

(養育)(爲)(豫備)
양육 위 예비

계12:7,(戰爭)(使者)(龍)(龍)(使者)
전쟁 사자 용 용 사자

계12:9,(龍)(魔鬼)(天下)(者)(使者)
용 마귀 천하 자 사자

계12:10,(音聲)(救援)(能力)(權勢)
음성 구원 능력 권세

(兄弟)(讒訴)(者)(讒訴)(者)
형제 참소 자 참소 자

계12:11,(兄弟)(羊)(自己)(證據)(因)
형제 양 자기 증거 인

(自己)(生命
자기 생명

계12:12,(居)(者)(禍)(魔鬼)(自己)(憤)
거 자 화 마귀 자기 분

계12:13,(龍)(自己)(男子)(女子)(逼迫)
용 자기 남자 녀자 핍박

계12:14,(女子)(曠野)(自己)(避)(半)(養育)
녀자 광야 자기 피 반 양육

계12:15,(女子)(江)(吐)(女子)
녀자 강 토 녀자

계12:16,(女子)(龍)(江)
녀자 용 강

계12:17,(龍)(女子)(憤怒)(女子)(子孫)
용 녀자 분노 녀자 자손

(誡命)(證據)(者)
계명 증거 자

約翰啟示錄-(요한계시록)-第十三章
약한계시록 제십삼장

계13:1,(冕旒冠)(僭濫)
면류관 참람

계13:2,(豹)(獅子)(龍)(自己)(能力)
표 사자 용 자기 능력

(寶座)(權勢)
보좌 권세

계13:3,(傷)(傷處)(異常)
상 상처 이상

계13:4,(龍)(權勢)(龍)(敬拜)(敬拜)(能)
용 권세 용 경배 경배 능

계13:5,(僭濫)(權勢)
참람 권세

계13:6,(向)(毁謗)(帳幕)(居)(者)(毁謗)
향 훼방 장막 거 자 훼방

계13:7,(權勢(聖徒)(各)(族屬)(百姓)
권세 성도 각 족속 백성

(方言)(權勢)
방언 권세

계13:8,(當)(羊)(生命冊)(創世)(以後)
당 양 생명책 창세 이후

(錄名)(者)(敬拜)
녹명 자 경배

계13:10,(者)(者)(自己)(聖徒)(忍耐)
자 자 자기 성도 인내

계13:11,(羊)(龍)
양 용

계13:12,(權勢)(行)(居)(者)(敬拜)(傷處)(者)
권세 행 거 자 경배 상처 자

계13:13,(異蹟)(行)(甚至於)
이적 행 심지어

계13:14,(異蹟)(行)(居)(者)(迷惑)(居)
이적 행 거 자 미혹 거

(者)(傷)(爲)(偶像)
자 상 위 우상

계13:15,(權勢(偶像)(生氣)(偶像)
권세 우상 생기 우상

(偶像)(敬拜)(者)
우상 경배 자

계13:16,(者)(者)(者)(富者)(貧窮)
자 자 자 부자 빈궁

(者)(自由)(者)(標)
자 자유 자 표

계13:17,(標)(者)(外)(賣買)(標)(數)
표 자 외 매매 표 수

계13:18,(智慧)(聰明)(者)(數)(數)
지혜 총명 자 수 수

(數)(六百)(六十)(六)
수 육백 육십 육

約翰啟示錄-(요한계시록)-第十四章
약한계시록 제십사장

계14:1,(羊)(山)(十四萬)(四千)(羊)
양 산 십사만 사천 양

계14:2,(雷聲)(者)
뇌성 자

계14:3,(寶座)(生物)(長老)(救贖)
보좌 생물 장로 구속

(十)(四萬)(四千)(人)(能)(者)
십 사만 사천 인 능 자

계14:4,(女子)(貞節)(者)(羊)(引導)
녀자 정절 자 양 인도

(者)(救贖(羊)(屬)(者)
자 구속 양 속 자

계14:5,(欠)(者)
흠 자

계14:6,(天使)(空中)(居)(者)(族屬)
천사 공중 거 자 족속

(方言)(百姓)(傳)(永遠)(福音)
방언 백성 전 영원 복음

계14:7,(音聲)(榮光)(審判)(時間)
음성 영광 심판 시간

(根源)(敬拜)
근원 경배

계14:8,(天使)(城)(淫行)(因)(震怒)

천사 성 음행 인 진노

(葡萄酒)(者)

포도주 자

계14:9,(天使)(音聲)(萬一)(偶像)(敬拜)(標)

천사 음성 만일 우상 경배 표

계14:10,(震怒)(葡萄酒)(震怒)(盞)

진노 포도주 진노 잔

(葡萄酒)(天使)(羊)(硫黃)(苦難)

포도주 천사 양 류황 고난

계14:11,(苦難)(煙氣)(世世)(偶像)

고난 연기 세세 우상

(敬拜)(標)(者)

경배 표 자

계14:12,(聖徒)(忍耐)(誡命)(者)

성도 인내 계명 자

계14:13,(音聲)(記錄)(自今)(以後)(主)

음성 기록 자금 이후 주

(者)(福)(聖靈)(受苦)(行)

자 복 성령 수고 행

계14:14,(金)(冕旒冠)(利)

금 면류관 이

계14:15,(天使)(聖殿)(向)(音聲)(穀食)

천사 성전 향 음성 곡식

계14:16,(穀食)

곡식

계14:17,(天使)(聖殿)(利)

천사 성전 이

계14:18,(天使)(祭壇)(利)(者)(向)(音聲)

천사 제단 이 자 향 음성

(利)(葡萄)(葡萄)

이 포도 포도

계14:19,(天使)(葡萄)(震怒)(葡萄酒)

천사 포도 진노 포도주

계14:20,(城)(六百)

성 육백

約翰啟示錄-(요한계시록)-第十五章

약 한 계 시 록 제 십 오 장

계15:1,(異常)(異蹟)(天使)(災殃)

이상 이적 천사 재앙

(災殃)(震怒)

재앙 진노

계15:2,(琉璃)(偶像)(數)(者)(琉璃)

유리 우상 수 자 유리

계15:3,(羊)(主)(全能)(奇異)(萬國)(王)

양 주 전능 기이 만국 왕

(主)(義)

주 의

계15:4,(主)(主)(榮華)(主)(主)(義)

주 주 영화 주 주 의

(萬國)(主)(敬拜)

만국 주 경배

계15:5,(後)(證據)(帳幕)(聖殿)

후 증거 장막 성전

계15:6,(災殃)(天使)(聖殿)(細麻布)(金)

재앙 천사 성전 세마포 금

계15:7,(生物)(中)(世世)(震怒)(金)(天使)

생물 중 세세 진노 금 천사

계15:8,(榮光)(能力)(因)(聖殿)(煙氣)

영광 능력 인 성전 연기

(天使)(災殃)(聖殿)(能)(者)

천사 재앙 성전 능 자

約翰啟示錄-(요한계시록)-第十六章

약 한 계 시 록 제 십 륙 장

계16:1,(聖殿)(音聲)(天使)(震怒)

성전 음성 천사 진노

계16:2,(惡)(毒)(標)(偶像)(敬拜)(者)

악 독 표 우상 경배 자

계16:3,(者)(生物)

자 생물

계16:4,(江)(根源)

강 근원

계16:5,(天使)(前)(時方)(審判)(義)

천사 전 시방 심판 의

계16:6,(聖徒)(先知者)(合當)

성도 선지자 합당

계16:7,(祭壇)(主)(全能)(審判)(義)

제단 주 전능 심판 의

계16:8,(權勢

권세

계16:9,(災殃)(行)(權勢)(毁謗)(悔改)

재앙 행 권세 훼방 회개

(榮光)(主)

영광 주

계16:10,(寶座)(自己)

보좌 자기

계16:11,(腫氣)(因)(毁謗)(行爲)(悔改)

종기 인 훼방 행위 회개

계16:12,(江)(江)(東方)(王)(豫備)

강 강 동방 왕 예비

계16:13,(靈)(龍)(先知者)

영 용 선지자

계16:14,(鬼神)(靈)(異蹟)(行)(天下)

귀신 영 이적 행 천하

(全能)(戰爭)(爲)

전능 전쟁 위

계16:15,(盜賊)(自己)(自己)(者)(福)

도적 자기 자기 자 복

계16:16,(靈)(音)겟(王)

영 음 왕

계16:17,(空氣)(音聲)(聖殿)(寶座)

공기 음성 성전 보좌

계16:18,(音聲)(雷聲)(地震)(地震)

음성 뇌성 지진 지진

계16:19,(城)(萬國)(城)(城)(記憶)(猛烈)

성 만국 성 성 기억 맹렬

(震怒)(葡萄酒)(盞)

진노 포도주 잔

계16:20,(各)(山岳)

각 산악

계16:21,(重數)(雨雹)(雹災)(因)(毁謗)

중수 우박 박재 인 훼방

(災殃)(甚)
재앙 심

約翰啟示錄-(요한계시록)-第十七章
약한계시록 제십칠장

계17:1,(天使中)(淫女)(審判)
천사중 음녀 심판
계17:2,(淫行)(居)(者)(淫行)(葡萄酒)(醉)
음행 거 자 음행 포도주 취
계17:3,(聖靈)(曠野)(女子)(僭濫)
성령 광야 녀자 참람
계17:4,(女子)(紫朱)(金)(寶石)(眞珠)
녀자 자주 금 보석 진주
(金盞)(可憎)(物件)(淫行)
금잔 가증 물건 음행
계17:5,(記錄)(秘密)(淫女)(可憎)
기록 비밀 음녀 가증
계17:6,(女子)(聖徒)(證人)(醉)(女子)
녀자 성도 증인 취 녀자
(奇異)(奇異)
기이 기이
계17:7,(天使)(奇異)(女子)(秘密)
천사 기이 녀자 비밀
계17:8,(前(時方)(將次)(無底坑)(滅亡)
전 시방 장차 무저갱 멸망
(者)(居)(者)(創世)(以後)(生命冊)
자 거 자 창세 이후 생명책
(錄名)(者)(以前(時方)(將次)(奇異)
녹명 자 이전 시방 장차 기이
계17:9,(智慧)(女子)(山)
지혜 녀자 산
계17:10,(王)(亡)(暫間)(繼續)
왕 망 잠간 계속
계17:11,(前(時方)(王)(中)(屬)(者)(滅亡)
전 시방 왕 중 속 자 멸망
계17:12,(王)(權勢)(一時)
왕 권세 일시
계17:13,(自己)(能力)(權勢)
자기 능력 권세
계17:14,(羊)(羊)(萬主)(主)(萬王)(王)
양 양 만주 주 만왕 왕
(者)(眞實)(者)
자 진실 자
계17:15,(天使)(淫女)(百姓)(列國)(方言)
천사 음녀 백성 열국 방언
계17:16,(淫女)(亡)
음녀 망
계17:17,(自己)(應)
자기 응
계17:18,(女子)(城)
녀자 성

約翰啟示錄-(요한계시록)-第十八章
약한계시록 제십팔장

계18:1,(後)(天使)(權勢)(榮光)
후 천사 권세 영광
계18:2,(音聲)(城)(鬼神)(處所)(各種)
음성 성 귀신 처소 각종
(靈)(各種)(可憎)
영 각종 가증
계18:3,(淫行)(震怒)(葡萄酒)(因)(萬國)
음행 진노 포도주 인 만국
(王)(淫行)(商賈)(奢侈)(勢力)
왕 음행 상고 사치 세력
(因)(致富)
인 치부
계18:4,(音聲)(百姓)(罪)(參與)(災殃)
음성 백성 죄 참여 재앙
계18:5,(罪)(不義)(記憶)
죄 불의 기억
계18:6行爲)(盞)
행위 잔
계18:7,(自己)(榮華)(奢侈)(苦難)(哀痛)
자기 영화 사치 고난 애통
(女皇)(者)(寡婦)(決斷)(哀痛)(當)
여황 자 과부 결단 애통 당
계18:8,(災殃)(死亡)(哀痛)(凶年(審判)
재앙 사망 애통 흉년 심판
(主)(强)(者)
주 강 자
계18:9,(淫行)(奢侈)(王)(煙氣)(爲)
음행 사치 왕 연기 위
계18:10,(苦難)(禍)(禍)(城)(堅固)(城)
고난 화 화 성 견고 성
(一時間)(審判)
일시간 심판
계18:11,(商賈)(爲)(哀痛(商品)(者)
상고 위 애통 상품 자
계18:12,(商品)(金)(銀)(寶石)(眞珠)
상품 금 은 보석 진주
(細麻布)(紫紬)(緋緞)(各種)(香木)
세마포 자주 비단 각종 향목
(各種)(象牙器皿)(眞鍮)(鐵)(玉石)
각종 상아기명 진유 철 옥석
(各種)(器皿)
각종 기명
계18:13,(桂皮)(香料)(香)(香油)(乳香)
계피 향료 향 향유 유향
(葡萄酒)(橄欖油)(羊)(靈魂)
포도주 감람유 양 영혼
계18:14,(靈魂)(貪)(果實)(決)
영혼 탐 과실 결
계18:15,(因)(致富(商品)(商賈)(苦難)(哀痛)
인 치부 상품 상고 고난 애통
계18:16,(禍)(禍)(城)(細麻布)(紫紬)(金)
화 화 성 세마포 자주 금
(寶石)(眞珠)
보석 진주
계18:17,(一時間)(亡)(各)(船長)(各處)
일시간 망 각 선장 각처
(船客)(船人)(者)
선객 선인 자
계18:18,(煙氣)(城)(城)
연기 성 성
계18:19,(自己)(哀痛)(禍)(禍)(城)(者)
자기 애통 화 화 성 자

(商品)(因)(致富)(一時間)(亡)
상품 인 치부 일시간 망
계18:20,(聖徒)(使徒)(先知者)(因)
성도 사도 선지자 인
(伸寃)(審判)
신원 심판
계18:21,(天使)(城)(決(
천사 성 결
계18:22,(者)(風流)(者)(洞簫)(者)(者)
자 풍류 자 동소 자 자
(決)(勿論)(細工業者)(決)
결 물론 세공업자 결
계18:23,(燈)(決(新郎)(新婦)(音聲)(決)(商賈)
등 결 신랑 신부 음성 결 상고
(王族)(卜術)(因)(萬國)(迷惑)
왕족 복술 인 만국 미혹
계18:24,(先知者)(聖徒)(當)(者)(城中)
선지자 성도 당 자 성중

約翰啟示錄-(요한계시록)-第十九章
약한계시록 제십구장

계19:1,(後)(許多)(音聲)(救援)(榮光)(能力)
후 허다 음성 구원 영광 능력
계19:2,(審判)(義)(淫行)(淫女)(審判)(自己)
심판 의 음행 음녀 심판 자기
계19:3,(番)(煙氣)(世世)
번 연기 세세
계19:4,(二十)(四)(長老)(生物)(寶座)(敬拜)
이십 사 장로 생물 보좌 경배
계19:5,(寶座)(音聲)(敬畏)無論大小)(讚頌)
보좌 음성 경외 무론대소 찬송
계19:6,(許多)(音聲)(雷聲)(主)(全能)(統治)
허다 음성 뇌성 주 전능 통치
계19:7,(榮光)(羊)(婚姻)(期約)(豫備)
영광 양 혼인 기약 예비
계19:8,(許諾)(細麻布)(細麻布)(聖徒)行實)
허락 세마포 세마포 성도 행실
계19:9,(天使)(記錄)(羊)(婚姻)(請)(者)(福)
천사 기록 양 혼인 청 자 복
계19:10,(敬拜)(證據)(兄弟)(敬拜)(證據)
경배 증거 형제 경배 증거
(代言)(靈)
대언 영
계19:11,(白馬)(者)(忠信)(眞實)(公義)(審判)
백마 자 충신 진실 공의 심판
계19:12,(冕旒冠)(自己(者)
면류관 자기 자
계19:13,(稱)
칭
계19:14,(軍隊)(細麻布)(白馬)
군대 세마포 백마
계19:15,(利)(萬國)(親)(鐵杖)(親)(全能)
이 만국 친 철장 친 전능
(猛烈)(震怒)(葡萄酒)
맹렬 진노 포도주
계19:16,(萬王)(王)(萬主)(主
만왕 왕 만주 주
계19:17,(天使)(空中)(向)(音聲)
천사 공중 향 음성
계19:18,(王)(將軍)(壯士)(者)(自由)
왕 장군 장사 자 자유
(者)(無論大小)(者)
자 무론대소 자
계19:19,(軍隊)(者)(軍隊)(戰爭)
군대 자 군대 전쟁
계19:20,(異蹟)(行)(先知者)(標)(偶像)
이적 행 선지자 표 우상
(敬拜)(者)(異蹟)(迷惑)(者)(硫黃)
경배 자 이적 미혹 자 류황
계19:21,(者)
자

約翰啟示錄-(요한계시록)-第二十章
약한계시록 제이십장

계20:1,(天使)(無底坑)
천사 무저갱
계20:2,(龍)(魔鬼)(一千年)(結縛)
용 마귀 일천년 결박
계20:3,(無底坑)(印封)(千年)(萬國)
무저갱 인봉 천년 만국
(迷惑)(後)(暫間)
미혹 후 잠간
계20:4,(寶座)(者)(審判)(權勢)(證據)(因)(者)
보좌 자 심판 권세 증거 인 자
(靈魂)(偶像)(敬拜((標)(者(千年)(王)
영혼 우상 경배 표 자 천년 왕
계20:5,(者)(千年)(復活)
자 천년 부활
계20:6,(復活)(參與)(者)(福)(死亡)
부활 참여 자 복 사망
(權勢)(祭司長)(千年)(王)
권세 제사장 천년 왕
계20:7,(千年)(獄)
천년 옥
계20:8,(四方)(百姓)(迷惑)(數)
사방 백성 미혹 수
계20:9,(地面)(聖徒)(城)(燒滅)
지면 성도 성 소멸
계20:10,(迷惑)(魔鬼)(硫黃)(先知者)(世世)
미혹 마귀 류황 선지자 세세
계20:11,(寶座)(者)(避)
보좌 자 피
계20:12,(者)無論大小)(寶座)(冊)(冊)
사 무론대소 보좌 책 책
(生命冊)(者)(自己)行爲)(冊)
생명책 자 자기 행위 책
(記錄)(審判)
기록 심판
계20:13,(者)(死亡)(陰府)(者)(各)(自己)行爲)
자 사망 음부 자 각 자기 행위
(審判)
심판
계20:14,(死亡)(陰府)(死亡)
사망 음부 사망

계20:15,(生命冊)(記錄)(者)
생명책 기록 자

約翰啟示錄-(요한계시록)-第二十一章
약 한 계 시 록 제이십일장

계21:2,(城)(豫備)(新婦)(男便)(爲)(丹粧)
성 예비 신부 남편 위 단장

계21:3,(寶座)(音聲)(帳幕)(居)(百姓)(親)
보좌 음성 장막 거 백성 친

계21:4,(死亡)(哀痛)(哭)
사망 애통 곡

계21:5,(寶座)(萬物)(信實)(記錄)
보좌 만물 신실 기록

계21:6,(生命水)(者)
생명수 자

계21:7,(者)(遺業)
자 유업

계21:8,(者)者)(凶惡)(者(殺人者)(行淫者)
자 자 흉악 자 살인자 행음자
(術客)(偶像)(崇拜者)(者)(硫黃)
술객 우상 숭배자 자 류황
(叅與)(死亡)
참여 사망

계21:9,(災殃)(天使中)(新婦)(羊)
재앙 천사중 신부 양

계21:10,(聖靈)(山)(城)
성령 산 성

계21:11,(榮光)(城)(至極)(貴)(寶石)
영광 성 지극 귀 보석
(碧玉)(水晶)
벽옥 수정

계21:12,(城)(門)(門)(天使)(門)(子孫)(支派)
성 문 문 천사 문 자손 지파

계21:13,(東便)(門)(北便)(門)(南便)(門)
동편 문 북편 문 남편 문
(西便)(門)
서편 문

계21:14,(城)(城廓)(基礎石)(羊)(十二)(使徒)
성 성곽 기초석 양 십이 사도

계21:15,(者)(城)(門)(城廓)(尺量)(金)
자 성 문 성곽 척량 금

계21:16,(城)(長廣)(城)(尺量)(一萬)(二千)
성 장광 성 척량 일만 이천
(長)(廣)(高)
장 광 고

계21:17,(城廓)(尺量)(一百)(四十)(四)
성곽 척량 일백 사십 사
(尺量)(天使)(尺量)
척량 천사 척량

계21:18,(城廓)(碧玉)(城)(精金)(琉璃)
성곽 벽옥 성 정금 유리

계21:19,(城)(城廓)(基礎石)(各色)(寶石)
성 성곽 기초석 각색 보석
(基礎石)(碧玉)(藍寶石)(玉髓)
기초석 벽옥 남보석 옥수
(綠寶石)
녹보석

계21:20,(紅瑪瑙)(紅寶石)(黃玉)(綠玉)
홍마노 홍보석 황옥 녹옥
(淡黃玉)(翡翠玉)(靑玉)(紫晶)
담황옥 비취옥 청옥 자정

계21:21,(門)(眞珠)(門)(眞珠)(城)(琉璃)
문 진주 문 진주 성 유리
(精金)
정금

계21:22,(城)(聖殿)(主)(全能)(羊)(聖殿)
성 성전 주 전능 양 성전

계21:23,(城)(榮光)(羊)(燈)
성 영광 양 등

계21:24,(萬國)(王)(自己)(榮光)
만국 왕 자기 영광

계21:25,(城門)
성문

계21:26,(萬國)(榮光)(尊貴)
만국 영광 존귀

계21:27,(俗)(可憎)(者)(決)(羊)(生命冊)
속 가증 자 결 양 생명책
(記錄)(者)
기록 자

約翰啟示錄-(요한계시록)-第二十二章
약 한 계 시 록 제이십이장

계22:1,(水晶)(生命水)(江)(羊)(寶座)
수정 생명수 강 양 보좌

계22:2,(江)(左右)(生命)(實果)(實果)
강 좌우 생명 실과 실과
(萬國)(蘇醒)(爲)
만국 소성 위

계22:3,(詛呪)(羊)(寶座)
저주 양 보좌

계22:5,(燈)(主)(世世)(王)
등 주 세세 왕

계22:6,(信實)(者)(主)(先知者)(靈)(決)
신실 자 주 선지자 영 결
(速)(天使)
속 천사

계22:7,(速)(冊)(豫言)(者)(福)
속 책 예언 자 복

계22:8,(者)(天使)(敬拜)
자 천사 경배

계22:9,(兄弟)(先知者)(冊)(者)(敬拜)
형제 선지자 책 자 경배

계22:10,(冊)(豫言)(印封)
책 예언 인봉

계22:11,(不義(者)(不義)(者)義)(者)(義)
불의 자 불의 자 의 자 의
(行)(者)
행 자

계22:12,(速)(賞)(各)
속 상 각

계22:13,(始作)
시작

계22:14,(者)(福)(生命)(門)(通)(城)(權勢)
자 복 생명 문 통 성 권세

계22:15,(術客)行淫者(殺人者)(偶像)
술객 행음자 살인자 우상
(崇拜者)(者)(城)
숭배자 자 성

계22:16,(教會)(爲)(使者)(證據)(子孫)(光明)
교회 위 사자 증거 자손 광명

계22:17,(聖靈)(新婦)(者)(者)(願)
성령 신부 자 자 원
(者)(生命水)
자 생명수

계22:18,(冊)(豫言)(各人)(證據)(萬一)
책 예언 각인 증거 만일
(外)(冊)(記錄)(災殃)
외 책 기록 재앙

계22:19,(萬一)(冊)(豫言)(除)(冊)(記錄)
만일 책 예언 제 책 기록
(生命)(城)(參與)(除)
생명 성 참여 제

계22:20,(證據)(眞實)(速)(主)
증거 진실 속 주

계22:21,(主)(恩惠)(者)
주 은혜 자

板 權 誌

❀ 어? 國漢文 聖經이 읽어지네 !

❀ (국한문 성경 읽기 사전)

❀ 編 : 柳 賢 授

❀ 개역한글 국한문 대한성서공회

❀ 초판 1 쇄 2018년 08 월 02일

편 낸 이 : 도서출판 保 惠

출판 등록 제2014-000001 호 (2014.01.03.)

주소 : 천안시 서북구 하리1길 39

전화 : 010-2239-0675

ISEN 979-11-87802-47-1

후 렴

교회에서 공과로 쓰기에는 즐거움이 먼저 있어야 하고 배움에 성취감을 느끼게 하는 것이 중요하다고 생각을 합니다.
어? 국한문 성경이 읽어지네! 세미나라기보다는 함께 연구하고 배움을 나누는 자리를 마련하려고 합니다.
이 책을 구매하지 않아도 자리를 함께하실 분을 찾습니다. 아래의 연락처로 연락을 주시면 연락을 드리겠습니다.
또 섬기는 교회에서 별도의 시간을 원하시면 시간을 조율하여서 뵙겠습니다.
주안에서 늘 건강하시고 행복하시기를 기원합니다

010-2239-0675 도서출판 보혜